시사
일본어능력시험
JLPT
합격 시그널
문제편
N1

저자 허성미, 松岡龍美

시사 JLPT 합격 시그널 문제편 N1
일본어능력시험

초판 발행	2022년 3월 10일
1판 2쇄	2022년 11월 15일
저자	허성미, 松岡龍美(마쓰오카 다쓰미)
편집	조은형, 무라야마 토시오, 김성은
펴낸이	엄태상
디자인	권진희
조판	김성은
콘텐츠 제작	김선웅, 장형진
마케팅	이승욱, 왕성석, 노원준, 조성민, 이선민
경영기획	조성근, 최성훈, 정다운, 김다미, 최수진, 오희연
물류	정종진, 윤덕현, 신승진, 구윤주
펴낸곳	시사일본어사(시사북스)
주소	서울시 종로구 자하문로 300 시사빌딩
주문 및 교재 문의	1588-1582
팩스	0502-989-9592
홈페이지	www.sisabooks.com
이메일	book_japanese@sisadream.com
등록일자	1977년 12월 24일
등록번호	제 300-2014-92호

ISBN 978-89-402-9342-3 14730
　　　978-89-402-9341-6 14730 (set)

* 이 책의 내용을 사전 허가 없이 전재하거나 복제할 경우 법적인 제재를 받게 됨을 알려 드립니다.
* 잘못된 책은 구입하신 서점에서 교환해 드립니다.
* 정가는 표지에 표시되어 있습니다.

머리말

일본어능력시험(JLPT)을 공부하는 목적은 학습자마다 다르지만, 최종 목표는 모두 '합격'일 것입니다. '시사 JLPT 합격 시그널' 시리즈는 JLPT 시험에 합격하고자 하는 학습자를 위한 독학용 종합 수험서입니다. 머리말을 읽으면서 '독학용 수험서가 따로 있나?'라고 생각하시는 분도 계실 것입니다.

'시사 JLPT 합격 시그널'은 혼자 공부하는 수험생을 위해 다음과 같이 교재를 구성했습니다.

일본어의 '어휘력'과 '문법' 이해도를 측정하는 언어지식(문자·어휘·문법) 파트와 현지에서 출간된 인문·실용서 등의 지문을 사용하는 독해 파트, 일상생활에서 사용하는 회화력을 묻는 청해 파트까지, JLPT 시험은 결코 쉽지만은 않습니다. 따라서 대부분의 학습자는 JLPT 시험을 준비하는데 있어 무엇을, 어떻게 공부해야 할지 막연함을 느낄 것입니다.

'시사 JLPT 합격 시그널'을 통해 JLPT란 무엇인가를 이해하고, 어떻게 하면 시험을 공략할 수 있는지에 대한 해법을 찾고 자신감을 기를 수 있기를 바랍니다. 문제를 풀고 해설을 읽으며, 일본어 어휘가 어떻게 활용되는지와 일본어 문법의 활용 원리에 대해 이해하고, 시험 문제에서 학습자에게 요구하는 바가 무엇인지를 정확하게 답할 수 있게 되기를 바랍니다.

마지막 책장을 덮는 순간, 이 책을 함께 해 주신 모든 분들께 '합격의 시그널'이 감지되기를 진심으로 기원합니다.

저자 일동

이 책의 구성과 학습 방법

문자 · 어휘
- 問題 1 한자 읽기
- 問題 2 문맥 규정
- 問題 3 유의 표현
- 問題 4 용법

○ 학습 순서

문제 유형 → 출제 예상 어휘 → 연습문제 → 실전문제

문제의 유형별로 포인트를 정리하고 출제 예상 어휘 및 기출 어휘를 학습한 후, 연습문제와 실전문제를 통해 시험에 대비합니다.

문제 유형 포인트

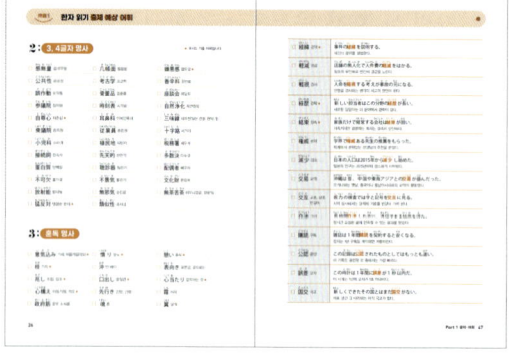
출제 예상 어휘

연습문제/실전문제

문법
- 問題 5 문법형식 판단
- 問題 6 문장 만들기
- 問題 7 글의 문법

○ 학습 순서

문법 기본기 갖추기 → 문제 유형 → 연습문제 → 실전문제

N1에서 알아야 할 필수 문법 및 문제를 풀 때 반드시 필요한 기초 문법 및 경어 표현을 학습한 후, 각 유형별 연습문제와 실전문제를 통해 시험에 대비합니다.

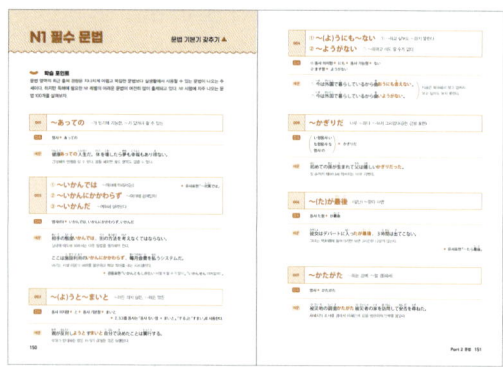
문법 기본기 갖추기

문제 유형 포인트

연습문제/실전문제

독해
- 問題 8 내용 이해(단문)
- 問題 9 내용 이해(중문)
- 問題 10 내용 이해(장문)
- 問題 11 통합 이해
- 問題 12 주장 이해
- 問題 13 정보 검색

○ **학습 순서**

문제 유형 → 연습문제 → 실전문제

문제의 유형별 출제 빈도가 높은 질문 형태와 문제 풀이 포인트를 학습한 후 연습문제와 실전문제를 통해 시험에 대비합니다.

문제 유형 포인트

연습문제/실전문제

 청해
- 問題 1 과제 이해
- 問題 2 포인트 이해
- 問題 3 개요 이해
- 問題 4 즉시 응답
- 問題 5 통합 이해

○ **학습 순서**

청해 기본기 갖추기 → 문제 유형 → 연습문제 → 실전문제

기본적인 발음 연습부터 청해 문제에 자주 나오는 축약표현과 경어표현을 정리하고, 각 문제 유형별 문제 풀이 포인트를 학습한 후 연습문제와 실전문제를 통해 시험에 대비합니다.

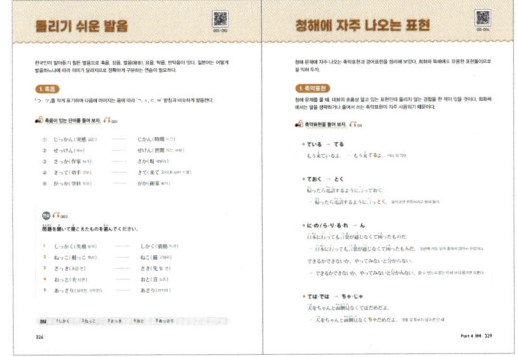

청해 기본기 다지기

문제 유형 포인트

연습문제/실전문제

모의고사

○ 최신 경향과 트렌드에 맞춘 실전 모의고사

최근 몇 년간의 기출문제를 분석하여 난이도를 조정하고, 실제 신문 기사나 이슈를 반영한 최신 출제 유형의 모의고사를 통해 실전에 완벽하게 대비합니다.

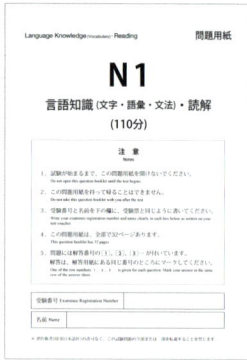  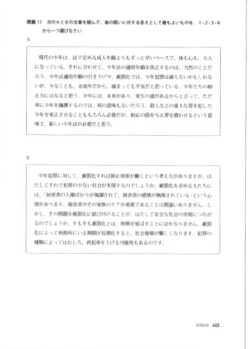 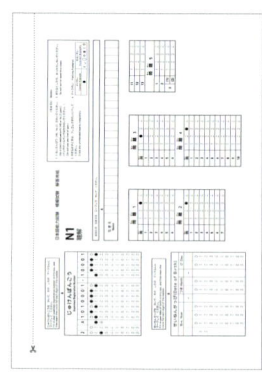

모의고사

무료 동영상 강의

○ QR코드로 언제 어디서나! 베테랑 강사진의 모의고사 해설 강의

시사일본어학원의 JLPT 전문 강사의 온라인 해설을 통해 잘 모르는 부분을 시원하게 해결해 줍니다.

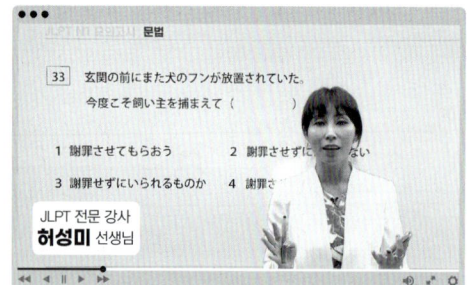

○ 무료 해설 강의는 유튜브 시사북스 채널에서 확인할 수 있습니다.

영상 바로보기

데일리 퀴즈·막판 뒤집기

○ 데일리 퀴즈로 학습 체크하고 막판 뒤집기로 시험 직전 최종 복습까지!

책에서 다룬 단어와 문법을 확인할 수 있는 데일리 퀴즈로 학습 상태를 체크하여 부족한 점을 보완합니다.

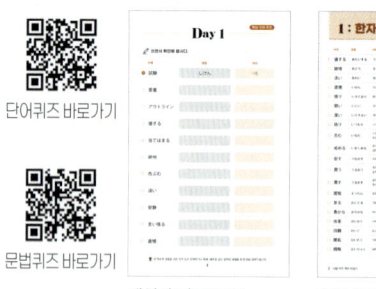

단어퀴즈 바로가기

문법퀴즈 바로가기

데일리 퀴즈 PDF　　시험 직전 막판 뒤집기

출제 빈도가 높은 중요 단어만을 정리한 막판 뒤집기로 시험장에서 문제를 풀기 직전에 최종 복습합니다.

목차

이 책의 구성과 학습 방법   4   일본어능력시험 개요   8

Part 1 문자·어휘

Ⅰ 문제 유형 파악하기   11
   1 問題 1   한자 읽기   12
   2 問題 2   문맥 규정   44
   3 問題 3   유의 표현   88
   4 問題 4   용법   112

Ⅱ 실전문제 익히기   127

Part 2 문법

Ⅰ 문제 유형 파악하기   149
   ● 문법 기본기 갖추기   150
   1 問題 5   문법형식 판단   224
   2 問題 6   문장 만들기   229
   3 問題 7   글의 문법   234

Ⅱ 실전문제 익히기   239

Part 3 독해

Ⅰ 문제 유형 파악하기   261
   1 問題 8   내용 이해(단문)   262
   2 問題 9   내용 이해(중문)   267
   3 問題 10   내용 이해(장문)   274
   4 問題 11   통합 이해   278
   5 問題 12   주장 이해   281
   6 問題 13   정보 검색   285

Ⅱ 실전문제 익히기   289

Part 4 청해

Ⅰ 문제 유형 파악하기   323
   ● 청해 기본기 갖추기   324
   1 問題 1   과제 이해   338
   2 問題 2   포인트 이해   341
   3 問題 3   개요 이해   344
   4 問題 4   즉시 응답   346
   5 問題 5   통합 이해   348

Ⅱ 실전문제 익히기   351

모의고사
375

별책부록
시험 직전 막판뒤집기

일본어능력시험 개요

1: 시험 과목 및 시험 시간

레벨	시험 과목 (시험 시간)		
N1	언어지식 (문자・어휘・문법)・독해 (110분)		청해 (65분)
N2	언어지식 (문자・어휘・문법)・독해 (105분)		청해 (55분)
N3	언어지식 (문자・어휘) (30분)	언어지식 (문법)・독해 (70분)	청해 (45분)
N4	언어지식 (문자・어휘) (25분)	언어지식 (문법)・독해 (55분)	청해 (40분)
N5	언어지식 (문자・어휘) (20분)	언어지식 (문법)・독해 (40분)	청해 (35분)

2: 시험 점수

레벨	배점 구분	득점 범위
N1	언어지식(문자・어휘・문법)	0~60
	독해	0~60
	청해	0~60
	종합배점	0~180
N2	언어지식(문자・어휘・문법)	0~60
	독해	0~60
	청해	0~60
	종합배점	0~180
N3	언어지식(문자・어휘・문법)	0~60
	독해	0~60
	청해	0~60
	종합배점	0~180
N4	언어지식(문자・어휘・문법)・독해	0~120
	청해	0~60
	종합배점	0~180
N5	언어지식(문자・어휘・문법)・독해	0~120
	청해	0~60
	종합배점	0~180

3: 합격점과 합격 기준점

레벨별 합격점은 N1 100점, N2 90점, N3 95점, N4 90점, N5 80점이며, 과목별 합격 기준점은 각 19점(N4, N5는 언어지식・독해 합해서 38점, 청해 19점)입니다.

4ː N1 문제 유형

시험 과목		문제	예상 문항 수	문제 내용	적정 예상 풀이 시간	파트별 소요 예상 시간	대책
언어 지식 · 독해 (110분)	문자 · 어휘	문제 1	6	한자 읽기 문제	1분	문자 · 어휘 8분	총 110분 중에서 문제 푸는 시간은 93분 정도 걸린다고 보고, 마킹에 7분 정도, 나머지 10분 동안 최종 점검 하면 된다. 기존 시험보다 문제 수가 대폭 축소된 문자/어휘 문제를 빨리 끝내고, 새로워진 문법 문제에 당황하지 말고 여유를 가지고 예제 문제를 확실하게 이해 하고 문제 풀이를 하 면 새로운 문제에 바 로 적응할 수 있을 것 이다. 독해 문제도 마찬가지 이다. 시간에 쫓기지 말고 침착하게 문제를 풀어 나간다면 좋은 결과를 얻을 수 있을 것이다.
		문제 2	7	문맥에 맞는 적절한 어휘를 고르는 문제	2분		
		문제 3	6	주어진 어휘와 비슷한 의미의 어휘를 찾는 문제	2분		
		문제 4	6	제시된 어휘의 의미가 올바르게 쓰였는 지를 묻는 문제	5분		
	문법	문제 5	10	문장의 내용에 맞는 문형표현 즉 기능 어를 찾아서 넣는 문제	5분	문법 15분	
		문제 6	5	나열된 단어를 의미에 맞게 조합하는 문제	5분		
		문제 7	5	글의 흐름에 맞는 문법 찾아내기 문제	5분		
	독해	문제 8	4	단문(200자 정도) 이해	10분	독해 70분	
		문제 9	9	중문(500자 정도) 이해	15분		
		문제 10	4	장문(1000자 정도) 이해	10분		
		문제 11	3	같은 주제의 두 가지 이상의 글을 읽고 비교 통합 이해	10분		
		문제 12	4	장문(1000자 정도의 논평 등) 이해	15분		
		문제 13	2	700자 정도의 글을 읽고 필요한 정보 찾기	10분		
청해 (65분)		문제 1	6	과제 해결에 필요한 정보를 듣고 나서 무엇을 해야 하는지 찾아내기	약 9분 (한 문항당 약 1분 30초)		청해는 총 65분 중에서 문제 푸는 시간은 대략 48분 정도가 될 것으로 예상한다. 나 머지 시간은 문제 설명과 연습 문제 풀이 시간이 될 것으로 예상한다. 즉시 응답 문제는 난이도가 그다지 어렵지 않을 것으로 예상하지만 통합 이해 문제는 긴 문장을 듣고 난 다음 그 내용을 비교하 며 문제를 풀어야 하므로 꽤 까다로운 문 제가 될 것이다. 평소에 뉴스 등을 들으면 서 전체 내용을 파악하는 훈련을 해 둔다 면 그다지 어렵지 않게 풀어 나갈 수 있을 것이다.
		문제 2	7	대화나 혼자 말하는 내용을 듣고 포인 트 파악하기	약 13분 25초 (한 문항당 약 1분 55초)		
		문제 3	6	내용 전체를 듣고 화자의 의도나 주장 이해하기	약 10분 (한 문항당 약 1분 40초)		
		문제 4	14	짧은 문장을 듣고 그에 맞는 적절한 응 답 찾기	약 9분 (한 문항당 약 1분 30초)		
		문제 5	4	다소 긴 내용을 듣고 복수의 정보를 비 교 통합하면서 내용 이해하기	약 7분 (한 문항당 약 30초)		

* 문제 수는 매회 시험에서 출제되는 대략적인 기준으로 실제 수는 다소 달라질 수 있습니다.

Part 1

JLPT N1

Part 1
문자·어휘

I 문제 유형 파악하기

1 問題 1 한자 읽기
2 問題 2 문맥 규정
3 問題 3 유의 표현
4 問題 4 용법

1 問題1 한자 읽기

🔖 문제 유형
언어지식 영역에서 문자·어휘에 해당하는 부분은 〈問題1〉 한자 읽기, 〈問題2〉 문맥 규정, 〈問題3〉 유의 표현, 〈問題4〉 용법이다. 올바른 발음을 묻는 〈問題1〉 한자 읽기 파트의 문제 유형을 살펴보자.

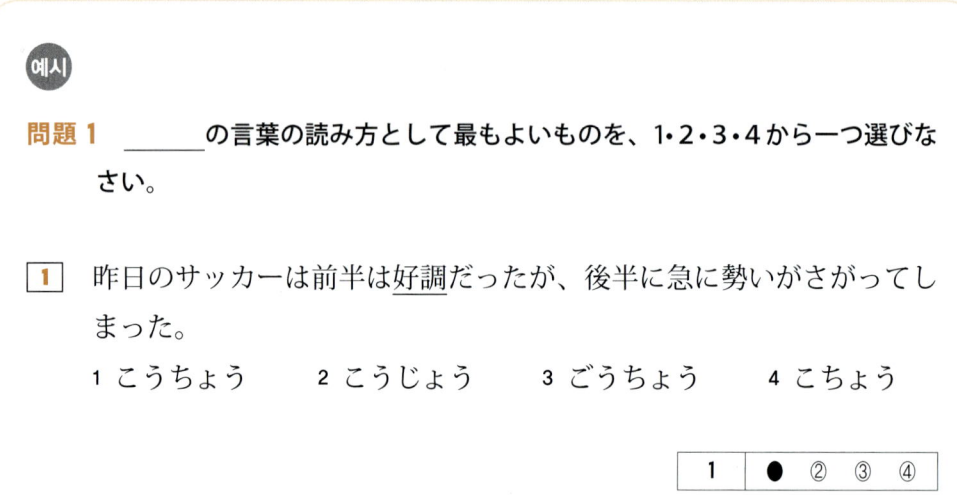

예시

問題 1　_____の言葉の読み方として最もよいものを、1・2・3・4から一つ選びなさい。

[1] 昨日のサッカーは前半は好調だったが、後半に急に勢いがさがってしまった。
　1 こうちょう　　2 こうじょう　　3 ごうちょう　　4 こちょう

| 1 | ● ② ③ ④ |

🔖 문제 풀이 포인트
한자 읽기 파트에서는 다음 두 가지를 기억하자.

① 2음절 이상의 한자어는 보통 '음독 + 음독' 혹은 '훈독 + 훈독'으로 구성된다. 따라서 '음독 + 훈독, 훈독 + 음독'의 혼용은 예외적인 경우이므로 반드시 암기하도록 하자.

② 동사의 훈독은 해당 어휘뿐만 아니라 그 동사와 호응하는 어휘 및 용례를 같이 기억하는 것이 좋다. 이를 통해 자연스럽게 문맥 규정 파트를 준비할 수 있다.

問題 1　한자 읽기 출제 예상 어휘

학습 포인트
2010년부터 출제된 N1 한자 읽기 파트의 기출 어휘를 정리하고, 출제 빈도에 따른 예상 어휘를 뽑았다. 출제 예상 1순위는 가장 많은 문제 수를 차지하는 2글자 한자어로 이루어진 명사이다. 2순위는 3, 4글자 한자어와 훈독명사, 3순위는 형용사, 부사, 동사로 구성되어 있다.

1: 2글자 명사

★ 표시는 기출 어휘입니다.

(あ)

□ 愛着 あいちゃく 애착 ★	□ 合間 あいま 틈, 짬	□ 斡旋 あっせん 알선
□ 暗示 あんじ 암시	□ 安静 あんせい 안정 ★	□ 安堵 あんど 안도, 안심 ★
□ 育成 いくせい 육성	□ 維持 いじ 유지	□ 移住 いじゅう 이주
□ 異色 いしょく 이색(적임) ★	□ 遺跡 いせき 유적	□ 依存 いぞん 의존 ★
□ 逸材 いつざい 뛰어난 인재 ★	□ 一掃 いっそう 일소(모조리 없앰) ★	□ 逸脱 いつだつ 일탈 ★
□ 一変 いっぺん 일변(완전히 바뀜)	□ 意欲 いよく 의욕 ★	□ 衣料 いりょう 의복의 재료, 의복
□ 威力 いりょく 위력	□ 衣類 いるい 의류	□ 異論 いろん 이론, 이의
□ 印鑑 いんかん 인감, 도장	□ 腕前 うでまえ 솜씨 ★	□ 裏腹 うらはら 정반대
□ 運搬 うんぱん 운반	□ 衛星 えいせい 위성	□ 閲覧 えつらん 열람 ★
□ 沿岸 えんがん 연안	□ 縁談 えんだん 혼담	□ 遠方 えんぽう 먼 곳
□ 御社 おんしゃ 귀사		

(か)

□ 海運 かいうん 해운	□ 外貨 がいか 외화	□ 貝殻 かいがら 조개껍데기
□ 外観 がいかん 외관	□ 階級 かいきゅう 계급	□ 回顧 かいこ 회고 ★
□ 改革 かいかく 개혁 ★	□ 開催 かいさい 개최	□ 改修 かいしゅう 개수, 수리

問題1 한자 읽기 출제 예상 어휘

- ☐ 開拓(かいたく) 개척 ★
- ☐ 該当(がいとう) 해당 ★
- ☐ 解剖(かいぼう) 해부
- ☐ 海流(かいりゅう) 해류
- ☐ 垣根(かきね) 울타리
- ☐ 革新(かくしん) 혁신
- ☐ 可決(かけつ) 가결 ★
- ☐ 家畜(かちく) 가축
- ☐ 合併(がっぺい) 합병 ★
- ☐ 貨幣(かへい) 화폐
- ☐ 眼球(がんきゅう) 안구
- ☐ 慣行(かんこう) 관행, 관례
- ☐ 監視(かんし) 감시
- ☐ 関税(かんぜい) 관세
- ☐ 元年(がんねん) 원년, 새로운 연호가 시작되는 해
- ☐ 慣用(かんよう) 관용
- ☐ 規格(きかく) 규격
- ☐ 議決(ぎけつ) 의결
- ☐ 犠牲(ぎせい) 희생
- ☐ 偽造(ぎぞう) 위조
- ☐ 規定(きてい) 규정
- ☐ 技能(ぎのう) 기능, 기량

- ☐ 改訂(かいてい) 개정 ★
- ☐ 介入(かいにゅう) 개입
- ☐ 解明(かいめい) 해명 ★
- ☐ 改良(かいりょう) 개량
- ☐ 格差(かくさ) 격차
- ☐ 拡張(かくちょう) 확장
- ☐ 加工(かこう) 가공 ★
- ☐ 合致(がっち) 합치
- ☐ 稼動(かどう) 가동 ★
- ☐ 加味(かみ) 가미
- ☐ 完結(かんけつ) 완결 ★
- ☐ 勧告(かんこく) 권고
- ☐ 観衆(かんしゅう) 관중
- ☐ 岩石(がんせき) 암석
- ☐ 官僚(かんりょう) 관료
- ☐ 基金(ききん) 기금
- ☐ 記述(きじゅつ) 기술
- ☐ 汽船(きせん) 증기선
- ☐ 議題(ぎだい) 의제
- ☐ 起点(きてん) 기점, 출발점
- ☐ 基盤(きばん) 기반 ★

- ☐ 街道(かいどう) 가도, 도로
- ☐ 海抜(かいばつ) 해발
- ☐ 回覧(かいらん) 회람
- ☐ 回路(かいろ) 회로
- ☐ 拡散(かくさん) 확산
- ☐ 獲得(かくとく) 획득
- ☐ 過疎(かそ) 과소
- ☐ 葛藤(かっとう) 갈등
- ☐ 花粉(かふん) 꽃가루
- ☐ 眼科(がんか) 안과
- ☐ 還元(かんげん) 환원 ★
- ☐ 換算(かんさん) 환산
- ☐ 願書(がんしょ) 원서
- ☐ 鑑定(かんてい) (가치 등의) 감정 ★
- ☐ 勧誘(かんゆう) 권유
- ☐ 緩和(かんわ) 완화 ★
- ☐ 喜劇(きげき) 희극
- ☐ 規制(きせい) 규제 ★
- ☐ 寄贈(きぞう) 기증
- ☐ 基調(きちょう) 기조, 기본 바탕 ★
- ☐ 軌道(きどう) 궤도 ★
- ☐ 逆転(ぎゃくてん) 역전

☐ 脚本(きゃくほん) 각본	☐ 救援(きゅうえん) 구원	☐ 究極(きゅうきょく) 궁극
☐ 急増(きゅうぞう) 급증	☐ 窮乏(きゅうぼう) 궁핍	☐ 究明(きゅうめい) (진상) 구명
☐ 丘陵(きゅうりょう) 구릉 ★	☐ 寄与(きよ) 기여 ★	☐ 起用(きよう) 기용 ★
☐ 驚異(きょうい) 경이	☐ 協議(きょうぎ) 협의	☐ 教訓(きょうくん) 교훈 ★
☐ 強行(きょうこう) 강행	☐ 凶作(きょうさく) 흉작	☐ 凝縮(ぎょうしゅく) 응축 ★
☐ 行政(ぎょうせい) 행정	☐ 驚嘆(きょうたん) 경탄 ★	☐ 協調(きょうちょう) 협조
☐ 郷土(きょうど) 향토	☐ 脅迫(きょうはく) 협박	☐ 極限(きょくげん) 극한
☐ 居住(きょじゅう) 거주	☐ 拒絶(きょぜつ) 거절	☐ 拠点(きょてん) 거점 ★
☐ 許容(きょよう) 허용	☐ 疑惑(ぎわく) 의혹	☐ 緊迫(きんぱく) 긴박 ★
☐ 緊密(きんみつ) 긴밀 ★	☐ 禁物(きんもつ) 금물 ★	☐ 勤労(きんろう) 근로
☐ 駆使(くし) 구사 ★	☐ 屈折(くっせつ) 굴절	☐ 工面(くめん) 자금 조달, 자금 형편 ★
☐ 軍艦(ぐんかん) 군함	☐ 群集(ぐんしゅう) 군집	☐ 群衆(ぐんしゅう) 군중 ★
☐ 経緯(けいい) 경위 ★	☐ 警戒(けいかい) 경계	☐ 契機(けいき) 계기, 동기
☐ 敬具(けいぐ) 경구, 편지 끝 인사말	☐ 軽減(けいげん) 경감	☐ 掲載(けいさい) 게재
☐ 傾斜(けいしゃ) 경사 ★	☐ 形成(けいせい) 형성	☐ 経費(けいひ) 경비
☐ 軽蔑(けいべつ) 경멸	☐ 経歴(けいれき) 경력 ★	☐ 劇団(げきだん) 극단
☐ 激励(げきれい) 격려	☐ 決意(けつい) 결의, 결심	☐ 結合(けつごう) 결합
☐ 決算(けっさん) 결산	☐ 家来(けらい) 하인, 종자	☐ 下痢(げり) 설사
☐ 言及(げんきゅう) 언급 ★	☐ 謙虚(けんきょ) 겸허	☐ 兼業(けんぎょう) 겸업
☐ 健在(けんざい) 건재	☐ 原作(げんさく) 원작	☐ 元首(げんしゅ) (국가의) 원수
☐ 厳正(げんせい) 엄정 ★	☐ 見地(けんち) 견지, 관점	☐ 限定(げんてい) 한정
☐ 減点(げんてん) 감점	☐ 原点(げんてん) 원점	☐ 原爆(げんばく) 원자폭탄

Part 1 문자·어휘 15

問題1 　한자 읽기 출제 예상 어휘

- ☐ 倹約 けんやく 절약
- ☐ 合意 ごうい 합의 ★
- ☐ 交易 こうえき 교역
- ☐ 合議 ごうぎ 합의, 의논
- ☐ 好況 こうきょう 호황
- ☐ 鉱業 こうぎょう 광업
- ☐ 貢献 こうけん 공헌 ★
- ☐ 交互 こうご 교호, 교차, 번갈아 함
- ☐ 耕作 こうさく 경작
- ☐ 交錯 こうさく 교착, 뒤섞임 ★
- ☐ 合成 ごうせい 합성
- ☐ 功績 こうせき 공적
- ☐ 抗争 こうそう 항쟁
- ☐ 構想 こうそう 구상
- ☐ 拘束 こうそく 구속
- ☐ 講読 こうどく 강독
- ☐ 購入 こうにゅう 구입
- ☐ 公認 こうにん 공인
- ☐ 荒廃 こうはい 황폐
- ☐ 興奮 こうふん 흥분 ★
- ☐ 公募 こうぼ 공모
- ☐ 考慮 こうりょ 고려 ★
- ☐ 護衛 ごえい 호위
- ☐ 枯渇 こかつ 고갈 ★
- ☐ 克服 こくふく 극복 ★
- ☐ 国防 こくぼう 국방
- ☐ 克明 こくめい 극명 ★
- ☐ 極楽 ごくらく 극락
- ☐ 語源 ごげん 어원
- ☐ 心得 こころえ 마음가짐
- ☐ 誤差 ごさ 오차
- ☐ 故人 こじん 고인
- ☐ 戸籍 こせき 호적
- ☐ 碁盤 ごばん 바둑판
- ☐ 根気 こんき 끈기
- ☐ 根拠 こんきょ 근거 ★
- ☐ 献立 こんだて 식단, 준비
- ☐ 根底 こんてい 밑바탕

(さ)

- ☐ 細菌 さいきん 세균
- ☐ 採掘 さいくつ 채굴
- ☐ 再建 さいけん 재건
- ☐ 財源 ざいげん 재원
- ☐ 在庫 ざいこ 재고 ★
- ☐ 採集 さいしゅう 채집
- ☐ 再生 さいせい 재생
- ☐ 財政 ざいせい 재정
- ☐ 栽培 さいばい 재배
- ☐ 債務 さいむ 채무 ★
- ☐ 差額 さがく 차액
- ☐ 削減 さくげん 삭감
- ☐ 錯誤 さくご 착오 ★
- ☐ 作戦 さくせん 작전
- ☐ 指図 さしず 지시, 지휘 ★
- ☐ 錯覚 さっかく 착각
- ☐ 殺菌 さっきん 살균 ★
- ☐ 殺人 さつじん 살인
- ☐ 雑談 ざつだん 잡담
- ☐ 察知 さっち 알아차림, 헤아림
- ☐ 作動 さどう 작동 ★

☐ 参上(さんじょう) 찾아 뵘	☐ 山腹(さんぷく) 산 중턱, 산허리	☐ 産物(さんぶつ) 산물
☐ 山脈(さんみゃく) 산맥	☐ 飼育(しいく) 사육	☐ 歯科(しか) 치과
☐ 指揮(しき) 지휘	☐ 磁器(じき) 자기	☐ 識別(しきべつ) 식별
☐ 死刑(しけい) 사형	☐ 嗜好(しこう) 기호(취향)	☐ 地獄(じごく) 지옥
☐ 資産(しさん) 자산	☐ 支持(しじ) 지지	☐ 自粛(じしゅく) 자숙 ★
☐ 支障(ししょう) 지장	☐ 辞職(じしょく) 사직	☐ 施設(しせつ) 시설
☐ 子息(しそく) 자식	☐ 持続(じぞく) 지속	☐ 失格(しっかく) 실격
☐ 質疑(しつぎ) 질의	☐ 実情(じつじょう) 실정 ★	☐ 実態(じったい) 실태 ★
☐ 失墜(しっつい) 실추	☐ 嫉妬(しっと) 질투	☐ 執筆(しっぴつ) 집필
☐ 辞任(じにん) 사임 ★	☐ 芝居(しばい) 연극, 연기	☐ 志望(しぼう) 지망
☐ 始末(しまつ) 경위, 결과, 전말	☐ 釈明(しゃくめい) 변명, 해명 ★	☐ 遮断(しゃだん) 차단
☐ 若干(じゃっかん) 약간	☐ 砂利(じゃり) 자갈	☐ 収益(しゅうえき) 수익
☐ 襲撃(しゅうげき) 습격	☐ 修士(しゅうし) 석사	☐ 従事(じゅうじ) 종사 ★
☐ 収集(しゅうしゅう) 수집	☐ 執着(しゅうちゃく) 집착 ★	☐ 修復(しゅうふく) 복원 ★
☐ 修了(しゅうりょう) 수료	☐ 手芸(しゅげい) 수공예	☐ 主権(しゅけん) 주권
☐ 取材(しゅざい) 취재	☐ 趣旨(しゅし) 취지	☐ 出費(しゅっぴ) 지출
☐ 守備(しゅび) 수비	☐ 樹木(じゅもく) 수목 ★	☐ 需要(じゅよう) 수요 ★
☐ 私用(しよう) 개인적인 볼일	☐ 仕様(しよう) 수단, 방법	☐ 消去(しょうきょ) 소거
☐ 衝撃(しょうげき) 충격	☐ 証拠(しょうこ) 증거 ★	☐ 照合(しょうごう) 대조하여 확인함
☐ 上昇(じょうしょう) 상승	☐ 昇進(しょうしん) 승진 ★	☐ 情勢(じょうせい) 정세
☐ 消息(しょうそく) 소식	☐ 承諾(しょうだく) 승낙 ★	☐ 象徴(しょうちょう) 상징
☐ 条約(じょうやく) 조약	☐ 除外(じょがい) 제외	☐ 職務(しょくむ) 직무

問題1 한자 읽기 출제 예상 어휘

- 諸君 しょくん 제군
- 書評 しょひょう 서평
- 仕業 しわざ 소행, 짓 ★
- 進呈 しんてい 진정, 진상(물건을 바침)
- 振動 しんどう 진동
- 侵略 しんりゃく 침략
- 推進 すいしん 추진
- 水田 すいでん 논
- 生計 せいけい 생계
- 制裁 せいさい 제재
- 清濁 せいだく 맑음과 흐림
- 征服 せいふく 정복
- 勢力 せいりょく 세력
- 世辞 せじ 비위를 맞추기 위한 말, 겉치레
- 折衷 せっちゅう 절충
- 全快 ぜんかい 완쾌
- 潜水 せんすい 잠수
- 占領 せんりょう 점령
- 操縦 そうじゅう 조종
- 装備 そうび 장비
- 率先 そっせん 솔선

- 所持 しょじ 소지
- 処分 しょぶん 처분
- 信仰 しんこう 신앙
- 進展 しんてん 진전
- 神秘 しんぴ 신비
- 診療 しんりょう 진료
- 推測 すいそく 추측
- 推理 すいり 추리 ★
- 政権 せいけん 정권
- 静止 せいし 정지 ★
- 制定 せいてい 제정
- 製法 せいほう 제조 방법
- 整列 せいれつ 정렬
- 切開 せっかい 절개
- 絶望 ぜつぼう 절망
- 戦災 せんさい 전쟁으로 인한 재난
- 前提 ぜんてい 전제
- 増強 ぞうきょう 증강
- 増進 ぞうしん 증진
- 阻止 そし 저지
- 損失 そんしつ 손실

- 処置 しょち 처치, 조치
- 庶民 しょみん 서민
- 審査 しんさ 심사
- 神殿 しんでん 신전
- 人脈 じんみゃく 인맥 ★
- 遂行 すいこう 수행 ★
- 衰退 すいたい 쇠퇴
- 崇拝 すうはい 숭배
- 星座 せいざ 별자리
- 成熟 せいじゅく 성숙
- 晴天 せいてん 맑게 갠 하늘
- 声明 せいめい 성명
- 責務 せきむ 책무
- 接触 せっしょく 접촉
- 世論 せろん 여론
- 専修 せんしゅう 전수, 한가지 학문이나 기술을 닦음
- 船舶 せんぱく 선박
- 総合 そうごう 통합, 종합 ★
- 相場 そうば 시세 ★
- 訴訟 そしょう 소송

(た)

- ☐ 大家(たいか) 대가 ★
- ☐ 退化(たいか) 퇴화
- ☐ 大金(たいきん) 거금
- ☐ 待遇(たいぐう) 대우
- ☐ 対抗(たいこう) 대항
- ☐ 退治(たいじ) 퇴치
- ☐ 大衆(たいしゅう) 대중
- ☐ 対談(たいだん) 대담
- ☐ 滞納(たいのう) 체납
- ☐ 対比(たいひ) 대비
- ☐ 打開(だかい) 타개
- ☐ 多岐(たき) 다방면, 여러 갈래 ★
- ☐ 打撃(だげき) 타격
- ☐ 妥結(だけつ) 타결, 타협
- ☐ 駄作(ださく) 졸작
- ☐ 打診(だしん) 타진 ★
- ☐ 脱退(だったい) 탈퇴
- ☐ 他方(たほう) 다른 방향, 한편
- ☐ 団結(だんけつ) 단결
- ☐ 断言(だんげん) 단언
- ☐ 治安(ちあん) 치안
- ☐ 蓄積(ちくせき) 축적
- ☐ 窒息(ちっそく) 질식
- ☐ 着目(ちゃくもく) 착목, 착안, 주목
- ☐ 着陸(ちゃくりく) 착륙
- ☐ 中枢(ちゅうすう) 중추 ★
- ☐ 抽選(ちゅうせん) 추첨 ★
- ☐ 中腹(ちゅうふく) 산 중턱
- ☐ 聴講(ちょうこう) 청강
- ☐ 挑戦(ちょうせん) 도전
- ☐ 調達(ちょうたつ) 조달 ★
- ☐ 直面(ちょくめん) 직면 ★
- ☐ 著書(ちょしょ) 저서
- ☐ 直感(ちょっかん) 직감
- ☐ 賃金(ちんぎん) 임금
- ☐ 沈没(ちんぼつ) 침몰
- ☐ 陳列(ちんれつ) 진열 ★
- ☐ 追及(ついきゅう) 추궁
- ☐ 追跡(ついせき) 추적
- ☐ 墜落(ついらく) 추락
- ☐ 手当(てあて) 수당
- ☐ 抵抗(ていこう) 저항
- ☐ 提示(ていじ) 제시
- ☐ 適性(てきせい) 적성
- ☐ 手際(てぎわ) 솜씨, 재주 ★
- ☐ 手順(てじゅん) 차례, 순서
- ☐ 撤回(てっかい) 철회 ★
- ☐ 鉄鋼(てっこう) 철강
- ☐ 手配(てはい) 준비, 수배
- ☐ 田園(でんえん) 전원
- ☐ 展開(てんかい) 전개 ★
- ☐ 転換(てんかん) 전환
- ☐ 天体(てんたい) 천체
- ☐ 転任(てんにん) 전임
- ☐ 添付(てんぷ) 첨부 ★
- ☐ 展望(てんぼう) 전망
- ☐ 動員(どういん) 동원
- ☐ 討議(とうぎ) 토의
- ☐ 同級(どうきゅう) 동급
- ☐ 動向(どうこう) 동향
- ☐ 倒産(とうさん) 도산
- ☐ 同志(どうし) 동지
- ☐ 踏襲(とうしゅう) 답습 ★

問題 1 한자 읽기 출제 예상 어휘

- ☐ 到達(とうたつ) 도달
- ☐ 統治(とうち) 통치
- ☐ 同調(どうちょう) 동조 ★
- ☐ 投入(とうにゅう) 투입
- ☐ 導入(どうにゅう) 도입
- ☐ 当人(とうにん) 당사자, 본인
- ☐ 同封(どうふう) 동봉
- ☐ 冬眠(とうみん) 동면
- ☐ 特産(とくさん) 특산
- ☐ 独占(どくせん) 독점
- ☐ 督促(とくそく) 독촉 ★
- ☐ 途上(とじょう) 도상
- ☐ 土台(どだい) 토대, 기초
- ☐ 特権(とっけん) 특권
- ☐ 土俵(どひょう) 씨름판
- ☐ 泥沼(どろぬま) 수렁

(な)

- ☐ 内閣(ないかく) 내각
- ☐ 内緒(ないしょ) 비밀
- ☐ 内心(ないしん) 마음속 ★
- ☐ 名残(なごり) 자취, 흔적
- ☐ 納得(なっとく) 납득
- ☐ 入手(にゅうしゅ) 입수 ★
- ☐ 認識(にんしき) 인식
- ☐ 忍耐(にんたい) 인내 ★
- ☐ 任務(にんむ) 임무
- ☐ 熱湯(ねっとう) 열탕, 끓는 물
- ☐ 年賀(ねんが) 연하(새해 축하)
- ☐ 念願(ねんがん) 염원 ★
- ☐ 燃焼(ねんしょう) 연소
- ☐ 念頭(ねんとう) 염두 ★
- ☐ 農耕(のうこう) 농경

(は)

- ☐ 把握(はあく) 파악 ★
- ☐ 配給(はいきゅう) 배급
- ☐ 廃止(はいし) 폐지
- ☐ 拝借(はいしゃく) 삼가 빌림
- ☐ 排除(はいじょ) 배제
- ☐ 賠償(ばいしょう) 배상
- ☐ 配布(はいふ) 배포 ★
- ☐ 敗北(はいぼく) 패배
- ☐ 倍率(ばいりつ) 배율
- ☐ 破棄(はき) 파기
- ☐ 迫害(はくがい) 박해
- ☐ 暴露(ばくろ) 폭로 ★
- ☐ 破損(はそん) 파손 ★
- ☐ 発芽(はつが) 발아, 싹이 틈
- ☐ 発散(はっさん) 발산 ★
- ☐ 抜粋(ばっすい) 발췌 ★
- ☐ 浜辺(はまべ) 해변
- ☐ 破裂(はれつ) 파열
- ☐ 判決(はんけつ) 판결
- ☐ 反射(はんしゃ) 반사
- ☐ 繁盛(はんじょう) 번성, 번창 ★

☐ はんしょく 繁殖 번식 ★	☐ ばんそう 伴奏 반주 ★	☐ はんてい 判定 판정
☐ ばんねん 晩年 만년, 노년, 늘그막	☐ はんらん 氾濫 범람	☐ ひかん 悲観 비관
☐ ひじゅう 比重 비중	☐ ひしょ 秘書 비서	☐ びしょう 微笑 미소
☐ ひってき 匹敵 필적	☐ ひとがら 人柄 인품	☐ ひとで 人出 나들이 인파 ★
☐ ひとで 人手 일손 ★	☐ びみょう 微妙 미묘	☐ ひめい 悲鳴 비명
☐ びりょう 微量 미량	☐ ひれい 比例 비례	☐ ひろう 披露 피로, 선보임 ★
☐ ひんぷ 貧富 빈부 ★	☐ ふうさ 封鎖 봉쇄	☐ ふうど 風土 풍토
☐ ふきょう 不況 불황	☐ ふくごう 複合 복합	☐ ふこく 布告 포고
☐ ぶじょく 侮辱 모욕	☐ ぶそう 武装 무장	☐ ふっきゅう 復旧 복구 ★
☐ ふっこう 復興 부흥 ★	☐ ぶっし 物資 물자	☐ ぶつぞう 仏像 불상
☐ ふっとう 沸騰 비등, 끓어오름	☐ ふにん 赴任 부임 ★	☐ ふはい 腐敗 부패
☐ ふび 不備 충분히 갖추지 않음 ★	☐ ふふく 不服 불복 ★	☐ ふへん 普遍 보편
☐ ふりょく 浮力 부력	☐ ふんがい 憤慨 분개	☐ ぶんさん 分散 분산
☐ ふんしつ 紛失 분실	☐ ふんとう 奮闘 분투	☐ ふんまつ 粉末 분말
☐ ぶんれつ 分裂 분열	☐ へいこう 並行 병행 ★	☐ へいこう 閉口 질림, 난처함
☐ へいさ 閉鎖 폐쇄	☐ ぼうか 防火 방화	☐ ほうかい 崩壊 붕괴
☐ ぼうがい 妨害 방해 ★	☐ ほうき 放棄 포기	☐ ほうけん 封建 봉건
☐ ほうさく 方策 방책	☐ ほうしゅう 報酬 보수	☐ ぼうぜん 呆然 망연함
☐ ぼうだい 膨大 방대 ★	☐ ほうち 放置 방치	☐ ぼうちょう 膨張 팽창
☐ ぼうとう 冒頭 서두, 도입부	☐ ぼうどう 暴動 폭동	☐ ほうにん 放任 방임
☐ ほうび 褒美 포상	☐ ほうふ 抱負 포부 ★	☐ ほおん 保温 보온
☐ ほかく 捕獲 포획	☐ ほきゅう 補給 보급	☐ ほきょう 補強 보강

問題1 한자 읽기 출제 예상 어휘

- 募金(ぼきん) 모금
- 捕鯨(ほげい) 포경, 고래잡이
- 舗装(ほそう) (길, 도로 등의) 포장
- 没収(ぼっしゅう) 몰수
- 発足(ほっそく) 발족, 출범 ★
- 没頭(ぼっとう) 몰두 ★
- 捕虜(ほりょ) 포로
- 本気(ほんき) 본심 ★
- 本筋(ほんすじ) 본론 ★
- 本場(ほんば) 본고장

(ま)

- 埋蔵(まいぞう) 매장
- 街角(まちかど) 길모퉁이
- 麻痺(まひ) 마비
- 満喫(まんきつ) 만끽
- 密集(みっしゅう) 밀집 ★
- 密度(みつど) 밀도
- 矛盾(むじゅん) 모순
- 名称(めいしょう) 명칭
- 名誉(めいよ) 명예 ★
- 目安(めやす) 기준, 목표 ★
- 免除(めんじょ) 면제 ★
- 盲点(もうてん) 맹점
- 網羅(もうら) 망라 ★
- 猛烈(もうれつ) 맹렬 ★
- 目録(もくろく) 목록
- 物事(ものごと) 매사
- 模範(もはん) 모범
- 模倣(もほう) 모방

(や)

- 躍進(やくしん) 약진 ★
- 由緒(ゆいしょ) 유서, 유래 ★
- 優位(ゆうい) 우위 ★
- 優越(ゆうえつ) 우월
- 有数(ゆうすう) 유수, 손꼽힘 ★
- 融通(ゆうずう) 융통(성)
- 夕闇(ゆうやみ) 땅거미
- 養護(ようご) 양호
- 様相(ようそう) 양상, 모양 ★
- 要望(ようぼう) 요망 ★
- 余暇(よか) 여가
- 余興(よきょう) 여흥
- 抑圧(よくあつ) 억압
- 抑制(よくせい) 억제
- 欲望(よくぼう) 욕망

(ら)

- 酪農(らくのう) 낙농
- 利益(りえき) 이익 ★
- 理屈(りくつ) 이치, 사리
- 利潤(りじゅん) 이윤
- 立方(りっぽう) 세제곱
- 略奪(りゃくだつ) 약탈

- ☐ 流通 유통
- ☐ 了承 승낙, 양해 ★
- ☐ 領土 영토
- ☐ 履歴 이력 ★
- ☐ 理論 이론
- ☐ 林業 임업
- ☐ 連携 제휴
- ☐ 連盟 연맹

(わ)

- ☐ 惑星 혹성, 행성
- ☐ 和風 일본풍, 일본식

問題 1 한자 읽기 연습문제 ①

해설편 8p

問題 1 ＿＿＿の言葉の読み方として最もよいものを、1・2・3・4から一つ選びなさい。

1　通勤時の迅速な乗降を可能にするため、この電車には扉がたくさんついている。
　　1　さっそく　　　2　じっそく　　　3　きゅうそく　　　4　じんそく

2　学校の名誉を失墜させたという理由で、彼は会合から除名された。
　　1　しっつい　　　2　しっさく　　　3　しっそく　　　　4　しったい

3　図書館で本の内容を吟味してから買うことにした。
　　1　きんみ　　　　2　ごんみ　　　　3　こんみ　　　　　4　ぎんみ

4　この薬はワクチンの副作用を緩和する働きがある。
　　1　えんわ　　　　2　かんわ　　　　3　しんわ　　　　　4　ちゅうわ

5　彼はまじめすぎて、融通が利かない。
　　1　ゆうつう　　　2　ゆうずう　　　3　ようつう　　　　4　ようずう

6　かつてはスポーツ万能だった彼女も、今はごく普通の家庭の主婦である。
　　1　まうのう　　　2　まんのう　　　3　ばうのう　　　　4　ばんのう

7　健康を保つには適度にエネルギーを消耗する必要がある。
　　1　しょもう　　　2　しょうもう　　3　しょこう　　　　4　しょうこう

8　参加者の思いがそのスローガンに凝縮されていた。
　　1　のしゅく　　　2　のうしゅく　　3　ぎしゅく　　　　4　ぎょうしゅく

9　現金輸送車から2億円を強奪した犯人が捕まった。
　　1　ごうだつ　　　2　ごうたつ　　　3　きょうだつ　　　4　きょうたつ

10　お配りした資料は、前年度の論文からの抜粋です。
　　1　ばっすい　　　2　ばっき　　　　3　ばっす　　　　　4　ばつぎ

問題1 한자 읽기 연습문제 ②

問題1 ＿＿＿の言葉の読み方として最もよいものを、1・2・3・4から一つ選びなさい。

1 彼は読書家だが、小説の類は一切読まない。
　1　いちせつ　　2　いちさい　　3　いつせつ　　4　いっさい

2 彼と二人きりになると沈黙が続いた。
　1　ちんむく　　2　ちんもく　　3　しんむく　　4　しんもく

3 その時代には信仰の自由が抑圧されていた。
　1　しんよう　　2　しんきょう　　3　しんよく　　4　しんこう

4 候補として出馬する以上、最善を尽くすべきである。
　1　こうほ　　2　ごほう　　3　おうぼ　　4　おうぼう

5 交流会では各国の代表が伝統芸能を披露した。
　1　ひろ　　2　はろ　　3　ひろう　　4　はろう

6 彼女は今年「飛躍が期待される新人」部門で1位に選ばれた。
　1　ひよう　　2　ひやく　　3　ひたく　　4　ひとう

7 大学の敷地内で熊が目撃され、警察が注意を呼びかけている。
　1　ふち　　2　ぶち　　3　しきち　　4　しきじ

8 火災保険料は課税所得金額から控除される。
　1　くうじょ　　2　くうじょう　　3　こうじょ　　4　こうじょう

9 火事が起こると、先生たちは混乱を抑えて、学生たちを外に出させた。
　1　こんらん　　2　こんなん　　3　ほんらん　　4　ほんなん

10 組合の要求を受け入れて、会社側は長時間労働を是正する約束をした。
　1　ぜせい　　2　ぜしょう　　3　しせい　　4　ししょう

問題1 한자 읽기 출제 예상 어휘

2: 3, 4글자 명사

★ 표시는 기출 어휘입니다.

- □ 感無量(かんむりょう) 감개무량
- □ 几帳面(きちょうめん) 꼼꼼함
- □ 嫌悪感(けんおかん) 혐오감 ★
- □ 公共性(こうきょうせい) 공공성
- □ 考古学(こうこがく) 고고학
- □ 香辛料(こうしんりょう) 향신료
- □ 誤作動(ごさどう) 오작동
- □ 骨董品(こっとうひん) 골동품
- □ 座談会(ざだんかい) 좌담회
- □ 参議院(さんぎいん) 참의원
- □ 時刻表(じこくひょう) 시각표
- □ 自然浄化(しぜんじょうか) 자연정화
- □ 自尊心(じそんしん) 자존심 ★
- □ 耳鼻科(じびか) 이비인후과
- □ 三味線(しゃみせん) 샤미센(일본 전통 현악기)
- □ 衆議院(しゅうぎいん) 중의원
- □ 従業員(じゅうぎょういん) 종업원
- □ 十字路(じゅうじろ) 사거리
- □ 小児科(しょうにか) 소아과
- □ 植民地(しょくみんち) 식민지
- □ 税務署(ぜいむしょ) 세무서
- □ 接続詞(せつぞくし) 접속사
- □ 先天的(せんてんてき) 선천적
- □ 多数決(たすうけつ) 다수결
- □ 蛋白質(たんぱくしつ) 단백질
- □ 聴診器(ちょうしんき) 청진기
- □ 配偶者(はいぐうしゃ) 배우자
- □ 不可欠(ふかけつ) 불가결
- □ 不景気(ふけいき) 불경기
- □ 文化財(ぶんかざい) 문화재
- □ 放射能(ほうしゃのう) 방사능
- □ 無邪気(むじゃき) 순진함
- □ 無茶苦茶(むちゃくちゃ) 터무니없음, 엉망임
- □ 猛反対(もうはんたい) 맹렬한 반대 ★
- □ 類似性(るいじせい) 유사성

3: 훈독 명사

- □ 意気込(いきご)み 기세, 마음가짐(각오) ★
- □ 憤(いきどお)り 분노 ★
- □ 憩(いこ)い 휴식 ★
- □ 枝(えだ) 가지 ★
- □ 沖(おき) 먼 바다
- □ 表向(おもてむ)き 표면상, 겉으로는
- □ 兆(きざ)し 조짐, 징조 ★
- □ 口出(くちだ)し 말참견 ★
- □ 心当(こころあ)たり 짐작가는 것 ★
- □ 心構(こころがま)え 마음가짐, 각오 ★
- □ 先行(さきゆ)き 전망, 앞날
- □ 霜(しも) 서리
- □ 政府筋(せいふすじ) 정부 소식통
- □ 魂(たましい) 혼
- □ 翼(つばさ) 날개

- ☐ 強^{つよ}み 강점, 강도 ★
- ☐ 手立^{てだ}て 방법, 수단 ★
- ☐ 取^とり扱^{あつか}い 취급
- ☐ 苗^{なえ} 모종
- ☐ 端^{はし} 가장자리
- ☐ 裸^{はだか} 알몸
- ☐ 鉢^{はち} 화분, 주발
- ☐ 踏^ふみ場^ば 발디딜 곳
- ☐ 見込^{みこ}み 전망 ★
- ☐ 源^{みなもと} 근원
- ☐ 紫^{むらさき} 보라색
- ☐ 芽^め 싹
- ☐ 枠^{わく} 틀, 테두리 ★

問題 1 한자 읽기 연습문제 ③

해설편 12p

問題1 ＿＿＿の言葉の読み方として最もよいものを、1・2・3・4から一つ選びなさい。

1　長雨の影響で野菜が<u>品薄</u>になっている。
　1　ひんうす　　　2　しなうす　　　3　ひんはく　　　4　しなはく

2　この小説はハリウッド映画とのストーリーの<u>類似性</u>で、盗作容疑を受けた。
　1　るいいせい　　2　るいじせい　　3　るいいしょう　4　るいひしょう

3　手元に<u>小銭</u>が多くなり、紙幣に両替した。
　1　こざら　　　　2　ことり　　　　3　こぜに　　　　4　こいし

4　駅員が「発車<u>間際</u>のご乗車は危険ですので、ご遠慮ください」とアナウンスした。
　1　かんさい　　　2　まさい　　　　3　かんぎわ　　　4　まぎわ

5　今日の<u>献立</u>は旬のものを使っています。
　1　けんだて　　　2　けんりつ　　　3　こんだて　　　4　こんりつ

6　日が暮れると<u>夕闇</u>が静かに降り始めた。
　1　ゆうかけ　　　2　ゆうやみ　　　3　ゆうがた　　　4　ゆうやけ

7　私たちの<u>立場</u>も理解してほしい。
　1　りつば　　　　2　りつじょう　　3　たちば　　　　4　たちじょう

8　夕方、<u>浜辺</u>を散策しながら、音楽を聞くのが日課です。
　1　ひょうがた　　2　はまべ　　　　3　はまべん　　　4　ひょうかた

9　預金の<u>残高</u>を確かめた。
　1　せんこう　　　2　ぜんこう　　　3　ざんたか　　　4　ざんだか

10　彼は<u>批評家</u>として有名だ。
　1　ひへいか　　　2　ひべいか　　　3　ひひょうか　　4　ひびょうか

問題1 한자 읽기 연습문제 ④

해설편 13p

問題1 ＿＿＿の言葉の読み方として最もよいものを、1・2・3・4から一つ選びなさい。

① 彼は気が利かない人なので、なぜパーティーがこんな雰囲気になったか把握できない。
　　1　はあく　　　2　ひあく　　　3　はかく　　　4　ひかく

② 口先だけではなく、率先して行動するべきだ。
　　1　りっせん　　2　そっせん　　3　そうせん　　4　しょせん

③ 詳細についてはホームページをご覧ください。
　　1　しょうせい　2　しょうさい　3　しょせい　　4　しょさい

④ 世紀末の兆しが続けて現れている。
　　1　きざし　　　2　きさし　　　3　ちさし　　　4　ちらし

⑤ 忙しくて仕事の合間に一服する時間もない。
　　1　あいもん　　2　すきま　　　3　ごうま　　　4　あいま

⑥ 人口は都市の規模をはかる目安だ。
　　1　くあん　　　2　めあん　　　3　もくやす　　4　めやす

⑦ 不景気のせいか売り上げがよくない。
　　1　こうけいき　2　ふきょうぎ　3　ふけいき　　4　ふきょうき

⑧ 補助金は公共性の高い事業に支給される。
　　1　きょうこうしょう　2　こうきょうしょう　3　きょうこうせい　4　こうきょうせい

⑨ 攻撃の要となる選手が欠場した。
　　1　かなめ　　　2　ふしめ　　　3　つぼ　　　　4　よう

⑩ この施設は手薄な警備が問題として指摘されている。
　　1　しゅはく　　2　てうす　　　3　てはく　　　4　てがる

Part 1 문자·어휘　29

問題 1 한자 읽기 출제 예상 어휘

4: な형용사

★ 표시는 기출 어휘입니다.

- ☐ 陰気(いんき)な 음침한, 침울한
- ☐ 円滑(えんかつ)な 원활한 ★
- ☐ 愚(おろ)かな 어리석은 ★
- ☐ 画一的(かくいつてき)な 획일적인 ★
- ☐ 簡易(かんい)な 간이한(간단하고 쉬운)
- ☐ 肝心(かんじん)な 중요한 ★
- ☐ 閑静(かんせい)な 한가하고 고요한
- ☐ 簡素(かんそ)な 간소한 ★
- ☐ 強烈(きょうれつ)な 강렬한
- ☐ 勤勉(きんべん)な 근면한
- ☐ 顕著(けんちょ)な 현저한 ★
- ☐ 賢明(けんめい)な 현명한
- ☐ 豪快(ごうかい)な 호쾌한 ★
- ☐ 広大(こうだい)な 광대한 ★
- ☐ 好調(こうちょう)な 순조로운
- ☐ 巧妙(こうみょう)な 교묘한 ★
- ☐ 克明(こくめい)な 극명한 ★
- ☐ 些細(ささい)な 사소한, 시시한 ★
- ☐ 残酷(ざんこく)な 잔혹한
- ☐ 質素(しっそ)な 검소한 ★
- ☐ 柔軟(じゅうなん)な 유연한 ★
- ☐ 詳細(しょうさい)な 상세한 ★
- ☐ 迅速(じんそく)な 신속한
- ☐ 健(すこ)やかな 건강한, 건전한 ★
- ☐ 精巧(せいこう)な 정교한
- ☐ 誠実(せいじつ)な 성실한
- ☐ 清純(せいじゅん)な 청순한
- ☐ 盛大(せいだい)な 성대한 ★
- ☐ 静的(せいてき)な 정적인
- ☐ 精密(せいみつ)な 정밀한
- ☐ 絶大(ぜつだい)な 절대적인 ★
- ☐ 早急(そう/さっきゅう)な 매우 급한, 조속한
- ☐ 壮大(そうだい)な 장대한 ★
- ☐ 素朴(そぼく)な 소박한
- ☐ 怠慢(たいまん)な 태만한
- ☐ 多角的(たかくてき)な 다각적인
- ☐ 達者(たっしゃ)な 능숙한
- ☐ 多忙(たぼう)な 대단히 바쁜
- ☐ 端的(たんてき)な 단적인 ★
- ☐ 忠実(ちゅうじつ)な 충실한
- ☐ 重宝(ちょうほう)な 귀한, 편리한
- ☐ 著名(ちょめい)な 저명한
- ☐ 痛切(つうせつ)な 절실한, 사무치는
- ☐ 手薄(てうす)な 허술한 ★
- ☐ 鈍感(どんかん)な 둔감한
- ☐ 薄弱(はくじゃく)な 박약한
- ☐ 華(はな)やかな 화려한 ★
- ☐ 煩雑(はんざつ)な 번잡한 ★
- ☐ 平等(びょうどう)な 평등한
- ☐ 貧困(ひんこん)な 빈곤한
- ☐ 貧弱(ひんじゃく)な 빈약한
- ☐ 頻繁(ひんぱん)な 빈번한 ★
- ☐ 不吉(ふきつ)な 불길한
- ☐ 不順(ふじゅん)な 불순한 ★
- ☐ 不審(ふしん)な 수상한 ★
- ☐ 不当(ふとう)な 부당한 ★

5: い형용사

- ☐ 淡(あわ)い 진하지 않다 ★
- ☐ 潔(いさぎよ)い 맑고 깨끗하다 ★
- ☐ 疎(うと)い 서먹하다, (사정에) 어둡다
- ☐ 賢(かしこ)い 현명하다 ★
- ☐ 心地(ここち)よい 기분 좋다 ★
- ☐ 心強(こころづよ)い 든든하다
- ☐ 素早(すばや)い 재빠르다 ★
- ☐ 切(せつ)ない 괴롭다, 안타깝다
- ☐ 尊(とうと)い 귀중하다, 소중하다 ★
- ☐ 乏(とぼ)しい 부족하다, 결핍되다
- ☐ 情(なさ)けない 한심하다 ★
- ☐ 名高(なだか)い 유명하다
- ☐ 悩(なや)ましい 괴롭다 ★
- ☐ 華々(はなばな)しい 화려하다 ★
- ☐ 幅広(はばひろ)い 폭넓다 ★
- ☐ 紛(まぎ)らわしい 헷갈리기 쉽다 ★
- ☐ 待(ま)ち遠(どお)しい 몹시 기다려지다
- ☐ 目覚(めざ)ましい 눈부시다, 놀랍다 ★

6: 부사

- ☐ 幾多(いくた) 수많은
- ☐ 一様(いちよう)に 한결같이
- ☐ 一律(いちりつ)に 일률적으로 ★
- ☐ 一気(いっき)に 단숨에, 단번에
- ☐ 一挙(いっきょ)に 일거에, 단번에
- ☐ 一心(いっしん)に 전념하여
- ☐ 極(きわ)めて 지극히, 매우 ★
- ☐ 故意(こい)に 고의로 ★
- ☐ 随時(ずいじ) 수시로, 그때그때 ★
- ☐ 整然(せいぜん)と 정연하게
- ☐ 断然(だんぜん) 단연(코)
- ☐ 適宜(てきぎ) 적당히, 알아서
- ☐ 堂々(どうどう)と 당당하게
- ☐ 日夜(にちや) 밤낮, 늘, 언제나 ★
- ☐ 漠然(ばくぜん)と 막연하게 ★
- ☐ 人一倍(ひといちばい) 갑절로, 두배로 ★
- ☐ 無性(むしょう)に 까닭 없이, 공연히, 몹시

> 問題1　한자 읽기 출제 예상 어휘

7. 동사

★ 표시는 기출 어휘입니다.

☐ 欺く 속이다, 기만하다	☐ 当てはめる 맞추다, 적용하다 ★	☐ 操る 다루다, 조작하다
☐ 誤る 실패하다, 실수하다	☐ 改まる 새로워지다, 개선되다	☐ 憤る 분노하다 ★
☐ 偽る 속이다 ★	☐ 挑む 도전하다, 맞서다	☐ 否む 부정하다 ★
☐ 奪う 빼앗다	☐ 潤う 축축해지다, 풍부해지다 ★	☐ 老いる 늙다, 나이 먹다
☐ 侵す 침범하다, 침해하다	☐ 果たす 다하다, 완수하다	☐ 怠る 게을리하다 ★
☐ 惜しむ 아까워하다	☐ 襲う 습격하다, 덮치다	☐ 訪れる 방문하다
☐ 劣る (능력 등이) 뒤떨어지다	☐ 衰える 쇠약해지다, 쇠퇴하다	☐ 帯びる (몸에) 차다, 달다 ★
☐ 抱える 안다, 맡다	☐ 輝く 빛나다	☐ 欠く 빠뜨리다, 결여하다
☐ 傾ける 기울이다	☐ 偏る 기울다, 치우치다 ★	☐ 叶う 이루어지다 ★
☐ 絡む 휘감기다, 얽히다 ★	☐ 交わす 주고받다	☐ 築く 쌓다, 구축하다 ★
☐ 鍛える 단련하다, 훈련하다	☐ 極める 한도에 이르다, 더없이 ~하다 ★	
☐ 覆す 뒤엎다 ★	☐ 満たす 채우다, 충족시키다	☐ 試みる 시도하다
☐ 壊す 부수다 ★	☐ 授ける 하사하다 ★	☐ 定める 정하다
☐ 強いる 강요하다, 강제하다	☐ 慕う 그리워하다, 연모하다 ★	☐ 締める 죄다, 졸라매다 ★
☐ 廃れる 쓸모없게 되다 ★	☐ 済ます 끝내다, 마치다	☐ 損なう 부수다, 망가뜨리다 ★
☐ 背く 등지다, 위반하다	☐ 絶える 멎다, 끊기다	☐ 耐える 참다, 견디다 ★
☐ 携わる 관계하다, 관여하다 ★	☐ 尽くす 다하다, 진력을 다하다 ★	☐ 繕う 수선하다, 고치다
☐ 貫く 꿰뚫다, 관철하다 ★	☐ 説く 설명하다, 설득하다	☐ 研ぐ 갈다, (곡물을) 물에 씻다
☐ 遂げる 이루다, 달성하다 ★	☐ 整える 정돈하다, 조정하다	☐ 唱える 외치다, 주창하다 ★
☐ 伴う 동반하다	☐ 慰める 위로하다, 달래다 ★	☐ 嘆く 한탄하다, 슬퍼하다

□ 担(にな)う 짊어지다, (책임 등을) 떠맡다 ★	□ 妬(ねた)む 질투하다, 시샘하다	□ 練(ね)る (계획을) 짜다, 반죽하다 ★
□ 逃(のが)す 놓아주다, 놓치다	□ 励(はげ)む 힘쓰다, 노력하다 ★	□ 外(はず)す 떼다, 제외하다
□ 省(はぶ)く 생략하다	□ 率(ひき)いる 거느리다, 통솔하다	□ 膨(ふく)れる 부풀다
□ 賄(まかな)う 꾸리다, 조달하다	□ 紛(まぎ)れる 뒤섞이다 ★	□ 免(まぬか)れる 면하다, 벗어나다
□ 乱(みだ)れる 흐트러지다, 혼란해지다	□ 導(みちび)く 인도하다, 이끌다	□ 認(みと)める 인정하다, 인지하다
□ 巡(めぐ)る 돌다, 순환하다 ★	□ 求(もと)める 바라다, 요청하다	□ 催(もよお)す 시행하다, 베풀다 ★
□ 養(やしな)う 양육하다, 부양하다	□ 揺(ゆ)らぐ 흔들리다	

問題1 한자 읽기 연습문제 ⑤

해설편 15p

問題1 ＿＿＿の言葉の読み方として最もよいものを、1・2・3・4から一つ選びなさい。

1 インタビューを受ける監督の顔には、優勝の喜びが滲んでいた。
　1 にじんで　　2 ひそんで　　3 からんで　　4 ほころんで

2 食べ物は賞味期限が過ぎると風味が損なわれてしまう。
　1 そんなわれて　2 そこなわれて　3 まかわれて　4 うしなわれて

3 取引先が不況により経営難に陥った。
　1 とどまった　2 とびちった　3 みなぎった　4 おちいった

4 この野球部は60年の栄光に輝いた歴史を誇っている。
　1 きらめいた　2 つらぬいた　3 みちびいた　4 かがやいた

5 入学式では新入生代表が誓いの言葉を述べた。
　1 ちかい　　2 いこい　　3 つどい　　4 うれい

6 他人の成功や幸せを快く思わない人もいる。
　1 ここちよく　2 きもちよく　3 こころよく　4 いさぎよく

7 緑は人々の生活に安らぎと潤いを与え、快適な環境づくりに欠かせないものである。
　1 うるおい　2 やしない　3 うやまい　4 さまよい

8 話し合いは終始和やかな雰囲気で行われた。
　1 はなやかな　2 おだやかな　3 なごやかな　4 さわやかな

9 これ以上耐え続けるのは不可能である。
　1 そえ　　2 たえ　　3 かかえ　　4 こたえ

10 夕空は緩やかに赤から紫に変わっていった。
　1 しとやか　2 すこやか　3 ゆるやか　4 さわやか

問題 1 한자 읽기 연습문제 ⑥

問題 1 ＿＿＿の言葉の読み方として最もよいものを、1・2・3・4から一つ選びなさい。

1 災害の防止のためには、徹底した対策を施す体制を構築するのが大事である。
   1　ほどこす　　　2　こなす　　　3　さとす　　　4　そらす

2 彼はリーダーとしての資質が乏しい。
   1　とぼしい　　　2　まずしい　　　3　きびしい　　　4　いやらしい

3 この国の経済はここ数年で著しい発展を遂げた。
   1　あさましい　　　2　おびただしい　　　3　いちじるしい　　　4　めざましい

4 落ち込んでいる友人に励ましの言葉をかけた。
   1　はげまし　　　2　のぞまし　　　3　なぐさまし　　　4　なやまし

5 彼らに反省を促した。
   1　たした　　　2　うながした　　　3　ただした　　　4　もよおした

6 今日は仕事が捗った。
   1　とどこおった　　　2　はかどった　　　3　かたよった　　　4　さかのぼった

7 宗教の起源は太古まで遡る。
   1　さだめる　　　2　さかのぼる　　　3　ささげる　　　4　さしつかえる

8 両国首脳はそれぞれの関心事について意見を交わした。
   1　まじわした　　　2　たたかわした　　　3　こうした　　　4　かわした

9 彼は、今大きな問題を抱えている。
   1　かかえて　　　2　あたえて　　　3　ささえて　　　4　そなえて

10 賛成と答えた人が8割以上を占めた。
   1　どとめた　　　2　ふくめた　　　3　しめた　　　4　もめた

問題1 한자 읽기 기출 어휘

학습 포인트

2010년부터 최근까지의 〈問題1〉 한자 읽기 파트 연도별 기출 어휘이다. N1에 나오는 어휘의 수준을 가늠할 수 있으며, 시험에 자주 나오는 필수 어휘이므로 반드시 암기하도록 하자.

● 2022

- ☐ 慕う(した) 따르다, 뒤를 좇다
- ☐ 施錠(せじょう) 자물쇠를 채움
- ☐ 忠告(ちゅうこく) 충고
- ☐ 沈下(ちんか) 침하, 가라앉음
- ☐ 阻む(はば) 방해하다, 저지하다, 막다
- ☐ 勇敢(ゆうかん) 용감

● 2021

- ☐ 遺憾(いかん) 유감
- ☐ 憤り(いきどお) 분노, 분개
- ☐ 緊迫(きんぱく) 긴박
- ☐ 枯渇(こかつ) 고갈
- ☐ 克明(こくめい) 극명
- ☐ 心遣い(こころづか) 마음 씀씀이
- ☐ 錯覚(さっかく) 착각
- ☐ 治癒(ちゆ) 치유
- ☐ 尊い(とうと) 귀중하다, 소중하다
- ☐ 慰める(なぐさ) 위로하다
- ☐ 貧富(ひんぷ) 빈부
- ☐ 閉鎖(へいさ) 폐쇄

● 2020

- ☐ 促す(うなが) 재촉하다
- ☐ 干渉(かんしょう) 간섭
- ☐ 巧妙(こうみょう) 교묘
- ☐ 振興(しんこう) 진흥
- ☐ 措置(そち) 조치
- ☐ 粘る(ねば) 끈덕지게 버티다

● 2019

- ☐ 潔い(いさぎよ) 깨끗이, 떳떳이
- ☐ 崩れる(くず) 무너지다
- ☐ 砕ける(くだ) 부서지다
- ☐ 貢献(こうけん) 공헌
- ☐ 克服(こくふく) 극복
- ☐ 債務(さいむ) 채무

- ☐ 執着(しゅうちゃく) 집착
- ☐ 映える(はえる) 빛나다, 비치다
- ☐ 繁殖(はんしょく) 번식
- ☐ 披露(ひろう) 피로, 선보임
- ☐ 猛烈(もうれつ) 맹렬(정도가 심함)
- ☐ 履歴(りれき) 이력

● 2018

- ☐ 偽り(いつわり) 거짓말, 허구
- ☐ 戒める(いましめる) 훈계하다, 금지하다
- ☐ 回顧(かいこ) 회고, 회상
- ☐ 丘陵(きゅうりょう) 구릉, 언덕
- ☐ 驚嘆(きょうたん) 경탄, 놀람
- ☐ 嫌悪感(けんおかん) 혐오감
- ☐ 豪快(ごうかい) 호쾌
- ☐ 自粛(じしゅく) 자숙
- ☐ 募る(つのる) 점점 심해지다, 모으다
- ☐ 滞る(とどこおる) 정체하다, 막히다
- ☐ 忍耐(にんたい) 인내
- ☐ 膨大(ぼうだい) 방대

● 2017

- ☐ 潤す(うるおす) 윤택하게 하다, 축이다
- ☐ 怠る(おこたる) 게을리하다
- ☐ 開拓(かいたく) 개척
- ☐ 傾斜(けいしゃ) 경사
- ☐ 指図(さしず) 지시
- ☐ 殺菌(さっきん) 살균
- ☐ 託す(たくす) 맡기다
- ☐ 暴露(ばくろ) 폭로
- ☐ 阻む(はばむ) 방해하다
- ☐ 復興(ふっこう) 부흥
- ☐ 巡り(めぐり) 순회
- ☐ 了承(りょうしょう) 납득함, 양해

● 2016

- ☐ 賢い(かしこい) 현명하다
- ☐ 偏る(かたよる) 기울다, 치우치다
- ☐ 鑑定(かんてい) 감정
- ☐ 顕著な(けんちょな) 현저한
- ☐ 樹木(じゅもく) 수목
- ☐ 人脈(じんみゃく) 인맥
- ☐ 廃れる(すたれる) 쇠퇴하다
- ☐ 相場(そうば) 시세
- ☐ 多岐(たき) 여러 갈래, 다방면
- ☐ 蓄える(たくわえる) 모아두다, 비축하다
- ☐ 陳列(ちんれつ) 진열
- ☐ 華やかな(はなやかな) 화려한

問題1 한자 읽기 기출 어휘

● 2015

□ 値^{あたい}する 가치가 있다	□ 淡^{あわ}い 옅은, 희미한	□ 画一的^{かくいつてき} 획일적
□ 慕^{した}う 그리워하다	□ 承諾^{しょうだく} 승낙	□ 随時^{ずいじ} 수시, 그때그때
□ 添付^{てんぷ} 첨부	□ 唱^{とな}える 외치다, 주창하다	□ 励^{はげ}む 힘쓰다, 노력하다
□ 破損^{はそん} 파손	□ 変遷^{へんせん} 변천	

● 2014

□ 否^{いな}む 거절하다, 부정하다	□ 概略^{がいりゃく} 대략	□ 凝縮^{ぎょうしゅく} 응축
□ 厳正^{げんせい} 엄정	□ 拒^{こば}む 거부하다, 저지하다	□ 遂行^{すいこう} 수행
□ 健^{すこ}やか 건강함, 건전함	□ 漂^{ただよ}う 떠돌다, 감돌다	□ 中枢^{ちゅうすう} 중추
□ 督促^{とくそく} 독촉	□ 臨^{のぞ}む 임하다	□ 躍進^{やくしん} 약진

● 2013

□ 跡地^{あとち} 철거지, 유적	□ 憤^{いきどお}り 분노	□ 憩^{いこ}い 휴식
□ 愚^{おろ}かな 어리석은	□ 緩和^{かんわ} 완화	□ 巧妙^{こうみょう}な 교묘한
□ 趣旨^{しゅし} 취지	□ 需要^{じゅよう} 수요	□ 貫^{つらぬ}く 관철하다
□ 日夜^{にちや} 밤낮, 항상	□ 把握^{はあく} 파악	□ 貧富^{ひんぷ} 빈부

2012

- 改革(かいかく) 개혁
- 覆す(くつがえす) 뒤엎다
- 群衆(ぐんしゅう) 군중
- 克明な(こくめいな) 극명한
- 心地よい(ここちよい) 기분이 상쾌하다
- 費やす(ついやす) 소비하다
- 手際(てぎわ) 솜씨, 재주
- 踏襲(とうしゅう) 답습
- 名誉(めいよ) 명예
- 網羅(もうら) 망라
- 由緒(ゆいしょ) 유서, 내력
- 枠(わく) 테두리

2011

- 閲覧(えつらん) 열람
- 合併(がっぺい) 합병
- 肝心(かんじん) 중요함
- 兆し(きざし) 조짐, 징조
- 考慮(こうりょ) 고려
- 根拠(こんきょ) 근거
- 鈍る(にぶる) 둔해지다
- 逃れる(のがれる) 달아나다, 벗어나다
- 漠然(ばくぜん) 막연함
- 利益(りえき) 이익

2010

- 潤う(うるおう) 축축해지다, 윤택해지다
- 極めて(きわめて) 지극히
- 契約(けいやく) 계약
- 壊す(こわす) 파괴하다, 부수다
- 締める(しめる) (바싹) 조이다
- 推理(すいり) 추리
- 手薄な(てうすな) 허술한, 불충분한
- 練る(ねる) (계획을) 짜다, 반죽하다
- 華々しい(はなばなしい) 화려하다
- 繁盛(はんじょう) 번성
- 伴奏(ばんそう) 반주
- 本筋(ほんすじ) 본론

問題1 한자 읽기 연습문제 ⑦

해설편 18p

問題1 ＿＿＿の言葉の読み方として最もよいものを、1・2・3・4から一つ選びなさい。

1 写真の件は、すでに了承を得ています。
　1　ろうしゅう　　2　りょうしゅう　　3　ろうしょう　　4　りょうしょう

2 彼女は話に偽りが多くてあまり信用できない。
　1　あせり　　2　いつわり　　3　へだたり　　4　かたより

3 弱点を克服しようとする努力が自分を変える。
　1　こうふく　　2　かくふく　　3　かいふく　　4　こくふく

4 なぜか勝敗に執着するようになった。
　1　しちゃく　　2　しゅうちゃく　　3　しゅちゃく　　4　しっちゃく

5 彼は人の過ちを暴露するタイプだ。
　1　ばくろう　　2　ばくろ　　3　ぼうろ　　4　ぼうろう

6 彼女は自分の夢のため、潔く会社を辞めた。
　1　わずらわしく　　2　はなばなしく　　3　いさぎよく　　4　こころよく

7 いくら仲が良く見えても、仲間の昇進は妬むしかない。
　1　ねたむ　　2　いどむ　　3　からむ　　4　いなむ

8 もう少し淡い感じを出していただけませんか。
　1　あさい　　2　はかない　　3　あわい　　4　きよい

9 問題が発生したメーカーに対して、厳しい措置がとられました。
　1　しょうち　　2　そうち　　3　そち　　4　しょち

10 その俳優は実際の性格とは裏腹に、冷静で落ち着いた役だけを演じる。
　1　りふく　　2　うらぎり　　3　うらはら　　4　うらふく

問題 1 한자 읽기 연습문제 ⑧

問題 1 ＿＿＿の言葉の読み方として最もよいものを、1・2・3・4から一つ選びなさい。

1 現代の医療技術の進歩には驚嘆するしかない。
　1　かんたん　　2　きょうたん　　3　かんがく　　4　きょうがく

2 町はずれの丘陵で羊が草を食べているのが見える。
　1　きゅうれい　2　くれい　　　　3　きゅうりょう　4　くりょう

3 まじめに努力すればいつかは幸運が巡ってくる。
　1　まわって　　2　おそって　　　3　せまって　　4　めぐって

4 はじめに報告書の概略を説明します。
　1　がいよう　　2　がいりゃく　　3　がいかん　　4　がいかつ

5 金の相場は大体安定している。
　1　しょうじょう　2　しょうば　　3　そうじょう　4　そうば

6 流行はいつかは廃れるものだ。
　1　すたれる　　2　さびれる　　　3　こわれる　　4　たおれる

7 栄養が偏ると健康に問題が起きる。
　1　なくなる　　2　かたよる　　　3　ながれる　　4　ふさがる

8 アルバイトは随時募集しています。
　1　ざんじ　　　2　りんじ　　　　3　じょうじ　　4　ずいじ

9 最近の画一的な教育には問題が多い。
　1　かくいつてき　2　がいつてき　3　かくいちてき　4　がいちてき

10 この問題に対しては厳正に中立を守ります。
　1　げんぜい　　2　げんせい　　　3　がんしょう　4　がんじょう

2: 問題 2 문맥 규정

문제 유형
괄호에 들어갈 알맞은 어휘를 문장 흐름에 맞게 고르는 문제이다.

> **예시**
>
> 問題 2 （　　　）に入れるのに最もよいものを、1・2・3・4から一つ選びなさい。
>
> ７　結論だけを言えばいいのに、過程を(　　　)話す。
> 　　1 延々と　　　　2 堂々と　　　　3 続々と　　　　4 着々と
>
> | 7 | ● | ② | ③ | ④ |

문제 풀이 포인트
문맥 규정 파트에서 문제가 어렵게 느껴진다면 선택지에 나온 단어를 괄호에 대입하여 해석해 보자. 선택지 단어를 하나씩 넣고 해석하다 보면 문장 흐름에 맞는 단어를 찾을 수 있을 것이다.

問題 2 문맥 규정 출제 예상 어휘

학습 포인트
2010년부터 출제된 N1 문맥 규정 파트의 기출 어휘를 정리하고, 출제 빈도에 따른 예상 어휘를 뽑아 보았다. 주요도 순으로 출제 예상 1순위는 명사, 2순위는 동사, 3순위는 형용사·부사·접속사·가타카나어(외래어) 순으로 정리했다.

1: 명사

★ 표시는 기출 어휘입니다.

□ 圧迫(あっぱく) 압박	大国の軍備拡張は弱小国を圧迫する。 대국의 군비 확장은 약소국을 압박한다.
□ 暗殺(あんさつ) 암살	この本は歴史の中での暗殺事件を取り上げたものである。 이 책은 역사 속의 암살 사건을 다룬 것이다.
□ 意地(いじ) 고집 ★	私はつまらないことで意地を張る性格である。 나는 별 것 아닌 일에 고집을 부리는 성격이다.
□ 依然(いぜん) 의연, 여전	雇用情勢は、依然として厳しい状況である。 고용 정세는 여전히 어려운 상황이다.
□ 内訳(うちわけ) 내역 ★	関連情報の内訳を示す。 관련 정보의 내역을 나타내다.
□ 応募(おうぼ) 응모	高額の賞金を出したら、大勢の応募者が集まった。 고액의 상금을 내걸었더니 수많은 응모자가 모였다.
□ 大筋(おおすじ) 줄거리	映画の大筋は原作とほぼ同じだった。 영화의 줄거리는 원작과 거의 같았다.
□ 改革(かいかく) 개혁	最近、経済改革が必要だという声が上がっている。 최근 경제 개혁이 필요하다는 소리가 나오고 있다.
□ 回顧(かいこ) 회고 ★	回顧録とは個人が経験した過去の事件などを書いたものである。 회고록이란 개인이 경험한 과거의 사건 등을 적은 것이다.
□ 解除(かいじょ) 해제 ★	会社側の突然の契約解除通告に彼女はうろたえた。 회사 측의 갑작스러운 계약 해제(해지) 통보에 그녀는 당황했다.
□ 改訂(かいてい) 개정 ★	その本は内容の一部を改訂して出版することにした。 그 책은 내용 일부를 개정하여 출판하기로 했다.

問題 2 문맥 규정 출제 예상 어휘

- ☐ 改良 개량
  農業界では農作物の品種改良に力を入れている。
  농업계에서는 농작물의 품종 개량에 힘을 쏟고 있다.

- ☐ 確保 확보
  新たな読者層を確保するために大衆の好みをアンケート調査した。
  새로운 독자층을 확보하기 위해서 대중의 취향을 앙케트 조사했다.

- ☐ 過密 과밀 ★
  都市は人口集中による過密化が進んでいる。
  도시는 인구 집중에 의한 과밀화가 진행되고 있다.

- ☐ 鑑賞 감상
  子供が能動的に作品を鑑賞する力を育てるのが大事である。
  아이가 능동적으로 작품을 감상하는 힘을 기르는 것이 중요하다.

- ☐ 勘定 계산
  勘定を済まして店を出た。
  계산을 마치고 가게를 나왔다.

- ☐ 鑑定 감정 ★
  被疑者の精神鑑定をした結果、正常な状態でないことが分かった。
  피의자의 정신 감정을 한 결과, 정상적인 상태가 아니라는 것으로 판명되었다.

- ☐ 観点 관점
  客観的事実に沿って記述し、主観的観点は排除することを望みます。
  객관적 사실에 따라 기술하고 주관적 관점은 배제하기를 바랍니다.

- ☐ 慣例 관례
  お互い意見が一致しませんので、慣例に従いましょう。
  서로 의견이 일치하지 않으니 관례를 따릅시다.

- ☐ 規約 규약
  このマンションでは最近管理規約を改正した。
  이 맨션에서는 최근에 관리 규약을 개정했다.

- ☐ 却下 각하, 기각
  保釈請求は却下されるケースがある。
  보석 청구는 기각되는 경우가 있다.

- ☐ 協議 협의
  同案は、数か月の協議の末、作成されたものだ。
  이 안은 수개월의 협의 끝에 만들어진 것이다.

- ☐ 教訓 교훈 ★
  失敗から教訓を得る。
  실패로부터 교훈을 얻다.

- ☐ 強制 강제 ★
  フリーズしたパソコンを強制的に終了する。
  작동을 멈춘 컴퓨터를 강제로 종료하다.

- ☐ 協定 협정
  長い戦争の末、両国は休戦協定を結んだ。
  긴 전쟁 끝에 양국은 휴전 협정을 맺었다.

☐ 経緯 (けいい) 경위 ★	事件の経緯を説明する。 사건의 경위를 설명한다.	
☐ 軽減 (けいげん) 경감	店舗の無人化で人件費の軽減をはかる。 점포의 무인화로 인건비 경감을 노린다.	
☐ 軽視 (けいし) 경시	人命を軽視する考えが事故の元になる。 인명을 경시하는 생각이 사고의 원인이 된다.	
☐ 経歴 (けいれき) 경력 ★	新しい担当者はこの分野の経歴が長い。 새로운 담당자는 이 분야에서 경력이 길다.	
☐ 結束 (けっそく) 결속 ★	家族だけで経営する会社は結束が固い。 가족끼리만 경영하는 회사는 결속이 단단하다.	
☐ 権威 (けんい) 권위	学界で権威ある先生の推薦をもらった。 학계에서 권위있는 선생님의 추천을 받았다.	
☐ 減少 (げんしょう) 감소	日本の人口は2015年から減少し始めた。 일본의 인구는 2015년부터 감소하기 시작했다.	
☐ 交易 (こうえき) 교역	沖縄は昔、中国や東南アジアとの交易が盛んだった。 오키나와는 옛날, 중국이나 동남아시아와의 교역이 활발했다.	
☐ 交互 (こうご) 교호, 상호 번갈아	視力の検査では字と記号を交互に見る。 시력 검사에서는 글자와 기호를 번갈아 가며 본다.	
☐ 交渉 (こうしょう) 교섭	長時間交渉した末に、満足できる結果を得た。 장시간 교섭한 끝에 만족할 수 있는 결과를 얻었다.	
☐ 購読 (こうどく) 구독	雑誌は1年間購読を契約すると安くなる。 잡지는 1년 구독을 계약하면 저렴해진다.	
☐ 公認 (こうにん) 공인	この記録は公認されたものとしてはもっとも速い。 이 기록은 공인된 것 중에서는 가장 빠르다.	
☐ 誤差 (ごさ) 오차	この時計は1年間に誤差が1秒以内だ。 이 시계는 1년에 오차가 1초 이내이다.	
☐ 国交 (こっこう) 국교	新しくできたその国とはまだ国交がない。 새로 생긴 그 나라와는 아직 국교가 없다.	

問題 2 문맥 규정 출제 예상 어휘

- □ **根気**(こんき) 끈기
  - 外国語の勉強は**根気**よく続けるのが大事だ。
  - 외국어 공부는 끈기있게 계속하는 것이 중요하다.

- □ **根拠**(こんきょ) 근거 ★
  - いい話でも**根拠**がなければ信じられない。
  - 좋은 이야기더라도 근거가 없으면 믿을 수 없다.

- □ **根底**(こんてい) 근본, 밑바탕
  - 作品の**根底**には人間への深い愛情がある。
  - 작품의 밑바탕에는 인간에 대한 깊은 애정이 있다.

- □ **細心**(さいしん) 세심
  - 作業にはいつも**細心**の注意をはらう。
  - 작업에는 항상 세심한 주의를 기울인다.

- □ **採択**(さいたく) 채택
  - 委員会で**採択**された請願は本会議にまわった。
  - 위원회에서 채택된 청원은 본회의로 넘어갔다.

- □ **細胞**(さいぼう) 세포
  - 環境が大きく変わると**細胞**が変化する。
  - 환경이 크게 변하면 세포가 변화한다.

- □ **錯誤**(さくご) 착오
  - 新しい発明は試行**錯誤**の中から生まれる。
  - 새로운 발명은 시행착오를 겪으면서 생겨난다.

- □ **産出**(さんしゅつ) 산출
  - この鉱山では世界の金の半分を**産出**する。
  - 이 광산에서는 세계 금의 절반을 산출한다.

- □ **視察**(しさつ) 시찰
  - 会長が**視察**するので職員は皆緊張した。
  - 회장님이 시찰을 해서 직원들은 모두 긴장했다.

- □ **指摘**(してき) 지적
  - その問題は以前から**指摘**されていた。
  - 그 문제는 이전부터 지적되었다.

- □ **収益**(しゅうえき) 수익
  - 事業の**収益**はすべて被災地に送られる。
  - 사업 수익은 모두 재해지로 보내진다.

- □ **渋滞**(じゅうたい) 정체, 밀림
  - 道路が**渋滞**していたので電車で行った。
  - 도로가 정체되었기 때문에 전철로 갔다.

- □ **熟知**(じゅくち) 숙지 ★
  - これは建物の警備システムに**熟知**しているものの犯行だ。
  - 이건 건물의 경비 시스템을 숙지하고 있는(잘 알고 있는) 사람의 범행이다.

- □ **承認**(しょうにん) 승인 ★
  - その薬品が政府の**承認**を得るまで3年かかった。
  - 그 약품이 정부의 승인을 얻기까지 3년이 걸렸다.

☐ 所属(しょぞく) 소속	チームに所属(しょぞく)しない選手(せんしゅ)は大会(たいかい)に出(で)られない。 팀에 소속되어 있지 않은 선수는 대회에 나갈 수 없다.
☐ 進呈(しんてい) 증정, 드림	今回(こんかい)申(もう)し込(こ)んだ方(かた)には記念品(きねんひん)を進呈(しんてい)します。 이번에 신청하신 분께는 기념품을 드립니다.
☐ 人脈(じんみゃく) 인맥 ★	政財界(せいざいかい)に作(つく)った人脈(じんみゃく)が成功(せいこう)に寄与(きよ)した。 정재계에 만든 인맥이 성공에 기여했다.
☐ 推移(すいい) 추이 ★	これは人気職種(にんきしょくしゅ)の推移(すいい)を表(あらわ)したグラフです。 이것은 인기 직종의 추이를 나타낸 그래프입니다.
☐ 生育(せいいく) 생육, 나서 자람	植物(しょくぶつ)の生育(せいいく)には温度(おんど)の管理(かんり)が重要(じゅうよう)だ。 식물의 성장에는 온도 관리가 중요하다.
☐ 精算(せいさん) 정산	引(ひ)っ越(こ)す前(まえ)に、これまでの料金(りょうきん)を精算(せいさん)した。 이사하기 전에 지금까지의 요금을 정산했다.
☐ 存続(そんぞく) 존속 ★	伝統行事(でんとうぎょうじ)を引(ひ)き継(つ)ぐ後継者(こうけいしゃ)が減(へ)って今後(こんご)の存続(そんぞく)が心配(しんぱい)だ。 전통 행사를 이을 후계자가 줄어서 앞으로의 존속이 걱정된다.
☐ 対等(たいとう) 대등	話(はな)し合(あ)いではお互(たが)い対等(たいとう)に意見(いけん)を言(い)う。 협의에서는 서로 대등하게 의견을 말한다.
☐ 大役(たいやく) 중요한 임무	国際会議(こくさいかいぎ)の司会(しかい)という大役(たいやく)を引(ひ)き受(う)けた。 국제회의에서 사회라는 중대한 임무를 맡았다.
☐ 妥協(だきょう) 타협 ★	譲歩(じょうほ)は一方的(いっぽうてき)だが妥協(だきょう)は相互(そうご)に譲(ゆず)ることだ。 양보는 일방적이지만 타협은 서로 양보하는 것이다.
☐ 妥当(だとう) 타당	原価(げんか)を考(かんが)えればこの価格(かかく)は妥当(だとう)だと思(おも)う。 원가를 생각하면 이 가격은 타당하다고 생각한다.
☐ 抽象(ちゅうしょう) 추상	先生(せんせい)の話(はなし)は抽象的(ちゅうしょうてき)ではないので理解(りかい)しやすい。 선생님의 이야기는 추상적이지 않기 때문에 이해하기 쉽다.
☐ 調印(ちょういん) 조인	両国(りょうこく)は経済計画(けいざいけいかく)に協力(きょうりょく)する内容(ないよう)の条約(じょうやく)に調印(ちょういん)した。 양국은 경제 계획에 협력하는 내용의 조약에 조인했다.
☐ 提起(ていき) 제기 ★	国会(こっかい)で法改正(ほうかいせい)を提起(ていき)したが否決(ひけつ)された。 국회에서 법 개정을 제기했으나 부결되었다.

問題 2 문맥 규정 출제 예상 어휘

□ 摘出 적출 ★ てきしゅつ	手術をして悪化した部分をすべて摘出した。 수술을 해서 악화된 부분을 모두 적출했다.	
□ 転換 전환 てんかん	今までの会社の方針を転換する時期だ。 지금까지의 회사 방침을 전환할 시기이다.	
□ 統制 통제 とうせい	政府が個人の生活を統制するのは限界がある。 정부가 개인의 생활을 통제하는 데는 한계가 있다.	
□ 統率 통솔 とうそつ	先生が統率する学生たちが2時に到着した。 선생님이 통솔하는 학생들이 2시에 도착했다.	
□ 同調 동조 どうちょう	自分で考えずにすぐ同調するのは危険だ。 스스로 생각하지 않고 바로 동조하는 것은 위험하다.	
□ 独裁 독재 どくさい	この会社は会長が何でも決定する独裁だった。 이 회사는 회장이 무엇이든 결정하는 독재였다.	
□ 匿名 익명 とくめい	封筒を開けるとお金と匿名の手紙があった。 봉투를 열자 돈과 익명의 편지가 있었다.	
□ 配布 배포 はいふ	今から100名の方に整理券を配布します。 지금부터 100분께 대기표를 배포하겠습니다.	
□ 破産 파산 はさん	このままでは破産するのも時間の問題だ。 이대로는 파산하는 것도 시간 문제다.	
□ 発掘 발굴 はっくつ	大学の研究チームが海外で遺跡を発掘することになった。 대학 연구팀이 해외에서 유적을 발굴하게 되었다.	
□ 一息 잠시 쉼 ひといき	朝から休まず作業したから一息入れよう。 아침부터 쉬지 않고 작업했으니 잠시 쉬자.	
□ 人柄 인품 ひとがら	人の評価は外見より人柄で決まる。 사람에 대한 평가는 외모보다 인품으로 결정된다.	
□ 頻繁 빈번 ★ ひんぱん	このごろ頻繁に交通事故が起きている。 요즘 빈번하게 교통사고가 일어나고 있다.	
□ 風習 풍습 ★ ふうしゅう	外国には、まったく想像もできない風習が残っていて驚かされることがある。 외국에는 전혀 상상조차 할 수 없는 풍습이 남아 있어서 놀라는 경우가 있다.	

□ 復興(ふっこう) 부흥	地震被害からの復興には人々の協力が必要だ。 지진 피해의 부흥(재건)에는 사람들의 협력이 필요하다
□ 分際(ぶんざい) (높지 않은) 신분, 분수 ★	後輩の分際で先輩の指示を無視するとは許せない。 후배 주제에 선배의 지시를 무시하다니 용서할 수 없다.
□ 偏見(へんけん) 편견	外国人への偏見をなくすための活動をしたい。 외국인에 대한 편견을 없애기 위한 활동을 하고 싶다.
□ 放棄(ほうき) 포기	苦労して得た権利を簡単に放棄できない。 고생해서 얻은 권리를 간단히 포기할 수는 없다.
□ 忘却(ぼうきゃく) 망각	思い出したくない過去は忘却することも必要だ。 떠올리고 싶지 않은 과거는 잊는 것도 필요하다.
□ 保険(ほけん) 보험	急な病気やけがも保険に入っていれば安心だ。 갑작스러운 질병과 부상도 보험에 들어 있으면 안심이다.
□ 保護(ほご) 보호	お子さんは一階の受付で保護しています。 자녀분은 1층 접수처에서 보호하고 있습니다.
□ 補足(ほそく) 보충	日程の説明に少し補足します。 일정 설명을 조금 보충하겠습니다.
□ 本能(ほんのう) 본능 ★	動物たちが自分の子供を守るのは本能です。 동물들이 자신의 새끼를 지키는 것은 본능입니다.
□ 密輸(みつゆ) 밀수	輸出入が禁止されていたものを密輸した。 수출입이 금지되어 있는 것을 밀수했다.
□ 名簿(めいぼ) 명부	ここに結婚式に来た人の名簿があります。 여기 결혼식에 온 사람의 명부가 있습니다.
□ 模倣(もほう) 모방	この絵は有名な絵を模倣したといわれる。 이 그림은 유명한 그림을 모방했다고 한다.
□ 要旨(ようし) 요지	この論文の要旨を500字でまとめなさい。 이 논문의 요지를 500자로 정리하시오.
□ 予断(よだん) 예단, 예측	台風の進路が今後どうなるか予断を許さない。 태풍의 진로가 앞으로 어떻게 될 지 예측하기 어렵다.

問題 2 문맥 규정 연습문제 ①

해설편 22p

問題 2 （　　　）に入れるのに最もよいものを、1・2・3・4から一つ選びなさい。

1 政府は外国製品の輸入を（　　）した。
　1　規範　　　2　定規　　　3　規制　　　4　制約

2 契約を（　　）するための手続きを始めた。
　1　破棄　　　2　廃用　　　3　投棄　　　4　廃棄

3 政府は、少子化対策の一環として残業をなくすなど、働き方の（　　）を検討している。
　1　改正　　　2　改革　　　3　改訂　　　4　改良

4 仮想通貨をめぐる混乱に対処するため、法律の（　　）が待たれている。
　1　整備　　　2　完備　　　3　設立　　　4　樹立

5 どの商品も（　　）に値上げされることになった。
　1　一同　　　2　一律　　　3　一連　　　4　一帯

6 彼女の受賞に（　　）されて、彼らは研究に励んだ。
　1　反映　　　2　触発　　　3　反響　　　4　招来

7 もう70才を過ぎたので、店を息子に任せて（　　）することにした。
　1　隠居　　　2　脱退　　　3　退役　　　4　遠慮

8 子育てと仕事を（　　）させるには周りの協力が必要だ。
　1　中立　　　2　自立　　　3　両立　　　4　並立

9 市民の生命と財産を守るのは、警察官の（　　）だ。
　1　命令　　　2　責務　　　3　判断　　　4　勤務

10 家計簿に収入と支出の内訳すべてが（　　）されている。
　1　掲載　　　2　登載　　　3　収録　　　4　記載

問題 2 문맥 규정 연습문제 ②

해설편 24p

問題 2 （　　）に入れるのに最もよいものを、1・2・3・4から一つ選びなさい。

1　多くの家電製品が開発され、主婦の家事労働が（　　）された。
　　1　減退　　　　2　衰退　　　　3　軽減　　　　4　節約

2　この会社は、世界でも（　　）の電子部品メーカーで、特許も数多く持っている。
　　1　有数　　　　2　単数　　　　3　優秀　　　　4　有能

3　新規事業を立ち上げて会社に貢献することが（　　）の課題である。
　　1　当然　　　　2　一層　　　　3　当面　　　　4　一段

4　母は（　　）のあまり倒れてしまった。
　　1　心酔　　　　2　心労　　　　3　苦心　　　　4　肝心

5　（　　）の会議が入ったので、今日の午後のパーティーには出られません。
　　1　緊急　　　　2　至急　　　　3　早急　　　　4　火急

6　私はそのような間違った意見には（　　）できません。
　　1　賛同　　　　2　認定　　　　3　承知　　　　4　対立

7　スポーツ選手として、オリンピックに（　　）するのは夢である。
　　1　出席　　　　2　出演　　　　3　出現　　　　4　出場

8　この問題に関しては、議論の（　　）は全くない。
　　1　隙間　　　　2　境地　　　　3　空間　　　　4　余地

9　真相の（　　）に奔走している。
　　1　判明　　　　2　表明　　　　3　究明　　　　4　証明

10　長い（　　）の末、最低賃金が引き上げられた。
　　1　会合　　　　2　協議　　　　3　会議　　　　4　協力

問題 2 문맥 규정 출제 예상 어휘

2: 동사

★ 표시는 기출 어휘입니다.

□ あえぐ 헐떡이다, 괴로워하다	貧困に**あえぐ**。 가난에 허덕이다.
□ かばう (잘못을) 감싸다	先輩は私のミスを**かばって**くれた。 선배는 나의 실수를 감싸주었다.
□ いじる 만지작거리다	会社で毎日パソコンを**いじって**いる。 회사에서 매일 컴퓨터를 만진다.
□ 全うする 완수하다 ★	使命を**全うする**。 사명을 다하다.
□ 値する ~할 만하다 ★	彼の努力は賞賛に**値する**。 그의 노력은 칭찬할 만하다.
□ あつらえる 맞추다, 주문하다	この服は**あつらえた**ように体に合う。 이 옷은 맞춘 것처럼 몸에 잘 맞는다.
□ 編む 엮다, 뜨다	母がセーターを**編んで**送ってくれた。 어머니가 스웨터를 떠서 보내 주었다.
□ 荒れる 거칠어지다	海が**荒れて**いるから船で出るのは危険だ。 바다가 거칠어서 배를 타고 가는 것은 위험하다.
□ 案じる / 案ずる 걱정하다	子供の将来を**案じる**のが親というものだ。 아이의 장래를 걱정하는 게 부모인 법이다.
□ 疑う 의심하다 ★	今までの常識を**疑う**ことから進歩が始まる。 지금까지의 상식을 의심하는 데에서 진보가 시작된다.
□ 敬う 존경하다, 공경하다	家や会社で年長者を**敬う**のは自然なことだ。 집이나 회사에서 연장자를 공경하는 것은 자연스러운 일이다.
□ 恨む 원망하다	自分の置かれた環境を**恨んで**もしかたがない。 자신이 처한 환경을 원망해도 소용없다.
□ 上回る 상회하다, 웃돌다	今年の交通事故の死者は昨年を**上回った**。 올해 교통사고 사망자는 지난해를 웃돌았다.

☐ 老いる 늙다	子供が成長すればその分だけ親が老いる。 아이가 성장하는 만큼 부모가 늙는다.	
☐ 補う 보충하다	野菜を食べないのでこの薬でビタミンを補っている。 채소를 먹지 않으므로 이 약으로 비타민을 보충하고 있다.	
☐ 劣る 뒤떨어지다	値段が安いからといって機能が劣るとは言えない。 가격이 싸다고 해서 기능이 떨어지는 것은 아니다.	
☐ 脅かす 위협하다	今やアジアの企業が日本の市場を脅かしている。 이제는 아시아의 기업이 일본 시장을 위협하고 있다.	
☐ 赴く 향하여 가다	工事の進展を確認するため現場に赴いた。 공사의 진전을 확인하기 위해 현장으로 향했다.	
☐ 重んじる / 重んずる 중요시하다	この国は何より信頼を重んじている。 이 나라는 무엇보다 신뢰를 중시하고 있다.	
☐ 及ぼす 영향을 미치다 ★	台風が交通機関に様々な影響を及ぼした。 태풍이 교통기관에 여러 가지 영향을 미쳤다.	
☐ 害する 해치다, 방해하다	思わず相手の気分を害することを言ってしまった。 뜻하지 않게 상대의 기분을 해치는 말을 해 버렸다.	
☐ 賭ける 걸다, 내기하다	今度の計画は会社の将来を賭けるほど重要だ。 이번 계획은 회사의 장래를 걸 정도로 중요하다.	
☐ 駆ける 달리다, 뛰어가다	二頭の馬が草原をゆっくり駆けている。 두 필의 말이 초원을 천천히 달리고 있다.	
☐ 傾く 기울다, 치우치다	強い波が来て船が大きく傾いた。 거센 파도가 와서 배가 크게 기울었다.	
☐ 構える (집 등을) 짓다, 준비하다	駅前の商店街に店を構えて50年が過ぎた。 역 앞 상점가에 가게를 차리고 50년이 지났다.	
☐ 刈る 베다, 깎다	花壇の雑草を刈るのは子供たちの仕事だ。 화단의 잡초를 베는 것은 아이들의 일이다.	
☐ 刻む 잘게 썰다, 새기다	ネギを細かく刻んで豆腐の上にのせた。 파를 잘게 썰어서 두부 위에 얹었다.	

問題 2 문맥 규정 출제 예상 어휘

☐ 競う 겨루다, 경쟁하다	3月になると春の花が競うように咲き始める。 3월이 되면 봄꽃이 경쟁하듯 피기 시작한다.
☐ 腐る 썩다, 부패하다	食べ物は暑い時、冷蔵庫に入れなければすぐ腐る。 음식물은 더울 때 냉장고에 넣지 않으면 바로 상한다.
☐ 配る 나누어 주다, 배포하다	問題用紙を配るので先に名前を書いてください。 문제 용지를 배포할 테니 먼저 이름을 써 주세요.
☐ けなす 헐뜯다, 비방하다	自分の家族を人の前でけなすのはおかしい。 자기 가족을 남 앞에서 헐뜯는 것은 이상하다.
☐ こじれる 악화되다, 뒤틀리다 ★	一度人間関係がこじれると修復するのに相当な努力が必要になる。 한번 인간관계가 악화되면 회복하는 데에 상당한 노력이 필요하다.
☐ 凝る 굳다, 뻐근하다	ずっとパソコンを使っていたら肩が凝って痛い。 계속 컴퓨터를 사용했더니 어깨가 뻐근해서 아프다.
☐ 遮る 차단하다	カーテンで遮っても光が部屋に入ってくる。 커튼으로 막아도 빛이 방으로 들어온다.
☐ 栄える 번영하다, 번창하다	大阪は昔から経済の中心として栄えた。 오사카는 옛날부터 경제 중심지로 번영했다.
☐ 裂ける 찢어지다	地震で道路が裂け、水が溢れている。 지진으로 도로가 갈라져 물이 흘러 넘치고 있다.
☐ 捧げる 윗사람에게 올리다	神に農産物を捧げたのがこの祭りの始まりだ。 신에게 농산물을 바치던 것이 이 축제의 시작이다.
☐ 定まる 정해지다, 결정되다	将来の方向が定まるまでもう少し時間がかかる。 장래의 방향이 정해지기까지 조금 더 시간이 걸린다.
☐ 察する 헤아리다, 짐작하다 ★	相手の立場を察してそれ以上聞かなかった。 상대방의 입장을 헤아려서 그 이상은 묻지 않았다.
☐ 悟る 깨닫다, 이해하다	先生の話を聞いて自分の間違いを悟った。 선생님의 이야기를 듣고 자신의 잘못을 깨달았다.
☐ 強いる 강요하다	勉強は強いるのではなく自分から進んでするものだ。 공부는 강요하는 것이 아니라 자기 스스로(자기가 나서서) 하는 것이다.

☐ 敷く 깔다, 펴다	ベットにふとんを敷いた方がよく眠れる。	침대에 이불을 까는 편이 더 푹 잘 수 있다.
☐ しくじる 실수하다 ★	この競技は３回ジャンプをしくじったら失格だ。	이 경기는 3번 점프를 실수하면 실격이다.
☐ 茂る 우거지다, 무성하다	しばらく家に帰らなかったので庭に雑草が茂っていた。	한동안 집에 돌아오지 않기 때문에 정원에 잡초가 무성했다.
☐ 沈む 가라앉다	日が沈む前にはそこに着かなくてはならない。	해가 지기 전에는 그곳에 도착해야만 한다.
☐ 従う 따르다	先生の言葉に従って練習を続けた。	선생님 말씀을 따라서 연습을 계속했다.
☐ 縛る 묶다, 매다	運動靴のひもを縛ってもすぐにほどけてしまう。	운동화 끈을 묶어도 바로 풀어져 버린다.
☐ 絞る 쥐어짜다, 좁히다	台所の床は水をよく絞ったぞうきんで拭いてください。	부엌 바닥은 물기를 잘 짠 걸레로 닦으세요.
☐ 染みる 스며들다, 사무치다 ★	この料理は豆腐に肉の味が染みておいしい。	이 요리는 두부에 고기 맛이 배어서 맛있다.
☐ 退く 물러서다, 사양하다 ★	電車が入ってくるので白線から一歩退いて待った。	전차가 들어와서 흰 줄(안전선)에서 한 발 물러나 기다렸다.
☐ 記す 기록하다, 명심하다	日記にはその日あったことを感想とともに記す。	일기에는 그날 있었던 일을 감상과 함께 기록한다.
☐ 据える 설치하다, 자리잡다	高い所にカメラを据えて全体を撮影した。	높은 곳에 카메라를 설치하고 전체를 촬영했다.
☐ 救う 구하다	医者の仕事は人の生命を救うことだと思う。	의사의 일은 사람의 생명을 구하는 것이라고 생각한다.
☐ すすぐ 헹구다, 설욕하다	今から３分間、水で口をすすいでください。	지금부터 3분 간 물로 입을 헹구세요.
☐ ずれる 어긋나다	壁にかけた絵の位置がずれて曲がっている。	벽에 건 그림의 위치가 어긋나 삐뚤어졌다.

問題 2 　문맥 규정 출제 예상 어휘

☐ 迫(せま)る 다가오다, 좁혀지다	レポートの提出(ていしゅつ)が迫(せま)っているので今夜(こんや)は寝(ね)られない。	리포트 제출이 다가오고 있으므로 오늘 밤은 잠을 잘 수 없다.
☐ 備(そな)える 대비하다, 갖추다 ★	老後(ろうご)に備(そな)えて今(いま)から貯金(ちょきん)を始(はじ)める。	노후를 대비하여 지금부터 저축을 시작한다.
☐ 反(そ)らす 뒤로 젖히다, 휘어지다	椅子(いす)を後(うし)ろに反(そ)らして足(あし)を伸(の)ばせば楽(らく)になる。	의자를 뒤로 젖히고 발을 뻗으면 편해진다.
☐ 剃(そ)る 깎다, 면도하다	ひげを剃(そ)った後(あと)はクリームを塗(ぬ)る。	수염을 깎은 후에는 크림을 바른다.
☐ 託(たく)す 맡기다, 부탁하다 ★	若(わか)い人(ひと)たちにこの国(くに)の未来(みらい)を託(たく)したい。	젊은이들에게 이 나라의 미래를 맡기고 싶다.
☐ 蓄(たくわ)える 비축하다, 저장하다 ★	アリは冬(ふゆ)の間(あいだ)食(た)べる食(た)べ物(もの)を秋(あき)に蓄(たくわ)える。	개미는 겨울 동안 먹을 음식물을 가을에 비축한다.
☐ 漂(ただよ)う 떠다니다, 방황하다 ★	台風(たいふう)の中(なか)で小(ちい)さな船(ふね)が海(うみ)を漂(ただよ)っている。	태풍 속에서 작은 배가 바다를 떠다니고 있다.
☐ 脱(だっ)する 벗어나다, 헤어나다	経営(けいえい)の危機(きき)を脱(だっ)するため外部(がいぶ)の専門家(せんもんか)を招(まね)いた。	경영 위기를 벗어나기 위해 외부 전문가를 불러왔다.
☐ たどり着(つ)く 겨우 다다르다	夜(よる)の道(みち)を歩(ある)き続(つづ)けてやっと家(いえ)にたどり着(つ)いた。	밤거리를 계속 걸어서 겨우 집에 도착했다.
☐ 費(つい)やす 쓰다, 소비하다 ★	広告(こうこく)に費(つい)やす経費(けいひ)を削減(さくげん)することが決(き)まった。	광고에 쓰는 경비를 삭감하는 것이 결정됐다.
☐ 募(つの)る 점점 심해지다	遠(とお)く離(はな)れていると会(あ)いたい思(おも)いが募(つの)るばかりだ。	멀리 떨어져 있으면 만나고 싶은 생각이 점점 심해질 뿐이다.
☐ 呟(つぶや)く 중얼거리다, 투덜대다	彼(かれ)は何(なに)か小(ちい)さな声(こえ)で呟(つぶや)いた後(あと)、出(で)ていってしまった。	그는 무언가 작은 목소리로 중얼거린 후 나가 버렸다.
☐ つぶる 눈을 감다	写真(しゃしん)を撮(と)るとき、まぶしくて目(め)をつぶってしまった。	사진을 찍을 때 눈이 부셔서 눈을 감아 버렸다.
☐ 摘(つま)む 손가락으로 집다	小(ちい)さな虫(むし)がいたので指(ゆび)で摘(つま)んで捨(す)てた。	작은 벌레가 있어서 손가락으로 집어서 버렸다.

☐ 転じる / 転ずる 변하다, 바뀌다	飛行機が方向を転じたのは気流が下がったためだ。 비행기가 방향을 바꾼 것은 기류가 하강했기 때문이다.	
☐ とがめる 책망하다, 비난하다	良心がとがめてそれ以上うそは言えなかった。 양심에 가책을 받아서 그 이상 거짓말은 할 수 없었다.	
☐ なつく 따르다, 친해지다	この子は幼稚園の頃から父親になついている。 이 아이는 유치원 때부터 아버지를 잘 따른다.	
☐ 賑わう 활기차다, 붐비다 ★	クリスマスが近づいて街は賑わっている。 크리스마스가 다가와서 거리는 북적이고 있다.	
☐ 滲む 번지다, 스미다 ★	雨に濡れてノートの字が滲んでしまった。 비에 젖어서 노트의 글자가 번져 버렸다.	
☐ 担う 짊어지다, 떠맡다 ★	広報部は新製品の内容を外部に伝える役割を担う。 홍보부는 신제품의 내용을 외부에 전달하는 역할을 맡는다.	
☐ 鈍る 둔해지다, 무디어지다 ★	疲れたせいか相手の動きが鈍ってきた。 피곤한 탓인지 상대의 움직임이 둔해졌다.	
☐ 逃れる 도망치다, 벗어나다 ★	警察の追跡を逃れた犯人は海外に逃亡しようとした。 경찰의 추적을 벗어난 범인은 해외로 도망치려 했다.	
☐ 這う 기다, 기어가다	火事の時は煙を吸わないように這って逃げる。 화재 때는 연기를 들이마시지 않도록 기어서 도망간다.	
☐ 映える 빛나다, 돋보이다 ★	紅葉の色が山の緑に映えて美しい。 단풍 색이 산의 녹음에 비춰져서 아름답다.	
☐ 捗る 순조롭게 진행되다	皆が手伝ってくれたので作業が捗った。 모두가 도와주어서 작업이 순조롭게 진행되었다.	
☐ 弾く 튀기다, 튕기다 ★	最近のケータイは防水がしてあるので水を弾く。 최근 휴대 전화는 방수(가공)가 되어 있어서 물을 튕겨낸다.	
☐ 弾む 튀다, 기세가 오르다 ★	テニスの選手は相手のボールが弾む方向を読む。 테니스 선수는 상대방의 공이 튀는 방향을 읽는다.	
☐ 阻む 저지하다 ★	台風で道路に木が倒れて車の通行を阻んでいた。 태풍으로 도로에 나무가 쓰러져서 차의 통행을 막고 있었다.	

問題2 문맥 규정 출제 예상 어휘

□ 秘める 숨기다, 내포하다 ★	この文書には歴史の真実が秘められている。 이 문서에는 역사의 진실이 감춰져 있다.	
□ 冷やかす 놀리다, 조롱하다	皆が田中さんの新婚生活を冷やかしている。 모두가 다나카 씨의 신혼 생활을 놀리고 있다.	
□ 拾う 줍다	学生たちは道のゴミを拾う奉仕活動をした。 학생들은 길에서 쓰레기를 줍는 봉사활동을 했다.	
□ 報じる 알리다, 보도하다 ★	選挙で野党候補の優勢が報じられた。 선거에서 야당 후보의 우세가 보도되었다.	
□ ほどける 풀어지다 ★	道を歩いているとき靴のひもがほどけた。 길을 걷고 있을 때 구두 끈이 풀어졌다.	
□ 滅びる 멸망하다, 쇠퇴하다	その国は外国からの侵略を受けて滅びた。 그 나라는 외국의 침략을 받아 멸망했다.	
□ 滅ぼす 멸망시키다, 망치다	科学者は核兵器が地球を滅ぼすと警告した。 과학자는 핵무기가 지구를 멸망시킨다고 경고했다.	
□ 惑う 망설이다, 갈팡질팡하다 ★	進路について相談したが、かえって混乱し惑うことになった。 진로에 대해 상담했지만 오히려 혼란해져서 갈팡질팡하게 됐다.	
□ みなす 간주하다, 보다	投票用紙に名前がなければ無効とみなす。 투표 용지에 이름이 없으면 무효로 간주한다.	
□ むくむ 몸이 붓다	夜遅くまで酒を飲んで顔がむくんでしまった。 밤 늦게까지 술을 마셔서 얼굴이 부어 버렸다.	
□ 報う / 報いる 갚다, 보답하다	彼女は長い苦労が報われ家族と幸せに暮らした。 그녀는 오랜 고생을 보답받아 가족과 행복하게 살았다.	
□ 面する 마주하다, 면하다 ★	家は道路に面していて騒音がひどい。 집은 도로와 마주하고 있어서 소음이 심하다.	
□ 設ける 만들다, 설치하다	思ったより訪問者が多かったので臨時受付を設けた。 생각한 것보다 방문자가 많았기 때문에 임시 접수처를 설치했다.	
□ 和らぐ 누그러지다 ★	朝になって病気の症状が少し和らいだ。 아침이 되어 병의 증상이 다소 완화되었다.	

☐ 歪^{ゆが}む 비뚤어지다, 일그러지다	形^{かたち}が歪^{ゆが}んで見^みえるのはレンズの故障^{こしょう}かもしれない。 형태가 일그러져 보이는 것은 렌즈의 고장일지도 모른다.	
☐ 揺^ゆらぐ 흔들리다, 요동치다 ★	何度^{なんど}も失敗^{しっぱい}が続^{つづ}いて彼^{かれ}の自信^{じしん}は揺^ゆらぎ始^{はじ}めた。 몇 번이나 실패가 계속되어 그는 자신감이 흔들리기 시작했다.	
☐ 緩^{ゆる}む 느슨해지다	工事現場^{こうじげんば}では緊張^{きんちょう}が緩^{ゆる}むと大^{おお}きな事故^{じこ}が起^おきやすい。 공사 현장에서는 긴장이 풀어지면 큰 사고가 일어나기 쉽다.	
☐ 蘇^{よみがえ}る 되살아나다, 소생하다 ★	同窓会^{どうそうかい}で友達^{ともだち}に会^あって懐^{なつ}かしい記憶^{きおく}が蘇^{よみがえ}った。 동창회에서 친구를 만나서 그리운 기억이 되살아났다.	
☐ 詫^わびる 사과하다 ★	今回^{こんかい}のことは相手^{あいて}に詫^わびただけではすまない。 이번 일은 상대에게 사과하는 것만으로는 끝나지 않는다.	

3: 복합동사

★ 표시는 기출 어휘입니다.

言^いい	言^いい張^はる 우기다 ★ 言^いい渡^{わた}す 알리다, 선고하다	打^うち	打^うち明^あける (비밀 등을) 털어놓다 打^うち切^きる 자르다, 중단하다 打^うち込^こむ 열중하다, 몰두하다 ★
受^うけ	受^うけ継^つぐ 계승하다, 이어 받다 ★ 受^うけ止^とめる 받아들이다 ★ 受^うけ流^{なが}す 피하다, 받아넘기다 ★	追^おい	追^おい返^{かえ}す 되돌려 보내다 追^おい出^だす 내쫓다
押^おし	押^おし込^こむ 억지로 밀어넣다 押^おし寄^よせる 밀려오다	落^おち	落^おち合^あう 만나다, 합류하다 落^おち込^こむ 침울해 하다
思^{おも}い	思^{おも}い返^{かえ}す 다시 생각하다 ★ 思^{おも}い込^こむ 굳게 믿다 思^{おも}いつめる 골똘히 생각하다 ★	駆^かけ	駆^かけつける 급히 달려가다 ★

| 問題2 | 문맥 규정 출제 예상 어휘 |

切り	切り出す 말을 꺼내다 ★	食い	食い違う 어긋나다, 엇갈리다 ★
	切り抜ける 극복하다		食い止める 저지하다 ★
組み	組み合わせる 짜맞추다, 편성하다	差し	差し出す 내밀다, 제출하다
	組み込む 짜 넣다		差し支える 지장이 있다
仕	仕上がる 완성하다 ★	立ち	立ち去る 물러가다
	仕立てる 만들다, 양성하다		立ち寄る 다가서다, 들르다
			立て替える 대금을 대신 치르다 ★
使い	使いこなす 구사하다	取り	取り扱う 다루다, 취급하다 ★
	使い分ける 구별하여 쓰다		取り組む 맞붙다, 몰두하다 ★
			取り戻す 되찾다, 회복하다 ★
			取り寄せる 주문해서 가져오게 하다
引き	引き上げる 끌어올리다, 인상하다	見	見合わせる 보류하다 ★
	引き下げる 내리다, 인하하다		見失う (시야에서) 놓치다 ★
	引き継ぐ 이어받다, 넘겨받다		見送る 배웅하다, 보류하다
			見落とす 간과하다 ★
呼び	呼びかける 호소하다	込む	抱え込む 껴안다, 떠안다 ★
	呼び起こす 불러일으키다, 환기하다		飲み込む 삼키다
			割り込む 끼어들다

問題 2 문맥 규정 연습문제 ③

問題 2 （　　　）に入れるのに最もよいものを、1・2・3・4から一つ選びなさい。

1　経済的にも教育的にも彼はとても（　　　）環境で育った。
　1　かこまれた　　2　めぐまれた　　3　はさまれた　　4　はぐくまれた

2　その国は周辺国の頻繁な侵略で（　　　）しまった。
　1　滅びて　　2　沈んで　　3　敗れて　　4　閉じて

3　あの人は、人を（　　　）ばかりで、誉めることは見たことがない。
　1　けがす　　2　せかす　　3　よごす　　4　けなす

4　会社は既に今回のプロジェクトに巨額の資金を（　　　）いた。
　1　投げて　　2　転じて　　3　突入して　　4　投入して

5　国民主権を無視した政府の対応に怒りを（　　　）。
　1　かかえる　　2　おぼえる　　3　かたどる　　4　さげすむ

6　このレストランは料理の盛り付けに工夫を（　　　）いる。
　1　てらして　　2　つくらして　　3　こらして　　4　もらして

7　ベートーベンの「第九」を聴くと、気持ちが（　　　）。
　1　ふれる　　2　さえぎる　　3　さだまる　　4　やわらぐ

8　話し合いは平行線を（　　　）、結論は次の会議へ持ち越されることになった。
　1　あゆんで　　2　たどって　　3　さして　　4　たてて

9　佐藤さんの余計な口出しで話が（　　　）しまった。
　1　こじれて　　2　ひずんで　　3　はずんで　　4　すべって

10　人が寝ていようがいまいが（　　　）電話をかけてくる。
　1　おとさたなしに　　2　だれかれなしに　　3　おかまいなしに　　4　あいそなしに

問題 2 문맥 규정 연습문제 ④

問題 2 (　　)に入れるのに最もよいものを、1・2・3・4から一つ選びなさい。

1 練習を通じて実戦に(　　)。
  1 定める　　2 据える　　3 設ける　　4 備える

2 私には彼を(　　)だけの力がない。
  1 取り消す　　2 食い止める　　3 食い違う　　4 取り止める

3 試験に落ちたとばかり(　　)が、発表を見てみたら合格していたのでホッとした。
  1 考え込んでいた　　2 落ち込んでいた
  3 思い込んでいた　　4 受け入れていた

4 返答に困った彼は、話題を(　　)。
  1 抜かした　　2 脱した　　3 外した　　4 逸らした

5 彼女は見(　　)ほどきれいになった。
  1 あきる　　2 ちがえる　　3 おとす　　4 すごす

6 この花壇には花より雑草がうっそうと(　　)いる。
  1 茂って　　2 咲いて　　3 枯れて　　4 刈って

7 彼女は老父の介護に疲れ(　　)しまった。
  1 ぬいて　　2 はてて　　3 とおして　　4 つくして

8 寒さが身に(　　)。
  1 染みる　　2 馴染む　　3 和む　　4 整える

9 大雨になったので、集会の実施を見(　　)。
  1 つめた　　2 のがした　　3 おくった　　4 とおした

10 資金が足りなくなって開発の予算を(　　)ことになった。
  1 つぶす　　2 こわす　　3 けずる　　4 やぶる

問題2 문맥 규정 출제 예상 어휘

4: い형용사

★ 표시는 기출 어휘입니다.

☐ 浅(あさ)ましい 비열하다, 한심하다	助(たす)けを求(もと)める人(ひと)から目(め)をそらすのは浅(あさ)ましいことだ。 도움을 청하는 사람을 외면하는 것은 비열한 일이다.	
☐ 荒(あら)っぽい 난폭하다, 거칠다	その子(こ)は口調(くちょう)が荒(あら)っぽい。 그 아이는 말투가 거칠다.	
☐ 著(いちじる)しい 현저하다, 두드러지다	最近(さいきん)離婚率(りこんりつ)の上昇(じょうしょう)が著(いちじる)しい。 최근 이혼률 상승이 두드러진다.	
☐ いやらしい 불쾌하다, 외설스럽다	あの人(ひと)のいやらしい性格(せいかく)は好(す)きになれない。 저 사람의 기분 나쁜 성격은 좋아할 수가 없다.	
☐ うっとうしい 울적하다, 성가시다	梅雨(つゆ)なのでうっとうしい天気(てんき)が続(つづ)く。 장마라서 우울한 날씨가 계속된다.	
☐ おびただしい 엄청나다 ★	街灯(がいとう)におびただしい数(かず)の虫(むし)が集(あつ)まっている。 가로등에 엄청난 수의 벌레가 모여있다.	
☐ 渋(しぶ)い 떫다	渋(しぶ)い柿(かき)を外(そと)に干(ほ)して甘(あま)くなったのが干(ほ)し柿(がき)だ。 떫은 감을 밖에 말려서 달아진 것이 곶감이다.	
☐ 凄(すさ)まじい 무섭다, 굉장하다 ★	列車(れっしゃ)は凄(すさ)まじい音(おと)をたてて急停車(きゅうていしゃ)した。 열차는 굉장한 소리를 내며 급정차했다.	
☐ 素早(すばや)い 재빠르다, 민첩하다	地震(じしん)だという声(こえ)に皆(みんな)は素早(すばや)く避難(ひなん)した。 지진이라는 목소리에 모두 재빠르게 피난했다.	
☐ たやすい 용이하다, 손쉽다	小学校(しょうがっこう)の算数(さんすう)ならたやすく解(と)ける。 초등학교 수학이라면 쉽게 풀 수 있다.	
☐ 尊(とうと)い 소중하다, 존귀하다	尊(とうと)い犠牲(ぎせい)をはらって工事(こうじ)が終(お)わった。 귀한 희생을 치르고 공사가 끝났다.	
☐ 情(なさ)けない 한심하다	子供(こども)に負(ま)けるなんて情(なさ)けない。 아이에게 지다니, 한심하다.	
☐ 名高(なだか)い 유명하다, 고명하다	ここは世界(せかい)に名高(なだか)いワインの産地(さんち)だ。 여기는 세계에서 유명한 와인 산지이다.	

問題2 문맥 규정 출제 예상 어휘

☐ 生臭（なまぐさ）い 비린내가 나다	市場（いちば）からは時々（ときどき）生臭（なまぐさ）い臭（にお）いがする。 시장에서는 때때로 비린내가 난다.
☐ なまぬるい 미지근하다	この薬（くすり）はなまぬるいお湯（ゆ）で飲（の）んでください。 이 약은 미지근한 물로 드세요.
☐ 悩（なや）ましい 괴롭다, 고민스럽다	どちらか一つ（ひとつ）を選（えら）ぶのは悩（なや）ましい選択（せんたく）だ。 어느 하나를 고르는 것은 어려운 선택이다.
☐ 馴（な）れ馴（な）れしい 매우 친하다, 허물없다	まだ2回（かい）しか会（あ）ってないのに馴（な）れ馴（な）れしい態度（たいど）だ。 아직 2번밖에 만나지 않았는데 허물없는 태도다.
☐ はかない 덧없다, 허무하다	人生（じんせい）をはかない夢（ゆめ）に例（たと）えることがある。 인생을 덧없는 꿈에 비유할 때가 있다.
☐ はなはだしい 매우 심하다 ★	百年前（ひゃくねんまえ）の建物（たてもの）だから傷（いた）みがはなはだしい。 백 년 전 건물이라서 손상이 심하다.
☐ 平（ひら）たい 평평하다	昔（むかし）の人（ひと）は、地球（ちきゅう）が平（ひら）たい形（かたち）をしていると思（おも）った。 옛날 사람은 지구가 평평한 모양을 하고 있다고 생각했다.
☐ まちどおしい 몹시 기다려지다	今度（こんど）の試験（しけん）は自信（じしん）があるから合格発表（ごうかくはっぴょう）がまちどおしい。 이번 시험은 자신이 있어서 합격 발표가 기다려진다.
☐ みすぼらしい 초라하다	昔（むかし）、有名（ゆうめい）だった人（ひと）が今（いま）はみすぼらしい生活（せいかつ）をしている。 옛날에 유명했던 사람이 지금은 초라한 생활을 하고 있다.
☐ 目覚（めざ）ましい 눈부시다, 놀랍다	彼（かれ）は今日（きょう）の試合（しあい）で目覚（めざ）ましい活躍（かつやく）をした。 그는 오늘 시합에서 눈부신 활약을 했다.
☐ もどかしい 안타깝다, 답답하다 ★	言葉（ことば）が通（つう）じない国（くに）にいるともどかしくてストレスがたまる。 말이 통하지 않는 나라에 있으면 답답해서 스트레스가 쌓인다.
☐ ものたりない 뭔가 아쉽다, 뭔가 부족하다	朝（あさ）ごはんがパンだけではものたりない。 아침 식사가 빵만이라는 것은 뭔가 부족하다.
☐ 安（やす）っぽい 싸구려로 보이다	たとえ安（やす）っぽい服（ふく）を着（き）ても彼女（かのじょ）の魅力（みりょく）は伝（つた）わる。 설령 값싼 옷을 입더라도 그녀의 매력은 전해진다.
☐ ややこしい 까다롭다, 복잡하다	空港（くうこう）でややこしい手続（てつづ）きを終（お）えて入国（にゅうこく）した。 공항에서 까다로운 절차를 마치고 입국했다.

☐ 非はない 잘못은 없다 ★	信号が青だったから歩行者に**非はない**。 파란불이었으므로 보행자에게 잘못은 없다.	
☐ 幅広い 폭 넓다 ★	彼ほど**幅広い**知識と経験を持つ人はいない。 그만큼 폭 넓은 지식과 경험을 가진 사람은 없다.	
☐ 心細い 불안하다	夜遅く一人で街を歩くのは**心細い**。 밤늦게 혼자서 거리를 걷는 것은 불안하다.	
☐ 紛らわしい 혼동하기 쉽다 ★	どちらも色と形が似ていて**紛らわしい**。 양쪽 다 색과 형태가 비슷해서 헷갈리기 쉽다.	

5. な형용사

★ 표시는 기출 어휘입니다.

☐ 鮮やかな 선명한, 뛰어난	補色を一緒に並べると、それぞれの色がより**鮮やかに**見える。 보색을 나란히 놓으면 각각의 색이 더욱 선명하게 보인다.
☐ 粋な 멋있는, 세련된	先輩の**粋な**計らいで和やかな雰囲気になった。 선배의 세련된 주선으로 화기애애한 분위기가 되었다.
☐ うつろな 텅빈, 공허한	少年は**うつろな**目をして窓の外を見ていた。 소년은 공허한 눈을 하고 창 밖을 보고 있었다.
☐ 大らかな 느긋하고 대범한 ★	**大らかな**気持ちで相手のミスを許す。 너그러운 마음으로 상대의 실수를 용서한다.
☐ 臆病な 겁이 많은	人間関係に**臆病な**彼は友達ができない。 인간관계에 겁이 많은 그는 친구가 생기지 않는다.
☐ 愚かな 어리석은, 멍청한 ★	ミスは誰でもするが何度も繰り返すのは**愚かな**人だ。 실수는 누구나 하지만 몇 번이나 반복하면 멍청한 사람이다.
☐ おろそかな 소홀히 하는	安全確認を**おろそかに**すれば事故が起きる。 안전 확인을 소홀히 하면 사고가 일어난다.
☐ 気まぐれな 변덕스러운	彼女は**気まぐれな**ネコのようにどこに行くか分からない。 그녀는 변덕스러운 고양이처럼 어디로 갈지 알 수가 없다.

問題 2 　문맥 규정 출제 예상 어휘

□ 気きまじめな 고지식한, 올곧은	気きまじめな人ひとには冗じょう談だんが通つうじない。 고지식한 사람에게는 농담이 통하지 않는다.
□ 清きよらかな 맑은, 청아한	清きよらかな川かわの水みずで顔かおを洗あらうと気き分ぶんがいい。 맑은 강물에 얼굴을 씻으니 기분이 좋다.
□ きらびやかな 화려한, 아름다운	パーティーにはきらびやかな衣い装しょうが似にあう。 파티에는 화려한 의상이 어울린다.
□ 堅けん実じつな 견실한 ★	その会かい社しゃは小ちいさいが堅けん実じつな業ぎょう績せきを残のこしている。 그 회사는 작지만 견실한 업적을 남기고 있다.
□ 滑こっ稽けいな 우스꽝스러운	彼かれはいつも滑こっ稽けいな表ひょう情じょうで人ひとを笑わらわせる。 그는 항상 우스꽝스러운 표정으로 사람을 웃긴다.
□ しなやかな 낭창낭창한, 나긋나긋한 ★	このビルは地じ震しんに強つよいしなやかな構こう造ぞうだ。 이 빌딩은 지진에 강한 유연한 구조다.
□ しとやかな 단아한, 정숙한 ★	人ひとの前まえではしとやかな姉あねも家いえでは大おお声ごえで笑わらう。 남 앞에서는 얌전한 언니도 집에서는 큰 소리로 웃는다.
□ 健すこやかな 건강한, 건전한 ★	子こ供どもはよく遊あそんで健すこやかに育そだっている。 아이는 잘 놀며 건강하게 자라고 있다.
□ 速すみやかな 신속한 ★	病びょう気きで入にゅう院いんした友ともだちの速すみやかな回かい復ふくを願ねがう。 병으로 입원한 친구의 빠른 회복을 바란다.
□ 巧たくみな 교묘한, 솜씨가 좋은 ★	体からだの小ちいさい選せん手しゅが巧たくみな技ぎ術じゅつで勝かった。 덩치가 작은 선수가 정교한 기술로 이겼다.
□ 和なごやかな 온화한	両りょう国こくの代だい表ひょうは和なごやかな雰ふん囲い気きで握あく手しゅをした。 양국 대표는 화기애애한 분위기로 악수했다.
□ なめらかな 매끄러운, 막힘 없는	このクリームを塗ぬるとなめらかな肌はだになるそうだ。 이 크림을 바르면 매끄러운 피부가 된다고 한다.
□ 華はなやかな 화려한, 화사한 ★	結けっ婚こん式しきでは華はなやかな服ふくを着きた人ひとが目めにつく。 결혼식에서는 화려한 옷을 입은 사람이 눈에 띈다.
□ 遥はるかな 아득한	遥はるかな海うみの向むこうに私わたしの故ふる郷さとがある。 아득한 바다 너머에 나의 고향이 있다.

☐ 密(ひそ)かな 은밀한	星(ほし)を観察(かんさつ)することが私(わたし)の密(ひそ)かな楽(たの)しみです。 별을 관찰하는 것이 저의 은밀한 즐거움입니다.	
☐ 明瞭(めいりょう)な 명료한	アナウンサーの言葉(ことば)は明瞭(めいりょう)な発音(はつおん)で聞(き)きやすい。 아나운서의 말은 명료한 발음이라서 알아듣기 쉽다.	
☐ 物好(ものず)きな 특이한, 유별난	こんな寒(さむ)い日(ひ)に泳(およ)ぐなんて物好(ものず)きな人(ひと)だ。 이런 추운 날에 헤엄을 치다니 특이한 사람이다.	
☐ 憂鬱(ゆううつ)な 우울한	来週(らいしゅう)が試験(しけん)だと思(おも)うと憂鬱(ゆううつ)になる。 다음 주가 시험이라고 생각하면 우울해진다.	
☐ ろくな 제대로 된, 쓸만한	今日(きょう)は朝(あさ)からろくなことが起(お)きない一日(いちにち)だった。 오늘은 아침부터 제대로 되는 일이 없는 하루였다.	
☐ 無謀(むぼう)な 무모한	そんな無謀(むぼう)な計画(けいかく)には賛成(さんせい)できない。 그런 무모한 계획에는 찬성할 수 없다.	
☐ 綿密(めんみつ)な 면밀한	事前(じぜん)に綿密(めんみつ)な調査(ちょうさ)を行(おこな)うことにした。 사전에 면밀한 조사를 하기로 했다.	

6: 부사

★ 표시는 기출 어휘입니다.

☐ 悪(あ)しからず 죄송하지만	お客様(きゃくさま)の都合(つごう)によるキャンセルはご返金(へんきん)はいたしかねます。悪(あ)しからず、ご了承(りょうしょう)ください。 고객 사정에 의한 취소는 환불이 어렵습니다. 죄송하지만 양해 바랍니다.	
☐ あっさり 담백한, 깨끗한	この店(みせ)のラーメンはあっさりした味(あじ)が人気(にんき)だ。 이 가게의 라멘은 담백한 맛이 인기이다.	
☐ ありありと 생생하게	今(いま)でもあの事件(じけん)のことがありありと思(おも)い浮(う)かぶ。 지금도 그 사건이 생생하게 떠오른다.	
☐ いかに 어떻게, 아무리	少(すく)ない投資(とうし)でいかに利益(りえき)を上(あ)げるかが問題(もんだい)だ。 적은 투자로 어떻게 이익을 올릴지가 문제이다.	
☐ 一概(いちがい)に 무조건, 일률적으로	結婚(けっこん)しないことが一概(いちがい)に悪(わる)いとは言(い)えない。 결혼하지 않는 것이 무조건 나쁘다고는 할 수 없다.	

Part 1 문자·어휘 69

問題 2 문맥 규정 출제 예상 어휘

□ 一向（いっこう）に 완전히, 전혀	ずっと薬（くすり）を飲（の）んでいるが**一向（いっこう）**に良（よ）くならない。 계속 약을 먹고 있지만 전혀 좋아지지 않는다.
□ 一体（いったい） 도대체	彼女（かのじょ）は**一体（いったい）**どんな仕事（しごと）をしているんだろう。 그녀는 대체 어떤 일을 하고 있는 걸까?
□ 今（いま）や 이제는, 바야흐로	日本（にほん）で作（つく）ったカップラーメンが**今（いま）や**世界中（せかいじゅう）で食（た）べられている。 일본에서 만든 컵라면은 이제는 전 세계에서 먹고 있다.
□ うっとり 황홀하게	子供（こども）のピアノ演奏（えんそう）を**うっとり**と聴（き）いていた。 아이의 피아노 연주를 황홀하게 듣고 있었다.
□ うんざり 지긋지긋하게 ★	毎日宿題（まいにちしゅくだい）ばかりでもう**うんざり**だ。 매일 숙제만으로 이제 지긋지긋하다.
□ 円滑（えんかつ）に 원활하게	職員（しょくいん）の交代（こうたい）が**円滑（えんかつ）に**行（おこな）われた。 직원 교대가 원활하게 이루어졌다.
□ 自（おの）ずから 저절로, 자연히	疑問（ぎもん）は時間（じかん）がたてば**自（おの）ずから**解（と）ける。 의문은 시간이 지나면 저절로 풀린다.
□ がっしり 튼튼하게, 다부지게	**がっしり**した体格（たいかく）でも攻撃（こうげき）には弱（よわ）い。 다부진 체격이라도 공격에는 약하다.
□ がっちり 튼튼한 모양, 꼭, 꽉	その歌（うた）は子供（こども）たちの心（こころ）を**がっちり**つかんだ。 그 노래는 아이들의 마음을 꽉 붙잡았다.
□ かつて 일찍이, 예전에	ここには**かつて**公園（こうえん）があった。 여기에는 예전에 공원이 있었다.
□ かねがね 전부터, 진작부터	あの人（ひと）とは**かねがね**話（はなし）をしたいと思（おも）っていた。 저 사람과는 전부터 이야기를 하고 싶다고 생각하고 있었다.
□ かねて 미리, 진작부터	**かねて**約束（やくそく）した通（とお）り今日（きょう）は一緒（いっしょ）に買物（かいもの）に行（い）く。 미리 약속한 대로 오늘은 함께 쇼핑을 간다.
□ がらりと 갑자기 변하는 모양	お金（かね）があるとわかると彼（かれ）の態度（たいど）は**がらりと**変（か）わった。 돈이 있다는 것을 알자 그의 태도가 확 변했다.
□ かろうじて 겨우, 간신히	環境（かんきょう）が大（おお）きく変化（へんか）して**かろうじて**動物（どうぶつ）は生（い）き残（のこ）った。 환경이 크게 변화하고 간신히 동물은 살아 남았다.

☐ 気がかり 마음에 걸림, 걱정	まだ連絡がないのが気がかりだ。 아직 연락이 없는 것이 마음에 걸린다.	
☐ 極めて 지극히, 대단히	今家を出るのは極めて危険だ。 지금 집을 나오는 것은 대단히 위험하다.	
☐ ぐっと 훨씬, 한층	新しい駅ができて学校がぐっと近くなった。 새로운 역이 생겨서 학교가 한층 가까워졌다.	
☐ くよくよ 고민하는 모양, 끙끙	サイフを落としたくらいでくよくよしないで。 지갑을 잃어버린 정도로 고민하지 마.	
☐ げっそり 살이 빠진 모양, 야윈	3日間何も食べられないでげっそりした。 3일간 아무것도 먹지 못해서 야위었다.	
☐ こっそり 살짝, 몰래	親が分からないようこっそり彼女に連絡した。 부모님이 모르도록 몰래 그녀에게 연락했다.	
☐ ことごとく 모조리, 죄다	野党の出した法案はことごとく否決された。 야당이 낸 법안은 모조리 부결되었다.	
☐ ことに 특별히, 특히	花の中でもことにユリの花は香りが強い。 꽃 중에서도 특히 백합은 향기가 강하다.	
☐ ことによると 어쩌면, 혹시	夏休みだからことによると旅行に行ったかもしれない。 여름 방학이니까 어쩌면 여행을 갔을지도 모른다.	
☐ 先に 앞서, 먼저	先にふれたように人口の減少が深刻です。 앞에서 다루었듯이 인구 감소가 심각합니다.	
☐ さっと 민첩한 모양, 재빠르게	油をひいてさっと炒める。 기름을 두르고 빠르게(살짝) 볶는다.	
☐ さほど 그다지, 별로	今日は昨日に比べてさほど暑くない。 오늘은 어제에 비해 그리 덥지 않다.	
☐ じっくり 곰곰이, 차분하게	家に帰ってじっくり検討する。 집에 돌아와 차분하게 검토한다.	
☐ じめじめ 축축, 끈적끈적	雨が続いて部屋の中もじめじめしてきた。 비가 계속 와서 방 안이 눅눅해졌다.	

問題2 문맥 규정 출제 예상 어휘

☐ **しょっちゅう** 늘, 자꾸	家が近いのに**しょっちゅう**遅刻する。 집이 가까운데도 항상 지각한다.	
☐ **しんなり** 부드러운, 나긋나긋한	ゆでて**しんなり**したら薄く切る。 삶아서 부드러워지면 얇게 썬다.	
☐ **ずっしり** 묵직한	旅行カバンは土産物で**ずっしり**重くなった。 여행 가방은 기념품으로 묵직해졌다.	
☐ **ずばり** 핵심을 찌르는 모양	聞きたかったことを**ずばり**聞いてみた。 묻고 싶었던 것을 단도직입적으로 물어보았다.	
☐ **ずらっと** 잇달아 늘어선 모양	空港にはファンが**ずらっと**並んで待っていた。 공항에는 팬이 줄지어 서서 기다리고 있었다.	
☐ **盛大に** 성대하게	記念パーティーが**盛大に**行われた。 기념 파티가 성대하게 열렸다.	
☐ **せめて** 최소한, 적어도	**せめて**電話でもすれば心配しなかった。 최소한 전화라도 했으면 걱정하지 않았다.	
☐ **総じて** 대체로, 일반적으로	今年は**総じて**雪が少なかった。 올해는 대체로 눈이 적게 내렸다.	
☐ **即座に** 즉석에서, 당장	直接会って話したら**即座に**了解してくれた。 직접 만나서 이야기했더니 바로 이해해 주었다.	
☐ **そわそわ** 안절부절 못함	彼女に会えるからか、ずっと**そわそわ**している。 그녀를 만날 수 있기 때문인지 계속 안절부절 못하고 있다.	
☐ **大概** 대개, 대부분	日本語は**大概**、漢字の発音で苦労する。 일본어는 대부분 한자 발음으로 고생한다.	
☐ **確か** 분명히, 아마	今週は**確か**金曜日が休日だ。 이번 주는 아마 금요일이 휴일이다.	
☐ **単に** 단지, 그저	**単に**いい間違えただけで深い意味はない。 단순히 잘못 말한 것뿐이지 깊은 의미는 없다.	
☐ **ちやほや** 응석을 받아주는 모양, 오냐오냐	彼女はまわりから**ちやほや**されて育った。 그녀는 주위에서 응석을 받아주며 자랐다.	

☐ **てきぱきと** 일을 척척 해결하는 모양	経験が多い人は仕事を**てきぱきと**片づける。	
	경험이 많은 사람은 일을 척척 처리한다.	
☐ **てっきり** 틀림없이	笑っているから**てっきり**合格したと思った。	
	웃고 있어서 틀림없이 합격했다고 생각했다.	
☐ **到底** 도저히	彼の実力では**到底**勝てないだろう。	
	그의 실력으로는 도저히 이길 수 없을 것이다.	
☐ **堂々と** 당당히	彼女は自分の言いたいことを**堂々と**主張した。	
	그녀는 자신이 말하고 싶은 것을 당당하게 주장했다.	
☐ **ときおり** 가끔, 때때로	雨はやんだが**ときおり**強い風が吹く。	
	비는 그쳤지만 때때로 강한 바람이 분다.	
☐ **とっくに** 훨씬 전에, 벌써	このチケットは**とっくに**期限が切れている。	
	이 티켓은 예전에 기한이 다 됐다.	
☐ **とっさに** 순간적으로, 바로	地震が来たので**とっさに**机の下に入った。	
	지진이 와서 순간적으로 책상 밑에 들어갔다.	
☐ **突如** 갑자기, 별안간	今まで晴れていたのに**突如**として大雨が降り始めた。	
	지금까지 맑았는데 갑자기 폭우가 내리기 시작했다.	
☐ **とりわけ** 특히, 유난히	今度の台風は**とりわけ**大雨の被害に注意が必要だ。	
	이번 태풍은 특히 호우 피해에 주의가 필요하다.	
☐ **なおさら** 더욱, 한층	体調が悪い時は**なおさら**睡眠が大切だ。	
	몸 상태가 안 좋을 때는 더욱 수면이 중요하다.	
☐ **ひいては** 더 나아가서는	住民の協力は**ひいては**地域の安全を守ることになる。	
	주민의 협력은 나아가 지역의 안전을 지키는 일이 된다.	
☐ **ひしひし** 강하게 느끼는 모양	責任の重さを**ひしひし**と感じている。	
	책임의 무거움을 절실히 느끼고 있다.	
☐ **ひたすら** 그저, 오로지	山で道に迷ったら**ひたすら**救助を待つ方がいい。	
	산에서 길을 잃으면 그저 구조를 기다리는 편이 좋다.	
☐ **びっしょり** 흠뻑	傘がなかったので雨で**びっしょり**濡れてしまった。	
	우산이 없었기 때문에 비로 흠뻑 젖어 버렸다.	

問題 2 문맥 규정 출제 예상 어휘

□ **ひとまず** 우선, 일단	ここまで来れば**ひとまず**安心だ。 여기까지 오면 일단 안심이다.
□ **ひょっとしたら** 어쩌면, 혹시	あとで**ひょっとしたら**電話があるかもしれない。 나중에 어쩌면 전화가 올 지도 몰라.
□ **頻繁に** 빈번하게	予定が**頻繁に**変更になると困る。 예정이 빈번하게 변경되면 곤란하다.
□ **ひんやり** 서늘한, 섬뜩한	**ひんやり**した風が入ってきて気持ちがいい。 서늘한 바람이 들어와서 기분이 좋다.
□ **ふらふら** 휘청휘청, 흔들흔들	熱があるせいか体が**ふらふら**する。 열이 있어서인지 몸이 휘청휘청한다.
□ **ぶらぶら** 어슬렁어슬렁	時間があるのでデパートを**ぶらぶら**した。 시간이 있어서 백화점을 어슬렁거렸다.
□ **ぼつぼつ** 슬슬, 조금씩	時間も遅くなったから**ぼつぼつ**帰ろう。 시간도 늦었으니 슬슬 돌아가자.
□ **ぼろぼろ** 너덜너덜	長く着た服が**ぼろぼろ**になったので新しいものを買った。 오래 입은 옷이 너덜너덜해져서 새로운 옷을 샀다.
□ **前もって** 미리, 사전에	どこかを訪問する時は**前もって**約束をする。 어딘가를 방문할 때는 미리 약속을 한다.
□ **まして** 하물며, 더구나	のどが痛くて水も飲めないんだから、**まして**ご飯を食べるのは無理だ。 목이 아파서 물도 못 마시니, 하물며 밥을 먹는 것은 무리다.
□ **まちまち** 가지각색	パーティーに来た人はみな**まちまち**の服装で楽しんでいた。 파티에 온 사람은 모두 가지각색의 복장으로 즐기고 있었다.
□ **まるごと** 통째로	今度の試験は教科書を**まるごと**覚えることにした。 이번 시험은 교과서를 통째로 암기하기로 했다.
□ **無性に** 까닭 없이, 공연히, 몹시	運動をしたから**無性に**のどが渇いた。 운동을 해서 몹시 목이 말랐다.

☐ むちゃくちゃ 엉망진창	あの人の言うことは**むちゃくちゃ**で話にならない。 저 사람이 하는 말은 엉망진창이라 말할 가치가 없다.
☐ むやみに 무모하게, 함부로	人の言うことを**むやみに**疑ってはいけない。 남의 말을 함부로 의심해서는 안 된다.
☐ めいめい 각각, 각자	昼食は**めいめい**で済ませて2時に集合してください。 점심 식사는 각자 해결하고 2시에 집합해 주세요.
☐ めきめき 눈에 띄게, 무럭무럭 ★	新しい家庭教師の指導で成績が**めきめき**上がった。 새로운 가정교사의 지도로 성적이 눈에 띄게 올랐다.
☐ もっぱら 오로지, 한결같이	スマホといっても**もっぱら**ゲームとメールを使うくらいだ。 스마트폰이라고 해도 오로지 게임과 문자를 (보내는데) 사용하는 정도이다.
☐ もはや 이제는, 벌써	30年勤めた会社だが**もはや**私にできる仕事はない。 30년 근무한 회사이지만 더는 내가 할 수 있는 일은 없다.
☐ やんわり 부드럽게, 온화하게	無理を承知で頼んだが**やんわり**断られた。 무리인 줄 알면서 부탁했지만 완곡하게 거절당했다.
☐ よほど 상당히, 어지간히	その言葉が**よほど**悔しかったのか彼の目には涙が浮かんでいた。 그 말이 어지간히 분했는지 그의 눈에는 눈물이 맺혔다.

7: 접속사

★ 표시는 기출 어휘입니다.

☐ 及び ~및	☐ かつ 동시에, 또한
☐ しかしながら 그렇지만, 그러나	☐ それ故 그러므로, 그런 까닭에
☐ 並びに ~및	☐ もしくは 혹은, 또는
☐ 故に 그러므로, 따라서	☐ ないし ~내지, 또는

問題 2　문맥 규정 출제 예상 어휘

8 : 가타카나어(외래어)

☐ アップ 오름, 인상 ★	☐ アピール 어필, 호소함
☐ アプローチ 어프로치, 접근	☐ アポイント 약속
☐ アマチュア 아마추어	☐ インフレ 인플레이션
☐ ウイルス 바이러스	☐ ウエイト 무게 ★
☐ オリエンテーション 오리엔테이션	☐ ガイド 가이드
☐ カテゴリー 카테고리	☐ カルテ 진료 기록 카드
☐ キャリア 커리어, 경력 ★	☐ ケース 사례, 상자
☐ ゴール 골, 결승점	☐ コマーシャル (상업적인) 광고
☐ コメント 코멘트	☐ コンスタントに 꾸준하게, 지속적으로 ★
☐ コンパクト 콤팩트, 소형, 간결함 ★	☐ シェア 셰어, 공유, 시장 점유율(경제) ★
☐ システム 시스템	☐ ストック 비축, 재고 ★
☐ ストライキ 파업	☐ スペース 공간
☐ スライス 슬라이스, 얇게 썲 ★	☐ セクション 섹션
☐ セミナー 세미나	☐ セレモニー 세리머니
☐ センサー 센서 ★	☐ センス 센스 ★
☐ ターゲット 타겟, 목표	☐ タイトル 타이틀, 표제, 제목
☐ チームワーク 팀워크	☐ チェンジ 체인지
☐ デッサン 데생	☐ トーン 톤, 음색
☐ ドリル 드릴, 반복 연습	☐ ニーズ 니즈, 요구, 수요
☐ ニュアンス 뉘앙스 ★	☐ ノイローゼ 노이로제

☐ ノウハウ 노하우 ★	☐ ノルマ 노동 할당량, 기준량 ★
☐ パート 파트, 부분	☐ ハードル 허들, 장애물 ★
☐ ビジネス 비즈니스	☐ ヒント 힌트 ★
☐ ファイト 파이트, 투지	☐ ファイル 파일
☐ フォロー 뒤쫓음, 보조함 ★	☐ プライド 프라이드, 자존심 ★
☐ ブランク 여백, 공백	☐ プロセス 프로세스, 과정, 공정
☐ ベスト 베스트, 최선 ★	☐ ポジション 포지션, 직위
☐ マスコミ 매스컴, 언론	☐ マナー 매너
☐ ムード 무드, 분위기	☐ メーカー 메이커, 제조사
☐ メディア 미디어 ★	☐ ユニーク 유니크, 독특함, 특이함 ★
☐ ユニフォーム 유니폼, 제복	☐ ライバル 라이벌, 경쟁 상대
☐ ラベル 라벨	☐ リスク 리스크, 위험
☐ リズム 리듬	☐ ルール 룰, 규칙
☐ レイアウト 레이아웃, 배치 ★	☐ レッスン 레슨, 교습
☐ レントゲン 엑스레이	☐ ロマンチック 로맨틱

問題 2 문맥 규정 연습문제 ⑤

해설편 30p

問題 2 （　　　）に入れるのに最もよいものを、1・2・3・4から一つ選びなさい。

1. 犯人はコピー機で（　　　）偽造紙幣を作った。
   1 無謀な　　　　2 なめらかな　　　3 巧みな　　　　4 大らかな

2. 髪型を変えると、印象が（　　　）変わった。
   1 ぴたりと　　　2 がらっと　　　　3 ずばりと　　　4 どきっと

3. 長く使うものは、あとで後悔しないように（　　　）選んでから買うようにしましょう。
   1 のろのろ　　　2 たっぷり　　　　3 てきぱき　　　4 じっくり

4. 面接試験では自分の強みを（　　　）して、他との差別化を図ることが大事だ。
   1 コメント　　　2 アピール　　　　3 スピーチ　　　4 ディベート

5. 彼は（　　　）としばらくカバンの中を探って、ようやくスマホを取り出した。
   1 ぱたぱた　　　2 ふわふわ　　　　3 ごそごそ　　　4 さくさく

6. インコの飼育温度は25度ぐらいを（　　　）しておいたほうがいい。
   1 アップ　　　　2 フォロー　　　　3 オーバー　　　4 キープ

7. この調味料があれば日本料理が（　　　）簡単に作れます。
   1 いまだ　　　　2 いとも　　　　　3 いかに　　　　4 いっさい

8. 腐って（　　　）壊れそうな木の橋が架かっていた。
   1 まるで　　　　2 きっと　　　　　3 今にも　　　　4 さも

9. 試験は難しいと聞いていたが、受けてみたら（　　　）でもなかった。
   1 それほど　　　2 あまり　　　　　3 たいして　　　4 ろくに

10. 風もやんだし、台風も（　　　）去ったようだね。
    1 たぶん　　　　2 どうやら　　　　3 まるで　　　　4 いかにも

問題 2 문맥 규정 연습문제 ⑥

問題 2　（　　　）に入れるのに最もよいものを、1・2・3・4から一つ選びなさい。

1 彼女は嘘いつわりのない、（　　　）人だ。
　1　あっさりした　　2　すっきりした　　3　まっすぐな　　4　ぴったりな

2 来週、取引先でのミーティングのために取引先の部長に（　　　）を取った。
　1　アポイント　　2　リズム　　3　ムード　　4　ポイント

3 来週は旅行にでも出かけて、気分を（　　　）ことにした。
　1　リフォームする　　　　　　2　リフレッシュする
　3　コントロールする　　　　　4　サポートする

4 彼は窮地に陥ったが、（　　　）良いアイデアを思いついた。
　1　どっきり　　2　びっしり　　3　とっさに　　4　ろくに

5 会社では上司や先輩に明るく大きな声で（　　　）と挨拶することが大切だ。
　1　こつこつ　　2　はきはき　　3　ひそひそ　　4　まじまじ

6 まだ起きてたの？静かになったから、（　　　）寝ていると思ったよ。
　1　てっきり　　2　うっかり　　3　まるで　　4　かならず

7 離婚が（　　　）悪いことだとは言えないよ。
　1　ろくに　　2　一向に　　3　なかなか　　4　一概に

8 どうしたんだろう。電車が（　　　）来ないねえ。
　1　とても　　2　あながち　　3　なかなか　　4　すっかり

9 今は（　　　）娘が無事であることを祈るしかない。
　1　ただ　　2　単に　　3　仮に　　4　けっこう

10 （　　　）自動車は、あまりガソリンを食わない。
　1　短　　2　小　　3　軽　　4　低

問題 2　문맥 규정 기출 어휘

● 2022

- 軽快(けいかい) 경쾌
- しわざ 소행, 짓
- 仲裁(ちゅうさい) 중재
- 張り合う(はりあう) 겨루다, 경쟁하다
- サイクル 사이클, 순환 과정
- すべすべ 매끈매끈
- 発覚(はっかく) 발각

● 2021

- 旺盛(おうせい) 왕성
- 却下(きゃっか) 각하, 기각
- 熟知(じゅくち) 숙지
- 担う(になう) 메다, 짊어지다
- 風習(ふうしゅう) 풍습
- めきめき 눈에 띄게, 무럭무럭
- もどかしい 안타깝다, 답답하다
- ぎくしゃく 부자연스러운, 어색한
- こじれる 악화되다, 뒤틀리다
- 存続(そんぞく) 존속
- ～派(は) ~파(파벌)
- 施す(ほどこす) 베풀다, 실시하다
- 目先(めさき) 눈앞, 현재
- 余波(よは) 여파

● 2020

- クレーム 클레임, 불만, 이의 제기
- 壮大(そうだい) 장대, 웅장
- 撤去(てっきょ) 철거
- うずうず 좀이 쑤시는 모양, 근질근질
- 経緯(けいい) 경위
- みっしり・みっちり 착실히, 열심히
- 危ぶむ(あやぶむ) 염려하다, 의심하다

● 2019

- [ ] 危(あや)ぶむ 염려하다, 의심하다
- [ ] 気(き)がかり 마음에 걸림, 걱정
- [ ] 禁物(きんもつ) 금물
- [ ] 快(こころよ)い 상쾌하다, 기분 좋다
- [ ] 従事(じゅうじ) 종사
- [ ] 推移(すいい) 추이
- [ ] ずっしりと 묵직한
- [ ] 精力的(せいりょくてき)に 정력적으로
- [ ] センサー 센서
- [ ] 壮大(そうだい)な 장대한, 웅장한
- [ ] 滲(にじ)む 번지다, 스미다
- [ ] ひしひしと 강하게 느끼는 모양, 바싹바싹
- [ ] 表明(ひょうめい) 표명
- [ ] 歴然(れきぜん) 역력함, 분명함

● 2018

- [ ] リスク 리스크, 위험
- [ ] アウトライン 아우트라인, 윤곽, 개요
- [ ] がらりと 갑자기 변하는 모양, 싹, 확
- [ ] せかせかと 후다닥, 성급하게
- [ ] なだめる 달래다
- [ ] 堅実(けんじつ)な 견실한
- [ ] 駆(か)けつける 급히 달려가다(오다)
- [ ] 起用(きよう) 기용
- [ ] 多角的(たかくてき) 다각적
- [ ] 盛大(せいだい)に 성대하게
- [ ] 言及(げんきゅう) 언급
- [ ] 在庫(ざいこ) 재고
- [ ] 遮断(しゃだん) 차단
- [ ] 解除(かいじょ) 해제

● 2017

- [ ] 一環(いっかん) 일환
- [ ] 逸脱(いつだつ) 일탈

問題 2　문맥 규정 기출 어휘

- ☐ いとも　매우, 아주
- ☐ コンスタントに　일정하게, 꾸준히
- ☐ 打診(だしん)　타진, (상대방을) 떠보다
- ☐ 念願(ねんがん)　염원
- ☐ 非(ひ)はない　잘못은 없다
- ☐ もっぱら　오로지

- ☐ 経歴(けいれき)　경력
- ☐ シェア　셰어, 시장 점유율
- ☐ 称(たた)える　칭찬하다, 찬양하다, 기리다
- ☐ 弾(はじ)く　튀기다, 튕기다
- ☐ まちまち　각기 다름
- ☐ 蘇(よみがえ)る　(생명, 기억, 감정 등이) 되살아나다

● 2016

- ☐ 愛着(あいちゃく)　애착
- ☐ 鑑定(かんてい)　감정
- ☐ 教訓(きょうくん)　교훈
- ☐ 染(し)みる　스며들다
- ☐ センス　센스
- ☐ ノウハウ　노하우
- ☐ 見(み)かける　눈에 띄다, 언뜻 보다

- ☐ 一掃(いっそう)　일소, 모조리 없앰
- ☐ 基盤(きばん)　기반
- ☐ 切(き)り出(だ)す　(말을) 꺼내다
- ☐ すんなり　수월하게, 매끈하게
- ☐ 尽(つ)くす　다하다, 애쓰다
- ☐ 頻繁(ひんぱん)に　빈번하게
- ☐ 流出(りゅうしゅつ)　유출

● 2015

- ☐ 稼働(かどう)　가동
- ☐ 該当(がいとう)　해당
- ☐ 強制(きょうせい)　강제

- ☐ 大(おお)らかな　느긋하고 대범한
- ☐ 起伏(きふく)　기복
- ☐ くよくよ　고민하는 모양, 끙끙

- ☐ 合意(ごうい) 합의
- ☐ 凄(すさ)まじい 무섭다, 대단하다
- ☐ 取(と)り戻(もど)す 회복하다, 되찾다
- ☐ 紛(まぎ)れる 헷갈리다
- ☐ 強(し)いて 억지로, 굳이
- ☐ 直面(ちょくめん) 직면
- ☐ 幅広(はばひろ)い 폭넓다
- ☐ メディア 미디어

● 2014

- ☐ 異色(いしょく) 이색
- ☐ おびただしい 엄청나다
- ☐ 食(く)い止(と)める 막다, 저지하다
- ☐ 心細(こころぼそ)い 불안하다
- ☐ 絶対(ぜったい)な 절대적인
- ☐ 食(く)い止(と)める 저지하다
- ☐ ノルマ 노동 할당량, 기준량
- ☐ 予断(よだん) 예단, 예측
- ☐ ウェイト 무게, 중량
- ☐ 可決(かけつ) 가결
- ☐ 駆使(くし) 구사
- ☐ 支障(ししょう) 지장
- ☐ たどる 더듬다, 더듬어 찾다
- ☐ てきぱきと 일을 척척 해내는 모양
- ☐ 揺(ゆ)らぐ 흔들리다

● 2013

- ☐ 一任(いちにん) 일임
- ☐ 気(き)に障(さわ)る 거슬리다
- ☐ じめじめ 축축, 끈적끈적
- ☐ 立(た)て替(か)える (대금을) 대신 치르다
- ☐ 腕前(うでまえ) 솜씨
- ☐ 強硬(きょうこう)に 강경하게
- ☐ そわそわ 안절부절
- ☐ ためらう 망설이다

問題 2 문맥 규정 기출 어휘

- [ ] とりわけ 특히, 유난히
- [ ] 荷が重い 책임이 무겁다
- [ ] 担う 메다, (책임을) 지다
- [ ] 練る (계획을) 짜다, 연마하다
- [ ] 念頭 염두
- [ ] 無性に 까닭 없이, 공연히, 몹시

● 2012

- [ ] ハードル 허들, 장애물, 진입 장벽
- [ ] 言い張る 우기다
- [ ] 大筋 대략, 요점
- [ ] 改訂版 개정판
- [ ] 加工 가공
- [ ] 急遽 급거, 갑작스럽게, 허둥지둥
- [ ] 寄与 기여
- [ ] 察知する 알아차리다
- [ ] 妥協 타협
- [ ] 人出 인파
- [ ] 紛らわしい 혼동하기 쉽다
- [ ] 催す 개최하다
- [ ] 和らぐ 누그러지다
- [ ] リストアップ 리스트 업, 나열

● 2011

- [ ] 逸材 뛰어난 인재
- [ ] 会心 회심(마음에 듦)
- [ ] 実情 실정(실제 사정)
- [ ] 修復 수복, 복원
- [ ] ストック 재고, 비축품
- [ ] 強み 강점, 장점
- [ ] ニュアンス 뉘앙스
- [ ] 弾む 튀다, 기세가 오르다, 활기를 띠다
- [ ] 抜粋 발췌
- [ ] 不備 불비(충분히 갖추지 않음)
- [ ] 並行 병행
- [ ] まみれ 투성이

- ☐ 無謀(むぼう)だ 무모하다
- ☐ 猛反対(もうはんたい) 맹렬한 반대
- ☐ 予断(よだん) 예단, 예측

● 2010

- ☐ 円滑(えんかつ)に 원활하게
- ☐ 及(およ)ぼす (영향을) 끼치다
- ☐ 完結(かんけつ) 완결
- ☐ キャリア 커리어, 경력
- ☐ 結束(けっそく) 결속
- ☐ 当(とう)~ 당~, 해당~, 저희~
- ☐ 念願(ねんがん) 염원
- ☐ 背景(はいけい) 배경
- ☐ 報(ほう)じる 알리다, 보도하다
- ☐ フォロー 보조, 지원
- ☐ 本音(ほんね) 본심
- ☐ 綿密(めんみつ)な 면밀한
- ☐ やんわり 부드럽게, 완곡하게
- ☐ 歴史上(れきしじょう) 역사상

問題 2 문맥 규정 연습문제 ⑦

해설편 34p

問題 2 （　　）に入れるのに最もよいものを、1・2・3・4から一つ選びなさい。

[1] いつも母国にいる高齢の両親が（　　）で、毎日電話で安否を聞いています。
　1　配慮　　　　2　手遅れ　　　　3　心細く　　　　4　気がかり

[2] 面接の順番が近づいて、田中（たなか）君の顔には、緊張した様子が（　　）としていた。
　1　堂々　　　　2　歴然　　　　3　断然　　　　4　整然

[3] 大型プロジェクトへの参加について部長から（　　）されたが、心が決められない。
　1　報告　　　　2　自問　　　　3　施行　　　　4　打診

[4] 今まで見たことのない（　　）景色を目の当たりにし、涙が出るほど感動しました。
　1　絶対な　　　　2　壮大な　　　　3　盛大な　　　　4　甚大な

[5] この企業が不景気にも維持できたのは、超一流の技術と（　　）資本力、最高の人材を保有していたからである。
　1　安易な　　　　2　膨大な　　　　3　堅実な　　　　4　安堵な

[6] 駅前に新しくできた焼肉屋がおいしいと、（　　）評判である。
　1　しきりに　　　　2　ますます　　　　3　もっとも　　　　4　もっぱら

[7] 森に入ると（　　）春の風がそよそよと吹いてきた。
　1　いさぎよい　　　　2　喜ばしい　　　　3　心地よい　　　　4　懐かしい

[8] 建築設計を学ぶ人が知っておきたい（　　）の基礎知識をまとめたいと思う。
　1　ルックス　　　　2　ストック　　　　3　レイアウト　　　　4　アウトライン

[9] 国際情勢上、両国の関係が破局になることはないだろうが、油断は（　　）だ。
　1　禁物　　　　2　無謀　　　　3　不当　　　　4　偏見

[10] その事件の影響であろうか、山下（やました）さんは人が（　　）変わった。
　1　ぐるりと　　　　2　がらりと　　　　3　けろっと　　　　4　きっかりと

問題 2 문맥 규정 연습문제 ⑧

問題 2　（　　）に入れるのに最もよいものを、1・2・3・4から一つ選びなさい。

1　ドラマは今日の放送で（　　）になります。
　1　閉店　　　　2　到達　　　　3　完結　　　　4　達成

2　最初にこの事件を（　　）のは外国のマスコミだった。
　1　見つめた　　2　唱えた　　　3　告げた　　　4　報じた

3　どんなに汗（　　）になって働いても生活は苦しい。
　1　まみれ　　　2　かき　　　　3　つかい　　　4　ぐるみ

4　両親の（　　）反対を押しきって結婚した。
　1　正　　　　　2　超　　　　　3　全　　　　　4　猛

5　もっと多くの学生が入れるように入学試験の（　　）を低くした。
　1　プロセス　　2　メカニズム　3　ポジション　4　ハードル

6　急病で倒れた主役に代わって（　　）無名の俳優が出演することになった。
　1　すみやかに　2　急遽　　　　3　急激に　　　4　たちまち

7　交通費は私が（　　）ますから後で返してください。
　1　差し出し　　2　取り扱い　　3　立て替え　　4　受け持ち

8　強いチームと戦う時は作戦をよく（　　）ことが大切だ。
　1　耕す　　　　2　練る　　　　3　構える　　　4　費やす

9　連日の大雨で公共交通の運行に（　　）が出ている。
　1　劣化　　　　2　面倒　　　　3　支障　　　　4　波及

10　その案は出席者の全員一致で（　　）された。
　1　了解　　　　2　物議　　　　3　可決　　　　4　突破

3 : 問題 3 유의 표현

문제 유형
유의 표현 파트는 밑줄의 어휘와 바꾸어 쓸 수 있는 어휘를 고르는 '유사어 찾기' 문제이다.

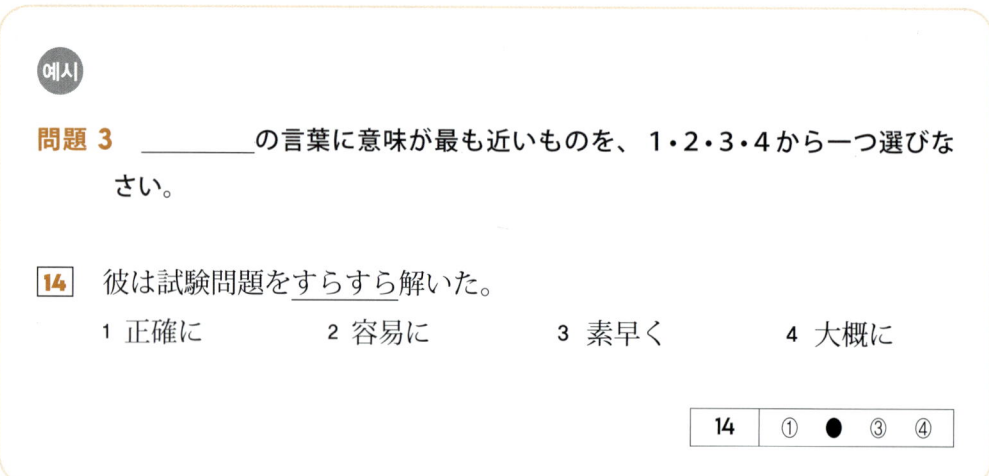

예시

問題 3 ＿＿＿＿＿の言葉に意味が最も近いものを、1・2・3・4から一つ選びなさい。

14 彼は試験問題をすらすら解いた。
1 正確に　　　2 容易に　　　3 素早く　　　4 大概に

| 14 | ① | ● | ③ | ④ |

문제 풀이 포인트
유의 표현 파트에서는 제시된 어휘뿐만 아니라 유의어의 의미 및 용례까지 정확하게 알고 있는지를 묻는 문제가 출제된다. 따라서 평소 유의어·반의어까지 두루 살펴보는 습관을 기르면 도움이 된다. 문제를 풀 때는 밑줄의 단어 대신 선택지의 단어를 대입했을 때 문장 자체의 의미가 크게 달라지지 않는 것을 고르면 된다.

問題 3 　유의 표현 출제 예상 어휘

학습 포인트
유의 표현 파트에서는 새로운 단어가 나오기보다 한자 읽기, 문맥 규정 파트에서 정리한 어휘가 활용되어 나오므로 앞 파트의 어휘를 충분히 익히고 학습에 들어가기를 추천한다. 또한 기출 어휘가 다른 형태로 활용되어 반복적으로 나오는 경향이 있으니, 기출 어휘는 반드시 체크하자.

1: 명사

★ 표시는 기출 어휘입니다.

☐ 言い訳(いいわけ) 변명	≒	弁解(べんかい) 변명 ★
☐ 糸口(いとぐち) 실마리, 단서	≒	ヒント 힌트 ★
☐ 嫌味(いやみ) 남에게 불쾌감을 주는 말이나 행동	≒	皮肉(ひにく) 빈정거림, 비꼼
☐ 裏づけ(うら) 뒷받침	≒	証拠(しょうこ) 증거 ★
☐ お手上げ(てあ) 어찌할 도리가 없음	≒	どうしようもない 어찌할 도리가 없다 ★
☐ 気掛り(きがか) 마음에 걸림, 걱정	≒	心配(しんぱい) 걱정
☐ 互角(ごかく) 막상막하	≒	大体同じだ(だいたいおな) 비슷하다 ★
☐ 骨子(こっし) 골자, 요점	≒	概容(がいよう) 개요, 간략하게 추린 중심 내용
☐ コントラスト 콘트라스트, 대비	≒	対比(たいひ) 대비 ★
☐ 再三(さいさん) 여러 번, 두 번 세 번	≒	何度も(なんど) 몇 번이고
☐ 雑踏(ざっとう) 혼잡, 붐빔	≒	人込み(ひとご) 붐빔, 북적임 ★
☐ 支援(しえん) 지원	≒	バックアップ 백업, 지원 ★
☐ 仕組み(しく) 구조	≒	システム 시스템
☐ 従来(じゅうらい) 종래	≒	これまで 지금까지 ★
☐ 出馬(しゅつば) 출마	≒	選挙に出る(せんきょで) 선거에 나가다 ★

問題 3 　유의 표현 출제 예상 어휘

- □ 助言(じょげん) 조언 　≒ 　アドバイス 어드바이스, 조언·충고 ★
- □ スケール 스케일(규모) 　≒ 　規模(きぼ) 규모 ★
- □ すべ 방법, 수단 　≒ 　方法(ほうほう) 방법 ★
- □ 先方(せんぽう) 상대방 　≒ 　相手(あいて) 상대 ★
- □ 手掛(てが)り 실마리, 단서 　≒ 　ヒント 힌트 ★
- □ デマ 헛소문, 유언비어 　≒ 　嘘(うそ) 거짓말
- □ とっておき 소중히 간직해 둠 　≒ 　大事(だいじ) 소중함
- □ 抜群(ばつぐん) 발군, 뛰어남 　≒ 　他(ほか)と比(くら)べて特(とく)に良(よ)い 다른 것에 비해 특히 좋다 ★
- □ 不審物(ふしんぶつ) 수상한 물건 　≒ 　怪(あや)しい物(もの) 수상한 물건
- □ ポイント 포인트, 요점 　≒ 　要点(ようてん) 요점
- □ まね 흉내 　≒ 　模倣(もほう) 모방
- □ 無償(むしょう) 무상, 무료 　≒ 　ただ 무료, 공짜 ★
- □ メカニズム 메커니즘, 장치, 구조 　≒ 　仕組(しく)み 구조 ★
- □ 役割(やくわり) 역할 　≒ 　任務(にんむ) 임무
- □ リスク 리스크, 위험, 위기 　≒ 　危険(きけん) 위험 ★
- □ 朗報(ろうほう) 낭보, 기쁜 소식 　≒ 　嬉(うれ)しい知(し)らせ 기쁜 소식 ★
- □ 割合(わりあい) 비율 　≒ 　比率(ひりつ) 비율

2: 동사

- あなどる 깔보다 ≒ 馬鹿にする 업신여기다
- 誤る 실수하다, 잘못되다 ≒ 不注意 부주의
- ありふれた 어디에나 있는, 흔한 ≒ 平凡な 평범한 ★
- 案じる(ずる) 걱정하다 ≒ 心配する 걱정하다
- 安堵する 안도하다, 안심하다 ≒ ほっとする 마음을 놓다, 안심하다
- いばる 뽐내다, 으스대다 ≒ 大きな顔をする 잘난 체 하다
- 受け合う 책임지고 맡다, 보증하다 ≒ 保証する 보증하다
- 打ち明ける 털어놓고 이야기하다 ≒ 告白する 고백하다
- 打ち込む 열중하다, 몰두하다 ≒ 熱心に取り組む 열심히 전념하다 ★
- うろたえずに 당황하지 않고 ≒ 慌てずに 당황하지 않고, 허둥대지 않고 ★
- 公にする 공표하다 ≒ 公表する 공표하다
- 衰える 쇠하다, 쇠퇴하다 ≒ 弱くなる 약해지다
- 思い切った 대담한, 과감한 ≒ 大胆な 대담한
- 思い知らされる 뼈저리게 느끼다 ≒ 痛感する 통감하다
- おろそかにする 소홀히 하다 ≒ 怠ける 게으름 피우다
- お詫びする 사과하다, 사죄하다 ≒ 謝る 사과하다
- 回想する 회상하다 ≒ 思い返す 다시 생각하다 ★
- かさむ 부피가 커지다, 많아지다 ≒ 増える 늘다, 증가하다
- 仰天した 깜짝 놀랐다, 기겁했다 ≒ とても驚いた 매우 놀랐다 ★

問題3 유의 표현 출제 예상 어휘

- 吟味(ぎんみ)する 음미하다 ≒ 検討(けんとう)する 검토하다
- くつろぐ 편히 지내다(쉬다), 유유자적하다 ≒ ゆっくりする 천천히 하다, 느긋하게 하다 ★
- 貶(けな)す 비방하다, 헐뜯다 ≒ 悪(わる)く言(い)う 나쁜 말(험담)을 하다 ★
- 交流(こうりゅう)を図(はか)る 교류를 꾀하다 ≒ 交流(こうりゅう)を深(ふか)める 교류를 깊게 하다, 심화하다
- こじれる 악화되다, 뒤틀리다 ≒ 悪化(あっか)する 악화되다
- 誇張(こちょう)して 과장해서 ≒ 大(おお)げさに 과장되게 ★
- 凝(こ)る 열중하다, 공들이다 ≒ 夢中(むちゅう)になる 열중하다
- 殺到(さっとう)した 쇄도했다 ≒ 一度(いちど)に大勢(おおぜい)来(き)た 한번에 많이 왔다 ★
- 試合(しあい)に臨(のぞ)む 시합에 임하다 ≒ 出場(しゅつじょう)する 출장하다(경기에 나가다)
- 仕上(しあ)げる 완성하다 ≒ 完成(かんせい)する 완성하다
- しくじる 실패하다, 실수하다 ≒ 失敗(しっぱい)する 실패하다, 실수하다
- 触発(しょくはつ)される 촉발되다 ≒ 刺激(しげき)を受(う)ける 자극을 받다 ★
- しりぞける 거절하다, 물리치다 ≒ 拒否(きょひ)する 거부하다
- スライスする 슬라이스 하다 ≒ 薄(うす)く切(き)る 얇게 썰다
- 急(せ)かす 재촉하다 ≒ 急(いそ)がせる 서두르게 하다 ★
- 絶賛(ぜっさん)する 절찬하다 ≒ 非常(ひじょう)に素晴(すば)らしいとほめる 매우 멋지다고 칭찬하다 ★
- 賜(たまわ)る 윗사람에게서 받다 ≒ いただく 받다(겸양어)
- 断念(だんねん)する 단념하다 ≒ 諦(あきら)める 포기하다 ★
- 重宝(ちょうほう)する 유용하고 편리하다 ≒ 便利(べんり)で役(やく)に立(た)つ 편리해서 도움이 되다 ★
- 呟(つぶや)く 중얼거리다 ≒ 小(ちい)さな声(こえ)で言(い)う 작은 소리로 말하다

☐ 撤回_{てっかい}する 철회하다	≒	取_とり消_けす 취소하다
☐ 手分_{てわ}けする 분담하다	≒	分担_{ぶんたん}する 분담하다 ★
☐ 戸惑_{とまど}う 망설이다, 갈팡질팡하다	≒	困_{こま}る 곤란하다 ★
☐ 馴染_{なじ}む 친숙해지다	≒	慣_なれる 익숙해지다, 길들다 ★
☐ 根_ねに持_もつ 앙심을 품다	≒	恨_{うら}む 원망하다
☐ はかどる 진척되다, 일이 잘 되어가다	≒	順調_{じゅんちょう}に進_{すす}む 순조롭게 진행되다 ★
☐ 漠然_{ばくぜん}とした 막연한	≒	ぼんやりした 희미한
☐ ばてる 지치다, 기진맥진하다	≒	疲_{つか}れる 지치다
☐ 阻_{はば}む 막다, 저지하다	≒	阻止_{そし}する 저지하다
☐ 張_はり合_あう 맞서다, 겨루다	≒	競争_{きょうそう}する 경쟁하다 ★
☐ 張_はり合_あう 맞서다, 겨루다	≒	競_{きそ}う 겨루다, 경쟁하다
☐ 冷_{ひや}かす 놀리다, 조롱하다	≒	からかう 조롱하다
☐ 踏_ふみにじる (남의 체면 등을) 짓밟다	≒	傷_{きず}つける 상처 입히다
☐ 妨害_{ぼうがい}する 방해하다	≒	邪魔_{じゃま}する 방해하다
☐ ほのめかす 암시하다, 넌지시 비추다	≒	匂_{にお}わす 넌지시 비추다, 암시하다
☐ まとまったお金_{かね} 목돈	≒	多額_{たがく}の 다액의, 고액의
☐ 惑_{まど}わされる 속임을 당하다, 현혹되다	≒	騙_{だま}される 속다
☐ 見合_{みあ}わせる 보류하다	≒	中止_{ちゅうし}する 중지하다 ★
☐ 見_みくびる 얕보다	≒	過小評価_{かしょうひょうか}する 과소평가하다
☐ ムッとした 욱 하고 화가 치밀어 오른	≒	怒_{おこ}ったような 화난 듯한

問題 3 　유의 표현 출제 예상 어휘

- [ ] もくろむ 계획하다, 기도하다 　≒　 計画(けいかく)する 계획하다 ★
- [ ] まっとうする 완수하다 　≒　 完了(かんりょう)する 다하다
- [ ] もめる 옥신각신하다 　≒　 争(あらそ)う 싸우다
- [ ] 催(もよお)す 개최하다 　≒　 開催(かいさい)する 개최하다
- [ ] 委(ゆだ)ねる (남에게) 맡기다, 위임하다 　≒　 任(まか)せる 맡기다
- [ ] リフォームする 리폼하다, 낡은 건물을 개축하다 　≒　 改築(かいちく)する 개축하다, 건물을 다시 짓다

3: い형용사

- [ ] あっけない 어이없다, 싱겁다 　≒　 意外(いがい)につまらない 의외로 재미없다 ★
- [ ] 慌(あわ)ただしい 분주하다 　≒　 忙(いそが)しい 바쁘다
- [ ] おっかない 무섭다, 두렵다 　≒　 恐(おそ)ろしい 무섭다
- [ ] かけがえのない 둘도 없는, 매우 소중한 　≒　 とても大切(たいせつ)な 매우 소중한
- [ ] 堅苦(かたくる)しい 어렵다, 딱딱하다, 거북하다 　≒　 難(むずか)しい 어렵다, 까다롭다
- [ ] すがすがしい 상쾌하다, 산뜻하다 　≒　 爽(さわ)やかだ 상쾌하다 ★
- [ ] そっけない 인정머리 없다, 무정하다 　≒　 思(おも)いやりがない 동정심이 없다, 배려가 없다
- [ ] 紛(まぎ)らわしい 혼동하기 쉽다 　≒　 同(おな)じようだ 비슷하다
- [ ] 悩(なや)ましい 괴롭다, 고민스럽다 　≒　 頭(あたま)が痛(いた)い 머리가 아프다
- [ ] 粘(ねば)り強(づよ)い 끈기가 있다, 끈질기다 　≒　 諦(あきら)めない 포기하지 않다
- [ ] やましい 뒤가 켕기다, 양심의 가책을 느끼다 　≒　 恥(は)ずかしい 부끄럽다, 창피하다
- [ ] 煩(わずら)わしい 귀찮다, 번거롭다 　≒　 面倒(めんどう)な 귀찮은 ★

4: な형용사

☐ ありきたりだ 흔하다	≒	平凡(へいぼん)だ 평범하다 ★
☐ 横柄(おうへい)だ 건방지다, 거만하다	≒	偉(えら)そうだ 잘난 척하다
☐ 大(おお)げさだ 과장되다, 호들갑스럽다	≒	オーバーな 과장된
☐ 大雑把(おおざっぱ)に 대충대충	≒	おおまかに 대충대충
☐ 格段(かくだん)に 현격히, 큰 차이가 나게	≒	大幅(おおはば)に 큰 폭으로
☐ 頑(かたく)なな 완고한, 고집스러운	≒	頑固(がんこ)な 완고한
☐ 簡素(かんそ)な 간소한	≒	シンプルな 심플한
☐ 傲慢(ごうまん)だ 오만하다	≒	偉(えら)そうだ 잘난 척하다
☐ 互角(ごかく)だ 막상막하다	≒	五分五分(ごぶごぶ)だ 비등비등하다
☐ 克明(こくめい)に 극명하게, 세세하게 주의를 기울여서	≒	詳(くわ)しく丁寧(ていねい)に 세세하게 공을 들여서 ★
☐ 滑稽(こっけい)だ 익살스럽다	≒	おかしい 우습다
☐ 些細(ささい)な 사소한, 시시한	≒	小(ちい)さな 작은
☐ シビアだ 엄격하다, 혹독하다	≒	厳(きび)しい 엄격하다 ★
☐ 自分勝手(じぶんかって)だ 자기 멋대로이다	≒	わがままだ 제멋대로 굴다, 버릇 없다
☐ ストレートに 솔직하게, 단도직입적으로	≒	率直(そっちょく)に 솔직하게 ★
☐ 端的(たんてき)に 단적으로	≒	明白(めいはく)に 명백하게
☐ 手頃(てごろ)だ 적당하다	≒	適当(てきとう)だ 적당하다
☐ 入念(にゅうねん)に 공들여서, 꼼꼼히	≒	細(こま)かく丁寧(ていねい)に 세심하게 공을 들여서 ★
☐ 呑気(のんき)だ 느긋하다, 태평하다	≒	楽天的(らくてんてき)だ 낙천적이다

問題 3 유의 표현 출제 예상 어휘

- □ 不審だ 의심스럽다 ≒ 怪しい 수상하다
- □ 不用意な 조심성 없는, 부주의한 ≒ 不注意な 부주의한 ★
- □ まばらだ 드문드문하다 ≒ 少ない 적다 ★
- □ 無神経だ 무신경하다 ≒ 配慮がない 배려가 없다
- □ 無謀だ 무모하다 ≒ 無茶だ 터무니없다
- □ 厄介だ 귀찮다, 성가시다 ≒ 面倒だ 귀찮다 ★
- □ 余計だ 쓸데없다, 불필요하다 ≒ 不必要だ 불필요하다
- □ ルーズだ 느슨하다, 허술하다 ≒ だらしない 칠칠치 못하다, 야무지지 못하다 ★

5: 부사

- □ あたかも 마치 ≒ まるで 마치
- □ 予め 미리, 사전에 ≒ 事前に 사전에 ★
- □ あらまし 대강, 대체로 ≒ ほとんど 거의
- □ ありありと 뚜렷이, 생생히 ≒ はっきり 명확하게, 확실히
- □ 案の定 예상대로 ≒ 予想したとおり 예상한 대로 ★
- □ 案の定 예상대로 ≒ やはり 역시 ★
- □ いたって 지극히 대단히 ≒ 非常に 매우
- □ 一段と 훨씬 ≒ 飛躍的に 비약적으로
- □ うすうす気づく 어렴풋이 깨닫다 ≒ 何となく分かる 왠지 모르게 알다
- □ うやむやに 흐지부지 ≒ あいまい 애매함 ★

☐ おおむね 대체로, 대강	≒	だいたい 대체로
☐ 自ずと 저절로, 자연히	≒	自然に 자연스럽게 ★
☐ かねがね 이미, 전부터	≒	以前から 이전부터
☐ かろうじて 겨우, 간신히	≒	何とか 간신히, 그럭저럭
☐ 極力に 힘껏, 최대한	≒	できる限り 가능한 한 ★
☐ 極めて 극히, 매우	≒	非常に 상당히
☐ くっきり 또렷이, 선명하게	≒	鮮やかに 선명히
☐ 故意に 고의로, 일부러	≒	わざと 일부러
☐ ことごとく 모조리, 전부	≒	全て 전부 ★
☐ さっぱりとした 담백한	≒	淡白な 담백한
☐ しきりに 자주, 끊임없이	≒	何度も 몇 번이나
☐ 若干 약간, 다소	≒	わずか 약간
☐ ストレートに 솔직하게, 직접적으로	≒	率直に 솔직하게
☐ 速やかに 조속하게, 신속하게	≒	迅速に 신속하게
☐ だぶだぶだ 헐렁헐렁하다	≒	大きすぎる 너무 크다
☐ 丹念に 성심껏 공을 들여서	≒	じっくりと 차분하게, 정성껏 ★
☐ 着々と 척척, 순조롭게	≒	順調に 순조롭게
☐ つかの間 잠깐 동안, 잠시	≒	短い時間 짧은 시간
☐ つぶさに 자세하게, 구체적으로	≒	詳細に 상세하게
☐ 当分 당분간, 얼마간	≒	しばらく 잠깐, 당분간

問題 3 유의 표현 출제 예상 어휘

- □ どんよりした天(てん)気(き) 잔뜩 흐린 날씨 ≒ 曇(くも)っていて暗(くら)かった 흐리고 어두웠다 ★
- □ にわかに 갑자기 ≒ すぐに 바로 ★
- □ ひそかに 몰래, 비밀리에 ≒ こっそり 살짝, 몰래
- □ ふいに 갑자기 ≒ 突(とつ)然(ぜん) 갑자기 ★
- □ めいめい 각각, 각자 ≒ 一(ひとり)人(ひとり)一人 한 사람 한 사람
- □ 目(もっ)下(か) 목하, 지금 ≒ 現(げん)在(ざい) 현재
- □ やむを得(え)ず 어쩔 수 없이 ≒ 仕(し)方(かた)なく 어쩔 수 없이 ★
- □ 歴(れき)然(ぜん)と 뚜렷이, 분명하게 ≒ はっきり 분명히, 명확히

問題 3 유의 표현 연습문제 ①

問題 3　＿＿＿の言葉に意味が最も近いものを、1・2・3・4から一つ選びなさい。

1 社長は社員に対し、これまでの経緯を詳細に説明した。
　1 過程　　　　2 生立ち　　　　3 仕組み　　　　4 まとめ

2 彼の応援していたチームは、あっけなく負けてしまった。
　1 おしくも　　2 あっさり　　　3 なさけなく　　4 予想どおり

3 A社は社長交代時の混乱を乗り越え、さしあたり問題はないように見える。
　1 当面　　　　2 大した　　　　3 かえって　　　4 自ずから

4 首相の突然の辞任は、様々な憶測を生んだ。
　1 議論　　　　2 葛藤　　　　　3 評価　　　　　4 噂

5 友たちにもらった絵は、部屋によく馴染んで違和感がない。
　1 マッチして　2 アピールして　3 フォローして　4 セットして

6 きのう論文発表の準備を一通り終えた。
　1 無事に　　　2 だいたい全部　3 慌てて　　　　4 すっかり全部

7 彼をあなどってはいけません。
　1 称賛しては　2 非難しては　　3 馬鹿にしては　4 恐れては

8 その政治家は引退をほのめかした。
　1 におわせた　2 かんがえた　　3 あきらめた　　4 あきらかにした

9 その人はとても横柄な人だった。
　1 大胆な　　　2 謙虚な　　　　3 親切な　　　　4 偉そうな

10 不審な人を見かけたらすぐ通報してください。
　1 あやしい　　2 いやらしい　　3 すがすがしい　4 にくたらしい

問題 3 유의 표현 연습문제 ②

해설편 40p

問題 3　＿＿＿の言葉に意味が最も近いものを、1・2・3・4から一つ選びなさい。

1　彼はソファーでくつろいでいる。
　1　寝ぼけている　　　　　　　　2　居眠りしている
　3　リラックスしている　　　　　4　おしゃべりしている

2　企業が成功するには顧客に対するサポートが欠かせない。
　1　抑制　　　2　審査　　　3　調査　　　4　支援

3　状況を打開するためには、相互に踏み込んだ議論が必要である。
　1　考え込んだ　　2　掘り下げた　　3　てきぱきした　　4　のびのびした

4　運転手のとっさの判断が、事故を未然に防いだ。
　1　素早い　　2　素晴らしい　　3　勇敢な　　4　適切な

5　情報が錯綜していて、詳しい状況が掴めなかった。
　1　制限されていて　2　遮断されていて　3　混乱していて　4　氾濫していて

6　今回の企画のポイントをまとめて資料を送った。
　1　総論とした　　2　利点とした　　3　要約した　　4　要点とした

7　誤報を流したテレビ局に苦情が殺到した。
　1　クレーム　　2　非難　　3　大衆　　4　マスコミ

8　法案の骨子がまとまった。
　1　全容　　2　意義　　3　趣旨　　4　概要

9　これからは外国資本の市場導入をはばむことは難しくなるだろう。
　1　否定する　　2　阻止する　　3　無視する　　4　禁止する

10　今月に入って、新製品の売り上げがゆるやかに上向きはじめた。
　1　予想どおりに　　2　急激に　　3　少しずつ　　4　少しだけ

問題 3 유의 표현 기출 어휘

● 2022

☐ 気ままな 제멋대로인, 기분이 내키는 대로인	≒	自由な 자유로운
☐ 若干 약간	≒	いくつか 몇 개인가
☐ 触発 촉발, 감정·충동이 일어남	≒	刺激 자극
☐ てきぱきと 일 처리가 확실하여 시원시원한 모양, 재깍재깍	≒	早く正確に 빠르고 정확하게
☐ 手分け 분담	≒	分担 분담
☐ 閉口する 손들다, 질리다, 항복하다	≒	困る 곤란하다, 난처하다

● 2021

お手上げ 어찌할 도리가 없음	≒	どうしようもない 어찌할 도리가 없다
うやむやに 흐지부지	≒	あいまい 애매함
寡黙な 과묵한	≒	口数が少ない 말수가 적다
寄与 기여	≒	貢献 공헌
くつろぐ 편히 지내다(쉬다), 유유자적하다	≒	ゆっくりする 천천히 하다, 느긋하게 하다
出馬 출마	≒	選挙に出る 선거에 나가다
スケール 스케일, 규모	≒	規模 규모
ずれ込みそうだ 기한을 넘길 것 같다	≒	遅くなりそうだ 늦어질 것 같다
絶賛する 절찬하다	≒	非常に素晴らしいとほめる 매우 멋지다고 칭찬하다
紛糾した 분규했다, 말썽(분란)이 일어났다	≒	混乱した 혼란했다
リスク 리스크, 위험, 위기	≒	危険 위험

問題 3 유의 표현 기출 어휘

ろくに〜ない 제대로 ~않는다	≒	大（たい）して〜ない 별로 ~않는다

● 2020

エキスパート 전문가	≒	専門家（せんもんか） 전문가
凝視（ぎょうし）する 응시하다	≒	じっと見（み）る 가만히 보다
架空（かくう）の 가공의	≒	想像（そうぞう）の 상상의
かねがね 전부터, 이미	≒	以前（いぜん）から 이전부터
当面（とうめん） 당분간	≒	しばらくは 한동안은
ぼやいている 투덜거리고 있다	≒	愚痴（ぐち）を言（い）っている 푸념을 하고 있다

● 2019

コンパクトな 콤팩트, 작지만 실속 있는	≒	小型（こがた）の 소형의
異例（いれい） 이례, 전례가 없음	≒	珍（めずら）しい 드물다
打（う）ち込（こ）む 열중하다, 몰두하다	≒	熱中（ねっちゅう）する 열중하다
極力（きょくりょく） 극력(힘껏), 최대한	≒	できるだけ 할 수 있는 한
吟味（ぎんみ） 음미, 내용을 느끼고 생각함	≒	検討（けんとう） 검토, 내용을 분석함
つぶさに 자세히, 구체적으로	≒	詳細（しょうさい）に 상세하게
つぶやく 중얼거리다	≒	小（ちい）さな声（こえ）で言（い）う 작은 소리로 말하다
ばてる 지치다	≒	疲（つか）れる 피곤하다
不審（ふしん）な 의심스런, 미심쩍은	≒	怪（あや）しい 수상하다, 의심스럽다

全うする 완수하다, 다하다	≒	完了する 완료하다
脈絡 맥락, 연관	≒	つながり 연결, 관계
ルーズだ 느슨하다, 허술하다	≒	だらしない 야무지지 못하다, 깔끔하지 못하다

● 2018

速やかに 조속히, 신속히	≒	できるだけ早く 되도록 빨리
ありありと 생생히, 역력히	≒	はっきり 분명하게, 확실히
エレガントな 우아한	≒	上品な 고상한
克明に 극명하게, 자세하고 꼼꼼하게	≒	詳しく丁寧に 세세하게 공을 들여서
しくじる 실패하다, 실수하다	≒	失敗する 실패하다
渋っていた 주저하고 있었다	≒	なかなか返事をしようとしなかった 좀처럼 답을 하려고 하지 않았다
スライスする 얇게 썰다(슬라이스하다)	≒	薄く切る 얇게 자르다
つかの間 잠깐 동안, 순간	≒	短い 짧은
手立て 일을 성공시키기 위한 구체적인 방법, 수단	≒	方法 방법
漠然としていた 막연했다	≒	ぼんやりしていた 어렴풋했다, 불분명했다
妨害する 방해하다	≒	じゃまする 훼방을 놓다
めいめい 각각, 제각기	≒	一人一人に 한 명 한 명에게

問題 3 유의 표현 기출 어휘

● 2017

うすうす 어렴풋이, 희미하게	≒	なんとなく 왠지 모르게, 어쩐지
頑(かたく)なな 완고한, 고집이 센	≒	頑固(がんこ)な 완고함
若干(じゃっかん) 약간	≒	わずかに 간신히, 겨우, 불과
照会(しょうかい)する 조회하다	≒	問(と)い合(あ)わせる 조회하다, 문의하다
撤回(てっかい)する 철회하다	≒	取(と)り消(け)す 취소하다
難点(なんてん) 난점, 곤란한 점	≒	不安(ふあん)なところ 불안한 점
入念(にゅうねん)に 공들여, 꼼꼼히	≒	細(こま)かく丁寧(ていねい)に 세심하게, 정중히
粘(ねば)り強(づよ)く 끈질기게	≒	あきらめずに 포기하지 않고
張(は)り合(あ)う 대항하여 겨루다	≒	競(きそ)い合(あ)う 경쟁하다, 서로 힘쓰다
抱負(ほうふ) 포부	≒	決意(けつい) 결의
むっとした 불끈, 화가 난	≒	怒(おこ)ったような 화난 듯한
ゆとり (공간이나 시간·정신·체력적인) 여유	≒	余裕(よゆう) 여유

● 2016

安堵(あんど)した 안도했다, 안심했다	≒	ほっとした 한숨 놨다, 안심했다
意気込(いきご)み 적극적인 마음가짐, 기세, 의욕	≒	意欲(いよく) 의욕
怯(おび)えている 무서워하고 있다, 겁내고 있다	≒	怖(こわ)がっている 무서워하고 있다
お詫(わ)びした 사죄했다, 사과했다	≒	謝(あやま)った 사과했다, 사죄했다
かねがね 전부터, 진작부터	≒	以前(いぜん)から 전부터

かろうじて 겨우, 간신히	≒	何とか 그럭저럭, 간신히
故意に 고의로, 일부러	≒	わざと 일부러
些細な 사소한, 시시한	≒	小さな 작은
端的に 단적으로	≒	明白に 명백하게
自尊心 자존심	≒	プライド 프라이드, 자존심
戸惑う 망설이다, 갈팡질팡하다	≒	困る 곤란하다, 난처하다
煩わしい 번거롭다, 귀찮다	≒	面倒な 귀찮은, 성가신

● 2015

ありふれた 어디에나 있는, 흔한	≒	平凡な 평범한
糸口 실마리, 단서	≒	ヒント 힌트
うろたえずに 당황하지 않고	≒	慌てずに 당황하지 않고
クレーム 클레임, 불평, 불만	≒	苦情 불평, 불만
互角だ 막상막하다	≒	大体同じだ 거의 같다
誇張して 과장해서	≒	大げさに 과장되게
錯覚する 착각하다	≒	勘違いする 착각하다
殺到した 쇄도했다	≒	一度に大勢来た 한 번에 많이 왔다
仕上がる 완성되다	≒	完成する 완성하다
助言 조언	≒	アドバイス 어드바이스, 충고

問題 3 유의 표현 기출 어휘

ふいに 갑자기	≒	突然(とつぜん) 갑자기
弁解(べんかい) 변명	≒	言(い)い訳(わけ) 변명

● 2014

案(あん)の定(じょう) 예상대로	≒	やはり 역시
いたって 지극히, 대단히	≒	非常(ひじょう)に 매우, 대단히
打(う)ち込(こ)む 열중하다, 몰두하다	≒	熱心(ねっしん)に取(と)り組(く)む 열심히 몰두하다
お手上(てあ)げだ 어찌할 도리가 없다, 속수무책이다	≒	どうしようもない 어찌할 도리가 없다
回想(かいそう)する 회상하다	≒	思(おも)い返(かえ)す 다시 생각하다
格段(かくだん)に 현격히, 크게 차이가 나는	≒	大幅(おおはば)に 큰 폭으로
気(き)がかり 걱정, 근심	≒	心配(しんぱい) 걱정
ストレートに 솔직하게, 단도직입적으로	≒	率直(そっちょく)に 솔직하게
手分(てわ)けする 분담하다	≒	分担(ぶんたん)する 분담하다
不用意(ふようい)な 조심성 없는, 부주의한	≒	不注意(ふちゅうい)な 부주의한
無償(むしょう)で 무상으로, 무료로	≒	ただで 무료로, 공짜로
厄介(やっかい)な 귀찮은, 성가신	≒	面倒(めんどう)な 귀찮은, 성가신

● 2013

予(あらかじ)め 미리, 사전에	≒	事前(じぜん)に 사전에
裏(うら)づけ 뒷받침, 증거	≒	証拠(しょうこ) 증거

おおむね 대체로, 대강	≒	だいたい 대체로, 대강
仰天した 깜짝 놀랐다, 기겁했다	≒	とても驚いた 매우 놀랐다
ことごとく 모조리	≒	全て 전부
雑踏 혼잡, 붐빔	≒	人込み 붐빔, 북적임
従来 종래	≒	これまで 지금까지
すべ 방법, 수단	≒	方法 방법
急かす 재촉하다	≒	急がせる 서두르게 하다
バックアップ 백업, 후원	≒	支援 지원
抜群 발군, 뛰어남	≒	他と比べて特に良い 다른 것에 비해 특히 좋다
メカニズム 메커니즘, 장치, 구조	≒	仕組み 구조

● 2012

おっくうだ 귀찮다, 성가시다	≒	面倒だ 귀찮다
自ずと 저절로, 자연히, 스스로	≒	自然に 자연스럽게
簡素な 간소한	≒	シンプルな 심플한, 단순한
貶される 흉잡히다, 비난 당하다	≒	悪く言われる 나쁜 말(험담)을 듣다
しきりに 자주, 끊임없이	≒	何度も 몇 번이나, 누누이
触発される 촉발되다	≒	刺激を受ける 자극을 받다
すがすがしい 상쾌하다	≒	爽かだ 상쾌하다
スケール 스케일, 규모	≒	規模 규모

問題 3 유의 표현 기출 어휘

先方 상대방	≒	相手 상대
断念する 단념하다	≒	諦める 포기하다
当分 당분간, 한동안	≒	しばらく 당분간, 한동안
密かに 몰래, 비밀리에	≒	こっそり 살짝, 몰래

● 2011

あっけない 맥없다, 싱겁다	≒	意外につまらない 의외로 재미없다
ありきたりの 흔한, 평범한	≒	平凡な 평범한
画期的な 획기적인	≒	今までにない新しい 지금껏 없던 새로운
極力 힘껏, 최대한	≒	できる限り 가능한 한
コントラスト 콘트라스트, 대비	≒	対比 대비
シビアだ 엄격하다, 혹독하다	≒	厳しい 엄격하다, 어렵다
重宝する 유용하고 편리하다	≒	便利で役に立つ 편리해서 도움이 되다
手がかり 실마리	≒	ヒント 힌트
にわかに 갑자기	≒	すぐに 바로
もくろむ 계획하다, 꾀하다	≒	計画する 계획하다
落胆する 낙담하다	≒	がっかりする 실망하다
歴然としている 확실하다, 역력하다	≒	はっきりしている 분명하다, 뚜렷하다

● 2010

嫌味(いやみ) 남에게 불쾌감을 주는 말이나 행동, 아니꼬움	≒	皮肉(ひにく) 빈정거림, 비꼼
丹念(たんねん)に 정성껏, 공들여	≒	じっくりと 꼼꼼하게, 차분하게
どんよりした天気(てんき) 잔뜩 흐린 날씨	≒	曇(くも)っていて暗(くら)かった 흐리고 어두웠다
馴染(なじ)む 친숙해지다	≒	慣(な)れる 친숙해지다, 익숙해지다
はかどっている 순조롭게 진행되고 있다	≒	順調(じゅんちょう)に進(すす)んでいる 순조롭게 진행되고 있다
張(は)り合(あ)う 경쟁하다	≒	競争(きょうそう)する 경쟁하다
まばらだ 드문드문하다	≒	少(すく)ない 적다
見合(みあ)わせる 보류하다	≒	中止(ちゅうし)する 중지하다
やむを得(え)ず 어쩔 수 없이	≒	仕方(しかた)なく 어쩔 수 없이
ルーズだ 느슨하다, 허술하다	≒	だらしない 칠칠치 못하다, 야무지지 못하다
朗報(ろうほう) 낭보, 기쁜 소식	≒	嬉(うれ)しい知(し)らせ 기쁜 소식
煩(わずら)わしい 번거롭다, 귀찮다	≒	面倒(めんどう)だ 귀찮다

問題 3 유의 표현 연습문제 ③

해설편 42p

問題 3 ＿＿＿の言葉に意味が最も近いものを、1・2・3・4から一つ選びなさい。

1 母はその本を見るたびに、学生時代の出来事をつぶさに話してくれた。
　1　繰り返し　　　2　静かに　　　3　詳細に　　　4　懐かしそうに

2 山川（やまかわ）さんは相変わらずかたくなな態度をとり続けていました。
　1　頑固な　　　2　冷静な　　　3　慎重な　　　4　強引な

3 父との思い出がありありと浮かんできた。
　1　ふと　　　2　ぼんやり　　　3　たちまち　　　4　はっきり

4 熱く語る新入社員の表情から強い意気込みを感じた。
　1　意欲　　　2　信頼　　　3　自信　　　4　敬意

5 初対面の人から「うわさはかねがね伺っておりました。」と言われた。
　1　できれば　　　2　以前から　　　3　ぜひ　　　4　早いうちに

6 今年の学園際はみんな入念に準備しています。
　1　責任を持って　　　2　細かく丁寧に　　　3　楽しく楽に　　　4　正確で迅速に

7 彼女は手に取った本を凝視していました。
　1　じっとみた　　　2　ざっとみた　　　3　ぼうっとみた　　　4　ちらっとみた

8 彼は小さな声でずっとぼやいていた。
　1　口実を言って　　　2　勝手なことを言って
　3　愚痴を言って　　　4　ひとり言を言って

9 自分に課された役割をまっとうする覚悟があります。
　1　背負う　　　2　完了する　　　3　実行する　　　4　担当する

10 橋本（はしもと）さんの横柄な態度にむっとした。
　1　驚いた　　　2　怒った　　　3　疲れた　　　4　飽きた

問題 3 유의 표현 연습문제 ④

해설편 43p

問題 3 ＿＿＿の言葉に意味が最も近いものを、1・2・3・4から一つ選びなさい。

① 今日はお客さんが来るので部屋の中を<u>丹念に</u>掃除した。
  1 くまなく   2 あらかじめ   3 簡単に   4 てきぱきと

② そのチームはこのあとの試合に全部勝って、優勝することを<u>もくろんでいる</u>。
  1 予定している   2 心配している   3 願っている   4 狙っている

③ 光の中に白と黒のあざやかな<u>コントラスト</u>が目立った。
  1 比較   2 比率   3 無比   4 対比

④ 山に登って<u>すがすがしい</u>空気を味わってきた。
  1 さわやかな   2 おおらかな   3 あわい   4 むなしい

⑤ <u>当面</u>、1日に3回、この薬を食後に飲んでください。
  1 ずっと   2 しばらく   3 これから   4 長い間

⑥ 郵便局で出す前に<u>あらかじめ</u>記入しておいてください。
  1 全部   2 最初から   3 まとめて   4 前もって

⑦ 被害を少なくするために地震の<u>メカニズム</u>を研究している。
  1 かたち   2 速さ   3 仕組み   4 範囲

⑧ 試合が近いので毎日練習に<u>打ち込んでいる</u>。
  1 疲れている   2 時間をかけている
  3 集まっている   4 熱心に取り組んでいる

⑨ 参加者の<u>不用意な</u>発言で会議は混乱をきわめた。
  1 注意がたりない   2 思いやりがない   3 気分をそこなう   4 事実と違う

⑩ <u>仕上がる</u>のは年末になると思います。
  1 終了する   2 完成する   3 整理する   4 変更する

4: 問題 4 용법

문제 유형
문제에서 제시한 단어를 가장 올바르게 사용한 문장을 찾는 문제이다.

> 예시
>
> 問題 4　次の言葉の使い方として最もよいものを、1・2・3・4から一つ選びなさい。
>
> 20　心地
> 1　草原には心地よい風が吹いていた。
> 2　首相は、テレビを通じて国民の心地に訴えた。
> 3　彼は、冗談を言われて心地を害した。
> 4　友達に本当の心地を打ち明けた。
>
> | 20 | ● | ② | ③ | ④ |

문제 풀이 포인트
용법 파트에서는 제시된 단어가 맥락에 맞게 사용되었는지를 묻기 때문에 단어의 의미만을 단순히 암기하는 방식으로는 문제를 풀기 어렵다. 따라서 우리말과 다르게 사용되는 특정 어휘나 의성어·의태어를 포함한 다양한 부사 등이 사용된 문장을 통째로 암기하여 전후 문맥 및 호응 관계의 뉘앙스를 자연스럽게 익히도록 해야 한다.

예를 들어「はかどる」라는 단어를 공부할 때「仕事がはかどる 일이 순조롭게 진척되다」와 같이 문장으로 기억하면 문제를 풀기가 한결 수월해진다.

問題 4 용법 출제 예상 어휘

학습 포인트
용법 파트는 단어의 올바른 쓰임을 묻는 문제이다. 출제 예상 어휘는 수험생들이 틀리기 쉬운 어휘를 중심으로 정리했다.

1: 명사

★ 표시는 기출 어휘입니다.

☐ 安静(あんせい) 안정 ★	☐ 一律(いちりつ) 일률 ★
☐ 一括(いっかつ) 일괄	☐ 内訳(うちわけ) 내역, 명세 ★
☐ 裏腹(うらはら) 정반대, 모순이 됨 ★	☐ 押収(おうしゅう) 압수 ★
☐ 解明(かいめい) 해명 ★	☐ 過密(かみつ) 과밀 ★
☐ 還元(かんげん) 환원 ★	☐ 簡素(かんそ) 간소 ★
☐ 規制(きせい) 규제 ★	☐ 基調(きちょう) 기조, 기본 경향 ★
☐ 軌道(きどう) 궤도 ★	☐ 拠点(きょてん) 거점 ★
☐ 均等(きんとう) 균등 ★	☐ 緊密(きんみつ) 긴밀 ★
☐ 禁物(きんもつ) 금물 ★	☐ 工面(くめん) 자금 마련, 조달 ★
☐ 経緯(けいい) 경위 ★	☐ 交錯(こうさく) 교착, 뒤얽힘 ★
☐ 心当たり(こころあたり) 짐작, 짚이는 데 ★	☐ 心構え(こころがまえ) 마음가짐, 각오 ★
☐ 作動(さどう) 작동 ★	☐ 辞任(じにん) 사임 ★
☐ 終日(しゅうじつ) 종일	☐ 重複(ちょうふく) 중복 ★
☐ 照合(しょうごう) 조합, 대조	☐ 昇進(しょうしん) 승진 ★
☐ ずれ 어긋남, 엇갈림	☐ 相応(そうおう) 상응, 걸맞음
☐ 総合(そうごう) 종합, 총합 ★	☐ 台無し(だいなし) 엉망이 됨, 허사
☐ 巧み(たくみ) 교묘함, 능란함 ★	☐ つじつま 이치, 조리
☐ 提起(ていき) 제기 ★	☐ 入手(にゅうしゅ) 입수 ★

Part 1 문자·어휘 113

問題 4 용법 출제 예상 어휘

- 配属(はいぞく) 배속, 배치 ★
- 抜粋(ばっすい) 발췌 ★
- 人手(ひとで) 일손 ★
- 発足(ほっそく) 발족, 출발 ★
- 本場(ほんば) 본고장 ★
- 満喫(まんきつ) 만끽
- 密集(みっしゅう) 밀집
- 目先(めさき) 눈앞, 현재
- 目安(めやす) 표준, 기준, 목표 ★
- 免除(めんじょ) 면제
- ゆとり 여유
- 要望(ようぼう) 요망 ★

- 配布(はいふ) 배포 ★
- ひたむき 열심히, 한결같이, 외곬으로 ★
- 復旧(ふっきゅう) 복구
- 没頭(ぼっとう) 몰두 ★
- 真っ先(まっさき) 맨 앞, 선두 ★
- 見込み(みこみ) 예상, 전망, 장래성
- 無造作(むぞうさ) 대수롭지 않은 모양, 아무렇게나 하는 모양
- めど 목표, 전망
- 面識(めんしき) 면식 ★
- 優位(ゆうい) 우위
- 様相(ようそう) 양상, 모양, 상태 ★
- 連携(れんけい) 연계

2: 동사

- 当てはまる 꼭 들어맞다, 적합하다, 적용되다
- 怠る(おこたる) 게을리하다, 방심하다 ★
- 抱え込む(かかえこむ) 껴안다, 떠맡다 ★
- 食い違う(くいちがう) 어긋나다, 엇갈리다 ★
- 覆す(くつがえす) 뒤집다, 뒤집어 엎다 ★
- しがみつく 달라붙다 ★
- 損なう(そこなう) 손상하다, 파손하다, (기분 등을) 상하게 하다 ★
- 逸らす(そらす) 놓치다, (딴 데로) 돌리다

- うなだれる 고개를 숙이다 ★
- 思い詰める(おもいつめる) 고민하다, 골똘히 생각하다 ★
- かさばる 부피가 커지다 ★
- くじける 꺾이다, 좌절되다 ★
- 察する(さっする) 헤아리다, 짐작하다 ★
- 退く(しりぞく) 물러나다 ★
- 備え付ける(そなえつける) 비치하다, 설치하다 ★
- 携わる(たずさわる) 관계하다, 관여하다 ★

- ☐ 呟く 중얼거리다, 투덜거리다 ★
- ☐ 賑わう 번화하다, 붐비다, 번창하다
- ☐ ののしる 욕설을 퍼붓다, 매도하다
- ☐ 剥がす 벗기다, 떼다 ★
- ☐ 繁盛する 번성하다 ★
- ☐ 誇る 자랑하다, 자랑으로 여기다
- ☐ 滅びる 멸망하다 ★
- ☐ 見失う (시야에서) 놓치다
- ☐ 歪む 비뚤어지다, 일그러지다
- ☐ 遂げる 이루다, 달성하다 ★
- ☐ 滲む 번지다, 스미다 ★
- ☐ 乗り出す 착수하다 ★
- ☐ はかどる 진척되다, 일이 잘되어가다
- ☐ へりくだる 겸양하다, 자기를 낮추다
- ☐ 解ける 풀리다, 해소되다 ★
- ☐ 交える 섞다, 맞대다 ★
- ☐ 見落とす 간과하다 ★

3: い형용사

- ☐ 潔い 깨끗한, 떳떳한 ★
- ☐ 素早い 재빠르다 ★
- ☐ 容易い 손쉽다, 용이하다 ★
- ☐ はかない 덧없다, 허무하다
- ☐ 微笑ましい 호감이 가다, 흐뭇하다 ★
- ☐ 満たない 부족하다, (한도에) 차지 않다
- ☐ もろい 약하다, 무르다
- ☐ しぶとい 끈질기다, 고집이 세다 ★
- ☐ 耐えがたい 견디기 힘들다 ★
- ☐ 望ましい 바람직하다 ★
- ☐ 甚だしい (정도가) 심하다, 대단하다 ★
- ☐ みすぼらしい 초라하다, 빈약하다
- ☐ 目覚ましい 눈부시다, 놀랍다

問題 4 용법 출제 예상 어휘

4: な형용사

- ☐ 円滑(えんかつ)な 원활한
- ☐ 閑静(かんせい)な 한적한, 한가하고 고요한 ★
- ☐ きざな 비위에 거슬리는, 아니꼬운
- ☐ きゃしゃな 연약한, 가냘픈
- ☐ きらびやかな 눈부시게 아름다운
- ☐ 軽率(けいそつ)な 경솔한
- ☐ 高尚(こうしょう)な 고상한
- ☐ ぞんざいな 날림인(일을 건성으로 하는), 난폭한
- ☐ 煩雑(はんざつ)な 번잡한
- ☐ 明瞭(めいりょう)な 명료한
- ☐ 緩(ゆる)やかな 완만한, 느슨한
- ☐ 露骨(ろこつ)な 노골적인

5: 부사

- ☐ 今更(いまさら) 이제 와서 ★
- ☐ いやに 대단히, 몹시
- ☐ かろうじて 겨우, 간신히
- ☐ くまなく 빠짐없이, 분명히 ★
- ☐ ずらっと 잇달아 늘어선 모양
- ☐ 総(そう)じて 대체로, 일반적으로
- ☐ とっさに 순간적으로
- ☐ 突如(とつじょ) 갑자기, 별안간
- ☐ とりわけ 특히, 유난히
- ☐ 甚(はなは)だ 매우, 몹시
- ☐ びっしょり 흠뻑
- ☐ 人一倍(ひといちばい) 남보다 갑절이나, 배로 ★
- ☐ ひとまず 일단, 하여튼
- ☐ ぶかぶか 헐렁헐렁
- ☐ 呆然(ぼうぜん)と 망연하게, 어리둥절하게
- ☐ ぼつぼつ 슬슬, 조금씩
- ☐ まちまち 가지각색
- ☐ まるまる 완전히, 전부
- ☐ めきめき 눈에 띄게, 무럭무럭
- ☐ もはや 이제는, 벌써 ★

6: 가타카나어(외래어)

- □ アクセル 액셀, 가속 장치
- □ トーン 톤, 색조, 음조
- □ ブランク 여백, 공백
- □ リタイア 리타이어, 기권, 중도 포기 ★
- □ ダウン 다운, 하락
- □ ノイローゼ 노이로제, 신경증
- □ ボイコット 보이콧, 불매 운동, 참가 거부

問題 4 용법 연습문제 ①

問題 4 次の言葉の使い方として最もよいものを、1・2・3・4から一つ選びなさい。

1 格差
1. 日本の男性政治家がまた女性を格差する発言を行った。
2. 政府の無策により貧富の格差は拡大するばかりである。
3. 今回の地震による被害は、格差的軽いものであった。
4. 宣伝効果の確認のため、先月の売上と格差してみた。

2 厚かましい
1. 親がいうのは厚かましいが息子は誠実な人間だと思う。
2. いくら寒くてもセーターを2枚も着るのは厚かましい。
3. 一度断ったのにまた頼むのは厚かましいが何とかしてほしい。
4. 他人のことに何でも意見をいうと厚かましいと言われる。

3 不振
1. 警察は不振な人を呼び止めて質問をした。
2. 自然災害により経営不振に陥った会社は少なくない。
3. 授業時間に注意が不振な生徒が増加している。
4. 記録的な猛暑が続き、体調不振を訴える人が増えている。

4 いかにも
1. 旅行に行きたかったが、仕事が忙しくて、いかにもなかった。
2. 将来の話はいかにも、今は目の前の問題を解決することに専念しよう。
3. 先生の話は抽象的過ぎて、子供たちにはいかにもわからなかった。
4. 教師をしている彼の説明は、いかにも先生らしいものだった。

問題 4 用법 연습문제 ②

해설편 47p

問題 4　次の言葉の使い方として最もよいものを、1・2・3・4から一つ選びなさい。

1 赤字
1. クラスでトップの彼女は、成績が赤字にならないよう気を付けている。
2. 社長が事故の責任を問われ、会社経営に赤字が灯った。
3. あの銀行は第3四半期決算で10億円の赤字に転落した。
4. 交通事故の被害者は加害者に対し赤字賠償を求めた。

2 成り立つ
1. 支出を切り詰めることでやっと生活が成り立つという若者が増えている。
2. 彼は、10年の準備期間を経て、万全の態勢で会社を成り立った。
3. 電源を入れ、このパソコンが成り立つまでの時間はわずか20秒である。
4. 国会では多数の賛成を得て新経済法案が成り立った。

3 返上
1. 流出した文化財の返上を訴える集会が、相手国大使館の前で開かれた。
2. 万年最下位の汚名を返上するために、そのサッカーチームは連日猛練習を繰り返している。
3. 開催者側の都合で、コンサートが突然中止になったので、入場料を返上してもらった。
4. 経営が悪化していたA社は、外資を導入することで危機的状況から返上することができた。

4 図る
1. 山田さん一家は、今年の夏休みにハワイへの家族旅行を図っている。
2. 医療関係者たちは、遠隔診療の普及はそう遠くないと図っている。
3. 新しいドーム球場は、年内の完成を図って、工事が急ピッチで進められいる。
4. 電気自動車の走行距離を伸ばすには、電池の軽量化を図る必要があるそうだ。

Part 1 문자·어휘　119

問題 4 　용법 기출 어휘

● 2022

- ぎこちない 어색하다, 딱딱하다, 거북하다
- 遮断(しゃだん) 차단
- 断(だん)じて 결코, 단연코
- 結末(けつまつ) 결말
- そそる 돋우다, 자아내다
- 要請(ようせい) 요청

● 2021

- 押収(おうしゅう) 압수
- 均等(きんとう) 균등
- 素早(すばや)い 재빠르다, 민첩하다
- なつく (사람을) 잘 따르다
- 秘(ひ)める 숨기다, 간직하다
- リタイア 리타이어, 기권, 중도 포기
- 頑(かたく)なだ 완고하다, 고집이 세다
- 交付(こうふ) 교부
- 絶滅(ぜつめつ) 절멸, 멸종
- 望(のぞ)ましい 바람직하다
- 本場(ほんば) 본고장
- 露骨(ろこつ) 노골(적)

● 2020

- 怠(おこた)る 게으름을 피우다, 방심하다
- 失脚(しっきゃく) 실각
- 収容(しゅうよう) 수용
- 円滑(えんかつ) 원활
- 実(じつ)に 실로, 참으로, 정말
- もはや 이미, 벌써, 이제는

2019

- 簡素 (かんそ) 간소
- くじける 꺾이다, 좌절하다
- 互角 (ごかく) 막상막하, 비등비등함
- ひたむき 열심히, 한결같이
- 交える (まじえる) 섞다, 주고받다
- 様相 (ようそう) 양상, 모습, 상태
- 解明 (かいめい) 해명
- 覆す (くつがえす) 뒤집다
- 繁盛 (はんじょう) 번성
- 微笑ましい (ほほえましい) 호감이 가다, 흐뭇하다
- 目安 (めやす) 목표, 기준
- 要望 (ようぼう) 요망, 요청

2018

- かさばる 부피가 커지다
- 配属 (はいぞく) 배속, 배치
- 心当たり (こころあたり) 짐작, 짚이는 데
- しぶとい 끈질기다, 고집이 세다
- 巧み (たくみ) 교묘함, 솜씨가 좋음
- 抜粋 (ばっすい) 발췌
- 基調 (きちょう) 기조, 기본 경향
- 交錯 (こうさく) 교착
- 作動 (さどう) 작동
- 備え付ける (そなえつける) 설치하다, 설비하다
- 乗り出す (のりだす) 착수하다, 개입하다
- 面識 (めんしき) 면식

2017

- うなだれる 고개를 숙이다
- 緊密 (きんみつ) 긴밀
- 昇進 (しょうしん) 승진
- 拠点 (きょてん) 거점
- 重複 (ちょうふく) 중복
- 提起 (ていき) 제기

問題 4 용법 기출 어휘

- ☐ 遂げる 이루다, 달성하다
- ☐ 配布 배포
- ☐ 発足 발족
- ☐ 滅ぶ 멸망하다, 쇠퇴하다
- ☐ 真っ先 맨 앞, 맨 먼저
- ☐ 見落す 간과하다, 못 보고 놓치다

● 2016

- ☐ 内訳 내역, 명세
- ☐ 過密 과밀
- ☐ 還元 환원
- ☐ 閑静な 한적한, 고요한
- ☐ 規制 규제
- ☐ 食い違う 어긋나다, 엇갈리다
- ☐ 経緯 경위
- ☐ 察する 헤아리다, 짐작하다
- ☐ 退く 물러나다
- ☐ 素早い 재빠르다
- ☐ 容易い 손쉽다, 용이하다
- ☐ 入手 입수

● 2015

- ☐ 安静 안정
- ☐ 今更 이제 와서
- ☐ 帯びる (성질을) 띠다, 가지다
- ☐ 思い詰める 고민하다, 골똘히 생각하다
- ☐ 軌道 궤도
- ☐ くまなく 빠짐없이, 철저히
- ☐ 辞任 사임
- ☐ 総合 종합
- ☐ 甚だしい (정도가) 심하다, 대단하다
- ☐ 人手 일손
- ☐ 没頭 몰두
- ☐ もはや 이미, 벌써, 이제는

2014

- 一律（いちりつ） 일률
- 抱え込む（かかえこむ） 껴안다, 떠맡다
- 心構え（こころがまえ） 마음가짐, 각오
- 損なう（そこなう） 손상하다, 파손하다, (기분 등) 상하게 하다
- たずさわる 관계하다, 관여하다
- 復旧（ふっきゅう） 복구
- 裏腹（うらはら） 정반대, 모순이 됨
- 工面（くめん） 자금 마련, 조달
- しがみつく 달라붙다
- 耐えがたい（たえがたい） 견디기 힘들다
- 人一倍（ひといちばい） 남보다 갑절이나, 배로

2013

- 当てはまる（あてはまる） 꼭 들어맞다, 적합하다, 적용되다
- 合致（がっち） 합치, 일치
- 加味（かみ） 가미, 맛을 더함
- 気配（けはい） 낌새, 기색
- 打開（だかい） 타개
- 拍子（ひょうし） 박자
- 円滑な（えんかつな） 원활한
- かばう (잘못을) 감싸다
- 口出し（くちだし） 말참견
- 処置（しょち） 처치, 조치
- 煩雑（はんざつ） 번잡
- 優位（ゆうい） 우위

2012

- 怠る（おこたる） 게으름을 피우다, 방심하다
- 仕業（しわざ） 소행, 짓
- 発散（はっさん） 발산
- 広大（こうだい） 광대, 넓고 큼
- 総じて（そうじて） 대체로, 일반적으로
- 秘める（ひめる） 숨기다, 간직하다

問題 4 　용법 기출 어휘

- ☐ ブランク 여백, 공백
- ☐ 見込み 예상, 전망
- ☐ 満たない 부족하다
- ☐ 有数 유수, 손꼽힘
- ☐ 無造作 대수롭지 않은 모양, 아무렇게나 하는 모양
- ☐ 免除 면제

● 2011

- ☐ 叶う 이루어지다
- ☐ 質素 검소
- ☐ とっくに 벌써, 훨씬 전에
- ☐ 赴任 부임
- ☐ 不服 불복, 불복종
- ☐ ほどける 풀어지다
- ☐ まちまち 제각각, 가지각색
- ☐ 見失う (시야에서) 놓치다, 잃어버리다
- ☐ 目覚ましい 눈부시다, 놀랍다
- ☐ ゆとり 여유
- ☐ 連携 연계

● 2010

- ☐ 潔い 맑고 깨끗하다, 결백하다
- ☐ 意地 고집
- ☐ 細心 세심함
- ☐ 調達 조달
- ☐ 賑わう 번화하다, 번창하다, 붐비다
- ☐ ひとまず 일단, 우선
- ☐ 発足 발족
- ☐ 満喫 만끽
- ☐ 見落とす 간과하다
- ☐ 密集 밀집
- ☐ めきめき 눈에 띄게, 무럭무럭
- ☐ 目先 눈앞, 현재

問題 4 用法 연습문제 ③

해설편 48p

問題 4 次の言葉の使い方として最もよいものを、1・2・3・4から一つ選びなさい。

1 緊密
1. 幹線道路の増設により、都市間の移動がいっそう緊密になった。
2. 田中氏が内部秘密を暴露したことで、一気に緊密な雰囲気に包まれた。
3. この企業では現場の従業員の安全を守るため、支店と本社が緊密に協力している。
4. 高齢者の方が、病気などで緊密に通報が必要な時に、この非常ボタンを押せばいいです。

2 目安
1. ダイエットのために一日に1時間を目安に運動をすることにしている。
2. いつも目安にしていた真っ赤なラーメン屋の看板がいつの間にかなくなっていた。
3. 古い電話番号を目安に、友達の勤務先を探した。
4. 先生の書いた文字を目安にして、習字の練習をしている。

3 覆す
1. 学習の遅れを覆す方法について先生方にいろいろ提案をしてもらった。
2. 日を覆してもいいなら、今月の下旬にずらしてほしい。
3. 用紙の無駄遣いを防ぐために、最低でもプリントしたものは覆して使うようにしましょう。
4. 高橋研究所が発表した研究結果は従来の定説を覆す、大きな発見だとも言えます。

4 もはや
1. そのような非論理的手法では、もはや今の時代に通用しないだろう。
2. 今後も定期的にもはや新モデルの検証を続けていく予定です。
3. 金メダリストである鈴木氏は引退を間近にしてもはやの強さはもう感じられない。
4. 制度問題により医療の整備が遅れていたものの、もはや解消される見込みという。

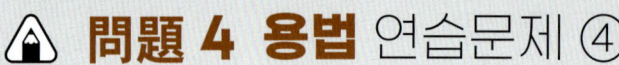

問題 4　次の言葉の使い方として最もよいものを、1・2・3・4から一つ選びなさい。

1　収容
1　企業で収容する文書には適切な文書管理が必要です。
2　この本には文学全集や選集に載せられていない作品が収容されています。
3　今年2月に完成された新社屋は2千人の社員が収容できます。
4　徹夜して編集したのに収容しないでそのままファイルを閉じてしまった。

2　交錯
1　試験日まであと一か月、さまざまな思いが交錯し、勉強に没頭できなかった。
2　友人に似た人を見かけたが人混みに交錯してしまった。
3　この道は水野銀行の前で電車の路線と交錯するので、そこを渡ってまっすぐ行ってください。
4　留学をしなくても日本に住みながら国際交錯する方法もあるそうです。

3　様相
1　デザイナーの積極的な提案や力強い活動の様相を紹介する記事を雑誌に載せました。
2　今回の講義では子供の成長の様相に応じた教育について話したいと思います。
3　その事件は時代の様相を鮮烈に反映しているともいえる。
4　入社1年目にしてようやく職場の様相になじめました。

4　ひたむき
1　今の生活は科学のひたむきな進歩なしには起こり得なかった。
2　田中さんは40年の間、この町でひたむきに住んできた。
3　課長は話し始めるとひたむきに本筋から逸れた展開になってしまう。
4　目標に向かって頑張り続ける主人公のひたむきな姿を見て、あんな人になりたいと思いました。

Ⅱ 실전문제 익히기

問題 1 한자 읽기
問題 2 문맥 규정
問題 3 유의 표현
問題 4 용법

問題 1 한자 읽기 실전문제 ①

해설편 52p

問題 1 ＿＿＿の言葉の読み方として最もよいものを、1・2・3・4から一つ選びなさい。

1 客を大切にする店は繁盛します。
 1　はんせい 2　はんじょう 3　ばんせい 4　ばんじょう

2 通知がなければ契約は自動的に延長されます。
 1　かんやく 2　ていやく 3　かくやく 4　けいやく

3 その人物は映画の本筋には関係がない。
 1　ほんだい 2　ほんすじ 3　もとみち 4　もとすじ

4 歌手の父親が伴奏を受け持った。
 1　ばんそう 2　ばんちゅう 3　はんぞう 4　はんじゅう

5 その方法が正しいという根拠はどこにもない。
 1　こんてい 2　こんしょ 3　こんきょ 4　こんぽん

6 しばらく練習しなかったのでゴルフの腕が鈍ってしまった。
 1　さがって 2　にぶって 3　とまって 4　よわって

7 図書館では朝9時から夜8時まで図書の閲覧ができます。
 1　ぶんらん 2　かいらん 3　かんらん 4　えつらん

8 どこからか心地よい音楽が聞こえてくる。
 1　ここち 2　しんじ 3　こころち 4　しんち

9 図書館には百科事典から人気作家の最新小説まで網羅されている。
 1　こうら 2　もうら 3　こうせい 4　もうせい

10 だれが見ても愚かな選択です。
 1　たしかな 2　おだやかな 3　おろかな 4　ばかな

問題 1 한자 읽기 실전문제 ②

해설편 54p

問題 1 ＿＿＿の言葉の読み方として最もよいものを、1・2・3・4から一つ選びなさい。

1 深い憤りに肩がふるえた。
　1 さとり　　　2 いかり　　　3 いきどおり　　4 ゆとり

2 この会の趣旨には賛成します。
　1 しゅみ　　　2 しゅこう　　3 しゅちょう　　4 しゅし

3 子どもの健やかな成長を願う親の気持ちは同じだ。
　1 にこやかな　2 おだやかな　3 すこやかな　　4 かろやかな

4 練習の時と同じ気持ちで試合に臨むつもりです。
　1 のぞむ　　　2 たたむ　　　3 はさむ　　　　4 かこむ

5 メールにファイルを添付しました。
　1 かんぶ　　　2 かんぷ　　　3 てんぶ　　　　4 てんぷ

6 沢山の人を見て興奮した犬が吠えている。
　1 こうふん　　2 きょうふん　3 こうくん　　　4 きょうくん

7 他のことは心配しないで勉強に励みなさい。
　1 はげみ　　　2 のぞみ　　　3 おがみ　　　　4 たのみ

8 地震に備えて3か月分の食べ物を蓄えてある。
　1 ひかえて　　2 おさえて　　3 たくわえて　　4 したがえて

9 技術や経験の他に人脈も大切な財産です。
　1 じんぱ　　　2 じんみゃく　3 にんぱ　　　　4 にんみゃく

10 攻撃に集中すると守備が手薄になる。
　1 てはく　　　2 てうす　　　3 てぼ　　　　　4 てやす

問題 1 한자 읽기 실전문제 ③

問題 1 ＿＿＿ の言葉の読み方として最もよいものを、1・2・3・4から一つ選びなさい。

1　円安で輸出をする会社が潤ったのは事実だ。
　　1　たすかった　　2　あやまった　　3　もうかった　　4　うるおった

2　小説の中でも特に推理小説は人気がある。
　　1　かんり　　2　すいり　　3　ちり　　4　しょうり

3　公共企業でも利益は無視できない。
　　1　りえき　　2　ります　　3　りがい　　4　りりつ

4　何が言いたいか、肝心なことは一つもわからなかった。
　　1　ちゅうしん　　2　かんしん　　3　ちゅうじん　　4　かんじん

5　暖かい風に春の兆しを感じます。
　　1　きざし　　2　くらし　　3　まなざし　　4　ながし

6　集まった群衆の中から一人の男が前に出た。
　　1　たいしゅう　　2　ちょうしゅう　　3　みんしゅう　　4　ぐんしゅう

7　社会の改革はまだ始まったばかりだ。
　　1　かいせい　　2　かいぞう　　3　かいかく　　4　かいぜん

8　美術館にあるのは由緒正しい作品だけです。
　　1　ゆそ　　2　ゆうそ　　3　ゆいしょ　　4　ゆいしょう

9　新幹線より安くて速い飛行機の需要が多い。
　　1　しゅよう　　2　じゅよう　　3　しょよう　　4　じょよう

10　人の価値は貧富とは関係ありません。
　　1　びんぼう　　2　ひんぽう　　3　びんふ　　4　ひんぷ

問題1 한자 읽기 실전문제 ④

問題1 ＿＿＿の言葉の読み方として最もよいものを、1・2・3・4から一つ選びなさい。

1 ワールドカップではアジアチームが躍進した。
　1 まいしん　　2 やくしん　　3 ぜんしん　　4 しょうしん

2 図書館から本を返すように督促を受けた。
　1 へんそく　　2 さいそく　　3 とくそく　　4 こうそく

3 住民の承諾があればすぐ工事を始めます。
　1 しょうだく　2 しょうにん　3 しょうち　　4 しょうふく

4 この展示では衣服の変遷を一目で見ることができる。
　1 へんこう　　2 へんかん　　3 へんてん　　4 へんせん

5 この薬を1か月飲めば顕著な効果がわかります。
　1 けんじゃ　　2 げんじゃ　　3 けんちょ　　4 げんちょ

6 部屋に入る前に必ず手足の殺菌をします。
　1 さつきん　　2 さっきん　　3 さつし　　　4 さっし

7 新しい分野の開拓は、いつもリスクを伴う。
　1 かいはつ　　2 かいこん　　3 かいたく　　4 かいかく

8 老人は昔を回顧しながら孫に語った。
　1 かいこ　　　2 かいがん　　3 かいそう　　4 かいどく

9 とったばかりの貝や魚を豪快な鍋料理にした。
　1 ごうかい　　2 そうかい　　3 ゆかい　　　4 つうかい

10 事故で高速道路の流れが滞り始めた。
　1 とまり　　　2 つながり　　3 たまり　　　4 とどこおり

問題 1 한자 읽기 실전문제 ⑤

問題1 ＿＿＿の言葉の読み方として最もよいものを、1・2・3・4から一つ選びなさい。

1 勝った後でも油断しないよう皆を強く戒めた。
　1 とがめた　　2 いましめた　　3 なだめた　　4 あきらめた

2 人からあれこれ指図されるのは嫌いです。
　1 しど　　2 しじ　　3 さしず　　4 さしど

3 高気圧によって台風の進路が阻まれた。
　1 はばまれた　　2 かこまれた　　3 たたまれた　　4 めぐまれた

4 その会社の事業は多岐にわたっている。
　1 たよう　　2 たき　　3 たさい　　4 たしゅ

5 警察の鑑定の結果、事件とは関係ないことがわかった。
　1 かんてい　　2 にんてい　　3 けんてい　　4 さんてい

6 地球が太陽を回るという説はコペルニクスが唱えた。
　1 そなえた　　2 ささえた　　3 となえた　　4 とらえた

7 高い空に白い雲が漂っています。
　1 かたまって　　2 かさなって　　3 たたかって　　4 ただよって

8 優勝を目指して野球部員は日夜練習を続けている。
　1 にちばん　　2 にちや　　3 ひばん　　4 ひや

9 最近は巧妙な方法で人をだます犯罪が増えている。
　1 こうかつ　　2 うかつ　　3 ぜつみょう　　4 こうみょう

10 お金より名誉を大切に思う人もいます。
　1 めいよ　　2 めいげん　　3 めいさく　　4 めいし

問題 1 한자 읽기 실전문제 ⑥

問題 1 ＿＿＿の言葉の読み方として最もよいものを、1・2・3・4から一つ選びなさい。

1 時間と労力を費やしても結果はどうなるかわからない。
　1　ひやして　　2　ふやして　　3　ついやして　　4　たがやして

2 映画館の跡地にマンションができた。
　1　とち　　2　あとち　　3　きち　　4　あきち

3 この作品を貫いているのは平和へのメッセージだ。
　1　つらぬいて　　2　つづいて　　3　とどいて　　4　とりまいて

4 道路が混雑しているが業務の遂行に問題はない。
　1　ちっこう　　2　ずいこう　　3　しんこう　　4　すいこう

5 上司が言うことは拒めません。
　1　いなめ　　2　こばめ　　3　うらめ　　4　とがめ

6 新しい素材の開発はノーベル賞に値する。
　1　しょうする　　2　あたいする　　3　しする　　4　ねする

7 ここに陳列してあるのは作家の初期の作品です。
　1　じんれい　　2　じんれつ　　3　ちんれい　　4　ちんれつ

8 海に住むイルカはとても賢い動物である。
　1　ずるい　　2　もろい　　3　こころよい　　4　かしこい

9 子どもたちに未来を託します。
　1　ゆるします　　2　わたします　　3　たくします　　4　のこします

10 当局が了承してくれれば計画を進めたい。
　1　りょうしょう　　2　りょしょう　　3　りょうじょう　　4　りょじょう

問題 2 문맥 규정 실전문제 ①

問題 2 （　　）に入れるのに最もよいものを、1・2・3・4から一つ選びなさい。

1 今度の台風が(　　)被害は想像を超えるほどだった。
　1 遂げた　　2 賜った　　3 及ぼした　　4 傷めた

2 久しぶりに会った同級生と夜遅くまで話が(　　)。
　1 及んだ　　2 極まった　　3 弾んだ　　4 滑った

3 失敗することがわかっている(　　)計画に反対した。
　1 不毛な　　2 無謀な　　3 非道な　　4 奇妙な

4 交渉は(　　)で合意することができた。
　1 大筋　　2 大柄　　3 大勢　　4 大物

5 この会社ではいつもベテランが新入社員を(　　)している。
　1 レッスン　　2 フォロー　　3 チェンジ　　4 サービス

6 自分に責任はないと(　　)一歩もひかない。
　1 言い張って　　2 言い残して　　3 言いすぎて　　4 言いそこなって

7 その一言に(　　)腹が立った。
　1 ふんだんに　　2 めっきり　　3 ことごとく　　4 むしょうに

8 梅雨の季節は毎日(　　)して病気になりやすい。
　1 どろどろ　　2 ぽかぽか　　3 ぐんぐん　　4 じめじめ

9 土曜日に出勤するのは(　　)じゃありません。
　1 必然　　2 建前　　3 強制　　4 指図

10 昔話の中にはたくさんの(　　)が出てくる。
　1 教育　　2 教訓　　3 苦言　　4 苦笑

問題 2 문맥 규정 실전문제 ②

해설편 65p

問題 2 (　　) に入れるのに最もよいものを、1・2・3・4から一つ選びなさい。

1. 最近は国内での就職が難しいために優秀な人材が外国に(　　)している。
   1 流通　　2 異動　　3 流出　　4 浸透

2. 人に頼み事をする時は、話を(　　)タイミングが難しい。
   1 切り出す　　2 呼びかける　　3 取り扱う　　4 割り込む

3. 今回優勝した選手は最近３年間、(　　)良い成績を残していた。
   1 コンスタントに　　2 レギュラーに　　3 ストレートに　　4 オートマチックに

4. こちらに(　　)はないから謝る必要はない。
   1 否　　2 非　　3 失　　4 悪

5. 会議の場所と時間の変更を、相手側に(　　)してみた。
   1 了承　　2 保証　　3 打診　　4 督促

6. パソコンは機能や製造年によって値段も(　　)だ。
   1 かわるがわる　　2 たちまち　　3 たかだか　　4 まちまち

7. このレンズは太陽の光を完全に(　　)する効果があります。
   1 制約　　2 免除　　3 分配　　4 遮断

8. 消防当局は火事の被害について詳しく報告したが、原因については(　　)しなかった。
   1 言い訳　　2 言及　　3 演説　　4 苦言

9. 台風が通過したあと、ようやく大雨警報が(　　)された。
   1 収束　　2 修了　　3 断念　　4 解除

10. 小さな町だったが彼の結婚式はたくさんの人たちを迎えて(　　)行われた。
    1 大幅に　　2 過剰に　　3 盛大に　　4 誇大に

Part 1 문자·어휘　135

問題 2 문맥 규정 실전문제 ③

問題 2 （　　　）に入れるのに最もよいものを、1・2・3・4から一つ選びなさい。

1　クイズに優勝して（　　）のハワイ旅行に行った。
　1　念願　　　　2　祈願　　　　3　請願　　　　4　志願

2　この事業を成功させるために（　　）準備を進めてきた。
　1　綿密な　　　2　親密な　　　3　厳密な　　　4　過密な

3　交渉する時は相手に（　　）することも必要だ。
　1　挑戦　　　　2　一任　　　　3　妥協　　　　4　調和

4　彼は父の死に同情する世論を（　　）にトップで当選した。
　1　有益　　　　2　躍進　　　　3　背景　　　　4　保証

5　この学校には将来を担う（　　）がそろっている。
　1　人柄　　　　2　逸材　　　　3　天才　　　　4　素材

6　翻訳では原作の（　　）がうまく伝わらない。
　1　プライド　　2　ヒント　　　3　ニュアンス　　4　アポイント

7　問題発生のメカニズムを（　　）するのは学者の使命だ。
　1　発明　　　　2　声明　　　　3　判明　　　　4　究明

8　それはどこまでも計算（　　）の話で現実はもっと複雑だ。
　1　上　　　　　2　中　　　　　3　内　　　　　4　間

9　あの人の話し方はどうも気に（　　）。
　1　傷める　　　2　欠ける　　　3　障る　　　　4　擦る

10　ここまで来たら（　　）前に進むしかない。
　1　怠らないで　2　ためらわないで　3　食い止めないで　4　損なわないで

問題 2 문맥 규정 실전문제 ④

問題 2 ( )に入れるのに最もよいものを、1・2・3・4から一つ選びなさい。

1 この洗剤は油汚れを落とすのに(　　)な効果を発揮します。
 1 円満　　　2 巧妙　　　3 大幅　　　4 絶大

2 初めて行く所なので一人では(　　)。
 1 煩わしい　2 心細い　　3 むなしい　4 おぼつかない

3 作家には(　　)の経歴を持った人が多い。
 1 異動　　　2 異色　　　3 異常　　　4 異質

4 どんなことがあっても確信が(　　)ことはない。
 1 揺らぐ　　2 解ける　　3 乱れる　　4 鈍る

5 失敗しても(　　)しないで次の機会に期待しよう。
 1 しんなり　2 どんより　3 くよくよ　4 いやいや

6 いくつかの(　　)はこの事件を大きく取り上げた。
 1 メーカー　2 ファイル　3 メディア　4 ジャンル

7 昔の人は(　　)だったからストレスはなかったかもしれません。
 1 健やか　　2 爽やか　　3 なだらか　4 大らか

8 たとえ小さな仕事でも最善を(　　)のが私の信念です。
 1 かける　　2 つくす　　3 そそぐ　　4 つとめる

9 日本経済の(　　)は数で言えば99%を占める中小企業にある。
 1 立地　　　2 由来　　　3 中枢　　　4 基盤

10 海底の資源に関してはいろいろな分野の学者たちの(　　)研究が行われている。
 1 多角的な　2 有機的な　3 批判的な　4 致命的な

問題 2 문맥 규정 실전문제 ⑤

問題 2 （　　）に入れるのに最もよいものを、1・2・3・4から一つ選びなさい。

1　長いつきあいですから（　　）で話しましょう。
　1　正気　　　2　内気　　　3　本音　　　4　建前

2　彼はこれまでの（　　）を生かして広告会社を作った。
　1　アプローチ　2　キャリア　3　センス　　4　スペース

3　被害の（　　）を知らなければ対策が立てられない。
　1　実況　　　2　実感　　　3　実業　　　4　実情

4　勝利した彼は（　　）の笑みを浮かべた。
　1　会心　　　2　改心　　　3　慢心　　　4　傷心

5　韓国語（　　）は原書より本が厚くなっています。
　1　号　　　　2　製　　　　3　版　　　　4　型

6　普通の市民でも社会に（　　）できることはたくさんある。
　1　波及　　　2　配信　　　3　投影　　　4　寄与

7　問題の解決は弁護士に（　　）しました。
　1　一任　　　2　一括　　　3　供与　　　4　投与

8　このあたりは事故が多いが（　　）雨の日には多くなる。
　1　まさしく　2　おのずと　3　きわめて　4　とりわけ

9　その人に向かって（　　）数のカメラのフラッシュがたかれた。
　1　おびただしい　2　はなはだしい　3　いちじるしい　4　めまぐるしい

10　素早い処置で被害の拡大を（　　）。
　1　和らげた　2　もたらした　3　潰した　　4　食い止めた

問題 2 문맥 규정 실전문제 ⑥

問題 2 （　　　）に入れるのに最もよいものを、1・2・3・4から一つ選びなさい。

1. 流ちょうな英語を（　　　）して交渉できるのが彼の強みだ。
   1. 奔走　　2. 奮闘　　3. 披露　　4. 駆使

2. 新しく導入した機械は順調に（　　　）しています。
   1. 展開　　2. 稼働　　3. 進行　　4. 健闘

3. このままでは（　　　）を達成するのは難しい。
   1. リード　　2. ニーズ　　3. ノルマ　　4. ハードル

4. 条約締結に（　　　）するまで1年以上かかった。
   1. 合意　　2. 合同　　3. 公認　　4. 修了

5. 相手を傷つけないで（　　　）断るのは難しい。
   1. すっかり　　2. やんわり　　3. ふんわり　　4. ぴったり

6. このあたりではあまり（　　　）が、あの人は誰ですか。
   1. 見かけません　　2. 見失いません　　3. 見落としません　　4. 見合わせません

7. 日本語学校では学習の（　　　）として、学生に社会調査をさせている。
   1. 役目　　2. 裏付け　　3. 一環　　4. 素材

8. この部屋は（　　　）物を置くために使っています。
   1. まるっきり　　2. きっちり　　3. めったに　　4. もっぱら

9. 雨の日もこの靴なら雨を（　　　）から履いていけます。
   1. たつ　　2. はじく　　3. とばす　　4. まさる

10. 年末は（　　　）が少なくなるので、商品は今のうちに予約した方がいいです。
    1. 余裕　　2. 補強　　3. 在庫　　4. 配当

問題 3 유의 표현 실전문제 ①

問題 3　＿＿＿の言葉に意味が最も近いものを、1・2・3・4から一つ選びなさい。

1　時間に<u>ルーズな</u>性格はなかなか直らない。
　　1　物足りない　　2　だらしない　　3　乏しい　　4　厳しい

2　平日の午後ということでデパートも客は<u>まばら</u>だった。
　　1　少なかった　　2　離れていた　　3　半分だった　　4　混んでいた

3　人の安全につながる問題だから<u>シビア</u>に考えなければならない。
　　1　慎重に　　2　正確に　　3　厳しく　　4　幅広く

4　このごろ映画を見る人は<u>ありきたり</u>の話では喜ばない。
　　1　よく知っている　　2　有名な　　3　平凡な　　4　身近な

5　毎日練習したのに試合が始まって10分くらいで<u>あっけなく</u>負けてしまった。
　　1　短い時間で簡単に　　　　2　他より早く
　　3　あまり待たないで　　　　4　知らないうちに

6　後輩の積極的な活動に<u>触発されて</u>自然保護の運動を始めるようになった。
　　1　興味を持って　　2　刺激を受けて　　3　危険を感じて　　4　勇気を得て

7　こちらのミスですから<u>先方</u>にはよく謝りました。
　　1　先生　　2　夫人　　3　先輩　　4　相手

8　遠くのスーパーに行くのは<u>おっくう</u>なので近くのコンビニで買った。
　　1　不便　　2　面倒　　3　無理　　4　退屈

9　客の反応は<u>おおむね</u>好評だった。
　　1　すべて　　2　わずかに　　3　かならず　　4　だいたい

10　会議の中で彼の意見は<u>ことごとく</u>否定された。
　　1　何もかも　　2　はじめから　　3　ほとんど　　4　たいていは

問題 3 유의 표현 실전문제 ②

해설편 77p

問題 3 ＿＿＿の言葉に意味が最も近いものを、1・2・3・4から一つ選びなさい。

1. この靴も初めて履いた時は足が痛くなったが、今は<u>馴染んで</u>きた。
   1. 慣れて
   2. 似合って
   3. 親しんで
   4. なついて

2. 台風はさったが空はまだ<u>どんより</u>としていた。
   1. 時々雨が強く降った
   2. 雲が多く暗かった
   3. 風もなく暑かった
   4. 強い風で雲もなかった

3. 人工知能は社会に大きな変化を起こす<u>画期的な</u>発明だ。
   1. 非常にめずらしい
   2. 人を感動させる
   3. 今までになく新しい
   4. だれも知らなかった

4. 偶然ではなく計画的だったことは<u>歴然</u>としている。
   1. 疑わしい
   2. 想像できる
   3. ぼんやりしている
   4. はっきりしている

5. 最近はデパートでも<u>簡素な</u>包装でお客さんに品物を渡すようになった。
   1. ルーズな
   2. ベストな
   3. ドライな
   4. シンプルな

6. アメリカ映画は日本映画とは<u>スケール</u>が違っている。
   1. 基準
   2. 収入
   3. 規模
   4. 長さ

7. この車は<u>従来の</u>電気自動車を大きく改良したものだ。
   1. これからの
   2. いままでの
   3. 最近の
   4. 大部分の

8. その話には何の<u>裏付け</u>もないので信じることができない。
   1. 信頼
   2. 名前
   3. 基準
   4. 証拠

9. お客さんが来なければホテルは皆<u>お手上げ</u>だ。
   1. とてもさびしい
   2. 準備ができない
   3. どうすることもできない
   4. 何もいえない

10. 実力は<u>互角</u>だが人気には大きな差がある。
    1. よくわからない
    2. あまり変わらない
    3. すこし差がある
    4. 関係がない

問題 3 유의 표현 실전문제 ③

해설편 78p

問題 3 ＿＿＿の言葉に意味が最も近いものを、1・2・3・4から一つ選びなさい。

1. 長い時間寝たあとで起きると、朝と夜を錯覚してしまうことがある。
   1. 取り替えて　　2. 勘違いして　　3. 不安になって　　4. 繰り返して

2. ありふれた名前だからすぐ忘れてしまう。
   1. あまりない　　2. ほとんどない　　3. 名のある　　4. よくある

3. ニュースは時々事実を誇張して伝えることがある。
   1. 間違って　　2. 遅れて　　3. 不正確に　　4. 大げさに

4. 書類の作成が煩わしくて時間がかかった。
   1. 難解で　　2. 単純で　　3. 手間で　　4. 苦手で

5. 日本の文化にはかねがね興味を持っていました。
   1. 同じように　　2. 以前から　　3. とても強く　　4. 時々

6. 何度でも粘り強く挑戦します。
   1. 負けないで　　2. 忘れないで　　3. 変わらないで　　4. 諦めないで

7. 新入社員が抱負を語っている。
   1. 喜び　　2. 長所　　3. 感謝　　4. 決意

8. この店は伝統を頑なに守っている。
   1. 頑固に　　2. 無理に　　3. 立派に　　4. 丁寧に

9. まさか妨害するとは思いませんでした。
   1. 手伝ってくれる　　2. 賛成してくれる　　3. じゃまをする　　4. いたずらをする

10. 私の言葉が彼の自尊心を傷つけた。
    1. センス　　2. インパクト　　3. トーン　　4. プライド

問題 3 유의 표현 실전문제 ④

해설편 80p

問題 3 ＿＿＿の言葉に意味が最も近いものを、1・2・3・4から一つ選びなさい。

1 この事件は今の社会の問題を端的に示している。
　1　明白に　　　2　平易に　　　3　部分的に　　　4　緩やかに

2 何があってもうろたえずに行動できる人になりたい。
　1　騒がずに　　2　落ち着かずに　3　動揺せずに　　4　逃げ出さずに

3 バスも電車も止まってしまったので皆、タクシーに殺到した。
　1　乗れなかった　2　ぶつかった　3　大勢集まった　4　座れなかった

4 料金が上がってから利用者のクレームが多くなった。
　1　苦情　　　　2　注文　　　　3　反対　　　　4　消費

5 時間がないから手分けして探したほうがいい。
　1　分身　　　　2　分断　　　　3　分担　　　　4　分割

6 案の定、皆が帰った後にはゴミの山が残った。
　1　たしかに　　2　やはり　　　3　かならず　　　4　思わず

7 道路が広くなってから交通事故が格段に減った。
　1　少しずつ　　2　大幅に　　　3　いつのまにか　4　以前より

8 あまりせかすと間違えるかもしれません。
　1　怒らせる　　2　笑わせる　　3　驚かせる　　　4　急がせる

9 今日は朝からしきりに電話がかかってきて仕事にならない。
　1　しょっちゅう　2　ときどき　　3　ようやく　　　4　なぜか

10 事件を早く解決したいがまだ手がかりがまったくない。
　1　ヒント　　　2　マーク　　　3　ニュアンス　　4　バックアップ

問題 4 用法 실전문제 ①

해설편 82p

問題 4 次の言葉の使い方として最もよいものを、1・2・3・4から一つ選びなさい。

1 今更
1 去年の今更はもっと寒かったが今年はとても暖かい。
2 引っ越しの挨拶をするなんて今更めずらしい若者だ。
3 この会社では今更取引先とFAXを使って連絡している。
4 この歳になって今更英語の勉強を始めるのは恥ずかしい。

2 密集
1 毎週火曜日はゴミを密集する日です。
2 土曜と日曜にできるアルバイトに密集します。
3 駅の裏には小さい工場が密集しています。
4 学生たちは8時に学校に密集します。

3 調達
1 長い間、練習したので技術が調達した。
2 材料は生産者から直接調達した。
3 この漢字がどのくらい使われているか調達した。
4 エアコンの温度を25度に調達した。

4 連携
1 1号車と2号車が連携している所にトイレがある。
2 台風の発生は海水の温度変化と連携している。
3 昨日、今日と連携して日中の気温が30度を超えた。
4 企業と研究者が連携して新製品を開発した。

問題 4 用法 실전문제 ②

問題 4　次の言葉の使い方として最もよいものを、1・2・3・4から一つ選びなさい。

1　ほどける
　1　春になって川の氷も少しずつほどけてきた。
　2　温泉に入って旅行の疲れもすっかりほどけた。
　3　歩いているうちに運動靴のひもがほどけた。
　4　ぶつかって洋服のボタンがほどけてしまった。

2　とっくに
　1　休みの間、とっくに問題はなかった。
　2　今日は休みだということをとっくに知らなかった。
　3　出席の確認メールはとっくに出した。
　4　今12時半だから会社はとっくに昼休みだ。

3　質素
　1　スマホはたくさんの機能より、質素で使いやすいものがいい。
　2　成功した人でも、あまりお金を使わずに質素に暮らす人もいる。
　3　先生は難しい内容も質素にわかりやすく説明してくれる。
　4　今日は材料をあまり使わないで早くできる質素な料理を作る。

4　ブランク
　1　父と子は考え方にブランクがある。
　2　選手として３年間ブランクがあったが今度の試合では大活躍した。
　3　相手チームに大きな差をつけたので主力選手をブランクした。
　4　スピードが速いとタイヤがブランクした後、停止できなくなる。

 問題 4 용법 실전문제 ③

問題 4　次の言葉の使い方として最もよいものを、1・2・3・4から一つ選びなさい。

1 満喫
1　今日のテストは満喫できる点数だった。
2　日曜の新聞にはおもしろい話が満喫されていた。
3　連休は海に行って楽しい夏を満喫した。
4　休みの日はどこに行っても人が満喫していた。

2 細心
1　この薬品を使うときは細心の注意が必要だ。
2　この絵には作者の細心の気持ちが感じられる。
3　電気製品は細心のものがいいとは言えない。
4　弟はまじめでいつも細心の努力をする。

3 目覚ましい
1　夜遅い時間だが目覚ましい音に目がさめた。
2　短い期間にIC技術は目覚ましい発展をした。
3　雨がやんで雲の間から目覚ましい太陽が見えた。
4　台所から目覚ましい料理のにおいがした。

4 見失う
1　新しいゲームソフトは人気があってどの店でもすぐに見失った。
2　冬の間ずっとあった山の雪も3月になるとぜんぶ見失った。
3　有名な歌手が来るというから行ってみたが見失った。
4　休みの日に友だちと遊びに行ったが人が多くて友だちを見失った。

問題 4 用法 실전문제 ④

해설편 85p

問題 4 次の言葉の使い方として最もよいものを、1・2・3・4から一つ選びなさい。

1 発散
1 招待状は今日中に郵便局から発散します。
2 大きな声で歌をうたうことでストレスを発散します。
3 風邪が治ったと思ったが夜になってまた発散した。
4 YouTubeで地域の情報を全国に発散する。

2 無造作
1 この事業は無造作で始めたが大成功を収めた。
2 玄関に無造作に置かれた花瓶は高価な芸術作品だった。
3 失敗した時は無造作に頭をかくくせがある。
4 高校生なのに着るものに無造作でいつも同じ服でも気にしない。

3 口出し
1 関係のない人が口出しすると問題が複雑になります。
2 山田さんは話し終わった後で口出しするのが上手です。
3 今までの努力にも関わらずこんな結果になるなんて、口出しことです。
4 外から帰ってきたときは必ず口出しして手も洗ってください。

4 遂げる
1 毎日努力を続けたおかげで驚くようなダイエットを遂げた。
2 結局、不利な条件でも最後まで諦めなかったチームが1位を遂げた。
3 まわりの人たちが温かく見守る中で二人はとうとう結婚を遂げた。
4 食糧不足に対する危機感から農業分野の研究は大きな発展を遂げた。

Part 2

JLPT N1

Part 2
문법

I 문제 유형 파악하기

- **문법 기본기 갖추기**
  N1 필수 문법 / 기초 문법
  경어표현

1 問題 5 문법형식 판단
2 問題 6 문장 만들기
3 問題 7 글의 문법

N1 필수 문법

문법 기본기 갖추기 ▲

학습 포인트

문법 영역의 최근 출제 경향은 지나치게 어렵고 복잡한 문법보다 실생활에서 사용할 수 있는 문법이 나오는 추세이다. 하지만 독해에 필요한 N1 레벨의 어려운 문법이 여전히 많이 출제되고 있다. N1 시험에 자주 나오는 문법 100개를 살펴보자.

---

001 **〜あっての** 〜가 있기에 가능한, 〜가 있어야 할 수 있는

접속 명사 **+** あっての

예문 健康**あっての**人生だ。体を壊したら夢も幸福もあり得ない。
건강해야 인생을 살 수 있다. 몸을 해치면 꿈도 행복도 있을 수 없다.

002
① **〜いかんでは** 〜여하에 따라서(는) ★ 유사표현 「〜次第では」
② **〜いかんにかかわらず** 〜여하에 관계없이
③ **〜いかんだ** 〜여하에 달려있다

접속 명사(の) **+** いかんでは, いかんにかかわらず, いかんだ

예문 相手の態度**いかんでは**、別の方法を考えなくてはならない。
상대의 태도에 따라서는 다른 방법을 생각해야 한다.

ここは施設利用の**いかんにかかわらず**、毎月会費を払うシステムだ。
여기는 시설 이용의 여하를 불문하고 매달 회비를 내는 시스템이다.

★ 관용표현 「いかんともしがたい 어떻게 할 수가 없다」, 「いかんせん 어찌할까?」

---

003 **〜(よ)うと〜まいと** 〜하든 하지 않든, 〜하든 말든

접속 동사 의지형 **+** と **+** 동사 기본형 **+** まいと
★ 2, 3그룹 동사는 「동사 ない형 + まいと」, 「する」는 「すまい」로 사용한다.

예문 親が反対**しようとすまいと**自分で決めたことは実行する。
부모가 반대하든 말든 자기가 결정한 것은 실행한다.

004
① **～(よ)うにも～ない** ① ～하고 싶어도 ～하지 못한다
② **～ようがない** ② ～하려고 해도 할 수가 없다

접속
① 동사 의지형 **+** にも **+** 동사 가능형 **+** ない
② ます형 **+** ようがない

예문
① 今は外国で暮らしているから会**おうにも会えない**。
② 今は外国で暮らしているから会**いようがない**。

지금은 외국에서 살고 있어서 보고 싶어도 보지 못한다.

005
～かぎりだ 너무 ～하다, ～하기 그지없다(강한 감정 표현)

접속
い형용사 い
な형용사 な **+** かぎりだ
명사 の

예문
初めての孫が生まれて父は嬉しい**かぎりだった**。
첫 손자가 태어나서 아버지는 너무 기뻤다.

006
～(た)が最後 (일단) ～했다 하면

접속 동사 た형 **+** が最後

예문
彼女はデパートに入っ**たが最後**、3時間は出てこない。
그녀는 백화점에 들어가기만 하면 3시간은 나오지 않는다.

★ 유사표현「～たら最後」

007
～かたがた ～하는 김에, ～할 겸(해서)

접속 명사 **+** かたがた

예문
被災地の調査**かたがた**被災者の家を訪問して安否を尋ねた。
재해지의 조사를 겸해서 이재민의 집을 방문하여 안부를 물었다.

008 ～かたわら　～하는 한편

접속　（동사 기본형 / 명사 の） + かたわら

예문　教授は研究の**かたわら**、環境保護運動にも力を注いだ。
교수는 연구하는 한편 환경 보호 운동에도 힘을 기울였다.

009 ～がてら　～하는 김에, ～할 겸

접속　（동사 ます형 / 명사） + がてら

예문　駅まで運動**がてら**、歩いて行こう。　역까지 운동할 겸 걸어서 가자.

010 ～が早いか　～하자마자, ～함과 동시에

접속　（동사 기본형 / 동사 た형） + が早いか

예문　彼は座席に座る**が早いか**、いびきをかき始めた。　그는 자리에 앉자마자 코를 골기 시작했다.

★ 유사표현「～なり」,「～や否や」,「～たとたん」,「～か～ないかのうちに」,「(か)と思うと」

011 ～からある　／　～からする　　～이나 되는, ～이나 하는

접속　명사(수량, 무게, 길이, 크기) + からある
　　　　명사(가격) + からする

예문　300枚**からある**レポートを一晩で翻訳するのは無理だ。
300장이나 되는 리포트를 하룻밤에 번역하는 것은 무리이다.

012 〜きらいがある　〜하는 경향이 있다

접속　(동사 기본형 / 명사 の) ＋ きらいがある

예문　あの人は何でも悪い方向に考える**きらいがある**。
저 사람은 무엇이든 나쁜 방향으로 생각하는 경향이 있다.

013 〜極まりない / 〜極まる　지나치게 〜하다

접속　(な형용사 어간 / 명사) ＋ 極まりない, 極まる

예문　夜中に大声で騒ぐなんて非常識**極まりない**。 한밤중에 큰 소리로 떠들다니 몰상식하기 짝이 없다.

★ 「極まりない」는 「極まる」의 강조 표현

014 ① 〜ごとく / 〜かのごとく　〜처럼 / 마치 〜라는 듯이
　　② 〜ごとき　〜같은

접속　① (동사 기본형 / 동사 た형 / 명사 の) ＋ ごとく　　★ 유사표현 「〜のように」

　　　(동사 기본형 / 동사 た형 / 명사, な형용사 である) ＋ かのごとく

　　② 명사 ＋ ごとき　　★ 유사표현 「〜のような」

예문　天使の**ごとく**笑う子どもの顔につらい毎日が癒される。
천사처럼 웃는 아이의 얼굴에 힘든 나날을 위로받는다.

彼は言葉を忘れてしまった**かのごとく**ずっと黙っていた。
그는 말을 잊어버리기라도 한 것처럼 계속 입을 다물고 있었다.

悪天候**ごとき**理由でイベントを中止することはできない。
악천후와 같은 이유로 이벤트를 중지할 수는 없다.

★ 「ごとき」 뒤에는 명사가, 「ごとく」 뒤에는 동사, 형용사, 부사가 온다.

015 〜こととて 〜이므로, 〜인 까닭에

접속 (동사 보통형 / い형용사 い / な형용사 な / 명사 の) + こととて

예문 平日の昼間のこととて、店に客はほとんどいなかった。
평일 낮이라서 가게 안에 손님은 거의 없었다.

016 〜ことなしに 〜하지 않고, 〜없이

접속 동사 기본형 + ことなしに

예문 社長は事前に約束することなしに、会うことはできません。
사장님은 사전에 약속하지 않고서 만날 수는 없습니다.

017 〜始末だ (나쁜 결과로) 〜하는 꼴이다, 〜형편이다, 〜지경이다

접속 (동사 기본형 / 부정형 / い형용사 い / な형용사 な / 명사 の) + 始末だ

예문 父が入院したばかりか看病していた母まで倒れる始末だ。
아버지가 입원했을 뿐만 아니라 간호하던 어머니까지 쓰러지고 말았다.

★「この, その, あの」등과 함께 사용하는 경우도 많다.
この始末だ 이 모양(꼴)이다

018 〜ずくめ 〜투성이, 〜일색

접속 명사 + ずくめ

예문 合格、就職、結婚と今年はいい事ずくめの1年だった。
합격, 취업, 결혼으로 올해는 좋은 일만 이어진 한 해였다.

019 〜ずにはおかない / 〜ないではおかない
〜하지 않을 수 없다, 반드시 〜한다

접속 동사 부정형 + ずにはおかない, ないではおかない　　★「する」와 접속할 때는「せずにはおかない」

예문 子どもの冷たい言葉は母を悲しませ**ずにはおかなかった**。
아이의 냉담한 말은 어머니를 슬프게 하지 않을 수 없었다.

今日こそは犯人に白状させ**ずにはおかない**ぞ。
오늘이야말로 꼭 범인에게 자백시킬 거야.

020 〜ずにはすまない / 〜ないではすまない
〜하지 않고는 끝나지 않는다, 반드시 〜해야 한다

접속 동사 부정형 + ずにはすまない, ないではすまない　　★「する」와 접속할 때는「せずにはすまない」

예문 担当者どころか上司まで責任を取ら**ずにはすまない**問題だ。
담당자는커녕 상사까지 책임을 지지 않으면 안 될 문제이다.

연습 괄호 안에 들어갈 표현으로 가장 적당한 것을 고르세요.

1 地位も名誉も健康(　　　)ことだ。
1 ならではの　　2 まかせの　　3 あっての　　4 どころの

2 この仕事は経験の(　　　)誰でも簡単にできる。
1 有無によって　　2 いかんにかかわらず
3 ぜひによって　　4 次第にかかわらず

3 このレポートを(　　　)卒業はできる。
1 出したら出したで　　2 出せば出すだけ
3 出すも出さないも　　4 出そうと出すまいと

4 この部品はもう売ってないので直し(　　　)。
1 ようがない　　2 きれない　　3 たがらない　　4 たりない

5 宿題も試験もないなんてうらやましい(　　　)。
1 まぎわだ　　2 しだいだ　　3 あまりだ　　4 かぎりだ

6 あの人に話した(　　　)その日のうちに噂になる。
1 のもつかのま　　2 ばかりに　　3 が最後　　4 あまりに

7 散歩(　　　)新しくできた公園に行ってみた。
1 かさねがさね　　2 かたがた　　3 ところどころ　　4 ともども

8 姉はピアノを教える(　　　)作曲もしている。
1 反面　　2 そばで　　3 かたわら　　4 隙間に

9 駅まで友だちを送り(　　　)デパートで買物をした。
1 がてら　　2 かねて　　3 ついでに　　4 ながら

10 空腹だったのか料理を出す(　　　)食べ始めた。

　1　とたん　　　　2　が早いか　　　　3　どころか　　　　4　どころで

정답		
1	3	지위도 명예도 건강**해야** 가질 수 있는 것이다.
2	2	이 일은 경험 **여하에 관계없이** 누구라도 간단히 할 수 있다.
3	4	이 리포트를 **내든 내지 않든** 졸업은 할 수 있다.
4	1	이 부품은 이제 팔지 않으므로 고치고 싶어도 고칠 **수가 없다**.
5	4	숙제도 시험도 없다니 **너무** 부럽다.
6	3	저 사람에게 이야기**했다 하면**, 그날 중으로 소문이 난다.
7	2	산책할 **겸** 새로 생긴 공원에 가보았다.
8	3	언니는 피아노를 가르치는 **한편**, 작곡도 하고 있다.
9	1	역까지 친구를 배웅하는 **김에** 백화점에서 쇼핑을 했다.
10	2	공복이었는지 요리를 내오**자마자** 먹기 시작했다.

021 ～すら / ～ですら ～조차

접속 명사 + すら, ですら

예문 約束時間**すら**守れない人に、この仕事を任せることはできません。
약속 시간조차 지키지 못하는 사람에게 이 일을 맡길 수는 없습니다.

022 ～そばから ～하는 즉시, ～하자마자

접속 (동사 기본형 / 동사 た형) + そばから

예문 おやつのクッキーを、焼く**そばから**子どもが全部食べてしまった。
간식으로 만든 쿠키를 굽자마자 아이가 다 먹어 버렸다.

023 ただ ～のみならず 단지 ～뿐만 아니라

접속 ただ + (동사 보통형 / い형용사 보통형 / な형용사 である / 명사 である) + のみならず

예문 最近の試験問題は**ただ**難しい**のみならず**暗記だけでは解けないものが多い。
최근의 시험 문제는 단지 어려울 뿐만 아니라 암기만으로는 풀 수 없는 것이 많다.

024 ～たところで ～한다고 한들, ～해 봤자

접속 동사 た형 + ところで

예문 私が話し**たところで**言うことを聞くような人間じゃない。
내가 이야기해 봤자 말을 들을 사람이 아니다.

025 〜だに 〜만으로도, 〜조차

접속 (명사 기본형 / 동사 기본형) **+** だに

예문 台風の被害は想像**だに**しないほど大きく、大部分の農家が被害を被った。
태풍의 피해는 상상조차 하지 못할 정도로 커서, 대부분의 농가가 피해를 입었다.

026 〜たりとも 〜조차도, 〜이라도

접속 명사 **+** たりとも

예문 危険な場所なので一人**たりとも**入らないよう厳重に警戒している。
위험한 장소이기 때문에 한 사람도 들어가지 않도록 엄중하게 경계하고 있다.

027 〜たる 〜된, 〜라는 자격이 있는

접속 명사 **+** たる

예문 親**たる**ものは子どもの手本になるべきだというのは古い考え方だ。
부모는 자식의 귀감이 되어야 한다는 것은 낡은 사고방식이다.

028 〜つ〜つ 〜하기도 하고 〜하기도 하고

접속 동사 ます형 つ **+** 동사 ます형 つ

예문 400mリレーは抜き**つ**抜かれ**つ**のいい試合になった。
400m 계주는 앞서거니 뒤서거니 하는 좋은 시합이 되었다.

029 〜っぱなし 계속 〜한 상태, 계속 〜인 채

접속 동사 ます형 **+** っぱなし

| 예문 | 使ったものを出しっぱなしにするのは夫の悪いくせだ。
쓰고 난 물건을 그대로 놓아두는 것은 남편의 나쁜 버릇이다 |

---

030 〜であれ / 〜であろうと   〜이든, 〜라고 하더라도

| 접속 | 명사 + であれ, であろうと |

| 예문 | 男であれ女であれ、同じ労働には同じ賃金が払われるべきだ。
남자든 여자든 같은 노동에는 같은 임금이 지급되어야만 한다. |

---

031 〜てからというもの(は)   〜하고부터

| 접속 | 동사 て형 + からというもの(は) |

| 예문 | 事故にあってからというもの、道を渡るとき慎重になった。
사고를 당하고부터 길을 건널 때 신중해졌다. |

---

032 〜でなくてなんだろう   〜가 아니고 무엇이겠는가?

| 접속 | 명사 + でなくてなんだろう |

| 예문 | 自分の命を捨てて他の人の命を救う、これが崇高な犠牲精神でなくてなんだろう。
자신의 목숨을 버리고 다른 사람의 목숨을 구한다. 이것이 숭고한 희생정신이 아니고 무엇이겠는가. |

---

033 〜ではあるまいし / 〜じゃあるまいし   〜도 아니고

| 접속 | (동사 기본형 / 동사 た형 の(ん) / 명사) + ではあるまいし, じゃあるまいし |

예문	小説じゃあるまいし、そんなことが現実に起きるわけがない。
	소설도 아니고 그런 일이 현실로 일어날 리가 없다.

034 〜てやまない　〜해 마지않다, 계속 〜하고 있다

접속	동사 て형 + やまない

예문	この大会で私達の代表が良い結果を出すことを信じてやまない。
	이 대회에서 우리의 대표가 좋은 결과를 거둘 것을 믿어 마지않는다.

035 〜と相まって　〜와 어우러져, 〜가 맞물려서, 〜와 더불어

접속	명사 + と相まって

예문	外食チェーンの進出と料理ドラマの人気と相まって韓国料理のブームが起きている。
	외식 체인점의 진출과 요리 드라마의 인기가 맞물려서 한국 요리 붐이 일고 있다.

036 〜とあって　〜라고 해서, 〜해서, 〜라서

접속	동사 보통형 い형용사 보통형 な형용사 보통형 명사 + とあって	★ な형용사와 명사의「だ」는 붙이지 않는 경우가 많다.

예문	10年ぶりに祭りが復活するとあって、多くのマスコミが取材した。
	10년 만에 축제가 부활한다고 해서 많은 언론이 취재했다.

037 〜とあれば　〜라고 하면, 〜하면, 〜라면

접속	동사 보통형 い형용사 보통형 な형용사 보통형 명사 + とあれば	★ な형용사와 명사의「だ」는 붙이지 않는 경우가 많다.

| 예문 | その時期に一番おいしい食べ物**とあれば**、どんな所でも食べに行く。
그 시기에 가장 맛있는 음식이라면 어디든지 먹으러 간다. |

| 038 | **～といい ～といい** ～도 ～도, ～도 그렇고 ～도 그렇고 |

| 접속 | 명사 といい **+** 명사 といい |

| 예문 | 彼女は学歴**といい**性格**といい**、息子の結婚相手としてぴったりです。
그녀는 학력도 그렇고 성격도 그렇고 아들의 결혼 상대로 딱입니다. |

| 039 | **～といったところだ**
～というところだ ～하는 정도이다, ～인 정도이다 |

| 접속 | 동사 기본형 / 명사 **+** といったところだ, というところだ |

| 예문 | 修理するのに長くかかっても10日**といったところです**。
수리하는 데 기껏해야 10일 정도입니다. |

| 040 | **～といえども** ～라 하더라도 |

| 접속 | 동사 보통형 / い형용사 보통형 / な형용사 보통형 / 명사 **+** といえども　　★ な형용사와 명사의 「だ」는 붙이지 않는 경우가 많다. |

| 예문 | どんなに経験豊かな技術者**といえども**ミスをすることがある。
아무리 경험이 풍부한 기술자라고 해도 실수를 할 때가 있다. |

연습 괄호 안에 들어갈 표현으로 가장 적당한 것을 고르세요.

1　スマホ(　　　)使えなかった父が今パソコンに夢中だ。
　　1　まで　　　　2　でも　　　　3　のみ　　　　4　すら

2　子供は母が作る(　　　)おかずを食べてしまう。
　　1　そばから　　2　まえから　　3　ころまで　　4　あとまで

3　この業務はただ営業(　　　)情報収集も重要だ。
　　1　でありながら　　　　　　　2　をぬきにして
　　3　のみならず　　　　　　　　4　にもかかわらず

4　そんなに早く(　　　)10時までは中に入れないよ。
　　1　行くやいなや　　　　　　　2　行ったところで
　　3　行きさえすれば　　　　　　4　行こうとすれば"

5　宝くじが当たるなんて、想像(　　　)しなかった。
　　1　こそ　　　　2　なり　　　　3　ほど　　　　4　だに

6　貯金するために100円(　　　)むだづかいしない。
　　1　たりとも　　2　なりでも　　3　ならでは　　4　にくわえて

7　社会のリーダー(　　　)ものは社会変化に注目するべきだ。
　　1　ざる　　　　2　する　　　　3　たる　　　　4　なる

8　マラソンは後半、(　　　)の激しい展開になった。
　　1　抜いて抜かれて　　　　　　2　抜きつ抜かれつ
　　3　抜いても抜かれても　　　　4　抜かず抜かさず

9 外から帰ってきたら水道が(　　　)になっていた。

1 開けるばかり　　2 開けるだけ　　3 開けっぱなし　　4 開け続けけ

10 大人(　　　)子供(　　　)ルールは守るべきだ。

1 からも～からも　　　　　　2 なども～なども
3 として～として　　　　　　4 であれ～であれ

정답

1　4　스마트폰조차 사용하지 못했던 아버지가 요즘 컴퓨터에 빠져 있다.
2　1　아이는 엄마가 만드는 족족 반찬을 먹어 버린다.
3　3　이 업무는 영업뿐만 아니라 정보 수집도 중요하다.
4　2　그렇게 빨리 간다고 한들 10시까지는 안에 들어갈 수 없어.
5　4　복권에 당첨되다니, 상상조차 하지 못했다.
6　1　저금하기 위해서 100엔조차도 낭비하지 않는다.
7　3　사회의 리더되는 자는 사회 변화에 주목해야 한다.
8　2　마라톤은 후반 앞서거니 뒤서거니 하는 격렬한 전개가 되었다.
9　3　밖에서 돌아와 보니 수도가 틀어져 있는 채였다.
10　4　어른이든 아이든 룰은 지켜야만 한다.

041 〜といったらない / 〜といったらありゃしない
〜하기 짝이 없다, 〜하기 이를 데 없다

접속
동사 보통형
い형용사 기본형
な형용사 た형
명사 だ
+ といったらない / といったらありゃしない

예문
エアコンが故障して部屋の中が暑い**といったらない**。 에어컨이 고장나서 방 안이 덥기 짝이 없다.

★ 「〜ったらない」는 허물없는 사이에서 사용하는 표현이다.

042 〜と思いきや
〜라고 생각했는데

접속
동사 보통형
い형용사 보통형
な형용사 보통형
명사
+ と思いきや

★ 「〜かと・〜だろうと + 思いきや」의 형태로 자주 쓰인다.
★ な형용사와 명사의 「だ」는 붙이지 않는 경우가 많다.

예문
ドラマの主人公が死んで終わり**と思いきや**、生き返って戻ってきたので驚いた。
드라마의 주인공이 죽어서 끝이라고 생각했는데 다시 살아나 돌아와서 깜짝 놀랐다.

043 〜ときたら
〜로 말할 것 같으면, 〜로 말하자면

★ 비난, 불만에 주로 사용

접속
명사 + ときたら

예문
太郎**ときたら**、受験生なのに勉強もせず毎日ゲームばかりしている。
타로로 말할 것 같으면 수험생인데도 공부도 하지 않고 매일 게임만 하고 있다.

044 〜ところを
〜는 데도, 〜한데

★ 인사말, 감사 표현에 사용

접속
동사 보통형
い형용사 い
な형용사 な
명사 の
+ ところを

예문
お忙しい**ところを**、来てくださってありがとうございます。
바쁘신 중에 와 주셔서 감사드립니다.

045

～としたところで
～としたって
～にしたところで
～にしたって

～해 봤자, ～한다고 해도 (소용없다)

★ 부정적 표현에 사용

[접속] 동사 보통형 / い형용사 보통형 / な형용사 보통형 / 명사 + としたところで / としたって / にしたところで / にしたって

★ な형용사와 명사의 「だ」는 붙이지 않는 경우가 많다.

[예문]
全員が参加する**としたところで**、せいぜい10人ぐらいだ。
전원이 참가한다고 해도 기껏해야 10명 정도이다.

支払いをカード**にしたって**、支払い時期が延びるだけだ。
지불을 카드로 해 봤자 지불 시기가 늦어질 뿐이다.

046

～とは   ～라니, ～일 줄은

[접속] 동사 보통형 / い형용사 보통형 / な형용사 보통형 / 명사 + とは

★ な형용사와 명사의 「だ」는 붙이지 않는 경우가 많다.

[예문]
あんなに英語が苦手だった人が英語の先生になる**とは**。
그렇게 영어가 서투르던 사람이 영어 선생님이 되다니.

047

～とはいえ   ～라고는 하지만, ～이기는 해도

[접속] 동사 보통형 / い형용사 보통형 / な형용사 보통형 / 명사 + とはいえ

★ な형용사와 명사의 「だ」는 붙이지 않는 경우가 많다.

[예문]
いくらおいしい**とはいえ**、食べ過ぎたらだめだよ。
아무리 맛있다고 해도 과식하면 안 돼.

048 〜とばかりに (마치) 〜라는 듯이

접속
(동사 보통형, 명령형 / い형용사 보통형 / な형용사 보통형 / 명사) + とばかりに

★ な형용사와 명사의「だ」는 붙이지 않는 경우가 많다.

예문
友だちはあきれた**とばかりに**、大きくため息をついた。
친구는 기가 막히다는 듯이 크게 한숨을 쉬었다.

049 〜ともなく / 〜ともなしに 특별히 〜하려는 생각없이, 문득

접속 동사 기본형 + ともなく, ともなしに

예문
若い人たちの話を聞く**ともなく**聞いていたら、意味不明の言葉が次々に出て外国語のようだった。
젊은 사람들의 대화를 무심결에 들었더니 의미를 알 수 없는 말이 계속 나와서 마치 외국어인 것 같았다.

どこから**ともなく**いいにおいがしてきた。 어디선가 좋은 냄새가 풍겨 왔다.

★「의문사 + 조사 + ともなく」는 '어느 부분이라고 특정할 수는 없지만'의 의미이다.

050 〜ともなると / 〜ともなれば 〜가 되면, 〜정도가 되면

접속 (동사 기본형 / 명사) + ともなると

예문
今はまだ人出が多いが、夜9時**ともなると**車も通らなくなる。
지금은 아직 인파가 많지만 밤 9시가 되면 차도 다니지 않게 된다.

051	**〜ないまでも**　〜하지는 못해도

접속　동사 부정형 + ないまでも

예문　優勝とは言わ**ないまでも**、3位以内に入ることを期待する。
우승이라고 하지는 못하더라도 3위 이내에 들어가는 것을 기대한다.

052	**〜ないものでもない**　〜하지 못할 것도 없다, 〜할 수도 있다

접속　동사 부정형 + ないものでもない

예문　そこまで言うなら出席し**ないものでもない**。
그렇게까지 말한다면 출석하지 못할 것도 없다.

★ 유사표현 「〜ないこともない」

053	**〜ながらに**　〜하면서

접속　(동사 ます형 / 명사) + ながらに

예문　誰もが生まれ**ながらに**自由で平等だと思うのは当然だ。
누구나 태어나면서부터 자유롭고 평등하다고 생각하는 것은 당연하다.

★ 관용표현 「涙ながらに 눈물을 흘리면서」, 「生まれながらに 태어나면서부터」, 「昔ながらの 옛날 그대로의」

054	**〜ながらも**　〜이면서도

접속　(동사 ます형, 부정형 / い형용사 / な형용사 어간, な형용사 であり / 명사, 명사 であり) + ながらも

예문　運動の必要は知り**ながらも**、忙しいからと運動しないでいる。
운동의 필요성은 알면서도 바쁘다고 운동을 하지 않고 있다.

055 ～なくして(は) ～없이, ～없이는

접속　명사 + なくして(は)

예문　豊富(ほうふ)な資金(しきん)**なくして**この計画(けいかく)は進(すす)められない。
　　　풍부한 자금 없이 이 계획은 추진할 수 없다.

056 ～なしに / ～ことなしに ～하지 않고, ～없이

접속　명사 + なしに
　　　동사 기본형 + ことなしに

예문　事故(じこ)の原因(げんいん)を説明(せつめい)する**ことなしに**被害者(ひがいしゃ)の同意(どうい)は得(え)られない。
　　　사고 원인을 설명하지 않고는 피해자의 동의는 얻을 수 없다.

057 ～ならでは(の) ～밖에 할 수 없는, ～만의

접속　명사 + ならでは(の)

예문　歓迎会(かんげいかい)ではこの国(くに)**ならではの**ごちそうを味(あじ)わった。
　　　환영회에서는 이 나라만의 진수성찬을 맛보았다.

058 ～なり ～하자마자

접속　동사 기본형 + なり

예문　彼(かれ)は家(いえ)に着(つ)く**なり**、テレビをつけてニュース番組(ばんぐみ)をチェックした。
　　　그는 집에 도착하자마자 TV를 켜서 뉴스 프로그램을 체크했다.

★ 유사표현 「～が早(はや)いか」, 「～や / ～や否(いな)や」, 「～たとたん(に)」, 「(か)と思(おも)うと」, 「～か～ないかのうちに」

059 〜なり〜なり 〜든지 〜든지

접속 (동사 기본형 / 명사) なり + (동사 기본형 / 명사) なり

예문 この魚は煮る**なり**焼く**なり**して今日中に食べてください。
이 생선은 조리든지 굽든지 해서 오늘 안으로 드세요.

060 〜なりに 〜나름대로
〜なりの 〜나름의

접속 (동사 보통형 / い형용사 보통형 / な형용사 보통형 / 명사) + なりに, なりの

★ な형용사와 명사의 「だ」는 붙이지 않는 경우가 많다.

예문 厳しい自然の中で動物は動物**なりに**生き残るために必死だ。
혹독한 자연 속에서 동물은 동물 나름대로 살아남기 위해 필사적이다.

> **연습** 괄호 안에 들어갈 표현으로 가장 적당한 것을 고르세요.

1 友だちの部屋はエアコンもないから暑い(　　　)。
　　1　といったらない　　　　　　　2　といってもいい
　　3　にこしたことはない　　　　　4　ほかしかたない

2 雨がやんだ(　　　)出たとたんにまた降り出した。
　　1　と思いきや　　　　　　　　　2　と思う間もなく
　　3　と思ったのか　　　　　　　　4　と思うどころか

3 となりの犬(　　　)いつも寝ようとするころ吠える。
　　1　にしては　　2　になったら　　3　ときたら　　4　となると

4 危ない(　　　)助けてもらったことは忘れません。
　　1　ときを　　　2　ことを　　　　3　ものを　　　4　ところを

5 言葉尻をとらえよう(　　　)あなたが間違ってる。
　　1　ときには　　2　としたって　　3　ことには　　4　ものなら

6 10時に出たのにまだ着かない(　　　)おかしいな。
　　1　など　　　　2　とは　　　　　3　には　　　　4　でも

7 日本人(　　　)外国で長く暮らして漢字を知らない。
　　1　といえば　　2　とはいえ　　　3　だったら　　4　だからこそ

8 チャンスにはここだ(　　　)攻撃を集中させる。
　　1　といっては　2　といっても　　3　とばかりに　4　どころか

9 歩いているとどこから(　　　)いい匂いがしてきた。
　　1　といえずに　2　ともなく　　　3　でもなく　　4　になるのか

10 このあたりは夜(　　　)明かりがすっかり消える。

1　ともなると　　　　　　　　2　ともいえば
3　にもなれば　　　　　　　　4　ともすると

정답
1　1 친구의 방은 에어컨도 없기 때문에 무덥기 짝이 없다.
2　1 비가 그쳤다고 생각했더니 나가자마자 다시 내리기 시작했다.
3　3 옆집 개로 말할 것 같으면 항상 자려고 할 때 짖는다.
4　4 위험에 처했을 때에 도움을 받은 것은 잊지 않겠습니다.
5　2 말꼬리를 잡으려고 해 봤자 당신이 틀렸다.
6　2 10시에 나왔는데 아직 도착하지 않다니 이상하네.
7　2 일본인이기는 해도 외국에서 오래 살아서 한자를 모른다.
8　3 찬스에는 이때다 라는 듯이 공격을 집중시킨다.
9　2 걷고 있자니 어디선가 좋은 냄새가 풍겨 왔다.
10　1 이 주위는 밤이 되면 불빛이 완전히 사라진다.

061 〜に(は)あたらない 〜할 정도는 아니다, 〜할 것까지는 없다

접속 (동사 기본형 / 명사) + に(は)あたらない

예문 正当な理由があってしたことだから、非難する**にはあたらない**。
정당한 이유가 있어서 한 일이기 때문에 비난할 정도는 아니다.

062 〜にあって (특수한 상황) 〜이어서, 〜에서

접속 명사 + にあって

예문 21世紀**にあって**、デジタルを利用したコンテンツ開発が急務だ。
21세기에 (있어) 디지털을 이용한 콘텐츠 개발이 급선무이다.

063 〜に至って 〜에 이르러
　　 〜に至る 〜에 이르다
　　 〜に至るまで 〜에 이르기까지

접속 (동사 기본형 / 명사) + に至って, に至る, に至るまで

예문 子どもから老人**に至るまで**皆、何かの保険に加入している。
어린이부터 노인에 이르기까지 모두 무언가 보험에 가입하고 있다.

064 〜に関わる 〜과 관련된, 〜이 걸린

접속 명사 + に関わる

예문 人の命**に関わる**問題を軽く扱ってはいけない。
사람의 목숨과 관련된 문제를 가볍게 취급해서는 안 된다.

065 ~にかたくない　~하기 어렵지 않다, ~할 수 있다

접속　(동사 기본형 / 명사) **+** にかたくない

예문　両親を亡くした子どもの心情は察する**にかたくない**。
부모를 잃은 아이의 심정은 짐작하기에 어렵지 않다.

★ 주로「想像 상상」,「理解 이해」,「察する 헤아리다」와 함께 사용

066 ~にして
① ~가 되어서야, ~이기에
② ~이면서 동시에

접속　명사 **+** にして

예문
① 入社10年目**にして**課長とは苦労しましたね。
　 입사 10년째가 되어서야 과장이라니 고생하셨네요.
② 公園は子どもの遊び場**にして**親の情報交換の場でもある。
　 공원은 어린이의 놀이터이자 부모의 정보 교환의 장(소)이기도 하다.

067 ~に即して　~에 입각하여, ~에 근거해서
　　~に即した　~에 입각한, ~에 따른

접속　명사 **+** に即して, に即した

예문　試験問題は教科書**に即して**出るのが普通だ。
시험 문제는 교과서에 근거해서 나오는 것이 보통이다.

068 ~にたえる　~할 만하다, ~할 수 있다

접속　(동사 기본형 / 명사) **+** にたえる

예문　アマチュアの展示会には鑑賞する**にたえる**作品は多くない。
아마추어의 전시회에는 감상할 만한 작품은 많지 않다.

069 〜にたえない
① 차마 〜할 수 없다
② 너무 〜하다(〜해 마지않다)

접속
① 동사 기본형 + にたえない
② 명사 + にたえない

★ 「명사 + にたえない」에 사용하는 단어는 「感謝 감사」, 「感激 감격」 등 한정된 명사이며 주로 격식 차린 인사말에 사용한다.

예문
① あの人はとても聞く**にたえない**ほどの悪口を言った。
저 사람은 차마 들을 수 없을 정도로 심한 욕을 했다.

② 皆の親切には感謝**にたえません**。
모두의 친절에 감사해 마지않습니다.

070 〜に足る
〜할 만한, 〜하기에 충분한

접속
(동사 기본형 / 명사) + に足る

★ 명사는 「する」가 붙는 동작성 명사만 올 수 있다.

예문
試験の結果は決して満足する**に足る**ものではなかった。
시험 결과는 결코 만족할 만한 것은 아니었다.

071 〜にひきかえ
〜와는 달리, 〜와는 반대로

접속
(동사 보통형 + の / い형용사 い + の / な형용사 / 명사) + にひきかえ

예문
兄**にひきかえ** 弟はいつも口数が少ない。
형과는 달리 동생은 항상 말수가 적다.

寒い地域では冬休みが長いの**にひきかえ**、夏休みはとても短い。
추운 지역에서는 겨울 방학이 긴데 반해 여름 방학은 매우 짧다.

072 ～にもまして   ～보다 더, ～보다 우선해서

접속
의문사(いつ・どこ・何・誰) + にもまして
명사 + にもまして

예문
貿易赤字は去年にもまして大幅に増加した。
무역 적자는 작년보다 더 대폭 증가했다.

この製品はデザインにもまして、使いやすさが評判だ。
이 제품은 디자인보다 사용의 편리성이 더 평판이 좋다.

073 ～の至り   극히 ～함, ～하기 그지없음

접속
명사 + の至り

예문
先生にお目にかかれるとは光栄の至りです。
선생님을 뵙게 되다니 더없는 영광입니다.

074 ～の極み   ～의 극치, 극도의～

접속
명사 + の極み

예문
年長者にあのような態度を取るなんて無礼の極みだ。
연장자에게 그런 태도를 취하다니 무례함의 극치이다.

075 ～はおろか   ～은커녕, ～은 말할 것도 없고

접속
명사 + はおろか

예문
今のメンバーでは優勝はおろか、予選突破も難しい。
지금 멤버로는 우승은커녕 예선 돌파도 어렵다.

076 ～ばこそ ~이기 때문에, ~이기에

접속
(동사 가정형 / い형용사 어간 + けれ) + ばこそ
(な형용사 어간 / 명사) + であればこそ

예문
親が厳しくするのは子どもの将来を思え**ばこそ**だ。
부모가 엄격하게 하는 것은 자식의 장래를 생각하기 때문이다.

---

077 ～ばそれまでだ ~하면 그뿐이다, ~하면 모든 일이 수포로 돌아간다

접속
(동사 가정형 / い형용사 어간 + けれ) + ばそれまでだ
(な형용사 어간 / 명사) + であればそれまでだ

★ 유사표현 「동사 た형 + らそれまでだ」

예문
どんなに愛していたと言っても別れてしまえ**ばそれまでだ**。
아무리 사랑했었다고 해도 헤어져 버리면 그만이다.

078
① ～べからざる ~해서는 안 되는
② ～べからず ~하지 말 것, ~해서는 안 된다

접속
① 동사 기본형 + べからざる + 명사
② 동사 기본형 + べからず

예문
人の心を踏みにじるのは許す**べからざる**行為だ。
사람의 마음을 짓밟는 것은 용서해서는 안 되는 행위이다.

マスクをつけずに実験室に入る**べからず**。
마스크를 착용하지 않고는 실험실에 들어가지 말 것.

★「するべからず」는「すべからず」로 사용하기도 한다.

079 ～べく ～하려고, ～하고자

접속 동사 기본형 **+** べく

예문 試験に合格する**べく**、寝食を忘れて勉強した。
시험에 합격하려고 침식을 잊고 공부했다.

★ 「するべく」는 「すべく」로 쓰기도 한다.

080 ～まじき ～해서는 안 되는, ～답지 못한

접속 동사 기본형 **+** まじき

예문 自分の地位を利用して金を儲けるのは政治家としてある**まじき**行為だ。
자신의 지위를 이용해서 돈을 버는 것은 정치가로서 해서는 안 되는 행위이다.

★ 「するまじき」는 「すまじき」로 사용하기도 한다.
★ 관용표현 「あるまじき行為 있을 수 없는 행위」

> **연습** 괄호 안에 들어갈 표현으로 가장 적당한 것을 고르세요.

1 まだ結果は出ないのだから、失望する(　　)。
　1　にはいたらない　　　　　　2　にあたいしない
　3　にはあたらない　　　　　　4　にこしたことはない

2 こんな時代(　　)家を持つのは夢でしかない。
　1　にいて　　2　にあって　　3　とはいえ　　4　となっても

3 二人が結婚(　　)まで長い苦労があった。
　1　になる　　2　にいたる　　3　にあたる　　4　における

4 これはその人の将来(　　)重要な問題です。
　1　に応じる　　2　に近づく　　3　に基づく　　4　に関わる

5 愛する人と別れるつらさは想像(　　)。
　1　にかたくない　　　　　　2　にちがいない
　3　をこえられない　　　　　4　をゆるさない

6 彼女は50歳(　　)2人の子供の母親になった。
　1　にして　　2　として　　3　にもなって　　4　ともなって

7 新聞は事実(　　)記事を書かなければならない。
　1　もどうぜんの　　2　とるいする　　3　をこえる　　4　にそくした

8 展覧会には鑑賞する(　　)作品があまりなかった。
　1　にたえる　　2　ばかりの　　3　といえる　　4　かのような

9 その客は店員に聞く(　　　)言葉を浴びせた。

　　1　ことのない　　　2　のもつらい　　　3　こともなく　　　4　にたえない

10 リーダーは経験が多く信頼する(　　　)人を選ぶ。

　　1　だけの　　　　　2　にたる　　　　　3　十分な　　　　　4　と称する

정답

1　3 아직 결과가 나오지 않았으니까 실망할 것까지는 없다.
2　2 이런 시대에 집을 가지는 것은 꿈에 지나지 않는다.
3　2 두 사람이 결혼에 이르기까지 오랜 고생이 있었다.
4　4 이것은 그 사람의 장래와 관련된 중요한 문제입니다.
5　1 사랑하는 사람과 헤어지는 괴로움은 상상하기 어렵지 않다.
6　1 그녀는 20세가 되어서야 두 아이의 엄마가 되었다.
7　4 신문은 사실에 입각한 기사를 써야만 한다.
8　1 전람회에는 감상할 만한 작품이 별로 없었다.
9　4 그 손님은 점원에게 차마 들을 수 없는 말을 쏟아냈다.
10　2 리더는 경험이 많고 신뢰하기에 충분한 사람을 고른다.

081 〜までだ／〜までのことだ
〜할 따름이다, 〜하면 그만이다, 〜할 뿐이다

접속 동사 기본형 + までだ, までのことだ

예문 誰も助けてくれなければ一人で戦う**までだ**。
아무도 도와주지 않는다면 혼자서 싸울 뿐이다.

082 〜までもない ／ 〜までもなく
〜할 필요도 없다 / 〜할 필요도 없이

접속 동사 기본형 + までもない, までもなく

예문 その俳優が主人公なら見る**までもなく**いい映画だろう。
그 배우가 주인공이라면 볼 것도 없이 좋은 영화일 것이다.

083 〜まみれ
〜투성이, 〜범벅

접속 명사 + まみれ

예문 この会社では社員も社長も油**まみれ**になって仕事をしている。
이 회사에서는 사원도 사장도 기름투성이가 되어 일하고 있다.

084 〜めく
〜답다, 〜같다

접속 명사 + めく

예문 彼は謎**めいた**言葉を残したままどこかに去って行った。
그는 수수께끼와 같은 말을 남긴 채로 어디론가 떠나갔다.

085 〜もさることながら   〜도 있지만, 〜는 물론이거니와

접속 명사 + もさることながら

예문 この町は自然の恵み**もさることながら**住民が皆親切で優しい。
이 마을은 자연의 혜택은 물론이거니와 주민이 모두 친절하고 상냥하다.

086 〜ものを   〜텐데, 〜련만

접속 (동사 보통형 / い형용사 い / な형용사 な) + ものを

예문 10分早く家を出たら乗れた**ものを**、特急に乗りそこなった。
10분 일찍 집을 나왔더라면 탈 수 있었을 텐데, 특급 열차를 놓쳤다.

087 〜や否や   〜하자마자

접속 동사 기본형 + や否や

예문 あまりに疲れて家に着く**や否や**ご飯も食べないで寝てしまった。
너무나 지쳐서 집에 도착하자마자 밥도 먹지 않고 잠들어 버렸다.

★ 유사표현 「〜が早いか」,「〜なり」

088 〜やら〜やら   〜이기도 하고 〜이기도 하고

접속 (동사 기본형 / い형용사 기본형 / 명사) やら + (동사 기본형 / い형용사 기본형 / 명사) やら

예문 引っ越し前に住所変更**やら**公共料金の精算**やら**、やることが山ほどある。
이사 전에 주소 변경이라든지 공공요금 정산이라든지 할 일이 태산 같다.

089 ~ゆえ(に) / ~ゆえの
~이기 때문에, ~인 까닭에

접속: 동사 보통형 / い형용사 い / な형용사 な / 명사 の + ゆえ(に)

★ な형용사의「な」와 명사의「の」는 붙이지 않는 경우가 있다.

예문: 多忙ゆえに勉強できないというのは言い訳でしかない。
바쁘기 때문에 공부를 할 수 없다는 것은 변명에 지나지 않는다.

090 ~ようが
~하든 (상관없다, 관계없다)

접속: 동사 의지형(おう・よう) / い형용사 어간 かろう / な형용사 어간 だろう / 명사 だろう + が

예문: どんなに良い条件を示そうが、退職する気持ちは変わらない。
아무리 좋은 조건을 제시해도 퇴직하겠다는 마음은 변하지 않는다.

091 ① ~をおいて / ② ~をおいてほかに~ない
① ~을 제외하고는, ~이 아니면
② ~이외에 ~는 없다

접속: 명사 + をおいて, をおいてほかに~ない

예문: あの人をおいてほかに、この難局を克服できる人はいない。
그 사람이 아니면 이 난국을 극복할 수 있는 사람은 없다.

092 ~を限りに
~을 끝으로, ~부터

접속: 명사 + を限りに

예문: 今週末を限りに今年の夏のセールを終了します。
이번 주말을 끝으로 올해 여름 세일을 종료하겠습니다.

★ 유사표현「~をもって」

093

〜を皮切りに
〜を皮切りにして
〜を皮切りとして

〜를 시작으로(해서), 〜을 기점으로(해서)

접속 동사 기본형 / 동사 た형 / 명사 + を皮切りに, を皮切りにして, を皮切りとして

예문 国際美術展は6月1日、福岡を皮切りに全国各地で展示が始まる。
국제 미술전은 6월 1일 후쿠오카를 시작으로 전국 각지에서 전시가 시작된다.

094

〜を禁じえない 〜을 금할 수 없다

접속 명사 + を禁じえない

예문 今度の事故に対する加害者の態度には怒りを禁じえない。
이번 사고에 대한 가해자의 태도에는 분노를 금할 수 없다.

095

〜をもって
① 〜으로, 〜을 이용해서 [수단, 방법]
② 〜부로 [기한]

접속 명사 + をもって

예문
① 昔から熱をもって熱を制するという言葉があります。
자고로 열로써 열을 다스린다는 말이 있습니다.

② 9月8日をもって、今回の募集は終了になります。
9월 8일부로 이번 모집은 종료됩니다.

★ 유사표현 「〜を限りに」

096 〜をものともせずに 〜는 아랑곳하지 않고, 〜은 아무것도 아닌 듯이

접속 명사 + をものともせずに

예문 親の反対**をものともせずに**、二人は結婚した。
부모의 반대를 무릅쓰고 두 사람은 결혼했다.

097
① 〜を余儀なくされる 어쩔 수 없이 〜하게 되다
② 〜を余儀なくさせる 어쩔 수 없이 〜를 시키다

접속
① 명사 + を余儀なくされる
② 명사 + を余儀なくさせる

예문
① 貿易赤字解消のために輸入品目の制限**を余儀なくされた**。
무역 적자 해소를 위해서 어쩔 수 없이 수입 품목의 제한을 하게 됐다.
② 感染が拡大して多くの企業で在宅勤務**を余儀なくさせた**。
감염이 확산되면서 많은 기업에서 어쩔 수 없이 재택근무를 시켰다.

098 〜をよそに 〜은 개의치 않고, 〜은 남의 일인 것처럼

접속 명사 + をよそに

예문 多くの国が水不足に苦しむの**をよそに**、雨の多いその国は豊富な水資源を武器にした。
많은 나라가 물 부족에 시달리는 것은 아랑곳하지 않고 비가 많은 그 나라는 풍부한 수자원을 무기로 삼았다.

099
〜んがため(に) 〜하기 위해(서)
〜んがための 〜하기 위한

접속 동사 부정형 + んがため(に), んがための   ★「する」와 접속할 때는「せんがため(に)」

예문 他の人にどう見えても、すべてが生き残ら**んがための**努力だった。
다른 사람의 눈에 어떻게 보이든 간에 모든 것이 살아남기 위한 노력이었다.

100

～んばかりだ 당장이라도 ～할 듯하다
～んばかりに ～할 듯이
～んばかりの ～할 듯한

[접속] 동사 부정형 + んばかりだ, んばかりに, んばかりの

★「する」와 접속할 때는 「せんばかり」

[예문] 母校の卒業式を訪れた有名な歌手を、学生たちは割れ**んばかりの**拍手で迎えた。
모교의 졸업식을 방문한 유명한 가수를 학생들은 우레와 같은 박수로 맞이했다.

연습 괄호 안에 들어갈 표현으로 가장 적당한 것을 고르세요.

1 それが間違ったことなら正す(　　　)。
   1 までだ　　　2 のみだ　　　3 ところだ　　　4 かぎりだ

2 人をだますことは言う(　　　)犯罪です。
   1 に先立って　2 どころか　　3 だけあって　　4 までもなく

3 油(　　　)になった服は特別な洗剤で洗濯します。
   1 だるま　　　2 ずくめ　　　3 まみれ　　　4 みどろ

4 その男はなぞ(　　　)言葉を残して去って行った。
   1 じみた　　　2 がかった　　3 めいた　　　4 まさった

5 今の仕事は給料も(　　　)福祉面も充実している。
   1 さることながら　　　　　2 満足するどころか
   3 さらなるうえに　　　　　4 満足とはいうものの

6 早く出れば間に合った(　　　)また遅刻してしまった。
   1 ものの　　　2 ものを　　　3 ことが　　　4 ことに

7 彼は電話を切る(　　　)大きな声で泣き始めた。
   1 とたんに　　2 まもなく　　3 や否や　　　4 次第に

8 事件は男が金に困った(　　　)犯行だったそうだ。
   1 からの　　　2 ゆえの　　　3 ほどの　　　4 さいの

9 歴史上、人と助け合う動物は犬(　　　)いないだろう。
   1 に対して　　2 を残して　　3 をおいて　　4 に比べて

10 その選手は今季(　　　)引退することが決まった。

1 を限りに　　　2 を手始めに　　　3 を契機に　　　4 を合図に

정답
1　1 그것이 잘못된 것이라면 바로잡으면 그만이다.
2　4 사람을 속이는 것은 말할 것도 없이 범죄입니다.
3　3 기름투성이가 된 옷은 특별한 세제로 세탁합니다.
4　3 그 남자는 수수께끼 같은 말을 남기고 사라졌다.
5　1 지금 일은 급료는 물론이고 복지면에서도 충실하다.
6　2 빨리 나왔더라면 시간이 맞았을 텐데 또 지각해 버렸다.
7　3 그는 전화를 끊자마자 큰 소리로 울기 시작했다.
8　2 사건은 남자가 돈에 쪼들려서 저지른 범행이었다고 한다.
9　3 역사상 사람과 서로 도와주는 동물은 개 이외에는 없을 것이다.
10　1 그 선수는 이번 시즌을 끝으로 은퇴가 결정되었다.

기초 문법

문법 기본기 갖추기 ▲

🍯 학습 포인트
문법 영역의 최근 출제 경향을 보면 문법 자체의 의미를 묻는 문제보다 문장을 구성하고 내용을 이해하는 커뮤니케이션 능력을 측정하는 문형이 많이 나온다. 따라서 N1에서도 N2 레벨의 문법과 비교적 간단한 조사 등도 다시 한번 학습하는 것이 좋다.

---

001 **～おそれがある** ～할 우려가 있다

접속 (동사 보통형 / 명사 の) + おそれがある

예문 経済の崩壊が政治の混乱につながる**おそれがある**。
경제의 붕괴가 정치의 혼란으로 이어질 우려가 있다.

---

002 **～折(おり)(に)** ～할 때에, ～하는 기회에   ★ 격식 차린 표현

접속 (동사 기본형, た형 / 명사 の) + 折(おり)に

예문 タイへ出張の**折**、工場長のお宅に招待された。
태국에 출장 갔을 때, 공장장님 댁에 초대받았다.

---

003 **～がち** ～하기 쉬움, ～한 경향, ～하기 십상(이다)   ★ 부정적 평가

접속 (동사 ます형 / 명사) + がち

예문 洋服を選ぶとき、ついデザインで選び**がち**だが、自分の体形にあったものを選ぶことが重要だ。
옷을 고를 때 무심코 디자인으로 고르기 쉽지만, 자신의 체형에 맞는 것을 고르는 것이 중요하다.

★ 관용표현 「忘(わす)れがち 곧잘 잊음」, 「遅(おく)れがち 자주 늦음」, 「病気(びょうき)がち 병이 잦음」

Part 2 문법

004 〜かねない   〜할 수도 있다, 〜하게 될 수도 있다

접속 동사 ます형 + かねない

예문 こんな経営の仕方ではいずれ倒産しかねない。
이런 경영 방식으로는 언젠가 도산할지도 모른다.

005 〜かねる   〜하기 어렵다, 〜할 수 없다

접속 동사 ます형 + かねる

예문 連休にどこに遊びに行くか、まだ場所を決めかねています。
연휴에 어디에 놀러 갈지, 아직 장소를 결정하기 어렵습니다.

006 〜からといって   〜라고 해서

접속
동사 보통형
い형용사 보통형   + からといって
な형용사 어간 だ
명사 だ

예문 時間がないからといって、適当に仕事をするわけにはいきません。
시간이 없다고 해서 적당히 일을 할 수는 없습니다.

007 〜(だ)からにほかならない / 〜(こと)にほかならない   다름 아닌 〜이다, 〜임에 틀림없다

접속
동사 보통형
い형용사 보통형   + からにほかならない, ことにほかならない
な형용사 보통형

명사 + にほかならない, だからにほかならない

예문 宇宙に生物が存在しないのは、水と空気がないからにほかならない。
우주에 생물이 존재하지 않는 것은 물과 공기가 없기 때문이다.

008 ～気味(ぎみ) 조금 ~한 경향

접속: (동사 ます형 / 명사) + 気味(ぎみ)

예문: 最近ちょっと夏バテ気味だ。
요즘 좀 더위를 먹은 것 같다.

009 ～こそ [강조] ~야 말로

접속: 명사(に, で) + こそ

예문: 彼女の主張こそ、まさに私の言いたかったことだ。
그녀의 주장이야말로 바로 내가 말하고 싶었던 것이다.

010 ～ことだし ~이기도 하고

접속: (동사 보통형 / い형용사 い / な형용사 な / 명사 の) + ことだし

예문: お金もないことだし、旅行するのはやめよう。
돈도 없기도 하고, 여행 가는 것은 그만두자.

011 ～最中(さいちゅう)(に) 한창 ~하고 있을 때

접속: (동사 진행형 / 명사 の) + 最中(さいちゅう)(に)

예문: 熟睡している最中に目覚まし時計が鳴ってしまった。
한창 숙면하고 있을 때 알람 시계가 울려 버렸다.

012 〜さえ
① [한정] ~만 ~하면 (さえ~ば)
② [정도] ~조차

접속 명사(で) + さえ

예문
① 性格さえ合えば何とかやって行くけど。
성격만이라도 맞으면 어떻게든 해 나가겠지만.
② 学校の勉強でさえろくにできなかった私が、今では人を教える立場だ。
학교 공부조차 제대로 못했던 내가 지금은 남을 가르치는 입장이다.

013 〜ざるを得ない ~하지 않을 수 없다, ~해야만 한다

접속 동사 부정형 + ざるを得ない   ★ 「する」와 접속할 때는 「せざるを得ない」

예문
上司に直接頼まれたことなので、いやでもやらざるを得ない。
상사에게 직접 부탁받은 일이라서 싫어도 해야만 한다.

014 〜だけあって (과연) ~인 만큼

접속 동사 보통형 / い형용사 い / な형용사 な / 명사 + だけあって

예문
その建物は新築だけあって施設がいい。
그 건물은 신축인 만큼 시설이 좋다.

015 〜たとたん ~하자마자

접속 동사 た형 + とたん

예문
信号が変わったとたん、一斉に走り出した。
신호가 바뀌자마자 일제히 달리기 시작했다.

016 っぽい 자주 ~한다, ~한 느낌이 있다

접속 (동사 ます형 / 명사) + っぽい

예문 息子は飽きっぽい性格で、何をやっても続かない。
아들은 싫증을 잘 내는 성격으로 무엇을 해도 계속하지 못한다.

017 ~てしかたがない / ~てしょうがない / ~てたまらない ~해서 견딜 수가 없다, ~해 미치겠다

접속 (동사 て형 / い형용사 て형 / な형용사 て형) + しかたがない, しょうがない, たまらない

예문 娘がかわいくてしょうがない。
딸이 귀여워서 미치겠다.

最近徹夜が続いたので、疲れてたまらない。
최근 철야가 계속되었기 때문에 피곤해 죽겠다.

018 ~てはじめて ~하고 나서야 비로소

접속 동사 て형 + はじめて

예문 自分の子供をもってはじめて親の気持ちが分かりました。
내 아이를 가지고 나서야 비로소 부모님의 마음을 알았습니다.

| 019 | **～どころか**　～는커녕, ~는 고사하고 |

접속　동사 기본형 / い형용사 い / な형용사 어간 な / 명사　**+**　どころか

예문　弟(おとうと)は謝(あやま)る**どころか**開(ひら)き直(なお)った。
남동생은 사과를 하기는커녕 정색을 했다.

| 020 | **～として**　(~의 입장, 자격)으로서 |

접속　명사 **+** として

예문　社会人(しゃかいじん)**として**責任(せきにん)ある行動(こうどう)をするべきだ。
사회인으로서 책임 있는 행동을 해야만 한다.

연습 괄호 안에 들어갈 표현으로 가장 적당한 것을 고르세요.

1　会社では、言われたこと(　　　)していればいいというものではない。
　　1　こと　　　　　2　こそ　　　　　3　さえ　　　　　4　しか

2　さすが専門店(　　　)、何でも揃っている。
　　1　だけあって　　2　ともすれば　　3　のわりには　　4　に応じて

3　事故の処理をしている(　　　)また別の事故が起きた。
　　1　あとに　　　　2　最中に　　　　3　うちに　　　　4　まえに

4　誰も見ていない(　　　)店の品物を持っていってはいけません。
　　1　にもかかわらず　2　としたら　　3　からといって　4　としても

5　あの子は家では勉強(　　　)学校から帰ってきたら毎日ゲームしかしない。
　　1　どころか　　　　　　　　　　　2　はずか
　　3　ばかりか　　　　　　　　　　　4　にもかかわらず

6　親が子どもを叱るのは、愛情がある(　　　)。
　　1　ことにはならないからだ　　　　2　ものでもないからだ
　　3　からにほかならない　　　　　　4　までもないからだ

7　彼のエンジニアとしての活躍は十分とは(　　　)面がある。
　　1　言いかねる　　　　　　　　　　2　言うべき
　　3　言うまでもない　　　　　　　　4　言うまい

8　相手の実力を認め(　　　)が、自分が負けたのはくやしい。
　　1　たくもない　　　　　　　　　　2　ようともしない
　　3　ないはずがない　　　　　　　　4　ざるを得ない

9 人は他人の意見より自分の意見の方が正しいと思い(　　　)。

1 がちだ　　　　2 とおす　　　　3 きりだ　　　　4 かける

10 湿度が高いので、寒くてもエアコンを(　　　)。

1 つけてやまない　　　　　　2 つけてもさしつかえない
3 つけてもかまわない　　　　4 つけざるを得ない

정답

1　3 회사에서는 시키는 것만 하면 되는 것이 아니다.
2　1 과연 전문점인 만큼 무엇이든 갖춰져 있다.
3　2 한창 사고 처리를 하고 있는 중에 또 다른 사고가 일어났다.
4　3 아무도 안 본다고 해서 가게 물건을 가져가서는 안됩니다.
5　1 저 아이는 집에서는 공부는커녕, 학교에서 돌아오면 매일 게임 밖에 하지 않는다.
6　3 부모가 아이를 야단치는 것은 다름아닌 애정이 있기 때문이다.
7　1 그의 엔지니어로서의 활약은 충분하다고는 말하기 어려운 면이 있다.
8　4 상대방의 실력을 인정하지 않을 수 없지만 내가 진 것은 분하다.
9　1 사람은 타인의 의견보다 자신의 의견 쪽이 옳다고 생각하기 쉽다.
10　4 습도가 높아서 추워도 에어컨을 틀지 않을 수 없다.

021 ～と共に　～과 함께　★ 문어적 표현

접속: (동사 기본형 / 명사) + と共に

예문: 市場経済の登場と共に、伝統的な共同体が徐々に解体された。
시장 경제의 등장과 함께 전통적 공동체가 서서히 해체되었다.

022 ～とは限らない　～라고는 할 수 없다

접속: (동사 보통형 / い형용사 보통형 / な형용사 어간 / 명사) + とは限らない

예문: 素晴らしい結果を残すことだけが幸せだとは限らない。
훌륭한 결과를 남기는 것만이 행복이라고는 할 수 없다.

023 ～ないことには　～하지 않고는, ～하기 전에는

접속: (동사 부정형 / い형용사 부정형 / な형용사 어간 で / 명사 で) + ないことには

예문: 検査の結果が出ないことには、診断できません。 검사 결과가 나오지 않으면 진단할 수 없습니다.

024 ～など / ～なんか / ～なんて　～따위, ～같은 것

접속: 명사 + など

예문: 中古品なんかをそんなに高く買うなんて、信じられないわ。
중고품 따위를 그렇게 비싸게 사다니, 믿을 수 없어.

025 〜にあたって 〜를 맞이하여, 〜함에 있어서

접속 (동사 기본형 / 명사) + にあたって, にあたり ★「にあたり」는 좀더 격식 차린 표현

예문 卒業にあたって学生達に市長の特別なメッセージが伝えられた。
졸업을 맞이해 학생들에게 시장의 특별한 메시지가 전해졌다.

026 〜において / 〜における 〜에서, 〜에 있어서, 〜에 있어서의

접속 명사 + において, における

예문 東京都では公共施設におけるバリアフリー化を推進している。
도쿄도에서는 공공시설에 있어서 배리어 프리(장벽 없는 사회)화를 추진하고 있다.

027 〜に応じて 〜에 대응하여, 〜에 따라서

접속 명사 + に応じて

예문 会員登録をすると購入金額に応じてポイントがつきます。
회원 등록을 하면 구입 금액에 따라서 포인트가 붙습니다.

028 〜に限らず / 〜のみならず 〜에 한정하지 않고, 〜뿐만 아니라

접속 명사 + に限らず
(な 형용사 어간 / 명사 (である)) + のみならず

예문 最近、企業では即戦力になる人材なら、国籍に限らず採用している。
최근 기업에서는 실전에 바로 투입할 수 있는 인재라면 국적을 제한하지 않고 채용하고 있다.

この商品は国内のみならず海外でも人気を得ています。
이 상품은 국내뿐만 아니라 해외에서도 인기를 얻고 있습니다.

029 ~に決まっている　~하는 것이 당연하다

접속　(동사 보통형 / い형용사 보통형 / な형용사 である / 명사) + に決まっている

예문　毎日スマホばかり見ていたら目が悪くなるに決まっている。
매일 스마트폰만 보고 있으면 눈이 나빠지는 것이 당연하다.

030 ~に応えて　~에 호응하여, ~에 따라서

접속　명사 + に応えて

예문　選手たちは観客の声援に応えて手を振った。　선수들은 관객의 성원에 보답하여 손을 흔들었다.

031 ~に際して　~할 때, ~할 즈음해서

접속　(동사 기본형 / 명사) + に際して

예문　創立100周年に際して記念行事を催すことにした。
창립 100주년에 즈음하여 기념 행사를 열기로 했다.

032 ~に先立って　(준비를 위해) ~에 앞서서, ~하기 전에

접속　(동사 기본형 / 명사) + に先立って

예문　講演会に先立って会場の点検を行った。　강연회에 앞서서 회장 점검을 실시했다.

033 〜に従(したが)って 〜에 따라서

접속 (동사 기본형 / 명사) + に従(したが)って

예문 階級(かいきゅう)が上(あ)がるに従(したが)って責任(せきにん)も重(おも)くなる。 계급이 올라감에 따라서 책임도 무거워진다.

034 〜にしたら / 〜にすれば 〜의 입장에서는, 〜로서는

접속 명사 + にしたら, にすれば

예문 足(あし)が不自由(ふじゆう)な人(ひと)にしたら、歩道(ほどう)や駅(えき)の段差(だんさ)は本当(ほんとう)に不便(ふべん)だろう。
다리가 불편한 사람에게는 보도나 역의 턱이 정말 불편할 것이다.

親(おや)にすれば子(こ)どもが自立(じりつ)するのは嬉(うれ)しくもあり寂(さび)しくもある。
부모 입장에서는 아이가 자립하는 것은 기쁘기도 하고 허전하기도 하다.

035 〜にすぎない 〜에 지나지 않는다(불과하다)

접속 (동사 보통형 / な형용사 である / 명사 である) + にすぎない

예문 これは会社(かいしゃ)の方針(ほうしん)ではなく、彼(かれ)の個人的(こじんてき)な意見(いけん)にすぎない。
이것은 회사의 방침이 아니라 그의 개인적인 의견에 불과하다.

036 〜に沿(そ)って 〜에 따라서

접속 명사 + に沿(そ)って

예문 お客様(きゃくさま)の希望(きぼう)に沿(そ)って観光(かんこう)コースをご紹介(しょうかい)します。
고객님의 희망에 따라 관광 코스를 소개하겠습니다.

川(かわ)に沿(そ)って高速道路(こうそくどうろ)が続(つづ)く。 강을 따라 고속도로가 이어진다.

| 037 | **〜に対して** | ① [대상] ~에 대해서
② [대비] ~에 비해서, ~와 비교해서 |

접속 명사 + に対して

예문 ① 本学では留学生に対してさまざまな支援を行っております。
본교에서는 유학생에 대해 다양한 지원을 실시하고 있습니다.

② 冷静な兄に対して、弟は愛想がいい。 냉정한 형에 비해 남동생은 붙임성이 좋다.

| 038 | **〜に違いない**
〜に相違ない | ~임에 틀림없다 |

접속 동사 보통형
い형용사 보통형
な형용사 である
명사 + に違いない, に相違ない

예문 面と向かって批判されたら誰だって怒るに違いない。
얼굴을 마주하고 비판당하면 누구라도 화낼 것이 틀림없다.

筆跡からして、この手紙は父が書いたものに相違ない。 필적으로 보아 이 편지는 아버지가 쓴 것이 틀림없다.

| 039 | **〜について**
〜に関して | ~에 대해서, ~에 관하여 |

접속 명사 + について, に関して

예문 この件に関して何か意見はありませんか。 이 건에 관해서 무언가 의견은 없습니까?

| 040 | **〜につけて** | ~할 때마다 |

접속 동사 기본형 + につけて

예문 その曲を聴くにつけて感動して涙が出る。 그 노래를 들을 때마다 감동해서 눈물이 난다.

★ 관용표현 「何かにつけて 무슨 일이 있을 때마다, 걸핏하면」

연습 괄호 안에 들어갈 표현으로 가장 적당한 것을 고르세요.

1 信じられない！私との約束を忘れる(　　　)！
　1　でも　　　　2　こそ　　　　3　さえ　　　　4　なんて

2 今回の契約(　　　)色々苦労がありました。
　1　に劣らず　　2　に際して　　3　のわりには　　4　の上で

3 山田さん(　　　)上司の評価は思ったほどよくない。
　1　をめぐる　　2　に対する　　3　に応える　　4　による

4 良かれと思ってしたことだが、彼(　　　)いい迷惑だったに違いない。
　1　となると　　　　　　　　2　とともに
　3　にすれば　　　　　　　　4　によっては

5 消費税とは、購入した金額(　　　)支払う税金のことだ。
　1　にとって　　　　　　　　2　に応じて
　3　にしては　　　　　　　　4　からすれば

6 そのときの失敗は忘れたいのに、何かに(　　　)思い出してしまう。
　1　最中に　　　2　うちに　　　3　折に　　　4　つけて

7 働く女性が増える(　　　)、結婚年齢が上がってきた。
　1　おかげで　　　　　　　　2　に従って
　3　ものの　　　　　　　　　4　にもかかわらず

8 視点を変え(　　　)新しい発想はうまれない。
　1　ないことには　　　　　　2　ようものなら
　3　ないことなく　　　　　　4　ないものなら

9 留学の経験は、語学力をつける(　　　　)自分の世界を広げるにもよい。

1 に従って　　　2 とともに　　　3 に先立って　　　4 につけて

10 無理なダイエットをすると、体に負担がかかる(　　　　)。

1 しかない　　　　　　　　　　2 に決まっている
3 までだ　　　　　　　　　　　4 べきだ

정답

1　4 믿을 수 없어! 나와의 약속을 잊어버리다니!
2　2 이번 계약을 할 때 많은 고생이 있었습니다.
3　2 야마다 씨에 대한 상사의 평가는 생각만큼 좋지 않다.
4　3 잘 되라고 생각해서 한 일이지만, 그의 입장에서는 달갑지 않은 친절이었음에 틀림없다.
5　2 소비세란 구입한 금액에 따라 지불하는 세금을 말한다.
6　4 그 때의 실수는 잊고 싶은데 걸핏하면 생각이 난다.
7　2 일하는 여성이 늘어남에 따라 결혼 연령이 올라갔다.
8　1 시점을 바꾸지 않고서는 새로운 발상은 생겨나지 않는다.
9　2 유학 경험은 어학 실력을 키우는 동시에 자신의 세계를 넓히는 데도 좋다.
10　2 무리한 다이어트를 하면 몸에 부담이 될 것이 틀림 없다.

041 〜にとって　〜에 있어서

접속　명사 + にとって

예문　韓国人にとって日本語は学びやすい外国語だ。
한국인에게 있어서 일본어는 배우기 쉬운 외국어이다.

042 〜に伴って　〜함에 따라서　★ 격식 차린 표현, 문어체

접속　(동사 기본형 / 명사) + に伴なって

예문　交通量の増加に伴って事故の危険性が高まった。
교통량 증가에 따라서 사고 위험성이 높아졌다.

043 〜に基づいて　〜에 기초하여, 〜을 바탕으로

접속　명사 + に基づいて

예문　針治療は東洋医学に基づいた治療法である。
침 치료는 동양 의학에 기초한 치료법이다.

044 〜によって　〜에 의해서, 〜에 따라서
　　　〜による　〜에 의한, 〜에 따른

접속　명사 + によって, による

예문　積み立て貯金の金利は、銀行だけでなく日によっても変わってくる。
적금의 금리는 은행뿐 아니라 날짜에 따라서도 바뀐다.

大雨による河川の増水で大きな被害が出た。
호우로 인한 하천 증수로 큰 피해가 생겼다.

045 〜によっては　〜에 따라서는

접속　명사 + によっては

예문　その店はいつも混んでいる。日によっては行列が駅までできるほどだ。
그 가게는 언제나 붐빈다. 날에 따라서는 줄(행렬)이 역까지 생길 정도다.

046 〜ぬく　마지막까지 〜하다

접속　동사 ます형 + ぬく

예문　途中で諦めないで最後までやりぬくことが合格への近道だ。
도중에 포기하지 않고 끝까지 해내는 것이 합격의 지름길이다.

047 〜のもとで　〜하에, 〜 밑에서

접속　명사 + のもとで

예문　彼は子供のとき祖母のもとで育てられた。
그는 어릴 때 할머니 밑에서 자랐다.

048 〜はさておき／〜はともかく　〜은 차치하고, 〜은 제쳐 두고

접속　명사 + はさておき, はともかく

예문　お金の問題はさておき、理論的に実現できそうもない計画だ。
돈 문제는 차치하고 이론적으로 실현될 것 같지 않은 계획이다.

見た目はともかく、味と栄養は満点だと言っていい。
겉모양은 제쳐 두고 맛과 영양은 만점이라고 해도 좋다.

049 〜は別(べつ)として 〜는 별개로

접속 명사 + は別(べつ)として

예문 一部(いちぶ)の金持(かねも)ちは別(べつ)として、家(いえ)より高価(こうか)な絵(え)を買(か)う人(ひと)などいないだろう。
일부 부자는 별개로 하고, 집보다 고가의 그림을 사는 사람은 없을 것이다.

050 〜べきだ 반드시 〜해야 한다

접속 동사 기본형 + べきだ ★「する」와 접속할 때는「すべきだ」

예문 個人(こじん)の自由(じゆう)を尊重(そんちょう)するべきだ。
개인의 자유를 존중해야 한다.

051 〜まい
① [부정 의지] 〜하지 않겠다
② [부정 추측] 〜하지 않을 것이다

접속 동사 기본형 + まい ★「する」와 접속할 때는「すまい」

예문
① もう二度(にど)とここへ来(く)ることはあるまい。
두 번 다시 여기에 오는 일은 없을 것이다.
② 子供(こども)にそんなことを言(い)っても分(わ)かるまいと思(おも)って諦(あきら)めた。
아이에게 그런 것을 말해도 알지 못할 거라고 생각해서 포기했다.

052 〜もので / 〜ものだから 〜이기 때문에, 〜인 까닭에

접속
동사 보통형
い형용사 い
な형용사 な
명사 な
+ もので, ものだから

예문 仕事(しごと)を辞(や)めて毎日暇(まいにちひま)なもので、遊(あそ)び歩(ある)いているんです。
일을 그만두고 매일 한가하기 때문에 여기저기 놀러 다니고 있습니다.

053 〜ものなら (가능성은 적지만) 만약에 〜라면

접속 동사 기본형, 가능형 + ものなら

예문 戻(もど)れる**ものなら**学生時代(がくせいじだい)に戻(もど)りたい。
돌아갈 수 있다면 학창 시절로 돌아가고 싶다.

054 〜ものの 〜이기는 하지만, 하기는 했지만

접속 (동사 보통형 / い형용사 い / な형용사 な) + ものの ★ 관용표현「とはいうものの 〜라고는 하나」

예문 彼(かれ)はあまり体格(たいかく)のいい方(ほう)ではない**ものの**大変力持(たいへんちからも)ちだ。
그는 별로 체격이 좋은 편은 아니지만 매우 힘이 세다.

055 〜わけがない / 〜はずがない 〜일 리가 없다

접속 (동사 보통형 / い형용사 い / な형용사 な / 명사 の) + わけがない, はずがない

예문 写真(しゃしん)を見(み)たところで、その人(ひと)の性格(せいかく)が分(わ)かる**わけがない**。
사진을 본다고 해서 그 사람의 성격을 알 수는 없다.

まさか彼(かれ)が私(わたし)を騙(だま)す**はずがない**。
설마 그가 나를 속일 리가 없다.

056 〜わけではない　반드시 〜인 것은 아니다

접속　(동사 보통형 / い형용사 い / な형용사 な / 명사 の・である) ＋ わけではない

예문　たとえ児童手当がなくても、生活に困る**わけではない**。
가령 아동수당이 없다고 해도 생활이 곤란한 것은 아니다.

057 〜わりに(は)　〜에 비해서는, 〜치고는

접속　(동사 보통형 / い형용사 い / な형용사 な / 명사 の) ＋ わりに(は)

예문　父は年の**わりには**若く見える。
아버지는 나이에 비해서는 젊어 보인다.

058 〜を通じて / 〜を通して
① [수단·매개] 〜을 통해서
② [기간의 지속] 〜동안

접속　명사 ＋ を通じて, を通して

예문
① 芸術家は作品**を通して**感動を伝える。
　예술가는 작품을 통해서 감동을 전한다.

② このレストランでは、四季**を通じて**さまざまな食材を使った料理が楽しめる。
　이 레스토랑에서는 사계절 내내 다양한 식재료를 사용한 요리를 즐길 수 있다.

059　～を問[と]わず　／　～に関[かか]わらず
～를 불문하고, ～와는 관계없이

접속　명사 ＋ を問[と]わず, に関[かか]わらず

예문
この映画[えいが]は年齢[ねんれい]を問[と]わず、全世代[ぜんせだい]で楽[たの]しめる映画[えいが]です。
이 영화는 나이를 불문하고 모든 세대가 즐길 수 있는 영화입니다.

うまい下手[へた]に関[かか]わらず、参加[さんか]することに意義[いぎ]がある。
잘하고 못하고는 관계없이 참가하는 것에 의의가 있다.

060　～をめぐって　～를 둘러싸고　／　～をめぐる　～를 둘러싼

접속　명사 ＋ をめぐって, をめぐる

예문
遺産[いさん]をめぐる話[はな]し合[あ]いは、なんの合意[ごうい]も得[え]られずに終[お]わった。
유산을 둘러싼 대화는 아무런 합의도 얻지 못하고 끝났다.

연습 괄호 안에 들어갈 표현으로 가장 적당한 것을 고르세요.

1 その本は、インターネットのあるサイト(　　　)有名になった。
　1 に応えて　　　2 にあたって　　　3 を通じて　　　4 を問わず

2 この本は事実(　　　)書かれたノンフィクションである。
　1 に基づいて　　2 に際して　　　3 に対して　　　4 に限って

3 彼の話は、その内容(　　　)話し方が問題だ。
　1 に限らず　　　　　　　　　　2 もかまわず
　3 はさておき　　　　　　　　　4 はもちろん

4 彼は金になることなら内容(　　　)受け入れる。
　1 に限らず　　　2 は別として　　3 はさておき　　4 を問わず

5 彼女は日本語試験の成績(　　　)会話は本当に上手だ。
　1 もかまわず　　2 に限らず　　　3 は別として　　4 と問わず

6 関税(　　　)両国の立場は鋭く対立している。
　1 をめぐる　　　2 はともかく　　3 を問わず　　　4 に沿った

7 相手の気持ちを考えて謝礼を受け取りはした(　　　)やっぱり返すことにした。
　1 からは　　　　2 以上　　　　　3 ものの　　　　4 のだが

8 その店は評判(　　　)味はまあまあだった。
　1 に際して　　　2 につれて　　　3 をめぐる　　　4 のわりに

9 彼がそんなふうに言う(　　　)。きっと理由があるのだろう。

1 わけではない　　　　　　　　2 わけがない
3 のではない　　　　　　　　　4 に決まっている

10 マスコミは客観的に報道(　　　)。

1 しかねない　　2 しがちだ　　3 すべきだ　　4 するまい

정답

1　3　그 책은 인터넷의 한 사이트를 통해서 유명해졌다.
2　1　이 책은 사실에 근거하여 쓰여진 논픽션이다.
3　3　그의 이야기는 그 내용은 차치하고 말하는 방법이 문제이다.
4　4　그는 돈이 되는 일이라면 내용을 불문하고 받아들인다.
5　3　그녀는 일본어 시험 성적은 별개로 회화는 정말 잘한다.
6　1　관세를 둘러싼 양국의 입장은 첨예하게 대립하고 있다.
7　3　상대의 기분을 생각해서 사례를 받기는 했지만 역시 돌려주기로 했다.
8　4　그 가게는 평판에 비해서 맛은 그저 그랬다.
9　2　그가 그런 식으로 말할 리가 없다. 분명 이유가 있을 것이다.
10　3　언론은 객관적으로 보도해야만 한다.

경어표현

문법 기본기 갖추기 ▲

학습 포인트
경어표현에는 존경어·겸양어·정중어가 있다. 경어표현은 N1 시험에 매회 나오고 있으며, 문법 영역 뿐만 아니라 청해 영역에서도 자주 나오므로 확실하게 익혀 두자.

1 특수 존경어

001 いらっしゃる 行く(가다)·来る(오다)·いる(있다)의 존경어

예문 社長が**いらっしゃいました**。 사장님이 오셨습니다.

002 おっしゃる 言う(말하다)의 존경어

예문 先生はこのように**おっしゃいました**。 선생님은 이렇게 말씀하셨습니다.

003 なさる する(하다)의 존경어

예문 そのように**なさって**も大丈夫ですよ。 그렇게 하셔도 괜찮습니다.

お風呂に**なさいます**か。それともお食事に**なさいます**か。
목욕을 하시겠습니까? 아니면 식사를 하시겠습니까?

004 召す 着る(입다), 食べる(먹다), 飲む(마시다), 気に入る(마음에 들다)의 존경어
(의미에 따라 형태가 달라짐)

예문 プレゼントは、お気に**召して**いただけたでしょうか。 선물은 마음에 드셨습니까?

お口に合うかどうか分かりませんが、召し上がってみてください。
입맛에 맞을지 어떨지 모르겠습니다만 드셔 보세요.

★「お召し上がりください」는 이중 경어로 문법적으로는 잘못된 표현이지만 일상회화에서는 많이 사용한다.

---

005 くださる   くれる(주다)의 존경어

예문 先生は私たちに貴重なお言葉をくださいました。
선생님께서 저희에게 귀중한 말씀을 해주셨습니다.

---

006 見える   来る(오다)의 존경어

예문 お客様が見えました。 손님이 오셨습니다.

★「お見えになる」는 이중 경어로 문법적으로는 잘못된 표현이지만 일상회화에서는 많이 사용한다.

---

007 お越しになる   来る(오다)의 존경어

예문 会長がお越しになりました。 회장님께서 오셨습니다.

---

008 おいでになる   行く(가다)・来る(오다)・いる(있다)의 존경어

예문 山田様がおいでになっています。 야마다 님이 오셨습니다.

---

009 ご存じだ   知っている(알다)의 존경어

예문 雰囲気のいいレストランをご存じですか。
분위기 좋은 레스토랑을 아십니까?

2 공식을 사용한 존경표현

010　お(ご)〜になる

예문　**お**かけ**になった**番号は、現在使われておりません。
지금 거신 번호는 현재 사용하고 있지 않습니다.

この電車には、**ご**乗車**になれません**のでご注意ください。
이 전철에는 승차하실 수 없으니 주의해 주십시오.

こちらのコート、一度**お**召し**になって**みてください。 이 코트, 한번 입어봐 주세요.

★ 예외:「見る → ご覧になる」「行く・来る・いる → おいでになる」
「寝る → お休みになる」「着る → お召しになる」

011　〜(ら)れる

예문　山田様は、明日の集まりに**来られます**か。 야마다 님은 내일 모임에 오십니까?

社長は、いつも電車で通勤**されます**。 사장님은 늘 전철로 통근하십니다.

012　〜なさる

예문　パーティーに出席**なさいます**か。 파티에 출석하십니까?

013　お(ご)〜なさる

예문　どうぞこちらを**ご**利用**なさって**ください。 부디 이쪽을 이용해 주시기 바랍니다.

014　お(ご)〜だ

예문　先生は毎朝、新聞を**お**読み**です**。 선생님은 매일 아침 신문을 읽으십니다.

015 ～てくださる

예문 論文の書き方について、先生が助言し**てくださった**。
논문 쓰는 법에 대해서 선생님께서 조언을 해 주셨다.

016 お(ご)～くださる

예문 ご連絡**くださいまして**、ありがとうございます。 연락 주셔서 감사합니다.
本日はお招き**くださり**、大変感謝しております。 오늘은 초대해 주셔서 대단히 감사합니다.
ご了承**くださる**(くださいます)よう、お願い申し上げます。 양해해 주시길 부탁드리겠습니다.

017 お(ご)～ください

예문 なるべく早いうちにご連絡**ください**。 되도록 빨리 연락 주세요.
商品が届きましたら、こちらにお振り込み**ください**。 상품이 도착하면 이쪽으로 입금해 주세요.

3 특수 겸양어

018 伺う — 訪れる(방문하다)・尋ねる(묻다)・聞く(듣다)의 겸양어

예문 明日の午前中に**伺い**たいのですが。 내일 오전 중에 찾아 뵙고 싶은데요.
★「お伺いする」는 이중 경어로 문법적으로는 틀리지만 일상회화에서는 많이 사용한다.

019 申し上げる — 言う(말하다)의 겸양어

예문 これから、本日の予定を**申し上げます**。
지금부터 오늘 예정을 말씀드리겠습니다.

| 020 | **存_{ぞん}じる** 思_{おも}う(생각하다)의 겸양어 |

예문 当_{とう}レストランにて楽_{たの}しい時間_{じかん}をお過_すごしいただければと存_{ぞん}じます。
본 레스토랑에서 즐거운 시간을 보내주셨으면 합니다.

| 021 | **存_{ぞん}じている**(일·물건)
存_{ぞん}じ上_あげている(사람) 　知_しっている(알고 있다)의 겸양어 |

예문 その件_{けん}については、私_{わたし}も**存_{ぞん}じています**(存じております)。
그 건에 대해서는 저도 알고 있습니다.

山田先生_{やまだせんせい}なら私_{わたし}も**存_{ぞん}じ上_あげています**(存じ上げております)。
야마다 선생님이라면 저도 알고 있습니다.

| 022 | **差_さし上_あげる** 　あげる(주다)의 겸양어 |

예문 こちらの商品_{しょうひん}をお求_{もと}めのお客様_{きゃくさま}には、プレゼントを**差_さし上_あげ**ております。
이 상품을 구매하시는 고객께는 선물을 드리고 있습니다.

| 023 | **頂_{いただ}く** 　もらう(받다)의 겸양어 |

예문 先生_{せんせい}に推薦状_{すいせんじょう}を書_かいて**頂_{いただ}いた**。
선생님께서 추천장을 써 주셨다.

| 024 | **お目_めにかかる** 　会_あう(만나다)의 겸양어 |

예문 山田_{やまだ}さんには以前_{いぜん}**お目_めにかかった**ことがありますが、とても素敵_{すてき}な方_{かた}でしたよ。
야마다 씨는 전에 뵌 적이 있습니다만 아주 멋진 분이었어요.

025 お目にかける / ご覧に入れる
見せる(보여주다)의 겸양어

예문 わざわざお目にかけるほどの作品ではございませんが、もしよろしかったらご覧ください。
일부러 보여드릴 정도의 작품은 아닙니다만 혹시 괜찮다면 봐 주세요.

026 拝見する
見る(보다)의 겸양어

예문 私が拝見した限りでは、特に問題はありませんでした。
제가 본 바로는 특별히 문제는 없었습니다.

027 拝借する
借りる(빌리다)의 겸양어

예문 こちらの本、少々拝借してもよろしいでしょうか。
이 책 잠시 빌려도 되겠습니까?

028 拝聴する
聞く(듣다)의 겸양어

예문 今回初めて田中先生の講演を拝聴し、大変感動いたしました。
이번에 처음으로 다나카 선생님의 강연을 듣고 매우 감동했습니다.

029 承る
聞く(듣다)・伝え聞く(전해 듣다)・受ける(받다)・引き受ける(맡다)의 겸양어

1. 「聞く 듣다」의 겸양어

예문 ご意見やご質問は、お客様相談窓口にて承っております。
의견이나 질문은 고객 상담 창구에서 받고 있습니다.

2. 「伝え聞く 전해 듣다」의 겸양어

예문 鈴木様より本日は開始時間が30分ほど遅れる予定と承っております。
스즈키 님께 오늘은 개시 시간이 30분 정도 늦어질 예정이라고 들었습니다.

3. 「受ける 받다」의 겸양어

예문 ご注文を承ります。 주문 받겠습니다.

4. 「引き受ける 맡다」의 겸양어

예문 弊社では、税務・会計・経理などの業務を代理で承っております。
저희 회사는 세무·회계·경리 등의 업무를 대행하고 있습니다.

---

030 頂戴する　もらう(받다)의 겸양어

예문 たくさんの祝電を**頂戴して**おりますので、ご紹介したいと存じます。
많은 축전을 받아서 소개하려고 합니다.

---

031 いたす　する(하다)의 겸양어

예문 失礼**いたします**。入ってもよろしいでしょうか。 실례합니다. 들어가도 괜찮습니까?

またこちらからお電話**いたします**。 이쪽에서 다시 전화드리겠습니다.

何かあった際には、ご相談**いたします**。 무슨 일이 있을 때에는 상의드리겠습니다.

申し訳ありませんが、こちらではご案内**いたし**かねます。
죄송합니다만 이쪽에서는 안내드리기 어렵습니다.

---

032 承知いたす　分かる(알다)의 겸양어

예문 明日までに企画書を提出する件、**承知いたしました**。
내일까지 기획서를 제출하는 건, 알겠습니다.

★「承知する」에서 「する→いたす」가 되면 자신을 보다 낮춘 겸양표현이 된다.

---

033 かしこまる　分かる(알다)의 겸양어

예문 お持ち帰りで、ハンバーガーセットを三つですね。**かしこまりました**。
테이크 아웃으로, 햄버거 세트 세 개네요. 알겠습니다.

034 参る　来る(오다)·行く(가다)의 겸양어

예문

はい、ただ今参ります。　네, 지금 가겠습니다.

すぐに準備して参ります。　바로 준비해서 가겠습니다.

今運んで参りますので、少々お待ちください。　지금 가져올 테니 조금만 기다려 주세요.

営業部の伊藤ですね。今呼んで参ります。　영업부의 이토 말씀이시죠. 지금 불러오겠습니다.

035 恐れ入る　황송해하다, 송구스러워하다

예문

恐れ入りますが、こちらにご記入いただけますか。
죄송하지만 이쪽에 기입해 주시겠습니까?

お褒めいただき、恐れ入ります。
칭찬해 주셔서 황송할 따름입니다.

★ 「恐縮です 황송합니다」도 많이 사용한다.

4 공식을 사용한 겸양표현

036 お(ご)〜する

예문

昨日資料をお送りしているはずなのですが。
어제 분명히 자료를 보냈다고 생각하는데요.

明日、先生にお会いしたいのですが。
내일 선생님을 뵙고 싶습니다만.

ご面倒(お手数)をおかけしますが、よろしくお願いします。
번거로우시겠지만 잘 부탁드립니다.

そちらに関しては、すでに部長にご報告しているのですが…。
그 건에 관해서는 이미 부장님께 보고했습니다만….

037 お(ご)〜申し上げる

예문 ここから先は、私がご案内申し上げます。
이제부터는 제가 안내해 드리겠습니다.

では、本日の午後にお届け申し上げます。
그럼 오늘 오후에 배달해 드리겠습니다.

038 お(ご)〜いただく

예문 少々、お待ちいただけますか。
잠시 기다려 주시겠습니까?

なんとか、ご理解いただきたく思っております。
모쪼록 이해해 주셨으면 합니다.

039 〜ていただく

예문 企画書に目を通していただけたでしょうか。
기획서를 훑어봐 주셨는지요?

040 〜させていただく

예문 今日は休ませていただけますか。
오늘은 쉬어도 되겠습니까?

では、優勝者を発表させていただきます。
그럼 우승자를 발표하겠습니다.

今日はこれで、失礼させていただきます。
오늘은 이것으로 실례하겠습니다.

5 정중어

041 **ございます**　ある·いる의 정중어

예문
お手洗(てあら)いは、あちらにございます。
화장실은 저쪽에 있습니다.

042 **〜でございます**　です의 정중어

예문
こちらが、かの有名(ゆうめい)な奈良(なら)の大仏(だいぶつ)でございます。
이쪽이 그 유명한 나라의 대불입니다.

043 **〜てよろしいですか / 〜でしょうか**　いいですか·ですか의 정중어

예문
では、次(つぎ)のミーティングは来週木曜日(らいしゅうもくようび)でよろしいですか。
그럼 다음 미팅은 다음 주 목요일로 괜찮으십니까?

今(いま)の説明(せつめい)でわからないところはないでしょうか。
지금 설명에서 모르는 곳은 없으셨습니까?

연습 괄호 안에 들어갈 표현으로 가장 적당한 것을 고르세요.

1 教授は明日学会に(　　　)。
　1 ご行きになります　　　2 いらっしゃいます
　3 行かされます　　　　　4 まいります

2 先生が(　　　)ことを伝えます。
　1 おっしゃった　　　　　2 お言いになった
　3 申しました　　　　　　4 おっしゃれた

3 社長も会議に出席(　　　)。
　1 ございました　　　　　2 なさいました
　3 さしあげました　　　　4 しられました

4 どうぞ(　　　)ください。
　1 お食べされて　　　　　2 召し上がって
　3 お召して　　　　　　　4 いただいて

5 おじいさんが(　　　)時計です。
　1 おくれになった　　　　2 ちょうだいした
　3 さしあげた　　　　　　4 くださった

6 一日中歩いて(　　　)でしょう。
　1 疲られた　　　　　　　2 疲れされた
　3 お疲れになった　　　　4 お疲れなさった

7 この本は先生が(　　　)予定です。
　1 借りられる　　　　　　2 お借りする
　3 借りさせられる　　　　4 お借りられる

8　先生がテストについて説明(　　　)。

1　なさいます　　　　　　　　2　せられます
3　すられます　　　　　　　　4　しになります

9　担当者が(　　　)ので少々お待ちください。

1　ご説明になります　　　　　2　ご説明頂戴します
3　ご説明申し上げます　　　　4　ご説明かしこまります

10　午後3時から会議が(　　　)。

1　いただきます　　　　　　　2　おられます
3　ございます　　　　　　　　4　なさいます

정답
1　2 교수님은 내일 학회에 가십니다.
2　1 선생님께서 말씀하신 것을 전달하겠습니다.
3　2 사장님도 회의에 참석하셨습니다.
4　2 어서 드세요.
5　4 할아버지께서 주신 시계입니다.
6　3 하루 종일 걸어서 피곤하시지요.
7　1 이 책은 선생님께서 빌리실 예정입니다.
8　1 선생님께서 시험에 대해서 설명하십니다.
9　3 담당자가 설명해 드릴테니 잠시 기다려 주십시오.
10　3 오후 3시부터 회의가 있습니다.

1 問題5 문법형식 판단

문제 유형

언어지식 영역에서 문법에 해당하는 부분은 〈問題5〉 문법형식 판단, 〈問題6〉 문장 만들기, 〈問題7〉 글의 문법이다. 〈問題5〉 문법형식 판단은 괄호 안에 들어가는 알맞은 문법 기능어를 찾는 문제이다.

> **예시**
>
> 問題5　次の文の(　　)に入れるのに最もよいものを、1・2・3・4から一つ選びなさい。
>
> 　1点差で負けるなんて、くやしい(　　)。
> 1　といったところだ　　　　2　といったらない
> 3　にかたくない　　　　　　4　までもない
>
> | 26 | ① | ● | ③ | ④ |

문제 풀이 포인트

문법형식 판단에서는 괄호 안에 들어갈 알맞은 문법 표현을 묻는 문제가 나온다. 최근 출제 경향을 보면 단편적인 문법 지식을 묻는 문제보다 복수의 문법 사항이 섞인 선택지를 고르는 문제가 나오고 있다. 따라서 문법을 단어처럼 암기하는 것 보다는 문법 표현이 들어가 있는 예문을 통해 학습함으로써 문장 구조를 이해할 수 있도록 하자.

問題 5 문법형식 판단 연습문제 ①　　해설편 90p

問題 5　次の文の（　）に入れるのに最もよいものを、1・2・3・4から一つ選びなさい。

1　社長が高齢を理由に交代するのを（　　）各部署の体制を大幅に変更することになった。
　1 最後に　　　　2 限りに　　　　3 機に　　　　4 よそに

2　明日から税金が上がる（　　）デパートやスーパーには大勢の人が並んでいた。
　1 としても　　　2 とあって　　　3 といえば　　　4 というからには

3　株価が高騰したと大騒ぎだが、株など持たない私には（　　）上がるまいと関係がない。
　1 上がろうと　　2 上がると　　　3 上がっても　　4 上がるなら

4　竹田先生の講義は、巧みな話術（　　）図表や映像も豊富に使われるので分かりやすい。
　1 はまだしも　　2 にかけては　　3 もさることながら　　4 をさしおいて

5　知り合いにもらった宝くじが当たるなんて、うらやましい（　　）。
　1 限りだ　　　　2 極まりない　　3 といったところだ　　4 ということだ

6　有名な画家の展覧会（　　）、美術館の入口には長い列ができていた。
　1 ともなれば　　2 だからこそ　　3 だけあって　　4 にもとづいて

7　A「鈴木さん、本当に会社、やめるのかな。」
　B「いやー、どうかなー。あの鈴木さんのことだから、本当に（　　）よ。」
　1 やめなくもない　　　　　　　2 やめるきらいがある
　3 やめずにはすまない　　　　　4 やめるかわかりゃしない

8　申込書に記入する前に注意事項をよく（　　）ここに署名してください。
　1 ご覧になる前に　2 ご覧になった上で　3 ご覧になる以上　4 ご覧なされた時

9　重要な話を真剣に話している人の前でニヤニヤするのは（　　）極まりない行為だ。
　1 失礼　　　　　2 失礼な　　　　3 失礼の　　　　4 失礼で

問題 5 문법형식 판단 연습문제 ②

해설편 92p

問題 5 次の文の( )に入れるのに最もよいものを、1・2・3・4から一つ選びなさい。

1 二人の愛は、その純粋さ( )だれにも理解されることはなかった。
　1　どころか　　　2　ながら　　　3　ゆえに　　　4　までも

2 大変長らく( )申し訳ございませんでした。
　1　お待たせになり　　　　　　　2　お待たせして
　3　お待ちになられ　　　　　　　4　お待ちいたして

3 会社の関係者は大量の払い戻し請求( )初めて問題の深刻さを知った。
　1　において　　　2　にいたって　　　3　にして　　　4　におうじて

4 暗くなりお腹もすいてきたが、ここまで来たら( )かぎりは歩いてみよう。
　1　歩こう　　　2　歩いた　　　3　歩ける　　　4　歩きの

5 一人で遊んでいる子どもを見る( )いつも兄弟はたくさんいた方が楽しいと思う。
　1　につれて　　　2　に合わせて　　　3　と共に　　　4　につけて

6 会社の代表( )者、1回や2回の失敗で諦めてはいけない。
　1　たる　　　2　といった　　　3　にする　　　4　になる

7 今回の失敗は彼の責任なんだからさ、謝る( )逆に怒り出すなんて、とんでもないね。
　1　あげく　　　2　ところで　　　3　のみならず　　　4　ならまだしも

8 平日の昼間はほとんど車がないが、休日( )駐車場に入る車が500mくらい並ぶこともある。
　1　にしてみれば　　　2　ともなれば　　　3　にくらべれば　　　4　からすれば

9 素敵な結婚式でしたね。どうかいつまでも幸せに( )。
　1　お願いします　　　　　　　2　祈っています
　3　暮らしますように　　　　　4　しますように

問題 5 문법형식 판단 연습문제 ③

問題 5　次の文の(　　)に入れるのに最もよいものを、1・2・3・4から一つ選びなさい。

1　座席が500席(　　)飛行機ががらがらだった。
　1　からある　　　2　からする　　　3　からなる　　　4　からいる

2　あの人は他人の言うことを聞かない(　　)。
　1　くせがある　　　　　　　　　2　ふしがある
　3　きらいがある　　　　　　　　4　おもむきがある

3　12月(　　)半ばとなり、今年もまもなく終わろうとしている。
　1　が　　　　　　2　は　　　　　　3　まで　　　　　4　も

4　今回の(　　)事件は二度と起きてはならない。
　1　ように　　　　2　あたる　　　　3　ごとき　　　　4　とおる

5　田舎の(　　)ごちそうはありませんが、どうぞ。
　1　ことでも　　　2　こととて　　　3　ものでも　　　4　ものとて

6　勉強は若いうちにするべきだ。年を取ると習った(　　)忘れてしまう。
　1　そばから　　　2　とき　　　　　3　最中に　　　　4　うちに

7　高校の同級生のお母さんが、10歳のころから書き始めた日記を今も書き続けて
　　(　　)と聞いて本当に驚きました。
　1　申し上げる　　　　　　　　　2　まいられる
　3　いただかれる　　　　　　　　4　おいでになる

8　皆と力を合わせる(　　)試合に勝てるはずがない。
　1　にあたって　　2　ことなしに　　3　に限って　　　4　ことだけでも

9　私の書いたものを認めていただけるとは、感激(　　)だ。
　1　のうえで　　　2　のあまり　　　3　の限り　　　　4　の至り

問題 5 문법형식 판단 연습문제 ④

問題 5 次の文の(　)に入れるのに最もよいものを、1・2・3・4から一つ選びなさい。

1 財布を落として交通費がなく家にも帰れない(　　)。
　1　末路だ　　　2　騒ぎだ　　　3　始末だ　　　4　結果だ

2 怪しい男は頭から足まで黒(　　)の服だった。
　1　だらけ　　　2　づくし　　　3　まみれ　　　4　ずくめ

3 警察は逃げた犯人を捕まえ(　　)と言った。
　1　てはならない　　　　　　　2　ずにはいられない
　3　てはいけない　　　　　　　4　ずにはおかない

4 大学に入って(　　)毎日が新しいことばかりだ。
　1　みたところで　　　　　　　2　からでないと
　3　からというもの　　　　　　4　みたからといって

5 今後さらに厳しい安全対策をたて(　　)だろう。
　1　ないわけはない　2　ずにはすまない　3　ないに違いない　4　ずともすむ

6 地域に望まれる公園のありかたを(　　)議論が続いている。
　1　めぐって　　　2　ふまえて　　　3　はじめ　　　4　つうじて

7 子供だけでできない(　　)大人が手伝うしかない。
　1　とあれば　　　2　にしても　　　3　とみえて　　　4　につれて

8 本日を(　　)今年の授業を終了いたします。
　1　契機に　　　2　もとに　　　3　めぐって　　　4　もって

9 毎日夜勤したら過労で体を壊すことになり(　　)よ。
　1　がたい　　　2　かける　　　3　かねない　　　4　かねる

2: 問題 6 문장 만들기

문제 유형
선택지에 주어진 4개의 어휘를 올바른 순서로 나열하여 문장을 완성하는 문제이다.

예시

問題 6　次の文の ＿＿★＿＿ に入る最もよいものを、1・2・3・4から一つ選びなさい。

36　運動もしないで ＿＿＿＿ ＿＿＿＿ ＿★＿ ＿＿＿＿ 太ってしまいますよ。
　　1 ばかり　　　　2 そんなに　　　　3 いると　　　　4 食べて

| 36 | ● | ② | ③ | ④ |

문제 풀이 포인트
문장 만들기 파트에서는 먼저 정답이 들어가야 하는 ★의 위치를 확인하자. ★의 위치는 대부분 3번째이지만 가끔 다른 곳에 있기도 하다. 문제를 풀 때는 4개의 선택지로 먼저 문장을 만들어 보고, 이때 연결이 되지 않는 선택지가 있다면 맨 앞 또는 맨 뒤의 선택지에 넣고 문장을 다시 나열하면 문맥에 맞는 문장이 완성되는 경우가 많다.

問題 6 문장 만들기 연습문제 ①

해설편 99p

問題 6 次の文の ★ に入る最もよいものを、1・2・3・4から一つ選びなさい。

1 きのう社長から、製造コストを下げるのが ＿＿＿ ★ ＿＿＿ ＿＿＿ との指示を受けた。
　1 ようであれば　　2 販売価格を上げる　　3 難しい　　4 ように

2 史実に基づいて書かれた ＿＿＿ ＿＿＿ ★ ＿＿＿ 混同してはならないだろう。
　1 小説を歴史と　　2 しかないのだから　　3 小説は小説で　　4 小説であっても

3 山本監督の新作アクション映画は、ストーリー展開がこれまで ＿＿＿ ＿＿＿ ★ ＿＿＿ そうだ。
　1 スピード感は欠ける　　2 十分楽しめる内容の映画だ
　3 とは異なり　　　　　　4 ものの

4 新郎と新婦は小さいころから仲の良い ＿＿＿ ＿＿＿ ★ ＿＿＿ ですが、本当に親しく付き合ってきました。
　1 ちなみに　　2 その一人なの　　3 私もまた　　4 幼なじみで

5 精一杯努力をしたのに不合格だった ＿＿＿ ＿＿＿ ★ ＿＿＿ 勉強もしなかったのだから、試験に落ちて当たり前だと親に叱られた。
　1 なら　　2 ろくに　　3 ともかく　　4 という

6 65才の佐藤さんは、今はまだ元気だが、先月から ＿＿＿ ＿＿＿ ★ ＿＿＿ 老老介護を始めることになり、将来に不安を感じている。
　1 歩けなくなってしまった　　2 自分の力では
　3 いわゆる　　　　　　　　　4 90才の母親の

7 試験の成績は ＿＿＿ ＿＿＿ ★ ＿＿＿ 受け入れるしかない。
　1 結果だから　　2 そのまま　　3 あっての　　4 日頃の努力

8 最近 ＿＿＿ ＿＿＿ ★ ＿＿＿ 家が多くなっているそうだ。
　1 買って　　2 作るより　　3 済ませてしまう　　4 おせち料理は

問題 6 문장 만들기 연습문제 ②

해설편 101p

問題 6 次の文の ___★___ に入る最もよいものを、1・2・3・4から一つ選びなさい。

1 一度やると言った ___ ___ ___★___ ___ しかない。
   1 やる　　　　2 もくもくと　　　3 以上は　　　　4 責任があるので

2 あの人が好きな ___ ___ ___★___ ___ 放っておけない。
   1 同じ会社の同僚　　　　　　　　2 わけでは
   3 のこととて　　　　　　　　　　4 ないが

3 先月までよく売れていた商品の売り上げが ___ ___ ___★___ ___ 調べてみた。
   1 一方なので　　2 原因なのか　　　3 減る　　　　　4 何が

4 この仕事を ___ ___ ___★___ ___ なんて、とても無理です。
   1 まだしも　　　2 しあげる　　　　3 今週中に　　　4 来週なら

5 周りの人が賛成して ___ ___ ___★___ ___ しかない。
   1 やっていく　　2 私なりに　　　　3 くれまいが　　4 くれようが

6 今月の売り上げ ___ ___ ___★___ ___ ことになりそうだ。
   1 余儀なくされる　　　　　　　　2 店舗の撤収を
   3 いかんでは　　　　　　　　　　4 店舗の拡張はおろか

7 3回目の受験に失敗した友だちが ___ ___ ___★___ ___ 明るい声で電話に出た。
   1 だろうと　　　2 さぞ　　　　　　3 思いきや　　　4 がっかりしてる

8 いくら人気の ___ ___ ___★___ ___ とは限らない。
   1 歌手だ　　　　2 実力もある　　　3 必ずしも　　　4 からといって

問題 6 문장 만들기 연습문제 ③

해설편 103p

問題 6 次の文の ★ に入る最もよいものを、1・2・3・4から一つ選びなさい。

1 この会社の ＿＿＿ ＿＿＿ ★ ＿＿＿ そうだ。
   1 だけあって　　　　　　　2 社長は
   3 アメリカに留学した　　　4 英語がうまい

2 「今日は私が ＿＿＿ ＿＿＿ ★ ＿＿＿ ことになりました。」
   1 迷惑をかける　2 皆さんに　3 遅刻した　4 ばかりに

3 何よりも材料を外国の ＿＿＿ ＿＿＿ ★ ＿＿＿ と思います。
   1 輸入に頼る　2 問題だ　3 こと　4 からして

4 ここ石川村は温泉があり、＿＿＿ ＿＿＿ ★ ＿＿＿ 風景が人気を呼んでいます。
   1 こともあって　2 ならではの　3 田舎　4 都会から遠い

5 人の話を聞かない彼女には ＿＿＿ ＿＿＿ ★ ＿＿＿ ない。
   1 意味が　2 話した　3 いくら　4 ところで

6 最近は不景気で高価なもの ＿＿＿ ＿＿＿ ★ ＿＿＿ 売れない。
   1 あまり　2 のみならず　3 必需品も　4 生活の

7 宝くじは夢を買うことだと言いますが、お金を ＿＿＿ ＿＿＿ ★ ＿＿＿ それは投機としか言えません。
   1 買う　2 まで　3 となると　4 借りて

8 夜、星を見ていると現実には ＿＿＿ ＿＿＿ ★ ＿＿＿ という想像を抱かせてくれる。
   1 旅行できる　2 行くことが　3 いつかは　4 できなくても

問題 6 문장 만들기 연습문제 ④

해설편 105p

問題 6 次の文の ★ に入る最もよいものを、1・2・3・4から一つ選びなさい。

1 それが＿＿＿＿＿ ＿＿＿＿＿ ★ ＿＿＿＿＿ 人を傷つけるようなことはするべきではない。
  1 理由で　　2 決して　　3 どんな　　4 あろうと

2 人はいつ幸福を感じるのか。それは＿＿＿＿＿ ＿＿＿＿＿ ★ ＿＿＿＿＿ 基準が違うので簡単には言えない。
  1 次第で　　2 その人の　　3 幸福の　　4 考え方

3 試合に出場しない＿＿＿＿＿ ＿＿＿＿＿ ★ ＿＿＿＿＿ 決定です。
  1 末の　　2 迷った　　3 さんざん　　4 というのは

4 マナーの悪い彼女の仕事＿＿＿＿＿ ＿＿＿＿＿ ★ ＿＿＿＿＿ 。
  1 にはおかない　　2 ストレスを抱かせず
  3 まわりの人に　　4 ぶりは

5 日本料理の魅力は見た目も ★ ＿＿＿＿＿ ＿＿＿＿＿ ＿＿＿＿＿ 言えるだろう。
  1 活かすところが　　2 大きいと
  3 さることながら　　4 材料の味を

6 親という＿＿＿＿＿ ＿＿＿＿＿ ★ ＿＿＿＿＿ 正直言ってうれしい。
  1 ほめられるのは　　2 すれば
  3 立場から　　4 自分の子どもが

7 ダイエットをしている人が隠れて＿＿＿＿＿ ＿＿＿＿＿ ★ ＿＿＿＿＿ ものがある。
  1 気持ちには　　2 お菓子を　　3 無理からぬ　　4 食べてしまう

8 1回目は名前を書き忘れ、2回目は＿＿＿＿＿ ＿＿＿＿＿ ★ ＿＿＿＿＿ 信じられないわ。
  1 間違えて　　2 受験番号を　　3 なんて　　4 失格だ

3 : 問題7 글의 문법

문제 유형
주어진 글의 흐름에 맞는 어휘를 고르는 문제이다.

> **예시**
>
> 問題 7　次の文章を読んで、文章全体の趣旨を踏まえて、 41 から 44 の中に入る最もよいものを1・2・3・4から一つ選びなさい。
>
> ---
> 　人の話をもっと上手に聞けるようにしたいと思ったことは、あるだろうか？
> 　 41 、あなたは少数派に属する。たいていの人は、もっと上手に話せるようにしたいと思うことはあるにしても、もっと上手に聞けるようにしたいと思うことは、あまりない。そんなことは思いもよらないという人だって 42 。
> ---
>
> 41 　1　もしあるとしても　　　　2　もしあるとしたら
> 　　　3　あってもなくても　　　　4　もしないとすれば
>
> | 41 | ① | ● | ③ | ④ |

문제 풀이 포인트
글의 문법 파트에서는 글의 흐름을 파악하여 각 문장의 맥락에 맞는 문법을 찾는 유형의 문제가 나온다. 글을 읽을 때 접속사와 문말 표현, 문법 기능어 등에 따라 앞 문장과 뒷 문장의 관계가 어떻게 달라지는지를 분석하는 연습을 하도록 하자.

問題7 글의 문법 연습문제 ①

問題7 次の文章を読んで、文章全体の趣旨を踏まえて、　1　から　4　の中に入る最もよいものを1・2・3・4から一つ選びなさい。

　総務省などによると、65歳以上の高齢者が人口に占める割合は28.4％で、過去最高だ。100歳以上の高齢者は初めて7万人を超えた。日本が世界有数の　1　改めて実感する。一方、3世代が同居する世帯の割合は、1986年は15％だったが、2018年には5％まで減少した。この間、ひとり暮らしの高齢者世帯は128万世帯から683万世帯と5倍以上に増えた。若者や子育て世代を中心に、お年寄りと触れ合う機会は　2　。

　高齢者と交流する場を設ける様々な取り組みが始まっている。

　京都府は16年から、高齢者の自宅の一室を学生に安く貸し出してもらう事業を進めている。自分の子どもが巣立った後に空いた部屋を貸すお年寄りが多い。学生の世話をしたり、親元を離れて不安な若者の相談相手になったりする。高齢者からは「同居で生活に張りができた」といった声が聞かれる。体調の急変など万が一の時に、若者に頼れるという安心感もあるようだ。親とは違う目線で接する高齢者から、新たな価値観や考え方を学ぶ学生も　3　。

　誕生会や夏祭りを一緒に楽しむ。お年寄りは子供たちに本の読み聞かせをする。おやつの時間などに子供も菓子を持っていく。園児や小学生の無邪気な振る舞いに癒やされて、普段は見せない笑顔を浮かべる高齢者は少なくない。お年寄りの手を引く体験などを重ねて、子供には思いやりの気持ちが育っているという。

　世代間の交流がお互いにプラスになっている。地域のお年寄りが日中、子供を預かり、親の悩みに耳を傾ける試みもみられる。高齢者のアドバイスが解決の糸口につながることが期待される。最近は、ソーシャル・ネットワーキング・サービス（ＳＮＳ）などを使って、離れて住む家族や友人とコミュニケーションをとる高齢者も増えている。今日は敬老の日だ。　4　形で会話を楽しんでみてはどうだろう。

（『敬老の日―高齢者と交流の機会を持とう』読売新聞
2019年9月16日をもとに作成）

1
1　長寿国でいることを
2　長寿国であることを
3　長寿国になろうとするものを
4　長寿国になったものを

2
1　少なかったのだろう
2　少なくなかったといえる
3　少ないといえるだろうか
4　少なくなっているのではないか

3
1　いたことはたしかだ
2　いたとしてみよう
3　いるにちがいない
4　いると言わざるを得ない

4
1　代わる代わるの
2　一つ一つの
3　思い思いの
4　折々の

問題 7 글의 문법 연습문제 ②

問題 7 次の文章を読んで、文章全体の趣旨を踏まえて、 1 から 4 の中に入る最もよいものを 1・2・3・4 から一つ選びなさい。

「熊本(くまもと)地震が起こった時、動物園のライオンが逃げたという偽の情報がネットで 1 広がったことを知っている人は？」

高2生の教室で、講師役の高野義雄(たかのよしお)記者が問いかけると、一斉に多くの生徒の手が挙がった。今を生きる高校生のネット情報への関心の高さを物語る光景だ。素早く、膨大なネット情報は暮らしに 2 、嘘の情報が出回っているのも事実。問題はどうすれば、それを見分けられるかだ。講義のテーマもまさに「情報の吟味」にある。

高野(たかの)記者はこう答える。「インターネットは情報の海。事実、世界中に広がっており、溺れる危険があります。一方、新聞はプールのような存在であり、確かな情報で作られています。 3 情報の海で泳ぐための訓練ができます」

高野(たかの)記者が訴えているのはメディアリテラシーの大切さだ。この授業の眼目は、その力を鍛えるために新聞は最適な 4 。とはいえ、「家で新聞は取っているが、どこに何が書かれていて、どんな面があるかを初めて教えてもらった」と、ある生徒が話したように、多くの生徒は意識して新聞を読んだ経験がない。

そこでまず、高野(たかの)記者は新聞の面の構成について説明し、生徒たちと一緒に新聞を広げながら、「これが社説、ここは経済面、こっちは社会面、ここは地方版で千葉の暮らしニュースが詰まっています」などと確認。そのうえで「見出しを『つまみ食い読み』するのが 良いんだ」とズバリ、読み方のコツを伝授した。

（『ITC教育で2020年大学入試改革を乗り越える─日出学園(ひのでがくえん)』
読売新聞オンライン 2017年6月29日をもとに作成）

※上記の記事は2017年6月29日に〈読売新聞オンライン〉に掲載された特集記事の一部を抜粋したものです。読売新聞の高野義雄記者は日出学園中学校・高等学校の『出前授業（外部の講師を招いて特別授業を行うこと）』に招かれて情報ツールとしての新聞の役割や、活用の仕方について生徒たちに語りました。

1

1　とりあえず　　　　　　　2　ひっきりなしに
3　のきなみに　　　　　　　4　あっという間に

2

1　欠けたものとなっていて　　2　欠かせないものとなっているが
3　欠くようなことはないが　　4　欠けてはいけないといっても

3

1　新聞を読むのと同様に　　　2　新聞を読むまでもなく
3　新聞を読むことによって　　4　新聞を読むことを除いては

4

1　教材なのだということにある　2　教材にすることにつきる
3　教材になるということになる　4　教材を作るというところにある

Ⅱ 실전문제 익히기

問題 5　문법형식 판단
問題 6　문장 만들기
問題 7　글의 문법

問題 5 문법형식 판단 실전문제 ①

問題 5 次の文の(　　)に入れるのに最もよいものを、1・2・3・4から一つ選びなさい。

1　家族と暮らし仕事ができる。これが幸せ(　　)。
　1　でなくてなんだろう　　　　　2　といえば嘘になる
　3　でないといい切れない　　　　4　といっても過言でない

2　日本の大学は学生数の減少(　　)、外国人留学生を受け入れるために様々な努力をしている。
　1　に反して　　2　に沿って　　3　に伴って　　4　に加えて

3　他人(　　)このくらい、いつでも協力します。
　1　なんだから　　2　というからには　　3　になった以上　　4　ではあるまいし

4　あの人が私の尊敬(　　)故郷の先輩です。
　1　してばかりいる　　2　したことのある　　3　してやまない　　4　したといわれる

5　雨の中、小さい子どもが自転車に乗って車の多い道路を走るなんて危険(　　)。
　1　しかたがない　　2　とてつもない　　3　はてしのない　　4　極まりない

6　映画は演技と美しい映像が(　　)客に深い感動を呼んだ。
　1　相まって　　2　反応して　　3　通じ合って　　4　契機になって

7　野菜(　　)魚(　　)値段が高すぎて買えない。
　1　につけ～につけ　　　　　　2　といい～といい
　3　とも～とも　　　　　　　　4　のせいか～のせいか

8　皆の期待に(　　)できる限りのことをして試合に備えたが、結局入賞はならなかった。
　1　こたえざる　　2　こたえぬよう　　3　こたえるべく　　4　こたえるべき

9　どんなにお金がもうかるからと言われても、これからは決して人を信用(　　)と心に決めた。
　1　することにしようと　　　　2　してもいいだろうと
　3　などさせないと　　　　　　4　などするものか

問題 5 문법형식 판단 실전문제 ②

해설편 114p

問題 5　次の文の(　　)に入れるのに最もよいものを、1・2・3・4から一つ選びなさい。

1　歌手として多くのファンに支えられてきた彼女が来年の夏(　　)引退することを発表した。
　1　をはじめとして　　2　にあたって　　3　をもって　　4　に合わせて

2　小さな動物(　　)危険が迫ればトラとも戦う。
　1　といえば　　2　ともなると　　3　といえども　　4　ときまると

3　彼の話では、家までいったいどうやって帰ってきた(　　)記憶さえないと言う。
　1　のが　　2　かの　　3　ところで　　4　とはいえ

4　皆ちゃんとレポートを出したのに自分一人がまだ出せないで恥ずかしい(　　)をした。
　1　気分　　2　心地　　3　感じ　　4　思い

5　多大のご協力に心より感謝申し上げます。今後ともよろしく(　　)。
　1　お願いさせていただきます　　2　お願いしていただきます
　3　お願いなさってくださいます　　4　お願いいたします

6　当クリーニング店はお客様が(　　)以上、最高の状態でお返しできるよう努力しています。
　1　お任せいただいた　　2　お任せなさった
　3　お任せしてさしあげた　　4　お任せくださった

7　昨日から腰の痛みが酷くなって、腰をかがめて顔も洗えない(　　)。
　1　しまつだ　　2　じまいだ　　3　一方だ　　4　限りだ

8　「挨拶したのにこちらを見もしないで行ってしまうなんて失礼(　　)！」
　1　じゃないか　　2　じゃなかったか
　3　なことなのか　　4　なことだったじゃないか

9　A「悪いけど、明日の土曜日、出社してもらえないかなあ。」
　B「申し訳ありません。実は明日は引越しをする(　　)。」
　1　ものですから　　2　わけですから　　3　はずですから　　4　ところですから

問題 5 문법형식 판단 실전문제 ③

問題 5　次の文の(　　)に入れるのに最もよいものを、1・2・3・4から一つ選びなさい。

① 外国人観光客の急増(　　)、観光地ではホテル建設がブームになっている。
　1　に反して　　　2　にも関わらず　　3　を通じて　　　4　を受けて

② 大学入試を目前に控えて、ここ2週間(　　)、緊張で息が詰まりそうだ。
　1　というもの　　2　といっても　　　3　からある　　　4　たるもの

③ マラソンで一緒に走れ(　　)みんなと応援はしたい。
　1　ないように　　2　ないばかりか　　3　ないまでも　　4　ないものかと

④ 難しくても辞書で調べれば分から(　　)でしょう。
　1　ないわけにはいかない　　　　　2　ないではいられない
　3　ないというはずがない　　　　　4　ないものでもない

⑤ A「部長、新人の田中くんなんですけど、私からアドバイスしてもいいでしょうか。」
　B「もう、どんどん(　　)よ。」
　1　言ってやって　2　言ってもらって　3　言われてもらおう　4　言わせてあげよう

⑥ 友だちはこの前、30分でラーメンを5はい食べるイベントに参加した。私は(　　)と思っていたが、5分前に全部食べて驚いた。
　1　食べっぱなしになる　　　　　　2　食べきれっこない
　3　食べそこなう　　　　　　　　　4　食べちらかす

⑦ 太ることは分かって(　　)ケーキに手が出る。
　1　いながらも　　2　いるうちに　　3　いればこそ　　4　いたからには

⑧ このあいだ、母にひどいことを言ってしまったことが(　　)ならない。
　1　悔やまれて　　2　悔やんで　　　3　悔やまされて　　4　悔やませて

⑨ 初めてスケートをした。不安だったがやってみると思ったよりうまく(　　)と思った。
　1　すべれるかもしれない　　　　　2　すべれるものだ
　3　すべるに限る　　　　　　　　　4　すべるだろう

問題 5 문법형식 판단 실전문제 ④

해설편 119p

問題 5　次の文の(　　)に入れるのに最もよいものを、1・2・3・4から一つ選びなさい。

1　どの時代にも生まれ(　　)悪い人はいません。
　　1　たばかりで　　2　るからと　　3　ながらに　　4　ようとした

2　人間はお互いに助け合う(　　)は生きていけない。
　　1　ようになるまで　　2　ほかなければ　　3　ことなしに　　4　ものだから

3　新聞記者は徹底した調査と粘り強い取材を通じて、(　　)ざる真実を明らかにしようとする。
　　1　知られ　　2　知らせ　　3　知ら　　4　知る

4　そんなことは、子供(　　)知っていますよ。
　　1　にすら　　2　がすら　　3　ですら　　4　もすら

5　年末に大掃除をするのは日本(　　)習慣です。
　　1　お決まりの　　2　もともとの　　3　ならではの　　4　それこその

6　ブラック企業と呼ばれるような怪しい会社には、いかに提示された条件がほかに比べてよいと思える(　　)、関わらないほうがいいだろう。
　　1　場合であるようにも　　2　場合であろうとも
　　3　場合と言おうが　　4　場合にもかかわらず

7　休日は上りに(　　)下りの道が混んでいる。
　　1　ひきかえ　　2　とりかえ　　3　反して　　4　加えて

8　彼は弁護士(　　)、かつ有名な小説家でもある。
　　1　にして　　2　としても　　3　であれ　　4　とあって

9　あの二人の関係は以前(　　)もっと悪くなって、今はお互い口も利かない。
　　1　ともなしに　　2　までもなく　　3　にもまして　　4　とも

問題 5 문법형식 판단 실전문제 ⑤

해설편 121p

問題 5 次の文の(　　)に入れるのに最もよいものを、1・2・3・4から一つ選びなさい。

1. 12月に入ると急に冬(　　)きた。
   1　ぎみになって　　2　がちになって　　3　きわまって　　4　めいて

2. これほど大勢の人が来てくださり感激(　　)です。
   1　の至り　　2　の果て　　3　の頂き　　4　の限り

3. 最近毎日残業が続いて疲労(　　)に達していた。
   1　の強み　　2　の極み　　3　の深み　　4　の重み

4. 電車が駅に着く(　　)人々はドアに押し寄せた。
   1　とたん　　2　うち　　3　なり　　4　そばから

5. 世界の有名な山をたった一人で登り続けている登山家は「まだ行っていない山が(　　)、死ぬまで登り続ける」と力強く語った。
   1　あるといっても　　2　ありながらも　　3　ある限りは　　4　あるとはいえ

6. あの人が無実だということは(　　)それを証明するためにはさらに多くの証拠が必要だ。
   1　疑うことがあるとしても　　2　疑いようがないものの
   3　疑わざるを得ないものの　　4　疑えないことはないとしても

7. 市は全国体育大会に関連して新しい競技場を建設する計画を発表したが、工事開始(　　)広く住民の意見を聞くことにした。
   1　に次いで　　2　に沿って　　3　に先立って　　4　に先がけて

8. サッカーの試合でパスを続けることは重要だ。得点をあげることはできない(　　)相手の選手を疲れさせることはできる。
   1　ようにして　　2　ことから　　3　までも　　4　というより

9. この蛇の毒は猛毒だから、かまれた(　　)死ぬことはほぼ間違いない。
   1　ところで　　2　や否や　　3　としたって　　4　が最後

問題 5 문법형식 판단 실전문제 ⑥

問題 5　次の文の(　　)に入れるのに最もよいものを、1・2・3・4から一つ選びなさい。

1　日本語スピーチコンテストで優勝した朴(パク)さんの発表は、正確な発音は(　　)人の心を打つすばらしい内容が高く評価された。
　1　さておき　　2　おろか　　3　もとより　　4　ともかく

2　ホラー映画だ(　　)完全にラブコメディだった。
　1　と思うまでもなく　2　と思いきや　3　と思ったところで　4　と思うと

3　出席は電話(　　)メール(　　)して確認します。
　1　やら～やら　2　でも～でも　3　せよ～せよ　4　なり～なり

4　彼は英会話(　　)簡単な挨拶もできなかった。
　1　をはじめ　2　とともに　3　はおろか　4　にしても

5　強い信頼が(　　)長い間一緒に仕事ができる。
　1　あるとしても　2　あるどころか　3　あれといえども　4　あればこそ

6　どんなにつらくてもここで諦めれ(　　)。
　1　ばそれまでだ　2　ばもともとだ　3　ばなかなかだ　4　ばまもなくだ

7　このごろの天気は、朝きれいに晴れていたのに、昼ごろ急に雨になったり、(　　)一日中雨だというので傘を持って出たのに、一度も降らなかったりで、まったく予想できない。
　1　そうだとして　2　そうかと思えば　3　それだとして　4　それだと思えば

8　安心して仕事を任せる人がいないのであれば、結局私が(　　)を得ない。
　1　せず　　2　される　　3　されず　　4　せざる

9　飛行機で書く入国カードにはその国での連絡先を書くようになっているが、ホテルの名前は知っていても、電話番号までは知らないから(　　)書けない。
　1　書こうにも
　2　書きたくないので
　3　書こうとしなければ
　4　書くからには

問題 6 문장 만들기 실전문제 ①

해설편 126p

問題 6　次の文の ＿★＿ に入る最もよいものを、1・2・3・4から一つ選びなさい。

1　メジャーで活躍した選手が入った ＿＿＿ ＿＿＿ ＿★＿ ＿＿＿ 優勝も夢ではない。
　　1　からして　　　2　その実績　　　3　からには　　　4　誰もが驚く

2　子供でも日曜は銀行が休み ＿＿＿ ＿＿＿ ＿★＿ ＿＿＿ 彼はそんなことも知らない。
　　1　に　　　　　　2　ことくらい　　3　だって　　　　4　知ってるだろう

3　A「昔は映画のファンだったけど今は忙しくて全然見られないよ。」
　　B「私も出張で東京に ＿＿＿ ＿＿＿ ＿★＿ ＿＿＿ 1年に2、3回ね。」
　　1　ホテルの近くで　2　見て　　3　行ったついでに　　4　それっきりだから

4　あの人は ＿＿＿ ＿＿＿ ＿★＿ ＿＿＿ 普段はやさしくて、いい人なんですけどね。
　　1　飲み　　　　　2　お酒を　　　　3　しなければ　　4　さえ

5　台風などの ＿＿＿ ＿＿＿ ＿★＿ ＿＿＿ だから、早くから被害を防ぐ準備をするしかない。
　　1　もの　　　　　2　のない　　　　3　災害は　　　　4　避けよう

6　今でもいろいろな舞台で活動する歌手のエミリーさんは、かつて ＿＿＿ ＿＿＿ ＿★＿ ＿＿＿ 報道がまるで事実のように流れたことがあった。
　　1　芸能界を引退する　　　　　　　2　のでは
　　3　という　　　　　　　　　　　　4　声が出なくなる病気で

7　警察官がパトロールの途中に人の家に入って金品を盗んだ事件は ＿＿＿ ＿＿＿ ＿★＿ ＿＿＿ だと非難する声が高まっている。
　　1　市民の安全を守るべき　　2　犯罪　　3　あるまじき　　4　人として

8　自分の判断で良いと思ったことなら、結果的にうまく ＿＿＿ ＿＿＿ ＿★＿ ＿＿＿ 選択として理解することはできる。
　　1　それで　　　2　いかなかったとしても　　3　一つの　　4　それは

問題 6 문장 만들기 실전문제 ②

問題 6　次の文の ＿★＿ に入る最もよいものを、1・2・3・4から一つ選びなさい。

1　警察は運転者が安全確認すること ＿＿＿ ＿★＿ ＿＿＿ ＿＿＿ 現場の調査を始めた。
　　1　なしに　　　　2　交差点に入り　　3　として　　　　4　事故をおこした

2　天気予報です。今日午前6時 ＿＿＿ ＿＿＿ ＿★＿ ＿＿＿ 5度で日中も気温は10度以下の寒い日となるでしょう。
　　1　は　　　　　　2　東京の気温　　　3　における　　　4　現在

3　程度の差はあるだろうが、長所や才能が一つも ＿＿＿ ＿＿＿ ＿★＿ ＿＿＿ 。
　　1　なんか　　　　2　人　　　　　　　3　ない　　　　　4　いない

4　あすなろ学園は障害者と健常者が同じ教室で学ぶこと ＿＿＿ ＿＿＿ ＿★＿ ＿＿＿ 実現するために運営されています。
　　1　誰もが人間の可能性を　　　　　　2　なることを
　　3　によって　　　　　　　　　　　　4　信じられるように

5　＿＿＿ ＿★＿ ＿＿＿ ＿＿＿ 卑怯なことはしない。
　　1　勝たんがため　2　そんな　　　　　3　いくら　　　　4　とはいえ

6　政治家は本当に国民の生活を守ろうとしているのか。何より物価 ＿＿＿ ＿＿＿ ＿★＿ ＿＿＿ 安定もありえない。
　　1　なくして　　　2　安定　　　　　　3　生活の　　　　4　の

7　人間を含めて ＿＿＿ ＿＿＿ ＿★＿ ＿＿＿ と言われている。
　　1　動物はまずいない　　　　　　　　2　速度にかけては
　　3　チーター以上速い　　　　　　　　4　陸上を走る

8　私はこんなに厚い本に書いてあることを一日 ＿＿＿ ＿＿＿ ＿★＿ ＿＿＿ の天才じゃないよ。
　　1　だけ　　　　　2　ほど　　　　　　3　で　　　　　　4　頭に入れられる

問題 6 문장 만들기 실전문제 ③

해설편 131p

問題 6　次の文の ___★___ に入る最もよいものを、1・2・3・4から一つ選びなさい。

1　資本主義市場においてもある程度の制限はやむを得ない。市場はただ自由で ___ ___ ___★___ ___ いうものでもない。
　　1　さえ　　　　2　あり　　　　3　よいと　　　　4　すれば

2　彼の小説は現代社会で ___ ___ ___★___ ___ きっかけを与えてくれる。
　　1　深く考えさせる　　　　　　2　その答えを求める
　　3　失われたものは何か　　　　4　読者に

3　私の日本での生活については ___ ___ ___★___ ___ 語れない。
　　1　お世話になった　　2　ぬきには　　3　石田先生　　4　何も

4　もう少し資金さえあれば、この土地を ___ ___ ___ ___★___ と残念でならない。
　　1　までも　　　2　だろうに　　　3　全部は買えない　　4　半分は買える

5　地球の誕生の秘密を明らかにする ___ ___ ___★___ ___ 意見が出された。
　　1　との　　　　　　　　　　2　には
　　3　必要がある　　　　　　　4　他の星を観測する

6　人々の無関心にも ___ ___ ___★___ ___ からです。
　　1　応援してくれる　　　　　2　調査を続けてきたのは
　　3　家族がいた　　　　　　　4　諦めることなく

7　来月末を ___ ___ ___★___ ___ 挨拶だと言いながら話し始めた。
　　1　もって　　　　　　　　　2　これが
　　3　退職する田中さんは　　　4　最後の

8　佐々木氏を ___ ___ ___★___ ___ 選挙戦に注目が集まった。
　　1　立ち上げられた　　2　代表とする　　3　ことから　　4　新政党が

問題 6 문장 만들기 실전문제 ④

해설편 133p

問題 6 次の文の ___★___ に入る最もよいものを、1・2・3・4から一つ選びなさい。

1 あの有名人が本当に ___ ___ ___★___ ___ 騒ぎになることは間違いない。
　1　なれば　　　　2　大変な　　　　3　来るとも　　　　4　ここに

2 自転車に乗って遠くまで ___ ___ ___★___ ___ まだ危険だと思う。
　1　には　　　　2　小学生の子ども　　　　3　のは　　　　4　買物に行く

3 本物そっくりにできている ___ ___ ___★___ ___ 誰も思わないだろう。
　1　まさか　　　　2　とは　　　　3　偽物など　　　　4　ので

4 今回のイベントが中止になったことで主催者がテレビなどで中止 ___ ___ ___★___ ___ について発表した。
　1　今後の日程　　　　2　に至った　　　　3　理由　　　　4　及び

5 汽車はただ人や物を運ぶ ___ ___ ___★___ ___ 走り続ける。
　1　心の支えとして　　　　2　人たちの　　　　3　のみだけではなく　　　　4　そこに暮らす

6 30年間ラーメン店を守り続ける山田(やまだ)さんは、「たとえお客さんが ___ ___ ___★___ ___ 作りたい」と言いながら忙しく開店準備をする。
　1　精一杯　　　　2　だろうと　　　　3　いつも　　　　4　たったひとり

7 恋は人に力を与える。相手を思うこと ___ ___ ___★___ ___ 困難にも立ち向かえるようになる。
　1　恋なのであって　　　　2　あればこそ
　3　そのものが　　　　4　相手に向かう気持ちが

8 来年定年で ___ ___ ___★___ ___ 。
　1　決心できずにいた　　　　2　世界一周旅行をすることにした
　3　退職するのを機に　　　　4　いつかは挑戦しようと思いつつ

問題 6 문장 만들기 실전문제 ⑤

해설편 135p

問題 6　次の文の ___★___ に入る最もよいものを、1・2・3・4から一つ選びなさい。

① 東京は日本の首都で人口も企業も多い分、_____ _____ ___★___ _____ 交通機関が発達している。

　　1　くらい　　　2　他の都市とは　　　3　様々な　　　4　比べものにならない

② 天才は生まれつきの能力という _____ _____ ___★___ _____ 大きいという見方もある。

　　1　ところが　　　2　親の教育に　　　3　よる　　　4　より

③ ゴルフは遊び半分でちょっと習おうか _____ _____ ___★___ _____ 今はプロになろうと思っている。

　　1　軽い気持ち　　　2　始めたが　　　3　で　　　4　ぐらいの

④ この作品は差別を生み出す _____ _____ ___★___ _____ までに描き出している。

　　1　調査をもとに　　　2　徹底した　　　3　完璧な　　　4　社会の構造を

⑤ A「結婚式はどうだった？ 大学の先生も来てたって？」
　 B「『夫婦はいつも相手の気持ちを考えることが大切。思いやり _____ _____ ___★___ _____ ない。』と言う先生の言葉を聞いたときは思わず拍手してしまったよ。」

　　1　築きようも　　　2　幸せな家庭　　　3　など　　　4　なくして

⑥ 家で勉強する時間と成績の関係ですが、長く勉強した _____ _____ ___★___ _____ 集中ができずに成績が下がることもあります。

　　1　かえって　　　2　かというと　　　3　成績が上がる　　　4　からといって

⑦ アニメが好きだなんて言うと彼女にバカにされると思って、会う時はいつも _____ _____ ___★___ _____ 言うことにしている。

　　1　興味がない　　　2　マンガなんて　　　3　わざと反対のことを　　　4　とか

⑧ 進路を決める時には自分の適性に会う _____ _____ ___★___ _____ も大きなポイントになる。

　　1　考慮すること　　　2　将来性があるかを　　　3　だけでなく　　　4　か否か

問題 6 文章 만들기 실전문제 ⑥

해설편 137p

問題 6 次の文の ★ に入る最もよいものを、1・2・3・4から一つ選びなさい。

1 講演会で参加者から話が ＿＿＿ ＿＿＿ ★ ＿＿＿ まだ難しいと言う人がいた。
1 それ以上　　　　　　　　　　2 難しいと言われ
3 易しく話したつもりだったが　4 易しくしようがないほど

2 ＿＿＿ ＿＿＿ ★ ＿＿＿ お元気でいらっしゃいますか。
1 ずいぶん　　2 が　　3 まいりました　　4 寒くなって

3 この洗剤を勧めるのは実際に自分が ＿＿＿ ＿＿＿ ★ ＿＿＿ から信用できそうだ。
1 という　　2 ことだ　　3 の　　4 使ってみて

4 高校生の妹は女子サッカーチームのキャプテンだ。もちろん ＿＿＿ ＿＿＿ ★ ＿＿＿ 技術を磨いてプロを目指している。
1 選手たちには　　　　　2 それなりに
3 遠く及ばないにしても　4 世界で活躍する

5 友だちから借りた本は、とっくに返した ＿＿＿ ＿＿＿ ★ ＿＿＿ もらっていないと言われて驚いた。
1 返して　　2 いたが　　3 つもりで　　4 まだ

6 「木を見て森を見ない」という言葉は、一本の木を見ただけでは森の大きさが分からない ＿＿＿ ＿＿＿ ★ ＿＿＿ だということを意味している。
1 判断すべき　　2 一部のことだけでなく　　3 全体を見て　　4 ことから

7 政権交代を実現させて ＿＿＿ ＿＿＿ ★ ＿＿＿ 。
1 と訴えた　　2 ではないか　　3 国を造ろう　　4 新しい

8 他人に言うとき小説を書くのは趣味 ＿＿＿ ＿＿＿ ★ ＿＿＿ 書いても売れないからそれが職業だと言えないだけだ。
1 と言えば　　2 要するに　　3 聞こえはいいが　　4 なんです

問題 7 글의 문법 실전문제 ①

問題7 次の文章を読んで、文章全体の趣旨を踏まえて、 1 から 5 の中に入る最もよいものを、1・2・3・4から一つ選びなさい。

　水を感じさせるために水を省いた枯山水(注1)は、日本人の持つ「引き算の美学」を端的に表している。俳句(注2)や盆栽でもそうだ。ぼくたちはたった十七字というささやかな文字列の向こうに広大な風景を想い描き、小さな鉢と草木から時間の移ろいや、そこに吹く風、いつか見た自然の光景すら想起する。

　何かを表現する際に、それを 1 表すのでなく、余計な情報をあえて省略 2 かえって脳内のイメージを補完しやすくする、ということができるのだ。落語(注3)もまた、そんな「引き算の美学」に満ちている。 3 、一般的に落語は、和服姿の落語家が座布団の上に正座をした状態で演じられる。舞台の上にはちょっとした屏風があるくらいで、大掛かりな舞台セットの類は置かれない。そのため、かえって場所は制限されなくなり、自在な場面転換が可能となる。

　落語家の背後に立てられた屏風は、見映えも 4 、疑似スクリーンのようにお客さまに風景を想像しやすくさせる働きもあるのだろう。また、和服姿で演じることは衣装の 5 。役柄に即した特定の衣装を使用しないことで、さまざまな役柄を違和感なく演じわけることができるようになるのだ。

　　　　　　　　　　　　　　　　　　（立川吉笑『現在落語論』毎日新聞出版）

(注1) 枯山水（かれさんすい）　日本の庭園様式の一つで植物や水を使わずに作られるのが特徴
(注2) 俳句（はいく）　5字、7字、5字の3句、合計17字からなる日本特有の短詩
(注3) 落語（らくご）　舞台の上で一人様々な人物を演じながら滑稽なストーリーを聞かせる伝統芸能

1
1 ぴったりそのまま　　2 ぴったりくまなく
3 そっくりそのまま　　4 そっくりくまなく

2
1 することよりも　　2 することもなく
3 することもまた　　4 することで

3
1 ご存じですが　　2 ご存じのとおり
3 ご存じでないように　　4 ご存じないとしても

4
1 さることながら　　2 そこそこに
3 それはさておき　　4 それもそのはず

5
1 節約に決まっている　　2 節約にすぎない
3 省略にほかならない　　4 省略とは言い切れない

問題 7 글의 문법 실전문제 ②

問題7 次の文章を読んで、文章全体の趣旨を踏まえて、　1　から　5　の中に入る最もよいものを、1・2・3・4から一つ選びなさい。

　戦後、日本は豊かになり、世界でも有数の経済大国になりました。私どものアメリカにある子会社と日本の会社を比べますと、そのことを　1　。工場の製造要員も含めて、平均賃金は日本のほうがはるかに高いからです。アメリカ東海岸のサウス・キャロライナにある子会社と日本の会社では、日本の賃金がアメリカの二倍になります。世界第二の経済大国といいますが、賃金ベースで見ると日本はアメリカを追い越して　2　。

　しかし　3　日本では「豊かさを実感できない」という言葉が流行っています。「日本の経済規模が大きくなり、日本は経済大国になったというけれども、豊かさを実感できない日本になっている。」こういうことを、政治家から民衆まで、みんなが言い続けている。そして、「われわれは何とかしなければならない」という議論が続きます。

　もちろん、流通の構造や規制などの問題はあります。こういった不都合は修正していかなければなりません。しかし、その不都合な分を　4　、それでも日本は豊かな国であるはずです。衣食住が足りずに、餓死したり凍死したりする人は、ほとんどいない。馬車馬のように一日十八時間も二十時間も働かなければ生計が成り立たないという社会でもない。これを「豊かな社会」と　5　。ここまできたなら、やはり「豊かな社会」に到達していると考えるべきです。

（稲盛和夫『哲学への回帰』PHP文庫）

1

1　実感させられます　　　2　実感になります
3　実感することにあります　4　実感しようがありません

2

1　いるのではありません　2　いることです
3　いるわけです　　　　　4　いるとはいえません

3

1　それゆえ　　2　そこから
3　そのうえ　　4　それでも

4

1　差し引くことによって　　2　差し引いても
3　付け加えることによって　4　付け加えたとしても

5

1　呼べばよいのでしょうか　2　呼べないのでしょうか
3　呼んでもいいのでしょうか　4　呼ぶべきでしょうか

問題7 글의 문법 실전문제 ③

問題7 次の文章を読んで、文章全体の趣旨を踏まえて、 1 から 5 の中に入る最もよいものを、1・2・3・4から一つ選びなさい。

　私たちが経験する実際の失敗は、小さいものから大きなものまでじつに多種多様です。設計者の知識不足や不注意から当初の目的を果たさない機械をつくったり、 1 一言で相手を怒らせて商談がパーになった、商品企画や販売企画が不適切だったために商品がまったく売れなかったなどという話は巷にあふれています。また、雨のときの予定を考えていなかったので旅行が楽しくなかった、レシピをよく見なかったから料理がうまくつくれなかったなど、まわりの人に迷惑、被害を 2 小さな失敗も、身近なところでは日々繰り返されています。

　 3 、小さな失敗が新たな失敗を呼び、死亡事故や大惨事を引き起こすケースもあります。人々を恐怖に陥れる事故や災害も、もとはといえばケアレスミスのような些細(ささい)な失敗から始まることがよくあります。

　むろん、すべての事故や災害が、失敗を原因にして 4 。事故や災害の中には、地震や津波、火山噴火、台風など、人間の行為に関わらず、自然現象として起こるものも多くあります。人間の力では 5 これらは「自然災害」と呼んで失敗とは明確に区別すべきでしょう。

（畑村洋太郎『失敗学のすすめ』講談社）

1

1　きっちりした　　　　2　しっかりした
3　はっきりした　　　　4　うっかりした

2

1　与えるおそれがある　　2　与えるわけでもない
3　与えるに違いない　　　4　与えるといわれる

3

1　そうかと思えば　　　2　それもそのはず
3　そうとはいえず　　　4　そうであるほど

4

1　起こることは知られています　　2　起こることはありません
3　起こるわけではありません　　　4　起こるのも確かです

5

1　防ぐことのある　　　2　防ぎようのない
3　防いだことのない　　4　防がないような

問題 7 글의 문법 실전문제 ④

問題 7 次の文章を読んで、文章全体の趣旨を踏まえて、 1 から 5 の中に入る最もよいものを、1・2・3・4から一つ選びなさい。

　そもそも、私たちの周りで、誰からも尊敬されているような人が、速読家だというような話を聞いたことがあるだろうか？ 会社の上司であっても、同僚であっても、あるいは友達でも構わない。多読家はたくさんいるだろう。しかし、速読を誇る人など、少なくとも私の周りには一人もいない。

　広く社会を見渡しても、政治家でも、実業家でも、医師でも、学者でも、コンサルタントでも、よく速読本に謳われているように、速読法のおかげで偉業を成し遂げたなどという例には、まずお目に 1 。速読本の著者にしても、その技術を生かして本は書けたであろうが、それ以外にどんな成功を収めたのかはまったく謎である。

　一ヶ月に本を100冊読んだとか、1000冊読んだ 2 自慢している人は、ラーメン屋の大食いチャレンジで、十五分間に五玉食べたなどと自慢しているのと 3 。速読家の知識は、単なる脂肪である。それは何の役にも立たず、無駄に頭の回転を鈍くしているだけの贅肉である。 4 、自分自身の身となり、筋肉となった知識ではない。それよりも、ほんの少量でも、自分が本当においしいと感じた料理の味を、豊かに語れる人のほうが、人からは食通として尊敬されるだろう。読書においても、たった一冊の本の、たった一つのフレーズであっても、それをよく噛みしめ、その魅力を十分に味わい尽くした人のほうが、読者として、知的な栄養を多く 5 。

（平野啓一郎『本の読み方－スローリーディングの実践』PHP選書）

1

1 かかろうとする　　　　　2 かからないことがない
3 かかることができない　　4 かからないわけにいかない

2

1 とかいって　　　　2 ともいうなど
3 そうだといって　　4 わけだからと

3

1 全く違う　　　　　2 何もかも違う
3 何も変わらない　　4 何か変わっている

4

1 必ず　　2 断然
3 もはや　4 決して

5

1 得ているとは言えない　　2 得ているはずである
3 得るのではあるまい　　　4 得ることを願っている

Part 3

JLPT N1

Part 3
독해

I 문제 유형 파악하기

1. 問題 8 　내용 이해(단문)
2. 問題 9 　내용 이해(중문)
3. 問題 10 내용 이해(장문)
4. 問題 11 통합 이해
5. 問題 12 주장 이해
6. 問題 13 정보 검색

1 ; 問題 8 내용 이해(단문)

🔖 문제 유형
내용 이해 파트는 지문의 길이에 따라 단문·중문·장문으로 나뉜다. 〈問題8〉 단문은 지문 길이가 200자 정도이며 일상생활, 비즈니스, 학교 생활 등을 주제로 한 설명문이나 필자의 생각을 담은 글이 주로 나온다. 문제 유형은 글의 내용을 이해하고 있는지를 묻는 개요 파악 문제가 많다.

🔖 문제 풀이 포인트

⊙ 질문 형태 3가지

필자의 생각을 묻는 문제

- (筆者が考える) 〜とはどのようなものか。
- (筆者は) 〜とは何だと述べているか。
- 筆者の言いたいことはどれか。

🔓 대부분 '필자의 생각'을 묻는 문제이며, 글의 내용을 이해하고 있는지를 묻는 개요 파악 문제라는 점을 기억하자.

글의 키워드(밑줄)를 묻는 문제

- ＿＿＿＿とは何か。
- ＿＿＿＿とはどういうことか。
- ＿＿＿＿とはどのようなものか。

🔓 특정 키워드(밑줄)가 의미하는 바를 묻는 문제이다. 지문 속에 키워드의 내용을 정의하는 부분이 반드시 있으므로 그 부분을 찾도록 하자.

글의 요점을 묻는 문제

- この文章のタイトル(件名)は何か。
- この文章は何について書かれているか。

🔓 전체의 내용에서 핵심 키워드나 필자의 생각이 강하게 드러난 문장을 찾도록 하자.

問題 8 内容理解(단문) 연습문제

해설편 150p

問題 8 次の(1)から(4)の文章を読んで、後の問いに対する答えとして最もよいものを、1・2・3・4から一つ選びなさい。

(1)
　現代社会は、「近代社会」一般とは区別されるような、「<u>新しい</u>」時代を展開するものとして、多くの人によって語られ、考えられ、感覚されてきた。じぶんの今生きている世界が、「近代社会」一般を特色づけるさまざまなしるし——都市化や産業化や合理化や資本主義化——だけによっては語ることができず、時にそのいくつかのものを反転するようにさえみえるさまざまなしるしの群れによってしか、核心の部分を正確に語ることのできないものとして、考えられ、感覚されているからである。

（見田宗介『現代社会の理論』岩波新書）

1 「新しい」とあるが、どのような点が新しいのか。
1. 近代社会の特徴のみでは備えている本質を表現しきれない点
2. 近代社会の特色を全て反転させることで表現することができる点
3. 近代社会よりも人々の考え方や感じ方が変化している点
4. 近代社会よりもより一層正確に核心を語ることができる点

(2)
　法の精神とは、一言でいえば、正義である。それゆえ、法とは何かという問いは、正義とは何か、という問いに置き換えられる。芸術は「美」を探求する、科学は「真理」を探究する、という例にたとえるなら、法学は「正義」を探究するということになろう。
　この原点を忘れた者は、法について語る資格はない。このような人が、法を学び、使うことは、むしろ有害でさえある。「悪しき法律家は悪しき隣人」というのは、昔から有名な言葉である。そしてまた、法律知識を独占し、その知識を、正義のために使わない職業的法律家が多ければ多いほど、その国は国民にとって不幸な国であるといわざるをえない。

（渡辺洋三『法とは何か』岩波新書）

2 この文章で筆者が言いたいのはどれか。
1　有害な法律家ほど知識を独占することが多いので気をつけるべきだ。
2　法に関わる者は正義を求めるために芸術や科学にも精通すべきだ。
3　職業的法律家の資格には正義を求めることが定められるべきだ。
4　法律家は法の原点である正義を頭に入れておかなければならない。

(3)
　伝統的社会においては人々が互いに生身の身体でフェイス・トゥ・フェイス^(注)に接触し、たとえばそこで時間や空間を共有した経験をもとに信頼が生まれ育っていった。しかし流動化した近代社会において人々の関係が交通や通信によって媒介されるようになったとき、信頼の基礎は署名や個人識別番号のようなデータへと置き換えられていく。伝統的な社会統合の様式が「非身体的で抽象化された関係」によって置き換えられていくことによって、「人間的な」接触は失われていく。我々はむき出しの人間や個々人の身体を相手にするのではなく、抽象化されデータ化された個人情報を通じて自己の行動を決定していくようになる。

（大屋雄裕『自由とは何か』ちくま新書）

（注）フェイス・トゥ・フェイス：face-to-face，対面で、面と向かって

3　この文章の内容と合っているものはどれか。
1　伝統的な社会では実際の対面経験が豊富な人ほど信頼された。
2　伝統的な社会では身体的な接触を通じて情報がデータへ置き換えられた。
3　近代社会では非身体的な情報が人々の行動に影響を与えている。
4　近代社会では人間的な関係を重視して行動を決定する人が多い。

（4）
　「三多」という言葉がある。元は宋の学者欧陽脩の言葉で「学問に必要な三つ」を記したことから由来した言葉だそうだ。今やいい文章を書くための三要素と呼ばれる「三多」は、多読、多作、多商量を指す。多読とはたくさんの文章を読むこと、多作とはたくさんの文章を書くこと、多商量とは物事を深く考えること、と知られている。その中でもいい文章を書くためには多商量が一番大事だというが、多商量は実は一般に解釈されている意味とは違って、物事を深く考えるという意味ではなく、たくさんの推敲が必要だという意味である。

4 筆者は良い文章を作るために一番重要なことは何だと言っているか。
1 名作といわれる作品をできるだけ多く読むこと
2 主題を定めていろいろな角度から文章を書くこと
3 書こうと思う内容について時間をかけて考えること
4 文章の表現や構成について何度も検討を重ねること

2; 問題 9 내용 이해(중문)

🟤 문제 유형
중문 파트에서는 500자 정도의 설명문이나 평론, 수필 등이 나온다. 중문은 《첫 단락: 말하려고 하는 주제》, 《중간 단락: 주제에 관한 설명(이유나 구체적인 사례·체험담)》, 《마지막 단락: 결론, 글 전체의 내용》으로 구성되어 있는 경우가 많으므로, 마지막 단락에서 힌트를 얻는 것이 좋다.

🟤 문제 풀이 포인트

- **질문 형태 3가지**

  이유·원인을 묻는 문제
  - 〜はなぜか。
  - 〜の理由は何か。

  🔑 질문에 「なぜ」, 「どうして」, 「理由は」 등의 단어가 들어있다면 주로 행위나 현상의 이유·원인을 묻는 문제이다.

  필자의 생각을 묻는 문제
  - 筆者の考えと合っているものはどれか。

  🔑 필자가 글을 쓴 의도나 주장, 즉 글의 주제를 찾는 문제이다. 필자가 글에서 반복적으로 하고 있는 이야기는 무엇인지, 글의 주제는 무엇인지를 파악하는 연습을 하자.

  각각의 형식이 더해진 문제
  - 筆者が〜と考えるのはなぜか。

問題 9　내용 이해(중문) 연습문제　　해설편 153p

問題 9　次の(1)から(3)の文章を読んで、後の問いに対する答えとして最もよいものを、1・2・3・4から一つ選びなさい。

（1）
新橋駅でこんな光景に出会った。
　公衆電話が五つ並んでいて、その五つにそれぞれ行列ができていた。するとそのうちに若い男性が、
「フォーク並びをしませんか」
　　　（注）
と言い出し、途端に列が一列になったのである。この「先着順に行列一本」のフォーク並びは、従来の横並びにくらべればたしかに①公平である。いくつも電話がある。その電話それぞれに人が並んで待っている。いったいどの電話が早く空くだろうか。賭けるような気持で、ある列の末尾につく。ところが長い通話をしなければならない人が先にいて、自分の列はなかなか前へすすまない。隣の列を見ると、自分より遅く並んだ人がもう通話をしている。普段なら別にどうということもないが、急いでいる時などはなんとなく殺気立ってくる。つまり先着順という基本規則の中に運不運が忍び込んでくるので、いらいらするわけである。この一列振り分け方式なら先着順の公平性は保証される。りっぱな行列法だ。
　もっとも行列法だけに②感心したのではない。もしもあの青年が、「フォーク並び」という名を知らず、ただもう闇雲に「えーと、この行列法は公平を欠きますから、その、みんなで一本に並んで、どこか電話が空いたら、その電話を先頭の人が使うということにしてはどうでしょうか」と訴えても、だれにも相手にされなかったに違いない。しかし彼にはその並び方の意味を一括して伝えることのできる「フォーク並び」ということばがあった。公の場でのあたらしい行動様式に名前が付いて、その行動様式が人びとのものになる。その現場を目のあたりにして感動したわけである。

（井上ひさし『ニホン語日記』文藝春秋）

（注）フォーク並び：公衆トイレや現金自動預け払い機など、窓口が複数ある所に整列する際の習慣の一種で、複数の窓口に対して1列で待機し、先頭から空いたところへ順番に振り分けていく方式

[1] ①公平であるとあるが、どのような点で公平なのか。
1 偶然によって左右されない点
2 急いでいる人が優先される点
3 電話機が複数用意されている点
4 各電話機に行列ができる点

[2] ②感心したとあるが、筆者が感心したのはなぜか。
1 フォーク並びが不公平な現状を解決するものだったから
2 列に並ぶ人々が素直に青年の言葉に耳を傾けたから
3 フォーク並びと言う言葉が端的に意味を伝えていたから
4 筆者自身ではこの名前を思いつくことができなかったから

[3] 筆者の考えと合っているのはどれか。
1 言葉は、しばしば公共の場で新しく名付けられるものだ。
2 新しい言葉は、最初は人から相手にされないものだ。
3 言葉は、現状の問題を解決するために作られるべきだ。
4 言葉は、分かりやすく人々に伝わるものであるべきだ。

(2)
　長い間、人がキツネにだまされつづけたということは、キツネにだまされた歴史が存在してきた、と考えてもよいだろう。なぜなら①そういう歴史の中で、長い間人々は生きてきたからである。その人間史のなかに、とらえられたキツネの歴史があり、自然や生命の歴史があった。

　もっとも今日の歴史学は、それを歴史とは呼ばないに違いない。なぜなら文書で裏付けられた客観的事実をもとにして歴史を再構成していくのが、今日の歴史学の方法だからである。人がキツネにだまされたというような話は、民俗学の興味になっても、歴史学の対象にはならない。

　しかしそうであるかぎり、②別の問題が生じる。キツネにだまされながら暮らしてきた村人の歴史に、生きてきた自然と人間の歴史があるとすれば、それを切り捨ててしまえば、村に生きた人間の歴史も、その人間たちとともにあった自然の歴史も、つかみえないものになってしまう。私の問題意識のなかにあるのは、それで歴史はよいのかという問いである。（中略）

　歴史学は文献＝文書の読解をとおして、過去を忠実に、正しく描こうとする。ところが過去に向ける人間のまなざしは、その時代を包んでいるものとともにある。人間たちはその時代の問題意識をとおして、過去を考察してきたのである。歴史学の前提には、歴史学への意志とでもいうべきものが存在する。

　　　　　　（内山節『日本人はなぜキツネにだまされなくなったのか』講談社現代新書）

4 ①そういう歴史とは、どういう歴史か。
1 キツネにだまされた事実を記録したもの
2 体験談や言い伝えを集めたもの
3 民俗学的な資料をもとに書かれたもの
4 自然や生命に関して記録したもの

5 ②別の問題とは、何か。
1 キツネにだまされた話を切り捨てると民俗学的な価値がなくなること
2 人間がキツネにだまされた話が客観的な文書に記載されていないこと
3 客観的な記録文書は人間の実際の歴史を十分に伝えていないということ
4 歴史を事実だけで再構成すると、村人の歴史が切り捨てられてしまうこと

6 本文の内容と合っているものはどれか。
1 キツネに関する話からは当時の時代背景がうかがえる。
2 民俗学は事実の裏付けによらずに伝承されてきた。
3 今日の歴史学には自然に関して記した歴史は含まれていない。
4 過去を忠実に描くことで時代の問題意識が見えづらくなる。

(3)

　問題は相手を人間として理解するにはどうしたらよいか、ということである。目の前にあるものが、物体としてではなく、人間としてあるということは、その物体の運動がそのときどきの状況に従ってもっともな行動として、納得もゆくし、ときには予想もされるものでなければならない。それはその対象を自分と似かよったものとして扱えることである。そのためには行動が全体として理解できるというだけではなく、一つ一つの行動パターンが何であるか、何を意図しており、いかなる感情をもってなされるかが、だいたいにおいてわからなければならない。

　<u>人間の行動</u>は、同じ局面に遭遇しても、人によって多少違うものである。しかしめちゃくちゃに違うのではなく、かくかくのタイプの状況には、かくかくのタイプの行動をとる（注1）ということがある。あるいは、いくつかのタイプのなかのどれかをとるということがある。また同じタイプの行動も違った状況のもとでは違った種類の行動として理解される。叫びはあるときは苦痛の叫びであり、あるときは驚きの叫びである。このように、肉体運動は状況によって違った心的規定を帰属せしめられて、別種の行動、行為と解釈される。

　このような人間の理解に至るには、たんにその人を観察するのではなく、交流・付き合いが必要である。共同生活を行って同類、仲間とみるからこそ、自分と同様な心的状態を持つと考え、同じカテゴリーを当てはめるのである。他人に心的述語を適用するのは、観想的認識の結果ではなく、実践的交流の結果である。そこには感情移入がある。（注2）心的世界をもつ仲間としての他人の扱いは、感情的扱いである。それは他人の理性的考（注3）察と少しも矛盾しない。

　　　　　　　　　　（中村秀吉『パラドックス―論理分析への招待』講談社学術文庫）

（注1）かくかくの：これこれ、こうこう、こういった
（注2）心的述語：心の状態を表す言語表現。psychological predicaeの訳語
（注3）観想的認識：ここでは「実践的交流」と対照的な「観念的認識」を言う。

[7] 筆者は、人間の行動についてどう述べているか。
1 状況によって行動のタイプが決まっていることがある。
2 状況が異なっていれば同一のタイプの行動は起こらない。
3 行動のタイプによって、その人の性格が分かる。
4 苦痛の叫びと驚きの叫びは行動のタイプが異なる。

[8] 筆者は、他人の行動の理解について何と言っているか。
1 共同生活をすることによって他人を理性的に理解できるようになる。
2 交流し共同生活を送らないことには、観想的理解は得られない。
3 心的世界では常に他人を自分と同じカテゴリーに当てはめて理解する。
4 感情移入により同じ心的世界を持つ仲間だと考えるようになる。

[9] 本文の内容と合っているものはどれか。
1 人間の行動を理解するには、行動を物理的な物体の運動として予測できなければならない。
2 対象である物体を自分と類似しているものとして扱えば、相手の行動を予想できるようになる。
3 各行動の意図やそれに伴う感情を理解することが相手を人間として理解することである。
4 相手を自分と同類のものとして理解できれば、相手の行動を全体として理解できる。

3 : 問題 10 내용 이해(장문)

문제 유형
장문 파트의 출제 경향과 질문은 중문 파트와 유사하며, 1,000자 정도 길이의 설명문이나 평론, 수필 등을 읽고 필자의 생각이나 주장을 찾는 문제가 주로 출제된다. 지문의 길이가 길기 때문에 전체의 흐름을 파악하고 요약하는 연습이 필요하다.

문제 풀이 포인트

● 질문 형태 2가지

부분 이해에 관한 문제

- _____とはどういうことか。
- _____とは何(なに)か。

🔑 밑줄 친 부분을 묻는 문제로, 밑줄 앞뒤 문장을 읽으면 힌트를 찾을 수 있다. 단, 밑줄 부분이 문장 첫머리에 있는 경우에는 글의 내용이나 주제를 묻는 경우가 많으니 주의하자.

개요 이해에 관한 문제

- 질문 형식이 정해져 있지 않기 때문에 글에 따라 다양한 질문 유형이 출제된다. 내용을 요약한 문장을 괄호 안에 넣는 문제가 출제되기도 한다.

🔑 긴 글을 읽을 때는 각 단락의 중심 내용이 무엇인지를 파악해야 한다. 그 후 접속사에 주의하면서 단락 간의 관계를 파악하면 전체 글의 흐름이 보일 것이다.

問題 10　내용 이해(장문) 연습문제

해설편 158p

問題10　次の文章を読んで、後の問いに対する答えとして最もよいものを、1・2・3・4から一つ選びなさい。

　日本で「ものづくり」に携わるようになってから実感したのだが、日本人の問題解決能力は非常に高い。課題が与えられれば、苦労しながらも、工夫と努力で解決してしまう。それは、生産の現場でも、営業や販売でも同様だ。アメリカ、ドイツ、イタリアなど、私が働いてきたどこの国よりも、日本人は①それが得意なのだとつくづく思う。与えられた問題に対して解決策を探し出す人は、大企業ともなれば山ほどいる。その能力がないと入社試験に受からないということなのだろう。

　反面、問題を「生み出す」人がいない。ここが日本のビジネスシーンで大きく欠けている部分である。仕事を進める上では、問題を生み出す、平たく言えば質問する人が必要で、②それがデザイン・プロデューサーとしての私の役割だと思っている。

　すなわち、自動車であれ家具であれメガネであれ、私は素人的見地から「誰がどういう状況で使うか」ということを掘り下げていく。企画する人から職人まで、「もの」をつくっている人に対して質問を浴びせる。つくり手側の理屈をあえて無視して、本来の顧客にとってどういう疑問が存在するか考える。

　私自身は解答を持っているわけではない。ただ、現状に対する疑問がある。その疑問に対する答えは、実は聞かれた人たちがすでに持っているのである。私は、困ったことや非効率的なことが生じて、それに気がつくから、改善すべき点も提案することができるのだ。「お客のクレームはアイデアの宝庫」などといわれるように、問題発生を契機に大きな飛躍が生まれることは多い。ところが、「ものづくり」をしながら、問題も不満も事件も生じず大過なく過ごしているうちに、気がつけばいつの間にか低空飛行、ということが増えてきた。問題がないのなら、意図的に想像されなければいけなかったのだ。問題解決能力が高いことは評価されてしかるべきだが、裏返せばそれは受動的な姿勢であって、問題自体が発生しなければ解決能力は劣化する。

　今まで誰にも質問されなかった、だから答えを考える必要もなかったという組織において、遠慮なく質問をして問題を生み出すこと。それが私の役目であると思っている。

　むろん、私もいたずらに意味のない質問をぶつけるわけではない。最も重要なのは問題点を洗い出すことである。洗い出しても問題点が出てこなければ、それに越したこと

はないが、必ずと言っていいほど問題点は見つかる。しかし、問題点が洗い出された時点で解決策はほとんど見えてくるのだ。半分以上、山は越えているものである。だからなおさら、質問をしつづけることが大きな意味を持つのである。

（注1）ものづくり：「もの」と「つくり」を合成した言葉で職人精神を土台にした日本の独特な製造業文化を意味する。
（注2）低空飛行：飛行機が通常の高度より低く飛ぶことをさすが、比喩的に売上、業績、経済成長など経済活動が停滞し、マイナスに近い状態であることを言うことがある。

1　①それが指しているものは、どれか。
　1　営業や販売をすること
　2　工夫や努力をすること
　3　問題を解決すること
　4　ものづくりをすること

2　②それがデザイン・プロデューサーとしての私の役割だとあるが、どうしてか。
　1　自分は、問題を生み出すことができるから
　2　自分は、ものを作っている人たちと親しいから
　3　自分は、いろいろな国で働いてきた経験があるから
　4　自分は、ものを作っている人たちを無視することができるから

3 筆者が一番心配していることは何か。
1 問題が発生しない組織では、問題解決能力が低下してしまうこと
2 問題解決能力が低下している大企業が、日本に増えてきたこと
3 日本のものづくりに対する姿勢が受動的で、熱意も低下していること
4 日本では客がアイデアを提供したり、クレームを付けたりすることがないこと

4 筆者の考えと一致するものは、どれか。
1 いくら質問をしても問題点が出てこない企業が最も理想的な企業だ。
2 問題点を洗い出せば解決策は見えてくるので、問題がないと思われても問題点を表すことが重要だ。
3 たとえ意味のない質問でも質問することに越したことはないので、どんな無意味な質問でもしつづけることが重要だ。
4 日本人の問題解決能力が高いのは、ものづくりの現場で問題も不満も生じないためだ。

4 問題 11 통합 이해

문제 유형
통합 이해는 두 개의 지문을 비교해서 읽는 문제로, 이때 두 지문은 모두 공통된 주제에 대해 서술하므로 글의 주제와 키워드 파악이 중요하다. 지문을 비교할 때는 차이점만을 찾는 경향이 있지만, 차이점과 함께 공통점도 꼭 확인하도록 하자.

문제 풀이 포인트

◉ 질문 형태 2가지
같은 주제를 다룬 A와 B 두 개의 지문을 읽은 후, 공통으로 다루고 있는 주제를 확인하고 A, B가 각각 제시한 의견을 비교 분석한다. A, B가 항상 반대되는 의견을 내놓을 거라는 생각은 버리자. A, B는 서로 같은 의견이나 주장을 내놓을 때도 있지만, 정도의 차이가 있을 수 있다.

주제에 대한 의견을 비교하는 문제
- 二つの文章で触れられていることは何か。
- 共通の意見は何か。
- それぞれの立場は賛成か反対か(肯定的か否定的か)。

한쪽 혹은 양쪽 모두의 글에서 언급하고 있는 사실에 대해 묻는 문제
- 〜に関する、A(またはB)の主張はどれか。
- 二つの文からわかる〜は何か。

問題 11 통합 이해 연습문제

해설편 161p

問題 11 次のＡとＢの文章を読んで、後の問いに対する答えとして最もよいものを、1・2・3・4から一つ選びなさい。

Ａ

「好きこそものの上手なれ」ということわざがある。人が何かに夢中になるのはそれに魅力を感じているから、つまり好きだからで、好きなものに没入している間は何をしても苦にならない。料理好きな人の作る料理でまずいものに出会ったことがないのは、調理技術の鍛錬に満足し、味をきわめる努力に喜びを感じながら作ってくれるからだ。ただし「好きだ」という感情は逆に「上手だ」から生まれることがある。初めて英語を勉強した頃、成績が良かったために英語が好きになったという経験は筆者だけではあるまい。いずれにしても、対象への好悪の感情が上手、下手に関わってくるのは間違いなさそうだ。

　（注）好きこそものの上手なれ：好きですることこそ上達の近道だ。

Ｂ

先日電車の駅でゴルフのスイングの真似をしていたら、会社の同僚にからかわれた。プロを目指しているのかって。もちろん笑いながら「下手の横好き」だと言ってごまかしたが、無意識に出たその言葉について考えてみた。それは自分のことを謙遜して言うことわざだから、誰かに「下手の横好きですね」などと言ったら大変なことになる。相手もこちらが謙遜していることを知っているから、「いやいや好きこそものの何とかと言いますから、ハンデはどのくらいですか」などと社交辞令を言ってくる。確かに自分はゴルフが好きだ。そうでなければ休日ごとにゴルフ場に行かないし、練習にも身が入らないだろう。

　（注1）下手の横好き：下手なくせにそれを大変好むこと
　（注2）ハンデ：ハンディキャップの略語。ゴルフの実力を表す数字

1 AとBで共通して述べられているのはどれか。
1 好きなことは上手にできるが、嫌いなことは上手にできない。
2 上手にできることは好きになるが、上手にできなければ嫌いになる。
3 好きか嫌いかは、上手にできるかどうかと関係がある。
4 上手か下手かは、一生懸命するかどうかによって決まる。

2 好きなことをすることについて、AとBはどう述べているか。
1 Aは好きなことはいつでもできると述べ、Bは毎週休日にだけできると述べている。
2 Aは好きなことだけが上手になると述べ、Bは嫌いでも上手になると述べている。
3 Aは他の人が好きなことについて述べ、Bは自分が好きなことについて述べている。
4 Aは好きなことは上手になると述べ、Bは好きなことでも自分は下手だと謙遜している。

5 : 問題 12 주장 이해

🔖 문제 유형
주장 이해에는 사설, 평론 등의 이해력과 논리성을 요하는 1,000자 정도의 지문을 읽고 필자의 주장이나 의견을 찾는 문제가 출제된다. 장문 파트와는 달리 필자의 주장이나 의견이 항상 마지막 단락에 나오는 것은 아니라는 점을 주의하자.

🔖 문제 풀이 포인트

○ 질문 형태

> 필자의 주장이나 생각을 묻는 문제

- 〜の文章で筆者が最も言いたいことはどれか。

🔓 각 단락의 내용을 이해하는 문제 외에도 필자의 주장이나 의견을 묻는 문제는 반드시 출제된다. 선택지에서 '너무 극단적인 주장'이나 '필자가 직접 언급하지 않는 의견'은 답에서 제외하는 것도 문제를 푸는 요령이다. 단, 지문을 읽기 전에 선택지를 미리 읽고 선입견에 빠지지 않도록 주의하자.

問題 12 주장 이해 연습문제

問題 12　次の文章を読んで、後の問いに対する答えとして最もよいものを、1・2・3・4から一つ選びなさい。

　せちがらい話だが、「著作権を誰が持つのか」という問題は、映画を作るうえでとても①重要である。これがないと、特に規定がない場合には、作家は自分が作った作品であるにもかかわらず、そこから生じた利益を得ることはおろか、自由に上映したりすることすらも難しい。

　僕はテレビ・ディレクターとして作った40本以上の番組の著作権を、一切持っていない。では、誰がそれを保有しているのかといえば、テレビ局である。したがって、テレビ局が二次使用等で何らかの利益を得たとしても（二次使用自体ほとんどされないが）、僕にはロイヤリティーは入らない。（中略）

　実は、これは結構辛い。1本の作品を作るためには、作家は持てる力を総動員するのが常である。それまでの人生で得られた経験、発想、人脈、時間、エネルギー。作品が完成した後は、ヘトヘトになる。編集権がないばかりに、不本意な番組を作らされてストレスも溜まる。しかし、ギャラの金額は大抵、制作にかかる日数が1ヵ月なら1ヵ月分くらいの生活費にしかならないから、すぐに次の作品を作らないと生活ができなくなる。自転車操業だ。それを繰り返していけば、それまで溜めていたリソースも、創作のエネルギーも枯渇してしまう。そうやって、多くのフリーのディレクターは疲弊し、使い捨てられてきた。要するに、キツい言い方をすれば②奴隷のような状態なのだ。

　しかし、著作権を持ってれば話は別だ。まず、著作権者は奴隷ではなく、れっきとした事業主だ。作品の評判が良く、様々な国や地域に売れることになれば、収入を得る機会も増大する。そうなれば、作家は自分の作品から得た収入で生活しながら、かつ次の作品に投資し、またその作品で得た収入で次の作品を作るという制作サイクルを作ることができる（実際、僕は今のところそうしている）。それに加え、編集権も持てれば作品の内容やスタイルを自ら決定できるので、作り手としての満足感と一貫性を保てる。長くインディペンデントで作家を続けていこうと思ったら、権利の確保はとても重要なのだ。

　特に、今回のように予算をオーバーする可能性がある場合には、著作権の有無は極めて重要な要素になる。自社でオーバー分を被っても、著作権さえあれば、後で回収でき

る可能性があるからだ。逆に著作権がないなら、回収の可能性はゼロだから、何としてでも予算内で映画を完成させねばならない。作家を続けていくには、赤字は禁物だ。僕は監督だけでなくプロデューサーも兼ねているから、③そういう計算を頭の中で常にしなければならないのである。

(注1) せちがらい話：生きづらい世の中の話。ここでは生活上の面白くない話、つれない話などの意味で使用
(注2) ギャラ＝ギャランティ：ここでは、報酬
(注3) 自転車操業：休まずに仕事をしなければ経営を維持できない困難な経営状態
(注4) リソース：資源、資産やパソコンの構成要素。ここでは、資料
(注5) インディペンデントで：独立して。ここでは、ひとりで

1 ①重要であるとあるが、なぜ重要なのか。
  1 著作権があれば、収入を得たり、自由に上映できるから
  2 著作権があれば、自由に作品を編集したり、上映できるから
  3 著作権がなければ、思い通りに映画を作れないから
  4 著作権がなければ、作品を売ったり、上映できないから

2 ②奴隷のような状態とはどういったことか。
  1 作家が持てる力を総動員して、作品を制作するため、作り終えると大変疲れること
  2 作った作品に満足はできなくても、生活できる最低限のお金はもらえること
  3 会社が求める作品だけを作らされすべての自由が奪われること
  4 満足のいく収入も得られず、疲れ果てて、最終的には捨てられること

3 ③そういう計算とはどういったことか。
1 予算を超えた製作費を回収する方法を考えること
2 予算の範囲内で映画を完成させること
3 著作権があるかないかによって予算を決めること
4 監督だけなくプロデューサーとしての役割も考えること

4 著者が言いたいことは何か。
1 作家にとって何よりも大事なのは著作権であり、著作権がない仕事はすべきでない。
2 著作権があるに越したことはないが、作家はそれにとらわれていてはいけない。
3 作品制作の自由度も広がるので、作家は著作権の確保を心がけなければならない。
4 作家にとって予算内で作品を制作することは最も重要であり、そのために著作権は必要だ。

6: 問題 13 정보 검색

🔖 문제 유형
정보 검색은 광고, 팸플릿, 정보지, 비즈니스 문서 등 700자 정도의 정보지를 보고 필요한 정보를 찾아내는 문제이다.

🔖 문제 풀이 포인트

⭕ 질문 형태

> **부분 이해에 관한 문제**
>
> - 次のうち (申し込み) ができるのはどれか。
> - (申し込み) に必要なものはどれか。
> - 〜をするには、どうしたらいいか。
>
> 🔑 문제에 주어진 조건과 정보지를 대조하면서 답을 찾아야 한다. 정보지에서 중요한 내용은 '기호'나 '괄호'와 함께 있는 경우가 많다는 것을 반드시 기억해 두자.
>
> <u>자주 쓰이는 기호</u>　※　■　◆　☆
> <u>괄호</u>　「　」『　』【　】〔　〕
>
> 또한 다음과 같은 별도 조항도 주의 깊게 살펴봐야 한다.
>
> <u>예외 조항을 두는 정보</u>
> - 注 주
> - 〜は別途 〜은 별도
> - 〜は除く 〜은 제외
> - ただし 단
> - 〜のみ 〜만

Part 3 독해　285

問題 13 정보 검색 연습문제

問題 13　右のページは、ある地方自治体からの移住の呼びかけである。下の問いに対する答えとして最もよいものを、1・2・3・4から一つ選びなさい。

1　「ほとりオフィス」の補助対象者は次のうちどの人か。
　1　2年前にほとり町に転入したが、子どもの進学を機会に新しい事業を始める人
　2　以前一度この制度を利用して、6か月で他に移ったがもう一度別の事業を始める人
　2　家族と共に9月にほとり町に引っ越し、事業を始めるが毎月10日ほど東京に出張する人
　3　となりの町に住んでいて、ほとり町のオフィスには通勤して事業をしようとする人

2　「ほとりオフィス」で補助を受けるための手続きの順序は次のどれか。
　1　ほとり町HPから申し込む → 面接を受ける → 合格後、ボランティアに参加する → 事業計画を出す
　2　ほとり町HPから申し込む → 面接を受ける → 合格後、町に住民登録する → ボランティアに参加する
　3　ほとり町に住民登録する → 面接を受ける → 町のHPから申し込む → 合格後、事業計画を出す
　4　ほとり町に住民登録する → 町のHPから申し込む → 面接を受ける → 合格後、ボランティアに参加する

湖の見えるオフィスで働きませんか

　私たちはこの夏、心のふるさと「ほとり町」を訪れ新しいビジネスを始める方を応援します。
　8月、美しい自然がそのまま残る「ほとり湖」に面した広いスペースに清潔で利便性の良いビジネススペース《ほとりオフィス》がオープンします。外観は別荘のような和風建築ですが、内部は機能的なオフィスルームで様々なニーズに応えられる施設を備えています。通常は1階をオフィス、2階を居住空間として使用しますが、場合によっては変更も可能です。IT環境の進化によって今やオフィスの立地条件は大都市に限定されることなく、あらゆる場所が情報発信の拠点になりつつあります。

利用の特典

- 8月よりほとり町に新たに居住し（※1）、初めて《ほとりオフィス》を利用する方には町が月額90,000円（家賃、光熱費含む。ただし通信費は自己負担）を補助（※2）する制度が適用されます。（※3）

　※1　8月以前にほとり町に住所がある方は対象になりません。
　※2　月額90,000円を超える額については差額は自己負担になります。
　※3　補助期間は入居後1年間になります。

- その他の条件
　1　ほとり町に住民登録をし、3か月間に30日以上はほとり町内で営業をすること。
　2　ほとり町が運営するボランティア・プログラムに可能な範囲で参加すること。
　3　定員を超える応募があった場合は家族移住者を優先し、その他は抽選で決定します。

- 応募方法
　ほとり町ホームページ：[問合せ]フォームで以下の内容を記入してお送りください。
　1　氏名（家族で居住の場合は全員の氏名/年令）
　2　現住所（連絡先）
　3　履歴書
　4　これまでの職務経歴と《ほとりオフィス》で行う予定の事業計画（資料添付）
　5　《ほとりオフィス》の可能性について
　6　ほとり町に対する期待と希望について

※受付後、担当者から面接日程の連絡があります。採用決定通知は面接の1週間後になります。

[問合せ] ほとり町事務所　移住促進課
〒377－6800　群馬県ほとり町156－27 / 電話 011-278-9100（直通）

Ⅱ 실전문제 익히기

問題 8　내용 이해(단문)
問題 9　내용 이해(중문)
問題 10　내용 이해(장문)
問題 11　통합 이해
問題 12　주장 이해
問題 13　정보 검색

問題 8 내용 이해(단문) 실전문제

해설편 168p

問題 8 次の(1)から(5)の文章を読んで、後の問いに対する答えとして最もよいものを、1・2・3・4から一つ選びなさい。

(1) 以下は、インターネット通販の客に送られてきたメールである。

田中明子　様

　ご連絡ありがとうございます。
　ご返却の件、承知いたしました。ご注文分を確認いたしましたところ、4月1日、6月2日共に、「オリーブオイル・グリーン」をご注文いただいておりましたが、1回目の分はすでにお届け済み、2回目の分がお届け時不在のため郵便局に保管中とのことで、そちらは連絡いただきましたとおり「マイルド」に変更させていただきたく存じます。
　こちらからも郵便局にご連絡させていただきます。

　発送の準備が整いましたらあらためてご連絡させていただきます。
　どうぞよろしくお願いいたします。

　株式会社　メディテラネオ (担当　中野)
　電話：024-881-6456　(平日 10 ～ 17 時・土日祝 9 ～ 16 時)

---

[1] このメールで最も伝えたいことは何か。
1　2回目の品物を再度届けるように郵便局に連絡したこと
2　2回目の品物は返却扱いとし、別の品物を送ること
3　2回目の品物が間違っていたので、別の品物を送ること
4　2回目の品物が戻って来たので、別の品物を送ること

(2)
　「人はなぜ働くのか？」――それは、国民には勤労の義務がある（憲法第27条）からか、はたまた、働かなければそもそもお金がもらえず、お金がなければ生きていけないからか。いやいや、これに対しては、「人はパンのみにて生きるにあらず」という古くからの金言もある。要するに、「自己実現」のためである。だが、今の世の中、そんなことがかなうのはごく一部の人間だけだということもわかってしまっている。多くは、根本の意義を見失っているのではないか。

2　根本の意義とは、何か。
　1　人は食べるためだけに生きているのではないということ
　2　労働の義務は憲法に定められていること
　3　自己実現のために働けるのは一部の人だということ
　4　人は自己実現のために生きているのだということ

（3）
　一時少年犯罪の凶悪化、増加が社会を騒がせたことがあった。そして、実際に少年法の適用年齢も20歳未満から18歳未満へと引き下げられたのだったが、もう2003年より少年による刑法犯数も凶悪犯数も減少し続けているというのがまぎれもない事実である。にもかかわらず、少年の犯罪に対し適用年齢の引き下げ、すなわち厳罰化という法的措置が取られたのは、逆に、犯罪が減り、個々の犯罪がクローズアップされ社会問題化したためだとされている。

3　筆者は、少年犯罪についてどのように述べているか。
　1　増加し凶悪化していたため、法律の適用年齢が下げられ厳罰化された。
　2　増加も凶悪化もしていなかったため、法律による厳罰化は見送られた。
　3　減少していたにもかかわらず厳罰化されたのは、社会問題化したためである。
　4　法律により厳罰化されたのは、メディアが凶悪犯罪ばかり報道したためである。

(4)
　フロイトが無意識を発見する必要があったのは、ヨーロッパが十八世紀以降、急速に都市化していったことと密接に関係しています。それまでは、普通に日常に存在していた無意識が、どんどん見えないものになっていった。だからこそ、フロイトが、無意識を「発見」したわけです。
　もともと無意識というのは、発見されるものではなくて日常存在しているものなのです。なぜならば、我々は、毎日寝ています。寝ている間は誰もが無意識に近い状態です。夢を見ているといっても、覚醒している時とはまったく異なる、低下した意識ですから。

（養老孟司『バカの壁』新潮社）

（注）ジクムント・フロイト：Sigmund Freud，オーストリアの精神科医

4　「発見」したとあるが、ここでは何を発見したと言っているか。
　1　都市化する以前の社会には無意識が存在したこと
　2　睡眠中に人は無意識に似た状態になること
　3　都市化の中で認識されなくなった無意識のこと
　4　日常存在している睡眠中の夢と無意識は関連があること

（5）

　宇宙から地球を見れば、人間もまた動物の一種であり、人間の活動も自然の作用の一部でしかないことが観察されるだろう。動物の一種というには、あまりにも他の動物や自然全体に与える影響が大きすぎる存在ではあるのだが。

　しかし、それは、現在の大都市に暮らす住民には実感されにくいことであり、ほとんどが人工化された都市空間の中では、自分の身体が自然であることさえ忘れてしまっている始末である。__それ__を残酷なまでに思い知らせてくれるのが他でもない気候変動による自然災害なのであった。

5 それとは、何を指すか。

1 人間は自分の身体を含め自然の一部にすぎないこと
2 人間は動物や自然全体に影響を与えすぎていること
3 大都市の空間はほとんどすべて人工化されていること
4 気候変動の原因は人間による活動にほかならないこと

問題 9 내용 이해(중문) 실전문제

問題9 次の(1)から(3)の文章を読んで、後の問いに対する答えとして最もよいものを、1・2・3・4から一つ選びなさい。

（1）

　家族からドラマが消えかけています。事件ばかり目について、登場するのも加害者や被害者ばかり。でも本来家族は様々なドラマの舞台でした。ホームドラマには主役がいて脇役もいて、老若男女それぞれに言い分がある。時には争い、また仲直りしながら、絆を太くしてきたものです。

　それが近年、いきなり事件になってしまった家族が目につきます。ろくに言い争いもなく、問答無用の結果だけが早々と出てしまうのです。これは一体どうしたことだと、ニュースでしか知ることのできない人々も戸惑い気味です。

　こんな時、家族が変わったのだとか子どもが変わったのだと、言いたくなる気持ちも理解できなくはありません。目新しい分類や診断名を付けて、何か新たな生き物になってしまったような扱いが蔓延しています。

　しかし落ち着いて考えてみてください。今、私たちの見えるところで、人間に関する突然の大変化が起きていると語ってしまうのは、かなり眉唾だと思いませんか。そんな凄い変化が、私たちの短い一生の間に次々起きていると思いたがるのは、相当な自己チュー（自我肥大）ではないでしょうか。

　長い歴史の中で、人や家族はどうだったのでしょう。何事もなく歩んできた人間社会が、ここに来て一挙に膿を吹き出したとでもいうのでしょうか。私はもっと当たり前の人の営みの中で理解し、これまでにもあっただろうことが、形を変えて起きている、そう考える方が妥当だと思っています。

　家族からドラマが消えかけていると書きましたが、なくなってしまったわけではありません。家族は相変わらず面白く、おかしく、大したものなのです。

（団士郎『家族力×相談力』文春新書）

（注1）眉唾だ：疑わしい
（注2）膿：炎症した部位に生じる黄緑色の粘液

1 最近の家族に関するニュースについて、筆者はどのように述べているか。
  1 家族の物語としての様々な人間関係が見えなくなってきた。
  2 家族がテレビドラマのテーマになることが少なくなってきた。
  3 加害者と被害者の言い争いばかり報道するようになってきた。
  4 事件の背景を報道するばかりで、結果は報道しなくなってきた。

2 こんな時とあるが、人々はどのような反応をしがちであると筆者は述べているか。
  1 家族や子どもが変化した原因をなんとか理解しようと努める。
  2 家族や子どもが自分たちとは別のものに変化したと考える。
  3 家族や子どもの変化は本当かどうか疑わしいものだと考える。
  4 家族や子どもの変化は自己中心的な性格が原因だと考える。

3 家族の変化について、筆者はどのように考えているか。
  1 家族から本当にドラマが消えたのか、それは歴史が証明するだろう。
  2 現代社会が抱える問題が一気に噴出した結果、家族は形を変えてしまった。
  3 大変化のように見えても、本質は変わっていないと考えた方が良い。
  4 普通の人々の当たり前の生活は、永遠に変化することはないだろう。

(2)
　〈欲望の対象〉とは、何かをしたい、何かが欲しいと思っているその気持ちが向かう先のこと、〈欲望の原因〉とは、何かをしたい、何かが欲しいというその欲望を人のなかに引き起こすもののことである。
　ウサギ狩りにあてはめてみれば次のようになる。ウサギ狩りにおいて、〈欲望の対象〉はウサギである。たしかにウサギ狩りをしたいという人の気持ちはウサギに向かっている。
　しかし、実際にはその人はウサギが欲しいから狩りをするのではない。対象はウサギでなくてもいいのだ。彼が欲しているのは、「不幸な状態から自分たちの思いをそらし、気を紛らせてくれる騒ぎ」なのだから。つまりウサギは、ウサギ狩りにおける〈欲望の対象〉ではあるけれども、その〈欲望の原因〉ではない。それにもかかわらず、狩りをする人は狩りをしながら、自分はウサギが欲しいから狩りをしているのだと思い込む。つまり、〈欲望の対象〉を〈欲望の原因〉と取り違える。
　賭け事でも同じように〈欲望の対象〉と〈欲望の原因〉を区別できる。賭け事をしたいという欲望はもうけを得ることを対象としている。だがそれは、賭け事をしたいという欲望の原因ではない。「毎日カネをやるから賭け事をやめろ」と言うなら、あなたはその人を不幸にすることになるのだ。その人はもうけが欲しいから賭け事をしているわけではないのだから。
　どちらの場合も、〈欲望の原因〉は部屋にじっとしていられないことにある。退屈に耐えられないから、人間のみじめさから目をそらしたいから、気晴らしが欲しいから、汗水たらしてウサギを追い求め、財産を失う危険を冒して賭け事を行う。それにもかかわらず、人間は〈欲望の対象〉と〈欲望の原因〉を取り違える。ウサギが欲しいからウサギ狩りに行くのだと思い込む。

（國分功一郎『暇と退屈の倫理学』太田出版）

4 「ウサギ狩り」について、文章の内容と合っているものはどれか。
1 欲望の対象も原因もウサギとは関係のないものである。
2 欲望の対象はウサギであり、原因はウサギが欲しいという気持ちである。
3 欲望の対象はウサギだと思いがちだが、本当は違う。
4 欲望の原因はウサギだと思いがちだが、本当は違う。

5 「賭け事」について、文章の内容と合っているものはどれか。
1 お金が欲望の対象であり、お金が欲しいという気持ちが原因である。
2 お金で不幸な状態から抜け出せると考えることが原因である。
3 不幸な状態から目をそらしたいという気持ちが原因である。
4 もうけたお金でさらにもうけたいという気持ちが原因である。

6 筆者は、何が問題だと述べているか。
1 人は欲望をけっして満足させられないことを知らないこと
2 人は欲望の対象を原因だと思い込んでしまうこと
3 人は欲望の対象がなくなってしまうと不幸になること
4 人は欲望を満足させるために危険を冒してしまうこと

(3)

　最近、土地を人間活動の場と保護区にはっきり分けて管理するのか、それとも人間と生物が同じ場所で共存できる環境を造るのか、という議論が活発である。前者を「土地スペアリング」、後者を「土地シェアリング」という。スペアは区分け、シェアは共有の意味である。もちろん、ゴールは人間社会と生物多様性の共存を目指してはいるが、具体的な手段が違う。ここでいう人間活動の場は、おもに食料や燃料などを生産する農林業を想定している。地球規模での人口と食料需要の増加が見込まれるなか、どのような国土のグランドデザイン(注1)が望ましいかについての二つの対立軸ともいえる。

　日本の場合は、「土地スペアリング」と「土地シェアリング」の双方が重要であり、それぞれ別個のタイプの生物を保全するのに役立つはずだ。高山蝶やブナの原生林に棲むクマゲラ、シイの大木が必要なヤンバルテナガコガネなどは、開発を厳格に規制した保護区の設置(土地スペアリング)が必要だが、草地性の蝶や湿地に棲む昆虫、両生類などは、環境に優しい伝統的な農業の営み(土地シェアリング)が有効だろう。だが、熱帯雨林が広がる国の地域では、おそらく「土地スペアリング」の方がはるかに重要だろう。日本のようなモザイク性(注2)の高い環境はもともと少なく、人手が入った環境に依存した生物は、はるかに少ないと思われるからだ。

　人間による開発や利用を制限した保護区でどれだけ生物が守られるのかは、地域の社会情勢はもちろん、長い年月をかけて形づくられてきた地域の自然環境の「歴史」に依存しているといえよう。

（宮下直『生物多様性のしくみを解く』工作舎）

(注1) グランドデザイン：全体構想、設計
(注2) モザイク性：ここでは、田畑や集落など人間が活動する土地と、生物の棲む森林が混在している状態

7 議論が活発であるとあるが、その議論の最終目標は何だと述べられているか。
1 国土のグランドデザインをどのようにするか決定すること
2 土地スペアリングと土地シェアリングのどちらかを選択すること
3 望ましい環境を作るための具体的な手段を決定すること
4 自然の生物多様性と農林業などの人間活動が共存すること

8 日本の場合について、筆者はどのように述べているか。
1 人手が入った環境に依存した生物が多いため土地シェアリングが有効である。
2 開発を厳格に規制した保護区の設置が必要である。
3 環境に優しい伝統的な農業の営みが有効である。
4 保護する生物のタイプによって有効な対策法が異なる。

9 筆者の主張として合っているものはどれか。
1 日本はモザイク性の高い環境が多いため、土地シェアリングに力を入れるべきである。
2 保護区での生物の保全には、自然環境を含めた地域の情勢や歴史が関係している。
3 生物を人間の手から守るためには、長い年月をかけて自然環境を元に戻すしか方法はない。
4 生物を守れるかどうかは、人間の活動をどれだけ制限できるかにかかっている。

問題 10 内容理解(장문) 실전문제 ①

問題 10 次の文章を読んで、後の問いに対する答えとして最もよいものを、1・2・3・4から一つ選びなさい。

　私はケアに関する以前の著書で、人間とは「ケアする動物である」という①基本的な認識(注1)について述べた。その趣旨は、人間という生き物は、他者との「ケア」の関係(ケアすること／ケアされること)を通じてこそ存在できるものであり、また自己自身の成り立ちにおいて、他者とのケアを通じた関わりが不可欠の意味をもつということである。これは言い換えれば、人間は、「ケアへの欲求(他者をケアすることへの欲求／自分がケアされることへの欲求)」を本質的なものとしてもつということともつながる。

　なぜそうなのか。それはもともとは②人間の生物学的な特性に根拠をもつものである。この場合、正確には「ケア」が重要な意味をもつのは人間だけではない。すなわち、哺乳類以降の動物においては、「哺乳」という言葉自体が示すように、母親が授乳などの行為を含め子どもを「ケア」するということが一般に行われ、また、そこにおいて「情緒的な」レベルでの個体間の結びつきあるいは関係性が生じる。興味深いことにこれは脳の進化とも関連しており、「情動」ないし「感情」をつかさどる大脳辺縁系という部位が大きく発達するのが、他でもなく哺乳類以降においてなのである。(注2)

　しかし人間の場合はこれだけに尽きない。人間の場合、サルなどを含めた他の動物と比べて、発達がきわめて"遅く"、つまり「大人」になるまでに長い時間が必要で、言い換えれば、他の人の「ケア」がなくては生きていけないような期間が非常に長いのだ。

　それはある意味で人間の"脆弱さ"を意味すると同時に、しかしそのような長い遅延発達期間(ケア期間)があるがゆえに、人間の知性、認識能力や創造性、そして他者との感情面を含むコミュニケーションの多様性や複雑性・深さ、社会性は大きく発達することになった。ケアなしで生きてはいけないという人間の特性は、「弱さ」でもありかつ「強さ」でもある。

　そして、そうした他者とのケアの関係を通じてこそ、自己ないし「自分」という存在そのものが、より自覚的で、しかも複雑さやニュアンスに富んだ存在として形成される。つまり「ケア」は単に他者との関わりを意味するのではなく、いわば"自己自身の存在の内側"に、その不可欠な一部分としてあるのだ。

　　　　　(広井良典「人間にとってケアとは」『ケアとは何だろうか』ミネルヴァ書房)

（注1）ケア：care，世話をすること。病人や高齢者の介護。看護や介護の福祉サービス
（注2）情動：急激で一時的な感情、情緒

1 筆者は、ケアに関する①基本的な認識について、どのように述べているか。
1 自己自身が成立していない人は、他者とのケアを通じた関係を結ぶことができない。
2 人間にとって他者をケアし他者からケアされる関係はなくてはならないものである。
3 人間のケアへの欲求は本能的なものであり、自己の成立以前に備わったものである。
4 自分が他者にケアされることよりも他者をケアすることのほうがより本質的である。

2 ②人間の生物学的な特性に根拠をもつとあるが、どのようなことか。
1 哺乳類以降の動物は、脳が進化することによって、情緒的な個体間のケアが可能になったこと
2 哺乳類以降の動物の母親が示す子どものケアは一般的であり、脳の進化に関係があること
3 哺乳類以降の動物は、大脳辺縁系が大きく発達したため、言葉によるケアが可能になったこと
4 哺乳類以降の動物の母親は、授乳することで感情機能が発達し、他者をケアするようになったこと

3 筆者は、人間の場合、どのような特徴があると述べているか。
1 ケアなしでは生きていけない期間が長いため、認識能力や想像力の発達も遅くなってしまった。
2 ケアが必要な期間が長いことは、人間の弱みというよりむしろ強みであることを意味する。
3 他の動物より長いケア期間が不可欠だが、それによって多様な能力や社会性が発達した。
4 他の動物より発達はきわめて遅いが、コミュニケーション能力の発達は速く多様である。

4 筆者の考えに合うものはどれか。
1 ケアは他者との関係を意味するのではなく、自己自身との関係を意味している。
2 自己自身の存在の内側には、複雑さやニュアンスに富んだ他者が存在している。
3 ケアを通じた他者との関係は、欠かせない自己の一部分として存在している。
4 ケアを通じた他者との関係には、自分という存在そのものの自覚が不可欠である。

問題 10　内容 이해(장문) 실전문제 ②

問題10　次の文章を読んで、後の問いに対する答えとして最もよいものを、1・2・3・4から一つ選びなさい。

　新聞をめくっていたら、こんな広告が目に飛び込んできた。「ほしいものが突然あらわれる。これは不思議なカタログです」

　「ほしいものは何ですか」と聞かれても「特にない」と答えてしまう人のために、そのカタログは作られているという。そこに例示されている世界の一流品の写真と能書きを読んでいたら、確かに私も「欲しいなあ」と思った。

　「足りないものは何もないはずなのに、次々と欲しいものがあらわれる」といったあたり、なかなか①正直な広告だ。本来広告とはそういうものだろう。必要なものは、広告なんか見なくても人は買い求める。別に必要じゃない人にまで、なんとなく欲しいと思わせてこそ広告なのである。

　が、普通はそういう本音は見せずに、あたかも本当に必要であるかのごとく、広告は語る。

　「あなたには、これが足りませんよ」とささやきかける。

　だから、半ば開き直ったかのような、このカタログの広告は印象に残った。つまり日本人は、こんなにまでして欲しいものを探さねばならないほど、満ち足りているのだなあ、と思った。貧しかったら、とてもできない発想だ。

　けれど一方で、こんなにまでして欲しいものを探さなくちゃならないんだろうか？

　という疑問が湧く。無理やり欲望を刺激して、欲しい気持ちを奮い立たせて、手に入れる。それを単純に「豊かだなあ」と言ってしまっていいのだろうか。

　広告主には悪いけれど、これを見て、本気でカタログを取り寄せる人が多くいるとしたら、今の日本は、相当②病んでいる。食欲を無理やり刺激され、ご馳走を食べさせられるフォアグラ用のガチョウを、私は連想してしまった。

　日本が物質的にどんどん豊かになってゆく時代に、私たちの世代は生まれた。だからこそ「ものがありさえすれば豊かなんだ、とは、決していえない」と感じることができる。

　別に私は、物の豊かさなんてどうでもいい、とか、心の豊かさが全てだ、なんて精神論を掲げるつもりはない。もちろん、ものが豊かで心が貧しい状態よりは、物はなくても心が満ち足りているほうが、いいとは思うけれど。

物の豊かな社会にあって、それらとどう心豊かに付き合っていくか、が大切なのだと思う。豊かなものの背景には、豊かな文化があるはずだ。その文化と自分の心とをどう結びつけていくか、そこで真の豊かさは問われるのではないだろうか。

（俵万智『かすみ草のおねえさん』文春文庫）

（注1）フォアグラ：Foie Gras，フランス料理、ガチョウの肥大した肝臓で作る。
（注2）ガチョウ：鳥の一種

1　①正直な広告だとあるが、どういうことか。
　1　他の客が欲しがっている商品を宣伝しているから
　2　客自身には欲しいものがないことを伝えているから
　3　客が欲しがらない商品もそのまま掲示しているから
　4　客に客自身が必要としているものを教えてくれるから

2　筆者は、広告の本来の役割についてどう述べているか。
　1　まだ世間に知られていない商品を紹介すること
　2　商品の魅力を一流の言葉で客に紹介すること
　3　客に不要なものでも買いたいと思わせること
　4　客に生活の豊かさを実感させること

3 ②病んでいるとあるが、どういう意味か。
1 欲しい物を無理やり探して、買い求めている。
2 物質的に豊かなのに、心が貧しくなっている。
3 豊かになったあまり、欲望が欠如してしまっている。
4 自分が本当に欲しいものが探せなくなっている。

4 本文の内容と合っているものはどれか。
1 物の豊かさと心の豊かさに関係があるとは言えない。
2 物が豊かであることで、心も満ち足りるようになる。
3 満ち足りた社会においても心豊かに生きる工夫が必要だ。
4 物質的に貧しくても、心が豊かな状態が最も望ましい。

問題 11 통합 이해 실전문제 ①

問題11　次のAとBの文章を読んで、後の問いに対する答えとして最もよいものを、1・2・3・4から一つ選びなさい。

A

　組織のリーダーに求められるのは、判断力よりも決断力だということ。これを間違えている人が非常に多い。この２つは大きく違います。激動する現代社会において、現場で求められるのは正しいかどうかを現時点で判断する能力ではなく、決断して前に進み、それが正しかったかどうかを明らかにしていくことです。過去の情報・データを照らし合わせて最適解を見つけることと、未知の解へ向かって一歩踏み出すことは全然違います。

　現実社会において私たちに突き付けられる問題は、正か不正かすぐに判断できるような単純なものばかりではありません。むしろ判断力が必要になるのは、前に踏み出した後、フィードバックする際になります。踏み出すためにはとにかく場数を増やすこと。大事なのはまず決断して全力で立ち向かうことなのです。

B

　複雑で不確実な現代社会において、日々直面する問題に対し臨機応変に適応力を示すリーダーは、自分の限界をよく心得ている。他者に対しては、誠実さと謙虚さを持って接し、更にまた、他者とオープンな関係を築くための勇気と好奇心も持ち合わせている。

　何よりも、彼らは真実を受け入れる。自分が正しくあることよりも現実に起きていることそのものに関心があり、自分の間違いを認めることを恐れない。だから、他者からの批判を歓迎することができる。

　それは、彼らが進歩のためにはそれが必要であることをよく知っているからだ。このようなタイプのリーダーは、常に自己の決断力を誇示するが間違っていることが多く、にもかかわらずそれを認めない英雄志向のリーダーとは大きく異なる。

1 リーダーの資質について、AとBはどのように述べているか。
　1　AもBも、決断力のほうが判断力より重要だと述べている。
　2　AもBも、他者を恐れず一歩踏み出す積極性が重要だと述べている。
　3　Aは決断し実行した後で判断力が必要になると述べ、Bは決断力を重視するのは間違いだと述べている。
　4　Aは決断し問題を解決する能力が大事だと述べ、Bは謙虚で現実を受け入れることが大事だと述べている。

2 AとBの認識で共通していることは何か。
　1　リーダーには、失敗を恐れず決断する勇気が必要である。
　2　自分の判断が正しいかどうかはそれほど問題にならない。
　3　現場で起きていることそのものに目を向けるべきである。
　4　リーダーが前進するためには、自らの間違いを認めなければならない。

問題 11 통합 이해 실전문제 ②

問題 11 次のＡとＢの文章を読んで、後の問いに対する答えとして最もよいものを、1・2・3・4から一つ選びなさい。

Ａ

　最近、中高一貫教育を検討する公立校が増えてきた。受験対策を看板に掲げるわけにはいかない公立校の意識が変わってきた。評価されるべきことだろう。子供に「ゆとり教育」をと言って、受験対策は塾や予備校に任せきり、というのでは無責任だし、親の経済的負担もかさむことになる。

　受験戦争の弊害はメディアを通して語りつくされた感があるが、だれも競争原理のメリットは否定できない。大学の世界ランキングを見てみるといい。日本国内では有名な国立大学も決してトップの水準ではない。伸びるはずの生徒が経済的事情でその機会を失っているとしたら、日本の将来は暗いものとなるだろう。

　（注）中高一貫教育：中学校と高等学校の課程(6年間)を一つの学校で一貫して
　　　　　体系的に学ぶ教育方式

Ｂ

　学校の授業についていけない生徒を支援する目的で、いわゆる「ゆとり教育」は導入された。学校で扱う授業内容を減らすことで生徒の負担を軽減しようとしたもので、背景には、塾や予備校の増加や、受験競争の過熱があった。授業内容から受験対策をなくせとは言わないが、それに比重を置きすぎることには反対せざるを得ない。ただ、「ゆとり教育」は、果たして生徒の社会的自立に役立ったと言えるのだろうか。外国との競争に打ち勝つ人材を育てられたのだろうか。公立・私立を問わず、教育の原点に立ち返ってこの問題を考える必要があると思う。

1. 受験競争についてAとBはどのように述べているか。
    1. AもBも日本の教育水準が外国より低いことを問題にしている。
    2. AもBも受験勉強に特化した学校教育を批判している。
    3. Aは経済的負担の観点から問題点を述べ、Bは教育の本質を考え直す必要性を述べている。
    4. Aは中高一貫教育を否定的にとらえており、Bはゆとり教育の社会的影響について述べている。

2. 現在の学校教育のあり方について、AとBが共通して述べている点は何か。
    1. 年々親の経済的負担が増加していること
    2. 外国の大学に比べて競争力が弱いこと
    3. 公立校の役割が重要であること
    4. 「ゆとり教育」には疑問があること

問題 12　주장 이해 실전문제 ①

問題 12　次の文章を読んで、後の問いに対する答えとして最もよいものを、1・2・3・4から一つ選びなさい。

　今年の初めから、私と光(ひかり)(注1)は毎日一時間の歩行訓練をしています。(中略)
　かれには視覚の障害もあり、走ることはできませんし、足にも軽度ながら問題があります。(中略)
　知的な障害とはまた別に、まじめな性格の光は、歩行訓練をする間、しゃべりません。(中略)
　足を高くあげない光は、つまずきやすいし、てんかんのちいさな発作をおこすことがあります。後の場合、抱きとめておいて、地面に座らせることができれば、そのまま十五分ほどじっとしています(注2)。その間、周りから声をかけられることがあっても、光の頭を支えている私は応答できません。①それが相手をムッとさせることは幾度となくありました。
　さて、今度の歩行訓練で、私がつい頭の中の散漫な思いにとりつかれている時、転がっていた石に足をとられて、光がバタンと倒れたのです。てんかんの発作ではなく、意識がはっきりしているので、かえって気持ちを動転させています。自分の失敗を責めてもいるようです。
　私にできることは、自分よりずっと重い光の上体を抱え起こし、遊歩道路の柵まで寄らせて、頭を打たなかったかどうか調べるくらいですが、私ら二人のモタモタした動きは頼りなく見えたにちがいありません。
　自転車でやって来た壮年(注3)の婦人が跳び降りると、「大丈夫？」と声をかけながら光の肩に手をあてられました。光がもっとも望まないことは、見知らぬ人に身体(からだ)をさわられるのと犬に吠(ほ)えられるのとです。こういう時、私は自分が十分に粗野な老人であることは承知の上で、しばらくほうって置いていただくよう強くいいます。
　②その方が、憤慨して立ち去られた後、私はある距離を置いてやはり自転車をとめ、こちらをじっと見ている高校生らしい少女に気付きました。彼女はポケットからケータイをのぞかせて、しかしそれを出すというのじゃなく、ちょっと私に示すようにしただけで、注意深くこちらを見ています。

光が立ち上がり、私がその脇を歩きながら振り返ると、少女は会釈して、軽がると自転車を走らせて行きました。私にとどいたメッセージは、自分はここであなたたちを見守っている、救急車なり家族なりへの連絡が必要なら、ケータイで協力する、という呼びかけでした。私らが歩き出すのを見ての、微笑した会釈を忘れません。
　フランスの哲学者シモーヌ・ヴェイユの、「不幸な人間に対して注意深くあり、『どこかお苦しいのですか？』と問いかける力を持つかどうかに、人間らしい資質がかかっている」という言葉に私は惹かれています。
（中略）
　不幸な人間への好奇心だけ盛んな社会で、私はあの少女の注意深くかつ節度もある振る舞いに、生活になじんだ新しい人間らしさを見出す気がします。好奇心は誰にもありますが、注意深い目がそれを純化するのです。

　　　　　　　　　　（大江健三郎「注意深いまなざしと好奇心」『定義集』朝日文庫）

（注1）光：筆者の長男、42歳、知的障害がある。
（注2）てんかん：発作をくりかえし起こす脳の疾患。突然意識を失って倒れる症状
（注3）壮年：40〜50歳代の人

1 ①それが相手をムッとさせるとあるが、どういうことか。
   1 筆者の息子の態度が筆者を怒らせる。
   2 筆者の息子の態度が声をかけた人を怒らせる。
   3 筆者の態度が筆者の息子を怒らせる。
   4 筆者の態度が声をかけた人を怒らせる。

2 ②その方が、憤慨して立ち去られたとあるが、それはなぜか。
   1 筆者の息子が婦人に肩をさわられたことを責めたから
   2 婦人に向かって犬が吠えたから
   3 婦人には筆者と筆者の息子の動きが頼りなく見えたから
   4 筆者が婦人に対し、放置するように強く言ったから

3 少女の行動について、文章の内容と合っているものはどれか。
   1 少女はケータイを使って筆者にメッセージを送った。
   2 少女は救急車を呼び、筆者の家族に連絡してくれた。
   3 少女は二人を注意深く見守り、会釈をして去って行った。
   4 少女はケータイを取り出して、筆者に協力すると呼びかけた。

4 筆者は、少女に対してどのように考えているか。
   1 少女の注意深いまなざしは、好奇心によって純化されていた。
   2 少女のつつしみ深い態度は、心が純粋であることを表していた。
   3 少女の態度には、人間らしい資質の新しさが感じられた。
   4 少女には、不幸な人間に対する好奇心は少しも感じられなかった。

問題12 주장 이해 실전문제 ②

問題12 次の文章を読んで、後の問いに対する答えとして最もよいものを、1・2・3・4から一つ選びなさい。

　今、誰もが教育が大事だと言い、確かにその通りだと思うのですが、いざ具体的な議論になると、そのほとんどが制度の話になってしまいます。常に言われることは、大学入試のためにそれまでの教育が歪められているということ、さらにはその先の企業の採用が問題だと言うことです。そして、入試の科目は減らされていきました。受験地獄を避けるために、同時に、少子化で十八歳人口が減ることを見越した大学が入学志願者の減ることを恐れて、若者に嫌われないようにと科目を減らしたという事情もあるようです。その結果、生物学を学ばずに医学部や理工系の生物学やバイオテクノロジーの学科に入学する学生が増え、大学で補習をするような事態になりました。国立大学の医学部は生物学を入試の必須科目にすることになりつつあるようですが、とにかく入試制度が変わったことでよい結果が出たのか、それとも却って困ったことになったのかの検討もあまりされないまま、制度の変更が繰り返されています。

　最近は、科学技術立国と言う国の方針がある一方で、①若者の理科離れが問題になっています。これも、一時期、経済や金融がもてはやされましたので、流行に敏感な若い人たちに、工学の知識をものづくりでなく直接経済に活かしたいという風潮になったことなど、社会の影響も大きいと思います。若い人たちが知的好奇心を失っているのではないと思いますので、価格の歴史も含めて社会との関係を伝え、今何が大事かと言うことを一緒に考えながら、科学的に考えることの面白さや科学技術の重要性が的確に伝えられれば、有能な科学者や技術者は生まれてくるはずです。生きものが好きな人や、考えることが好きな若い人と接することの多い私は、そう思っています。

　それよりも気になるのは、②科学技術離れを嘆く大人たちの、時代認識や若者への期待の内容です。二十一世紀に入り、科学技術に期待されることは変わらなければならないはずです。IT革命とか生命科学の時代だとかいうかけ声はかかりますが、コンピューターを使って何をするのか、生命科学研究の成果を医療に活用した時、本当に人間は幸せになれるのかと言うような、人間の側から見た科学技術のあり方を考えることの大切さが忘れられています。

　（中略）

二十世紀の後半、日本は、平和の中で経済的に豊かな余裕のある国を作ることができました。このように恵まれた状態の中で、私たちはどんな人間として暮らしていったらよいのか、それを考える余裕を与えられている幸せを思い、それを考えるための教育が必要だと思います。

（中村桂子『ゲノムが語る生命―新しい知の創出』集英社新書）

（注1）科学技術立国：科学技術を育成し、それを基礎に国家を発展、繁栄させようとする国家方針
（注2）ものづくり：「もの」は物、「つくり」は製造を意味する言葉だが、単純な生産活動を意味するというより、精神性や歴史性を含んだ高度の生産技術をいう。

1 現在の大学の入試制度について、合っているものはどれか。
　1　受験者数を維持するため、入試の科目を減らした大学がある。
　2　企業の採用を見越して、入試の受験科目を設置する大学が増えた。
　3　生物学を入学後に補習できるようにしたことで、理系の進学希望者が増えた。
　4　少子化で入学志願者が減ったために、医学部の受験科目が減らされた。

2 ①若者の理科離れが問題になっていますとあるが、筆者はどのように考えているか。
　1　若人たちが知的好奇心を失わないように、科学にも流行を取り入れるべきだ。
　2　科学と経済との関係性を明確にし、技術を直接社会に生かす工夫をすべきだ。
　3　社会との関係において科学的に考えることの面白さや重要性を伝えるべきだ。
　4　工学の知識をものづくりに生かすことで、若者の知的好奇心を取り戻すべきだ。

3 ②科学技術離れを嘆く大人たちに対して、筆者はどのように述べているか。
1 二十一世紀に期待される科学技術として、ITや生命科学の研究を進めるべきだ。
2 時代認識を改め、コンピューターを利用して、本当の幸せを追求するべきだ。
3 生命科学を医療に活用し、人間を幸せにするための科学技術を研究するべきだ。
4 今、科学技術に期待されていること、そのあり方を人間の立場で考えるべきだ。

4 筆者の考えとして合っているのはどれか。
1 平和で豊かな社会の中で、人間はどんな存在であるべきか考える幸せを感じる必要がある。
2 平和で豊かな社会の中で、人間はどんな存在であるべきか考えるための教育が必要である。
3 恵まれた環境で平和に暮らす人間に与えられている幸せを実感するための教育が必要である。
4 恵まれた環境で平和に暮らす人間にとって本当の幸せとは何か考えるための教育が必要である。

問題 13 정보 검색 실전문제 ①

해설편 191p

問題 13　右のページはある地方自治体の地域資源を活用した事業計画の募集案内である。下の問いに対する答えとして最もよいものを、1・2・3・4から一つ選びなさい。

1　次の4つのグループのうち、応募可能なのはどれか。
　1　Aグループ：伝統工芸品制作者1者と、観光業者1者のグループ
　2　Bグループ：米生産者1者と、野菜生産者2者のグループ
　3　Cグループ：海産物販売業者3者のグループ
　4　Dグループ：家具製作業者1者と、家具流通業者1者と、家具販売業者1者のグループ

2　次の4つの企画のうち、事業認定の要件に合っているものはどれか。
　1　過去に応募したが当選せず、今回新たに開発した丸山市郷土料理の商品化
　2　丸山市の祭りを題材にした映画制作で、文化庁からの助成が決まっているもの
　3　丸山市と関係のある日本各地、世界各地の特産物や工芸品を扱う販売店の開設
　4　丸山市に隣接し、世界自然遺産として有名な白神山地へ向かう観光ツアーの開発

おもてなし創出事業（地域資源活用支援事業費補助金）の募集について

1 目的
地域資源の生産者と旅館・ホテル・飲食店・販売店等サービス提供者が連携して行う、地域資源を活用した新たな商品又はサービスの開発に関する事業計画を募集します。

2 対象
以下(1)～(3)の地域資源を活用した新たな商品・サービスの開発を行う地域資源生産者、及びサービス提供者3者以上が連携するグループで、事業認定を受けたもの。

3者以上が連携するグループとは、必ず地域資源生産者とサービス提供者が連携し、かつ両者どちらかが複数である必要があります。なお、協同組合など複数の事業者により構成する団体は複数とみなします。

(1) 伝統工芸品（58品目69件）
(2) 地域産業資源 466項目（農林水産物84項目、鉱工業品89項目、観光資源293項目）
(3) 地場産品

3 認定事業者又は認定グループへの支援
地域資源活用支援事業費補助金を交付する。

(1) 補助限度額：200万円
(2) 補助率：2分の1以内
(3) 補助対象経費：商品・サービス開発に要する経費、広告宣伝費など
※ 詳細は地域資源活用支援事業費補助金の手引きをご覧ください。

4 募集期間：7月20日～9月3日

5 申込方法
申請様式をダウンロードし、記入の上、工業振興課まで持参又は郵送（必着）してください。
事業計画の内容等についてのご相談は随時受け付けますので、お気軽にお問合せください。
ホームページ　http://www.maruyamacity.jp/f02/chiikishigenkatsuyoushien.html

6 認定事業者等の選考
・国内外からの観光客等に向けた新たな商品又はサービスであり、地域資源の特性等を有効に活用していること。
・「丸山市ならでは」のおもてなしとして、国内・国外に向けて広くＰＲに寄与するものであること。
・他の助成・補助金を受けておらず、オリジナルなものであること。

問い合わせ先　丸山市　産業労働観光部　工業振興課　地域産業担当
TEL:028-623-3939　FAX:028-623-3945

問題 13 정보 검색 실전문제 ②

해설편 193p

問題 13 稲川市では市内の河川に関連したボランティアを募集している。右のお知らせを読んで、下の問いに対する答えとして最もよいものを、1・2・3・4から一つ選びなさい。

1 ホセさんは年間を通じて河原の清掃をするボランティアに参加したいと考えている。参加するためにしなければならないことは、何か。

1. 3月4日までに申し込み、3月5日か6日の説明会に参加する。
2. 3月5日までに申し込み、3月5日か6日の説明会に参加する。
3. 3月11日までに申し込み、3月12日か13日の説明会に参加する。
4. 3月12日までに申し込み、3月12日か13日の説明会に参加する。

2 ドンさんはボランティア②に参加し、さらに、ボランティア③の花火大会のボランティアにも参加するつもりである。その場合、花火大会当日にしなければならないことは、次のどれか。

1. イベントが始まる1時間半前に会場へ行く。
2. イベントが始まる1時間前に銀行通帳を持参して行く。
3. イベントが始まる1時間半前に銀行通帳を持参して行く。
4. イベントが始まる1時間半前に印鑑を持参して行く。

稲川河原ボランティア募集

◉ 稲川河原の清掃及びイベント開催時のボランティアを募集しています。

ボランティア①	・河原とその周辺の清掃作業を行います。
	活動期間/日時：通年/毎月第二・第四土曜日
ボランティア②	・河原に併設されたグラウンドの清掃作業を行います。
	活動期間/日時：夏季4月～10月/毎月第一土曜日
ボランティア③	・河原で行われるイベント（夏祭り、花火大会、川あそび）の際に、会場設置や交通整理をします。
	活動日時：7月31日　夏祭り、8月14日　花火大会、 　　　　　8月28日　川あそび 各イベント当日開始から片付けまで（各会場に開始1時間半前に集合）

◉ **ボランティア説明会（場所：市役所2階多目的室）**
　ボランティア①：3月5日（金）、6日（土）13:00～14:00
　ボランティア②：3月12日（金）、13日（土）13:00～14:00
　※ ①、②は、必ずいずれかの日にご参加ください。ボランティア③：不要

◉ **申込方法**
　インターネットまたは土木課窓口まで直接お越しください。
　※ ①、②に参加される方は、説明会の日に協力金振込先の金融機関通帳のコピーを持参してください。

◉ **締切：**ボランティア ①、②：説明会初日の前日まで
　　　　　ボランティア ③：各イベントの2週間前まで

◉ **協力金：**ボランティア ①、②：1日 500円
　　　　　　ボランティア ③：1日 1,000円

　※ ①、②にご参加の方は、月末に指定の口座へ振り込まれます。
　　③にご参加の方は、当日にお支払いしますので、印鑑を持参してください。
　※ ①または②に参加された方が③にも参加される場合、費用は一括して月末に銀行振り込みとなります。

稲川市　土木課
電話：03-5629-1098　Eメール：i-doboku@inagawa.com

Part 4

JLPT N1

Part 4
청해

Ⅰ 문제 유형 파악하기

- **청해 기본기 갖추기**

    틀리기 쉬운 발음

    청해에 자주 나오는 표현

1 問題 1 과제 이해
2 問題 2 포인트 이해
3 問題 3 개요 이해
4 問題 4 즉시 응답
5 問題 5 통합 이해

틀리기 쉬운 발음

001~010

한국인이 알아듣기 힘든 발음으로 촉음, 장음, 발음(撥音), 요음, 탁음, 반탁음이 있다. 일본어는 어떻게 발음하느냐에 따라 의미가 달라지므로 정확하게 구분하는 연습이 필요하다.

1. 촉음

「つ・ツ」를 작게 표기하며 다음에 이어지는 음에 따라 'ㄱ, ㅅ, ㄷ, ㅂ' 받침과 비슷하게 발음한다.

촉음이 있는 단어를 들어 보자. 001

① じっかん(実感 실감) ─── じかん(時間 시간)
② せっけん(비누) ─── せけん(世間 세간, 세상)
③ さっか(作家 작가) ─── さか(坂 비탈길)
④ きって(切手 우표) ─── きて(来て 오다(来る)의 て형)
⑤ がっか(学科 학과) ─── がか(画家 화가)

연습 002

問題を聞いて聞こえたものを選んでください。

1 しっかく(失格 실격) ─── しかく(資格 자격)
2 ねっこ(根っこ 뿌리) ─── ねこ(猫 고양이)
3 さっき(조금 전) ─── さき(先 앞, 전)
4 おっと(夫 남편) ─── おと(音 소리)
5 あっさり(담백한, 산뜻한) ─── あさり(바지락)

정답 1 しかく 2 ねっこ 3 さっき 4 おと 5 あっさり

청해 기본기 갖추기

2. 장음

두 개 이상의 모음이 이어질 경우 앞의 모음을 길게 발음한다.

🔑 **장음이 있는 단어를 들어 보자.** 🎧 003

①	どうりょく (動力 동력) —	どりょく (努力 노력)
②	しゅうりょう (終了 종료) —	しゅりょう (狩猟 수렵)
③	ふうせん (風船 풍선) —	ふせん (접착 메모지, 포스트잇, 플래그)
④	おじいさん (할아버지) —	おじさん (아저씨)
⑤	すうじ (数字 숫자) —	すじ (筋 줄거리, 힘줄)

연습 🎧 004

問題を聞いて聞こえたものを選んでください。

1	ほうそく (法則 법칙) —	ほそく (補足 보충)
2	さいこう (最高 최고) —	さいこ (最古 최고, 가장 오래됨)
3	おばあさん (할머니) —	おばさん (아주머니)
4	しゅうせい (修正 수정) —	しゅせい (守勢 수세)
5	へんしゅう (編集 편집) —	へんしゅ (変種 변종)

정답 1 ほそく 2 さいこう 3 おばあさん 4 しゅうせい 5 へんしゅう

3. ん발음

「ん・ン」으로 표기하며 다음에 이어지는 음에 따라 'ㄴ, ㅁ, ㅇ' 받침과 비슷하게 발음한다.

🔓 **ん발음이 있는 단어를 들어 보자.** 🎧 005

① しんせつ(親切 친절) ——— しせつ(施設 시설)
② かんせつ(関節 관절) ——— かせつ(仮説 가설)
③ ぶんべつ(分別 분별) ——— ぶべつ(侮蔑 모멸)
④ かんじ(漢字 한자) ——— かじ(家事 가사)
⑤ びんかん(敏感 민감) ——— びかん(美観 미관)

연습 🎧 006

問題を聞いて聞こえたものを選んでください。

1　しんげき(進撃 진격) ——— しげき(刺激 자극)
2　かんこう(観光 관광) ——— かこう(下降 하강)
3　けんか(喧嘩 싸움) ——— けっか(結果 결과)
4　たんか(単価 단가) ——— たか(鷹 매)
5　じんざい(人材 인재) ——— じざい(自在 자재)

정답　**1** しんげき　**2** かこう　**3** けっか　**4** たんか　**5** じんざい

청해 기본기 갖추기

4. 요음

「い」를 제외한 い단 「き・ぎ・し・じ・ち・に・ひ・び・ぴ・み・り」에 「や・ゆ・よ」를 작게 표기한 글자로, 'ㅑ, ㅠ, ㅛ'로 발음한다.

🔓 요음이 있는 단어를 들어 보자. 🎧 007

①	きょうか(強化 강화)	———	こうか(効果 효과)
②	しゅうしょく(就職 취직)	———	しゅうそく(収束 수습, 수렴)
③	きゅうしょく(給食 급식)	———	きゅうそく(急速 급속)
④	ひょうしょう(表彰 표창)	———	ひょうそう(表層 표층)
⑤	しゅみ(趣味 취미)	———	すみ(隅 구석)

연습 🎧 008

問題を聞いて聞こえたものを選んでください。

1	きんぎょ(金魚 금붕어)	———	きんこう(近郊 근교)
2	りゃくご(略語 약어, 줄임말)	———	らくご(落語 라쿠고, 일본의 만담)
3	こうちょう(校長 교장)	———	こうぞう(構造 구조)
4	かんしゃ(感謝 감사)	———	かんさ(監査 감사)
5	ひゃく(百 숫자 백)	———	ひやく(飛躍 비약)

정답   1 きんこう   2 りゃくご   3 こうぞう   4 かんしゃ   5 ひやく

5. 탁음·반탁음

탁음은 「か·さ·た·は」행의 오른쪽 위에 탁점(゛)이 붙은 글자이며, 반탁음은 「は」행 오른쪽 위에 반탁점(゜)이 붙은 글자이다.

🔓 **탁음·반탁음이 있는 단어를 들어 보자.** 🎧 009

①	せいき(正規 정규) ———	せいぎ(正義 정의)
②	けんこう(健康 건강) ———	げんこう(原稿 원고)
③	しはい(支配 지배) ———	しばい(芝居 연극, 연기)
④	でんぶん(伝聞 전문) ———	でんぷん(전분)
⑤	へん(変 이상한) ———	ペン(펜)

연습 🎧 010

問題を聞いて聞こえたものを選んでください。

1	くち(口 입) ———	ぐち(愚痴 푸념, 투정)
2	おかす(犯す 잘못을 저지르다, 범하다) ———	おかず(반찬)
3	かいよう(海洋 해양) ———	がいよう(概要 개요)
4	ぜんはん(前半 전반) ———	ぜんぱん(全般 전반)
5	バス(버스) ———	パス(패스)

정답   1 ぐち   2 おかす   3 がいよう   4 ぜんぱん   5 バス

청해에 자주 나오는 표현

011~014

청해 문제에 자주 나오는 축약표현과 경어표현을 정리해 보았다. 회화와 독해에도 유용한 표현들이므로 잘 익혀 두자.

1. 축약표현

청해 문제를 풀 때, 대화의 흐름상 알고 있는 표현인데 들리지 않는 경험을 한 적이 있을 것이다. 회화체에서는 말을 생략하거나 줄여서 쓰는 축약표현이 자주 사용되기 때문이다.

🔓 **축약표현을 들어 보자.** 🎧 011

- **ている → てる**

  もう来ているよ。 → もう来**てる**よ。 이미 와 있어.

- **ておく → とく**

  帰ったら電話するように言っておく。
  → 帰ったら電話するように言っ**とく**。 돌아오면 전화하라고 말해 둘게.

- **に・の / ら・り・る・れ → ん**

  日本に行っても言葉が通じなくて困ったものだ。
  → 日本に行っても言葉が通じなくて困ったも**ん**だ。 일본에 가도 말이 통하지 않아서 큰일이다.

  できるかできないか、やってみないと分からない。
  → できるかできないか、やってみないと分か**ん**ない。 할 수 있는지 없는지 해 보지 않으면 모른다.

- **ては・では → ちゃ・じゃ**

  犬をちゃんと面倒見なくてはだめだよ。
  → 犬をちゃんと面倒見なく**ちゃ**だめだよ。 개를 잘 돌보지 않으면 안 돼.

- ても·でも　→　たって·だって

  頑張れと言っても、もうやる気なくなった。
  → 頑張れと言ったって、もうやる気なくなった。　열심히 하라고 한들, 이미 의욕을 잃었어.

- てしまう·でしまう　→　ちゃう·じゃう

  今日も食べ過ぎてしまった。→　今日も食べ過ぎちゃった。　오늘도 과식해 버렸다.

- と　→　って

  天気予報で雪が降ると言ってたよ。
  → 天気予報で雪が降るって言ってたよ。　일기 예보에서 눈이 온다고 했어.

- は·とは·というものは　→　って

  美しい風景を見るとやっぱり自然というものはすごいと思う。
  → 美しい風景を見るとやっぱり自然ってすごいと思う。
  아름다운 풍경을 보면 역시 자연이란 대단하다고 생각해.

- ければ　→　きゃ

  明日までレポートを書かなければならないから、今日は徹夜しよう。
  → 明日までレポートを書かなきゃならないから、今日は徹夜しよう。
  내일까지 리포트를 써야 하니까 오늘은 철야하자.

- れば　→　りゃ

  風邪なんか、寝れば治る。→　風邪なんか、寝りゃ治る。　감기 같은 건 자면 낫는다.

청해 기본기 갖추기

연습 🎧 012

問題を聞いて＿＿＿＿＿に入るものを書いてください。

1　私は科学者になって、ノーベル賞を＿＿＿＿＿＿＿よ。
2　＿＿＿＿＿＿＿何をすることかな。
3　ちゃんと＿＿＿＿＿＿＿見つかったのに。
4　あまり＿＿＿＿＿＿＿いけないよ。
5　とりあえず、そこに＿＿＿＿＿＿＿。
6　あの人とは同じ＿＿＿＿＿＿＿、一生話すことはなかった。
7　＿＿＿＿＿＿＿行くけど。
8　携帯ばかり見て歩くと、人と＿＿＿＿＿＿＿よ。
9　それはあなたが＿＿＿＿＿＿＿より大変なことだよ。
10　陽気な＿＿＿＿＿＿＿、どこに行っても人気がある。

정답
1　とるんだ
2　ボランティア活動って
3　探してみりゃ
4　無理しちゃ
5　置いといて
6　学校でなきゃ
7　近けりゃ
8　ぶつかっちゃう
9　思ってる
10　人って

해석
나는 과학자가 돼서 노벨상을 탈 거야.
자원봉사 활동이란 건 무엇을 하는 걸까?
잘 찾아 봤으면 발견했을 텐데.
너무 무리하면 안 돼.
우선 거기에 둬.
저 사람과는 같은 학교가 아니라면 평생 이야기할 일은 없었다.
가깝다면 가겠지만.
휴대 전화만 보고 걸으면 다른 사람이랑 부딪힐 걸.
그건 네가 생각하는 것보다 힘든 일이야.
밝은 사람은 어디에 가도 인기가 있다.

2. 경어표현

🔓 경어표현을 들어 보자. 🎧 013

- **〜ております。** 〜(하)고 있습니다

  (いつも)お世話になっております。 항상 신세지고 있습니다.

  お会いできるのを楽しみにしております。 만나 뵙기를 기대하고 있습니다.

- **〜いただけませんか。** 〜해 주시겠습니까?

  明日は9時に来ていただけませんか。 내일은 9시에 와 주시겠습니까?

  ここでしばらくお待ちいただけませんか。 여기에서 잠시 기다려 주시겠습니까?

- **お/ご〜致しましょうか。** 〜(할)까요?

  コーヒーをお持ち致しましょうか。 커피를 가져다 드릴까요?

  私がやり方をご説明致しましょうか。 제가 하는 방법을 설명해 드릴까요?

- **〜させていただきます。** 〜하겠습니다

  会社に連絡させていただきます。 회사에 연락하겠습니다.

  ただいまからキップを拝見させていただきます。 지금부터 표를 확인하겠습니다(보겠습니다).

- **申し訳ございません。** 죄송합니다

  遅くなりまして大変申し訳ございません。 늦어서 대단히 죄송합니다.

  申し訳ございませんが、こちらにお名前をお願いします。 죄송합니다만, 여기에 이름을 써 주세요.

청해 기본기 갖추기 ▲

- **ご迷惑をおかけしました。** 폐를 끼쳤습니다

  このたびは私どもの手違いでご迷惑をおかけしました。 이번에는 저희들의 착오로 폐를 끼쳤습니다.

  これまでご迷惑をおかけしましたが、ようやく工事が終了します。
  지금까지 폐를 끼쳤습니다만, 드디어 공사가 끝납니다.

- **どう思われますか。** 어떻게 생각하십니까?

  今回の事件についてどう思われますか。 이번 사건에 대해 어떻게 생각하십니까?

  マスコミでは政治の責任を追求していますが、どう思われますか。
  언론에서는 정치적 책임을 추궁하고 있습니다만, 어떻게 생각하십니까?

- **~でございます。** ~입니다

  こちらが有名な金閣寺でございます。 이쪽이 유명한 금각사입니다.

  この写真の真ん中に立っているのが私の父でございます。
  이 사진 한가운데 서 있는 사람이 저의 아버지입니다.

- **承ります。** 받겠습니다('수락하다'의 의미)

  ご注文は二人分から承ります。 주문은 2인분부터 받습니다.

  お部屋のご予約は月曜日に承りました。 방 예약은 월요일에 받았습니다.

- **~でいらっしゃいます。** ~(이)십니다, ~(하)십니다

  こちらは今日のゲストでいらっしゃいます。 이쪽은 오늘의 게스트이십니다.

  先生はいつもお元気でいらっしゃいます。 선생님은 늘 건강하십니다.

- **お/ご〜になれます。**　~하실 수 있습니다

  本は図書館の中でだけお読みになれます。　책은 도서관 안에서만 읽으실 수 있습니다.

  この部屋のパソコンは24時間ご利用になれます。　이 방의 컴퓨터는 24시간 이용하실 수 있습니다.

- **〜になさいますか。**　~로 하시겠습니까?

  コーヒーは食後になさいますか。　커피는 식후에 하시겠습니까?

  お支払いは現金になさいますか、カードになさいますか。
  지불은 현금으로 하시겠습니까, 카드로 하시겠습니까?

- **お/ご〜くださいませ。**　~해 주세요

  それではゆっくりお楽しみくださいませ。　그럼 천천히 즐겨 주세요.

  ビジネスクラスのお客様はこちらからご乗車くださいませ。
  비즈니스 클래스 고객님은 이쪽에서 승차해 주세요.

- **召し上がる。**　드시다

  遠慮なさらずにたくさん召し上がってください。　사양 마시고 맘껏 드세요.

  何を召し上がるかお決まりになりましたらお呼びください。
  무엇을 드실지 결정하시면 불러 주세요.

- **いかがでしょうか。**　어떠십니까?

  今日、大変お安くなっているチーズケーキはいかがでしょうか。
  오늘 무척 저렴한 치즈 케이크는 어떠십니까?

  初めてでしたら、入門コースはいかがでしょうか。　처음이시면 입문 코스는 어떠십니까?

청해 기본기 갖추기

- **～と申します。** ～라고 합니다

  初めまして。中村一郎と申します。 처음 뵙겠습니다. 나카무라 이치로라고 합니다.

  部長の高田がそのように(と)申しました。 부장인 다카다가 그렇게 (하라고) 말했습니다.

- **拝見します。** 삼가 보겠습니다

  それではパスポートを拝見します。 그럼 여권을 확인하겠습니다(보겠습니다).

  先生のお手紙は何度も拝見しました。 선생님의 편지는 몇 번이나 보았습니다.

- **恐縮です。** 죄송합니다, 황송합니다

  お忙しいところわざわざおいでいただき恐縮です。 바쁘신 와중에 일부러 와 주셔서 감사합니다.

  大変恐縮でございますが、こちらに番号をお書きください。
  매우 죄송합니다만, 이쪽에 번호를 써 주세요.

- **恐れ入ります。** 죄송합니다, (상대방의 실력·기량에) 놀랐습니다

  恐れ入りますが、かばんはこちらにお預けください。 죄송하지만, 가방은 이쪽에 맡겨 주세요.

  あんな強い選手に簡単に勝つなんて、恐れ入りました。
  저렇게 강한 선수를 간단히 이기다니, 감탄했습니다.

연습 🎧 014

_____に入るものを書いてください。

예　A　失礼ですが、お名前は何とおっしゃいますか。
　　B　キムと 申します 。

1　A　明日3時の会議を5時に変更していただきたいとお伝えください。
　　B　はい、ご伝言を私鈴木が_____。

2　お忙しいところ_____、ご確認いただければ幸いです。

3　しばらくご無沙汰しておりますが、お身体の具合は_____。

4　A　私はこれで失礼します。本日はお忙しいところをありがとうございました。
　　B　そうですか。それでは、こちらから_____。
　　A　では、ご連絡をお待ちしております。

5　A　ただいま部長の田中は外出しております。
　　B　いつごろ_____。
　　A　申し訳ございませんが、こちらでは分かりかねます。

정답		해석
예	申(もう)します	**A** 실례지만, 이름이 어떻게 되십니까? **B** 김이라고 **합니다**.
1	承(うけたまわ)りました	**A** 내일 3시 회의를 5시로 변경하고 싶다고 전해 주세요. **B** 네, 전언을 저 스즈키가 **받았습니다**.
2	恐縮(きょうしゅく)ですが	바쁘신 와중에 **죄송하지만**, 확인해 주시면 감사하겠습니다.
3	いかがでしょうか	오랜만에 연락드립니다만, 몸 상태는 **어떠십니까**?
4	お電話(でんわ)させていただきます	**A** 저는 이만 실례하겠습니다. 오늘은 바쁘신 와중에 감사했습니다. **B** 그렇습니까? 그럼 이쪽에서 **전화드리겠습니다**. **A** 그럼 연락을 기다리겠습니다.
5	お戻(もど)りになりますか	**A** 지금 다나카 부장은 외출 중입니다. **B** 언제쯤 **돌아오십니까**? **A** 죄송하지만, 잘 모르겠습니다.

1 問題 1 과제 이해

문제 유형
상황 정보를 듣고 과제(해야 하는 일)를 해결하기 위해 필요한 행동이 무엇인지를 찾는 문제이다.

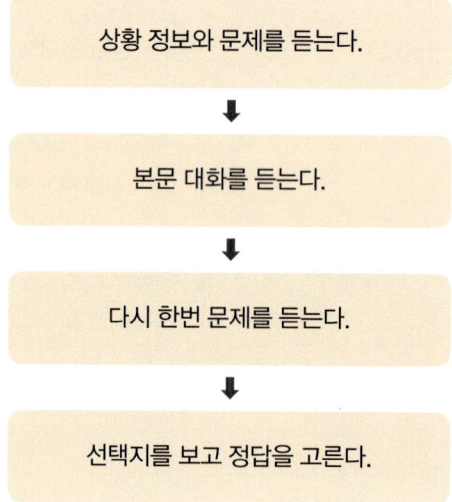

문제 풀이 포인트
과제 이해는 질문이 상황 정보보다 먼저 나오므로, 질문을 들으며 과제(해야 하는 일)를 해결하는 사람이 여자인지 남자인지를 먼저 확인한다. 그런 다음 두 사람의 대화를 들으며 필요한 상황 정보를 파악하고 문제(과제)를 해결하는 사람이 어떤 일을 해야 하는지 선택지에서 찾는다.

問題 1 과제 이해 연습문제 ①

해설편 198p

問題 1

問題 1 では、まず質問を聞いてください。それから話を聞いて、問題用紙の 1 から 4 の中から、最もよいものを一つ選んでください。

1 🎧 015
1 機械の修理に行く
2 定期点検に行く
3 野口さんの都合を聞く
4 佐藤さんに電話をする

2 🎧 016
1 カレンダーの業者を決める
2 サンプルを送ってもらう
3 課長にデザインを見せる
4 注文する数を確認する

3 🎧 017
1 資料を全部翻訳する
2 資料の一部を翻訳する
3 パンフレットを全部翻訳する
4 パンフレットの翻訳をほかの人に頼む

問題 1 과제 이해 연습문제 ②

問題 1

問題1では、まず質問を聞いてください。それから話を聞いて、問題用紙の1から4の中から、最もよいものを一つ選んでください。

1 🎧 018
1. 値段を変える
2. 表示ラベルを作成する
3. 営業部と会議をする
4. 試食会の準備をする

2 🎧 019
1. 開始時間の変更を連絡する
2. 参加者の予定を確認する
3. 進行時間を連絡する
4. 報告者の原稿を修正する

3 🎧 020
1. インターネットでチケットを予約する
2. 劇場でチケットを受け取る
3. もう一度電話をかけてチケットを予約する
4. 劇場でチケットの料金を払う

2 : 問題 2 포인트 이해

021~026

문제 유형
질문을 듣고 무엇을 묻고 있는지 정확하게 파악해야 한다.

```
상황 정보와 문제를 듣는다.
        ↓
선택지를 읽는다.
(선택지 읽을 시간이 약 20초 주어짐)
        ↓
본문 대화를 듣는다.
        ↓
다시 한번 문제를 듣는다.
        ↓
선택지를 보고 답을 고른다.
```

문제 풀이 포인트
포인트 이해에서는 질문에서 묻는 것이 '왜(どうして), 어떤(どんな), 무엇이(何が)' 중에 무엇인지를 먼저 파악해야 한다. 질문에서 요구하는 답이 위 세 가지 중에 무엇인지를 알았다면, 답과 관계되지 않은 부분은 크게 신경 쓰지 않아도 된다.

問題 2 포인트 이해 연습문제 ①

問題 2

問題2では、まず質問を聞いてください。そのあと、問題用紙のせんたくしを読んでください。読む時間があります。それから話を聞いて、問題用紙の1から4の中から、最もよいものを一つ選んでください。

1 🎧 021

　　1　すべてを一人でやっていたから
　　2　リーダーシップがなかったから
　　3　みんなの意見を聞きすぎたから
　　4　みんなに頼りすぎたから

2 🎧 022

　　1　時間制限を伸ばした
　　2　健康がテーマの大会にした
　　3　お弁当を配ることにした
　　4　眺めのいいコースにした

3 🎧 023

　　1　シャツとパンツをセットで売る
　　2　閉店後、特別販売会を行う
　　3　店員を増やして、時間を延ばす
　　4　お得意さんに商品券を贈る

問題 2 포인트 이해 연습문제 ②

問題2

問題2では、まず質問を聞いてください。そのあと、問題用紙のせんたくしを読んでください。読む時間があります。それから話を聞いて、問題用紙の1から4の中から、最もよいものを一つ選んでください。

1 🎧 024

1　プレッシャーを楽しむこと
2　多様な分野の人と触れ合うこと
3　チャレンジをすること
4　同じ失敗を繰り返さないこと

2 🎧 025

1　5つの食品をバランスよくとる
2　ご飯やパンを十分にとる
3　ご飯やパン、ビタミンCをとる
4　消化のいい食品をとる

3 🎧 026

1　垂れ流しをしていたこと
2　健康に影響があること
3　謝罪をしなかったこと
4　真実を明らかにしなかったこと

3 : 問題 3 개요 이해

027~032

문제 유형
화자의 의도나 주장을 파악하는 문제이다. 부재중 전화 녹음이나 텔레비전 아나운서가 말하는 내용이 주로 나온다.

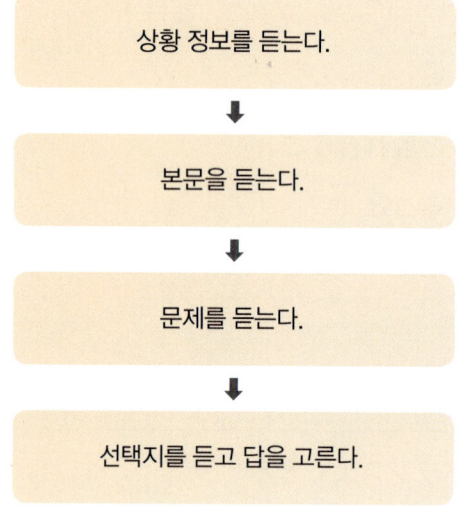

문제 풀이 포인트
개요 이해는 본문 음성이 먼저 나온 후에 질문과 선택지가 주어진다. 본문이 한 번밖에 나오지 않으므로 메모를 하며 주의해서 들어야 한다. 주로 화자가 이야기하는 내용의 주제나 주장을 찾는 유형의 문제가 나오므로, 전체 의미를 파악하고 요약하는 연습을 해야 한다.

問題 3 개요 이해 연습문제

問題 3

問題3では、問題用紙に何も印刷されていません。この問題は、全体としてどんな内容かを聞く問題です。話の前に質問はありません。まず話を聞いてください。それから、質問とせんたくしを聞いて、1から4の中から、最もよいものを一つ選んでください。

― メモ ―

🎧 027~032

4 : 問題 4 즉시 응답

문제 유형
두 사람의 짧은 대화 중 질문을 듣고 그에 대한 적절한 응답을 찾는 문제이다.

```
짧은 문장을 듣는다.
        ↓
세 개의 선택지를 듣고 답을 고른다.
```

문제 풀이 포인트
즉시 응답에서는 주로 직장 상사와 부하, 선생님과 학생, 부부나 친구 사이의 짧은 대화가 나온다. 짧은 시간 안에 질문에 대한 알맞은 대답을 고르고 바로 다음 문제로 넘어가는 유형이므로 정답에 확신이 들지 않더라도 망설이지 말고 다음 문제에 집중하자.

問題 4 즉시 응답 연습문제

問題 4

問題4では、問題用紙に何も印刷されていません。まず文を聞いてください。それから、それに対する返事を聞いて、1から3の中から、最もよいものを一つ選んでください。

― メモ ―

 033~046

5: 問題 5 통합 이해

047~049

문제 유형
긴 내용의 대화를 들으면서 주어지는 정보를 모으고 비교하며 전체 내용을 이해해야 하는 문제로 두 종류의 문제가 나온다.

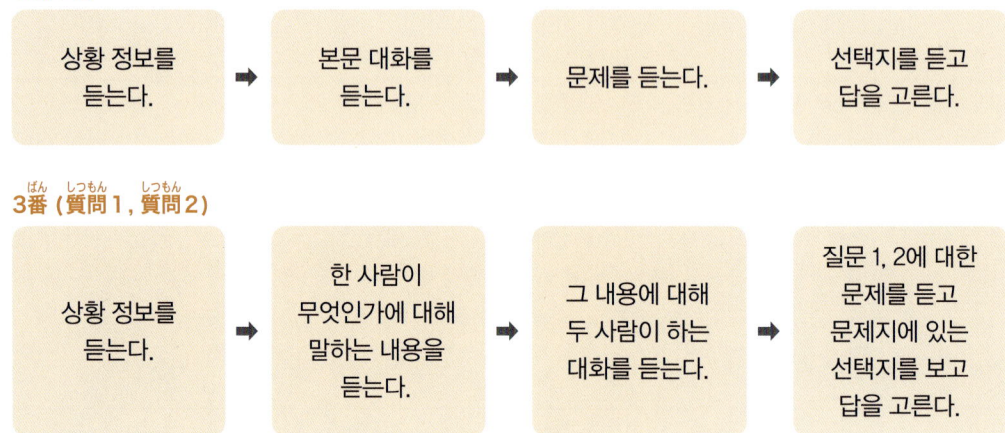

문제 풀이 포인트
통합 이해에서는 긴 내용의 대화에서 많은 정보가 나오므로 메모를 하면서 들어야 한다. 1番, 2番은 크게 두 가지 패턴으로 문제가 나온다. 하나는 등장인물 중 한 사람의 행동이나 생각을 나머지 사람들이 비판 또는 조언하는 패턴이고, 다른 하나는 의견 대립이 있는 두 사람 사이에서 한 사람이 중재를 하는 패턴이다. 3番은 방송이나 판매원의 이야기를 들은 남녀가 어떤 것을 선택할지 고르는 패턴의 문제가 주로 출제된다.

問題 5 통합 이해 연습문제

해설편 222p

問題 5

問題5では、長めの話を聞きます。この問題には練習はありません。
問題用紙にメモをとってもかまいません。

1 🎧 047　　2 🎧 048

問題用紙に何も印刷されていません。まず話を聞いてください。それから、質問とせんたくしを聞いて、1から4の中から、最もよいものを一つ選んでください。

― メモ ―

3 🎧 049

まず話を聞いてください。それから、二つの質問を聞いて、それぞれ問題用紙の1から4の中から、最もよいものを一つ選んでください。

質問1

1　東北の観光列車
2　関西の観光列車
3　四国の観光列車
4　九州の観光列車

質問2

1　東北の観光列車
2　関西の観光列車
3　四国の観光列車
4　九州の観光列車

Ⅱ 실전문제 익히기

問題 1　과제 이해
問題 2　포인트 이해
問題 3　개요 이해
問題 4　즉시 응답
問題 5　통합 이해

問題 1 과제 이해 실전문제 ①

050~064

問題1 問題1では、まず質問を聞いてください。それから話を聞いて、問題用紙の 1 から 4 の中から、最もよいものを一つ選んでください。

1 🎧 050

1 会議の資料を仕上げる
2 出席者のリストを確認する
3 会議の場所を手配する
4 議事録を課長に見せる

2 🎧 051

1 「ジャパンクリエイト」に申し込む
2 競争が激しくない会社に申し込む
3 インターンシップに行くのを諦める
4 会社の資料を見て行きたい会社を探す

3 🎧 052

1 山田先輩に修理専門の会社を紹介してもらう
2 修理専門の会社をネットで探す
3 修理専門の会社に電話する
4 修理専門の会社の人に家に来てもらう

問題1 課題理解 실전문제 ②

問題1　問題1では、まず質問を聞いてください。それから話を聞いて、問題用紙の1から4の中から、最もよいものを一つ選んでください。

1　🎧 053

1　スケジュール欄を直す
2　イラストのことを山田さんに聞く
3　イラストレーターに連絡する
4　原稿案をコピーする

2　🎧 054

1　必修の授業を取って、日本語は取らない
2　必修の授業を取らないで、日本語Aクラスを取る
3　必修の授業と日本語Aクラスを取る
4　必修の授業と日本語Bクラスを取る

3　🎧 055

1　A5サイズで100ページのアルバム
2　A4サイズで100ページのアルバム
3　A5サイズで50ページのアルバム
4　A4サイズで50ページのアルバム

問題 1 과제 이해 실전문제 ③

해설편 235p

問題1 問題1では、まず質問を聞いてください。それから話を聞いて、問題用紙の1から4の中から、最もよいものを一つ選んでください。

1 🎧 056

1. 製品を不良の箱に入れる
2. 田中さんに不良のことを言う
3. 作業報告を書く
4. 佐々木さんのところに行く

2 🎧 057

1. ボーイスカウトの通訳をする
2. テントの説明をする
3. グループ分けの紙を配る
4. 担当のグループに分かれる

3 🎧 058

1. 文章の書き方を変える
2. 図表を小さくする
3. 行間を狭める
4. 誤字脱字を直す

問題 1 과제 이해 실전문제 ④

해설편 238p

問題1　問題1では、まず質問を聞いてください。それから話を聞いて、問題用紙の1から4の中から、最もよいものを一つ選んでください。

1　🎧 059

1　9万円
2　10万円
3　27万円
4　29万円

2　🎧 060

1　スケジュールを変更する
2　団体料金を確認する
3　写真を撮りに行く
4　パンフレットを作る

3　🎧 061

1　代わりの講師を引き受ける
2　ネイティブの知り合いに頼む
3　ネイティブの先生を探す
4　日本人の先生を探す

問題 1 課題理解 실전문제 ⑤

해설편 241p

問題1　問題1では、まず質問を聞いてください。それから話を聞いて、問題用紙の1から4の中から、最もよいものを一つ選んでください。

1　🎧 062

1　レポートのタイトルを考える
2　図書館で本を借りる
3　インターネットで記事を読む
4　論文を探す

2　🎧 063

1　契約書を修正する
2　資料をコピーする
3　地図を印刷する
4　切符の領収書をもらう

3　🎧 064

1　先行研究を追加する
2　参考文献を修正する
3　研究課題を書き直す
4　分析を書き加える

問題 2 포인트 이해 실전문제 ①

065~079

問題 2　問題 2 では、まず質問を聞いてください。そのあと、問題用紙のせんたくしを読んでください。読む時間があります。それから話を聞いて、問題用紙の 1 から 4 の中から、最もよいものを一つ選んでください。

1　🎧 065

1　多くの人に知られていないから

2　タクシーの事故が増えているから

3　家族に気を使うから

4　申し込みの手続きが面倒だから

2　🎧 066

1　イラストが豊富で持ち歩くのに便利だったから

2　コンパクトで写真も大きかったから

3　小さくても説明が詳しかったから

4　ネットでも調べられるから

3　🎧 067

1　日本的なデザインの雑貨

2　日本の伝統工芸品

3　お菓子などの食べ物

4　日本製の電化製品

問題 2 포인트 이해 실전문제 ②

해설편 245p~250p

問題 2 問題2では、まず質問を聞いてください。そのあと、問題用紙のせんたくしを読んでください。読む時間があります。それから話を聞いて、問題用紙の1から4の中から、最もよいものを一つ選んでください。

1 🎧 068

1 親にすすめられたから
2 学んだことが活かせるから
3 企業の経営者たちと知り合いになれるから
4 若い時にしかできない魅力的な仕事だから

2 🎧 069

1 小売店がハブブラシの無料サービスを始めたから
2 注文がどんどん減っていきそうだから
3 注文が来なくなってしまったから
4 材料がなくなってしまうから

3 🎧 070

1 字幕を意識することない字幕
2 字幕に意識がいく字幕
3 誤訳のない字幕
4 直訳であっても、日本語が自然な字幕

問題 2 포인트 이해 실전문제 ③

해설편 251p

問題2　問題2では、まず質問を聞いてください。そのあと、問題用紙のせんたくしを読んでください。読む時間があります。それから話を聞いて、問題用紙の1から4の中から、最もよいものを一つ選んでください。

1 🎧 071

1　新しいメニューを客にすすめること
2　お客様への気配りを忘れないこと
3　テーブルのコップの数をチェックすること
4　いつも笑顔を忘れないようにすること

2 🎧 072

1　企業が必ずしも目標を立てなくてもいい
2　企業が立てる目標が女性に関するものでなくてもいい
3　企業が立てた目標を就活生に提示しなくてもいい
4　企業が目標を達成できなくても罰せられない

3 🎧 073

1　どんな商品でも30分以内に届くこと
2　どこでも商品がその日のうちに届くこと
3　必ず受け取れるので再配達を頼まなくていいこと
4　割引で商品の値段が安くなること

問題 2 포인트 이해 실전문제 ④

해설편 254p

問題 2 問題 2 では、まず質問を聞いてください。そのあと、問題用紙のせんたくしを読んでください。読む時間があります。それから話を聞いて、問題用紙の 1 から 4 の中から、最もよいものを一つ選んでください。

1 🎧 074

1. 部屋が少なかったから
2. 新しい設備がなかったから
3. 耐震ではなかったから
4. 宴会場がなかったから

2 🎧 075

1. 世界中のいろいろな雑貨
2. 日本の各地のおいしい名産品
3. 職人の技を生かした現代的な製品
4. 自動車部品をリサイクルして作った雑貨

3 🎧 076

1. 文章を書くうちに「小説家になりたい」と思いはじめたから
2. 周りの人に「小説家になったらどうか」と勧められたから
3. テレビのニュースを見て「自分もやらなければ」と思ったから
4. 理由はないが「小説家になれるのではないか」と思ったから

問題 2 포인트 이해 실전문제 ⑤

해설편 257p

問題 2　問題 2 では、まず質問を聞いてください。そのあと、問題用紙のせんたくしを読んでください。読む時間があります。それから話を聞いて、問題用紙の 1 から 4 の中から、最もよいものを一つ選んでください。

1　077

1　スマートフォンのゲームを増やしているから

2　高額な開発費を投じているから

3　広告に力を入れているから

4　既存の映画などをゲーム化しているから

2　078

1　子供はその絵本が好きだから

2　ストーリーがわかると安心するから

3　絵本には新しいことが多くて面白いから

4　子供はお話を忘れてしまうから

3　079

1　価格が安いから

2　人気アニメのグッズが入っているから

3　種類が豊富だから

4　精巧に作られているから

問題 3 개요 이해 실전문제 ①

問題 3　問題3では、問題用紙に何も印刷されていません。この問題は、全体としてどんな内容かを聞く問題です。話の前に質問はありません。まず話を聞いてください。それから、質問とせんたくしを聞いて、1から4の中から、最もよいものを一つ選んでください。

― メモ ―

 080~085

問題 3 개요 이해 실전문제 ②　　해설편 261p~271p

問題 3　問題3では、問題用紙に何も印刷されていません。この問題は、全体としてどんな内容かを聞く問題です。話の前に質問はありません。まず話を聞いてください。それから、質問とせんたくしを聞いて、1から4の中から、最もよいものを一つ選んでください。

― メモ ―

 086~091

問題 3 개요 이해 실전문제 ③

해설편 272p

問題 3　問題3では、問題用紙に何も印刷されていません。この問題は、全体としてどんな内容かを聞く問題です。話の前に質問はありません。まず話を聞いてください。それから、質問とせんたくしを聞いて、1から4の中から、最もよいものを一つ選んでください。

― メモ ―

 092~097

問題 4 즉시 응답 실전문제 ①

問題 4 問題4では、問題用紙に何も印刷されていません。まず文を聞いてください。それから、それに対する返事を聞いて、1から3の中から、最もよいものを一つ選んでください。

― メモ ―

問題 4 즉시 응답 실전문제 ②

해설편 278p~288p

問題 4　問題4では、問題用紙に何も印刷されていません。まず文を聞いてください。それから、それに対する返事を聞いて、1から3の中から、最もよいものを一つ選んでください。

― メモ ―

 112~125

問題 4 즉시 응답 실전문제 ③

해설편 288p

問題 4　問題 4 では、問題用紙に何も印刷されていません。まず文を聞いてください。それから、それに対する返事を聞いて、1 から 3 の中から、最もよいものを一つ選んでください。

― メモ ―

 126~139

問題 5 통합 이해 실전문제 ①

問題 5　問題 5 では、長めの話を聞きます。この問題には練習はありません。
　　　　問題用紙にメモをとってもかまいません。

問題用紙に何も印刷されていません。まず話を聞いてください。それから、質問とせんたくしを聞いて、1 から 4 の中から最もよいものを一つ選んでください。

― メモ ―

3 🎧 142

まず話を聞いてください。それから、二つの質問を聞いて、それぞれ問題用紙の1から4の中から、最もよいものを一つ選んでください。

質問1

1 家電福袋
2 旅行福袋
3 冬物福袋
4 キッチン福袋

質問2

1 家電福袋
2 旅行福袋
3 冬物福袋
4 キッチン福袋

問題 5 통합 이해 실전문제 ②

해설편 298p

問題 5　問題5では、長めの話を聞きます。この問題には練習はありません。
問題用紙にメモをとってもかまいません。

問題用紙に何も印刷されていません。まず話を聞いてください。それから、質問とせんたくしを聞いて、1から4の中から最もよいものを一つ選んでください。

― メモ ―

3 🎧 145

まず話を聞いてください。それから、二つの質問を聞いて、それぞれ問題用紙の1から4の中から、最もよいものを一つ選んでください。

質問1

1 「近くて遠いウエディングドレス」
2 「鷹の目 The Movie」
3 「終わりの始まり」
4 「木の上の家」

質問2

1 「近くて遠いウエディングドレス」
2 「鷹の目 The Movie」
3 「終わりの始まり」
4 「木の上の家」

問題 5 統合理解 실전문제 ③

해설편 302p

問題 5 問題5では、長めの話を聞きます。この問題には練習はありません。
問題用紙にメモをとってもかまいません。

問題用紙に何も印刷されていません。まず話を聞いてください。それから、質問とせんたくしを聞いて、1から4の中から最もよいものを一つ選んでください。

― メモ ―

[3] 🎧 148

まず話を聞いてください。それから、二つの質問を聞いて、それぞれ問題用紙の1から4の中から、最もよいものを一つ選んでください。

質問1

1　1番の掃除機
2　2番の掃除機
3　3番の掃除機
4　4番の掃除機

質問2

1　1番の掃除機
2　2番の掃除機
3　3番の掃除機
4　4番の掃除機

JLPT N1

Test

모의고사

● 언어지식 (문자·어휘·문법)

언어지식			문제유형	문항 및 배점	점수
언어지식	문자·어휘	문제 1	한자읽기	6문제 × 1점	6
		문제 2	문맥규정	7문제 × 1점	7
		문제 3	유의표현	6문제 × 1점	6
		문제 4	용법	6문제 × 2점	12
	문법	문제 5	문법형식 판단	10문제 × 1점	10
		문제 6	문장 만들기	5문제 × 2점	10
		문제 7	글의 문법	4문제 × 2점	8
			합계		59

★ 득점환산법(60점 만점) [득점] ÷ 59 × 60 = [   ]점

● 독해

독해		문제유형	문항 및 배점	점수
독해	문제 8	단문	4문제 × 2점	8
	문제 9	중문	9문제 × 3점	27
	문제 10	장문	4문제 × 3점	12
	문제 11	통합 이해	2문제 × 3점	6
	문제 12	주장 이해	4문제 × 3점	12
	문제 13	정보 검색	2문제 × 4점	8
		합계		73

★ 득점환산법(60점 만점) [득점] ÷ 73 × 60 = [   ]점

● 청해

청해		문제유형	문항 및 배점	점수
청해	문제 1	과제 이해	6문제 × 2점	12
	문제 2	포인트 이해	7문제 × 2점	14
	문제 3	개요 이해	6문제 × 2점	12
	문제 4	즉시 응답	13문제 × 1점	13
	문제 5	통합 이해	4문제 × 3점	12
		합계		63

★ 득점환산법(60점 만점) [득점] ÷ 63 × 60 = [   ]점

* 위의 배점표는 시사일본어사에서 작성한 것으로, 실제 시험과는 약간의 오차가 생길 수 있습니다.
* 모의고사 정답표는 해설편 310p에서 확인할 수 있습니다.

Language Knowledge (Vocabulary)・Reading

問題用紙

N1

言語知識(文字・語彙・文法)・読解
(110分)

注 意
Notes

1. 試験が始まるまで、この問題用紙を開けないでください。
   Do not open this question booklet until the test begins.

2. この問題用紙を持って帰ることはできません。
   Do not take this question booklet with you after the test.

3. 受験番号と名前を下の欄に、受験票と同じように書いてください。
   Write your examinee registration number and name clearly in each box below as written on your test voucher.

4. この問題用紙は、全部で32ページあります。
   This question booklet has 32 pages.

5. 問題には解答番号の 1 、 2 、 3 … が付いています。
   解答は、解答用紙にある同じ番号のところにマークしてください。
   One of the row numbers 1, 2, 3… is given for each question. Mark your answer in the same row of the answer sheet.

受験番号 Examinee Registration Number

名前 Name

※ 著作権者(時事日本語社)の許可なく、この試験問題の全部または一部を転載することを禁じます。

問題1 ＿＿＿＿の言葉の読み方として最もよいものを、1・2・3・4から一つ選びなさい。

1　今後のために、互いに譲歩することにした。
　　1　じょうぼ　　　2　じょほう　　　3　じょうほ　　　4　じょうと

2　そろそろ急かさないと、会議に遅れますよ。
　　1　せかさない　　2　したさない　　3　うながさない　4　ひたさない

3　今回の仕事は損得を考えないことにした。
　　1　そんどく　　　2　そんとく　　　3　いんどく　　　4　いんとく

4　願望をかなえるためには、かなりの努力が必要です。
　　1　がんぼう　　　2　げんぼう　　　3　がんぼ　　　　4　げんぼ

5　これを飲むとビタミンとミネラルが身体に浸透していく感じがする。
　　1　ちんとう　　　2　しんとう　　　3　ちんと　　　　4　しんめい

6　祖母は子どものころの話をしながら、口元に微笑を浮かべた。
　　1　びしょ　　　　2　みしょう　　　3　みしょ　　　　4　びしょう

問題2 (　　　)に入れるのに最もよいものを、1・2・3・4から一つ選びなさい。

[7] 最近のIT企業はインセンティブで従業員の(　　　)向上を図っている。
　　1　ベース　　　2　ノルマ　　　3　ダメージ　　　4　モチベーション

[8] 作品のなかで最高得点を(　　　)した作品が当選作に選ばれることになっています。
　　1　獲得　　　2　捕獲　　　3　習得　　　4　収穫

[9] 彼の研究論文は感受性が鋭い学生に(　　　)印象を残した。
　　1　強烈な　　　2　熱烈な　　　3　鮮明な　　　4　温和な

[10] 一生懸命勉強したのに3度目の受験に失敗して(　　　)とうなだれていた。
　　1　きっかり　　　2　がっちり　　　3　がっくり　　　4　びっしょり

[11] 警察官などを騙る(　　　)な電話や訪問にはご注意ください。
　　1　不振　　　2　不審　　　3　不正　　　4　不服

[12] 周囲の人に1度や2度(　　　)ぐらいであきらめるのはまだ早いと言われた。
　　1　くじけた　　　2　さとった　　　3　しくじった　　　4　ののしった

[13] 面倒だと思って避けては通れないことを(　　　)と引き延ばしている。
　　1　ちょくちょく　　　2　ぶらぶら　　　3　ずるずる　　　4　ぼつぼつ

問題3 ＿＿＿の言葉に意味が最も近いものを、1・2・3・4から一つ選びなさい。

14 部外者をシャットアウトして会議を開いた。
　　1　遮断　　　　2　協力　　　　3　責任者　　　　4　専門家

15 目の前に他人の報告書を出されて彼は当惑した。
　　1　驚いた　　　2　怒った　　　3　困った　　　　4　喜んだ

16 木村選手はこの試合を限りに引退すると表明した。
　　1　さっぱり表した　　　　　2　詳しく表した
　　3　丁寧に表した　　　　　　4　はっきり表した

17 鈴木選手はゴール寸前で追い抜かれてしまった。
　　1　以前　　　　2　直前　　　　3　あとで　　　　4　すぐに

18 せっかくの貯金をまるまる妹にとられてしまった。
　　1　そっくり　　2　一部　　　　3　わずか　　　　4　おのおの

19 うまく言葉にできなくてもどかしいくらいだった。
　　1　いらいらする　　　　　　2　こりこりする
　　3　はらはらする　　　　　　4　ひしひしする

問題4 次の言葉の使い方として最もよいものを、1・2・3・4から一つ選びなさい。

[20] どっと
1 重いものを運ぶ時はどっと力を入れなければならない。
2 重要な時代の書家の作品をどっと見ていきます。
3 広場の人たちがにわかにどっと騒がしくなってびっくりした。
4 汗でせっかくの着物がどっとぬれてしまった。

[21] 濃厚
1 出席者は皆会議に積極的に参加し、意見を濃厚に交換しあった。
2 二人が濃厚だと聞いていたが、最近結婚したらしい。
3 社員が濃厚に替わる会社は信用できない。
4 調査研究を進めようという雰囲気はますます濃厚になった。

[22] 見下ろす
1 あなたからの通知を見下ろすようなことは一度もありません。
2 街を歩くとたくさんの面白い建物を見下ろすだろう。
3 今年は展示会への参加は見下ろすこととなりました。
4 山の上から景色を見下ろすと、海がきれいに見えた。

[23] 専念
1 一日でも早く復帰するように、今は治療にだけ専念したい。
2 日本の人口は地方ではなく大都市に専念している。
3 最近の若者は安定専念の人が多い。
4 本田(ほんだ)氏は苦労して企業のトップまで昇ったのに、全く出世に専念しない。

24 目印
1　顧客の求めるニーズと、目印の転換が新たな商品につながる。
2　彼らは木の皮を削り取って、通った跡に目印をつけた。
3　犯人がだれかさっぱり目印がつかないようだった。
4　この研究は、二酸化炭素が地球温暖化の原因だという目印を証明するものだ。

25 あなどる
1　鈴木さんの意見には説得力があって、だれもがあなどっていた。
2　弱い相手だからとあなどっているといたい目に遭うから、気を付けなさい。
3　先生が何回も詳しく説明してくれたので、ようやくあなどった。
4　今まで何とかあなどっていたが、これ以上の痛みは我慢できない。

問題5　次の文の（　　）に入れるのに最もよいものを、1・2・3・4から一つ選びなさい。

26　来月から上映される「僕とハッピー」は、画家（　　　）歌手である田中さんの映画デビュー作として話題を集めている。
　　1　にあって　　　2　とあって　　　3　にして　　　4　とあれ

27　母がなくなってから10年。実家の前に植えてある桜の木を見る（　　）、花見の好きだった母を思い出す。
　　1　につけて　　　2　とたんに　　　3　にせよ　　　4　とばかりに

28　お客様からの苦情で店長に呼び出され（　　　）、やさしく慰めてくれて思わず泣いてしまった。
　　1　叱られたあげく　　　　　　　　2　叱られたがさいご
　　3　叱られると思いつつも　　　　　4　叱られると思いきや

29　「カン」が鋭い人とは、直感的なひらめきや判断力が優れている人をいうが、それは（　　　）学べるものではないと思う。
　　1　学べたからといって　　　　　　2　学べようにも
　　3　学ばないかぎり　　　　　　　　4　学ぼうとしても

30　家族旅行が台風でキャンセルになった。しかし、そとに出られない（　　　）子供たちは一日中ゲームができて楽しそうである。
　　1　ことばかりか　　　　　　　　　2　のにひきかえ
　　3　のをいいことに　　　　　　　　4　ことをよそに

31 家族は多ければ多いほど幸せだろうと思っていたが、8人（　　　）さすがに参ってしまった。
1　ともすれば　　　　　　　　　2　ともなると
3　になろうものなら　　　　　　4　になったそばから

32 結果を恐れずに挑戦していくことが大事だ。（　　　）、そこから学んで次に成功すればいいだけのことだから。
1　失敗した手前　　　　　　　　2　失敗するわけがなく
3　失敗するうえは　　　　　　　4　失敗したら失敗したで

33 玄関の前にまた犬のフンが放置されていた。今度こそ飼い主を捕まえて（　　　）。
1　謝罪させてもらおう　　　　　2　謝罪させずにはおかない
3　謝罪せずにいられるものか　　4　謝罪させないではすまない

34 マナー講習会で、「第一印象をよくするために、特別なしぐさや言葉が（　　　）笑顔さえあればいい」と先生は話したが、まさにその通りだと思う。
1　必要とされているわけではなく　2　必要であるがゆえに
3　必要でしかないもので　　　　　4　必要としているわけじゃなく

35 山田「あのう、明日の打ち合わせを明後日に変更していただけますか。」
鈴木「えーと、そうすると金曜日ですね。時間はそのままでよろしいですか。」
山田「ええ、日にちだけ（　　　）。」

1　ご調整なさいませんでしょうか
2　ご調整もうしあげたいです
3　ご調整いただければと存じます
4　ご調整いたせば結構です

問題6 次の文の ★ に入る最もよいものを、1・2・3・4から一つ選びなさい。

(問題例) きのう _____ _____ ★ _____ はとてもおいしかった。
　　　　　1 母　　　2 買ってきた　　　3 が　　　4 ケーキ

(解答のしかた)

1. 正しい文はこうです。

| きのう _____ _____ ★ _____ はとてもおいしかった。 |
| 1 母　　3 が　　2 買ってきた　　4 ケーキ |

2. ★ に入る番号を解答用紙にマークします。

　　　(解答用紙)　(例)　① ● ③ ④

---

[36] 鈴木「部長、この案件は明日の会議で話し合うべきでしょうか。」
　　部長「いや、それはちょっとした日程の変更 _____ ★ _____ _____ _____ だろう。」
　　1 までもない　　2 でしかない　　3 話し合う　　4 から

[37] 今の厳しい経済状況では、この企業の伝統と _____ _____ ★ _____ 簡単に回復するとは思えない。
　　1 をもって　　2 そう　　3 しても　　4 実力

[38] 空港ロビーは人気アイドルグループが入国する _____ _____ ★ _____ 埋め尽くされていた。
　　1 とする　　2 写真をとろう　　3 とあって　　4 多くのファンで

39 新型ウイルスの緊急事態を解除すべきだという意見に対し、専門家たちはまだ減少傾向には向かっておらず、今のまま ＿＿ ＿＿ ★ ＿＿ という認識を示した。
　1　では　　　　　2　の　　　　　3　だと　　　　　4　厳しい

40 批評家たちから絶賛を得た ＿＿ ★ ＿＿ ＿＿ というわけではない。
　1　映画　　　　　2　必ずしも　　　3　面白い　　　　4　からといって

問題7 次の文章を読んで、文章全体の趣旨を踏まえて、 41 から 44 の中に入る最もよいものを、1・2・3・4から一つ選びなさい。

コロナに立ち向かおうとする人々

　今年に入って4回目となるコロナ感染に対する緊急事態宣言が発令されたあと、駅の近くにある飲食店の経営者を訪ねて話を聞いてみた。

　これまでも行政機関から文書の形で、営業時間の短縮や酒類販売の制限について協力するよう言ってきましたけど、一体それがどれほど効果があったのか、なかったのか。「何も教えてくれません」店の主人は 41 話した。昨年の初め、第一次感染拡大の頃は飲食店の対応もまちまちで、自分たちが原因になっているわけじゃないと思う経営者は、以前と同じように店を開けて営業していたら、夜中に窓ガラスを割られたり、「皆がガマンしているのに、そんなに金をもうけたいのか！」なんていう張り紙をされたり、いわゆる「自警団」の同調圧力、 42 「自分はやりたいことをガマンしているのにお前は自分のことしか考えていない」と他人を攻撃することでストレスを解消するような行為が目立ったという。結局その店は悪質な攻撃に耐えられずに「しばらく休業します」というお知らせを出して店を閉めることになった。店の主人は自分が行政の指示に素直に従ったことは間違っていなかったと思いながら、しかし職場や家庭で、いつまでもガマンを強いられる人々がさらに不満をぶつける対象を拡げるようになったら、自分もいつかはそのターゲットになりうると覚悟していた。だが、時間がたつと皆が正義のヒーローのふりをすることに疲れていったのか、人々はだんだん無関心になっていったように見えた。

　「こうやって人の顔色をうかがいながら怯えているようなやり方は違うと思うようになりました」受け身の姿勢では自分を守れないと考えた主人は、商店会に参加している店の経営者たちと相談して、自分たちで考えた安全対策をアピールして、客の理解を得ながら積極的に営業を続けることを提案した。 43 店の経営者は「もう少し落ち着くまで様子を見ていたほうがいいんじゃないか」と慎重な意見を言うこともあったが、全体としてはこれ以上じっとしていることはできないと危機感を 44 人が大部分だったという。街中の小さな経営者たちの苦悩はまだまだ続く。もはや行政は一片の通知だけで済ませるのではなく、この人たちの現実に寄り添う実効ある対策を出さなくてはならない時だろう。

41
1　嬉しそうに　　　　　　　2　困惑ぎみに
3　自慢げに　　　　　　　　4　自信なげに

42
1　しかし　　　2　ちなみに　　　3　つまり　　　4　まして

43
1　この　　　　2　その　　　　　3　あの　　　　4　ある

44
1　強めている　　　　　　　2　強まりつつある
3　強まる一方である　　　　4　強めることになる

問題8 次の(1)から(4)の文章を読んで、後の問いに対する答えとして最もよいものを、1・2・3・4から一つ選びなさい。

(1)

　人間の身体には成長の限界があるように、経済の発展にも限界があり、ピークを過ぎればバブル期となり、それはやがて崩壊し衰退期に向かいます。考えてみれば、これは当然のことであり、歴史がそれを証明しています。ただ、現代の資本主義社会の中に暮らしている人々にとってはそれがなかなか理解しにくいのです。経済はあくまでも成長し続けるものであり、成長をやめれば競争に敗れ歴史から消えていくしかない、そう思い込まされているのです。

[45] 筆者が心配していることは何か。
1　経済の成長が止まれば、歴史から消えてしまうこと
2　資本主義社会の中からは成長の限界を理解しにくいこと
3　経済発展に限界があることを歴史が証明すること
4　経済の発展には限界があり、いずれ衰退してしまうこと

（2） 以下は、取引先から送られてきたメールである。

ヤマダ株式会社

情報システム部　高橋太郎　様

　株式会社スギナミの鈴木でございます。

この度　弊社のＡＢＣシステム活用オンラインセミナーを開催することが決定いたしましたので、そのお知らせをお送り申し上げます。
当日は弊社の開発担当者より、システムの活用法から他社での活用事例まで詳しくお伝えさせていただきます。

※本セミナーは【無料】で実施いたします。
※下記サイトのお申込みフォームより承っております。
　http://suginami.co.jp/seminar/
※オンラインセミナーですが、定員はございますので、お早めにお申し込みくださいませ。

　以上、先日お電話したオンラインセミナーのご案内ですが、高橋様の分は私の方で確保してありますので、ご参加の確認だけご一報いただければと思います。
高橋様のご参加を心よりお待ちしております。

株式会社スギナミ
総務部　鈴木一郎

46 このメールで最も伝えたいことは何か。
1　オンラインセミナーにできるだけ早く所定のサイトから申し込んでほしい。
2　オンラインセミナーの申し込みが済んだら、メールで返信してほしい。
3　オンラインセミナーの申し込みは済んでいるので、確認してほしい。
4　オンラインセミナーに参加するか否かだけ、連絡してほしい。

(3)

　「個性の尊重」が教育の基本原則に据えられて久しい。なるほど、現場の教師は様々に工夫を重ね、子どもたちの個性を伸ばそうと頑張っているようだ。だが、一方で、いじめは一向になくならないし、不登校も減る傾向にない。人口は減少しているのに、である。「みんな同じ」が大原則で、同調圧力の強烈なこの社会では、いくら学校でがんばっても、土台無理な話なのだ。根付くわけがない。社会が変わらない限り。

[47] 筆者の考えに合うのはどれか。
　1　子どもの個性を伸ばすためには、更なる教師の努力が必要である。
　2　いじめや不登校が減らない限り、子どもの個性は伸ばせない。
　3　今の社会が続く限り、個性尊重教育の成果は期待できない。
　4　個性尊重教育に取り組んでも、社会を変えることはできない。

(4)

のどに魚の小骨が引っかかった時のように心に何かが引っかかっていると、周囲の空気が読めなくなる。目の前の状況の変化が見えなくなる。目に映っているのに、気づくことができない。気づくべきことに気づかなくなる。

感覚は働いているのに認識には至らず、当然取るべき行動につながらない。世にいう過失は、こういった心理状態で起こるものだ。

不注意と言えば軽く聞こえるが、過失は重大な結果を招くこともある。小骨が大きな事故を引き起こすのである。

48 筆者の言いたいことは何か。
1 気がかりを放っておくと大きな事故につながりかねない。
2 のどに引っかかった小骨はすぐに取り除かなければならない。
3 不注意のないように常に感覚を働かせていなければいけない。
4 過失は感覚と認識がいずれも働かない時に起こるものである。

問題9　次の(1)から(3)の文章を読んで、後の問いに対する答えとして最もよいものを、1・2・3・4から一つ選びなさい。

(1)
　文字を用いた学校の言語教育で画一化され規格化されることのなかった、アナーキーな(注1)ことばの輝き
　――私はサバンナ(注2)に生きる人たちの音声言語の美しさを、よくこういうことばで表現する。この人たちは学校で、文法を使って「言語」を教わらなかった。文法とも辞書とも無縁に生きてきたので、この人たちにはいわゆる方言だけでなく、村語があり、家語が、自分語がある。ひとりひとりが自分で身につけたことばを、自分の発音で、それも吹きさらしのサバンナの屋外生活の多い毎日のなかで、よく通る大きな声で話すことを、幼いころからくりかえして育ってきたのだ。声が、ことばが輝いているのは当然だともいえる。
　さらに、文字を使わない社会にあって、しかも電気の拡声装置を一切もたない生活で、上手に、よく通る声で話すということの価値がいかに大きいか。とくに文字偏重で、話すことの訓練がおろそかにされている私たち日本人の社会では、あまりに話すことがうまい人はむしろ煙たがられたり(注3)、警戒されたりする。あの人は口べただが、文章を書かせると実にしっかりしているなどという人の方が、むしろ奥ゆかしい(注4)と思われたりする。だが、文字を用いない社会で、上手に話すということの価値は絶対だ。そういう価値観が支配する社会で、夜のまどい(注5)で大きい声で上手にお話をして皆をおもしろがらせることを、子どものときからやって育ったとすれば、しかも学校の授業で、文字を使って、「国語」としての標準語を教えこまされなかったとすれば、<u>この人たちのことばが、アナーキーな輝きにみちているのはむしろ当然だともいえるのだ。</u>

（川田順造『コトバ・言葉・ことば』青土社）

(注1)アナーキーな：無秩序な状態の
(注2)サバンナ：アフリカの草原地帯
(注3)煙たがる：敬遠する、嫌がる
(注4)奥ゆかしい：つつしみ深く、好ましい、考えや意味が大きく広い
(注5)まどい：一か所に円く集まること、集会

49 筆者は、「この人たちのことば」について、どのように述べているか。
1 学校で文法を教わらなかったのに、きれいに規格化されている。
2 文字を使わない美しい音声言語であり、声も鮮明である。
3 各自が自分勝手に話すため、無秩序であり、意味が通じない。
4 学校で毎日大声で話す訓練をしているため、発音が美しい。

50 筆者は、日本人の社会について、どのように述べているか。
1 上手に話す人も尊重されるが、文章が上手に書ける人ほどではない。
2 弁論が上手すぎる人は、信用されず、だれにも価値を認められない。
3 コミュニケーション能力より文章能力が重視され、出世に影響する。
4 文章を書くことが重視され、話すことの訓練は軽視されている。

51 この人たちのことばが、アナーキーな輝きにみちているのはむしろ当然だともいえるとあるが、なぜか。
1 昼は学校で標準語を学び、夜は大人たちのおもしろい話を聞いて育ってきたから
2 小さいころから大きい声で上手に話す訓練をして、学校でも国語教育を受けてきたから
3 学校で国語を強制されることはなかったが、大人から話す訓練をさせられて育ったから
4 国語教育とは無縁で、上手に話すことが絶対だという価値観の社会で育ってきたから

(2)
　日本でテレビの放映が開始されたのは1953年だが、日本のテレビ局が製作した国産初のテレビドラマも、国産初のアニメーションも、正義の味方が活躍する子ども向けの番組だった。それからおよそ40年。この間に製作・放映された子ども向けの特撮＆アニメ作品はおびただしい数にのぼる。
　子ども向けの特撮＆アニメの世界をここでは「アニメの国」と呼ぶことにしよう。
　アニメの国には、二つの文化圏が存在する。「男の子の国」と「女の子の国」である。黒いランドセルと赤いランドセル、ブルーの筆箱とピンクの筆箱、自動車のおもちゃと金髪の着せかえ人形、少年まんがと少女まんが。戦後の日本の子ども文化はなにかと男女別枠で運営されてきた。アニメの国もその原則にのっとっている。
　アニメの国における「男の子の国」を代表するのは、未来を舞台にかっこいい正義の味方のヒーローが敵と戦う「変身ヒーローもの」である。『ウルトラマン』や『秘密戦隊ゴレンジャー』など、戦後生まれの子どもたちには、おなじみのジャンルのはずだ。対する「女の子の国」の代表は、魔法を使える少女のヒロインが主役を張る「魔法少女もの」だろう。『魔法使いサリー』から『美少女戦士セーラームーン』までを含む流れである。
　しかし、男女二つの文化圏という点でいえば、である。テレビなんかができるずっと前から、私たちは「男の子用の物語」と「女の子用の物語」をもっていた。昔話や伝説は、それじたいとしては、聞き手の性別を別個に想定したものではない。だが、子どものころから、これは男の子のお話、あれは女の子のお話、というように、私たちは漠然と区別してきたのではなかったか。アニメの国の物語は、その伝統を明らかに踏襲している。

　　　　　　　　　　　　　　　　　　（斎藤美奈子『紅一点論』ちくま文庫）

[52] その原則とあるが、どういうことか。
1 日本のテレビ放送が子ども向けの番組中心に作られていること
2 日本のテレビ局は特に人気がある番組のジャンルを「○○の国」と呼ぶこと
3 日本の子ども文化が男女別々に分けて営まれていること
4 子ども向けの製品が色によって男女別々になっていること

[53] 「アニメの国」について、文章の内容と合っているものはどれか。
1 それぞれヒーローとヒロインが活躍する、二つの文化圏が存在する。
2 男の子の国と女の子の国の、全く内容が異なる二つの文化圏が存在する。
3 男の子の国は正義がテーマであり、女の子の国は悪がテーマになっている。
4 女の子の国の代表は少女個人であるが、男の子の国の代表はグループである。

[54] 筆者は、「アニメの国」について、どのように考えているか。
1 日本の伝統的な物語の文化を受け継いでいる。
2 日本の伝統的な文化とは異なる、新しい文化である。
3 昔も今も、物語を男子と女子の別々に区別することはできない。
4 昔も今も、物語の聞き手を男女別々に想定してきたことに変わりはない。

(3)
　人間とＡＩの最大の違いは肉体か機械かだ。人体は37兆という膨大な数の細胞からなり、それらは複雑な機序(注1)で統制され、死んだり生まれたり（代謝）をくり返しながら生命が維持されている。そして無数のバリエーションを持つ体験を重ね、惻隠(そくいん)、孤独、懐かしさ、別れの悲しみ、寂寥(せきりょう)(注3)、憂愁、もののあわれなど深い情緒(注2)を有するに至る。
　①大事なことはこれら情緒がすべて、人間が有限な時間の後に朽ち果てる、という絶対的宿命に起因していることだ。人間に死がないのなら、失恋も失意も別れの悲しみもほぼなくなる。女に一万回ふられれば一万一回目のアタックをすればよいし、東大に一万回落ちたらもう一度受ければよい。美意識だって深い所で死に結びついている。死がなければすべての深い情緒は希薄になるか消滅する。
　死のないＡＩは文学や芸術を創作できない。俳句や短歌なら一時間にそれらしきものを一万個も作ることができようが、その中から人の胸を打つものを選び出すのは至難だ。詩人のポール・ヴァレリーはかつて「詩作に不可欠なのはいくつものアイデアを出すこと、そしてその中から最高のものを選び出すことだ。どちらがより大切かと言うと後者だ」と言った。ＡＩは②その能力に欠ける。
　数学や自然科学においては美意識が最も大切だから、ＡＩに計算や分析や証明はできたとしても発見はできまい。三角形の内角の和が180度という小学生の知る性質すら永遠に発見できまい。人間は死により、ＡＩに対して絶対的優位に立っているのだ。

　　　　　（藤原正彦「ＡＩは死なない」『ベスト・エッセイ2020』光村図書出版）

(注1) AI：artificial intelligence 人工知能
(注2) 惻隠：他者の苦しみに同情し、心を痛めること
(注3) 寂寥：ものさびしく、わびしいこと

55 ①大事なこととあるが、どういうことか。
1 人間は細胞でできており、ＡＩは機械でできているということ
2 人体は複雑な機序で統制され、生命が維持されていること
3 人体は無数の体験を経て、深い感情を持つようになること
4 人間の深い感情は、全て死という宿命に起因していること

56 ②その能力とは、何を指すか。
1 死の悲しみを感じる能力
2 俳句や短歌を一時間に一万個作る能力
3 人を感動させる詩を選び出す能力
4 数多くのアイデアを出す能力

57 ＡＩについて、筆者はどのように考えているか。
1 数学や自然科学の証明はできるが、実は小学生よりも劣っている。
2 美意識を持たないという点で、人間よりも劣っている。
3 死を知らないという点で、人間よりも優位に立っている。
4 発見する能力を持つようになれば、人間を超えることができる。

問題10 次の文章を読んで、後の問いに対する答えとして最もよいものを、1・2・3・4から一つ選びなさい。

　自然界の生物多様性は、想像を超えるような長い年月を経て、試行錯誤の末に形成された傑作のようなものである。一時的には、多様性が高すぎる時期があったかもしれないが、うまく修正されてきたにちがいない。今日私たちが見る自然界の生物多様性は、少なくとも長期的に見て高すぎるということはないだろう。もちろん、今後地球環境が大きく変われば、種の数は増えも減りもするはずだ。だが、それでも人間が適度の種を絶滅させた方がよいという状況は生じないだろう。もともと自然にはバランスの力学、つまり調整力が働いているからである。

　自然がもともと変化するスピードに比べ、現代の人間社会はものすごいスピードで動いてきた。だから自然もそれに影響されて異常な速さで変化し続けている。資源に制限がない右肩上がりの時代、私たちはあまり難しいことを考える必要はなかった。いわゆる効率重視の一様な社会でもよかっただろう。学歴社会や終身雇用制はその表れでもある。

　だが、いまは時代がまったく変わった。人間社会のしくみや考え方が、自らが引き起こした環境変化の大きさに対応できなくなってきている。もちろん社会もそれに気づき始めている。企業はさまざまな経歴の人材を採るようになり、学歴より人間力を見抜こうと必死で面接を繰り返している。将来の見通しが難しい現在、観点の多様な集団は、さまざまな難問の解決に大きな力を発揮し、社会的なイノベーションを導く潜在性を秘めている。

　第六の大量絶滅の時代に際し、私たちは何をどう考えたらよいのだろうか。種の絶滅をくい止めるという応急処置は確かに必要だが、もう少し根本的な見方が必要である。

　まず生物の多様性がもたらす多種多様な恩恵を浪費するのではなく、いかに上手に引き出し、子々孫々に至るまで享受していくかという、共通目標を掲げることが必要である。

　次にそれを実現するには、さまざまな知性をもちより、新しい社会のしくみを作る必要がある。環境や生物多様性に配慮した農林水産業に対する認証制度や、環境保全のための課税はその一例だが、もっと良いアイディアもあるだろう。そのためには、社会のレベルでも個人のレベルでも、少し深い考え方のできる多様な人材を育てることが急務である。人と違った着想のできる人材はもちろん、同じ目標を共有している限り、少しクレージーなほどユニークな人もいた方がよい（いつ役に立つかわからないが）。同時に、視野が広くバランスのとれた人材は確実に必要だ。そうした多様な人材が切磋琢磨することで、第六の大量絶滅をいかに克服するかという、たいへんな難題に対処できるようになるに違いない。

生物多様性の未来も、私たちの持続可能な社会も、人間の観点の多様性に委ねられているのである。

（宮下直『生物多様性のしくみを解く』工作舎）

（注1）傑作：すぐれた作品
（注2）イノベーション：革新、改革
（注3）第六の大量絶滅：過去5億年の間に5回の生物の大量絶滅が起きたとされ、現在は、人類による第6の大量絶滅が起きていると考えられている。
（注4）クレージーな：気が狂っている、熱狂的な
（注5）切磋琢磨：互いに協力したり競ったりして、技量を高め合うこと

[58] 自然界の生物多様性について、筆者はどのように述べているか。
1　生物多様性は、高すぎる時期と低すぎる時期が交互にやって来る。
2　現在における生物多様性は、高くも低くもなくちょうど良い状態である。
3　将来、人間が適度の種を絶滅させなければならない時代が来るだろう。
4　生物多様性には自然の調整力が働いていて、見事な作品のようである。

[59] いまは時代がまったく変わったとあるが、どういうことか。
1　人間社会の変化に影響され、自然も異常な速さで変化している。
2　自然の大きな変化に対し、人間が対応できなくなっている。
3　資源には制限がないので、難しい問題は考えなくなってしまった。
4　効率を重視しすぎたため一様な社会となり、学歴社会を生み出した。

[60] 今の時代に求められる社会のしくみや考え方として、文章の内容に合っているものはどれか。

1　生物多様性の恩恵を伝承するため、共通目標を設定するべきである。
2　種の絶滅を食い止めるという応急処置が何よりも優先されるべきである。
3　環境に配慮した認証制度や課税制度というのが最も良いアイディアである。
4　難問を解決し社会的なイノベーションを導くような企業が必要である。

[61] これからの自然や社会について、筆者はどのように述べているか。

1　特別な着想ができるユニークな人材を集めて競合させる必要がある。
2　クレージーなほどユニークでかつ視野の広い人材こそが難題に対処できる。
3　人間の観点の多様性こそが自然や社会の未来を切り開く鍵である。
4　同じ目標を共有するためには、人間の観点の多様性こそが必要である。

問題 11 次のAとBの文章を読んで、後の問いに対する答えとして最もよいものを、1・2・3・4から一つ選びなさい。

A

　現代の少年は、法で定める成人年齢よりもずっと早いペースで、体も心も、大人になっている。それに合わせて、少年法の適用年齢を改正するのは、当然のことだろう。少年法適用年齢の引き下げや、厳罰化では、少年犯罪は減らないかもしれないが、少なくとも、未成年だから、捕まっても平気だと思っている、少年たちの抑止力にはなると思う。少年には、未来があり、更生の道があるからと言って、ただ単に少年を擁護するのでは、何の意味もないだろう。殺人などの重大な罪を犯した少年を更生させることももちろん必要だが、相応の罰を与え罪を償わせるという意味で、新しい少年法が必要だと思う。

B

　少年犯罪に対して、厳罰化すれば抑止効果が働くという考え方がありますが、はたしてそれで犯罪の少ない社会が実現するのでしょうか。厳罰化を求める人たちには、「加害者の人権ばかりが強調されて、被害者の感情が無視されている」という心情があります。被害者やその家族のケアが重要であることは間違いありません。しかし、その問題を厳罰化に結び付けることが、はたして安全な社会の実現につながるのでしょうか。そもそも厳罰化とは、刑期を延ばすことにほかなりません。厳罰化によって刑務所にいる期間が長期化すると、社会復帰が難しくなります。犯罪の種類によってはむしろ、再犯率を上げる可能性もあるのです。

[62] 少年犯罪について、AとBはどのように述べているか。
1 AもBも、厳罰化が必要だと述べている。
2 AもBも、厳罰化は必ずしも必要ではないと述べている。
3 Aは抑止力として厳罰化が必要だと述べ、Bは厳罰化がマイナスになる場合もあると述べている。
4 Aは少年を更生させることが第一だと述べ、Bは厳罰化は悪い結果しかもたらさないと述べている。

[63] AとBで共通している認識はどれか。
1 法律を厳しくすることで、犯罪が減るかどうかはわからない。
2 法律によって加害者を擁護するばかりでは、何も変わらない。
3 被害者やその家族の心情を尊重することが何より重要である。
4 少年であれ、犯した罪に相当する罰を受けるのは当然である。

問題12　次の文章を読んで、後の問いに対する答えとして最もよいものを、1・2・3・4から一つ選びなさい。

　働く場所には「明るい職場」と「暗い職場」がある。どんな業種でも、人数が何人でも、どれくらいの規模でも、明るい職場は明るく、暗い職場は暗い。これはもうどうしようもないのです。そして、もちろん「明るい職場」でないと、働く人のパフォーマンスは上がらない。

　でも、どうも現代のサラリーマンたちは「職場は明るいほうがいい」という基本のことがわかっていないような気がします。職場が明るかろうと暗かろうと、そんなことは生産性や売り上げや株価には何の関係もないと考えている人のほうが多いような気がする。「とにかくまず職場を笑いの絶えない明るい場所にしたいです」というようなことを年頭の挨拶で語る経営者はいるんでしょうか。なんだかいなさそうな気がします。それよりは、「弱肉強食」とか「成長か死か」とか「戦わざる者は去れ」とか、人を暗い気持ちにさせる言葉ばかり行き交っているんじゃないでしょうか。

　どうして、「明るい職場」になりにくいのか。それは①企業の経営者と所有者＝出資者が分離しているからです。株主は事業内容には基本的に興味がありません。自分が買ったときよりも株価が上がっていること、極端に言えばそれだけが関心事です。株券を売った瞬間に会社との関係は切れます。だから、その会社がかつてどういう理念を持って起業されたのか、この先どうなるのかなどは「どうでもいいこと」なんです。株を買った翌日に最高値を記録したので、そこで売り抜けた株主、「会社と一日しか縁がなかった株主」が一番クレバーな投資家だったということになる。

　②そういう人(注1)にとって、会社で働く人たちが笑顔かどうかなんて、どうでもいいことです。蒼ざめて、疲れて、死にかけた奴隷労働者だって最少の人件費コストで雇用できて、利益率を高め、株価を押し上げる材料になるなら、株主から見れば「よい労働者」です。従業員の生活の安定、労働の再生産、社風や技術の継承は、経営者にとっては重大なミッション(注2)ですけれど、これらはいずれも「会社を継続する」ためのものであって、「利益をもたらす」ものではありません。でも、経営者はこちらのほうを優先的に配慮しなければならない。

　だから、株主と経営者、資本と経営の間ではめざすものが違っている。これもまた「相性が悪い」んです。ここでも他の場合と同じように、「相性の悪さ」は時間意識のずれから生まれます。会社が健全に活動し、順調に収益を上げることを望む点では株主も経営者も変わりはありません。変わるのは、それがどれくらい継続することを願うかにおいてです。

株主にとって会社が継続すべき時間の条件はシンプルです。株価が最高値を付けるまで。それだけです。
　一方、経営者は会社ができるだけ長く存続することを願います。だから、株主は一日でも早く株価が最高値をつけるような経営を求め、経営者は会社が一日でも長く生き延びることを願う。この時間意識のずれから「株式会社という病」が発症することになるわけです。

（内田樹『日本習合論』ミシマ社）

（注１）クレバー：賢明な、頭が良い
（注２）ミッション：任務、使命
（注３）「株式会社という病」：平川克美の著書のタイトル

64 筆者は、現代の職場について、どのように述べているか。
1 業種や規模に関係なく、暗い職場が多くなってきている。
2 暗い職場が多くなったため、収益が上がらなくなっている。
3 職場が明るいことは収益と関係がないと考える人が多い。
4 年頭の挨拶で社員の気持ちを暗くさせる経営者が増えている。

65 ①企業の経営者と所有者＝出資者が分離しているとあるが、それはなぜか。
1 経営者は、会社に利益をもたらすものに関心がないから
2 株主は、会社が健全に活動することに関心がないから
3 株の最高値について、両者の考え方が合わないから
4 両者の時間意識が大きく異なっているから

66 ②そういう人とあるが、どういう人か。
1 会社の従業員を奴隷労働者だと考えている人
2 会社が継続することを第一に考えるような人
3 株で利益を上げることだけに関心がある人
4 株を売った瞬間に会社との関係が切れる人

67 筆者の言いたいことは何か。
1 経営者と株主が分離した状態は健全とは言えない。
2 経営者と株主の相性が悪いのはしかたがないことである。
3 株の最高値を維持するような経営をするべきである。
4 会社が順調に収益を上げられるよう株主も努力すべきだ。

問題13 右のページは、ある市が協定している宿泊施設の案内である。下の問いに対する答えとして最もよいものを、1・2・3・4から一つ選びなさい。

68 サブリナさんは山田市に住んでいる。一緒に住んでいる友達と二人で海水浴に行こうと思っている。金曜日から2泊3日の予定である。二人に適用される施設の利用料金はどのようになるか。
1　51,480円
2　34,320円
3　38,720円
4　36,520円

69 山田市住民のムカジさんは会社の同僚9人と一緒に旅行に行く予定である。「箱根高原ホテル」に宿泊するためにしなければならないことは何か。
1　予約時に10人全員が山田市の住民である証明書を提出する。
2　利用当日に10人全員が住民票のコピーを提示する。
3　利用当日に2人分の住民票のコピーを提示する。
4　利用当日に3人分の保険証を提示する。

山田市 協定保養施設のご案内

◆ 協定保養施設　利用方法

① 電話で予約

直接、各施設へ電話予約してください。

利用は原則として2名以上です。

FAX、インターネット予約はできませんが、各施設のご案内はインターネットでもご覧いただけます。

※ 最初に、必ず山田市民であることをお伝えください。

※ 施設への連絡等は、代表者が一括して行なってください。

② 宿泊

予約後、当日直接施設へおでかけください。
宿泊先にて料金をお支払いください。
(支払方法については各施設にご確認ください。)

利用料金は、1人1泊2食付き、奉仕料・消費税込みの金額です。

指定保養施設のような助成金はありませんが、一般料金より割引された金額となっています。

入湯税・冷暖房料・利用除外日(別料金となる期間等)については、各施設にお問い合わせください。

※「**2** 箱根高原ホテル」をご利用の際は4名につき1名分の氏名・住所の確認できるもの(運転免許証、保険証、公共料金の領収書、消印のある郵便物等)の提示が必要になります。

例　2～4名で利用 → 1名分の提示
　　5～8名で利用 → 2名分の提示

◎ 指定保養施設とは違い、利用日数の制限はありません。
◎ 休前日とは、祝日の前日と、土曜日を示します。
　　日曜日(祝日の前日を除く)と祝日のご宿泊は、平日料金となります。

施設名／住所	電話番号	利用料金	交通手段
1 地魚料理の民宿さじべえ 〒299-2216 千葉県南房総市 ★ 海水浴場あり	0470-57-2076	・平日　8,580円～ ・休前日　9,680円～	JR岩井駅から 徒歩約15分
2 箱根高原ホテル 〒250-0522 神奈川県箱根町 ★ 露天風呂　★ 車椅子利用可	0460-84-8595	・平日　13,000円～ ・休前日　20,000円～	JR東海道新幹線小田原駅から湖尻・桃源台行き箱根登山バスで約50分
3 中川町ポンピラアクアリズイング 〒098-2802 北海道中川郡中川町 ★ 温泉　　★ 車椅子利用可	01656-7-2400	・平日、休前日 　6,200円～	JR旭川駅から JR天塩中川駅まで 特急で約2時間20分

◆ 利用の取消・変更など

利用の取消や、利用日、代表者、利用人数の変更があった場合は、早急に施設へ電話連絡してください。連絡が遅れた場合、キャンセル料がかかる場合があります。

Listening

問題用紙

N1

聴解

(65分)

注　意
Notes

1. 試験が始まるまで、この問題用紙を開けないでください。
   Do not open this question booklet until the test begins.

2. この問題用紙を持って帰ることはできません。
   Do not take this question booklet with you after the test.

3. 受験番号と名前を下の欄に、受験票と同じように書いてください。
   Write your examinee registration number and name clearly in each box below as written on your test voucher.

4. この問題用紙は、全部で14ページあります。
   This question booklet has 14 pages.

5. この問題用紙にメモをとってもかまいません。
   You may make notes in this question booklet.

受験番号 Examinee Registration Number	
名前 Name	

※ 著作権者(時事日本語社)の許可なく、この試験問題の全部または一部を転載することを禁じます。

問題1

問題1では、まず質問を聞いてください。それから話を聞いて、問題用紙の1から4の中から最もよいものを一つ選んでください。

例 🎧 149-01

1 仕事の説明を聞く
2 簡単な掃除をする
3 部長にお茶をいれる
4 スケジュールの確認をする

1番 🎧 149-02

1　補講の申し込みをする

2　補講料金を支払う

3　アカウントの登録をする

4　インターネット補講を視聴する

2番 🎧 149-03

1　参加方法について株主に連絡する

2　参加方法別の人数を課長に報告する

3　書面投票希望の人数を課長に報告する

4　会場変更の手続きをする

3番 🎧 149-04

1　一人旅についてアンケート調査をする

2　一人旅で不安に感じる点をあげる

3　安心できる宿泊施設をリストアップする

4　ツアーの候補地を5つにしぼる

4番 🎧 149-05

1　保健所に設置届を提出する

2　境界にポールを立ててロープを張る

3　境界に緑の植木鉢を置く

4　店の前にデッキを作る

5番 🎧 149-06

1　精算期間が３ヶ月であること

2　光熱費の増大が予想されること

3　社員間のコミュニケーションの悪化

4　残業時間の削減を強化すること

6番 🎧 149-07

1　住まいの選び方について

2　職場の人間関係について

3　だれと一緒に住むかについて

4　食事の取り方について

問題2

問題2では、まず質問を聞いてください。そのあと、問題用紙のせんたくしを読んでください。読む時間があります。それから話を聞いて、問題用紙の1から4の中から、最もよいものを一つ選んでください。

例 🎧 149-08

1　気に入ったものがなかったから

2　ワイシャツをたくさん買ったから

3　買いたいものが売り切れてしまったから

4　安いものがなくなったから

1番 🎧 149-09

1　演劇の知識が豊富になること
2　外国の物語の世界に入れること
3　夢のような体験ができること
4　舞台の上で奇跡が起こること

2番 🎧 149-10

1　雑誌で健康食志向の記事を読んだから
2　肉食より菜食のほうが筋肉が強くなるから
3　運動後の回復力がアップするから
4　植物性の肉のほうが味が良いから

3番 🎧 149-11

1 遊びの場としての機能
2 資源開発の機能
3 子どもの相談支援機能
4 ネットワークの機能

4番 🎧 149-12

1 積極的に副業をこなせる人
2 高度な情報通信技術を持っている人
3 オンラインでのコミュニケーション能力がある人
4 臨機応変に問題を解決する人

5番 🎧 149-13

1　質感のある無垢材を使っている点

2　天板の側面に特殊加工がしてある点

3　テーブルの脚が鳥居型になっている点

4　ベンチ型の椅子とセットになっている点

6番 🎧 149-14

1　必要なIT機器の費用がかかりすぎること

2　IT機器が苦手な世代の社員が多いこと

3　経営者に情報リテラシーが欠けていること

4　ペーパーレス化に反対している部署があること

7番 🎧 149-15

1　100年前の、東京の子どもたちの生活が分かること

2　20万もの応募作品から選ばれ、希少価値が高いこと

3　有名な画家の、行方不明になっていた作品が含まれていること

4　有名な画家の、子ども時代の作品が含まれていること

問題3

　問題3では、問題用紙に何も印刷されていません。この問題は、全体としてどんな内容かを聞く問題です。話の前に質問はありません。まず話を聞いてください。それから、質問とせんたくしを聞いて、1から4の中から、最もよいものを一つ選んでください。

― メモ ―

 149-16 ~ 149-22

問題4

問題4では、問題用紙に何も印刷されていません。まず文を聞いてください。それから、それに対する返事を聞いて、1から3の中から、最もよいものを一つ選んでください。

― メモ ―

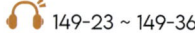
149-23 ~ 149-36

問題 5

問題 5 では、長めの話を聞きます。この問題には練習はありません。
問題用紙にメモをとってもかまいません。

1番、2番

問題用紙に何も印刷されていません。まず話を聞いてください。それから、質問とせんたくしを聞いて、1から4の中から、最もよいものを一つ選んでください。

― メモ ―

🎧 149-37 ~ 149-38

3番

まず話を聞いてください。それから、二つの質問を聞いて、それぞれ問題用紙の1から4の中から、最もよいものを一つ選んでください。

 149-39

質問1

1　月曜日のドラマ
2　水曜日のドラマ
3　木曜日のドラマ
4　金曜日のドラマ

質問2

1　月曜日のドラマ
2　水曜日のドラマ
3　木曜日のドラマ
4　金曜日のドラマ

日本語能力試験 模擬試験 解答用紙

N1 言語知識(文字・語彙・文法)・読解

日本語能力試験 模擬試験 解答用紙

N1 聴解

합격을 부르는 체계적인 학습 솔루션
시사 JLPT 합격 시그널

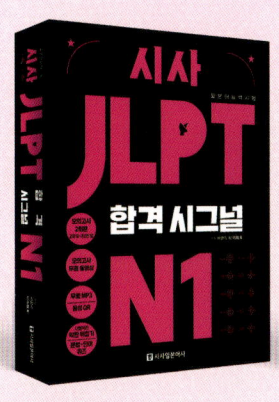 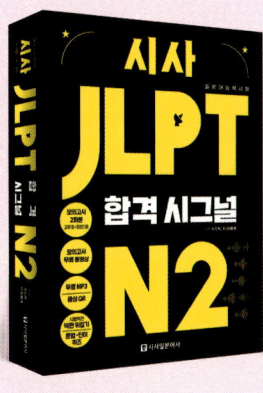  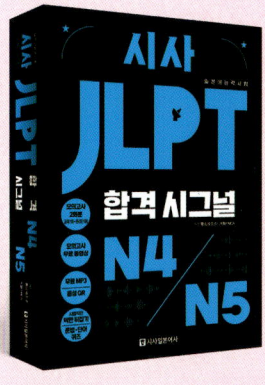

각 권 구성

 + 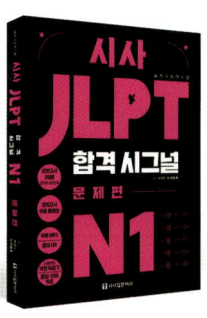 +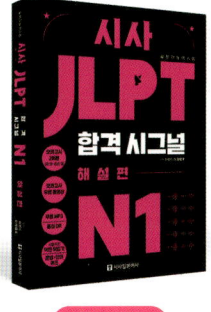

문제편   해설편   시험직전 막판뒤집기

- 청해 QR코드 MP3파일
- 모의고사 무료 영상
- 온라인 모의고사 PDF
- 문법 퀴즈 PDF
- 단어 퀴즈 PDF

시사일본어사   주문 및 교재문의 1588-1582   시사일본어사는 중·고등학교 일본어 인정교과서를 펴내고 있습니다.

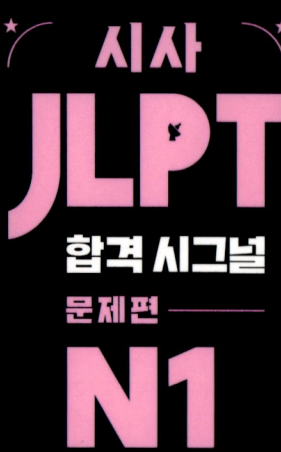

선택하는 순간
합격의 신호가 보인다!

- 합격은 물론, 고득점 취득까지 한번에 해결
- 독학 학습자의 눈높이에 맞는 맞춤형 해설
- 기출 문제와 동일한 난이도의 문제를 엄선
- 일본어능력시험 전문 강사의 명쾌한 족집게 강의
- 체계적인 단계별 학습으로 실제 시험에 완벽 대비

영역별·문제별 풀이 요령 확인하기 ▶ 연습문제로 문제유형 파악하기 ▶ 실전문제로 집중 훈련하기 ▶ 모의고사로 실전 감각 다지기

MP3 무료 다운로드
www.sisabooks.com

값 27,000원

Designed by SISA Books

Since1977
시사 Dream.
Education can make dreams come true.

ISBN 978-89-402-9342-3 14730
ISBN 978-89-402-9341-6 (set)

시사 JLPT 합격 시그널 N1

일본어능력시험

해설편

저자 허성미, 松岡龍美

- 모의고사 2회분
  교재 1회·온라인 1회
- 모의고사 무료 동영상
- 무료 MP3
- 음성 QR
- 시험직전 막판 뒤집기
  문법·단어 퀴즈

시사일본어사

집필진

허성미
- 릿쿄대학교 관광학부 졸업
- 고려대학교 교육대학원 석사과정 수료
- (현)시사일본어학원 강사

저서
〈JLPT 합격비법노트 N1, N2, N3, N4・5〉
〈JLPT 만점공략 실전모의고사 N3, N4・5〉

마쓰오카 다쓰미(松岡龍美)
- (현)일본 와세다언어학원 강사

저서
〈일본어능력시험 능시족보 시리즈〉
〈일본어능력시험 단번에 격파하기 시리즈〉

집필 협력
- **송규원** (현)시사일본어학원 강사
- **이승희** (현)시사일본어학원 강사
- **주미애** (현)시사일본어학원 강사
- **최유경** (현)명지대학교 연구교수

모의고사 무료 학습 자료

모의고사 음성 듣기

모의고사 영상 보기

저자 **허성미, 松岡龍美**

시사 JLPT 합격 시그널 해설편 N1
일본어능력시험

초판 발행	2022년 3월 10일
1판 2쇄	2022년 11월 15일
저자	허성미, 松岡龍美(마쓰오카 다쓰미)
편집	조은형, 무라야마 토시오, 김성은
펴낸이	엄태상
디자인	권진희
조판	김성은
콘텐츠 제작	김선웅, 장형진
마케팅	이승욱, 왕성석, 노원준, 조성민, 이선민
경영기획	조성근, 최성훈, 정다운, 김다미, 최수진, 오희연
물류	정종진, 윤덕현, 신승진, 구윤주
펴낸곳	시사일본어사(시사북스)
주소	서울시 종로구 자하문로 300 시사빌딩
주문 및 교재 문의	1588-1582
팩스	0502-989-9592
홈페이지	www.sisabooks.com
이메일	book_japanese@sisadream.com
등록일자	1977년 12월 24일
등록번호	제 300-2014-92호

ISBN 978-89-402-9342-3 14730
　　　 978-89-402-9341-6 14730 (set)

* 이 책의 내용을 사전 허가 없이 전재하거나 복제할 경우 법적인 제재를 받게 됨을 알려 드립니다.
* 잘못된 책은 구입하신 서점에서 교환해 드립니다.
* 정가는 표지에 표시되어 있습니다.

🗨 머리말

일본어능력시험(JLPT)을 공부하는 목적은 학습자마다 다르지만, 최종 목표는 모두 '합격'일 것입니다. '시사 JLPT 합격 시그널' 시리즈는 JLPT 시험에 합격하고자 하는 학습자를 위한 독학용 종합 수험서입니다. 머리말을 읽으면서 '독학용 수험서가 따로 있나?'라고 생각하시는 분도 계실 것입니다.

'시사 JLPT 합격 시그널'은 혼자 공부하는 수험생을 위해 다음과 같이 교재를 구성했습니다.

처음 JLPT를 접하는 학습자도
알기 쉽도록
실제 시험 문제 유형을 분석

▶

단계별 심화 학습과
세심한 해설을 통해
문제의 원리를 이해

일본어의 '어휘력'과 '문법' 이해도를 측정하는 언어지식(문자·어휘·문법) 파트와 현지에서 출간된 인문·실용서 등의 지문을 사용하는 독해 파트, 일상생활에서 사용하는 회화력을 묻는 청해 파트까지, JLPT 시험은 결코 쉽지만은 않습니다. 따라서 대부분의 학습자는 JLPT 시험을 준비하는데 있어 무엇을, 어떻게 공부해야 할지 막연함을 느낄 것입니다.

'시사 JLPT 합격 시그널'을 통해 JLPT란 무엇인가를 이해하고, 어떻게 하면 시험을 공략할 수 있는지에 대한 해법을 찾고 자신감을 기를 수 있기를 바랍니다. 문제를 풀고 해설을 읽으며, 일본어 어휘가 어떻게 활용되는지와 일본어 문법의 활용 원리에 대해 이해하고, 시험 문제에서 학습자에게 요구하는 바가 무엇인지를 정확하게 답할 수 있게 되기를 바랍니다.

마지막 책장을 덮는 순간, 이 책을 함께 해 주신 모든 분들께 '합격의 시그널'이 감지되기를 진심으로 기원합니다.

저자 일동

이 책의 구성

📌 파트별 인덱스로 쉽게 원하는 곳을 찾을 수 있어요!

● 파트별 연습문제 해설

연습문제에서 다루고 있는 단어 및 문제 풀이의 포인트를 짚어 줍니다.
N1의 필수 단어뿐만 아니라 놓치기 쉬운 기본 단어나 문형까지 학습 가능합니다. 또한 학습자의 눈높이에 맞춘 쉽고 상세한 해설로 학습 성과를 올려 줍니다.

● 파트별 실전문제 해설

실제 시험과 동일한 형식의 문제를 통한 집중 학습으로 합격 가능성을 올려 줍니다.
최신 경향에 맞춘 새로운 단어 및 그에 맞는 해설로 이해도를 높여 실전 적응 능력을 기를 수 있습니다.

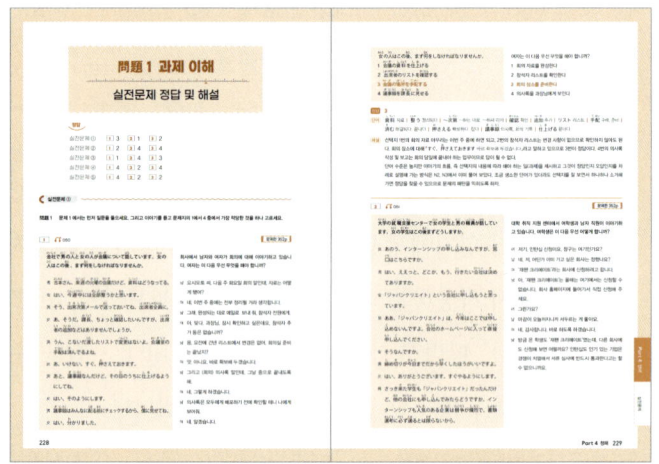

📌 해당 문항의 문제편 페이지도 바로 확인!!

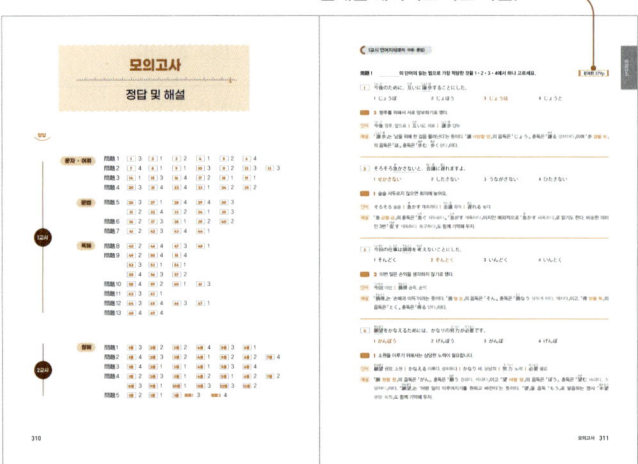

● 모의고사 해설

문제편 모의고사의 답안지(마킹지)를 한번에 맞춰 볼 수 있는 정답표와 득점 계산법으로 가채점을 할 수 있습니다.
기출문제의 출제 경향 및 난이도를 반영한 모의고사 풀이로 시험 전 최종 점검이 가능합니다.

목차

Part 1　문자 · 어휘
- 연습문제 ········ 8
- 실전문제 ········ 52

Part 2　문법
- 연습문제 ········ 90
- 실전문제 ········ 112

Part 3　독해
- 연습문제 ········ 150
- 실전문제 ········ 168

Part 4　청해
- 연습문제 ········ 198
- 실전문제 ········ 228

모의고사
- 문자·어휘 ········ 311
- 문법 ········ 317
- 독해 ········ 323
- 청해 ········ 338

별책부록
- 시험 직전 막판 뒤집기

Part 1

JLPT N1

Part 1

문자·어휘

問題 1 한자 읽기

연습문제 정답 및 해설

정답

	1	2	3	4	5	6	7	8	9	10
연습문제 ①	4	1	4	2	2	4	2	4	1	1
연습문제 ②	4	2	4	1	3	2	3	3	1	1
연습문제 ③	2	2	3	4	3	2	3	2	4	3
연습문제 ④	1	2	2	3	4	2	3	4	3	2
연습문제 ⑤	1	2	4	4	3	1	3	3	2	4
연습문제 ⑥	1	2	2	4	3	2	2	1	3	1
연습문제 ⑦	4	2	4	2	2	3	1	3	3	3
연습문제 ⑧	2	3	4	2	4	1	2	4	1	2

연습문제 ①

問題 1 _____의 단어를 읽는 법으로 가장 적당한 것을 1·2·3·4에서 하나 고르세요. 〔문제편 24p〕

1 通勤時の迅速な乗降を可能にするため、この電車には扉がたくさんついている。

1 さっそく　　2 じっそく
3 きゅうそく　4 じんそく

정답 **4** 통근 시 신속한 승하차를 가능하게 하기 위해 이 전철에는 문이 많이 달려 있다.

단어 通勤 통근 | 迅速 신속 | 乗降 승강, 승하차 | 扉 문

해설 「迅 빠를 신」도 「速 빠를 속」도 둘 다 '빠르다'는 뜻이다. 「迅」은 일부 사자성어에 나오기는 하지만 일상적으로 사용하는 단어는 「迅速」밖에 없으니 기억해 두자.

2 学校の名誉を失墜させたという理由で、彼は会合から除名された。

1 しっつい　　2 しっさく
3 しっそく　　4 しったい

정답 **1** 학교의 명예를 실추시켰다는 이유로 그는 모임에서 제명되었다.

단어 名誉 명예 | 失墜 실추 | 理由 이유 | 会合 회합, 모임 | 除名 제명

해설 「失墜」는 '명예나 위신을 잃거나 바닥으로 떨어진다'는 뜻이다. 「失 잃을 실」의 음독은 「しつ」, 훈독은 「失う 잃다」이다. 「墜 떨어질 추」의 음독은 「つい」로, '떨어지다'와 '잃다'라는 두 가지 의미를 가지고 있다. 「墜落 추락」이나 「撃墜 격추」와 같은 단어로 기억해 두자. 훈독은 「墜ちる 떨어지다, 낙하하다」이다.

---

3 図書館で本の内容を吟味してから買うことにした。

1 きんみ　　2 ごんみ
3 こんみ　　4 ぎんみ

8 JLPT 합격 시그널 N1

정답 4 도서관에서 책의 내용을 음미한 후에 사기로 했다.
단어 図書館 도서관 | 内容 내용 | 吟味 음미
해설 「吟味」는 원래 '시를 읊으며 깊은 정서를 느낀다'는 의미이지만 '음식의 맛을 즐기고 느낀다'는 의미로도 사용한다. 「吟」을 「今」의 음독처럼 「こん・きん」으로 읽지 않도록 주의하자.

---

4 この薬はワクチンの副作用を緩和する働きがある。
  1 えんわ 2 かんわ
  3 しんわ 4 ちゅうわ

정답 2 이 약은 백신 부작용을 완화하는 작용이 있다.
단어 薬 약 | ワクチン 백신 | 副作用 부작용 | 緩和 완화 | 働き 작용, 효능
해설 「緩和」는 '긴장된 상태나 급박한 것을 느슨하게 함'이라는 뜻이다. 「緩 느릴 완」의 훈독인 「緩い 느슨하다」, 「緩む 느슨해지다」도 함께 기억해 두자.

---

5 彼はまじめすぎて、融通が利かない。
  1 ゆうつう 2 ゆうずう
  3 ようつう 4 ようずう

정답 2 그는 너무 성실해서 융통성이 없다.
단어 まじめだ 성실하다 | 融通 융통, 융통성
해설 「融 녹을 융」의 음독은 「ゆう」로, 「金融 금융」, 「融合 융합」 같은 단어로 기억해 두자. 「通 통할 통」은 보통 「つう」로 발음하는 단어가 대부분이며 예외인 경우 「つう」가 아닌 「ずう」로 읽는다. 문제에 나온 「融通が利く」는 '융통성이 있다'는 뜻의 관용표현이다.

---

6 かつてはスポーツ万能だった彼女も、今はごく普通の家庭の主婦である。
  1 まうのう 2 まんのう
  3 ばうのう 4 ばんのう

정답 4 예전에는 스포츠 만능이었던 그녀도 지금은 지극히 평범한 가정주부이다.
단어 かつて 일찍이, 예전 | スポーツ 스포츠 | 万能 만능 | ごく 극히, 지극히 | 主婦 주부

해설 「万 일만 만」은 수를 나타낼 때에는 「まん」으로 읽지만, 구체적인 수가 아닌 '여러 가지', '많다'라는 의미로 사용하는 때에는 「ばん」으로 읽는 경우가 많다. 「万一 만일」은 일만 중에 하나, 즉 가능성이 매우 적은 상황을 말한다. 「万事 만사」, 「万全 만전」, 「万感 만감」 등은 종류나 개수가 많다는 의미를 가진 단어들이다.

---

7 健康を保つには適度にエネルギーを消耗する必要がある。
  1 しょもう 2 しょうもう
  3 しょこう 4 しょうこう

정답 2 건강을 유지하려면 적당히 에너지 소모를 할 필요가 있다.
단어 健康 건강 | 保つ 유지하다 | 適度に 적당히 | エネルギー 에너지 | 消耗 소모
해설 「消耗」는 무엇인가를 '써서 없애다'라는 뜻으로, 「消 사라질 소」의 음독은 「しょう」, 훈독은 「消える 꺼지다, 사라지다」이고, 「耗 소모할 모」의 음독은 「こう・もう」인데, 「こう」라고 읽을 경우도 있지만 대부분은 「もう」라고 읽는다.

---

8 参加者の思いがそのスローガンに凝縮されていた。
  1 のしゅく 2 のうしゅく
  3 ぎしゅく 4 ぎょうしゅく

정답 4 참가자의 마음이 그 슬로건에 응축되어 있다.
단어 参加者 참가자 | スローガン 슬로건 | 凝縮 응축
해설 「凝集 응집」과 「凝縮 응축」은 비슷한 의미이지만 응집은 어떠한 성분이나 세력이 모이는 습성을 나타낼 때 사용하며, 응축은 어떠한 성분이 한 곳에 모이고 쌓여 그 성질이 강해졌다는 것을 나타낼 때 사용한다. 「凝 엉길 응」과 형태가 비슷한 한자로 「疑 의심할 의」가 있으니 혼동하지 않도록 주의하자.

---

9 現金輸送車から2億円を強奪した犯人が捕まった。
  1 ごうだつ 2 ごうたつ
  3 きょうだつ 4 きょうたつ

정답 **1** 현금 수송차에서 2억 엔을 강탈한 범인이 잡혔다.
단어 現金 현금 | 輸送 수송 | 強奪 강탈 | 犯人 범인 | 捕まる 잡히다
해설 「強 굳셀 강」의 음독은 「きょう・ごう」가 있는데, 「きょう」로 읽으면 '강하다'라는 의미이며, 예시로는 「強力 강력」, 「強化 강화」 등이 있다. 「ごう」로 읽으면 '억지로'라는 의미이며, 예시로는 「強奪 강탈」, 「強引 억지, 강제」 등이 있다. 「奪 빼앗을 탈」의 음독은 「だつ」로, '남의 물건이나 권리를 억지로 빼앗다'라는 의미인 「強奪」는 「ごうだつ」로 읽는다.

10 お配りした資料は、前年度の論文からの抜粋です。
1 ばっすい   2 ばっき
3 ばっす   4 ばつぎ

정답 **1** 나눠 드린 자료는 전년도 논문에서 발췌한 것입니다.
단어 配る 배포하다 | 前年度 전년도 | 論文 논문 | 抜粋 발췌
해설 「抜 뺄 발」을 포함한 두 글자 단어 중에 「抜」이 앞에 오는 단어는 대부분 촉음을 낀 「ばっ」으로 읽고 「抜」이 뒤에 올 때는 대부분 「ばつ」로 읽는다. 「抜糸 실 뽑음」, 「抜擢 발탁」, 「抜本的 발본적」이나 「選抜 선발」, 「海抜 해발」, 「奇抜 기발」 등의 단어로 기억해 두자.

연습문제 ②

問題 1 _____의 단어를 읽는 법으로 가장 적당한 것을 1·2·3·4에서 하나 고르세요. 문제편 25p

1 彼は読書家だが、小説の類は一切読まない。
1 いちせつ   2 いちさい
3 いつせつ   4 いっさい

정답 **4** 그는 독서가이지만 소설류는 일체 읽지 않는다.
단어 読書家 독서가 | 小説 소설 | 類 유, 부류 | 一切 일체, 모두, 일절, 전혀
해설 「一切」는 「いっさい」와 「いっせつ」 두 가지 음독이 있는데 양쪽 다 '모두, 전부, 전혀'라는 의미이다. 일반적으로는 「いっさい」로 읽는 경우가 많으며 「いっせつ」는 거의 사용하지 않는다.

2 彼と二人きりになると沈黙が続いた。
1 ちんむく   2 ちんもく
3 しんむく   4 しんもく

정답 **2** 그와 단둘이 되자 침묵이 이어졌다.
단어 きり ~밖에, 만 | 沈黙 침묵 | 続く 계속되다
해설 「沈 잠길 침」의 음독은 「ちん」이고 「黙 말 없을 묵」의 음독은 「もく」이므로 정답은 선택지 2번 「沈黙」이다.

3 その時代には信仰の自由が抑圧されていた。
1 しんよう   2 しんきょう
3 しんよく   4 しんこう

정답 **4** 그 시대에는 신앙의 자유가 억압되었다.
단어 時代 시대 | 信仰 신앙 | 自由 자유 | 抑圧 억압
해설 「信仰」의 「仰 우러를 앙」의 음독은 「ぎょう・こう」, 훈독은 「仰ぐ 우러러보다」이다. 「仰」은 「抑 누를 억」과 형태가 비슷하므로 혼동하지 않도록 주의하자.

4 候補として出馬する以上、最善を尽くすべきである。
1 こうほ   2 ごほう
3 おうぼ   4 おうぼう

정답 **1** 후보로 출마한 이상 최선을 다해야만 한다.
단어 候補 후보 | 出馬 출마 | 以上 이상 | 最善を尽くす 최선을 다하다 | ~べきだ ~해야만 한다
해설 「候補」는 주로 선거와 관련된 용어로 많이 사용하지만 '여러 선택지 중 하나'라는 의미로 사용하기도 한다. 선택지 2번은 「誤報 오보」, 3번은 「応募 응모」, 4번은 「横暴 횡포」이다.

5 交流会では各国の代表が伝統芸能を披露した。
1 ひろ   2 はろ
3 ひろう   4 はろう

정답 **3** 교류회에서는 각국 대표가 전통 예능(예술)을 선보였다.
단어 交流会 교류회 | 各国 각국 | 代表 대표 | 伝統芸能 전통 예능(예술) | 披露 피로, 선보임

해설 ‘파헤치다, 펼쳐 보이다’라는 뜻이 있는 「披 헤칠 피」는 「被 입을 피」, 「彼 저 피」, 「波 물결 파」, 「疲 피곤할 피」 등 형태가 비슷한 한자가 많으니 주의해야 한다. 「露 이슬 로」는 음독일 때 「ろう」보다는 「ろ」라고 읽는 경우가 많으므로 「披露」의 발음을 잘 기억해 두자.

6 彼女(かのじょ)は今年(ことし)「飛躍(ひやく)が期待(きたい)される新人(しんじん)」部門(ぶもん)で1位(い)に選(えら)ばれた。

1 ひよう   2 ひやく
3 ひたく   4 ひとう

정답 2 그녀는 올해 '비약(약진)이 기대되는 신인' 부문의 1위에 뽑혔다.

단어 飛躍 비약 | 期待 기대 | 新人 신인 | 部門 부문 | 選ぶ 고르다, 뽑다

해설 「飛躍」는 지위나 수준이 갑자기 빠른 속도로 높아질 때 사용하는 말이다. 「躍 뛸 약」과 형태가 비슷한 한자로는 「曜 빛날 요」, 「濯 씻을 탁」 등이 있으므로 주의하도록 하자.

7 大学(だいがく)の敷地内(しきちない)で熊(くま)が目撃(もくげき)され、警察(けいさつ)が注意(ちゅうい)を呼(よ)びかけている。

1 ふち   2 ぶち
3 しきち   4 しきじ

정답 3 대학 부지 안에서 곰이 목격되어 경찰이 주의를 호소하고 있다.

단어 敷地 부지 | 熊 곰 | 目撃 목격 | 警察 경찰 | 注意 주의 | 呼びかける 호소하다

해설 음독과 훈독을 혼용해서 읽는 한자어 문제이다. 「敷 펼 부」의 음독은 「ふ」, 훈독은 「敷く 펴다, 깔다」이고 「地 땅 지」의 음독은 「じ·ち」이다. 「敷地」는 훈독과 음독이 조합된 「しきち」로 읽어야 한다. 훈독과 음독이 조합된 「朝晩 아침저녁」, 「係員 담당자」, 「梅酒 매실주」 등의 단어도 함께 기억해 두자.

8 火災保険料(かさいほけんりょう)は課税所得金額(かぜいしょとくきんがく)から控除(こうじょ)される。

1 くうじょ   2 くうじょう
3 こうじょ   4 こうじょう

정답 3 화재 보험료는 과세 소득 금액에서 공제된다.

단어 火災 화재 | 保険料 보험료 | 課税 과세 | 所得 소득 | 金額 금액 | 控除 공제

해설 「控除」는 받아야 할 몫에서 일정한 금액이나 수량을 뺀다는 의미이다. 「控 당길 공」의 음독은 「こう」, 훈독은 「控える 삼가다, 대기하다」이다. 글자 속에 「空 빌 공」이 들어 있어서 「くう」와 혼동할 수 있으므로 주의해야 한다.

9 火事(かじ)が起(お)こると、先生(せんせい)たちは混乱(こんらん)を抑(おさ)えて、学生(がくせい)たちを外(そと)に出(だ)させた。

1 こんらん   2 こんなん
3 ほんらん   4 ほんなん

정답 1 화재가 일어나자 선생님들은 혼란을 진압하고 학생들을 밖으로 내보냈다.

단어 火事 화재 | 起こる 일어나다 | 混乱 혼란 | 抑える 막다, 진압하다

해설 「混 섞을 혼」의 음독은 「こん」, 훈독은 「混む 붐비다, 혼잡하다」, 「混じる 섞이다」, 「混ぜる 섞다, 혼합하다」이다. 「乱 어지러울 란」의 음독은 「らん」이며, 훈독은 「乱す 어지럽히다, 흩뜨리다」, 「乱れる 어지러워지다, 흐트러지다」이다. 두 글자 모두 '어지럽고 흐트러진' 상태를 나타낸다.

10 組合(くみあい)の要求(ようきゅう)を受(う)け入(い)れて、会社側(かいしゃがわ)は長時間労働(ちょうじかんろうどう)を是正(ぜせい)する約束(やくそく)をした。

1 ぜせい   2 ぜしょう
3 せせい   4 せしょう

정답 1 조합의 요구를 받아들여서 회사 측은 장시간 노동을 시정하겠다는 약속을 했다.

단어 組合 조합 | 要求 요구 | 受け入れる 수용하다, 받아들이다 | 労働 노동 | 是正 시정 | 約束 약속

해설 「是正」는 잘못된 것을 바로잡는다는 뜻이다. 「是 옳을 시」의 음독이 「ぜ」라는 것을 잘 기억해 두자.

연습문제 ③

問題1 _____의 단어를 읽는 법으로 가장 적당한 것을 1·2·3·4에서 하나 고르세요.   문제편 28p

1 長雨の影響で野菜が品薄になっている。
1 ひんうす   2 しなうす
3 ひんはく   4 しなはく

정답 2 장마의 영향으로 채소가 품귀 상태가 되었다.
단어 長雨 장마 | 影響 영향 | 野菜 채소, 야채 | 品薄 품귀, 물건을 구하기 어려움
해설 「品薄」는 두 글자 모두 훈독으로 읽는 단어로 비슷한 예로는 「北風 북풍」, 「並木 가로수」, 「下町 상가 지역, 번화가」 등이 있다.

2 この小説はハリウッド映画とのストーリーの類似性で、盗作容疑を受けた。
1 るいいせい   2 るいじせい
3 るいいしょう   4 るいひしょう

정답 2 이 소설은 할리우드 영화와의 스토리의 유사성 때문에 표절 혐의를 받았다.
단어 映画 영화 | ストーリー 스토리 | 類似性 유사성 | 盗作 도작, 표절 | 容疑を受ける 혐의를 받다
해설 「似 닮을 사」는 「以 써 이」와 모양이 비슷하지만 「い」가 아니라 「じ」라고 읽고 「性 성품 성」은 「せい」와 「しょう」라는 두 가지 발음이 있지만 어떠한 성질을 나타낼 때는 「せい」로 읽는다.

3 手元に小銭が多くなり、紙幣に両替した。
1 こざら   2 ことり
3 こぜに   4 こいし

정답 3 수중에 잔돈이 많아져서 지폐로 바꾸었다.
단어 手元 수중, 주위, 주변 | 小銭 잔돈 | 紙幣 지폐 | 両替 환전, 돈을 바꿈 | 小皿 작은 접시 | 小鳥 작은 새 | 小石 작은 돌
해설 일본의 옛날 화폐 단위인 「錢 돈 전」의 음독은 「せん」, 훈독은 「ぜに」이며 '금전, 돈' 자체를 의미한다.

4 駅員が「発車間際のご乗車は危険ですので、ご遠慮ください」とアナウンスした。
1 かんさい   2 まさい
3 かんぎわ   4 まぎわ

정답 4 역무원이 '열차가 출발하기 직전에 승차하는 것은 위험하므로 삼가 주시기 바랍니다'라고 방송을 했다.
단어 駅員 역무원 | 発車 자동차, 기차 등이 출발함 | 間際 직전, 막 ~하려는 찰나, 바로 옆 | 乗車 승차 | 危険 위험 | 遠慮 삼가다, 사양하다 | アナウンス 아나운스, 방송함
해설 「間際」는 시간·공간적으로 '바로 앞, 직전'을 의미하며, 훈독으로 읽는 단어이다. 「間 사이 간」의 음독은 「かん·けん」, 훈독은 「あいだ·ま」이며, 「際 즈음 제」의 음독은 「さい」, 훈독은 「きわ」이다. 이 다양한 발음 중에 「間際」는 「ま」와 「きわ」가 합쳐지고 탁음화되어 「まぎわ」라고 읽는다.

5 今日の献立は旬のものを使っています。
1 けんだて   2 けんりつ
3 こんだて   4 こんりつ

정답 3 오늘 메뉴는 제철 식재료를 사용했습니다.
단어 献立 식단, 메뉴 | 旬 사물의 적기, 채소나 생선 등의 제철
해설 음독과 훈독을 혼용해서 읽는 한자어를 묻는 문제이다. 「献 바칠 헌」의 음독은 「けん·こん」, 「立 설 립」의 음독은 「りつ」, 훈독은 「立つ 일어서다」, 「立てる 세우다」이다. 식단을 뜻하는 「献立」는 자주 사용하는 단어이니 기억해 두자.

6 日が暮れると夕闇が静かに降り始めた。
1 ゆうかけ   2 ゆうやみ
3 ゆうがた   4 ゆうやけ

정답 2 날이 저물자 땅거미가 조용히 내려앉기 시작했다.
단어 暮れる 저물다, 해가 지다 | 夕闇 해가 지고 어둑어둑한 상태, 땅거미 | 静かだ 조용하다, 고요하다
해설 「夕 저녁 석」의 음독은 「せき」, 훈독은 「ゆう」이며, 「闇 숨을 암」의 훈독은 「やみ」로 두 글자 모두 훈독으로 읽는다. 문제의 「夕闇が静かに降り始める」는 저녁에 어둠이 드리워지면서 밤이 다가오는 모양을 시적으로 나타낸 표현이다.

| 7 | 私たちの立場も理解してほしい。

1 りつば　　　　　2 りつじょう
3 たちば　　　　　4 たちじょう

정답 3 우리 입장도 이해해 주었으면 좋겠다.
단어 立場 입장, 처지, 형편 | 理解 이해
해설 「立 설 립」의 음독은 「りつ」, 훈독은 「立つ 일어서다」, 「立てる 세우다」이며, 「場 마당 장」의 음독은 「じょう」, 훈독은 「ば」이다. 「立場」는 '훈독 + 훈독'으로 발음하여 「たちば」라고 읽는다.

| 8 | 夕方、浜辺を散策しながら、音楽を聞くのが日課です。

1 ひょうがた　　　2 はまべ
3 はまべん　　　　4 ひょうかた

정답 2 해질 무렵 해변을 산책하면서 음악을 듣는 것이 일과입니다.
단어 夕方 해질녘 | 浜辺 바닷가, 해변 | 散策 산책 | 日課 일과
해설 '가장자리, 주변'을 의미하는 「辺 가 변」을 물가와 들판을 나타내는 단어와 함께 사용할 때에는 훈독 「べ」로 읽는다. 「浜辺 해변, 바닷가」, 「海辺 해변, 바닷가」, 「川辺 강변」, 「野辺 들판」 등으로 그 쓰임새가 한정되어 있으므로 단어를 통해서 외우도록 하자.

| 9 | 預金の残高を確かめた。

1 せんこう　　　　2 ぜんこう
3 ざんたか　　　　4 ざんだか

정답 4 예금 잔고를 확인했다.
단어 預金 예금 | 残高 잔고, 잔액 | 確かめる 확인하다
해설 「高 높을 고」에는 '높다, 크다'라는 의미 외에도 '수입, 생산량'이라는 의미도 있는데, 후자의 경우 보통 다른 명사와 붙으면서 탁음이 되어 「だか」로 발음한다. 예로는 「生産高 생산량」, 「売上高 매상, 매출」, 「現在高 현재 수량·금액」 등이 있다.

| 10 | 彼は批評家として有名だ。

1 ひへいか　　　　2 ひべいか
3 ひひょうか　　　4 ひびょうか

정답 3 그는 비평가로서 유명하다.
단어 批評家 비평가 | 有名だ 유명하다
해설 「評 평할 평」의 음독은 「ひょう」와 「ぴょう」가 있다. 일반적으로 「ひょう」로 읽지만 「ん」이나 촉음 「っ」가 있을 때는 「ぴょう」로 읽는다. 예로는 「品評 품평」, 「論評 논평」, 「合評 합평」 등이 있다.

연습문제 ④

問題 1 ＿＿＿의 단어를 읽는 법으로 가장 적당한 것을 1·2·3·4에서 하나 고르세요. 〔문제편 29p〕

| 1 | 彼は気が利かない人なので、なぜパーティーがこんな雰囲気になったか把握できない。

1 はあく　　　　　2 ひあく
3 はかく　　　　　4 ひかく

정답 1 그는 눈치가 없는 사람이라서 왜 파티가 이런 분위기가 되었는지 파악하지 못한다.
단어 気が利く 눈치가 빠르다 | パーティー 파티 | 雰囲気 분위기 | 把握 파악
해설 「把握」는 '어떤 대상의 내용이나 본질을 정확하게 이해한다'라는 의미로 많이 사용하지만, 단어의 본래 뜻은 무엇인가를 '손으로 잡아 쥐다'이다. 「把 잡을 파」에는 '손으로 쥐다, 잡다'라는 의미가 있으며 음독은 「は」이다. 「握 쥘 악」 역시 '손으로 쥐다'라는 의미가 있으며 음독은 「あく」, 훈독은 「握る 쥐다, 잡다」이다. 문제에 나온 「気が利く 눈치가 빠르다」도 함께 기억해 두자.

| 2 | 口先だけではなく、率先して行動するべきだ。

1 りっせん　　　　2 そっせん
3 そうせん　　　　4 しょせん

정답 2 말만 앞세우지 말고 솔선해서 행동해야 한다.
단어 口先 건성으로 하는 말, 말투 | 率先 솔선 | 行動 행동 | ～べきだ ～해야만 한다

| 해설 | 「率先」은 '앞장서서 남보다 먼저 행동한다'라는 의미이다. 「率 거느릴 솔」의 음독은 「そつ·りつ」이며, 훈독은 「率いる 이끌다, 통솔하다」이다. 비슷한 형태의 글자 「卒 마칠 졸」과 혼동하지 않도록 주의하자.

[3] 詳細についてはホームページをご覧ください。
1 しょうせい　　　2 しょうさい
3 しょせい　　　　4 しょさい

| 정답 | 2 자세한 내용은 홈페이지를 봐 주십시오.
| 단어 | 詳細 상세, 자세함 | ホームページ 홈페이지 | ご覧ください 「見る」의 존경표현 「ご覧」과 부탁과 지시의 경어표현 「お·ご+ます형+ください」가 합쳐진 표현
| 해설 | 「詳 자세할 상」의 음독은 「しょう」, 훈독은 「詳しい 자세하다, 상세하다」이다. 「細 가늘 세」의 음독은 「さい」, 훈독은 「細かい 자잘한, 까다로운」, 「細い 가늘다, 좁다」이다.

[4] 世紀末の兆しが続けて現れている。
1 きざし　　　　　2 きさし
3 ちさし　　　　　4 ちらし

| 정답 | 1 세기말의 징조가 계속해서 나타나고 있다.
| 단어 | 世紀末 세기말 | 兆し 징조, 징후 | 現れる 나타나다, 드러나다
| 해설 | 「兆し 징조, 징후」는 훈독으로 읽는 명사이다. 같은 의미를 가진 두 글자 한자어 「兆候」, 「徴候」도 함께 기억해 두자.

[5] 忙しくて仕事の合間に一服する時間もない。
1 あいもん　　　　2 すきま
3 ごうま　　　　　4 あいま

| 정답 | 4 바빠서 일하는 도중에 담배 한 대 피울 시간도 없다.
| 단어 | 合間 틈, 짬 | 一服する 담배를 한 대 피우다, 잠깐 쉬다
| 해설 | 「合間」는 '시간·공간적인 틈, 사이'를 의미하며 훈독으로 읽는 단어이다. 특히 「間」의 훈독 「あいだ·ま」는 둘 다 '사이, 간격'이라는 의미의 단독 명사로도 사용할 수 있다.

[6] 人口は都市の規模をはかる目安だ。
1 くあん　　　　　2 めあん
3 もくやす　　　　4 めやす

| 정답 | 4 인구는 도시 규모를 측정하는 기준이다.
| 단어 | 人口 인구 | 都市 도시 | 規模 규모 | はかる 재다, 측정하다, 헤아리다 | 目安 목표, 기준
| 해설 | 「目安」는 '기준, 목표'라는 의미이며, 훈독으로 읽는 단어이다. 「目安」가 들어가는 표현으로는 「目安になる 기준이 되다」, 「目安を立てる 목표를 세우다」 등이 있다.

[7] 不景気のせいか売り上げがよくない。
1 こうけいき　　　2 ふきょうぎ
3 ふけいき　　　　4 ふきょうき

| 정답 | 3 불경기 탓인지 매출이 좋지 않다.
| 단어 | 不景気 불경기 | ～せい ～탓, ～때문 | 売り上げ 매출, 매상
| 해설 | 「不景気 불경기」는 「景気」라는 명사에 부정을 나타내는 접두어 「不 아닐 부」가 붙은 파생어이다. 부정을 나타내는 접두어로는 「不 아닐 부」, 「非 아닐 비」, 「未 아닐 미」가 있는데 혼동하기 쉬우므로 「不親切 불친절」, 「不真面目 불성실」, 「不正確 부정확」, 「非公開 비공개」, 「非合法 비합법」, 「非売品 비매품」, 「未成年 미성년」, 「未完成 미완성」, 「未使用 미사용」과 같은 단어를 통해 기억하도록 하자.

[8] 補助金は公共性の高い事業に支給される。
1 きょうこうしょう　2 こうきょうしょう
3 きょうこうせい　　4 こうきょうせい

| 정답 | 4 보조금은 공공성이 높은 사업에 지급된다.
| 단어 | 補助金 보조금 | 公共性 공공성 | 事業 사업 | 支給 지급
| 해설 | 「公共 공공」을 읽을 때 발음에 주의하자. 「性 성품 성」의 음독은 「せい·しょう」인데 「せい」와 「しょう」 둘 다 사용하지만 주로 「せい」가 많이 사용되며, 어떠한 기질이나 성질을 가졌음을 나타낼 때에는 「せい」로 읽는다.

[9] 攻撃の要となる選手が欠場した。

1 かなめ　　　2 ふしめ
3 つぼ　　　　4 よう

정답 1 공격의 핵심이 되는 선수가 결장했다.

단어 攻撃 공격 | 要 요점, 핵심 | 欠場 결장, 참가하지 않음 | ふしめ 고비 | つぼ 급소

해설 한 글자로 이루어진 한자어는 훈독으로 읽는 경우가 대부분이다. 정답인 선택지 1번의 「かなめ」는 '가장 중요한 부분, 요점, 핵심'이라는 뜻의 명사이다.

[10] この施設は手薄な警備が問題として指摘されている。

1 しゅはく　　　2 てうす
3 てはく　　　　4 てがる

정답 2 이 시설은 허술한 경비가 문제로 지적되고 있다.

단어 施設 시설 | 手薄 일손이 적음, 허술함 | 警備 경비 | 指摘 지적

해설 「手薄」는 '일손이 모자라 허술하다'라는 뜻이다. 「手 손 수」를 '일손, 인력'의 의미로 사용할 때는 「手をかける 노력, 시간을 들이다」, 「手が足りない 일손이 부족하다」처럼 「て」로 읽는다.

연습문제 ⑤

問題1 ＿＿＿의 단어를 읽는 법으로 가장 적당한 것을 1·2·3·4에서 하나 고르세요. 　문제편 34p

[1] インタビューを受ける監督の顔には、優勝の喜びが滲んでいた。

1 にじんで　　　2 ひそんで
3 からんで　　　4 ほころんで

정답 1 인터뷰를 하는 감독의 얼굴에는 우승의 기쁨이 엿보였다.

단어 インタビュー 인터뷰 | 監督 감독 | 優勝 우승 | 滲む 스미다, 번지다, 엿보이다 | 潜む 숨어있다, 잠재하다 | 絡む 휘감기다, 얽히다 | 綻ぶ 벌어지다

해설 「滲 스며들 삼」의 음독은 「しん」, 훈독은 「滲む 스미다, 번지다」이다.

[2] 食べ物は賞味期限が過ぎると風味が損なわれてしまう。

1 そんなわれて　　　2 そこなわれて
3 まかわれて　　　　4 うしなわれて

정답 2 음식물은 유통기한이 지나면 풍미가 떨어져 버린다.

단어 賞味期限 유통기한 | 過ぎる 지나다, 통과하다 | 風味 풍미 | 損なう 손상하다, 파손하다

해설 「損 덜 손」의 훈독은 「損なう 손상하다, 파손하다」와 「損ねる 손상하다, 해치다」가 있다. 이 문제에서는 「損なう」를 수동형으로 사용하고 있다.

[3] 取引先が不況により経営難に陥った。

1 とどまった　　　2 とびちった
3 みなぎった　　　4 おちいった

정답 4 거래처가 불황으로 인해 경영난에 빠졌다.

단어 取引先 거래처 | 不況 불황 | 経営難 경영난 | 陥る 빠지다, 빠져들다 | 留まる 머무르다 | 飛び散る 흩날리다 | 漲る 넘치다

해설 정답인 선택지 4번의 「陥る」는 '좋지 못한 상태나 상황에서 헤어나오지 못하고 더욱더 깊이 들어간다'는 뉘앙스가 있다.

[4] この野球部は60年の栄光に輝いた歴史を誇っている。

1 きらめいた　　　2 つらぬいた
3 みちびいた　　　4 かがやいた

정답 4 이 야구부는 60년 영광이 빛나는 역사를 자랑한다.

단어 野球部 야구부 | 栄光 영광 | 輝く 빛나다 | 歴史 역사 | 誇る 자랑하다, 뽐내다 | 煌めく 번쩍이다 | 貫く 관철하다 | 導く 이끌다

해설 「輝 빛날 휘」의 음독은 「き」, 훈독은 「輝く 빛나다」이다.

[5] 入学式では新入生代表が誓いの言葉を述べた。

1 ちかい　　　2 いこい
3 つどい　　　4 うれい

정답 1 입학식에서는 신입생 대표가 맹세의 말을 했다.

Part 1 문자·어휘

| 단어 | 入学式 입학식 | 新入生 신입생 | 代表 대표 | 誓い 맹세 | 述べる 말하다, 진술하다

| 해설 | 정답인 선택지 1번은 동사 「誓う 맹세하다」의 명사형이며, 2번은 「憩う 휴식하다」, 3번은 「集う 모이다」, 4번은 「憂う 걱정하다, 우려하다」의 명사형이다. 이처럼 '동사의 ます형'은 명사로 사용하기도 하며, 이 경우 대부분 훈독으로 읽는다는 것을 기억해 두자.

---

6 他人の成功や幸せを快く思わない人もいる。

1 ここちよく 2 きもちよく
3 こころよく 4 いさぎよく

| 정답 | 3 타인의 성공과 행복을 달가워하지 않는 사람도 있다.
| 단어 | 他人 타인 | 成功 성공 | 快い 상쾌하다, 기분 좋다 | 心地よい 편안하다 | 気持ちよい 기분 좋다 | 潔い 맑다, 깨끗하다
| 해설 | 「快 쾌할 쾌」에 있는 부수 「忄」가 「心 마음 심」과 같다는 것을 알면 기억하기가 한결 수월할 것이다.

---

7 緑は人々の生活に安らぎと潤いを与え、快適な環境づくりに欠かせないものである。

1 うるおい 2 やしない
3 うやまい 4 さまよい

| 정답 | 1 녹지는 사람들의 생활에 안락함과 윤택함을 주고, 쾌적한 환경을 만드는 데 빼놓을 수 없는 것이다.
| 단어 | 緑 녹지 | 安らぎ 평온함, 편안함 | 潤い 습기, 물기, (물질적인) 혜택, 여유 | 与える 주다, 부여하다 | 快適 쾌적 | 環境 환경
| 해설 | 정답인 선택지 1번의 「潤い」는 동사 「潤う 습기를 띠다」의 명사형이다. 물기를 머금는다는 뜻의 「潤う」는 '윤택해지다, 여유가 생기다'라는 의미로도 사용한다. 2, 3, 4번의 「養い 부양」, 「敬い 존경」, 「彷徨い 방황」도 동사를 명사로 바꾼 단어들이지만, 각 단어의 실제 명사형은 「扶養 부양」, 「尊敬 존경」, 「彷徨 방황」이다.

---

8 話し合いは終始和やかな雰囲気で行われた。

1 はなやかな 2 おだやかな
3 なごやかな 4 さわやかな

| 정답 | 3 대화는 시종 온화한 분위기에서 이루어졌다.
| 단어 | 話し合い 대화 | 終始 시종, 처음부터 끝까지 | 和やかだ 부드럽다, 온화하다 | 雰囲気 분위기 | 華やかだ 화려하다 | 穏やかだ 온화하다 | 爽やかだ 상쾌하다
| 해설 | 「和 화할 화」의 훈독은 「和む 누그러지다, 온화해지다」, 「和やかだ 평온해지다, 온화해지다」, 「和らぐ 누그러지다, 온화해지다」, 「和らげる 부드럽게 하다, 진정시키다」 등 여러 가지가 있으며, 그 중에 な형용사는 「和やかだ」뿐이므로 정답은 3번이다.

---

9 これ以上耐え続けるのは不可能である。

1 そえ 2 たえ
3 かかえ 4 こたえ

| 정답 | 2 이 이상 계속 참는 것은 불가능하다.
| 단어 | 耐える 참다, 견디다 | 不可能 불능 | 添える 곁들이다, 첨가하다 | 抱える 끌어안다 | 応える 응하다, 부응하다
| 해설 | 「耐 견딜 내」의 음독은 「たい」, 훈독은 「耐える 참다, 견디다」이다. 문형 「ます형 + つづける 계속 ~하다」와 함께 쓰였으므로 「耐える」의 ます형인 「耐え」가 정답이다.

---

10 夕空は緩やかに赤から紫に変わっていった。

1 しとやか 2 すこやか
3 ゆるやか 4 さわやか

| 정답 | 3 저녁 하늘은 천천히 붉은색에서 보라색으로 바뀌어 갔다.
| 단어 | 夕空 저녁 하늘 | 緩やかだ 완만하다, 느릿하다 | 赤 빨강 | 紫 보라 | 変わる 변화하다, 바뀌다 | しとやかだ 정숙하다 | 健やかだ 건강하다 | 爽やかだ 산뜻하다, 상쾌하다
| 해설 | 「緩 느릴 완」의 음독은 「えん」, 훈독은 「緩い 느슨하다, 완만하다」, 「緩む 느슨해지다, 누그러지다」, 「緩やかだ 완만하다, 느릿하다」이다. 이 문장에서는 「緩やかに 천천히, 느리게」라는 부사형으로 사용하고 있다.

연습문제 ⑥

問題 1 _____의 단어를 읽는 법으로 가장 적당한 것을 1·2·3·4에서 하나 고르세요. 　문제편 35p

1 災害の防止のためには、徹底した対策を施す体制を構築するのが大事である。

1 ほどこす　　2 こなす
3 さとす　　　4 そらす

[정답] 1 재해 방지를 위해서는 철저한 대책을 실시하는 체제를 구축하는 것이 중요하다.

[단어] 災害 재해 | 防止 방지 | 徹底 철저 | 対策 대책 | 施す 행하다, 실시하다 | 体制 체제 | 構築 구축 | こなす 소화시키다, 구사하다 | 諭す 타이르다 | 逸らす 돌리다, 빗나가게 하다

[해설] 「施 베풀 시」의 음독은 「し·せ」, 훈독은 「施す 실시하다」이다.

2 彼はリーダーとしての資質が乏しい。

1 とぼしい　　2 まずしい
3 きびしい　　4 いやらしい

[정답] 1 그는 리더로서의 자질이 부족하다.

[단어] リーダー 리더 | 資質 자질 | 乏しい 부족하다, 결핍하다 | 貧しい 가난하다 | 厳しい 엄격하다 | いやらしい 불쾌하다, 징그럽다

[해설] 「乏 모자랄 핍」의 음독은 「ぼう」, 훈독은 「乏しい」로 '빈핍, 가난'이라는 뜻의 「貧乏」에 사용하는 한자이다. 선택지 2번의 「貧しい」와 혼동하기 쉬우므로 주의해야 한다.

3 この国の経済はここ数年で著しい発展を遂げた。

1 あさましい　　2 おびただしい
3 いちじるしい　4 めざましい

[정답] 3 이 나라의 경제는 최근 몇 년 사이에 현저한 발전을 이루었다.

[단어] 経済 경제 | 著しい 현저하다, 두드러지다 | 発展 발전 | 遂げる 이루다, 성취하다 | 浅ましい 한심하다, 야비하다 | 夥しい 수량이 매우 많다, (정도가) 심하다 | 目覚ましい 눈부시다, 놀랍다

[해설] 「著 나타날 저」의 음독은 「ちょ」, 훈독은 「著しい 현저하다, 두드러지다」이다. 선택지의 단어 모두 상태나 정도를 강조하는 표현이므로 함께 기억해 두자.

4 落ち込んでいる友人に励ましの言葉をかけた。

1 はげまし　　2 のぞまし
3 なぐさまし　4 なやまし

[정답] 1 우울해 하는 친구에게 격려의 말을 건넸다.

[단어] 落ち込む 빠지다, 좋지 않은 상태가 되다, 침울해지다 | 友人 친구 | 励まし 격려, 자극 | 言葉をかける 말을 걸다

[해설] 「励まし」는 「励 힘쓸 려」의 훈독 「励ます 격려하다」의 명사형이다. 「癒す 치유하다 → 癒し 치유」, 「試す 시도하다 → 試し 시도」, 「脅す 위협하다 → 脅し 위협」 등의 명사형도 함께 기억해 두자.

5 彼らに反省を促した。

1 たした　　2 うながした
3 ただした　4 もよおした

[정답] 2 그들에게 반성을 촉구했다.

[단어] 反省 반성 | 促す 재촉하다, 촉구하다 | 足す 더하다, 보태다 | 正す 바로잡다 | 催す 개최하다

[해설] 「促 재촉할 촉」의 음독은 「そく」, 훈독은 「促す 재촉하다, 촉구하다」이다. 비슷한 형태인 선택지 1번의 「足す」와 혼동하지 않도록 주의하자.

6 今日は仕事が捗った。

1 とどこおった　2 はかどった
3 かたよった　　4 さかのぼった

[정답] 2 오늘은 일이 순조롭게 진행됐다.

[단어] 捗る 일이 순조롭게 진행되다, 진척되다 | 滞る 막히다, 정체되다 | 偏る (한쪽으로) 쏠리다, 치우치다 | 遡る 거슬러 올라가다

[해설] 「捗 칠 척」의 음독은 「ちょく」, 훈독은 「捗る 일이 잘 되어가다, 진척되다」이다.

[7] 宗教の起源は太古まで遡る。

1 さだめる　　2 さかのぼる
3 ささげる　　4 さしつかえる

정답 **2** 종교의 기원은 태고에까지 거슬러 올라간다.

단어 宗教 종교 | 起源 기원 | 太古 태고 | 遡る 거슬러 올라가다 | 定める 결정하다 | 捧げる 바치다, 올리다 | 差支える 지장이 있다

해설 「遡 거스를 소」의 훈독 「遡る」에는 '흐름에 역행하다, 거슬러 올라가다'라는 뜻이 있다.

[8] 両国首脳はそれぞれの関心事について意見を交わした。

1 まじわした　　2 たたかわした
3 こうした　　　4 かわした

정답 **4** 양국 정상은 양국의 관심사에 대해 의견을 주고받았다.

단어 首脳 수뇌, 정상 | 関心事 관심사 | 意見 의견 | 交わす 주고받다, 교환하다

해설 「交 사귈 교」의 음독은 「こう」이며, 훈독은 「交える 섞다, 주고받다」, 「交わる 만나다, 어울리다, 교제하다」, 「交ぜる 섞다」, 「交わす 주고받다, 교환하다」 등 여러 가지가 있다. 「交」에 선택지 2번과 같은 발음은 없으므로 답이 될 수 없고 3번은 「交」의 음독이므로 오답이다. 선택지 1번같은 비슷한 발음과 혼동하지 않도록 「意見を交わす 의견을 교환하다」라는 표현으로 묶어서 기억해 두자.

[9] 彼は、今大きな問題を抱えている。

1 かかえて　　2 あたえて
3 ささえて　　4 そなえて

정답 **1** 그는 지금 큰 문제를 안고 있다.

단어 問題 문제 | 抱える 안다, 끌어안다

해설 「抱 안을 포」의 훈독은 「抱く」와 「抱える」 두 가지가 있다. 대상을 물리적으로 안는다고 표현할 때는 주로 「抱く」를 사용하고, 사람의 정신적인 영역에 관계된 고민, 문제, 약점 등을 가지고(끌어안고) 있다는 의미로 사용할 때는 주로 「抱える」를 사용한다.

[10] 賛成と答えた人が8割以上を占めた。

1 とどめた　　2 ふくめた
3 しめた　　　4 もめた

정답 **3** 찬성이라고 대답한 사람이 80% 이상을 차지했다.

단어 賛成 찬성 | 答える 대답하다 | 割 ~할, 십분의 일 | 占める 차지하다, 점유하다

해설 「占 점령할 점」의 훈독은 「占める 차지하다, 점유하다」이다. 정답인 선택지 3번의 「占める」 외에도 문제에 나온 비율을 나타내는 단위 표현 「割」도 실생활에서 자주 사용하는 표현이므로 외워 두면 유용하다.

연습문제 ⑦

問題 1　＿＿＿의 단어를 읽는 법으로 가장 적당한 것을 1·2·3·4에서 하나 고르세요. 문제편 40p

[1] 写真の件は、すでに了承を得ています。

1 ろうしゅう　　2 りょうしゅう
3 ろうしょう　　4 りょうしょう

정답 **4** 사진(에 관한) 건은 이미 승낙을 받았습니다.

단어 すでに 이미, 벌써 | 了承 승낙, 양해 | 得る 얻다, 획득하다

해설 「了 마칠 료」의 음독 「りょう」는 「終了 종료」, 「完了 완료」 등의 단어로, 「承 이을 승」의 음독 「しょう」는 「承認 승인」, 「承知 알아들음, 승낙」 등의 단어를 통해서 기억해 두자.

[2] 彼女は話に偽りが多くてあまり信用できない。

1 あせり　　2 いつわり
3 へだたり　4 かたより

정답 **2** 그녀의 이야기에 거짓이 많아서 그다지 신용할 수가 없다.

단어 偽り 거짓 | あまり (부정어와 함께 쓰여서) 그다지 | 信用 신용

해설 「偽 거짓 위」의 훈독은 「偽る 거짓말하다, 속이다」이다. 제시된 선택지는 모두 동사의 명사형으로 「焦る 초조하다 → 焦り 초조」, 「偽る 거짓말하다 → 偽り 거짓」,

「隔たる (시·공간이) 벌어지다, 간격이 생기다 → 隔たり 간격」, 「偏る 편향되다 → 偏り 편향, 편중」이다.

---

3 弱点を克服しようとする努力が自分を変える。

1 こうふく　　　2 かくふく
3 かいふく　　　**4 こくふく**

정답 **4** 약점을 극복하려고 하는 노력이 자신을 변화시킨다.

단어 弱点 약점 | 克服 극복 | 努力 노력 | 変える 바꾸다, 변화시키다 | 着服 착복 | 征服 정복 | 回復 회복

해설 '어려움을 이겨낸다'는 뜻의 「克服」에서 「克 이길 극」의 음독은 「こく」, 「服 옷 복」의 음독은 「ふく」이다.

---

4 なぜか勝敗に執着するようになった。

1 しちゃく　　　**2 しゅうちゃく**
3 しゅちゃく　　4 しっちゃく

정답 **2** 왠지 승패에 집착하게 되었다.

단어 勝敗 승패 | 執着 집착

해설 「執 잡을 집」의 음독은 「しつ・しゅう」 두 가지 있는데, 양쪽 다 여러 단어에 고루 사용되니 예시를 통해 익혀 두어야 한다. 「執着 집착」, 「執念 집념」의 경우에는 「しゅう」라고 읽고 「固執 고집」, 「確執 확집」은 「しつ」, 「執行 집행」, 「執筆 집필」은 「つ」가 촉음화되어 「しっ」으로 읽는다.

---

5 彼は人の過ちを暴露するタイプだ。

1 ばくろう　　　**2 ばくろ**
3 ぼうろ　　　　4 ぼうろう

정답 **2** 그는 남의 잘못을 폭로하는 타입이다.

단어 過ち 실수, 잘못 | 暴露 폭로 | タイプ 타입

해설 「暴 사나울 폭」의 음독은 「ぼう・ばく」 두 가지가 있는데 문제에서처럼 '드러내다'의 의미로 사용할 때는 「ばく」로 읽는다. 그 외의 「暴言 폭언」, 「乱暴 난폭」과 같이 '사납다·난폭하다'의 의미로 사용할 때와 「暴飲 폭음」과 같이 '도를 넘는다'는 의미일 때, 그리고 「暴落 폭락」과 같이 '갑작스럽다, 급격하다'라는 의미로 사용할 때

는 모두 「ぼう」로 읽는다. 「露 이슬 로」의 음독은 「ろ・ろう」이며, 「披露」처럼 「ろう」로 읽는 경우는 거의 없으니 잘 기억해두자.

---

6 彼女は自分の夢のため、潔く会社を辞めた。

1 わずらわしく　　2 はなばなしく
3 いさぎよく　　4 こころよく

정답 **3** 그녀는 자신의 꿈을 위해 미련 없이 회사를 그만뒀다.

단어 潔い 미련 없다 깨끗하다, 떳떳하다 | 辞める 그만두다, 사직하다 | 煩わしい 번거롭다, 성가시다 | 華々しい 눈부시다, 화려하다 | 快い 상쾌하다, 기분 좋다

해설 「潔 깨끗할 결」의 음독은 「けつ」, 훈독은 「潔い」이다.

---

7 いくら仲が良く見えても、仲間の昇進は妬むしかない。

1 ねたむ　　　2 いどむ
3 からむ　　　　4 いなむ

정답 **1** 아무리 사이가 좋아 보여도 동료의 승진은 질투할 수밖에 없다.

단어 いくら〜ても 아무리 〜해도 | 仲が良い 사이가 좋다 | 仲間 동료 | 昇進 승진 | 妬む 시기하다, 질투하다 | 挑む 도전하다 | 絡む 얽히다 | 否む 거절하다, 부정하다

해설 「妬 샘낼 투」의 음독은 「と」, 훈독은 「妬む・妬く 시기하다, 질투하다」이다.

---

8 もう少し淡い感じを出していただけませんか。

1 あさい　　　　2 はかない
3 あわい　　　4 きよい

정답 **3** 좀 더 연한 느낌을 내주실 수 없겠습니까?

단어 淡い 진하지 않은, 옅은, 희미한 | 感じ 느낌 | 〜ていただけませんか 〜해 주실 수 없겠습니까?(〜해 주세요)

해설 진하지 않고 옅은 느낌을 나타내는 「淡 맑을 담」의 음독은 「たん」, 훈독은 「淡い」이다. 함께 나온 「浅い 얕다」, 「儚い 덧없다, 부질없다」, 「清い 맑다, 순수하다」도 기억해 두자.

9　問題が発生したメーカーに対して、厳しい措置がとられました。

1　しょうち　　　2　そうち
3　そち　　　　　4　しょち

정답　3　문제가 발생한 제조사에 대해 엄격한 조치가 취해졌습니다.

단어　問題 문제 | 発生 발생 | メーカー 제조사 | ~に対して ~에 대해서 | 厳しい 엄하다, 혹독하다 | 措置 조치, 조처 | 承知 알아들음, 승낙 | 装置 장치 | 処置 처치

해설　선택지 3번의 「措置」와 4번의 「処置」는 비슷한 말이지만 조치는 '어떤 일의 결말까지 계속되는 일관된 대처'를 뜻하며, 처치는 '상황에 맞게 취하는 임시적인 행동'을 말한다. 1번의 「承知」, 2번의 「装置」 등, 발음이 비슷한 단어와 혼동하지 않도록 주의하자.

10　その俳優は実際の性格とは裏腹に、冷静で落ち着いた役だけを演じる。

1　りふく　　　　2　うらぎり
3　うらはら　　　4　うらふく

정답　3　그 배우는 실제 성격과는 정반대로 냉정하고 침착한 역할만 연기한다.

단어　俳優 배우 | 実際 실제 | 裏腹 정반대 | 冷静 냉정 | 落ち着く 안정되다, 차분하다 | 役を演じる (맡은) 역할을 연기하다

해설　한자만 봐서는 뜻을 유추하기 힘든 「裏腹 정반대, 모순됨」은 「裏 속 리」와 「腹 배 복」이 합쳐진 훈독 명사로, 한자 뜻 그대로 뱃속, 즉 겉으로 보이는 모습과 다른 면이 있음을 의미하는 단어이다.

연습문제 ⑧

問題 1　＿＿＿의 단어를 읽는 법으로 가장 적당한 것을 1・2・3・4에서 하나 고르세요.　문제편 41p

1　現代の医療技術の進歩には驚嘆するしかない。

1　かんたん　　　2　きょうたん
3　かんがく　　　4　きょうがく

정답　2　현대 의료 기술의 진보에는 경탄할 수밖에 없다.

단어　現代 현대 | 医療 의료 | 技術 기술 | 進歩 진보 | 驚嘆 경탄 | 簡単 간단 | 驚愕 경악

해설　「驚 놀랄 경」과 「嘆 탄식할 탄」으로 구성되어 있는 「驚嘆 경탄」은 '몹시 놀라 감탄한다'는 의미이다. 「感嘆 감탄」, 「驚愕 경악」 등도 함께 기억해 두자.

2　町はずれの丘陵で羊が草を食べているのが見える。

1　きゅうれい　　　2　くれい
3　きゅうりょう　　4　くりょう

정답　3　시가지 변두리의 구릉에서 양이 풀을 먹고 있는 것이 보인다.

단어　町はずれ 시가지의 변두리 | 丘陵 구릉, 언덕 | 羊 양 | 草 풀

해설　언덕을 의미하는 「丘陵 구릉, 언덕」은 「丘 언덕 구」와 임금이나 왕후 등의 묘를 나타내는 「陵 언덕 릉」으로 이루어진 음독 명사이다.

3　まじめに努力すればいつかは幸運が巡ってくる。

1　まわって　　　2　おそって
3　せまって　　　4　めぐって

정답　4　성실하게 노력하면 언젠가는 행운이 돌아온다.

단어　努力 노력 | 幸運 행운 | 巡る 돌다, 순환하다, 여기저기 들르다 | 回る 돌다, 회전하다 | 恐る 두려워하다 | 迫る 바짝 다가오다

해설　'여기저기 돌아다닌다'라는 뜻의 한자 「巡 돌 순」의 음독은 「じゅん」, 훈독은 「巡る」이다.

4　はじめに報告書の概略を説明します。

1　がいよう　　　2　がいりゃく
3　がいかん　　　4　がいかつ

정답　2　우선 보고서의 개요를 설명하겠습니다.

단어　はじめに 우선, 먼저 | 報告書 보고서 | 概略 개략, 개요 | 説明 설명 | 概要 개요 | 概観 개관 | 概括 개괄

해설　선택지의 단어들은 모두 '글의 줄거리 개략, 대강'을 나타내는 한자 「概 대개 개」가 들어가 있다. 「概略」는 「概」와

「略 간략할 략」으로 구성되어 있으며 '글의 요점, 대략의 내용'이라는 뜻이다.

[5] 金の相場は大体安定している。
1 しょうじょう　　2 しょうば
3 そうじょう　　　4 そうば

[정답] 4 금 시세는 대체로 안정되어 있다.
[단어] 相場 시세 | 大体 대체로 | 安定 안정
[해설] 음독과 훈독을 혼용해서 읽는 한자어 문제이다. 「相 서로 상」의 음독은 「そう・しょう」, 훈독은 「あい」이며, 「場 마당 장」의 음독은 「じょう」, 훈독은 「ば」이다. 몇 가지 음독, 훈독을 가지고 있지만 '시세'라는 의미로 사용할 때는 음독과 훈독을 혼용한 「相場」라고 읽는다.

[6] 流行はいつかは廃れるものだ。
1 すたれる　　2 さびれる
3 こわれる　　4 たおれる

[정답] 1 유행은 언젠가는 쇠퇴하는 법이다.
[단어] 流行 유행 | 廃れる 사용하지 않게 되다, 쇠퇴하다 | 寂れる 쇠퇴하다, 쓸쓸해지다 | 壊れる 부서지다, 파괴되다 | 倒れる 쓰러지다, 넘어지다
[해설] 선택지 단어 모두 비슷한 느낌이 있어서 혼동하기 쉬우니 쓰임새와 함께 기억해 두자. 선택지 1번의 「廃れる」는 '물건이나 유행 등 한때 번성했던 것이 쇠하거나 더 이상 사용되지 않는다'라는 의미이다. 2번 「寂れる」는 한때 번창했던 장소가 '쇠퇴하다, 쓸쓸해지다'라는 의미로 도시나 지역에 사용한다. 3번의 「壊れる」와 4번의 「倒れる」는 사물과 사람 양 쪽에 쓸 수 있다.

[7] 栄養が偏ると健康に問題が起きる。
1 なくなる　　2 かたよる
3 ながれる　　4 ふさがる

[정답] 2 영양이 한쪽으로 치우치면 건강에 문제가 발생한다.
[단어] 栄養 영양 | 偏る 한쪽으로 치우치다, (한쪽으로 쏠려) 균형을 잃다 | 健康 건강 | 起きる 일어나다, 발생하다 | 亡くなる 죽다 | 塞がる 막히다
[해설] '한쪽으로 치우치다'라는 의미를 가진 한자 「偏 치우칠 편」의 음독은 「へん」, 훈독은 「偏る」이다.

[8] アルバイトは随時募集しています。
1 ざんじ　　2 りんじ
3 じょうじ　4 ずいじ

[정답] 4 아르바이트는 수시 모집하고 있습니다.
[단어] アルバイト 아르바이트 | 随時 수시, 일정하게 정해 놓지 않고 그때그때 | 募集 모집 | 暫時 잠시 | 臨時 임시 | 常時 상시 | 随時 수시
[해설] 선택지 모두 시간이나 시기를 의미하는 단어여서 혼동하기 쉽다. 선택지 1번은 '짧은 시간'을 뜻하는 「暫時」, 2번은 '미리 기간을 정하지 않고 잠시 동안'을 뜻하는 「臨時」, 3번은 '특별한 일이 없는 보통 때, 항상'을 의미하는 「常時」, 4번은 '일정하게 정해진 기간 없이 그때그때'라는 뜻의 「随時」이다. 차이를 잘 정리해 두자.

[9] 最近の画一的な教育には問題が多い。
1 かくいつてき　　2 がいつてき
3 かくいちてき　　4 がいちてき

[정답] 1 최근의 획일적인 교육에는 문제가 많다.
[단어] 最近 최근 | 画一的 획일적 | 教育 교육
[해설] 「画一的」는 '개성과 특징이 없이 모두 비슷한 모습'이라는 의미의 음독 한자어이다.

[10] この問題に対しては厳正に中立を守ります。
1 げんぜい　　2 げんせい
3 がんしょう　4 がんじょう

[정답] 2 이 문제에 대해서는 엄정하게 중립을 지킵니다.
[단어] ~に対して ~에 대해서 | 厳正 엄정, 엄격하고 빠름 | 中立 중립 | 守る 지키다, 고수하다
[해설] 「厳 엄할 엄」의 음독은 「げん」, 훈독은 「厳しい 엄하다」이고, 「正 바를 정」의 음독은 「しょう・せい」, 훈독은 「正しい 옳다, 바르다」이다. 두 글자 모두 음독으로 읽어서 「げんせい」가 된다.

問題 2 문맥 규정

연습문제 정답 및 해설

정답

	1	2	3	4	5	6	7	8	9	10
연습문제 ①	3	1	2	1	2	2	1	3	2	4
연습문제 ②	3	1	3	2	1	1	4	4	3	2
연습문제 ③	2	1	4	4	2	3	4	2	1	3
연습문제 ④	1	1	3	2	6	1	2	1	3	3
연습문제 ⑤	3	2	3	2	2	4	2	3	1	2
연습문제 ⑥	3	1	4	2	2	1	4	2	3	3
연습문제 ⑦	4	2	3	2	3	4	3	3	1	2
연습문제 ⑧	3	4	1	4	4	2	3	2	3	3

연습문제 ①

問題 2 ( )에 들어가기에 가장 적당한 것을 1·2·3·4에서 하나 고르세요. [문제편 52p]

1 政府は外国製品の輸入を( )した。
1 規範　　2 定規
3 規制　　4 制約

정답 3 정부는 외국 제품의 수입을 규제했다.
단어 政府 정부 | 製品 제품 | 輸入 수입 | 規範 규범 | 定規 자 | 規制 규제 | 制約 제약
해설 선택지 4번의 「制約」는 「制約を受ける 제약을 받다」의 형태로 사용하는 단어이기 때문에 연결 형태가 맞지 않으며 1, 2번은 문장의 흐름과 맞지 않는다. 따라서 정답은 3번이다.

2 契約を( )するための手続きを始めた。
1 破棄　　2 廃用
3 投棄　　4 廃棄

정답 1 계약을 파기하기 위한 절차를 시작했다.
단어 契約 계약 | 手続き 수속, 절차 | 破棄 파기 | 廃用 폐용, 사용하지 못함 | 投棄 투기 | 廃棄 폐기
해설 계약을 해지할 때 사용하는 단어는 선택지 1번의 「破棄 파기」이다. 4번의 「廃棄 폐기」는 물건을 버리거나 처분할 때에 사용하는 말이다.

3 政府は、少子化対策の一環として残業をなくすなど、働き方の( )を検討している。
1 改正　　2 改革
3 改訂　　4 改良

정답 2 정부는 저출산 대책의 일환으로 잔업을 없애는 등, 근로 방식의 개혁을 검토하고 있다.

단어 | 少子化対策 저출산 대책 | 一環 일환 | 残業 잔업 | 働き方 노동 방식, 근로 방식 | 検討 검토 | 改正 개정 | 改革 개혁 | 改訂 개정 | 改良 개량

해설 | 정답인 선택지 1번의「改正」는 법률이나 정책 등을 바꿀 때 사용하는 단어이다. 3번의「改訂」는 책의 내용을 바꿔서 다시 낼 때, 4번의「改良」는 기계나 제조 방식 등을 고치고 보완하여 더 좋은 성능으로 만들 때 사용하는 단어이므로 답으로 적당하지 않다.

4 仮想通貨をめぐる混乱に対処するため、法律の( )が待たれている。

1 整備 2 完備
3 設立 4 樹立

정답 | **1** 가상 화폐를 둘러싼 혼란에 대처하기 위해 법률의 정비가 기다려지고 있다.

단어 | 仮想通貨 가상 화폐 | 混乱 혼란 | 対処 대처 | 法律 법률 | 整備 정비 | 完備 완비 | 設立 설립 | 樹立 수립

해설 | 선택지 2번의「完備 완비」는 완벽하게 갖추고 있다는 뜻이고 3번의「設立 설립」과 4번의「樹立 수립」은 단체나 조직, 제도, 계획 등을 새로 만들 때 사용하는 단어이다. 이 문제에서는 법률이나 정책 등의 '흐트러진 체계를 바로잡는다'는 의미의 단어가 들어가야 하므로 1번의「整備」가 답으로 적당하다.

5 どの商品も( )に値上げされることになった。

1 一同 2 一律
3 一連 4 一帯

정답 | **2** 어느 상품이나 가격을 일률적으로 인상하게 되었다.

단어 | 商品 상품 | 値上げする 인상하다 | 一同 일동 | 一律 일률 | 一連 일련 | 一帯 일대

해설 | 괄호 안에는 어느 상품이나 '예외 없이 똑같다'는 의미의 단어가 들어가야 한다. 따라서 정답은 선택지 2번의「一律」이다. 1번의「一同」는 '여러 사람이 똑같이, 이구동성으로'라는 의미이고 3번의「一連」은 어떤 사물이나 사건이 '서로 연결되어 있다'라는 의미이다. 4번의「一帯」는 '일정한 범위의 지역 전체'를 말하는 표현이므로 문장의 흐름상 답으로 적당하지 않다.

6 彼女の受賞に( )されて、彼らは研究に励んだ。

1 反映 2 触発
3 反響 4 招来

정답 | **2** 그녀의 수상에 촉발되어(자극을 받아) 그들은 연구에 힘썼다.

단어 | 受賞 수상 | 研究 연구 | 励む 힘쓰다 | 反映 반영 | 触発 촉발 | 反響 반향 | 招来 초래

해설 | 문장의 흐름상 괄호 안에는 '자극을 받았다'라는 내용이 들어가야 하므로 '어떠한 일을 계기로 감정이나 충동이 일어난다'는 의미가 있는 선택지 2번의「触発」가 답으로 적당하다.

7 もう70才を過ぎたので、店を息子に任せて( )することにした。

1 隠居 2 脱退
3 退役 4 遠慮

정답 | **1** 이제 일흔을 넘겼으므로 가게를 아들에게 맡기고 은거하기로 했다.

단어 | 息子 아들 | 任せる 맡기다, 위임하다 | 隠居 은거, 은퇴, 관직 등을 넘기고 한가롭게 지냄 | 脱退 탈퇴 | 退役 퇴역 | 遠慮 사양, 삼감

해설 | 괄호 안에 들어갈 단어로는 '관직, 직책 등에서 물러나 집에 틀어박혀 산다'는 뜻이 있는 1번의「隠居」가 적당하다. 정답과 혼동하기 쉬운 2번의「脱退」는 몸 담고 있던 조직이나 단체 등과 관계를 끊고 나올 때 사용하는 단어이며, 3번의「退役」는 어떤 일에 종사하다가 완전히 그만둘 때 사용한다. 4번의「遠慮」는 '사양하다, 망설이다'라는 의미이므로 문장 흐름과 맞지 않다.

8 子育てと仕事を( )させるには周りの協力が必要だ。

1 中立 2 自立
3 両立 4 並立

정답 | **3** 육아와 일을 양립시키려면 주위의 협력이 필요하다.

단어 | 子育て 육아 | 協力 협력 | 必要 필요 | 中立 중립 | 自立 자립 | 両立 양립 | 並立 병립

Part 1 문자·어휘

해설 선택지 1번의「中立」는 '어느 한쪽에 치우치지 않는 태도나 입장'을 말하고 2번「自立」는 '남에게 의지하지 않고 홀로 선다'는 의미이다. 4번의「並立」는 '두 가지 일이나 사항 등이 나란히 선다, 대등하게 존재한다'는 의미이며, 3번의「両立」는 '두 가지 일이나 사항 등이 동시에 진행되거나 이루어진다, 병행한다'는 의미이므로 3번이 답으로 가장 적당하다.

⑨ 市民の生命と財産を守るのは、警察官の(　　)だ。
1 命令　　　　　2 責務
3 判断　　　　　4 勤務

정답 2 시민의 생명과 재산을 지키는 것은 경찰관의 책무이다.
단어 生命 생명 | 財産 재산 | 警察官 경찰관 | 命令 명령 | 責務 책무 | 判断 판단 | 勤務 근무
해설 문장의 흐름상 괄호 안에 들어갈 단어로는 '직위나 직무에 따른 책임이나 일'이라는 뜻인 선택지 2번의「責務」가 가장 적당하다.

⑩ 家計簿に収入と支出の内訳すべてが(　　)されている。
1 掲載　　　　　2 登載
3 収録　　　　　4 記載

정답 4 가계부에 수입과 지출 내역이 모두 기재되어 있다.
단어 家計簿 가계부 | 収入 수입 | 支出 지출 | 内訳 내역 | 掲載 게재 | 登載 등재 | 収録 수록 | 記載 기재
해설 일정한 형식을 갖춘 장부나 서류에 기입을 할 때에「記載」라는 단어를 사용한다. 선택지 1번의「掲載」는 '신문, 잡지에 글 등을 싣는다'는 의미이고 2번의「登載」는 넓게는 게재와 같은 의미이지만, 그중에서도 호적 등본과 같은 특수한 서류에 내용을 실을 때에 주로 사용한다. 3번의「収録」는 방송 용어로 녹음, 녹화 등을 말하는 경우가 많다. 따라서 답으로 적당한 것은 4번의「記載」이다.

연습문제 ②

問題2 (　　)에 들어가기에 가장 적당한 것을 1·2·3·4에서 하나 고르세요. 문제편 53p

① 多くの家電製品が開発され、主婦の家事労働が(　　)された。
1 減退　　　　　2 衰退
3 軽減　　　　　4 節約

정답 3 많은 가전제품이 개발되어 주부의 가사 노동이 경감되었다.
단어 家電製品 가전제품 | 主婦 주부 | 家事労働 가사 노동 | 減退 감퇴 | 衰退 쇠퇴 | 軽減 경감, 부담이나 고통 따위를 덜어서 가볍게 함 | 節約 절약
해설 선택지 1번의「減退」와 2번의「衰退」는 이전보다 권력이나 기세가 줄어 들거나 상황이 나빠졌음을 나타내는 표현이고 4번의「節約」는 '아껴 쓰다'라는 의미이다. 괄호 안에는 가사 노동이 '줄어들었다'는 의미의 단어가 들어가야 하므로 3번의「軽減」이 답으로 적당하다.

② この会社は、世界でも(　　)の電子部品メーカーで、特許も数多く持っている。
1 有数　　　　　2 単数
3 優秀　　　　　4 有能

정답 1 이 회사는 세계에서도 유수의 전자 부품 제조사로 특허도 많이 가지고 있다.
단어 電子部品 전자 부품 | 特許 특허 | 有数 유수, 손꼽을 만큼 두드러지거나 훌륭함 | 単数 단수 | 優秀 우수 | 有能 유능
해설 '손꼽히는, 손꼽을 만큼 훌륭한'이라는 의미가 있는 선택지 1번의「有数」가 답으로 적당하다. 2번의「単数」는 '개수가 하나'임을 말하고 4번의「有能」은 '어떤 일을 남보다 잘하는 능력이 있다'는 의미이므로 문장 흐름과 맞지 않아 답이 될 수 없다. 3번의「優秀」는 '뛰어나다'는 의미로 문장의 흐름과는 맞지만 な형용사이므로 접속 형태가 맞지 않아 답이 될 수 없다.

3 新規事業を立ち上げて会社に貢献することが（　　）の課題である。
1 当然　　　　2 一層
3 当面　　　　4 一段

정답 3 신규 사업을 설립해 회사에 공헌하는 것이 당면의 과제이다.

단어 新規 신규 | 立ち上げる 설립하다 | 貢献 공헌 | 課題 과제 | 当然 당연함 | 一層 한층, 더욱 | 当面 당면 | 一段 한층, 더욱

해설 괄호 안에 들어가기에 적당한 것은 '바로 눈앞에 놓인 지금 당장의'라는 뜻이 있는 선택지 3번의 「当面」이다. 1번의 「当然」은 '당연함', 2번의 「一層」와 4번의 「一段」은 둘 다 '더욱'이라는 뜻으로 문장의 흐름과 맞지 않는다.

4 母は（　　）のあまり倒れてしまった。
1 心酔　　　　2 心労
3 苦心　　　　4 肝心

정답 2 어머니는 마음고생을 한 나머지 쓰러지고 말았다.

단어 명사 + のあまり ~한 나머지 | 倒れる 쓰러지다 | 心酔 심취 | 心労 심로, 마음고생 | 苦心 고심 | 肝心 중요함

해설 괄호 안에 들어가기에 적당한 것은 선택지 2번 「心労」이다. 1번의 「心酔」는 '어떤 일이나 사람에 깊이 빠지는 것'을 뜻하며 3번의 「苦心」은 '무엇인가 이루기 위해 여러 가지 시도하고 생각하며 마음 쓰는 것'을 뜻한다. 4번 「肝心」은 '꼭 필요하고 중요한 것'이라는 뜻이다.

5 （　　）の会議が入ったので、今日の午後のパーティーには出られません。
1 緊急　　　　2 至急
3 早急　　　　4 火急

정답 1 긴급 회의가 생겨서 오늘 오후 파티에는 나갈 수 없습니다.

단어 会議 회의 | 緊急 긴급 | 至急 지급 | 早急 조급, 시급 | 火急 화급

해설 선택지 4개에는 모두 '급하다'라는 의미를 내포하고 있다. 1번의 「緊急」는 중요하고 빠른 대응이 필요한 상황에 사용하고 2번의 「至急」는 빨리 처리하지 않으면 곤란한 상황에서 상대의 빠른 행동을 촉구하는 부사이다. 3번 「早急」(「さっきゅう」라고 읽기도 한다)는 '가능한 한 빨리'라는 의미로 4번의 「火急」는 '걷잡을 수 없이 번져오는 불길처럼 매우 급하게 처리해야 한다'는 의미이다. 괄호 안에는 회의에 어울리는 단어가 들어가야 하므로 1번이 답으로 적당하다.

6 私はそのような間違った意見には（　　）できません。
1 賛同　　　　2 認定
3 承知　　　　4 対立

정답 1 저는 그런 잘못된 의견에는 찬성할 수 없습니다.

단어 間違う 잘못되다, 틀리다 | 意見 의견 | 賛同 찬동 | 認定 인정 | 承知 알아들음, 승낙 | 対立 대립

해설 문장의 흐름상 괄호 안에는 '찬성'의 뜻이 담긴 단어가 들어가야 한다. 「賛同」은 '상대의 의견에 찬성한다'는 의미로, 내 의견도 마찬가지라는 동의의 의미도 포함하므로 선택지 1번이 답으로 적당하다. 2번의 「認定」는 '자격·사실의 유무, 사안의 옳고 그름을 판단하여 결정한다'는 뜻이므로 답으로 적절하지 않다. 3번의 「承知」와 4번의 「対立」도 문장의 흐름과 맞지 않으므로 답이 될 수 없다.

7 スポーツ選手として、オリンピックに（　　）するのは夢である。
1 出席　　　　2 出演
3 出現　　　　4 出場

정답 4 스포츠 선수로서 올림픽에 출장하는 것은 꿈이다.

단어 スポーツ 스포츠 | 選手 선수 | オリンピック 올림픽 | 出席 출석 | 出演 출연 | 出現 출현 | 出場 출장

해설 스포츠 등의 시합이나 대회에 나가는 것을 「出場」라고 한다. 선택지 1번의 「出席」는 수업이나 회의, 결혼식 등에 참석할 때 사용하고 2번의 「出演」은 무대에 서거나 방송 등에 나간다는 의미이며, 3번의 「出現」은 나타난다는 의미이다.

8 この問題に関しては、議論の(　　)は全くない。
1 隙間　　2 境地
3 空間　　4 余地

정답 4 이 문제에 관해서는 논의의 여지는 전혀 없다.

단어 議論 의론, 논의 | 全く 전혀, 완전히 | 隙間 틈새 | 境地 경지 | 空間 공간 | 余地 여지

해설 괄호 안에 들어갈 단어는 선택지 4번의 「余地」로, 「議論の余地 논의의 여지」는 '어떤 문제에 대해 서로 의견을 내거나 검토할 수 있는 가능성'을 뜻하는 표현이다.

9 真相の(　　)に奔走している。
1 判明　　2 表明
3 究明　　4 証明

정답 3 진상 규명을 위해 바쁘게 뛰어다니고 있다.

단어 真相 진상 | 奔走 분주, 바쁘게 뛰어다님 | 判明 판명 | 表明 표명 | 究明 구명, 규명 | 証明 증명

해설 사물이나 사건의 실상을 파헤칠 때 '진상을 구명(규명)하다'라고 말한다. 따라서 정답은 선택지 3번의 「究明」이다. 1번의 「判明」는 '실상을 결과적으로 알게 됐다'는 뜻이고 2번 「表明」는 '의사나 태도를 밝힌다'는 뜻이다. 4번의 「証明」은 어떠한 사항이 진실인지 아닌지를 증거를 통해 논리적으로 밝힐 때 사용하는 말이다.

10 長い(　　)の末、最低賃金が引き上げられた。
1 会合　　2 協議
3 会議　　4 協力

정답 2 긴 협의 끝에 최저 임금이 인상되었다.

단어 명사 + の末 ~끝에 | 最低賃金 최저 임금 | 引き上げる 인상하다 | 会合 회합, 모임 | 協議 협의 | 会議 회의 | 協力 협력

해설 「~の末」는 '어떠한 경위를 거친 후 마지막에'라는 의미이다. 「会議」는 결론을 내리지 않고 서로 이야기하는 '토의'의 개념도 포함하는 단어이다. 그러나 「協議」는 의안에 대해 참석자가 찬반에 대한 의견을 내거나 결론을 도출하기 위해 상의한다는 개념이다. 따라서 이 문장에서 가장 적합한 것은 2번 「協議」이다. 1번의 「会合」는 사람들이 모이는 행위 자체를 말한다.

연습문제 ③

問題2 (　　)에 들어가기에 가장 적당한 것을 1・2・3・4에서 하나 고르세요.　문제편 63p

1 経済的にも教育的にも彼はとても(　　)環境で育った。
1 かこまれた　　2 めぐまれた
3 はさまれた　　4 はぐくまれた

정답 2 경제적으로도 교육적으로도 그는 매우 풍족한 환경에서 자랐다.

단어 経済的 경제적 | 教育的 교육적 | 環境 환경 | かこむ 둘러싸다, 에워싸다 | めぐまれる 혜택 받다, 풍족하다 | はさむ 끼우다 | はぐくむ 기르다

해설 괄호 안에 들어갈 말로는 경제적으로나 교육적으로나 '혜택을 받았다'는 의미가 있는 선택지 2번의 「めぐまれる」가 적당하다.

2 その国は周辺国の頻繁な侵略で(　　)しまった。
1 滅びて　　2 沈んで
3 敗れて　　4 閉じて

정답 1 그 나라는 주변국의 잦은 침략으로 멸망해 버렸다.

단어 頻繁だ 빈번하다 | 侵略 침략 | 滅びる 멸망하다 | 沈む 가라앉다 | 敗れる 지다, 패배하다 | 閉じる 닫다

해설 문장의 흐름상 괄호 안에 들어갈 말은 다른 나라의 침략을 받고 '멸망하다'가 자연스럽다. 따라서 선택지 1번의 「滅びる」가 답으로 적당하다. 3번의 「敗れる」는 '시합에서 지다, 전쟁에서 패배하다'로는 사용하지만 '침략으로 패배하다'라고는 표현하지 않으므로 답으로 적당하지 않다.

3 あの人は、人を(　　)ばかりで、誉めることは見たことがない。
1 けがす　　2 せかす
3 よごす　　4 けなす

정답 4 저 사람은 남을 헐뜯기만 할 뿐, 칭찬하는 것은 본 적이 없다.

| 단어 | 동사 기본형 + ばかりで ~하기만 하고 | 誉める 칭찬하다 | けがす 더럽히다, 모욕하다 | せかす 재촉하다 | よごす 더럽히다 | けなす 헐뜯다, 폄하하다

| 해설 | 「동사 기본형 + ばかりで ~하기만 하고, ~하기만 할 뿐」의 뒤에 나오는 「誉める」와 상반된 뜻을 가진 선택지 4번의 「けなす」가 답으로 적당하다.

---

4 会社は既に今回のプロジェクトに巨額の資金を（　　　）いた。
1 投げて　　　　　　2 転じて
3 突入して　　　　　4 投入して

| 정답 | 4 회사는 이미 이번 프로젝트에 거액의 자금을 투입하고 있다.

| 단어 | 既に 이미, 벌써 | 巨額 거액 | 資金 자금 | 投げる 던지다 | 転じる 바뀌다, 전환하다 | 突入する 돌입하다 | 投入する 투입하다

| 해설 | 문장의 흐름상 괄호에는 거액의 자금을 '투입하다'라는 단어가 들어가야 하므로 선택지 4번의 「投入して」가 답으로 적당하다. 1번은 「投げる」, 2번은 「転じる」, 3번은 「突入する」의 て형으로 문장 흐름과 맞지 않으므로 답이 될 수 없다.

---

5 国民主権を無視した政府の対応に怒りを（　　　）。
1 かかえる　　　　　2 おぼえる
3 かたどる　　　　　4 さげすむ

| 정답 | 2 국민 주권을 무시한 정부의 대응에 분노를 느낀다.

| 단어 | 国民主権 국민 주권 | 無視 무시 | 政府 정부 | 対応 대응 | 怒り 분노, 노여움 | かかえる 품다, 끌어안다 | おぼえる 기억하다, 느끼다, 익히다 | かたどる 본뜨다, 모방하다 | さげすむ 깔보다, 업신여기다

| 해설 | 「おぼえる」가 감정을 나타내는 단어와 함께 쓰이면 '(감정)을 느끼다'라는 뜻이 된다. 따라서 괄호 안에 들어갈 말로는 「怒りをおぼえる 분노를 느끼다」가 되는 선택지 2번이 적당하다. 1번의 「かかえる」는 주로 자신에게 부정적인 문제나 상황을 가지고 있을 때 사용한다. 「借金をかかえる 빚을 지다」, 「問題をかかえる 문제를 가지고 있다」, 「悲しみをかかえる 슬픔을 가지고 있다」와 같이 일정 기간 동안 지속되는 상황에서 사용하며, 「怒りをかかえる」라는 표현은 일반적으로는 사용하지 않는다.

---

6 このレストランは料理の盛り付けに工夫を（　　　）いる。
1 てらして　　　　　2 つくらして
3 こらして　　　　　4 もらして

| 정답 | 3 이 레스토랑은 음식을 먹음직스럽게 담기 위해 골똘히 궁리하고 있다.

| 단어 | レストラン 레스토랑 | 盛り付け 음식을 보기 좋게 담음 | 工夫 궁리, 고안 | てらす 빛을 비추다 | つくる 만들다 | こらす 엉기게 하다, 마음 등을 한 곳에 집중시키다 | もらす 새게 하다, 누설하다

| 해설 | 「工夫をこらす」는 '궁리하다, 생각을 짜내다'라는 관용 표현이다. 따라서 정답은 선택지 3번의 「こらす」이다. 1번의 「てらす」는 '비추다', 2번의 「つくらす」는 '만들게 하다', 4번 「もらす」는 '흘러 나오게 하다, 비밀이나 정보 등을 누설하다'라는 뜻이다.

---

7 ベートーベンの「第九」を聴くと、気持ちが（　　　）。
1 ふれる　　　　　　2 さえぎる
3 さだまる　　　　　4 やわらぐ

| 정답 | 4 베토벤의 '교향곡 9번'을 들으면 마음이 온화해진다.

| 단어 | ベートーベン 베토벤 | 第九 9번째(여기에서는 교향곡 9번) | ふれる 닿다, 접촉하다 | さえぎる 막다, 차단하다 | さだまる 정해지다, 결정되다 | やわらぐ 누그러지다, 온화해지다

| 해설 | 음악을 들어서 일어나는 마음의 변화를 나타내는 말로는 선택지 4번의 「やわらぐ」가 적당하다.

---

8 話し合いは平行線を（　　　）、結論は次の会議へ持ち越されることになった。
1 あゆんで　　　　　2 たどって
3 さして　　　　　　4 たてて

| 정답 | 2 교섭은 평행선을 달려서, 결론은 다음 회의로 미뤄지게 되었다.

[단어] 話し合い 의논, 교섭, 서로 이야기함 | 平行線をたどる 평행선을 달리다, 서로 주장을 굽히지 않아 의견 일치를 보지 못하다 | 結論 결론 | 持ち越す 넘기다, 미루다 | あゆむ 걷다 | たどる 더듬다, 더듬어 가다 | さす 찌르다, 가리키다 | たてる 세우다

[해설] 「平行線をたどる 평행선을 달리다」는 '서로의 주장이 맞서서 의견 일치를 보지 못하는 상태'를 뜻하는 관용 표현이다.

9. 佐藤さんの余計な口出しで話が（　　　）しまった。
   1 こじれて
   2 ひずんで
   3 はずんで
   4 すべって

[정답] 1 사토 씨의 쓸데없는 말참견으로 이야기가 꼬여 버렸다.

[단어] 余計な 쓸데없는, 불필요한 | 口出し 말참견 | こじれる 꼬이다, 복잡해지다 | ひずむ 비뚤어지다, 뒤틀리다 | はずむ 튀다 | すべる 미끄러지다

[해설] 괄호 안에는 남의 말참견으로 이야기가 '꼬였다'는 의미의 단어가 들어가야 하므로 선택지 1번의 「こじれる」가 답으로 적당하다. 4번의 「すべる」가 들어가는 표현인 「口がすべる 입을 잘못 놀리다」도 함께 기억해 두자.

10. 人が寝ていようがいまいが（　　　）電話をかけてくる。
    1 おとさたなしに
    2 だれかれなしに
    3 おかまいなしに
    4 あいそなしに

[정답] 3 사람이 자든 말든 아랑곳하지 않고 전화를 걸어온다.

[단어] ～ようが～まいが ～하든 말든 | おとさた 연락, 소식 | だれかれなしに 너 나 할 것 없이, 누구나 | おかまいなしに 아랑곳하지 않고, 개의치 않고 | あいそ 붙임성

[해설] 괄호 안에는 '남의 사정이나 상황을 살피지 않고'라는 뜻의 표현이 들어가야 한다. 따라서 답으로 적당한 것은 선택지 3번의 「おかまいなしに」이다. 4번은 접속사 「の」, 「で」와 접속하여 「あいそうなしの」, 「あいそうなしで」의 형태로 사용한다는 점도 기억해 두자.

연습문제 ④

問題2　（　　　）에 들어가기에 가장 적당한 것을 1・2・3・4에서 하나 고르세요. [문제편 64p]

1. 練習を通じて実戦に（　　　）。
   1 定める
   2 据える
   3 設ける
   4 備える

[정답] 4 연습을 통해서 실전에 대비한다.

[단어] 練習 연습 | 実戦 실전 | 定める 정하다 | 据える 붙박아 놓다, 설치하다 | 設ける 설치하다, 마련하다 | 備える 대비하다, 준비하다

[해설] 연습은 실전을 대비하는 것이므로 괄호에 들어갈 적당한 말은 선택지 4번의 「備える」이다.

2. 私には彼を（　　　）だけの力がない。
   1 取り消す
   2 食い止める
   3 食い違う
   4 取り止める

[정답] 2 나에게는 그를 막을 만한 힘이 없다.

[단어] 取り消す 취소하다 | 食い止める 막다, 저지하다 | 食い違う 어긋나다, 엇갈리다 | 取り止める 그만두다, 중지하다

[해설] 문장 흐름상 괄호 안에는 상대방이 무엇을 하거나 하지 못하도록 작용한다는 의미의 단어가 들어가야 한다. 따라서 정답은 2번의 「食い止める」이다.

3. 試験に落ちたとばかり（　　　）が、発表を見てみたら合格していたのでホッとした。
   1 考え込んでいた
   2 落ち込んでいた
   3 思い込んでいた
   4 受け入れていた

[정답] 3 시험에 떨어졌다고 믿고 있었는데 발표를 보았더니 합격해서 안심했다.

[단어] ホッとする 안심하다, 마음 놓다 | 考え込む 생각에 잠기다, 골똘히 생각하다 | 落ち込む 실망하다, 낙담하다 | 思い込む 믿어 버리다, 확신하다 | 受け入れる 받아들이다

[해설] 문제에 나온 표현은 「(てっきり)～とばかり思う (틀림없이) ～라고만 생각하다」라는 문형이다. '영락없이 ～일

것이라고 생각하다'라는 확신을 나타내는 표현이므로 괄호 안에 들어갈 말은 선택지 3번의 「思い込む」가 적당하다.

4 返答に困った彼は、話題を(　　　)。
1 抜かした　　　2 脱した
3 外した　　　　4 逸らした

정답 **4** 대답이 곤란해진 그는 화제를 돌렸다.
단어 返答 대답, 응답 | 話題 화제 | 抜かす 빠뜨리다, 빼다 | 脱する 벗어나다, 탈출하다 | 外す 떼다, 빼다 | 逸らす 딴 데로 돌리다, 피하다
해설 대답을 하려다가 답을 하기 꺼려져서 화제를 돌리는 상황을 표현하는 문장이다. 이런 때 사용하는 「話題・話を逸らす 화제・이야기를 돌리다」라는 표현을 기억해 두자.

5 彼女は見(　　　)ほどきれいになった。
1 あきる　　　　2 ちがえる
3 おとす　　　　4 すごす

정답 **2** 그녀는 몰라볼 정도로 예뻐졌다.
단어 見飽きる 여러 번 보아 질리다, 싫증나다 | 見違える 잘못 보다, 몰라보다 | 見落とす 간과하다, 못 보고 지나치다 | 見過ごす 보고도 그냥 두다, 못 본 체하다
해설 동사 「見(る)」가 들어가는 복합동사 문제이다. '그녀는 ~정도로 예뻐졌다'라는 내용이므로 괄호 안에 들어가기에 적당한 것은 선택지 1번의 「見違える」이다.

6 この花壇には花より雑草がうっそうと(　　　)いる。
1 茂って　　　　2 咲いて
3 枯れて　　　　4 刈って

정답 **1** 이 화단에는 꽃보다 잡초가 더 울창하게 자라 있다.
단어 花壇 화단, 꽃밭 | 雑草 잡초 | うっそう 울창 | 茂る 초목이 무성하다, 우거지다 | 咲く 피다 | 枯れる 마르다, 시들다 | 刈る 베다, 깎다
해설 「うっそう」는 '초목이 빽빽하게 우거져 있는 모양'을 의미하고 「茂る」 역시 '초목이 빽빽하게 자라다'라는 뜻이다. 따라서 답은 선택지 1번이 적당하다.

7 彼女は老父の介護に疲れ(　　　)しまった。
1 ぬいて　　　　2 はてて
3 とおして　　　4 つくして

정답 **2** 그녀는 늙은 아버지 간병에 완전히 지쳐 버렸다.
단어 老父 노부, 늙은 아버지 | 介護 개호, 간병, 돌봄 | ぬける 빠지다 | はてる 완전히 ~하다 | とおす 끝까지 ~하다 | つくす 다하다
해설 동작이나 상태를 강조하는 보조동사를 묻는 문제이다. 선택지 1번의 「ます형 + ぬく」는 '끝까지 ~해 내다'라는 뜻이며 2번의 「ます형 + はてる」는 '완전히 ~하다'는 뜻으로 주로 부정적인 내용을 강조할 때 사용한다. 3번의 「ます형 + とおす」는 '끝까지 ~하다', 4번의 「ます형 + つくす」는 '다 ~해 버리다'라는 의미가 있다. 부정적인 내용을 강조하는 2번이 답으로 적당하다.

8 寒さが身に(　　　)。
1 染みる　　　　2 馴染む
3 和む　　　　　4 整える

정답 **1** 추위가 몸에 스며든다.
단어 染みる 스며들다, 번지다 | 馴染む 친숙해지다, 융합하다 | 和む 누그러지다 | 整える 정돈하다, 단정히 하다
해설 '몸 속에 스미는 추위'를 표현할 때 「寒さが身に染みる」라고 한다. 정답은 선택지 1번의 「染みる」이다.

9 大雨になったので、集会の実施を見(　　　)。
1 つめた　　　　2 のがした
3 おくった　　　4 とおした

정답 **3** 폭우가 내려서 집회 실시를 보류했다.
단어 大雨 폭우 | 集会 집회 | 実施 실시 | 見のがす 놓치다, 눈감아 주다 | 見おくる 배웅하다, 보류하다 | 見とおす 훑어보다, 꿰뚫어 보다
해설 계획, 일정 등을 뒤로 미룰 때 사용하는 표현은 선택지 3번의 「見おくる 보류하다」이다. 「見おくる」에는 '배웅하다'라는 뜻도 있지만 이 문장에서는 '보류하다'는 뜻으로 사용하고 있다.

| 10 | 資金が足りなくなって開発の予算を(　　)ことになった。
1　つぶす　　　　2　こわす
3　けずる　　　　4　やぶる

정답　3　자금이 부족해져서 개발의 예산을 줄이게 되었다.
단어　開発 개발 | 予算 예산 | つぶす 으깨다, 찌부러뜨리다 | こわす 부수다, 파괴하다 | けずる 깎다, 줄이다 | やぶる 깨다, 찢다
해설　괄호 안에는 '자금 부족으로 예산을 줄이다'라는 뜻의 단어가 와야 하며, 이에 적당한 것은 선택지 3번의 「けずる」이다.

연습문제 ⑤

問題2　(　　)에 들어가기에 가장 적당한 것을 1·2·3·4에서 하나 고르세요.　문제편 78p

1　犯人はコピー機で(　　)偽造紙幣を作った。
1　無謀な　　　　2　なめらかな
3　巧みな　　　　4　大らかな

정답　3　범인은 복사기로 교묘한 위조지폐를 만들었다.
단어　コピー機 복사기 | 偽造紙幣 위조지폐 | 無謀な 무모한 | なめらかな 매끄러운 | 巧みな 교묘한, 정교한 | 大らかな 느긋하고 대범한
해설　1, 2, 4번은 위조지폐를 수식하는 단어로는 어울리지 않는다.

2　髪型を変えると、印象が(　　)変わった。
1　ぴたりと　　　　2　がらっと
3　ずばりと　　　　4　どきっと

정답　2　머리 모양을 바꾸자 인상이 확 바뀌었다.
단어　ぴたりと 빈틈없이 잘 맞아 떨어지는 모양, 딱, 착 | がらっと 어떤 상태가 갑자기 변하는 모양, 확, 싹 | ずばりと 대번에 정곡을 찌르는 모양, 거침없이 | どきっと 놀람·기대 등으로 두근거리는 모양, 두근두근
해설　선택지 1번의「ぴたりと」는 동작이나 상황이 잘 맞아 떨어질 때 사용하고 3번의「ずばりと」는 예상 등이 적중했을 때에 사용하는 말이다. 4번의「どきっと」는 깜짝 놀라서 가슴이 두근두근할 때 사용한다. 정답은 어떤 상태가 완전히 바뀌는 모양을 표현하는 2번「がらっと」이다.

3　長く使うものは、あとで後悔しないように(　　)選んでから買うようにしましょう。
1　のろのろ　　　　2　たっぷり
3　てきぱき　　　　4　じっくり

정답　4　오래 쓰는 것은 나중에 후회하지 않도록 차분히 고른 후에 사도록 합시다.
단어　後悔 후회 | のろのろ 느릿느릿, 꾸물꾸물 | たっぷり 듬뿍 | てきぱき 척척 | じっくり 차분히, 곰곰히
해설　의태어의 올바른 쓰임을 묻는 문제이다. 구매할 물건을 고를 때는 시간을 들여서 신중하게 살펴보라는 흐름의 문장이 되어야 하므로 괄호 안에 들어갈 단어로는 침착하게 시간을 들여서 생각하는 모양을 나타내는 선택지 4번의「じっくり」가 적당하다. 1번의「のろのろ」는 동작이 느린 모양을 나타낼 때 쓰고 2번의「たっぷり」는 넘칠 정도로 가득한 모양을 나타낼 때 쓴다. 3번의「てきぱき」는 일을 거침없이 잘 하는 모양을 나타내는 말이다.

4　面接試験では自分の強みを(　　)して、他との差別化を図ることが大事だ。
1　コメント　　　　2　アピール
3　スピーチ　　　　4　ディベート

정답　2　면접시험에서는 자신의 강점을 어필하여 다른 사람과의 차별화를 꾀하는 것이 중요하다.
단어　面接試験 면접시험 | 強み 강점 | 差別化 차별화 | 図る 꾀하다, 도모하다 | コメント 코멘트, 논평, 견해 | アピール 어필, 호소 | スピーチ 스피치, 연설 | ディベート 디베이트, 논쟁, 토의
해설　가타카나어의 올바른 쓰임을 묻는 문제이다. 괄호 안에는 '자신의 강점을 타인에게 호소한다"는 의미의 단어가 들어가야 하므로 정답은 선택지 2번의「アピール」가 적당하다.

5 彼は(　　)としばらくカバンの中を探って、ようやくスマホを取り出した。

1 ぱたぱた　　2 ふわふわ
3 ごそごそ　　4 さくさく

정답 3 그는 부스럭거리며 잠시 가방 속을 뒤지더니 간신히 스마트폰을 꺼냈다.

단어 しばらく 잠시, 당분간 | 探る 뒤지다, 더듬어 찾다 | ぱたぱた 파닥파닥 | ふわふわ 둥실둥실, 푹신푹신 | ごそごそ 바스락바스락 | さくさく 사박사박

해설 괄호 안에 들어갈 단어로는 가방이나 서랍 안을 뒤적이면서 물건을 찾을 때 나는 소리를 표현한 선택지 3번의「ごそごそ」가 적당하다. 1번의「ぱたぱた」는 새가 날개를 움직이는 소리, 2번의「ふわふわ」는 가벼운 물체가 공간에 떠 있는 상태나 포근하고 부드러운 상태, 4번의「さくさく」는 눈을 밟을 때 나는 소리 등을 표현할 때 사용한다.

6 インコの飼育温度は25度ぐらいを(　　)しておいたほうがいい。

1 アップ　　2 フォロー
3 オーバー　　4 キープ

정답 4 잉꼬의 사육 온도는 25도 정도를 유지하는 편이 좋다.

단어 飼育 사육 | 温度 온도 | アップ 업, 상승 | フォロー 팔로우, 뒤쫓다, 보조하다 | オーバー 오버, 초과 | キープ 킵, 상태를 유지함, 지킴

해설 온도를 일정하게 유지한다는 의미의 문장을 구성하여야 하므로 괄호 안에 들어갈 말로는 선택지 4번의「キープ」가 적당하다.

7 この調味料があれば日本料理が(　　)簡単に作れます。

1 いまだ　　2 いとも
3 いかに　　4 いっさい

정답 2 이 조미료가 있으면 일본 요리를 매우 간단하게 만들 수 있습니다.

단어 調味料 조미료 | いまだ 아직, 이때까지 | いとも 매우 | いかに 어떻게 | いっさい 일체, 모두

해설 부사의 올바른 쓰임을 묻는 문제이다. 부사화된 な형용사「簡単に 간단하게」를 수식하는 부사로 적당한 것은 선택지 2번의「いとも」이다. 다소 옛스런 표현이라는 점도 기억해 두자.

8 腐って(　　)壊れそうな木の橋が架かっていた。

1 まるで　　2 きっと
3 今にも　　4 さも

정답 3 썩어서 당장이라도 부서질 것 같은 나무다리가 놓여 있었다.

단어 腐る 썩다 | 壊れる 부서지다, 파괴되다 | 橋が架かる 다리가 놓이다 | まるで 마치 | きっと 분명 | 今にも 이제 곧, 지금 당장 | さも 자못

해설「今にも~ます형 + そうだ 당장이라도 ~할 것 같다」는 바로 무슨 일이 일어나기 직전의 아슬아슬한 상황을 나타낼 때 사용하는 추측 표현이다.

9 試験は難しいと聞いていたが、受けてみたら(　　)でもなかった。

1 それほど　　2 あまり
3 たいして　　4 ろくに

정답 1 시험은 어렵다고 들었는데, 시험을 보았더니 그 정도는 아니었다.

단어 それほど 그 정도로, 그리 | あまり 그다지, 별로 | たいして 그다지, 별로 | ろくに 제대로, 충분히

해설 선택지는 모두 뒤에 부정어가 함께 나오는 부사들이다. 1번의「それほど~ない」, 2번의「あまり~ない」, 3번의「たいして~ない」는 모두 '그다지~하지 않다'라는 뜻이 있어서 혼동하기 쉽지만, 문제에서 의미하는 바는 '어렵다고 들었던 수준·정도에 비해서는 그렇게 어렵지 않았다'이므로 '수준·정도'를 나타내는「それほど」가 답으로 적당하다.

10 風もやんだし、台風も(　　)去ったようだね。

1 たぶん　　2 どうやら
3 まるで　　4 いかにも

정답 2 바람도 그쳤고, 태풍도 아무래도 지나간 것 같네.

Part 1 문자·어휘

[단어] 台風 태풍 | たぶん 아마도 | どうやら 아무래도, 어쩐지 | まるで 마치 | いかにも 마치, 자못, 과연

[해설] 선택지 3번의「まるで」와 4번의「いかにも」는 둘 다 '마치'라는 뜻으로 비유 표현에 함께 사용하는 부사이고, 1번의「たぶん」과 2번의「どうやら」는 둘 다 추측 표현에 사용하는 부사이지만 쓰임에 차이가 있다.「たぶん」은 주관적이고 강한 확신을 가진 추측 표현에서 사용하고「どうやら」는 확신은 없지만 여러 가지 상황을 비추어 추측할 때 사용하는 표현이다. 이 문장에서는 태풍이 지나갔다는 확신은 없지만 바람이 그쳤다는 상황에 따라 추측하고 있으므로 2번의「どうやら」가 답으로 적당하다.

연습문제 ⑥

問題2 (   )에 들어가기에 가장 적당한 것을 1·2·3·4에서 하나 고르세요.   문제편 79p

1 彼女は嘘いつわりのない、(   )人だ。
1 あっさりした   2 すっきりした
3 まっすぐな   4 ぴったりな

[정답] 3 그녀는 거짓이 없는 올곧은 사람이다.

[단어] 嘘いつわり 거짓 | あっさり 산뜻하게, 깔끔하게 | すっきり 시원하게, 개운하게 | まっすぐな 정직한, 올곧은 | ぴったりな 딱 맞는

[해설] 「嘘いつわりのない 거짓이 없는」에 이어지는 표현으로 가장 적당한 것은 사람의 성격을 말하는 표현인 선택지 3번의「まっすぐな」이다.

2 来週、取引先でのミーティングのために取引先の部長に(   )を取った。
1 アポイント   2 リズム
3 ムード   4 ポイント

[정답] 1 다음 주, 거래처에서 미팅을 하기 위해 거래처 부장님과 약속을 잡았다.

[단어] 取引先 거래처 | アポイント 약속 | リズム 리듬 | ムード 무드, 분위기 | ポイント 포인트

[해설] '약속을 잡다'라는 흐름의 문장이 되어야 하므로 괄호 안에 들어갈 단어는 선택지 1번의「アポイント」가 정답이다. 가타카나어「アポ」또는「アポイント」는 영어 'appointment 약속'을 축약한 단어로,「アポイントを取る 약속을 잡다」라는 표현으로 기억하도록 하자.

3 来週は旅行にでも出かけて、気分を(   )ことにした。
1 リフォームする   2 リフレッシュする
3 コントロールする 4 サポートする

[정답] 2 다음 주는 여행이라도 가서 기분을 전환하기로 했다.

[단어] リフォーム 리폼, 개량 | リフレッシュ 리프레시, 기분 전환 | コントロール 컨트롤, 통제, 조절 | サポート 서포트, 지원

[해설] '기분 전환'을 나타내는 외래어는 선택지 2번의「リフレッシュ」이다. 1번의「リフォーム」는 주로 주택 수선, 수리, 재건축이란 의미로 사용한다.

4 彼は窮地に陥ったが、(   )良いアイデアを思いついた。
1 どっきり   2 びっしり
3 とっさに   4 ろくに

[정답] 3 그는 궁지에 빠졌지만 순간적으로 좋은 아이디어를 생각해 냈다.

[단어] 窮地 궁지 | 陥る 빠지다, 빠져들다 | アイデア 아이디어 | 思いつく 생각이 떠오르다 | どっきり 깜짝 놀란 모양, 덜컥 | びっしり 빽빽하게 | とっさに 즉시, 바로, 순간적으로 | ろくに 제대로, 변변히

[해설] 괄호 안에는 '즉시, 바로, 순간적으로'라는 뜻의 부사「とっさに」가 들어가야 한다. 선택지 1번의「どっきり」는 깜짝 놀란 모양을 나타내는 표현이며 2번의「びっしり」는 무언가가 빽빽하게 들어차 있는 상태를 말한다. 4번의「ろくに」는 뒤에 부정적인 표현이 와야 하므로 정답이 될 수 없다.

5 会社では上司や先輩に明るく大きな声で(   )と挨拶することが大切だ。
1 こつこつ   2 はきはき
3 ひそひそ   4 まじまじ

정답 **2** 회사에서는 상사나 선배에게 밝고 큰 목소리로 시원시원하게 인사하는 것이 중요하다.

단어 こつこつ 문 두드리는 소리, 똑똑, 무언가를 꾸준히 하는 모양, 꾸준히 | はきはき 시원시원 | ひそひそ 소곤소곤 | まじまじ 계속 응시하는 모양, 물끄러미, 말똥말똥

해설 문장 흐름상 '밝고 큰 목소리'에 이어지는 알맞은 표현은 선택지 2번의「はきはき」이다. 1번의「こつこつ」, 3번의「ひそひそ」, 4번의「まじまじ」는 의미가 통하지 않아 답이 될 수 없다.

---

6 まだ起きてたの？静かになったから、(　　) 寝ていると思ったよ。

1 てっきり　　　2 うっかり
3 まるで　　　　4 かならず

정답 **1** 아직 깨어 있었어? 조용해져서 틀림없이 자고 있을 거라고 생각했어.

단어 てっきり 틀림없이, 분명 | うっかり 무심코, 깜박 | まるで 마치 | かならず 반드시, 기필코

해설 「てっきり～と思った」는 몇 가지 상황 조건으로 예측한 결과가 어긋났을 때 사용하는 표현으로 '틀림없이 ~일 것이라고 생각했지만(아니었다)'라는 의미이다.

---

7 離婚が(　　)悪いことだとは言えないよ。

1 ろくに　　　　2 一向に
3 なかなか　　　4 一概に

정답 **4** 이혼이 모두 나쁜 것이라고만은 할 수 없어.

단어 離婚 이혼 | ろくに 제대로, 변변히 | 一向に 전혀 | なかなか 좀처럼, 꽤 | 一概に 일률적으로, 모두

해설 괄호 안에 들어갈 말로는 선택지 4번의「一概に」가 적당하다. 이혼 뒤에 이어지는 내용이 '나쁘다고만은 할 수 없다'이므로 전부 또는 전체를 나타내는 부사인 2번의「一向に」는 답이 될 수 없다. 따라서 괄호 안에 들어가 부분 부정의 의미가 되는「一概に」가 답으로 적당하다.

---

8 どうしたんだろう。電車が(　　)来ないねえ。

1 とても　　　　2 あながち
3 なかなか　　　4 すっかり

정답 **3** 무슨 일이지? 전철이 좀처럼 오지 않네.

단어 あながち 반드시 | なかなか 좀처럼, 꽤 | すっかり 마치

해설 '기다리는데도 전철이 좀처럼 오지 않는다'라는 문장이 되려면 선택지 3번의「なかなか」가 들어가야 한다.

---

9 今は(　　)娘が無事であることを祈るしかない。

1 ただ　　　　　2 単に
3 仮に　　　　　4 けっこう

정답 **1** 지금은 그저 딸이 무사하기를 기도할 수밖에 없다.

단어 祈る 기도하다, 기원하다 | ～しかない ~할 수밖에 없다 | ただ 그저, 단지 | 単に 그저, 단순히 | 仮に 만일, 만약, 임시로 | けっこう 꽤, 굉장히

해설 선택지 1번의「ただ」와 2번의「単に」에는 둘 다 '그저, 단지'라는 의미가 있지만 2번의「単に」는 뒤에 범위를 한정하는 표현이나 부정적인 뉘앙스의 표현이 함께 나온다. 따라서 2번은 답으로 적당하지 않다. 3번의「仮に」는 가정할 때 사용하는 표현이고 4번의「けっこう」는 정도가 많음을 나타내는 표현이므로 답으로 적당하지 않다.

---

10 (　　)自動車は、あまりガソリンを食わない。

1 短　　　　　　2 小
3 軽　　　　　　4 低

정답 **3** 경차는 그리 연료가 들지 않는다.

단어 ガソリン 휘발유 | 食う 먹다, 생활하다 | 短 단 | 小 소 | 軽 경 | 低 저

해설 접두어를 사용한 파생어를 묻는 문제이다. 선택지는 모두 다른 단어 앞에 붙어 새로운 단어가 되는 접두어로 1번의「短」은 '짧다'는 의미가 있으며「短所 단점」,「短気 인내심이 없음, 쉽게 화를 냄」,「短距離 단거리」등으로 사용한다. 2번의「小」는 '작다'는 의미가 있으며「小型 소형」,「小銭 잔돈」,「小資本 소자본」등으로 사용하고, 3번의「軽」는 '가볍다'는 의미가 있으며「軽傷 경상, 가벼운 부상」,「軽犯罪 경범죄」,「軽自動車 경자동차」등으로 사용한다. 4번의「低」는 '낮다'라는 의미가 있으며「低姿勢 저자세」,「低予算 저예산」,「低金利 저금리」등으로 사용한다.

연습문제 ⑦

問題 2 ( )에 들어가기에 가장 적당한 것을 1·2·3·4에서 하나 고르세요. 문제편 86p

1 いつも母国にいる高齢の両親が( )で、毎日電話で安否を聞いています。
1 配慮   2 手遅れ
3 心細く   4 気がかり

정답 4 항상 고국에 계신 고령의 부모님이 마음에 걸려서 매일 전화로 안부를 묻고 있습니다.
단어 高齢 고령 | 安否 안부, 안위 | 配慮 배려 | 手遅れ 때를 놓침 | 心細い 허전하다, 불안하다 | 気がかり 근심, 걱정
해설 괄호 안에는 부모에 대한 걱정을 나타내는 단어가 들어가야 한다. 문장의 흐름상 선택지 1, 2, 3번은 의미가 맞지 않아 답이 될 수 없다.

2 面接の順番が近づいて、田中君の顔には、緊張した様子が( )としていた。
1 堂々   2 歴然
3 断然   4 整然

정답 2 면접 순서가 다가오자 다나카 군의 얼굴에는 긴장한 모습이 역력했다.
단어 順番 순서 | 緊張 긴장 | 様子 모습, 상태 | 堂々 당당함 | 歴然 역력, 분명함, 또렷함 | 断然 단연 | 整然 정연
해설 '표정에 긴장감이 역력했다'라는 문장이 되어야 하므로 괄호 안에 들어갈 알맞은 단어는 선택지 2번의「歴然」이다. 1, 3, 4번은 의미가 맞지 않아 답이 될 수 없다.

3 大型プロジェクトへの参加について、部長から( )されたが、心が決められない。
1 報告   2 自問
3 施行   4 打診

정답 4 대형 프로젝트 참가에 대해 부장님에게서 타진이 있었지만(의향을 물어왔지만), 마음이 정해지지 않는다.
단어 大型 대형 | 報告 보고 | 自問 자문 | 施行 시행 | 打診 타진, 남의 마음이나 상황을 미리 살펴봄

해설 부장님이 나에게 프로젝트의 참가 의향을 물었다는 내용이므로 선택지 2번의「自問」은 답이 될 수 없다. 답으로 적당한 것은 '남의 생각을 미리 살펴본다'는 뜻이 있는 4번의「打診」이다.

4 今まで見たことのない( )景色を目の当たりにし、涙が出るほど感動しました。
1 絶対な   2 壮大な
3 盛大な   4 甚大な

정답 2 이제껏 본 적 없는 웅장한 경치를 눈앞에서 보고 눈물이 날 정도로 감동했습니다.
단어 目の当たり 눈앞, 목전 | 絶対な 절대적인 | 壮大な 장대한, 웅장한 | 盛大な 성대한 | 甚大な 심대한, 막심한
해설 선택지 2번의「壮大な」와 4번의「甚大な」는 자연 경관을 표현할 때 많이 사용하는 형용사이다. 단「甚大な」는 자연 재해의 피해 규모를 말할 때 주로 사용하므로 답으로 적당하지 않다.

5 この企業が不景気にも維持できたのは、超一流の技術と( )資本力、最高の人材を保有していたからである。
1 安易な   2 膨大な
3 堅実な   4 安堵な

정답 3 이 기업이 불경기에도 유지될 수 있었던 것은 초일류의 기술과 견실한 자본력, 최고의 인재를 보유하고 있었기 때문이다.
단어 安易な 안이한 | 膨大な 방대한 | 堅実な 견실한 | 安堵 안도
해설 문장 흐름상 '불경기를 이겨낼 수 있을 정도의 높은 기술력과 (튼튼한, 믿음직스러운) 자본력을 보유했다'는 내용이 되어야 하므로 괄호 안에 들어가기에 알맞은 단어는 '믿음직스럽고 착실하다'는 의미가 있는 선택지 3번의「堅実な」이다.

6 駅前に新しくできた焼肉屋がおいしいと、( )評判である。
1 しきりに   2 ますます
3 もっとも   4 もっぱら

정답	4 역 앞에 새로 생긴 고깃집이 맛있다고 평판이 자자하다.
단어	焼肉屋 고깃집	しきりに 자꾸만, 자주	ますます 더욱더	もっとも 가장	もっぱら 오로지, 한결같이
해설	문제에 나온 「評判である」는 '평판이 좋다'라는 표현이다. 이를 꾸며주는 말로 가장 적당한 것은 '오로지 한 가지 밖에 없다'라는 의미가 있는 선택지 4번의 「もっぱら」이다.

7 森に入ると(　　)春の風がそよそよと吹いてきた。
1 いさぎよい　　　2 喜ばしい
3 心地よい　　　　4 懐かしい

정답	3 숲에 들어가자 기분 좋은 봄바람이 산들산들 불어왔다.
단어	そよそよ 산들산들, 살랑살랑	いさぎよい 깨끗하다, 떳떳하다	喜ばしい 기쁘다, 경사스럽다	心地よい 기분 좋다, 상쾌하다	懐かしい 그립다
해설	봄바람이 산들산들 불어왔다는 문장에 어울리는 형용사는 선택지 3번의「心地よい」이다.

8 建築設計を学ぶ人が知っておきたい(　　)の基礎知識をまとめたいと思う。
1 ルックス　　　　2 ストック
3 レイアウト　　　4 アウトライン

정답	3 건축 설계를 배우는 사람이 알아두고 싶은 레이아웃 기초 지식을 정리하고 싶다고 생각한다.
단어	建築 건축	設計 설계	基礎 기초	知識 지식	まとめる 정리하다	ルックス 룩스, 외모	ストック 스톡, 재고, 비축분	レイアウト 레이아웃, 건물·가구 등의 배치	アウトライン 아우트라인, 윤곽, 개요
해설	「レイアウト」는 '건물이나 가구, 설비 등의 배치 혹은 신문·서적 등의 편집 배열'을 뜻하는 말이다. '건축 설계'와 관련된 단어를 골라야 하므로 정답은 3번이다. 선택지 1, 2, 4번은 의미가 맞지 않아 답이 될 수 없다.

9 国際情勢上、両国の関係が破局になることはないだろうが、油断は(　　)だ。
1 禁物　　　　2 無謀
3 不当　　　　4 偏見

정답	1 국제 정세상 양국의 관계가 파국이 되는 일은 없겠지만 방심은 금물이다.
단어	情勢 정세	両国 양국	破局 파국	油断 방심	禁物 금물	無謀 무모	不当 부당	偏見 편견
해설	「油断は禁物 방심은 금물, 방심하면 안 된다」라는 관용 표현을 알면 쉽게 풀 수 있는 문제이다. 정답은 선택지 1번의「禁物」이다.

10 その事件の影響であろうか、山下さんは人が(　　)変わった。
1 ぐるりと　　　　2 がらりと
3 けろっと　　　　4 きっかりと

정답	2 그 사건의 영향인지 야마시타 씨는 사람이 확 변했다.
단어	影響 영향	ぐるりと 한 바퀴 빙 돌다, 빙글	がらりと 갑자기 변하는 모양, 확, 싹	けろっと 천연덕스럽게, 태연하게	きっかりと 꼭 들어맞는 모양, 꼭, 딱
해설	무언가가 이전과 완전히 달라졌다고 할 때「がらりと変わる 확 변하다」라고 표현한다. 선택지 1번의「ぐるりと」는 둘레를 빙 도는 모양을 말하고 3번의「けろっと」는 좋지 않은 일이 있는 상황에서 아무렇지도 않은 듯이 행동할 때 사용하는 말이며 4번의「きっかりと」는 시간이나 수량 등이 오차 없이 딱 맞을 때 사용한다.

연습문제 ⑧

問題2 (　　)에 들어가기에 가장 적당한 것을 1·2·3·4에서 하나 고르세요.　문제편 87p

1 ドラマは今日の放送で(　　)になります。
1 閉店　　　　2 到達
3 完結　　　　4 達成

정답	3 드라마는 오늘 방송으로 완결됩니다.
단어	ドラマ 드라마	放送 방송	閉店 폐점	到達 도달	完結 완결	達成 달성
해설	선택지 1번의「閉店」은 '가게를 닫는다'는 의미이고 2번의「到達」는 '정해진 목표에 이른다'는 뜻, 4번의「達成」는 '노력한 결과 어떠한 목표에 이르렀다'는 의미이므로 괄호 안에 들어갈 단어로 적당하지 않다. 정답은 '완전한 종료'를 뜻하는 3번의「完結」이다.

| 2 | 最初にこの事件を(　　)のは外国のマスコミだった。
1 見つめた　　2 唱えた
3 告げた　　4 報じた

정답　4　맨 처음 이 사건을 보도한 것은 외국의 매스컴이었다.

단어　マスコミ 매스컴, 언론 | 見つめる 응시하다, 주시하다 | 唱える 외치다, 주창하다 | 告げる 고하다, 알리다 | 報じる 알리다, 보도하다

해설　언론 등에서 정보나 사실을 알릴 때에는 '보도하다'라는 뜻의 동사「報じる」를 사용한다. 문장 마지막에「マスコミ」라는 단어가 나왔으므로 괄호 안의 들어갈 단어로는 선택지 4번「報じた」가 가장 자연스럽다.

| 3 | どんなに汗(　　)になって働いても生活は苦しい。
1 まみれ　　2 かき
3 つかい　　4 ぐるみ

정답　1　아무리 땀범벅이 되어 일해도 생활은 어렵다.

단어　まみれ ~투성이, 범벅 | ぐるみ ~까지 몽땅, ~까지 합쳐서

해설　「명사 + だらけ・まみれ」는 둘 다 '~투성이'라는 뜻이지만「まみれ」는「だらけ」보다 강한 표현이며 주로 액체로 뒤덮인 상태에 사용한다. 예시로는「泥まみれ 진흙 범벅, 흙투성이」,「血まみれ 피범벅」등이 있다. 선택지 4번의「명사 + ぐるみ」는 '전체'를 뜻하는 단어이다.「家族ぐるみ 가족 전부」,「町ぐるみ 마을 전체」등 주로 어떤 집단 전체를 가리킬 때 사용한다.

| 4 | 両親の(　　)反対を押しきって結婚した。
1 正　　2 超
3 全　　4 猛

정답　4　부모님의 맹렬한 반대를 무릅쓰고 결혼했다.

단어　反対 반대 | 押しきる 무릅쓰다, 강행하다 | 正 정 | 超 초 | 全 전 | 猛 맹

해설　「反対」라는 단어 앞에 붙어 '강하게 반대하다'라는 의미로 사용할 수 있는 접두어는 '기세가 강하다, 맹렬하다'라는 의미가 있는 선택지 4번의「猛」이다. 1번의「正」도「反対」와 함께 사용할 수 있는 접두어이지만 문장 흐름과 맞지 않으므로 답이 될 수 없다.

| 5 | もっと多くの学生が入れるように入学試験の(　　)を低くした。
1 プロセス　　2 メカニズム
3 ポジション　　4 ハードル

정답　4　더 많은 학생이 들어올 수 있도록 입학시험의 허들을 낮췄다.

단어　入学試験 입학시험 | プロセス 프로세스, 과정, 공정 | メカニズム 메커니즘, 구조 | ポジション 포지션, 위치, 지위 | ハードル 허들, 문턱, 장벽

해설　「ハードル」는 육상 경기의 장애물을 뜻하는 단어이지만「ハードルが高い・低い 장벽이 높다・낮다」와 같이 일상 회화에서는 '장벽'이라는 뜻으로 많이 사용하니 기억해 두자.

| 6 | 急病で倒れた主役に代わって(　　)無名の俳優が出演することになった。
1 すみやかに　　2 急遽
3 急激に　　4 たちまち

정답　2　급환으로 쓰러진 주역을 대신하여 갑작스럽게 무명 배우가 출연하게 되었다.

단어　急病 급병, 급환 | 主役 주역 | 俳優 배우 | 出演 출연 | すみやかに 신속히 | 急遽 급거, 갑작스럽게 | 急激に 급격하게 | たちまち 홀연히, 곧, 금세

해설　선택지 대부분이 '빠르다'라는 의미를 내포하고 있지만 문제에서처럼 예기치 못한 사태가 일어나 갑자기 어떤 행동을 취할 때는「急遽」라는 표현을 사용한다. 1번「すみやかに」는 '행동이 빠르다'는 의미이고 3번「急激に」는 '변화의 상태가 급하고 격렬하다'는 뜻이다.

| 7 | 交通費は私が(　　)ますから後で返してください。
1 差し出し　　2 取り扱い
3 立て替え　　4 受け持ち

정답　3　교통비는 제가 대신 낼 테니 나중에 돌려주세요.

단어　交通費 교통비 | 返す 돌려주다 | 差し出す 제출하다, 발송하다 | 取り扱う 다루다, 취급하다 | 立て替える 돈을 대신 내다 | 受け持つ 맡다, 담당하다

해설 돈을 대신 낼 때 사용하는 단어는 선택지 4번의 「立て替える」이다. 발음은 같지만 한자가 다른 「建て替える 건물을 헐고 다시 짓다, 개축하다」도 함께 기억해 두자.

8　強いチームと戦う時は作戦をよく（　　）ことが大切だ。
1　耕す　　　　　　2　練る
3　構える　　　　　4　費やす

정답　**2** 강한 팀과 싸울 때는 작전을 잘 짜는 것이 중요하다.

단어　戦う 싸우다 | 作戦 작전 | 耕す 논밭을 갈다 | 練る 반죽하다, 다듬다, 짜다 | 構える 꾸미다, 자세·태도를 취하다 | 費やす 소비하다

해설　「練る」에는 '반죽하다'라는 뜻 외에도 「技術を練る 기술을 연마하다」, 「文章を練る 문장을 다듬다」와 같이 '다듬다, 연마하다'라는 뜻이 있다. 또한 「作戦を練る 작전을 짜다」, 「対策を練る 대책을 짜다」와 같이 '짜다'라는 뜻으로도 사용하니 문맥에 따라 구분하여 해석해야 한다.

9　連日の大雨で公共交通の運行に（　　）が出ている。
1　劣化　　　　　　2　面倒
3　支障　　　　　　4　波及

정답　**3** 연일 폭우로 대중교통 운행에 지장이 생기고 있다.

단어　連日 연일 | 大雨 폭우 | 公共 공공 | 運行 운행 | 劣化 열화 | 面倒 귀찮음, 성가심 | 支障 지장 | 波及 파급

해설　대중교통이 '원활하게 운행되지 않는다'는 의미의 문장이 되어야 하므로 괄호 안에 들어갈 알맞은 단어는 선택지 3번의 「支障」이다. 「支障が出る」는 '지장이 생기다, 차질이 빚어지다'라는 뜻의 관용표현으로 기억해 두자. 1번의 「劣化」는 '내·외부적인 영향으로 점차 성능이 떨어지는 상태'를 의미하고 2번의 「面倒」는 '귀찮다'는 뜻이며 4번의 「波及」는 '어떤 일의 여파나 영향이 점차 확산되어 간다'는 의미이다.

10　その案は出席者の全員一致で（　　）された。
1　了解　　　　　　2　物議
3　可決　　　　　　4　突破

정답　**3** 그 안은 참석자의 만장일치로 가결되었다.

단어　案 안, 안건 | 出席者 출석자, 참석자, 참가자 | 全員一致 전원일치, 만장일치 | 了解 양해 | 物議 물의 | 可決 가결 | 突破 돌파

해설　회의에서 어떤 안건이 통과되었다는 문장을 만들기에 적당한 단어는 선택지 3번의 「可決」이다. 1번의 「了解」는 '개인이 이해하고 받아들인다'는 의미이므로 문제의 「全員一致」와 맞지 않고 2번의 「物議」 역시 '어떤 일이 문제시 된다'는 의미로 주로 「物議をかもす 물의를 빚다」라는 표현으로 사용한다. 4번의 「突破」는 '반대나 어려움을 뚫고 나간다'는 의미이므로 이 또한 문맥상 의미가 맞지 않는다.

問題 3 유의 표현

연습문제 정답 및 해설

정답

	1	2	3	4	5	6	7	8	9	10
연습문제 ①	1	2	1	4	1	2	3	1	4	1
연습문제 ②	3	4	2	4	3	3	1	4	2	3
연습문제 ③	3	1	3	4	2	2	1	3	2	2
연습문제 ④	1	4	3	1	2	2	3	4	1	2

연습문제 ①

問題 3 _____ 의 단어와 의미가 가장 가까운 것을 1·2·3·4에서 하나 고르세요. <문제편 99p>

1 社長は社員に対し、これまでの経緯を詳細に説明した。
1 過程　　2 生立ち
3 仕組み　　4 まとめ

[정답] 1 사장은 사원에게 지금까지의 경위를 상세하게 설명했다.

[단어] 経緯 경위 | 詳細に 상세하게 | 説明 설명 | 過程 과정 | 生立ち 성장, 성장 과정 | 仕組み 구조, 시스템 | まとめ 요점을 정리함, 요약

[해설] 「経緯」는 '어떤 일이 진행되어 온 과정'을 말하는 단어로 「いきさつ」라고 읽기도 한다. 서로 바꿔 쓸 수 있는 표현은 선택지 1번의 「過程」이다.

2 彼の応援していたチームは、あっけなく負けてしまった。
1 おしくも　　2 あっさり
3 なさけなく　　4 予想どおり

[정답] 2 그가 응원했던 팀은 맥없이 지고 말았다.

[단어] 応援 응원 | チーム 팀 | あっけない 싱겁다, 맥없다 | 負ける 지다, 패하다 | おしくも 아깝게도 | あっさり 간단히 | なさけなく 한심하게도 | 予想どおり 예상대로

[해설] 「あっけない」는 '예상보다 쉽다'는 뉘앙스로 「簡単に 간단하게」와도 바꿔 쓸 수 있는 단어이다. 정답인 선택지 2번의 「あっさり」는 '간단하다' 외에도 맛이나 성격을 표현할 때 '담백하다'라는 뜻으로도 사용한다.

3 A社は社長交代時の混乱を乗り越え、さしあたり問題はないように見える。
1 当面　　2 大した
3 かえって　　4 自ずから

[정답] 1 A사는 사장 교체 시의 혼란을 극복해, 당분간 문제가 없는 것처럼 보인다.

[단어] 混乱 혼란 | 交代 교체 | 乗り越える 극복하다, 타고 넘다 | さしあたり 당장은, 당분간은 | 当面 당면한, 당분간 | 大した 중요한, 대단한 | かえって 오히려, 도리어 | 自ずから 스스로, 저절로

[해설] 「さしあたり」나 선택지 1번의 「当面」은 지금부터 앞으로의 '한동안의 기간'을 뜻하는 단어이다.

4 首相の突然の辞任は、様々な憶測を生んだ。
1 議論　　2 葛藤
3 評価　　4 噂

정답　4 총리의 갑작스러운 사임은 여러 가지 억측을 낳았다.
단어　首相 수상, 총리 | 辞任 사임 | 憶測 억측 | 生む 낳다, 만들어 내다 | 議論 의론, 논의 | 葛藤 갈등 | 評価 평가 | 噂 소문

해설　「憶測」는 말하는 사람의 불확실한 추측을 뜻하는 말이다. 1번은 어떤 문제에 대하여 서로 의견을 내어 토론하는 「議論」, 2번은 상반된 욕구나 이해관계로 어느 한쪽을 선택하지 못하거나 충돌하는 상태를 말하는 「葛藤」, 3번은 가치나 수준을 매기는 「評価」, 4번은 사람들의 입에 오르내리는 근거 없는 이야기를 뜻하는 「噂」이므로 답으로 적당한 것은 4번이다.

5 友たちにもらった絵は、部屋によく馴染んで違和感がない。
1 マッチして　　2 アピールして
3 フォローして　　4 セットして

정답　1 친구에게 받은 그림은 방에 잘 어울려서 위화감이 없다.
단어　絵 그림 | 部屋 방 | 馴染む 친숙해지다, 잘 어울리다 | 違和感 위화감 | マッチ 매치, 조화 | アピール 어필, 호소함 | フォロー 팔로우, 뒤쫓음, 보조함 | セット 세트, 조절함

해설　「馴染む」는 '배경이나 상황에 맞게 무리 없이 잘 어우러진 상태'를 말하며 바꿔 쓸 수 있는 표현은 선택지 1번이다.

6 きのう論文発表の準備を一通り終えた。
1 無事に　　2 だいたい全部
3 慌てて　　4 すっかり全部

정답　2 어제 논문 발표 준비를 대강 끝냈다.
단어　論文 논문 | 発表 발표 | 準備 준비 | 一通り 대강, 대충 | 終える 끝내다, 마치다 | 無事 무사 | 慌てる 당황하다, 허둥대다 | だいたい 대개, 대강 | すっかり 全部 완전하게 전부, 송두리째

해설　「ひと通り」는 완전하지 않고 빠진 부분도 있기는 해도 처음부터 끝까지 필요한 것을 대강은 취했다는 의미의 표현이다. 서로 바꿔 쓸 수 있는 표현은 선택지 2번의 「だいたい全部」이다.

7 彼をあなどってはいけません。
1 称賛しては　　2 非難しては
3 馬鹿にしては　　4 恐れては

정답　3 그를 얕봐서는 안됩니다.
단어　あなどる 깔보다, 얕보다 | 称賛する 칭찬하다 | 非難する 비난하다 | 馬鹿にする 바보 취급하다 | 恐れる 두려워하다, 경외하다

해설　「あなどる」는 사람을 '실제 능력보다 낮게 평가한다'는 의미의 동사이다. 서로 바꿔 쓸 수 있는 표현은 선택지 3번의 「馬鹿にしては」이다. 1번의 「称賛しては」와 4번의 「恐れては」는 긍정적인 평가를 할 때 사용하는 표현이며, 2번의 「非難しては」는 평가와는 무관한 표현이므로 답이 될 수 없다.

8 その政治家は引退をほのめかした。
1 におわせた　　2 かんがえた
3 あきらめた　　4 あきらかにした

정답　1 그 정치가는 은퇴를 암시했다.
단어　政治家 정치가 | 引退 은퇴 | ほのめかす 암시하다, 넌지시 말하다 | におわせる 냄새를 풍기다, 암시하다 | あきらめる 단념하다, 포기하다 | あきらかにする 밝히다, 확실하게 하다

해설　「ほのめかす」는 노골적으로 표현하지 않고 은근히 알린다는 뜻의 표현이다. 서로 바꿔 쓸 수 있는 표현은 눈으로 직접 보이지 않게 '그런 냄새 혹은 분위기로 알게 만든다'는 뜻의 선택지 1번 「におわせる」이다.

9 その人はとても横柄な人だった。
1 大胆な　　2 謙虚な
3 親切な　　4 偉そうな

정답　4 그 사람은 무척 거만한 사람이었다.

단어 | 横柄な 거만한, 건방진 | 大胆な 대담한, 담대한 |
謙虚な 겸허한 | 親切な 친절한 | 偉そうな 잘난 체하는

해설 | 「横柄な」와 서로 바꿔 쓸 수 있는 표현은 선택지 4번의 「偉そうな」이다. 2번의 「謙虚な」는 반대의 의미이므로 답이 될 수 없고, 1번의 「大胆な」와 3번의 「親切な」도 의미가 맞지 않으므로 답이 될 수 없다.

10 不審な人を見かけたらすぐ通報してください。

1 あやしい   2 いやらしい
3 すがすがしい   4 にくたらしい

정답 | 1 수상한 사람을 보면 즉시 신고해 주세요.

단어 | 不審な 수상한, 의심스러운 | 見かける 눈에 띄다, 언뜻 보다 | 通報 신고, 통보 | あやしい 수상하다, 괴이하다 | いやらしい 징그럽다 | すがすがしい 시원하다 | にくたらしい 밉살스럽다

해설 | 「不審な」는 '신원이 확실하지 않다, 수상하다'라는 의미로 서로 바꿔 쓸 수 있는 표현은 선택지 1번의 「怪しい」이다.

연습문제 ②

問題3 ＿＿＿의 단어와 의미가 가장 가까운 것을 1·2·3·4에서 하나 고르세요. 문제편 100p

1 彼はソファーでくつろいでいる。
1 寝ぼけている   2 居眠りしている
3 リラックスしている 4 おしゃべりしている

정답 | 3 그는 소파에서 쉬고 있다.

단어 | ソファー 소파 | くつろぐ 편안히 쉬다, 유유자적하다 | 寝ぼける 잠에 취해 멍하다, 잠이 덜 깨다 | 居眠りする 앉은 채 졸다 | リラックスする 긴장을 풀다, 휴식을 취하다 | おしゃべりする 수다 떨다

해설 | 「くつろぐ」는 '편안하게 시간을 보내다'라는 의미이며 이와 비슷한 표현은 선택지 3번의 「リラックス(relax)する」이다. 1번의 「寝ぼける」와 2번의 「居眠る」는 '휴식하다'라는 의미가 아니라 '잠을 자다'라는 표현이고, 4번의 「おしゃべりする」도 '수다 떨다'라는 뜻으로 문맥상 의미가 맞지 않으므로 답이 될 수 없다.

2 企業が成功するには顧客に対するサポートが欠かせない。
1 抑制   2 審査
3 調査   4 支援

정답 | 4 기업이 성공하려면 고객에 대한 지원이 필수적이다.

단어 | 企業 기업 | 成功 성공 | 顧客 고객 | サポート 서포트, 지원 | 欠かす 빠뜨리다 | 抑制 억제 | 審査 심사 | 調査 조사 | 支援 지원

해설 | 밑줄의 「サポート」는 '지원하다, 후원하다'는 뜻으로 선택지 4번의 「支援」과 서로 바꿔 쓸 수 있다.

3 状況を打開するためには、相互に踏み込んだ議論が必要である。
1 考え込んだ   2 掘り下げた
3 てきぱきした   4 のびのびした

정답 | 2 상황을 타개하기 위해서는 상호 간에 깊이 있는 논의가 필요하다.

단어 | 状況 상황 | 打開 타개 | 相互に 상호, 서로 | 踏み込む 발을 들이다 | 考え込む 생각에 잠기다 | 掘り下げる 깊이 파내려 가다, 깊이 파고들다 | てきぱき 일을 척척 해내는 모양 | のびのび 무럭무럭, 쑥쑥, 마음이 편안하고 느긋한 모양

해설 | 「踏み込む」는 '발을 들이다'라는 뜻에서 더 나아가 '깊숙이 들어가다'라는 의미가 있다. 따라서 서로 바꿔 쓸 수 있는 표현은 선택지 2번의 「掘り下げる」이다.

4 運転手のとっさの判断が、事故を未然に防いだ。
1 素早い   2 素晴らしい
3 勇敢な   4 適切な

정답 | 1 운전사의 순간적인 판단이 사고를 미연에 방지했다.

단어 | とっさの 순간적인 | 判断 판단 | 未然に 미연에, 미리 | 防ぐ 막다, 방지하다 | 素早い 재빠르다 | 素晴らしい 훌륭하다, 근사하다 | 勇敢な 용감한 | 適切な 적절한

해설 | 「とっさの」는 「判断 판단」, 「行動 행동」, 「反応 반응」 등의 단어와 함께 사용하면 '반사적인'이라고 해석한다. 따라서 서로 바꿔 쓸 수 있는 표현은 선택지 1번의 「素早い」이다.

5 情報が錯綜していて、詳しい状況が掴めなかった。
1 制限されていて　　2 遮断されていて
3 混乱していて　　　4 氾濫していて

정답 **3** 정보가 뒤섞여서 자세한 상황을 파악할 수 없었다.

단어 情報 정보 | 錯綜 착종, 이것저것 뒤섞여 엉켜 있음 | 詳しい 상세하다, 자세하다 | 掴む 잡다, 쥐다, (사물의 진상 등을) 파악하다 | 制限 제한 | 遮断 차단 | 混乱 혼란 | 氾濫 범람

해설 「錯綜」는 '다양한 정보가 서로 뒤섞여 진상을 파악하기 어려움'을 뜻하는 단어이다. 혼란스러운 상황을 표현할 때 사용하는 단어이므로 서로 바꿔 쓸 수 있는 표현은 선택지 3번의 「混乱」이다.

6 今回の企画のポイントをまとめて資料を送った。
1 総論とした　　　2 利点とした
3 要約した　　　　4 要点とした

정답 **3** 이번 기획의 포인트를 정리해 자료를 보냈다.

단어 企画 기획 | ポイント 포인트 | まとめる 정리하다 | 資料 자료 | 総論 총론 | 利点 이점 | 要約 요약 | 要点 요점

해설 「まとめる」는 불필요한 부분을 없애고 중심 내용만 '정리한다'는 의미이다. '요점만 잡아서 줄이거나 없앤다'라는 의미가 있는 선택지 3번의 「要約した」가 답으로 적당하다. 1, 2, 4번의 「総論」,「利点」,「要点」은「する」를 바로 붙일 수 있는 명사가 아니다.

7 誤報を流したテレビ局に苦情が殺到した。
1 クレーム　　　　2 非難
3 大衆　　　　　　4 マスコミ

정답 **1** 오보를 내보낸 방송사에 민원이 쇄도했다.

단어 誤報 오보 | 流す 흘리다, 퍼뜨리다 | 苦情 고충, 불만, 불평 | 殺到 쇄도 | クレーム 클레임 | 非難 비난 | 大衆 대중 | マスコミ 매스컴, 언론

해설 「苦情」는 사람의 행동이나 상품의 사용 등에 대해 '다른 사람에게 불평이나 불만을 직간접적으로 말한다'라는 의미로, 보통 「苦情を言う 불평하다」,「苦情が殺到する 불평이 쇄도하다」와 같은 형태로 사용한다. 「苦情」는 선택지 2번의 「非難」과는 달리 결점을 잡아서 비판한다는 의미는 가지고 있지 않으므로 답이 될 수 없다. 의미가 비슷한 표현은 1번의 「クレーム」으로 「クレームをつける 클레임을 걸다」, 「クレームが入る 클레임이 들어오다」의 형태로 많이 사용한다.

8 法案の骨子がまとまった。
1 全容　　　　　　2 意義
3 趣旨　　　　　　4 概要

정답 **4** 법안의 골자가 정리되었다.

단어 法案 법안 | 骨子 골자, 요점 | まとまる 정리되다 | 全容 전용, 전모 | 意義 의의 | 趣旨 취지 | 概要 개요

해설 「骨子」란 '글의 내용에서 가장 중심이 되는 부분'이라는 뜻이다. 1번의 「全容」는 전체의 내용을 말하고, 2번의 「意義」는 어떤 사실이나 행위가 가지는 가치, 3번의 「趣旨」는 어떤 일의 근본 목적을 말하는 단어이다. 따라서 「骨子」와 뜻이 가장 가까운 단어는 '중요한 부분만 간결하게 추린 내용'을 의미하는 4번 「概要」이다.

9 これからは外国資本の市場導入をはばむことは難しくなるだろう。
1 否定する　　　　2 阻止する
3 無視する　　　　4 禁止する

정답 **2** 앞으로는 외국 자본의 시장 도입을 막는 것은 어려워질 것이다.

단어 資本 자본 | 導入 도입 | はばむ 방해하다, 저지하다 | 否定 부정 | 阻止 저지 | 無視 무시 | 禁止 금지

해설 「阻む」는 '막다, 저지하다'라는 뜻으로 선택지 2번의 「阻止する」와 서로 바꿔 쓸 수 있는 표현이다.

10 今月に入って、新製品の売り上げがゆるやかに上向きはじめた。
1 予想どおりに　　2 急激に
3 少しずつ　　　　4 少しだけ

정답 **3** 이번 달 들어서 신제품의 매출이 완만하게 오르기 시작했다.

| 단어 | 売り上げ 매상, 매출 | ゆるやかだ 완만하다, 느릿하다 | 上向く 위를 향하다, 궤도에 오르다, 시세가 오르기 시작하다 | 予想どおりに 예상대로 | 急激に 급격하게

| 해설 | 「ゆるやかに」는 속도가 느리거나 굴곡이 완만한 모양을 나타내는 말로 비슷한 표현은 선택지 3번의 「少しずつ 조금씩」이다. 4번의 「少しだけ 조금만」이 들어가면 '동작이 일어난 다음 바로 멈춘다'는 뜻이 되므로 문제의 '느리더라도 계속 진행된다'는 의미와 맞지 않아 답이 될 수 없다.

연습문제 ③

問題3 _____의 단어와 의미가 가장 가까운 것을 1·2·3·4에서 하나 고르세요. 〔문제편 110p〕

1 母はその本を見るたびに、学生時代の出来事をつぶさに話してくれた。
1 繰り返し　　　2 静かに
3 詳細に　　　　4 懐かしそうに

| 정답 | **3** 엄마는 그 책을 볼 때마다 학창 시절의 일을 자세히 이야기해 주었다.

| 단어 | 出来事 사건, 일 | つぶさに 자세히, 구체적으로, 빠짐없이 | 繰り返す 반복하다 | 静かに 조용히 | 詳細に 자세하게, 상세하게 | 懐かしい 그립다

| 해설 | 「つぶさに」는 어떤 대상을 하나하나 자세하고 구체적으로 조사하거나 기록할 때 쓰는 말로 「つぶさに調べる 자세히 조사하다」, 「つぶさに記録する 자세히 기록하다」와 같이 사용한다. 비슷한 표현은 선택지 3번의 「詳細に」이다.

2 山川さんは相変わらずかたくなな態度をとり続けていました。
1 頑固な　　　2 冷静な
3 慎重な　　　4 強引な

| 정답 | **1** 야마카와 씨는 여전히 완고한 태도를 계속 취하고 있었습니다.

| 단어 | 相変わらず 변함없이, 여전히 | 頑なな 완고한 | 態度をとる 태도를 취하다 | 頑固な 완고한 | 冷静な 냉정한 | 慎重な 신중한 | 強引な 억지스러운, 강제적인

| 해설 | 「頑なだ」는 '고집이 세고 남의 말을 듣지 않는 태도'를 뜻하는 단어이다. 서로 바꿔 쓸 수 있는 표현으로 알맞은 것은 선택지 2번의 「頑固な」이다.

3 父との思い出がありありと浮かんできた。
1 ふと　　　　2 ぼんやり
3 たちまち　　4 はっきり

| 정답 | **4** 아버지와의 추억이 생생하게 떠올랐다.

| 단어 | 思い出 추억 | ありありと 생생하게, 또렷하게 | ふと 문득 | ぼんやり 멍하니 | たちまち 홀연히, 금세 | はっきり 분명하게, 확실하게

| 해설 | 「ありありと」는 '눈 앞에 보이는 것처럼 또렷하게 모습이 떠오른다'는 의미로, 비슷한 표현은 선택지 4번의 「はっきり」이다.

4 熱く語る新入社員の表情から強い意気込みを感じた。
1 意欲　　　　2 信頼
3 自信　　　　4 敬意

| 정답 | **1** 열정적으로 이야기하는 신입 사원의 표정에서 강한 의욕을 느꼈다.

| 단어 | 語る 말하다, 이야기하다 | 新入社員 신입 사원 | 意気込み 의욕, 기세 | 意欲 의욕 | 信頼 신뢰 | 自信 자신(감) | 敬意 경의

| 해설 | 「意気」는 '무엇인가를 이루고자 하는 적극적인 마음'을 나타내는 말이며, 밑줄의 「意気込み」는 '무언가를 하기 위해 분발하는 상태나 그 기세'를 뜻하는 단어이다. 서로 바꿔 쓸 수 있는 표현은 선택지 1번의 「意欲」이다.

5 初対面の人から「うわさはかねがね伺っておりました。」と言われた。
1 できれば　　　2 以前から
3 ぜひ　　　　　4 早いうちに

| 정답 | **2** 초면인 사람에게 '소문은 익히 들었습니다.'라는 말을 들었다.

| 단어 | 初対面 초대면, 초면 | かねがね 미리, 전부터, 진작부터 | 伺う 듣다, 묻다, 찾아뵈다 | 以前から 이전부터 | ぜひ 아무쪼록, 꼭 | 早いうちに 빠른 시일 내에, 조만간에

해설 「かねがね 미리, 전부터」는 '오래 전부터 계속 이어진 상태'를 의미하는 단어로 서로 바꿔 쓸 수 있는 표현은 선택지 2번의 「以前から」이다. 4번의 「早いうちに」는 앞으로 오게 될 일을 말할 때 쓰는 단어이므로 답이 될 수 없다.

6 今年の学園祭はみんな入念に準備しています。
1 責任を持って　　2 細かく丁寧に
3 楽しく楽に　　　4 正確で迅速に

정답 2 올해 축제는 모두 정성껏 준비하고 있습니다.
단어 学園祭 학원제, 학교 축제 ｜ 入念に 공들여서, 정성껏 ｜ 準備 준비 ｜ 責任 책임 ｜ 丁寧に 공들여서, 정중하게 ｜ 迅速に 신속하게

해설 「入念に」는 「念を入れる 공들이다, 정성을 들이다」에서 온 말로, '시간을 들여서 어떤 일을 이루기 위해 많은 정성과 노력을 들이는 모양'을 나타내는 말이다. 선택지 중 가장 비슷한 표현은 2번의 「細かく丁寧に 세세하게 공들여서」이다.

7 彼女は手に取った本を凝視していました。
1 じっとみた　　　2 ざっとみた
3 ぼうっとみた　　4 ちらっとみた

정답 1 그녀는 손에 든 책을 응시하고 있었습니다.
단어 手に取る 손에 쥐다 ｜ 凝視 응시 ｜ じっとみる 빤히 보다, 계속 쳐다보다 ｜ ざっとみる 대충 보다 ｜ ぼうっとみる 멍하니 보다 ｜ ちらっとみる 힐끗 보다

해설 「凝視」는 '한 곳을 가만히 바라본다'는 뜻이다. 이와 비슷한 표현은 선택지 1번의 「じっとみる」이다. 「じっとみる」의 「じっと 가만히」는 어느 정도의 시간동안 움직임 없이 가만히 있는 상태를 말하는 부사이다.

8 彼は小さな声でずっとぼやいていた。
1 口実を言って　　2 勝手なことを言って
3 愚痴を言って　　4 ひとり言を言って

정답 3 그는 작은 소리로 계속 투덜거리고 있었다.
단어 ぼやく 투덜거리다, 불평하다 ｜ 口実 구실, 핑계 ｜ 勝手 제멋대로인 ｜ 愚痴 푸념, 불평 ｜ ひとり言 혼잣말, 독백

해설 「ぼやく」는 큰소리로 불만을 말하는 것이 아니라 혼자 투덜거린다는 느낌에 가깝다. 서로 바꿔 쓸 수 있는 표현은 선택지 3번의 「愚痴を言う 푸념하다, 불평하다」이다.

9 自分に課された役割をまっとうする覚悟があります。
1 背負う　　　　2 完了する
3 実行する　　　4 担当する

정답 2 저에게 부과된 역할을 완수할 각오가 있습니다.
단어 課される 부과되다 ｜ 役割 역할 ｜ まっとうする 완수하다, 책무를 다하다 ｜ 覚悟 각오 ｜ 背負う 짊어지다 ｜ 完了 완료 ｜ 実行 실행 ｜ 担当 담당

해설 「まっとう」를 한자로 쓰면 「全う」로, 「まっとうする」는 '다하다, 모두 하다'라는 의미이다. 이와 비슷한 의미의 단어는 선택지 2번의 「完了する 완료하다」이다.

10 橋本さんの横柄な態度にむっとした。
1 驚いた　　　　2 怒った
3 疲れた　　　　4 飽きた

정답 2 하시모토 씨의 건방진 태도에 발끈했다.
단어 横柄 거만, 건방짐 ｜ むっとする 욱하다, 발끈하다 ｜ 驚く 놀라다 ｜ 怒る 화내다 ｜ 疲れる 지치다, 피로해지다 ｜ 飽きる 싫증나다, 질리다

해설 「むっとする」는 '순간적으로 울화가 치밀어 오르거나 화를 내는 상태'를 말한다. 서로 바꿔 쓸 수 있는 표현은 선택지 2번의 「怒る」이다.

연습문제 ④

問題3 ＿＿＿＿의 단어와 의미가 가장 가까운 것을 1·2·3·4에서 하나 고르세요.

1 今日はお客さんが来るので部屋の中を丹念に掃除した。
1 くまなく　　　2 あらかじめ
3 簡単に　　　　4 てきぱきと

정답 1 오늘은 손님이 오기 때문에 방 안을 공들여 청소했다.

[단어] 丹念に 정성껏, 공들여서 | 掃除 청소 | くまなく 구석구석, 빠짐없이 | あらかじめ 미리, 사전에 | 簡単に 간단히 | てきぱき 척척

[해설] 「丹念に」는 '정성껏, 공들여서'라는 뜻이다. 방을 '공들여' 청소했다는 문장이므로 서로 바꿔 쓸 수 있는 표현은 '구석구석, 빠짐없이'라는 뜻이 있는 선택지 1번의 「くまなく」이다.

---

2 そのチームはこのあとの試合に全部勝って、優勝することをもくろんでいる。
1 予定している 2 心配している
3 願っている   4 狙っている

[정답] 4 그 팀은 앞으로의 시합에 모두 이기고 우승할 계획을 가지고 있다.

[단어] もくろむ 계획하다, 꾀하다 | 予定 예정 | 心配 걱정 | 願う 바라다 | 狙う 노리다, 겨냥하다

[해설] 「もくろむ 꾀하다, 계획하다」는 「はかる 꾀하다, 도모하다」나 「企てる 계획하다」에 비해 '구체적인 계획이나 준비 없이 막연하게 성과를 기대한다'는 뉘앙스가 있다. 「たくらむ 계획하다, 못된 일을 꾸미다」처럼 부정적인 뉘앙스가 있는 것은 아니지만 실현 가능성이 적은 경우에 주로 사용한다. 「一攫千金をもくろむ 일확천금을 꾀하다」, 「逆転優勝をもくろむ 역전 우승을 꾀하다」와 같은 표현으로 기억해 두자.

---

3 光の中に白と黒のあざやかなコントラストが目立った。
1 比較   2 比率
3 無比   4 対比

[정답] 4 빛 속에서 흑과 백의 선명한 대비가 두드러졌다.

[단어] あざやかだ 또렷하다, 선명하다 | コントラスト 콘트라스트, 대비 | 目立つ 눈에 띄다, 두드러지다 | 比較 비교 | 比率 비율 | 無比 무비, 너무 뛰어나서 비할 데가 없음 | 対比 대비

[해설] 「コントラスト」는 성질이 다른 두 가지를 나란히 두고 비교함으로써 양자의 차이를 두드러지게 하는 것이다. 바꿔 쓸 수 있는 표현은 같은 뜻을 가진 선택지 4번의 「対比」이다. 1번의 「比較」는 단순히 사물을 유사점과 차이점을 알아본다는 뜻이고, 2번의 「比率」는 전체 수량에서 몇 퍼센트를 차지하는지를 나타내는 것, 3번의 「無比」는 다른 것과는 비교가 안 될 정도로 뛰어나다는 의미이다.

---

4 山に登ってすがすがしい空気を味わってきた。
1 さわやかな   2 おおらかな
3 あわい   4 むなしい

[정답] 1 산에 올라가 상쾌한 공기를 맛보고 왔다.

[단어] 登る 오르다 | すがすがしい 상쾌하다, 시원하다 | さわやかだ 상쾌하다, 산뜻하다 | おおらかだ 느긋하고 대범하다 | あわい 맛, 색 등이 진하지 않다, 희미하다 | むなしい 덧없다

[해설] 「すがすがしい」는 한자로 쓰면 「清々しい」로 공기 외에도 목소리나 향, 표정 등이 '맑고 청청하다'라고 표현할 때 사용한다. 서로 바꿔 쓸 수 있는 표현은 선택지 1번의 「さわやかだ」이다.

---

5 当面、1日に3回、この薬を食後に飲んでください。
1 ずっと   2 しばらく
3 これから   4 長い間

[정답] 2 당분간 1일 3회, 이 약을 식후에 복용해 주세요.

[단어] 当面 당면, 당분간 | ずっと 계속 | しばらく 한동안, 당분간 | これから 지금부터, 앞으로 | 長い間 오랫동안

[해설] 「当面」은 앞으로 '당분간, 한동안'이라는 의미이다. 이와 비슷한 표현은 선택지 2번의 「しばらく」이다. 1, 4번의 「ずっと」와 「長い間」는 상황이나 행위가 '긴 시간 동안 계속 이어진다'는 의미이므로 답이 될 수 없다.

---

6 郵便局で出す前にあらかじめ記入しておいてください。
1 全部   2 最初から
3 まとめて   4 前もって

[정답] 4 우체국에서 보내기 전에 미리 기입해 두세요.

[단어] 郵便局 우체국 | あらかじめ 미리, 사전에 | 記入 기입 | まとめて 정리해서 | 前もって 미리, 사전에

해설 「あらかじめ」와 서로 바꿔 쓸 수 있는 표현은 같은 뜻을 가지고 있는 선택지 4번의 「前もって」이다. 2번의 「最初から」는 문맥상 의미가 맞지 않아 답이 될 수 없다.

---

7 被害を少なくするために地震のメカニズムを研究している。
1 かたち　　2 速さ
3 仕組み　　4 範囲

정답 3 피해를 줄이기 위해 지진의 메커니즘을 연구하고 있다.

단어 被害 피해 | 地震 지진 | メカニズム 메커니즘, 구조 | 仕組み 구조, 시스템 | 範囲 범위

해설 메커니즘은 '어떤 현상이나 결과에 이르게 하는 원리나 구조'를 뜻한다. 따라서 서로 바꿔 쓸 수 있는 표현은 선택지 3번의 「仕組み」이다.

---

8 試合が近いので毎日練習に打ち込んでいる。
1 疲れている　　2 時間をかけている
3 集まっている　　4 熱心に取り組んでいる

정답 4 시합이 가까우므로 매일 연습에 몰두하고 있다.

단어 打ち込む 열중하다, 몰두하다 | 時間をかける 시간을 들이다 | 集まる 모이다 | 取り組む 맞붙다, 몰두하다, 대처하다

해설 「打ち込む」는 온 정신을 다 기울여 열중하는 모양을 나타내는 말로, 선택지 4번의 「取り組む」와 의미가 비슷하다.

---

9 参加者の不用意な発言で会議は混乱をきわめた。
1 注意がたりない　　2 思いやりがない
3 気分をそこなう　　4 事実と違う

정답 1 참가자의 부주의한 발언으로 회의는 더없이 혼란스러워졌다.

단어 参加者 참가자 | 不用意な 준비가 되지 않은, 부주의한 | 混乱 혼란 | きわめる 더없이 ~하다 | 思いやり 배려 | そこなう 손상하다, 건강·감정 등을 상하게 하다, 해치다

해설 「用意」는 본래 '준비'라는 의미로, 문제의 「不用意な発言」의 의미는 '충분히 준비되지 않은 상태에서 내뱉은 발언', 즉 '부주의한 발언'이라는 뜻이다. 서로 바꿔

쓸 수 있는 표현은 선택지 1번의 「注意がたりない 주의가 부족한」이다. 2번은 「思いやりがない 배려심이 없는」, 3번은 「気分をそこなう 기분을 상하게 하는」, 4번은 「事実と違う 사실과 다른」이라는 뜻이다.

---

10 仕上がるのは年末になると思います。
1 終了する　　2 完成する
3 整理する　　4 変更する

정답 2 완성되는 것은 연말이 되리라 생각합니다.

단어 仕上がる 마무리되다, 완성되다 | 終了 종료 | 完成 완성 | 整理 정리 | 変更 변경

해설 「仕上がる」는 '모든 작업이 끝나고 더 이상 할 일이 없는 상태에 이르렀다'는 의미이다. 따라서 서로 바꿔 쓸 수 있는 표현은 선택지 2번의 「完成する」이다. 1번의 「終了する」는 단순히 '끝나다'라는 의미로 작업의 완성 유무와는 무관하며, 미완 상태로도 작업을 종료할 수 있으므로 답이 될 수 없다.

問題 4 용법

연습문제 정답 및 해설

정답

	1	2	3	4
연습문제 ①	2	3	2	4
연습문제 ②	3	1	2	4
연습문제 ③	3	1	4	1
연습문제 ④	3	1	3	4

연습문제 ①

問題 4 다음 단어의 사용법으로 가장 적당한 것을 1・2・3・4 중에서 하나 고르세요. **문제편 118p**

1 格差
1 日本の男性政治家がまた女性を格差する発言を行った。
2 政府の無策により貧富の格差は拡大するばかりである。
3 今回の地震による被害は、格差的軽いものであった。
4 宣伝効果の確認のため、先月の売上と格差してみた。

정답 2 정부의 무대책에 의해 빈부 격차는 확대될 뿐이다.

단어 発言 발언 | 格差 격차 | 無策 무책, 대책이 없음 | 貧富 빈부 | 地震 지진 | 被害 피해 | 宣伝 선전

해설 문제에서 제시한「格差」는 자격, 등급 등의 '차이'를 뜻하는 단어이다. 가장 맥락에 맞게 사용된 문장은 선택지 2번의「貧富の格差 빈부의 격차」이다. 1번에는 자격, 등급 등에 '차이를 두어 구별한다'는 의미의「差別 차별」이, 3번과 4번에는 유사점과 차이점을 밝힌다는 뜻의「比較 비교」가 들어가야 자연스럽다.

2 厚かましい
1 親がいうのは厚かましいが息子は誠実な人間だと思う。
2 いくら寒くてもセーターを2枚も着るのは厚かましい。
3 一度断ったのにまた頼むのは厚かましいが何とかしてほしい。
4 他人のことに何でも意見をいうと厚かましいと言われる。

정답 3 한번 거절했는데 다시 부탁하는 것은 염치없지만 어떻게든 해주었으면 좋겠다.

단어 厚かましい 뻔뻔하다, 낯이 두껍다 | 誠実 성실 | セーター 스웨터 | 断る 거절하다

해설「厚かましい」는 사람의 성격을 나타낼 때 사용하는 표현으로 '뻔뻔하다, 낯이 두껍다'라는 뜻이다. 가장 맥락에 맞게 사용된 문장은 선택지 3번이다. 1번에는「おこがましい 우습다, 쑥스럽다」가, 2번에는「暑苦しい 숨 막힐 듯 덥다」가, 4번에는「出しゃばり 주제넘게 나섬, 또는 그런 사람」이 들어가야 자연스럽다.

[3] 不振

1 警察は不振な人を呼び止めて質問をした。
2 自然災害により経営不振に陥った会社は少なくない。
3 授業時間に注意が不振な生徒が増加している。
4 記録的な猛暑が続き、体調不振を訴える人が増えている。

정답 2 자연재해로 인해 경영 부진에 빠진 회사는 적지 않다.

단어 不振 부진 | 呼び止める 불러 세우다 | 自然災害 자연재해 | 経営 경영 | 陥る 빠지다 | 生徒 생도, 학생 | 増加 증가 | 猛暑 맹서, 폭염 | 体調 몸 상태, 컨디션 | 訴える 호소하다

해설 「不振」은 '어떤 일이 이루어지는 기세가 활발하지 못함'을 뜻하는 단어이다. 선택지 1번에는 '의심스럽다'는 의미의「不審 불심, 수상함」이 들어가야 하며, 3번에는 '어수선하다'는 의미의「散漫 산만」이, 4번에는 몸 상태가 '좋지 않다'는「不良 불량」이 들어가야 한다. 정답인 2번의「経営不振 경영 부진」은 관용표현으로 기억해 두자. 그 외에도「不振」이 들어가는 표현에는「成績不振 성적 부진」,「業績不振 업적 부진」,「食欲不振 식욕 부진」등이 있다.

[4] いかにも

1 旅行に行きたかったが、仕事が忙しくて、いかにもなかった。
2 将来の話はいかにも、今は目の前の問題を解決することに専念しよう。
3 先生の話は抽象的過ぎて、子供たちにはいかにもわからなかった。
4 教師をしている彼の説明は、いかにも先生らしいものだった。

정답 4 교사를 하고 있는 그의 설명은 과연 선생님다운 것이었다.

단어 いかにも 아무래도, 과연 | 将来 장래, 장차 | 解決 해결 | 専念 전념 | 抽象的 추상적 | 教師 교사

해설 선택지 4번은「いかにも」를 '과연' 이란 뜻으로 사용하는 가장 전형적인 예문이다. 「いかにも~らしい 과연 ~답다」라는 문형으로 기억해 두자. 1번에는「どうしようもない 어쩔 수 없다」가, 2번에는「ともかく 어쨌든」이, 3번에는「どうてい 도저히」가 들어가야 자연스럽다.

연습문제 ②

問題 4 다음 단어의 사용법으로 가장 적당한 것을 1・2・3・4 중에서 하나 고르세요. 문제편 119p

[1] 赤字

1 クラスでトップの彼女は、成績が赤字にならないよう気を付けている。
2 社長が事故の責任を問われ、会社経営に赤字が灯った。
3 あの銀行は第3四半期決算で10億円の赤字に転落した。
4 交通事故の被害者は加害者に対し赤字賠償を求めた。

정답 3 저 은행은 3분기 결산에서 10억 엔 적자로 전락했다.

단어 赤字 적자 | 成績 성적 | 責任 책임 | 問う 묻다 | 灯る 불이 켜지다 | 第3四半期 3사분기 | 決算 결산 | 転落 전락 | 被害者 피해자 | 加害者 가해자 | 賠償 배상

해설 「赤字 적자」는 수입보다 지출이 많아서 생기는 금전상의 손실을 말하는 단어로 선택지 3번이 정답이다. 1번에는 적자가 아닌「赤点 낙제점」이, 2번에는 위험한 상태를 알리는 비유 표현인「赤信号 적신호, 빨간불」이, 4번은「損害 손해」가 들어가야 의미가 통하는 문장이 된다.

[2] 成り立つ

1 支出を切り詰めることでやっと生活が成り立つという若者が増えている。
2 彼は、10年の準備期間を経て、万全の態勢で会社を成り立った。
3 電源を入れ、このパソコンが成り立つまでの時間はわずか20秒である。
4 国会では多数の賛成を得て新経済法案が成り立った。

정답 1 지출을 줄여야 겨우 생활을 할 수 있다는 젊은이가 늘고 있다.

단어 成り立つ 구성되다, 이루어지다 | 支出 지출 | 切り詰める 줄이다, 절약하다 | 若者 젊은이, 젊은 사람 | 経る 거치다 | 万全 만전 | 態勢 태세 | 電源 전원 | わずか 불과 | 賛成 찬성

해설 「成り立つ」에는 몇 가지 요소가 모여서 무언가가 '구성되다, 이루어지다'라는 의미가 있다. 맥락에 맞게 사용된 문장은 선택지 1번이다. 2번에는 '시동을 걸다, 시작하다'라는 뜻이 있는「立ち上げる」가 와야 하며, 3번에는「起動する 기동하다」가, 4번처럼 법안이나 관계, 조약 등이 이루어짐을 말할 때는「成り立つ」가 아닌「成立する」를 사용한다.「法案が成立する 법안이 성립하다」,「契約が成立する 계약이 성립하다」와 같은 예시를 통해 기억해 두자.

---

3 返上
1 流出した文化財の返上を訴える集会が、相手国大使館の前で開かれた。
2 万年最下位の汚名を返上するために、そのサッカーチームは連日猛練習を繰り返している。
3 開催者側の都合で、コンサートが突然中止になったので、入場料を返上してもらった。
4 経営が悪化していたA社は、外資を導入することで危機的状況から返上することができた。

정답 2 만년 꼴찌의 오명을 회복하기 위해 그 축구팀은 연일 맹훈련을 거듭하고 있다.

단어 返上 반납, 반환 | 流出 유출 | 集会 집회 | 大使館 대사관 | 最下位 최하위, 꼴찌 | 汚名 오명 | 連日 연일 | 猛練習 맹연습 | 繰り返す 거듭하다, 반복하다 | 都合 사정, 형편 | 悪化 악화 | 外資 외자, 외국 자본 | 導入 도입

해설 '되돌려 주다'는 의미가 있어 혼동하기 쉬운「返上」와「返還」의 차이를 알아 두자.「返上」는 주로 윗사람이나 상급 기관에게 받은 무언가를 되돌려 준다는 의미로 사용한다. 예를 들면「休日を返上して働く 휴일을 반납하고 일하다」,「汚名を返上する 오명을 회복하다」등이 있다. 이와 달리「返還」은 장기간 맡아 두었던 것을 원래 주인에게 돌려줄 때 사용한다. 예를 들면「香港はイギリスから中国に返還された 홍콩은 영국에서 중국으로 반환되었다」,「所有権の返還 소유권 반환」

등이 있다. 따라서「返上」가 맥락에 맞게 들어간 것은 선택지 2번의「汚名を返上するために」이다. 1번에는「返還 반환」을, 3번에는 '돈을 돌려준다'는 의미의「返金 반금, 변제」를, 4번은 '벗어나다, 빠져나오다'라는 의미가 있는「脱却 탈각」을 사용해야 한다.

---

4 図る
1 山田さん一家は、今年の夏休みにハワイへの家族旅行を図っている。
2 医療関係者たちは、遠隔診療の普及はそう遠くないと図っている。
3 新しいドーム球場は、年内の完成を図って、工事が急ピッチで進められている。
4 電気自動車の走行距離を伸ばすには、電池の軽量化を図る必要があるそうだ。

정답 4 전기 자동차의 주행 거리를 늘리려면 전지의 경량화를 도모할 필요가 있다고 한다.

단어 図る 꾀하다, 도모하다 | 遠隔 원격 | 診療 진료 | 普及 보급 | 球場 야구장 | 急ピッチ 빠른 속도 | 進める 진행하다 | 電気自動車 전기 자동차 | 走行距離 주행 거리 | 電池 전지, 배터리

해설 「図る」는 '어떤 일을 이루기 위해 대책과 방법을 세우다'라는 뜻이다.「図る」가 맥락에 맞게 들어간 문장은 선택지 4번의「軽量化を図る 경량화를 꾀하다, 도모하다」이다. 1번에는 앞으로의 일의 방법이나 절차를 생각한다는 의미의「計画する 계획하다」를 사용해야 하며 2번에는「予想する 예상하다」를, 3번에는「目指す 노리다, 목표로 하다」를 사용해야 한다.「はかる」는 한자에 따라 의미가 달라지지만 '꾀하다, 도모하다'라는 의미로 사용할 때는「図る」로 쓴다는 점을 기억해 두자.

연습문제 ③

問題4 다음 단어의 사용법으로 가장 적당한 것을 1·2·3·4 중에서 하나 고르세요. 문제편 125p

1 緊密
1 幹線道路の増設により、都市間の移動がいっそう緊密になった。

2 田中氏が内部秘密を暴露したことで、一気に緊密な雰囲気に包まれた。
3 この企業では現場の従業員の安全を守るため、支店と本社が緊密に協力している。
4 高齢者の方が、病気などで緊密に通報が必要な時に、この非常ボタンを押せばいいです。

정답 3 이 기업에서는 현장 종업원들의 안전을 지키기 위해 지점과 본사가 긴밀히 협력하고 있다.

단어 緊密 긴밀 | 幹線道路 간선 도로 | 増設 증설 | 移動 이동 | 秘密 비밀 | 暴露 폭로 | 一気に 한번에 | 包む 싸다 | 従業員 종업원, 직원 | 支店 지점 | 本社 본사 | 高齢者 고령자 | 通報 통보 | 非常ボタン 비상 버튼

해설 '서로의 관계가 매우 가깝다'는 의미의 「緊密」가 맥락에 맞게 들어간 문장은 선택지 3번이다. 1번에는 「迅速 신속」, 2번에는 「緊迫(した) 긴박」, 4번에는 「緊急 긴급」이 들어가야 한다.

---

2 目安

1 ダイエットのために一日に1時間を目安に運動をすることにしている。
2 いつも目安にしていた真っ赤なラーメン屋の看板がいつの間にかなくなっていた。
3 古い電話番号を目安に、友達の勤務先を探した。
4 先生の書いた文字を目安にして、習字の練習をしている。

정답 1 다이어트를 위해 하루에 1시간을 목표로 운동하기로 했다.

단어 目安 목표, 기준, 어림 잡아 헤아림 | 真っ赤な 새빨간 | 看板 간판 | 勤務先 근무처 | 習字 습자, 글씨 쓰기 연습

해설 「目安」는 엄격한 목표라기보다 '대략 어림잡아 그 정도'라는 뉘앙스가 있는 단어이다. 선택지 1번의 「一日に1時間を目安に」가 '하루에 대략 1시간 정도를 목표로'라는 의미이므로 답으로 적당하다. 2번에는 「目印 안표, 표지, 표적」이 들어가야 하며 3번에는 「手がかり 단서」가, 4번에는 「手本 본보기, 모범」이 들어가야 한다.

---

3 覆す

1 学習の遅れを覆す方法について先生方にいろいろ提案をしてもらった。
2 日を覆してもいいなら、今月の下旬にずらしてほしい。
3 用紙の無駄遣いを防ぐために、最低でもプリントしたものは覆して使うようにしましょう。
4 高橋研究所が発表した研究結果は従来の定説を覆す、大きな発見だとも言えます。

정답 4 다카하시 연구소가 발표한 연구 결과는 종래의 정설을 뒤엎는 큰 발견이라고도 할 수 있습니다.

단어 覆す 뒤집다, 뒤집어 엎다 | 提案 제안 | 下旬 하순 | 用紙 용지 | 無駄遣い 낭비 | 従来 장래 | 定説 정설

해설 「覆す」가 맥락에 맞게 들어간 문장은 선택지 4번의 「定説を覆す 정설을 뒤엎다」이다. 1번에는 「取り戻す 되찾다, 회복하다」가, 2번에는 '다시 날을 잡는다'는 의미의 「日を改める」가, 3번에는 '뒤집다'는 의미의 「裏返す」가 들어가야 한다. 「覆す」는 단순히 앞면과 뒷면을 교체한다는 의미가 아니라 '많은 사람이 알고 있는 사실을 부정해서 새로운 것을 제시하거나 예상을 뒤집는 결과'를 나타낼 때 사용하는 말이다.

---

4 もはや

1 そのような非論理的手法では、もはや今の時代に通用しないだろう。
2 今後も定期的にもはや新モデルの検証を続けていく予定です。
3 金メダリストである鈴木氏は引退を間近にしてもはやの強さはもう感じられない。
4 制度問題により医療の整備が遅れていたものの、もはや解消される見込みという。

정답 1 그러한 비논리적 수법으로는, 더는 이 시대에 통용되지 않을 것이다.

단어 もはや 이미, 벌써, 이제는 | 非論理的 비논리적 | 手法 수단, 수법 | 通用 통용 | 検証 검증 | 引退 은퇴 | 間近 바로 앞, 매우 가까움 | 整備 정비 | 解消 해소 | 見込み 전망

해설「もはや」는 '지금까지 통했던 상황이 앞으로 더 이상 통하지 않게 되었다'는 의미로 사용하는 단어이다. 「もはや」가 맥락에 맞게 들어간 문장은 선택지 1번의 「もはや今の時代に通用しない 더는 이 시대에 통용되지 않는다」이다. 2번에는 「繰り返し 반복해서」가 들어가야 하며, 3번에는 「かつて 일찍이, 예전의」가, 4번에는 「まもなく 머지않아, 곧」이 들어가야 한다.

연습문제 ④

問題 4 다음 단어의 사용법으로 가장 적당한 것을 1・2・3・4 중에서 하나 고르세요. 문제편 126p

1 収容
1 企業で収容する文書には適切な文書管理が必要です。
2 この本には文学全集や選集に載せられていない作品が収容されています。
3 今年2月に完成された新社屋は2千人の社員が収容できます。
4 徹夜して編集したのに収容しないでそのままファイルを閉じてしまった。

정답 3 올해 2월에 완성된 신사옥은 2천 명의 사원을 수용할 수 있습니다.

단어 収容 수용 | 適切 적절 | 管理 관리 | 全集 전집 | 選集 선집 | 新社屋 신사옥 | 徹夜 철야, 밤샘 | 編集 편집 | ファイル 파일

해설「収容」는 '사람이나 물건을 일정한 장소, 시설 등에 넣는다'는 의미로, 대부분 관객, 난민 등 사람에 대해 사용한다. 따라서 선택지 3번이 답으로 적당하다. 1번에는 「保管 보관」이, 2번에는 '책이나 잡지에 싣는다'는 의미의 「収録 수록」이, 4번에는 「保存 보존, 저장」이 들어가야 한다.

2 交錯
1 試験日まであと一か月、さまざまな思いが交錯し、勉強に没頭できなかった。
2 友人に似た人を見かけたが人混みに交錯してしまった。
3 この道は水野銀行の前で電車の路線と交錯するので、そこを渡ってまっすぐ行ってください。
4 留学をしなくても日本に住みながら国際交錯する方法もあるそうです。

정답 1 시험 날까지 앞으로 한 달, 여러 생각이 교착하여(뒤섞여) 공부에 몰두할 수 없었다.

단어 交錯 교착, 이리저리 뒤섞임 | 没頭 몰두 | 人混み 사람이 많아서 붐빔 | 路線 노선 | 人混みにまぎれる 인파 속으로 사라지다

해설「交錯」는 '여러 가지가 섞여 구별이 어려워진 상태'를 말한다. 맥락에 맞게 사용된 문장은 선택지 1번의 「さまざまな思いが交錯して 여러 가지 생각이 교착하여(뒤섞여)」이다. 2번에는 「まぎれる 헷갈리다, 혼동되다」가, 3번에는 「交差 교차」가, 4번에는 「交流 교류」가 들어가야 한다.

3 様相
1 デザイナーの積極的な提案や力強い活動の様相を紹介する記事を雑誌に載せました。
2 今回の講義では子供の成長の様相に応じた教育について話したいと思います。
3 その事件は時代の様相を鮮烈に反映しているともいえる。
4 入社1年目にしてようやく職場の様相になじめました。

정답 3 그 사건은 시대의 모습을 선명하게 반영하고 있다고도 할 수 있다.

단어 様相 모습, 상태 | 力強い 든든하다 | 載せる 싣다 | 講義 강의 | 鮮烈 선열, 선명하고 강렬함 | 反映 반영 | なじむ 친숙해지다, 익숙해지다

해설「様相」와「様子」는 '모습, 상태'라는 의미로 그 뜻이 같아 구분하기 힘들다. 「様相」는 '사물이나 현상'에만 사용하고「様子」는 '사물과 사람'에 둘 다 사용할 수 있다. 즉, 사람의 행동에는「様子」만을 사용한다는 점을 기억해 두자. 따라서 선택지 1번에는 디자이너라는 사람의 모습을 설명하고 있으므로「様相」가 아닌「様子」가 들어가야 하며, 2번에는 「過程 과정」이, 4번에는 「雰囲気 분위기」가 들어가야 맥락상 뜻이 통한다. 「時代の様相 시대의 모습, 상황」이라고 표현한 3번이 답으로 적당하다.

| 4 | ひたむき

1 今の生活は科学のひたむきな進歩なしには起こり得なかった。
2 田中さんは40年の間、この町でひたむきに住んできた。
3 課長は話し始めるとひたむきに本筋から逸れた展開になってしまう。
4 目標に向かって頑張り続ける主人公のひたむきな姿を見て、あんな人になりたいと思いました。

[정답] 4 목표를 향해 계속 노력하는 주인공의 한결같은 모습을 보고, 저런 사람이 되고 싶다고 생각했습니다.

[단어] ひたむき 외곬으로, 한결같은 | 進歩 진보 | 通勤 통근 | 本筋 본론 | 展開 전개 | 逸れる 빗나가다, 벗어나다

[해설] 「ひたむき」는 '한가지 일에 전념하는 모양'을 나타내는 말로, 맥락에 맞게 들어간 문장은 선택지 4번의 「ひたむきな姿 한결같은 모습」이다. 1번에는 「ひたむきな」가 아닌 「たゆみない 해이해지지 않다, 게으름 피우지 않다」가 들어가야 하며, 2번에는 「ずっと 계속」이, 3번에는 「いつも 언제나, 늘」이 들어가야 자연스러운 문장이 된다.

問題 1 한자 읽기

실전문제 정답 및 해설

정답

	1	2	3	4	5	6	7	8	9	10
실전문제 ①	2	4	2	1	3	2	4	1	2	3
실전문제 ②	3	4	3	1	4	1	1	3	2	2
실전문제 ③	4	2	1	4	1	3	3	3	2	4
실전문제 ④	2	3	1	4	3	2	3	1	1	4
실전문제 ⑤	2	3	1	2	1	3	4	2	4	1
실전문제 ⑥	3	2	1	4	2	2	1	4	3	1

실전문제 ①

問題 1 _____의 단어를 읽는 법으로 가장 적당한 것을 1·2·3·4에서 하나 고르세요. 문제편 128p

1 客を大切にする店は繁盛します。

1 はんせい　　2 はんじょう
3 ばんせい　　4 ばんじょう

정답 **2** 손님을 소중히 여기는 가게는 번창합니다.
단어 客 손님 | 大切にする 소중히 하다 | 繁盛 번성, 번창
해설 「繁盛」는 '세력이 왕성하게 확장되다'라는 뜻으로 「繁 번성할 번」의 음독은 「はん」이며, 「盛 성할 성」의 음독은 「せい·じょう」, 훈독은 「盛る 높이 쌓아 올리다」, 「盛ん 번성함, 기세가 좋음」이다. 「盛」을 음독으로 읽는 「盛況 성황」, 「繁盛 번성」과 훈독 「盛ん」으로 읽는 「論議が盛んになる 논의가 활발해지다」와 같은 표현을 기억해 두자.

2 通知がなければ契約は自動的に延長されます。

1 かんやく　　2 ていやく
3 かくやく　　4 けいやく

정답 **4** 통지가 없으면 계약은 자동적으로 연장됩니다.
단어 通知 통지 | 契約 계약 | 自動的 자동적 | 延長 연장
해설 「契 맺을 계」의 음독은 「けい」, 훈독은 「契る 장래를 약속하다」이며, 「約 맺을약」의 음독은 「やく」이다.

3 その人物は映画の本筋には関係がない。

1 ほんだい　　2 ほんすじ
3 もとみち　　4 もとすじ

정답 **2** 그 인물은 영화의 본줄거리와는 관계가 없다.
단어 人物 인물 | 本筋 본줄거리, 본론 | 関係 관계
해설 음독과 훈독을 혼용해서 읽는 한자어 문제이다. 「本 근본 본」의 음독은 「ほん」, 훈독은 「本 근본, 시초」이며, 「筋 힘줄 근」의 음독은 「きん」, 훈독은 「筋 줄기, 줄거리」이다. 「本筋」처럼 음독과 훈독을 혼용해서 읽는 한자어는 반드시 기억하도록 하자.

| 4 | 歌手の父親が伴奏を受け持った。
1 ばんそう　　　2 ばんちゅう
3 はんぞう　　　4 はんじゅう

정답 1 가수인 아버지가 반주를 맡았다.
단어 歌手 가수 | 父親 아버지 | 伴奏 반주 | 受け持つ 맡다, 담당하다
해설 「伴 짝 반」의 음독은 「はん」이지만 뒤에 오는 어휘와의 연결을 위해 「ばん」으로 발음하기도 한다. 「随伴 수반」, 「同伴 동반」 등의 단어와 함께 문제의 「伴奏」와 같은 예외 발음에도 주의하자.

| 5 | その方法が正しいという根拠はどこにもない。
1 こんてい　　　2 こんしょ
3 こんきょ　　　4 こんぽん

정답 3 그 방법이 옳다는 근거는 어디에도 없다.
단어 方法 방법 | 正しい 맞다, 올바르다 | 根拠 근거 | 根底 근저, 토대 | 根本 근본
해설 「根 뿌리 근」의 음독은 「こん」, 훈독은 「根 뿌리」이다. 「拠 의거할 거」의 음독은 「きょ」와 「こ」가 있는데, 주로 「きょ」로 발음한다. 「拠点 거점」, 「依拠 의거」, 「証拠 증거」와 같은 예를 통해 기억하도록 하자.

| 6 | しばらく練習しなかったのでゴルフの腕が鈍ってしまった。
1 さがって　　　2 にぶって
3 とまって　　　4 よわって

정답 2 한동안 연습을 하지 않아서 골프 실력이 무뎌져 버렸다.
단어 しばらく 잠시, 당분간 | 練習 연습 | 腕 팔, 솜씨, 기술 | 鈍る・鈍る 둔해지다, 무디어지다 | 弱る 약해지다
해설 「鈍 둔할 둔」의 음독은 「どん」, 훈독은 「鈍る・鈍る 둔해지다, 무디어지다」이다. 문제에서 나온 「腕が鈍る」는 '솜씨가 무뎌지다'라는 관용표현으로, 여기에서 「腕」는 신체 기관인 '팔'이 아니라 '솜씨, 기술, 실력'을 뜻한다.

| 7 | 図書館では朝9時から夜8時まで図書の閲覧ができます。
1 ぶんらん　　　2 かいらん
3 かんらん　　　4 えつらん

정답 4 도서관에서는 아침 9시부터 밤 8시까지 도서 열람이 가능합니다.
단어 図書館 도서관 | 閲覧 열람 | 観覧 관람
해설 「閲覧」은 '책이나 문서 등을 훑어본다'는 뜻으로 「閲 검열할 열」의 음독은 「えつ」이며, 「覧 볼 람」의 음독은 「らん」이다. 「閲」이 들어간 「検閲 검열」, 「校閲 교열」과 「覧」이 들어간 「遊覧 유람」, 「ご覧 보심」 등도 함께 기억해 두자.

| 8 | どこからか心地よい音楽が聞こえてくる。
1 ここち　　　2 しんじ
3 こころち　　　4 しんち

정답 1 어디선가 기분 좋은 음악이 들려온다.
단어 心地よい 기분 좋은, 상쾌한
해설 「心地」는 '기분, 느낌, 생각'이라는 뜻 외에 「ます형+心地よい ～(한) 느낌이 좋다, 편하다」라는 의미로도 쓰인다. 「乗り心地よい 승차감이 좋다」, 「着心地よい 착용감이 좋다」, 「履き心地よい 착화감이 좋다」, 「居心地がよい・悪い (어떤 자리에) 있기 편하다・거북하다」와 같은 표현으로 기억해 두자.

| 9 | 図書館には百科事典から人気作家の最新小説まで網羅されている。
1 こうら　　　2 もうら
3 こうせい　　　4 もうせい

정답 2 도서관에는 백과사전부터 인기 작가의 최신 소설까지 망라되어 있다.
단어 百科事典 백과사전 | 人気 인기 | 作家 작가 | 網羅 망라
해설 「網 그물 망」의 음독은 「もう」, 훈독은 「網 그물」이며, 「羅 그물 라」의 음독은 「ら」이다. 「網羅」는 본래 '물고기나 새를 잡는 그물'이라는 뜻으로, '전체를 포함하다'라는 의미로 사용된다.

10 だれが見ても愚かな選択です。
1 たしかな　　　2 おだやかな
3 おろかな　　　4 ばかな

정답 3 누가 봐도 어리석은 선택입니다.
단어 愚かな 어리석은 | 選択 선택 | 確かな 확실한 | 穏やかな 온화한 | ばかな 바보같은
해설 「愚 어리석을 우」의 음독은 「ぐ」, 훈독은 「愚か 어리석음」이다. 「愚かな選択 어리석은 선택」과 같이 な형용사로서의 기본 쓰임인 「愚かな + 명사」의 형태로 기억하도록 하자.

실전문제 ②

問題 1 ＿＿＿＿의 단어를 읽는 법으로 가장 적당한 것을 1·2·3·4에서 하나 고르세요. 문제편 129p

1 深い憤りに肩がふるえた。
1 さとり　　　2 いかり
3 いきどおり　　　4 ゆとり

정답 3 깊은 분노로 어깨가 떨렸다.
단어 憤り 분노, 분개 | 肩 어깨 | 震える 흔들리다, 떨리다 | 悟り 깨달음, 이해 | 怒り 화, 분노 | ゆとり 여유
해설 「憤 분할 분」의 음독은 「ふん」, 훈독은 「憤る 분노하다, 분개하다」이다. 동사 「憤る」의 명사형을 사용한 「憤りを覚える 분노를 느끼다」, 「憤りを発する 성을 내다」 등의 표현을 통해 기억하도록 하자. 선택지 2번의 「怒り」에도 '분노, 노여움'이라는 뜻이 있지만 「怒り」는 타인이 봐도 화가 났음을 알 수 있는 상태인 반면, 「憤り」는 내면의 감정을 나타내는 말로 타인이 봤을 때에는 화가 났음을 알 수 없을 때 사용한다.

2 この会の趣旨には賛成します。
1 しゅみ　　　2 しゅこう
3 しゅちょう　　　4 しゅし

정답 4 이 모임의 취지에는 찬성합니다.
단어 会 모임, 단체 | 趣旨 취지 | 賛成 찬성
해설 「趣旨」는 '근본이 되는 목적이나 뜻'이라는 의미로 「趣 뜻 취」의 음독은 「しゅ」, 훈독은 「趣 정취, 멋, 분위기」이다. 「旨 뜻 지」의 음독은 「し」이며 훈독은 「旨 취지, 뜻」이다. 또한 발음이 동일하여 혼동하기 쉬운 「主旨 주지, 중심이 되는 뜻」도 잘 기억해 두자.

3 子どもの健やかな成長を願う親の気持ちは同じだ。
1 にこやかな　　　2 おだやかな
3 すこやかな　　　4 かろやかな

정답 3 아이의 건강한 성장을 바라는 부모의 마음은 같다.
단어 健やかな 건강한, 건전한 | 成長 성장 | 願う 원하다, 바라다 | にこやかな 생글거리는 | 穏やかな 온화한 | 軽やかな 경쾌한
해설 な형용사의 훈독을 묻는 문제이다. 「健 굳셀 건」의 음독은 「けん」, 훈독은 「健やか 건강한, 건전한」이다.

4 練習の時と同じ気持ちで試合に臨むつもりです。
1 のぞむ　　　2 たたむ
3 はさむ　　　4 かこむ

정답 1 연습 때와 같은 마음으로 시합에 임할 생각입니다.
단어 練習 연습 | 試合 시합 | 臨む 임하다 | 畳む 접다, 개(키)다 | 挟む 끼우다 | 囲む 둘러싸다
해설 동사의 훈독을 묻는 문제이다. 「臨 임할 림」의 음독은 「りん」, 훈독은 「臨む 임하다」이다. 동일한 발음의 「望む 바라다, 소망하다」도 함께 기억해 두자.

5 メールにファイルを添付しました。
1 かんぶ　　　2 かんぷ
3 てんぶ　　　4 てんぷ

정답 4 메일에 파일을 첨부했습니다.
단어 メール 메일 | ファイル 파일 | 添付 첨부
해설 「添付」는 '무엇인가를 덧붙이다'라는 뜻으로 「添 더할 첨」의 음독은 「てん」, 훈독은 「添える 첨부하다, 곁들이다」이며, 「付 부칠 부」의 음독은 「ふ」, 훈독은 「付く 붙다, 묻다」, 「付ける 붙이다, 달다」이다. 「付」를 음독으로 읽는 「交付 교부」, 「寄付 기부」, 「納付 납부」와 훈독으로 읽는 「付き添う 곁에 붙어있다, 시중 들다」, 「付き合う 교제하다, 사귀다」 등도 함께 기억해 두자.

[6] 沢山の人を見て興奮した犬が吠えている。
　1 こうふん　　　2 きょうふん
　3 こうくん　　　4 きょうくん

정답 1 많은 사람을 보고 흥분한 개가 짖고 있다.
단어 興奮 흥분 | 吠える 짖다, 으르렁거리다 | 教訓 교훈
해설 「興 일 흥」의 음독은 「きょう·こう」, 훈독은 「興す 일으키다, 흥하게 하다」, 「興る 흥하다, 일어나다」이다. 음독 「きょう」로 읽는 「興味 흥미」, 「感興 감흥」, 「即興 즉흥」 등과 「こう」로 읽는 「振興 진흥」, 「新興 신흥」, 「復興 부흥」 등의 예를 통해 구분하도록 하자.

[7] 他のことは心配しないで勉強に励みなさい。
　1 はげみ　　　2 のぞみ
　3 おがみ　　　4 たのみ

정답 1 다른 것은 걱정하지 말고 공부에 힘쓰세요.
단어 心配 걱정 | 励む 힘쓰다 | 望む 바라다 | 拝む 절하다, 기원하다 | 頼む 부탁하다
해설 「励 힘쓸 려」의 음독은 「れい」, 훈독은 「励む 힘쓰다, 노력하다」이다. 문제는 동사 「励む」를 「ます형 + なさい ~하세요」로 활용한 형태이다.

[8] 地震に備えて3か月分の食べ物を蓄えてある。
　1 ひかえて　　　2 おさえて
　3 たくわえて　　4 したがえて

정답 3 지진에 대비하여 3개월분의 음식을 비축해 두었다.
단어 地震 지진 | 備える 갖추다, 대비하다 | 蓄える 비축하다, 저장하다 | 控える 가까이 두다, 앞두다 | 押さえる 누르다 | 従える 거느리다
해설 「蓄 모을 축」의 음독은 「ちく」, 훈독은 「蓄える 비축하다, 저장하다」이다. 「蓄積 축적」, 「貯蓄 저축」 등의 음독 명사도 기억해 두자.

[9] 技術や経験の他に人脈も大切な財産です。
　1 じんぱ　　　2 じんみゃく
　3 にんぱ　　　4 にんみゃく

정답 2 기술과 경험 외에 인맥도 중요한 재산입니다.
단어 技術 기술 | 経験 경험 | 人脈 인맥 | 財産 재산
해설 「人脈」는 '사람들과 연결된 관계'라는 뜻으로 「人 사람 인」의 음독은 「じん·にん」, 훈독은 「人 사람」이며, 「脈 줄기 맥」의 음독은 「みゃく」이다. 「人」은 읽는 방법이 다양한데 「恩人 은인」, 「人事 인사」, 「人間 인간」, 「人情 인정」 외에도 「素人 아마추어」, 「玄人 프로, 전문가」와 같이 예외로 발음 하는 단어도 있으니 주의해야 한다.

[10] 攻撃に集中すると守備が手薄になる。
　1 てはく　　　2 てうす
　3 てぼ　　　　4 てやす

정답 2 공격에 집중하면 수비가 허술해진다.
단어 攻撃 공격 | 集中 집중 | 守備 수비 | 手薄 허술함, 불충분함
해설 '일손이 적음, 허술함, 불충분함'이라는 뜻이 있는 「手薄」는 「この分野は研究が手薄だ 이 분야는 연구가 불충분하다」, 「手薄な警備 허술한 경비」와 같은 예문으로 기억하자. 또한 「手 손 수」에는 신체 기관인 '손' 외에도 '솜씨, 수단, 일손' 등의 뜻도 있다는 것을 알면 문장의 맥락을 이해하는 데 도움이 될 것이다.

실전문제 ③

問題1 _____의 단어를 읽는 법으로 가장 적당한 것을 1·2·3·4에서 하나 고르세요. 문제편 130p

[1] 円安で輸出をする会社が潤ったのは事実だ。
　1 たすかった　　　2 あやまった
　3 もうかった　　　4 うるおった

정답 4 엔이 싸져서 수출을 하는 회사가 이익을 본 것은 사실이다.
단어 円安 엔저, 일본 엔화의 가치가 낮아지는 현상 | 輸出 수출 | 潤う 습기를 띠다, 풍요로워지다, 이익을 얻다 | 助かる 살아나다, 구제되다 | 謝まる 사과하다 | もうかる 이득을 보다, 득이 되다
해설 「潤 불을 윤」의 음독은 「じゅん」, 훈독은 「潤う 습기를 띠다, 풍부해지다」, 「潤す 축축하게 만들다, 적시다, 윤택하게 하다」, 「潤む 물기를 띠다」이다. 훈독 「潤う」를

사용한 「会社が潤う 회사가 (재정적으로) 풍요로워지다」와 같은 표현은 많이 사용하니 기억해 두자.

2　小説の中でも特に推理小説は人気がある。
　　1 かんり　　　　2 すいり
　　3 ちり　　　　　4 しょうり

정답 2 소설 중에서도 특히 추리 소설은 인기가 있다.

단어 特に 특히 | 推理小説 추리 소설 | 管理 관리 | 地理 지리 | 勝利 승리

해설 「推 밀 추」의 음독은 「すい」, 훈독은 「推す 밀다, 짐작하여 헤아리다」이다. 「推」를 '밀다'라는 뜻으로 사용하는 예로는 「推薦 추천」, 「推進 추진」 등이 있고, '짐작하여 헤아리다'라는 뜻으로 사용하는 예로는 「推量 추량」, 「推定 추정」 등이 있다.

3　公共企業でも利益は無視できない。
　　1 りえき　　　　2 ります
　　3 りがい　　　　4 りりつ

정답 1 공공 기업에서도 이익은 무시할 수 없다.

단어 公共企業 공공 기업 | 利益 이익 | 無視 무시 | 利害 이해 | 利率 이율

해설 「利 이로울 리(이)」의 음독은 「り」, 훈독은 「利く 기능하다」이다. 「益 더할 익」의 음독은 「えき」와 「やく」가 있는데 주로 「えき」로 읽으며, 그 예로는 「公益 공익」, 「損益 손익」, 「無益 무익」, 「権益 권익」 등이 있다.

4　何が言いたいか、肝心なことは一つもわからなかった。
　　1 ちゅうしん　　2 かんしん
　　3 ちゅうじん　　4 かんじん

정답 4 무엇을 말하고 싶은지, 중요한 것은 하나도 알 수 없었다.

단어 肝心な 중요한, 긴요한 | 中心 중심 | 関心 관심

해설 「肝 간 간」의 음독은 「かん」, 훈독은 「肝 간」이며, 신체 기관인 '간'과 '진심'이라는 두 가지 뜻이 있다. 주요 장기 「肝 간」과 '생각, 마음, 중심'을 뜻하는 「心」으로 이루어진 「肝心」은 한자 구성 그대로 '근원이 되는 중심', 즉 '가장 중요함'이라는 뜻으로 사용한다.

5　暖かい風に春の兆しを感じます。
　　1 きざし　　　　2 くらし
　　3 まなざし　　　4 ながし

정답 1 따뜻한 바람에 봄의 징조를 느낍니다.

단어 暖かい 따뜻하다 | 兆し 조짐, 징조 | 暮らし 생활 | 眼差し 눈빛 | 流し 흘림, 싱크대

해설 「兆 억조 조」의 음독은 「ちょう」, 훈독은 「兆す 싹트다, 일이 일어날 징조가 보이다」이다. 「兆し」가 들어가는 표현인 「流行の兆し 유행의 징조」, 「変化の兆し 변화의 조짐」 등을 관용표현으로 기억해 두면 좋다.

6　集まった群衆の中から一人の男が前に出た。
　　1 たいしゅう　　2 ちょうしゅう
　　3 みんしゅう　　4 ぐんしゅう

정답 4 모여든 군중 속에서 한 명의 남자가 앞으로 나왔다.

단어 集まる 모이다 | 群衆 군중 | 大衆 대중 | 聴衆 청중 | 民衆 민중

해설 「群 무리 군」의 음독은 「ぐん」, 훈독은 「群・群れ 떼, 무리」, 「群れる 무리를 짓다, 집단을 이루다」이며, 「衆 무리 중」의 음독은 「しゅう・しゅ」이다.

7　社会の改革はまだ始まったばかりだ。
　　1 かいせい　　　2 かいぞう
　　3 かいかく　　　4 かいぜん

정답 3 사회 개혁은 이제 막 시작된 참이다.

단어 社会 사회 | 改革 개혁 | 始まる 시작되다 | 改正 개정 | 改造 개조 | 改善 개선

해설 「改 고칠 개」의 음독은 「かい」, 훈독은 「改まる 고쳐지다, 변경되다, 개선되다」, 「改める 고치다, 변경하다, 개선하다」이며, 「革 가죽 혁」의 음독은 「かく」, 훈독은 「革 가죽」이다.

[8] 美術館にあるのは由緒正しい作品だけです。

1 ゆそ　　　　　2 ゆうそ
3 ゆいしょ　　　4 ゆいしょう

정답　3 미술관에 있는 것은 유서 깊은 작품뿐입니다.

단어　美術館 미술관 | 由緒正しい 유서 깊다 | 作品 작품

해설　「由 말미암을 유」의 음독은 「ゆ・ゆう・ゆい」로, 「経由 경유」, 「由来 유래」, 「自由 자유」, 「理由 이유」 등과 같이 「ゆ」나 「ゆう」로 발음하는 것이 일반적이다. 문제의 「由緒 유서」처럼 「ゆい」로 발음하는 경우는 드물기 때문에 반드시 기억해야 한다.

---

[9] 新幹線より安くて速い飛行機の需要が多い。

1 しゅよう　　　2 じゅよう
3 しょよう　　　4 じょよう

정답　2 신칸센보다 싸고 빠른 비행기의 수요가 많다.

단어　新幹線 신칸센(일본의 고속 철도) | 飛行機 비행기 | 需要 수요

해설　「需 쓰일 수」의 음독은 「じゅ」이며 「要 요긴할 요」의 음독은 「よう」, 훈독은 「要 요점」, 「要る 필요하다」이다.

---

[10] 人の価値は貧富とは関係ありません。

1 びんぼう　　　2 ひんぼう
3 びんぷ　　　　4 ひんぷ

정답　4 인간의 가치는 빈부와는 관계가 없습니다.

단어　価値 가치 | 貧富 빈부 | 関係 관계 | 貧乏 빈궁, 궁핍

해설　「貧 가난할 빈」의 음독은 「びん・ひん」, 훈독은 「貧しい 가난하다」이며, 「富 부자 부」의 음독은 「ふ・ふう」, 훈독은 「富む 부유하다」이다. 「貧」의 음독을 「びん」으로 읽는 대표적인 예로는 「貧乏」가 있다. 문제의 「貧富」는 뒤에 오는 글자와의 연결을 위해 「富」의 음독 「ふ」가 「ぷ」로 바뀐 것이다.

실전문제 ④

問題 1　_____의 단어를 읽는 법으로 가장 적당한 것을 1・2・3・4에서 하나 고르세요.　문제편 131p

[1] ワールドカップではアジアチームが躍進した。

1 まいしん　　　2 やくしん
3 ぜんしん　　　4 しょうしん

정답　2 월드컵에서는 아시아 팀이 약진했다.

단어　ワールドカップ 월드컵 | アジア 아시아 | チーム 팀 | 躍進 약진 | 邁進 매진 | 前進 전진 | 昇進 승진

해설　「躍進」은 '빠르게 발전하다'라는 뜻으로 「躍 뛸 약」의 음독은 「やく」, 훈독은 「躍る 뛰어 오르다」이며, 「進 나아갈 진」의 음독은 「しん」, 훈독은 「進む 나아가다」이다.

---

[2] 図書館から本を返すように督促を受けた。

1 へんそく　　　2 さいそく
3 とくそく　　　4 こうそく

정답　3 도서관으로부터 책을 반환하도록 독촉을 받았다.

단어　図書館 도서관 | 返す 돌려주다 | 督促 독촉 | 変則 변칙 | 催促 재촉 | 高速 고속

해설　「督 감독할 독」의 음독은 「とく」이며, 「促 재촉할 촉」의 음독은 「そく」, 훈독은 「促す 재촉하다」이다. 「促」이 들어가는 대표적인 단어로는 선택지 2번의 「催促 재촉」이나 「促進 촉진」 등이 있다.

---

[3] 住民の承諾があればすぐ工事を始めます。

1 しょうだく　　2 しょうにん
3 しょうち　　　4 しょうふく

정답　1 주민의 승낙이 있으면 바로 공사를 시작하겠습니다.

단어　住民 주민 | 承諾 승낙 | 工事 공사 | 承認 승인 | 承知 알아들음, 승낙 | 承服 승복

해설　「承 이을 승」의 음독은 「しょう」이며, 훈독은 「承る 듣다, 받다, 승낙하다의 겸양어」로 필수 경어 중 하나이므로 반드시 기억해야 한다. 음독으로 읽는 「承知 승낙」, 「承認 승인」, 「継承 계승」도 함께 기억해 두자.

| 4 | この展示では衣服の変遷を一目で見ることができる。
1 へんこう　　2 へんかん
3 へんてん　　4 へんせん

정답 4 이 전시에서는 의복의 변천을 한눈에 볼 수 있다.
단어 展示 전시 | 衣服 의복 | 変遷 변천 | 一目で 한눈에 | 変更 변경 | 変換 변환 | 変転 변전, 이리저리 변하고 달라짐
해설 선택지 단어에는 모두 '변화한다'는 의미이므로 각 단어의 뜻을 구분해서 기억해야 한다. 「変遷」은 '세월의 흐름에 따라 바뀌고 변화함'이라는 뜻으로 「変 변할 변」의 음독은 「へん」, 훈독은 「変える 바꾸다」이며, 「遷 옮길 천」의 음독은 「せん」이다.

| 5 | この薬を1か月飲めば顕著な効果がわかります。
1 けんじゃ　　2 げんじゃ
3 けんちょ　　4 げんちょ

정답 3 이 약을 1개월 복용하면 눈에 띄게 효과를 볼 수 있습니다.
단어 薬 약 | 顕著だ 현저하다, 두드러지다 | 効果 효과
해설 「顕著」는 '뚜렷하게 나타난다'는 뜻으로 「顕 나타낼 현」의 음독은 「けん」이며, 「著 나타날 저」의 음독은 「ちょ」, 훈독은 「著す 저술하다」, 「著しい 현저하다, 두드러지다」이다.

| 6 | 部屋に入る前に必ず手足の殺菌をします。
1 さつきん　　2 さっきん
3 さつし　　　4 さっし

정답 2 방에 들어가기 전에 반드시 손발 살균을합니다.
단어 部屋 방 | 殺菌 살균(소독)
해설 「殺 죽일 살, 빠를 쇄」의 음독은 「さつ·さい·せつ」이며, 훈독은 「殺す 죽이다」이다. 「殺伐 살벌」, 「抹殺 말살」, 「黙殺 묵살」처럼 기본 음독은 「さつ」이지만 문제의 「殺菌 살균」이나 「殺到 쇄도」처럼 뒤에 따라오는 발음에 따라 촉음이 되는 경우도 있으니 주의하도록 하자.

| 7 | 新しい分野の開拓は、いつもリスクを伴う。
1 かいはつ　　2 かいこん
3 かいたく　　4 かいかく

정답 3 새로운 분야의 개척은 항상 리스크를 수반한다.
단어 分野 분야 | 開拓 개척 | リスク 리스크, 위험성 | 伴う 함께 가다, 동반하다 | 開発 개발 | 開墾 개간 | 改革 개혁
해설 「開 열 개」의 음독은 「かい」, 훈독은 「開く·開く 열리다」이며, 「拓 넓힐 척」의 음독은 「たく」이다.

| 8 | 老人は昔を回顧しながら孫に語った。
1 かいこ　　　2 かいがん
3 かいそう　　4 かいどく

정답 1 노인은 옛날을 회고하면서 손자에게 이야기했다.
단어 老人 노인 | 昔 옛날 | 回顧 회고 | 孫 손자 | 語る 말하다, 이야기하다 | 海岸 해안 | 回想 회상 | 解読 해독
해설 「回顧 회고」는 '지나간 일을 돌이켜 생각하다'라는 뜻이다. 「回 돌아올 회」의 음독은 「かい」, 훈독은 「回す 돌리다」, 「回る 돌다」이며, 「顧 돌아볼 고」의 음독은 「こ」, 훈독은 「顧みる 돌아보다, 돌이켜보다」이다.

| 9 | とったばかりの貝や魚を豪快な鍋料理にした。
1 ごうかい　　2 そうかい
3 ゆかい　　　4 つうかい

정답 1 갓 잡은 조개와 물고기를 호쾌한 냄비 요리로 만들었다.
단어 貝 조개 | 豪快な 호쾌한(시원시원하고 대범한) | 鍋料理 냄비 요리 | 爽快 상쾌 | 愉快 유쾌 | 痛快 통쾌
해설 「豪 호걸 호」의 음독은 「ごう」이며 「快 쾌할 쾌」의 음독은 「かい」, 훈독은 「快い 상쾌하다」이다.

| 10 | 事故で高速道路の流れが滞り始めた。
1 とまり　　　2 つながり
3 たまり　　　4 とどこおり

정답 4 사고로 고속도로의 (교통) 흐름이 막히기 시작했다.
단어 事故 사고 | 高速道路 고속도로 | 流れ 흐름 | ます형 + 始める ~하기 시작하다 | 止まる 멈추다 | 繋がる 연결되다 | 溜まる 쌓이다 | 滞る 막히다, 정체되다

해설 ‘막히다’라는 뜻의 단어는 「滞る」외에도 「停滞 정체」와 「渋滞 정체」가 있는데 ‘길이 막히다’라고 표현할 때는 「渋滞」를 사용한다. 「交通渋滞 교통 정체」와 같은 표현으로 기억해 두자.

🌙 **실전문제 ⑤**

問題1 _____의 단어를 읽는 법으로 가장 적당한 것을 1·2·3·4에서 하나 고르세요. 문제편 132p

1 勝った後でも油断しないよう皆を強く戒めた。

1 とがめた　　2 いましめた
3 なだめた　　4 あきらめた

정답 **2** 이긴 후에도 방심하지 않도록 모두를 강하게 훈계했다.

단어 勝つ 이기다 | 油断する 방심하다 | 戒める 훈계하다, 경고하다, 금지하다 | 咎める 탓하다, 책망하다 | 宥める 달래다 | 諦める 포기하다

해설 「戒 경계할 계」의 음독은 「かい」, 훈독은 「戒める」이다.

2 人からあれこれ指図されるのは嫌いです。

1 しど　　　2 しじ
3 さしず　　4 さしど

정답 **3** 남에게 이것저것 지시 받는 것은 싫습니다.

단어 あれこれ 이것저것 | 指図 지시, 지휘 | 指示 지시

해설 선택지 2번 「指示」와 정답인 3번 「指図」는 둘 다 ‘지시’라는 뜻이지만 「指示」는 해야하는 일을 구체적으로 알려준다는 의미인데 비해 「指図」는 일을 하는 사람의 의사와는 무관하게 일을 시킨다는 부정적인 뉘앙스가 있다.

3 高気圧によって台風の進路が阻まれた。

1 はばまれた　　2 かこまれた
3 たたまれた　　4 めぐまれた

정답 **1** 고기압에 의해서 태풍의 진로가 막혔다.

단어 高気圧 고기압 | 台風 태풍 | 進路 진로 | 阻む 막다, 저지하다

해설 「阻 막힐 조」의 음독은 「そ」, 훈독은 「阻む」이다. 문제에서는 수동형인 「阻まれる 막히다, 저지 당하다」로 사용하고 있다. 음독 명사인 「阻止 저지」도 함께 기억해 두자.

4 その会社の事業は多岐にわたっている。

1 たよう　　2 たき
3 たさい　　4 たしゅ

정답 **2** 그 회사의 사업은 다방면에 걸쳐 있다.

단어 事業 사업 | 多岐 다기, 여러 갈래로 갈라짐 | 多様 다양 | 多彩 다채 | 多種 다종

해설 「岐 갈림길 기」의 음독은 「き」이다. ‘多岐にわたる 여러 방면에 걸쳐지다’를 묶어서 기억해 두자.

5 警察の鑑定の結果、事件とは関係ないことがわかった。

1 かんてい　　2 にんてい
3 けんてい　　4 さんてい

정답 **1** 경찰의 감정 결과, 사건과는 관계없는 것이 밝혀졌다.

단어 警察 경찰 | 鑑定 감정 | 結果 결과 | 事件 사건 | 認定 인정 | 検定 검정 | 算定 산정

해설 「鑑定」는 ‘사물의 특성이나 좋고 나쁨을 판단하다’라는 뜻으로 「鑑 거울 감」의 음독은 「かん」, 훈독은 「鑑みる 비추어 보다, 감안해서 판단하다」이며, 「定 정할 정」의 음독은 「じょう・てい」, 훈독은 「定める 결정하다」, 「定まる 결정되다」이다. 「定」은 보통 「予定 예정」, 「指定 지정」, 「決定 결정」과 같이 「てい」로 읽지만 「勘定 계산」, 「案の定 생각한 대로, 아니나 다를까」처럼 「じょう」로 읽는 경우도 많으니 구분해서 기억해야 한다.

6 地球が太陽を回るという説はコペルニクスが唱えた。

1 そなえた　　2 ささえた
3 となえた　　4 とらえた

정답 **3** 지구가 태양을 돈다는 설은 코페르니쿠스가 주장했다.

단어 地球 지구 | 太陽 태양 | 回る 돌다, 회전하다 | 説 설, 주장 | 唱える 외치다, 주장하다 | 備える 갖추다, 구비하다 | 支える 버티다, 지탱하다 | 捕える 잡다, 파악(인식)하다

| 해설 | 「唱 부를 창」의 음독은 「しょう」, 훈독은 「唱える 외치다, 주창하다」이다. 「反対を唱える 반대를 주창하다」, 「説を唱える 의견을 주장하다」와 같은 표현을 통해 기억하도록 하자.

7　高い空に白い雲が漂っています。
　　1 かたまって　　　2 かさなって
　　3 たたかって　　　4 ただよって

| 정답 | 4 높은 하늘에 하얀 구름이 떠다니고 있습니다.
| 단어 | 漂う 떠돌다, 표류하다 | 固まる 굳다, 딱딱해지다 | 重なる 겹치다, 거듭되다 | 戦う 싸우다
| 해설 | 「漂 떠다닐 표」의 음독은 「ひょう」, 훈독은 「漂う 떠돌다, 표류하다」이다. 「白い雲が漂う 하얀 구름이 떠다니다」, 「花の香りが漂う 꽃향기가 감돌다」와 같은 표현을 통해 기억하도록 하자.

8　優勝を目指して野球部員は日夜練習を続けている。
　　1 にちばん　　　2 にちや
　　3 ひばん　　　　4 ひや

| 정답 | 2 우승을 목표로 야구 부원은 밤낮으로 연습을 계속하고 있다.
| 단어 | 優勝 우승 | 目指す 노리다, 목표로 하다 | 日夜 주야, 밤낮, 늘, 언제나 | 練習 연습
| 해설 | 「日 날 일」의 음독은 「じつ・にち」, 훈독은 「か・ひ」이고, 「夜 밤 야」의 음독은 「や」, 훈독은 「よ・よる」이다.

9　最近は巧妙な方法で人をだます犯罪が増えている。
　　1 こうかつ　　　2 うかつ
　　3 ぜつみょう　　4 こうみょう

| 정답 | 4 최근에는 교묘한 방법으로 사람을 속이는 범죄가 늘어나고 있다.
| 단어 | 最近 최근 | 巧妙 교묘 | だます 속이다 | 犯罪 범죄 | 増える 늘어나다 | うかつ 세상 물정에 어둡고 멍청함 | 絶妙 절묘
| 해설 | 「巧 공교할 교」의 음독은 「こう」, 훈독은 「巧み 정교함, 교묘함, 솜씨가 좋음」이며, 「妙 묘할 묘」의 음독은 「みょう」이다.

10　お金より名誉を大切に思う人もいます。
　　1 めいよ　　　2 めいげん
　　3 めいさく　　4 めいし

| 정답 | 1 돈 보다 명예를 중요하게 여기는 사람도 있습니다.
| 단어 | 名誉 명예 | 名言 명언 | 名作 명작 | 名刺 명함
| 해설 | 「名 이름 명」의 음독은 「みょう・めい」, 훈독은 「な」이며, 「誉 명예 예」의 음독은 「よ」, 훈독은 「誉れ 명예, 영예」이다.

실전문제 ⑥

問題1　＿＿＿＿의 단어를 읽는 법으로 가장 적당한 것을 1・2・3・4에서 하나 고르세요.　문제편 133p

1　時間と労力を費やしても結果はどうなるかわからない。
　　1 ひやして　　　2 ふやして
　　3 ついやして　　4 たがやして

| 정답 | 3 시간과 수고를 들이더라도 결과가 어떻게 될 지 알 수 없다.
| 단어 | 時間 시간 | 労力 노력, 노동력, 일손 | 費やす 쓰다, 소비하다 | 結果 결과 | 冷やす 차게 식히다 | 増やす 늘리다 | 耕す 논밭을 갈다
| 해설 | 「費 쓸 비」의 음독은 「ひ」, 훈독은 「費やす 쓰다, 소비하다」이며 '돈, 시간, 노력을 들이다'라는 의미로도 사용한다.

2　映画館の跡地にマンションができた。
　　1 とち　　　　2 あとち
　　3 きち　　　　4 あきち

| 정답 | 2 영화관 철거지에 맨션이 생겼다.
| 단어 | 跡地 철거지 | マンション 맨션, 큰 아파트 | 土地 토지 | 基地 기지 | 空き地 공터, 빈터
| 해설 | 음독과 훈독을 혼용해서 읽는 한자어 문제이다. 「跡 발자취 적」의 음독은 「せき」, 훈독은 「跡 자취, 흔적」이다. 「地 땅 지」의 음독은 「じ」와 「ち」가 있는데, 「じ」로 읽는 단어로는 「生地 본연의 상태, 옷감」, 「地味 수수함, 검소함」, 「意地 고집」 등이 있고, 「ち」로 읽는 단어로는 「敷地 부지」, 「地域 지역」, 「心地 기분, 마음」, 「余地 여지」이다.

등이 있다. 「跡地 철거지」처럼 훈독과 음독을 혼용해서 읽는 단어는 반드시 암기하도록 하자.

3 この作品を貫いているのは平和へのメッセージだ。

1 つらぬいて　　2 つづいて
3 とどいて　　　4 とりまいて

정답 1 이 작품을 관철하는 것은 평화에 대한 메시지이다.
단어 作品 작품 | 貫く 꿰뚫다, 관통하다 | 平和 평화 | メッセージ 메시지 | 届く 닿다 | 取り巻く 둘러싸다
해설 '꿰뚫다, 관통하다'라는 의미를 가진「貫く」는 「山脈を貫く 산맥을 관통하다」처럼 쓰기도 하지만 「初志を貫く 초지일관하다」, 「主張を貫く 주장을 관철하다」처럼 '의지·의견·주장'을 나타내는 표현과 함께 쓰여 '일관하다, 관철하다'라는 뜻으로도 사용한다.

4 道路が混雑しているが業務の遂行に問題はない。

1 ちっこう　　2 ずいこう
3 しんこう　　4 すいこう

정답 4 도로가 혼잡하지만 업무 수행에 문제는 없다.
단어 道路 도로 | 混雑 혼잡 | 業務 업무 | 遂行 수행 | 進行 진행
해설 「遂 드디어 수」의 음독은 「すい」, 훈독은 「遂げる 이루다, 달성하다」이며, 「行 갈 행」의 음독은 「ぎょう・こう」, 훈독은 「行く 가다」, 「行う 실시하다」이다.

5 上司が言うことは拒めません。

1 いなめ　　　2 こばめ
3 うらめ　　　4 とがめ

정답 2 상사가 말하는 것은 거절할 수 없습니다.
단어 上司 상사 | 拒む 거절하다, 거부하다 | 否む 부정하다 | 恨む 원망하다
해설 「拒 막을 거」의 음독은 「きょ」, 훈독은 「拒む 거부하다, 저지하다」이다. 음독으로 읽는 「拒否 거부」, 「拒絶 거절」 등도 함께 기억해 두자.

6 新しい素材の開発はノーベル賞に値する。

1 しょうする　　2 あたいする
3 しする　　　　4 ねする

정답 2 새로운 소재의 개발은 노벨상의 가치가 있다.
단어 素材 소재 | 開発 개발 | ノーベル賞 노벨상 | 値する ~할 만하다, ~할 가치가 있다 | 称する 칭하다
해설 「値 값 치」의 음독은 「ち」, 훈독은 「ね」와 「あたい」두 가지가 있다. 「ね」로 읽을 때는 '가격'을 의미하며 「値段 가격」, 「値上げ 가격 인상」, 「高値 고가」의 단어들을 예로 들 수 있다. 「あたい」로 읽을 때는 '가치, 값어치'를 의미하며 「~に値する」, 「~の値がある ~할 가치가 있다」라는 표현으로 기억해 두자.

7 ここに陳列してあるのは作家の初期の作品です。

1 じんれい　　2 じんれつ
3 ちんれい　　4 ちんれつ

정답 4 여기에 진열되어 있는 것은 작가의 초기 작품입니다.
단어 陳列 진열 | 作家 작가 | 初期 초기 | 作品 작품
해설 「陳 베풀 진」의 음독은 「ちん」이며, 「列 벌릴 렬」의 음독은 「れつ」이다.

8 海に住むイルカはとても賢い動物である。

1 ずるい　　　2 もろい
3 こころよい　4 かしこい

정답 4 바다에 사는 돌고래는 매우 똑똑한 동물이다.
단어 住む 살다 | イルカ 돌고래 | 賢い 현명하다, 똑똑하다 | ずるい 약다, 교활하다 | もろい 무르다, 부서지기 쉽다 | 快い 상쾌하다, 기분 좋다
해설 「賢 어질 현」의 음독은 「けん」, 훈독은 「賢い 현명하다, 영리하다」이다.

9 子どもたちに未来を託します。

1 ゆるします　　2 わたします
3 たくします　　4 のこします

정답 3 아이들에게 미래를 맡깁니다.

[단어] 未来 미래 | 託す 맡기다 | 許す 허가하다, 용서하다 | 渡す 건네주다 | 残す 남기다

[해설] 「託 부탁할 탁」의 음독은 「たく」이다. 정답인 「託す」는 「託」에 「する」가 붙은 형태의 동사 「託する 맡기다, 부탁하다」의 문어체이다.

10　当局が了承してくれれば計画を進めたい。

1 りょうしょう　　2 りょしょう
3 りょうじょう　　4 りょじょう

[정답] 1 당국이 허가해 주면 계획을 추진하고 싶다.

[단어] 当局 당국 | 了承 승낙, 양해 | 計画 계획 | 進める 앞으로 나아가다, 진척시키다

[해설] 「了 마칠 료」의 음독은 「りょう」이며, 「承 이을 승」의 음독은 「しょう」, 훈독은 「承る 듣다, 받다, 승낙하다의 겸양어」이다. 「了」가 들어가는 「了解 양해」, 「修了 수료」 등도 함께 기억해 두자.

問題 2 문맥 규정

실전문제 정답 및 해설

정답

	1	2	3	4	5	6	7	8	9	10
실전문제 ①	3	3	2	1	2	1	4	4	3	2
실전문제 ②	3	1	1	2	3	4	2	2	4	3
실전문제 ③	1	2	3	3	2	3	4	1	3	2
실전문제 ④	4	2	2	3	3	3	3	4	3	1
실전문제 ⑤	3	2	4	1	3	4	1	4	1	4
실전문제 ⑥	4	2	3	1	3	4	3	4	4	3

실전문제 ①

問題 2 ( )에 들어가기에 가장 적당한 것을 1·2·3·4에서 하나 고르세요. 〔문제편 134p〕

1 今度の台風が( )被害は想像を超えるほどだった。
1 遂げた   2 賜った
3 及ぼした   4 傷めた

정답 3 이번 태풍이 미친 피해는 상상을 초월할 정도였다.

단어 今度 이번｜被害 피해｜想像を超える 상상을 초월하다｜遂げる 이루다, 달성하다｜賜る 윗사람에게서 받다｜及ぼす (작용·영향을) 미치다｜傷める 다치다, 고통을 받다

해설 괄호에 들어갈 단어로는 선택지 3번의 「及ぼす」가 적당하다. 1번의 「遂げる」는 '목적한 바를 이루다, 달성하다'라는 뜻이며, 2번의 「賜る」는 「もらう」의 겸양표현이자 「くれる」의 존경표현으로 '윗사람에게서 받다, 윗사람이 내려주시다'라는 뜻이다. 4번의 「傷める」는 '신체적·정신적으로 다치게 하다, 고통을 주다'라는 뜻이므로 1, 2, 4번은 문장의 흐름과 맞지 않아 답이 될 수 없다.

2 久しぶりに会った同級生と夜遅くまで話が( )。
1 及んだ   2 極まった
3 弾んだ   4 滑った

정답 3 오랜만에 만난 동급생과 밤 늦게까지 신나게 이야기했다.

단어 同級生 동급생｜及ぶ 미치다, 이르다｜極まる 최상이다, 지극히 ~하다｜弾む 튀다, 기세가 오르다｜滑る 미끄러지다

해설 선택지 3번의 「弾む」는 「ボールが弾む 볼이 튀다」와 같이 물리적인 반동으로 '튀다'라는 의미와 「心が弾む 마음이 들뜨다」와 같이 '기세가 오르다, 신바람이 나다'라는 의미가 있다. 문제의 「話が弾む」는 '이야기가 활기를 띠다, 신나게 이야기하다'라는 의미의 표현이다.

3 失敗することがわかっている( )計画に反対した。
1 不毛な   2 無謀な
3 非道な   4 奇妙な

Part 1 문자·어휘   63

| 정답 | **2** 실패할 것을 아는 무모한 계획에 반대했다.
| 단어 | 失敗(しっぱい) 실패 | 反対(はんたい) 반대 | 不毛(ふもう)な 불모의, 성과가 없는 | 無謀(むぼう)な 무모한 | 非道(ひどう)な 무도한 | 奇妙(きみょう)な 기묘한
| 해설 | 괄호에 들어갈 단어로는 선택지 2번의「無謀(むぼう)な」가 적당하다. 1번의「不毛(ふもう)な」는 '아무것도 자라지 못하는 메마른 땅처럼 결실을 보지 못하는 상태'를 의미하며, 3번의「非道(ひどう)な」는 '인간의 도리에 어긋나는'이라는 의미이며, 4번의「奇妙(きみょう)な」는 '이상하고 신기한'이라는 의미로 문장의 흐름과 맞지 않아 답이 될 수 없다.

4 交渉(こうしょう)は( )で合意(ごうい)することができた。
1 大筋(おおすじ)   2 大柄(おおがら)
3 大勢(おおぜい)   4 大物(おおもの)

| 정답 | **1** 교섭은 대체로 합의할 수 있었다.
| 단어 | 交渉(こうしょう) 교섭 | 合意(ごうい) 합의 | 大筋(おおすじ) 대강의 줄거리, 대강, 요점 | 大柄(おおがら) 몸집이나 형상이 큼 | 大勢(おおぜい) 많은 사람, 여럿 | 大物(おおもの) 거물, 스케일이 큰 사람
| 해설 | 괄호 안에 들어갈 단어로는 선택지 1번의「大筋(おおすじ)」가 적당하다. 내용만 보고 3번의「大勢(おおぜい)」를 선택하지 않도록 주의하자.「交渉(こうしょう)を大筋(おおすじ)で合意(ごうい)する 교섭을 대체적으로 합의하다」,「大筋(おおすじ)で合意(ごうい)に達(たっ)する 대체적으로 합의에 도달하다(이르다)」와 같은 예문을 통해「大筋(おおすじ)」의 자연스러운 쓰임을 익히도록 하자.

5 この会社(かいしゃ)ではいつもベテランが新入社員(しんにゅうしゃいん)を( )している。
1 レッスン   2 フォロー
3 チェンジ   4 サービス

| 정답 | **2** 이 회사에서는 항상 베테랑이 신입 사원을 지원하고 있다.
| 단어 | ベテラン 베테랑 | 新入社員(しんにゅうしゃいん) 신입 사원 | レッスン 레슨 | フォロー 팔로우, 뒤쫓음, 보조함, 지원함 | チェンジ 체인지 | サービス 서비스
| 해설 | '베테랑이 신입 사원을 교육하고 지원한다'는 의미가 되어야 하므로 선택지 2번의「フォロー」가 답으로 적당하다.

6 自分(じぶん)に責任(せきにん)はないと( )一歩(いっぽ)もひかない。
1 言(い)い張(は)って   2 言(い)い残(のこ)して
3 言(い)いすぎて   4 言(い)いそこなって

| 정답 | **1** 자신에게 책임은 없다고 우기면서 조금도 물러서지 않는다.
| 단어 | 責任(せきにん) 책임 | 一歩(いっぽ) 한걸음 | 言(い)い張(は)る (자기 주장을) 끝까지 우겨대다 | 言(い)い残(のこ)す 말을 남기다 | 言(い)いすぎる 말이 지나치다 | 言(い)いそこなう 잘못 말하다, 말을 못하다
| 해설 | '책임이 없다며 물러서지 않는 태도'와 어울리는 단어는 선택지 1번의「言(い)い張(は)る」이다. 선택지 2, 3, 4는 문장 흐름과 맞지 않아 답이 될 수 없다.

7 その一言(ひとこと)に( )腹(はら)が立(た)った。
1 ふんだんに   2 めっきり
3 ことごとく   4 むしょうに

| 정답 | **4** 그 한마디에 공연히 화가 났다.
| 단어 | 腹(はら)が立(た)つ 화가 나다 | ふんだんに 풍족히, 풍성히 | めっきり 두드러지게 변화하는 모양, 뚜렷이, 현저히 | ことごとく 전부, 모조리 | むしょうに 공연히, 까닭 없이
| 해설 | '그 한 마디에 괜히 화가 났다'라는 문장이 되어야 하므로 선택지 4번의「無性(むしょう)に」가 답으로 적당하다.

8 梅雨(つゆ)の季節(きせつ)は毎日(まいにち)( )して病気(びょうき)になりやすい。
1 どろどろ   2 ぽかぽか
3 ぐんぐん   4 じめじめ

| 정답 | **4** 장마철은 매일 습해서 병에 걸리기 쉽다.
| 단어 | 梅雨(つゆ) 장마 | 季節(きせつ) 계절 | 病気(びょうき) 병 | どろどろ 질척질척, 진흙 투성이가 된 모양 | ぽかぽか 따끈따끈 | ぐんぐん 힘차게 성장하는 모양, 부쩍부쩍, 쭉쭉 | じめじめ 습기가 많은 모양, 축축, 질퍽질퍽
| 해설 | '장마철의 어떠한 특성에 의해 병에 걸리기 쉽다'는 내용이므로 괄호 안에는 '습기가 많은 모양'을 나타내는 선택지 4번의「じめじめ」가 들어가야 한다.

[9] 土曜日に出勤するのは(　　　)じゃありません。
　1 必然　　　　2 建前
　3 強制　　　　4 指図

정답　3 토요일에 출근하는 것은 강제가 아닙니다.

단어　出勤 출근 | 必然 필연 | 建前 표면상의 이야기, 명분 | 強制 강제 | 指図 지시, 지휘

해설　괄호 안에 들어갈 단어로는 선택지 3번의「強制」가 가장 적당하다. 2번의「建前」는 속마음이 아닌 '표면적인 의견 혹은 명분'이라는 뜻으로, 반의어인「本音 본심, 속마음」도 함께 기억해 두자.

[10] 昔話の中にはたくさんの(　　　)が出てくる。
　1 教育　　　　2 教訓
　3 苦言　　　　4 苦笑

정답　2 옛날이야기 속에는 많은 교훈이 나온다.

단어　昔話 옛날이야기 | 教育 교육 | 教訓 교훈 | 苦言 고언, 쓴소리 | 苦笑 고소, 쓴웃음

해설　3번「苦言」은 '듣기에는 거슬리나 도움이 되는 말'이라는 뜻이고, 4번「苦笑」는 '마지못해 짓는 웃음'이라는 뜻이다. 정답은 2번이다.

실전문제 ②

問題 2 (　　　)에 들어가기에 가장 적당한 것을 1·2·3·4에서 하나 고르세요.　문제편 135p

[1] 最近は国内での就職が難しいために優秀な人材が外国に(　　　)している。
　1 流通　　　　2 異動
　3 流出　　　　4 浸透

정답　3 최근에는 국내에서 취직하기가 어렵기 때문에 우수한 인재가 외국으로 유출되고 있다.

단어　国内 국내 | 就職 취직 | 優秀 우수 | 人材 인재 | 流通 유통 | 異動 이동 | 流出 유출 | 浸透 침투

해설　괄호 안에는 귀중한 물품, 정보, 인재 등이 밖으로 '흘러 나간다'는 의미의 단어가 들어가야 한다. 답으로 가장 적당한 것은 선택지 3번의「流出」이다. 1번의「流通 유통」은 화폐나 물품 등이 세상에 흘러 다닌다는 뜻이고, 2번의「異動 이동」은 직위나 근무처 등이 바뀐다는 뜻이므로 문장 흐름상 답이 될 수 없다.

[2] 人に頼み事をする時は、話を(　　　)タイミングが難しい。
　1 切り出す　　　2 呼びかける
　3 取り扱う　　　4 割り込む

정답　1 남에게 부탁을 할 때는 이야기를 꺼내는 타이밍이 어렵다.

단어　頼み事 부탁 | タイミング 타이밍 | 切り出す (말을) 꺼내다 | 呼びかける 호소하다, 찬동을 구하다 | 取り扱う 다루다, 취급하다 | 割り込む 끼어들다, 시세가 떨어지다

해설　괄호 안에는 단순히 '이야기를 하다'라는 표현이 아니라 '이야기를 꺼내기에 어려움이 있다'는 흐름의 문장이 되는 단어가 들어가야 한다. 답으로는 '큰맘 먹고 말을 꺼낸다'는 뉘앙스인 선택지 1번「切り出す 말을 꺼내다, 반출하다」가 적당하다.

[3] 今回優勝した選手は最近3年間、(　　　)良い成績を残していた。
　1 コンスタントに　　2 レギュラーに
　3 ストレートに　　　4 オートマチックに

정답　1 이번에 우승한 선수는 최근 3년간 꾸준히 좋은 성적을 남겼다.

단어　今回 이번 | 優勝 우승 | 選手 선수 | 成績 성적 | 残す 남기다 | コンスタントに 꾸준히, 변함없이 | レギュラーに 정규로 | ストレートに 단도직입적으로, 직선적으로 | オートマチックに 자동으로

해설　문장의 흐름상 괄호 안에 들어갈 가타카나어로는 선택지 1번의「コンスタントに」가 가장 적당하다.

[4] こちらに(　　　)はないから謝る必要はない。
　1 否　　　　2 非
　3 失　　　　4 悪

정답　2 이쪽에 잘못은 없으니까 사과할 필요는 없다.

단어　謝る 사과하다, 사죄하다 | 非はない 잘못은 없다, 결점은 없다

해설	'사과할 필요가 없다'고 말하는 이유는 '잘못이 없기 때문'이므로 이와 같은 흐름에 맞는 단어는 선택지 2번의 「非」이다. 「非」에는 '도리에 어긋남, 옳지 않음, 잘못, 결점' 등의 뜻이 있다.

5	会議の場所と時間の変更を、相手側に(　　)してみた。
	1 了承　　　　　　2 保証
	3 打診　　　　　　4 督促

정답	3 회의 장소와 시간의 변경을 상대측에 타진해 보았다.
단어	会議 회의 ｜ 場所 장소 ｜ 変更 변경 ｜ 相手側 상대측 ｜ 了承 승낙, 양해 ｜ 保証 보증 ｜ 打診 타진 ｜ 督促 독촉
해설	'변경을 위해 상대측에 해야 하는 행위'라는 문장 흐름을 만들기에 가장 적당한 단어는 '남의 마음이나 사정을 살펴보다'라는 뜻이 있는 선택지 3번의 「打診」이다.

6	パソコンは機能や製造年によって値段も(　　)だ。
	1 かわるがわる　　2 たちまち
	3 たかだか　　　　4 まちまち

정답	4 컴퓨터는 기능과 제조 연도에 따라 가격도 제각각이다.
단어	パソコン 컴퓨터 ｜ 機能 기능 ｜ 製造 제조 ｜ 値段 가격 ｜ かわるがわる 번갈아 가며, 교대로 ｜ たちまち 홀연히, 갑자기, 금세 ｜ たかだか 기껏, 고작 ｜ まちまち 각기 다름
해설	'기능과 제조 연도에 따라 가격이 다르다'라는 문장이 되어야 하므로 적절한 단어는 '각기 다름'이라는 뜻의 선택지 4번의 「まちまち」이다.

7	このレンズは太陽の光を完全に(　　)する効果があります。
	1 制約　　　　　　2 免除
	3 分配　　　　　　4 遮断

정답	4 이 렌즈는 태양 빛을 완전히 차단하는 효과가 있습니다.
단어	レンズ 렌즈 ｜ 完全に 완전하게 ｜ 効果 효과 ｜ 制約 제약 ｜ 免除 면제 ｜ 分配 분배 ｜ 遮断 차단
해설	괄호에 들어갈 단어로 적당한 것은 '막거나 끊는다'는 의미가 있는 선택지 4번의 「遮断」이다.

8	消防当局は火事の被害について詳しく報告したが、原因については(　　)しなかった。
	1 言い訳　　　　　2 言及
	3 演説　　　　　　4 苦言

정답	2 소방 당국은 화재 피해에 대해서 자세히 보고했지만 원인에 대해서는 언급하지 않았다.
단어	消防当局 소방 당국 ｜ 火事 화재 ｜ 被害 피해 ｜ 詳しい 상세하다, 자세하다 ｜ 報告 보고 ｜ 原因 원인 ｜ 言い訳 변명 ｜ 言及 언급 ｜ 演説 연설 ｜ 苦言 고언, 쓴소리
해설	역접 조사 「が」를 기준으로 서로 상반된 내용이 나와야 한다. 한 가지 사항에 관해서는 「報告したが 보고했지만」 다른 사항에 대해서는 '보고 하지 않았다'라는 흐름이 되어야 하므로 괄호 안에 들어갈 단어로는 선택지 2번의 「言及」가 적당하다.

9	台風が通過したあと、ようやく大雨警報が(　　)された。
	1 収束　　　　　　2 修了
	3 断念　　　　　　4 解除

정답	4 태풍이 통과한 후, 겨우 호우 경보가 해제되었다.
단어	通過 통과 ｜ ようやく 드디어, 겨우, 간신히 ｜ 大雨 큰 비, 호우 ｜ 警報 경보 ｜ 収束 수속, 수습함 ｜ 修了 수료 ｜ 断念 단념 ｜ 解除 해제
해설	괄호 안에는 '강제나 금지를 풀다'라는 의미의 단어가 들어가야 하므로 선택지 4번의 「解除」가 답으로 적당하다. 1번의 「収束」는 '결말을 지음, 수습함'이라는 의미이며, 2번의 「修了」는 '학과 과정을 다 배워서 끝내는 것'을 의미한다.

10	小さな町だったが彼の結婚式はたくさんの人たちを迎えて(　　)行われた。
	1 大幅に　　　　　2 過剰に
	3 盛大に　　　　　4 誇大に

정답	3 작은 동네였지만 그의 결혼식은 많은 사람을 맞이하여 성대하게 치러졌다.
단어	町 동네 ｜ 結婚式 결혼식 ｜ 迎える 맞이하다, 마중하다 ｜ 大幅に 대폭, 큰 폭으로 ｜ 過剰に 과잉으로 ｜ 盛大に 성대하게 ｜ 誇大に 과대하게

해설 많은 사람들을 맞아 '규모가 크고 풍성한' 결혼식을 치렀다는 문장이 되어야 하므로 괄호 안에 들어갈 단어로는 선택지 3번의「盛大に」가 적당하다. 1번의「大幅」는 '수량 등의 변동이 큰 모양'을 의미하고, 2번의「過剰」는「人口過剰 인구 과잉」처럼 '예정하거나 필요한 수량보다 많아 남음'이라는 의미이다. 4번의「誇大」는「誇大広告 과대광고」,「誇大妄想 과대망상」처럼 작은 것을 크게 과장할 때 사용한다.

실전문제 ③

問題2 (　　)에 들어가기에 가장 적당한 것을 1・2・3・4에서 하나 고르세요. 문제편 136p

1　クイズに優勝して(　　)のハワイ旅行に行った。
1 念願　　2 祈願
3 請願　　4 志願

정답　1 퀴즈에 우승하여 염원하던 하와이 여행을 갔다.
단어　クイズ 퀴즈 | 優勝 우승 | 旅行 여행 | 念願 염원 | 祈願 기원 | 請願 청원 | 志願 지원
해설　선택지 1번의「念願」과 2번의「祈願」모두 '간절히 바라고 기도한다'는 뜻이 있지만「念願」은 꿈이나 소망이 이루어지도록 '자신의 마음 속으로 생각한다'는 의미이며,「祈願」은 바라는 일이 이루어지도록 '신에게 기도한다'라는 의미이다.「多年の念願が叶った 오랜 세월의 염원이 이루어졌다」,「神仏に祈願する 신불에게 기원하다」와 같은 예문을 통해 그 차이를 알아두도록 하자.

2　この事業を成功させるために(　　)準備を進めてきた。
1 綿密な　　2 親密な
3 厳密な　　4 過密な

정답　1 이 사업을 성공시키기 위하여 면밀한 준비를 진행해 왔다.
단어　成功 성공 | 準備 준비 | 綿密な 면밀한 | 親密な 친밀한 | 厳密な 엄밀한 | 過密な 과밀한
해설　선택지 1번의「綿密」는「綿密な計画を立てる 면밀한 계획을 세우다」처럼 앞으로 해야 할 일에 관한 '자세하고 빈틈이 없는 꼼꼼함'을 의미하는 데 비해, 3번의「厳密」는「厳密な調査を行う 엄밀한 조사를 실시하다」처럼 현재 진행 중인 설계나 데이터에 대한 '작은 빈틈이나 잘못도 용납하지 않을 만큼 엄격한 세밀함'을 의미한다. 즉「綿密」에는 미래를 대비한다는 의미가 있는데 비해「厳密」는 현재 진행 중인 설계나 데이터의 '정확성, 정밀성'을 강조하는 의미가 있다.

3　交渉する時は相手に(　　)することも必要だ。
1 挑戦　　2 一任
3 妥協　　4 調和

정답　3 교섭할 때는 상대와 타협하는 것도 필요하다.
단어　交渉 교섭 | 相手 상대 | 挑戦 도전 | 一任 일임 | 妥協 타협 | 調和 조화
해설　괄호 안에는 상대와 교섭을 위해 필요한 단어가 들어가야 한다. 답으로 가장 적당한 것은 '서로 양보하여 협의한다'는 의미가 있는 선택지 3번의「妥協」이다.

4　彼は父の死に同情する世論を(　　)にトップで当選した。
1 有益　　2 躍進
3 背景　　4 保証

정답　3 그는 아버지의 죽음에 동정하는 여론을 배경으로 일등으로 당선됐다.
단어　同情 동정 | 世論 여론 | トップ 톱, 선두 | 当選 당선 | 有益 유익 | 躍進 약진 | 背景 배경 | 保証 보증
해설　문장 흐름에 알맞은 단어는 선택지 3번의「背景」이다. 배경에는 '뒤쪽의 경치나 주위를 둘러싼 환경'이라는 뜻뿐만 아니라 '앞에서 드러나지 않게 도와주는 힘'이라는 뜻도 있다.

5　この学校には将来を担う(　　)がそろっている。
1 人柄　　2 逸材
3 天才　　4 素材

정답　2 이 학교에는 장래를 짊어질 뛰어난 수재가 모여 있다.

단어 将来 장래 | 担う 짊어지다, 떠맡다 | そろう 모이다, 갖추다 | 人柄 인품, 사람됨 | 逸材 일재, 수재, 뛰어난 재능이나 사람 | 天才 천재 | 素材 소재

해설 괄호 안에는 '장래를 짊어진 뛰어난 사람'이라는 의미의 단어가 들어가야 하므로 '보통보다 뛰어난 재주, 또는 그런 재주를 가진 사람'이라는 뜻이 있는 선택지 2번의 「逸材」가 답으로 적당하다. 3번의 「天才」 역시 '남보다 뛰어난 재주, 재능을 가진 사람'이라는 뜻이 있지만 천재에는 '선천적으로 타고났다'는 의미가 담겨 있으므로 가장 적당한 답은 2번이다.

6 翻訳では原作の(　　　)がうまく伝わらない。
1 プライド　　2 ヒント
3 ニュアンス　4 アポイント

정답 3 번역으로는 원작의 뉘앙스가 잘 전해지지 않는다.

단어 翻訳 번역 | 原作 원작 | 伝わる 전해지다, 전달되다 | プライド 프라이드, 자긍심, 자부심 | ヒント 힌트 | ニュアンス 뉘앙스 | アポイント 약속

해설 3번 「ニュアンス」는 '언어로 표현할 수 없는 미묘한 차이'라는 의미이다. 따라서 정답은 3번의 「ニュアンス」가 적당하다. 4번은 약속이라는 뜻의 「アポイント appointment의 축약형」이다.

7 問題発生のメカニズムを(　　　)するのは学者の使命だ。
1 発明　　2 声明
3 判明　　4 究明

정답 4 문제 발생의 메커니즘을 규명하는 것은 학자의 사명이다.

단어 メカニズム 메커니즘 | 学者 학자 | 使命 사명 | 発明 발명 | 声明 성명 | 判明 판명 | 究明 구명, 규명

해설 「メカニズム」은 '어떤 대상이 작동하는 원리나 구조'라는 뜻을 가진 가타카나어이다. 따라서 문장의 흐름에 적절한 어휘는 '자세히 따져 밝힌다'는 뜻이 있는 4번 「究明」이다.

8 それはどこまでも計算(　　　)の話で現実はもっと複雑だ。
1 上　　2 中
3 内　　4 間

정답 1 그것은 어디까지나 계산상의 이야기로 현실은 보다 복잡하다.

단어 計算 계산 | 現実 현실 | 複雑だ 복잡하다

해설 명사에 붙는 접미어 「~上 ~상」은 '~에 따른'이라는 의미로, 문제의 「計算上 계산상」은 '계산에 따른'이라는 의미이다. 「事実上 사실상」, 「法律上 법률상」과 같은 표현도 함께 기억해 두자.

9 あの人の話し方はどうも気に(　　　)。
1 傷める　2 欠ける
3 障る　　4 擦る

정답 3 저 사람의 말투는 아무래도 거슬린다.

단어 話し方 이야기하는 방식, 말투 | 傷める (육체적·정신적으로) 다치다, 아프게 하다 | 欠ける 빠지다, 결여되다 | 障る 방해가 되다, 거슬리다 | 擦る 문지르다

해설 「気に障る 마음에 거슬리다, 불쾌하게 느끼다」라는 표현을 알면 어렵지 않게 풀 수 있는 문제이다. 선택지 중에 「気に」와 함께 쓸 수 있는 단어는 선택지 3번의 「障る」밖에 없다.

10 ここまで来たら(　　　)前に進むしかない。
1 怠らないで　　2 ためらわないで
3 食い止めないで　4 損なわないで

정답 2 여기까지 왔으면 주저하지 말고 앞으로 나아갈 수밖에 없다.

단어 怠る 게으름 피우다 | ためらう 주저하다, 망설이다 | 食い止める 막다, 저지하다 | 損なう 손상하다, 해치다

해설 '여기까지 온 이상 앞으로 나아갈 수밖에 없다'는 문장의 흐름상 괄호 안에 들어갈 단어로는 선택지 2번의 「ためらわないで 주저하지 말고, 망설이지 말고」가 적당하다.

실전문제 ④

問題2 (　　)에 들어가기에 가장 적당한 것을 1・2・3・4에서 하나 고르세요. 　문제편 137p

1 この洗剤は油汚れを落とすのに(　　)な効果を発揮します。
1　円満　　2　巧妙
3　大幅　　4　絶大

정답 4 이 세제는 기름때를 지우는 데 큰 효과를 발휘합니다.
단어 洗剤 세제 | 油汚れ 기름때 | 落とす 떨어뜨리다, (묻은 것을) 지우다 | 効果 효과 | 発揮 발휘 | 円満な 원만한 | 巧妙な 교묘한 | 大幅な 대폭, 대폭적인 | 絶大な 절대적인, 매우 큰
해설 '기름때를 빼는 데 큰 효과가 있다'는 흐름의 문장이므로 괄호 안에는 '크다'는 의미의 단어가 들어가야 한다. 선택지 3번의 「大幅」는 수량의 '범위'가 크다는 의미이므로 답으로는 적절하지 않다. '비교할 만한 대상이 없을 정도로, 아주 크'라는 뜻이 있는 4번의 「絶大」가 정답이다.

2 初めて行く所なので一人では(　　)。
1　煩わしい　　2　心細い
3　むなしい　　4　おぼつかない

정답 2 처음 가는 곳이라서 혼자서는 불안하다.
단어 煩わしい 번거롭다, 성가시다 | 心細い 불안하다 | むなしい 허무하다, 공허하다 | おぼつかない (될지 안 될지) 의심스럽다, 불안하다
해설 괄호 안에는 '혼자서 처음 가는 곳'에서 느끼는 감정을 표현하는 단어가 들어가야 한다. 선택지 2번과 4번 모두 '불안하다'라는 뜻이 있어 혼란스러울 수 있지만, 2번의 「心細い」는 단순히 '마음이 불안하다, 마음이 안 놓이다'라는 뜻인데 비해, 4번의 「おぼつかない」는 '어떠한 일이 성사 될지 안 될지 불안하다, 일의 결과가 의심스럽다'는 의미이다.

3 作家には(　　)の経歴を持った人が多い。
1　異動　　2　異色
3　異常　　4　異質

정답 2 작가들 중에는 이색적인 경력을 가진 사람이 많다.
단어 作家 작가 | 経歴 경력 | 異動 이동 | 異色 이색 | 異常 이상 | 異質 이질
해설 '작가라는 직업 특성상 남들과 다른 경력을 가진 사람이 많다'라는 흐름의 문장이므로 괄호 안에 들어갈 단어로는 '다른 특색이 있음'을 의미하는 선택지 2번의 「異色」가 적당하다. 1번은 지위나 직책의 변동을 의미하는 「異動」, 3번은 정상적인 상태가 아님을 의미하는 「異常」, 4번은 성질이 다르다는 뜻이 있는 「異質」이다.

4 どんなことがあっても確信が(　　)ことはない。
1　揺らぐ　　2　解ける
3　乱れる　　4　鈍る

정답 1 어떤 일이 있더라도 확신이 흔들릴 일은 없다.
단어 確信 확신 | 揺らぐ 흔들리다. 요동하다 | 解ける 풀리다, (의문 등이) 해결되다 | 乱れる 흐트러지다 | 鈍る 둔해지다, 무뎌지다
해설 「確信」은 '흔들리거나 바뀌는 일 없이 굳게 믿음'이라는 의미이므로 '어떤 일이 있어도 확신이 ~리가 없다'라는 문장의 흐름상 괄호 안에는 '흔들리다'나 '바뀌다'라는 의미의 단어가 들어가야 한다. 따라서 선택지 1번의 「揺らぐ」가 답으로 적당하다.

5 失敗しても(　　)しないで次の機会に期待しよう。
1　しんなり　　2　どんより
3　くよくよ　　4　いやいや

정답 3 실패하더라도 끙끙거리며 고민하지 말고 다음 기회를 기대하자.
단어 機会 기회 | 期待 기대 | しんなり 부드럽고 나긋나긋한 모양, 나긋나긋, 낭창낭창 | どんより 날씨가 흐린 모양, 어두침침한 | くよくよ 사소한 일을 걱정하는 모양, 끙끙 | いやいや 싫지만 하는 수 없이, 마지못해
해설 '실패하더라도 고민하지 말고 다음 기회를 노리라'는 흐름의 문장이 되어야 하므로 괄호 안에 들어갈 단어로는 '사소한 일을 늘 걱정하는 모양'을 나타내는 선택지 3번의 「くよくよ」가 적당하다. 4번의 「いやいや」에는 '아니아니, 아니요'라는 부정으로 대답하는 뜻도 있지만 의

태어로 사용할 때는 '싫지만 하는 수 없이, 마지못해'라는 뜻으로도 사용한다.

---

6 いくつかの(　　)はこの事件を大きく取り上げた。
1 メーカー　　　　2 ファイル
3 メディア　　　　4 ジャンル

정답 3 몇 군데 미디어는 이 사건을 크게 다루었다.

단어 取り上げる 다루다, 문제 삼다, (신청·의견 등을) 받아들이다 | メーカー 제조사, 제조업자 | ファイル 파일, 서류철 | メディア 미디어, 언론, 매체 | ジャンル 장르, 종류, 양식

해설 '사건을 크게 다루다'라는 문장의 주어에 들어가기 적절한 단어는 선택지 3번의 「メディア」이다. 1, 2, 4번은 문장 흐름상 답이 될 수 없다.

---

7 昔の人は(　　)だったからストレスはなかったかもしれません。
1 健やか　　　　2 爽やか
3 なだらか　　　4 大らか

정답 4 옛날 사람은 느긋했기 때문에 스트레스가 없었을지도 모른다.

단어 ストレス 스트레스 | 健やかだ 건강하다, 건전하다 | 爽やかだ 상쾌하다, 산뜻하다 | なだらかだ 완만하다 | 大らかだ 느긋하고 태평하다, 대범하다

해설 '스트레스를 받지 않는 성격'을 나타내기에 적절한 단어는 '마음이 느긋하고 대범하다'라는 뜻이 있는 선택지 4번의 「大らか」이다. 「気持ちを大らかにする 마음을 느긋하게 먹다」, 「大らかな話しぶり 대범한 말투」와 같은 표현을 통해 기억해 두자.

---

8 たとえ小さな仕事でも最善を(　　)のが私の信念です。
1 かける　　　　2 つくす
3 そそぐ　　　　4 つとめる

정답 2 가령 작은 일이라도 최선을 다하는 것이 저의 신념입니다.

단어 最善を尽す 최선을 다하다 | 信念 신념 | 注ぐ 쏟다, 흘러 들어가다 | 務める 역할을 다하다

해설 '있는 힘을 다하다'라는 뜻이 있는 「尽す」가 들어간 관용표현 「最善を尽す」를 알면 쉽게 풀 수 있는 문제이다. 의미만을 보고 '쏟다, 붓다'라는 뜻이 있는 선택지 3번의 「注ぐ」나 '맡은 바 임무를 다하다'라는 뜻의 4번 「務める」를 골라 오답이 되지 않도록 조심하자.

---

9 日本経済の(　　)は数で言えば99%を占める中小企業にある。
1 立地　　　　2 由来
3 中枢　　　　4 基盤

정답 4 일본 경제의 기반은 수로 말하자면 99%를 차지하는 중소기업이다.

단어 経済 경제 | 占める 차지하다 | 中小企業 중소기업 | 立地 입지 | 由来 유래 | 中枢 중추 | 基盤 기반

해설 괄호에 들어갈 단어로는 '기초가 되는 바탕, 토대'라는 뜻의 선택지 4번 「基盤」이 적당하다. 의미만을 보면 '가장 중요한 부분'이라는 뜻의 3번 「中枢」와 혼동할 수 있겠지만, 문제에서 「数で言えば99% 수로 말하자면 99%」라고 말하는 것처럼 「基盤」에는 '전체를 이루는 바탕'이라는 의미가 있고 「中枢」에는 전체보다 '가장 중요한 부분, 중심적인 역할을 하는 일부'라는 뉘앙스가 있다.

---

10 海底の資源に関してはいろいろな分野の学者たちの(　　)研究が行われている。
1 多角的な　　　2 有機的な
3 批判的な　　　4 致命的な

정답 1 해저 자원에 관해서는 여러 분야 학자들의 다각적인 연구가 이루어지고 있다.

단어 海底 해저 | 資源 자원 | 分野 분야 | 研究 연구 | 多角的な 다각적인 | 有機的な 유기적인 | 批判的な 비판적인 | 致命的な 치명적인

해설 '여러 분야'의 학자들이 모여서 하는 연구이므로 괄호 안에 들어갈 단어로는 '여러 방면에 걸친'이라는 뜻이 있는 선택지 1번 「多角的な」가 적당하다. 2번 「有機的な」는 각 부분이 서로 밀접하게 연결되어 있어서 떼어낼 수 없다는 뜻이다.

실전문제 ⑤

問題2 ( )에 들어가기에 가장 적당한 것을 1·2·3·4에서 하나 고르세요. 　문제편 138p

1 長いつきあいですから(　　)で話しましょう。
1 正気　　2 内気
3 本音　　4 建前

정답 **3** 오래된 관계이니까 본심으로 이야기합시다.

단어 つきあい 사귐, 어울림 | 正気 제정신 | 内気 내성적인 성격 | 本音 본심 | 建前 표면상의 이야기, 주장

해설 '오래된 관계이니 솔직하게 이야기하자'라는 문장의 흐름에 들어갈 수 있는 단어는 선택지 3번의 「本音」이다. 4번의 「建前」는 '표면적인 주장, 명분'이라는 뜻으로 「本音」의 반대말에 해당한다.

2 彼はこれまでの(　　)を生かして広告会社を作った。
1 アプローチ　　2 キャリア
3 センス　　4 スペース

정답 **2** 그는 지금까지의 경력을 살려서 광고 회사를 만들었다.

단어 生かす 살리다 | 広告会社 광고 회사 | アプローチ 어프로치, 접근 | キャリア 커리어, 경력 | センス 센스 | スペース 스페이스, 공간, 여백

해설 문장의 흐름상 '사회 생활의 경력'을 의미하는 선택지 2번의 「キャリア」가 답으로 적당하다.

3 被害の(　　)を知らなければ対策が立てられない。
1 実況　　2 実感
3 実業　　4 実情

정답 **4** 피해 실정을 모르면 대책을 세울 수가 없다.

단어 対策を立てる 대책을 세우다 | 実況 실황 | 実感 실감 | 実業 실업 | 実情 실정

해설 '피해 대책을 세우기 위해서 꼭 알아야만 하는 것'은 실제 피해 상황이다. 따라서 괄호에 들어갈 단어로는 '실제 사정이나 상황, 즉 외부에서 보기만 해서는 알 수 없는 진짜 모습'이라는 의미의 「実情」가 적당하다. 1번의 「実況」는 '실제 상황, 일이 진행되고 있을 때의 그 자리의 모습'을 의미하고, 2번의 「実感」은 '실제로 겪는 느낌', 3번의 「実業」는 '농·공·상·수산업'처럼 생산 경제에 관련된 사업을 의미한다.

4 勝利した彼は(　　)の笑みを浮かべた。
1 会心　　2 改心
3 慢心　　4 傷心

정답 **1** 승리한 그는 회심의 미소를 띄웠다.

단어 勝利 승리 | 笑み 웃음, 미소 | 浮かべる 띄우다, 떠올리다 | 会心 회심, 마음에 흐뭇하게 들어 맞음 | 改心 개심 | 慢心 자만심, 교만 | 傷心 상심

해설 '승리한 사람이 보이는 미소'를 수식하는 단어로 가장 적당한 단어는 '기대했던 대로 되어 만족스러움'이라는 의미가 있는 선택지 1번의 「会心」이다. 「会心」과 발음이 같은 「改心」은 「改 고칠 개」, 「心 마음 심」이라는 한자 그대로 '잘못된 마음을 바르게 고친다'는 뜻이다.

5 韓国語(　　)は原書より本が厚くなっています。
1 号　　2 製
3 版　　4 型

정답 **3** 한국어판은 원서보다 책이 두껍습니다.

단어 原書 원서 | 厚い 두껍다, 두텁다

해설 '원서보다 두꺼운 책'에 관해 이야기하는 문장이므로 괄호 안에는 책과 관련된 접미어가 들어가야 한다. 선택지 1번의 「号 호」는 교통(新幹線のぞみ号 신칸센 노조미호)이나 신문, 잡지처럼 정기적으로 나오는 출판물의 번호를 매길 때(創刊号 창간호) 사용하는 어휘이고, 3번의 「版 판」은 인쇄한 책이나 인쇄 횟수(韓国語版 한국어판, 改正版 개정판)을 말하는 어휘이다.

6 普通の市民でも社会に(　　)できることはたくさんある。
1 波及　　2 配信
3 投影　　4 寄与

정답 **4** 평범한 시민도 사회에 기여할 수 있는 일은 많이 있다.

단어 普通 보통 | 市民 시민 | 社会 사회 | 波及 파급 | 配信 배신, 입수한 정보나 뉴스를 송신하는 것, 배포 | 投影 투영 | 寄与 기여

해설 '평범한 시민이라도 사회에 할 수 있는 일'이라는 문장 흐름에 들어갈 수 있는 단어는 '도움이 되도록 힘을 쓰다'라는 뜻이 있는 선택지 4번의 「寄与」이다. 2번의 「配信」은 통신사나 신문사에서 정보나 뉴스를 다른 매체에 보낼 때, 또는 인터넷을 이용해 동영상, 음악, 정보 등을 서비스 할 때 사용하는 단어이다.

7 問題の解決は弁護士に(　　)しました。
1 一任　　　　2 一括
3 供与　　　　4 投与

정답 1 문제 해결은 변호사에게 일임했습니다.
단어 解決 해결 | 弁護士 변호사 | 一任 일임 | 一括 일괄 | 供与 공여 | 投与 투여
해설 '문제 해결은 변호사에게 맡긴다'라는 흐름의 문장이 만들어져야 하므로 괄호 안에 들어갈 단어로 가장 적당한 것은 '모든 것을 맡긴다'라는 뜻이 있는 선택지 1번의 「一任」이다.

8 このあたりは事故が多いが(　　)雨の日には多くなる。
1 まさしく　　　2 おのずと
3 きわめて　　　4 とりわけ

정답 4 이 근처는 사고가 많은데, 특히 비 오는 날에는 많아진다.
단어 あたり 근처 | 事故 사고 | まさしく 틀림없이, 바로 | おのずと 저절로, 자연히 | きわめて 지극히, 더없이 | とりわけ 그 중에서도, 특히, 유난히
해설 '사고가 많이 나는데 그 중에서도 특히 비 오는 날에 많이 난다'라는 문장이 만들어져야 하므로 괄호 안에는 '그 중에서도, 특히'라는 뜻이 있는 선택지 4번 「とりわけ」가 들어가야 한다. 2번의 「自ずと」는 '저절로, 자연히'라는 뜻이며 동의어인 「自ずから」는 「自ら 스스로」와 한자가 같아 혼동하기 쉬우니 함께 기억해 두자.

9 その人に向かって(　　)数のカメラのフラッシュがたかれた。
1 おびただしい　　2 はなはだしい
3 いちじるしい　　4 めまぐるしい

정답 1 그 사람을 향해 엄청난 수의 카메라 플래시가 터졌다.
단어 向かう 향하다 | フラッシュをたく 플래시를 터뜨리다 | おびただしい 엄청나다, 매우 많다 | はなはだしい (정도가) 심하다, 대단하다 | いちじるしい 현저하다, 두드러지다 | めまぐるしい (움직임이나 변화가 따라갈 수 없을 만큼) 빠르다, 눈이 핑핑 돌다
해설 괄호 뒤에 「数 수」가 있으므로 괄호 안에는 이 수량을 수식하는 적절한 단어가 들어가야 한다. 선택지 1번의 「おびただしい」는 '(수량이) 매우 많다, 엄청나다'라는 뜻이므로 답으로 적당하다. 2번의 「はなはだしい」는 수량이 아닌 '상태의 정도가 심하다, 대단하다'라는 뜻이므로 답이 될 수 없다. 「はなはだしい寒さ 혹독한 추위」, 「はなはだしい損害 극심한 손해」와 같은 표현으로 기억해 두자.

10 素早い処置で被害の拡大を(　　)。
1 和らげた　　　2 もたらした
3 潰した　　　　4 食い止めた

정답 4 재빠른 조치로 피해 확대를 막았다.
단어 素早い 재빠르다, 민첩하다 | 処置 처치, 조치 | 被害 피해 | 拡大 확대 | 和らげる 부드럽게 하다, 누그러뜨리다 | もたらす 가져오다, 초래하다 | 潰す 찌부러뜨리다, 짓누르다 | 食い止める 막다, 저지하다
해설 재빠른 조치로 피해를 '막았다, 줄였다'라는 흐름의 문장이 되어야 하므로 괄호 안에 들어가기에 적당한 것은 선택지 4번의 「食い止める」이다.

◀ 실전문제 ⑥

問題2 (　　)에 들어가기에 가장 적당한 것을 1・2・3・4에서 하나 고르세요.　문제편 139p

1 流ちょうな英語を(　　)して交渉できるのが彼の強みだ。
1 奔走　　　　2 奮闘
3 披露　　　　4 駆使

정답	**4** 유창한 영어를 구사해서 교섭할 수 있는 것이 그의 강점이다.
단어	流ちょう 유창	交渉 교섭	強み 강점	奔走 분주	奮闘 분투	披露 피로, 선보임	駆使 구사
해설	'유창한 영어를 사용해서 교섭한다'는 흐름의 문장이므로 괄호 안에 들어갈 단어로는 '말이나 표현, 기교 등을 능수능란하게 사용한다'는 의미의 선택지 2번「駆使」가 가장 적당하다.

2 新しく導入した機械は順調に(　　)しています。

1 展開　　　　2 稼働
3 進行　　　　4 健闘

정답	**2** 새롭게 도입한 기계는 순조롭게 가동하고 있습니다.
단어	導入 도입	機械 기계	順調に 순조롭게	展開 전개	稼働 가동	進行 진행	健闘 건투
해설	'기계가 순조롭게 움직인다'는 흐름의 문장이므로 괄호 안에 들어갈 단어로는 선택지 2번의「稼働」가 적당하다. 4번의「健闘」는 '의지를 굽히지 않고 용감하게 맞서 싸운다'는 뜻이다.

3 このままでは(　　)を達成するのは難しい。

1 リード　　　　2 ニーズ
3 ノルマ　　　　4 ハードル

정답	**3** 이대로는 목표량을 달성하는 것은 어렵다.
단어	達成 달성	リード 리드, 지도, (경기 등에서) 선두에 섬	ニーズ 요구, 수요, 필요	ノルマ 할당량, 목표량	ハードル 허들
해설	선택지 3번의「ノルマ」는 '일정 기간 내에 개인이나 집단이 완수하도록 할당된 목표 노동량'을 의미한다. 따라서「ノルマ」가 문장 흐름상 가장 자연스럽다.

4 条約締結に(　　)するまで1年以上かかった。

1 合意　　　　2 合同
3 公認　　　　4 修了

정답	**1** 조약 체결에 합의하기까지 1년 이상 걸렸다.
단어	条約 조약	締結 체결	合意 합의	合同 합동	公認 공인	修了 종료
해설	「条約」는 '조목을 세워 서로 합의하여 맺은 법적인 약속'을 의미하며,「締結」는 '계약이나 조약을 공식적으로 맺는다'는 의미이다. 괄호 안에는 '조약 체결이 이루어지기 위해' 반드시 해야만 하는 행위가 들어가야 하므로 선택지 1번의「合意」가 답으로 적당하다.

5 相手を傷つけないで(　　)断るのは難しい。

1 すっかり　　　　2 やんわり
3 ふんわり　　　　4 ぴったり

정답	**2** 상대를 상처 주지 않고 부드럽게 거절하는 것은 어렵다.
단어	傷つける 상처입히다, 흠내다	断る 거절하다	すっかり 완전히, 모두	やんわり 부드럽게, 온화하게	ふんわり 부드럽게 부풀어 탄력이 있는 모양, 폭신폭신	ぴったり 틈이 없이 꼭 맞는 모양, 꼭, 딱
해설	'상대방을 상처 주지 않고 거절'하는 상황에 어울리는 단어는 '부드럽게, 온화하게'라는 뜻이 있는 선택지 2번의「やんわり」이다.「やんわり断る 부드럽게 거절하다」,「やんわりした感触 부드러운 감촉」처럼 사용한다. 부드럽다는 느낌이 있어서 혼동할 수 있는 3번의「ふんわり」는 '폭신폭신, 사뿐사뿐'이라는 뜻으로「ふんわりとしたふとん 폭신한 이불」처럼 물질적인 표현을 할 때 사용한다.

6 このあたりではあまり(　　)が、あの人は誰ですか。

1 見かけません　　　　2 見失いません
3 見落としません　　　4 見合わせません

정답	**1** 이 근처에서는 별로 본 적이 없습니다만, 저 사람은 누구입니까?
단어	見かける 눈에 띄다, 가끔 보다	見失う (시야에서) 놓치다	見落とす 간과하다, 못 보고 넘어가다	見合わせる 실행을 미루다, 보류하다
해설	「あまり + 부정표현」은 '그다지·별로 ~하지 않다'라는 의미의 문형이다. '이 근처에서 별로 ~한 적이 없는 사람'이라는 흐름의 문장이므로 선택지 1번의「見かける」의 부정형인「見かけません」이 답으로 가장 적당하다.

7 日本語学校では学習の(　　)として、学生に社会調査をさせている。

1 役目　　2 裏付け
3 一環　　4 素材

정답 **3** 일본어 학교에서는 학습의 일환으로 학생에게 사회조사를 시키고 있다.

단어 学習 학습 | 役目 역할 | 裏付け (뒷받침이 되는) 확실한 증거 | 一環 일환 | 素材 소재

해설 괄호 안에 들어갈 단어로는 선택지 3번의「一環」이 적당하다. '일환'은「一 한 일」,「環 고리 환」이라는 한자 뜻 그대로 '하나의 고리'라는 의미이지만 일반적으로는 '서로 밀접하게 연결된 많은 고리 중 하나, 전체와 연결된 한 부분'이라는 의미로 사용한다.

---

8 この部屋は(　　)物を置くために使っています。

1 まるっきり　　2 きっちり
3 めったに　　4 もっぱら

정답 **4** 이 방은 오로지 물건을 두기 위해 사용하고 있습니다.

단어 まるっきり (부정어와 함께) 전혀, 아주 | きっちり 꼭 맞는 모양, 꼭, 딱 | めったに (부정어와 함께) 거의, 좀처럼 | もっぱら 오로지, 한결같이

해설 '이 방은 물건을 두기 위해서' 사용한다고 방의 용도를 한정하고 있다. 이를 수식하기에 알맞은 부사는 '한정'의 의미를 가진 선택지 4번「もっぱら」이다. 선택지는 모두 뉘앙스 파악이 쉽지 않은 부사이므로「料理はまるっきりだめだ 요리는 전혀 못 한다」,「ふたをきっちり閉める 뚜껑을 꼭 닫다」,「忙しくてめったに休みが取れない 바빠서 좀처럼 쉴 수가 없다」와 같은 예문을 통해서 기억하도록 하자.

---

9 雨の日もこの靴なら雨を(　　)から履いていけます。

1 たつ　　2 はじく
3 とばす　　4 まさる

정답 **2** 비가 오는 날도 이 신발이라면 빗방울을 튕겨내므로 신고 갈 수 있습니다.

단어 靴 신발, 구두 | 履く 신다 | 弾く 튀기다, 튕기다 | 飛ばす 날리다 | 勝る 더 낫다, 우수하다

해설 괄호 안에는 '비가 오는 날에도 구두를 신을 수 있는' 이유가 되는 단어가 들어가야 한다. 따라서 '빗방울을 튕겨내므로(雨をはじくから)'라는 흐름이 되는 선택지 2번의「弾く」가 답으로 적당하다.

---

10 年末は(　　)が少なくなるので、商品は今のうちに予約した方がいいです。

1 余裕　　2 補強
3 在庫　　4 配当

정답 **3** 연말은 재고가 적어지므로, 상품은 지금 예약하는 편이 좋습니다.

단어 商品 상품 | 今のうち (뒤로 미루지 말고) 지금 | 予約 예약 | 余裕 여유 | 補強 보강 | 在庫 재고 | 配当 배당

해설 '상품은 지금 예약하는 편이 좋다'라고 말하는 이유는「〜ので 〜이므로, 〜이기 때문에」앞을 보면 알 수 있다.「少なくなる 적어진다」라는 부분에서 상품의 수량과 관련된 내용임을 알 수 있으므로 괄호 안에 들어갈 단어는 선택지 3번의「在庫」가 적당하다.

問題 3 유의 표현

실전문제 정답 및 해설

정답

	1	2	3	4	5	6	7	8	9	10
실전문제 ①	2	1	3	3	1	2	4	2	4	1
실전문제 ②	1	2	3	4	4	3	2	4	3	2
실전문제 ③	2	4	4	3	2	2	4	1	3	4
실전문제 ④	1	3	3	1	3	2	2	4	1	1

실전문제 ①

問題 3 _____의 단어와 의미가 가장 가까운 것을 1·2·3·4에서 하나 고르세요. 〔문제편 140p〕

1 時間にルーズな性格はなかなか直らない。
1 物足りない　　2 だらしない
3 乏しい　　　　4 厳しい

정답 2 시간에 느슨한 성격은 좀처럼 고쳐지지 않는다.

단어 ルーズな 느슨한, 허술한 | 性格 성격 | 物足りない 어딘가 부족하다, 어딘가 불만스럽다 | だらしない 허술하다, 칠칠치 못하다 | 乏しい 부족하다, 결핍되다 | 厳しい 엄하다, 혹독하다

해설 밑줄의「ルーズな」는 '느슨한, 허술한'이라는 뜻의 가타카나어이다. 서로 바꿔 쓸 수 있는 단어는 선택지 2번의「だらしない」이다.

2 平日の午後ということでデパートも客はまばらだった。
1 少なかった　　2 離れていた
3 半分だった　　4 混んでいた

정답 1 평일 오후라서 백화점에도 손님은 드문드문했다.

단어 デパート 백화점 | まばらだ 드문드문하다 | 離れる 떨어지다, 거리가 벌어지다 | 半分 절반 | 混む 붐비다, 혼잡하다

해설 「まばらだ」는「人家がまばらだ 인가가 드문드문하다」처럼 시·공간적으로 사이가 멀리 떨어져 드물게 나타난다는 의미이다. '손님이 드문드문했다 = 손님이 드물게 눈에 띄었다 → 손님이 적었다'라는 의미이므로 정답은 1번이다. '드물다'라는 빈도를 나타내는 단어이므로 단순히 거리가 떨어져 있다는 의미인 선택지 2번의「離れていた」를 고르면 오답이 된다.

3 人の安全につながる問題だからシビアに考えなければならない。
1 慎重に　　2 正確に
3 厳しく　　4 幅広く

정답 3 사람의 안전과 연결되는 문제이므로 엄격하게 생각해야만 한다.

단어 シビアに 엄격하게, 혹독하게 | 慎重に 신중하게 | 正確に 정확하게 | 厳しく 엄격하게, 혹독하게 | 幅広く 폭 넓게

해설 가타카나어「シビア」의 뜻을 알면 선택지 3번의「厳しい」가 서로 바꿔 쓸 수 있는 표현이라는 것을 쉽게 알 수 있다. 문장의 흐름만을 보고 1번의「慎重に」나 4번의「幅広く」를 고르지 않도록 주의하자.

Part 1 문자·어휘　75

4 このごろ映画を見る人はありきたりの話では喜ばない。
1 よく知っている　　2 有名な
3 平凡な　　　　　　4 身近な

정답　3 요즘 영화를 보는 사람은 흔한 이야기로는 달가워하지 않는다.

단어　このごろ 요즘 | ありきたり 흔히 있는, 세상에 얼마든지 있는 | 平凡な 평범한 | 身近な 자신 가까이에 있는

해설　밑줄의「ありきたり」는「ありきたりの話 흔한 이야기」,「ありきたりのデザイン 평범한 디자인」처럼 '흔히 볼 수 있는, 평범한'이라는 뜻으로 사용한다. 따라서 서로 바꿔 쓸 수 있는 표현은 선택지 3번의「平凡な」이다.

5 毎日練習したのに試合が始まって10分くらいであっけなく負けてしまった。
1 短い時間で簡単に　　2 他より早く
3 あまり待たないで　　4 知らないうちに

정답　1 매일 연습했는데도 시합이 시작하고 10분 정도에 맥없이 지고 말았다.

단어　試合 시합 | あっけない 싱겁다, 맥없다 | 負ける 지다

해설　「あっけない」는 '생각했던 것보다 재미없다, 싱겁다, 기대와 달리 뭔가 부족하다, 맥빠지다'라는 뜻이다.「あっけない結末 싱거운 결말」처럼 사용한다. 문장 흐름상 '10분 정도 만에 어이없이 지고 말았다'라는 의미이므로 바꿔 쓸 수 있는 표현은 선택지 1번의「短い時間で簡単に 짧은 시간에 간단하게」이다.

6 後輩の積極的な活動に触発されて自然保護の運動を始めるようになった。
1 興味を持って　　2 刺激を受けて
3 危険を感じて　　4 勇気を得て

정답　2 후배의 적극적인 활동에 촉발되어서(자극을 받아서) 자연 보호 운동을 시작하게 되었다.

단어　積極的 적극적 | 活動 활동 | 触発 촉발 | 自然保護 자연 보호 | 興味 흥미 | 刺激 자극 | 危険 위험 | 勇気 용기

해설　「触発」는 '어떤 일을 계기로 감정, 충동이 일어난다'는 뜻이며 더 나아가 '무엇인가에 자극을 받아 감정이나 행위를 일으키다'라는 뜻으로 사용한다. 따라서 바꿔 쓸 수 있는 표현은 선택지 2번의「刺激を受けて 자극을 받아서」이다.

7 こちらのミスですから先方にはよく謝りました。
1 先生　　2 夫人
3 先輩　　4 相手

정답　4 이쪽의 실수이므로 상대편에게는 잘 사과했습니다.

단어　先方 상대편, 상대방 | 謝る 사과하다, 사죄하다 | 夫人 부인

해설　「先方」는 '상대편, 상대방, 저쪽'을 의미하며 비슷한 표현으로는「相手 상대」,「向こう 저쪽」,「向こう側 상대편」등이 있다. 따라서 서로 바꿔 쓸 수 있는 표현은 선택지 4번이다.

8 遠くのスーパーに行くのはおっくうなので近くのコンビニで買った。
1 不便　　2 面倒
3 無理　　4 退屈

정답　2 멀리 있는 슈퍼마켓에 가는 것은 귀찮아서 가까운 편의점에서 샀다.

단어　おっくうだ 귀찮다, 성가시다 | コンビニ 편의점 | 不便 불편 | 面倒 귀찮음 | 無理 무리 | 退屈 지루함, 심심함

해설　「おっくうだ」는 '귀찮다, 마음이 내키지 않는다'라는 뜻이며 비슷한 뜻을 가진 단어로는「面倒だ」,「厄介だ」,「煩わしい」가 있다. 따라서 바꿔 쓸 수 있는 표현은 선택지 2번이다.

9 客の反応はおおむね好評だった。
1 すべて　　2 わずかに
3 かならず　4 だいたい

정답　4 손님의 반응은 대체로 호평이었다.

단어　反応 반응 | おおむね 대체로, 대개 | 好評 호평 | わずかに 간신히, 겨우 | だいたい 대체로, 대개

해설　「おおむね」는 한자로는「概ね・大旨」로 표기하며 '대강, 대체로, 대략적인 취지'라는 뜻이 있다. 바꿔 쓸 수 있는 표현은 선택지 4번의「大体」이다.

10 会議の中で彼の意見はことごとく否定された。
1 何もかも　　2 はじめから
3 ほとんど　　4 たいていは

정답 1 회의 중에 그의 의견은 모조리 부정당했다.

단어 意見 의견 | ことごとく 전부, 모조리 | 否定 부정 | ほとんど 대부분, 거의

해설 「ことごとく」는 '모조리, 하는 것마다, 전부'를 뜻하는 부사로 「仕事はことごとく失敗だった 하는 일마다 전부 실패했다」, 「私のアイデアはことごとく却下された 내 아이디어는 모조리 기각되었다」와 같이 사용한다. 바꿔 쓸 수 있는 표현은 선택지 1번의 「何もかも 모두 다」이다.

실전문제 ②

問題3 _____의 단어와 의미가 가장 가까운 것을 1・2・3・4에서 하나 고르세요.　문제편 141p

1 この靴も初めて履いた時は足が痛くなったが、今は馴染んできた。
1 慣れて　　2 似合って
3 親しんで　　4 なついて

정답 1 이 구두도 처음 신었을 때에는 발이 아팠지만, 지금은 익숙해졌다.

단어 馴染む 친숙해지다 | 慣れる 익숙해지다 | 似合う 잘 어울리다 | 親しむ 친하게 지내다 | なつく 따르다

해설 「馴染む」는 '친숙해지다, 융합하다, 어우러지다'라는 뜻으로, 서로 바꿔 쓸 수 있는 표현은 선택지 1번의 「慣れる」이다.

2 台風はさったが空はまだどんよりとしていた。
1 時々雨が強く降った　　2 雲が多く暗かった
3 風もなく暑かった　　4 強い風で雲もなかった

정답 2 태풍은 지나갔지만 하늘은 아직 어두침침했다.

단어 台風 태풍 | どんより 날씨가 흐린 모양, 어두침침한 모양

해설 부사 「どんより」는 「どんより曇った日 잔뜩 흐린 날」, 「どんよりとした目 생기 없이 흐리멍덩한 눈」처럼 분위기나 날씨가 어두운 모양을 나타내는 부사이다. 서로 바꿔 쓸 수 있는 표현은 선택지 2번의 「雲が多く暗かった 구름이 많고 어두웠다」이다.

3 人工知能は社会に大きな変化を起こす画期的な発明だ。
1 非常にめずらしい　　2 人を感動させる
3 今までになく新しい　　4 だれも知らなかった

정답 3 인공 지능은 사회에 큰 변화를 일으키는 획기적인 발명이다.

단어 人工知能 인공 지능 | 変化 변화 | 画期的 획기적 | 発明 발명 | 非常に 몹시, 매우 | めずらしい 드물다, 희귀하다 | 今までない 지금까지 없는, 전에 없는

해설 「画期」는 '어떤 분야에서 그 전과 다른 새로운 시기를 열 만큼 뚜렷이 구분되는 것'을 말한다. 따라서 바꿔 쓸 수 있는 표현은 선택지 3번의 「今までになく新しい 지금까지 없었던 새로운」이다.

4 偶然ではなく計画的だったことは歴然としている。
1 疑わしい　　2 想像できる
3 ぼんやりしている　　4 はっきりしている

정답 4 우연이 아니라 계획적이었다는 것은 역력하다.

단어 偶然 우연 | 計画的 계획적 | 歴然と 역력히 | 疑わしい 의심스럽다 | 想像 상상 | ぼんやり 어렴풋이, 멍하니 | はっきり 확실히, 분명히

해설 「歴然」은 「歴然としている 역력하다」라는 형태로 많이 사용한다. 서로 바꿔 쓸 수 있는 표현은 선택지 4번의 「はっきりしている 분명하다, 확실하다」이다.

5 最近はデパートでも簡素な包装でお客さんに品物を渡すようになった。
1 ルーズな　　2 ベストな
3 ドライな　　4 シンプルな

정답 4 최근에는 백화점에서도 간소한 포장으로 손님에게 물품을 건네게끔 되었다.

단어 簡素な 간소한 | 包装 포장 | 品物 물건, 물건 | 渡す 건네다 | ルーズな 느슨한, 허술한 | ベストな 최고의, 최상의 | ドライな 건조한 | シンプルな 단순한

해설 「簡素」는 '간략함, 소박함'을 의미하며 「簡素な結婚式 간소한 결혼식」과 같이 사용한다. 비슷한 뜻을 가진 단어는 선택지 4번의 「シンプルな」이다.

[6] アメリカ映画は日本映画とはスケールが違っている。
1 基準　2 収入
3 規模　4 長さ

정답 3 미국 영화는 일본 영화와는 스케일이 다르다.
단어 スケール 스케일 | 基準 기준 | 収入 수입 | 規模 규모 | 長さ 길이
해설 '미국 영화와 일본 영화는 규모가 다르다'라며 '크기'에 대해 이야기하고 있으므로 정답은 선택지 3번의 「規模」이다.

[7] この車は従来の電気自動車を大きく改良したものだ。
1 これからの　2 いままでの
3 最近の　4 大部分の

정답 2 이 차는 종래의 전기 자동차를 크게 개량한 것이다.
단어 従来 종래 | 改良 개량 | 大部分 대부분
해설 「従来」는 '이전부터 지금까지'라는 의미로 서로 바꿔 쓸 수 있는 표현은 선택지 2번의 「いままでの」이다. 1번의 「これから」는 '이제부터, 앞으로'라는 의미이므로 「従来」와 의미가 반대이다.

[8] その話には何の裏付けもないので信じることができない。
1 信頼　2 名前
3 基準　4 証拠

정답 4 그 이야기에는 아무런 증거도 없기 때문에 믿을 수가 없다.
단어 裏付け 뒷받침, (확실한) 증거 | 信頼 신뢰 | 基準 기준 | 証拠 증거
해설 「裏付け」는 본래 '의복의 안(裏)을 덧대(付け)어 튼튼하게 만든다'는 의미로 일반적으로는 '뒷받침하다, 증거를 대다'라는 뜻으로 사용한다. 따라서 서로 바꿔 쓸 수 있는 표현은 선택지 4번의 「証拠」이다.

[9] お客さんが来なければホテルは皆お手上げだ。
1 とてもさびしい　2 準備ができない
3 どうすることもできない　4 何もいえない

정답 3 손님이 오지 않으면 호텔은 모두 끝이다.
단어 ホテル 호텔 | お手上げだ 어쩔 도리가 없다, 도중에 포기하다
해설 「お手上げ」는 글자 그대로 '손을 들다'라는 뜻으로 '어쩔 도리가 없다, 도중에 손을 들어 포기하다'라고 할 때 사용하는 표현이다. 따라서 서로 바꿔 쓸 수 있는 표현은 선택지 3번의 「どうすることもできない 어찌할 도리가 없다」이다.

[10] 実力は互角だが人気には大きな差がある。
1 よくわからない　2 あまり変わらない
3 すこし差がある　4 関係がない

정답 2 실력은 막상막하이지만 인기에는 큰 차이가 있다.
단어 実力 실력 | 互角 호각 | 差 차, 차이
해설 「互角」는 '쇠뿔의 양쪽 길이나 크기가 같다'는 뜻에서 유래하여 '서로 우열을 가릴 수 없을 정도로 역량이 비슷함'을 뜻하는 표현이다. 비슷한 표현인 「五分五分 비등비등」, 「負けず劣らず 막상막하」, 「対等な 대등한」 등을 기억해 두자. 정답은 선택지 2번의 「あまり変わらない 별로 차이가 없다」이다.

실전문제 ③

問題3 ＿＿＿의 단어와 의미가 가장 가까운 것을 1・2・3・4에서 하나 고르세요. 문제편 142p

[1] 長い時間寝たあとで起きると、朝と夜を錯覚してしまうことがある。
1 取り替えて　2 勘違いして
3 不安になって　4 繰り返して

정답 2 긴 시간 자고 일어나면 아침과 밤을 착각해 버리는 경우가 있다.
단어 錯覚 착각 | 取り替える 바꾸다, 교환하다 | 勘違い 착각 | 不安 불안 | 繰り返す 반복하다
해설 「錯覚」는 '어떤 대상을 실제와 다르게 인지하거나 생각한다'는 의미이므로 서로 바꿔 쓸 수 있는 표현으로는 「思い違い・勘違い 착각, 오해」 등이 있다. 따라서 정답은 선택지 2번이다.

| 2 | ありふれた名前だからすぐ忘れてしまう。
1 あまりない　　　2 ほとんどない
3 名のある　　　　4 よくある

정답 4 흔한 이름이라서 바로 잊어버린다.
단어 ありふれる 흔하다, 어디에나 있다 | 名のある 이름 있는, 유명한 | よくある 자주(흔히) 있다
해설 「有り触れる」는 '손이 닿는 어디에나 있다'는 의미로 넓게는 '흔하다, 어디에나 있다'라는 뜻으로 사용한다. 서로 바꿔 쓸 수 있는 표현은 선택지 4번의 「よくある」이다.

| 3 | ニュースは時々事実を誇張して伝えることがある。
1 間違って　　　2 遅れて
3 不正確に　　　4 大げさに

정답 4 뉴스는 때때로 사실을 과장해서 전하는 경우가 있다.
단어 ニュース 뉴스 | 時々 때때로 | 誇張 과장 | 間違う 잘못하다, 틀리다 | 遅れる 늦다, 더디다 | 不正確に 부정확하게 | 大げさに 요란스레, 호들갑스럽게
해설 「誇張」는 '실제 사실보다 지나치게 부풀려서 나타내는 것'을 뜻하므로 서로 바꿔 쓸 수 있는 표현은 선택지 4번의 「大げさに」이다.

| 4 | 書類の作成が煩わしくて時間がかかった。
1 難解で　　　2 単純で
3 手間で　　　4 苦手で

정답 3 서류 작성이 번거로워서 시간이 걸렸다.
단어 書類 서류 | 作成 작성 | 煩わしい 번거롭다, 성가시다 | 難解だ 난해하다 | 単純だ 단순하다 | 手間 품, 수고 | 苦手だ 서투르다, 거북하다
해설 「煩わしい」와 비슷한 표현으로 「面倒臭い 귀찮다」, 「煩雑だ 번잡하다」가 있다. 이번 문제에서는 '어떤 일을 하기 위해 드는 시간과 노력이 든다'는 의미의 「手間だ」를 활용한 선택지 3번이 답으로 적당하다.

| 5 | 日本の文化にはかねがね興味を持っていました。
1 同じように　　　2 以前から
3 とても強く　　　4 時々

정답 2 일본 문화에는 전부터 흥미를 가지고 있었습니다.
단어 文化 문화 | かねがね 미리, 전부터 | 以前から 이전부터
해설 「予 미리 예」에서 유래한 「予予」는 한자 뜻 그대로 '미리, 이미, 전부터'라는 의미이다. 비슷한 표현으로는 「以前から 이전부터」, 「かねて 미리, 전부터」 등이 있다.

| 6 | 何度でも粘り強く挑戦します。
1 負けないで　　　2 忘れないで
3 変わらないで　　4 諦めないで

정답 4 몇 번이라도 끈질기게 도전하겠습니다.
단어 粘り強い 끈기 있다, 끈질기다 | 挑戦 도전 | 負ける지다 | 諦める 포기하다, 단념하다
해설 「粘り強く」와 비슷한 표현으로는 「諦めずに 포기하지 않고」, 「我慢強く 참을성 강하게, 참을성 있게」, 「挫折せずに 좌절하지 않고」 등이 있다. 따라서 정답은 선택지 4번이다.

| 7 | 新入社員が抱負を語っている。
1 喜び　　　2 長所
3 感謝　　　4 決意

정답 4 신입 사원이 포부를 말하고 있다.
단어 抱負 포부 | 語る 말하다, 이야기하다 | 喜び 기쁨, 즐거움 | 長所 장점 | 感謝 감사 | 決意 결의
해설 「抱負」는 '마음속에 지니고 있는 꿈이나 희망'이라는 의미로, 문제의 '포부를 말하다'와 서로 바꿔 쓸 수 있는 표현은 '굳게 정한 마음'이라는 의미의 선택지 4번 「決意」이다.

| 8 | この店は伝統を頑なに守っている。
1 頑固に　　　2 無理に
3 立派に　　　4 丁寧に

정답 1 이 가게는 전통을 고집스럽게 지키고 있다.

단어 | 伝統 전통 | 頑なに 완고하게 | 頑固に 완고하게, 고집스럽게 | 無理に 무리해서 | 立派に 훌륭하게 | 丁寧に 정중하게, 공을 들여서

해설 | 「頑 완고할 완」을 사용하는 な형용사 「頑なだ」는 '완고하다, 고집이 세다'라는 뜻이며 「頑なな」 혹은 「頑なに」의 형태로 활용한다. 서로 바꿔 쓸 수 있는 표현은 같은 한자를 사용하는 선택지 1번 「頑固に」이다.

9 まさか妨害するとは思いませんでした。
1 手伝ってくれる　2 賛成してくれる
3 じゃまをする　4 いたずらをする

정답 | 3 설마 방해할 거라고는 생각하지 못했습니다.

단어 | まさか 설마 | 妨害 방해 | 手伝う 돕다 | 賛成 찬성 | じゃま 방해 | いたずら 장난

해설 | 남이 일을 하지 못하도록 막거나 간섭한다는 의미의 '방해하다'라는 표현에는 「妨害する」, 「邪魔する」, 「妨げる」 등이 있다. 따라서 정답은 선택지 3번이다.

10 私の言葉が彼の自尊心を傷つけた。
1 センス　2 インパクト
3 トーン　4 プライド

정답 | 4 내 말이 그의 자존심을 상처 입혔다.

단어 | 言葉 말 | 自尊心 자존심 | 傷つける 상처 입히다 | センス 센스 | インパクト 임팩트, 충격 | トーン 톤, 색조, 음조 | プライド 프라이드, 자존심

해설 | '남에게 굽히지 않고 자신의 품위를 스스로 지키는 마음'을 뜻하는 「自尊心」과 서로 바꿔 쓸 수 있는 표현은 같은 뜻을 가진 선택지 4번의 「プライド」이다.

◐ 실전문제 ④

問題3　____의 단어와 의미가 가장 가까운 것을 1・2・3・4에서 하나 고르세요.　문제편 143p

1 この事件は今の社会の問題を端的に示している。
1 明白に　2 平易に
3 部分的に　4 緩やかに

정답 | 1 이 사건은 지금 사회의 문제를 단적으로 보여주고 있다.

단어 | 端的に 단적으로 | 示す 가리키다, 나타내다 | 明白に 명백하게 | 平易に 평이하게 | 部分的に 부분적으로 | 緩やかに 완만하게

해설 | 「端的」는 '간단하고 분명한 것'을 뜻하며 비슷한 표현으로는 「明白 명백」, 「明瞭 명료」 등이 있다.

2 何があってもうろたえずに行動できる人になりたい。
1 騒がずに　2 落ち着かずに
3 動揺せずに　4 逃げ出さずに

정답 | 3 무슨 일이 있어도 당황하지 않고 행동할 수 있는 사람이 되고 싶다.

단어 | うろたえる 당황하다, 허둥대다 | 騒ぐ 떠들다, 소란 피우다 | 落ち着く 침착하다, 안정되다 | 動揺する 동요하다 | 逃げ出す 도망가다

해설 | 「うろたえる」는 한자로 쓰면 「狼狽える」이다. 여기서 「狼狽」란 '당황함, 허둥지둥함'이라는 의미이다. 따라서 비슷한 표현인 「動揺する」를 활용한 선택지 3번이 답으로 적당하다.

3 バスも電車も止まってしまったので皆、タクシーに殺到した。
1 乗れなかった　2 ぶつかった
3 大勢集まった　4 座れなかった

정답 | 3 버스도 전차도 멈춰 버렸기 때문에 모두 택시로 몰려왔다.

단어 | 止まる 멈추다, 정지하다 | 殺到 쇄도, 밀려듦 | ぶつかる 부딪히다 | 大勢 많은 사람, 여럿 | 集まる 모이다 | 座る 앉다

해설 | 「殺」에는 「殺 죽일 살」이라는 뜻 외에도 「殺 빠를 쇄」라는 뜻이 있다. 「殺到」는 '전화, 주문 등이 한꺼번에 몰려들다'라는 뜻이므로 서로 바꿔 쓸 수 있는 표현은 선택지 4번의 「大勢集まった 많은 사람이 모였다」이다.

4 料金が上がってから利用者のクレームが多くなった。
1 苦情　2 注文
3 反対　4 消費

| 정답 | **1** 요금이 오른 후로 이용자의 클레임이 많아졌다.
| 단어 | 料金 요금 | 利用者 이용자 | クレーム 클레임 | 苦情 고충, 불만 | 注文 주문 | 反対 반대 | 消費 소비
| 해설 | 「クレーム」는 '불만, 이의 제기'라는 뜻이다. 따라서 서로 바꿔 쓸 수 있는 표현은 선택지 1번의 「苦情」이다. 그 외에도 같은 뜻을 가진 「不平 불평」, 「文句 불만, 이의」도 함께 기억하도록 하자.

5 時間がないから手分けして探したほうがいい。
1 分身   2 分断
3 分担   4 分割

| 정답 | **3** 시간이 없으므로 분담해서 찾는 편이 좋다.
| 단어 | 手分け 분담 | 探す 찾다 | 分身 분신 | 分断 분단 | 分担 분담 | 分割 분할
| 해설 | 「手分け」는 한자 그대로 '일손(手)을 나눈다(分ける)'는 뜻이다. 따라서 바꿔 쓸 수 있는 표현은 '나누어서 맡는다'라는 뜻의 선택지 3번 「分担」이다.

6 案の定、皆が帰った後にはゴミの山が残った。
1 たしかに   2 やはり
3 かならず   4 思わず

| 정답 | **2** 예측한 대로 모두가 돌아간 후에는 쓰레기가 많이 남았다.
| 단어 | 案の定 생각한 대로, 예상한 대로 | たしかに 확실히, 분명히 | やはり 역시 | かならず 반드시 | 思わず 엉겁결에, 무심코
| 해설 | 「案の定」와 비슷한 표현으로는 「思い通りに 생각한 대로」, 「予想通りに 예상한대로」, 「やはり」 등이 있다. 따라서 답은 선택지 2번의 「やはり」이며, 「やはり」는 예상과 결과가 같을 때 사용한다는 점도 기억해 두자.

7 道路が広くなってから交通事故が格段に減った。
1 少しずつ   2 大幅に
3 いつのまにか   4 以前より

| 정답 | **2** 도로가 넓어지고 나서 교통 사고가 현격히 줄었다.
| 단어 | 道路 도로 | 交通事故 교통 사고 | 格段に 현격히 | 減る 줄다 | 少しずつ 조금씩 | 大幅に 큰 폭으로 | いつのまにか 어느샌가 | 以前より 이전보다
| 해설 | 「格段に」는 '정도의 차가 매우 심하게'라는 뜻이며 비슷한 표현으로는 「著しく 현저하게」, 「大幅に 대폭으로」 등이 있다.

8 あまりせかすと間違えるかもしれません。
1 怒らせる   2 笑わせる
3 驚かせる   4 急がせる

| 정답 | **4** 너무 재촉하면 실수할지도 몰라요.
| 단어 | 急かす 재촉하다 서두르게 하다 | 驚く 놀라다 | 急がせる 서두르게 하다
| 해설 | 「急かす」와 비슷한 표현은 같은 한자를 쓰는 선택지 4번이다. 비슷한 표현인 「急かせる」, 「促す」도 함께 외우도록 하자.

9 今日は朝からしきりに電話がかかってきて仕事にならない。
1 しょっちゅう   2 ときどき
3 ようやく   4 なぜか

| 정답 | **1** 오늘은 아침부터 계속 전화가 걸려 와서 일이 되지 않는다.
| 단어 | しきりに 끊임없이, 계속 | しょっちゅう 늘, 언제나 | ときどき 때때로 | ようやく 겨우, 간신히
| 해설 | 부사 「しきりに」에는 '자주, 빈번히, 끊임없이, 계속'이라는 뜻이 있다. 비슷한 표현으로는 「繁く」, 「よく」, 「しょっちゅう」, 「しばしば」 등이 있다.

10 事件を早く解決したいがまだ手がかりがまったくない。
1 ヒント   2 マーク
3 ニュアンス   4 バックアップ

| 정답 | **1** 사건을 빨리 해결하고 싶지만, 아직 단서가 전혀 없다.
| 단어 | 解決 해결 | 手がかり 단서, 실마리 | ヒント 힌트 | マーク 마크, 표, 기호 | ニュアンス 뉘앙스 | バックアップ 백업, 후원함, 보조함
| 해설 | 「手がかり」와 비슷한 표현으로는 「取っ掛かり」, 「ヒント」, 「端緒」 등이 있다.

問題 4 용법

실전문제 정답 및 해설

정답

	1	2	3	4
실전문제 ①	4	3	2	4
실전문제 ②	3	3	2	2
실전문제 ③	3	1	2	4
실전문제 ④	2	2	1	4

실전문제 ①

問題 4 다음 단어의 사용법으로 가장 적당한 것을 1·2·3·4 중에서 하나 고르세요. 〔문제편 144p〕

1 今更
1 去年の今更はもっと寒かったが今年はとても暖かい。
2 引っ越しの挨拶をするなんて今更めずらしい若者だ。
3 この会社では今更取引先とFAXを使って連絡している。
4 この歳になって今更英語の勉強を始めるのは恥ずかしい。

정답 4 이 나이가 돼서 새삼 영어 공부를 시작하는 것은 창피하다.

단어 挨拶 인사 | 若者 젊은이 | 取引先 거래처

해설 「今更」는 '좀 더 일찍 했어야 하는데 이제 와서, 새삼스럽게'라는 의미이며 늦은 것을 비난하거나 후회할 때 사용하는 부사로 맥락에 맞게 사용된 것은 4번이다. 1번은 「今ごろ 이맘때쯤」, 2번은 「今どき 요즘」, 3번은 「いまだに 아직도」를 사용해야 자연스럽다.

2 密集
1 毎週火曜日はゴミを密集する日です。
2 土曜と日曜にできるアルバイトに密集します。
3 駅の裏には小さい工場が密集しています。
4 学生たちは8時に学校に密集します。

정답 3 역 뒤에는 작은 공장이 밀집해 있습니다.

단어 密集 밀집 | アルバイト 아르바이트 | 裏 뒤, 뒤쪽 | 工場 공장

해설 「密集」는 '빈틈없이 빽빽하게 모여 있다'는 의미로, 맥락에 맞게 사용된 것은 선택지 3번이다. 1번에는 쓰레기 수거(ごみ収集)의 「収集 수집, 수거」, 2번에는 모집에 지원한다는 뜻의 「応募 응모」, 4번에는 다 같이 모인다는 뜻의 「集合 집합」이 들어가야 자연스럽다.

3 調達
1 長い間、練習したので技術が調達した。
2 材料は生産者から直接調達した。
3 この漢字がどのくらい使われているか調達した。
4 エアコンの温度を25度に調達した。

[정답] **2** 재료는 생산자로부터 직접 조달했다.
[단어] 調達 조달 | 技術 기술 | 材料 재료 | 生産者 생산자 | 直接 직접 | 漢字 한자 | 温度 온도
[해설] 「調達」는 '자금이나 물자를 마련해 주다'라는 뜻으로, 단어가 맥락에 맞게 사용된 것은 선택지 2번이다. 1번에는 학문이나 기술이 크게 늘었다는 의미의 「上達 상달, 향상」이, 3번에는 「調査 조사」가 4번에는 「調整 조정」이 들어가야 자연스럽다.

4 連携
1 1号車と2号車が連携している所にトイレがある。
2 台風の発生は海水の温度変化と連携している。
3 昨日、今日と連携して日中の気温が30度を超えた。
4 企業と研究者が連携して新製品を開発した。

[정답] **4** 기업과 연구자가 연계해서 신제품을 개발했다.
[단어] 連携 연계 | 発生 발생 | 海水 해수, 바닷물 | 日中 낮 | 気温 기온 | 企業 기업 | 研究者 연구자 | 新製品 신제품 | 開発 개발
[해설] 「連携」는 어떤 일과 관련하여 관계를 맺는다는 뜻으로, 단어가 맥락에 맞게 사용된 것은 선택지 4번이다. 1번에는 「連結 연결」, 2번에는 「関連 관련」, 3번에는 여러 날 계속된다는 뜻의 「連続 연속」이 들어가야 자연스럽다.

실전문제 ②

問題 4 다음 단어의 사용법으로 가장 적당한 것을 1·2·3·4 중에서 하나 고르세요. 〔문제편 145p〕

1 ほどける
1 春になって川の氷も少しずつほどけてきた。
2 温泉に入って旅行の疲れもすっかりほどけた。
3 歩いているうちに運動靴のひもがほどけた。
4 ぶつかって洋服のボタンがほどけてしまった。

[정답] **3** 걷고 있는 동안에 운동화 끈이 풀렸다.
[단어] ほどける (저절로) 풀리다, 풀어지다 | 温泉 온천 | 疲れ 피로 | すっかり 완전히, 모두 | 運動靴 운동화 | ひも 끈 | ぶつかる 부딪치다 | 洋服 양복 | ボタン 버튼, 단추
[해설] 문제에서 제시된 「解ける」는 「ひもがほどける 끈이 풀리다」, 「緊張がほどける 긴장이 풀리다」처럼 사용한다. 단어가 맥락에 맞게 사용된 것은 선택지 3번이다. 1번에는 「溶ける 녹다」, 2번과 4번에는 「取れる 떨어지다, 빠지다」가 들어가야 한다.

2 とっくに
1 休みの間、とっくに問題はなかった。
2 今日は休みだということをとっくに知らなかった。
3 出席の確認メールはとっくに出した。
4 今12時半だから会社はとっくに昼休みだ。

[정답] **3** 출석 확인 메일은 벌써 보냈다.
[단어] とっくに 훨씬 전에, 벌써 | 確認 확인
[해설] 「とっくに」는 「とっくに帰った 진작에 집에 갔다」처럼 '오래전에 어떤 상황이 이미 발생했음'을 강조하는 표현이다. 4번에는 '이미, 벌써'라는 뜻의 「すでに」가 들어가야 한다. 두 단어의 뜻은 같지만 「すでに」에는 '오래전에 발생했다'는 강조의 뉘앙스가 없다. 1번에는 「特に 특별히」, 2번에는 「全然 전혀」가 들어가야 한다.

3 質素
1 スマホはたくさんの機能より、質素で使いやすいものがいい。
2 成功した人でも、あまりお金を使わずに質素に暮らす人もいる。
3 先生は難しい内容も質素にわかりやすく説明してくれる。
4 今日は材料をあまり使わないで早くできる質素な料理を作る。

[정답] **2** 성공한 사람이더라도 별로 돈을 쓰지 않고 검소하게 사는 사람도 있다.
[단어] 質素 검소 | スマホ 스마트폰 | 成功 성공 | 暮らす 살다, 지내다 | 内容 내용 | 説明 설명 | 材料 재료

해설 「質素」는 '사치하지 않고 수수한 생활 태도'를 나타내는 표현이다. 단어의 뜻이 맥락에 맞게 사용된 선택지 2번이 정답이다. 1, 3, 4번에는 「簡単 간단」이 들어가야 자연스럽다.

---

4 ブランク
1 父と子は考え方にブランクがある。
2 選手として3年間ブランクがあったが今度の試合では大活躍した。
3 相手チームに大きな差をつけたので主力選手をブランクした。
4 スピードが速いとタイヤがブランクした後、停止できなくなる。

정답 2 선수로서 3년간의 공백이 있었지만 이번 시합에서는 대활약했다.

단어 ブランク 공백, 여백 | 考え方 사고 방식 | 選手 선수 | 大活躍 대활약 | 主力 주력 | タイヤ 타이어 | 停止 정지

해설 「ブランク」는 '공백, 여백, 공란'이라는 뜻이며 '공백기'라는 의미로도 사용한다. '3년간의 공백기(3年間のブランク)'라는 의미로 사용된 선택지 2번이 정답이다. 1번에는 「ギャップ 갭, 간격, 차이」, 3번에는 「チェンジ 체인지, 교체, 변경」, 4번에는 「パンク 펑크, 타이어에 구멍이 남」이 들어가야 자연스럽다.

실전문제 ③

問題 4 다음 단어의 사용법으로 가장 적당한 것을 1·2·3·4 중에서 하나 고르세요. 문제편 146p

1 満喫
1 今日のテストは満喫できる点数だった。
2 日曜の新聞にはおもしろい話が満喫されていた。
3 連休は海に行って楽しい夏を満喫した。
4 休みの日はどこに行っても人が満喫していた。

정답 3 연휴에는 바다에 가서 즐거운 여름을 만끽했다.

단어 満喫 만끽 | 点数 점수 | 新聞 신문 | 連休 연휴

해설 「満喫」는 '마음껏 즐기다'라는 의미로, 맥락에 맞게 사용된 문장은 선택지 3번이다. 1번에는 「満足 만족」이, 2번과 4번에는 「満ちる 가득차다」를 활용한 표현이 들어가야 한다.

---

2 細心
1 この薬品を使うときは細心の注意が必要だ。
2 この絵には作者の細心の気持ちが感じられる。
3 電気製品は細心のものがいいとは言えない。
4 弟はまじめでいつも細心の努力をする。

정답 1 이 약품을 사용할 때는 세심한 주의가 필요하다.

단어 細心 세심 | 薬品 약품 | 注意 주의 | 作者 작가 | 電気製品 전자 제품 | 努力 노력

해설 「細心」은 '작은 일에도 세세하고 꼼꼼하여 빈틈이 없음'이라는 의미로, 맥락에 맞게 사용된 것은 선택지 1번의 「細心の注意」이다. 2번에는 「繊細 섬세」, 3번에는 「最新 최신」, 4번에는 「最善 최선」을 사용해야 자연스럽다.

---

3 目覚ましい
1 夜遅い時間だが目覚ましい音に目がさめた。
2 短い期間にIC技術は目覚ましい発展をした。
3 雨がやんで雲の間から目覚ましい太陽が見えた。
4 台所から目覚ましい料理のにおいがした。

정답 2 짧은 기간에 IC기술은 눈부신 발전을 했다.

단어 目覚ましい 눈부시다, 놀랍다 | 期間 기간 | 発展 발전 | 太陽 태양 | 台所 부엌

해설 「目覚ましい」는 '활약이나 업적이 매우 뛰어나 놀랍다'는 뜻으로 「目覚ましい活躍 눈부신 활약」, 「目覚ましい発展 눈부신 발전」처럼 사용한다. 맥락에 맞게 사용된 것은 선택지 2번이다. 1번에는 「騒々しい 시끄럽다, 떠들썩하다」, 3번에는 '빛이 강해 마주보기 어렵다'는 의미의 「眩しい 눈부시다」, 4번에는 「おいしい 맛있다」가 들어가야 한다.

4 見失う

1 新しいゲームソフトは人気があってどの店でもすぐに見失った。
2 冬の間ずっとあった山の雪も3月になるとぜんぶ見失った。
3 有名な歌手が来るというから行ってみたが見失った。
4 休みの日に友だちと遊びに行ったが人が多くて友だちを見失った。

정답 4 휴일에 친구와 놀러갔지만 사람이 많아서 친구를 잃어버렸다.

단어 見失う (시야에서) 놓치다, 잃어 버리다 | ゲームソフト 게임 소프트

해설 복합 동사 「見失う」에는 '지금까지 보던 것을 시야에서 놓치다, 지금까지 목표하고 주시하던 것을 잃어버리다'라는 뉘앙스가 있다. 단어가 맥락에 맞게 사용된 것은 선택지 4번이다. 1번에는 「見つかる 발견되다, 찾게 되다」, 2번에는 「消える 꺼지다, 사라지다」, 3번에는 「見られない 보지 못하다」를 사용해야 자연스럽다.

실전문제 ④

問題 4 다음 단어의 사용법으로 가장 적당한 것을 1·2·3·4 중에서 하나 고르세요.　　문제편 147p

1 発散

1 招待状は今日中に郵便局から発散します。
2 大きな声で歌をうたうことでストレスを発散します。
3 風邪が治ったと思ったが夜になってまた発散した。
4 YouTubeで地域の情報を全国に発散する。

정답 2 큰 소리로 노래를 부르는 것으로 스트레스를 발산합니다.

단어 発散 발산 | 招待状 초대장 | ストレス 스트레스 | 治る 낫다 | 地域 지역 | 全国 전국

해설 문제에서 제시한 「発散」은 '감정 등을 밖으로 드러내 해소하는 것'을 의미한다. 단어의 뜻이 맥락에 맞게 사용된 것은 선택지 2번의 「ストレスを発散する」이다. 1번에는 「発送 발송」, 3번에는 「発熱 발열」, 4번에는 「発信 발신」이 들어가야 자연스럽다.

2 無造作

1 この事業は無造作で始めたが大成功を収めた。
2 玄関に無造作に置かれた花瓶は高価な芸術作品だった。
3 失敗した時は無造作に頭をかくくせがある。
4 高校生なのに着るものに無造作でいつも同じ服でも気にしない。

정답 2 현관에 아무렇게나 놓인 화병은 고가의 예술 작품이었다.

단어 無造作 대수롭지 않은 모양 | 収める 거두다, 성과를 올리다 | 玄関 현관 | 花瓶 화병, 꽃병 | 高価 고가 | 芸術作品 예술 작품 | かく 긁다, 할퀴다 | くせ 버릇

해설 「無造作」는 '무엇인가를 꾸며서 만듦'을 뜻하는 「造作」에 부정의 접두어 「無」가 붙은 표현으로 '꾸며 만들지 않은 상태'라는 의미가 있다. 단어의 뜻이 맥락에 맞게 사용된 것은 선택지 2번의 「無造作に置かれた花瓶」이다. 1번에는 「無一文 무일푼」, 3번에는 「無意識 무의식」, 4번에는 「無関心 무관심」이 들어가야 자연스럽다.

3 口出し

1 関係のない人が口出しすると問題が複雑になります。
2 山田さんは話し終わった後で口出しするのが上手です。
3 今までの努力にも関わらずこんな結果になるなんて、口出しことです。
4 外から帰ってきたときは必ず口出しして手も洗ってください。

정답 1 관계 없는 사람이 말참견을 하면 문제가 복잡해 집니다.

단어 口出し 말참견 | 複雑 복잡 | 結果 결과 | ～に(も)関わらず ～에(도) 관계없이

|해설| 「口出し」가 맥락에 맞게 사용된 것은 선택지 1번이다. 2번에는 '정리하다'라는 뜻의 「まとめる」가, 3번에는 '아깝다, 분하다, 유감스럽다'라는 뜻의 「口惜しい」가, 4번에는 '양치질'이라는 뜻의 「うがい」를 활용한 표현이 들어가야 자연스럽다.

|4| 遂げる
1 毎日努力を続けたおかげで驚くようなダイエットを遂げた。
2 結局、不利な条件でも最後まで諦めなかったチームが１位を遂げた。
3 まわりの人たちが温かく見守る中で二人はとうとう結婚を遂げた。
4 食糧不足に対する危機感から農業分野の研究は大きな発展を遂げた。

|정답| 4 식량 부족에 대한 위기감으로 농업 분야의 연구는 큰 발전을 이뤘다.

|단어| 遂げる 달성하다, 성취하다 | 驚く 놀라다, 경악하다 | ダイエット 다이어트 | 不利だ 불리하다 | 条件 조건 | 諦める 포기하다, 단념하다 | チーム 팀 | 見守る 지켜보다 | 食糧不足 식량 부족 | 危機感 위기감 | 農業 농업 | 分野 분야 | 研究 연구

|해설| 「遂げる」에는 '마침내 뜻한 바를 이루다'라는 뉘앙스가 있다. 단어의 뜻이 맥락에 맞게 사용된 것은 선택지 4번이다. 1번에는 「ダイエットの成果を得る 다이어트 성과를 얻다」, 2번에는 「１位になる 1위를 하다」, 3번에는 「結婚をする 결혼을 하다」를 활용한 표현이 들어가야 자연스럽다.

Part 2

JLPT N1

Part 2

문법

問題 5 문법형식 판단
연습문제 정답 및 해설

정답

연습문제	1	2	3	4	5	6	7	8	9
연습문제 ①	3	2	1	3	1	3	4	2	1
연습문제 ②	3	2	2	3	4	1	4	2	3
연습문제 ③	1	3	4	3	2	1	4	2	4
연습문제 ④	3	4	3	3	2	1	1	4	3

연습문제 ①

問題 5 다음 문장의 ( ) 안에 넣기에 가장 적당한 것을 1·2·3·4에서 하나 고르세요. 　　문제편 225p

1 社長が高齢を理由に交代するのを( )各部署の体制を大幅に変更することになった。
1 最後に　　2 限りに　　3 機に　　4 よそに

[정답] **3** 사장님이 고령을 이유로 교체되는 것을 계기로 각 부서 체제를 대폭 변경하게 되었다.
[단어] 交代 교대 | 部署 부서 | 高齢 고령 | 体制 체제 | 大幅に 대폭으로, 큰 폭으로 | 変更 변경
[해설] 「명사 + を機に ~를 계기로」라는 문법을 알면 쉽게 풀 수 있는 문제이다. 같은 뜻을 가진 「명사 + を契機に」와 「명사 + をきっかけに」도 함께 기억해 두자. 선택지 2번의 「명사 + を限りに」는 '~을 마지막으로', 4번의 「명사 + をよそに」는 '~은 아랑곳 않고'라는 뜻이다.

---

2 明日から税金が上がる( )デパートやスーパーには大勢の人が並んでいた。
1 としても　　2 とあって　　3 といえば　　4 というからには

[정답] **2** 내일부터 세금이 오르기 때문에 백화점과 슈퍼마켓에는 많은 사람들이 줄지어 서 있었다.
[단어] 税金 세금 | 大勢 많은 사람, 여럿 | 並ぶ 줄지어 서다, 늘어서다
[해설] 선택지 2번 「~とあって ~라서, ~이기 때문에」의 앞에는 이유·원인이 되는 내용이 온다. 따라서 「~とあって」를 넣으면 '백화점과 슈퍼마켓에 많은 사람들이 줄지어 서 있는 이유는 내일부터 세금이 오르기 때문'이라는 의미가 된다. 1번의 「~としても ~라고 해도」는 앞 문장의 상황이 발생하더라도 뒷 문장에는 크게 관련이 없다는 문형이므로 답이 될 수 없다.

3 株価が高騰したと大騒ぎだが、株など持たない私には(　　)上がるまいと関係がない。

1 上がろうと　　　2 上がると　　　3 上がっても　　　4 上がるなら

정답 **1** 주가가 급등했다고 소란스럽지만 주식 같은 것을 가지고 있지 않은 내게는 오르든 말든 상관없다.

단어 株価 주가 | 高騰 고등, 급등 | 大騒ぎ 큰 소란 | 株 주식

해설 「동사 의지형 と + 동사 기본형 まいと ~하든 말든」 뒤에는 앞에 제시된 상황과 '상관없다, 관계없다'는 내용이 나온다. 문장에서 「上がるまい」를 제시하고 있으므로 앞에는 동사 의지형인 「上がろうと」가 들어가야 한다.

---

4 竹田先生の講義は、巧みな話術(　　)図表や映像も豊富に使われるので分かりやすい。

1 はまだしも　　　2 にかけては　　　3 もさることながら　　　4 をさしおいて

정답 **3** 다케다 선생님의 강의는 능숙한 화술은 물론 도표나 영상도 풍부하게 사용하기 때문에 알기 쉽다.

단어 講義 강의 | 巧みな 능숙한, 솜씨가 좋은 | 話術 화술 | 図表 도표 | 映像 영상 | 豊富に 풍부하게

해설 정답인 선택지 3번의 「AもさることながらB ~은 물론이거니와」는 'A는 물론이고 B 역시 그러하다'라는 의미의 문형이다. 1, 2, 4번의 「~はまだしも ~라면 몰라도」, 「~にかけては ~에 있어서는」, 「~をさしおいて ~은 차치하고」도 함께 기억해 두자.

---

5 知り合いにもらった宝くじが当たるなんて、うらやましい(　　)。

1 限りだ　　　2 極まりない　　　3 といったところだ　　　4 ということだ

정답 **1** 지인에게 받은 복권이 당첨되다니 너무 부럽다.

단어 知り合い 지인 | 宝くじ 복권 | 当たる 명중하다, 적중하다, (복권·경품 등에) 당첨되다

해설 선택지 1, 2번 모두 주로 감정을 나타내는 표현과 함께 쓰이며 '너무~하다, ~하기 짝이 없다'라는 뜻이 있어 혼동할 수 있는 문제이지만 2번의 「極まりない」는 な형용사의 어간에 접속하기 때문에 문제의 「うらやましい」 뒤에는 들어갈 수 없다.

---

6 有名な画家の展覧会(　　)、美術館の入口には長い列ができていた。

1 ともなれば　　　2 だからこそ　　　3 だけあって　　　4 にもとづいて

정답 **3** 유명한 화가의 전람회인 만큼 미술관 입구에는 길게 줄이 늘어서 있었다.

단어 展覧会 전람회 | 美術館 미술관 | 入口 입구 | 長い列 긴 줄 | ~ともなれば ~정도 되면 | ~に基づいて ~를 바탕으로

해설 「~だけあって ~인 만큼」은 재능, 지위, 경험을 칭찬하거나 감탄하는 표현으로, '~하는 것이 당연하다'는 의미이다. 이 문장에는 유명한 화가의 전람회인 만큼 미술관에 긴 줄이 생겼다, 즉 긴 줄이 생기는 것도 당연하다는 뉘앙스가 나타나 있다.

---

7 A「鈴木さん、本当に会社、やめるのかな。」
B「いやー、どうかなー。あの鈴木さんのことだから、本当に(　　)よ。」

1 やめなくもない　　　2 やめるきらいがある　　　3 やめずにはすまない　　　4 やめるかわかりゃしない

| 정답 | **4** A 스즈키 씨, 정말로 회사 그만두는 건가?
B 글쎄 어떨지. 그 스즈키 씨니까 정말로 그만둘지는 전혀 알 수 없어. |
|---|---|
| 단어 | やめる 그만두다 | ～なくもない ～하지 않는 것도 아니다 | ～きらいがある ～경향이 있다 | ～ずにはすまない ～해야 한다 |
| 해설 | 「ます형 + ゃしない」는 '(전혀) ～할 수가 없다'라는 의미의 문법이다. 대화의 흐름상 선택지 4번의 「やめるかわかりゃしない 그만둘지는 전혀 알 수 없다」가 답으로 적당하다. |

8 申込書に記入する前に注意事項をよく(　　)ここに署名してください。
　　1 ご覧になる前に　　2 ご覧になった上で　　3 ご覧になる以上　　4 ご覧なされた時

정답	**2** 신청서에 기입하시기 전에 주의 사항을 잘 보신 후에 여기에 서명해 주세요.
단어	申込書 신청서	記入 기입	注意事項 주의 사항	署名 서명
해설	정답인 선택지 2번의 「ご覧になった上で 보신 후에」는 경어표현 '보시다(ご覧になる)'와 「동사 과거형 + 上で ～한 후에」가 합쳐진 문형이다.

9 重要な話を真剣に話している人の前でニヤニヤするのは(　　)極まりない行為だ。
　　1 失礼　　2 失礼な　　3 失礼の　　4 失礼で

정답	**1** 중요한 이야기를 진지하게 이야기하고 있는 사람 앞에서 히죽거리며 웃는 것은 매우 실례인 행위이다.
단어	重要な 중요한	真剣に 진지하게	ニヤニヤする 히죽히죽 웃다	～極まりない 매우～하다, ~하기 짝이 없다	行為 행위
해설	「極まりない」의 접속 형태를 묻는 문제이다. 「極まりない」는 な형용사의 어간에 접속하는 문법이므로 답은 선택지 1번이다.

연습문제 ②

問題5 다음 문장의 (　　) 안에 넣기에 가장 적당한 것을 1・2・3・4에서 하나 고르세요.　　문제편 226p

1 二人の愛は、その純粋さ(　　)だれにも理解されることはなかった。
　　1 どころか　　2 ながら　　3 ゆえに　　4 までも

정답	**3** 두 사람의 사랑은 그 순수함 때문에 누구에게도 이해받지 못했다.
단어	愛 사랑	純粋さ 순수함	理解 이해	～どころか ～은커녕	～ゆえに ～한 탓에, ～때문에
해설	「～ゆえに ～한 탓에, ～한 까닭에」의 앞에는 이유・원인이 되는 내용이 오며 주로 문어체에서 사용한다. 「명사 + ゆえに」, 「동사・い형용사・な형용사 + がゆえに」로 품사별 접속 형태가 다르다는 것도 꼭 기억해 두자.

2 大変長らく(　　)申し訳ございませんでした。
　　1 お待たせになり　　2 お待たせして　　3 お待ちになられ　　4 お待ちいたして

정답	**2** 너무 오랫동안 기다리게 해서 죄송합니다.
단어	大変 몹시	長らく 오래, 오랫동안

| 해설 | 공식을 사용한 겸양표현 「お(ご) + ます형 + する」를 묻는 문제이다. 상대방을 기다리게 하는 상황이므로 「待たせる 기다리게 하다」를 활용해야 해서 선택지 3번과 4번은 답이 될 수 없고, 1번은 겸양표현의 공식과 맞지 않아 답이 될 수 없다.

---

3 会社の関係者は大量の払い戻し請求(　　)初めて問題の深刻さを知った。

　　1 において　　　2 にいたって　　　3 にして　　　4 におうじて

| 정답 | 2 회사 관계자는 대량의 환불 청구에 이르러서야 비소로 문제의 심각함을 알았다.

| 단어 | 関係者 관계자 | 大量 대량 | 払い戻し 환불 | 請求 청구 | 深刻さ 심각함 | ～に応じて ～에 따라서

| 해설 | 정답인 2번의 「～にいたって ～에 이르러」에는 '～라는 중대한 상황이 되어서야 비소로, 간신히'라는 의미가 있다. 단순히 의미만을 보고 3번의 「～にして ～가 되어서야」와 혼동하지 않도록 주의하자. 「～にして」는 '～정도의 수준·경지가 되어야 ～가능하다' 또는 '～정도의 ～조차도 불가능하다'라고 말할 때 사용한다.

---

4 暗くなりお腹もすいてきたが、ここまで来たら(　　)かぎりは歩いてみよう。

　　1 歩こう　　　2 歩いた　　　3 歩ける　　　4 歩きの

| 정답 | 3 날도 어두워지고 배도 고프지만, 여기까지 왔으니 걸을 수 있는 한은 걸어가 보자.

| 단어 | 暗い 어둡다 | お腹がすく 배가 고프다 | 歩く 걷다

| 해설 | 「～かぎり(は) ～하는 한」에는 '～의 상태가 지속되는 동안'이라는 의미가 있다. 문장 끝에 「歩いてみよう」라는 의지 표현이 있으므로, 맥락상 가능형인 「歩ける」가 들어가 「歩けるかぎり歩いてみよう 걸어갈 수 있는 한 걸어가 보자」가 되는 것이 자연스럽다.

---

5 一人で遊んでいる子どもを見る(　　)いつも兄弟はたくさんいた方が楽しいと思う。

　　1 につれて　　　2 に合わせて　　　3 と共に　　　4 につけて

| 정답 | 4 혼자 노는 아이를 볼 때마다 항상 형제가 많은 편이 즐겁다고 생각한다.

| 단어 | ～につれて ～함에 따라 | ～に合わせて ～에 맞춰 | ～と共に ～과 함께 | ～につけて ～할 때마다

| 해설 | 정답인 선택지 4번의 「AにつけてB」는 'A의 상황이 있을 때마다 B의 기분, 심정이 된다'라는 의미의 문형이다. 혼동하기 쉬운 1번의 「AにつれてB」는 'A라는 변화가 일어남에 따라서 B라는 변화도 일어난다'라는 의미이다.

---

6 会社の代表(　　)者、1回や2回の失敗で諦めてはいけない。

　　1 たる　　　2 といった　　　3 にする　　　4 になる

| 정답 | 1 회사의 대표라는 사람이 한두 번 실패로 포기해서는 안 된다.

| 단어 | 代表 대표 | 失敗 실패 | 諦める 포기하다 | といった ～라고 하는

| 해설 | 「명사 + たる ～라는, 라고 하는」는 사람이나 기관을 나타내는 명사에 접속하여 '그 사람이나 기관의 위치에 마땅한 태도를 취해야 한다'고 말하고자 할 때 사용하는 표현이다. 문제에서처럼 「명사 + たる者 ～라는 사람, ～된 자」의 형태로 많이 사용하므로 잘 기억해 두자.

7 今回の失敗は彼の責任なんだからさ、謝る(　　)逆に怒り出すなんて、とんでもないね。

1 あげく　　2 ところで　　3 のみならず　　**4 ならまだしも**

정답 **4** 이번 실수는 그의 책임인데 말이야, 사과한다면 또 몰라도 도리어 화를 내다니, 어처구니가 없어.

단어 責任 책임 | 謝る 사과하다 | 逆に 역으로, 도리어 | 怒り出す 화를 내다 | なんて ~라니 | とんでもない 당치도 않다, 어처구니가 없다 | ~あげく ~한 끝에 | ~ところで ~해 봤자 | ~のみならず ~뿐만 아니라

해설 정답인 4번의 「ならまだしも」는 '~라면 또 몰라도'라는 뜻으로 뒤에는 부정적인 내용이 따라온다.

---

8 平日の昼間はほとんど車がないが、休日(　　)駐車場に入る車が500mくらい並ぶこともある。

1 にしてみれば　　**2 ともなれば**　　3 にくらべれば　　4 からすれば

정답 **2** 평일 낮에는 거의 차가 없지만 휴일이라도 되면 주차장에 들어오는 차가 500미터 정도 줄지어 서는 경우도 있다.

단어 平日 평일 | 昼間 낮 | 休日 휴일 | 駐車場 주차장

해설 「Aともなれば B ~라도 되면, ~정도 되면」은 'A라는 (특이한) 상황이 되면 B라는 결과가 일어난다'는 의미이다. 문제를 푸는 핵심은 '휴일'이 '여느 때와 다른 특이 상황'이라는 점을 파악하는 것이다.

---

9 素敵な結婚式でしたね。どうかいつまでも幸せに(　　)。

1 お願いします　　2 祈っています　　**3 暮らしますように**　　4 しますように

정답 **3** 멋진 결혼식이었어요. 모쪼록 언제까지나 행복하게 사시기를.

단어 素敵な 멋진 | 結婚式 결혼식 | 祈る 기도하다, 바라다 | 暮らす 살다, 생활하다

해설 「동사 기본형 + ように」는 소망·바람을 이야기할 때 쓰는 문법으로 '~하도록, 하기를'이라는 뜻이 있다. 여기에서는 「幸せに暮らす」에 접속하여 「幸せに暮らしますように 행복하게 사시기를」이라는 기원과 바람이 담긴 축하 표현으로 쓰였다.

연습문제 ③

問題 5　다음 문장의 (　　) 안에 넣기에 가장 적당한 것을 1·2·3·4에서 하나 고르세요.

문제편 227p

1 座席が500席(　　)飛行機ががらがらだった。

1 からある　　2 からする　　3 からなる　　4 からいる

정답 **1** 좌석이 500석이나 있는 비행기가 텅텅 비었다.

단어 座席 좌석 | 飛行機 비행기 | がらがら 텅텅 빈

해설 「~からある」는 수량을 강조하는 '~씩이나 되는, ~나 있는'라는 의미이다.

---

2 あの人は他人の言うことを聞かない(　　)。

1 くせがある　　2 ふしがある　　**3 きらいがある**　　4 おもむきがある

| 정답 | **3** 저 사람은 남이 말하는 것을 듣지 않는 경향이 있다.
| 단어 | 他人(たにん) 타인 | ~きらいがある ~하는 경향이 있다 | くせ 버릇 | ふし 부분, 점 | おもむき 정취
| 해설 | 「동사 기본형 + きらいがある」는 '~하는 경향이 있다'라는 뜻으로, 주로 사람의 성격이나 특징을 부정적으로 평가할 때 사용한다.

---

3 12月( )半ばとなり、今年もまもなく終わろうとしている。

1 が　　　　2 は　　　　3 まで　　　　**4 も**

| 정답 | **4** 12월도 중순이 되어, 올해도 곧 끝나려 하고 있다.
| 단어 | 半(なか)ば 중반, 중간
| 해설 | 조사 「も」는 '~도'라는 뜻 외에도 '~이나'라고 수량을 강조할 때에도 사용한다. 이 문장과 비슷한 의미인 「今年も残(のこ)すところ ~です 올해도 앞으로 ~ 남았습니다」라는 표현도 함께 기억해 두자.

---

4 今回の( )事件は二度と起きてはならない。

1 ように　　　　2 あたる　　　　**3 ごとき**　　　　4 とおる

| 정답 | **3** 이번 같은 사건은 두 번 다시 일어나서는 안 된다.
| 단어 | 事件(じけん) 사건 | 起(お)きる 일어나다 | ~てはならない ~해서는 안 된다
| 해설 | 비유의 문법 「ごとき・ごとく・ごとし」는 묶어서 기억해 두자. 명사 の에 접속하여 「ごとき(=ような) ~와 같은」, 「ごとく(=ように) ~처럼」, 「ごとし(=ようだ) ~와 같다」의 의미로 사용하며, 일상 회화보다는 문장에서 주로 사용하는 예스러운 표현이다.

---

5 田舎(いなか)の( )ごちそうはありませんが、どうぞ。

1 ことでも　　　　**2 こととて**　　　　3 ものでも　　　　4 ものとて

| 정답 | **2** 시골이라서 차린 건 없지만, 어서 드세요.
| 단어 | 田舎(いなか) 시골 | ごちそう 맛있는 요리, 진수성찬
| 해설 | 「~こととて ~이기 때문에」의 앞에는 이유·원인이 되는 내용이 온다. 「~ですから ~이기 때문에」와 쓰임이 유사하지만 다소 예스럽고 격식 차린 표현이다.

---

6 勉強(べんきょう)は若(わか)いうちにするべきだ。年(とし)を取(と)ると習(なら)った( )忘(わす)れてしまう。

1 そばから　　　　2 とき　　　　3 最中(さいちゅう)に　　　　4 うちに

| 정답 | **1** 공부는 젊었을 때 해야 한다. 나이가 들면 배우는 족족 잊어 버린다.
| 단어 | ~うちに ~동안에 | 年(とし)を取(と)る 나이를 먹다 | 習(なら)う 배우다, 익히다
| 해설 | 「~そばから ~하는 족족, ~하자마자」는 시간의 전후를 나타내는 표현으로 어떠한 상황이 잇따라 일어나는 것을 의미하며, 주로 부정적인 상황이 발생할 때 사용한다.

| 7 | 高校の同級生のお母さんが、10歳のころから書き始めた日記を今も書き続けて(　　)と聞いて本当に驚きました。

1 申し上げる　　　　2 まいられる　　　　3 いただかれる　　　　4 おいでになる

정답 4 고등학교 동급생의 어머니가 열 살쯤부터 쓰기 시작한 일기를 지금도 계속 쓰고 계시다는 이야기를 듣고 정말 놀랐습니다.

단어 高校 고등학교 | 同級生 동급생 | 日記 일기 | 驚く 놀라다 | 申し上げる 言う의 겸양어, 말씀드리다

해설 「おいでになる」가 「行く・来る・いる」의 존경어임을 알면 쉽게 풀 수 있는 문제이다. 문장 흐름상 「書き続けている 계속 쓰고 있다」가 들어가야 하므로 「いる」를 존경어로 바꾼 「書き続けておいでになる 계속 쓰고 계시다」가 되어야 한다.

| 8 | 皆と力を合わせる(　　)試合に勝てるはずがない。

1 にあたって　　　　2 ことなしに　　　　3 に限って　　　　4 ことだけでも

정답 2 모두와 힘을 합치지 않고서 시합에 이길 수 있을 리가 없다.

단어 試合 시합 | 勝つ 이기다 | ～はずがない ～(할) 리가 없다

해설 「동사 기본형 + ことなしに ～하지 않고」는 앞 문장의 상황이 없이는 뒷 문장의 상황이 일어나지 않는다는 의미의 표현이다. 1번「～にあたって ～할 때에, ～함에 있어서」, 3번「～に限って ～에 한해서」도 함께 기억해 두자.

| 9 | 私の書いたものを認めていただけるとは、感激(　　)だ。

1 のうえで　　　　2 のあまり　　　　3 の限り　　　　4 の至り

정답 4 내가 쓴 것을 인정해 주다니, 너무나 감격스럽다.

단어 認める 인정하다 | とは ～라니, ～일 줄은 | 感激 감격

해설 4번「～の至り ～하기 그지없음」는 앞에「感激 감격」이나「栄光 영광」등의 명사와 함께 쓰여 말하는 이의 강한 감정이나 느낌을 표현하는 문형이다. 1번「～うえで ～상으로」와 2번「～あまり ～한 나머지」, 3번「～限り ～하는 한」은 의미가 맞지 않아 답이 될 수 없다.

연습문제 ④

問題 5　다음 문장의 (　　) 안에 넣기에 가장 적당한 것을 1・2・3・4에서 하나 고르세요.　　문제편 228p

| 1 | 財布を落として交通費がなく家にも帰れない(　　)。

1 末路だ　　　　2 騒ぎだ　　　　3 始末だ　　　　4 結果だ

정답 3 지갑을 잃어버려서 교통비가 없어 집에도 돌아가지 못하는 형편이다.

단어 財布 지갑 | 落とす 잃어버리다, 떨어뜨리다 | 交通費 교통비 | 末路 말로 | 騒ぎ 소동, 소란 | 結果 결과

해설 3번의「동사 기본형 + 始末だ ～하는 꼴이다, ～하는 형편이다」는 안 좋은 상황이 계속되다가 결국 더욱 좋지 않은 결과가 되었음을 표현할 때 사용한다.「末路」,「始末」,「結果」모두 결말을 나타내는 말이지만,「末路」는 '비극적인 말년이나 최후'라는 뜻이므로 답이 될 수 없고,「結果」역시 문맥상 답으로 적당하지 않다.

2 怪しい男は頭から足まで黒(　　)の服だった。

1 だらけ　　　　2 づくし　　　　3 まみれ　　　　4 ずくめ

정답　**4** 수상한 남자는 머리부터 발끝까지 온통 검은색 옷이었다.

단어　怪しい 수상하다 ｜ 黒 검정

해설　「명사 + だらけ·まみれ·ずくめ」는 모두 '완전히 ~로 뒤덮여 있음'을 나타내는 표현이다. 「だらけ·まみれ」는 '~투성이'라고 해석하고 주로 부정적인 상황에서 사용하는 반면, 「ずくめ」는 '~일색, 온통 ~뿐'이라고 해석하며 긍정·부정적인 상황 양쪽 모두에 사용하므로 주의하도록 하자. 선택지 2번의 「づくし」는 '모든 것, 전부 다 함'이라는 뜻으로 문맥상 맞지 않다.

---

3 警察は逃げた犯人を捕まえ(　　)と言った。

1 てはならない　　　2 ずにはいられない　　　3 てはいけない　　　4 ずにはおかない

정답　**4** 경찰은 도망간 범인을 잡고야 말겠다고 말했다.

단어　警察 경찰 ｜ 逃げる 도망가다 ｜ 犯人 범인 ｜ 捕まえる 붙잡다

해설　「동사 부정형 + ずにはおかない」는 '~하고야 말겠다'는 강한 의지를 나타내는 표현이다. 선택지 1번과 3번의 「~てはならない」, 「~てはいけない」는 '~해서는 안 된다', 2번의 「~ずにはいられない」는 '~하지 않고는 견딜 수 없다'라는 뜻이다.

---

4 大学に入って(　　)毎日が新しいことばかりだ。

1 みたところで　　　2 からでないと　　　3 からというもの　　　4 みたからといって

정답　**3** 대학에 들어가고 난 후로 매일 새로운 일 뿐이다.

단어　~ばかり ~뿐, ~만

해설　「동사 て형 + からというもの」는 '~하고 나서는, ~한 이래로' 라는 뜻으로 어떠한 상황을 계기로 상태가 변화한 것을 나타낼 때 사용한다.

---

5 今後さらに厳しい安全対策をたて(　　)だろう。

1 ないわけはない　　　2 ずにはすまない　　　3 ないに違いない　　　4 ずともすむ

정답　**2** 앞으로 더욱 엄격한 안전 대책을 세워야만 한다.

단어　今後 앞으로, 향후에 ｜ さらに 더욱, 거듭 ｜ 厳しい 엄격하다 ｜ 安全対策 안전 대책

해설　「동사 부정형 + ずにはすまない ~해야만 한다」는 '현재 상황이나 사회적 통념상 그 일을 하지 않으면 문제 상황이 해결되지 않는다'는 뉘앙스가 있다. 문제를 보면 더 엄격한 안전 대책을 세워야만 앞으로의 상황이 나아진다(해결된다)는 내용이므로 선택지 2번이 답으로 적당하다.

---

6 地域に望まれる公園のありかたを(　　)議論が続いている。

1 めぐって　　　2 ふまえて　　　3 はじめ　　　4 つうじて

정답　**1** 지역에 바람직한 공원의 형태를 둘러싸고 논의가 계속되고 있다.

| 단어 | 地域 지역 | 望まれる 바람직하다 | ありかた 형태, 양상 | 議論 논의 | ～をめぐって ～을 둘러싸고 | ～をふまえて ～을 토대로 | ～をはじめ ～을 비롯하여 | ～をつうじて ～을 통해서

| 해설 | 「명사 + をめぐって」는 '～을 둘러싸고'라는 뜻이며, 이때 명사에는 '논란, 쟁점'과 관계된 내용이 들어간다. 문제의 흐름을 보면 '바람직한 공원의 모습'이라는 쟁점을 둘러싸고 논의한다는 내용이므로 선택지 1번이 정답이다.

---

7 子供だけでできない(　　)大人が手伝うしかない。

1 とあれば　　　　2 にしても　　　　3 とみえて　　　　4 につれて

| 정답 | **1** 아이 혼자서 할 수 없다면 어른이 도와줄 수밖에 없다.

| 단어 | 大人 어른 | 手伝う 도와주다 | ～しかない ～할 수밖에 없다 | ～とあれば ～라고 한다면 | ～にしても ～라고 해도 | ～とみえて ～인듯 | ～につれて ～함에 따라

| 해설 | 「AとあればB」의 A는 '～라고 한다면, ～를 위해서라면'이라는 조건절이 되며 B에는 '～가 필요하다, ～할 수밖에 없다'는 내용이 온다.

---

8 本日を(　　)今年の授業を終了いたします。

1 契機に　　　　2 もとに　　　　3 めぐって　　　　**4 もって**

| 정답 | **4** 오늘로 올해의 수업을 마치겠습니다.

| 단어 | 終了 종료 | ～を契機に ～을 계기로 | ～をもとに ～에 근거하여 | ～をもって ～로, ～부로

| 해설 | 「명사+をもって ～로, ～부로」는 시점을 나타내는 명사와 함께 쓰여 '지금까지 계속되던 일이 그 시간을 기점으로 끝이 난다'는 의미를 나타낼 때 사용한다.

---

9 毎日夜勤したら過労で体を壊すことになり(　　)よ。

1 がたい　　　　2 かける　　　　**3 かねない**　　　　4 かねる

| 정답 | **3** 매일 야근하면 과로로 몸을 해칠 수도 있어.

| 단어 | 夜勤 야근 | 過労 과로 | 体を壊す 몸을 해치다, 몸을 망가뜨리다

| 해설 | 「ます형 + かねない ～할지도 모른다, ～할 수도 있다」는 일상 회화보다 비즈니스 상황에서 많이 쓰는 다소 딱딱한 표현이다. 선택지 1, 2, 4번도 모두 ます형에 접속하는 문법이며 「ます형 + がたい」는 '～하기 어렵다', 「ます형 + かける」는 '～하다 만', 「ます형 + かねる」는 '～할 수 없다'라는 뜻이다.

問題 6 문장 만들기

연습문제 정답 및 해설

정답

연습문제 ①　[1] 1 (3→1→2→4)　[2] 2 (4→3→2→1)　[3] 4 (3→1→4→2)　[4] 3 (4→1→3→2)
　　　　　　[5] 3 (4→1→3→2)　[6] 4 (2→1→4→3)　[7] 1 (4→3→1→2)　[8] 1 (4→2→1→3)

연습문제 ②　[1] 2 (3→4→2→1)　[2] 1 (2→4→1→3)　[3] 4 (3→4→2→1)　[4] 3 (4→1→3→2)
　　　　　　[5] 2 (4→3→2→1)　[6] 2 (3→4→2→1)　[7] 1 (2→4→1→3)　[8] 3 (1→4→3→2)

연습문제 ③　[1] 1 (2→3→1→4)　[2] 2 (3→4→2→1)　[3] 4 (1→3→4→2)　[4] 2 (4→1→2→3)
　　　　　　[5] 4 (3→2→4→1)　[6] 3 (2→4→3→1)　[7] 1 (4→2→1→3)　[8] 3 (2→4→3→1)

연습문제 ④　[1] 4 (3→1→4→2)　[2] 1 (2→4→1→3)　[3] 2 (4→3→2→1)　[4] 2 (4→3→2→1)
　　　　　　[5] 3 (3→4→1→2)　[6] 4 (3→2→4→1)　[7] 1 (2→4→1→3)　[8] 4 (2→1→4→3)

연습문제 ①

問題6 다음 문장의 ＿★＿ 에 들어갈 가장 적당한 것을 1·2·3·4에서 하나 고르세요.　　문제편 230p

[1] きのう社長から、製造コストを下げるのが ＿＿＿ ＿★＿ ＿＿＿ ＿＿＿ との指示を受けた。
　1 ようであれば　　2 販売価格を上げる　　3 難しい　　4 ように

정답 1 (3→1→2→4) 어제 사장님으로부터 제조 비용을 낮추는 것이 어려울 것 같으면 판매 가격을 올리라는 지시를 받았다.

단어 製造コスト 제조 비용 | 下げる 내리다, 낮추다 | 指示 지시 | 販売価格 판매 가격

해설 문장 흐름상 '제조 비용을 낮추는 것이' 다음에는 3번의 「難しい」로 이어지는 것이 자연스러우므로 3번은 맨 처음 밑줄에 위치한다. 2번과 4번은 「동사 기본형 + ように ~하도록」이라는 문법으로 한 묶음이 되어야 하며, 밑줄 다음의 '지시'가 가리키는 것은 '판매 가격을 올리도록'이므로 2 → 4는 세 번째와 네 번째 밑줄에 들어간다. 따라서 ★에 들어갈 말은 1번의 「ようであれば (만약에) ~일 것 같으면」이다.

---

[2] 史実に基づいて書かれた ＿＿＿ ＿＿＿ ＿★＿ ＿＿＿ 混同してはならないだろう。
　1 小説を歴史と　　2 しかないのだから　　3 小説は小説で　　4 小説であっても

정답 2 (4→3→2→1) 역사적 사실에 기초하여 쓰여진 소설이더라도 소설은 소설에 불과하니 소설을 역사와 혼동해서는 안 될 것이다.

Part 2 문법 99

| 단어 | 史実 역사적 사실 | 基づく 기초하다, 바탕으로 하다 | 小説 소설 | 歴史 역사 | ～でしかない ～에 불과하다 | 混同 혼동

| 해설 | 「명사＋であっても 아무리～라고 하더라도」의 뒷 문장에는 앞 문장에 나온 대상의 특징과 반대되는 내용이 나온다. 따라서 맥락상 1번은 4번 보다 뒤에 나와야 하며(아무리 사실에 근거한 소설이더라도 ～소설을 역사와 혼동해서는 안 된다), 나머지는 3→2번의 흐름으로 '소설은 소설에 불과하니'라는 앞 문장에 대한 부연 설명이므로 문장의 흐름이 바뀌기 전인 1번 앞에 들어가야 한다.

---

3 山本監督の新作アクション映画は、ストーリー展開がこれまで＿＿＿ ＿＿＿ ★ ＿＿＿ そうだ。

1 スピード感は欠ける　　2 十分楽しめる内容の映画だ　　3 とは異なり　　4 ものの

| 정답 | **4** (3→1→4→2) 야마모토 감독의 신작 액션 영화는 스토리 전개가 지금까지 와는 달리 속도감은 없지만 충분히 즐길 수 있는 내용의 영화라고 한다.

| 단어 | 監督 감독 | 新作 신작 | アクション映画 액션 영화 | ストーリー 스토리 | 展開 전개 | スピード感 속도감 | 欠ける 부족하다, 빠지다

| 해설 | 역접의 「～ものの ～이기는 하지만」는 「～ものの」를 중심으로 앞과 뒤에 서로 상반된 내용이 나와야 하므로 1→4→2(속도감은 없지만 즐길 수 있는 영화이다)라는 흐름으로 연결된다. 가장 앞에 위치해야 하는 3번의 「とは」는 「これまでとは異なり(これまでとは違って) 지금까지 와는 달리」와 같은 표현을 통해 기억하도록 하자.

---

4 新郎と新婦は小さいころから仲の良い＿＿＿ ＿＿＿ ★ ＿＿＿ ですが、本当に親しく付き合ってきました。

1 ちなみに　　2 その一人なの　　3 私もまた　　4 幼なじみで

| 정답 | **3** (4→1→3→2) 신랑과 신부는 어렸을 적부터 사이가 좋은 소꿉친구로 덧붙여 말씀드리자면 저도 또한 그 중 한 명입니다만, 정말로 사이좋게 지내왔습니다.

| 단어 | 新郎 신랑 | 新婦 신부 | 仲の良い 사이가 좋다 | 付き合う 사귀다, 교제하다 | ちなみに 참고로 | 幼なじみ 소꿉친구

| 해설 | て형의 기본 역할은 문장과 문장을 연결하는 것이다. 「仲の良い幼なじみだ 사이 좋은 소꿉친구이다」라는 문장이 て형으로 연결되는 형태이므로 4번이 가장 앞에 와야 한다. 「ちなみに」는 앞에 나온 내용에 새로운 내용을 덧붙일 때 사용하는 접속사이므로 1→3→2의 순서가 자연스럽다.

---

5 精一杯努力をしたのに不合格だった＿＿＿ ＿＿＿ ★ ＿＿＿ 勉強もしなかったのだから、試験に落ちて当たり前だと親に叱られた。

1 なら　　2 ろくに　　3 ともかく　　4 という

| 정답 | **3** (4→1→3→2) 열심히 노력했는데도 불구하고 불합격이었다면 또 몰라도, 제대로 공부도 하지 않았으니 시험에 떨어져도 당연하다고 부모님께 야단맞았다.

| 단어 | 精一杯 열심히 | 努力 노력 | 不合格 불합격 | 試験 시험 | 落ちる 떨어지다 | 当たり前 당연함 | 叱られる 혼나다, 야단맞다

| 해설 | 「AならともかくB(はともかく)B」는 'A는 차치하고(둘째 치고) B'라는 의미로 「ならともかく」가 하나의 문형이므로 1→3번의 순서로 이어져야 하며, '불합격이었다면'이라는 흐름으로 이어지는 문장이므로 4번은 가장 앞에 나와야 한다.

6 65才の佐藤さんは、今はまだ元気だが、先月から ＿＿＿ ＿＿＿ ★ ＿＿＿ 老老介護を始めることになり、将来に不安を感じている。

1 歩けなくなってしまった　　2 自分の力では　　3 いわゆる　　4 90才の母親の

정답 **4** (2→1→4→3) 65세인 사토 씨는 지금은 아직 건강하지만 지난달부터 자신의 힘으로는 걸을 수 없게 되어 버린 90세 모친의 소위 노노개호(노인이 노인을 돌봄)를 하게 되어 장래에(대한) 불안을 느끼고 있다.

단어 元気 건강 | 老老介護 노인이 노인을 돌봄 | 将来 장래 | 不安 불안 | いわゆる 말하자면, 요컨대, 이른바

해설 「いわゆる」는 앞에 나오는 내용을 다른 말로 바꿔 표현할 때 사용한다. 따라서 「いわゆる」는 「老老介護」라는 용어 앞에 들어가야 하며, 「いわゆる」 앞에는 노노개호의 내용을 다른 말로 표현한 '65세 사토 씨가 자신의 힘으로는 걸을 수 없게 된 90세 모친(의 간호)'의 내용이 이어져야 한다.

---

7 試験の成績は ＿＿＿ ＿＿＿ ★ ＿＿＿ 受け入れるしかない。

1 結果だから　　2 そのまま　　3 あっての　　4 日頃の努力

정답 **1** (4→3→1→2) 시험 성적은 평소의 노력이 있어서의 결과이니까 그대로 받아들일 수밖에 없다.

단어 成績 성적 | 受け入れる 받아들이다 | 〜しかない 〜(할 수)밖에 없다 | 日頃 평소 | 努力 노력

해설 선택지 3번의 「AあってのB 〜가 있기에 가능한」은 'A가 있기 때문에 B가 성립한다'는 의미이다. 선택지만으로 문장을 만들어 보면 '평소의 노력(4) 이 있어서의(3) 결과이니까(1)'가 된다. 남은 2번 「そのまま」는 마지막 밑줄에 들어가는 것이 문장 흐름상 자연스럽다.

---

8 最近 ＿＿＿ ＿＿＿ ★ ＿＿＿ 家が多くなっているそうだ。

1 買って　　2 作るより　　3 済ませてしまう　　4 おせち料理は

정답 **1** (4→2→1→3) 최근 오세치 요리는 만드는 것보다 사서 끝내 버리는 집이 많아졌다고 한다.

단어 最近 최근 | おせち料理 설날에 먹는 특별 요리 | 済ませる 때우다, 끝내다

해설 「済ませる」는 '〜로 끝내다, 해결하다'라는 뜻으로 「買って済ませる(1→3) 사서(산 것으로) 끝내 버린다」로 한 묶음이 되는 것이 자연스럽다. 또한 문장의 흐름상 앞에는 해결의 대상이 먼저 나와야 하므로 4→2→1→3의 순서가 된다.

연습문제 ②

問題6 다음 문장의 ＿★＿ 에 들어갈 가장 적당한 것을 1・2・3・4에서 하나 고르세요.

문제편 231p

1 一度やると言った ＿＿＿ ＿＿＿ ★ ＿＿＿ しかない。

1 やる　　2 もくもくと　　3 以上は　　4 責任があるので

정답 **2** (3→4→2→1) 한번 하겠다고 말한 이상은 책임이 있으니 묵묵히 할 수밖에 없다.

단어 〜以上は 〜(한) 이상은 | 文句 불평, 불만 | 黙々と 묵묵히 | 責任 책임

해설 「A以上はB」는 'A라고 한 이상은 B 해야만 한다'라는 뉘앙스가 있으며 주로 각오를 나타낼 때 사용한다. A의 내용(한번 하겠다고 말한)이 끝난 맨 처음 밑줄에는 3번이 들어가야 하며 「〜しかない 〜(할 수)밖에 없다」는 동사 기본형에 접속하므로 1번은 마지막 밑줄에 들어가야 한다. 문장 흐름에 따라 3→4→2→1의 순서가 적당하다.

2 あの人が好きな ＿＿＿ ＿＿＿ ★ ＿＿＿ 放っておけない。

1 同じ会社の同僚　　2 わけでは　　3 のこととて　　4 ないが

정답 1 (2→4→1→3) 저 사람을 좋아하지는 않지만 같은 회사의 동료라서 내버려 둘 수는 없다.

단어 放っておく 놔두다, 방치하다 | 同僚 동료 | ～わけではない ～인 것은 아니다 | ～こととて ～라서, ～이기 때문에

해설 「～わけではない」는 하나의 문형이므로 2→4번은 한 묶음으로 나와야 하며, 이유·원인을 나타내는 「～こととて」는 명사 수식형에 접속하므로 3번 앞에는 명사로 끝나는 1번이 와야 한다. 따라서 문장 흐름상 2→4→1→3의 순서가 된다.

---

3 先月までよく売れていた商品の売り上げが ＿＿＿ ＿＿＿ ★ ＿＿＿ 調べてみた。

1 一方なので　　2 原因なのか　　3 減る　　4 何が

정답 4 (3→1→4→2) 지난달까지 잘 팔리던 상품의 매출이 계속 줄기만 해서 무엇이 원인인지 조사해 보았다.

단어 先月 지난달 | 売れる 팔리다 | 商品 상품 | 売り上げ 매상, 매출 | 調べる 조사하다 | 一方だ 계속 ～하다 | 原因 원인 | 減る 줄다, 감소하다

해설 동사 기본형에 접속하는 「一方だ」는 상황이 한 방향으로만 계속 진행된다는 의미로, 주로 부정적인 상황이 계속될 때 사용한다. 문제에서는 「一方だ」가 「ので」와 접속하여 「一方なので」가 되었으며 「一方だ」 앞에는 동사 기본형이 와야 하므로 3→1→4→2의 흐름이 되어야 한다.

---

4 この仕事を ＿＿＿ ＿＿＿ ★ ＿＿＿ なんて、とても無理です。

1 まだしも　　2 しあげる　　3 今週中に　　4 来週なら

정답 3 (4→1→3→2) 이 일을 다음 주라면 몰라도 이번 주 안으로 끝내라니, 도저히 무리입니다.

단어 仕事 일 | 無理 무리 | ～ならまだしも ～라면 몰라도 | しあげる 일을 끝내다, 마무리하다

해설 「AならまだしもB」의 B에는 부정적인 내용이 온다. 따라서 문장 흐름상 '다음 주라면 몰라도 이번 주에 끝내는 것은 힘들다'는 내용의 4→1→3→2의 순서가 되어야 한다.

---

5 周りの人が賛成して ＿＿＿ ＿＿＿ ★ ＿＿＿ しかない。

1 やっていく　　2 私なりに　　3 くれまいが　　4 くれようが

정답 2 (4→3→2→1) 주위 사람이 찬성해 주든 주지 않든 내 나름대로 해 나갈 수밖에 없다.

단어 周り 주변, 주위 | 賛成 찬성 | ～なりに ～나름대로

해설 「동사 의지형 が 동사 기본형 まいが」는 '～하든 말든(상관없다, 관계없다)'라는 뉘앙스의 문형이다. 따라서 '찬성해 주든 주지 않든(4→3)'이 앞에 오며, 이와는 관계없이 '내 나름대로 해 나갈 수밖에 없다'는 흐름이 되어야 하므로 4→3→2→1의 순서가 적당하다.

6 今月の売り上げ＿＿＿ ＿＿＿ ★ ＿＿＿ ことになりそうだ。

1 余儀なくされる　　2 店舗の撤収を　　3 いかんでは　　4 店舗の拡張はおろか

정답 2 (3→4→2→1) 이번 달 매출 여하에 따라서는 점포 확장은커녕 부득이하게 점포 철수를 하게 될 것 같다.

단어 余儀なくされる 어쩔 수 없이 ~하게 되다 | 店舗 점포 | 撤収 철수 | 拡張 확장

해설 「명사 + いかんでは ~에 따라서」는 어떠한 상황에 따라 그 결과가 달라진다는 의미가 있다. '이번 달 매출 여하에 따라서는'이라는 흐름이 되어야 하므로 3번은 맨 처음 밑줄에 위치한다. 「~を余儀なくされる」는 '어쩔 수 없이 ~를 하게 되다'라는 문형이므로 2→1은 한 묶음이 되며, 「~はおろか」는 '~는커녕'이라는 의미이므로 2번 앞에 들어가야 한다.

7 3回目の受験に失敗した友だちが＿＿＿ ＿＿＿ ★ ＿＿＿ 明るい声で電話に出た。

1 だろうと　　2 さぞ　　3 思いきや　　4 がっかりしてる

정답 1 (2→4→1→3) 세 번째 수험에 실패한 친구가 분명 실망하고 있을 거라고 생각했더니 밝은 목소리로 전화를 받았다.

단어 受験 수험 | がっかりする 실망하다 | 明るい 밝다 | さぞ 틀림없이, 분명 | ~と思いきや ~라고 생각했는데

해설 「さぞ」는 '틀림없이, 분명'이라는 뜻으로 뒤에는 추측표현이 함께 나와야 하므로「がっかりしてるだろうと 실망하고 있을 거라고(4→1)」의 순으로 연결돼야 한다. 따라서 2→4→1→3의 순서가 적당하다.

8 いくら人気の＿＿＿ ＿＿＿ ★ ＿＿＿ とは限らない。

1 歌手だ　　2 実力もある　　3 必ずしも　　4 からといって

정답 3 (1→4→3→2) 아무리 인기 가수라고 해도 반드시 실력도 있다고는 할 수 없다.

단어 人気 인기 | ~とは限らない ~라고는 할 수 없다 | 実力 실력

해설 복수의 문형이 섞여 있어 어렵게 느껴질 수 있는 문제이다. 「AからといってB A라고 해서 B」는 'A를 보아 그럴 것이라고 생각하지만 그와는 달리 B'라는 뉘앙스가 있으며, 「~からといって ~とは限らない ~라고 해서 반드시 ~라고는 할 수 없다」라는 형태로 자주 쓰인다. 또한「必ずしも~とは限らない 반드시 ~라고는 할 수 없다」도 활용도가 높은 표현이므로 반드시 기억하도록 하자.

연습문제 ③

問題6 다음 문장의 ★ 에 들어갈 가장 적당한 것을 1·2·3·4에서 하나 고르세요.

문제편 232p

1 この会社の＿＿＿ ＿＿＿ ★ ＿＿＿ そうだ。

1 だけあって　　2 社長は　　3 アメリカに留学した　　4 英語がうまい

정답 1 (2→3→1→4) 이 회사 사장님은 미국 유학을 한 만큼 영어를 잘 한다고 한다.

단어 ~だけあって ~인 만큼 | アメリカ 미국 | 留学 유학

해설 「~だけあって」는 '재능, 지위, 경험을 칭찬하거나 감탄하는 것이 당연하다'라는 의미의 문형이다. '사장님은 미국 유학을 한 만큼'이라는 경험을 말한 뒤 '영어를 잘한다'라는 칭찬이 이어지는 2→3→1→4의 순서가 되어야 한다.

2 「今日は私が ＿＿＿ ＿＿＿ ★ ＿＿＿ ことになりました。」
1 迷惑をかける　　2 皆さんに　　3 遅刻した　　4 ばかりに

정답 2 (3→4→2→1) 오늘은 제가 지각을 한 탓에 여러분에게 폐를 끼치게 되었습니다.
단어 迷惑をかける 폐를 끼치다 | 遅刻 지각 | ~たばかりに ~한 탓에
해설 「AばかりにB」는 A라는 이유·원인으로 B라는 부정적인 결과가 일어났다는 의미의 문형이다. 따라서 지각을 한 탓(이유·원인)에 여러분에게 폐를 끼쳤다(부정적 결과)는 3→4→2→1의 흐름이 되어야 한다.

3 何よりも材料を外国の ＿＿＿ ＿＿＿ ★ ＿＿＿ と思います。
1 輸入に頼る　　2 問題だ　　3 こと　　4 からして

정답 4 (1→3→4→2) 무엇보다도 재료를 외국 수입에 의존하는 것부터가 문제라고 생각합니다.
단어 何よりも 무엇보다도 | 材料 재료 | 輸入 수입 | 頼る 의지하다, 의존하다
해설 「명사 + からして ~부터가」는 주로 부정적인 평가를 할 때 사용하는 표현으로 사소하고 당연한 예를 들어 '그것부터가 그러니 다른 것도 ~하다'라는 의미이다. 「~からして」는 명사에 접속하므로 3→4의 순서로 한 묶음이 되어야 하며 「こと」는 앞에 있는 내용을 받아서 사용하는 형식 명사이므로 흐름상 1→3→4가 되어야 한다.

4 ここ石川村は温泉があり、 ＿＿＿ ＿＿＿ ★ ＿＿＿ 風景が人気を呼んでいます。
1 こともあって　　2 ならではの　　3 田舎　　4 都会から遠い

정답 3 (4→1→3→2) 여기 이시카와 촌은 온천이 있고 도시에서 먼 것도 있어서 시골만의 풍경이 인기를 불러모으고 있습니다.
단어 温泉 온천 | 風景 풍경 | 呼ぶ 부르다 | 田舎 시골 | 都会 도회, 도시
해설 「명사 + ならではの」는 '~라서 가능한, ~만의'라는 감탄의 의미가 있는 표현이며 명사와 접속하므로 3→2의 순서로 한 묶음이 되어야 한다. 「こともあって ~인 것도 있어서」는 앞 문장에 뒷 문장의 이유가 되는 내용이 오는 문형으로 이 문장에서는 '온천이 있고 도시에서 먼 것'이 시골만의 풍경이 되는 이유를 나타내고 있다.

5 人の話を聞かない彼女には ＿＿＿ ＿＿＿ ★ ＿＿＿ ない。
1 意味が　　2 話した　　3 いくら　　4 ところで

정답 4 (3→2→4→1) 남의 이야기를 듣지 않는 그녀에게는 아무리 이야기해봤자 의미가 없다.
단어 ~ところで ~해봤자, ~한다고 한들
해설 동사 た형에 접속하는 「~ところで」는 '~해 봤자 의미가 없다, 소용없다'라는 의미로 부정적인 내용이 뒤따르는 문형이다. 따라서 2→4의 순서로 한 묶음이 되어야 하며 '의미가 없다'도 한 묶음이므로 3→2→4→1이 된다.

6 最近は不景気で高価なもの ＿＿＿ ＿＿＿ ★ ＿＿＿ 売れない。
1 あまり　　2 のみならず　　3 必需品も　　4 生活の

정답 3 (2→4→3→1) 최근에는 불경기로 고가품뿐만 아니라 생활 필수품도 별로 팔리지 않는다.

| 단어 | 不景気 불경기 | 高価 고가 | 生活 생활 | 必需品 필수품 | あまり～ない 그다지 ~않다

| 해설 | 「～のみならず ～뿐만 아니라」는 문장 중간에 위치하여 앞의 내용뿐만 아니라 다른 것에도 영향이 미친다는 의미로 사용한다. 맥락상 '불경기라서 고가품뿐만 아니라 생활 필수품도'라는 흐름이 되어야 하므로 2 → 4 → 3의 순서가 되어야 한다.

---

7 宝くじは夢を買うことだと言いますが、お金を ＿＿＿ ＿＿＿ ★ ＿＿＿ それは投機としか言えません。

1 買う　　　　2 まで　　　　3 となると　　　　4 借りて

| 정답 | **1** (4 → 2 → 1 → 3) 복권은 꿈을 사는 것이라고 합니다만, 돈을 빌려서까지 사게 되면 그것은 투기라고밖에 할 수 없습니다.

| 단어 | 宝くじ 복권 | 投機 투기 | 借りる 빌리다

| 해설 | 「동사 て형 + まで」는 극단적인 상황을 예를 들며 '그렇게 해서까지'라고 표현할 때 사용한다. 따라서 4 → 2의 순서로 한 묶음이 되며, 맥락상 '돈을 빌려서까지 (복권을) 사게 되면'이라는 흐름이므로 4 → 2 → 1 → 3이 된다는 것을 알 수 있다.

---

8 夜、星を見ていると現実には ＿＿＿ ＿＿＿ ★ ＿＿＿ という想像を抱かせてくれる。

1 旅行できる　　　　2 行くことが　　　　3 いつかは　　　　4 できなくても

| 정답 | **3** (2 → 4 → 3 → 1) 밤에 별을 보고 있으면 현실에서는 갈 수 없어도 언젠가는 여행할 수 있다는 상상을 품게 해 준다.

| 단어 | 星 별 | 現実 현실 | 想像 상상 | 抱く 안다, 품다

| 해설 | 「동사 기본형 + ことができる ~할 수 있다」는 동사 가능형의 다른 표현이다. 따라서 2 → 4의 순서로 한 묶음이 되어야 하며, 「行くことができない」가 「ても ~하더라도」와 접속하여 역접으로 연결되었으므로 「ても」 뒷부분에는 앞의 내용과 상반된 내용이 오게 된다. 따라서 '현실에서는 갈 수 없지만 언젠가는 여행할 수 있다는'의 흐름의 2 → 4 → 3 → 1이 자연스럽다.

연습문제 ④

問題6 다음 문장의 ★ 에 들어갈 가장 적당한 것을 1・2・3・4에서 하나 고르세요.

1 それが ＿＿＿ ＿＿＿ ★ ＿＿＿ 人を傷つけるようなことはするべきではない。

1 理由で　　　　2 決して　　　　3 どんな　　　　4 あろうと

| 정답 | **4** (3 → 1 → 4 → 2) 그것이 어떤 이유라 하더라도 결코 사람을 상처 입히는 일을 해서는 안 된다.

| 단어 | 傷つける 상처 입히다 | 理由 이유 | 決して 결코

| 해설 | 「동사 의지형 と(も) ~하더라도」는 앞 문장의 상황이 어떠하건 뒷 문장의 사항은 영향을 받지 않는다'라는 의미의 문형이다. 「あろうと」를 중심으로 서로 다른 내용이 와야 하므로, '그것이 어떤 이유라 하더라도(3 → 1 → 4)'의 순서로 한 묶음이 된다. 남은 2번 「決して」는 문장의 내용을 강조할 뿐, 없더라도 문장에 영향을 주지 않는 부사이므로, 맥락상 새로운 내용이 시작되는 마지막 밑줄에 들어가는 것이 적당하다.

2 人はいつ幸福を感じるのか。それは＿＿＿ ＿＿＿ ★ ＿＿＿ 基準が違うので簡単には言えない。

1 次第で　　　2 その人の　　　3 幸福の　　　4 考え方

정답 **1** (2 → 4 → 1 → 3) 사람은 언제 행복을 느끼는가? 그것은 그 사람의 사고방식에 따라 행복의 기준이 다르므로 간단하게는 말할 수 없다.

단어 幸福 행복 | 違う 다르다 | 簡単に 간단히 | ～次第で ～에 따라서

해설 「명사 + 次第で」는 '앞 문장의 상황에 따라서 뒷 문장의 상황이 변하다, 결정되다'라는 의미의 문형이다. 명사와 접속하므로 4 → 1은 한 묶음이 되어야 한다. 2번과 3번 모두 조사 「の」로 연결되므로 헷갈릴 수 있지만 선택지만으로 문장을 만들어 보면 '그 사람의 사고방식에 따라 행복의 (기준이 다르다)'가 자연스러우므로 2 → 4 → 1 → 3의 순서가 적당하다.

3 試合に出場しない＿＿＿ ＿＿＿ ★ ＿＿＿ 決定です。

1 末の　　　2 迷った　　　3 さんざん　　　4 というのは

정답 **2** (4 → 3 → 2 → 1) 시합에 나가지 않기로 한 것은 몹시 망설인 끝에 내린 결정입니다.

단어 出場 출장, 운동 경기 등에 나감 | 決定 결정 | 末 끝 | 迷う 망설이다 | さんざん 매우, 몹시

해설 맨 처음 밑줄에는 앞 내용을 받아 설명하는 4번의 「～というのは (시합에 나가지 않겠다)고 하는 것은」이 들어간다. 「～末 ～한 끝에」는 '여러 가지를 한 끝에 이런 결과가 되었다'라는 의미의 표현으로 동사 た형이나 명사에 접속하므로 2 → 1이 한 묶음이 된다. 문장 흐름상 '몹시 망설인 끝에 내린 결정'이 되어야 하므로 4 → 3 → 2 → 1의 순서가 적당하다.

4 マナーの悪い彼女の仕事＿＿＿ ＿＿＿ ★ ＿＿＿ 。

1 にはおかない　　　2 ストレスを抱かせず　　　3 まわりの人に　　　4 ぶりは

정답 **2** (4 → 3 → 2 → 1) 매너가 나쁜 그녀의 일하는 방식은 주위 사람에게 스트레스를 받게 만든다.

단어 マナー 매너 | 仕事ぶり 일하는 방식, 태도 | ストレス 스트레스 | 抱かせる 안기다, 안겨 주다 | ～ずにはおかない ～하지 않고는 못 견디다

해설 「～ぶり」는 ～하는 모양, 태도, 방식이라는 뜻으로 명사와 접속하므로 4번은 가장 처음에 위치해야 한다. 「동사 부정형 + ずにはおかない」는 주로 감정, 심리를 나타내는 동사와 함께 쓰여 '본인의 의지와 관계없이 그런 감정이나 심리가 된다'는 의미로 사용한다. 따라서 2 → 1의 순서로 한 묶음이 된다.

5 日本料理の魅力は見た目も ★ ＿＿＿ ＿＿＿ ＿＿＿ 言えるだろう。

1 活かすところが　　　2 大きいと　　　3 さることながら　　　4 材料の味を

정답 **3** (3 → 4 → 1 → 2) 일본 요리의 매력은 겉모양은 물론이고 재료의 맛을 살린 부분이 크다고 할 수 있을 것이다.

단어 魅力 매력 | 見た目 겉모양, 외관 | 活かす 살리다 | ～もさることながら ～은 물론이거니와 | 材料 재료

해설 「AもさることながらB」는 'A는 물론 B도 그러하다'라는 의미의 문형이다. 따라서 3번은 가장 처음에 위치해야 한다. 맥락상 '겉보기는 물론 재료의 맛을 살린 부분'이라는 흐름이 되어야 하므로 3 → 4 → 1 → 2의 순서가 적당하다.

| 6 | 親という ___ ___ ★ ___ 正直言ってうれしい。 |

　　1 ほめられるのは　　2 すれば　　3 立場から　　4 自分の子どもが

정답 **4** (3 → 2 → 4 → 1) 부모의 입장에서 보면 자신의 아이가 칭찬받는 것은 솔직히 말해 기쁘다.

단어 正直 솔직(히) | ほめる 칭찬하다 | 立場 입장

해설 「~からすれば ~의 입장에서 보면」는 판단이나 평가를 하는 주체가 온다. 따라서 3 → 2의 순서로 한 묶음이 되어야 하며, 맥락상 '부모의 입장에서 자신의 아이가 칭찬받는 것이 기쁘다'는 흐름이 되어야 하므로 3 → 2 → 4 → 1의 순서가 적당하다.

| 7 | ダイエットをしている人が隠れて ___ ___ ★ ___ ものがある。 |

　　1 気持ちには　　2 お菓子を　　3 無理からぬ　　4 食べてしまう

정답 **1** (2 → 4 → 1 → 3) 다이어트를 하고 있는 사람이 숨어서 과자를 먹어 버리는 기분은 당연한 것이다.

단어 ダイエット 다이어트 | 隠れる 숨다 | 無理からぬ 무리가 아닌, 당연한

해설 「~は無理からぬ」는 일반적인 상식이나 도리에 비추어 볼 때 '그렇게 하는 것이 당연한, 그렇게 하는 것도 무리가 아닌'이라는 뜻으로「無理からぬものがある 무리가 아니다, 당연한 것이다」의 형식으로 많이 사용한다. 따라서 3번은 가장 마지막에 위치하며, '숨어서 과자를 먹어 버리는 기분은'의 흐름이 되므로 2 → 4 → 1 → 3의 순서가 적당하다.

| 8 | 1回目は名前を書き忘れ、2回目は ___ ___ ★ ___ 信じられないわ。 |

　　1 間違えて　　2 受験番号を　　3 なんて　　4 失格だ

정답 **4** (2 → 1 → 4 → 3) 첫 번째에는 이름 쓰는 것을 잊고, 두 번째에는 수험 번호를 틀려서 실격하다니, 믿을 수가 없어.

단어 受験番号 수험 번호 | 失格 실격

해설 「間違える」는 타동사이므로 앞에 조사「を」가 와야 한다. 따라서 2 → 1의 순서로 한 묶음이 되며,「なんて」는 예상치 못했던 상황에 대한 감탄, 놀라움을 나타낼 때 사용한다. 접속 형태는「보통형 + なんて」이므로 4 → 3의 순서로 한 묶음이 된다.

問題 7 글의 문법

연습문제 정답 및 해설

정답

연습문제 ① 　**1** 2　**2** 4　**3** 3　**4** 3
연습문제 ② 　**1** 4　**2** 2　**3** 3　**4** 1

연습문제 ①

問題 7 다음 글을 읽고, 글 전체의 취지를 고려하여 **1** 에서 **4** 안에 들어갈 가장 적당한 것을 1·2·3·4에서 하나 고르세요.

문제편 235p

　　총무성 등에 따르면 65세 이상의 고령자가 인구에서 차지하는 비율은 28.4%로 사상 최고이다. 100세 이상의 고령자는 처음으로 7만 명을 넘었다. 일본이 세계에서 손꼽히는 **1** 장수 국가라는 것을 새삼 실감한다. 한편, 3세대가 함께 사는 세대의 비율은 1986년에는 15%였지만 2018년에는 5%까지 감소했다. 얼마 전, 혼자 사는 고령자 세대는 128만 세대에서 683만 세대로 5배 이상 증가했다. 젊은 사람들과 육아 세대를 중심으로 노인과 접촉할 기회는 **2** 줄어든 것은 아닐까.
　　고령자와 교류하는 장을 마련하는 다양한 대처가 시작되고 있다.
　　교토부는 16년부터 고령자 자택의 방 한 칸을 학생에게 싸게 빌려주는 사업을 진행하고 있다. 자신의 자녀가 자립한 후에 빈 방을 빌려주는 노인이 많다. 학생을 돌봐주거나, 부모 곁을 떠나 불안한 젊은 사람의 상담 상대가 되거나 한다. 고령자로부터는 '함께 살면서 생활에 활기가 생겼다'라는 목소리가 들린다. 몸 상태의 급격한 변화 등 만일의 사태에 젊은 사람에게 기댈 수 있다는 안심감도 있는 듯하다. 부모와는 다른 시선으로 접하는 고령자로부터 새로운 가치관이나 사고방식을 배우는 학생도 **3** 틀림없이 있을 것이다.
　　생일 파티나 여름 축제를 함께 즐긴다. 노인은 아이들에게 책을 읽어 준다. 간식 시간 등에 아이도 과자를 가져간다. 유치원생이나 초등학생의 순진한 행동에 힐링되어 평소에는 보이지 않는 미소를 띠는 고령자가 적지 않다. 노인의 손을 잡아끄는 체험 등을 거듭하면서 아이에게는 배려하는 마음이 길러진다고 한다.
　　세대 간의 교류가 서로 플러스가 되고 있다. 지역의 노인이 낮에 아이를 맡아 주고 부모의 고민에 귀를 기울이는 시도도 보인다. 고령자의 조언이 해결의 실마리로 이어지는 것이 기대된다. 최근에는 소셜 네트워크 서비스(SNS) 등을 사용해 떨어져 사는 가족이나 친구와 소통을 하는 고령자도 늘어나고 있다. 오늘은 경로의 날이다. **4** 각자의 방식대로 대화를 즐겨보면 어떨까.

　　　　　　　　　　　　　(『경로의 날—고령자와 교류의 기회를 가지자』 요미우리 신문 2019년 9월 16일자를 기초로 작성)

단어 総務省 총무성 | 高齢者 고령자 | 人口 인구 | 占める 차지하다 | 割合 비율 | 超える 넘다, 초월하다 | 実感 실감 | 同居 동거 | 世帯 세대 | 減少 감소 | ひとり暮らし 1인 가구, 자취, 혼자 삶 | 若者 젊은이, 청년 | 子育て 육아 | お年寄り 노인, 어르신

触れ合う 맞닿다, 접촉하다 | 交流 교류 | 設ける 마련하다 | 取り組み 대처, 대응, 시도 | 自宅 자택, 집 | 一室 방 하나 | 貸し出す 빌려주다, 대출하다 | 事業 사업 | 巣立つ 보금자리를 떠나다, 자립하다 | 空く 비다 | 親元 부모 곁 | 張り 팽팽함, 활기, 활력 | 体調 몸 상태, 컨디션 | 急変 급변, 갑작스러운 변화 | 万が一 만일, 혹시라도 | 頼れる 의지하다, 의뢰하다 | 安心感 안심감 | 目線 눈길, 시선 | 接する 접하다 | 価値観 가치관 | 考え方 사고방식 | 誕生会 생일 파티 | 夏祭り 여름 축제 | おやつ 간식 | 園児 원아, 유치원생 | 無邪気だ 천진하다, 순진하다 | 振る舞い 행동거지, 거동 | 癒される 치유되다, 힐링되다 | 笑顔 웃는 얼굴 | 浮かべる 띄우다, 짓다 | 思いやり 배려심 | お互いに 서로 | プラス 플러스 (여기서는 긍정적인 영향) | 地域 지역 | 耳を傾ける 귀를 기울이다 | 試み 시도 | アドバイス 어드바이스, 충고 | 解決 해결 | 糸口 실마리, 단서 | つながる 이어지다, 연결되다 | 期待 기대 | ソーシャル・ネットワーキング・サービス 소셜 네트워킹 서비스(SNS) | コミュニケーション 커뮤니케이션, 의사소통 | 敬老 경로, 노인을 공경함 | 長寿国 장수국 | 〜ざるを得ない 〜하지 않을 수 없다

1
1 長寿国でいることを 2 長寿国であることを
3 長寿国になろうとするものを 4 長寿国になったものを

정답 2

해설 명사의 서술 표현은「だ」나「である」가 붙어야 하므로「いる」가 사용된 1번은 답이 될 수 없다. 3번의「동사 의지형 + もの」는 지금부터 일어날 일을 말하는 표현이고, 4번의「동사 た형 + もの」는 과거의 일을 서술할 때 사용하는 표현이므로 시제가 맞지 않아 답이 될 수 없다.

2
1 少なかったのだろう 2 少なくなかったといえる
3 少ないといえるだろうか 4 少なくなっているのではないか

정답 4

해설「少ない 적다」와「少なくなる 줄어들다」를 혼동하지 않도록 주의하자. 문장의 흐름상 '젊은 층이 노인과 접촉할 기회가 줄어들었다'는 내용이 되어야 하므로 답이 될 수 있는 것은 4번이다. 자신의 판단을 말할 때 사용하는「〜ではないか 〜이지 않은가?」도 잘 기억해 두자.

3
1 いたことはたしかだ 2 いたとしてみよう
3 いるにちがいない 4 いると言わざるを得ない

정답 3

해설 문장의 흐름상 '고령자에게서 배우는 학생도 있을 것이다'라는 내용이 되어야 한다. 그런 학생도 있을 것이라고 추측하는 표현이므로 답이 될 수 있는 것은 강한 확신을 가지고 추측할 때 사용하는「〜にちがいない 〜임에 틀림없다」가 들어간 3번이다.

4
1 代わる代わるの 2 一つ一つの
3 思い思いの 4 折々の

정답 3

해설 선택지 1번의「代わる代わる」는 '번갈아가며, 교대로', 2번의「一つ一つ」는 '하나하나', 3번의「思い思い」는 '제각각, 각자의 방식대로', 4번의「折々」는 '그때그때, 때때로'라는 뜻이다. 맥락상 '고령자나 젊은이 각자의 방식대로'라는 내용이 되어야 하므로 3번이 답으로 적당하다.

연습문제 ②

問題7 다음 글을 읽고, 글 전체의 취지를 고려하여 [1]에서 [4] 안에 들어갈 가장 적당한 것을 1·2·3·4에서 하나 고르세요.

문제편 237p

"구마모토 지진이 일어났을 때, 동물원의 사자가 도망갔다고 하는 가짜 정보가 인터넷에서 [1] 순식간에 퍼진 것을 아는 사람은?"

고등학교 2학년 교실에서 강사를 맡은 다카노 요시오 기자가 묻자 일제히 많은 학생의 손이 올라갔다. 현재를 살아가는 고교생의 인터넷 정보에 대한 높은 관심을 말해 주는 광경이다. 신속하고 방대한 인터넷 정보는 생활에서 [2] 빼놓을 수 없는 것이 되었지만, 거짓 정보가 나돌고 있는 것도 사실(이다). 문제는 어떻게 하면 그것을 분별할 수 있느냐이다. 강의의 테마도 바로 '정보의 음미'에 있다.

다카노 기자는 이렇게 대답한다. "인터넷은 정보의 바다(예요). 사실, 전 세계에 퍼져 있어 물에 빠질 위험이 있습니다. 한편, 신문은 수영장과 같은 존재로, 확실한 정보로 만들어져 있습니다. [3] 신문을 읽음으로써 정보의 바다에서 헤엄치기 위한 훈련을 할 수 있습니다."

다카노 기자가 호소하고 있는 것은 미디어 리터러시의 중요성이다. 이 수업의 주안점은 그 힘을 단련하기 위해, 신문은 최적의 [4] 교재라는 것에 있다. 그렇지만 '집에서 신문은 구독하고 있지만 어디에 무엇이 쓰여 있고, 어떤 면이 있는지 처음 가르쳐 주었다'고 어느 학생이 말한 것처럼 대다수의 학생은 의식해서 신문을 읽은 경험이 없다.

그래서 먼저, 다카노 기자는 신문면의 구성에 대해 설명하고, 학생들과 함께 신문을 펼치면서, "이게 사설. 여기는 경제면, 이쪽은 사회면, 여기는 지방판으로 지바의 생활 뉴스가 가득합니다."라고 확인해 주면서 "표제를 『맛보기로 읽는 것』이 좋다."고 확실하게 읽는 요령을 전수했다.

(『ITC 교육으로 2020년 대학 입시 개혁을 극복하다-히노데 학원』요미우리 신문 온라인 2017년 6월 29일자를 기초로 작성)

단어 地震 지진 | 動物園 동물원 | ライオン 사자 | 逃げる 도망치다, 달아나다 | 偽 거짓 | 広がる 퍼지다 | 教室 교실 | 講師 강사 | 記者 기자 | 問いかける 묻다, 질문을 걸다 | 一斉に 일제히 | 挙がる 오르다, 올라가다 | 関心 관심 | 物語る 말하다 | 光景 광경 | 素早い 재빠르다 | 膨大 방대한 | 嘘 거짓말 | 出回る 나돌다 | 事実 사실 | 見分ける 분별하다, 구분하다 | 講義 강의 | まさに 바로, 그야말로 | 吟味 음미, 내용을 새겨서 느끼거나 생각함 | 溺れる 물에 빠지다 | 危険 위험 | 訓練 훈련 | 訴える 호소하다 | メディアリテラシー 미디어 리터러시, 다양한 매체를 이해하고 활용할 수 있는 능력 | 大切さ 중요함, 중요성 | 眼目 안목, 요점 | 鍛える 단련하다 | 最適な 최적의 | 教材 교재 | とはいえ 그렇다고 하더라도 | 意識 의식 | 構成 구성 | 社説 사설 | 地方 지방 | ~版 ~판 | 詰まる 가득차다 | 見出し 표제 | つまみ食い 맛보기로 읽기 | ズバリ 정곡을 찌르는 모양, 거침없이 | コツ 요령 | 伝授 전수

[1] 1 とりあえず　　2 ひっきりなしに
　　3 のきなみに　　4 あっという間に

정답 4

해설 괄호 안에 들어갈 부사를 고르는 문제이다. '가짜 정보가 인터넷에 [1] 퍼진 것'이라는 문맥상 '아주 짧은 시간'을 말하는 선택지 4번「あっという間に 순식간에」가 답으로 적당하다. 1, 2, 3번은 각각「とりあえず 우선」,「ひっきりなしに 자꾸」,「のきなみに 집집마다」이다.

| 2 | 1 欠けたものとなっていて　　　　　2 欠かせないものとなっているが
     3 欠くようなことはないが　　　　　4 欠けてはいけないといっても

정답　2

해설　「欠く 빠뜨리다」,「欠ける 빠지다」,「欠かせない 빠뜨릴 수 없다」의 차이를 알면 쉽게 풀 수 있는 문제이다. 2 앞에는 학생들의 인터넷 정보에 대한 높은 관심과 '빠르고 방대한 정보량'이라는 긍정적인 면이 나오고, 2 뒤에는 '가짜 정보가 나도는 것도 사실'이라는 부정적인 면이 나오므로 2 안에는 역접으로 연결되는 내용이 들어가야 한다. 따라서 선택지 2번의 「欠かせないものとなっているが 빼놓을 수 없는 것이 되었지만」이 정답이다.

| 3 | 1 新聞を読むのと同様に　　　　　2 新聞を読むまでもなく
     3 新聞を読むことによって　　　　4 新聞を読むことを除いては

정답　3

해설　3 의 앞 부분에서 인터넷 정보를 바다에, 신문을 수영장에 비유하며 인터넷 정보의 위험성과 신문의 장점을 이야기한다. 그 다음 정보의 바다를 헤엄치기 위한 훈련을 할 수 있다'고 말하므로 3 에는 신문을 읽으라는 취지의 내용이 나와야 한다. 따라서 「新聞を読むことによって 신문을 읽음에 따라서」가 답으로 적당하다. 1, 2, 4번은 각각 「~と同様に ~와 마찬가지로」, 「~までもなく ~할 것 없이」, 「~を除いて ~을 제외하고」이다.

| 4 | 1 教材なのだということにある　　　2 教材にすることにつきる
     2 教材になるということになる　　　4 教材を作るというところにある

정답　1

해설　4 의 앞 부분에 나오는 '그 힘(その力)'이 가리키는 것은 '미디어 리터러시'이다. 매체 정보를 이해하고 분별하여 받아들이는 능력을 뜻하는 '미디어 리터러시'를 단련하기 위해 신문은 최적의 교재라고 서술하고 있는데, 이처럼 말하는 이의 주장을 나타낼 때 사용하는 「~のだ ~것이다」가 들어가는 것이 가장 자연스럽다. 따라서 선택지 1번이 정답이다.

問題 5 문법형식 판단

실전문제 정답 및 해설

정답

	1	2	3	4	5	6	7	8	9
실전문제 ①	1	3	4	3	4	1	2	3	4
실전문제 ②	3	3	2	4	4	4	1	1	1
실전문제 ③	4	1	3	4	1	2	1	1	2
실전문제 ④	3	3	1	3	3	2	4	1	3
실전문제 ⑤	4	1	2	3	3	2	3	3	4
실전문제 ⑥	3	2	4	3	4	1	2	4	1

실전문제 ①

問題 5 다음 문장의 (   ) 안에 넣기에 가장 적당한 것을 1·2·3·4에서 하나 고르세요.   문제편 240p

1 家族と暮らし仕事ができる。これが幸せ(   )。

　1 でなくてなんだろう　　2 といえば嘘になる　　3 でないといい切れない　　4 といっても過言でない

정답 1　가족과 살고 일을 할 수 있다. 이게 행복이 아니고 무엇이겠는가?

단어 暮らす 살다, 생활하다 ｜ ～で(は)なくてなんだろう ～이 아니고 무엇이란 말인가, 바로 ～이다 ｜ 嘘 거짓, 거짓말 ｜ ～といい切れない ～라고 단언할 수 없다. 반드시 ～인 것은 아니다 ｜ ～といっても過言ではない ～라고 해도 과언이 아니다

해설 「명사 + でなくてなんだろう」는 앞에 주로 감정을 나타내는 명사가 오며 '이것이 바로 ～이다'라는 의미가 있다. 단순히 의미만 보면 답이 될 수 있을 것 같은 4번의 「～といっても過言で(は)ない」는 주로 무엇인가를 평가할 때 사용한다.

---

2 日本の大学は学生数の減少(   )、外国人留学生を受け入れるために様々な努力をしている。

　1 に反して　　2 に沿って　　3 に伴って　　4 に加えて

정답 3　일본의 대학은 학생 수가 감소함에 따라 외국인 유학생을 받아들이기(유치하기) 위해 다양한 노력을 하고 있다.

단어 減少 감소 ｜ 留学生 유학생 ｜ 受け入れる 받아들이다 ｜ 様々な 다양한 ｜ 努力 노력 ｜ ～に反して ～에 반해서 ｜ ～に沿って ～을 따라 ｜ ～に伴って ～에 따라 ｜ ～に加えて ～에 더해

해설 정답인 선택지 3번의 「Aに伴ってB」는 'A가 변화함에 따라 B도 변화한다'는 의미로 A, B가 모두 변화할 때 사용하는 표현이다.

'일본 대학의 학생 수가 감소함(A)'으로써 '외국인 유학생을 받아들이려는 다양한 노력(B)'이라는 변화가 나타났다는 의미의 문장이 되어야 하므로 정답은 3번이다.

---

3 他人(　　)このくらい、いつでも協力します。

1 なんだから　　　　2 というからには　　　　3 になった以上　　　　4 ではあるまいし

정답 4 남도 아니고 이 정도는 언제든지 협력하겠습니다.

단어 他人 타인 | 協力 협력 | ～というからには ～라고 한 이상은 | ～ではあるまいし ～도 아니고

해설 「～では(じゃ)あるまいし」는 '～도 아니고'라고 가볍게 비난하거나 나무랄 때 많이 사용하지만, 이 문장처럼 '남도 아니고(남이 아니니까) 협력하겠다'라는 식으로 이유를 나타낼 경우에도 사용한다. 선택지 1번의 「～なんだから ～이니까」도 이유·원인을 나타내는 표현이지만 의미가 맞지 않아 답이 될 수 없다.

---

4 あの人が私の尊敬(　　)故郷の先輩です。

1 してばかりいる　　　　2 したことのある　　　　3 してやまない　　　　4 したといわれる

정답 3 저 분이 제가 존경해 마지않는 고향 선배입니다.

단어 尊敬 존경 | 故郷 고향 | 先輩 선배 | ～てやまない ～해 마지않다, 간절히 ～하다

해설 문장의 흐름상 현재도 존경하는 마음이 계속되고 있다는 의미의 「동사 て형 + やまない ～해 마지않다, 간절히 ～하다」가 들어가야 하므로 선택지 3번이 정답이다. 「～てやまない」는 앞서 쓰인 (감정) 동사를 강조하는 표현이다. 1번의 「～してばかりいる ～하기만 하다」와 2번의 「～したことのある ～한 적이 있다」, 4번의 「～したといわれる ～했다고 일컬어지다」는 의미가 맞지 않아 답이 될 수 없다.

---

5 雨の中、小さい子どもが自転車に乗って車の多い道路を走るなんて危険(　　)。

1 しかたがない　　　　2 とてつもない　　　　3 はてしのない　　　　4 極まりない

정답 4 빗속에 어린아이가 자전거를 타고 차가 많은 도로를 달리다니 위험하기 짝이 없다.

단어 道路 도로 | 危険だ 위험하다 | しかたがない 어쩔 수 없다 | とてつもない 터무니없다, 황당하다 | はてし(の)ない 끝이 없다 | 極まりない ～하기 짝이 없다, 너무 ～하다

해설 「な형용사 어간 + 極まる·極まりない」는 '～하기 짝이 없다'라는 뜻으로, 이보다 더 나쁠 수는 없다는 부정적인 뉘앙스의 표현이다. 이 문제에서는 '위험'이라는 단어와 함께 「危険極まりない」라고 쓰여 '위험하기 짝이 없다, 이보다 더 위험할 수는 없다'는 표현이 되었다.

---

6 映画は演技と美しい映像が(　　)客に深い感動を呼んだ。

1 相まって　　　　2 反応して　　　　3 通じ合って　　　　4 契機になって

정답 1 영화는 연기와 아름다운 영상이 어우러져서 관객에게 깊은 감동을 불러일으켰다.

단어 演技 연기 | 映像 영상 | 感動 감동 | ～と相まって ～와 어우러져 | 反応 반응 | 通じ合う 서로 통하다 | ～を契機に ～를 계기로

Part 2 문법　113

해설 「명사 + と相まって」의 형태만 생각하고 선택지 1번을 답에서 제외하는 실수를 하지 않도록 주의하자. 「~と相まって」는 앞에 나열하는 사항이 한 개일 때는 「Aと相まって」가 되지만 두 개 이상일 때는 「AとBが相まって A와 B가 어우러져」로도 쓰인다.

---

7 野菜(　)魚(　)値段が高すぎて買えない。

1 につけ~につけ　　2 といい~といい　　3 とも~とも　　4 のせいか~のせいか

정답 2 채소도 그렇고 생선도 그렇고 가격이 너무 비싸서 살 수 없다.

단어 値段 가격 | ~につけ~につけ ~든 ~든 | ~といい~といい ~도 그렇고 ~도 그렇고 | ~とも~とも ~인지 ~인지

해설 「AといいBといい」는 명사에 접속하며 'A도 그렇고 B도 그렇고'라는 의미로, 몇 가지 예를 나열한 후 이를 근거로 평가할 때 사용한다. 선택지 1번의「~につけ~につけ」는 동사나 형용사의 기본형에 접속하므로 답이 될 수 없고, 3번의「AともBとも」는 A, B 모두 불확실한 상황일 때 사용하므로 답이 될 수 없다.

---

8 皆の期待に(　)できる限りのことをして試合に備えたが、結局入賞はならなかった。

1 こたえざる　　2 こたえぬよう　　3 こたえるべく　　4 こたえるべき

정답 3 모두의 기대에 부응하기 위해서 할 수 있는 모든 것을 하여 시합에 대비했지만, 결국 입상은 하지 못했다.

단어 期待 기대 | できる限り 가능한 한 | 試合 시합 | 備える 구비하다, 대비하다 | 結局 결국 | 入賞 입상 | こたえる 부응하다, 반응하다

해설 「~べき」와「~べく」의 차이를 모르면 어렵게 느껴질 수 있는 문제이다. 「~べき」는 '~해야만 한다, (응당) 그렇게 해야 할'이라는 뜻으로 의무를 나타낼 때 사용하며(예 体罰は避けるべきだ 체벌은 피해야만 한다), 「~べく」는 '~하기 위해서'라는 뜻으로 목적을 나타낼 때 사용한다(예 優勝すべく毎日練習に励んでいる 우승하기 위해서 매일 연습에 힘쓰고 있다). 문제에서는 '기대에 부응하기 위해서'라는 목적을 제시하고 있으므로 정답은 3번이다.

---

9 どんなにお金がもうかるからと言われても、これからは決して人を信用(　)と心に決めた。

1 することにしようと　　2 してもいいだろうと　　3 などさせないと　　4 などするものか

정답 4 아무리 돈을 벌 수 있다고 해도, 앞으로는 결코 사람을 신용 따위 하지 않겠다고 마음먹었다.

단어 もうかる 벌이가 되다, 돈을 벌다 | 信用 신용 | 心に決める 결심하다, 마음을 먹다 | ~ものか ~할까 보냐, ~하지 않겠다

해설 「~ものか」는 동사 기본형과 な형용사에 접속하며 상대의 의견을 강하게 부정하거나 말하는 이의 강한 의지를 나타낼 때 사용한다. 「決して人を信用するものか 절대로 사람을 신용하지 않겠다」에 의미를 강조하는 부사인「~など ~따위(~なんか・~なんて의 문어체)」가 함께 쓰였다.

실전문제 ②

問題5 다음 문장의 (　) 안에 넣기에 가장 적당한 것을 1・2・3・4에서 하나 고르세요.　　문제편 241p

1 歌手として多くのファンに支えられてきた彼女が来年の夏(　)引退することを発表した。

1 をはじめとして　　2 にあたって　　3 をもって　　4 に合わせて

정답 3 가수로서 많은 팬에게 지지받아 온 그녀가 내년 여름을 마지막으로 은퇴한다는 것을 발표했다.

| 단어 | 支える 지탱하다, 지지하다 | 引退 은퇴 | 発表 발표 | ～をはじめとして ～을 비롯하여 | ～にあたって ～에 있어서 | ～をもって ～를 끝으로 | ～に合わせて ～에 맞춰서

| 해설 | 「～をもって」는 앞에 때를 나타내는 명사가 오며 '그 시점을 마지막으로'라는 의미이다. 2번의 「～にあたって」는 중요한 일이나 행사를 나타내는 단어와 함께 사용하여 '～를 함에 있어서'라는 표현이므로 문맥상 맞지 않아 답이 될 수 없다.

---

2 小さな動物(　　)危険が迫ればトラとも戦う。

1 といえば　　　2 ともなると　　　3 といえども　　　4 ときまると

| 정답 | **3** 작은 동물이라도 위험이 닥치면 호랑이와도 싸운다.

| 단어 | 迫る 다가오다, 임박하다 | トラ 호랑이 | 戦う 싸우다 | ～ともなると ～쯤 되면 | ～といえども ～라도, ～라고 하더라도

| 해설 | 괄호 앞뒤로 의미상 반대되는 내용이 나오고 있으므로 괄호 안에는 역접에 사용하는 표현이 들어가야 한다. 따라서 정답은 선택지 3번의 「～といえども」이다.

---

3 彼の話では、家までいったいどうやって帰ってきた(　　)記憶さえないと言う。

1 のが　　　2 かの　　　3 ところで　　　4 とはいえ

| 정답 | **2** 그의 이야기로는 집까지 도대체 어떻게 왔는지(에 대한) 기억조차 없다고 한다.

| 단어 | 記憶 기억 | ～さえ ～조차

| 해설 | 조사의 올바른 쓰임을 묻는 문제이다. 정답인 선택지 2번의 「～かの」는 의문 조사 「か」에 명사를 수식하는 조사 「の」가 연결된 것으로 '～인가의, ～인가에 대한'이라는 의미이다.

---

4 皆ちゃんとレポートを出したのに自分一人がまだ出せないで恥ずかしい(　　)をした。

1 気分　　　2 心地　　　3 感じ　　　4 思い

| 정답 | **4** 모두 제대로 리포트를 냈는데 나 혼자만 아직 내지 못해서 부끄러운 기분이 들었다.

| 단어 | レポート 리포트 | 恥ずかしい 부끄럽다 | 心地 기분, 마음 | 思いをする 생각(기분)이 들다, 느낌이 들다

| 해설 | 「思いをする」는 감정이나 기분을 나타내는 동사나 い형용사, な형용사와 함께 사용한다. 쓰임이 비슷한 「동사 た형 + 覚えがある ～한 기억이 있다, ～한 경험이 있다」도 함께 기억해 두자.

---

5 多大のご協力に心より感謝申し上げます。今後ともよろしく(　　)。

1 お願いさせていただきます　　　2 お願いしていただきます
3 お願いなさってくださいます　　　4 お願いいたします

| 정답 | **4** 많은 협력에 진심으로 감사 말씀을 드립니다. 앞으로도 잘 부탁드립니다.

| 단어 | 多大 많은 | 協力 협력 | 心より 진심으로 | 感謝 감사 | 申し上げる 삼가 아뢰다(言う의 겸양어) | 今後とも 앞으로도

| 해설 | 비즈니스 회화에서 상대의 협조에 감사하며 앞으로도 잘 부탁한다는 표현인 「よろしくお願いします」를 겸양표현으로 맞게 바꾼 것을 찾는 문제이다. 2번의 「～していただく」와 3번의 「～なさる」는 존경표현이므로 답이 될 수 없고, 1번의 「～させ

ていただく」는 겸양표현이지만 상대에게 허가를 구할 때 사용하는 표현이므로 답이 될 수 없다. 정답은 「する」의 겸양어 「いたす」를 사용한 4번이다.

---

6 当クリーニング店はお客様が(　)以上、最高の状態でお返しできるよう努力しています。
1 お任せいただいた　　2 お任せなさった　　3 お任せしてさしあげた　　**4 お任せくださった**

정답 **4** 저희 세탁소는 고객님이 맡겨 주신 이상, 최고의 상태로 돌려드릴 수 있도록 노력하고 있습니다.

단어 クリーニング店 세탁소 | お客様 손님, 고객님 | 状態 상태 | 任せる 맡기다

해설 공식을 사용한 존경표현 「お·ご + ます형 + くださる」는 '~해 주시다'라는 뜻이다. 문제에서는 「任せる」를 활용한 「お + 任せ + くださった 맡겨 주셨다」에 「동사 た형 + 以上 ~한 이상」이 연결되어 '맡겨 주신 이상'이라는 표현이 되었다.

---

7 昨日から腰の痛みが酷くなって、腰をかがめて顔も洗えない(　)。
1 しまつだ　　2 じまいだ　　3 一方だ　　4 限りだ

정답 **1** 어제부터 허리 통증이 심해져 허리를 굽혀 세수도 할 수 없는 형편이다.

단어 腰 허리 | 痛み 통증 | 酷い 심하다 | かがめる 구부리다, 굽히다

해설 정답인 1번의 「동사 기본형 + しまつだ ~하는 형편이다, 지경이다」에는 '안 좋은 상황이 계속 이어지다가 결국 더 안 좋은 결과가 되었다'라는 의미가 있다. 2번은 앞에 부정을 뜻하는 「ず」가 붙어 「~ずじまい ~하지 못하고 끝나다」의 형태로 사용하므로 답이 될 수 없고, 3번의 「~一方だ ~하기만 하다」와 4번의 「~限りだ ~하기 그지없다」는 의미가 맞지 않아 답이 될 수 없다.

---

8 「挨拶したのにこちらを見もしないで行ってしまうなんて失礼(　)！」
1 じゃないか　　2 じゃなかったか　　3 なことなのか　　4 なことだったじゃないか

정답 **1** 인사했는데 이쪽을 보지도 않고 가 버리다니 실례가 아닌가!

단어 挨拶 인사 | ~じゃないか ~가 아닌가, ~이지 않은가

해설 문장 끝에 오는 표현인 「~ではないか(じゃないか)」는 질문 형식을 사용한 반어법으로 '매우 그렇다'고 강조하는 표현이다. 이 문장에서는 '매우 실례이다'라는 의미를 내포하고 있다.

---

9 A「悪いけど、明日の土曜日、出社してもらえないかなあ。」
　B「申し訳ありません。実は明日は引越しをする(　)。」
1 ものですから　　2 わけですから　　3 はずですから　　4 ところですから

정답 **1** A 미안하지만, 내일 토요일 출근해 줄 수 있을까?
　　　　B 죄송합니다. 사실은 내일은 이사를 가게 돼서요.

단어 出社 출근 | 引越し 이사

해설 이유를 말하는 「~ものだから ~해서, ~이기 때문에」는 주로 변명을 할 때 많이 사용한다. 내일 출근할 수 있냐는 A의 말에 이사 때문에 출근하지 못한다는 변명을 하는 흐름의 대화이므로 1번이 정답이다.

실전문제 ③

問題5 다음 문장의 (   ) 안에 넣기에 가장 적당한 것을 1·2·3·4에서 하나 고르세요.   문제편 242p

1 外国人観光客の急増(   )、観光地ではホテル建設がブームになっている。
　1 に反して　　　2 にも関わらず　　　3 を通じて　　　**4 を受けて**

[정답] **4** 외국인 관광객의 급증으로 인해 관광지에서는 호텔 건설 붐이 일고 있다.

[단어] 観光客 관광객 | 急増 급증 | 観光地 관광지 | 建設 건설 | ブーム 붐 | ~に反して ~에 반해서, ~와는 달리 | ~にも関わらず ~에도 불구하고 | ~を通じて ~을 통해서 | ~を受けて ~로 인해, ~의 영향을 받아, ~에 따라

[해설] 「명사 + を受けて」는 앞에 나온 상황이나 사실이 이후의 일에도 영향을 미친다는 의미의 표현이다.

---

2 大学入試を目前に控えて、ここ2週間(   )、緊張で息が詰まりそうだ。
　1 というもの　　2 といっても　　3 からある　　4 たるもの

[정답] **1** 대학 입시를 눈앞에 두고 최근 2주 동안 긴장으로 숨이 막힐 것 같다.

[단어] 目前に控える 목전(눈앞)에 두다 | 緊張 긴장 | 息が詰まる 숨이 막히다 | ~というもの ~(라는 시간) 동안 | ~といっても ~라고 해도 | ~からある ~씩이나 되는 | ~たるもの ~된 자, ~라는 사람

[해설] 「~というもの」는 시간을 나타내는 명사와 함께 쓰이며 그 기간 동안 어떠한 상태(여기에서는 '숨이 막힌다'는 상태)가 지속된다는 의미의 표현이다.

---

3 マラソンで一緒に走れ(   )みんなと応援はしたい。
　1 ないように　　2 ないばかりか　　**3 ないまでも**　　4 ないものかと

[정답] **3** 마라톤에서 함께 달리지는 못하더라도 다 함께 응원은 하고 싶다.

[단어] マラソン 마라톤 | 一緒に 함께

[해설] 「동사 부정형 + ないまでも ~까지 하지는 못해도」는 제시한 내용의 수준까지는 하지 못하더라도 그와 비슷한 수준은 하고 싶다는 내용을 표현할 때 사용한다.

---

4 難しくても辞書で調べれば分から(   )でしょう。
　1 ないわけにはいかない　　2 ないではいられない　　3 ないというはずがない　　**4 ないものでもない**

[정답] **4** 어려워도 사전에서 찾으면 알지 못할 것도 없죠.

[단어] 辞書 사전 | 調べる 찾다, 조사하다 | ~ないわけにはいかない ~하지 않을 수 없다 | ~ないではいられない ~하지 않고는 있을 수 없다 | ~ないものでもない ~하지 못할 것도 없다

[해설] 「~ないものでもない」는 반드시 할 수 있다고 단정할 수는 없지만 경우에 따라서는 '그렇게 할 수도 있다'는 부분 긍정의 표현이다.

5 A 「部長、新人の田中くんなんですけど、私からアドバイスしてもいいでしょうか。」
　　B 「もう、どんどん（　　）よ。」

1 言ってやって　　　2 言ってもらって　　　3 言われてもらおう　　　4 言わせてあげよう

정답 1　A 부장님, 신입인 다나카 군 말인데요, 제가 조언을 해도 될까요?
　　　　B 아, 자꾸자꾸 이야기해 주게.

단어 新人 신인, 신입 | アドバイス 조언, 충고 | どんどん 자꾸자꾸, 계속

해설 수수(주고받는) 표현에서 내가 나보다 윗사람에게 줄 때는 「さしあげる 드리다」, 동등한 상대에게는 「あげる 주다」, 나보다 아랫사람이거나 동식물에게는 「やる 주다」를 사용한다. 대화에서 A가 자신보다 아랫사람인 신입 사원에게 조언을 해도 되냐고 허가를 구하는 내용이므로 「やる」를 활용한 선택지 1번이 정답이다.

---

6 友だちはこの前、30分でラーメンを5はい食べるイベントに参加した。私は（　　）と思っていたが、5分前に全部食べて驚いた。

1 食べっぱなしになる　　2 食べきれっこない　　3 食べそこなう　　4 食べちらかす

정답 2　친구는 요전에 30분에 라멘을 다섯 그릇 먹는 이벤트에 참가했다. 나는 절대 못 먹을 거라고 생각했는데 5분 전에 전부 먹어서 깜짝 놀랐다.

단어 ラーメン 라멘, 라면 | はい 그릇 | イベント 이벤트 | 参加 참가 | 全部 전부 | 驚く 놀라다 | ちらかす 어지럽히다

해설 정답인 선택지 2번의 「食べきれっこない 다 먹을 수 있을 리 없다」는 「ます형 + きれる 전부 ~하다」라는 표현에, 가능성을 강하게 부정하는 표현인 「ます형 + っこない ~할 리가 없다」가 연결된 문형이다. 1번의 「ます형 + っぱなし 계속 ~한 상태, 계속 ~인 채」, 3번의 「ます형 + そこなう ~하지 못하다」도 함께 기억해 두자.

---

7 太ることは分かって（　　）ケーキに手が出る。

1 いながらも　　　2 いるうちに　　　3 いればこそ　　　4 いたからには

정답 1　살찌는 것은 알고 있으면서도 케이크에 손이 간다.

단어 太る 살찌다 | ケーキ 케이크 | 手が出る 손이 가다

해설 「~ながらも」는 「ながら」에 조사 「も」가 붙은 형태로 '~하면서도'라는 뜻이다. 괄호 안에는 '살찐다는 것을 안다', '케이크에 손이 간다'라는 모순된 두 문장을 연결하는 역접표현이 나와야 하므로 2, 3, 4번은 답이 될 수 없다.

---

8 このあいだ、母にひどいことを言ってしまったことが（　　）ならない。

1 悔やまれて　　　2 悔やんで　　　3 悔やまされて　　　4 悔やませて

정답 1　요전에 엄마에게 심한 말을 해 버린 것이 너무나도 후회된다.

단어 悔やむ 후회하다 | ~てならない ~해서 견딜 수 없다

해설 감정이나 감각을 나타내는 표현과 함께 쓰는 「~てならない」는 그 감정이나 감각 때문에 '견딜 수가 없다'는 표현을 할 때 사용한다. 문맥상 「悔やむ 후회하다」의 수동 표현인 「悔やまれる 후회되다」가 들어가야 하므로 정답은 1번이다.

| 9 | 初めてスケートをした。不安だったがやってみると思ったよりうまく(　　)と思った。

1 すべれるかもしれない　　2 すべれるものだ　　3 すべるに限る　　4 すべるだろう

정답　2 처음으로 스케이트를 탔다. 불안했지만 해 보니 생각했던 것보다 잘 탈 수 있구나! 라고 생각했다.

단어　初めて 처음 | スケート 스케이트 | 不安だ 불안하다 | すべる 미끄러지다

해설　문제의 「やってみると 해 봤더니, 해 보니」는 과거 행위를 나타내는 표현이므로 미래를 말하는 1번의 「~かもしれない ~지도 모른다」와 4번의 「だろう ~일 것이다」는 시제가 맞지 않아 답이 될 수 없다. 「동사 가능형 + ものだ」에는 감탄의 용법이 있으며, 이 문장에서는 '생각보다 잘 탈 수 있던 것이 놀라웠다'는 뉘앙스로 사용하고 있다.

실전문제 ④

問題 5　다음 문장의 (　　) 안에 넣기에 가장 적당한 것을 1・2・3・4에서 하나 고르세요.　　문제편 243p

1　どの時代にも生まれ(　　)悪い人はいません。

1 たばかりで　　2 るからと　　3 ながらに　　4 ようとした

정답　3 어느 시대에나 천성적으로 나쁜 사람은 없습니다.

단어　時代 시대 | 生まれながらに 천성적으로, 선천적으로

해설　「명사 + ながら(に)」는 '~하면서, ~하면서부터'라는 뜻이며 '~의 상태가 유지된다'는 뉘앙스가 있다. 「生まれながらに 천성적으로」, 「昔ながらの 옛날 그대로의」와 같은 관용표현으로 기억해 두자.

2　人間はお互いに助け合う(　　)は生きていけない。

1 ようになるまで　　2 ほかなければ　　3 ことなしに　　4 ものだから

정답　3 인간은 서로 돕지 않고서는 살아갈 수 없다.

단어　お互いに 서로 | 助け合う 서로 돕다

해설　「동사 기본형 + ことなしに ~하지 않고」는 앞의 내용을 하지 않으면, 뒤의 내용도 성립되지 않는다는 의미이다.

3　新聞記者は徹底した調査と粘り強い取材を通じて、(　　)ざる真実を明らかにしようとする。

1 知られ　　2 知らせ　　3 知ら　　4 知る

정답　1 신문 기자는 철저한 조사와 끈질긴 취재를 통해 알려지지 않은 진실을 밝히려고 한다.

단어　新聞記者 신문 기자 | 徹底 철저 | 調査 조사 | 粘り強い 끈질기다, 끈기 있다 | 取材 취재 | ~を通じて ~을 통해서 | 真実 진실

해설　부정의 「ず」는 명사를 수식할 때 「ざる」나 「ぬ」가 된다. 문맥상 「真実」 앞에는 '알다(知る)'의 수동형인 「知られる 알려지다」가 와야 하므로 「知られざる 알려지지 않은」이 정답이 된다.

| 4 | そんなことは、子供( )知っていますよ。

　　1 にすら　　　　　2 がすら　　　　　3 ですら　　　　　4 もすら

정답　3　그런 건 아이조차도 알고 있어요.

단어　~すら ~조차

해설　「명사 + (で)すら ~조차」는 극단적인 예를 들어 '다른 것은 물론이고 하물며 ~조차도'라는 의미로 사용하는 강조 표현이다. 「~さえ」와 비슷하지만 「~すら」는 문어체 표현이다.

| 5 | 年末に大掃除をするのは日本( )習慣です。

　　1 お決まりの　　　2 もともとの　　　3 ならではの　　　4 それこその

정답　3　연말에 대청소를 하는 것은 일본만의 관습입니다.

단어　大掃除 대청소 | 習慣 습관, 관습

해설　「명사 + ならでは」는 인물이나 조직, 장소를 나타내는 명사와 접속하면 '~이 아니고는 할 수 없는, ~만의, ~라서 가능한'이라는 의미가 된다. 문제에서처럼 「명사 + ならではの + 명사(일본 + 만의 + 관습)」의 형태로도 자주 쓰인다.

| 6 | ブラック企業と呼ばれるような怪しい会社には、いかに提示された条件がほかに比べてよいと思える( )、関わらないほうがいいだろう。

　　1 場合であるようにも　　2 場合であろうとも　　3 場合と言おうが　　4 場合にもかかわらず

정답　2　블랙 기업이라 불릴 만한 수상쩍은 회사에는 아무리 제시된 조건이 다른 곳에 비해 좋다고 생각되는 경우라도 관련되지 않는 편이 좋을 것이다.

단어　ブラック企業 블랙 기업 | 怪しい 이상하다, 수상하다 | いかに 아무리 | 提示 제시 | 条件 조건 | 関わる 관계되다, 관련되다

해설　「いかに~とも 아무리~라도」라는 문형을 알고 있으면 쉽게 풀 수 있는 문제이다. 문맥 흐름상 '아무리 제시된 조건이 좋다 하더라도'라는 의미가 되어야 하므로 정답은 2번이다.

| 7 | 休日は上りに( )下りの道が混んでいる。

　　1 ひきかえ　　　　2 とりかえ　　　　3 反して　　　　　4 加えて

정답　1　휴일에는 올라가는 길과 달리 내려가는 길이 붐빈다.

단어　上り 올라감, 올라가는 길 | 下り 내려감, 내려가는 길 | 混む 붐비다, 혼잡하다

해설　「AにひきかえB」는 'A와 반대로(달리) B'라는 의미가 있으며, 주로 B의 특징을 말하기 위해 사용한다. 이때 A에는 な형용사의 な형이나 명사가 온다. 의미가 비슷해 혼동하기 쉬운 3번의 「명사 + に反して ~와 반대로, ~에 반해서」는 기대나 예상했던 결과와 다른 결과가 되었음을 표현할 때 사용한다.

| 8 | 彼は弁護士( )、かつ有名な小説家でもある。

　　1 にして　　　　　2 としても　　　　3 であれ　　　　　4 とあって

정답　1　그는 변호사이면서 동시에 유명한 소설가이기도 하다.

| 단어 | 弁護士 변호사 | かつ 동시에 | 小説家 소설가

| 해설 | 괄호 뒤의 「かつ」는 '동시에'라는 뜻으로, 함께 쓰기 적당한 표현은 비슷한 사항을 나열할 때 쓰는 선택지 1번의 「～にして ～이면서, ～이자」이다.

---

9 あの二人の関係は以前(　　)もっと悪くなって、今はお互い口も利かない。

1 ともなしに　　2 までもなく　　**3 にもまして**　　4 とも

| 정답 | **3** 저 두 사람의 관계는 이전보다 더 나빠져서 지금은 서로 말도 하지 않는다.

| 단어 | 関係 관계 | お互い 서로 | 口も利かない 말도 안 한다, 말도 섞지 않는다

| 해설 | 「～にもまして」는 '～보다 더, ～이상으로'라는 뜻으로 앞에서 제시한 내용 이상으로 정도가 심하다는 뉘앙스의 표현이다. 괄호 뒤에 '더욱 나빠져서'라는 표현이 나오므로 '이전보다 더'라는 뜻이 되는 3번이 정답이다.

실전문제 ⑤

問題5　다음 문장의 (　　) 안에 넣기에 가장 적당한 것을 1・2・3・4에서 하나 고르세요.

1 12月に入ると急に冬(　　)きた。

1 ぎみになって　　2 がちになって　　3 きわまって　　**4 めいて**

| 정답 | **4** 12월이 되자 갑자기 겨울 날씨다워졌다.

| 단어 | めく ～답다, ～같다

| 해설 | 「명사 + めく」는 '～는 아니지만 그런 느낌이 든다'는 표현으로 문제에서는 '겨울'과 함께 쓰여 「冬めく 겨울답다」로 활용되었다. 「めく」는 「春 봄」, 「謎 수수께끼」, 「冗談 농담」, 「皮肉 빈정거림, 비꼼」, 「説教 설교」 등의 한정된 명사와 함께 쓰이므로 묶어서 기억해 두는 것이 좋다.

---

2 これほど大勢の人が来てくださり感激(　　)です。

1 の至り　　2 の果て　　3 の頂き　　4 の限り

| 정답 | **1** 이렇게 많은 사람이 와 주셔서 감격스럽기 그지없습니다.

| 단어 | 大勢 여럿, 많은 사람 | 感激 감격

| 해설 | 「명사 + の至り」는 '너무 ～하다, ～이를 데 없다' 라는 뜻으로 격한 감정을 나타내는 표현이다. 「光栄の至り 더 없는 영광」, 「感激の至り 감격의 극치」와 같은 관용표현으로 기억해 두자.

---

3 最近毎日残業が続いて疲労(　　)に達していた。

1 の強み　　**2 の極み**　　3 の深み　　4 の重み

| 정답 | **2** 요즘 매일 잔업이 이어져 피로가 극에 달해 있었다.

| 단어 | 残業 잔업, 야근 | 疲労 피로 | 達する 달하다, 이르다

| 해설 | 「명사 + の極み」는 감정이나 감각을 나타내는 표현에 사용되며 '더 이상은 없을 정도로 극한 상태'라는 뜻이 있다. 「感激の極み 감격의 극치」, 「痛恨の極み 통한의 극치」와 같은 관용표현으로 기억해 두자.

---

4 電車が駅に着く(　　)人々はドアに押し寄せた。

　1 とたん　　　　2 うち　　　　3 なり　　　　4 そばから

| 정답 | **3** 기차가 역에 도착하자 사람들은 문으로 몰려들었다.
| 단어 | 着く 도착하다 | 押し寄せる 몰려들다, 밀어닥치다
| 해설 | 「AなりB A 하자마자 B」는 동사 기본형에 접속하며, 'A가 일어난 직후에 B라는 일이 일어났다'는 의미이다. 비슷한 의미로 혼동하기 쉬운 1번의 「~とたん」은 동사의 た형에 접속하므로 답이 될 수 없고, 4번의 「~そばから ~하는 즉시, ~하자마자」는 동작이 반복 또는 연속되는 경우에 사용한다. 「作るそばから食べてしまう 만드는 족족(만들기가 무섭게) 먹어 버린다」, 「聞いたそばから忘れてしまう 듣는 즉시 잊어 버린다」와 같은 예문을 통해 기억해 두자.

---

5 世界の有名な山をたった一人で登り続けている登山家は「まだ行っていない山が(　　)、死ぬまで登り続ける」と力強く語った。

　1 あるといっても　　　2 ありながらも　　　3 ある限りは　　　4 あるとはいえ

| 정답 | **3** 세계의 유명한 산을 오직 홀로 오르고 있는 산악인은 '아직 가지 않은 산이 있는 한은 죽을 때까지 계속 오르겠다'라고 힘차게 말했다.
| 단어 | 登る 올라가다 | 登山家 등산가, 산악인 | 力強く 힘차게, 힘주어 | 語る 말하다
| 해설 | 「~限りは ~하는 한은」은 '어떤 상태가 지속되는 동안은 ~한다'라는 의미이다. 1, 2, 4번은 역접의 의미이므로 답이 될 수 없다.

---

6 あの人が無実だということは(　　)それを証明するためにはさらに多くの証拠が必要だ。

　1 疑うことがあるとしても　　　2 疑いようがないものの
　3 疑わざるを得ないものの　　　4 疑えないことはないとしても

| 정답 | **2** 그 사람이 무고하다는 것은 의심 여지가 없지만 그것을 증명하기 위해서는 더 많은 증거가 필요하다.
| 단어 | 無実 무실(사실이 없음), 억울함, 무고 | 証明 증명 | 証拠 증거
| 해설 | '그 사람이 무고하다는 것'이라는 내용 뒤에 이어질 적절한 표현으로는 「ます형 + ようがない ~하려고 해도 할 수가 없다」와 역접의 「~ものの ~이지만」이 연결된 2번 「疑いようがないものの 의심하려 해도 할 수가 없지만, 의심할 여지가 없지만」이 답으로 적당하다.

---

7 市は全国体育大会に関連して新しい競技場を建設する計画を発表したが、工事開始(　　)広く住民の意見を聞くことにした。

　1 に次いで　　　2 に沿って　　　3 に先立って　　　4 に先がけて

| 정답 | **3** 시는 전국 체육 대회와 관련해 새로운 경기장을 건설하는 계획을 발표했는데, 공사 개시에 앞서 널리 주민의 의견을 듣기로 했다.
| 단어 | 全国 전국 | 体育大会 체육 대회 | 関連 관련 | 競技場 경기장 | 建設 건설 | 計画 계획 | 発表 발표 | 開始 개시, 시작 | 住民 주민

해설 「동사 기본형·동작성 명사 + に先立って ~에 앞서」는 '어떤 동작이나 행위가 이루어지기 전에'라는 의미로 주로 대회나 시험, 유학 등 행사와 관련된 표현과 함께 쓰인다.

---

8 サッカーの試合でパスを続けることは重要だ。得点をあげることはできない(　)相手の選手を疲れさせることはできる。

　　1 ようにして　　　　2 ことから　　　　3 までも　　　　4 というより

정답 3 축구 시합에서 패스를 계속하는 것은 중요하다. 득점을 올리는 것은 불가능해도 상대 선수를 지치게 할 수는 있다.

단어 サッカー 축구 | 重要 중요 | 得点 득점 | 相手 상대 | 選手 선수

해설 「~ないまでも ~하지는 못해도」에는 '~의 수준까지 이르지는 못해도 적어도 그 아래 수준인 ~에는 이른다'라는 뉘앙스가 있다.

---

9 この蛇の毒は猛毒だから、かまれた(　)死ぬことはほぼ間違いない。

　　1 ところで　　　　2 や否や　　　　3 としたって　　　　4 が最後

정답 4 이 뱀의 독은 맹독이라서 물렸다 하면 죽는 것은 거의 틀림없다.

단어 蛇 뱀 | 猛毒 맹독 | かむ 물다, 씹다 | ほぼ 거의 | 間違いない 틀림없다

해설 「동사 た형 + が最後 (일단) ~했다 하면」은 '한번 ~하면 그걸로 끝이다, 모든 것이 잘못된다'라는 의미로 사용한다. 비슷한 표현인 「~たら最後」도 함께 기억해 두자.

실전문제 ⑥

問題5　다음 문장의 (　) 안에 넣기에 가장 적당한 것을 1·2·3·4에서 하나 고르세요.　　문제편 245p

1 日本語スピーチコンテストで優勝した朴さんの発表は、正確な発音は(　)人の心を打つすばらしい内容が高く評価された。

　　1 さておき　　　　2 おろか　　　　3 もとより　　　　4 ともかく

정답 3 일본어 스피치 콘테스트에서 우승한 박 씨의 발표는 정확한 발음은 물론이거니와 사람의 마음을 울리는 훌륭한 내용이 높게 평가받았다.

단어 スピーチコンテスト 스피치 콘테스트 | 優勝 우승 | 正確だ 정확하다 | 発音 발음 | 心を打つ 마음에 와 닿다, 감동시키다 | 内容 내용 | 評価 평가

해설 「AはもとよりB」는 'A 뿐만 아니라 B도'라는 뜻으로 A, B를 둘 다 강조할 때 쓰는 표현이다. 선택지 2번 「~はおろか ~은커녕」은 뒤에 부정적인 내용이 올 때 사용하고, 1번 「~はさておき ~은 제쳐 두고, ~은 차치하고」와 4번 「~はともかく ~은 둘째 치고」는 A, B 중 B만 강조하는 내용이므로 답이 될 수 없다.

---

2 ホラー映画だ(　)完全にラブコメディだった。

　　1 と思うまでもなく　　2 と思いきや　　3 と思ったところで　　4 と思うと

정답 2 공포 영화라고 생각했는데 완전히 로맨틱 코미디였다.

[단어] ホラー 호러, 공포 | 完全に 완전히 | ラブコメディ 로맨틱 코미디
[해설] 「Aと思いきやB A라고 생각했는데(했더니) B」는 일반적으로 A의 상황을 예상하지만 예상과는 달리 B의 상황이 일어났음을 나타내는 표현이다.

---

3 出席は電話(　　)メール(　　)して確認します。

1 やら〜やら　　　2 でも〜でも　　　3 せよ〜せよ　　　**4 なり〜なり**

[정답] **4** 출석은 전화든 이메일이든 (해서) 확인하겠습니다.
[단어] 出席 출석 | 確認 확인
[해설] 선택지 모두 열거 표현이라 답을 찾기 어렵게 느껴질 수 있는 문제이다. 문제를 보면 '출석은 전화든 이메일이든 어느 쪽으로든 확인하겠다'는 흐름의 문장이다. 이 경우 '〜이든 〜이든 어느 쪽이든 상관없다, 괜찮다'는 뉘앙스가 있는 4번의 「〜なり〜なり 〜이든 〜이든」을 사용하는 것이 자연스럽다. 의미만 보면 답과 혼동할 수 있는 2번의 「〜でも〜でも」는 '〜든 〜든 하나를 선택한다'는 뉘앙스일 때는 사용하지 않는다. 이 문장의 경우 「電話でもして確認します 전화라도 해서 확인하겠습니다」는 자연스럽지만, 「電話でもメールでもして確認します」는 어색한 표현이다. 1번의 「〜やら〜やら 〜하기도 하고 〜하기도 하고, 〜와 〜등」은 여러 가지 중 한두 개를 예를 들어 말할 때 사용하고, 3번의 「〜にせよ〜にせよ 〜든 〜든」은 몇 개의 예를 든 다음 '다 그렇다, 모두 해당한다'라는 표현을 할 때 사용한다.

---

4 彼は英会話(　　)簡単な挨拶もできなかった。

1 をはじめ　　　2 とともに　　　**3 はおろか**　　　4 にしても

[정답] **3** 그는 영어 회화는커녕 간단한 인사도 하지 못했다.
[단어] 英会話 영어 회화 | 簡単だ 간단하다 | 挨拶 인사
[해설] 「AはおろかB」는 'A는커녕 그보다 더 기본적인 B도 없거나 불가능하다'는 의미의 표현이며 조사 「も 〜도」, 「さえ 〜조차」, 「まで 〜까지」와 함께 사용하는 경우가 많다.

---

5 強い信頼が(　　)長い間一緒に仕事ができる。

1 あるとしても　　　2 あるどころか　　　3 あれといえども　　　**4 あればこそ**

[정답] **4** 강한 신뢰가 있기 때문에 오랫동안 함께 일할 수 있다.
[단어] 信頼 신뢰 | 長い間 오랫동안
[해설] 가정의 「〜ば」에 강조의 「こそ」가 연결된 「〜ばこそ 〜이기 때문에」는 '다른 이유가 아니라 이런 이유로'라는 의미이다. 이유를 강조하는 문형으로 주로 긍정적인 평가에 사용한다.

---

6 どんなにつらくてもここで諦めれ(　　)。

1 ばそれまでだ　　　2 ばもともとだ　　　3 ばなかなかだ　　　4 ばまもなくだ

[정답] **1** 아무리 힘들더라도 여기서 포기하면 그걸로 끝이다.
[단어] 諦める 포기하다

해설 「가정형 ば + それまでだ ~하면 그걸로 끝이다」는 '그 상황이 되면 모든 것이 끝나 버린다, 의미가 없다'는 의미로, 문제에서와 같이「~ても ~ばそれまでだ ~하더라도 ~하면 그걸로 끝이다」의 형태로 많이 사용한다.

---

7 このごろの天気は、朝きれいに晴れていたのに、昼ごろ急に雨になったり、(　　)一日中雨だというので傘を持って出たのに、一度も降らなかったりで、まったく予想できない。

　　1 そうだとして　　　　2 そうかと思えば　　　3 それだとして　　　　4 それだと思えば

정답 2 요즘 날씨는 아침에 맑게 개어 있다가 낮에 갑자기 비가 오기도 하고, 그런가 하면 하루 종일 비가 내린다고 해서 우산을 들고 나왔는데, 한 번도 안 내리기도 해서 도무지 종잡을 수가 없다.

단어 このごろ 요즘 | 晴れる (날씨가) 맑다, 개다 | 傘 우산 | 予想 예상

해설 선택지 모두 가정 표현이어서 어렵게 느껴질 수 있지만 의외의 상황, 뜻밖의 상황이 발생했을 때 사용하는 「~かと思えば ~인가 하면, ~인가 싶더니」가 정답이다.

---

8 安心して仕事を任せる人がいないのであれば、結局私が(　　)を得ない。

　　1 せず　　　　　　　2 される　　　　　　3 されず　　　　　　4 せざる

정답 4 안심하고 일을 맡길 수 있는 사람이 없다면 결국 내가 하지 않을 수 없다.

단어 任せる 맡기다 | ~ざるを得ない ~(하)지 않을 수 없다

해설 「동사 부정형 + ざるを得ない」는 '그 일을 하고 싶지 않지만 부득이하게 할 수밖에 없다'는 뉘앙스의 표현으로 「する」와 접속할 때는「せざるを得ない」형태가 된다.

---

9 飛行機で書く入国カードにはその国での連絡先を書くようになっているが、ホテルの名前は知っていても、電話番号までは知らないから(　　)書けない。

　　1 書こうにも　　　　2 書きたくないので　　3 書こうとしなければ　　4 書くからには

정답 1 비행기에서 쓰는 입국 카드에는 그 나라에서의 연락처를 쓰도록 되어 있는데, 호텔 이름은 알고 있어도 전화번호까지는 모르기 때문에 쓰려고 해도 쓸 수가 없다.

단어 入国カード 입국 카드 | 連絡先 연락처

해설 「동사 의지형 にも + 동사 가능형 ない ~(하)고 싶어도 ~못한다」는 어떤 일을 하려고 해도 그것을 방해하는 상황이 발생하여 하지 못한다'라는 의미의 표현이다. 비슷한 표현인 「동사 기본형 に + 동사 가능형 ない ~하려야 ~할 수 없다」도 함께 기억해 두자.

問題 6 문장 만들기

실전문제 정답 및 해설

정답

실전문제 ①　　[1] 2 (3→4→2→1)　　[2] 4 (3→2→4→1)　　[3] 2 (3→1→2→4)　　[4] 4 (2→1→4→3)
　　　　　　　[5] 2 (3→4→2→1)　　[6] 2 (4→1→2→3)　　[7] 3 (1→4→3→2)　　[8] 1 (2→4→1→3)

실전문제 ②　　[1] 2 (1→2→4→3)　　[2] 2 (4→3→2→1)　　[3] 1 (3→2→1→4)　　[4] 4 (3→1→4→2)
　　　　　　　[5] 1 (3→1→4→2)　　[6] 1 (4→2→1→3)　　[7] 3 (4→2→3→1)　　[8] 4 (1→3→4→2)

실전문제 ③　　[1] 4 (2→1→4→3)　　[2] 4 (3→2→4→1)　　[3] 2 (3→1→2→4)　　[4] 2 (3→1→4→2)
　　　　　　　[5] 3 (2→4→3→1)　　[6] 1 (4→2→1→3)　　[7] 2 (1→3→2→4)　　[8] 1 (2→1→3→4)

실전문제 ④　　[1] 1 (4→3→1→2)　　[2] 2 (4→3→2→1)　　[3] 3 (4→1→3→2)　　[4] 4 (2→3→4→1)
　　　　　　　[5] 2 (3→4→2→1)　　[6] 3 (4→2→3→1)　　[7] 1 (3→1→4→2)　　[8] 1 (4→3→1→2)

실전문제 ⑤　　[1] 1 (2→4→1→3)　　[2] 3 (4→2→3→1)　　[3] 3 (4→1→3→2)　　[4] 1 (4→2→1→3)
　　　　　　　[5] 3 (4→2→3→1)　　[6] 2 (4→3→2→1)　　[7] 4 (2→1→4→3)　　[8] 2 (4→3→2→1)

실전문제 ⑥　　[1] 4 (2→1→4→3)　　[2] 3 (1→4→3→2)　　[3] 2 (4→3→2→1)　　[4] 3 (4→1→3→2)
　　　　　　　[5] 4 (3→2→4→1)　　[6] 3 (4→2→3→1)　　[7] 2 (4→3→2→1)　　[8] 3 (4→1→3→2)

실전문제 ①

問題6　다음 문장의 ★ 에 들어갈 가장 적당한 것을 1·2·3·4에서 하나 고르세요.　　　문제편 246p

[1] メジャーで活躍した選手が入った ＿＿＿ ＿＿＿ ★ ＿＿＿ 優勝も夢ではない。

　　1 からして　　　　2 その実績　　　　3 からには　　　　4 誰もが驚く

[정답] 2 (3→4→2→1) 메이저에서 활약한 선수가 들어온 이상은 누구나 놀랄 그 실적으로 보아 우승도 꿈은 아니다.

[단어] メジャー 메이저 | 活躍 활약 | 選手 선수 | 優勝 우승 | 実績 실적 | 驚く 놀라다

[해설] 「~からには」은 '~하는 이상은'이라는 뜻으로 뒤에는 끝까지 완수한다는 내용이 오는 경우가 많다. 문맥상 「~からには」는 맨 처음에 위치한다. 「~からして ~로 보아」는 명사에 접속하여 일부 요소나 사례로 미루어 볼 때 전체를 짐작할 수 있다는 의미이므로 2→1은 한 묶음이 되며, 4→2→1의 순서가 되는 것이 자연스럽다.

2 子供でも日曜は銀行が休み＿＿＿ ＿＿＿ ★ ＿＿＿ 彼はそんなことも知らない。

　　1 に　　　　　2 ことくらい　　　3 だって　　　4 知ってるだろう

정답　**4** (3→2→4→1) 아이라도 일요일은 은행이 휴일이라는 것 정도 알고 있을 텐데 그는 그런 것도 모른다.

단어　日曜 일요일 ｜ 銀行 은행

해설　「～って」는 「～という ～라고 하는」의 회화체이다. 문제에서는 「休みだ」에 접속하여 「休みだって」로 활용되었으므로 3번은 맨 처음 밑줄에 들어간다. 「～だろうに」는 '～일 텐데'라는 뜻으로 역접에 사용하므로 4→1의 순서로 이어져야 하며, 마지막 밑줄 이후에 '아이라도 알 텐데, 그는 알지 못한다'라는 상반된 내용이 나오고 있으므로 문장 흐름상 3→2→4→1의 순서가 된다.

---

3 A「昔は映画のファンだったけど今は忙しくて全然見られないよ。」
　　B「私も出張で東京に＿＿＿ ＿＿＿ ★ ＿＿＿ 1年に2、3回ね。」

　　1 ホテルの近くで　　2 見て　　　　3 行ったついでに　　4 それっきりだから

정답　**2** (3→1→2→4)
　　A 옛날에는 영화 팬이었지만 지금은 바빠서 전혀 볼 수가 없어.
　　B 나도 출장으로 도쿄에 간 김에 호텔 근처에서 보고 그걸로 끝이니까 1년에 두세 번이야.

단어　昔 옛날 ｜ ファン 팬 ｜ 出張 출장

해설　문장 흐름상 도쿄에 간 김에 영화를 본다는 내용으로 구성돼야 하므로 「～ついでに ～하는 김에」라는 문형이 들어간 3번이 맨 처음에 들어가야 한다. 4번의 「～っきり」는 「きり」의 회화체이며, '어떤 동작이 끝나고 이후에는 동작이 따르지 않음'을 의미한다. 따라서 '도쿄에 간 김에(3)→호텔 근처에서(1)→보고(2)→그걸로 끝이니까(4)'의 순서가 된다.

---

4 あの人は＿＿＿ ＿＿＿ ★ ＿＿＿ 普段はやさしくて、いい人なんですけどね。

　　1 飲み　　　　　2 お酒を　　　　3 しなければ　　　4 さえ

정답　**4** (2→1→4→3) 저 사람은 술을 마시지만 않으면 평소에는 상냥하고 좋은 사람인데 말이에요.

단어　普段 평소

해설　「ます형 + さえ ～ば」는 '～하기만 하면, ～만 있으면'이라는 뜻의 문형이다. 따라서 4→3은 한 묶음이 된다. '～만 하지 않으면'의 대상이 되는 내용이 나와야 하므로 문장 흐름상 2→1→4→3이 되어야 자연스럽다.

---

5 台風などの＿＿＿ ＿＿＿ ★ ＿＿＿ だから、早くから被害を防ぐ準備をするしかない。

　　1 もの　　　　　2 のない　　　　3 災害は　　　　4 避けよう

정답　**2** (3→4→2→1) 태풍 등의 재해는 피하려고 해도 피할 수 없으니 일찍부터 피해를 막을 준비를 할 수밖에 없다.

단어　台風 태풍 ｜ 被害 피해 ｜ 防ぐ 막다, 방지하다 ｜ 準備 준비 ｜ 災害 재해 ｜ 避ける 피하다

해설　「ます형 + ようがない (뒤에 명사가 올 경우 ようのない)」는 '～하려고 해도 할 수가 없다'의 의미의 문형이므로 4→2가 한 묶음이 된다. 「～ものだから ～해서, ～이기 때문에」는 이유를 나타내는 표현이므로 1번 「もの」는 가장 마지막 밑줄에 들어가야 한다. 따라서 3→4→2→1의 순서가 적당하다.

| 6 | 今でもいろいろな舞台で活動する歌手のエミリーさんは、かつて ＿＿＿ ＿＿＿ ★ ＿＿＿ 報道がまるで事実のように流れたことがあった。

1 芸能界を引退する　　2 のでは　　3 という　　4 声が出なくなる病気で

정답　2 (4→1→2→3) 지금도 여러 무대에서 활동하는 가수인 에미리 씨는 예전에 목소리가 나오지 않는 병으로 연예계를 은퇴하는 것이 아닌가라는 보도가 마치 사실인 것처럼 나온 적이 있다.

단어　舞台 무대 ǀ 活動 활동 ǀ 報道 보도 ǀ 芸能界 연예계 ǀ 引退 은퇴 ǀ 病気 병

해설　2번의「~のでは」는 판단을 나타내는 문말 표현「~ではないか ~이지 않은가」의 줄임말인「では」에 '~것'이라는 의미의 소유대명사「の」가 합쳐진 것이다. 문장 끝에 오는 표현이므로 '목소리가 나오지 않는 병으로(4) 연예계를 은퇴하는(1) 것이 아닌가(2)'의 흐름으로 한 묶음이 되어야 하며, 그 후에 '~라고 하는(3) 보도'가 따라오는 4→1→2→3의 순서가 자연스럽다.

| 7 | 警察官がパトロールの途中に人の家に入って金品を盗んだ事件は ＿＿＿ ＿＿＿ ★ ＿＿＿ だと非難する声が高まっている。

1 市民の安全を守るべき　　2 犯罪　　3 あるまじき　　4 人として

정답　3 (1→4→3→2) 경찰관이 순찰 도중에 남의 집에 들어가서 금품을 훔친 사건은 시민의 안전을 지켜야 하는 사람으로서 있을 수 없는 범죄라고 비난하는 목소리가 높아지고 있다.

단어　警察官 경찰관 ǀ パトロール 패트롤, 순찰 ǀ 途中 도중 ǀ 金品 금품 ǀ 盗む 훔치다 ǀ 非難 비난 ǀ 守る 지키다 ǀ 犯罪 범죄

해설　당위와 의무를 나타내는「~べき ~해야만 하는」과 자격을 나타내는「~として ~로서」를 기억하자. 문장 흐름상 '시민의 안전을 지켜야 하는(1) 사람으로서(4)'가 되어야 한다.「동사 기본형 + まじき ~해서는 안 되는」은 어떤 입장이나 직업을 가진 사람이 해서는 안 되는 행위에 대해 비난할 때 주로 사용한다. 따라서 '있을 수 없는(3) 범죄(2)'라는 흐름이 되므로 1→4→3→2의 순서가 적당하다.

| 8 | 自分の判断で良いと思ったことなら、結果的にうまく ＿＿＿ ＿＿＿ ★ ＿＿＿ 選択として理解することはできる。

1 それで　　2 いかなかったとしても　　3 一つの　　4 それは

정답　1 (2→4→1→3) 자신의 판단으로 좋다고 생각한 것이라면, 결과적으로 잘 되지 않았다고 하더라도 그건 그걸로 하나의 선택으로서 이해할 수는 있다.

단어　判断 판단 ǀ 結果的に 결과적으로 ǀ 選択 선택 ǀ 理解 이해

해설　「うまくいかない 일이 잘 풀리지 않는다」,「それはそれで 그건 그것대로」는 하나의 관용표현으로 기억해 두자. 따라서 2번은 맨 처음에 들어가야 하며,「~としても ~라고 하더라도」뒤에는 앞 내용과 상반되는 내용이 이어져야 하므로 2→4→1→3의 순서가 적당하다.

실전문제 ②

問題 6 다음 문장의 ___★___ 에 들어갈 가장 적당한 것을 1·2·3·4에서 하나 고르세요.

문제편 247p

1 警察は運転者が安全確認すること____ ___★___ ____現場の調査を始めた。

　　1 なしに　　　　2 交差点に入り　　　3 として　　　　4 事故をおこした

정답 2 (1→2→4→3) 경찰은 운전자가 안전 확인을 하지 않고 교차로에 들어가 사고를 일으켰다고 보고 현장 조사를 시작했다.

단어 警察 경찰 | 運転者 운전자 | 現場 현장 | 調査 조사 | 交差点 교차로 | 事故 사고 | 起こす 일으키다

해설 「동사 기본형 + ことなしに」는 '~하지 않고, ~하는 것 없이'라는 의미이다. '안전 확인을 하지 않고(1)'라는 내용이 되어야 하므로 첫 번째에는 1번이 들어가며, 그 뒤로는 '교차로에 들어가 사고를 일으켰다고 보고(2→4→3)'의 순서가 자연스럽다. 3번의 「~として」는 생각, 판단을 나타내는 「~とする ~라고 (가정)하다」가 て형으로 활용된 것이다.

2 天気予報です。今日午前6時____ ____ ___★___ ____5度で日中も気温は10度以下の寒い日となるでしょう。

　　1 は　　　　2 東京の気温　　　3 における　　　　4 現在

정답 2 (4→3→2→1) 일기 예보입니다. 오늘 오전 6시 현재 도쿄의 기온은 5도로 낮에도 기온은 10도 이하의 추운 날이 되겠습니다.

단어 天気予報 일기 예보 | 日中 낮, 낮 동안 | 気温 기온 | 現在 현재

해설 「現在」의 앞에 때를 나타내는 단어가 오면 어떠한 시점에 대한 상황을 한정적으로 나타내는 표현이 되며 주로 일기 예보나 뉴스에 사용한다. 따라서 4번은 첫 번째에 들어간다. 3번의 「~における ~의, ~에서의」는 어떤 일의 배경이 되는 장소나 시간, 상황을 나타내는 표현이며 「명사 + における + 명사」의 형태로 많이 사용한다. 따라서 시간을 나타내는 '현재(4)' 다음에 「における」가 오며 그 뒤로 2→1의 흐름이 되는 것이 자연스럽다.

3 程度の差はあるだろうが、長所や才能が一つも____ ____ ___★___ ____。

　　1 なんか　　　　2 人　　　3 ない　　　　4 いない

정답 1 (3→2→1→4) 정도의 차이는 있겠지만, 장점이나 재능이 하나도 없는 사람은 없다.

단어 程度 정도 | 差 차, 차이 | 長所 장점 | 才能 재능

해설 맨 처음에는 「長所や才能 장점과 재능」이 주체이므로 무생물에 사용하는 존재표현인 3번이 들어간다. 「~なんか ~등, ~따위」는 여러 가지 중에서 예를 들어 제시할 때 쓰는 표현으로 「など」의 격의 없는 표현이다. 따라서 2→1 순서로 한 묶음이 되며, 마지막 밑줄은 사람(생물)이 주체이므로 생물에 사용하는 존재표현인 4번이 들어가 3→2→1→4의 순서가 된다.

4 あすなろ学園は障害者と健常者が同じ教室で学ぶこと____ ____ ___★___ ____実現するために運営されています。

　　1 誰もが人間の可能性を　　　2 なることを　　　3 によって　　　　4 信じられるように

정답 4 (3→1→4→2) 아스나로 학원은 장애인과 비장애인이 같은 교실에서 배움으로써 누구나가 인간의 가능성을 믿을 수 있게 되는 것을 실현시키기 위해 운영되고 있습니다.

Part 2 문법　129

| 단어 | 学園 학원 또는 사립 학교를 지칭하는 말 | 障害者 장애인 | 健常者 비장애인 | 実現 실현 | 運営 운영 | 可能性 가능성
| 해설 | 「~によって」에는 '~을 수단으로, ~방법을 통해'라는 의미가 있다. '장애인과 비장애인이 같은 교실에서 배움으로써'라는 흐름이 되기 위해 3번「~によって」가 첫 번째 밑줄에 들어가야 한다. 「~ようになる」는 '~하게 되다'는 의미이므로 4→2는 한 묶음이 된다. 따라서 문맥상 3→1→4→2의 순서가 적당하다.

---

5 ＿＿＿＿ ★ ＿＿＿＿ ＿＿＿＿ 卑怯なことはしない。

1 勝たんがため　　　2 そんな　　　3 いくら　　　4 とはいえ

| 정답 | **1** (3→1→4→2) 아무리 이기기 위해서라고 해도 그런 비겁한 짓은 하지 않는다.
| 단어 | 卑怯 비겁 | 勝つ 이기다
| 해설 | 「동사 부정형 + んがため」는 '~을 목적으로, ~을 하기 위해서'라는 의미로 문어체 표현이다. 「いくら~とはいえ」는 '아무리 ~라고 하더라도'라는 뜻의 문형으로 「~とはいえ」의 뒤에는 앞에서 나온 내용을 부정하는 내용이 나온다. 따라서 3→1→4의 순서가 되며, '비겁한 짓'을 가리키는 지시대명사「そんな(2)」는 마지막에 들어가는 것이 자연스럽다.

---

6 政治家は本当に国民の生活を守ろうとしているのか。何より物価＿＿＿＿ ＿＿＿＿ ★ ＿＿＿＿安定もありえない。

1 なくして　　　2 安定　　　3 生活の　　　4 の

| 정답 | **1** (4→2→1→3) 정치인은 진정 국민의 생활을 지키려 하고 있는가? 무엇보다 물가의 안정 없이는 생활의 안정도 있을 수 없다.
| 단어 | 政治家 정치가 | 国民 국민 | 守る 지키다, 보호하다 | 物価 물가 | 安定 안정 | ありえない 있을 수 없다
| 해설 | 「AなくしてB」에는 'A가 없이 B는 실현되기 어렵다'는 뉘앙스가 있다. 문장 전체를 보면「安定」가 두 번 들어가므로 '물가의 안정'과 '생활의 안정'으로 각각 연결돼야 한다. 문장 흐름상 '물가의(4) 안정(2) 없이는(1) 생활의(3) 안정도 없다'는 내용이 되어야 하므로 4→2→1→3의 순서가 적당하다.

---

7 人間を含めて＿＿＿＿ ＿＿＿＿ ★ ＿＿＿＿と言われている。

1 動物はまずいない　　　2 速度にかけては　　　3 チーター以上速い　　　4 陸上を走る

| 정답 | **3** (4→2→3→1) 인간을 포함해서 육상을 달리는 속도에 있어서는 치타 이상 빠른 동물은 없다고 한다.
| 단어 | 含める 포함하다 | 速度 속도 | チーター 치타 | 陸上 육상, 육지
| 해설 | 2번의「~にかけては ~에 있어서는」은 주로 '어떤 소질이나 능력에 관해서는 그 누구보다도 뛰어나다'라고 표현할 때 주로 사용한다. 이 문장에서「~にかけては」가 가리키는 구체적인 능력은 '육지를 달리는 속도(4→2)'이며, 그 뒤로는 '치타 이상 빠른 동물은 없다(3→1)'라는 흐름으로 이어지는 것이 자연스럽다.

---

8 私はこんなに厚い本に書いてあることを一日＿＿＿＿ ＿＿＿＿ ★ ＿＿＿＿の天才じゃないよ。

1 だけ　　　2 ほど　　　3 で　　　4 頭に入れられる

| 정답 | **4** (1→3→4→2) 나는 이렇게 두꺼운 책에 적혀 있는 것을 하루 만에 외울 수 있을 정도의 천재가 아니야.

단어	頭に入れる 머리에 집어넣다, 이해하다, 기억하다	天才 천재

| 해설 | 한정된 것을 표현하는 「だけ ~만, 뿐」과 시간을 나타내는 조사 「で ~에」가 연결되어 '하루 만에(1→3)'가 되며, 「頭に入れる」의 가능형과 정도를 강조하는 「ほど ~정도」가 연결되어 '외울 수 있을 정도(4→2)의 천재가 아니다'의 순서가 되는 것이 문장의 흐름상 자연스럽다. |

실전문제 ③

問題6 다음 문장의 ___★___ 에 들어갈 가장 적당한 것을 1·2·3·4에서 하나 고르세요.

문제편 248p

1 資本主義市場においてもある程度の制限はやむを得ない。市場はただ自由で___ ___ ★ ___ いうものでもない。

   1 さえ   2 あり   3 よいと   **4 すれば**

| 정답 | **4** (2→1→4→3) 자본주의 시장에 있어서도 어느 정도의 제한은 어쩔 수 없다. 시장은 그저 자유롭기만 하면 좋은 것은 아니다. |

| 단어 | 資本主義 자본주의 | 市場 시장 | 制限 제한 | やむを得ない 어쩔 수 없다 |

| 해설 | 「~さえすれば ~만 하면」은 명사나 동사의 ます형에 접속하므로 「ある」의 ます형인 「あり」가 붙어 '자유롭기만 하면(2→1→4)'의 순서가 된다. 「~ばよいというものではない」는 '~(하기)만 하면 되는 것은 아니다'라는 뜻의 관용표현이므로 3번은 마지막 밑줄에 들어가야 한다. |

2 彼の小説は現代社会で___ ___ ★ ___ きっかけを与えてくれる。

   1 深く考えさせる   2 その答えを求める   3 失われたものは何か   **4 読者に**

| 정답 | **4** (3→2→4→1) 그의 소설은 현대 사회에서 잃어버린 것은 무엇인지 그 대답을 추구하는 독자에게 깊이 생각하게 하는 계기를 제공해 준다. |

| 단어 | 現代社会 현대 사회 | きっかけ 계기 | 与える 주다, 부여하다 | 求める 바라다, 요구하다, 추구하다 | 失う 잃어버리다 | 読者 독자 |

| 해설 | 문제의 '현대 사회에서' 뒤에 연결되기에 가장 적절한 표현은 3번의 '잃어버린 것은 무엇인지'이다. 따라서 3번이 첫 번째에 들어가며, 3번 뒤로는 둘 다 명사를 수식할 수 있는 1번과 2번 중 '독자'와 '계기'의 의미를 생각하면 '2→4→1'로 이어지는 흐름이 자연스럽다. |

3 私の日本での生活については___ ___ ★ ___ 語れない。

   1 お世話になった   **2 ぬきには**   3 石田先生   4 何も

| 정답 | **2** (1→3→2→4) 나의 일본에서의 생활에 대해서는 신세를 졌던 이시다 선생님을 빼고는 아무것도 이야기할 수 없다. |

| 단어 | 語る 이야기하다 | お世話になる 신세를 지다 |

| 해설 | 「~ぬきに ~없이, ~을 빼고」 앞에는 명사가 와야 하므로 3→2는 한 묶음이 된다. '이시다 선생님(3)'을 수식하는 동사인 '신세를 졌던(1)'은 맥락상 맨 처음에 위치해야 하므로 1→3→2→4의 순서가 적당하다. |

4 もう少し資金さえあれば、この土地を ＿＿＿ ＿＿＿ ＿★＿ と残念でならない。

　　1 までも　　　　2 だろうに　　　　3 全部は買えない　　　4 半分は買える

정답 **2** (3→1→4→2) 조금 더 자금만 있으면 이 땅을 전부는 살 수 없더라도 절반은 살 수 있었을 텐데 유감스럽기 그지없다.

단어 資金 자금 | ～さえ ～조차, 만 | 土地 토지 | 残念 유감 | ～てならない ～해서 견딜 수 없다 | 半分 절반

해설 「～ないまでも」는 '～정도까지는 아니더라도'라는 의미이므로 3→1은 한 묶음이 된다. 「～ば～だろうに ～했다면 ～했을 텐데」는 '～했더라면 지금과는 다른 결과가 있었을 것'이라는 의미의 문형이다. 문장의 흐름상 '전부는 아니더라도 절반은'이라는 내용이 되어야 하므로 3→1→4→2의 순서가 적당하다.

---

5 地球の誕生の秘密を明らかにする ＿＿＿ ＿＿＿ ＿★＿ ＿＿＿ 意見が出された。

　　1 との　　　　2 には　　　　3 必要がある　　　4 他の星を観測する

정답 **3** (2→4→3→1) 지구 탄생의 비밀을 밝히려면 다른 별을 관측할 필요가 있다는 의견이 나왔다.

단어 地球 지구 | 誕生 탄생 | 秘密 비밀 | 明らかにする 밝히다, 분명히 하다 | 星 별 | 観測 관측

해설 「동사 기본형 + には」는 '～하려면'이라는 뜻이다. 따라서 맥락상 2→4→3의 순서가 자연스러우며, 「～と言う ～라고 하는」의 줄임말인 1번의 「との」는 마지막에 위치하여 '～라고 하는 의견'이 되는 것이 자연스럽다.

---

6 人々の無関心にも ＿＿＿ ＿＿＿ ＿★＿ ＿＿＿ からです。

　　1 応援してくれる　　　2 調査を続けてきたのは　　　3 家族がいた　　　4 諦めることなく

정답 **1** (4→2→1→3) 사람들의 무관심에도 포기하지 않고 조사를 계속해 온 것은 응원해 주는 가족이 있었기 때문입니다.

단어 無関心 무관심 | 応援 응원 | 調査 조사 | 諦める 포기하다

해설 「～ことなく」는 '～하지 않고, ～하는 일 없이'라는 뜻으로 「～ないで」의 문어체 표현이다. 문장 흐름상 '사람들의 무관심에도 포기하지 않고 조사를 계속해 온 것은(4→2) 응원해 주는 가족이 있었기 때문(1→3)'이라는 순서가 되어야 한다.

---

7 来月末を ＿＿＿ ＿＿＿ ＿★＿ ＿＿＿ 挨拶だと言いながら話し始めた。

　　1 もって　　　　2 これが　　　　3 退職する田中さんは　　　4 最後の

정답 **2** (1→3→2→4) 다음 달 말을 끝으로 퇴직하는 다나카 씨는 이것이 마지막 인사라고 말하며 이야기를 시작했다.

단어 末 말 | 挨拶 인사 | 退職 퇴직 | 最後 마지막

해설 「～をもって ～부로, ～를 끝으로」는 앞에 때를 나타내는 단어가 오며, 그 시점을 끝으로 그때까지 계속되던 일이 끝남을 표현하는 문형이다. 따라서 다음 달 말(来月末)이라는 시점 뒤에는 「もって」가 들어가야 하며 지속되던 일이 끝나는 내용이 있는 3번으로 이어지는 것이 자연스럽다. 4번의 「最後の」 뒤에는 명사가 와야 하므로 '마지막 인사'로 이어지는 1→3→2→4의 순서가 적당하다.

---

8 佐々木氏を ＿＿＿ ＿＿＿ ＿★＿ ＿＿＿ 選挙戦に注目が集まった。

　　1 立ち上げられた　　　2 代表とする　　　3 ことから　　　4 新政党が

정답 **1** (2→4→1→3) 사사키 씨를 대표로 하는 새 정당이 창설됐기 때문에 선거전에 관심이 집중됐다.

| 단어 | 選挙戦(せんきょせん) 선거전 | 注目(ちゅうもく) 주목 | 集(あつ)まる 모이다, 집중되다 | 立(た)ち上(あ)げる 일으키다, 창설되다 | 代表(だいひょう) 대표 | 新政党(しんせいとう) 새 정당 |

| 해설 | 「~ことから ~해서, ~때문에」에는 '~가 이유 또는 판단의 근거가 된다'는 의미가 있다. 따라서 선거전에 관심이 쏠린 이유인 '사사키 씨를 대표로 하는(2) 새 정당이(4) 창설되었다(1)'가 「ことから」 앞에 와야 한다. |

실전문제 ④

問題6 다음 문장의 ___★___ 에 들어갈 가장 적당한 것을 1·2·3·4에서 하나 고르세요.

문제편 249p

① あの有名人(ゆうめいじん)が本当(ほんとう)に ___ ___ ★ ___ 騒(さわ)ぎになることは間違(まちが)いない。

1 なれば　　　　2 大変(たいへん)な　　　　3 来(く)るとも　　　　4 ここに

| 정답 | **1** (4→3→1→2) 그 유명인이 정말 이곳에 오게 된다면 큰 소동이 날 게 틀림없다. |

| 단어 | 有名人(ゆうめいじん) 유명인 | 騒(さわ)ぎ 소동 | 間違(まちが)いない 틀림없다 |

| 해설 | 「명사 + ともなれば」는 '~가 되면, ~이 되었을 경우에는'이라는 문형이므로 3→1은 한 묶음이 된다. 문장 흐름을 보면 '유명인이 이곳에 오게 되면(4→3→1)'이라는 문장 이후에 '큰(2) 소동이 날 것'이라는 내용이 이어지는 것이 자연스러우므로 4→3→1→2의 순서가 된다. |

② 自転車(じてんしゃ)に乗(の)って遠(とお)くまで ___ ___ ★ ___ まだ危険(きけん)だと思(おも)う。

1 には　　　　2 小学生(しょうがくせい)の子(こ)ども　　　　3 のは　　　　4 買物(かいもの)に行(い)く

| 정답 | **2** (4→3→2→1) 자전거를 타고 멀리까지 물건을 사러 가는 것은 초등학생 아이에게는 아직 위험하다고 생각한다. |

| 단어 | 自転車(じてんしゃ) 자전거 | 危険(きけん) 위험 | 買物(かいもの) 쇼핑 |

| 해설 | 「AのはBだ」는 말하고 싶은 내용을 강조할 때 사용하며, A에는 화제가 나오고 B에는 해당 화제에 대해 강조하고 싶은 내용이 나온다. 이 문장에서는 '자전거를 타고 멀리까지 물건을 사러 가는 것은(4→3)'이 화제이며 '초등학생 아이에게는(2→1) 위험하다고 생각한다'가 강조하고 싶은 내용에 해당한다. 따라서 4→3→2→1의 순서가 적당하다. |

③ 本物(ほんもの)そっくりにできている ___ ___ ★ ___ 誰(だれ)も思(おも)わないだろう。

1 まさか　　　　2 とは　　　　3 偽物(にせもの)など　　　　4 ので

| 정답 | **3** (4→1→3→2) 진품과 똑같이 만들어져 있어서 설마 가짜라고는 아무도 생각하지 않을 것이다. |

| 단어 | 本物(ほんもの) 진짜, 진품 | そっくり 똑 닮은 | まさか 설마 | 偽物(にせもの) 가짜, 위조품 |

| 해설 | 「~などとは ~라고는, ~등 이라고는」은 경시의 뉘앙스가 있는 「~など ~따위, 같은 것」과 뜻밖임을 강조하는 「~とは ~라고는」이 함께 쓰인 문형이므로 3→2는 한 묶음이 된다. 4번의 「~ので ~이기 때문에」는 이유·원인이 되는 조사로 문장 흐름상 제일 처음에 오고, 부사 「まさか」는 「偽物などとは」의 앞에 오는 것이 자연스러우므로 4→1→3→2의 순서가 된다. |

④ 今回(こんかい)のイベントが中止(ちゅうし)になったことで主催者(しゅさいしゃ)がテレビなどで中止(ちゅうし) ___ ___ ★ ___ について発表(はっぴょう)した。

1 今後(こんご)の日程(にってい)　　　　2 に至(いた)った　　　　3 理由(りゆう)　　　　4 及(およ)び

| 정답 | **4** (2→3→4→1) 이번 이벤트가 중지된 일로 주최자가 TV 등에서 중지에 이르게 된 이유 및 향후의 일정에 대해 발표했다. |

| 단어 | 中止 중지 | 主催者 주최자 | 今後 이후 | 日程 일정 | ～に至る ～에 이르다 | 及び 및 |

해설 「～に至る」는 일이 진행된 경위를 설명할 때 사용한다. 문장 흐름상 '중지에 이르게 된 이유(2→3)'가 한 묶음이며, 「及び」는 대등한 요소를 연결할 때 사용하므로 '이유 및 향후의 일정(3→4→1)'의 순서가 되어야 한다. 따라서 2→3→4→1이 자연스럽다.

---

5 汽車はただ人や物を運ぶ ＿＿＿ ＿＿＿ ★ ＿＿＿ 走り続ける。

1 心の支えとして 2 人たちの 3 のみだけではなく 4 そこに暮らす

정답 **2** (3→4→2→1) 기차는 그저 사람과 물건을 운반할 뿐만 아니라 그곳에 사는 사람들의 마음의 버팀목으로서 계속 달린다.

단어 汽車 기차 | 運ぶ 운반하다 | 支え 지탱, 버팀목

해설 3번의「のみだけではなく」는「～ただ ～だけではなく 단지 ～뿐만 아니라」와 한정의「のみ ～뿐, ～만」가 함께 쓰인 문형이므로 '단지(ただ) 사람과 물건을 운반할 뿐만 아니라(のみだけではなく)'가 되어 맨 처음에 들어가야 한다. 그 다음에는 '다른 것에도 큰 영향을 미친다'는 내용이 이어져야 하므로 '그곳에 사는 사람들의 마음의 버팀목으로서(4→2→1)'의 순서가 자연스럽다.

---

6 30年間ラーメン店を守り続ける山田さんは、「たとえお客さんが ＿＿＿ ＿＿＿ ★ ＿＿＿ 作りたい」と言いながら忙しく開店準備をする。

1 精一杯 2 だろうと 3 いつも 4 たったひとり

정답 **3** (4→2→3→1) 30년간 라멘 가게를 계속 지켜온 야마다 씨는 '설령 손님이 단 한 명이라도 항상 정성껏 만들고 싶다'고 말하면서 바쁘게 개점 준비를 한다.

단어 たとえ 설령 | 開店 개점 | 精一杯 있는 힘껏

해설 동사 의지형에 접속하는「～ようと ～라 하더라도」는 な형용사나 명사와 접속할 때는「～だろうと」의 형태가 된다. 의미상 '단 한 명이더라도(4→2)'가 한 묶음이 되며,「いつも」는 '열심히 만들고 싶다'는 문장을 수식하는 부사이므로 4→2→3→1의 순서가 된다.

---

7 恋は人に力を与える。相手を思うこと ＿＿＿ ★ ＿＿＿ ＿＿＿ 困難にも立ちむかえるようになる。

1 恋なのであって 2 あればこそ 3 そのものが 4 相手に向かう気持ちが

정답 **1** (3→1→4→2) 사랑은 사람에게 힘을 준다. 상대를 생각하는 것 그 자체가 사랑인 것이며, 상대를 향한 마음이 있기 때문에 곤란에도 맞설 수 있게 된다.

단어 恋 사랑 | 相手 상대 | 困難 곤란 | 立ち向かう 맞서다

해설 1번의「恋なのであって」는 강조를 나타내는「～なのだ ～인 것이다」와「～である ～이다」가 함께 쓰인 표현으로, 강조하고자 하는 주체가 있어야 하므로 '그 자체가 사랑인 것이며(3→1)'의 순서가 되어야 한다.「～ばこそ」는 이유를 강조하는 표현으로 '상대를 향하는 마음이 있기 때문에(이유) 곤란에도 맞설 수 있게 된다'라는 내용이 되어야 하므로 3→1→4→2의 흐름이 되어야 한다.

---

8 来年定年で ＿＿＿ ＿＿＿ ★ ＿＿＿ 。

1 決心できずにいた 2 世界一周旅行をすることにした
3 退職するのを機に 4 いつかは挑戦しようと思いつつ

정답 **1** (3→4→1→2) 내년 정년으로 퇴직하는 것을 계기로 언젠가는 도전하려고 생각하면서 결심하지 못하고 있었던 세계 일주 여행을 하기로 했다.

단어 定年 정년 | 決心 결심 | 世界一周 세계 일주 | ~を機に ~을 계기로 | 挑戦 도전

해설 맥락상 첫 번째에는 3번「退職するのを機に」가 들어가야 한다. 4번의「ます형 + つつ ~하면서」는 제시된 내용을 동시에 진행한다는 의미이므로 4→1→2로 연결되어 '언젠가 도전하려고 생각하면서 결심하지 못하고 있었던 세계 일주를 하기로 했다는 흐름이 되어야 한다. 2번의「~ことにする ~하기로 하다」는 의지를 나타낼 때 사용하는 표현이므로 마지막에 오는 것이 자연스럽다.

실전문제 ⑤

問題 6　다음 문장의 ___★___ 에 들어갈 가장 적당한 것을 1·2·3·4에서 하나 고르세요.　　문제편 250p

1　東京は日本の首都で人口も企業も多い分、＿＿＿　＿＿＿　★　＿＿＿交通機関が発達している。

　　1 くらい　　　2 他の都市とは　　　3 様々な　　　4 比べものにならない

정답 **1** (2→4→1→3) 도쿄는 일본의 수도로 인구도 기업도 많은 만큼, 다른 도시와는 비교할 수 없을 정도로 다양한 교통수단이 발달해 있다.

단어 首都 수도 | 人口 인구 | 企業 기업 | 交通機関 교통기관, 교통수단 | 発達 발달 | 都市 도시 | 様々 다양한

해설 「比べものにならない」는 '비교가 되지 않는다'는 뜻이다. 비교의 대상이 먼저 제시되어야 하므로 '다른 도시와는 비교가 되지 않을 정도로 다양한(2→4→1→3)'의 순서가 되는 것이 자연스럽다.

2　天才は生まれつきの能力という＿＿＿　＿＿＿　★　＿＿＿大きいという見方もある。

　　1 ところが　　　2 親の教育に　　　3 よる　　　4 より

정답 **3** (4→2→3→1) 천재는 타고난 능력이라기보다 부모의 교육에 의한 부분이 크다고 하는 견해도 있다.

단어 生まれつき 천성적인 것, 타고남 | 能力 능력 | 見方 견해, 관점 | 教育 교육

해설 「~より ~보다」는 복수의 대상을 비교할 때 사용한다.「명사 + による」는 '~에 의한'이라는 뜻이므로 2→3은 한 묶음이 된다. 타고난 능력과 부모의 교육이라는 두 개의 대상을 두고 비교하는 내용이므로 4→2→3→1의 흐름이 되어야 한다.

3　ゴルフは遊び半分でちょっと習おうか＿＿＿　＿＿＿　★　＿＿＿今はプロになろうと思っている。

　　1 軽い気持ち　　　2 始めたが　　　3 で　　　4 ぐらいの

정답 **3** (4→1→3→2) 골프는 재미삼아 좀 배울까 (하는) 정도의 가벼운 마음으로 시작했지만, 지금은 프로가 되려고 생각하고 있다.

단어 遊び半分 재미삼아, 심심풀이로 | 習う 배우다

해설 「遊び半分」을 '~라는 가벼운 마음'으로 바꿔서 다시 설명하고 있다. 따라서 '배울까 정도의 가벼운 마음으로(4→1→3)'의 순서가 되며, 밑줄 뒤로 '지금은 프로가 되려고 한다'라는 상반된 내용이 이어지고 있으므로 역접 조사「が」가 들어간 선택지 2번이 마지막에 와야 한다.

4 この作品は差別を生み出す＿＿＿ ＿＿＿ ★ ＿＿＿ までに描き出している。

1 調査をもとに　　2 徹底した　　3 完璧な　　4 社会の構造を

정답 1 (4→2→1→3) 이 작품은 차별을 낳는 사회 구조를 철저한 조사에 기초해 완벽할 정도로 묘사하고 있다.

단어 作品 작품｜差別 차별｜生み出す 낳다, 만들어 내다｜描き出す 그리다, 묘사하다｜徹底 철저｜完璧 완벽｜構造 구조

해설 「명사 + をもとに」는 '~에 기초해서, ~를 바탕으로'라는 뜻으로, 이 문제에서 조사를 하는 대상은 '차별을 낳는 사회 구조'이므로 4번이 첫 번째에 오고 그 다음 '철저한 조사를 바탕으로(2→1)의 순서가 되어야 한다. 밑줄 바로 뒤의「~までに ~할 정도까지」는 극단적인 예를 들어 판단이나 평가를 할 때 주로 사용하는 표현이므로 3번의 「完璧な」가 마지막에 들어가 '완벽할 정도로'라는 흐름이 되는 것이 자연스럽다.

---

5 A「結婚式はどうだった？大学の先生も来てたって？」
B『『夫婦はいつも相手の気持ちを考えることが大切。思いやり＿＿＿ ＿＿＿ ★ ＿＿＿ ない。』と言う先生の言葉を聞いたときは思わず拍手してしまったよ。」

1 築きようも　　2 幸せな家庭　　3 など　　4 なくして

정답 3 (4→2→3→1)
A 결혼식은 어땠어? 대학 (때) 선생님도 오셨다면서?
B '부부는 항상 상대의 마음을 생각하는 것이 중요. 배려 없이 행복한 가정 같은 건 꾸리려고 해도 꾸릴 수 없다'라고 하는 선생님의 말씀을 들었을 때는 나도 모르게 박수치고 말았어.

단어 結婚式 결혼식｜夫婦 부부｜思いやり 배려｜思わず 무심코, 나도 모르게｜拍手 박수｜築く 쌓다, 구축하다

해설 「AなくしてB」는 'A 없이는 B도 성립되기 힘들다'는 의미이므로 문장 흐름상 '배려 없이 행복한 가정 같은 건 만들 수 없다(4→2→3→1)'의 순서가 되는 것이 자연스럽다. 3번의 「など ~따위, 같은 것」과 4번의 「ます형 + ようもない ~하려고 해도 할 수가 없다」도 잘 기억해 두자.

---

6 家で勉強する時間と成績の関係ですが、長く勉強した＿＿＿ ＿＿＿ ★ ＿＿＿ 集中ができずに成績が下がることもあります。

1 かえって　　2 かというと　　3 成績が上がる　　4 からといって

정답 2 (4→3→2→1) 집에서 공부하는 시간과 성적의 관계입니다만, 오래 공부한다고 해서 성적이 오르느냐 하면 오히려 집중이 안 돼서 성적이 떨어지는 경우도 있습니다.

단어 成績 성적｜関係 관계｜集中 집중｜かえって 오히려, 도리어

해설 「AからといってB」는 'A라고 해서 반드시 B인 것은 아니다'라는 뜻으로 B에는 주로 부정적인 내용이 온다. 문장 흐름상 4→3→2로 이어지는 것이 자연스럽다. 의문을 나타내는 조사「か」에「というと」가 연결된 2번「かというと ~(느)냐 하면」의 뒤에는 '그렇지 않다'라는 부정의 내용이 와야 하므로, 마지막에는 예상과 반대 결과가 나올 때 쓰는 부사「かえって 오히려」가 들어가 4→3→2→1의 순서가 되는 것이 적당하다.

---

7 アニメが好きだなんて言うと彼女にバカにされると思って、会う時はいつも＿＿＿ ＿＿＿ ★ ＿＿＿ 言うことにしている。

1 興味がない　　2 マンガなんて　　3 わざと反対のことを　　4 とか

| 정답 | **4** (2→1→4→3) 애니메이션을 좋아한다고 말하면 그녀에게 바보 취급당할 것 같아서 만날 때는 언제나 '만화 같은 건 관심 없다'거나 하며 일부러 반대를 말하고 있다.

| 단어 | アニメ 애니메이션 | バカにされる 바보 취급당하다 | ～ことにする ～하기로 하다 | マンガ 만화 | 興味 흥미, 관심 | わざと 일부러 | 反対 반대

| 해설 | 「～なんて ～따위, ～같은 것」은 「～など」의 회화체로 경시의 감정이 담긴 표현이다. 문장 흐름상 '만화 같은 건 관심 없다거나 하며 일부러 반대를(2→1→4→3)'이 자연스럽다. 4번의 「～とか ～라든가」는 구체적인 예를 들어 설명할 때 사용하는 표현이다.

---

8 進路を決める時には自分の適性に会う＿＿＿＿ ＿＿＿＿ ★ ＿＿＿＿も大きなポイントになる。

1 考慮すること   2 将来性があるかを   3 だけでなく   4 か否か

| 정답 | **2** (4→3→2→1) 진로를 결정할 때는 자신의 적성에 맞느냐 안 맞느냐뿐만 아니라 장래성이 있는지를 고려하는 것도 큰 포인트가 된다.

| 단어 | 進路 진로 | 決める 결정하다 | 適性 적성 | ポイント 포인트 | 考慮 고려 | 将来性 장래성

| 해설 | 4번의 「～か否か ～인지 아닌지」는 어떤 판단을 해야 하는 상황에서 사용하는 표현이다. 문제에서는 맨 처음에 들어가야 한다. 「～だけでなく ～뿐만 아니라」는 앞 뒤에 나오는 내용 모두가 중요하다는 의미이므로 '적성에 맞느냐 안 맞느냐뿐만 아니라 장래성이 있는지를 고려하는 것(4→3→2→1)도 큰 포인트가 된다(=중요하다)'의 흐름이 되는 것이 적당하다.

실전문제 ⑥

問題6 다음 문장의 ＿★＿에 들어갈 가장 적당한 것을 1·2·3·4에서 하나 고르세요.   [문제편 251p]

1 講演会で参加者から話が＿＿＿＿ ＿＿＿＿ ★ ＿＿＿＿まだ難しいと言う人がいた。

1 それ以上   2 難しいと言われ   3 易しく話したつもりだったが   4 易しくしようがないほど

| 정답 | **4** (2→1→4→3) 강연회에서 참가자로부터 이야기가 어렵다는 말을 들어서 그 이상 쉽게 할 수 없을 정도로 쉽게 이야기했다고 생각했는데, 여전히 어렵다고 하는 사람이 있었다.

| 단어 | 講演会 강연회 | 参加者 참가자 | 易しい 쉽다

| 해설 | 3번의 「동사 た형 + つもりだ ～했다고 생각하다」는 화자의 의도나 신념이 나타나는 표현이며, 4번은 「ます형 + ようがない ～하려고 해도 ～할 수가 없다」와 정도를 강조하는 「ほど」가 함께 쓰인 표현이다. '쉽게 이야기했다고 생각했는데 여전히 어렵다'는 문장 흐름상 2→1→4→3의 순서가 자연스럽다.

---

2 ＿＿＿＿ ＿＿＿＿ ★ ＿＿＿＿お元気でいらっしゃいますか。

1 ずいぶん   2 が   3 まいりました   4 寒くなって

| 정답 | **3** (1→4→3→2) (날씨가) 많이 추워졌습니다만, 건강하신지요?

| 단어 | ずいぶん 꽤 | まいる 行く(가다)·来る(오다)의 겸양어 | いらっしゃる 行く(가다)·来る(오다)·いる(있다)의 존경어

| 해설 | 「寒くなってまいりました」는 「寒くなってきた 추워졌다」를 정중하게 표현한 문장이다. 문장을 수식하는 부사 「ずいぶん」은 맨 처음에 위치하여 1→4→3→2의 순서가 된다. 「行く·来る」의 겸양어인 「まいる」와 「行く·来る·いる」의 존경어인 「いらっしゃる」도 잘 기억해 두자.

| 3 | この洗剤を勧めるのは実際に自分が ＿＿＿ ＿＿＿ ★ ＿＿＿ から信用できそうだ。

1 という　　　　2 ことだ　　　　3 の　　　　4 使ってみて

정답 **2** (4→3→2→1) 이 세제를 추천하는 것은 실제로 자신이 사용해 보았기 때문이라고 하니까 신용할 수 있을 것 같다.

단어 洗剤 세제 | 勧める 권장하다, 추천하다 | 実際に 실제로 | 信用 신용

해설 조사 「の」의 쓰임을 이해하는 것이 중요하다. 조사 の에는 「使ってみて(4)→の(3)」처럼 동작의 순서를 말할 때 사용하는 용법이 있다. 「~ことだから」는 이유를 나타내는 표현이므로 '사용해 보았기 때문이라고(4→3→2→1) 하니까(から)'의 흐름이 되어야 한다.

| 4 | 高校生の妹は女子サッカーチームのキャプテンだ。もちろん ＿＿＿ ＿＿＿ ★ ＿＿＿ 技術を磨いてプロを目指している。

1 選手たちには　　2 それなりに　　3 遠く及ばないにしても　　4 世界で活躍する

정답 **3** (4→1→3→2) 고등학생인 여동생은 여자 축구팀 주장이다. 물론 세계에서 활약하는 선수들에게는 훨씬 못 미치기는 하지만 나름대로 기술을 갈고 닦아 프로를 목표로 하고 있다.

단어 キャプテン 캡틴, 주장 | 技術 기술 | 磨く 연마하다, 갈고 닦다 | 目指す 목표로 하다, 지향하다 | 活躍 활약

해설 「~にしても ~라고 해도」는 '앞에서 서술한 내용을 인정한다고 해도'라는 의미이다. 문맥상 '세계에서 활약하는 선수들에게는 못 미치지만'이라는 흐름이 되어야 하므로 4→1→3의 순서가 되며, 2번의 「~なりに ~나름대로」는 마지막에 오는 것이 적절하다.

| 5 | 友だちから借りた本は、とっくに返した ＿＿＿ ＿＿＿ ★ ＿＿＿ もらっていないと言われて驚いた。

1 返して　　　　2 いたが　　　　3 つもりで　　　　4 まだ

정답 **4** (3→2→4→1) 친구에게 빌린 책은 진작에 돌려줬다고 생각하고 있는데 아직 돌려받지 못했다고 들어서 깜짝 놀랐다.

단어 借りる 빌리다 | とっくに 훨씬 전에, 벌써 | 返す 돌려주다

해설 「동사 た형 + つもりで」는 '~했다고 생각하고, ~했다고 믿고'라는 의미이다. '벌써 돌려줬다고 생각하고 있었는데 아직 돌려받지 못했다고 들었다'는 흐름의 3→2→4→1이 자연스럽다. 책을 돌려받지 못한 주체는 친구이므로 수수 표현인 「~てもらう」를 사용했다는 점도 기억해 두자.

| 6 | 「木を見て森を見ない」という言葉は、一本の木を見ただけでは森の大きさが分からない ＿＿＿ ＿＿＿ ＿＿＿ ★ ＿＿＿ だということを意味している。

1 判断すべき　　2 一部のことだけでなく　　3 全体を見て　　4 ことから

정답 **3** (4→2→3→1) '나무를 보고 숲을 보지 않는다'는 말은 한 그루의 나무를 본 것만으로는 숲의 크기를 알 수 없다는 것으로부터 일부분만이 아니라 전체를 보고 판단해야만 한다는 것을 의미한다.

단어 森 숲 | 判断 판단 | 一部 일부 | 全体 전체

해설 「~ことから ~로부터」는 이유나 근거를 나타낼 때 사용하는 표현이다. 밑줄 앞 내용인 '나무 한 그루 본 것만으로는 숲의 크기를 알지 못한다'는 내용이 판단의 근거가 되므로 4번이 가장 앞에 오며, 뒤이어 이에 따른 결과나 결론이 제시되어야 하므로 4→2→3→1의 순서가 되어야 한다.

7 政権交代を実現させて ＿＿＿ ＿＿＿ ★ ＿＿＿ 。

1 と訴えた　　　2 ではないか　　　3 国を造ろう　　　4 新しい

정답 **2** (4→3→2→1) 정권 교체를 실현시켜 새로운 나라를 만들지 않겠느냐고 호소했다.

단어 政権交代 정권 교체 | 実現 실현 | 訴える 호소하다 | 造る 만들다

해설 「동사 의지형 + では(じゃ)ないか ~하지 않겠는가, ~하자」는 반어적으로 '그렇게 하자'라고 강하게 제안하거나 자신의 의지를 표명할 때 사용하는 표현이다. 따라서 3→2는 한 묶음이 되며, 「新しい」는 3번의 「国」를 수식하는 것이 내용상 자연스러우므로 4번이 맨 앞으로 오는 것이 적절하다.

---

8 他人に言うとき小説を書くのは趣味＿＿＿ ＿＿＿ ★ ＿＿＿書いても売れないからそれが職業だと言えないだけだ。

1 と言えば　　　2 要するに　　　3 聞こえはいいが　　　4 なんです

정답 **3** (4→1→3→2) 남에게 말할 때 '소설을 쓰는 건 취미예요'라고 하면 듣기에는 좋지만 요컨대 써도 안 팔리니까 그게 직업이라고 말하지 못 할뿐이다.

단어 他人 타인, 남 | 趣味 취미 | 売れる 팔리다 | 職業 직업 | 要するに 요컨대

해설 4번의 「なんです」는 「なのです ~인 것입니다」의 회화체로 설명을 할 때 사용한다. 문장 흐름상 '소설을 쓰는 건 취미예요라고 말하면 듣기에는 좋지만(4→1→3)'의 순서로 이어지는 것이 자연스러우며, 2번의 「要するに 요컨대」는 앞에 나온 내용을 요약, 정리할 때 쓰는 부사어이므로 4→1→3→2가 된다.

問題 7 글의 문법

실전문제 정답 및 해설

정답

	1	2	3	4	5
실전문제 ①	3	4	2	1	3
실전문제 ②	1	3	4	2	2
실전문제 ③	4	2	1	3	2
실전문제 ④	3	1	3	4	2

실전문제 ①

問題 7 다음 글을 읽고, 글 전체의 취지를 고려하여 [1] 에서 [5] 안에 들어갈 가장 적당한 것을 1·2·3·4에서 하나 고르세요.

문제편 252p

물을 느끼게 하기 위해 물을 줄인 (주1)가레산스이는 일본인이 가진 '뺄셈의 미학'을 단적으로 나타내고 있다. (주2)하이쿠나 분재에서도 그렇다. 우리는 단 17자라는 조촐한 문자열 너머로 광대한 풍경을 상상하고, 작은 화분과 초목으로부터 시간의 변화나 그곳에 부는 바람, 언젠가 보았던 자연의 광경마저도 상기한다.

무엇인가를 표현할 때 그것을 [1] 똑같이 그대로 표현하는 것이 아니라 불필요한 정보를 구태여 생략 [2] 함으로써 오히려 머릿속 이미지를 보완하기 쉽게 할 수 있는 것이다. (주3)라쿠고 또한 그런 '뺄셈의 미학'으로 가득 차 있다. [3] 아시다시피 일반적으로 라쿠고는 일본 전통 복장을 한 라쿠고가가 방석 위에 정좌한 상태로 연기한다. 무대 위에는 고작 병풍이 있는 정도로, 대규모 무대 세트 같은 건 놓이지 않는다. 그 때문에 오히려 장소는 제한되지 않게 되어 자유자재로 장면 전환이 가능해진다.

라쿠고가의 등 뒤로 세워진 병풍은 보기에 좋은 것은 [4] 물론이거니와, 유사 스크린처럼 관객들이 풍경을 상상하기 쉽게 하는 작용도 있을 것이다. 또한 일본 전통 복장으로 연기하는 것은 의상의 [5] 생략과 다름없다. 배역에 맞는 특정 의상을 사용하지 않음으로써, 다양한 역할을 위화감 없이 각각 분리하여 연기할 수 있게 되는 것이다.

(다치카와 깃쇼 『현대 라쿠고론』 마이니치신문출판)

(주1) 가레산스이: 일본 정원 양식의 하나로, 식물이나 물을 사용하지 않고 만드는 것이 특징
(주2) 하이쿠: 5자, 7자, 5자의 3구, 총 17자로 된 일본 특유의 짧은 시
(주3) 라쿠고: 무대 위에서 혼자 여러 인물을 연기하면서 익살스러운 스토리를 들려주는 전통 예능

단어 省く 덜다, 생략하다 | 引き算 뺄셈 | 美学 미학 | 端的に 단적으로 | 表す 나타내다, 드러내다 | 盆栽 분재 | ささやかだ 작다, 소소하다, 조촐하다 | 文字列 문자열 | 広大な 광대한 | 風景 풍경 | 想い描く 마음에 그리다, 상상하다 | 鉢 화분 | 草木 초목 | 移ろい 변화, 변천 | 吹く 불다 | 光景 광경 | 想起 상기 | 表現 표현 | 際 때 | 余計だ 쓸데없다, 불필요하다 | 情報 정보 | あえて 일부러, 구태여 | 省略 생략 | 脳内 뇌 내, 머릿속 | イメージ 이미지 | 補完 보완 | 満ちる 가득 차다 | 一般的 일반적 | 和服 일본식 복장(일본 전통 복장) | 姿 모습, 차림 | 座布団 방석 | 正座 정좌 | 状態 상태 | 演じる 연기하다 | ちょっとした 대단치 않은 | 屛風 병풍 | 大掛かり 대규모, 크게 벌임 | 舞台セット 무대 세트 | 類 부류, 무리 | 制限 제한 | 自在 자유자

| 再한 | 場面 장면 | 転換 전환 | 背後 배후, 등 뒤 | 見映え 보기 좋음 | 疑似 유사 | スクリーン 스크린 | 働き 활동, 작용 |
| 衣装 의상 | 役柄 역할 | ～に即した ～에 맞는 | 特定 특정 | 違和感 위화감 | 演じわける (혼자서 여러 역을) 각각 연기하다 |
| 滑稽だ 우스꽝스럽다, 익살맞다 |

---

1 1 ぴったりそのまま　　2 ぴったりくまなく　　3 そっくりそのまま　　4 そっくりくまなく

정답 3

해설 의태어「ぴったり」와「そっくり」의 차이를 묻는 문제이다.「ぴったり」는 무언가가 빈틈없이 잘 들어맞는 모양을 나타낸 의태어로「ぴったりな服 딱 맞는 옷」,「この色はあの人にぴったりする 이 색은 저 사람에게 잘 맞는다」와 같이 사용한다.「そっくり」에는 '그대로, 고스란히'라는 뜻과 무언가를 '쏙 빼닮았다'라는 두 가지 의미가 있으며, 선택지 3번의「そっくりそのまま」는 '고스란히 그대로, 똑같은 상태로'라는 의미의 숙어 표현으로 기억해 두자. '무언가를 표현할 때 그것을 똑같이 그대로 표현하는 것이 아니라'라는 앞뒤 내용에서 정답은 3번임을 알 수 있다.

2 1 することよりも　　2 することもなく　　3 することもまた　　4 することで

정답 4

해설「することで」,「することにより」,「することによって」는 모두 '～함에 따라서'라는 뜻으로 수단이나 방법을 말할 때 사용하는 표현이다. 문맥상 '생략(이라는 방법을 사용)함으로써'라는 내용이 되어야 하므로 정답은 4번이다. 선택지 1번을 골라 오답이 되지 않도록 유사 표현도 함께 기억하도록 하자.

3 1 ご存じですが　　2 ご存じのとおり　　3 ご存じでないように　　4 ご存じないとしても

정답 2

해설 모든 선택지에 공통적으로 나와 있는「ご存じ」는「知る 알다」의 존경어「存ずる」가 활용된 표현이다. 정답인 선택지 2번의「ご存じのとおり 아시다시피」는 하나의 관용표현으로 묶어서 기억해 두자.

4 1 さることながら　　2 そこそこに　　3 それはさておき　　4 それもそのはず

정답 1

해설「Aもさることながら B A는 물론이거니와 B」는 'A뿐만 아니라 B도 그렇다'라는 의미로 A, B 모두를 강조하는 내용이다. 지문에서 무대 위 병풍의 작용은 '보기에도 좋고 손님의 상상을 돕는 역할도 한다'고 했으므로 정답은 선택지 1번이다. 3번의「～はさておき」는 '～는 차치하고, ～는 둘째 치고'라는 의미로 뒤에 나오는 말을 강조하는 표현이므로 혼동하지 않도록 주의하자.

5 1 節約に決まっている　　2 節約にすぎない　　3 省略にほかならない　　4 省略とは言い切れない

정답 3

해설 필자는 '가레산스이'와 '라쿠고'를 예로 들어 일본 문화에서의 '뺄셈의 미학'에 관해 이야기하고 있다. 따라서 **5** 안에는 선택지 1, 2번의 '절약'보다 3, 4번의 '생략'이라는 단어가 들어가는 것이 적절하다. 3번의「～にほかならない」는 '～외에는 없다, ～이나 다름없다, ～과 마찬가지다'라는 뜻이며 4번의「～とは言い切れない」는 '～라고는 단언할 수 없다'라는 뜻이므로 맥락상 3번이 답으로 적당하다.

실전문제 ②

問題7 다음 글을 읽고, 글 전체의 취지를 고려하여 ① 에서 ⑤ 안에 들어갈 가장 적당한 것을 1·2·3·4에서 하나 고르세요.

문제편 254p

전후 일본은 풍요로워져 세계에서도 손꼽히는 경제 대국이 되었습니다. 미국에 있는 우리 회사의 자회사와 일본의 회사(본사)를 비교하면, 그것을 ① 실감하게 됩니다. 공장의 제조 요원을 포함해서 평균 임금은 일본 쪽이 훨씬 높기 때문입니다. 미국 동부 해안의 사우스캐롤라이나에 있는 자회사와 일본 회사(본사)에서는, 일본의 임금이 미국의 두 배가 됩니다. 세계 제2의 경제 대국이라고 합니다만, 임금 기준으로 보면 일본은 미국을 앞지르고 ② 있는 것입니다.

그러나 ③ 그럼에도 일본에서는 '풍요로움을 실감할 수 없다'라는 말이 만연하고 있습니다. '일본의 경제 규모가 커져 일본은 경제 대국이 되었다고 하지만, 풍요로움을 실감하지 못하는 일본이 되었다.'는 것을 정치가부터 민중까지 모두가 계속해서 이야기하고 있습니다. 그리고 '우리는 어떻게든 해야만 한다'라는 논의가 이어집니다.

물론 유통 구조나 규제 등의 문제는 있습니다. 이러한 불편은 수정해 나가야만 합니다. 그러나 그 불편한 부분을 ④ 제외하더라도, 그래도 일본은 풍요로운 나라일 것입니다. 의식주가 부족하여 굶어 죽거나 얼어 죽거나 하는 사람은 거의 없습니다. 마차를 끄는 말처럼 하루 18시간이고 20시간이고 일하지 않으면 생계가 유지되지 않는 사회도 아닙니다. 이것을 '풍요로운 사회'라고 ⑤ 부를 수 있지 않을까요? 여기까지 왔다면 역시 '풍요로운 사회'에 도달했다고 생각해야만 합니다.

(이나모리 가즈오 『철학으로의 회귀』 PHP 문고)

단어 戦後 전후(전쟁이 끝난 후, 여기에서는 2차대전 종전 후) | 豊かだ 풍부하다 | 有数の 유수의, 손꼽히는 | 経済大国 경제 대국 | 子会社 자회사 | 比べる 비교하다 | 工場 공장 | 製造要員 제조 요원, 제조 담당 직원 | 含める 포함하다 | 平均 평균 | 賃金 임금 | はるかに 훨씬, 까마득히 | 海岸 해안 | 追い越す 추월하다, 앞지르다 | 実感 실감 | 流行る 유행하다, 만연하다 | 規模 규모 | 政治家 정치가 | 民衆 민중 | 議論 논의 | 流通 유통 | 構造 구조 | 規制 규제 | 不都合 불편함, 부정함 | 修正 수정 | 衣食住 의식주 | 足りる 족하다, 충분하다 | 餓死 아사, 굶어 죽음 | 凍死 동사, 얼어 죽음 | 馬車馬 마차를 끄는 말, 일벌레 | 生計 생계 | 成り立つ 성립하다, 구성되다 | 到達 도달

**① ** 1 実感させられます   2 実感になります
3 実感することにあります   4 実感しようがありません

정답 1

해설 첫 문장에서 '전후 일본은 경제적으로 풍요로워져 세계에서도 손꼽히는 경제 대국이 되었다'고 말한 후 '그것을' 다음에 ① 이 나온다. ① 에는 '미국과 일본을 비교해 보면 실감하게 된다'는 내용이 들어가는 것이 자연스러우므로 사역 수동(させられる)을 사용한 선택지 1번이 답으로 적당하다.

**② ** 1 いるのではありません   2 いることです
3 いるわけです   4 いるとはいえません

정답 3

해설 앞에서 '일본 본사의 임금이 미국에 있는 자회사의 두 배가 되었다'고 말한 뒤에 '임금 기준으로 보면 일본은 미국을 앞지르고' 다음에 ② 가 이어지고 있으므로 정답은 3번이다. 문말 표현인 「~わけだ ~한 것이다」는 '~로 미루어 볼 때 그런 결론이 나오기에 충분하다'라는 의미를 내포하고 있다.

| 3 | 1 それゆえ　　　　2 そこから　　　　3 そのうえ　　　　**4 それでも**

정답 4

해설 접속사의 올바른 쓰임을 묻는 문제이다. 3 앞에 역접 접속사 「しかし 그러나」가 나오고 있으므로 4번의 「それでも 그래도」가 들어가는 것이 적당하다.

| 4 | 1 差し引くことによって　　　　**2 差し引いても**
　　　3 付け加えることによって　　　　4 付け加えたとしても

정답 2

해설 '유통 구조나 규제와 같은 문제점'이 언급된 후에 '그래도 일본은 풍요로운 나라'라는 상반된 내용이 이어지고 있으므로 앞에 나온 「不都合な分 불편한 부분」과 반대되는 표현이 들어가야 한다. 따라서 2번 「差し引いても 제외하더라도(빼더라도)」가 정답이 된다.

| 5 | 1 呼べばよいのでしょうか　　　　**2 呼べないのでしょうか**
　　　3 呼んでもいいのでしょうか　　　　4 呼ぶべきでしょうか

정답 2

해설 「~ないのでしょうか ~없는 것일까요?」는 의문형을 통해 정말 말하고자 하는 바가 '그렇다'라는 것을 반어적으로 나타내는 표현이다. 5 에는 '이것을 풍요로운 사회라고 부른다'는 내용이 들어가야 하므로 선택지 2번의 「呼べないのでしょうか 부를 수 없는 것일까요(부를 수 있지 않을까요)?」가 답으로 적당하다.

실전문제 ③

問題 7 다음 글을 읽고, 글 전체의 취지를 고려하여 1 에서 5 안에 들어갈 가장 적당한 것을 1·2·3·4에서 하나 고르세요.

문제편 256p

우리가 경험하는 실제 실패는 작은 것부터 큰 것까지 실로 다양합니다. 설계자의 지식 부족이나 부주의로 당초 목적을 이루지 못하는 기계를 만들거나, 1 무심코 내뱉은 말 한마디가 상대를 화나게 해서 거래가 무산되거나, 상품 기획이나 판매 기획이 부적절하여 상품이 전혀 팔리지 않았다는 식의 이야기는 항간에 넘쳐나고 있습니다. 또, 비가 내릴 것을 미리 생각하지 못해 여행이 즐겁지 않았다, 레시피를 제대로 보지 않아 요리가 잘 되지 않았다는 등, 주위 사람에게 민폐, 피해를 2 주는 것도 아닌 작은 실패도 우리 주변에서는 날마다 반복되고 있습니다.

3 그런가 하면 작은 실패가 새로운 실패를 불러 사망 사고나 대참사를 일으키는 경우도 있습니다. 사람들을 공포에 빠뜨리는 사고나 재해도, 따지고 보면 케어리스미스(부주의한 실수)와 같은 사소한 실패로부터 시작되는 일이 자주 있습니다.

물론 모든 사고나 재해가 실패를 원인으로 하여 4 일어나는 것은 아닙니다. 사고나 재해 중에는 지진이나 해일(쓰나미), 화산 분화, 태풍 등 인간의 행위와 관계없이 자연 현상으로 일어나는 경우도 많이 있습니다. 인간의 힘으로는 5 막을 수 없는 이것들은 '자연재해'라고 부르며 실패와는 명확하게 구별해야 할 것입니다.

(하타케야마 요타로『실패학의 권유』고단샤)

단어 経験 경험 | 実際 실제 | 失敗 실패, 실수 | 多種多様 다종 다양 | 設計者 설계자 | 知識不足 지식 부족 | 不注意 부주의 | 当初 당초 | 目的 목적 | 果たす 이루다, 완수하다 | 一言 말 한 마디 | 商談 상담, 거래 | パーになる 무산되다 | 企画 기획

販売 판매 | 不適切 부적절 | 巷 항간, 세상 | あふれる 넘치다 | レシピ 레시피 | 迷惑 민폐 | 被害 피해 | 身近な 친근한, 친숙한, 비근한 | 繰り返す 반복하다 | 死亡事故 사망 사고 | 大惨事 대참사 | 引き起こす 일으키다 | ケース 케이스, 경우 | 恐怖 공포 | 陥れる 빠뜨리다 | 災害 재해 | 元はと言えば 따지고 보면, 원인을 따지면 | 些細な 사소한 | 原因 원인 | 地震 지진 | 津波 해일 | 火山噴火 화산 분화 | 台風 태풍 | 行為 행위 | ～に関わらず ～와 무관하게, ～에 관계없이 | 自然現象 자연현상 | 明確に 명확하게 | 区別 구별 | ～べきだ ～해야 한다

1　1 きっちりした　　2 しっかりした　　3 はっきりした　　**4 うっかりした**

정답 4

해설 선택지 1번「きっちり」는 '빈틈없이 꼭 들어맞는 모양', 2번「しっかり」는 '야무지고 꼼꼼한 모양', 3번「はっきり」는 '분명한, 명확', 4번「うっかり」는 '무심코, 깜빡'이라는 뜻이다. '생각 없이 던진 한 마디가 상대를 화나게 한다'는 내용이 되어야 하므로 **1**에 들어갈 말로 가장 적절한 것은 4번이다.

2　1 与えるおそれがある　　**2 与えるわけでもない**　　3 与えるに違いない　　4 与えるといわれる

정답 2

해설 **2** 앞부분에 여행이나 요리와 같은 작은 실패를 예로 들고, 뒤에는 '작은 실패도 우리 주변에서는 날마다 반복된다'고 말한다. 따라서 **2**에는 남에게 피해를 '주지 않'이라는 내용이 들어가야 한다. 답은 선택지 2번이다.

3　**1 そうかと思えば**　　2 それもそのはず　　3 そうとはいえず　　4 そうであるほど

정답 1

해설 앞 단락에서 '주위 사람에게 피해를 주지 않는 작은 실패도 우리 주변에서는 날마다 반복되고 있다'고 말하고, 이어서 '작은 실패가 큰 실패를 불러 대참사를 일으키는 경우도 있다'고 말하고 있으므로 **3**에는 역접의 의미인 선택지 1번「そうかと思えば 그런가 하면」이 들어가야 자연스럽다.

4　1 起こることは知られています　　2 起こることはありません　　**3 起こるわけではありません**　　4 起こるのも確かです

정답 3

해설 **4**의 앞 내용을 보면 '물론 모든 사고나 재해가 실패를 원인으로'라고 되어있다. 선택지는 모두「起こる 일어나다」를 활용한 표현이므로「～わけではない ～(인) 것은 아니다」와 연결된 3번이 답으로 가장 적당하다.

5　1 防ぐことのある　　**2 防ぎようのない**　　3 防いだことのない　　4 防がないような

정답 2

해설「ます형 + ようが(の)ない」는 '무언가를 하고 싶어도 그렇게 할 수단·방법이 없어서 할 수가 없다'는 의미이다. 문맥상 '인간의 힘으로는 막으려 해도 막을 수 없는 이것들은 자연재해라고 부르며'라는 흐름이 되는 것이 자연스럽다.

실전문제 ④

問題 7 다음 글을 읽고, 글 전체의 취지를 고려하여 `1` 에서 `5` 안에 들어갈 가장 적당한 것을 1·2·3·4에서 하나 고르세요.

> 문제편 258p

애초에 우리 주위에서 누구에게나 존경을 받는 듯한 사람이 속독가라는 이야기를 들어본 적이 있는가? 회사 상사이든 동료이든 혹은 친구라도 상관없다. 다독가는 많이 있을 것이다. 그러나 속독을 자랑하는 사람은 적어도 내 주변에는 단 한 명도 없다.

널리 사회를 둘러봐도 정치가든 기업가든 의사든 학자든 컨설턴트든, 흔히 속독책에서 주장되고 있듯이 속독법 덕분에 위업을 달성했다는 등의 예는 우선 `1` 만나볼 수가 없다. 속독(법) 책의 저자만 해도 그 기술을 살려 책은 쓸 수 있었겠지만, 그 외에 어떤 성공을 거두었는지는 전혀 알 수가 없다.

한 달에 책을 100권 읽었다느니 1,000권 읽었다 `2` 느니 하며 자랑하는 사람은 라멘 가게의 많이 먹기 도전에서 15분 동안 다섯 사리를 먹었다고 자랑하는 것과 `3` 전혀 다를 바 없다. 속독가의 지식은 한낱 지방이다. 그것은 아무런 도움도 되지 않으며 쓸데없이 머리 회전을 둔하게 할 뿐인 군살이다. `4` 결코 자기 자신의 몸이(뼈가) 되고 근육(살)이 된 지식이 아니다.

그보다는 아주 소량이라도 자신이 진정으로 맛있다고 느낀 요리의 맛을 풍부하게 표현할 수 있는 사람 쪽이 다른 사람에게 음식에 정통한 사람으로서 존경 받을 것이다. 독서에 있어서도 단 한 권의 책, 단 하나의 구절이라도 그것을 잘 음미하고, 그 매력을 충분히 맛본 사람 쪽이 독자로서 지적인 영양을 많이 `5` 얻고 있을 것이다.

(히라노 게이치로 『책 읽는 법 – 슬로우 리딩의 실천』 PHP 선서)

단어 そもそも 애초에 | 尊敬 존경 | 速読 속독 | 上司 상사 | 同僚 동료 | あるいは 혹은 | 構わない 상관없다 | 多読 다독, 책을 많이 읽음 | 誇る 자랑하다, 자랑으로 여기다 | 見渡す 멀리 살펴보다 | 実業家 실업가, 기업가 | 医師 의사 | 学者 학자 | コンサルタント 컨설턴트, 상담사 | 謳う 칭송하다, 주장하다 | 偉業 위업 | 成し遂げる 달성하다 | 著者 저자 | 技術 기술 | 生かす 살리다 | 収める 거두다 | 謎 수수께끼 | 冊 권(책을 세는 단위) | 自慢 자랑 | 大食い 많이 먹기, 많이 먹는 사람 | チャレンジ 챌린지, 도전 | 玉 사리(국수나 면 뭉치를 세는 단위) | 知識 지식 | 単なる 단순한 | 脂肪 지방 | 役に立たない 도움이 안 된다, 쓸모가 없다 | 無駄に 쓸데없이 | 回転 회전 | 鈍い 둔하다 | 贅肉 군살 | 筋肉 근육 | 少量 소량 | 食通 음식에 정통한 사람, 미식가 | 読書 독서 | フレーズ 프레이즈, 구절 | 噛みしめる 음미하다, 씹어먹다 | 味わい尽くす 충분히 맛보다 | 知的 지적인 | 栄養 영양

`1` 1 かかろうとする   2 かからないことがない
   3 かかることができない   4 かからないわけにいかない

정답 3

해설 「会う 만나다」의 겸양표현인 「お目にかかる 만나 뵈다」를 기억해 두자. 지문에서는 우선 '속독을 자랑하는 사람은 없다'는 내용을 말한 뒤, `1` 바로 앞에 '위업을 달성했다라는 예는 우선'이라는 표현이 나온다. 따라서 `1` 에는 '없다'는 의미의 표현이 들어가야 하므로 선택지 3번의 「お目にかかることができない 만나뵐 수가 없다」가 답으로 적당하다.

`2` 1 とかいって   2 ともいうなど   3 そうだといって   4 わけだからと

정답 1

해설 동등한 사항을 나열할 때 쓰는 「~とか~とか ~라든가 ~라든가, ~느니 ~느니」를 알면 쉽게 풀 수 있는 문제이다. 정답인 선택지 1번의 「とかいって」는 「とか」에 「言って」가 연결된 표현이다.

[3] 1 全く違う　　　2 何もかも違う　　　3 何も変わらない　　　4 何か変わっている

정답 3

해설 전체 글의 흐름을 보면 필자가 속독에 부정적이라는 것을 알 수 있다. [3] 바로 앞에는 '속독으로 책을 많이 읽은 것을 자랑하는 것은 라멘 가게에서 많이 먹기 대회에 도전하는 것과'라는 내용이 나온다. 이 뒤로는 '다를 바 없다, 마찬가지다'라는 내용이 들어가야 자연스럽다. 따라서 선택지 3번의「何も変わらない 전혀 다를 바 없다」가 답으로 적당하다.

---

[4] 1 必ず　　　2 断然　　　3 もはや　　　4 決して

정답 4

해설 필자는 속독으로 많은 책을 읽는 것은 군살과 같다고 하며 그렇게 얻은 지식은 자신의 것이 되지 않는다고 말한다. 의미만 보면「断然 단연, 절대로」와「決して 결코」가 모두 답이 될 수 있을 것 같지만,「断然」은 의지를 표현하거나 두 비교 대상에 현격히 차이가 있을 때에 사용한다. 지문에서처럼 '군살이지, 근육은 아니다'라고 둘이 다름을 강조할 때는「決して~ではない」라는 문형을 주로 사용한다. 따라서 정답은 4번이다.

---

[5] 1 得ているとは言えない　　　2 得ているはずである
3 得るのではあるまい　　　4 得ることを願っている

정답 2

해설「~はずだ ~할 터이다, ~할 것이다」는 강한 확신을 가진 추측 표현이다. 지문에서 필자는 속독에 대해 비판하고 있으므로 마지막 문장은 책 한 권, 한 구절을 충분히 음미하며 읽은 사람이 더 지적일 것이라는 내용이 되어야 한다. 따라서 '분명히 그럴 것이다'라는 추측 표현「はずだ」가 들어간 선택지 2번이 정답으로 적당하다.

Part 3

JLPT N1

Part 3

독해

問題 8 내용 이해(단문)

연습문제 정답 및 해설

정답

연습문제   1 1   2 4   3 3   4 4

연습문제

問題8   다음 (1)에서 (4)의 글을 읽고, 다음 질문에 대한 답으로 가장 적당한 것을 1·2·3·4에서 하나 고르세요.

(1)

　현대 사회는 '근대 사회' 일반과는 구별되는 '새로운' 시대를 전개하는 것으로 많은 사람을 통해 이야기되고, 생각되고, 감각되어 왔다. 자신이 지금 살고 있는 세계가 '근대 사회' 일반을 특색 짓는 다양한 징표―도시화나 산업화, 합리화, 자본주의화―만으로는 이야기할 수 없고, 때로는 그 몇 가지를 반전시키는 것처럼 보이기까지 하는 다양한 징표들을 통해서가 아니면 핵심 부분을 정확하게 말할 수 없는 것으로 생각되고 감각되고 있기 때문이다.

(미타 무네스케 『현대 사회의 이론』 이와나미신쇼)

단어 現代 현대 | 近代 근대 | 区別 구별 | 展開 전개 | 感覚 감각 | 特色づける 특색 지우다 | しるし 표시, 증거, 상징 | 産業 산업 | 合理 합리 | 資本主義 자본주의 | 反転 반전 | 群れ 무리 | 核心 핵심 | 特徴 특징 | 本質 본질 | 一層 한층 더

1   '새로운'이라고 하는데 어떤 점이 새로운가?

　1 근대 사회의 특징만으로는 갖추고 있는 본질을 모두 표현하지 못하는 점
　2 근대 사회의 특색을 모두 반전시킴으로써 표현할 수 있는 점
　3 근대 사회보다도 사람들의 사고방식이나 느끼는 방식이 변화하고 있는 점
　4 근대 사회보다도 한층 더 정확하게 핵심을 말할 수 있는 점

정답 1

해설 필자는 근대 사회와 현대 사회를 구분하는 키워드로 '새로운'을 들면서, 이 점 때문에 근대 사회를 특징짓는 징표만으로는 모든 것을 다 표현할 수 없다고 말한다. 따라서 선택지 1번이 정답이다. '때로는 그 몇 가지를 반전시키는 것처럼 보이기도 한다'고 하므로 2번은 답이 될 수 없고, 사회의 변화에 따라 사람들이 사회의 특징을 이야기하고 생각하고 감각되었다고 말하고 있지만 사람들의 사고방식 자체가 변화한 것은 아니므로 3번도 답이 될 수 없다. 어느 사회가 더 정확하게 사회의 핵심을 말할 수 있는지에 대한 언급은 없으므로 4번도 오답이다.

(2)

> 법의 정신이란 한마디로 말하면 정의이다. 때문에 법이란 무엇인가라는 물음은, 정의란 무엇인가라는 질문으로 바꿀 수 있다. 예술은 '미'를 탐구한다, 과학은 '진리'를 탐구한다, 라는 예로 비유한다면 법학은 '정의'를 탐구하는 것이 될 것이다.
> 이 원점을 잊은 자는 법에 대해 말할 자격이 없다. 이런 사람이 법을 배우고 사용하는 것은 오히려 해롭기까지 하다. '나쁜 법률가는 나쁜 이웃'이라는 것은 예로부터 유명한 말이다. 그리고 또한 법률 지식을 독점하고 그 지식을 정의를 위해 쓰지 않는 직업적 법률가가 많으면 많을수록, 그 나라는 국민에게 있어 불행한 나라라고 말하지 않을 수 없다.
>
> (와타나베 요조 『법이란 무엇인가』 이와나미신쇼)

[단어] 法 법 | 精神 정신 | 一言 한 마디 말 | 正義 정의 | それゆえ 그렇기 때문에, 그러므로 | 置き換える 바꿔 놓다, 대치하다 | 芸術 예술 | 探求 탐구 | 真理 진리 | 原点 원점 | 資格 자격 | むしろ 오히려 | 有害 유해, 해로움 | 法律家 법률가 | 悪しき 나쁜, 「悪い」의 문어체 표현 | 隣人 이웃, 옆집에 사는 사람 | 独占 독점 | 不幸 불행 | 精通 정통 | 定める 정하다, 제정하다

2 이 글에서 필자가 말하고 싶은 것은 어느 것인가?

1 유해한 법률가일수록 지식을 독점하는 일이 많으므로 주의해야 한다.
2 법에 관련된 자는 정의를 추구하기 위해 예술과 과학에도 정통해야만 한다.
3 직업적 법률가의 자격에는 정의를 추구하는 것이 정해져 있어야 한다.
4 법률가는 법의 원점인 정의를 염두에 두어야만 한다.

[정답] **4**

[해설] 필자는 '정의의 탐구'라는 법의 원점을 잊은 사람이 법을 배우고 사용하는 것은 유해하다고 말하며 이러한 사람은 법에 대해 말할 자격이 없다고 말한다. 따라서 법률가는 법의 원점인 정의를 늘 생각해야 한다는 선택지 4번이 정답이다. 법률 지식 독점에 대해 주의해야 한다는 언급은 없으므로 1번은 답이 될 수 없고, 예술, 과학은 법학과 서로 탐구하는 내용이 다르다는 예를 들기 위해서만 언급했으므로 2번도 답이 될 수 없다. 지문에서 법률 지식을 정의를 위해 쓰지 않는 직업적 법률가는 해롭다고 했으나 이는 법률가의 자격을 언급하는 내용이 아니므로 3번도 오답이다.

---

(3)

> 전통적인 사회에서는 사람들이 서로 살아있는 신체로 ㈜대면(face-to-face) 접촉하고, 이를테면 그곳에서 시간이나 공간을 공유한 경험을 바탕으로 신뢰가 생기고 자라났다. 그러나 유동화된 근대 사회에서 사람들의 관계가 교통과 통신으로 매개하게 됐을 때, 신뢰의 기초는 서명이나 개인 식별 번호와 같은 데이터로 바뀌어 간다. 전통적인 사회 통합의 양식이 '비신체적이고 추상화된 관계'로 인해 바뀌어 감에 따라 '인간적인' 접촉은 사라져 간다. 우리는 드러난 인간이나 개개인의 신체를 상대로 하는 것이 아니라, 추상화되고 데이터화된 개인 정보를 통해 자신의 행동을 결정해 가게 된다.
>
> (오야 타케히로 『자유란 무엇인가』 지쿠마신쇼)

(주) 페이스 투 페이스: face-to-face, 대면으로, 얼굴을 맞대고

[단어] 伝統 전통 | 互いに 서로 | 生身 살아있는 맨몸 | 接触 접촉 | 共有 공유 | 信頼 신뢰 | 流動化 유동화 | 媒介 매개 | 基礎 기초 | 署名 서명, 사인 | 識別 식별 | 統合 통합 | 様式 양식 | 抽象 추상 | 失う 잃다 | むき出し 드러냄 | 個々人 개개, 각자 따로 | 自己 자기 (자신) | 対面 대면 | 豊富だ 풍부하다 | 重視 중시

| 3 | 이 글의 내용과 맞는 것은 어느 것인가?

　　1 전통적인 사회에서는 실제 대면 경험이 풍부한 사람일수록 신뢰받았다.
　　2 전통적인 사회에서는 신체적인 접촉을 통해 정보가 데이터로 바뀌었다.
　　3 근대 사회에서는 비신체적인 정보가 사람들의 행동에 영향을 주고 있다.
　　4 근대 사회에서는 인간적인 관계를 중요시하고 행동을 결정하는 사람이 많다.

정답 **3**

해설 　전통적인 사회와 근대 사회를 비교하는 글로 '전통적인 사회 통합의 양식이 비신체적이고 추상화된 관계로 바뀌어 간다'고 말하고 있다. 따라서 3번이 답으로 적당하다. 전통적인 사회에서는 대면 접촉을 통해서 신뢰가 형성되었다고 말할 뿐, 경험이 많을수록 신뢰를 얻었다는 언급은 없으므로 선택지 1번은 답이 될 수 없고, 정보가 데이터로 바뀐 것은 근대 사회의 일이므로 2번도 오답이다. 근대 사회에서는 인간적인 접촉은 사라져 간다고 했으므로 4번도 오답이다.

---

(4)　　　　　　　　　　　　　　　　　　　　　　　　　　　　　　　　　　　문제편 266p

　　'삼다(三多)'라는 말이 있다. 원래 송나라의 학자 구양수(欧陽脩)의 말로 '학문에 필요한 세 가지'를 적은 것에서 유래된 말이라고 한다. 지금은 좋은 글을 쓰기 위한 3요소라고 불리는 '삼다'는 다독, 다작, 다상량을 가리킨다. 다독이란 많은 글을 읽는 것, 다작은 많은 글을 쓰는 것, 다상량이란 매사를 깊이 생각하는 것이라고 알려져 있다. 그 중에서도 좋은 글을 쓰기 위해서는 다상량이 가장 중요하다고 하지만 다상량은 사실 일반적으로 해석되는 의미와 달리, 매사를 깊이 생각한다는 의미가 아니라 많은 퇴고가 필요하다는 의미이다.

단어 | 宋 송나라 | 学者 학자 | 学問 학문 | 記す 표기하다 | 由来 유래 | 今や 지금은, 바야흐로 | 要素 요소 | 物事 물건과 일, 모든 일, 매사 | 解釈 해석 | 推敲 퇴고 (글을 지을 때 여러 번 생각하여 고치고 다듬는 것) | 名作 명작 | 主題 주제 | 角度 각도 | 構成 구성 | 検討 검토 | 重ねる 겹치다, 거듭하다

| 4 | 필자는 좋은 글을 만들기 위해 가장 중요한 것은 무엇이라고 하는가?

　　1 명작이라 불리는 작품을 되도록 많이 읽는 것
　　2 주제를 정해서 여러 각도에서 글을 쓰는 것
　　3 쓰려고 하는 내용에 대해 시간을 들여서 생각하는 것
　　4 글의 표현과 구성에 대해 몇 번이고 검토를 거듭하는 것

정답 **4**

해설 　단문에서 필자가 하고자 하는 말은 보통 맨 마지막에 나온다. 좋은 글을 쓰기 위한 세 가지 요건인 '삼다(三多)'를 설명하다가, 가장 마지막 문장에서 '다상량이 가장 중요하다고 하지만'이라고 하며 글의 흐름을 바꾸고 있다. 이후의 부분이 필자가 말하고자 하는 내용으로, '사실 다상량은 깊이 생각하는 것이 아니라, 많은 퇴고가 필요하다는 의미이다'라고 말한다. 따라서 선택지 4번이 정답이다.

問題 9 내용 이해(중문)

연습문제 정답 및 해설

정답

연습문제 1 1   2 3   3 4   4 2   5 4   6 2   7 1   8 4   9 3

연습문제

問題9 다음 (1)에서 (3)의 글을 읽고, 다음 질문에 대한 답으로 가장 적당한 것을 1·2·3·4에서 하나 고르세요.

(1)

신바시역에서 이런 광경을 접했다.
공중전화가 다섯 대 늘어서 있고, 그 다섯 대에 각각 줄을 서 있었다. 그러던 중에 젊은 남성이,
"㈜포크 정렬을 하지 않을래요?"
라고 말을 꺼냈고, 순간 줄이 한 줄이 된 것이다. 이 '선착순으로 한 줄'로 서는 포크 정렬은, 종래의 옆으로 줄 서는 것에 비하면 확실히 ①공평하다. 여러 대의 전화기가 있다. 그 전화기 각각에 사람들이 줄 서서 기다리고 있다. 도대체 어느 전화기가 빨리 비게 될까? 내기하는 기분으로 어떤 줄의 끝에 선다. 그런데 오래 통화해야 하는 사람이 앞에 있어서 자신의 줄은 좀처럼 앞으로 나아가지 않는다. 옆줄을 보니 자신보다 늦게 줄을 선 사람이 벌써 통화를 하고 있다. 평소 같으면 그리 대수롭지 않을 일이지만 급할 때는 왠지 살기가 돈게 된다. 결국 선착순이라는 기본 규칙 속에 행운과 불운이 숨어들기 때문에 짜증이 나는 것이다. 이 한 줄 배분 방식이라면 선착순의 공평성은 보증된다. 훌륭한 줄서기 방법이다.

그렇지만 줄서기 방법에만 ②감동한 것은 아니다. 만약 그 청년이 '포크 정렬'이라는 명칭을 몰라서 그냥 무작정 '저, 이 줄서기 방법은 공평하지 못하니, 다 같이 한 줄로 서서, 어딘가 전화기가 비면 그 전화기를 제일 앞에 있는 사람이 사용하기로 하면 어떨까요?'라고 호소한들 아무도 상대해 주지 않았을 것이 틀림없다. 그러나 그에게는 그 정렬 방식의 의미를 일괄하여 전달할 수 있는 '포크 정렬'이라는 단어가 있었다. 공공장소에서 새로운 행동 양식에 이름이 붙고, 그 행동 양식이 사람들의 것이 된다. 그 현장을 목격하고 감동했던 것이다.

(이노우에 히사시 『일본어 일기』 분게이슌주)

(주) 포크 정렬: 공중화장실이나 현금자동인출기 등 창구가 여럿 있는 곳에 정렬할 때의 습관의 일종으로, 복수의 창구에서 1열로 대기하고 앞에서부터 빈 곳으로 순서대로 갈라져서 가는 방식

단어 新橋駅 신바시역, 도쿄에 있는 JR노선 역명 | 光景 광경 | 公衆 공중, 공공 | 行列 행렬, 줄 | 途端に 그러자, 그 때 | 列 열, 줄 | 先着順 선착순 | 従来 종래 | 公平 공평 | 空く 비다 | 賭ける 내기하다, 걸다 | 末尾 말미, 맨 끝 | なかなか 좀처럼 | 普段 보통 | 殺気立つ 살기를 띠다 | いらいらする 짜증나다 | 規則 규칙 | 忍び込む 잠입하다, 숨어들다 | 振り分ける 나누다,

| 할당(배분)하다 | 方式 방식 | 保証 보증 | 感心 감동, 감탄 | 闇雲に 닥치는 대로 | 公平を欠く 공평(성)을 잃다 | 先頭 선두, 맨 앞 | 訴える 호소하다 | 相手にする 상대하다 | 一括 일괄 | 公の場 공적인 자리 | 様式 양식 | 現場 현장 | 偶然 우연 | 左右する 좌우하다 | 優先 우선 | 複数 복수, 다수 | 用意 준비 | 現状 현상, 현실 | 解決 해결 | 素直に 순순히, 고분고분하게 | 耳を傾ける 귀를 기울이다 | 端的に 단적으로, 명확하게, 간단명료하게 | しばしば 종종, 누차 | 公共の場 공공장소 | 名付ける 이름 짓다 |

1 ①공평하다고 하는데 어떤 점에서 공평한가?

1 우연에 의해 좌우되지 않는 점
2 서두르는 사람이 우선시되는 점
3 전화기가 여러 대 준비되어 있는 점
4 각 전화기에 줄이 생기는 점

정답 1

해설 종래의 줄서기 방식의 문제는 운에 따라 순서가 달라진다는 점이다. 젊은 남성이 제안한 '포크 정렬'은 그 문제가 해결된다는 점에서 공평하다는 의미이므로 정답은 선택지 1번이다.

2 ②감동했다고 하는데 필자가 감동한 것은 어째서인가?

1 포크 정렬이 불공평한 현실을 해결하는 것이기 때문에
2 줄 선 사람들이 순순히 청년의 말에 귀를 기울여 주었기 때문에
3 포크 정렬이라는 말이 단적으로 의미를 전달하고 있었기 때문에
4 필자 자신은 이 이름을 떠올리지 못했기 때문에

정답 3

해설 '포크 정렬'이라는 단어 하나로 줄서기 방식을 일괄하여 전달하고 그에 따라 사람들이 함께 행동하는 것을 보고 감동했다고 하므로 선택지 3번이 답으로 적당하다.

3 필자의 생각과 같은 것은 어느 것인가?

1 말은 종종 공공장소에서 새롭게 이름 지어지는 것이다.
2 새로운 말은 처음에는 사람들이 잘 들어주지 않는 것이다.
3 말은 현실의 문제를 해결하기 위해 만들어져야 한다.
4 말은 알기 쉽게 사람들에게 전달되는 것이어야 한다.

정답 4

해설 필자는 '포크 정렬'이라는 단어의 의미가 사람들에게 잘 전달되었다며 긍정적으로 평가한다. 따라서 선택지 4번이 답으로 적당하다.

---

(2) 문제편 270p

오랫동안 사람이 여우에게 계속 홀려왔다는 것은, 여우에게 홀린 역사가 존재해 왔다고 봐도 무방할 것이다. 왜냐하면 ①그런 역사 속에서 오랫동안 사람들은 살아왔기 때문이다. 그 인간사 속에 포착된 여우의 역사가 있고 자연과 생명의 역사가 있었다.

하지만, 오늘날의 역사학은 그것을 역사라고 부르지는 않을 것이 분명하다. 왜냐하면 문서로 증명된 객관적인 사실을 토대로 역사를 재구성해 가는 것이 오늘날 역사학의 방법이기 때문이다. 사람이 여우에게 홀렸다는 이야기는 민속학의 관심거리는 될지

언정 역사학의 대상은 되지 않는다.

그러나 그러한 이상 ②다른 문제가 생긴다. 여우에게 홀리면서 살아온 마을 사람들의 역사에 살아온 자연과 인간의 역사가 있다고 하면, 그것을 도려내 버리면 마을에 살았던 인간의 역사도, 그 인간들과 함께 있었던 자연의 역사도 붙잡을 수 없는 것이 되어 버린다. 나의 문제의식 속에 있는 것은, 그것으로 역사는 괜찮은가 하는 의문이다. (중략)

역사학은 문헌 = 문서의 독해를 통해 과거를 충실하고 올바르게 그리고자 한다. 그런데 과거를 향한 인간의 눈빛은 그 시대를 둘러싸고 있는 것과 함께 있다. 인간들은 그 시대의 문제의식을 통해 과거를 고찰해 온 것이다. 역사학의 전제에는 역사학에 대한 의지라고 할 만한 것이 존재한다.

(우치야마 다카시 『일본인은 왜 여우에게 홀리지 않게 된 것인가』 고단샤겐다이신쇼)

[단어] キツネにだまされる 여우에게 홀리다 | 歴史 역사 | とらえる 붙잡다, 사로잡다, 파악하다 | 今日 오늘날 | 文書 문서 | 裏付ける 뒷받침하다 | 客観的 객관적 | 再構成 재구성 | 民俗学 민속학 | 対象 대상 | 生じる 생기다, 발생하다 | 村人 마을 사람 | 切り捨てる 잘라서 버리다 | つかむ 붙잡다 | 意識 의식 | 文献 문헌 | 読解 독해 | 忠実に 충실히 | まなざし 눈빛 | 包む 감싸다, 포장하다 | 考察 고찰 | 前提 전제 | 意志 의지 | 記録 기록 | 体験談 체험담 | 資料 자료 | 生命 생명 | 価値 가치 | 記載 기재 | 十分に 충분히 | 当時 당시 | 背景 배경 | 伝承 전승 | 含む 포함하다

---

4 ①그런 역사란 어떤 역사인가?

1 여우에게 홀린 사실을 기록한 것
2 체험담과 구전을 모은 것
3 민속학적 자료를 토대로 쓰인 것
4 자연이나 생명에 관해 기록한 것

정답 2

해설 밑줄에 지시어가 있으면 그 전후로 지시어가 가리키는 것을 나타내는 경우가 많다. '그런 역사(そういう歴史)'의 앞 문장에 나오는 '여우에게 홀린 역사'는 문서로 증명된 객관적 사실을 토대로 쓴 역사가 아닌 '체험과 구전'의 역사를 의미한다.

5 ②다른 문제란 무엇인가?

1 여우에게 홀린 이야기를 도려내 버리면 민속학적 가치가 없어지는 것
2 인간이 여우에게 홀린 이야기가 객관적 문서에 기재되어 있지 않은 것
3 객관적인 기록 문서는 인간의 실제 역사를 충분히 전달하지 못하고 있다는 것
4 역사를 사실만으로 재구성하면 마을 사람들의 역사가 도려내 버려지게 되는 것

정답 4

해설 밑줄이 있는 단락을 보면 '여우에게 홀리며 살아온 역사가 있는 마을에서 그것을 도려내 버리면 인간의 역사도 함께 사라진다'고 말한 뒤 '그것으로 역사는 괜찮은가 하는 의문'이 있다고 말한다. 따라서 필자가 생각하는 또 다른 문제는 '객관적인 문서에 기록되지 않은 역사를 인정하지 않으면 그곳에 있는 사람의 역사도 사라진다'는 것이다. 따라서 정답은 선택지 4번이다.

6 본문 내용과 맞는 것은 어느 것인가?

1 여우에 관한 이야기에서 당시의 시대 배경을 엿볼 수 있다.
2 민속학은 사실의 근거에 의거하지 않고 전승되어 왔다.
3 오늘날 역사학에는 자연에 관해 기록한 역사는 포함되어 있지 않다.
4 과거를 충실하게 그림으로써 시대의 문제의식이 잘 보이지 않게 된다.

정답 **2**

해설 역사학이 객관적인 문서에 근거하는데 비해 민속학은 전승 등 문서가 아닌 것을 연구 대상으로 해 왔다고 말하므로 선택지 2번이 정답이다. 여우 이야기에 관한 당시의 시대 배경은 언급하지 않았으므로 1번은 답이 될 수 없으며, 자연의 역사를 버리면 인간의 역사도 사라진다고 하고 있으므로 3번도 오답이다. 과거를 충실하게 그리는 것은 그 시대의 문제의식을 통해서 이루어지는 것이므로 4번도 답이 될 수 없다.

---

(3)   문제편 272p

문제는 상대를 인간으로서 이해하려면 어떻게 하는 것이 좋은가 하는 것이다. 눈앞에 있는 것이 물체로서가 아니라 인간으로서 존재한다는 것은, 그 물체의 운동이 그때그때 상황에 따라 정당한 행동으로 납득도 가고 때로는 예상도 될 수 있어야 한다. 그것은 그 대상을 자신과 비슷하게 취급할 수 있는 것이다. 그러기 위해서는 행동을 전체적으로 이해할 수 있을 뿐만 아니라, 하나하나의 행동 패턴이 무엇인지, 무엇을 의도하고 있으며, 어떤 감정을 가지고 이루어지는지를 대략적으로 알고 있어야 한다.

인간의 행동은 같은 국면에 마주쳐도 사람마다 다소 다르기 마련이다. 그러나 터무니없이 다르지는 않고, (주1)이러이러한 유형의 상황에는 이러이러한 유형의 행동을 취하는 경우가 있다. 혹은 몇 가지 유형 중에 어느 하나를 선택하는 경우도 있다. 또 같은 유형의 행동이라도 다른 상황에서는 다른 종류의 행동으로 이해된다. 외침은 때로는 고통의 외침이요, 때로는 놀람의 외침이다. 이처럼 육체 운동은 상황에 따라 다른 심적 규정에 귀속되어 다른 종류의 행동, 행위로 해석된다.

이러한 인간의 이해에 이르기 위해서는 단순히 그 사람을 관찰하는 것이 아니라 교류·교제가 필요하다. 공동생활을 해서 동류(같은 부류), 동료로 보기 때문에 자신과 동일한 심적 상태를 가진다고 생각해 같은 범주를 적용시키는 것이다. 타인에게 (주2)심적 술어를 적용하는 것은, (주3)관상적 인식의 결과가 아닌 실천적 교류의 결과이다. 거기에는 감정 이입이 있다. 심적인 세계를 가진 동료로서 타인을 취급하는 것은 감정적인 취급이다. 그것은 타인의 이성적 고찰과 조금도 모순되지 않는다.

(나카무라 히데요시 『패러독스—논리 분석으로의 초대』 고단샤가쿠쥬츠분코)

(주1) 이러이러한: 여차여차, 이렇게 이렇게, 이러한
(주2) 심적 술어: 마음의 상태를 나타내는 언어 표현. psychological predicate의 번역
(주3) 관상적 인식: 여기서는 '실천적 교류'와 대조적인 '관념적 인식'을 말함

단어 物体 물체 | 従う 따르다 | もっともな 정당한, 지당한 | 行動 행동 | 納得 납득 | 対象 대상 | 似通う 서로 닮다, 서로 비슷하다 | 意図 의도 | 扱う 다루다, 취급하다 | 全体 전체 | いかなる 어떠한 | 局面 국면 | 遭遇 조우, 우연히 만남 | 多少 다소 | めちゃくちゃに 막무가내로, 터무니 없이 | 種類 종류 | 叫び 외침 | 苦痛 고통 | 驚き 놀람 | 肉体 육체 | 規定 규정 | 帰属 귀속 | 別種 별종, 다른 종류 | 行為 행위 | ~に至る ~에 이르다 | たんに 단순히 | 観察 관찰 | 交流 교류 | 付き合い 사귐, 교제 | 共同生活 공동생활 | 同類 동류 | 仲間 동료 | 同様な 같은, 동일한 | カテゴリー 카테고리, 범주 | 当てはめる 적용시키다 | 述語 서술어 | 適用 적용 | 観想 관상, 명상 | 実践 실천 | 感情移入 감정 이입 | 扱い 취급, 다룸 | 理性的 이성적 | 矛盾 모순 | 異なる 다르다 | 同一 동일 | 予測 예측 | 対象 대상 | 類似 유사 | ~に伴う ~에 따른

7 필자는 인간의 행동에 대해 어떻게 서술하고 있는가?

1 상황에 따라 행동 유형이 정해져 있는 경우가 있다.
2 상황이 다르면 동일한 유형의 행동은 일어나지 않는다.
3 행동 유형에 따라 그 사람의 성격을 알 수 있다.
4 고통의 외침과 놀람의 외침은 행동 유형이 다르다.

[정답] **1**

[해설] 밑줄 앞과 뒤에서 '같은 상황을 만나도 사람마다 보이는 행동은 다르지만 터무니없이 다르지는 않고 이러이러한 유형의 상황에는 이러이러한 유형의 행동을 취하는 경우가 있다'고 말하므로 답으로는 선택지 1번이 적당하다. '성격을 알 수 있다'는 말은 본문에 없으므로 3번은 답이 될 수 없으며, 4번의 경우 외침이라는 '행동 유형은 같지만 종류가 다르다'고 말하므로 오답이다.

8 필자는 타인의 행동을 이해하는 것에 대해 뭐라고 말하고 있는가?

1 공동생활을 함으로써 타인을 이성적으로 이해할 수 있게 된다.
2 교류하고 공동생활을 보내지 않으면 관상적 이해를 얻을 수 없다.
3 심적 세계에서는 항상 타인을 자신과 같은 범주에 적용시켜 이해한다.
4 감정 이입으로 인해 같은 심적 세계를 가진 동료라고 생각하게 된다.

[정답] **4**

[해설] 마지막 단락에서 공동생활을 함으로써 서로를 동료로 보게 되고, 교류를 통해 감정 이입을 할 수 있게 되어 '심적인 동료'로서 감정적으로 이해하게 된다고 말하므로 선택지 4번이 정답이다.

9 본문의 내용과 맞는 것은 어느 것인가?

1 인간의 행동을 이해하려면 행동을 물리적인 물체의 운동으로 예측할 수 있어야 한다.
2 대상인 물체를 자신과 유사한 것으로 취급하면 상대의 행동을 예상할 수 있게 된다.
3 각 행동의 의도와 그에 따른 감정을 이해하는 것이 상대를 인간으로서 이해하는 것이다.
4 상대를 자신과 같은 부류로 이해할 수 있으면 상대의 행동을 전체적으로 이해할 수 있다.

[정답] **3**

[해설] 선택지 1, 2번은 인간의 행동이 아니라 물체의 운동에 대해 말하고 있기 때문에 답이 될 수 없고, 4번은 '상대를 자신과 같은 부류로 이해'하는 것에서 상대의 행동에 대한 이해가 시작된다고 말하므로 '전체적으로 이해할 수 있다'는 표현은 답으로 적당하지 않다. 따라서 답은 3번이다.

問題 10 내용 이해(장문)

연습문제 정답 및 해설

정답

연습문제　① 3　② 1　③ 1　④ 2

연습문제

問題10　다음 글을 읽고 다음 질문에 대한 답으로 가장 적당한 것을 1·2·3·4에서 하나 고르세요.　문제편 275p

　　일본에서 '㈜1모노즈쿠리(물건 제작)'에 종사하게 되고 나서 실감했지만 일본인의 문제 해결 능력은 매우 높다. 과제가 주어지면 고생하면서도 연구와 노력으로 해결해 버린다. 그것은 생산 현장에서도 영업이나 판매에서도 마찬가지이다. 미국, 독일, 이탈리아 등, 내가 일해 온 어느 나라보다도 일본인은 ①그것에 숙련되어 있다고 절실히 느낀다. 주어진 문제에 대해 해결책을 찾아내는 사람은 대기업이라면 넘칠 정도로 많다. 그 능력이 없으면 입사 시험에 붙을 수 없다는 것이리라.
　　반면 문제를 '만들어 내는' 사람이 없다. 이것이 일본 비즈니스 상황에서 크게 결여된 부분이다. 일을 진행하는 데 있어 문제를 만들어 내는, 쉽게 말해 질문하는 사람이 필요하고, ②그것이 디자인 프로듀서로서의 내 역할이라고 생각한다.
　　즉, 자동차든 가구든 안경이든, 나는 아마추어적 견지에서 '누가 어떤 상황에서 사용할 것인가'라는 것을 깊이 파고 든다. 기획하는 사람부터 장인까지, '물건'을 만드는 사람에게 질문을 퍼붓는다. 만드는 측 주장을 일부러 무시하고 본래의 고객에게 어떤 의문이 존재하는지 생각한다.
　　나 자신이 해답을 가지고 있는 것은 아니다. 다만 현재 상황에 대한 의문이 있다. 그 의문에 대한 답은 사실 질문을 받은 사람들이 이미 가지고 있다. 나는 곤란한 일이나 비효율적인 일이 생기면 그것을 알아채기 때문에 개선해야 할 점도 제안할 수 있는 것이다. '고객의 클레임은 아이디어의 보물 창고'라고 말하는 것처럼 문제 발생을 계기로 높은 비약이 생겨나는 경우는 많다. 그런데 '물건 제작'을 하면서 문제도 불만도 사건도 발생하지 않고 큰 문제 없이 지내다 보니 어느새 ㈜2저공비행하는 일이 많아졌다. 문제가 없다면 의도적으로라도 상상해 봤어야 했다. 문제 해결 능력이 높은 것은 평가받아 마땅하지만 뒤집어 보면 그것은 수동적인 자세이며, 문제 자체가 발생하지 않으면 해결 능력은 퇴화한다.
　　지금까지 누구에게도 질문받지 않았다, 따라서 답을 생각할 필요도 없었다는 조직에 거리낌 없이 질문을 하고 문제를 만들어 내는 것. 그것이 나의 역할이라고 생각한다.
　　물론 나도 공연히 의미 없는 질문을 던지는 것은 아니다. 가장 중요한 것은 문제점을 밝혀내는 것이다. 밝혀내도 문제점이 나오지 않는다면 그보다 더 좋은 일은 없겠지만, 반드시 문제점은 발견된다. 하지만 문제점이 밝혀질 때쯤 해결책은 거의 보이기 시작한다. 절반 이상 고비는 넘은 것이다. 그래서 더욱 질문을 계속하는 것이 큰 의미를 지닌다.

(주1) 모노즈쿠리(물건 제작): '모노(물건)'와 '쓰쿠리(제작)'를 합성한 말로, 장인 정신을 바탕으로 한 일본의 독특한 제조업 문화를 뜻한다.
(주2) 저공비행: 비행기가 통상적인 고도보다 낮게 날아가는 것을 가리키는 말이지만 비유적으로 매출, 업적, 경제 성장 등 경제 활동이 정체하여 마이너스에 가까운 상태인 것을 말하는 경우가 있다.

단어 | 携わる 관계하다, 종사하다 | 実感 실감 | 非常に 몹시, 매우 | 課題 과제 | 工夫 궁리, 고안 | 努力 노력 | 生産 생산 | 現場 현장 | 営業 영업 | 販売 판매 | 同様だ 마찬가지다 | 得意 특기, 숙련됨 | つくづく 곰곰이, 절실히 | 解決策 해결책 | 大企業 대기업 | 山ほど 산더미 만큼 | 入社 입사 | 反面 반면 | 生み出す 낳다, 만들어 내다 | ビジネスシーン 비즈니스 상황, 비즈니스 장면 | 欠ける 빠지다, 결여되다 | 平たく言えば 알기 쉽게 말하면 | 役割 역할 | すなわち 즉 | 家具 가구 | 素人 초보, 아마추어 | 見地 관점 | 掘り下げる 파내려 가다, (사물을) 깊이 파고 들다 | 職人 장인, 숙련 기술자 | 質問を浴びせる 질문이 쏟아지다 | つくり手 만드는 사람 | 理屈 이치, 이론 | あえて 굳이, 구태여 | 顧客 고객 | 非効率的 비효율적 | 改善 개선 | クレーム 클레임, 불평 | 宝庫 보고 | ~を契機に ~을 계기로 | 飛躍 비약 | 大過なく 큰 허물이나 잘못 없이 | 意図的に 의도적으로 | 評価 평가 | 裏返す 뒤집다 | 受動的 수동적 | 劣化 열화, 저하 | 組織 조직 | いたずらに 쓸데없이, 공연히 | 洗い出す 밝혀내다 | ~に越したことはない ~보다 더 좋은 것은 없다 | 必ずと言っていいほど 반드시라고 해도 좋을 만큼 | 時点 시점 | 低下 저하 | 熱意 열의 | 提供 제공

1 ①그것이 가리키는 것은 어느 것인가?

1 영업과 판매를 하는 것
2 연구와 노력을 하는 것
3 문제를 해결하는 것
4 물건을 제작하는 것

정답 **3**

해설 지시어 '그것(それ)'이 가리키는 것을 찾는 문제이다. '그것'의 앞 부분을 살펴보면 첫 문장에서 '일본인은 문제 해결 능력이 매우 높다'고 말하므로 선택지 3번이 정답이다.

2 ②그것이 디자인 프로듀서로서의 내 역할이라고 하는데, 어째서인가?

1 자신은 문제를 만들어낼 수 있기 때문에
2 자신은 물건을 만드는 사람들과 친하기 때문에
3 자신은 여러 나라에서 일해온 경험이 있기 때문에
4 자신은 물건을 만드는 사람들을 무시할 수 있기 때문에

정답 **1**

해설 밑줄 앞에서 일본에서는 일을 진행할 때 '문제를 만들어 내는 사람'이 없다고 말한다. 따라서 '그것'이 가리키는 것은 '문제를 만들어 내는 것'이다. 2번은 지문에서 언급하지 않은 내용이므로 답이 될 수 없고 3번은 '디자인 프로듀서로서의 역할'과는 관계가 없는 내용이며, 만드는 측의 주장을 무시하는 것 역시 디자인 프로듀서로서의 역할과는 무관하므로 4번도 오답이다.

3 필자가 가장 걱정하고 있는 것은 무엇인가?

1 문제가 발생하지 않는 조직에서는 문제 해결 능력이 저하되어 버리는 것
2 문제 해결 능력이 저하되고 있는 대기업이 일본에서 증가하고 있는 것
3 일본의 물건 제작에 대한 자세가 수동적이며 열의도 저하되고 있는 것
4 일본에서는 고객이 아이디어를 제공하거나 클레임 거는 일이 없는 것

정답 **1**

해설 '문제도 불만도 사건도 발생하지 않고 큰 문제 없이 지내다 보니 어느새 저공 비행하는 일이 많아졌다'는 문장에서 필자가 걱정하는 바를 알 수 있다. 선택지 1번이 답으로 적당하다. 대기업에 국한된 이야기가 아니므로 2번은 답이 될 수 없고, 물건 제작에 대한 자세와 고객이 아이디어를 제공한다는 내용은 본문에 없으므로 3, 4번도 답이 될 수 없다.

4 필자의 생각과 일치하는 것은 어느 것인가?

1 아무리 질문을 해도 문제점이 나오지 않는 기업이 가장 이상적인 기업이다.
2 문제점을 밝혀내면 해결책은 보이므로 문제가 없어 보여도 문제점을 밝혀내는 것이 중요하다.
3 설령 의미 없는 질문이라도 질문하는 것이 가장 좋으므로 어떤 무의미한 질문이라도 계속하는 것이 중요하다.
4 일본인의 문제 해결 능력이 높은 것은, 물건 제작 현장에서 문제도 불만도 발생하지 않기 때문이다.

정답 **2**

해설 마지막 부분에서 '문제점은 밝혀내면 반드시 나오게 되어 있고, 문제점을 밝혀내야 해결책이 보이므로 질문을 계속하는 것이 큰 의미가 있다'고 말하고 있으므로 선택지 2번이 답으로 적당하다. 무의미한 질문이라도 계속 하는 게 중요하다는 언급은 없으므로 3번은 답이 될 수 없다. 문제점도 불만도 생기지 않으면 문제 해결 능력이 퇴화된다는 내용이므로 1, 4번 역시 오답이다.

問題 11 통합 이해

연습문제 정답 및 해설

정답

연습문제 1 3 2 4

연습문제

問題 11 다음 A와 B의 글을 읽고, 다음 질문에 대한 답으로 가장 적당한 것을 1・2・3・4에서 하나 고르세요. 문제편 279p

A

'㈜좋아하면 잘하게 된다'라는 속담이 있다. 사람이 무언가에 몰두하게 되는 것은 그것에 매력을 느끼고 있기 때문에, 즉 좋아하기 때문이며, 좋아하는 것에 몰입하는 동안은 무엇을 해도 힘들지 않다. 요리를 좋아하는 사람이 만드는 요리가 맛없던 적이 없던 것은 조리 기술 단련에 만족하고, 맛을 깊이 연구하는 노력에 기쁨을 느끼면서 만들어 주기 때문이다. 다만 '좋아한다'라는 감정은 거꾸로 '잘한다'로부터 생기기도 한다. 처음으로 영어를 공부했을 때 성적이 좋아서 영어를 좋아하게 된 경험은 비단 필자뿐만은 아닐 것이다. 어쨌든 대상에 대한 호불호의 감정이 잘하고 잘 못하는 것과 관련이 있는 것은 틀림없는 것 같다.

(주) 좋아해서 하는 일이야말로 숙달되는 지름길이다.

B

얼마 전 전철역에서 골프 스윙 흉내를 냈다가 회사 동료에게 놀림을 받았다. 프로를 목표로 하고 있냐고. 물론 웃으면서 '㈜1서투른 주제에 무턱대고 좋아한다'고 얼버무렸지만, 무의식적으로 나온 그 말에 대해 생각해 봤다. 그건 자신을 겸손하게 말하는 속담이니까 누군가에게 '서투른 주제에 정말로 좋아하시네요'라고 말했다가는 큰일이 날 수 있다. 상대방도 내가 겸손해 하고 있는 것을 아니까 '아니에요. 좋아하면 어쩌고(능숙해 진다) 하잖아요. ㈜2핸디는 어떻게 되세요?'라고 예의상 물어 온다. 확실히 나는 골프를 좋아한다. 그렇지 않고서야 휴일마다 골프장에 다니지도 않을 것이고 연습에도 열중하지 않을 것이다.

(주1) 서투른 주제에 그것을 너무 좋아하는 것
(주2) 핸디: 핸디캡(handicap)의 준말. 골프의 실력을 나타내는 숫자

단어 ことわざ 속담 | 夢中になる 몰두하다, 열중하다 | 没入 몰입 | 魅力 매력 | 苦になる 마음에 걸리다, 고생스럽다 | まずい 맛없다 | 調理技術 조리 기술 | 鍛錬 단련 | 満足 만족 | 逆に 반대로, 거꾸로 | 好悪 호오, 좋고 싫음(호불호) | ~に関わる ~와 관련된 | スイング 스윙 | 真似をする 흉내를 내다 | 同僚 동료 | プロ 프로, 전문가 | 目指す 목표로 하다, 지향하다 | 無意識に 무의식적으로 | 謙遜 겸손 | 社交辞令 사교상의 인사말, 겉치레 말 | 休日 휴일 | ~に身が入る ~에 열심이다

1 A와 B가 공통으로 말하고 있는 것은 어느 것인가?

1 좋아하는 것은 잘할 수 있지만 싫어하는 것은 잘할 수 없다.
2 잘할 수 있는 것은 좋아하게 되지만 잘할 수 없으면 싫어하게 된다.
3 좋아하고 싫어하는 것은, 잘할 수 있느냐 없느냐와 관련이 있다.
4 잘하느냐 못하느냐는 열심히 하느냐 안 하느냐에 따라 결정된다.

정답 **3**

해설 A는 '대상에 대한 호불호(좋고 싫음)가 잘하고 못하는 것과 관련이 있는 것이 틀림없는 것 같다'고 하며, B는 골프를 좋아하니까 골프에 열중한다. 즉 무엇인가 좋아하면 열심히 할 수 있다는 내용을 말하고 있다. 따라서 A, B 둘 다 좋아하고 싫어하는 마음이 무엇인가를 잘하고 못하는 것과 관련이 있다고 생각한다는 것을 알 수 있다.

2 좋아하는 일을 하는 것에 대해 A와 B는 어떻게 말하는가?

1 A는 좋아하는 일은 언제든 할 수 있다고 말하고 B는 매주 휴일에만 할 수 있다고 말하고 있다.
2 A는 좋아하는 일만 잘하게 된다고 말하고 B는 싫어해도 잘하게 된다고 말하고 있다.
3 A는 다른 사람이 좋아하는 일에 대해 말하고 B는 자기가 좋아하는 일에 대해서 말하고 있다.
4 A는 좋아하는 일은 잘하게 된다고 말하고 B는 좋아하는 일이라도 자신은 서툴다고 겸손해 하고 있다.

정답 **4**

해설 A는 '좋아하면 잘하게 된다'고 하며, 필자 자신의 영어 공부를 예시로 '잘하기 때문에 좋아하게 되는 경우도 있다'고 말한다. B는 자신의 골프 실력을 두고 '서툰 주제에 무턱대고 좋아한다'는 겸손한 표현을 사용하고 있다. 따라서 선택지 4번이 정답이다.

問題 12 주장 이해

연습문제 정답 및 해설

정답

연습문제 １ 1 ２ 4 ３ 3 ４ 3

연습문제

問題12 다음 글을 읽고 다음 질문에 대한 답으로 가장 적당한 것을 1・2・3・4에서 하나 고르세요. 문제편 282p

(주1)각박한 이야기이지만 '저작권을 누가 가지는가' 하는 문제는 영화를 만드는 데 있어 매우 ①중요하다. 이것이 없으면, 특별한 규정이 없을 경우 작가는 자신이 만든 작품인데도 불구하고 거기서 생겨난 이익을 얻기는커녕, 자유롭게 상영하는 것조차도 어렵다.

나는 텔레비전 디렉터로서 만든 40편 이상의 방송 프로그램의 저작권을 일체 가지고 있지 않다. 그럼 누가 그것을 보유하고 있는가 하면 방송국이다. 따라서 방송국이 2차 사용 등으로 어떤 이익을 얻는다 하더라도(2차 사용 자체가 거의 되지 않지만) 나에게는 저작권 사용료가 들어오지 않는다. (중략)

사실 이것은 꽤나 괴롭다. 한 편의 작품을 만들려면 작가는 가지고 있는 모든 힘을 총동원하기 마련이다. 그때까지의 인생에서 얻은 경험, 발상, 인맥, 시간, 에너지. 작품이 완성된 후에는 녹초가 된다. 편집권이 없는 탓에 의도와는 다른 방송이 만들어져 스트레스도 쌓인다. 그러나 (주3)개런티 금액은 대개 제작에 걸리는 날짜가 한 달이면 한 달만큼의 생활비밖에 되지 않아서 바로 다음 작품을 만들지 않으면 생활하기도 힘들다. (주3)자전거 조업이다. 그것을 반복해 나가면 그때까지 모았던 (주4)리소스도 창작 에너지도 고갈돼 버린다. 그렇게 많은 프리랜서 디렉터는 피폐해지고, 쓰고 버려져 왔다. 요컨대, 심하게 표현하면 ②노예와 같은 상태인 것이다.

그러나 저작권을 가지고 있다면 얘기는 다르다. 우선 저작권자는 노예가 아니라 어엿한 사업주이다. 작품 평판이 좋고 여러 나라와 지역에 팔리면 수입을 얻을 기회도 늘어난다. 그렇게 되면 작가는 자신의 작품에서 얻은 수입으로 생활하면서 동시에 다음 작품에 투자하고 또 그 작품으로 얻은 수입으로 다음 작품을 만든다는 제작 사이클을 만들 수 있다(실제로 나는 지금 그렇게 하고 있다). 게다가 편집권도 가질 수 있다면 작품의 내용이나 스타일을 스스로 결정할 수 있기 때문에 만드는 사람으로서의 만족감과 일관성을 유지할 수 있다. 오랫동안 (주5)인디펜던트로 작가를 계속해 나가려면 권리 확보는 매우 중요한 것이다.

특히 이번처럼 예산을 초과할 가능성이 있는 경우에는 저작권의 유무는 지극히 중요한 요소가 된다. 자사가 초과 금액을 부담하게 되더라도 저작권만 있으면 나중에 회수할 수 있는 가능성이 있기 때문이다. 반대로 저작권이 없으면 회수 가능성은 제로이기 때문에 어떻게든 예산 안에서 영화를 완성시켜야만 한다. 작가를 계속해 나가려면 적자는 금물이다. 나는 감독뿐 아니라 프로듀서도 겸하고 있기 때문에 ③그런 계산을 머릿속에서 항상 해야만 한다.

(주1) 각박한 이야기: 살아가기 힘든 세상 이야기. 여기서는 생활 상의 재미없는 이야기, 냉정한 이야기라는 의미로 사용
(주2) 개런티: 여기서는 보수의 의미로 사용
(주3) 자전거 조업: 쉬지 않고 일을 해야만 간신히 경영을 유지할 수 있는 어려운 경영 상태
(주4) 리소스: 자원, 자산이나 컴퓨터의 구성 요소. 여기서는 자료의 의미
(주5) 인디펜던트(independent)로: '독립해서'. 여기서는 '혼자서'라는 의미

단어 著作権 저작권 | 規定 규정 | ～にもかかわらず ～임에도 불구하고 | 利益を得る 이익을 얻다 | ～はおろか ～은커녕 | 上映 상영 | ディレクター 디렉터, 감독 | 番組 방송 프로그램 | 一切 일체 | 保有 보유 | テレビ局 방송국 | したがって 따라서 | 自体 자체 | ロイヤリティー 로열티, 저작권 사용료 | 総動員 총동원 | 常 보통, 흔히 있음 | 人脈 인맥 | 発想 발상 | エネルギー 에너지 | へとへと 몹시 지쳐 힘이 없는 모양, 녹초가 됨 | 編集 편집 | 不本意な 본의가 아닌, 의도치 않은 | 溜まる 모이다, 쌓이다 | 金額 금액 | 繰り返す 되풀이하다, 반복하다 | 創作 창작 | 枯渇 고갈 | 疲弊 피폐 | 使い捨てる 쓰고 버리다 (1회용) | 要するに 요컨대 | 奴隷 노예 | れっきとした 어엿한, 번듯한 | 事業主 사업주 | 評判 평판 | 増大 증대 | かつ 동시에, 또한 | 投資 투자 | 一貫性 일관성 | 保つ 가지다, 유지하다 | 作り手 만드는 사람, 제작자 | インディペンデント 인디펜던트, 독립된, 독립적인 | 権利 권리 | 確保 확보 | 予算 예산 | 有無 유무 | 極めて 지극히 | 要素 요소 | 自社 자사 | 回収 회수 | ～ねばならない 「～なければならない」의 줄임말, ～하지 않으면 안 된다, ～해야 한다 | 赤字 적자 | 禁物 금물 | 監督 감독 | 兼ねる 겸하다 | つれない 냉정한, 무정한 | 報酬 보수 | 維持 유지 | 資源 자원 | 資産 자산 | 疲れ果てる 지칠대로 지치다 | 範囲 범위 | とらわれる (선입관에) 사로잡히다, 얽매이다 | 心がける 유의하다, 명심하다

---

1 ①중요하다라고 하는데 왜 중요한가?

1 저작권이 있으면 수입을 얻거나 자유롭게 상영할 수 있기 때문에
2 저작권이 있으면 자유롭게 작품을 편집하거나 상영할 수 있기 때문에
3 저작권이 없으면 생각한대로 영화를 만들 수 없기 때문에
4 저작권이 없으면 작품을 팔거나 상영할 수 없기 때문에

정답 1

해설 밑줄에 이어지는 문장을 보면 '작가는 자신이 만든 작품인데도 불구하고 거기서 생겨난 이익을 얻기는커녕, 자유롭게 상영하는 것조차 어렵다'고 하고, 이어서 필자 '자신이 만든 방송 프로그램의 저작권을 전혀 가지고 있지 않아 이익은 저작권을 가지고 있는 방송국에 돌아가고 자신에게는 아무 이익이 돌아오지 않는다'고 말한다. 따라서 1번이 정답이다.

2 ②노예와 같은 상태란 어떤 것인가?

1 작가가 가진 힘을 총동원하여 작품을 제작하기 때문에 제작이 끝나면 몹시 지쳐 버리는 것
2 만든 작품에 만족할 수는 없어도 생활할 수 있는 최소한의 돈은 받을 수 있는 것
3 회사가 요구하는 작품만을 만들게 되고 모든 자유를 빼앗기는 것
4 만족할 만한 수입도 얻지 못하고 지칠 대로 지쳐 최종적으로는 버려지는 것

정답 4

해설 밑줄 앞에서 '바로 다음 작품을 만들지 않으면 생활하기도 힘들다. 그동안 모았던 리소스도 창작의 에너지도 말라 버린다. 그렇게 많은 프리랜서 디렉터들은 지쳐서 일회용으로 소모되어 왔다'라고 표현하며 이를 '노예와 같은 상태'라고 말한다. 따라서 정답으로는 선택지 4번이 적당하다.

| 3 | ③그런 계산이란 무엇을 말하는가?

1 예산을 초과한 제작비를 회수하는 방법을 생각하는 것
2 예산 범위 안에서 영화를 완성시키는 것
3 저작권이 있는지 없는지에 따라 예산을 결정하는 것
4 감독뿐만 아니라 프로듀서로서의 역할도 생각하는 것

정답 3

해설 밑줄 앞부분에서 '저작권만 있으면 나중에 예산을 회수할 수 있는 가능성이 있고 저작권이 없으면 회수 가능성은 제로이기 때문에 어떻게든 예산 안에서 영화를 완성시켜야만 한다'고 하고 있으므로 밑줄이 나타내는 것은 저작권의 유무에 따라 제작 예산을 결정하는 것임을 알 수 있다. 정답은 선택지 3번이다.

| 4 | 저자가 말하고 싶은 것은 무엇인가?

1 작가에게 있어서 무엇보다 중요한 것은 저작권이며 저작권이 없는 일은 하지 않아야 한다.
2 저작권이 있는 게 가장 좋지만 작가는 그것에 얽매여서는 안 된다.
3 작품 제작의 자유도도 넓어지기 때문에 작가는 저작권 확보에 유의해야 한다.
4 작가에게 있어서 예산 안에서 작품을 제작하는 것은 가장 중요하며, 그러기 위해서 저작권은 필요하다.

정답 3

해설 저자가 저작권을 소유함으로써 얻을 수 있는 점에 대해 '수입을 얻을 기회가 늘어난다', '작품의 내용과 스타일을 스스로 결정할 수 있기 때문에 제작자로서의 만족감과 일관성을 유지할 수 있다'고 말한다. 따라서 되도록 작품을 만드는 사람이 저작권을 가지고 있어야 한다고 주장하므로, 선택지 3번이 답으로 적당하다.

問題 13 정보 검색

연습문제 정답 및 해설

정답

연습문제   1 3   2 4

연습문제

問題13   오른쪽 페이지는 한 지방 자치 단체의 이주 제안입니다. 다음 질문에 대한 답으로서 가장 적당한 것을 1·2·3·4에서 하나 고르세요.

문제편 286p

1 '호토리 오피스'의 보조 대상자는 다음 중 어느 사람인가?

1 2년 전에 호토리 마치에 전입했는데 자녀의 진학을 계기로 새로운 사업을 시작하는 사람
2 이전에 한 번 이 제도를 이용하고 6개월만에 다른 곳으로 옮겼으나 다시 한번 다른 사업을 시작하는 사람
3 가족과 함께 9월에 호토리 마치로 이사 와서 사업을 시작하는데 매월 열흘 정도 도쿄로 출장 가는 사람
4 이웃 마을에 살면서 호토리 마치의 오피스에는 통근하며 사업을 하려는 사람

정답 3

해설 정보 검색 문제를 풀 때는 기호가 있는 부분을 주의해서 살펴봐야 한다. '※1 8월 이전에 호토리 마치에 주소가 있는 사람은 대상이 되지 않습니다'라는 조건이 있으므로 선택지 1번은 답이 될 수 없다. 또한 '처음으로 호토리 오피스를 이용하는 사람'이라는 조건이 있으므로 2번도 답이 될 수 없다. '기타 조건 1'에서 '호토리 마치에 주민 등록을 해야 한다'고 되어 있으므로 4번도 오답이다. 따라서 정답은 3번이다.

2 '호토리 오피스'에서 보조를 받기 위한 절차 순서는 다음의 어느 것인가?

1 호토리 마치 홈페이지에서 신청한다 → 면접을 받는다 → 합격 후 자원봉사에 참가한다 → 사업 계획을 제출한다
2 호토리 마치 홈페이지에서 신청한다 → 면접을 받는다 → 합격 후 주민 등록을 한다 → 자원봉사에 참가한다
3 호토리 마치에 주민 등록을 한다 → 면접을 받는다 → 마을 홈페이지에서 신청한다 → 합격 후 사업 계획을 제출한다
4 호토리 마치에 주민 등록을 한다 → 마을 홈페이지에서 신청한다 → 면접을 받는다 → 합격 후 자원봉사에 참가한다

정답 4

해설 이용 조건 중에 '호토리 마치에 주민 등록을 해야 한다'는 내용이 있으므로, 신청하기 전에 주민 등록을 마쳐야 한다. 따라서 선택지 1, 2번은 오답이다. 응모 방법을 보면 홈페이지에서 신청을 하면 '접수 후 담당자로부터 면접 일정에 관한 연락이 있다'고 되어 있으므로 '신청 → 면접'의 순서가 된다. 따라서 4번이 정답이다.

호수가 보이는 오피스에서 일하지 않으시겠습니까?

우리는 이 여름, 마음의 고향 〈호토리 마치〉를 방문해 새로운 비즈니스를 시작하시는 분을 응원합니다.
8월, 아름다운 자연을 고스란히 간직한 〈호토리 호수〉에 인접한 넓은 공간에 청결하고 편리한 비즈니스 공간 《호토리 오피스》가 오픈합니다. 외관은 별장 같은 일본식 건축이지만 내부는 기능적인 오피스 룸으로 다양한 요구에 부응할 수 있는 시설을 갖추고 있습니다. 보통은 1층을 사무실, 2층을 거주 공간으로 사용하지만 경우에 따라서는 변경도 가능합니다. IT 환경의 진화에 따라 이제 오피스의 입지 조건은 대도시로 한정되지 않고 모든 장소가 정보 송신의 거점이 되어 가고 있습니다.

이용 특전

● 8월부터 호토리 마치에 새로 거주하고(※1) 처음으로 《호토리 오피스》를 이용하시는 분에게는 마을에서 월 90,000엔 (집세, 광열비 포함. 단 통신비는 본인 부담)을 보조(※2) 하는 제도가 적용됩니다.(※3)
　※ 1 8월 이전에 호토리 마치에 주소가 있는 분은 대상이 되지 않습니다.
　※ 2 월 90,000엔을 넘는 금액에 대해서는 차액은 본인 부담입니다.
　※ 3 보조 기간은 입주 후 1년간입니다.

● 기타 조건
　1 호토리 마치에 주민 등록을 하고, 3개월간 30일 이상은 호토리 마치 안에서 영업을 할 것.
　2 호토리 마치가 운영하는 자원봉사 프로그램에 가능한 범위 안에서 참가할 것.
　3 정원을 초과하는 응모가 있을 경우에는 가족 이주자를 우선하고, 그 외는 추첨으로 결정합니다.

● 응모 방법
　호토리 마치 홈페이지: [문의] 양식에 아래의 내용을 기입하여 보내주시기 바랍니다.
　1 성명 (가족으로 거주하실 경우 전원의 성명/연령)
　2 현재 주소 (연락처)
　3 이력서
　4 지금까지의 직무 경력과 《호토리 오피스》에서 진행할 예정인 사업 계획 (자료 첨부)
　5 《호토리 오피스》의 가능성에 대하여
　6 호토리 마치에 대한 기대와 희망에 대하여

※ 접수 후 담당자로부터 면접 일정의 연락이 있습니다. 채용 결정 통지는 면접 일주일 후입니다.

[문의] 호토리 마치 사무소 이주 촉진과
〒377-6800 군마현 호토리 마치 156-27 / 전화 011-278-9100(직통)

단어 湖 호수 | オフィス 오피스, 사무실 | 面する 면하다, 인접하다 | スペース 스페이스, 공간 | 清潔 청결 | 利便性 편리성, 편의성 | ほとり (강, 바닷, 호숫)가 | 外観 외관 | 別荘 별장 | 和風 일본풍, 일본식 | 建築 건축 | 機能的 기능적 | ニーズ 니즈, 수요, 요구 | 施設 시설 | 備える 준비하다, 갖추다 | 通常 통상 | 居住空間 거주 공간 | 変更 변경 | 立地条件 입지 조건 | 発信 발신 | あらゆる 온갖, 일체의 | 拠点 거점 | 〜つつある 〜중이다 | 月額 월액, 월간 사용료 | 家賃 집세 | 光熱費 광열비 | 含む 포함하다 | ただし 단지, 단 | 自己負担 자기 부담 | 補助 보조 | 適用 적용 | 対象 대상 | 差額 차액 | 入居 입주 | 住民登録 주민 등록 | 運営 운영 | 範囲 범위 | 定員 정원 | 応募 응모 | 移住 이주 | 抽選 추천 | 履歴書 이력서 | 職務経歴 직무 경력 | 添付 첨부 | 担当者 담당자 | 面接 면접 | 採用 채용 | 通知 통지 | 促進 촉진 | 直通 직통

問題 8 내용 이해(단문)
실전문제 정답 및 해설

정답

실전문제   ① 2   ② 4   ③ 3   ④ 3   ⑤ 1

실전문제

問題8 다음 (1)에서 (5)의 글을 읽고, 다음 질문에 대한 답으로 가장 적당한 것을 1·2·3·4에서 하나 고르세요.

(1) 이하는 홈쇼핑 고객이 받은 메일이다. 　　　　　　　　　　　　　　　　　문제편 290p

> 다나카 아키코 님
>
> 연락 감사합니다.
> 반품 건, 잘 알겠습니다. 주문하신 상품을 확인했더니 4월 1일, 6월 2일 모두 '올리브 오일 그린'을 주문해 주셨는데 첫 번째 주문은 이미 배달 완료, 두 번째 주문은 배달했을 때 부재중이셔서 우체국에 보관 중이라고 하니, 그쪽은 연락 주신대로 '마일드'로 변경하겠습니다.
> 저희 쪽에서도 우체국에 연락하겠습니다.
>
> 발송 준비가 되면 다시 연락 드리겠습니다.
> 잘 부탁드립니다.
>
> 주식회사 미디테라네오 (담당 나카노)
> 전화: 024-881-6456 (평일 10〜17시, 토·일·공휴일 9〜16시)

단어 通販 통판, 홈쇼핑 | 連絡 연락 | 返却 반품, 반환 | 承知 알아들음, 동의, 승낙 | 注文 주문 | 〜共に 모두, 함께 | 〜済み 〜가 끝남, 완료됨 | 不在 부재 | 保管 보관 | 変更 변경 | 発送 발송 | 準備 준비 | 整う 갖추다, 정돈되다 | あらためて 다시, 새삼스럽게 | 品物 물건, 상품 | 再度 다시, 재차

① 이 메일에서 가장 전달하고 싶은 것은 무엇인가?

　1 두 번째 상품을 다시 배달하도록 우체국에 연락한 것
　2 두 번째 상품은 반품 취급으로 하고 다른 상품을 보내는 것
　3 두 번째 상품이 잘못되었기 때문에 다른 상품을 보내는 것
　4 두 번째 상품이 되돌아와서 다른 상품을 보내는 것

정답 2

해설 「동사 た형 + ところ」는 뒤 문장에 새로운 사실이나 발견이 있을 때 사용한다. '확인한 결과(確認したところ) 4월 1일과 6월 2일에 주문을 했고, 첫 번째 주문은 배달이 완료되었으나 두 번째 주문은 우체국에서 보관 중이니 그 상품을 마일드로 변경하겠다'고 말한다. 따라서 '두 번째 주문 상품을 다른 상품으로 변경해서 보내겠다는 것'이 메일의 요지이다. '다른 상품으로 변경해서 보낸다'는 말이 없는 선택지 1번은 답이 될 수 없고, 상품을 잘못 보낸 것은 아니므로 3번도 답이 될 수 없으며, 부재중이라 우체국에서 물건을 보관 중이라고 말하므로 4번도 답이 될 수 없다. 따라서 2번이 답으로 적당하다.

---

(2) 문제편 291p

'사람은 왜 일하는가?' — 그것은 국민에게는 근로의 의무가 있기(헌법 제27조)때문인가, 혹은 애초에 일하지 않으면 돈을 받지 못하고, 돈이 없으면 살아가지 못하기 때문인가? 아니, 이에 대해서는 '사람은 빵만으로는 살지 못한다'라는 오래된 격언도 있다. 요컨대 '자아실현' 때문이다. 하지만 요즘 세상에서, 그런 것을 이루는 것은 극히 일부의 사람뿐이라는 것도 알게 돼 버린다. 대부분은 <u>근본의 의의</u>를 잃어버린 것이 아닐까?

단어 勤労 근로 | 義務 의무 | 憲法 헌법 | はたまた 또는, 혹은 | そもそも 애초에, 처음에 | いやいや 「いや」의 강조, 어쩔 수 없이, 마지못해 | 金言 금언, 명언, 격언 | ごく 극히, 지극히, 대단히 | 根本 근본 | 意義 의의 | 見失う (지금까지 보고 있던 것을) 놓치다, 잃다 | 定める 정하다

2 근본의 의의란 무엇인가?
1 사람은 먹기 위해서만 사는 것이 아니라는 것
2 노동의 의무는 헌법에 정해져 있다는 것
3 자아 실현을 위해 일할 수 있는 것은 일부의 사람뿐이라는 것
4 사람은 자아실현을 위해 살고 있다는 것

정답 4

해설 '접속 표현'에 주목해야 한다. 「要するに 요컨대」는 앞에 나온 내용을 정리해서 다시 말할 때 사용하는 접속사이다. 따라서 '요컨대'에 이어지는 '자아실현 때문이다'가 필자가 말하고자 하는 핵심 내용이다.

---

(3) 문제편 292p

한때 소년 범죄의 흉악화, 증가가 사회를 떠들썩하게 한 적이 있다. 그리고 실제로 소년법 적용 연령도 20세 미만에서 18세 미만으로 낮춰 졌지만, 이미 2003년부터 소년에 의한 형법 범죄 수도, 흉악 범죄 수도 계속 감소하고 있는 것이 틀림없는 사실이다. 그럼에도 불구하고 소년 범죄에 대해 적용 연령을 낮추는 것, 즉 엄벌화라는 법적 조치가 취해진 것은 오히려 범죄가 줄고 각각의 범죄가 클로즈업되어 사회문제화되었기 때문이라고 여겨진다.

단어 一時 일시, 한때 | 犯罪 범죄 | 凶悪 흉악 | 増加 증가 | 騒がせる 떠들썩하게 하다, 시끄럽게 하다 | 年齢 연령 | 未満 미만 | 引き下げる 끌어 내리다, 낮추다 | 刑法犯 형법 범죄·범죄자 | 減少 감소 | すなわち 곧, 다름 아닌 | 厳罰 엄벌 | 措置 조치 | 逆に 반대로 | 個々 개개, 각각 | 見送る 배웅하다, 보류하다, 미루다

| 3 | 필자는 소년 범죄에 대하여 어떻게 말하고 있는가?

1 증가하고 흉악화하고 있었기 때문에 법률의 적용 연령이 내려가고 엄벌화되었다.
2 증가도 흉악화도 하고 있지 않았기 때문에 법률에 의한 엄벌화는 보류되었다.
3 감소하고 있었음에도 불구하고 엄벌화된 것은 사회문제화되었기 때문이다.
4 법률에 의해 엄벌화된 것은 미디어가 흉악 범죄만 보도했기 때문이다.

정답 3

해설 「~にもかかわらず 그럼에도 불구하고」가 접속사로 사용되면 그 뒤에는 주로 필자가 주장하는 내용이 나온다. '소년에 의한 형법 범죄, 흉악 범죄'가 줄고 있는데도 불구하고 '엄벌화된 것은 이것이 사회문제화되었기 때문'이라고 말한다. 따라서 선택지 3번이 정답이다. 소년 범죄의 수는 줄었다고 말하므로 1번은 답이 될 수 없고, '엄벌화라는 법적 조치가 취해지고 있다'고 말하므로 2번도 답이 될 수 없다. 미디어에 관해서는 언급하고 있지 않으므로 4번 역시 오답이다.

---

(4) 문제편 293p

㈜프로이트가 무의식을 발견할 필요가 있었던 것은 유럽이 18세기 이후, 급속히 도시화된 것과 밀접하게 관계되어 있습니다. 그때까지는 흔하게 일상에 존재하던 무의식이 점점 보이지 않게 되었다. 그렇기 때문에 프로이트가 무의식을 '발견'한 것입니다.
원래 무의식이라는 것은 발견되는 것이 아니라 일상에 존재하는 것입니다. 왜냐하면 우리들은 매일 잠을 잡니다. 자고 있는 동안에는 누구나 무의식에 가까운 상태입니다. 꿈을 꾸고 있다고 해도 각성해 있을 때와는 전혀 다른 저하된 의식이니까요.

(요로 다케시 『바보의 벽』 신쵸샤)

(주) 지크문트 프로이트: Sigmund Freud. 오스트리아 정신과 의사

단어 無意識 무의식 | 発見 발견 | 以降 이후 | 急速に 급속하게 | 都市化 도시화 | 密接 밀접 | 普通に 보통으로, 통상적으로, 대개 | 日常 일상 | 存在 존재 | 状態 상태 | 夢を見る 꿈을 꾸다 | 覚醒 각성 | 異なる 다르다, 같지 않다 | 低下 저하 | 睡眠 수면 | 認識 인식 | 関連 관련

| 4 | '발견'했다고 하는데 여기에서는 무엇을 발견했다고 하는가?

1 도시화하기 이전의 사회에는 무의식이 존재한 것
2 수면 중에 사람은 무의식과 비슷한 상태가 되는 것
3 도시화 속에서 인식하지 못하게 된 무의식
4 일상에 존재하는 수면 중의 꿈과 무의식은 관련이 있는 것

정답 3

해설 밑줄이 들어간 문장을 보면 '그렇기 때문에 프로이트가 무의식을 발견한 것입니다'라고 말한다. 프로이트가 '무의식을 발견'한 이유는 「だからこそ 그렇기 때문에」의 앞에서 설명하고 있으므로 이 부분의 내용을 파악하면 답을 찾을 수 있다. 18세기 이후 급속히 도시화되어 일상에 존재하던 무의식이 점점 보이지 않게 되었고, 그렇기 때문에 프로이트가 '무의식을 발견했다'는 흐름이므로 '무의식이 도시화로 보이지 않게 되었다'는 말을 다르게 표현한 선택지 3번이 정답이다. 1번과 2번은 필자의 주장으로 프로이트의 발견이 아니므로 답이 될 수 없고, 꿈과 무의식이 관련이 있다는 말은 나오지 않기 때문에 4번도 오답이다.

(5)

우주에서 지구를 보면, 인간도 또한 동물의 일종이며 인간의 활동도 자연 작용의 일부에 지나지 않는다는 것이 관찰될 것이다. 동물의 일종이라고 하기에는, 너무나도 다른 동물이나 자연 전체에 주는 영향이 너무 큰 존재이기는 하지만.
그러나 그것은 현재의 대도시에 사는 주민에게는 실감하기 어려운 것이며, 대부분이 인공화된 도시 공간 속에서는 자신의 신체가 자연이라는 것조차 잊어 버리게 되는 지경이다.
그것을 잔혹할 정도로 깨닫게 해주는 것이 다름 아닌 기후 변동에 의한 자연재해인 것이다.

단어 宇宙 우주 | 一種 일종 | 活動 활동 | 作用 작용 | 一部 일부 | 観察 관찰 | 全体 전체 | 与える 주다, 할당하다 | 影響 영향 | 大都市 대도시 | 暮らす 살다, 생활하다 | 住民 주민 | 実感 실감 | 人工 인공 | 始末 형편, 모양, 추이, 경과, 전말 | 残酷 잔혹 | 思い知る (어떤 일을 몸소, 뼈저리게) 느끼다, (과연이라고) 깨닫다 | 他でもない 다름이 아닌 | 気候 기후 | 変動 변동 | 災害 재해 | 含める 포함시키다 | ～に他ならない ～이외에는 결코 아니다, 바로 ～이다

5 그것이란 무엇을 가리키는가?
1 인간은 자신의 신체를 포함해 자연의 일부에 지나지 않는다는 것
2 인간은 동물이나 자연 전체에 영향을 너무 주고 있다는 것
3 대도시 공간은 거의 모두 인공화되어 있는 것
4 기후 변동의 원인은 틀림없이 인간에 의한 활동이라는 것

정답 1

해설 지시어가 가리키는 내용을 찾으려면 앞 문장을 살펴봐야 하는데 바로 앞 문장에서도 「しかし、それは 하지만 그것은」이라는 지시어가 나오므로, 그 앞 단락까지 거슬러 올라가 지시어가 가리키는 내용을 찾아야 한다. 맨 처음 단락을 보면 '우주에서 지구를 보면 인간도 동물의 일부이고, 인간의 활동도 자연의 일부'라는 것이 핵심 내용이며 뒤에 이어지는 문장은 이에 대한 부연 설명이다. 따라서 지시어 「それ 그것」이 가리키는 것은 '인간도 동물의 일종이고 인간 활동도 자연 작용의 일부에 지나지 않는다'이다. 선택지 1번이 정답이다.

問題 9 내용 이해(중문)

실전문제 정답 및 해설

정답

실전문제　①1　②2　③3　④4　⑤3　⑥2　⑦4　⑧4　⑨2

실전문제

問題9　다음 (1)에서 (3)의 글을 읽고, 다음 질문에 대한 답으로 가장 적당한 것을 1·2·3·4에서 하나 고르세요.

(1) 　　　　　　　　　　　　　　　　　　　　　　　　　　　문제편 296p

　　가족에게서 드라마가 사라져 가고 있습니다. 사건만 눈에 띄고, 등장하는 것도 가해자나 피해자 뿐. 하지만 본래 가족은 다양한 드라마의 무대였습니다. 홈드라마에는 주역이 있고 조연도 있고 남녀노소 각각에게 할 말이 있습니다. 때로는 싸우고 또 화해하면서 유대를 두텁게 해 온 것입니다.

　　그것이 근년, 갑자기 사건이 되어 버린 가족이 눈에 띕니다. 제대로 된 언쟁도 없이 문답무용의 결과만이 빠르게 나와 버리는 것입니다. 이게 대체 어떻게 된 일인가 하고, 뉴스로밖에 알 수가 없는 사람들도 당황한 기색입니다.

　　이런 때 가족이 변했다든가 아이가 변했다고 말하고 싶은 기분도 이해되지 않는 것은 아닙니다. 색다른 분류나 진단명을 붙여서 무언가 새로운 생명체가 되어 버린 것 같은 취급이 만연합니다.

　　하지만 차분하게 생각해 보세요. 지금 우리들이 보이는 곳에서 인간에 대한 갑작스런 대변화가 일어나고 있다고 한다면 상당히 (주1)수상쩍다고 생각되지 않습니까? 그런 굉장한 변화가 우리의 짧은 일생 동안 계속해서 일어난다고 생각하고 싶어하는 것은 상당한 자기중심(자아 비대)이 아닐까요?

　　오랜 역사 속에서 사람이나 가족은 어땠을까요? 아무 일 없이 걸어온 인간 사회가 지금 와서 한꺼번에 (주2)고름을 터뜨리기라도 했다는 말인가요? 저는 보다 평범한 인간의 생활 속에서 이해하고, 지금까지도 있었던 일이 형태를 바꿔서 일어나고 있다, 그렇게 생각하는 편이 타당하다고 생각합니다.

　　가족에게서 드라마가 사라지고 있다고 썼지만, 없어져 버린 것은 아닙니다. 가족은 변함없이 재미있고 이상하고 대단한 것입니다.

(단시로 『가족력×상담력』 분슌신서)

(주1) 미심쩍다: 의심스럽다, 수상하다
(주2) 고름: 염증이 난 부위에 생긴 황록색의 점액

단어　ます형+かける ~하려고 하다 | 目につく 눈에 띄다 | 登場 등장 | 加害者 가해자 | 被害者 피해자 | 舞台 무대 | 主役 주역 | 脇役 조연 | 老若男女 남녀노소 | 言い分 의견, 주장, 견해 | ろくに 제대로, 변변치 않은 | 時には 때로는 | 仲直り 화해 | 絆 유대 | 近年 근년, 근래 | 言い争い 언쟁, 말싸움 | 問答無用 논의해도 이익이 없는 것, 논의 할 필요가 없는 것 | 早々と 빨리, 바로, 서둘러서 | 戸惑う 당황하다, 어리둥절해 하다 | ~気味 기미, 경향 | 目新しい 새롭다, 색다르다 | 分類 분류 | 診断

진단 | 蔓延 만연 | 落ち着く 안정되다, 침착하다 | 相当 상당한 | 自我 자아 | 肥大 비대 | 歩む 걷다, 인생을 보내다 | 一挙に 한꺼번에 | 吹き出す 불기 시작하다, 뿜어내다 | 営み 노동, 영위, 행위 | 妥当 타당 | 疑わしい 의심스럽다 | 炎症 염증 | 粘液 점액 | 物語 이야기 | 報道 보도 | 背景 배경 | 抱える 안다, 끼다, 짊어지다 | 一気に 한꺼번에, 단숨에 | 噴出 분출 | 本質 본질 | 当たり前 당연함

1 최근의 가족에 관한 뉴스에 대해서 필자는 어떻게 말하는가?

1 가족의 이야기로서 다양한 인간관계가 보이지 않게 되었다.
2 가족이 텔레비전 드라마의 테마가 되는 일이 적어졌다.
3 가해자와 피해자의 언쟁만 보도하게 되었다.
4 사건의 배경을 보도할 뿐, 결과는 보도하지 않게 되었다.

정답 1

해설 글의 두 번째 단락까지 가족 관련 뉴스에 대한 최근 경향을 이야기한다. 첫 단락에서 말한 '가족에게서 드라마가 사라지고 있다'는 것은 '가족이라는 서사(드라마)가 사라지고 있다'는 말로, 사건의 배경은 보도하지 않고 결과만을 보도하고 있다는 의미이다. 또한 예전의 '홈드라마에는 주연과 조연이 있고 각각의 등장인물에게 할 말이 있었다'고 말한다. 이는 예전의 뉴스에서는 가족 간의 관계를 잘 보여주었지만 최근에는 관계의 조명 없이 사건의 결과만 보여주고 있다는 의미이다. 답으로는 선택지 1번이 적당하다. 실제 텔레비전 드라마를 논하는 것이 아니므로 2번은 답이 될 수 없고, 두 번째 단락에서 '언쟁도 없이 결과만 나오고 있다'고 말하므로 3번도 답이 될 수 없다. 결과만 보도할 뿐 사건의 배경을 보도하지 않는다는 것이 포인트이므로 4번 역시 오답이다.

2 이런 때라고 되어 있는데, 사람들은 어떠한 반응을 하는 경향이 있다고 필자는 말하는가?

1 가족이나 아이가 변화한 원인을 어떻게든 이해하려고 노력한다.
2 가족이나 아이가 자신들과는 다른 것으로(존재로) 변화했다고 생각한다.
3 가족이나 아이의 변화는 진짜인지 아닌지 의심스럽다고 생각한다.
4 가족이나 아이의 변화는 자기 중심적인 성격이 원인이라고 생각한다.

정답 2

해설 「こんな時」의 지시어 「こんな」가 가리키는 것은, 두 번째 단락의 '갑자기 사건이 되어 버린 가족'을 보게 되었을 때이다. '이런 때'에 대한 사람들의 반응은 밑줄 뒤에 이어지는 '가족이 변했다, 아이가 변했다'라고 말한다는 부분이다. 따라서 선택지 2번이 정답이다. '가족과 아이가 변한 것이라고 말하고 싶고, 색다른 진단명을 붙여 새로운 생명체가 되어 버린듯한 취급을 한다'는 말은 결국 '사람들은 가족이 변한 원인을 이해하려고 하지 않는다'는 의미이므로 1번은 답이 될 수 없다. 3, 4번은 본문 내용과 맞지 않으므로 오답이다.

3 가족의 변화에 대해서 필자는 어떻게 생각하는가?

1 가족에게서 정말로 드라마가 사라졌는지 그것은 역사가 증명할 것이다.
2 현대 사회가 안고 있는 문제가 한꺼번에 분출된 결과 가족은 형태를 바꾸어 버렸다.
3 큰 변화처럼 보여도 본질은 바뀌지 않았다고 생각하는 편이 좋다.
4 보통 사람들의 평범한 생활은 영원히 변화하지 않을 것이다.

정답 3

해설 필자는 다섯 번째 단락에서 '오랜 역사 속에서 ~ 지금 와서 문제가 한꺼번에 분출된 것일까요?'라고 묻는다. 이는 결국 필자가 하고 싶은 말은 '그렇지 않다'는 것임을 알 수 있다. 바로 이어서 '지금까지도 있었던 일이 형태를 바꿔서 일어나고 있다고

생각하는 편이 타당하다'고 말하며 마지막 단락에서 '가족은 변함없이 재미있고 이상하고 대단한 것'이라고 말하고 있다. 따라서 '큰 변화가 일어난 것처럼 보여도 가족 자체에는 변화가 없다'고 말하는 선택지 3번이 답으로 적당하다. 1, 2, 4번은 지문 내용과 맞지 않아 오답이다. 특히 4번처럼 '영원히'와 같은 극단적인 단정을 의미하는 말이 붙어 있을 때는 오답인 경우가 많다는 점도 기억해 두자.

---

(2)

문제편 298p

　〈욕망의 대상〉이란 무언가를 하고 싶다, 무언가를 가지고 싶다고 생각하는 그 마음이 향하는 곳에 있는 것, 〈욕망의 원인〉이란 무언가를 하고 싶다, 무언가를 가지고 싶다는 그 욕망을 사람의 내부에서 불러일으키는 것이다.
　토끼 사냥에 적용해 보면 다음과 같다. 토끼 사냥에서 〈욕망의 대상〉은 토끼이다. 확실히 토끼 사냥을 하고 싶다는 사람의 마음은 토끼를 향해 있다.
　그러나 실제로는 그 사람은 토끼가 가지고 싶어서 사냥을 하는 것이 아니다. 대상은 토끼가 아니어도 되는 것이다. 그가 원하고 있는 것은 '불행한 상태에서 자신의 생각을 다른 곳으로 돌리고 기분을 달래주는 소동'이므로. 즉 토끼는 토끼 사냥에서 〈욕망의 대상〉이지만 그 〈욕망의 원인〉은 아니다. 그럼에도 불구하고 사냥을 하는 사람은, 사냥을 하면서 자신은 토끼를 가지고 싶어서 사냥을 하는 것이라고 믿어 버린다. 즉 〈욕망의 대상〉을 〈욕망의 원인〉으로 혼동한다.
　도박에서도 마찬가지로 〈욕망의 대상〉과 〈욕망의 원인〉을 구별할 수 있다. 도박을 하고 싶다는 욕망은 이익을 얻는 것을 대상으로 하고 있다. 하지만 그것은 도박을 하고 싶다는 욕망의 원인은 아니다. '매일 돈을 줄 테니까 도박을 그만 둬'라고 한다면 당신은 그 사람을 불행하게 만드는 것이 된다. 그 사람은 이익을 얻고 싶어서 도박을 하고 있는 것이 아니기 때문이다.
　어느 경우에도 〈욕망의 원인〉은 방에 가만히 있을 수 없다는 것에 있다. 지루함을 견딜 수 없어서, 인간의 비참함에서 눈을 돌리고 싶어서, 기분 전환이 필요해서, 땀을 흘리며 토끼를 쫓고 재산을 잃을 위험을 무릅쓰고 도박을 한다. 그럼에도 불구하고 인간은 〈욕망의 대상〉과 〈욕망의 원인〉을 혼동한다. 토끼를 가지고 싶으니까 토끼 사냥에 가는 것이라고 굳게 믿는다.

(고쿠분 고이치로 『한가함과 지루함의 윤리학』 오타출판)

단어　欲望 욕망 | 対象 대상 | 引き起こす 일으키다, 발생심키다 | ウサギ 토끼 | 狩り 사냥 | あてはめる 적용하다, 잘 맞게 하다 | 欲する 갖고 싶다고 생각하다, 바라다 | 不幸 불행 | 気を紛らわす 기분을 달래다 | 騒ぎ 소동 | 思い込む (굳게 마음으로) 믿는다, 정하다, (그렇다고 제멋대로 혼자서) 믿어 버리다 | 取り違える 잘못 이해하다, 오해하다 | 賭け事 도박, 내기 | 区別 구별 | 退屈だ 지루하다 | 耐える 견디다, 참아 내다 | みじめだ 비참하다 | 目をそらす 시선을 돌리다 | 気晴らし 기분 전환 | 汗水 물처럼 흐르는 땀 | たらす (액체 등을 조금씩) 흘리다, 늘어뜨리다 | 追い求める 쫓다, 추구하다 | 財産 재산 | 危険 위험 | 冒す 무릅쓰다, 범하다 | 満足 만족

4　'토끼 사냥'에 대해 글의 내용과 맞는 것은 어느 것인가?

1 욕망의 대상도 원인도 토끼와는 관계가 없는 것이다.
2 욕망의 대상은 토끼이고 원인은 토끼를 가지고 싶다는 기분이다.
3 욕망의 대상은 토끼라고 생각하기 쉽지만 사실은 다르다.
4 욕망의 원인은 토끼라고 생각하기 쉽지만 사실은 다르다.

정답　4

해설　첫 번째 단락에서 〈욕망의 대상〉과 〈욕망의 원인〉을 정의하고 있다. 〈욕망의 대상〉은 가지고 싶다, 하고 싶다고 생각하는 마음이 향하는 대상이고, 〈욕망의 원인〉은 무언가를 가지고 싶다, 하고 싶다는 생각을 내부에서 불러 일으키는 것을 가리킨다. 두 번째 단락에서 '토끼는 토끼 사냥에서 〈욕망의 대상〉이지만 〈욕망의 원인〉은 아니다'라고 했으므로 정답은 4번이다.

5 '도박'에 대해 글의 내용과 맞는 것은 어느 것인가?

1 돈이 욕망의 대상이고 돈을 가지고 싶다는 기분이 원인이다.
2 돈으로 불행한 상태에서 벗어날 수 있다고 생각하는 것이 원인이다.
3 **불행한 상태에서 눈을 돌리고 싶다는 기분이 원인이다.**
4 벌어들인 돈으로 더욱 돈을 벌고 싶다는 기분이 원인이다.

정답 **3**

해설 네 번째 단락에서 도박으로 이익을 얻는 것은 〈욕망의 대상〉이지, 도박이나 도박으로 인한 이익이 〈욕망의 원인〉은 아니라고 말한다. 이어서 〈욕망의 원인〉은 '인간의 비참함에서 눈을 돌리고 싶은, 기분 전환을 하고 싶은 마음'이라고 말한다. 즉, 도박에서 〈욕망의 대상〉은 도박으로 돈을 버는 것이지만 〈욕망의 원인〉은 지루함, 비참함이라는 상황을 벗어나고 싶은 마음이다. 따라서 선택지 3번이 정답이다.

6 필자는 무엇이 문제라고 말하고 있는가?

1 사람은 욕망을 결코 만족시킬 수 없다는 것을 모르는 것
2 **사람은 욕망의 대상을 원인이라고 믿어 버리는 것**
3 사람은 욕망의 대상이 없어져 버리면 불행해지는 것
4 사람은 욕망을 만족시키기 위해서 위험을 무릅쓰는 것

정답 **2**

해설 필자의 주장은 주로 마지막 단락, 그리고 역접의 접속사 다음에 나온다. 마지막 단락 세 번째 줄의 「それにもかかわらず 그럼에도 불구하고」에 이어지는 '인간은 〈욕망의 대상〉과, 〈욕망의 원인〉을 혼동한다'가 필자의 주장이며, 마지막으로 다시 한번 토끼 사냥의 예를 통해 '욕망의 대상을 욕망의 원인이라고 믿는 것이 문제'라고 말한다. 따라서 이를 정리한 선택지 2번이 정답이다. '사람은 욕망의 대상이 아닌 욕망의 원인을 충족시키기 위해 위험을 무릅쓰는 것'이라고 했으므로 4번은 오답이며, 1, 3번은 지문의 내용과 맞지 않아 답이 될 수 없다.

---

(3)

문제편 300p

　최근 토지를 인간 활동의 장소와 보호구로 확실히 나누어서 관리할 것인가, 그렇지 않으면 인간과 생물이 같은 장소에서 공존할 수 있는 환경을 만들 것인가 하는 논의가 활발하다. 전자를 '토지 스페어링', 후자를 '토지 셰어링'이라고 한다. 스페어는 구획 나누기, 셰어는 공유의 의미이다. 물론 최종 목표는 인간 사회와 생물 다양성의 공존을 지향하고는 있지만 구체적인 수단이 다르다. 여기에서 말하는 인간 활동의 장소는 주로 식량이나 연료 등을 생산하는 농림업을 상정한다. 지구 규모의 인구와 식량 수요의 증가가 전망되는 가운데, 어떤 국토의 (주1)그랜드 디자인이 바람직한지에 대한 두 개의 대립축이라고도 할 수 있다.

　일본의 경우에는 '토지 스페어링'과 '토지 셰어링' 양쪽 모두 중요하고, 각각 별개의 타입의 생물을 보전하는 데 도움이 될 것이다. 고산의 나비나 너도밤나무 원생림에 서식하는 까막딱따구리, 메밀잣밤나무 거목이 필요한 오키나와 앞장다리풍뎅이 등은 개발을 엄격하게 규제한 보호구의 설치(토지 스페어링)가 필요하지만, 초지성 나비나 습지에 사는 곤충, 양서류 등은 친환경적인 전통적인 농업 운영(토지 셰어링)이 유효할 것이다. 하지만 열대우림이 펼쳐진 나라의 지역에서는 아마도 '토지 스페어링' 쪽이 훨씬 중요할 것이다. 일본 같은 (주2)모자이크성이 높은 환경은 본래 적고, 사람의 손이 닿은 환경에 의존하는 생물은 훨씬 적다고 여겨지기 때문이다.

　인간에 의한 개발이나 이용을 제한한 보호구에서 얼마만큼 생물이 보존될지는 지역의 사회 정세는 물론, 오랜 세월에 걸쳐 형성되어 온 지역 자연환경의 '역사'에 의존하고 있다고 할 수 있을 것이다.

(미야시타 타다시『생물 다양성의 구조를 풀다』고사쿠샤)

(주1) 그랜드 디자인: 전체 구상, 설계
(주2) 모자이크성: 여기에서는 논밭이나 취락 등, 인간이 활동하는 토지와 생물이 서식하는 삼림이 혼재되어 있는 상태

단어 保護ほご 보호 | 管理かんり 관리 | 共存きょうぞん 공존 | 造つくる 만들다 | 議論ぎろん 논의 | 活発かっぱつ 활발 | 前者ぜんしゃ 전자 | 後者こうしゃ 후자 | 区分くわけ 구획을 나눔, 구분함 | 多様性たようせい 다양성 | 具体的ぐたいてき 구체적 | 食料しょくりょう 식량 | 燃料ねんりょう 연료 | 農林業のうりんぎょう 농림업 | 想定そうてい 상정, 예상 | 規模きぼ 규모 | 需要じゅよう 수요 | 見込みこむ 전망하다, 기대하다 | 望のぞましい 바람직하다 | 対立軸たいりつじく 대립축 | 双方そうほう 양쪽, 쌍방 | 別個べっこ 별개 | 保全ほぜん 보전 | 高山こうざん 고산 | 蝶ちょう 나비 | ブナ 너도밤나무 | 原生林げんせいりん 원생림 | 棲すむ (동물이) 살다, 서식하다 | クマゲラ 까막딱따구리 | シイ 메밀잣밤나무 | 大木たいぼく 거목, 큰 나무 | ヤンバルテナガコガネ 오키나와 앞장다리풍뎅이 | 厳格げんかく 엄격 | 規制きせい 규제 | 設置せっち 설치 | 草地そうち 초지, 풀밭 | 湿地しっち 습지 | 昆虫こんちゅう 곤충 | 両生類りょうせいるい 양서류 | 環境かんきょうに優やさしい 환경에 친화적이다 | 有効ゆうこう 유효 | 熱帯雨林ねったいうりん 열대 우림 | おそらく 어쩌면, 필시 | 依存いぞん 의존 | 情勢じょうせい 정세 | 形かたちづくる 만들다, 구성하다 | 構想こうそう 구상 | 設計せっけい 설계 | 田畑たはた 논밭, 경작지 | 集落しゅうらく 집락, 취락 | 混在こんざい 혼재

7 논의가 활발하다고 하는데, 그 논의의 최종 목표는 무엇이라고 말하는가?
1 국토의 그랜드 디자인을 어떻게 할지 결정하는 것
2 토지 스페어링과 토지 셰어링 중 어느 한 쪽을 선택하는 것
3 바람직한 환경을 만들기 위한 구체적인 수단을 결정하는 것
4 자연의 생물 다양성과 농림업 등의 인간 활동이 공존하는 것

정답 4

해설 밑줄 앞 「～という ～라는」에 주목하자. '～라는 논의'에서 논의의 대상은 '토지에서 어떤 형식(토지 스페어링, 토지 셰어링)으로 인간과 생물이 살아갈 것인지'이다. 따라서 선택지 1번과 2번은 논의의 대상이지 논의의 최종 목표가 아니므로 답이 될 수 없다. 3번의 '바람직한 환경을 만들기 위한 구체적인 수단'에 관한 이야기 역시 언급이 없으므로 오답이다. 첫 번째 단락에서 '최종 목표는 인간 사회와 생물 다양성의 공존'이라고 말한 뒤 '인간 활동의 장소(인간 사회)란 식량이나 연료 등을 생산하는 농림업을 상정한다'라는 구체적인 설명을 덧붙인다. 따라서 선택지 4번이 답으로 적당하다.

8 일본의 경우에 대해 필자는 어떻게 말하는가?
1 사람의 손이 닿은 환경에 의존하는 생물이 많기 때문에 토지 셰어링이 유효하다.
2 개발을 엄격하게 규제한 보호구 설치가 필요하다.
3 친환경적인 전통적인 농업 운영이 유효하다.
4 보호하는 생물 타입에 따라 유효한 대책법이 다르다.

정답 4

해설 두 번째 단락을 보면 '일본의 경우 토지 스페어링과 토지 셰어링 모두 중요하고, 각각 다른 타입의 생물을 보존하는데 도움이 될 것'이라고 말한 뒤 '일본은 각 지역에서 보호하려는 생물 종에 따라 토지 스페어링과 토지 셰어링 등 필요한 대책이 다르지만, 일본과 같은 환경(토지 스페어링과 토지 셰어링을 모두 사용할 수 있는 모자이크 성 토지 환경)은 적으며 사람의 손이 닿은 환경에 의존하는 생물은 더욱 적다'고 말한다. 따라서 선택지 4번이 답으로 적당하다. 토지 셰어링만을 말하는 1번과 토지 스페어링만을 말하는 2번은 답이 될 수 없고, 3번 역시 토지 셰어링만을 말하므로 답이 될 수 없다.

[9] 필자의 주장으로 맞는 것은 어느 것인가?

1 일본은 모자이크성이 높은 환경이 많기 때문에 토지 셰어링에 힘을 쏟아야만 한다.
2 보호구에서의 생물 보존에는 자연환경을 포함한 지역의 정세나 역사가 관계되어 있다.
3 생물을 인간의 손으로부터 지키기 위해서는 오랜 세월에 걸쳐서 자연환경을 원래대로 되돌리는 것밖에 방법이 없다.
4 생물을 지킬 수 있는지 어떤지는, 인간의 활동을 얼마만큼 제한할 수 있는지에 달려 있다.

[정답] 2

[해설] 「～だろう ～일 것이다」, 「～といえよう ～라고 할 수 있다」와 같은 표현은 필자가 자신의 생각을 직접 나타내는 표현임을 기억해 두자. 마지막 단락에서 나타난 필자의 주장을 살펴보면 '개발을 제한한 보호구에서 얼마만큼 생물이 지켜질지는 지역 사회의 정세와 지역 자연환경의 역사에 달려있다'고 말한다. 이를 포괄하고 있는 선택지 2번이 답으로 적당하다. 전체 글에서 일본의 토지는 모자이크성이 높아서 셰어링과 스페어링 모두 필요하다고 반복해서 말하므로 1번은 답이 될 수 없고, 자연환경을 원래대로 되돌린다는 언급은 없으므로 3번도 답이 될 수 없다. 인간 활동을 제한한 보호구 설치는 토지 스페어링에만 해당하는 내용이므로 4번 역시 오답이다.

問題 10 내용 이해(장문)

실전문제 정답 및 해설

정답

실전문제 ①　[1] 2　[2] 2　[3] 3　[4] 3
실전문제 ②　[1] 2　[2] 3　[3] 1　[4] 3

실전문제 ①

問題10 다음 글을 읽고 다음 질문에 대한 답으로 가장 적당한 것을 1·2·3·4에서 하나 고르세요.　문제편 302p

　나는 ㈜1케어에 관한 이전 저서에서 인간이란 '케어하는 동물이다'라는 ①기본적인 인식에 대해서 말했다. 그 취지는 인간이라는 생물은 타인과의 '케어' 관계(케어 하는 것/케어 받는 것)를 통해서만 존재할 수 있으며, 또한 자기 자신의 성립 과정에서 타인과의 케어를 통한 관계가 불가결의 의미를 가진다는 것이다. 이것은 바꿔 말하면 인간은 '케어에 대한 욕구(타인을 케어하는 것의 욕구/자신이 케어 받는 것의 욕구)'를 본질적인 것으로서 가진다는 것과 연결된다.
　왜 그런 것일까? 그것은 원래 ②인간의 생물학적 특성에 근거를 가지는 것이다. 이 경우 정확히는 '케어'가 중요한 의미를 가지는 것은 인간만은 아니다. 즉, 포유류 이후의 동물에 있어서 '포유'라는 말 자체가 나타내는 것처럼, 모친이 수유 등의 행위를 포함해 자녀를 '케어'한다는 것이 일반적으로 이루어지고, 또한 거기에서 '정서적인' 레벨의 개체 간 연결 혹은 관계성이 생긴다. 흥미롭게도 이것은 뇌의 진화와도 관련되어 있으며, ㈜2정동 내지는 '감정'을 관장하는 대뇌변연계라는 부위가 크게 발달된 것이 다름 아닌 포유류 이후인 것이다.
　하지만 인간의 경우는 이것만으로 끝나지 않는다. 인간의 경우 원숭이 등을 포함한 다른 동물과 비교해 발달이 지극히 '늦어', 즉 '어른'이 될 때까지 긴 시간이 필요하며, 바꿔 말하면 다른 사람의 '케어'가 없으면 살아갈 수 없을 것 같은 기간이 매우 길다.
　그것은 어떤 의미에서 인간의 '취약함'을 의미하는 동시에, 그러나 그러한 긴 지연 발달 기간(케어 기간)이 있기 때문에 인간의 지성, 인식 능력이나 창조성, 그리고 타인과의 감정 면을 포함한 커뮤니케이션의 다양성과 복잡성, 깊이, 사회성은 크게 발달하게 되었다. 케어 없이 살아갈 수 없다는 인간의 특성은 '약점'인 동시에 '강점'이기도 하다.
　그리고 그런 타인과의 케어 관계를 통해서야말로 자기 내지는 '자신'이라는 존재 그 자체가, 보다 자각적이며 게다가 복잡함이나 뉘앙스가 풍부한 존재로서 형성된다. 즉, '케어'는 단순히 타인과의 관계를 의미하는 것이 아니라 소위 '자기 자신의 존재의 내면'에 그 불가결한 한 부분으로서 있는 것이다.

(히로이 요시노리 「인간에게 있어서 케어란」 『케어란 무엇일까』 미네르바쇼보)

(주1) 케어: care. 돌보는 것. 병자나 고령자의 간병. 간호나 간병의 복지 서비스
(주2) 정동: 급격하고 일시적인 감정, 정서

[단어] 著書 저서 | 認識 인식 | 述べる 말하다, 서술하다 | 趣旨 취지 | 成り立ち 과정, 내력, 성장, 구성 요소 | 不可欠 불가결, 반드시 필요함 | 言い換える 바꿔 말하다 | 特性 특성 | 根拠 근거 | 哺乳類 포유류 | 授乳 수유 | 行為 행위 | 情緒 정서 | 個体 개체 | 結びつき 관계, 연결 | 興味深い 매우 흥미롭다 | 進化 진화 | つかさどる 관장하다, 지배하다 | 大脳辺縁系 대뇌변연계, 대뇌 반구 안쪽과 밑면에 해당하는 부분 | 部位 부위 | 他でもなく 다름이 아닌, 다른 게 아니고 | 尽きる 없어지다, 끝나다, 끊어지다 | 発達 발달 | 非常に 상당히 | 脆弱 취약 | 遅延 지연 | ～がゆえに ～이기 때문에, ～인 탓에 | 創造 창조 | 複雑 복잡 | 自覚 자각 | 形成 형성 | 内側 안쪽, 내면 | 介護 간병 | 看護 간호 | 福祉 복지

1 필자는 케어에 관한 ①기본적인 인식에 대해 어떻게 말하는가?

1 자기 자신이 성립되지 않은 사람은 타인과의 케어를 통한 관계를 맺을 수가 없다.
2 인간에게 있어 타인을 케어하고 타인에게 케어 받는 관계는 없어서는 안 되는 것이다.
3 인간의 케어에 대한 욕구는 본능적인 것이고 자기 성립 이전에 갖춰진 것이다.
4 자신이 타인에게 케어 받는 것보다 타인을 케어하는 쪽이 보다 본질적이다.

[정답] **2**

[해설] 「A という B ～라고 하는 ～」는 'A와 B가 같다, 동급이다'라는 의미의 문형이다. 따라서 '인간은 케어하는 동물이다 = 기본적인 인식'임을 알 수 있다. 이어지는 문장에서 필자는 '인간은 타인과의 케어 관계(케어하는 것/케어 받는 것)를 통해서 존재'한다고 말하므로 선택지 2번이 답으로 적당하다. '자신의 성립에 있어서 타인과의 케어를 통한 관계가 반드시 필요하다'고 말하므로 1, 3번은 답이 될 수 없고, 인간의 '케어에 대한 욕구(타인을 케어하는 것에 대한 욕구/자신이 케어 받는 것에 대한 욕구)는 양쪽 모두 본질적인 것'이라고 말하므로 4번도 오답이다.

2 ②인간의 생물학적 특성에 근거를 가진다라고 하는데, 어떠한 것인가?

1 포유류 이후 동물은 뇌가 진화함으로써 정서적인 개체 간의 케어가 가능해진 것
2 포유류 이후 동물의 모친이 보이는 자녀 케어는 일반적이며 뇌의 진화에 관계가 있는 것
3 포유류 이후 동물은 대뇌변연계가 크게 발달했기 때문에 언어에 의한 케어가 가능해진 것
4 포유류 이후 동물의 모친은 수유하는 것으로 감정 기능이 발달해 타인을 케어하게 된 것

[정답] **2**

[해설] 밑줄 앞에 있는 「それ」가 가리키는 것은 '케어에 대한 욕구'이므로 밑줄 문장이 원래 의미하는 바는 '케어에 대한 욕구는 인간의 생물학적 특성에 근거를 가진다'이다. 또한 밑줄 앞에서 「なぜそうなのか 왜 그런가?」라고 묻고 있으므로 '인간이 케어에 대한 욕구를 가지는 생물학적 특성은 무엇인가?'에 대한 답을 찾아야 한다는 것을 알 수 있다. '케어가 중요한 의미를 가지는 것은 인간만이 아니라, 포유류 이후의 동물의 모친이 수유 등을 통해 자식을 케어하는 것이 일반적인 행위가 되었고, 그 행위가 뇌의 진화와도 관계가 있다'고 말한다. 따라서 해당 내용을 포괄하는 선택지 2번이 답으로 적당하다. 포유류 이후의 동물은 케어로 인해 정서적인 레벨에서 개체 간의 케어가 가능해지고 그로 인해 뇌가 진화했다고 말하므로 1번은 답이 될 수 없고, 언어에 의한 케어는 언급이 없으므로 3번도 답이 될 수 없다. 모친의 수유로 감정이 발달한 것이 아니라 수유라는 타인을 케어하는 행위로 인해 정서적인 감정이 발달했다고 말하므로 4번 역시 오답이다.

3 필자는 인간의 경우 어떠한 특징이 있다고 말하는가?

1 케어 없이는 살아갈 수 없는 기간이 길기 때문에 인식 능력이나 상상력 발달도 늦어져 버렸다.
2 케어가 필요한 기간이 긴 것은 인간의 약점이라기보다 오히려 강점이라는 것을 의미한다.
3 다른 동물보다 긴 케어 기간이 꼭 필요하지만 그로 인해 다양한 능력이나 사회성이 발달했다.
4 다른 동물보다 발달은 지극히 늦지만 커뮤니케이션 능력의 발달은 빠르고 다양하다.

정답 3

해설 세 번째 단락의 역접의 「しかし」와 그 문장의 주어 「人の場合は 인간의 경우는」에 주목하자. '인간은 다른 동물에 비해 발달이 매우 늦다'고 말한 뒤, 접속사 「つまり 즉」이 나온 뒤 '어른이 되기까지 긴 시간이 필요하다'고 말한다. 그리고 다시 한번 「言い換えれば 바꿔 말하면」을 사용해 '다른 사람의 케어 없이 살아갈 수 없는 기간이 매우 길다'라고 반복적으로 말하고 있다. 그리고 네 번째 단락에서 '그런 긴 발달 기간 때문에 지성과, 창조성, 사회성 등이 발달했다'고 설명한다. 따라서 이를 포괄하는 내용인 선택지 3번이 답으로 적당하다. 1번은 정답인 3번과 반대되는 내용이므로 오답이고, 네 번째 단락에서 케어가 필요한 기간이 긴 인간의 특성은 약점인 동시에 강점이라고 말하므로 2번 역시 답이 될 수 없다. 발달이 늦은 만큼 커뮤니케이션 능력이 다양하고 복잡하게 발달했다고 말하므로 4번 역시 오답이다.

4 필자의 생각과 맞는 것은 어느 것인가?
　1 케어는 타인과의 관계를 의미하는 것이 아니고 자기 자신과의 관계를 의미한다.
　2 자기 자신의 존재 내부에는 복잡함이나 뉘앙스가 풍부한 타인이 존재한다.
　3 케어를 통한 타인과의 관계는 빠뜨릴 수 없는 자기의 한 부분으로서 존재한다.
　4 케어를 통한 타인과의 관계에는 자신이라는 존재 그 자체의 자각이 꼭 필요하다.

정답 3

해설 마지막 단락에 나오는 접속사 「つまり」를 주목하자. 「つまり」에는 앞에 나온 내용의 다른 말로 정리, 반복하여 강조하는 기능이 있다. 따라서 '케어는 단순히 타인과의 관계를 의미하는 것은 아니며, 자기 자신의 존재 내부에 꼭 필요한 부분'이라는 것이 필자가 말하고자 하는 내용이다. 따라서 정답은 선택지 3번이다. 케어는 '타인과의 관계인 동시에 자기 자신의 한 부분'이라고 말하므로 1번은 답이 될 수 없고, '자기 존재 내부에 있는 복잡함과 뉘앙스가 풍부한 존재'는 타인이 아니라 자기 자신이므로 2번도 답이 될 수 없다. 케어를 통해 자신이라는 존재를 자각하게 된다고 말하므로 4번 역시 오답이다.

실전문제 ②

문제10 다음 글을 읽고 다음 질문에 대한 답으로 가장 적당한 것을 1·2·3·4에서 하나 고르세요.　　문제편 305p

　신문을 넘기다 보니 이런 광고가 눈에 들어왔다. '가지고 싶은 것이 갑자기 나타난다. 이것은 신기한 카탈로그입니다.' '가지고 싶은 것은 무엇입니까?'라고 물어도 '특별히 없다.'라고 대답해 버리는 사람을 위해서 그 카탈로그는 만들어졌다고 한다. 거기에 예시된 세계 일류품의 사진과 기능을 적은 것을 읽고 있으니 확실히 나도 '가지고 싶다'고 생각했다.
　'부족한 것은 아무것도 없을 텐데 계속해서 가지고 싶은 것이 나타난다'고 하는 부분이, 상당히 ①정직한 광고다. 본래 광고란 그런 것일 것이다. 필요한 것은 광고 같은 걸 보지 않아도 사람은 구입한다. 별로 필요하지 않은 사람까지 왠지 가지고 싶다고 생각하게 하는 것이야말로 광고인 것이다.
　그러나 보통은 그런 본심은 보여주지 않고 마치 정말로 필요한 것처럼 광고는 말한다.
　'당신에게는 이것이 부족합니다.'라고 속삭인다.
　따라서 반쯤 뻔뻔한 듯한 태도로 나오는 이 카탈로그 광고가 인상에 남았다. 즉 일본인은 이렇게까지 해서 가지고 싶은 것을 찾아야만 할 정도로 충족되어 있구나, 라고 생각했다. 가난했다면 도저히 불가능한 발상이다.
　하지만 한편으로 이렇게까지 해서 가지고 싶은 것을 찾아야만 하는 것일까?
　라는 의문이 솟는다. 억지로 욕망을 자극해서 가지고 싶은 기분을 북돋아 손에 넣는다. 그것을 단순히 '풍요롭구나'라고 말해 버려도 괜찮은 것일까?
　광고주에게는 미안하지만 이것을 보고 진심으로 카탈로그를 주문하는 사람이 많이 있다고 하면, 지금의 일본은 상당히 ②병들어 있다. 식욕을 억지로 자극시켜 진수성찬을 억지로 먹이는 (주1)푸아그라용 (주2)거위를 나는 연상해 버렸다.

일본이 물질적으로 점점 풍요로워져 가는 시대에 우리들 세대는 태어났다. 그렇기 때문에 '물건이 있기만 하면 풍요롭다, 라고는 결코 말할 수 없다'는 것을 느낄 수 있다.

별로 나는 '물건의 풍요로움 따위는 아무래도 좋다'라든가 '마음의 풍요로움이 전부다' 같은 정신론을 내세울 생각은 없다. 물론 물건이 풍요롭고 마음이 가난한 상태보다는 물건은 없어도 마음이 충족되는 쪽이 좋다고는 생각하지만.

물건이 풍요로운 사회에서 그것들과 어떻게 풍요로운 마음으로 어우러져 갈지가 중요하다고 생각한다. 풍요로운 것의 배경에는 풍요로운 문화가 있을 것이다. 그 문화와 자신의 마음을 어떻게 연결시켜 갈지, 거기에 진정한 풍요로움을 물어야 하는 것이 아닐까?

(다와라 마치 『안개꽃 언니』 분슌문고)

(주1) 푸아그라: Foie Gras. 프랑스 요리. 거위의 비대한 간으로 만든다.
(주2) 거위: 새의 일종

단어 めくる 넘기다, 벗기다 | 飛び込む 뛰어들다 | 突然 돌연, 갑자기 | 不思議な 불가사의한, 신기한, 이상한 | 例示 예시 | 能書き 효능, 기능을 적은 것, 선전 | 正直 정직 | 買い求める 구매하다, 구입하다 | 本音 본심, 속마음 | あたかも 마치, 흡사 | ささやく 속삭이다 | 半ば 절반, 반쯤 | 開き直る (갑자기 태도를 바꿔서) 강한 태도를 보이다, 뻔뻔한 태도가 되다 | 印象 인상 | 満ち足りる 부족함이 없이 충분하다, 충분히 만족하다 | 貧しい 가난하다, 빈약하다 | 湧く 샘솟다, 솟아나다 | 無理やり 억지로 | 刺激 자극 | 奮い立つ 분발하다, 북돋다 | 取り寄せる (주문하여) 가져오게 하다 | 病む 병들다 | ご馳走 호화로운 식사, 사치스러운 식사, 진수성찬 | 連想 연상 | 豊かだ 풍부하다 | 掲げる 내걸다, 게양하다, 널리 알리다 | 結びつける 묶다, 결부시키다 | 宣伝 선전 | 掲示 게시 | 欠如 결여

1 ①정직한 광고라고 하는데 어떤 것인가?

1 다른 고객이 갖고 싶어 하는 상품을 선전하고 있어서
2 고객 자신은 가지고 싶은 것이 없다는 것을 전달하고 있어서
3 고객이 가지고 싶어 하지 않는 상품도 그대로 게시하고 있어서
4 고객에게 고객 자신이 필요로 하고 있는 것을 가르쳐 주어서

정답 2

해설 밑줄 앞뒤의 흐름을 보면 '부족한 것이 없는데 계속해서 가지고 싶은 것이 나타난다'고 하는 부분이 '정직한 광고'라고 말한다. 그후 '본래 광고란 그런 것일 것이다', '필요하지 않은 사람에게까지 왠지 가지고 싶게 만드는 것이야말로 광고인 것이다'라며 필자 자신이 생각하는 광고에 대해서 직접 언급하고 있다. 즉, 밑줄의 '정직한 광고'라는 말은 '그 물건이 필요하지 않다는 사실을 고객에게 알리고 있다'는 의미이다. 따라서 선택지 2번이 답으로 적당하다.

2 필자는 광고의 본래 역할에 대해 어떻게 말하는가?

1 아직 세상에 알려져 있지 않은 상품을 소개하는 것
2 상품의 매력을 일류의 말(고급스러운 말)로 고객에게 소개하는 것
3 고객이 불필요한 것이라도 사고 싶다고 생각하게 하는 것
4 고객이 생활의 풍요로움을 실감하게 하는 것

정답 3

해설 세 번째 단락에서 '그 물건이 필요하지 않은 사람까지 가지고 싶게 만드는 것이 광고'라고 말하고 있으므로 선택지 3번이 답으로 적당하다. 세상에 알려져 있지 않은 상품을 소개한다거나 상품의 매력을 소개한다는 언급은 없으므로 1, 2번은 답이 될 수 없고, 「だから、半ば 따라서 반쯤」으로 시작하는 단락에서 '일본은 이렇게까지 해서 가지고 싶은 것을 찾아야 할 정도로 충족되어 있구나'라고 말하지만, 이 부분은 필자의 감상일 뿐, 광고의 본래 역할과는 관계가 없으므로 4번 역시 오답이다.

③ ②병들어 있다고 하는데 어떤 의미인가?

1 가지고 싶은 물건을 억지로 찾아서 구매하고 있다.
2 물질적으로 풍요로운데 마음이 가난해져 있다.
3 풍요로워진 나머지 욕망이 결여되어 버렸다.
4 자신이 정말로 가지고 싶은 것을 찾지 못하게 되었다.

정답 1

해설 '병들어 있다'의 앞 단락에서 '억지로 욕망을 자극해서 불필요한 물건을 사게 만드는 현상'을 정말 풍요롭다고 해도 되는 것인가라고 문제 제기를 한 뒤, 밑줄 바로 앞뒤에서 '이런 광고 방식'으로 물건을 사고 싶다고 생각하는 사람이 많다면 일본은 '병들어 있다'고 말한다. 그리고 이를 '억지로 음식을 먹여서 병든 상태로 푸아그라를 만드는 거위'에 비유한다. 따라서 밑줄이 의미하는 바는 '억지로 필요하지 않은 물건을 찾아서 구매하는 현상', 즉 선택지 1번이 답으로 적당하다.

④ 본문의 내용과 맞는 것은 어느 것인가?

1 물질의 풍요로움과 마음의 풍요로움이 관계가 있다고는 말할 수 없다.
2 물질이 풍요로운 것으로 인해 마음도 충족된다.
3 풍요로운 사회에서도 풍요로운 마음으로 살 궁리가 필요하다.
4 물질적으로 가난해도 마음이 풍요로운 상태가 가장 바람직하다.

정답 3

해설 마지막 단락에서 '풍요로운 사회와 어떻게 풍요로운 마음으로 어우러져 갈지가 중요하다'고 말하므로 선택지 3번이 답으로 적당하다. 풍요로운 사회와 자신의 마음을 어떻게 연결시킬지에 진정한 풍요로움이 있다고 말하므로 1번은 답이 될 수 없고, 물질이 풍요롭고 마음이 가난한 상태보다는 물질은 없어도 마음이 충족되는 쪽이 좋다고 말하므로 2번도 답이 될 수 없다. 또한, 마음의 풍요로움이 전부라고 주장하려고 하는 것이 아니라고 말하므로 4번 역시 오답이다.

問題 11 통합 이해

실전문제 정답 및 해설

정답

실전문제 ① 1 4 2 2
실전문제 ② 1 3 2 4

실전문제 ①

問題 11 다음 A와 B의 글을 읽고 다음 질문에 대한 답으로 가장 적당한 것을 1·2·3·4에서 하나 고르세요. 〔문제편 308p〕

A

조직의 리더에게 요구되는 것은 판단력보다도 결단력이라는 것. 이것을 착각하고 있는 사람이 상당히 많다. 이 두 가지는 크게 다릅니다. 격동하는 현대 사회에 있어서 현장에서 요구되는 것은 맞는지 틀린지를 현시점에서 판단하는 능력이 아니라, 결단하고 앞으로 나아가 그것이 맞았는지 틀렸는지를 밝혀가는 것입니다. 과거의 정보·데이터를 대조해서 최적의 답을 찾아내는 것과 미지의 답을 향해 한 걸음 내딛는 것은 전혀 다릅니다.

현실 사회에 있어서 우리들에게 닥친 문제는 옳고 그른지를 단번에 판단할 수 있는 단순한 것만은 아닙니다. 오히려 판단력이 필요해지는 것은 앞으로 내디딘 후, 피드백을 할 때입니다. 앞으로 내딛기 위해서는 어쨌든 경험 횟수를 늘리는 것. 중요한 것은 우선 결단해서 전력으로 맞서는 것입니다.

B

복잡하고 불확실한 현대 사회에서 날마다 직면하는 문제에 대해 임기응변으로 적응력을 보이는 리더는 자신의 한계를 잘 이해하고 있다. 타인에 대해서는 성실함과 겸허함을 가지고 대하고, 더 나아가 타인과 오픈된 관계를 구축하기 위한 용기와 호기심도 겸비하고 있다.

무엇보다도 그들은 진실을 받아들인다. 자신이 바르게 있는 것 보다도 현실에서 일어나고 있는 것 그 자체에 관심이 있으며 자신의 잘못을 인정하는 것을 두려워하지 않는다. 따라서 타인으로부터의 비판을 환영할 수 있다.

그것은 그들이 진보를 위해서는 그것이 필요하다는 것을 잘 알고 있기 때문이다. 이러한 타입의 리더는, 항상 자기의 결단력을 과시하지만 잘못되어 있는 경우가 많고, 그럼에도 불구하고 그것을 인정하지 않는 영웅 지향의 리더와는 크게 다르다.

단어 組織 조직 | 判断力 판단력 | 決断力 결단력 | 激動 격동 | 照らし合わせる 비교해서 확인하다, 서로 비교하다, 조합하다 | 最適 최적 | 解 답, 결과 | 未知 미지 | 踏み出す 착수하다, 내딛다 | 突き付ける 들이대다, 내밀다 | 単純 단순 | フィードバック 피드백 | 場数 경험의 횟수 | 立ち向かう 대항하다, 맞서다 | 不確実 불확실 | 直面 직면 | 臨機応変 임기응변

適応 적응 | 限界 한계 | 心得る 이해하다, 납득하다 | 誠実 성실 | 謙虚 겸허 | 勇気 용기 | 築く 쌓다, 구축하다 | 好奇心 호기심 | 持ち合わせる (마침) 가지고 있다 | 批判 비판 | 進歩 진보 | 誇示 과시 | 英雄 영웅 | 志向 지향

1 리더의 자질에 대해서 A와 B는 어떻게 말하고 있는가?

1 A도 B도 결단력이 판단력보다 중요하다고 말하고 있다.
2 A도 B도 타인을 두려워하지 않고 한 걸음 내딛는 적극성이 중요하다고 말하고 있다.
3 A는 결단하고 실행한 후에 판단력이 필요하다고 말하고, B는 결단력을 중시하는 것은 잘못이라고 말하고 있다.
4 A는 결단해서 문제를 해결하는 능력이 중요하다고 말하고 B는 겸허하게 현실을 받아들이는 것이 중요하다고 말하고 있다.

정답 **4**

해설 A는 리더에게 중요한 것은 옳고 그름을 판단하는 능력이 아니라 앞으로 나아가게 하는 결단력이라고 말한다. B는 리더는 자신의 한계를 인정하고 겸허하게 타인의 비판을 받아들이는 것이 중요하다고 말한다. 따라서 선택지 4번이 정답이다.

2 A와 B의 인식에서 공통된 것은 무엇인가?

1 리더에게는 실패를 두려워하지 않고 결단하는 용기가 필요하다.
2 자신의 판단의 옳고 그름은 그다지 문제가 되지 않는다.
3 현장에서 일어나고 있는 것 그 자체에 시선을 돌려야 한다.
4 리더가 전진하기 위해서는 자신의 잘못을 인정해야 한다.

정답 **2**

해설 A는 리더에게 요구되는 것은 판단력보다 결단력이며, 우리에게 닥친 문제는 옳고 그름을 단번에 판단할 수 있는 단순한 것이 아니라고 말한다. B는 리더 자신이 맞는지보다 자신의 실수를 인정하는 것을 두려워하지 않고, 타인의 비판을 받아들이는 것이 중요하다고 말한다. 즉 A, B 모두 리더에게 있어 판단의 옳고 그름은 그다지 문제가 되지 않는다고 한 선택지 2번이 정답이다. 1번은 A에만 해당하는 내용이므로 답이 될 수 없고, A는 리더에겐 현실 사회에서 일어나는 문제에 대한 판단력보다 문제가 일어난 후에 피드백을 하는 판단력이 중요하다고 말하므로 3번도 답이 될 수 없다. 4번은 B에만 해당하는 내용이므로 이 역시 오답이다.

실전문제 ②

問題11 다음 A와 B의 글을 읽고 다음 질문에 대한 답으로 가장 적당한 것을 1·2·3·4에서 하나 고르세요.   문제편 310p

A

최근 ㈜중고 일관 교육을 검토하는 공립 학교가 늘어났다. 수험 대책을 간판으로 내걸 수 없는 공립 학교의 의식이 바뀌었다. 평가받아 마땅한 일이다. 아이에게 '여유(ゆとり)교육'을 이라고 하면서 수험 대책은 사설 학원이나 입시 학원에 맡겨버린다는 것은 무책임하며 부모의 경제적 부담도 커지게 된다.

수험 전쟁의 폐해는 미디어를 통해 이야기를 할 만큼 했다고 느껴지지만, 누구도 경쟁 원리의 장점은 부정할 수 없다. 대학의 세계 랭킹을 보면 된다. 일본 국내에서는 유명한 국립 대학도 결코 최고 수준이 아니다. 실력이 늘 수 있는 학생이 경제적 사정으로 그 기회를 잃어버리고 있다고 하면 일본의 미래는 어두워질 것이다.

(주) 중고 일관 교육: 중학교와 고등학교 과정(6년간)을 하나의 학교에서 일관하여 체계적으로 배우는 교육 방식

B

　　학교 수업에 따라갈 수 없는 학생을 지원할 목적으로 이른바 '여유(ゆとり)교육'이 도입되었다. 학교에서 다루는 수업 내용을 줄여서 학생의 부담을 경감하려고 한 것으로, 배경에는 사설 학원이나 입시 학원의 증가와 수험 경쟁의 과열이 있었다. 수업 내용에서 수험 대책을 없애라고는 말하지 않겠지만, 그것에 비중을 과하게 두는 것에는 반대하지 않을 수 없다. 단 '여유 교육'은 과연 학생의 사회적 자립에 도움이 되었다고 말할 수 있을까? 외국과의 경쟁에서 이기는 인재를 키울 수 있었을까? 공립·사립을 불문하고 교육의 원점으로 돌아가 이 문제를 생각할 필요가 있다고 생각한다.

단어 一貫 일관 | 検討 검토 | 公立 공립 | 受験 수험 | 対策 대책 | 看板 간판 | 評価 평가 | ゆとり 여유 | 塾 사설 학원 | 予備校 예비교, 주로 대학 입시 준비를 하는 사설 학원 | 任せる 맡기다 | 負担 부담 | かさむ (분량·수량이) 늘어나다, 커지다, 조장하다, 불어나다 | 弊害 폐해, 병해 | 語りつくす 하고 싶은 말을 다 하다, 모두 이야기하다 | 競争 경쟁 | メリット 메리트, 장점 | 水準 수준 | 支援 지원 | 導入 도입 | 軽減 경감 | 加熱 가열 | 比重 비중 | 果して 과연, 정말로 | 役立つ 도움이 되다 | 打ち勝つ 이겨 내다, (곤란이나 고통을) 극복하다 | 私立 사립 | ～を問わず ～을 불문하고 | 原点 원점 | 観点 관점

1 수험 경쟁에 대해 A와 B는 어떻게 말하는가?

1 A도 B도 일본의 교육 수준이 외국보다 낮은 것을 문제시하고 있다.
2 A도 B도 수험 공부에 특화된 학교 교육을 비판하고 있다.
3 A는 경제적인 부담의 관점에서 문제점을 말하고 B는 교육의 본질을 재검토할 필요성에 대해 말하고 있다.
4 A는 중고 일관 교육을 부정적으로 파악하고 있고 B는 여유 교육의 사회적 영향에 대해 말하고 있다.

정답 3

해설 수험 경쟁에 대해 A는 마지막 문장에서 '실력이 늘 수 있는 학생이 경제적 이유로 교육 기회를 잃을 수 있다'며 부정적으로 말한다. B는 '외국과의 경쟁에서 이길 수 있는 인재를 기르기 위해서는 교육의 원점으로 돌아가서 다시 생각할 필요가 있다'고 말한다. 따라서 정답은 선택지 3번이다.

2 현재 학교 교육의 존재 방식 대해 A와 B가 공통되게 말하는 점은 무엇인가?

1 해마다 부모의 경제적 부담이 증가하고 있는 점
2 외국 대학에 비해 경쟁력이 약한 것
3 공립 학교의 역할이 중요한 것
4 '여유 교육'에는 의문이 있는 것

정답 4

해설 A는 부모의 부담이 증가한다는 경제적인 관점에서, B는 학생들의 사회적 자립과 외국과의 경쟁에서 이길 수 있는 인재를 키울 수 있는지에 대한 측면에서 '여유 교육(ゆとり教育)'에 의문을 품고 있다. 답으로는 선택지 4번이 적당하다. 부모들의 경제적 부담이라는 관점에서 부정적이라는 언급은 A만 하고 있으므로 1번은 답이 될 수 없고, 국내 유명 대학도 세계 최고 수준이 아니라고 말하는 것 역시 A에만 해당되므로 2번도 답이 될 수 없다. 공립 학교의 역할에 대해서 말하는 것 역시 A에만 해당되는 이야기이므로 3번도 오답이다.

問題 12 주장 이해

실전문제 정답 및 해설

정답

실전문제 ①　1 4　　2 4　　3 3　　4 3
실전문제 ②　1 1　　2 3　　3 4　　4 2

실전문제 ①

問題12　다음 글을 읽고 다음 질문에 대한 답으로 가장 적당한 것을 1·2·3·4에서 하나 고르세요.　　문제편 312p

　　올해 초부터 저와 ㈜1히카리는 매일 한 시간 보행 훈련을 하고 있습니다. (중략)
　　그에게는 시각 장애도 있고, 달리지 못하고, 발에도 가볍지만 문제가 있습니다. (중략)
　　지적인 장애와는 별개로 성실한 성격인 히카리는 보행 훈련을 하는 동안 이야기를 하지 않습니다. (중략)
　　발을 높이 들지 못하는 히카리는 발이 걸려 잘 넘어지고, ㈜2간질로 작은 발작을 일으키는 일이 있습니다. 후자의 경우 꼭 안아서 지면에 앉힐 수 있으면 그대로 15분 정도 가만히 있습니다. 그 사이 주위에서 말을 거는 일이 있어도 히카리의 머리를 받치고 있는 저는 응답할 수 없습니다. ①그것이 상대를 화나게 하는 일이 몇 번인가 있었습니다.
　　그런데 이번 보행 훈련에서, 제가 그만 머릿속에 산만한 생각에 사로잡혀 있을 때, 널려 있던 돌에 발이 걸려 히카리가 털썩 쓰러진 것입니다. 간질 발작이 아니고 의식이 또렷해서 오히려 깜짝 놀라 당황하고 있었습니다. 자신의 실수를 탓하고 있는 듯 하기도 합니다.
　　제가 할 수 있는 것은, 저보다 훨씬 무거운 히카리의 상체를 안아 일으켜 산책로의 울타리에 기대게 하고, 머리를 부딪히지 않았는지 어떤지 살펴보는 정도인데, 우리 두 사람의 우물쭈물한 움직임은 분명히 불안하게 보였을 것입니다.
　　자전거로 다가온 ㈜3장년의 부인이 뛰어내려서 "괜찮니?"라고 말을 걸며 히카리의 어깨에 손을 댔습니다. 히카리가 가장 바라지 않는 것은 낯선 사람이 몸을 만지는 것과 개가 짖는 것입니다. 이럴 때 저는 제가 거칠고 막된 노인이라는 것을 충분히 인지하며, 잠시 내버려 둬 달라고 강하게 말합니다.
　　②그 분이 분개하며 떠나간 후, 저는 조금 거리를 두고 역시나 자전거를 멈추고 우리 쪽을 가만히 보고 있는 고등학생 같은 소녀를 발견했습니다. 그녀는 주머니에서 휴대 전화를 살짝 보이면서, 그러나 그것을 꺼내는 것이 아니라 살짝 나에게 보이기만 하고 유심히 우리 쪽을 보고 있습니다.
　　히카리가 일어서서, 제가 그 옆을 걸으면서 돌아보니, 소녀는 가볍게 인사를 하고 사뿐히 자전거를 몰고 갔습니다. 나에게 전해진 메시지는, 자신은 여기에서 당신들을 지켜보고 있다. 구급차든 가족이든 연락이 필요하다면 휴대 전화로 돕겠다, 라는 사인이었습니다. 우리가 걷기 시작하는 것을 보고 미소 지은 인사를 잊을 수 없습니다.

프랑스의 철학자 시몬 베유의 "불행한 사람에게 주의 깊게 '어디 불편하세요?'라고 물을 힘을 가지고 있느냐 아니냐에 인간다운 자질이 달려 있다."는 말에 저는 마음이 끌립니다.
(중략)
불행한 사람에 대한 호기심만 왕성한 사회에서, 저는 그 소녀의 주의 깊으면서도 절도 있는 행동에서, 생활에 익숙한 새로운 인간다움을 발견한 느낌입니다. 호기심은 누구에게나 있지만 주의 깊은 눈이 그것을 순화하는 것입니다.

(오에 겐자부로 「주의 깊은 눈빛과 호기심」 『정의집』 아사히문고)

(주1) 히카리: 필자의 장남. 42세. 지적 장애가 있다.
(주2) 간질: 발작을 반복해서 일으키는 뇌 질환. 갑자기 의식을 잃고 쓰러지는 증세
(주3) 장년: 40~50대의 사람

[단어] 歩行訓練 보행 훈련 | 視覚 시각 | 障害 장애 | 軽度 경도, 가벼운 정도 | つまずく 발이 걸려 넘어지다, 좌절하다 | てんかん 간질병 | 発作 발작 | 地面 지면 | 幾度となく 몇 번이고, 수도 없이 | 散漫 산만 | とりつかれる (감정 등이 머리에서) 떠나지 않는다, 사로잡히다 | かえって 도리어, 오히려 | 動転する 놀라서 어찌할 바를 모르다 | 責める 탓하다, 책망하다 | 上体 상체 | 遊歩道路 산책로 | 柵 울타리 | モタモタする 어물쩍거리다, 우물쭈물하다 | 頼りない 믿음직스럽지 못하다 | 飛び降りる 뛰어내리다 | 吠える 짖다 | 粗野 거칠고 촌스러움, 막됨 | 承知 잘 알아들음, 승낙 | ほうって置く 내버려 두다 | 憤慨 분개 | 距離 거리 | 脇 겨드랑이, 곁 | 振り返る 돌아보다 | 会釈 가벼운 인사 | 軽がると 가볍게, 가뿐하게 | 呼びかけ 호소함, 권함 | 微笑する 미소 짓다 | 哲学 철학 | 惹かれる 끌리다, 매료되다 | 節度 절도 | 振る舞い 행동거지 | 見出す 발견하다, 찾아내다 | 純化 순화 | 疾患 질환 | つつしみ深い 신중하다, 조신하다 | 資質 자질

1 ①그것이 상대를 화나게 한다고 하는데 어떤 것인가?

1 필자 아들의 태도가 필자를 화나게 한다.
2 필자 아들의 태도가 말을 건 사람을 화나게 한다.
3 필자의 태도가 필자 아들을 화나게 한다.
4 필자의 태도가 말을 건 사람을 화나게 한다.

[정답] 4

[해설] 「それが相手をムッとさせる 그것이 상대를 화나게 한다」라는 사역 문장의 주어, 즉 필자가 화를 나게 만든 주체와 지시어 「それ 그것」이 가리키는 것을 찾아야 하는 문제이다. 지시어 '그것'은 바로 앞 문장인 '내가 대답을 하지 못하는 것'이며, 이런 내 상태로 인해 화가 나는 주체는 '걱정해서 말을 건 사람'이다. 따라서 선택지 4번이 답으로 적당하다.

2 ②그 분이 분개해서 떠났다고 하는데 그것은 어째서인가?

1 필자의 아들이 부인이 어깨를 만진 것을 책망했기 때문에
2 부인을 향해서 개가 짖었기 때문에
3 부인에게는 필자와 필자 아들의 움직임이 불안하게 보였기 때문에
4 필자가 부인에게 내버려 두라고 강하게 말했기 때문에

[정답] 4

[해설] 밑줄 앞 단락에서 '히카리는 낯선 사람이 몸을 만지는 것과 개가 짖는 것을 원치 않는다'고 말한다. 걱정하며 '괜찮냐'고 물으며 히카리의 어깨에 손을 댄 장년 여인에게 필자가 '잠시 내버려 두라'고 강하게 말해서 장년 여인은 화를 내며 가 버린 것이다. 정답은 선택지 4번이다.

3　소녀의 행동에 대해 문장의 내용과 맞는 것은 어느 것인가?
　　1 소녀는 휴대폰을 사용해서 필자에게 메시지를 보냈다.
　　2 소녀는 구급차를 부르고 필자의 가족에게 연락해 주었다.
　　3 소녀는 두 사람을 주의 깊게 지켜보고 가볍게 인사를 하고 떠나갔다.
　　4 소녀는 휴대폰을 꺼내 필자에게 협력하겠다고 호소했다.

정답　3

해설　「その方が」로 시작하는 단락에서 소녀의 행동을 설명하고 있다. 소녀는 필자에게 휴대폰을 보이고 두 사람을 지켜보다 가볍게 인사를 하고 떠나갔다고 말한다. 정답은 선택지 3번이다. 1번과 4번은 '살짝 나에게 보이기만 하고'라고 하고 있으므로 답이 될 수 없다. '구급차이든 가족이든 연락이 필요하다면 휴대 전화로 협력하겠다'는 태도를 보여 주었을 뿐 실제로 행동에 옮기지는 않았으므로 2번도 오답이다.

4　필자는 소녀에 대해 어떻게 생각하고 있는가?
　　1 소녀의 주의 깊은 눈빛은 호기심에 의해서 순화되었다.
　　2 소녀의 조심성 있는 태도는 마음이 순수한 것을 나타내고 있었다.
　　3 소녀의 태도에는 인간다운 자질의 새로움이 느껴졌다.
　　4 소녀에게는 불행한 인간에 대한 호기심은 조금도 느껴지지 않았다.

정답　3

해설　필자는 '불행한 사람을 주의 깊게 살피고 어떤 괴로움이 있는지를 물을 힘이 인간다운 자질'이라는 시몬 베유의 말을 인용해 자신이 말하고자 하는 바를 전하고 있다. 또한 마지막 단락에서 '불행한 사람에 대한 호기심이 왕성한 사회에서 소녀의 주의 깊고 절도 있는 태도에서 새로운 인간다움을 발견했다'고 다시 한번 자신이 말하고자 하는 바를 정리하고 있다. 선택지 3번이 답으로 적당하다.

실전문제 ②

問題12　다음 글을 읽고 다음 질문에 대한 답으로 가장 적당한 것을 1・2・3・4에서 하나 고르세요.

문제편 315p

　　지금 누구나 교육이 중요하다고 말하고, 확실히 그렇다고 생각합니다만, 막상 구체적인 논의가 되면 그 대부분이 제도의 이야기가 되어 버립니다. 항상 하는 말은 대학 입시 때문에 지금까지 교육이 뒤틀려 있다는 것, 또 그 후의 기업 채용이 문제라는 것입니다. 그리고 입시 과목은 줄어들었습니다. 입시 지옥을 피하기 위해, 동시에, 저출산으로 18세 인구가 감소하는 것을 예측한 대학이 입학 지원자가 줄어드는 것을 우려, 젊은이에게 미움 받지 않도록 과목을 줄였다는 사정도 있는 것 같습니다. 그 결과 생물학을 배우지 않고 의학부나 이공계 생물학이나 바이오테크놀로지 학과에 입학하는 학생이 늘어나, 대학에서 보충 학습을 하는 사태가 되었습니다. 국립 대학 의학부는 생물학을 입시 필수 과목으로 하게 되어 가는 듯한데, 어쨌든 입시 제도가 바뀌어서 좋은 결과가 나왔는지, 아니면 오히려 곤란한 상태가 되었는지에 대한 검토도 별로 하지 않은 채 제도 변경이 반복되고 있습니다.
　　최근에는 (주1)과학기술입국이라는 국가의 방침이 있는 한편, ①젊은이의 이과 기피 현상이 문제가 되고 있습니다. 이것도 한때 경제나 금융이 인기가 많았기 때문에 유행에 민감한 젊은이들이 공학 지식을 (주2)생산 기술이 아니라 직접 경제에 활용하고 싶다는 풍조가 된 것 등 사회적 영향도 크다고 생각합니다. 젊은이들이 지적 호기심을 잃어버린 것은 아니라고 생각하기 때문에, 가격의 역사도 포함해서 사회와의 관계를 전하고 지금 무엇이 중요한가 하는 것을 함께 생각하면서 과학적으로 생각하는 것의 재미와 과학 기술의 중요성이 정확하게 전달되면 유능한 과학자나 기술자는 태어날 것입니다. 생물을 좋아하는 사람이나 생각하는 것을 좋아하는 젊은이와 접할 일이 많은 저는 그렇게 생각하고 있습니다.

그것보다 신경이 쓰이는 것은 ②과학 기술 기피를 한탄하는 어른들의 시대 인식과 젊은이에 대한 기대의 내용입니다. 21세기에 들어, 과학 기술에 거는 기대는 크게 바뀌지 않으면 안 될 것입니다. IT혁명이니 생명 과학 시대니 하는 구호가 들립니다만, 컴퓨터를 사용해서 무엇을 할 것인가, 생명 과학 연구 성과를 의료에 활용했을 때 정말로 인간은 행복해질 수 있는가 하는, 인간 입장에서 본 과학 기술의 존재 방식을 생각하는 것의 중요함을 잊고 있습니다.

(중략)

20세기 후반, 일본은 평화 속에서 경제적으로 풍요롭고 여유 있는 나라를 만들 수 있었습니다. 이렇게 혜택 받은 상태 속에서 우리들은 어떤 인간으로서 살아가면 되는지, 그것을 생각할 여유를 가질 수 있는 행복을 생각하고, 그것을 생각하기 위한 교육이 필요하다고 생각합니다.

(나카무라 게이코 『게놈이 말하는 생명—새로운 지식의 창출』 슈에이샤신쇼)

(주1) 과학기술입국: 과학 기술을 육성하여 그것을 기초로 국가를 발전, 번영시키려고 하는 국가 방침
(주2) 모노즈쿠리: '모노'는 물건, '쓰쿠리'는 제조를 의미하는 말이지만 단순한 생산 활동을 의미한다기보다 정신성이나 역사성을 지닌 고도의 생산 기술을 말한다.

단어 具体的 구체적 | いざ 막상 | 歪む 비뚤어지다, 일그러지다 | 採用 채용 | 地獄 지옥 | 避ける 피하다 | 見越す 예상하다, 예측하다, 내다보다 | 志願 지원 | 理工系 이공계 | 補習 보충 학습 | 必須 필수 | 却って 오히려, 도리어 | 繰り返す 반복하다 | 方針 방침 | 名+離れ ~에게서 멀리 떨어짐, ~에게서 관심·관계가 없어짐 | 金融 금융 | もてはやす 입을 모아 칭찬하다, 인기가 있다 | 敏感 민감 | 風潮 풍조 | 的確 정확, 명확 | 嘆く 한탄하다 | 革命 혁명 | 余裕 여유 | 繁栄 번영 | 維持 유지 | 追求 추구

---

[1] 현재의 대학 입시에 대해 맞는 것은 어느 것인가?

1 수험자 수를 유지하기 위해 입시 과목을 줄인 대학이 있다.
2 기업 채용을 내다보고 입시 수험 과목을 설치하는 대학이 늘었다.
3 생물학을 입학 후에 보충 학습할 수 있도록 함으로써 이과 진학 희망자가 늘었다.
4 저출산 때문에 입학 지원자가 줄어서 의학부 수험 과목이 줄어들었다.

정답 1

해설 첫 번째 단락에서 필자는 대학 입시로 인해 교육이 뒤틀려 있다고 말한다. 그 후 같은 주제의 내용을 첨가하는 접속사 「そして」를 사용해 '저출산으로 인해 지원자가 줄어드는 것을 우려해 젊은이에게 미움 받지 않도록 입시 과목을 줄인 대학이 증가했다'라고 말한다. 따라서 선택지 1번이 정답이다.

[2] ①젊은이의 이과 기피 현상이 문제가 되고 있다고 하는데 필자는 어떻게 생각하는가?

1 젊은이들이 지적 호기심을 잃지 않도록 과학에도 유행을 도입해야 하다.
2 과학과 경제와의 관계성을 명확하게 해서 기술을 직접 사회에 활용할 궁리를 해야 한다.
3 사회와의 관계에 있어서 과학적으로 생각하는 것의 재미나 중요성을 전해야 한다.
4 공학 지식을 물건을 만드는 데 활용하여 젊은이의 지적 호기심을 되찾아야 한다.

정답 3

해설 밑줄 이후에 나오는 「～も大きいと思います ~도 크다고 생각합니다」, 「私は、そう思っています 저는 그렇게 생각합니다」와 같이 필자의 생각을 나타내는 표현에 주목하자. 필자는 젊은이들의 「理系離れ 이과 기피 현상」은 학문을 경제에 직접 활용하려는 사회 풍조의 영향이 있으며, 젊은이들이 지적 호기심을 잃은 것이 아니니, 가격의 역사를 포함해 과학과 사회와의 관계, 과학적으로 생각하는 것의 재미와 과학 기술의 중요성을 제대로 전달해야 한다고 말한다. 따라서 선택지 3번이 답으로 적당하다.

3 ②과학 기술 기피를 한탄하는 어른들에 대해 필자는 어떻게 말하고 있는가?

1 21세기에 기대되는 과학 기술로서 IT나 생명 과학의 연구를 추진해야 한다.
2 시대 인식을 고치고 컴퓨터를 이용해서 진정한 행복을 추구해야 한다.
3 생명 과학을 의료에 활용해서 인간을 행복하게 하기 위한 과학 기술을 연구해야 한다.
4 지금 과학 기술에 기대하고 있는 것, 그 존재 방식을 인간의 입장에서 생각해야 한다.

정답 **4**

해설 밑줄 다음 문장에서 필자는 '과학 기술에 거는 기대도 바뀌어야 한다'고 말하고 IT혁명이나 생명 과학의 시대와 같은 일시적 유행과 관계 없이, 그 연구로 인해 '인간은 정말로 행복해질 수 있는가?'와 같이 '인간의 입장에서 본 과학 기술의 존재 방식을 생각하는 것이 중요하다'고 한다. 따라서 정답은 선택지 4번이다.

4 필자의 생각과 맞는 것은 어느 것인가?

1 평화롭고 풍요로운 사회 속에서 인간은 어떤 존재여야 하는지 생각하는 행복을 느낄 필요가 있다.
2 평화롭고 풍요로운 사회 속에서 인간은 어떤 존재여야 하는지 생각하기 위한 교육이 필요하다.
3 혜택 받은 환경에서 평화롭게 지내는 인간에게 주어진 행복을 실감하기 위한 교육이 필요하다.
4 혜택 받은 환경에서 평화롭게 지내는 인간에게 있어서 진정한 행복이란 무엇인가 생각하기 위한 교육이 필요하다.

정답 **2**

해설 가장 마지막 문장의 「～が必要だと思います ～이 필요하다고 생각합니다」는 필자가 말하고자 하는 바를 직접 언급할 때 사용하는 표현이다. 필자는 '21세기 후반이라는 혜택 받은 환경 속에서 어떤 인간으로 살아가면 되는지 생각할 여유가 있다는 것을 행복하게 느끼고, 이를 생각하기 위한 교육이 필요하다'고 말한다. 따라서 선택지 2번이 답으로 적당하다.

問題 13 정보 검색

실전문제 정답 및 해설

정답

실전문제 ①   1   4   2   1
실전문제 ②   1   1   2   1

실전문제 ①

問題13 오른쪽 페이지는 어떤 지방 자치 단체의 지역 자원을 활용한 사업 계획 모집 안내입니다. 다음 질문에 대한 답으로서 가장 적당한 것을 1・2・3・4에서 하나 고르세요.

　　　　　　　　　　　　　　　　　　　　　　　문제편 318p

1 다음 4개 그룹 중 응모 가능한 것은 어느 것인가?
  1 A그룹: 전통 공예품 제작자 한 곳과 관광업자 한 곳인 그룹
  2 B그룹: 쌀 생산자 한 곳과 야채 생산자 두 곳인 그룹
  3 C그룹: 해산물 판매업자 세 곳인 그룹
  4 D그룹: 가구 제작업자 한 곳과 가구 유통업자 한 곳, 가구 판매업자 한 곳인 그룹

정답 4
해설 응모 조건은 '❷대상'의 (1)~(3)의 조건에 맞는 '지역 자원 생산자와 서비스 제공자가 연계하고, 양자 중 한쪽은 복수'일 것이다. 따라서 생산자(가구 제작업자)와 서비스 제공자(가구 유통업자, 가구 판매업자)가 모두 포함되어 있고, 이 중 서비스 제공자가 복수인 선택지 4번이 정답이다. 1번은 생산자와 서비스 제공자가 모두 복수가 아니므로 답이 될 수 없고, 2번은 서비스업자가, 3번은 생산자가 없어서 오답이다.

2 다음 네 가지 기획 중 사업 인정 요건에 맞는 것은 어느 것인가?
  1 과거에 응모했지만 당선되지 않고 이번에 새롭게 개발한 마루야마시 향토 요리의 상품화
  2 마루야마시 축제를 소재로 한 영화 제작으로 문화청으로부터의 조성이 결정되어 있는 것
  3 마루야마시와 관계가 있는 일본 각지, 세계 각지의 특산물이나 공예품을 다루는 판매점의 개설
  4 마루야마시에 인접하고 세계 자연 유산으로서 유명한 시라카미 산지로 향하는 관광 여행 상품의 개발

정답 1
해설 사업 인정 요건은 '・국내외 관광객을 대상으로 한 새로운 상품 또는 서비스이며 지역 자원을 유효하게 활용할 것, ・마루야마시만의 것으로 국내외 홍보에 기여할 것, ・다른 조성금을 받지 않고 독자적인 것'일 것이다. 따라서 선택지 1번이 정답이다.

오모테나시(환대) 창출 사업(지역 자원 활용 지원 사업비 보조금) 모집에 대해

1 목적

지역 자원 생산자와 여관·호텔·음식점·판매점 등 서비스 제공자가 연계하여 실시하는, 지역 자원을 활용한 새로운 상품 또는 서비스 개발에 관한 사업 계획을 모집합니다.

2 대상

이하 (1)~(3)의 지역 자원을 활용한 새로운 상품·서비스 개발을 실시하는 지역 자원 생산자 및 서비스 제공자 세 곳 이상이 연계하는 그룹으로, 사업 인정을 받은 자.

세 곳 이상이 연계하는 그룹이란, 반드시 지역 자원 생산자와 서비스 제공자가 연계하고 동시에 둘 중 어느 한 쪽이 복수일 필요가 있습니다. 또한 협동조합 등 복수의 사업자로 구성된 단체는 복수로 간주합니다.

(1) 전통 공예품 (58품목 69건)
(2) 지역 산업자원 466항목 (농림수산물 84항목, 광공업품 89항목, 관광 자원 293항목)
(3) 지역 생산품

3 인정 사업자 또는 인정 그룹에 대한 지원

지역 자원 활용 지원 사업비 보조금을 교부한다.

(1) 보조 한도액: 200만 엔
(2) 보조율: 2분 1 이내
(3) 보조 대상 경비: 상품·서비스 개발에 필요한 경비, 광고 선전비 등

※ 상세 내용은 지역 자원 활용 지원 사업비 보조금 안내서를 보십시오.

4 모집 기간: 7월 20일~9월 3일

5 신청 방법

신청 양식을 다운로드 하여 기입한 후, 공업진흥과에 지참 또는 우송(필착)해 주세요.

사업 계획 내용 등에 대한 상담은 수시 접수하오니 부담 없이 문의해 주세요.

홈페이지 http://www.maruyamacity.jp/f02/chiikishigenkatsuyoushien.html

6 인정 사업자 등의 전형

- 국내외에서 관광객 등을 대상으로 한 새로운 상품 또는 서비스이며 지역 자원 특성 등을 유효하게 활용하고 있을 것.
- '마루야마시만의'의 환대로서 국내, 국외를 대상으로 널리 PR에 기여하는 것일 것.
- 다른 조성·보조금을 받고 있지 않으며 독자적인 것일 것.

문의처 마루야마시 산업노동 관광부 공업진흥과 지역 산업 담당
TEL : 028-623-3939 FAX : 028-623-3945

[단어] 工芸 공예 | 流通 유통 | 認定 인정, 인증 | 当選 당선 | 郷土 향토 | 助成 조성, 사업이나 연구의 완성을 도움 | 隣接 인접 | おもてなし 대접, 환대 | 創出 창출 | 資源 자원 | 補助 보조 | 旅館 여관 | 飲食 음식 | 提供 제공 | 連携 연계 | 募集 모집 | 及び ~및 | 協同組合 협동조합 | 団体 단체 | みなす 가정하다, 간주하다 | 農林水産 농림수산 | 鉱工業 광공업 | 地場 그 지방, 본고장 | 交付 교부 | 限度額 한도 금액 | 経費 경비 | 手引き 안내, 입문 | 様式 양식 | 工業振興課 공업진흥과 | 持参 지참 | 郵送 우편 배송 | 必着 (우편물 등이 정해진 기일까지) 틀림없이 도착함 | 随時 수시, 상시 | 選考 전형 | ~ならでは ~이 아니고는, ~이 아니면 안 되는 | 寄与 기여 | 担当 담당

실전문제 ②

問題13 이나카와시에서는 시내의 하천에 관련된 자원봉사자를 모집하고 있습니다. 오른쪽의 공지를 읽고, 다음 질문에 대한 답으로 가장 적당한 것을 1·2·3·4에서 하나 고르세요.

문제편 320p

1 호세 씨는 일 년에 걸쳐 강변 청소를 하는 자원봉사에 참가하고 싶다고 생각하고 있다. 참가하기 위해서 해야 하는 것은 무엇인가?

1 3월 4일까지 신청하고 3월 5일이나 6일 설명회에 참가한다.
2 3월 5일까지 신청하고 3월 5일이나 6일 설명회에 참가한다.
3 3월 11일까지 신청하고 3월 12일이나 13일 설명회에 참가한다.
4 3월 12일까지 신청하고 3월 12일이나 13일 설명회에 참가한다.

정답 1

해설 「年間を通じて 일 년에 걸쳐, 연중(일 년 내내)」로 활동할 수 있는 것은 자원봉사 ①이며, 자원봉사 ①의 마감은 설명회 첫날(3월 5일)의 전날까지이므로 3월 4일까지 신청해야 한다. 또한 자원봉사 설명회 항목을 보면 자원봉사 ①과 ②는 설명회 참가가 필수이므로 선택지 1번이 정답이다.

2 돈 씨는 자원봉사 ②에 참가하고 또 자원봉사 ③의 불꽃놀이 자원봉사에도 참가할 생각이다. 그 경우 불꽃놀이 당일에 해야 할 일은 다음 중 어느 것인가?

1 이벤트가 시작되기 1시간 반 전에 회장에 간다.
2 이벤트가 시작되기 1시간 전에 은행 통장을 지참해서 간다.
3 이벤트가 시작되기 1시간 반 전에 은행 통장을 지참해서 간다.
4 이벤트가 시작되기 1시간 반 전에 인감을 지참해서 간다.

정답 1

해설 불꽃놀이는 자원봉사 ③에 해당한다. 자원봉사 ③은 이벤트 개시 한 시간 반 전까지 집합해야 하므로 2번은 오답이다. 돈 씨는 자원봉사 ②에도 참가할 예정이며, 자원봉사 ①이나 ②와 함께 ③에도 참가할 경우 협력금은 월말에 계좌 이체되므로 따로 지참할 물건은 없다. 따라서 선택지 1번이 정답이다.

이나카와 강변 자원봉사 모집

● 이나카와 강변 청소 및 이벤트 개최 시의 자원봉사를 모집하고 있습니다.

자원봉사 ①	・강변과 그 주변 청소 작업을 합니다.
	활동 기간/일시: 연중/매월 둘째·넷째 주 토요일
자원봉사 ②	・강변에 병설된 운동장 청소 작업을 합니다.
	활동 기간/일시: 하계 4월~10월/매월 첫째 주 토요일
자원봉사 ③	・강변에서 실시되는 이벤트(여름 축제, 불꽃놀이, 물놀이) 시에, 회장 설치와 교통정리를 합니다.
	활동 일시 : 7월 31일 **여름 축제**, 8월 14일 **불꽃놀이**, 8월 28일 **물놀이** 각 이벤트 당일 개시부터 정리까지 (각 회장에 개시 한 시간 반 전에 집합)

● 자원봉사 설명회 (장소: 시청 2층 다목적실)

자원봉사 ①: 3월 5일(금), 6일(토) 13:00~14:00

자원봉사 ②: 3월 12일(금), 13일(토) 13:00~14:00

※①, ②는 반드시 하루 참가해 주세요. 자원봉사 ③: 불필요

● 신청 방법

인터넷 또는 토목과 창구로 직접 와 주세요.

※①, ②에 참가하시는 분은 설명회 날에 협력금 이체를 받으실 금융 기관의 통장 사본을 지참해 주세요.

● 마감

자원봉사 ①, ②: 설명회 첫날 전날까지

자원봉사 ③: 각 이벤트의 2주 전까지

● 협력금

자원봉사 ①, ②: 1일 500엔

자원봉사 ③: 1일 1,000엔

※①, ②에 참가하시는 분은, 월말에 지정 계좌로 이체됩니다.

　③에 참가하시는 분은, 당일에 지불하오니, 인감을 지참해 주세요.

※① 또는 ②에 참가하시는 분이 ③에도 참가하실 경우, 비용은 일괄해서 월말에 은행 이체됩니다.

이나카와시　토목과

전화: 03-5629-1098　e-mail: i-doboku@inagawa.com

단어 清掃 청소 | 通帳 통장 | 開催 개최 | 河原 강가, 강변 | 周辺 주변 | 作業 작업 | 通年 연중, 일 년 내내 | 併設 병설 | 夏季 하계 | 交通整理 교통정리 | 当日 당일 | 不要 불필요(함) | 土木課 토목과 | 窓口 창구 | 初日 첫날 | 指定 지정 | 振込 이체 | 印鑑 인감, 도장 | 一括 일괄, 한꺼번에

MEMO

Part 4

JLPT N1

Part 4

청해

問題 1 과제 이해

연습문제 정답 및 해설

정답

연습문제 ①   **1** 3   **2** 4   **3** 2
연습문제 ②   **1** 2   **2** 3   **3** 1

연습문제 ①

問題 1   문제 1에서는 먼저 질문을 들으세요. 그리고 이야기를 듣고 문제지의 1에서 4 중에서 가장 적당한 것을 하나 고르세요.

1   🎧 015   문제편 339p

会社で男の人と女の人が話しています。女の人はこのあとすぐ何をしますか。

男　もしもし、山内さん？佐藤です。今、岩田産業さんから機械が止まったって連絡が入ってね。
女　こちらにも岩田産業さんからすぐ修理に来てくれって電話がありました。
男　実は今、森山駅だから、ちょっと遠いんだよね。
女　ああ、ちょっとかかりますね。
男　そうなんだよ。でね、野口さん、会社にいるかな。行けそうだったら、お願いしてみてくれないかな。
女　はい、聞いてみます。では、折り返しお電話します。
男　お願い。

女の人はこのあとすぐ何をしますか。
1　機械の修理に行く
2　定期点検に行く
3　野口さんの都合を聞く
4　佐藤さんに電話をする

회사에서 남자와 여자가 이야기하고 있습니다. 여자는 이 다음에 바로 무엇을 합니까?

남　여보세요, 야마우치 씨? 사토입니다. 지금 이와타 산업에서 기계가 멈췄다는 연락이 왔는데요.
여　이쪽에도 이와타 산업에서 바로 수리하러 와 달라는 전화가 있었습니다.
남　실은 지금 모리야마역이라서 좀 멀어.
여　아, 시간이 좀 걸리겠네요.
남　그렇다니까. 그래서 말인데, 노구치 씨가 회사에 있을까? 갈 수 있을 것 같으면 부탁해 봐 주지 않겠어?
여　네, 물어 볼게요. 그럼 다시 전화를 드리겠습니다.
남　부탁할게.

여자는 이 다음에 바로 무엇을 합니까?
1　기계를 수리하러 간다
2　정기 점검을 하러 간다
3　노구치 씨의 상황을 묻는다
4　사토 씨에게 전화를 한다

정답 3

단어 産業 산업 | 機械 기계 | 修理 수리 | 折り返し (대답·답장 등을) 지체 없이, 곧바로 | 点検 점검 | 都合 상황, 형편

해설 남자는 여자에게 자신은 멀리 있어서 이와타 산업에 수리하러 갈 수 없으니 같은 회사의 노구치 씨에게 대신 가달라는 부탁을 해달라고 지시한다. 이에 여자는 노구치 씨에게 물어본 후에 다시 전화하겠다고 했으므로, 여자가 이후에 바로 할 행동은 노구치 씨에게 이와타 산업에 갈 수 있는 상황인지를 물어보는 것이다.

---

2 🎧 016

문제편 339p

会社で女の人と男の人が話しています。男の人はこのあと何をしますか。

男 山崎先輩、来年のカレンダーの件なんですが、今、ちょっとよろしいですか。

女 ああ、松山さん、まずは業者を2、3選んでくれた?

男 はい、先輩のリストの中から、3つ選びまして、各会社からサンプルももらってあります。ご覧いただけますか。

女 うん、これでいいと思う。じゃ、この中からデザインを選んで、それと並行して、印刷する数量も決めないとね。去年注文した資料はこれね。

男 ありがとうございます。では、さっそく数を確認します。

女 お願い。デザインを決めるときは、先に課長に見せるの忘れないでね。最終的に決めるのは課長だから。

男 はい、それはサンプルが届いてすぐにお渡ししています。

女 そうなの。仕事早いわね。

男の人はこのあと何をしますか。
1 カレンダーの業者を決める
2 サンプルを送ってもらう
3 課長にデザインを見せる
4 注文する数を確認する

회사에서 여자와 남자가 이야기하고 있습니다. 남자는 이 다음에 무엇을 합니까?

남 야마자키 선배님, 내년 캘린더 건인데요. 지금 잠시 괜찮으세요?

여 아, 마츠야마 씨. 우선 업체를 두세 군데 골랐어?

남 네. 선배님의 리스트 중에서 세 군데 골랐고, 각 회사로부터 샘플도 받았습니다. 보시겠습니까?

여 응, 이걸로 됐어. 그럼 이 중에서 디자인을 고르고, 그것과 병행해서 인쇄할 수량도 결정해야 해. 작년 주문한 자료는 이거야.

남 감사합니다. 그럼 바로 수량을 확인하겠습니다.

여 부탁할게. 디자인을 결정할 때에는 먼저 과장님에게 보이는 거 잊지마. 최종적으로 결정하는 건 과장님이니까.

남 네, 그건 샘플이 도착하고 바로 (과장님께) 건네드렸습니다.

여 그래? 일 처리 빠르네.

남자는 이 다음에 무엇을 합니까?
1 캘린더 업체를 결정한다
2 샘플을 받는다
3 과장님에게 디자인을 보인다
4 주문할 수량을 확인한다

정답 4

단어 業者 업자 | サンプル 샘플 | 並行 병행 | 印刷 인쇄 | 資料 자료 | 確認 확인

해설 남자는 캘린더의 디자인과 인쇄 수량을 결정해야 한다. 그러나 디자인의 최종 선택은 과장이 하므로 남자는 인쇄할 수량만 결정하면 된다. 남자의 「さっそく数を確認します 바로 수량을 확인하겠습니다」가 결정적인 힌트이다.

3 🎧 017

会社で課長と女の人が話しています。女の人はこれから何をしますか。

男 陳さん、ちょっといいかな。
女 はい、課長、何でしょうか。
男 この建築基準に関する資料なんだけどね。中国語版がないらしくて、翻訳お願いできないかな。
女 はい、これ全部ですか。
男 全部お願いしたいところなんだけどね。あさっての会議に必要な部分だけ、至急やってもらえると助かるよ。必要なとこはここに書いてあるから。
女 わかりました。
男 展示会用のパンフレットの翻訳もあって大変だと思うんだけど、とりあえず、こっちのほうを先にお願い。パンフレットのほう、大変なようだったら、誰かに手伝ってもらうといいよ。
女 パンフレットのほうもあと少しなんで、締め切りには必ず間に合わせます。
男 じゃ、よろしくね。

女の人はこれから何をしますか。
1 資料を全部翻訳する
2 資料の一部を翻訳する
3 パンフレットを全部翻訳する
4 パンフレットの翻訳をほかの人に頼む

회사에서 과장과 여자가 이야기하고 있습니다. 여자는 이제부터 무엇을 합니까?

남 진 씨, 잠시 괜찮을까?
여 네, 과장님. 무슨 일이신가요?
남 이 건축 기준에 관한 자료 말인데, 중국어판이 없는 듯해서, 번역 부탁할 수 없을까?
여 네, 이거 전부인가요?
남 전부 부탁하고 싶지만 모레 회의에 필요한 부분만 빨리 해주면 고맙겠어. 필요한 부분은 여기에 써 있어.
여 알겠습니다.
남 전시회용 팸플릿 번역도 있어서 힘들 거라고 생각하지만, 우선 이쪽을 먼저 부탁해. 팸플릿 쪽이 힘들 것 같으면 누군가에게 도움받아도 돼.
여 팸플릿 쪽도 조금 남았으니 마감에는 반드시 맞추겠습니다.
남 그럼 부탁할게.

여자는 이제부터 무엇을 합니까?
1 자료를 전부 번역한다
2 자료의 일부를 번역한다
3 팸플릿을 전부 번역한다
4 팸플릿 번역을 다른 사람에게 부탁한다

정답 2

단어 建築 건축 | 基準 기준 | 翻訳 번역 | 至急 지금, 급히 | 展示会 전시회 | パンフレット 팸플릿 | 締め切り 마감 | 間に合う 제 시간에 맞추다

해설 과제 이해 파트의 주요 패턴인 '우선·먼저·지금·바로' 해야 하는 일을 묻는 문제이다. 이 유형의 문제는 순서를 설명하는 부사어나 「~てから ~한 후에」, 「~たら ~하면」 등 동사의 순서 표현, 그리고 시제를 놓치지 않고 듣는 것이 핵심이다. 이 문제는 그 전형적인 패턴으로 여러 가지 해야 할 일을 열거한 후에 「とりあえず 우선」이라는 부사어가 나오면서 답과 연결되는 '해야 하는 일의 순서'가 나온다. 「とりあえず」 이후 남자는 「こっちのほうを先に 이쪽을 먼저」라고 말하므로, 여자는 원래 하던 일이 아닌 「こっち 이쪽」인 남자가 새로 부탁한 자료의 일부를 번역해야 한다.

연습문제 ②

問題 1 문제 1에서는 먼저 질문을 들으세요. 그리고 이야기를 듣고 문제지의 1에서 4 중에서 가장 적당한 것을 하나 고르세요.

1 🎧 018

会社で女の人と男の人が話しています。男の人はこのあと何をしなければなりませんか。

女 おはよう。森山牧場さんの牛乳の商品化、どうなってる?

男 ニーズ調査の結果をもとに作ってみたよ。今回の対象である主婦層が求める安全で質のいい牛乳ができたよ。ただ、最初に決めた値段だけど、どうする? 今はみんな財布のひもが堅いだろう。

女 そうね。でも、家族の健康にかかわることだし、いい牛乳なんだから、商品開発部としては、そのままでいこうよ。まあ、最初の3か月は商品を知ってもらうために、価格を少し下げるのはかまわないけど、それは営業の仕事ね。

男 そうだな。次は、表示ラベルの作成だけど。

女 そっちは任せてもいいかな。試食会の日が迫ってきたから準備しなきゃならなくて。

男 わかった。

男の人はこのあと何をしなければなりませんか。
1 値段を変える
2 表示ラベルを作成する
3 営業部と会議をする
4 試食会の準備をする

회사에서 여자와 남자가 이야기하고 있습니다. 남자는 이 다음에 무엇을 해야만 합니까?

여 안녕. 모리야마 목장 우유의 상품화, 어떻게 되어가고 있어?

남 수요 조사 결과를 토대로 만들어 봤어. 이번 상품의 대상인 주부층이 바라는 안전하고 질 좋은 우유를 만들었어. 다만 맨 처음 결정한 가격 말인데, 어떻게 할까? 요즘은 누구나 돈을 잘 쓰지 않는 분위기잖아.

여 그렇지. 그래도 가족의 건강과 관련된 것이고, 좋은 우유니까, 상품 개발부로서는(입장에서는) 그 가격으로 가자. 뭐, 처음 3개월은 상품을 알리기 위해 가격을 조금 낮추는 것도 괜찮겠지만 그건 영업의 일이지.

남 그렇지. 다음은 표시 라벨 작성인데.

여 그 쪽은 맡겨도 될까? 시식회 날이 다가와서 준비를 해야 하거든.

남 알겠어.

남자는 이 다음에 무엇을 해야만 합니까?
1 가격을 바꾼다
2 표시 라벨을 작성한다
3 영업부와 회의를 한다
4 시식회 준비를 한다

정답 2

단어 牧場 목장 | ニーズ 니즈, 수요 | 調査 조사 | 対象 대상 | 財布のひもが堅い 지갑 끈을 바짝 죄다(돈을 아껴 쓰다) | 開発 개발 | 表示 표시 | ラベル 라벨 | 作成 작성 | 試食会 시식회 | 迫る 다가오다

해설 여자가 상품 개발부 입장에서는 가격 변경 없이 그대로 가자(상품화를 하자)고 말하고 있고 남자도 동조하고 있으므로 선택지 1번은 답이 될 수 없다. 선택지 3번의 영업부와의 회의는 직접적인 언급이 없으며 선택지 4번의 시식회 준비는 남자가 아닌 여자의 일이다. 선택지 2번의 표시 라벨 작성은 남자에게 맡기겠다고 했으므로 2번이 정답이다.

2 🎧 019

会社で男の人と女の人が話しています。女の人はこれから何をしなければなりませんか。

男　次回の会議の日程変更の件、みんなの都合どうだった？
女　はい、時間はそのままで木曜日に変更しました。参加者も問題ないそうです。
男　そう、よかった。報告とか話し合いなんかの会議の進行の時間も知らせてくれたよね。
女　あー、そうですね。会議の日時は伝えたんですが、うっかりしていました。すぐ連絡します。
男　それから、今度報告するのは前田君でしょ。彼初めてだから、準備したものに目を通しといてね。
女　それは修正しましたので、時間内に終わると思います。
男　そう、じゃ、あとよろしくね。

女の人はこれから何をしなければなりませんか。
1　開始時間の変更を連絡する
2　参加者の予定を確認する
3　進行時間を連絡する
4　報告者の原稿を修正する

회사에서 남자와 여자가 이야기하고 있습니다. 여자는 이제부터 무엇을 해야만 합니까?

남　다음 회의 일정 변경 건, 모두 상황은 어땠어?
여　네, (회의) 시간은 그대로이고 목요일로 변경했습니다. 참석자도 문제없다고 합니다.
남　그래, 잘됐네. 보고나 논의 같은 회의 진행 시간도 알렸겠지?
여　아, 그렇네요. 회의 일시는 전했지만 (그쪽은) 깜박했습니다. 바로 연락하겠습니다.
남　그리고 이번에 보고하는 건 마에다 군이지? 그는 처음이니까 준비한 거 한번 훑어봐 둬.
여　그건 수정했기 때문에 시간 내에 끝날 거라고 생각합니다.
남　그래? 그럼 나머지도 잘 부탁해.

여자는 이제부터 무엇을 해야만 합니까?
1　시작 시간 변경을 연락한다
2　참석자의 예정(일정)을 확인한다
3　**진행 시간을 연락한다**
4　보고자의 원고를 수정한다

정답 3

단어 変更 변경 | 報告 보고 | 話し合い 의논, 서로 이야기함 | 進行 진행 | うっかり 무심코, 깜박 | 目を通す 대강 훑어보다 | 修正 수정 | 開始 개시, 시작 | 原稿 원고

해설 선택지를 꼼꼼하게 읽어야 풀 수 있는 유형의 문제이다. 남자는 여자에게 변경된 회의 일시와 진행 시간을 참석자에게 알렸는지 묻는다. 여자는 회의 일시는 알렸지만 진행 시간을 깜박했다고 하며 '바로 연락하겠다'라고 말하므로 여자가 이후에 할 일은 참석자에게 진행 시간을 알리는 것이다. 선택지 1번의 '시작 시간'과 3번의 '진행 시간'을 혼동하지 않도록 주의하자.

3 🎧 020

電話で劇場の係の人と男の人が話しています。男の人はこのあと、何をしなければなりませんか。

男　もしもし、あのう、今日3時からの公演なんですが、まだ席ありますか。

女　お調べいたします。まだ若干ございますが、ただいまですと、インターネットからのご予約になりますが。

男　わかりました。支払いはどうなるのかな。

女　その場合は、クレジットカードのみとなっております。それから、チケットは劇場の窓口でお受け取りください。

男　はい。あのう、電話での予約って今はやってないんですか。

女　お電話でもご予約可能ですが、開演の2時間前までとなっております。その場合はクレジットカード以外に劇場の窓口でもお支払いいただけます。

男　わかりました。ありがとう。

男の人はこのあと、何をしなければなりませんか。
1　インターネットでチケットを予約する
2　劇場でチケットを受け取る
3　もう一度電話をかけてチケットを予約する
4　劇場でチケットの料金を払う

전화로 극장 담당자와 남자가 이야기하고 있습니다. 남자는 이 다음에 무엇을 해야만 합니까?

남　여보세요. 저 오늘 3시부터 하는 공연이요, 아직 자리 있습니까?

여　알아보겠습니다. 아직 약간 있는데요, 지금이라면 인터넷에서 예약해야 합니다.

남　알겠습니다. 지불은 어떻게 하나요?

여　그 경우에는 신용카드만 사용할 수 있습니다. 그리고 티켓은 극장 창구에서 수령해 주세요.

남　네, 저, 전화 예약은 지금은 안 받나요?

여　전화로도 예약 가능하지만 공연 시작 2시간 전까지 입니다. 그 경우에는 신용카드 이외에 극장 창구에서도 지불할 수 있습니다.

남　알겠습니다. 감사합니다.

남자는 이 다음에 무엇을 해야만 합니까?
1　인터넷에서 티켓을 예약한다
2　극장에서 티켓을 수령한다
3　다시 한번 전화를 걸어서 티켓을 예약한다
4　극장에서 티켓 요금을 지불한다

정답 1

단어 劇場 극장 | 係 담당 | 若干 약간 | クレジットカード 신용카드 | 受け取る 수취(수령)하다 | 開演 개연, 공연 시작

해설 마지막 부분에 전화로도 예약이 가능하다고 내용이 나와서 혼란스러울 수 있지만 대화 첫 부분에서 오늘 3시 공연을 '지금이라면 인터넷에서 예약해야 한다'는 여자의 설명으로 보아 남자가 전화를 건 시점은 공연이 2시간도 채 남지 않은 때라는 것을 유추할 수 있다. 따라서 정답은 1번이다.

問題 2 포인트 이해

연습문제 정답 및 해설

정답

연습문제 ①　　1 1　　2 4　　3 4
연습문제 ②　　1 2　　2 2　　3 4

연습문제 ①

問題2　문제2에서는 먼저 질문을 들으세요. 그 후 문제지의 선택지를 읽으세요. 읽을 시간이 있습니다. 그리고 이야기를 듣고 문제지의 1에서 4 중에서 가장 적당한 것을 하나 고르세요.

1　🎧 021

会社で男の人と女の人が話しています。前回の仕事がうまくいかなかった一番の理由は何ですか。

女　村瀬くん、プロジェクト成功おめでとう。

男　どうも。みんなのアドバイスのおかげでなんとか結果が出せたよ。前回だって、いろいろ意見を言ってくれてたのに、僕が耳を貸さなかった。

女　そんなこと。毎日一人で遅くまで会社に残ってがんばってたじゃない。

男　それ、それ。あのときは、一人でやり遂げなきゃって思いが強すぎたよ。だから、それを今回の教訓にしたんだ。

女　そうだったんだね。プロジェクトのメンバーも仕事がやりやすかったって言ってたよ。みんなの意見をよく聞いてくれる、いいリーダーだったって。

男　いや、リーダーシップはまだまだだけど。

女　がんばるのはいいことだけど、周りにも頼ってね。

男　ありがとう。失敗の原因は要するにそこだったって、今ならわかるよ。

회사에서 남자와 여자가 이야기하고 있습니다. 지난번 일이 잘 되지 않았던 가장 큰 이유는 무엇입니까?

여　무라세 군, 프로젝트 성공 축하해.

남　고마워. 모두의 조언 덕분에 그럭저럭 결과를 낼 수 있었어. 지난번에도 여러 가지 의견을 말해 줬는데 내가 귀담아 듣지를 않았어.

여　그렇지 않아. 매일 혼자 늦게까지 회사에 남아서 열심히 했잖아.

남　바로 그거야. 그때는 혼자서 해내야 한다는 생각이 너무 강했어. 그래서 그 점을 이번에 교훈으로 삼았어.

여　그랬구나. 프로젝트 멤버도 함께 일하기 편했다고 했어. 모두의 의견을 잘 들어주는 좋은 리더였대.

남　아냐, 리더십은 아직 멀었지.

여　열심히 하는 것도 좋지만 주위에도 의지하도록 해.

남　고마워. 실패의 원인은 결국 거기에 있었다는 걸, 지금은 알아.

前回の仕事がうまくいかなかった一番の理由は何ですか。
1 すべてを一人でやっていたから
2 リーダーシップがなかったから
3 みんなの意見を聞きすぎたから
4 みんなに頼りすぎたから

지난번 일이 잘 되지 않았던 가장 큰 이유는 무엇입니까?
1 모든 것을 혼자서 했기 때문에
2 리더십이 없었기 때문에
3 모두의 의견을 너무 들었기 때문에
4 모두에게 너무 의지했기 때문에

정답 1

단어 プロジェクト 프로젝트, 사업, 과제 | 耳を貸す 귀를 기울이다 | やり遂げる 완수하다, 끝까지 하다 | 教訓 교훈 | 頼る 의지하다

해설 「耳を貸す 귀를 기울이다」라는 관용구가 문제를 푸는 가장 큰 힌트이다. 남자는 지난번에는 '남의 말을 귀담아 듣지 않아서' 실패했다고 말하며, 그렇게 행동한 이유에 대해 '그때는 혼자서 해내야 한다는 생각이 너무 강했다'고 한다. 따라서 정답은 1번이다. 비슷한 표현인 「耳を澄ます 귀를 기울이다」도 함께 기억해 두자.

---

2 022

マラソン大会の主催者の男性が話しています。今回の大会で変わったのは何ですか。

男 おはようございます。川中市健康ハーフマラソン大会も今年で第10回目を迎えることができました。これもひとえに皆様のおかげと感謝しております。
この大会は全員完走が目標ですので、一般的には制限時間が3時間以内のところ4時間となっています。今年は健康を多面的に考え、太平洋の景色を楽しみながら、走れるコースを選定いたしました。自分のペースで、焦らず楽しんでください。
そして、走ったあとは、この大会の名物にもなっていますお弁当を召し上がってください。今年も地元の食材を使った自信作です。川中市の自慢のグルメの販売も行っておりますので、ぜひのぞいてみてくださいね。
では、健康第一で今年もマイペースで走りましょう！

今回の大会で変わったのは何ですか。
1 時間制限を伸ばした
2 健康がテーマの大会にした
3 お弁当を配ることにした
4 眺めのいいコースにした

마라톤 대회 주최자인 남성이 이야기하고 있습니다. 이번 대회에서 바뀐 것은 무엇입니까?

남 안녕하세요. 가와나카시 건강 하프 마라톤 대회도 올해로 제10회째를 맞이하였습니다. 이건 모두 여러분 덕분이라고 감사하게 생각하고 있습니다.
이 대회는 전원 완주가 목표이므로 일반적인 (마라톤의) 제한 시간은 3시간 이내이지만 (제한 시간을) 4시간으로 합니다. 올해는 건강을 여러 가지 측면에서 생각하여, 태평양의 경치를 즐기면서 달릴 수 있는 코스를 선정하였습니다. 자신의 페이스로 서두르지 말고 (코스를) 즐겨 주십시오.
그리고 달린 후에는 이 대회의 명물이 된 도시락을 드세요. 올해(의 도시락)도 우리 지역의 식자재를 사용한 야심작입니다. 가와나카시의 자랑인 구르메(맛있는 먹거리) 판매도 하고 있으니 꼭 들려 보세요. 그럼 건강을 최우선으로 하여 올해도 마이 페이스로 달립시다!

이번 대회에서 바뀐 것은 무엇입니까?
1 제한 시간을 늘렸다
2 건강이 테마인 대회로 했다
3 도시락을 나눠 주기로 했다
4 전망이 좋은 코스로 했다

정답 4

단어 主催者 주최자 | ひとえに 오로지, 전적으로 | 完走 완주 | 景色 경치 | 選定 선정 | 焦る 초조해 하다 | 名物 명물 | 地元 그 지방(고장) | 食材 식재료 | 自信作 자신있게 만든 작품, 야심작 | 自慢 자랑 | グルメ 미식(가), 맛집, 맛있는 먹거리 | のぞく 엿보다, 들여다보다 | マイペース 자기 나름의 방식(진도) | 伸ばす 펴다, 늘리다 | 眺め 전망

해설 문장의 주어를 놓치지 말자. 제한 시간이 4시간이라고 설명하는 문장의 주어는 「この大会는 이 대회는」이다. 즉 이 대회의 제한 시간은 이번 대회만이 아니라 10회 동안 계속 같았다는 의미이므로 선택지 1번은 답이 될 수 없다. 반면 이번 마라톤 코스를 어떻게 선정하였는지를 설명하는 문장의 주어는 「今年は 올해는」이라는 점을 주목하자. 「今年は」는 주어의 범위를 '올해'로 한정하고 여느 해와는 다르다는 의미를 담고 있으므로 정답은 4번이 된다.

---

3 🎧 023 문제편 342p

衣料メーカーで売り上げを伸ばすための会議をしています。どの案を採用することになりましたか。

女 夏になるとスーツの売り上げが落ちてくるでしょ。その対策なんだけど。

男 スーツのかわりにカジュアルな服が売れるから、全体としてはそんなに落ち込まないでしょ。うちは単価は高いけど、シャツやパンツを組み合わせて買うとお得だから、評判よかったじゃない。

女 でも、毎年セットで売る方法だけじゃ、お客様に飽きられちゃうんじゃない？

男 そうだな。これを見ると、売り上げが伸び悩む時期に下支えをしてくれてるのは、ひいきのお客様だね。

女 そうね。じゃ、よくうちを利用してくれるお客様のための特別販売会をするのはどう？店は7時までだから、その後2時間くらい。

男 人手はどうする？正社員だけじゃ、足りないよ。

女 じゃ、ひいきのお客様にお得に買える商品券を贈るのはどうかな？

男 うちを応援してくれているお客様にお礼の気持ちを直接伝えるのはいいね。それでいこう。

どの案を採用することになりましたか。
1 シャツとパンツをセットで売る
2 閉店後、特別販売会を行う
3 店員を増やして、時間を延ばす
4 お得意さんに商品券を贈る

의류업체에서 매출을 올리기 위한 회의를 하고 있습니다. 어떤 안을 채택하기로 했습니까?

여 여름이 되면 정장 매출이 떨어지잖아? 그 대책 말인데.

남 정장 대신에 캐주얼한 옷이 팔리니까 전체적으로는 그렇게 떨어지지 않을 거야. 우리는 단가는 높지만 셔츠와 바지를 세트로 사면 이득이니까 평판이 좋았잖아.

여 하지만 매년 세트로 파는 방법만으로는 고객이 질리지 않을까?

남 그렇겠지. 이걸 보면 매출이 부진한 시기를 버티게 해 주는 것은 단골 손님이네.

여 그래. 그럼 우리 점포를 자주 이용하는 손님을 위한 특별 판매회를 여는 건 어때? 점포는 7시까지이니까 그 후에 2시간 정도.

남 일손은 어떻게 하고? 정사원만으로는 부족해.

여 그럼 단골 손님에게 저렴하게 구매할 수 있는 상품권을 보내는 건 어떨까?

남 우리를 응원해 주는 고객에게 감사의 마음을 직접 전한다는 건 좋네. 그렇게 하자.

어떤 안을 채택하기로 했습니까?
1 셔츠와 바지를 세트로 판다
2 영업 시간이 끝난 후에 특별 판매회를 한다
3 점원을 늘려서 시간을 연장한다
4 단골 손님에게 상품권을 보낸다

정답 4

단어 衣料メーカー 의류업체 | 売り上げ 매상, 매출 | 採用 채용, 채택 | 対策 대책 | 落ち込む 하강하다, 하락하다 | 単価 단가 | 組み合わせ 조합, 매치 | お得 이득 | 評判 평판 | 伸び悩む (시세·매출 등이) 좀처럼 오르지 않다 | 下支え 지지, 뒷받침 | ひいき 단골 손님 | 人手 일손 | 足りない 부족하다 | 応援 응원 | 閉店 폐점, 가게 문을 닫음 | 延ばす 연장하다 | お得意さん 단골 손님

해설 이 문제의 핵심 힌트이며 두 번이나 언급하는 「ひいき 단골 손님」과 선택지 4번의 「お得意さん」이 같은 뜻이라는 것을 알면 쉽게 풀 수 있는 문제이다. 같은 의미인 「常連(客)」도 함께 기억해 두자.

연습문제 ②

問題2 문제 2에서는 먼저 질문을 들으세요. 그 후 문제지의 선택지를 읽으세요. 읽을 시간이 있습니다. 그리고 이야기를 듣고 문제지의 1에서 4 중에서 가장 적당한 것을 하나 고르세요.

1 🎧 024

社長と新入社員が話しています。社長が新入社員に望むことは何ですか。

女 今日は社長に仕事についてお話を伺いたいと思っています。私たち新入社員は早く会社に貢献したいと思いながら、緊張するばかりで、もどかしく思うことも多いのですが。

男 私も皆さんと同じように毎日プレッシャーと向き合っています。そんなときは楽しむようにしています。そうすると前向きな気持ちで仕事に取り組めますよ。

女 なるほど。今年の新入社員にどのような印象をお持ちですか。

男 優秀な人が多いと思いますが、ただ社内だけでなく、学生時代の友人や違う業種の人たちとつながりを持って視野を広げてもらいたいですね。それが、これからチャレンジをするときに活きてくるので最も大切なことです。

女 チャレンジにはリスクがつきものですが。

男 新入社員には許される失敗も多いです。もちろん、失敗したら上司に報告し、解決策を探り、二度と同じ失敗を繰り返さないことが大切ですが、それがきっと君たちの財産になるはずです。

사장과 신입 사원이 이야기하고 있습니다. 사장이 신입 사원에게 바라는 것은 무엇입니까?

여 오늘은 사장님께 일에 대한 이야기를 들어보려 합니다. 우리 신입 사원들은 빨리 회사에 기여하고 싶다고 생각하면서도 긴장하기만 하고 초조해 할 때도 많은데요.

남 저도 여러분과 마찬가지로 매일 부담감과 마주하고 있습니다. 그럴 때에는 즐기려고 합니다. 그렇게 하면 긍정적인 마음으로 일에 몰두할 수 있습니다.

여 그렇군요. 올해 신입 사원에게 어떠한 인상을 가지고 계십니까?

남 우수한 사람이 많다고 생각합니다. 다만 회사 내에서뿐만 아니라 학창 시절 친구나 다른 직종의 사람들과 관계를 맺으며 시야를 넓혔으면 좋겠어요. 그 점은 앞으로 도전을 할 때 효과가 나타나므로 가장 중요합니다.

여 도전에는 위험이 따릅니다만.

남 신입 사원에게는 허용되는 실수도 많습니다. 물론 실수를 하면 상사에게 보고하고 해결책을 찾아서 두 번 다시 같은 실수를 반복하지 않는 것이 중요합니다만, 그것은 분명 여러분의 재산이 될 것입니다.

社長が新入社員に望むことは何ですか。
1 プレッシャーを楽しむこと
2 多様な分野の人と触れ合うこと
3 チャレンジをすること
4 同じ失敗を繰り返さないこと

사장이 신입 사원에게 바라는 것은 무엇입니까?
1 부담감을 즐기는 것
2 다양한 분야의 사람과 접촉하는 것
3 도전하는 것
4 같은 실수를 반복하지 않는 것

[정답] 2

[단어] 望む 바라다 | 貢献 공헌, 기여 | もどかしい 초조하다, 답답하다 | プレッシャー 중압감, 심리적 압박 | 向き合う 마주하다 | 前向きだ 긍정적이다 | 取り組む 맞붙다, 대처하다, 몰두하다 | 印象 인상 | 優秀 우수 | 業種 업종 | チャレンジ 챌린지, 도전 | 活きる 살다, 효과가 있다 | リスク 리스크, 위험 | 解決策 해결책 | 繰り返す 반복하다 | 触れ合う 만나다, 접촉하다

[해설] 상대방이 '무엇을 해주기를 바란다'라는 뜻을 가진 문장은 보통 「~てほしい」나 「~てもらいたい」로 표현한다. 따라서 남자의 두 번째 대사에서 나오는 「視野を広げてもらいたい 시야를 넓히기 바란다」라는 부분이 정답을 찾는 근거가 된다. 「もちろん 물론」 이후에 나오는 설명은 부차적인 내용이다.

---

2 🎧 025 문제편 343p

スポーツクラブの人が選手に食事についてアドバイスしています。試合の前の日はどんな食事がいいと言っていますか。

男 スポーツ選手にとって、食事はトレーニングと同じくらい大切です。試合前だけでなく、普段からバランスのよい食事をとるようにしてください。そのためには、ご飯やパンなどの主食、魚や肉などの主菜、野菜や海藻などの副菜。それに、くだもの、そして乳製品の5つの食品がかたよらずとれているかチェックしてくださいね。翌日に試合を控えているときは、エネルギーの元になる主食を十分にとることで、試合当日、実力が発揮できるようになります。また、当日は主食といっしょにビタミンCをとってみてください。体調を整える効果があります。試合が複数ある場合は、ゼリーなど消化にいいものを準備しておきましょう。

스포츠 클럽 사람이 선수에게 식사에 대해 조언하고 있습니다. 시합 전날은 어떤 식사가 좋다고 말하고 있습니까?

남 운동선수에게 식사와 훈련은 거의 동일하게 중요합니다. 시합 전뿐만이 아니라 평소에도 균형 있는 식사를 하도록 하세요. 그러려면 밥이나 빵 등의 주식과 생선이나 고기 등의 메인 요리, 채소나 해조류 등의 부수적인 반찬. 그리고 과일과 유제품의 5가지 식품을 골고루 섭취하고 있는지 체크하세요. 다음날 시합을 앞두고 있을 때는, 에너지원이 되는 주식을 충분히 섭취함으로써 시합 당일 실력을 발휘할 수 있게 됩니다. 또한(시합) 당일에는 주식과 함께 비타민 C를 섭취해 보세요. 컨디션을 조절하는 효과가 있습니다. 시합이 여러 번 있을 경우에는 젤리 등 소화에 좋은 음식을 준비해 둡시다.

試合の前の日はどんな食事がいいと言っていますか。
1 5つの食品をバランスよくとる
2 ご飯やパンを十分にとる
3 ご飯やパン、ビタミンCをとる
4 消化のいい食品をとる

시합 전날은 어떤 식사가 좋다고 말하고 있습니까?
1 5가지 식품을 균형 있게 섭취한다
2 밥과 빵을 충분히 섭취한다
3 밥과 빵, 비타민 C를 섭취한다
4 소화에 좋은 식품을 섭취한다

[정답] 2

단어 スポーツクラブ 스포츠 클럽, 헬스장 | トレーニング 트레이닝, 훈련 | バランス 밸런스, 균형 | 主食 주식 | 主菜 주 요리, 메인 요리 | 海藻 해조류, 해초 | 副菜 부수적인 반찬 | 乳製品 유제품 | かたよらず 치우치지 않고 | 控える 대기하다, 앞두다 | 発揮 발휘 | 体調 몸 상태, 컨디션 | 整える 조절하다 | 効果 효과 | 複数 복수, 2개 이상 | ゼリー 젤리 | 消化 소화

해설 문제에서 제시되는 조건을 놓치지 말자. 이 문제는 선수들이 식사를 할 때 주의해야 할 점을 평소와 시합 전 날, 시합 당일로 나누어서 설명하고 있다. 질문에서는 '시합 전날'이라는 조건을 제시하고 있으므로 「翌日に試合を控えているとき 다음날 시합을 앞두고 있을 때」의 뒤에 이어지는 내용, 즉 '주식을 충분히 섭취한다'와 바꿔 쓸 수 있는 표현이 답이 된다. 따라서 정답은 2번이다.

3 🎧 026 문제편 343p

大学で女の学生と男の学生が話しています。女の学生は何に一番怒っていますか。

女 今朝のニュース見た？この町で 33 年も汚水を垂れ流してたって。信じられないわ。
男 それ、見た、見た。健康に影響が出たら、どうするつもりだよ！謝ったからすむって問題じゃないよ。
女 そうよね。「健康には問題はありません」っていうのも、説明になってないわ。どう問題がないのか、説明し責任を果たしてほしいよ。
男 問題なければ、公表しなくてもいいという無責任な態度も許せないな。
女 そう、私はそれが一番腹が立つわ。今後、ほかに問題が起きたときも、同じことをしかねないからね。
男 そう、そう、隠し通せるところまで隠そうって思ったとしか、思えないよね。将来、体に影響が出ることがわかったら、どうするつもりだよ。

女の学生は何に一番怒っていますか。
1 垂れ流しをしていたこと
2 健康に影響があること
3 謝罪をしなかったこと
4 真実を明らかにしなかったこと

대학에서 여학생과 남학생이 이야기하고 있습니다. 여학생은 무엇에 가장 화를 내고 있습니까?

여 오늘 아침 뉴스 봤어? 이 마을에서 33년이나 오염수를 방류했대. 믿을 수가 없어.
남 그 뉴스 봤어. 건강에 영향이 나타나면 어떻게 할 셈이야! 사과한다고 끝날 문제가 아니야.
여 맞아. '건강에는 문제가 없습니다'라는 것도 (제대로 된) 설명이 아니야. 어떻게 문제가 없는지 설명하고 책임을 다했으면 좋겠어.
남 문제가 없으면 공표하지 않아도 된다는 무책임한 태도도 용서할 수 없어.
여 그래. 나는 그게 가장 화가 나. 다음에 다른 문제가 일어났을 때에도 같은 짓을 할 지도 모르니까.
남 맞아, 맞아. 숨길 수 있을 때까지 숨기려고 했다고밖에 생각할 수 없어. 나중에 몸에 영향이 나타난다는 걸 알게 되면 어떻게 할 셈인지.

여학생은 무엇에 가장 화를 내고 있습니까?
1 (오염수를) 방류한 것
2 건강에 영향이 있는 것
3 사죄를 하지 않은 것
4 진실을 밝히지 않았던 것

정답 4

단어 汚水 오염된 물, 오염수 | 垂れ流し 방류 | 果たす 완수하다, 다하다 | 無責任だ 무책임하다 | 腹が立つ 화가 나다 | ます형 + かねない ~할지도 모른다 | 隠し通す 끝까지 숨기다 | 謝罪 사죄 | 真実 진실 | 明らかにする 분명히 하다, 밝히다

해설 문제에서 제시한 「怒る 화내다」와 대화에 나오는 「腹が立つ 화가 나다」가 서로 같은 의미로 사용되었다는 것을 알면 쉽게 풀 수 있는 문제이다. 정답은 4번. 비슷한 표현인 「頭に来る 화가 나서 흥분하다」, 「かっとなる 발끈하다」, 「しゃくに障る 부아가 치밀다, 아니꼽다」, 「むかむかする 화가 치밀어 오르다, 메슥거리다」도 함께 기억해 두자.

問題 3 개요 이해

연습문제 정답 및 해설

정답

연습문제　①4　②3　③1　④4　⑤2　⑥2

연습문제

問題 3 문제3에서는 문제지에 아무것도 인쇄되어 있지 않습니다. 이 문제는 전체적으로 어떤 내용인가를 묻는 문제입니다. 이야기 전에 질문은 없습니다. 우선 이야기를 들으세요. 그리고 질문과 선택지를 듣고 1에서 4 중에서 가장 적당한 것을 하나 고르세요.

문제편 345p

① 027

テレビで男の人が話しています。

男　インターネットの普及により何でも24時間買える世の中になりました。その影響かスーパーの売り上げが年々下がっています。このままだとスーパーは衰退し、将来なくなるかのように見えます。しかし、最近、スーパーは焼きたてのパンや揚げたての天ぷらなど、客に直接販売する強みを活かした商品を展開しています。また、病院など、待ち時間が利用できる場所に出店して、売り上げを伸ばす計画もあります。

男の人は何について話していますか。
1　インターネットの普及について
2　スーパーの売り上げの変化について
3　スーパーの新商品について
4　スーパーの新しいビジネスについて

텔레비전에서 남자가 이야기하고 있습니다.

남　인터넷의 보급으로 인해 무엇이든 24시간 살 수 있는 세상이 되었습니다. 그 영향인지 슈퍼마켓의 매출은 해마다 떨어지고 있습니다. 이대로라면 슈퍼마켓은 쇠퇴하고 장차 없어질 것처럼 보입니다. 그러나 최근 슈퍼마켓에서는 갓 구운 빵이나 갓 튀긴 튀김 등, 손님에게 직접 판매하는 강점을 살린 상품을 전개하고 있습니다. 또한 병원 등 대기 시간을 이용할 수 있는 장소에 점포를 내서 매출을 늘린다는 계획도 있습니다.

남자는 무엇에 대해 이야기하고 있습니까?
1　인터넷 보급에 대해
2　슈퍼마켓의 매출 변화에 대해
3　슈퍼마켓의 신상품에 대해
4　슈퍼마켓의 새로운 사업에 대해

정답 4

단어 売り上げ 매상, 매출 | 普及 보급 | 衰退 쇠퇴 | 焼きたて 갓 구운 | 販売 판매 | 活かす 살리다 | 展開 전개 | 出店 새로 가게를 냄

해설 앞부분에서는 인터넷의 보급으로 쇠퇴하는 슈퍼마켓의 상황을 말하고, 역접 접속사 「しかし」의 뒷부분에서는 현 상황을 극복하기 위한 슈퍼마켓의 새로운 사업을 소개한다. 역접 접속사 「しかし」 이후에 필자의 의도가 나타나는 경우가 많다는 것을 기억해 두자.

2 🎧 028

会社で男の人と女の人が話しています。

男 現在の会議室の利用状況だけど、うまくいってるかな。
女 確実に会議室をおさえておこうと考える人が多くて、予約が取りづらいという声が多いですね。
男 そうか。でも、これ以上会議室を増やすってのもなあ。
女 はい、大会議室を開放して、少人数のミーティングがいつでもできるようにしたばかりですね。ただ、足りないのは会議がキャンセルになっても、予約の取り消しをしてくれない人が多いことが原因かと。
男 何度も社員に通知してるのに、まだ改善されないのか。じゃ、例えば、予約した時間の連絡をするようなシステムを探してみよう。外の会議室を利用するのはどうかと思ったが、そっちが先だな。

男の人はどうすることにしましたか。
1 会議室を増やす
2 外の会議室を借りる
3 予約方法を変える
4 会議の方法を変える

회사에서 남자와 여자가 이야기하고 있습니다.

남 현재 회의실 이용 상황 말인데, 잘 되고 있어?
여 확실하게 회의실을 확보해 놓으려는 사람이 많아서 예약하기가 힘들다는 목소리가 많아요.
남 그런가. 하지만 이 이상 회의실을 늘리는 것도 좀.
여 네, 대회의실을 개방해서 적은 인원수의 미팅이 언제라도 가능하도록 한 지도 얼마 안 되었고요. 다만 (회의실) 부족한 것은 회의가 취소되어도 예약을 취소하지 않는 사람들이 많은 게 원인이 아닌가 싶어요.
남 몇 번이나 (그 점을) 사원에게 통지했는데 아직도 개선되지 않은 건가. 그럼, 예를 들어 예약한 시간을 (예약자에게) 연락하는 시스템 같은 것을 찾아 보자. 외부 회의실을 이용하는 것은 어떨까 생각했는데, 그쪽이 먼저겠네.

남자는 어떻게 하기로 했습니까?
1 회의실을 늘린다
2 외부 회의실을 빌린다
3 예약 방법을 바꾼다
4 회의 방법을 바꾼다

정답 3

단어 状況 상황 | うまくいく 잘 되다 | 確実に 확실히 | おさえる 누르다, 확보하다 | 開放 개방 | ミーティング 미팅, 회의 | キャンセル 캔슬, 취소 | 取り消し 취소 | 通知 통지, 알림 | 改善 개선 | システム 시스템

해설 여자는 두 번째 대사 「ただ」 이후에 이어지는 내용에서 '회의실이 부족한 원인이 회의가 취소되어도 예약을 취소하지 않는 사람들이 많아서'라고 말한다. 이에 남자는 '그럼 예약한 시간에 예약자에게 연락을 하는 시스템을 찾아 보자'고 한다. 남자의 말을 다르게 표현한 선택지 3번의 '예약 방법을 바꾼다'가 답으로 적당하다.

3 🎧 029

テレビの健康番組で先生が話しています。

女　毎年夏になると熱中症の被害が報告されます。特に最近は高齢の患者が多くなっています。よく若い人に比べてお年寄りの方が我慢強いから、エアコンもつけなかったり、水分をとらないためだという人がいますが、本当でしょうか。実際は高齢者は身体機能が弱っているために気温の変化を察知しにくくなっています。暑いと感じないからエアコンをつけない。夜中にトイレに行くのが面倒だから水を飲まないのです。つまり本人より周りの人の配慮でこのような事故は防げると思います。

先生は何について話していますか。
1 **高齢者の熱中症を防ぐ方法について**
2 高齢者の身体機能について
3 熱中症患者の年齢別対策について
4 熱中症の原因について

텔레비전의 건강 프로그램에서 선생님이 이야기하고 있습니다

여　매년 여름이 되면 열사병 피해가 보고됩니다. 특히 최근에는 고령 환자가 늘어나고 있습니다. 흔히 젊은 사람에 비해 노인 쪽이 참을성이 강하기 때문에 에어컨도 켜지 않거나 수분을 섭취하지 않아서 (열사병에 걸린다)라고 하는 사람이 있습니다만, 정말 그럴까요? 사실 고령자는 신체 기능이 약해져 있기 때문에 기온 변화를 알기 어렵습니다. 덥다고 느끼지 않기 때문에 에어컨을 켜지 않는다, 한밤중에 화장실에 가는 것이 귀찮으니 물을 마시지 않는다, 라는 것입니다. 즉 본인보다 주위 사람의 배려로 이러한 사고는 막을 수 있다고 생각합니다.

선생님은 무엇에 대해 이야기하고 있습니까?
1 **고령자의 열사병을 방지하는 방법에 대해**
2 고령자의 신체 기능에 대해
3 열사병 환자의 연령별 대책에 대해
4 열사병의 원인에 대해

정답 1

단어 番組 프로그램 | 熱中症 열사병 | 高齢 고령 | 患者 환자 | 我慢強い 참을성이 강하다 | 機能 기능 | 察知 헤아려 앎, 감지 | 配慮 배려 | 防ぐ 방지하다

해설 문제 제기 후에 나오는 「本当でしょうか？ 정말 그럴까요?」는 보통 '사실은 그렇지 않다'는 이야기를 하려는 신호이므로 뒷부분에 주의하며 들어야 한다. 이야기의 흐름을 보면 '여름에 고령자 열사병이 많은 이유는 노인이 참을성이 강하기 때문 → 本当でしょうか？ → 고령자는 신체 기능이 약해서 기온 변화를 알기 어려우므로 주위에서 신경을 써야 한다'로 이어지고 있다. 따라서 답으로 가장 적당한 것은 선택지 1번이다.

---

4 🎧 030

福山町の職員が話しています。

男　福山町では、市民と協力して町の活性化に取り組んでおります。先日の調査では居住環境について10年前とあまり変わらないと回答した人が約6割でした。ただ、これは現実に満足しているという意見であって、将来像でも商業施設の誘致より、自然環境に恵まれたこの地域の特性をそのまま保存した町であってほしいと考える人の割合が高くなっています。これは高齢者の割合が増えた

후쿠야마초의 직원이 이야기하고 있습니다.

남　후쿠야마초는 시민과 협력하여 마을 활성화에 임하고 있습니다. 얼마 전 조사에서는 거주 환경에 대해 10년 전과 별로 달라진 것이 없다고 응답한 사람이 약 60퍼센트였습니다. 단, 이것은 현실에 만족하고 있다는 의견이며 장래 (마을의) 모습도 상업 시설을 유치하기보다 자연환경이 풍부한 이 지역의 특성을 그대로 보존한 마을이기를 바란다고 생각하는 사람의 비율이 높았습니다. 이것은 고령자의 비율이 증가한 것과도 관계가

ことととも関係しています。そこで来年度は、地域の高齢者の快適な生活環境を実現するため、まず道路の段差解消やベンチや休憩場所の整備、生涯学習や文化活動の機会の充実を進めてまいります。

職員は何について話していますか。
1 町の居住環境の変化について
2 現在の町の問題点について
3 市民が望む町の将来像について
4 優先して行う町の計画について

있습니다. 그래서 내년도에는 지역 고령자의 쾌적한 생활 환경을 실현하기 위하여 우선 도로의 단차 해소와 벤치나 휴게 장소의 정비, 평생 학습과 문화 활동의 기회 확충을 추진해 가도록 하겠습니다.

직원은 무엇에 대해 이야기하고 있습니까?
1 마을의 거주 환경의 변화에 대해
2 현재 마을의 문제점에 대해
3 시민이 바라는 마을의 장래 모습에 대해
4 우선해서 실행할 마을의 계획에 대해

[정답] 4

[단어] 活性化 활성화 | 居住 거주 | 回答 회답, 대답 | 施設 시설 | 誘致 유치 | 恵まれる 풍족하다 | 地域 지역 | 保存 보존 | 割合 비율 | 快適だ 쾌적하다 | 段差解消 단차 해소 | ベンチ 벤치 | 休憩 휴게 | 整備 정비 | 生涯 생애, 평생 | 充実 충실

[해설] 글의 앞부분에서 조사 결과가 나타내는 의미를 설명한 후에 접속사 「そこで 그래서」 이후에 '내년도에는 어떤 일들을 추진해 나갈 것인지'를 설명하고 있다. 접속사 「そこで」는 앞 문장에서 상황의 설명이나 문제점을 제시하고, 「そこで」 이후에는 '~하고 싶다, ~했으면 좋겠다, ~하면 어떨까'라는 의지나 제안의 내용이 나온다. 접속사 뒷부분에는 주로 중요한 내용이 나온다는 점을 꼭 기억하자.

---

5 🎧 031

大学の職員と女の人が話しています。

女 みんながいっしょに使える自転車、シェアサイクルを大学で始められたということですが。
男 ええ、この春から、大学内で使えるようにしました。自分の自転車を後輩のためにと思っているのかそのままにしておく卒業生もいましたね。
女 ああ、放置自転車ですね。駅前の駐輪場などでも問題になっていますね。
男 ええ。それだけじゃなくて、自転車の盗難も多くて、せっかく買ったのに盗まれてしまったという相談も後を絶たなかったんです。それで、どうしたものかと思っていたところへ。
女 ええ。
男 ちょうどシェアサイクルの会社を卒業生が立ち上げたので、利用してくれないかって話がありましてね。

대학의 직원과 여자가 이야기하고 있습니다.

여 모두가 함께 사용할 수 있는 자전거, 셰어 사이클을 대학에서 시작했다고 하는데요.
남 네. 올 봄부터 대학 내에서 사용할 수 있도록 했습니다. 자신의 자전거를 후배를 위해서라고 생각했는지 그대로 두고 가는 졸업생도 있고요.
여 아, 방치 자전거 말이군요. 역 앞 자전거 보관소 등에서도 문제가 되고 있지요.
남 네. 그뿐만 아니라 자전거 도난도 많아서 모처럼 자전거를 샀는데 도둑맞았다고 하는 상담도 끊이지가 않았어요. 그래서 어떻게 할까 하던 참에.
여 네.
남 마침 셰어 사이클 회사를 졸업생이 세웠으니 이용해 줄 수 있냐는 이야기가 있었고요.

女 卒業生の方が起業したんですか。
男 初期投資も予算内でしたから、これで解決するならと。
女 そうですか。学生さんの反応はいかがですか。
男 料金は15分20円と安いので、今のところ学生にも好評です。

二人は何について話していますか。
1 大学のシェアサイクルの問題点について
2 大学でシェアサイクルを導入したきっかけについて
3 大学の自転車利用のマナーについて
4 大学での自転車の盗難を減らす取り組みについて

여 졸업생 분이 회사를 세웠군요.
남 초기 투자금도 예산 내어서 '이걸로 해결될 수 있다면' 하는 생각에.
여 그렇습니까. 학생들의 반응은 어떤가요?
남 (이용) 요금은 15분에 20엔으로 저렴해서 현재 학생에게도 호평입니다.

두 사람은 무엇에 대해 이야기하고 있습니까?
1 대학 셰어 사이클의 문제점에 대해
2 대학에서 셰어 사이클을 도입한 계기에 대해
3 대학의 자전거 이용 매너에 대해
4 대학에서의 자전거 도난을 줄이는 대책에 대해

정답 2

단어 シェアサイクル 셰어 사이클 (공용 자전거 시스템) | 後輩 후배 | 放置 방치 | 駐輪場 자전거를 세워두는 곳 | 盗難 도난 | 後を絶たない 끊이지 않다 | 立ち上げる 세우다, 설립하다 | 起業 회사를 세움, 창업 | 解決 해결 | 好評 호평 | 導入 도입 | 取り組み 대응, 대책

해설 최근 이슈인 시사 용어를 폭넓게 알아 두면 도움이 된다. 문제에 나오는 「シェアサイクル」라는 용어를 알면 어렵지 않게 풀 수 있는 문제이다. 「カーシェアリング 자동차 공용 시스템」, 「シェアハウス 공용 주택」, 「シェアオフィス 공용 사무실」 등도 함께 기억해 두자.

---

6 🎧 032

テレビで女の人が話しています。
女 歴史的な建造物を守ることは、歴史的価値とその地域の住民の精神や文化を守ることでもあります。しかし、すべての古い建物を文化財にするには経費の面から考えると難しいため、保存ではなく活用という動きが生まれました。例えば、こちらの建物は、博物館やレストランに利用することによって維持費の削減ができています。そして、建物内の活用はその地域の観光資源になり地域経済を活性化する働きもあるのです。

女の人は何について話していますか。
1 歴史的な建物の保存について
2 歴史的な建物の活用について
3 歴史的な建物の経費について
4 歴史的な建物の価値について

텔레비전에서 여자가 이야기하고 있습니다.

여 역사적인 건축물을 지키는 것은 역사적 가치와 그 지역 주민의 정신과 문화를 지키는 일이기도 합니다. 그러나 모든 오래된 건물을 문화재로 정하는 것은 경비 면에서 생각하면 어렵기 때문에 보존이 아닌 활용이라는 움직임이 생겨났습니다. 예를 들면 이 건물은 박물관이나 레스토랑으로 이용함으로써 유지비 절감이 가능했습니다. 그리고 건물 내부의 활용은 지역 관광 자원이 되어 지역 경제를 활성화시키는 작용도 있습니다.

여자는 무엇에 대해 이야기하고 있습니까?
1 역사적인 건물의 보존에 대해
2 역사적인 건물의 활용에 대해
3 역사적인 건물의 경비에 대해
4 역사적인 건물의 가치에 대해

정답 2

단어 建造物(けんぞうぶつ) 건축물 | 価値(かち) 가치 | 精神(せいしん) 정신 | 文化財(ぶんかざい) 문화재 | 経費(けいひ) 경비, 필요 비용 | 博物館(はくぶつかん) 박물관 | 維持費(いじひ) 유지비 | 削減(さくげん) 삭감, 절감 | 観光資源(かんこうしげん) 관광 자원

해설 첫 번째 문장에서 역사적인 건물을 지키는 의미를 설명한 후, 역접 접속사 「しかし」로 연결되는 두 번째 문장부터는 역사적인 건물을 보존이 아니라 활용하자는 움직임에 대해 설명한다. 「例(たと)えば 예를 들면」으로 시작하는 세 번째 문장은 역사적인 건물을 활용하는 구체적인 방법을 예시를 통해 설명하고 있으므로 두 번째 문장의 부연 설명이 된다. 따라서 정답은 2번이다. 역접 접속사 이후에 말하고자 하는 핵심 내용이 나온다는 사실을 잊지 말자.

問題 4 즉시 응답

연습문제 정답 및 해설

정답

연습문제 　　1 1　　2 1　　3 2　　4 3　　5 1　　6 2　　7 3
　　　　　　8 2　　9 2　　10 2　　11 1　　12 1　　13 3　　14 2

연습문제

問題 4　문제 4에서는 문제지에 아무것도 인쇄되어 있지 않습니다. 먼저 문장을 들으세요. 그리고 그것에 대한 대답을 듣고 1에서 3 중에서 가장 적당한 것을 하나 고르세요.

문제편 347p

1　🎧 033

女　あのラーメンの店、来月いっぱいで店閉めるんだって。
男　1　昨日行ったけど、そんなこと言ってなかったよ。
　　2　ええっ、来月一月も！ 休み、ちょっと長すぎない？
　　3　そう、そう。店を畳むのはやめるらしいね。

여　저 라멘집 다음 달 말에 가게 폐점한대.
남　1　어제 갔는데 그런 말 없었는데.
　　2　뭐? 다음 달 한 달이나! 휴일이 너무 길지 않아?
　　3　맞아, 맞아. 가게를 접는 건 그만두기로 한 것 같아.

정답 1

단어　~いっぱいで ~말에, ~끝으로 ｜ 閉める 닫다, 폐점하다 ｜ 畳む 접다, (빨래 등을) 개키다

해설　「기간을 나타내는 명사 + いっぱいで」는 '그 기간을 꽉 채운 후 그 기간을 끝으로'라는 의미로 회화에서 많이 사용하는 표현이다. 예를 들어 「今週いっぱいで」는 '이번 주를 끝으로'라는 뜻이다. 비슷한 표현인 「~を限りに ~을 끝으로」,「~をもって ~으로, ~을 끝으로」와 함께 선택지 3번의 「店を畳む 가게·장사를 접다」라는 표현도 기억해 두자.

2　🎧 034

男　いつもごちそうになってばかりですから。今日は私に持たせてください。
女　1　そういうわけにはいきませんよ。私が払います。
　　2　じゃ、一つ持っていただけますか。
　　3　何もありませんが、召し上がってください。

남　항상 얻어먹기만 하니까 오늘은 제가 계산하게 해 주세요.
여　1　그럴 수는 없어요. 제가 계산할게요.
　　2　그럼 하나 들어 주시겠습니까?
　　3　아무것도 없지만(차린 건 없지만) 드세요.

정답 1

단어 ごちそうになる 대접받다, (다른 사람이 나에게) 사 주다 | 持つ 가지다, 부담하다, 담당하다 | ～わけにはいかない ～할 수는 없다

해설 내가 '계산하겠다'라는 의미로 「持つ 부담하다」를 사용할 때는 문제에서처럼 문장 앞부분에 「今日は」가 함께 나올 때가 많다. 주로 높은 연령대에서 사용하는 표현이며 회화에서 더 많이 사용하는 표현으로는 「おごる 한턱내다」를 활용한 「おごらせてください 제가 한턱내게 해 주세요」가 있다. 격식을 차린 표현인 「御馳走する 대접하다」와 「もてなす 대접하다, 환대하다」도 함께 기억해 두자.

---

3 🎧 035

女 都会で家を買うなんて、夢の夢ですね。

男 1 そんな夢をもってたんですね。
　　2 ええ、私にとっても高嶺の花です。
　　3 購入されたんですか。うらやましい。

여 도시에서 집을 산다는 건, 꿈 속의 꿈이네요.

남 1 그런 꿈을 가지고 있었군요.
　　2 네, 저에게 있어서도 그림의 떡입니다.
　　3 구입하셨습니까? 부럽네요.

정답 2

단어 都会 도회지, 도시 | 高嶺の花 높은 산의 꽃, 그림의 떡 | 購入 구입

해설 실생활에서 흔히 사용하는 속담은 익혀 두면 유용하다. 정답인 2번의 「高嶺の花」는 한국 속담의 '그림의 떡'과 같은 표현이다. 이 밖에 대표적인 속담으로는 「豚に真珠 돼지 목에 진주 목걸이」, 「後の祭り 소 잃고 외양간 고친다」, 「花より団子 금강산도 식후경」, 「猫の手も借りたい (너무 바빠서) 고양이의 손이라도 빌리고 싶다」 등이 있다.

---

4 🎧 036

男 お花見の前夜に雨が降らなきゃいいんですけどね。

女 1 ええ、降らなくてよかったですね。
　　2 そうですね。予報では週末が見ごろだそうですね。
　　3 そうですね。でもお天気だけはどうしようもないですから。

남 꽃놀이 전날 밤에 비가 내리지 않으면 좋을 텐데요.

여 1 네, 내리지 않아서 다행이네요.
　　2 그러게요. 일기 예보에서는 주말이 절정이라고 하던데요.
　　3 그러게요. 그래도 날씨만큼은 어쩔 수가 없으니까요.

정답 3

단어 前夜 전야, 전날 밤 | 予報 (일기) 예보 | 見ごろ 절정

해설 가끔은 정답으로 딱 맞아떨어지는 선택지가 없는 문제가 있다. 그럴 때에는 선택지 중에서 가장 정답에 멀지 않은 것을 찾아야 한다. 선택지 3번의 「でもお天気だけはどうしようもないですから 그래도 날씨만큼은 어쩔 수가 없으니까요」는 뒤에 '비가 오지 않기를 바라자'가 생략된 표현이라고 볼 수 있다.

5 🎧 037

女 こちらの手違いで、お届けするのが遅くなりまして。

男 1　いえいえ、届いて、ほっとしましたよ。
　　2　誠に申し訳ございませんでした。
　　3　やっとお届けできて、うれしいです。

여　저희의 착오로 보내 드리는 것이 늦어졌습니다.

남 1　아닙니다. 도착해서 안심했습니다.
　　2　대단히 죄송합니다.
　　3　드디어 전해드릴 수 있어서 기쁩니다.

정답 1

단어 手違い 착오가 생김, 어긋남 | 届け 도착, 다다름 | 誠に 정말로, 대단히 | やっと 드디어, 겨우

해설 저희의 착오로 늦어졌다고 말하고 있으므로 같은 시점에서 말하는 선택지 2번은 이에 대한 응답으로 적당하지 않다. 3번 역시 보내는 사람의 입장에서 할 수 있는 말이므로 답으로 적합한 것은 1번이다.

---

6 🎧 038

男 人手が足りない？ そちらの事情なんて、こっちには関係ないんですけど。

女 1　説明が足りなくて、申し訳ありません。
　　2　すぐに解決策を考えますので。
　　3　事情、お察しいたします。

남　일손이 부족해? 그쪽의 사정은 여기와는 관계가 없는데요.

여 1　설명이 부족해서 죄송합니다.
　　2　바로 해결책을 강구할 테니까요.
　　3　사정을 이해하겠습니다.

정답 2

단어 人手 일손 | 事情 사정 | 関係 관계 | 説明 설명 | 解決策 해결책 | 察する 헤아리다, 살피다

해설 일손이 부족해서 약속을 지키지 못하는 상대에게 남자가 화를 내는 상황이다. 이에 적절한 응답은 선택지 2번의 '해결책을 강구할 테니 (조금만 시간을 달라)'라는 사과이다.

---

7 🎧 039

女 こんな間際でコンサートがキャンセルなんて、ありえないでしょ。

男 1　急にコンサートをキャンセルするのは無理ですよ。
　　2　はい、キャンセルは絶対ありません。
　　3　チケット代は払い戻ししますので。

여　콘서트 직전에 취소라니, 있을 수 없는 일이에요.

남 1　갑자기 콘서트를 취소한다는 건 무리예요.
　　2　네, 취소는 절대로 하지 않습니다.
　　3　티켓값은 환불해 드릴 테니까요.

정답 3

단어 間際 직전, 막 ~하려는 찰나 | コンサート 콘서트 | ありえない 있을 수 없다 | チケット 티켓 | 払い戻し 환불, 환급

해설 '어떤 일이 일어나기 직전, ~하려는 찰나'라는 의미를 가진 「間際」라는 단어를 알면 쉽게 풀 수 있는 문제이다. 정답인 선택지 3번의 「払い戻す 환불하다」와 비슷한 표현인 「返金 돈을 돌려줌, 변제」도 같은 상황에서 사용할 수 있다.

| 8 | 🎧 040 |

男 こんなにバイト料安くちゃ、やってらんないよね。

女 1 そっか、やめることにしたんだ。
　　2 うん、もうちょっと上げてほしいよね。
　　3 こんな安いところに履歴書送るのはやめようね。

남 이렇게 아르바이트비가 싸서야, 못 해 먹겠네.

여 1 그래? 그만두기로 했구나.
　　2 응. 좀 더 올려 줬으면 좋겠어.
　　3 이렇게 싼 곳에 이력서 보내는 건 그만두자.

[정답] 2

[단어] バイト料 아르바이트비 | 履歴書 이력서

[해설] 문제의「やってらんない」는「やっていられない 더 이상 ~하고 있을 수 없다」의 축약표현이다. '계속 못 하겠다, 못 해 먹겠다'라는 의미로 실생활에서 많이 사용하는 표현이다.

| 9 | 🎧 041 |

女 スピーチ大会で優勝できるなんて、想像だにしませんでした。

男 1 優勝するにはまだ実力が足りませんからね。
　　2 私たちは優勝できると信じてましたよ。
　　3 優勝をイメージして練習するのはいいことだね。

여 스피치 대회에서 우승하다니, 상상조차 하지 못했습니다.

남 1 우승하기에는 아직 실력이 부족하니까요.
　　2 우리는 우승할 수 있다고 믿고 있었어요.
　　3 우승을 상상하면서 연습하는 건 좋은 방법이네.

[정답] 2

[단어] スピーチ大会 스피치 대회 | 優勝 우승 | 想像 상상 | ~だに ~조차, ~만이라도 | イメージ 이미지

[해설]「명사 + だに ~ない」는 '~조차 ~하지 못하다'라는 의미의 문형이다. 이 때 명사에는 주로「予想 예상」이나「想像 상상」등의 한정된 명사가 온다. 활용도가 특히 높은 표현인「夢にだに想像しなかった 꿈에서조차 상상하지 못했다」도 꼭 기억해 두자.

| 10 | 🎧 042 |

男 勘がいいね。ゴルフ、本格的にやってみたら？

女 1 そう言ってくださるなら、始めてみます。
　　2 大学時代はゴルフサークルに入ってたんです。
　　3 本当にお上手ですよ。ぜひやってみてください。

남 감이 좋네. 골프를 본격적으로 해 보면 (어때)？

여 1 그렇게 말씀해 주시니 시작해 보겠습니다.
　　2 대학 때 골프 서클에 들어갔었어요.
　　3 정말로 잘하시네요. 꼭 해 보세요.

[정답] 2

[단어] 勘がいい 감이 좋다 | 本格的に 본격적으로 | ゴルフサークル 골프 서클

[해설] 칭찬의 말을 너무 진지하게 받아들여서 바로 해 보겠다고 응답하는 선택지 1번은 답으로 적당하지 않다. 일본어에서 칭찬의 말은 의사소통이나 분위기를 부드럽게 만드는 역할을 하는 경우가 많으므로 곧이곧대로 듣지 않는 센스도 필요하다. 보통 칭찬에 대한 대답으로는「いえいえ、まだまだです 아니요, 아직입니다」,「そんなことありません 그렇지 않아요」등을 사용하며, 자신을 상대방보다 낮추거나 경험이 있어서 그렇다고 겸손한 자세로 에둘러 응답하는 편이 자연스럽다. 따라서 정답은 2번이다.

11 🎧 043

女 レポートなんとか締め切りに間に合いそうだよ。
男 1 早めに準備しないからだよ。
　　2 間に合って、よかったね。
　　3 よくがんばったね。

여 리포트 간신히 마감에 맞출 수 있을 것 같아.
남 1 빨리 준비하지 않아서 그래.
　　2 시간에 맞춰서 다행이네.
　　3 열심히 했네.

정답 1

단어 レポート 리포트 | 締め切り 마감 | 間に合う 제 시간에 대다, 시간을 맞추다

해설 문제의「なんとか 어떻게든, 간신히」는 일이 진행되는 과정이 순탄하지 않음을 나타내는 표현이다. 선택지 2번은 '마감에 맞춰서 다행'이라고 말하므로 시제가 맞지 않는다. 3번은 간신히 마감에 맞출 수 있다는 이야기에 '열심히 했다'라고 칭찬하고 있으므로 답으로 적절하지 않다. 따라서 정답은 1번이다.

12 🎧 044

男 叱ってくださったおかげで、目が覚めました。
女 1 そ、そう？ 実は励ましたつもりだったんだけど。
　　2 おかげで、大事な会議に遅刻せずにすみました。
　　3 親にも叱られたことないのに、ひどいですよ。

남 꾸짖어 주신 덕분에 (현실을) 자각했습니다.
여 1 그, 그래? 실은 격려할 생각이었는데.
　　2 덕분에 중요한 회의에 지각은 면했습니다.
　　3 부모님에게도 혼난 적이 없는데 너무해요.

정답 1

단어 叱る 꾸짖다 | 目が覚める 정신 차리다, 자각하다 | 励ます 격려하다 | 遅刻 지각 | ～せずにすむ ～하지 않고 해결되다

해설 「～つもりだ ～할 생각하다, ～할 작정이다」에 역접의 접속 조사「けど」가 붙은「～つもりだったんだけど ～할 생각이었는데」라는 표현은 말하고자 하는 의도와 실제 상황이 일치하지 않을 때 사용한다.

13 🎧 045

女 成績トップの人は、話し方からして違うね。
男 1 一番になったからって、ああいう言い方はちょっとね。
　　2 頭がいいから、話が難しいんだよね。
　　3 うん、論理的でわかりやすいよね。

여 성적이 1등인 사람은 말하는 방법부터가 다르네.
남 1 1등이 되었다고 해서 저런 말투는 좀 그래.
　　2 머리가 좋아서 말을 어렵게 해.
　　3 응. 논리적이고 알기 쉬워.

정답 3

단어 トップ 톱, 첫째, 선두 | 話し方 말하는 방법, 말본새 | ああいう 저런 | 言い方 말투 | 論理的 논리적

해설 「～からして ～부터가」는 대표적인 하나를 예로 들어서 '그것부터 그러하니 다른 것들은 말할 필요도 없다'라는 의미로 사용하는 표현이다. 문제에서 나온 것과는 달리 '～조차 ～하니'라는 의미로 대상에 대해 부정적인 평가를 할 때도 많이 사용한다.

14 🎧 046

男 課長は午後取引先で会議だって言ってたよね。
女 1 明日、取引先から電話があると思います。
　 2 それで社内の会議は明日にしました。
　 3 ただいま課長の山田は席を外しております。

남 과장님은 오후에 거래처에서 회의라고 했지?
여 1 내일 거래처에서 전화가 올 거라고 생각합니다.
　 2 그래서 회사 내부 회의는 내일 하기로 했습니다.
　 3 지금 야마다 과장은 자리를 비웠습니다.

[정답] **2**

[단어] 取引先 거래처 | 席を外す 자리를 비우다

[해설] 문제의 '과장님은 오후에 거래처에서 회의가 있다고 했지?'에 대한 응답으로 선택지 1번의 '내일 거래처에서 전화가 올 거다'는 시제가 맞지 않으므로 답이 될 수 없다. 3번은 다른 회사 사람에게서 걸려온 전화에 응답하는 표현이므로 답이 될 수 없다. 따라서 정답은 2번이다.

問題 5 통합 이해

연습문제 정답 및 해설

정답

연습문제 1 2   2 1   3 質問1 1   質問2 2

연습문제

問題5 문제5에서는 조금 긴 이야기를 듣습니다. 이 문제에는 연습은 없습니다. 문제지에 메모를 해도 됩니다.

문제지에는 아무것도 인쇄되어 있지 않습니다. 먼저 이야기를 들으세요. 그리고 질문과 선택지를 듣고 1에서 4 중에서 가장 적당한 것을 하나 고르세요.

1 🎧 047   문제편 349p

会社で女の人と男の人が話しています。

女 島岡さん、今度のコートの製造だけど、うちの希望通りの工場あった？

男 今回のコートは技術が確かで、品質管理がしっかりしているところ、そして、コスト面と今回のプロジェクトを理解してくれる経営者がいるところでしたよね。

女 ええ。いつもの定番のデザインじゃなくて、個性的なものだから、ちょっと工程も手間がかかるのよね。それを引き受けてくれるところじゃないと。

男 そうですね。今のところ4つ候補がありまして。まず第一縫製さん。ここは若い人が新しく立ち上げた工場で経営者がぜひと言ってます。なので、コスト面、それから管理面も問題ありませんでした。ただ、作る人については未知数ですね。

女 やる気のある経営者と仕事ができるのはいいわね。

회사에서 여자와 남자가 이야기하고 있습니다.

여 시마오카 씨, 이번 코트 제조 말인데, 우리가 바라는 바와 맞는 공장은 있었어?

남 이번 코트는 기술이 확실하고 품질 관리가 철저한 곳, 그리고 비용 면과 이번 프로젝트를 이해해 줄 수 있는 경영자가 있는 곳이었지요?

여 그래. 항상 만들던 기본 디자인이 아니라 개성적인 것이라서 공정에도 시간이 좀 걸려. 그것을 받아들여 줄 수 있는 곳이어야 해.

남 그렇죠. 현재 네 곳의 후보가 있는데요. 우선 제일봉제. 이곳은 젊은 사람이 새로 세운 공장으로 경영자가 꼭 (일을) 맡겨 달라고 하고 있습니다. 그래서 비용 면, 그리고 관리 면에서도 문제없었습니다. 다만 만드는 사람에 대해서는 미지수입니다.

여 의욕 있는 경영자와 일할 수 있다는 점은 괜찮네.

男 はい。野村ソーイングさんはコスト面は予算を上回ってますが、作る人が勤続年数が長い人が多いです。経営者が真面目な方で管理もしっかりしています。
女 そういうところは技術も確かでしょうね。
男 北村縫製さんは信頼のおける工場なんですが、納期を半月ほど延ばしてくれるなら予算内でできるということでした。田中モードさんはコスト面は一番安く引き受けてくれます。ただ、工場を見て管理に不安が残りますね。これは、私の印象ですが。
女 今回はデザイナーのデザインを忠実に形にしてくれるところがいいから、技術が確かなところにお願いしましょう。コストは予算オーバーだけど、販売の予定を遅らせるわけにはいかないから、仕方ないわね。ここにしましょう。

女の人はどの会社に仕事を依頼することにしましたか。
1 第一縫製
2 野村ソーイング
3 北村縫製
4 田中モード

남 네. 노무라소잉은 비용 면은 예산을 웃돌지만, 만드는 사람 중에 근속 연수가 긴 사람이 많습니다. 경영자가 성실한 분이라서 관리도 철저합니다.
여 그런 곳은 기술도 확실하겠네.
남 기타무라봉제는 신뢰할 수 있는 공장이지만, 납기를 보름 정도 연장해 주면 예산 내에서 할 수 있다고 했습니다. 다나카모드는 비용 면에서는 가장 저렴합니다만, 공장을 보니 관리에 불안이 남습니다. 이건 저의 (개인적인) 인상입니다만.
여 이번에는 디자이너의 디자인을 충실하게 만들어 줄 수 있는 곳이 필요하니까 기술이 확실한 곳에 부탁합시다. 비용은 예산 초과이지만 판매 예정을 늦출 수는 없으니까 어쩔 수 없네. 여기로 합시다.

여자는 어느 회사에 일을 의뢰하기로 했습니까?
1 제일봉제
2 노무라소잉
3 기타무라봉제
4 다나카모드

정답 2

단어 製造 제조 | 希望 희망, 바람 | ~通り ~대로, 그대로 | 技術 기술 | 品質管理 품질 관리 | しっかり 꼭, 단단히 | コスト 비용 | 経営者 경영자 | 定番 유행을 타지 않음, 기본적임 | 個性的 개성적이다 | 工程 공정 | 手間 품, 수고, 시간 | 引き受ける 맡다 | 候補 후보 | 縫製 봉제 | 未知数 미지수 | 予算 예산 | 上回る 상회하다, 웃돌다 | 勤続 근속 | 真面目だ 성실하다 | 信頼 신뢰 | 納期 납기 | 印象 인상 | デザイナー 디자이너 | 忠実に 충실하게 | 予算オーバー 예산 초과 | 遅らせる 늦추다, 늦게 하다 | ~わけにはいかない ~할 수는 없다 | 依頼 의뢰

해설 통합 이해의 1·2번은 문제지에 선택지가 제시되지 않으므로 문제에서 주어지는 조건과 선택지에서 문제의 핵심이 되는 부분을 빠르고 정확하게 메모하는 훈련이 필요하다. 또한 문제에서 주어지는 조건은 각 선택지를 설명할 때나 마지막 의사 결정 단계에서 추가되기도 하니 마지막까지 집중해야 한다. 남자는 1번 제일봉제는 기술이 미지수이며 3번 기타무라봉제는 납기가 늦고, 4번 다나카모드는 공장 관리가 불안하다고 한다. 여자는 이에 '기술이 확실해야 하며 납기를 늦출 수 없다'고 하고 있으므로 정답은 2번이다.

2 🎧 048

スーパーで店長と社員二人が話しています。

男1 佐々木さん、森川さん、悪いんだけど、今月ちょっと多めに出てくれないかな。

男2 あっ、はい……。

男1 悪いね。このところ、バイトやパートが立て続けにやめちゃったから。やっぱり時給が低いのが原因かな。

女 それもあるかもしれませんが、週末が休めないとか勤務時間も関係してると思います。今のシフトを組みなおしてみたらどうでしょうか。できるだけ、希望の日に休めるようにすれば、定着率が上がるかもしれません。

男1 なるほどね。考えてみよう。あと、飲食業だと賄いがつくじゃない？

男2 ああ、食事に補助が付いたり、お店によっては無料で食べられるとこもありますよね。今うちでは、みんな売り場のお弁当を定価で買ってますから、それができれば、助かるんじゃないでしょうか。

女 そうね。時給が低い分をカバーできますよ。

男1 うちは外国人のアルバイトもいるから、将来的には新しいメニュー開発もできそうだね。

男2 ここは外国人の居住率が高いですから、売り上げを伸ばす起爆剤になってくれるかもしれませんね。

男1 じゃ、さっそく求人情報に付け加えることにするよ。

店長はどうすることにしましたか。
1 食事を提供する
2 給与を見直す
3 労働時間を改善する
4 雇用方法を変える

슈퍼마켓에서 점장과 사원 두 사람이 이야기하고 있습니다.

남1 사사키 씨, 모리카와 씨. 미안한데 이번 달에 좀 많이 나와 줄 수 있어?

남2 앗, 네…….

남1 미안해. 최근에 아르바이트생이랑 파트타이머가 연달아 그만둬 버려서. 역시 시급이 낮은 게 원인일까?

여 그것도 있을 테지만 주말에 쉴 수 없다든가 근무 시간도 관계가 있다고 생각해요. 현재 교대 근무 시간을 다시 짜보면 어떨까요? 되도록 희망하는 날에 쉴 수 있도록 하면 정착률이 올라갈지도 몰라요.

남1 그렇군. 생각해 볼게. 그리고 요식업은 식사가 제공되잖아?

남2 아, 식사에 보조금이 붙거나 가게에 따라서는 무료로 식사할 수 있는 곳도 있죠. 우리는 현재 매장에서 도시락을 정가로 사서 먹으니, 그렇게 해줄 수 있다면 도움이 되지 않을까요?

여 맞아요. 시급이 낮은 부분 만큼을 커버할 수 있어요.

남1 우리는 외국인 아르바이트생도 있으니 장차 새로운 메뉴를 개발도 가능할 것 같네.

남2 여기는 외국인 거주 비율이 높으니까 매출을 올릴 기폭제가 되어 줄지도 몰라요.

남1 그럼 어서 구인 정보에 추가하도록 하지.

점장은 어떻게 하기로 했습니까?
1 식사를 제공한다
2 급여를 재검토한다
3 노동 시간을 개선한다
4 고용 방법을 바꾼다

정답 1

단어 立て続け 잇따라, 연이어 | 時給 시급 | 勤務 근무 | シフト 교대 근무 시간, 일정 | 組む 짜다 | 定着率 정착률 | 飲食業 요식업 | 賄い 일하는 직원에게 무료로 제공되는 식사 | 補助 보조 | 売り場 매장 | 定価 정가 | 助かる 도움이 되다 | カバー 커버, 부족을 보충함 | メニュー 메뉴 | 居住 거주 | 起爆剤 기폭제 | さっそく 즉시 | 求人情報 구인 정보 | 付け加える 보태다, 덧붙이다 | 提供 제공 | 給与 급여 | 見直す 재검토하다, 재고하다 | 改善 개선 | 雇用方法 고용 방법

해설 아르바이트생과 파트타이머가 연달아 그만두는 데에 대한 대책으로 여자 사원은 시프트(교대 근무 시간)를 다시 짜보라는 의견을 말하지만 점장과 남자 사원의 말에 따라 시급의 보충도 되고 장차 메뉴 개발로 이어질 수 있다는 측면에서 식사를 제공하는 쪽으로 결정한다. 따라서 정답은 1번이다. 내용 중 「賄いがつく 식사가 제공되다」라는 표현에 쓰인 동사 「賄う」는 '식사를 제공하다, 공급하다, 꾸려 가다'라는 뜻이다.

우선 이야기를 들으세요. 그리고 두 개의 질문을 듣고, 각각 문제지의 1에서 4 중에서 가장 적당한 것을 하나 고르세요.

3 🎧 049   문제편 350p

テレビでアナウンサーが観光列車について話しています。

男1 おはようございます。今日は現在人気の観光列車を4つご紹介します。こちらの東北の観光列車は往復で東北の食材を使ったコース料理が満喫できます。東北の伝統工芸を使ったインテリアもすてきです。関西には山岳を走り抜ける列車があります。車内の説明を聞きながら、車窓からの風景を眺めると別世界へと旅をしているような気分になりますよ。四国の観光列車はここを舞台とした文学世界をモチーフに作られ、列車内は大正時代のレトロな雰囲気に包まれています。最後の九州の観光列車は懐かしい列車SLで地元の料理と日本酒を味わいながら旅ができます。次々と変わる景色も見逃せません。

女 へえ、いろんな観光列車があるのね。ねえ、来月はお父さんとお母さんの結婚記念日でしょ。プレゼントしたら？

男2 そうだな。レストランの食事券より喜ぶかもしれないな。

女 あなたのご両親はグルメだから、東北か、九州のがいいんじゃない？

男2 東京から近いほうにするか。二人とも職人の手仕事なんかも好きだしな。

女 私たちも今度休みが取れたら行かない？

男2 そうだな。どこがいい？

女 私たちも同じとこにする？

텔레비전에서 아나운서가 관광 열차에 대해 이야기하고 있습니다.

남1 안녕하세요. 오늘은 요즘 인기인 관광 열차를 네 가지 소개해 드리겠습니다. 이곳 도호쿠 관광 열차는 왕복하는 동안 도호쿠의 식재료를 사용한 코스 요리를 만끽할 수 있습니다. 도호쿠의 전통 공예를 사용한 인테리어도 멋스럽습니다. 간사이에는 산악 지대를 달려서 빠져나가는 열차가 있습니다. 열차 안에서 설명을 들으며 차창으로 풍경을 바라보고 있으면 별세계로 여행을 온 듯한 기분이 듭니다. 시코쿠 관광 열차는 이곳을 무대로 한 문학 세계를 모티프로 만들어졌으며, 열차 내부는 다이쇼 시대의 복고적 분위기로 둘러싸여 있습니다. 마지막 규슈 관광 열차는 그리운 증기 기관차로, 지역 향토 요리와 니혼슈(사케)를 맛보며 여행할 수 있습니다. 잇달아 바뀌는 경치도 놓칠 수 없습니다.

여 와, 여러 가지 관광 열차가 있네. 저기, 다음 달은 아버지와 어머니 결혼기념일이잖아. 선물하면 어때?

남2 그렇네. 레스토랑 식사권보다 기뻐하실지도 모르겠네.

여 당신 부모님은 미식가이니까 도호쿠나 규슈 같은 상품이 좋지 않아?

남2 도쿄에서 가까운 쪽으로 할까? 두 분 다 장인의 수공예 같은 것도 좋아하시니까.

여 우리도 다음에 휴가 받으면 가지 않을래?

남2 그러자. 어디가 좋아?

여 우리도 같은 곳으로 할까?

男2 これ？食べてる間に目的地に着いちゃいそうだな。昔の電車の雰囲気を味わいながらのんびり揺られたいな。小説も好きだから、これも捨てがたいな。

女 でも、そこまで行くのにけっこうかかりそうね。

男2 じゃ、もうちょっと東京よりのこれは？山の斜面を上っていく電車には乗ったことがないから。

女 いいわね。

남2 이거? 먹는 동안 목적지에 도착해 버릴 것 같아. 옛날 열차 분위기를 맛보면서 느긋하게 흔들거리고 싶다. 소설도 좋아하니까 이것도 버리기 아깝고.

여 하지만 거기까지 가는데 시간이 꽤 걸릴 것 같아.

남2 그럼 좀 더 도쿄 근처인 이건? 산비탈을 올라가는 열차는 타본 적 없으니까.

여 괜찮네.

質問1

二人は男の人の両親にどれをプレゼントしますか。

1 東北の観光列車
2 関西の観光列車
3 四国の観光列車
4 九州の観光列車

질문1

두 사람은 남자의 부모님에게 무엇을 선물합니까?

1 도호쿠 관광 열차
2 간사이 관광 열차
3 시코쿠 관광 열차
4 규슈 관광 열차

質問2

二人はどの列車で旅をすることにしましたか。

1 東北の観光列車
2 関西の観光列車
3 四国の観光列車
4 九州の観光列車

질문2

두 사람은 어떤 열차로 여행하기로 했습니까?

1 도호쿠 관광 열차
2 간사이 관광 열차
3 시코쿠 관광 열차
4 규슈 관광 열차

정답 질문1 1 질문2 2

단어 観光列車 관광 열차 | 往復 왕복 | 満喫 만끽 | 伝統工芸 전통 공예 | 山岳 산악(지대) | 走り抜ける 달려서 빠져나가다 | 車窓 차창 | 風景 경치 | 眺める 바라보다 | 舞台 무대 | モチーフ 모티프, 동기 | 大正時代 다이쇼 시대(1912~1926년) | レトロ 레트로, 복고풍 | 包む 둘러싸다 | 味わう 맛보다, 체험하다 | 見逃す 놓치다 | グルメ 구르메, 미식가 | 職人 장인 | 手仕事 수작업, 수공예 | のんびり 여유롭게, 한가로이 | 揺られる 흔들리다 | 斜面 경사면

해설 통합 이해의 3번 문제에서는 남자와 여자가 무엇을 선택하는지 묻는 문제가 많이 출제되며, 남자와 여자가 함께 하고 싶은 것을 말하기도 하고 각자 따로 하고 싶은 것을 말하기도 한다. 또 이번에 할 것과 다음에 할 것을 말하기도 하므로 마지막까지 집중해서 들을 필요가 있다.

질문1 먼저 남자와 여자가 부모님께 선물할 것과 본인들이 하고 싶은 것을 구별해야 한다. 부모님은 미식가이고 장인의 수작업(수공예)을 좋아한다고 했으므로 정답은 선택지 1번 도호쿠 관광 열차이다.

질문2 부모님과 같은 도호쿠 관광 열차는 '먹는 동안 목적지에 도착할 것' 같아서 싫다고 남자가 말하고, 남자가 가고 싶다는 시코쿠 관광 열차는 여자가 '시간이 걸려서' 싫다고 말한다. 마지막에 남자가 '좀 더 도쿄에서 가깝고 산비탈을 올라가는 열차'가 어떤지 묻고, 여자가 좋다고 했으므로 정답은 2번 간사이 관광 열차이다.

問題 1 과제 이해

실전문제 정답 및 해설

정답

실전문제	1	2	3
실전문제 ①	3	1	2
실전문제 ②	2	4	4
실전문제 ③	1	4	3
실전문제 ④	4	2	4
실전문제 ⑤	4	2	2

실전문제 ①

問題 1　문제 1에서는 먼저 질문을 들으세요. 그리고 이야기를 듣고 문제지의 1에서 4 중에서 가장 적당한 것을 하나 고르세요.

1 🎧 050　　　　　　　　　　　　　　　　문제편 352p

会社で男の人と女の人が会議について話しています。女の人はこの後、まず何をしなければなりませんか。

男　吉本さん、来週の火曜の会議だけど、資料はどうなってる。
女　はい、今週中には全部整うかと思います。
男　そう、出来次第メールで送っておいてね、出席者全員に。
女　あ、そうだ。課長、ちょっと確認したいんですが、出席者の追加などはありませんでしょうか。
男　うん、こないだ渡したリストで変更はないよ。会議室の手配は済んでるよね。
女　あ、いけない。すぐ、押さえておきます。
男　あと、議事録なんだけど、その日のうちに仕上げるようにしてね。
女　はい、そのようにします。
男　議事録はみんなに配る前にチェックするから、僕に見せてね。
女　はい、分かりました。

회사에서 남자와 여자가 회의에 대해 이야기하고 있습니다. 여자는 이 다음 우선 무엇을 해야 합니까?

남　요시모토 씨, 다음 주 화요일 회의 말인데, 자료는 어떻게 됐어?
여　네, 이번 주 중에는 전부 정리될 거라 생각합니다.
남　그래. 완성되는 대로 메일로 보내 줘, 참석자 전원에게.
여　아, 맞다. 과장님, 잠시 확인하고 싶은데요, 참석자 추가 등은 없습니까?
남　응, 요전에 건넨 리스트에서 변경은 없어. 회의실 준비는 끝났지?
여　앗, 아니요. 바로 확보해 두겠습니다.
남　그리고 (회의) 의사록 말인데, 그날 중으로 끝내도록 해.
여　네, 그렇게 하겠습니다.
남　의사록은 모두에게 배포하기 전에 확인할 테니 나에게 보여줘.
여　네, 알겠습니다.

228　JLPT 합격 시그널 N1

女の人はこの後、まず何をしなければなりませんか。
1 会議の資料を仕上げる
2 出席者のリストを確認する
3 会議の場所を手配する
4 議事録を課長に見せる

여자는 이 다음 우선 무엇을 해야 합니까?
1 회의 자료를 완성한다
2 참석자 리스트를 확인한다
3 회의 장소를 준비한다
4 의사록을 과장님에게 보인다

정답 3

단어 資料 자료 | 整う 정리되다 | ～次第 ～하는 대로, ～하자 마자 | 確認 확인 | 追加 추가 | リスト 리스트 | 手配 수배, 준비 | 済む 해결되다, 끝나다 | 押さえる 확보하다, 잡다 | 議事録 의사록, 회의 기록 | 仕上げる 끝내다

해설 선택지 1번의 회의 자료 마무리는 이번 주 중에 하면 되고, 2번의 참석자 리스트는 변경 사항이 없으므로 확인하지 않아도 된다. 회의 장소에 대해 「すぐ、押さえておきます 바로 확보해 두겠습니다」라고 말하고 있으므로 3번이 정답이다. 4번의 의사록 작성 및 보고는 회의 당일에 끝내야 하는 업무이므로 답이 될 수 없다.
　단어 수준은 높지만 이야기의 흐름, 즉 선택지의 내용에 따라 해야 하는 일(과제)을 제시하고 그것이 정답인지 오답인지를 차례로 설명해 가는 방식은 N2, N3에서 이미 풀어 보았다. 조금 생소한 단어가 있더라도 선택지를 잘 보면서 하나하나 소거해 가면 정답을 찾을 수 있으므로 문제의 패턴을 익히도록 하자.

2　051　　　　　　　　　　　　　　　문제편 352p

大学の就職支援センターで女の学生と男の職員が話しています。女の学生はこの後まずどうしますか。

女 あのう、インターンシップの申し込みなんですが、窓口はこちらですか。
男 はい。ええっと、どこか、もう、行きたい会社は決めてありますか。
女 「ジャパンクリエイト」という会社に申し込もうと思っています。
男 ああ、「ジャパンクリエイト」は、今年はここでは申し込めないんですよ。会社のホームページに入って直接申し込んでください。
女 そうなんですか。
男 締め切りが今日までだから早くしたほうがいいですよ。
女 はい、ありがとうございます。すぐやるようにします。
男 さっき来た学生も「ジャパンクリエイト」だったんだけど、他の会社にも申し込んでみたらどうですか。インターンシップも人気のある企業は競争が熾烈で、書類選考に必ず通るとは限らないから。

대학 취직 지원 센터에서 여학생과 남자 직원이 이야기하고 있습니다. 여학생은 이 다음 우선 어떻게 합니까?

여 저기, 인턴십 신청이요, 창구는 여기인가요?
남 네. 저, 어딘가 이미 가고 싶은 회사는 정했나요?
여 '재팬 크리에이트'라는 회사에 신청하려고 합니다.
남 아, '재팬 크리에이트'는 올해는 여기에서는 신청할 수 없습니다. 회사 홈페이지에 들어가서 직접 신청해 주세요.
여 그런가요?
남 마감이 오늘까지니까 서두르는 게 좋아요.
여 네, 감사합니다. 바로 하도록 하겠습니다.
남 방금 온 학생도 '재팬 크리에이트'였는데, 다른 회사에도 신청해 보면 어떨까요? 인턴십도 인기 있는 기업은 경쟁이 치열해서 서류 심사에 반드시 통과한다고는 할 수 없으니까요.

女 はい、それは分かっています。 男 そこに色々、会社の資料がありますから見てみてください。 女 はい、でもだめだったらインターンシップに行くのはやめようって思ってます。 男 ふーん。さっきの学生は、諦めたけど、よっぽど行きたいみたいだね。 女の学生はこの後まずどうしますか。 1 「ジャパンクリエイト」に申し込む 2 競争が激しくない会社に申し込む 3 インターンシップに行くのを諦める 4 会社の資料を見て行きたい会社を探す	여 네. 그건 알고 있어요. 남 거기에 여러 회사의 자료가 있으니 보세요. 여 네. 하지만 (통과가) 안 된다면 인턴십 하러 가는 것은 그만두려고 합니다. 남 흠, 방금 학생은 (신청을) 포기했는데. 어지간히 (재팬 크리에이트에) 가고 싶은 모양이에요. 여학생은 이 다음 우선 어떻게 합니까? 1 '재팬 크리에이트'에 신청한다 2 경쟁이 치열하지 않은 회사에 신청한다 3 인턴십에 가는 것을 포기한다 4 회사 자료를 보고 가고 싶은 회사를 찾는다

정답 1

단어 就職 취직 | 支援 지원 | センター 센터 | インターンシップ 인턴십 | 申し込み 신청 | 窓口 창구 | ホームページ 홈페이지 | 締め切り 마감 | 企業 기업 | 競争 경쟁 | 熾烈 치열 | 書類選考 서류 전형, 심사 | 必ず~とは限らない 반드시 ~라고는 할 수 없다 | 諦める 포기하다 | よっぽど 상당히, 어지간히

해설 '우선' 해야 할 하는 일을 묻는 문제는 부사어가 가장 큰 힌트가 된다. 「まず 우선」, 「すぐ 곧바로」, 「先に 먼저」, 「それより 그것보다」, 「直ちに 곧, 즉각」, 「早速 즉시」, 「早急に 신속히」, 「至急 급히」, 「とりあえず 우선」 등을 기억해 두자. 이 문제에서는 여자가 인턴십을 신청하려는 회사는 오늘이 마감이니 서두르라고 남자가 말하고 있으며, 이에 여자는 「すぐやるようにします 바로 하도록 하겠습니다」라고 하므로 정답은 1번이다.

---

3 🎧 052   문제편 352p

電話で女の学生と男の学生が話しています。女の学生はこの後どうしますか。 女 もしもし、森山君。 男 あ、中村さん、どうしたの。 女 パソコンが動かなくなっちゃって。いろいろ自分でやってはみたんだけど。 男 そっか、困ったね。サポートセンターに持ってくのが一番だけど。 女 それが、もう保証期間切れてるし、サポートセンターってすごく時間かかるでしょ。以前持ってった時も、1週間待たされたんだよ。あのね、実はレポートの締め切り迫ってて。早く修理してくれるとこ知らない？	전화로 여학생과 남학생이 이야기하고 있습니다. 여학생은 이 다음 어떻게 합니까? 여 여보세요, 모리야마 군. 남 아, 나카무라 씨. 무슨 일이야? 여 컴퓨터가 작동을 하지 않아서. 내가 여러 가지 해 봤는데 말이야. 남 그래? 곤란하겠네. 서포트 센터에 가져가는 게 가장 좋을텐데. 여 그게, 이미 보증 기간이 지났고, 서포트 센터는 시간이 오래 걸리잖아. 이전에 가져갔을 때도 일주일을 기다렸어. 저, 실은 리포트 마감이 닥쳐서 그런데 빨리 수리해 주는 곳 몰라?

男	うーん、ちょっと分かんないな。ああ、山田先輩なら詳しそうだけど。	남	음, 잘 모르겠는데. 아, 야마다 선배라면 잘 알 것 같은데.
女	さっき山田さんには電話したんだけど、出ないのよ。	여	조금 전 야마다 선배에게 전화했는데 받지 않아.
男	そう。僕でも見てあげればいいんだけど、今週は忙しいし。	남	그래? 나라도 봐 주면 좋겠지만 이번 주는 바빠서.
女	うん、大丈夫。ネットで探してみるよ。	여	응. 괜찮아. 인터넷에서 찾아볼게.
男	修理専門の会社は料金やサービスが会社によって違うと思うから、何社かに電話してみるといいよ。あっ、そうだ、訪問サービスもあるらしいよ。お金はたぶん別途必要だと思うけど。	남	수리 전문 회사는 요금이나 서비스가 회사에 따라 다를 테니까 몇 군데에 전화해 보는 게 좋을 거야. 아, 맞다. 방문 서비스도 있다고 해. 돈은 아마도 (수리비와) 별도로 필요할 거야.
女	ふーん、家まで来てもらうこともできるんだ。いろいろ情報ありがとう。	여	음~, 집까지 와 줄 수도 있구나. 여러 가지 정보 고마워.

女の学生はこの後どうしますか。
1 山田先輩に修理専門の会社を紹介してもらう
2 修理専門の会社をネットで探す
3 修理専門の会社に電話する
4 修理専門の会社の人に家に来てもらう

여학생은 이 다음 어떻게 합니까?
1 야마다 선배에게 수리 전문 회사를 소개받는다
2 수리 전문 회사를 인터넷에서 찾는다
3 수리 전문 회사에 전화한다
4 수리 전문 회사의 사람을 집으로 부른다

정답 2

단어 サポートセンター 서포트(지원) 센터 | 保証 보증 | 迫る 다가오다, 임박하다 | 修理 수리 | 専門 전문 | 訪問サービス 방문 서비스 | 別途 별도 | 情報 정보

해설 이 문제처럼 과제 수행자(여학생)가 '어떻게 해야 하나, 무엇을 해야 하나'라는 질문에 대한 답은 '~하겠다, ~해 보겠다'라는 의지 표현이 확실하게 들어가 있어야 한다. 이 문제에서는 바빠서 컴퓨터 상태를 봐 줄 수 없다는 남학생의 말에 여학생이 「ネットで探してみるよ 인터넷에서 찾아볼게」라고 분명한 의지 표현을 하고 있다. 따라서 정답은 선택지 2번이다. 「ふーん」으로 시작하는 여자의 마지막 대사는 방문 서비스도 있다는 것에 대한 놀라움의 표현이지 그렇게 하겠다는 의지 표현으로는 볼 수 없으므로 4번은 답이 될 수 없다.

실전문제 ②

問題 1 문제 1에서는 먼저 질문을 들으세요. 그리고 이야기를 듣고 문제지의 1에서 4 중에서 가장 적당한 것을 하나 고르세요.

1 🎧 053

会社で男の人と女の人が話しています。女の人はこの後まず何をしなければなりませんか。

회사에서 남자와 여자가 이야기하고 있습니다. 여자는 이 다음 먼저 무엇을 해야 합니까?

男　佐藤さん、新しい「就活ノート」の原稿案、できた？
女　はい、こちらです。今回はスケジュールを書き込む部分を工夫してみました。
男　去年のよりも書き込む欄を大きくするって言ってたね。雰囲気もポップな感じでいいんじゃないの？あれ？このイラストはどうしたの？
女　あ、それは山田さんに頼んだら、入れてくれました。
男　山田さん、絵なんか描けたっけ？ネット上から取ってきたんじゃなければいいけど。
女　そうですね。ちょっと確認してみます。
男　絵が必要ならイラストレーターに頼んでもいいよ。少し予算に余裕あるし。
女　分かりました。とりあえず聞いてからにします。
男　そうだね。それが済んだらコピーよろしくね。みんなで検討するから。
女　はい。

女の人はこの後まず何をしなければなりませんか。
1　スケジュール欄を直す
2　イラストのことを山田さんに聞く
3　イラストレーターに連絡する
4　原稿案をコピーする

남　사토 씨, 새로운 '취업 활동 노트' 원고안 다 됐어?
여　네, 여기 있습니다. 이번에는 스케줄을 기입하는 부분을 고안해 봤습니다.
남　작년보다도 기입란을 크게 만들겠다고 했지. 분위기도 밝은 느낌이고 괜찮지 않아? 어? 이 삽화는 뭐야?
여　아, 그건 야마다 씨에게 부탁했더니 넣어 주었습니다.
남　야마다 씨, 그림 같은 거 그릴 수 있었던가? 인터넷에서 가져온 게 아니라면 괜찮지만.
여　글쎄요. 좀 확인해 보겠습니다.
남　그림이 필요하면 삽화가에게 부탁해도 괜찮아. 예산에 조금 여유가 있으니까.
여　알겠습니다. 우선 물어본 후에 하겠습니다.
남　그래. 그게 끝나면 복사 부탁할게. 다 함께 검토할 테니까.
여　네.

여자는 이 다음 먼저 무엇을 해야 합니까?
1　스케줄란을 고친다
2　삽화에 대해 야마다 씨에게 묻는다
3　삽화가에게 연락한다
4　원고안을 복사한다

정답 2

단어　就活 취업 활동 | 原稿案 원고안 | スケジュール 스케줄 | 書き込む 기입하다, 써넣다 | 工夫 궁리, 고안, 연구 | ～欄 ～란, 구분된 지면 | ポップ 팝, 젊고 밝음, 대중적임 | イラスト 일러스트, 삽화 | イラストレーター 일러스트레이터, 삽화가 | 予算 예산 | 余裕 여유 | 検討 검토

해설　대화에서 일러스트, 그림, 일러스트레이터 등의 단어가 계속해서 나온다는 점을 주목하자. 남자는 원고에 들어간 일러스트를 보고 야마다의 그림이면 다행이지만 인터넷에서 가져온 것이면 안 된다고 말하고, 그 후에 그림이 필요하면 삽화가에게 부탁해도 된다고 말한다. 이에 여자는 '우선 물어본 후에 하겠다'고 대답하고 있으므로 이 다음 여자가 바로 해야 할 일은 2번이다.

2　🎧 054　　　　　　　　　　　　　　문제편 353p

大学で男の学生と先生が話しています。男の学生はこの後、授業をどうしますか。

대학에서 남학생과 선생님이 이야기하고 있습니다. 남학생은 이 다음, 수업을 어떻게 합니까?

男 先生、すみません。今学期の日本語の授業の履修についてなんですけど。

女 はいはい。

男 「工学基礎Ⅱ」の授業と時間が重なってるんですけど、どうしたらいいですか。これ、必修で。

女 必修かぁ……。うーん。それは今年取らなきゃダメなの？

男 あ、いえ、4年生までに取ればいいとは聞いてます。でもみんな今年取るというので……。

女 うーん、そうか。日本語の授業もね、いつでも取れるといえば取れるんだけど、これからの授業で必要なことを勉強するから、できればこちらを優先したほうがいいと思うんだけど。

男 そうですか。あのー、僕は日本語はAクラスを取るようにって言われたんですけど、Bクラスを取ることはできませんか。こっちの時間なら取れるんですけど。

女 できるけど、レベルが違うから、難しいかもしれないよ？ 専門の授業も大変なんでしょ？

男 はい、でも、選択の授業を1つ減らせば何とか……。

女 まあ、そこらへんはあなた次第だけど。

男 分かりました。みんなと一緒に授業取りたいんで、日本語は何とか頑張ってみます。

女 そう。じゃあ、履修登録、間違えないようにね。

男の学生はこの後、授業をどうしますか。
1 必修の授業を取って、日本語は取らない
2 必修の授業を取らないで、日本語Aクラスを取る
3 必修の授業と日本語Aクラスを取る
4 必修の授業と日本語Bクラスを取る

남 선생님 실례합니다. 이번 학기 일본어 수업 이수에 대해선데요.

여 네.

남 '공학 기초Ⅱ' 수업과 시간이 겹치는데 어떻게 하면 좋을까요? 이 수업은 필수라서요.

여 필수인가……. 음, 그 수업은 올해 들어야 하는 거니?

남 아, 아니요. 4학년 때까지 들으면 된다고는 들었습니다. 하지만 다들 올해 듣는다고 해서요…….

여 음, 그런가. 일본어 수업도 언제든 들으려 하면 들을 수 있기는 한데, 앞으로의 수업에서 필요한 걸 공부하니까 되도록 이쪽을 우선하는 게 좋을 것 같은데.

남 그런가요? 저기, 저는 일본어 A클래스를 들으라고 들었는데 B클래스를 들을 수는 없을까요? 이쪽 시간이라면 들을 수 있는데요.

여 가능하지만 레벨이 달라서 어려울지도 몰라. 전공 수업도 힘들잖아.

남 네. 하지만 선택 수업을 하나 줄이면 어떻게든 (들을 수 있을 것 같아요)…….

여 뭐, 그 부분은 본인하기 나름이니까.

남 알겠습니다. 다 함께 수업을 듣고 싶으니까 일본어는 어떻게든 열심히 해 보겠습니다.

여 그래. 그러면 이수 등록할 때 실수하지 말고.

남학생은 이 다음, 수업을 어떻게 합니까?
1 필수 수업을 수강하고 일본어는 수강하지 않는다
2 필수 수업을 수강하지 않고 일본어 A클래스를 수강한다
3 필수 수업과 일본어 A클래스를 수강한다
4 필수 수업과 일본어 B클래스를 수강한다

정답 4

단어 履修 이수 | 工学 공학 | 基礎 기초 | 必修 필수 | (単位を)取る (학점을) 따다, 취득하다 | 優先 우선 | レベル 레벨 | 専門 전문 | ~次第だ ~하기 나름이다 | 選択 선택 | 登録 등록 | 間違える 잘못하다, 착각하다

해설 남학생은 일본어와 필수 수업이 겹쳐 고민하지만, 친구들과 함께 수업을 듣고 싶으므로 결국 일본어를 A클래스에서 B클래스로 바꾸고 필수 수업과 함께 수강하겠다고 말한다. 따라서 정답은 4번이다. 대화에서 반복해서 나오는 「取る」는 「授業を取る 수업을 듣다」라는 표현이다. '수업을 듣다'라고 하면 「授業を受ける」가 익숙하겠지만, 여기에서처럼 대학 수업의 '학점을 따다 (単位を取る)'라는 의미로 「授業を取る」를 사용하기도 한다.

3 🎧 055　　　　　　　　　　　　　　　　　문제편 353p

写真屋で女の人と店員が話しています。女の人はこの後どんなアルバムを注文しますか。

女　すみません、フォトアルバムをお願いしたいんですが。

男　はい、ありがとうございます。ページ数とサイズはどうしますか？

女　写真が100枚あるんですけど、そうするとページ数は100ページですよね。

男　1ページに4枚まで写真を入れられますので、そうすると25ページにできますよ。

女　あ、そうなんですか。でも、それだと写真が小さくなりますよね？

男　そうですねー。例えば、A5サイズのアルバムでしたら、1ページに2枚入れても普通の写真の大きさくらいにはなりますけど。

女　もっと大きいのもありますか？

男　最大A4サイズまであります。

女　あ、じゃあ、一番大きいサイズで。全部横向きの写真なので、1ページに2枚でお願いします。

男　かしこまりました。じゃあ、こちらの用紙にご記入をお願いします。

女の人はこの後どんなアルバムを注文しますか。

1　A5サイズで100ページのアルバム
2　A4サイズで100ページのアルバム
3　A5サイズで50ページのアルバム
4　A4サイズで50ページのアルバム

사진관에서 여자와 점원이 이야기하고 있습니다. 여자는 이 다음 어떤 앨범을 주문합니까?

여　실례합니다. 포토 앨범을 주문하고 싶은데요.
남　네, 감사합니다. 페이지 수와 사이즈는 어떻게 할까요?
여　사진이 100장 있는데요. 그러면 페이지 수는 100페이지인 거죠?
남　한 페이지에 4장까지 사진을 넣을 수가 있어서 그렇게 하면 25페이지로 만들 수 있습니다.
여　아, 그래요? 하지만 그렇게 하면 사진이 작아지겠네요.
남　그렇지요. 예를 들어 A5 사이즈의 앨범이면 한 페이지에 2장 넣어도 일반 사진 크기 정도는 되지만요.
여　좀 더 큰 것도 있나요?
남　최대 A4 사이즈까지 있습니다.
여　아, 그럼 가장 큰 사이즈로, 전부 가로 방향 사진이니까 한 페이지에 2장씩 부탁드리겠습니다.
남　알겠습니다. 그러면 여기 용지에 기입 부탁드립니다.

여자는 이 다음 어떤 앨범을 주문합니까?

1　A5 사이즈로 100페이지 앨범
2　A4 사이즈로 100페이지 앨범
3　A5 사이즈로 50페이지 앨범
4　A4 사이즈로 50페이지 앨범

정답 4

단어　写真 사진 | フォトアルバム 포토 앨범 | 横向き 가로 | 用紙 용지 | 記入 기입

해설　여자는 100장의 사진을 가장 큰 사이즈(A4)로 한 페이지에 2장씩 넣기를 원하므로 정답은 선택지 4번이다.

실전문제 ③

問題 1 문제 1에서는 먼저 질문을 들으세요. 그리고 이야기를 듣고 문제지의 1에서 4 중에서 가장 적당한 것을 하나 고르세요.

1 🎧 056　　　　　　　　　　　　　　　　　　문제편 354p

工場で男の人と女の人が話しています。女の人はこの後まず何をしますか。

男　陳さん、どう？作業は大丈夫？

女　はい。田中さんに教えていただいて、検品作業を進めています。

男　ここに入っているのが出来上がった製品だね。……ん？あ、これ、不良じゃないの？

女　え？

男　ほら、これ、ここ欠けてるよね。

女　え、これもダメなんですか？すみません。知りませんでした。

男　まぁ、田中が言うの忘れたんだろう。あとで言っとくよ。

女　すみません。

男　とりあえず、それはあっちの箱に入れといて。また紛れるといけないから。

女　はい。あの不良の箱ですよね。

男　うん。あと、終業前でいいから、作業報告にこのこと書いといて。

女　はい。分かりました。

男　あ、それから、事務の佐々木さんが書いて欲しい書類があるとか言ってたから、行ってきてくれるかな？あ、それも作業報告出すのと一緒でいいか。

女　あ、でも私も佐々木さんに用事があるので、これ入れたら、行ってきます。

男　うん。じゃあ、それ、よろしく頼むよ。

공장에서 남자와 여자가 이야기하고 있습니다. 여자는 이 다음 우선 무엇을 합니까?

남　진 씨, 어때? 작업은 괜찮아?

여　네. 다나카 씨에게 배워서 검품 작업을 진행하고 있습니다.

남　여기 들어 있는 게 완성된 제품이지. ……어? 아, 이거 불량 아니야?

여　네?

남　이것 봐. 여기 흠이 났잖아.

여　아, 이것도 불량인 건가요? 죄송합니다. 몰랐습니다.

남　뭐, 다나카가 말하는 걸 잊었겠지. 나중에 말해 둘게.

여　죄송합니다.

남　우선 그건 저기 상자에 넣어 둬. 다시 섞이면 안 되니까.

여　네. 저기 있는 불량(품) 상자 말이죠?

남　응. 그리고 업무 끝나기 전이면 되니까 작업 보고에 이 내용을 적어 둬.

여　네. 알겠습니다.

남　아, 그리고 사무과의 사사키 씨가 작성해 줬으면 하는 서류가 있다고 하니까 (사사키 씨에게) 다녀와 주겠어? 아, 그것도 작업 보고 내는 것과 같이 하면 돼.

여　아, 저도 사사키 씨에게 용무가 있으니 이걸 넣은 뒤에 다녀오겠습니다.

남　응. 그럼 그거 잘 부탁해.

女の人はこの後まず何をしますか。
1 製品を不良の箱に入れる
2 田中さんに不良のことを言う
3 作業報告を書く
4 佐々木さんのところに行く

여자는 이 다음 우선 무엇을 합니까?
1 제품을 불량(품) 상자에 넣는다
2 다나카 씨에게 불량에 관한 것을 말한다
3 작업 보고를 쓴다
4 사사키 씨가 있는 곳에 간다

정답 1

단어 作業 작업 | 検品 검품, 품질 검사 | 製品 제품 | 不良 불량 | 欠ける 흠지다, 빠지다 | 箱 상자 | 紛れる (뒤섞여) 헷갈리다 | 終業前 업무 종료 전 | 報告 보고 | 事務 사무 | 書類 서류

해설 '불량품이 섞이지 않게 상자에 넣는다 → 사사키 씨에게 다녀온다 → 업무가 끝나기 전에 작업 보고를 낸다'는 것이 여자의 업무 순서이므로, 여자가 가장 먼저 해야 하는 일은 선택지 1번이다.

2　🎧 057　　문제편 354p

男の人がイベントのボランティアの人たちに話しています。ボランティアの人たちはこの後何をしますか。

男 みなさん、いよいよ明日から約2週間にわたって「ワールドスカウトフェスティバル」が始まります。世界各国からボーイスカウトの方々が来て、それぞれの国の課題について学び合うという場ですので、ぜひスムーズにイベントが進むようにご協力お願いします。まずは、通訳担当の方は、向こうのスペースに集まってください。担当者が行きますので。それから、テント設営補助の担当の方は隣の部屋で早速ご説明したいと思います。あと、救護担当のグループは救護セットを確認しますので、担当の指示に従ってください。あとの方はお配りした紙を見ていただいて、分かれてください。では、よろしくお願いします。

남자가 이벤트 자원봉사자들에게 이야기하고 있습니다. 자원봉사자들은 이 다음 무엇을 합니까?

남 여러분, 드디어 내일부터 약 2주에 걸쳐 '세계 스카우트 축제'가 시작됩니다. 세계 각국에서 보이 스카우트 분들이 오셔서 각 나라의 과제에 대해 서로 배우는 자리이므로 부디 원활하게 이벤트가 진행되도록 협조 부탁드립니다. 우선 통역을 담당하는 분들은 건너편 공간에 모여 주세요. 담당자가 갈 겁니다. 그리고 텐트 설치 보조를 담당하는 분들은 옆 방에서 바로 설명해 드리겠습니다. 다음으로 구호를 담당하는 그룹은 구호 세트를 확인할 테니 담당자의 지시를 따라 주세요. 그 외 분들은 나눠 드린 종이를 보시고 (담당하는 그룹으로) 흩어져 주세요. 그럼 잘 부탁드리겠습니다.

ボランティアの人たちはこの後何をしますか。
1 ボーイスカウトの通訳をする
2 テントの説明をする
3 グループ分けの紙を配る
4 担当のグループに分かれる

자원봉사자들은 이 다음 무엇을 합니까?
1 보이 스카우트의 통역을 한다
2 텐트의 설명을 한다
3 (담당) 그룹을 분류한 종이를 나눠 준다
4 담당하는 그룹으로 흩어진다

정답 4

단어 ボーイスカウト 보이 스카우트 | 各国 각국 | 課題 과제 | 協力 협력 | 通訳 통역 | 担当者 담당자 | 設営 설영(시설·설비 등을 미리 준비함) | 補助 보조 | 早速 즉시 | 救護 구호 | 指示 지시

해설 남자는 자원봉사자들이 각자 담당하는 일에 따라 갈 곳을 설명하고 있다. 정답은 4번이다.

---

3   058   문제편 354p

女の学生が先生と話しています。女の学生はこの後どうしますか。

女 先生、すみません。山下ですが。
男 はーい。どうぞ。
女 失礼します。
男 どうしました？
女 明後日のゼミの発表のレジュメを作ったんですけど、ちょっと見ていただけないかと思って。
男 いいですよ。見せてください。うーん、そうだねぇ。ちょっと文が長いところがあるから、箇条書きにすると、分かりやすくなっていいと思うけど。
女 でもそうすると、2ページを超えてしまうんです……。あ、でも、図表をもう少し小さくすれば大丈夫かもしれません。
男 いや、あんまり小さくすると見づらくなっちゃうから、ちょっとね。行と行の間に少し余裕がありそうだから、狭くしてみたら？ そうすれば、1ページに入る分量が増えるよ。
女 読みにくくないでしょうか？
男 大丈夫だと思うよ。まあ、心配なら他の人にも見てもらうといいよ。それから、誤字脱字がないかどうか、チェック忘れないようにね。
女 はい。分かりました。ありがとうございました。

女の学生はこの後どうしますか。
1 文章の書き方を変える
2 図表を小さくする
3 行間を狭める
4 誤字脱字を直す

여학생이 선생님과 이야기하고 있습니다. 여학생은 이 다음 어떻게 합니까?

여 선생님, 실례합니다. 야마시타인데요.
남 네. 들어와요.
여 실례하겠습니다.
남 무슨 일이예요?
여 모레 있는 세미나 발표 요약문을 만들었는데, 좀 봐 주실 수 있을까 해서요.
남 좋아요. 보여 주세요. 음, 글쎄. 좀 글이 긴 부분이 있어서 항목별로 나눠 쓰면 이해하기 쉬워질 것 같은데.
여 근데 그렇게 하면 두 페이지가 넘어가서요……. 아, 하지만 도표를 조금 더 작게 하면 괜찮을지도 모르겠어요.
남 아니, 너무 작게 하면 보기가 힘들어 지니까 그건 좀. 행과 행 사이에 좀 여유가 있으니 좁혀 보면 어떨까? 그렇게 하면 한 페이지에 들어가는 분량이 늘어날 거야.
여 읽기 힘들지 않을까요?
남 괜찮을 것 같은데. 뭐, 걱정되면 다른 사람한테도 봐 달라고 하고. 그리고 오탈자가 있는지 어떤지 확인하는 것도 잊지 말고.
여 네. 알겠습니다. 감사합니다.

여학생은 이 다음 어떻게 합니까?
1 문장의 작성 방법을 바꾼다
2 도표를 작게 한다
3 행간을 좁힌다
4 오탈자를 고친다

정답 3

단어 ゼミ 세미나 | 発表 발표 | レジュメ 레쥬메, 발표 요약문 | 箇条書き 항목별로 씀 | 超える 넘다 | 図表 도표 | 行 행 | 分量 분량 | 誤字 오자 | 脱字 탈자 | 行間 행간 | 狭める 좁히다

해설 과제 이해(문제에서 주어진 일을 해야 하는) 문제에서는 과제를 수행하는 사람이 상대의 말을 수긍하는 대답으로 '네, 알겠습니다' 또는 '네, 그렇게 하겠습니다'가 많이 나오는데, 어떤 말에 대한 대답인지를 파악해야 한다. 이 문제에서 과제를 수행하는 사람(여자)에게 상대(남자)가 하는 조언은 '행간을 좁히는 것'이다. 도표를 작게 만드는 것은 과제 수행자가 제안한 것이지만 이에 대해 상대는 부정적으로 반응하고 있으므로 선택지 3번이 정답이다.

실전문제 ④

問題 1 문제 1 에서는 먼저 질문을 들으세요. 그리고 이야기를 듣고 문제지의 1에서 4 중에서 가장 적당한 것을 하나 고르세요.

1 🎧 059 　　　　　　　　　　　　　　문제편 355p

不動産屋の店員と男の人が話しています。男の人はこの後いくらお金を払いますか。

女 では、こちらのお部屋のご契約ということでよろしいですね。

男 はい。お願いします。

女 では、ご契約書の確認をお願いいたします。こちらのお部屋の家賃が、1か月10万円で、ただいま春の新生活キャンペーンということで3か月間お家賃が10％オフになります。こちらは口座引き落としということになりますが、引き落としが始まるまでに1か月ほどかかりますので、その間のひと月分は現金で本日お支払いいただきます。

男 分かりました。

女 それから、退去後のお部屋のクリーニング代として家賃2か月分をお預かりさせていただきます。こちらはお部屋の退去後わたくしどもでチェックさせていただきまして、クリーニングの程度に応じてこちらから引かせていただきます。残金はそのあとお客様の口座にお振込みいたします。よろしいでしょうか。

男 はい。大丈夫です。

부동산 사무실 직원과 남자가 이야기하고 있습니다. 남자는 이 다음 얼마를 지불합니까?

여 그러면 이 방을 계약하시는 거죠?

남 네. 부탁드립니다.

여 그럼 계약서 확인을 부탁드립니다. 이 방의 방세는 한 달에 10만 엔인데 현재 봄철 신생활 캠페인 중이어서 3개월 동안 방세가 10% 할인됩니다. 이쪽은(방세는) 계좌 자동이체로 지불해야 하지만, 이체가 시작되기까지 한 달 정도 시간이 걸리니, 그때까지의 한 달 치는 현금으로 오늘 지불해 주세요.

남 알겠습니다.

여 그리고 퇴실 후 방 청소 비용으로 방세 2개월분을 미리 맡아 두겠습니다. 이 돈은 퇴실 후에 저희가 방을 확인해서 청소 상태에 따라 여기서 빼겠습니다. 잔금은 그 후에 고객님의 계좌로 이체해 드리겠습니다. 괜찮으십니까?

남 네. 괜찮습니다.

男の人はこの後いくらお金を払いますか。
1 9万円
2 10万円
3 27万円
4 29万円

남자는 이 다음 얼마를 지불합니까?
1 9만 엔
2 10만 엔
3 27만 엔
4 29만 엔

정답 4

단어 契約書 계약서 | 家賃 집세 | オフ 할인 | 口座引き落とし 계좌 자동이체 | 支払い 지불 | 退去 퇴거, 퇴실 | 残金 잔금

해설 퇴실 후 청소 비용이라는 명목으로 방세 2개월분 20만 엔과 방세 첫 달 치인 10만 엔도 지불하고 들어가야 한다. 그러나 방세의 경우 3개월 동안은 캠페인으로 10% 할인이 되므로 총 29만 엔을 지불해야 한다.

2　060

会社で女の人と男の人が話しています。女の人はこの後まず何をしますか。

女　課長、次の「ゆめバスツアー」のプラン案なんですけど、ちょっと見ていただけますか。

男　ああ、この間言ってたやつね。どれどれ。うーん、お昼はこの時間で大丈夫？ちょっと短い気がするけど。

女　ここは料理が出てくるのが早いので、だいたいこのくらいでお帰りになる方が多いと、お店の方が言ってました。

男　そうか。移動の時の渋滞は見込んである？この辺、混むだろう？

女　向こうの営業所に調べてもらいましたが、30分もあれば十分だとのことです。

男　ならいいな。ここの工場見学は、これ団体料金か？ちょっと高い気がするけど。

女　はい。30人までの団体料金です。

男　30人？バスにはもっと乗るだろう。人数増えれば安くなるかどうか、もう一度聞いてみて。

女　分かりました。すぐ問い合わせます。

男　そのくらいかな。プランは大丈夫そうだから、後は写真を撮ってパンフレットを作らないとな。

회사에서 여자와 남자가 이야기하고 있습니다. 여자는 이 다음 우선 무엇을 합니까?

여　과장님, 다음 '드림 버스 투어' 플랜 건입니다만 좀 봐주시겠습니까?

남　아, 일전에 말한 거지? 어디 볼까? 음, 점심은 이 시간으로 괜찮을까? 좀 짧은 느낌이 드는데.

여　여기는 요리가 빨리 나와서 대략 이 정도 시간이면 다 먹고 돌아가는 손님이 많다고 점원이 말했습니다.

남　그렇군. 이동할 때의 도로 정체는 감안했고? 이 주변 길이 막히잖아?

여　그 쪽 영업소가 알아봐 주었는데 30분이면 충분하다고 합니다.

남　그러면 다행이고. 여기 공장 견학은 단체 요금이야? 좀 비싼 느낌이 드는데.

여　네. 30명까지인 단체 요금입니다.

남　30명? 버스에는 더 탈 거잖아? 인원수가 늘어나면 싸지는지 어떤지 다시 한번 물어봐.

여　알겠습니다. 바로 문의해 보겠습니다.

남　그 정도일 것 같네. 플랜은 괜찮은 것 같으니 이제 사진을 찍어서 팸플릿을 만들어야지.

女　写真は来週撮りに行く予定です。パンフレットはそれと同時進行で取りかかる予定です。

男　そうか。じゃあ、よろしく頼むよ。

女の人はこの後まず何をしますか。
1　スケジュールを変更する
2　団体料金を確認する
3　写真を撮りに行く
4　パンフレットを作る

여　사진은 다음 주에 찍으러 갈 예정입니다. 팸플릿은 그와 동시 진행으로 착수할 예정입니다.

남　그래. 그럼 잘 부탁하네.

여자는 이 다음 우선 무엇을 합니까?
1　스케줄을 변경한다
2　단체 요금을 확인한다
3　사진을 찍으러 간다
4　팸플릿을 만든다

정답 2

단어 ~気がする ~(한) 느낌이 들다 | 渋滞 교통 체증, 정체 | 見込む 예상하다, 감안하다 | ~とのことだ ~라고 한다 | 人数 인원수 | 進行 진행 | 取りかかる 착수하다, 매달리다

해설 남자의 '인원수가 늘어나면 싸지는지(더 할인을 받을 수 있는지) 확인해 보라'는 말에 여자는 '바로 문의해 보겠다'고 대답하고 있으므로 여자가 가장 먼저 할 일은 선택지 2번이다. 3번의 사진은 다음 주에 찍으러 간다고 하고 4번의 팸플릿은 사진과 동시에 작업하므로 답이 될 수 없다.

3　🎧 061　　　　　　　　　　　　　　　　　　　　문제편 355p

電話で男の人と女の人が話しています。女の人はこの後どうしますか。

男　もしもし、さくらカルチャーセンターの斎藤ですが、鈴木優子先生でいらっしゃいますか。

女　はい、そうです。

男　すみません。実は、こちらでやっている英会話講座の先生が体調を崩されて、お休みすることになってしまって。で、代わりの先生を探しているんです。それで、以前こちらで講座をされていた鈴木先生に代わりをお願いできないかと思って、お電話した次第なんですが。

女　できないことはないですけど……。その担当されていた先生というのはどなたですか。

男　サラ・リチャードソン先生です。

女　あ、ネイティブの方ですか。そうすると、生徒さんたちもネイティブの先生に習いたがっていらっしゃると思うので、ネイティブの方を探したほうがいいんじゃないでしょうか。

전화로 남자와 여자가 이야기하고 있습니다. 여자는 이 다음에 어떻게 합니까?

남　여보세요. 사쿠라 문화 센터의 사이토입니다만, 스즈키 유코 선생님이십니까?

여　네, 그렇습니다.

남　실례합니다. 실은 여기서 하고 있는 영어 회화 강좌의 선생님께서 몸이 안 좋아 쉬게 되어서 대신할 선생님을 찾고 있습니다. 그래서 예전에 여기서 강의를 하셨던 스즈키 선생님께 대신해 주시길 부탁드릴 수는 없을까 해서 전화를 드린 바입니다.

여　못 할 것은 없는데요……. 그 담당하셨던 선생님은 누구십니까?

남　사라 리처드슨 선생님입니다.

여　아, 원어민 분인가요? 그렇다면 학생분들도 원어민 선생님께 배우고 싶어 하시리라 생각하는데, 원어민 분을 찾는 편이 낫지 않을까요?

男 はい、そう思って他のネイティブの先生にも打診したんですけど、皆さんお忙しくて……。

女 そうですか。うーん、私もネイティブの先生は知り合いにはいないんですよね。友人だったらいるんですけど。でも、先生じゃないとダメですよね？

男 うーん、そうですねぇ。できればそのほうがいいですね。英会話と言っても、サラ先生も日本語で文法とか教えていらっしゃったみたいですし。それで、日本人の方でもいいかなと思ったんですが。

女 あ、そうなんですか。うーん、私はちょっと難しいので、知り合いの先生を当たってみましょうか。

男 いいですか？ぜひお願いします！

女 分かりました。

女の人はこの後どうしますか。
1 代わりの講師を引き受ける
2 ネイティブの知り合いに頼む
3 ネイティブの先生を探す
4 日本人の先生を探す

남 네. 그렇게 생각해서 다른 원어민 선생님에게도 타진해 보았지만, 모두 바쁘셔서…….

여 그렇습니까? 음, 저도 아는 사람 중에 원어민 선생님은 없네요. 친구라면 있습니다만 선생님이 아니면 안 되는 거죠?

남 음, 글쎄요. 가능하면 그 (선생님인) 편이 좋겠는데요. 영어 회화라고 해도 사라 선생님도 일본어로 문법 등을 가르치셨던 것 같으니까요. 그래서 일본 분도 괜찮지 않을까 생각했습니다만.

여 아 그래요? 음, 저는 좀 어려울 것 같으니 아는 선생님에게 물어볼까요?

남 그렇게 해 주실 수 있나요? 꼭 부탁드립니다.

여 알겠습니다.

여자는 이 다음에 어떻게 합니까?
1 대신 강사를 맡는다
2 원어민 지인에게 부탁한다
3 원어민 선생님을 찾는다
4 일본인 선생님을 찾는다

정답 4

단어 講座 강좌 | 体調を崩す 몸 상태가 나빠지다 | ～次第だ ~(하)는 바이다 | 打診 타진 | 当たってみる (의향을) 떠보다, 알아 보다

해설 여자는 강좌가 원어민 회화이므로 원어민 선생님이 좋지 않겠냐고 묻고 이에 남자는 원어민이면 좋겠지만 문법 설명 등도 있어서 일본인 강사도 괜찮다고 한다. 이에 여자는 지인 중에는 원어민 선생님이 없고 자기 역시 수업은 힘들 것 같으니 일본인 선생님을 알아 보겠다고 말한다. 따라서 정답은 4번이다.

실전문제 ⑤

問題1 문제 1 에서는 먼저 질문을 들으세요. 그리고 이야기를 듣고 문제지의 1에서 4 중에서 가장 적당한 것을 하나 고르세요.

1　🎧062　　　　　　　　　　　　　　　　　　　　　　　　　　문제편 356p

大学で男の学生と女の学生が話しています。男の学生はこの後何をしますか。

대학에서 남학생과 여학생이 이야기하고 있습니다. 남학생은 이 다음에 무엇을 합니까?

男 先輩、レポートが書けなくて締め切り間近でやばいです。どうしたらいいですか。
女 何のレポート？
男 日本文化Bです。テーマは、江戸時代の結婚についてなんですけど、自分でテーマを絞り込んで書けって言われてて。何を書けばいいのか……。インターネットで調べてるんですけど、いろいろ出てきて絞れないんです。
女 インターネットはやめなさいって。本を読まなきゃ。図書館で探せるでしょう？
男 でももう本1冊読んでる時間がないです。
女 だったら論文は？本より多少難しいけど、短いから2、3本くらいは読めるでしょう。
男 うーん。そうですねぇ。でも、それってどうやって探せばいいんですか。
女 インターネットの論文検索サイトでキーワードを入れて、興味があるタイトルのものを読めばいいと思うよ。そういうのって最後には参考文献が書いてあるから、そこからまた読みたいのを探せば他にも似たようなものが見つかるよ。
男 なるほど。やってみます。

男の学生はこの後何をしますか。
1 レポートのタイトルを考える
2 図書館で本を借りる
3 インターネットで記事を読む
4 論文を探す

남 선배님, 리포트를 쓰지 못했는데 마감이 임박해서 큰일이에요. 어떻게 하면 좋을까요?
여 무슨 리포트?
남 일본 문화 B요. 테마는 에도 시대의 결혼에 관해서인데, 스스로 테마를 세부적으로 정해서 쓰라고 해서요. 무엇을 쓰면 좋을지……. 인터넷으로 조사하고 있는데 여러 가지가 나와서 좁힐 수가 없어요.
여 인터넷에서는 찾지 마. 책을 읽어야지. 도서관에서 찾을 수 있잖아.
남 하지만 이제 책 한 권 읽을 시간도 없어요.
여 그럼 논문은? 책보다 좀 어렵겠지만 짧으니까 두세 권 정도는 읽을 수 있을 거야.
남 음. 그렇네요. 하지만 그것(논문)은 어떻게 찾으면 될까요?
여 인터넷 논문 검색 사이트에서 키워드를 치고 관심이 있는 타이틀의 논문을 읽으면 돼. 논문에는 마지막에 참고 문헌이 적혀 있으니 거기에서 다시 읽고 싶은 걸 찾으면 그 밖에도 비슷한 것을 찾을 수 있을 거야.
남 그렇군요. 해 볼게요.

남학생은 이 다음에 무엇을 합니까?
1 리포트의 제목을 생각한다
2 도서관에서 책을 빌린다
3 인터넷에서 기사를 읽는다
4 논문을 찾는다

정답 4

단어 締め切り 마감 | 間近 (시간, 거리 등이) 얼마 남지 않음, 임박함 | 絞り込む 쥐어짜다, 범위를 축소하다(좁히다) | 論文 논문 | 検索 검색 | 参考文献 참고 문헌

해설 남자의 과제 리포트에 대해 여자는 인터넷에서 자료를 찾지 말고 책을 읽으라고 권한다. 그러자 남자는 시간이 없다고 호소하고 여자는 이에 대한 대책으로 논문을 읽으라고 권한다. 이에 남자도 해 보겠다고 말하고 있으므로 정답은 선택지 4번이 된다.

2 🎧 063 　　　　　　　　　　　　　　　　　문제편 356p

会社で男の人と女の人が話しています。女の人はこの後何をしますか。

男　よし。じゃあ、明日の出張の確認をするか。
女　資料と契約書はこれでいいんだよね。
男　契約書は…いいな。資料は…うん？これ、向こうの人の分はこれでいいけど、僕たちの分は？
女　え、要るの？
男　今回は渡すだけじゃなくて、少し説明しなきゃいけないところがあっただろう？
女　じゃあ、コピーしなきゃ。
男　あとは……、向こうの場所は大丈夫だよな。
女　うん。頭に入ってる。
男　それもプリントアウトしておいたほうがいいよ。迷うといけないから。
女　そう？じゃあ、やっておく。
男　いいや。それは俺がやっとく。君はコピーをやっといてよ。
女　わかった。
男　あと、明日、新幹線の切符買うとき、領収書、忘れないようにな。
女　往復二人分の切符と領収書ね。わかった。

女の人はこの後何をしますか。
1　契約書を修正する
2　資料をコピーする
3　地図を印刷する
4　切符の領収書をもらう

회사에서 남자와 여자가 이야기하고 있습니다. 여자는 이다음 무엇을 합니까?

남　자, 그럼 내일 출장 확인을 해 볼까?
여　자료와 계약서는 이걸로 되겠지?
남　계약서는… 괜찮아. 자료는… 응? 이거, 상대편 건 이걸로 되는데 우리 건?
여　응? 필요해?
남　이번에는 건네주기만 하는 게 아니라 조금 설명해야 할 부분이 있었잖아.
여　그럼 복사해야 겠네.
남　그리고……, 상대편 장소는 괜찮은 거지?
여　응. 머릿속에 들어있어.
남　그것도 프린트해 두는 편이 좋아. 헤매면 안 되니까.
여　그래? 그럼 해 둘게.
남　아니. 그건 내가 할게. 너는 복사를 해 놔.
여　알았어.
남　다음은, 내일 신칸센 표 살 때 영수증 잊지 마.
여　왕복 2명분 표하고 영수증이지. 알겠어.

여자는 이 다음 무엇을 합니까?
1　계약서를 수정한다
2　자료를 복사한다
3　지도를 인쇄한다
4　차표 영수증을 받는다

정답 2

단어 契約書 계약서 | ～しなきゃいけない ～하지 않으면 안 된다, ～해야 한다 | 切符 표, 차표 | 領収書 영수증 | 往復 왕복 | 印刷 인쇄

해설 남자는 여자에게 이번 출장에서는 상대방에게 서류만 전달하는 것이 아니라 설명이 필요하므로 이쪽이 볼 서류도 복사해 놓으라고 말한다. 지도는 남자가 인쇄를 하겠다고 하고 차표 영수증은 오늘 해야 하는 일이 아니므로 정답은 2번이다.

3 🎧 064

大学で女の学生と男の先生が話しています。女の学生はこの後何をしますか。

女　先生、すみません。この間、お送りした卒論、見ていただけたでしょうか。

男　ああ、うん。えーと、あ、これだね。

女　はい。やっぱりもう少し先行研究を探したほうがいいでしょうか。

男　うーん、そこはいいんじゃないかな。十分だと思うよ。あ、でも、ここにあるこの論文、参考文献になかったんだけど。ほら。

女　あ、すみません。足しておきます。研究課題と分析はどうでしょうか。

男　分析はいいけど、研究課題と結論がちょっとずれてる感じがするな。

女　そうですか。研究課題を結論に合わせて書き直したほうがいいでしょうか。

男　いやー、そこまでじゃないから、結論をすこし直せばいいんじゃないかな。まあ、そこはまたもう少し読んでみるから、また来週話そうか。

女　はい。

男　じゃあ、さっき言ったのを直して、もう一回送ってくれるかな。

女　分かりました。

女の学生はこの後何をしますか。
1　先行研究を追加する
2　参考文献を修正する
3　研究課題を書き直す
4　分析を書き加える

대학에서 여학생과 남자 선생님이 이야기하고 있습니다. 여학생은 이 다음 무엇을 합니까?

여　선생님 죄송합니다. 요전에 보내 드린 졸업 논문 보셨는지요?

남　음, 그러니까. 아, 이거지?

여　네. 역시 조금 더 선행 연구를 찾아 보는 게 좋을까요?

남　음. 그건 괜찮은 것 같은데. 충분하다고 생각해. 아, 하지만 여기에 있는 이 논문, 참고 문헌에는 없었는데. 이거 봐.

여　아, 죄송합니다. 추가해 두겠습니다. 연구 과제와 분석은 어떤가요?

남　분석은 좋지만 연구 과제와 결론이 좀 어긋난 듯한 느낌이 들어.

여　그런가요. 연구 과제를 결론에 맞춰서 다시 쓰는 편이 좋을까요?

남　아니. 그 정도는 아니니까 결론을 조금 고치면 되지 않을까? 음, 그 부분은 다시 좀 더 읽어 볼 테니까 다음 주에 다시 이야기할까?

여　네.

남　그럼 아까 말한 부분을 고쳐서 다시 한번 보내 줄래?

여　알겠습니다.

여학생은 이 다음 무엇을 합니까?
1　선행 연구를 추가한다
2　참고 문헌을 수정한다
3　연구 과제를 다시 쓴다
4　분석을 추가로 적는다

정답 2

단어 卒論 졸업 논문 ｜ 先行研究 선행 연구 ｜ 足す 더하다, 추가하다 ｜ 分析 분석 ｜ ずれる 어긋나다, 벗어나다

해설 참고 문헌 정리가 부족하고 연구 과제에 수정할 부분이 있으나 연구 과제 쪽은 조금 더 생각해 보기로 했으므로 2번이 정답이다.

問題 2 포인트 이해

실전문제 정답 및 해설

정답

실전문제 ①	1	4	2	2	3	1
실전문제 ②	1	3	2	2	3	1
실전문제 ③	1	2	2	4	3	3
실전문제 ④	1	2	2	3	3	3
실전문제 ⑤	1	2	2	2	3	4

실전문제 ①

問題 2 　문제 2에서는 먼저 질문을 들으세요. 그 후 문제지의 선택지를 읽으세요. 읽을 시간이 있습니다. 그리고 이야기를 듣고 문제지의 1에서 4 중에서 가장 적당한 것을 하나 고르세요.

1　🎧 065　　　　　　　　　　　　　　　　　　　　　　　　　　　　　문제편 357p

市役所で市民課の課長と女の職員が話しています。タクシーの割引サービスの利用者が増えないのはどうしてですか。

女　課長、アンケートの結果なんですが、タクシーの割引サービスの。タクシー乗り場や駅にポスターを貼ったことで利用対象者である高齢者や障害者の方たちの認知度は約6割と、まずまずでした。ただ、実際に利用したことがある人はそのうちの2割ほどでした。

男　そっか、まだ少ないね。でも、それじゃ、病院や買い物へは何で行ってるの？

女　それなんですが、家族から運転するなと言われてる人が、アンケートでも多かったです。

男　最近、高齢者が運転する車の事故が増えてるからね。じゃ、家族が連れて行ってるわけ？

女　はい。でも、家族に気を使うので、タクシーの割引制度自体は助かる、続けてほしいって意見が大半です。ただ……。

시청에서 시민과 과장과 여직원이 이야기하고 있습니다. 택시 할인 서비스의 이용자가 늘지 않는 것은 어째서입니까?

여　과장님, 앙케트 결과인데요. 택시 할인 서비스요. 택시 승강장이나 역에 포스터를 붙였을 때 (서비스) 이용 대상자인 고령자와 장애인 분들의 인지도는 약 60퍼센트로 그럭저럭이었습니다. 다만 실제로 이용한 적이 있는 사람은 그 중 20퍼센트 정도였습니다.

남　그렇군. 아직 (이용자가) 적네. 그런데, 그럼 병원과 쇼핑은 무엇으로 가고 있는 거지?

여　그게 말인데요. 가족에게 운전하지 말라는 말을 들었다는 사람이 앙케트에서도 많았습니다.

남　최근 고령자가 운전하는 차 사고가 늘고 있으니까. 그럼 가족이 모시고 가는 건가?

여　네. 하지만 가족을 신경쓰게 만들기 때문에 택시 할인 제도 자체는 도움이 된다, 계속해 주길 바란다는 의견이 대부분입니다. 단지…….

男 ただ、何？

女 申し込みのために、書類をそろえなければならないことや、手続きに費用がかかることや、それを払うのに市役所まで来なければならない……。

男 煩雑ってことか。手続きが。じゃ、その点を改善できるか、検討してみよう。

タクシーの割引サービスの利用者が増えないのはどうしてですか。
1 多くの人に知られていないから
2 タクシーの事故が増えているから
3 家族に気を使うから
4 申し込みの手続きが面倒だから

남 단지 뭐?

여 신청하려면 서류를 갖춰야 한다는 점과 수속에 비용이 든다는 점, 그 비용을 지불하려면 시청까지 와야만 하는…….

남 절차가 복잡하다는 건가. 그럼 그 점을 개선할 수 있는지 검토해 보자.

택시 할인 서비스의 이용자가 늘지 않는 것은 어째서입니까?
1 많은 사람에게 알려져 있지 않아서
2 택시 사고가 늘고 있어서
3 가족을 신경 써서
4 신청 절차가 번거로워서

정답 4

단어 市役所 시청 | 割引サービス 할인 서비스 | アンケート 앙케트 | ポスター 포스터 | 貼る 붙이다 | 高齢者 고령자 | 障害者 장애인 | 認知度 인지도 | まずまず 그럭저럭, 그런대로 | 気を使う 신경을 쓰다 | 申し込み 신청 | 手続き 수속, 절차 | 煩雑 번잡, 복잡 | 改善 개선 | 検討 검토

해설 앞부분의 설명이 길었던 것치고는 마지막에 완벽하게 답을 던져주는 고마운 유형의 문제이다. 이번 문제처럼 신청 절차가 복잡하다는 내용이 나올 때는 「煩わしい 번거롭다, 귀찮다, 성가시다」, 「ややこしい 복잡해서 알기 어렵다, 까다롭다」, 「厄介だ 귀찮다, 성가시다」, 「簡潔化 간결화」 등의 어휘들도 자주 등장하므로 꼭 숙지해 두자.

2 🎧 066　　　　　　　　　　　　　　　　　　　　　　문제편 357p

ハイキングコースの山道で、女の人と男の人が花の本を見ながら話しています。女の人がこの本を選んだのは、どうしてだと言っていますか。

女 ねえ、ちょっと待って。この花は何かな。

男 えっ、またその本、調べるの。

女 だって、せっかく買ったんだから、ちょっと待ってよ。これこれ、これでしょ。この写真の、ほら、ノースポールって花でしょ。

男 うーん、そうみたいだけど。でも、葉っぱの形はちょっと違うよ。

女 そっか。別の花かな。花の見分け方をイラストで説明してあるのもあったんだけど、そっちにすべきだった

하이킹 코스인 산길에서 여자와 남자가 꽃에 관한 책을 보면서 이야기하고 있습니다. 여자가 이 책을 고른 것은 어째서라고 말하고 있습니까?

여 저기 잠깐 기다려. 이 꽃은 뭘까?

남 어, 또 그 책을 찾아보는 거야?

여 그야 모처럼 샀으니까. 잠깐 기다려. 이거, 이거, 이거지? 이 사진의, 봐, 노스폴이라는 꽃이잖아.

남 음, 그런 것 같네. 하지만 잎 모양은 좀 달라.

여 그런가? 다른 꽃인가? 꽃 구분법이 삽화로 설명되어 있는 것도 있었는데, 그걸로 했어야 하나? 그것도 들고

かな。そっちも持ち歩くには便利なサイズだったんだけど。こっちのほうが写真が大きかったから…。

男　まあ、どっちにしても、そういうコンパクトな図鑑は、説明が簡単なものになっちゃうから、名前を特定するのは難しくなるよね。とにかくその花、写真に撮って、家に帰ってゆっくりネットででも調べたら？

女　うん、そうするね。

女の人がこの本を選んだのは、どうしてだと言っていますか。
1　イラストが豊富で持ち歩くのに便利だったから
2　コンパクトで写真も大きかったから
3　小さくても説明が詳しかったから
4　ネットでも調べられるから

다니기에는 편한 사이즈였는데. 이쪽이 사진이 커서….

남　뭐, 어느 쪽으로 해도 그런 콤팩트한 도감은 설명이 간단해서 꽃 이름을 특정하기가 어려워. 어쨌든 그 꽃은 사진 찍어서 집에 가서 천천히 인터넷에서라도 찾아보면 어때?

여　응, 그렇게 할게.

여자가 이 책을 고른 것은 어째서라고 말하고 있습니까?
1　삽화가 풍부하고 들고 다니기에 편리해서
2　콤팩트하고 사진도 커서
3　작아도 설명이 상세해서
4　인터넷에서도 찾아볼 수 있어서

정답 2

단어 ハイキングコース 하이킹 코스 | 山道 산길 | 調べる 조사하다 | 葉っぱ 잎 | 見分け 구분, 구별 | 持ち歩く 들고(가지고) 다니다 | コンパクト 콤팩트, 작은 사이즈, 간결함 | 図鑑 도감 | 特定 특정 | 豊富 풍부

해설 이야기의 흐름 속에서 지시어를 잘 이해하고 있는지를 묻는 문제이다. 여자의 세 번째 대사에서 언급되는 「そっち」는 여자가 선택하지 않은 책을 가리키고 「こっち」는 여자가 구입해서 산에도 가지고 온 콤팩트하면서 큰 사진이 실려있는 책을 말한다. 따라서 정답은 2번이다.

3　🎧 067　　문제편 357p

ラジオでアナウンサーが話しています。観光客に一番人気があるお土産は何ですか。

男　日本を訪れる外国人観光客は、日本でどんなものを買って帰るのでしょうか。日本のお土産で人気なのは、日本的なデザインの雑貨。例えば、桜や富士山がデザインされたTシャツやキーホルダーなどで、日本の伝統工芸品などは高くて手が出ない人でも、これなら手軽に買い求められるからでしょう。また、食べ物の中では、チョコレートやクッキーを選ぶ人が一番多いようです。金額の面では、日本製の電化製品類が上位を占めていますが、外国人の人気度調査では、1位から5位までを全て、安くて日本らしさが感じられる、グッズ類が占めています。

라디오에서 아나운서가 이야기하고 있습니다. 관광객에게 가장 인기가 있는 기념품은 무엇입니까?

남　일본을 방문하는 외국인 관광객은 일본에서 어떤 것을 사서 돌아갈까요? 일본의 기념품으로 인기가 있는 것은 일본적인 디자인의 잡화. 예를 들면 벚꽃이나 후지산이 디자인된 티셔츠나 키홀더 등으로, 일본 전통 공예품 같은 것은 비싸서 살 엄두가 나지 않는 사람이라도 이거라면 부담 없이 살 수 있기 때문일 것입니다. 또한 식품 중에서는 초콜릿이나 쿠키를 고르는 사람이 가장 많은 듯합니다. 금액 면에서는 일본제 전자 제품류가 상위를 차지하고 있지만, 외국인의 인기도 조사에서는 1위에서 5위까지를 모두 저렴하고 일본스러움을 느낄 수 있는 상품류가 차지하고 있습니다.

観光客に一番人気があるお土産は何ですか。
1 日本的なデザインの雑貨
2 日本の伝統工芸品
3 お菓子などの食べ物
4 日本製の電化製品

관광객에게 가장 인기가 있는 기념품은 무엇입니까?
1 일본적인 디자인의 잡화
2 일본의 전통 공예품
3 과자 등의 먹을 것
4 일본제 전자 제품

정답 1

단어 訪れる 방문하다 | お土産 선물 | 雑貨 잡화 | キーホルダー 키홀더 | 伝統工芸品 전통 공예품 | 手が出ない 자신의 능력으로는 어찌할 방법이 없다 | 手軽に 손쉽게, 간편하게 | 買い求める 구매하다 | チョコレート 초콜릿 | クッキー 쿠키 | 上位 상위 | 占める 차지하다 | 日本らしさ 일본스러움, 일본다움 | グッズ類 상품(굿즈)류

해설 전체 내용은 외국인 관광객에게 인기가 있는 일본 상품이 무엇인가를 설명하고 있다. 대화의 서두 부분에서 「日本的なデザインの雑貨 일본적인 디자인의 잡화」라는 말이 나오고 마지막 부분에서 다시 한번 「安くて日本らしさが感じられるグッズ 저렴하고 일본스러움을 느낄 수 있는 상품」이라고 표현을 바꾸어 답을 찾는 힌트를 주었다. 따라서 정답은 1번이다.

실전문제 ②

問題2 문제2에서는 먼저 질문을 들으세요. 그 후 문제지의 선택지를 읽으세요. 읽을 시간이 있습니다. 그리고 이야기를 듣고 문제지의 1에서 4 중에서 가장 적당한 것을 하나 고르세요.

1 🎧 068 문제편 358p

男の学生と女の学生が話しています。男の学生が就職先を決めた一番大きな理由は何ですか。

女 長井君、おめでとう。銀行に決まったんだってね。お父さん、銀行員だからお父さんにすすめられたの？

男 いや、うちの親は僕の意見を尊重してくれるし、母なんかは、転勤が多くて苦労したから、すすめたくないって、いつも言ってたし。

女 ふーん、でも長井君、法学部だから意外だったな。てっきり法律関係の仕事を狙ってると思ってたよ。

男 銀行の業務にも、法学部ならではの強みを活かせる部署はあるよ。

女 じゃ、それで？

男 それもあるけど、仕事柄、融資の相談とか提案とかで、企業の経営者たちと接点が持てるし、それが結構若い時からできるというのが、銀行員という仕事の魅力なんじゃないのかな。

남학생과 여학생이 이야기하고 있습니다. 남학생이 취직자리를 결정한 가장 큰 이유는 무엇입니까?

여 나가이 군, 축하해. 은행으로 결정됐다면서. 아버지가 은행원이시니까, 아버지께 추천받은 거야?

남 아니. 우리 부모님은 내 의견을 존중해 주셔. 그리고 어머니는 전근이 많아서 고생하셨기 때문에 (은행원은) 추천하고 싶지 않다고 항상 말씀하셨어.

여 흠, 그래도 나가이 군은 법학부라서 의외였어. 틀림없이 법률과 관계된 일자리를 노릴 거라고 생각했어.

남 은행 업무에서도 법학부만의 강점을 살릴 수 있는 부서는 있어.

여 그럼, 그래서?

남 그것도 있지만 직업상 융자 상담이나 제안 같은 거에서 기업의 경영자들과 접점을 가질 수 있고, 그게 꽤 젊을 때부터 가능하다는 게 은행원이라는 직업의 매력이 아닐까?

男の学生が就職先を決めた一番大きな理由は何ですか。
1 親にすすめられたから
2 学んだことが活かせるから
3 企業の経営者たちと知り合いになれるから
4 若い時にしかできない魅力的な仕事だから

남학생이 취직자리를 결정한 가장 큰 이유는 무엇입니까?
1 부모님께 추천받아서
2 배운 것을 살릴 수 있어서
3 기업 경영자들과 지인이 될 수 있어서
4 젊을 때밖에 할 수 없는 매력적인 일이라서

[정답] 3

[단어] 就職先 취직처, 취직자리 | すすめる 추천하다 | 転勤 전근 | 苦労 고생 | 法学部 법학부 | てっきり 틀림없이 | 仕事を狙う 일을 노리다(목표로 하다) | 業務 업무 | ～ならではの ～밖에 할 수 없는, ~특유의 | 部署 부서 | 仕事柄 직업(관계)상 | 融資 융자 | 提案 제안 | 接点 접점

[해설] 남자가 취직한 회사를 결정한 이유는 가장 마지막 대사에서 나오는 「企業の経営者たちと接点が持てる 기업의 경영자들과 접점을 가질 수 있다」는 대목에서 알 수 있다. 기업 경영자들과 교류할 수 있는 기회를 가질 수 있어서 회사를 정했다는 의미이므로 선택지 3번이 정답이다.

---

2 069

テレビでレポーターが話しています。田中さんが会社を整理するのはどうしてですか。

女 ハブブラシと呼ばれる自転車の車軸についていたカラフルなブラシ。最近あまり、見かけることも少なくなりました。以前は小売店がサービスでつけていたこのハブブラシですが、今ではカッコ悪いと煙たがられる存在になっているようです。現在もハブブラシの製造を続けている、こちらの会社でも、社長の田中さんは、このままではいつまで続けられるか不安だ。まだ月に5千本ほどの注文はあるけれど、今仕入れてある材料がなくなったら会社を整理するつもりだと話していました。

田中さんが会社を整理するのはどうしてですか。
1 小売店がハブブラシの無料サービスを始めたから
2 注文がどんどん減っていきそうだから
3 注文が来なくなってしまったから
4 材料がなくなってしまうから

텔레비전에서 리포터가 이야기하고 있습니다. 다나카 씨가 회사를 정리하려는 것은 어째서입니까?

여 허브 브러시라고 하는 자전거의 차축에 붙어 있던 컬러풀한 브러시. 최근에는 별로 볼 기회도 적어졌습니다. 예전에는 소매점이 서비스로 붙여 주었던 이 허브 브러시입니다만, 요즘은 볼품없다며 사람들이 거북스러워 하는 존재가 된 듯합니다. 지금도 허브 브러시를 계속 제조하고 있는 이 회사에서도, 사장인 다나카 씨는 이대로라면 언제까지 계속할 수 있을지 불안하다. 아직 한 달에 5천 개가량의 주문이 들어오고는 있지만, 지금 매입한 재료가 다 떨어지면 회사를 정리할 생각이라고 이야기했습니다.

다나카 씨가 회사를 정리하려는 것은 어째서입니까?
1 소매점이 허브 브러시의 무료 서비스를 시작해서
2 주문이 점점 줄어들 것 같아서
3 주문이 들어오지 않게 되어서
4 재료가 떨어져 버려서

[정답] 2

[단어] レポーター 리포터 | 車軸 차축 | カラフルな 컬러풀한, 화려한, 다채로운 | 小売店 소매점 | 煙たい 거북하다 | 注文 주문 | 仕入れる 사들이다, 매입하다 | 材料 재료 | 整理 정리 | 減る 줄다, 감소하다

[해설] 허브 브러시 제조업체의 사장인 다나카 씨가 회사를 정리하려고 하는 이유는 허브 브러시가 예전과는 달리 사람들에게 「煙たい 거북한」 존재가 되어서 점점 주문량이 감소하고 있기 때문이다. 「煙たい」에는 '연기가 맵다(눈과 목 등이 쓰라리고 아프다)'라는 뜻 외에도 '(함께하기) 불편하다, 거북하다'라는 뜻이 있으니 잘 기억해 두도록 하자. 정답은 2번이다.

3 🎧 070　　　　　　　　　　　　　　　　　　　　문제편 358p

テレビのインタビューで、映画の字幕翻訳家が話しています。この字幕翻訳家は、どういう字幕が理想的だと言っていますか。

女　見ている人が字幕のことなど考えずに、違和感なくスッと頭に入る、それが一番いい字幕だと思いますね。映画を観ている途中で、字幕に意識が行くのは、その字幕に何か引っかかるものがあるからだと思います。私は、よく誤訳じゃないのかという批判を受けます。でもよく考えてみてください。監督やスタッフが隅々まで神経を配って作った画面に、字幕という余計なものが入っているのです。であれば、字幕は可能な限り、邪魔にならないほうがいいですよね。ですからセリフは最大限短く、しかも日本語として自然なものを目指しています。最近、批判を恐れて直訳に近い字幕を見ることもありますが、そのような字幕は長すぎて、絶対に読み切れないですよね。

この字幕翻訳家は、どういう字幕が理想的だと言っていますか。
1　字幕を意識することない字幕
2　字幕に意識がいく字幕
3　誤訳のない字幕
4　直訳であっても、日本語が自然な字幕

텔레비전 인터뷰에서 영화 자막 번역가가 이야기하고 있습니다. 이 자막 번역가는 어떤 자막이 이상적이라고 말하고 있습니까?

여　(영화를) 보는 사람이 자막에 대해 생각하지 않고 위화감 없이 머리에 쏙 들어오는, 그것이 가장 좋은 자막이라고 생각합니다. 영화를 보는 도중에 자막을 의식하게 되는 것은 그 자막에 무언가 신경 쓰이는 점이 있어서라고 생각합니다. 저는 자주 오역이 아니냐 하는 비판을 받습니다. 그러나 잘 생각해 보세요. 감독과 스태프가 구석구석 신경을 써서 만든 화면에 자막이라는 불필요한 요소가 들어가 있는 것입니다. 그렇다면 자막은 가능한 한 (영화를 보는데) 방해가 되지 않는 편이 좋겠지요. 따라서 대사는 최대한 짧게, 거기에 일본어로서 자연스러운 자막을 지향합니다. 최근에는 (번역가들이) 비판을 무서워해서 직역에 가까운 자막을 보는 경우는 있습니다만, 그런 자막은 (대사가) 너무 길어서 절대로 다 읽을 수 없습니다.

이 자막 번역가는 어떤 자막이 이상적이라고 말하고 있습니까?
1　자막을 의식하지 않는 자막
2　자막을 의식하는 자막
3　오역이 없는 자막
4　직역이라도 일본어가 자연스러운 자막

정답 1

단어 字幕 자막 | 翻訳家 번역가 | 理想的 이상적 | 違和感 위화감, 거부감 | スッと 쓱, 쏙 | 引っかかる 걸리다, 방해받다 | 誤訳 오역 | 批判 비판 | 監督 감독 | スタッフ 스태프 | 隅々 구석구석 | 神経を配る 신경을 쓰다 | 余計 쓸데 없음, 불필요함 | ～限り ~하는 한 | 邪魔 방해 | セリフ 대사 | 最大限 최대한 | 目指す 목표로 하다, 지향하다 | 直訳 직역 | ～切れない (끝까지) 다 ~할 수 없다

해설 자막 번역가는 첫 문장에서 이상적인 자막은 영화를 보면서 자막을 의식하지 않는 「違和感なくスッと頭に入る字幕 위화감 없이 머리에 쏙 들어오는 자막」이라고 분명하게 답을 제시했다. 따라서 답은 선택지 1번의 '자막을 의식하지 않는 자막'이다. 그 후에 이어지는 내용에서도 위화감 없는 문장은 '의역을 하더라도 문장이 짧으면서 자연스러운 일본어'라고 구체적으로 설명하고 있으므로 2, 3, 4번은 답이 될 수 없다.

실전문제 ③

問題2 문제 2에서는 먼저 질문을 들으세요. 그 후 문제지의 선택지를 읽으세요. 읽을 시간이 있습니다. 그리고 이야기를 듣고 문제지의 1에서 4 중에서 가장 적당한 것을 하나 고르세요.

1 🎧 071

レストランで店長が接客係の人たちに話しています。店長は何に一番気をつけるようにと言っていますか。

男 みなさん、おはようございます。今週から新しい料理が三つ、うちのメニューに加わります。新しいメニューについては後でコック長の杉山さんから説明がありますから、よく聞いて大勢のお客様におすすめするようにしてください。それから、いつも言っていることですが、肝心なことは何度言ってもいいはずですから、今日も言います。お客様への気配りを忘れずに。テーブルの上のお客様のお茶やお水のコップが空になっていないか、こまめにチェックをしましょう。それでは、「お客様に笑顔を！お客様には笑顔で！」今日も一日頑張りましょう。

店長は何に一番気をつけるようにと言っていますか。
1 新しいメニューを客にすすめること
2 お客様への気配りを忘れないこと
3 テーブルのコップの数をチェックすること
4 いつも笑顔を忘れないようにすること

레스토랑에서 점장이 접객 담당자들에게 이야기하고 있습니다. 점장은 무엇에 가장 주의하라고 말하고 있습니까?

남 여러분, 안녕하세요. 이번 주부터 새로운 요리가 세 가지, 우리 메뉴에 추가됩니다. 새로운 메뉴에 대해서는 나중에 주방장인 스기야마 씨에게서 설명이 있을 테니 잘 듣고 많은 고객분들께 추천해 주세요. 그리고 항상 말하지만 중요한 건 몇 번 말해도 괜찮으니 오늘도 말하겠습니다. 고객에 대한 배려를 잊지 말도록. 테이블 위에 놓인 고객의 차나 물컵이 비어 있지는 않은지, 꼼꼼히 체크합시다. 그럼, '고객에게 미소를! 고객에게는 미소로!' 오늘 하루도 힘냅시다.

점장은 무엇에 가장 주의하라고 말하고 있습니까?
1 새로운 메뉴를 고객에게 추천할 것
2 고객에 대한 배려를 잊지 않을 것
3 테이블의 컵 개수를 확인할 것
4 항상 미소를 잊지 않도록 할 것

[정답] 2

[단어] 接客係 접객 담당자 | コック長 주방장 | 説明 설명 | 大勢 많은 사람 | 肝心だ 중요하다 | 気配り 배려 | 空 비어 있음 | こまめに 꼼꼼히, 세세하게 | 笑顔 웃는 얼굴

[해설] 문제의 「一番気をつける 가장 주의해야 하는」을 점장은 「肝心な 가장 중요한」으로 바꿔 표현하고 있다. 문제를 들으며 포인트가 되는 내용을 메모하는 연습을 하자. 그리고 포인트가 되는 내용은 선택지나 질문, 대화에서 모두 같은 표현을 사용할 수도 있지만, 지금처럼 서로 바꿔 쓸 수 있는 표현을 사용하는 경우가 많다는 점을 기억해 두자.

2 🎧 072 　　　　　　　　　　　　　　　　　　　　　　　　　　　　문제편 359p

テレビのニュースでアナウンサーが新しい法案について話しています。新しい法案にはどのような問題があると言っていますか。

男　欧米諸国に比べて、日本の企業は女性管理職の割合が低いことが知られていますが、これは管理職に限ったことではなく、女性社員全体を見ても、同じことが言えると思います。この対策として、今国会では、女性社員が活躍できるような新たな法案について議論が行われています。この法案では、女性の雇用に関する目標を立てることを企業に義務付けます。例えば「3年以内に女性社員を現在の30%から45%に増やす」などです。これにより、就職活動の際に就活生が参考にする情報が増えるという利点があります。しかし、この法案には罰則規定がないので、企業がどの程度目標に対して取り組むか、疑問の声もあります。

新しい法案にはどのような問題があると言っていますか。
1 企業が必ずしも目標を立てなくてもいい
2 企業が立てる目標が女性に関するものでなくてもいい
3 企業が立てた目標を就活生に提示しなくてもいい
4 企業が目標を達成できなくても罰せられない

텔레비전 뉴스에서 아나운서가 새 법안에 대해 이야기하고 있습니다. 새 법안에는 어떤 문제가 있다고 말합니까?

남　유럽 여러 나라에 비해서 일본 기업은 여성 관리직의 비율이 낮다고 알려져 있습니다만, 이는 관리직에만 국한된 것이 아니라 여성 사원 전체를 봐도 같은 말을 할 수 있으리라 생각합니다. 이에 대한 대책으로 현재 국회에서는 여성 사원이 활약할 수 있는 새로운 법안에 대해 논의가 이루어지고 있습니다. 이 법안에서는 여성 고용에 관한 목표를 세우는 것을 기업에 의무화하고 있습니다. 예를 들면 '3년 이내에 여성 사원을 현재의 30%에서 45%로 늘린다' 등입니다. 이에 따라 구직 활동을 할 때 취업 준비생이 참고할 정보가 늘어난다는 이점이 있습니다. 그러나 이 법안에는 벌칙(처벌) 규정이 없기 때문에 기업이 어느 정도 목표에 대해 대응할지, 의문의 목소리도 있습니다.

새 법안에는 어떤 문제가 있다고 말합니까?
1 기업이 반드시 목표를 세우지 않아도 된다
2 기업이 세우는 목표가 여성에 관한 것이 아니어도 된다
3 기업이 세운 목표를 취업 준비생에게 제시하지 않아도 된다
4 기업이 목표를 달성하지 못해도 처벌받지 않는다

정답 4

단어 法案 법안 | 欧米 구미, 유럽과 미국 | 諸国 여러 나라 | 管理職 관리직 | 割合 비율 | 対策 대책 | 活躍 활약 | 議論 논의 | 雇用 고용 | 目標 목표 | 義務付ける 의무화하다, 의무를 지우다 | 就活生 취업 준비생 | 参考 참고 | 利点 이점 | 罰則 벌칙, 처벌 | 規定 규정 | 取り組む 대전하다, 대응하다 | 提示 제시 | 罰する 벌하다, 처벌하다

해설 아나운서가 제일 마지막 부분에서 「罰則規定がないので、企業がどの程度目標に対して取り組むか 벌칙 규정이 없어서 기업이 어느 정도 목표에 대해 대응할지」에 대한 의문의 목소리도 있다고 말하고 있으므로 새 법안의 문제점으로는 선택지 4번이 가장 적당하다.

3 🎧 073

男 昨日、テレビでインターネットショッピングの新しいサービスっていうのをやってたんだけど、注文すると最短30分で商品が届くんだって。
女 えー！すごいね！どこでも30分なの？
男 いや、今はまだ都内の一部だけみたいだけどね。
女 そっか。品物は何でも大丈夫なの？
男 品数も結構豊富みたいだけど、限りはあると思うよ。あと、注文を受けたとき車にないものは補充しなきゃいけないから、そうするとちょっと時間がかかることもあるみたい。
女 へえ。でも、届く時間が大体分かれば、絶対に受け取れるし、便利だよね。
男 そう、そこがいいんだよね。受け取れなくてまた配達を頼むのに電話したりするのは面倒だしね。
女 再配達をしなくてよければ、その分経費が安くなって、商品の値段も安くなるかもね。
男 そうなるといいね。

男の人はこのサービスのどんなところがいいと言っていますか。
1 どんな商品でも30分以内に届くこと
2 どこでも商品がその日のうちに届くこと
3 必ず受け取れるので再配達を頼まなくていいこと
4 割引で商品の値段が安くなること

남자와 여자가 새로운 서비스에 대해 이야기하고 있습니다. 남자는 이 서비스의 어떤 점이 좋다고 말합니까? 남자입니다.

남 어제 텔레비전에서 인터넷 쇼핑의 새로운 서비스라는 걸 방송했는데 주문하고 빠르면 30분 안에 상품이 도착한다고 해.
여 우와! 굉장하네! 어디든 30분인 거야?
남 아니. 지금은 아직 도내 일부만인 것 같아.
여 그렇구나. 상품은 무엇이든 괜찮은 거야?
남 상품 수도 꽤 다양한 것 같기는 한데 제한은 있을 거야. 그리고 주문을 받았을 때 차에 없는 상품은 보충해야 하기 때문에, 그렇게 하면 약간 시간이 걸리는 경우도 있는 것 같아.
여 우와, 그래도 도착 시간을 대강이라도 알면 확실하게 수령할 수 있고 편리하네.
남 그래. 그 점이 좋지. (물건을) 받지 못해서 다시 배달을 요청하는 전화를 거는 것도 번거롭고.
여 다시 배송하지 않아도 되면 그만큼 경비가 싸져서 상품 가격도 저렴해질지도 몰라.
남 그렇게 되면 좋겠네.

남자는 이 서비스의 어떤 점이 좋다고 말합니까?
1 어떤 상품이라도 30분 이내에 도착하는 것
2 어디든 상품이 그날 안에 도착하는 것
3 반드시 수령할 수 있으므로 재배송을 요청하지 않아도 되는 것
4 할인으로 상품의 가격이 싸지는 것

정답 3

단어 最短 최단 | 商品 상품 | 都内 도내 | 品物 상품 | 品数 상품 수 | 結構 꽤, 상당히 | 補充 보충 | 受け取る 수취(수령)하다 | 配達 배달 | 経費 경비

해설 새로운 인터넷 서비스에 대해 여자는 '도착하는 시간을 알면 확실히 수령할 수 있어서 편리하다'고 말하고 남자는 '그래, 그런 점이 좋지'라고 대답하므로 선택지 3번이 답이 된다.

실전문제 ④

問題 2 문제 2에서는 먼저 질문을 들으세요. 그 후 문제지의 선택지를 읽으세요. 읽을 시간이 있습니다. 그리고 이야기를 듣고 문제지의 1에서 4 중에서 가장 적당한 것을 하나 고르세요.

1 🎧 074

テレビのニュースでアナウンサーがあるホテルについて話しています。このホテルはどうして建て替えをすることにしましたか。

女 老舗ホテルの「ホテル大江戸東京」の本館が、建て替えのため、今年10月31日、休業になることが今日発表されました。大規模地震に備えて耐震構造を強化し、部屋数はそのままに、カードキー対応のエレベーターなど最新の設備を取り入れることで、各国からの宿泊客のニーズに応えたいとのことです。また、バリアフリーを徹底して、耐震性も強化されます。さらに、敷地面積も拡大するということで、その部分に大きな宴会場を作り、今後数百人規模のパーティーにも対応できるようにしたいとのことです。

このホテルはどうして建て替えをすることにしましたか。
1 部屋が少なかったから
2 新しい設備がなかったから
3 耐震ではなかったから
4 宴会場がなかったから

텔레비전 뉴스에서 아나운서가 어느 호텔에 대해 이야기하고 있습니다. 이 호텔은 왜 개축을 하기로 했습니까?

여 노포 호텔인 '호텔 오에도 도쿄'의 본관이 개축을 위해 올해 10월 31일부로 휴업한다는 사실이 오늘 발표되었습니다. 대규모 지진에 대비해 내진 구조를 강화하고 객실 수는 그대로 유지하되 카드키로 작동하는 엘리베이터 등 최신 설비를 도입하여 각국에서 오는 숙박객의 요구에 부응하고 싶다고 합니다. 또한, 배리어 프리 설비를 철저히 하고 내진성도 강화됩니다. 더욱이 부지 면적도 확대하여 그 부분에 큰 연회장을 만들어 향후 수백 명 규모의 파티에도 대응할 수 있도록 하고 싶다고 합니다.

이 호텔은 왜 개축을 하기로 했습니까?
1 방이 적었기 때문에
2 새로운 설비가 없었기 때문에
3 내진(설계)이 아니었기 때문에
4 연회장이 없었기 때문에

정답 2

단어 建て替え 개축, 재건축 | 老舗 노포(대대로 내려오는 점포) | 本館 본관 | 大規模 대규모 | 備える 대비하다 | 耐震 내진 | 構造 구조 | 強化 강화 | 対応 대응 | 設備 설비 | 取り入れる 도입하다 | 宿泊 숙박 | 応える 응답하다, 부응하다 | バリアフリー 배리어 프리, 장애물이 없는 환경(장애인을 위한 시설) | 徹底 철저 | 敷地 부지 | 面積 면적 | 拡大 확대 | 宴会場 연회장

해설 호텔 개축의 주된 이유가 '대규모 지진을 대비해 내진 구조를 강화하고 최신 설비를 도입하기 위함'이라고 말하므로 정답은 2번이다.

2 ⟨075⟩

テレビのニュースでアナウンサーがあるイベントについてリポートしています。このイベントで注目されているものは何ですか。

男 今日から、こちらの東京ビッグホールで、雑貨の見本市が開かれています。こちらにはこのように世界中のさまざまな雑貨が所狭しと並べられています。中でも今回注目されているのは、こちら！日本の名産品の中から選び抜かれた300点が展示されている、「職人の技」のブースです。日本の職人の技術が光る名産品はもちろん、今回は職人の技を現代のニーズと組み合わせた製品が人気です。例えば、こちらの携帯音楽プレーヤー用のスピーカー、なんと漆塗りの箱でできているんです。それから、こちらのシェーカー、これは日本の自動車部品メーカーが作ったもので、ぴったりとしまって、液漏れしないんです。このように、いろいろな日本の技術も見られる今回の見本市、皆様もぜひお越しください。

このイベントで注目されているものは何ですか。
1 世界中のいろいろな雑貨
2 日本の各地のおいしい名産品
3 職人の技を生かした現代的な製品
4 自動車部品をリサイクルして作った雑貨

텔레비전 뉴스에서 아나운서가 한 이벤트에 대해 리포트하고 있습니다. 이 이벤트에서 주목받고 있는 것은 무엇입니까?

남 오늘부터 이곳 도쿄 빅홀에서 잡화 견본 시장이 열립니다. 이곳에는 이처럼 전 세계의 다양한 잡화가 빼곡하게 진열되어 있습니다. 그 중에서도 이번에 주목받고 있는 것이 여기! 일본의 명산품 중에서 엄선한 300점이 전시되어 있는 '장인의 기술' 부스입니다. 일본 장인의 기술이 빛나는 명산품은 물론, 이번 전시에는 장인의 기술을 현대의 요구와 접목시킨 제품이 인기입니다. 예를 들면 이쪽의 휴대 음악 플레이어용의 스피커, 놀랍게도 칠기 상자로 만들어져 있습니다. 그리고 이쪽의 셰이커, 이것은 일본의 자동차 부품 제조 업체가 만든 것으로 꽉 닫혀서 액체가 새지 않습니다. 이처럼 일본의 여러 가지 기술도 볼 수 있는 이번 견본 시장, 여러분도 꼭 찾아와 주세요.

이 이벤트에서 주목받고 있는 것은 무엇입니까?
1 전 세계의 여러 가지 잡화
2 일본 각지의 맛있는 명산품
3 장인의 기술을 살린 현대적인 제품
4 자동차의 부품을 재활용해서 만든 잡화

정답 3

단어 雑貨 잡화 | 見本市 견본 시장 | 所狭しと 빼곡하게, 꽉 차게 | 名産品 명산품 | 選び抜く 엄선하다 | 職人 장인 | 技 기술 | 組み合わせる 편성하다, 접목시키다 | 製品 제품 | 漆塗り 옻칠, 칠기 | 液漏れ 액체가 새어나옴 | 各地 각지 | リサイクル 리사이클, 재활용

해설 아나운서가 이 이벤트에서 주목받고 있는 것은 '일본의 명산품을 전시하는 장인의 기술 부스'에서 전시하고 있는 '현대의 요구를 접목한 제품'이다. 따라서 정답은 '장인의 기술을 살린 현대적 제품'인 선택지 3번이다.

3 🎧076　　　　　　　　　　　　　　　　문제편 360p

女の人が男の人にインタビューをしています。男の人はどうして小説家になったと言っていますか。

女　この度は、直川賞受賞、おめでとうございます。
男　ありがとうございます。
女　2005年に文学新人賞を受賞されてから10年ですが、いかがですか。今回の受賞について。
男　10年というと長い気がしますが、僕にとっては新人賞受賞までのことの方が長く感じられますね。なので、この10年はあっという間だったなと。
女　そうですか。小説を書き始めてから新人賞受賞までの間というのはどんな感じだったんでしょうか。
男　1998年に木村由美子さんが当時18歳で新人賞を受賞されて、その時僕は2個下だったんですよね。その時ニュースとか見て、勝手に発破かけられたというか。それまでも、文章は書いていたんですけど、どこにも発表とかしたことがなくて。周りの人には、「書いてるならどこか出せばいいじゃん」って言われてたんですけど、いまいちピンと来なくて。でもテレビで木村さんを見て、「あ、こんなことをしてる場合じゃない」と思いましたね。「やらなきゃ」と。
女　新人賞に応募する時はどうでしたか。
男　新人賞は、直川賞などとは違って、原稿を直接送るんですけど、すごく時間がなくて、体裁とかめちゃくちゃなまま送りましたね。でも、出す時に漠然と「これはいけるんじゃないか」と思いましたね。理由はないんですけど。
女　そうなんですか。

男の人はどうして小説家になったと言っていますか。
1 文章を書くうちに「小説家になりたい」と思いはじめたから
2 周りの人に「小説家になったらどうか」と勧められたから

여자가 남자에게 인터뷰를 하고 있습니다. 남자는 왜 소설가가 되었다고 합니까?

여　이번 나오카와상 수상 축하드립니다.
남　감사합니다.
여　2005년에 문학 신인상을 수상하고 10년입니다만, 어떠십니까? 이번 수상에 대해.
남　10년이라고 하니 긴 느낌이 들지만 저에게는 신인상을 수상하기까지가 더 길게 느껴집니다. 그래서 이번 10년은 눈 깜짝할 사이였다고 할까요.
여　그렇습니까? 소설을 쓰기 시작해서 신인상 수상에 이르기까지는 어떤 느낌이었습니까?
남　1998년에 기무라 유미코 씨가 당시 18세의 나이로 신인상을 수상했는데 그때 저는 2살 아래였습니다. 그때 뉴스를 보고 제멋대로 독려를 받았다고 할까요. 그때까지도 글은 쓰고 있었지만 어디에도 발표 같은 건 한 적이 없어서 주위 사람들에게 '글을 쓰고 있다면 어딘가 보내 보는 게 좋지 않아?'라는 말을 들었습니다. 다만 뭔가 감이 딱 오지를 않았어요. 그런데 텔레비전에서 기무라 씨를 보고 '아, 이러고 있을 때가 아니다'라고 생각했습니다. '해야겠다'라고.
여　신인상에 응모할 때는 어땠습니까?
남　신인상은 나오카와상 등과는 다르게 원고를 직접 보내는데요. 너무 시간이 없어서 형식 같은 것은 엉망인 채로 보냈습니다. 하지만 제출할 때 막연하게 '이건 되지 않을까' 하고 생각했습니다. 이유는 없지만요.
여　그렇습니까.

남자는 왜 소설가가 되었다고 합니까?
1 글을 쓰는 동안에 '소설가가 되고 싶다'라는 생각이 들기 시작해서
2 주위 사람들에게 '소설가가 되는게 어때'라고 권유 받아서

3 テレビのニュースを見て「自分もやらなければ」と思ったから	3 텔레비전 뉴스를 보고 '나도 해야겠다'라고 생각해서
4 理由はないが「小説家になれるのではないか」と思ったから	4 이유는 없지만 '소설가가 될 수 있지 않을까'라고 생각해서

정답 3

단어 受賞 수상 | あっという間 눈 깜짝할 사이 | ~個下 ~살 밑(연하) | 発破をかける 발파 장치를 하다, 독려하다, 기합을 넣다 | 文章 문장, 글 | ピンと来る 직감적으로 알다, 감이 오다 | 応募 응모 | 原稿 원고 | 体裁 체재, 외관, 형식(양식) | 漠然と 막연히

해설 남자는 텔레비전에서 기무라 유미코 씨가 신인 문학상을 수상하는 걸 보고 '나도 이럴 때가 아니다', '해야겠다'는 마음이 생겼다고 말하고 있으므로 남자가 소설가가 된 이유는 선택지 3번이다.

실전문제 ⑤

問題2 문제2에서는 먼저 질문을 들으세요. 그 후 문제지의 선택지를 읽으세요. 읽을 시간이 있습니다. 그리고 이야기를 듣고 문제지의 1에서 4 중에서 가장 적당한 것을 하나 고르세요.

1 077

男の人と女の人が話しています。男の人は、海外のゲームが増えてきた理由は何だと言っていますか。

男 この間、国際ゲームフェスタに行ってきたんだけど、今年は海外のゲームがすごく多くて、今までと違う感じで面白かったよ。

女 え、日本のゲームが少なくなってるってこと？

男 日本は最近スマートフォンのゲームに力を入れてるんだけど、海外はそうじゃなくてゲーム機を使ったゲームの数を増やしてるみたいなんだ。グラフィックに力を入れてて、圧倒的なビジュアルと世界観がすごいんだよ。それが今回いっぱい出てきてたんだ。

女 グラフィックがすごいって、3Dってこと？ それってお金がかかるんでしょう？

男 うん。でも全世界を視野に入れればマーケットは大きいからね。ある程度の広告費をかけて売れれば、十分回収できるってわけ。ゲームの開発にものすごい金額をかけてるんだよ。

女 すごいけど、日本の会社には難しいね。

남자와 여자가 이야기하고 있습니다. 남자는 해외 게임이 늘어난 이유는 무엇이라고 합니까?

남 요전에 국제 게임 축제에 다녀왔는데, 올해는 해외 게임이 굉장히 많아서 여느 때와는 느낌이 달라서 재미있었어.

여 오, 일본 게임이 적어졌다는 거야?

남 일본은 최근 스마트폰 게임에 주력하고 있지만, 해외는 그렇지 않고 게임기를 사용하는 게임 수를 늘리고 있는 것 같아. 그래픽에 힘을 쏟고 있어서 압도적인 비주얼과 세계관이 굉장하다니까. 그게 이번에 많이 나와 있었어.

여 그래픽이 굉장하다는 건 3D라는 거야? 그런 건 돈이 들잖아.

남 응. 하지만 전 세계를 시야에 넣으면 시장이 크니까. 어느 정도 광고비를 들여서 팔리면 충분히 회수할 수 있다는 거지. 게임 개발에 어마어마한 돈을 들이고 있어.

여 대단하기는 한데 일본 회사에서는 힘들지.

男 ハイリスク・ハイリターンだからね。売れればいいけど、売れなかったらお金が回収できないし、日本は逆に、安全な方法をとってるんだ。ヒットした映画とかをゲーム化したりしてることが多いけど、そうすれば開発費はそれほどかからないし、そこそこ売れるから、大きく失敗することはないよね。

女 なるほど。どちらも一長一短ね。

男の人は、海外のゲームが増えてきた理由は何だと言っていますか。
1 スマートフォンのゲームを増やしているから
2 高額な開発費を投じているから
3 広告に力を入れているから
4 既存の映画などをゲーム化しているから

남 리스크가 크면 보상도 크니까. 팔리면 좋겠지만 팔리지 않으면 돈을 회수할 수가 없지. 일본은 반대로 안전한 방법을 취하고 있어. 히트한 영화 같은 것을 게임으로 만드는 경우가 많은데, 그렇게 하면 개발비는 그렇게 많이 들지 않으면서 그럭저럭 팔리기 때문에 크게 실패하는 일은 없겠지.

여 그렇군. 양쪽 다 일장일단이 있네.

남자는 해외 게임이 늘어난 이유는 무엇이라고 합니까?
1 스마트폰 게임을 늘리고 있기 때문에
2 **고액의 개발비를 투자하고 있기 때문에**
3 광고에 힘을 쏟고 있기 때문에
4 기존의 영화 등을 게임화 하고 있기 때문에

[정답] 2

[단어] 国際 국제 | フェスタ(フェスティバル) 축제 | グラフィック 그래픽 | 圧倒的 압도적 | ビジュアル 비주얼, 시각적 | 世界観 세계관 | 視野 시야 | 広告費 광고비 | 回収 회수 | ハイリスク・ハイリターン 고위험·고수익 | 開発費 개발비 | そこそこ 그럭저럭 | 一長一短 일장일단(장점이 있으면 단점도 있음) | 投じる 던지다, 내놓다, 투자하다 | 既存 기존

[해설] 남자는 '해외에서는 게임기를 사용하는 게임 수를 늘리고 그래픽에 힘을 쏟는 등 게임 개발에 굉장한 돈을 들여서 전 세계를 대상으로 하고 있다'라고 말하므로 선택지 2번이 답으로 적당하다.

---

2 🎧 078

문제편 361p

女の人と男の人が話しています。女の人は、子供が同じ絵本を飽きずに聞いている理由は何だと言っていますか。

女 高木さん、お子さん3歳でしたっけ。どうですか、お子さんは。

男 うちの子、絵本が好きで、毎日同じ絵本を読んでやるんだけど、飽きずに聞いているんだよな。何でだろう？

女 ああ。うちもそうでしたよ。毎日毎日「ママ、これ読んで」って。

男 よっぽどその絵本が好きなんだろうな。

女 それもあるかもしれませんけど、繰り返しによる安心感もあるんだって、前に聞いたことがあります。

男 どういうこと？

여자와 남자가 이야기하고 있습니다. 여자는 아이가 같은 그림책을 싫증내지 않고 듣는 이유는 무엇이라고 말합니까?

여 다카기 씨, 자녀분이 3살이었던가요? 어때요? 자녀분은?

남 우리 아이는 그림책을 좋아해서 매일 같은 그림책을 읽어주는데 싫증내지 않고 들어. 왜 그럴까?

여 아, 우리 아이도 그랬어요. 매일매일 '엄마 이거 읽어 줘' 라고.

남 어지간히 그 그림책을 좋아하나 봐.

여 그럴 수도 있겠지만 반복으로 인한 안심감도 있다는 말을 전에 들은 적이 있어요.

남 무슨 말이지?

女 子供って、毎日新しいことだらけで刺激が多いじゃないですか。でも、絵本は毎日同じストーリーで予想した通りにお話が進むから、それで安心感を得るんですって。

男 へぇー、そうなのか、うちの子、毎日読むたびにケラケラ笑ってるから、読んでも内容忘れちゃってるんじゃないかと思ってたよ。

女 大丈夫ですよ。そのうち自分で勝手に読み出して、「他のないの?」って言ってきますから。

男 そうか。

女の人は、子供が同じ絵本を飽きずに聞いている理由は何だと言っていますか。
1 子供はその絵本が好きだから
2 ストーリーがわかると安心するから
3 絵本には新しいことが多くて面白いから
4 子供はお話を忘れてしまうから

여 아이는 매일 온통 새로운 것 투성이어서 자극이 많잖아요. 하지만 그림책은 매일 같은 스토리에 예상한대로 이야기가 진행되니까 그걸로 안심감을 얻는다고 해요.

남 아, 그런 건가. 우리 애는 매일 읽어 줄 때마다 깔깔 웃으니까 읽어도 내용을 잊어버리는 건가 싶었지.

여 괜찮아요. 머지않아 스스로 마음대로 읽기 시작해서 '다른 건 없어?'라고 할테니까요.

남 그렇군.

여자는 아이가 같은 그림책을 싫증내지 않고 듣는 이유는 무엇이라고 말합니까?
1 아이는 그 그림책을 좋아하기 때문에
2 이야기를 알고 있으면 안심이 되기 때문에
3 그림책에는 새로운 것이 많아 재미있기 때문에
4 아이는 이야기를 잊어버리기 때문에

정답 2

단어 絵本 그림책 | 飽きる 질리다 | よっぽど 어지간히 (よほど의 회화체) | 繰り返し 반복 | 安心感 안심감 | ~だらけ ~투성이 | 刺激 자극 | ストーリー 스토리, 줄거리 | ケラケラ (크게 웃는 모양) 깔깔

해설 아이가 같은 그림책의 내용을 싫증내지 않고 듣는 이유에 대해 여자는 '같은 책을 반복해서 읽으면서 안심감을 얻는다'고 말하므로 선택지 2번이 정답이다.

---

3 🎧 079

男の人と女の人が話しています。女の人は、カプセルトイの人気の理由は何だと言っていますか。

男 あ、何それ。かわいいストラップだね。

女 これ?カプセルトイで出てきたの。

男 カプセルトイって、機械に100円とか200円とか入れてダイヤルを回すと、丸いカプセルが出てきてその中におもちゃが入っているやつだよね。昔よくやったなぁ。

女 最近はちょっと高くなってて300円のが多いんだけど、すごく人気なんだよ。

남자와 여자가 이야기하고 있습니다. 여자는 캡슐 토이가 인기 있는 이유는 무엇이라고 말합니까?

남 아, 그거 뭐야? 귀여운 휴대폰 줄이네.

여 이거? 캡슐 토이에서 나온 거야.

남 캡슐 토이라면 기계에 100엔인가 200엔인가를 넣고 다이얼을 돌리면 둥근 캡슐이 나오고, 그 안에 장난감이 들어있는 거지? 예전에 많이 했었어.

여 최근에는 좀 비싸져서 300엔짜리가 많지만 굉장히 인기가 많아.

男 へぇ。高いのに人気なんだ。あ、アニメのやつとか多いよね。それで人気なの？

女 それもあるけど、他にもたくさんあるよ。ミニチュア模型とか。これもそう。

男 へー。すごいリアルだね。このストラップもよくできてるし、いろいろあるんだなぁ。

女 やっぱり昔に比べると、そういうところが一番違うかな。だから今人気なんだろうね。300円だけど、このクオリティーなら300円出しても欲しいって思うもん。

男 確かに。分かるなぁ。

女の人は、カプセルトイの人気の理由は何だと言っていますか。
1 価格が安いから
2 人気アニメのグッズが入っているから
3 種類が豊富だから
4 精巧に作られているから

남 우와, 비싼 데도 인기가 있구나. 아, 애니메이션 상품 같은 게 많지. 그래서 인기가 있는 거야?

여 그것도 있지만 그 외에도 많이 있어. 미니어처 모형이라든가. 이것도 그런 거야.

남 우와. 굉장히 리얼하네. 이 휴대폰 줄도 잘 만들었고. 여러 가지가 있구나.

여 역시 예전과 비교하면 그런 점이 가장 다른 것 같아. 그래서 지금 인기가 있는 거겠지. 300엔이지만 이 품질이라면 300엔을 내고서라도 가지고 싶은 걸.

남 확실히 그렇네. 이해가 돼.

여자는 캡슐 토이가 인기 있는 이유는 무엇이라고 말합니까?
1 가격이 저렴하기 때문에
2 인기 애니메이션 상품이 들어 있어서
3 종류가 다양하기 때문에
4 정교하게 만들어져 있기 때문에

정답 4

단어 カプセルトイ 장난감 캡슐 뽑기 기계에 들어 있는 미니 장난감 | ストラップ 스트랩(휴대폰 줄) | ダイヤル 다이얼 | おもちゃ 장난감 | ミニチュア 미니어처, 소형 모형 | 模型 모형 | クオリティー 퀄리티, 품질 | 確かに 확실히, 분명히 | 精巧に 정교하게

해설 남자의「すごいリアルだね 굉장히 리얼하네」라는 말에 여자는 '역시 예전과 비교하면 그 점이 가장 다른 것 같아'라고 대답하고 있으므로 선택지 4번이 답으로 적당하다.

問題 3 개요 이해

실전문제 정답 및 해설

정답

실전문제 ①	**1** 3	**2** 2	**3** 4	**4** 3	**5** 3	**6** 1
실전문제 ②	**1** 3	**2** 4	**3** 3	**4** 2	**5** 3	**6** 4
실전문제 ③	**1** 2	**2** 3	**3** 2	**4** 1	**5** 3	**6** 2

실전문제 ①

問題 3 문제3에서는 문제지에 아무것도 인쇄되어 있지 않습니다. 이 문제는 전체적으로 어떤 내용인가를 묻는 문제입니다. 이야기 전에 질문은 없습니다. 우선 이야기를 들으세요. 그리고 질문과 선택지를 듣고 1에서 4 중에서 가장 적당한 것을 하나 고르세요.

문제편 362p

1 🎧 080

テレビでスポーツ解説委員が話しています。

男　今年も高校サッカーでは、名監督が率いるチームの活躍が目立ちました。ベスト8に入ったチームのうち、実に半分がそうしたチームでした。70歳を超えた名監督たちだからこそ、いい選手を見つけ出し、チームを鍛え上げることができるようです。そして、長年の経験と勘が、ゲームの決定的な場面で働くのです。しかし、そうした名監督がいるチームにも悩みがあります。本人が「やめる」と言い出さない限りは、後継者へのバトンタッチがとても難しいことです。全国的にも有名な方ほど、次の人を探すハードルは高くなるようです。カリスマ的な存在だからこそ、後が育っていないということもあるようです。

텔레비전에서 스포츠 해설 위원이 이야기하고 있습니다.

남　올해도 고교 축구에서는 명감독이 이끄는 팀의 활약이 눈에 띄었습니다. 베스트8에 들어간 팀 중에서 실제로 절반이 그런 팀이었습니다. 70세가 넘은 명감독들이기에 좋은 선수를 발굴하고 팀을 단련할 수 있는 듯합니다. 그리고 오랜 세월의 경험과 감이 경기의 결정적인 장면에서 작용하는 것입니다. 그러나 그런 명감독이 있는 팀에도 고민이 있습니다. 본인이 '그만둔다'고 말을 꺼내지 않는 한은 후계자에게 배턴 터치하기가 무척 어렵다는 점입니다. 전국적으로도 유명한 감독일수록 다음 사람을 찾는 허들은 높아지는 듯합니다. 카리스마가 있는 존재이기에 후계자가 크지 못하는 상황도 있는 것 같습니다.

男の人の話のテーマは何ですか。
1 今年の高校サッカーの結果
2 名監督の年齢と経験の関係
3 名監督の後継者問題
4 有名選手の補充問題

남자가 이야기하는 테마는 무엇입니까?
1 올해 고교 축구의 결과
2 명감독의 연령과 경험의 관계
3 명감독의 후계자 문제
4 유명 선수의 보충 문제

정답 3

단어 スポーツ 스포츠 | 解説委員 해설 위원 | 名監督 명감독 | 率いる 이끌다, 거느리다 | 見つけ出す 찾아내다, 발굴하다 | 鍛え上げる 단련하다 | 長年 오랜 세월 | 勘 감, 직감 | ～限り ～하는 한 | 後継者 후계자 | バトンタッチ 배턴 터치, 인계 | ハードル 허들, 장벽 | 育つ 자라다 | 補充 보충

해설 앞부분에서는 명감독이 이끄는 팀의 활약상을 이야기하다가 접속사「しかし」이후에 '그런 팀들에도 고민은 있다'고 한다. 고민에 관한 내용은 표현을 바꿔가며 여러 차례 설명한다. 접속사 이후에 바로「後継者へのバトンタッチ 후계자에게 배턴 터치(인계)」가 어렵다고 직접 언급하며 다음 문장에서는「後継者 후계자」를「次の人 다음 사람」이라고 바꿔 표현한다. 마지막 문장에서는 다시 한번「後継者」라고 말하며 정답에 대한 힌트를 주고 있다. 따라서 정답은 3번이다.

---

2 🎧 081

ラジオで女の人が話しています。

女 明治時代の写真を見ると、手を隠すポーズをした女性が多く見られます。当時はカメラで撮影されると「手が腐る」と、今ではとても考えられないような迷信があったためだとも言われていますが、実際はそうではないようです。どうも「手を袖に隠す」というのは「女らしさ」を強調するポーズであったようです。芯が強くても控えめであることが「女らしさ」の条件とされていた明治時代にあっては至極当然のことだったようです。それにしても、せっかく撮るなら、少しでも美しく写りたいという女ごころは今も昔も変わらないようです。

女の人は何について話していますか。
1 明治時代の写真に関する迷信
2 明治時代の女性が手を隠すポーズをした訳
3 明治時代の女性が美しかった訳
4 明治時代と現代の女性の共通点

라디오에서 여자가 이야기하고 있습니다.

여 메이지 시대의 사진을 보면 손을 숨기는 포즈를 한 여성이 많이 보입니다. 당시는 카메라로 촬영되면 '손이 썩는다'라는, 지금으로서는 도저히 생각할 수 없을 법한 미신이 있었기 때문이라고 일컬어집니다만, 실제로는 그렇지 않은 듯합니다. 아무래도 '손을 소매에 감춘다'라는 것은 '여성스러움'을 강조하는 포즈였던 것 같습니다. 심지가 강해도 자신을 드러내지 않는 것이 '여성스러움'의 조건이라고 여겨지던 메이지 시대에서는 지극히 당연한 일이었던 것 같습니다. 그렇다 하더라도 모처럼 찍는다면 조금이라도 아름답게 찍히고 싶다는 여자의 마음은 지금이나 옛날이나 변함이 없는 것 같습니다.

여자는 무엇에 대해 이야기하고 있습니까?
1 메이지 시대의 사진에 관한 미신
2 메이지 시대의 여성이 손을 감추는 포즈를 한 이유
3 메이지 시대의 여성이 아름다웠던 이유
4 메이지 시대와 현대 여성의 공통점

정답 2

단어 明治時代 메이지 시대 | 隠す 숨기다, 감추다 | ポーズ 포즈 | 撮影 촬영 | 腐る 썩다 | 迷信 미신 | 袖 소매 | 女らしさ 여성스러움 | 強調 강조 | 芯 심지 | 控えめ 자신을 드러내지 않고 눈에 띄지 않음, 소극적임 | ～にあっては (제시된 상황 속)에서는 | 至極 지극(히) | 訳 이유 | 共通点 공통점

해설 첫 부분에 테마를 던지고 이를 설명하는 형식의 글이다. 첫 문장에서부터 '메이지 시대 여성이 사진을 찍을 때 손을 숨긴 이유'라는 테마를 말하며 그 이후에는 당시에는 '사진에 손을 찍히면 손이 썩는다'는 미신이 있어서 그랬다고 생각하지만 실제로는 '여성스러움을 강조하기 위함'이었다고 첫 문장에서 던진 테마에 대해 설명한다. 정답은 2번이다.

3 🎧 082

テレビで女の人が話しています。

女 大学生のほとんどは、アルバイトをしていると思いますが、アルバイトは学業に影響が出ない範囲内でしたいものです。ですから、どんなアルバイトを選ぶかが大切になります。飲食店でのアルバイトは夜が遅くなりがちで、あまり望ましいとは言えませんし、コンビニなどでも拘束時間が長いものは避けるべきでしょう。とはいえ、アルバイトの経験は卒業して社会に出た時に役に立つものでもあります。アルバイトすること自体に反対をするわけではありませんが、アルバイトのために体を壊したり、卒業できないようなことになっては、何にもならないのではないでしょうか。

女の人が伝えたいことは何ですか。
1 大学生はアルバイトをしないほうがいい
2 コンビニのアルバイトはしないほうがいい
3 アルバイトの経験は、後であまり役立たない
4 アルバイトもいいが、大学生はまず勉強をしたほうがいい

텔레비전에서 여자가 이야기하고 있습니다.

여 대학생의 대부분은 아르바이트를 하고 있다고 생각합니다만, 아르바이트는 학업에 영향을 미치지 않는 범위 내에서 했으면 합니다. 그래서 어떤 아르바이트를 선택하는지가 중요합니다. 음식점 아르바이트는 밤 늦게 끝나는 경향이 있어서 그리 바람직하다고는 할 수 없고, 편의점 등도 일하는 시간이 긴 곳은 피해야 합니다. 그러나 아르바이트 경험은 졸업을 하고 사회에 나갔을 때 도움이 되는 것이기도 합니다. 아르바이트를 하는 것 자체를 반대하는 것은 아니지만, 아르바이트 때문에 몸을 해치거나 졸업을 할 수 없게 된다면 아무런 도움도 되지 않는 것이 아닐까요?

여자가 전하는 싶은 것은 무엇입니까?
1 대학생은 아르바이트를 하지 않는 편이 좋다
2 편의점 아르바이트는 하지 않는 편이 좋다
3 아르바이트 경험은 나중에 별로 도움이 되지 않는다
4 아르바이트도 좋지만 대학생은 우선 공부를 하는 편이 좋다

정답 4

단어 範囲内 범위 내 | ~がち ~하는 경향이 있음 | 望ましい 바람직하다 | 拘束時間 구속 시간, 노동 시간 | とはいえ 그렇다고는 해도, 그러나 | 卒業 졸업 | 役に立つ 도움이 되다 | 体を壊す 몸을 해치다

해설 첫 문장에서 의외로 쉽게 답을 던지는 경우가 있는데 이번 문제가 그렇다. 첫 문장의 문말 표현인 「~たいものだ」는 '(꼭, 반드시) ~하면 좋겠다'라는 의미로 필자나 화자가 가벼운 주장이나 바람을 표현할 때 흔히 사용한다. 독해에서도 완곡한 주장을 할 때 자주 쓰이는 표현이므로 기억해 두자. 비슷한 표현으로 「~てほしいものだ (꼭, 반드시) ~해 주었으면 좋겠다, ~해 주길 바란다」도 있다.

4 🎧 083

男の人が宅配便について話しています。

男 最近、宅配業界では、人手不足を理由に料金値上げの動きが見られます。受け取り人不在による再配達が、配送業務全体の二割近くを占めているようですから、現在は無料となっている再配達のサービスを有料化することは、いたしかたないことかもしれません。ただ、基本料金に関しては値上げが家計を圧迫し、物価を押し上げる要因ともなりかねませんので、慎重な検討が望まれるところです。

男の人は、宅配料金の値上げについて、どのように考えていますか。
1 二割くらいの値上げなら賛成してもいい
2 再配達のサービスの有料化はやめてほしい
3 基本料金は、できれば上げないでほしい
4 家計の負担になるので絶対に反対だ

남자가 택배 서비스에 대해 이야기하고 있습니다.

남 최근 택배 업계에서는 일손 부족을 이유로 요금을 올리려는 움직임이 보입니다. 수취인 부재로 인한 재배달이 배송 업무 전체의 20퍼센트 가까이를 차지하는 모양이니 지금은 무료인 재배송 서비스를 유료로 바꾸는 것은 어쩔 수 없는 일인지도 모릅니다. 다만, 기본 요금에 관해서는 요금 인상이 가계를 압박하고 물가를 상승시키는 요인이 될 수도 있으므로 신중한 검토가 요구되는 바입니다.

남자는 택배 요금 인상에 대해 어떻게 생각하고 있습니까?
1 20퍼센트 정도의 요금 인상이라면 찬성해도 좋다
2 재배송 서비스의 유료화는 그만두길 바란다
3 기본 요금은 가능한 한 올리지 않길 바란다
4 가계에 부담이 되므로 절대로 반대한다

정답 3

단어 宅配便 택배 서비스 | 業界 업계 | 人手不足 일손 부족 | 値上げ 가격 인상 | 受け取り人 수취인 | 不在 부재 | 再配達 재배달 | 配送 배송 | 占める 차지하다 | 有料化 유료화 | いたしかたない 어쩔 수 없다 | 基本 기본 | 家計 가계 | 圧迫 압박 | 物価 물가 | 押し上げる 끌어올리다 | 要因 요인 | なりかねない (~하게) 될 지도 모른다 | 慎重だ 신중하다 | 検討 검토

해설 접속사「ただ 다만, 단지」는 앞의 내용에 대해 예외적인 사항이나 조건을 덧붙일 때 사용한다. 택배 서비스의 요금 인상에 대해 일정 부분 납득한다고 말한 이후에「ただ」라는 접속사가 나오면서 '기본 요금 인상에 대해서는 신중한 검토가 필요하다'는 조건을 덧붙이고 있으므로 정답은 3번이다.

5 🎧 084

テレビでアナウンサーが専門家に意見を聞いています。

女 最近、2048年問題という言葉がネットで話題になっています。2048年に漁業資源が消滅するという問題なんですが、漁業資源の専門家として、山下さんのお考えはどうですか。

男 2048年問題というのは実は十分なデータに基づいているわけではないんですね。もちろん乱獲、魚の獲りすぎは問題ですが、資源が回復しているところも実際

텔레비전에서 아나운서가 전문가에게 의견을 묻고 있습니다.

여 최근 2048년 문제라는 말이 인터넷에서 화제가 되고 있습니다. 2048년에 어업 자원이 소멸한다는 문제인데요, 어업 자원 전문가로서 야마시타 씨의 생각은 어떻습니까?

남 2048년 문제는 실은 충분한 데이터에 근거한 것은 아닙니다. 물론 난획이나 과도한 어획은 문제입니다만, 자원이 회복 중인 곳도 사실 몇 군데나 있습니다.

にはいくつもあります。ですから、むやみに心配するのではなく、データを世界中から幅広く集めて、獲りすぎたら規制する、獲りすぎていないなら獲るというような対応が必要ですね。ただ、やはり漁業資源は無限ではありませんから、いくらでもあるという考えは禁物です。

専門家が伝えたいことは何ですか。
1 2048年問題が起こる可能性は十分にある
2 漁業資源は回復しているので、問題は起こらない
3 十分なデータを集めた上で、問題に対応するべきだ
4 漁業資源は、実際にはいくらでもある

그러니 지나치게 걱정하지 말고 데이터를 전 세계에서 폭넓게 수집해서 어획이 과도하면 규제하고, 과도하지 않다면 어획을 하는 등의 대응이 필요합니다. 단, 역시 어업 자원은 무한하지 않으니 얼마든지 있을 거라는 생각은 금물입니다.

전문가가 전하고 싶은 것은 무엇입니까?
1 2048년 문제가 일어날 가능성은 충분히 있다
2 어업 자원은 회복되고 있으므로 문제는 일어나지 않는다
3 충분한 데이터를 수집한 후에 문제에 대응해야 한다
4 어업 자원은 실제로는 얼마든지 있다

[정답] 3
[단어] 漁業資源 어업 자원 | 消滅 소멸 | 乱獲 남획 | 魚の獲りすぎ 과도한 어획 | むやみに 무턱대고, 지나치게 | 幅広い 폭 넓다 | 無限 무한 | 禁物 금물
[해설] 남자는 2048년 문제는 충분한 데이터에 근거한 것이 아니므로 폭넓게 데이터를 수집한 후, 상황에 맞게 대응해 나가면 된다고 말한다. 접속사「ですから 그러므로」이후에 화자가 정말 하고 싶은 주장을 말하고 있음을 알 수 있다.

---

6 🎧 085

テレビで男の人が話しています。
男 今度制作したドラマは日本における子供の貧困問題がテーマです。家族や学校、地域社会のつながりの中で、貧困家庭に育つ、主人公の中学生、順平が成長していくわけですが、ドラマでは、社会的な制度についても語られます。実際、貧困ゆえに情報が得られず、相談できる人もいなくて孤立してしまうというケースがよく見られます。もし、制度が利用できていれば、苦しい状況を少しは改善できる、そんな制度があることを知ってほしいと思い、このドラマを制作しました。

男の人は何について話していますか。
1 ドラマ制作の狙い
2 日本の子供の貧困問題
3 貧困家庭の中学生の成長
4 貧困問題の解決方法

텔레비전에서 남자가 이야기하고 있습니다.

남 이번에 제작한 드라마는 일본의 아동 빈곤 문제가 테마입니다. 가족과 학교, 지역 사회의 관계 속에서, 빈곤 가정에서 자란 주인공인 중학생 준페이가 성장해 갑니다만, 드라마에서는 사회적인 제도에 대해서도 말합니다. 실제로 빈곤 때문에 정보를 얻지 못하고 상담할 수 있는 사람도 없어서 고립되어 버리는 케이스를 자주 보게 됩니다. 만약 제도를 이용할 수 있다면 힘든 상황을 조금은 개선할 수 있으며 그런 제도가 있다는 것을 알았으면 해서 이 드라마를 제작했습니다.

남자는 무엇에 대해 이야기하고 있습니까?
1 드라마 제작의 목적
2 일본 아동의 빈곤 문제
3 빈곤 가정 중학생의 성장
4 빈곤 문제의 해결 방법

[정답] 1

[단어] 制作 제작 | 貧困問題 빈곤 문제 | テーマ 테마, 주제 | 地域社会 지역 사회 | つながり 연결 | 貧困家庭 빈곤 가정 | 成長 성장 | ～ゆえに ～때문에 | 情報 정보 | 相談 상담, 상의 | 孤立 고립 | 改善 개선 | 解決方法 해결법

[해설] 남자는 처음부터 '이 드라마는 아동 빈곤 문제를 다루고 있다'고 말한다. 언뜻 보면 빈곤 문제와 관련된 선택지 2, 3, 4번이 답으로 느껴질 수도 있지만, 드라마의 내용을 설명한 뒤 역접을 나타내는 「～が」를 사용해 이야기를 연결하고 있으므로 「～が」의 뒷부분에 나오는 '빈곤 상황을 개선할 수 있는 사회 제도가 있다는 것을 알리고 싶어서 드라마를 제작했다'가 남자가 이야기하고자 하는 주제임을 알 수 있다.

실전문제 ②

問題3 문제3에서는 문제지에 아무것도 인쇄되어 있지 않습니다. 이 문제는 전체적으로 어떤 내용인가를 묻는 문제입니다. 이야기 전에 질문은 없습니다. 우선 이야기를 들으세요. 그리고 질문과 선택지를 듣고 1에서 4 중에서 가장 적당한 것을 하나 고르세요.

문제편 363p

1 🎧 086

女の学生と男の学生が話しています。

女 ねえ、今度の大学祭の企画なんだけど、ミスコンって結構疑問の声があるでしょ？

男 えっ、そうなの？うちの大学の名物だってマスコミでも取り上げてるみたいだけど。

女 だから、マスコミも時代が読めてないのよね。

男 それって、ミスコンが古くさいってこと？

女 明治時代からあったんだって。女性は見た目がきれいじゃなくちゃって、昔から女性を見る目が少しも変わってないのよ。

男 確かに、外国では抗議をする人たちがデモをしたっていうニュースもあったな。

女 大学祭って、お祭りだから人を集めたいのは分かるけど、何をしてもいいってことじゃないでしょ。

男 じゃあ、ミスコンをやめるってこと？それはちゃんと話し合わないと……。

女 だから、すぐにやめようっていうより、賛成、反対の考え方が分かるようなきっかけを作ったらどうかな。ミスコンをテーマにしたディスカッションを開くとか。

여학생과 남학생이 이야기하고 있습니다.

여 있지, 이번 대학 축제 기획 말인데, 미스 콘테스트는 꽤 의문의 목소리가 있잖아?

남 어, 그런가? 우리 대학의 명물이라고 언론에서도 다루는 것 같던데.

여 그러니까, 미디어도 시대를 읽을 줄 모르는 거지.

남 그건 미스 콘테스트가 시대에 뒤떨어졌다는 말이야?

여 (미스 콘테스트는) 메이지 시대부터 있었다고 해. 여성은 겉모습이 예뻐야 한다라는, 옛날부터 여성을 보는 눈이 조금도 변하지 않은 거야.

남 하긴 외국에서는 항의하는 사람들이 데모를 했다는 뉴스도 있었지.

여 대학 축제는 축제인 만큼 사람을 모으고 싶어 하는 것은 알겠지만, 무엇을 해도 된다는 것은 아니잖아?

남 그럼, 미스 콘테스트를 그만둔다는 거야? 그건 제대로 논의하지 않으면…….

여 그러니까 당장 그만두자 라기보다 찬성, 반대 의견을 알 수 있는 계기를 만들면 어떨까? 미스 콘테스트를 주제로 한 토론회를 연다든지.

男 うーん。あんまり堅苦しいのはね。もっと楽しみながら何が問題か考えられるようなイベントがいいな。
女 じゃあ、今度の会議でみんなのアイディアを聞くことにしよう！

女の学生と男の学生は何について話していますか。
1 ミスコンの問題点について
2 ミスコンの歴史について
3 大学祭のイベント企画について
4 大学祭の本当の意味について

남 글쎄. 너무 딱딱한 것은 좀. 더 즐기면서 뭐가 문제인지를 생각할 수 있는 이벤트면 좋겠어.
여 그럼 이번 회의에서 모두의 의견을 들어보도록 하자!

여학생과 남학생은 무엇에 대해 이야기하고 있습니까?
1 미스 콘테스트의 문제점에 대해
2 미스 콘테스트의 역사에 대해
3 대학 축제의 이벤트 기획에 대해
4 대학 축제의 진정한 의미에 대해

[정답] 3

[단어] 企画 기획 | ミスコン 미스 콘테스트, 미혼 여성을 대상으로 하는 미인 선발대회 | 結構 제법, 꽤 | 疑問 의문 | 名物 명물 | 古くさい 매우 낡다, 케케묵다 | 見た目 겉보기, 외모 | 抗議 항의 | きっかけ 계기 | ディスカッション 토론회 | 堅苦しい 딱딱하다

[해설] 너무 보편적인 이야기나 지나치게 범위가 넓은 이야기를 하는 선택지는 답이 아닌 경우가 많다. 전체 내용이 미스 콘테스트를 비판하는 내용으로 이어지고 있어서 선택지 1번을 답으로 고르기 쉽다. 그러나 남녀의 대사를 잘 보면 처음에 여자가 '이번 대학 축제 기획 말인데'라고 화제를 꺼내고, 이 말을 받아 남자도 미스 콘테스트가 '우리 대학 축제의 명물'이라고 말하며, 마지막에 미스 콘테스트의 문제점에 대해 모두와 논의해 보자고 하므로 3번이 답으로 적당하다.

2 087

テレビでコメンテーターが話しています。

男 昔は、外で遊ぶというと虫捕りなどをよくしたものですが、最近はマンション建設などでどんどん緑が減っていますよね。日本はもともと土地が狭いので、致し方ない部分はあるんですけども。ええ、そんな中でも今も虫を追いかけている方がいらっしゃって、上山さんっていう、いろんな珍しい昆虫を発見されてる学者さんなんですけども。あのー、羽が透明な蝶とか、宝石みたいなコガネムシとか珍しいのを捕まえてらして。あのー、世界的にも有名な方でして、ええ。今、本当になかなか都心では虫を見なくなってますけど、こういう昔から好きなものをずっと追いかけていて、それでこう活躍できるっていうのは、すごいことですよね。

텔레비전에서 뉴스 해설자가 이야기하고 있습니다.

남 옛날에는 밖에서 논다고 하면 곤충 채집 등을 자주 하곤 했습니다만, 최근에는 맨션 건설 등으로 점점 녹지가 줄어들고 있지요. 일본은 원래 땅이 좁아서 어쩔 수 없는 부분은 있습니다만. 에, 그러한 상황에서도 지금도 곤충을 뒤쫓는 분이 계십니다. 가미야마 씨라고 하는 여러 진귀한 곤충을 발견하신 학자이십니다. 저, 날개가 투명한 나비라든가 보석같은 풍뎅이 등의 희귀한 곤충을 잡으신, 그, 세계적으로도 유명한 분이시지요, 네. 지금은 정말 좀처럼 도심에서는 곤충을 볼 수 없게 되었지만, 이렇게 옛날부터 좋아하던 것을 계속 쫓으며 그걸로(좋아하는 일로) 이렇게 활약할 수 있다는 건 대단한 일이네요.

男の人は何について話していますか。
1 マンション建築による緑の減少
2 都心における昆虫の減少
3 世界でも珍しい昆虫
4 世界でも有名な昆虫学者

남자는 무엇에 대해 이야기하고 있습니까?
1 맨션 건축으로 인한 녹지 감소
2 도심에서의 곤충 감소
3 세계에서도 진귀한 곤충
4 세계에서도 유명한 곤충 학자

[정답] 4

[단어] コメンテーター 코멘테이터, 뉴스 해설자 | 虫捕り 곤충 채집 | 建設 건설 | 緑 초록, 녹지 | 致し方ない 어쩔 수 없다 | 追いかける 뒤쫓다 | 昆虫 곤충 | 発見 발견 | 羽 날개 | 透明 투명 | 蝶 나비 | 宝石 보석 | コガネムシ 풍뎅이 | 都心 도심 | 活躍 활약

[해설] 이야기의 주제를 묻는 문제이다. '녹지가 줄어서 곤충을 보기가 힘들어진 환경에서도 자신이 좋아하는 곤충 채집을 계속하여 세계적으로 유명해진 곤충 학자의 대단함'을 이야기하고 있으므로 정답은 4번이다.

---

3 🎧 088

大学の授業で先生が話しています。

男 ここ十数年の間、不登校の子供は増加の一途をたどっており、最近は、いじめだけではなく様々な理由によって不登校になってしまう児童・生徒が増えています。そこで最近はいろいろなところにフリースクールという民間の学校が作られて、不登校の子供たちを受け入れています。こういう学校はボランティアの方がやっている施設がほとんどですが、中には教員免許を持っているボランティアもいるので、しっかりした勉強をすることもできます。勉強することに抵抗がある子供も、自分ができるところから少しずつ取り組めるので、楽しく通うことができるそうです。ただ、普通の学校と違って、フリースクールを出ても学校を卒業したのと同じ資格にならないので、それを不安に思うご家族が多いのが課題です。それでも、子供が楽しく通っているのをご家庭では喜ばしく思っているケースが多いようです。

先生は何について話していますか。
1 いじめによる不登校児童の増加
2 子供たちによるボランティア活動
3 不登校の子供たちのための取り組み
4 資格が取れるフリースクール

대학 수업에서 선생님이 이야기하고 있습니다.

남 최근 십수 년 사이 등교를 거부하는 아이는 계속 증가하고 있으며, 최근에는 집단 괴롭힘뿐만 아니라 여러 가지 이유로 등교를 거부해 버리는 아동·학생이 늘고 있습니다. 그래서 최근에는 여러 곳에 프리 스쿨이라는 민간 학교가 만들어져서 등교를 거부하는 아이들을 받아들이고 있습니다. 이러한 학교는 자원봉사자분이 가르치는 시설이 대부분이지만 그 중에는 교사 자격증을 가지고 있는 봉사자도 있어서 제대로 공부를 할 수도 있습니다. 공부하는 것에 거부감이 있는 아이도 자신이 할 수 있는 부분부터 조금씩 도전할 수 있기 때문에 즐겁게 다닐 수 있다고 합니다. 단, 일반 학교와 달리 프리 스쿨을 졸업해도 학교를 졸업한 것과 동일한 자격이 되지 않으므로 그 점을 불안하게 여기는 가족이 많다는 점이 (앞으로의) 과제입니다. 그래도 아이가 즐겁게 학교에 다니는 것을 가정에서는 기쁘게 생각하는 사례가 많은 듯합니다.

선생님은 무엇에 대해 이야기하고 있습니까?
1 집단 괴롭힘으로 인한 등교 거부 아동의 증가
2 아이들에 의한 자원봉사 활동
3 등교를 거부하는 아이들을 위한 대처
4 자격증을 딸 수 있는 프리 스쿨

| 정답 | 3 |

| 단어 | 不登校 등교 거부 | 増加 증가 | 一途をたどる 일로를 걷다, 추세로 나아가다 | いじめ (집단) 괴롭힘, 따돌림, 왕따 | 児童 아동 | 生徒 학생 | フリースクール 프리 스쿨, 대안 학교 | 民間 민간 | 施設 시설 | 教員 교원, 교사 | 免許 면허 | 抵抗 저항, 거부 |

| 해설 | 이야기의 주된 내용은 '최근 괴롭힘뿐만 아니라 여러 가지 문제로 학교를 가지 않는 아동이 늘고 있는 상황에서 프리 스쿨이라는 민간 학교가 만들어졌다. 일반 학교와 동일한 졸업 자격이 주어지지는 않지만 등교를 거부하는 학생들이 즐겁게 다닐 수 있어서 가정에서도 반기는 사례가 많다'는 것이다. 개별 사항이 아닌 전체 내용을 적절하게 정리한 선택지 3번이 답으로 적당하다.

4 🎧 089

男の学生と女の学生が話しています。

女 ねえ、お金が 2 億 7 千万円あったら、何に使う？

男 え？なんで 2 億 7 千万円なの？宝くじだったら、3 億円でしょ。

女 日本人が 20 歳から 60 歳までに働いて得られる収入っていうのが、だいたい 2 億 7 千万円なんだって。

男 へぇー。そうなんだ。でも、それって毎日の生活で消えていくもんだろ？食べたり飲んだり、あとは家賃とか。

女 そうね。でも、全体が分かると、その内のどれだけを何に使おうとか、いろいろ考えなきゃって思うじゃない。

男 うーん。でも、そうすると、家を買うお金って、だいぶパーセンテージを占めるんだな。5 千万円だったら、20%くらいだろう？

女 うん。

男 俺、そんなに減ったらやっていけないな。やっぱ宝くじ当たらないかな。

女 それは…。

二人は何について話していますか。
1 宝くじでもらえるお金
2 一生のうちに稼げるお金
3 生活に必要なお金
4 家を建てるのにかかるお金

남학생과 여학생이 이야기하고 있습니다.

여 있지, 돈이 2억 7천만 엔 있다면 어디에 쓸래?

남 어? 왜 2억 7천만 엔이야? 복권 (당첨)이면 3억 엔이잖아.

여 일본인이 20세에서 60세까지 일해서 얻을 수 있는 수입이 대략 2억 7천만 엔이래.

남 오, 그렇구나. 하지만 그건 매일 생활하면서 사라지는 돈이잖아? 먹거나 마시거나, 그리고 집세라든가.

여 그렇지. 하지만 전체 금액을 알면 그 중에 얼마를 어디에 사용하자 라든가, 여러모로 생각하게 되잖아.

남 음. 하지만 그렇게 되면 집을 사는 돈이 상당한 비율을 차지하네. 5천만 엔이면 20%정도잖아.

여 응.

남 나는 (돈이) 그렇게 많이 줄어들면 생계를 꾸려나갈 수 없어. 역시 복권에 당첨되지 않으려나.

여 그건….

두 사람은 무엇에 대해 이야기하고 있습니까?
1 복권으로 받을 수 있는 돈
2 평생 동안 벌 수 있는 돈
3 생활에 필요한 돈
4 집을 짓는 데 드는 돈

| 정답 | 2 |

| 단어 | 宝くじ 복권 | 収入 수입 | 家賃 집세 | パーセンテージ 퍼센티지, 비율 | 当たる 맞다, 적중하다, (복권 등에) 당첨되다 | 稼ぐ (돈・시간 등을) 벌다 |

해설 여자는 '20세에서 60세까지 일해서 얻는 총 수입이 2억 7천만 엔'이라고 말하며 '총 수입을 알면 계획적으로 생활할 수 있다'고 한다. 이에 남자는 총 수입의 20%를 차지하는 집을 사고 나면 나머지 돈으로는 생계를 꾸려나가기 힘들다고 말하므로 선택지 2번이 답으로 적당하다.

---

5 🎧 090

ラジオで男の人と女の人が話しています。

女 こちらの「臭いケア講座」、今までにない新しいセミナーとのことですが、どのような内容なのでしょうか。

男 最近はスメルハラスメント、いわゆるスメハラという言葉も出てきて、いろいろな臭いを気にする傾向があります。

女 スメハラというと、汗の臭いが原因で同僚を訴えたというニュースも聞きますね。主に汗の臭いが原因ですか。

男 汗の臭いだけではなく、口臭や加齢臭、最近はミドル脂臭などがあります。こちらのセミナーでは、そうしたさまざまな臭いについて対策をご紹介しています。

女 一つだけではないんですね。

男 一つ一つの臭いの対策は簡単ですが、複合的な臭いはなかなか消すのが難しいので、そういったものについてどのようにすればいいのかをご紹介しているんです。

女 どんな方が受講されるんですか。

男 いろいろな方がお越しくださっていますが、特に、接客業の方が多いですね。レストラン、タクシー会社、ブライダル関係などが多いです。

女 たくさんの人と接する機会がある方が受講されることが多いんですね。

何について話していますか。
1 スメハラ訴訟のためのセミナー
2 汗の臭いを消すためのセミナー
3 様々な臭い対策のためのセミナー
4 接客業のためのセミナー

라디오에서 남자와 여자가 이야기하고 있습니다.

여 여기 '냄새 케어 강좌'는 지금까지 없었던 새로운 세미나라고 하는데, 어떤 내용입니까?

남 요즘은 스멜 해러스먼트, 이른바 스메하라라는 말이 나오면서 여러 가지 냄새를 신경 쓰는 경향이 있습니다.

여 스메하라라고 하면 땀 냄새가 원인이 되어 동료를 고소했다는 뉴스도 듣게 되네요. 주로 땀 냄새가 원인입니까?

남 땀 냄새뿐만 아니라 입 냄새나 노인 냄새, 최근에는 중년 남성 특유의 기름진 땀 냄새 등이 있습니다. 이 세미나에서는 그런 각종 냄새에 대한 대책을 소개하고 있습니다.

여 한 가지만이 아니군요.

남 냄새 하나하나의 대책은 간단하지만 복합적인 냄새는 좀처럼 없애기가 힘들기 때문에 그러한 점을 어떻게 하면 좋은지 소개하고 있습니다.

여 어떤 분이 수강하십니까?

남 다양한 분이 찾아와 주고 계시지만, 특히 접객업에 종사하는 분이 많습니다. 레스토랑, 택시 회사, 결혼 관련 등이 많습니다.

여 많은 사람과 접할 기회가 있는 분이 수강하시는 경우가 많군요.

무엇에 대해 이야기하고 있습니까?
1 스메하라 소송을 위한 세미나
2 땀 냄새를 없애기 위한 세미나
3 여러 가지 냄새 대책을 위한 세미나
4 접객업을 위한 세미나

[정답] 3

[단어] 講座 강좌 | スメルハラスメント 스멜 해러스먼트, 체취나 구취로 주위에 불쾌감을 주는 일 | 訴える 소송하다, 호소하다 | 口臭 구취, 입 냄새 | 加齢臭 가령취, 중·노년층 특유의 체취 | ミドル脂臭 중년 남성 특유의 기름신 땀 냄새 | 対策 대책 | 複合 복합 | 受講 수강 | 接客業 접객업 | ブライダル 결혼, 결혼식

[해설] 냄새로 타인에게 불쾌감을 주는 '스메하라'의 종류를 설명하고 불쾌한 냄새에 대한 복합적 대책을 알려주는 세미나이므로 정답은 3번이다.

---

6 🎧 091

会社の研修で講師が話しています。

女 皆さんは、お子さんがいらっしゃいますか？例えば、中学、高校くらいのお子さんに、「勉強しなさい」と言ったら、「今やろうと思ってたのに！」と怒って急にお子さんがやる気をなくしてしまったということがあるんじゃないかと思います。心理学ではこれを「心理的リアクタンス」と呼びます。「なになにしなさい」と他の人から行動を制限されると、それとは反対に自由を求めてしまうという心の反応です。子供に対して親が言う場合ももちろんですが、上司と部下の関係でも同じです。仕事上、あれこれ指示をしたくなることはあると思いますが、実は逆効果だということが言えるわけなんですね。人にいろいろやってほしいことを言うだけなら簡単ですが、それをやってくれるかどうかは働きかけ次第なので、タイミングや言い方など、注意が必要です。

何について話していますか。
1 上手な子育ての仕方
2 子供に勉強させる方法
3 部下と良い関係を築く方法
4 部下への指示の仕方

회사 연수에서 강사가 이야기하고 있습니다.

여 여러분은 자녀분이 있으신가요? 예를 들어 중학교, 고등학교 정도의 자녀분에게 '공부해라'라고 하면 '지금 하려고 했어!'하고 화를 내면서 갑자기 아이가 의욕을 잃어 버렸다라는 일이 있을 거라고 생각합니다. 심리학에서는 이를 '심리적 리액턴스(저항)'라고 부릅니다. '무엇무엇을 해라'라고 타인에게 행동을 제한당하면 그와는 반대로 자유를 바라게 되는 심리 반응입니다. 부모가 아이에게 말하는 경우는 물론이고 상사와 부하의 관계에서도 마찬가지입니다. 업무상 이것저것 지시하고 싶어질 때가 있으리라 생각합니다만, 실은 역효과라고 할 수 있는 거지요. 남이 해 주었으면 하는 일을 이것저것 말하는 것뿐이라면 간단하겠지만, 그 일을 해 줄지 해 주지 않을지는 (상대를) 유도하기 나름이므로 타이밍이나 말투 등에 주의가 필요합니다.

무엇에 대해 이야기하고 있습니까?
1 능숙한 육아 방법
2 아이에게 공부시키는 방법
3 부하와 좋은 관계를 구축하는 방법
4 부하에 대한 지시 방법

[정답] 4

[단어] やる気 의욕, 의지 | 心理学 심리학 | リアクタンス 리액턴스, 유도 저항 | 制限 제한 | 反応 반응 | 指示 지시 | 逆効果 역효과 | 働きかける (상대방이 응하도록 적극적으로) 작용하다, 유도하다

[해설] 타인이 행동을 제한하면 반대로 행동의 자유를 바라게 되는 '심리적 저항'에 관한 이야기로 예를 들며 '자녀에게뿐만이 아니라 부하에게 지시를 내릴 때도 타이밍과 말하는 방식에 주의가 필요하다'라고 말한다. 따라서 선택지 4번이 답으로 적당하다.

실전문제 ③

問題 3 문제3에서는 문제지에 아무것도 인쇄되어 있지 않습니다. 이 문제는 전체적으로 어떤 내용인가를 묻는 문제입니다. 이야기 전에 질문은 없습니다. 우선 이야기를 들으세요. 그리고 질문과 선택지를 듣고 1에서 4 중에서 가장 적당한 것을 하나 고르세요.

문제편 364p

1 🎧 092

男の学生と女の人が話しています。

女 お待たせ。久しぶりだね。
男 すみません、先輩。お忙しいのに時間いただいてしまって。
女 いいのいいの。それよりどうしたの？突然。もしかして就職のこと？
男 あ、いえ、今日は他のことで……。
女 ああ、そう。
男 実は、安田先生が来年古希を迎えられるので、記念の論文集を出そうと思っているんです。それで、先輩方に1ページずつお手紙のような感じで思い出を綴ってもらえないかと。
女 えっ、先生ってもうそんな年なの？うわー、そっかー。うん、わかった。やってみるよ。
男 ありがとうございます。よろしくお願いします。
女 そういえばこの間、うちの学校で調査をさせてほしいって言って、先生がいらっしゃったんだけど、確かにだいぶお年を召された感じだったなぁ。
男 そうなんですか。いいなぁ、僕も卒論の調査をさせてもらいたいです。
女 いいよ。いつでも。あ、そっか、山田くん、大学院に行きたいって言ってたんだった。入試のために卒論をしっかり書かないといけないもんね。調査は大事だよね。
男 はい、是非よろしくお願いします。

男の学生は何のために女の人を呼びましたか。
1 就職活動について相談するため
2 論文集の原稿を書いてもらうため
3 卒業論文の調査を依頼するため
4 大学院入試について話を聞くため

남학생과 여자가 이야기하고 있습니다.

여 많이 기다렸지? 오랜만이네.
남 죄송해요, 선배님. 바쁘신데 시간을 빼앗아서.
여 괜찮아, 괜찮아. 그것보다 갑자기 무슨 일이야? 혹시 취직 때문에?
남 아, 아니요. 오늘은 다른 일로…….
여 아, 그래?
남 실은 야스다 선생님께서 내년에 고희를 맞이하셔서 기념 논문집을 내려고 해요. 그래서 선배님들이 한 쪽씩 편지 느낌으로 추억을 써 주실 수 없을까 해서.
여 앗, 선생님이 벌써 그런 연세야? 우와, 그렇구나. 알았어. 해 볼게.
남 감사합니다. 잘 부탁드려요.
여 그러고 보니 요전에 우리 학교에서 조사하게 해 달라고 선생님께서 찾아오셨는데 확실히 꽤 나이를 드신 느낌이었어.
남 그런가요? 부럽네요. 저도 졸업 논문 조사를 하게 해 주셨으면 좋겠네요.
여 언제라도 좋아. 아, 맞다. 야마다 군 대학원에 가고 싶다고 했었구나. 입시를 위해 졸업 논문을 잘 써야겠네. (자료) 조사는 중요하지.
남 네, 꼭 부탁드립니다.

남학생은 무엇 때문에 여자를 불렀습니까?
1 취업 활동에 대해 상담하기 위해
2 논문집의 원고를 써 달라고 하기 위해
3 졸업 논문의 조사를 의뢰하기 위해
4 대학원 입시에 대해 이야기를 듣기 위해

정답 **2**

단어 突然(とつぜん) 갑자기 | もしかして 혹시 | 古希(こき) 고희(70세), 칠순 | 綴(つづ)る (글을) 짓다, 쓰다 | お年(とし)を召(め)す 연세를 드시다 | 入試(にゅうし) 입시

해설 남학생이 여자에게 연락한 이유는 「思い出を綴ってもらえないか 추억을 써 주실 수 없을까」라고 말하는 부분에 나와 있다. 선생님의 칠순 기념 논문집에 게재하기 위한 추억담을 부탁하였으므로 선택지 2번이 답으로 적당하다.

---

2 🎧 093

ラジオで男(おとこ)の人(ひと)が話(はな)しています。

男 昔(むかし)はよく「怪我(けが)をしたら傷口(きずぐち)を乾(かわ)かさないといけない」と言(い)われて、みなさんそうしてきたんじゃないかと思(おも)いますが、最近(さいきん)はこれとは真逆(まぎゃく)のやり方(かた)がいいと言われているんです。つまり、乾(かわ)かすんじゃなくて、湿(しめ)ったままにしておいたほうがいいということです。傷口(きずぐち)をよく洗(あら)った後(あと)に、保湿効果(ほしつこうか)のあるシートを貼(は)って、体液(たいえき)を乾(かわ)かさないようにするといいんです。このほうが、治(なお)りが早(はや)く、傷跡(きずあと)も残(のこ)りにくいということが分(わ)かっていて、最近(さいきん)はこうした方法(ほうほう)が取(と)られています。このように、昔(むかし)「いい方法(ほうほう)だ」と聞(き)いたようなことが、今(いま)はそうではなくて、違(ちが)う方法(ほうほう)のほうがいいということが研究(けんきゅう)によって明(あき)らかになったものがいくつもあるんですね。

男(おとこ)の人(ひと)が言(い)いたいことは何(なん)ですか。
1 怪我(けが)をしたら傷口(きずぐち)を乾(かわ)かしたほうがいい
2 怪我(けが)をしたら傷口(きずぐち)に水(みず)をつけたほうがいい
3 昔(むかし)からある治療方法(ちりょうほうほう)が今(いま)は見直(みなお)されている
4 昔(むかし)からある治療方法(ちりょうほうほう)は今(いま)も有効(ゆうこう)である

라디오에서 남자가 이야기하고 있습니다.

남 옛날에는 흔히 '다치면 상처를 건조시켜야 한다'고 해서 모두 그렇게 해오시지 않았을까 생각합니다만, 최근에는 이와는 정반대의 방법이 좋다고 합니다. 즉, 건조시키지 말고 습한 채로 놔두는 편이 좋다는 것입니다. 상처 부위를 잘 씻은 후에 보습 효과가 있는 시트를 붙여서 체액이 마르지 않도록 하면 좋습니다. 이렇게 하는 편이 상처도 빨리 낫고 흉터도 잘 남지 않는다는 사실이 밝혀져서 요즘은 이러한 방법을 사용하고 있습니다. 이처럼 예전에는 '좋은 방법이다'라고 들어온 것이 지금은 그렇지 않고, 다른 방법이 더 좋다는 사실이 연구에 의해 밝혀진 것이 여러 가지 있습니다.

남자가 말하고 싶은 것은 무엇입니까?
1 다치면 상처를 말리는 편이 좋다
2 다치면 상처에 물을 묻히는 편이 좋다
3 예전부터 있던 치료 방법이 지금은 재검토되고 있다
4 예전부터 있던 치료 방법은 지금도 유효하다

정답 **3**

단어 怪我(けが) 다침, 상처 | 傷口(きずぐち) 상처 부위 | 真逆(まぎゃく) 정반대 | 保湿効果(ほしつこうか) 보습 효과 | 体液(たいえき) 체액 | 傷跡(きずあと) 흉터 | 見直(みなお)す 다시 보다, 재검토하다, 재평가하다 | 有効(ゆうこう) 유효

해설 앞부분에서 '상처를 건조시키지 말고 습한 채로 놔두는 편이 좋다'는 내용이 나온다고 섣불리 선택지 2번을 고르지 않도록 주의하자. 「このように」로 시작하는 마지막 부분에서 남자가 하고 싶은 말이 나온다. 남자는 '예전에는 좋다고 들었던 방법들이 지금은 그렇지 않다'고 말하므로 정답은 3번이다.

3 🎧 094

授業で男の先生が話しています。

男　最近、若者の食事に偏りがあると言われて、問題になっています。具体的には「孤食・欠食・個食・固食」とあって、頭文字をとると「コケッココ」となることから、「ニワトリ症候群」と言われています。まぁ、耳で聞いただけでは何のことやらですね。最初の「孤食」は「孤独」の「孤」を書いて、一人で食べること、「欠食」は朝ご飯などを食べないことです。これ、結構多いんじゃないですか。三つ目の「個食」は「個別」の「個」、つまり、家族がそれぞれ違うものを食べること、最後は「固まる」という字で「固食」、これはいつも同じものを食べることです。こういったことは、栄養バランスの偏りで体に影響があるだけでなく、心にも悪影響を及ぼします。

何について話していますか。
1　朝ご飯を食べないと健康に悪影響があるということ
2　**食生活に偏りがあると心身に影響するということ**
3　鶏肉ばかり食べていると栄養バランスが偏るということ
4　家族で違うものを食べるのが普通になったということ

수업에서 남자 선생님이 이야기하고 있습니다.

남　최근 젊은이들의 식사가 편중되어 있다고 하여 문제가 되고 있습니다. 구체적으로는 '고식(孤食)·결식(欠食)·개식(個食)·고식(固食)'으로 첫글자를 따면 '코켓코코('꼬끼오'의 일본어 표현)'가 되는 것에서 따와 '닭 증후군'이라고 부릅니다. 듣는 것만으로는 무슨 말인가 싶으실 텐데요. 먼저, '고식(孤食)'은 고독의 '고'를 써서 혼자서 먹는 것, '결식(欠食)'은 아침밥 등을 먹지 않는 것입니다. 이건 꽤 많지 않을까요? 세 번째의 '개식(個食)'은 '개별'의 '개', 즉 가족이 각각 다른 것을 먹는 것, 마지막은 '굳어지다'라는 글자로 '고식(固食)'. 고식은 항상 같은 것을 먹는 것입니다. 이러한 현상은 영양 밸런스가 치우쳐져서 몸에 영향이 있을뿐만 아니라 마음에도 악영향을 미칩니다.

무엇에 대해 이야기하고 있습니까?
1　아침밥을 먹지 않으면 건강에 악영향이 있다는 것
2　**식생활이 편중되면 심신에 영향을 준다는 것**
3　닭고기만 먹으면 영양 밸런스가 치우치게 된다는 것
4　가족이 다른 음식을 먹는 것이 일반적이 되었다는 것

[정답] **2**

[단어]　若者 젊은이｜偏り 치우침, 편중, 편향｜頭文字 첫 글자를 땀(이니셜)｜症候群 증후군｜固まる 굳어지다, 고정되다｜及ぼす (영향을) 미치다

[해설]　마지막 문장「こういったことは」부터가 화자의 주장이다. 화자는 이러한 식생활은 '영양 밸런스가 치우쳐져 몸에 영향이 있을 뿐만 아니라 마음에도 악영향을 미친다'고 말하므로 정답은 2번이다.

---

4 🎧 095

ラジオで女の人が話しています。

女　最近「移動支援ロボット」と言われるものがいろいろ開発されて、販売されています。移動支援ロボットというと、立ったまま乗って、体重移動だけで前に進んだり曲がったりできる一人用の乗り物が、みなさん思い浮かぶと思うんですけど、最近は、立って乗るだけ

라디오에서 여자가 이야기하고 있습니다.

여　최근 '이동 지원 로봇'이라는 것이 다양하게 개발되어 판매되고 있습니다. 이동 지원 로봇이라고 하면 선 채로 (로봇에) 올라타서 체중을 이동시키는 것만으로 앞으로 나아가거나 방향을 틀 수 있는 1인용 탑승 기기가 여러분은 떠오르시리라 생각합니다만, 최근에는 서서 타는 것뿐만

じゃなくて、本体のいろいろな所が可動式になっていて、自分で組み替えることで、自転車のように座って乗れるタイプにできたりするものが人気のようです。ですが体重移動だけで動くので難しくありませんし、車輪も横に平行してついていて転ぶことも少ないので、お年寄りにも安全です。将来的には操縦者プラスもう何人か乗れるタイプの移動支援ロボットの開発も視野に現在研究が進められているそうです。

何について話していますか。
1 操作が簡単な移動用ロボット
2 2種類の形に変わる自動変形ロボット
3 お年寄りのための介護用ロボット
4 たくさんものを運べる運搬用ロボット

아니라 본체 여러 곳이 가동식으로 되어 있어서 직접 재조립하여 자전거처럼 앉아서 탈 수 있는 타입을 만들 수 있거나 하는 기기가 인기인 모양입니다. 그러나 체중을 이동시키는 것만으로도 움직이므로 (조작이) 어렵지 않고 바퀴도 옆으로 나란히 달려 있어서 넘어지는 일도 적어서 어르신에게도 안전합니다. 앞으로는 조종자 외에도 몇 명을 더 탈 수 있는 타입의 이동 지원 로봇의 개발도 시야에 넣고 현재 연구를 진행하고 있다고 합니다.

무엇에 대해 이야기하고 있습니까?
1 조작이 간단한 이동용 로봇
2 두 종류의 형태로 변화하는 자동 변형 로봇
3 어르신을 위한 간병용 로봇
4 많은 물건을 나를 수 있는 운반용 로봇

정답 1

단어 移動支援 이동 지원 | ~たまま ~한 채로 | 思い浮ぶ 생각이 떠오르다 | 可動式 가동식(장착 방향을 이동할 수 있는 방식) | 組み替える 다시 조합하다, 재편성하다 | 車輪 바퀴 | 平行 평행 | 操縦者 조종자

해설 여자가 전달하고자 하는 내용은 '최근에는 단순히 서서 타는 것뿐만 아니라 장착 방향을 이동하여 앉아서 타는 타입으로 만드는 로봇이 인기'라는 것이다. 그 후 이 로봇의 특징으로 '조작이 어렵지 않고 어르신에게도 안전하다'고 말하므로 선택지 1번이 답으로 적당하다. 간병을 위한 로봇이 아니라 노인도 조작할 수 있는 이동용 로봇에 대한 이야기이므로 3번은 답이 될 수 없다.

---

5 🎧 096

電話で男の学生と女の人が話しています。

男 はい。
女 もしもし。ふじやま大学文学部教務課の野口と申しますが、ジャック・マイヤーズさんでいらっしゃいますか。
男 はい、そうです。
女 すみません。この間出してもらった、奨学金の書類なんですけど、ちょっと足りなくて。
男 あ、本当ですか。すみません。
女 ジャックさんは交換とかじゃなくて正規の留学生なので、それを証明する書類が必要なんですね。

전화로 남학생과 여자가 이야기하고 있습니다.

남 네.
여 여보세요. 후지야마 대학 문학부 교무과의 노구치라고 합니다만 잭 마이어스(Jack Myers) 씨이신가요?
남 네, 그렇습니다.
여 실례합니다. 일전에 제출해 주신 장학금 서류 말인데요, 좀 부족해서요.
남 아, 정말이요? 죄송합니다.
여 잭 씨는 교환이 아니라 정규 유학생이라서 그것을 증명할 서류가 필요합니다.

女 で、それを、留学生支援課に行って、もらってきてほしいんです。向こうにはもう言ってあるので、名前言えばすぐ出してくれると思うんですけど。

男 あ、そうですか。分かりました。

女 で、それをもらったら、こちらに持ってきてください。それで書類が揃うので。

男 はい。

女 あ、書類もらう時に受け取りのサインがいると思うので。

男 はい。分かりました。ありがとうございました。

女 はい。お願いしますね。失礼します。

女の人は何のために電話しましたか。
1 窓口に書類を取りに来てもらうため
2 窓口で書類にサインをしてもらうため
3 別の窓口に書類を取りに行ってもらうため
4 別の窓口に書類を出し直してもらうため

그래서 그것을 유학생 지원과에 가서 받아 오셨으면 합니다. 그쪽에는 이미 말해 두었으니 이름을 말하면 바로 발급해 줄 거예요.

남 아, 그래요? 알겠습니다.

여 그리고 서류를 받으면 여기로 가지고 오세요. 그걸로 서류가 구비되니까요.

남 네.

여 아, 서류 받을 때 수령 확인 사인이 필요할 거예요.

남 네, 알겠습니다. 감사합니다.

여 네, 잘 부탁드립니다. 실례하겠습니다.

여자는 무엇 때문에 전화를 했습니까?
1 창구에 서류를 가지러 오게 하기 위해서
2 창구에서 서류에 사인을 받기 위해서
3 다른 창구에 서류를 받으러 가게 하기 위해서
4 다른 창구에 서류를 다시 제출하게 하기 위해서

정답 3

단어 教務課 교무과 | 申す 言う(말하다)의 겸양어 | 奨学金 장학금 | 書類 서류 | 足りない 부족하다 | 交換 교환 | 正規 정규 | 留学生 유학생 | 証明 증명 | 揃う 갖추어지다, 모이다 | 受け取り 수령

해설 여자가 전화를 한 용건은「それを、留学生支援課に行って、もらってきてほしい 그것을 유학생 지원과에 가서 받아 왔으면 한다」라는 부분에서 알 수 있다. 유학생 지원과, 즉 다른 창구에 가서 부족한 서류를 받아왔으면 좋겠다고 말하고 있으므로 답은 3번이다.「~てもらいたい」나「~てほしい」는「~てください」와 더불어 지시, 희망을 나타내는 표현이므로 용건과 관계된 경우가 많다.

---

6 🎧 097

女の先生が大学の授業で話しています。

女 みなさん、果汁100%のジュースはよく飲みますか？100%のジュースって、もちろんおいしいですけど、パッケージからしておいしそうに見えますよね。つい買ってしまうというか。実は、パッケージの表示にはルールがあって、果物の断面や果汁のしずくを使っていいのは100%のジュースだけなんです。オレンジとか

여자 선생님이 대학 수업에서 이야기하고 있습니다.

여 여러분 과즙 100% 주스를 자주 마시나요? 100% 주스는 물론 맛있습니다만, 포장부터가 맛있게 보이지요? 무심코 사게 된다고 할까요. 실은 포장의 표시에는 규칙이 있어서 과일의 단면이나 과즙 방울을 사용해도 되는 것은 100% 주스뿐입니다. 오렌지라든가, 사과라든가,

リンゴとか、断面が描いてあったりしますよね。100%未満だと、果物まるごとの写真はいいですけど、断面などはダメです。で、果汁が5%未満になると、今度は果物の写真も使うことができないんですね。ほら、オレンジの写真はないけど、オレンジ色のパッケージだからオレンジジュースだって分かるっていうの、ありますよね。あれはこういうことなんですね。

何について話していますか。
1 果物の写真の撮り方について
2 パッケージの決まりについて
3 果物のジュースの種類について
4 おいしそうに見えるパッケージについて

단면이 그려져 있거나 하지요? (과즙이) 100% 미만이면 과일 전체의 사진은 괜찮지만 단면 등은 안 됩니다. 그리고 과즙이 5% 미만이면 이번에는 과일 사진도 사용할 수 없습니다. 왜, 오렌지 사진은 없지만 오렌지색 포장이니까 오렌지 주스란 걸 알 수 있는 일 있잖아요. 이게 그런 경우입니다.

무엇에 대해 이야기하고 있습니까?
1 과일 사진을 찍는 법에 대해
2 포장의 규정에 대해
3 과일 주스의 종류에 대해
4 맛있게 보이는 포장에 대해

정답 2

단어 果汁 과즙 | パッケージ 패키지, 포장 | つい 무심코, (나도 모르게) 그만 | 表示 표시 | 断面 단면 | しずく 물방울 | まるごと 통째로, 전부

해설 주된 내용은 위에서 네 번째 줄 「実は~」 부분에 나타나 있다. 「パッケージの表示にはルールがあって~ 포장의 표시에는 규칙이 있어서~」라고 말하고 있으므로 답은 2번이 된다.

問題 4 즉시 응답

실전문제 정답 및 해설

정답

실전문제 ①　[1] 1　[2] 1　[3] 1　[4] 3　[5] 3　[6] 1　[7] 3
　　　　　　[8] 3　[9] 1　[10] 2　[11] 3　[12] 3　[13] 1　[14] 1

실전문제 ②　[1] 3　[2] 1　[3] 2　[4] 1　[5] 3　[6] 1　[7] 3
　　　　　　[8] 2　[9] 3　[10] 1　[11] 2　[12] 1　[13] 3　[14] 2

실전문제 ③　[1] 1　[2] 3　[3] 2　[4] 3　[5] 1　[6] 3　[7] 2
　　　　　　[8] 1　[9] 2　[10] 3　[11] 2　[12] 3　[13] 2　[14] 3

실전문제 ①

問題 4　문제 4에서는 문제지에 아무것도 인쇄되어 있지 않습니다. 먼저 문장을 들으세요. 그리고 그것에 대한 대답을 듣고 1에서 3 중에서 가장 적당한 것을 하나 고르세요.

문제편 365p

[1] 098

男	一度試験に落ちたくらいで、がっかりするなよ。	남	한 번 시험에 떨어진 정도로 실망하지마.
女	1　そんなに簡単に言わないでよ。	여	1　그렇게 간단히 말하지 마.
	2　そんなにがっかりしないで。		2　그렇게 실망하지 마.
	3　やっぱり試験に落ちたんだ。		3　역시 시험에 떨어졌구나.

정답 1

단어 試験 시험 | がっかりする 실망하다

해설 위로하는 A에게 B는 보통 '고맙다, 그래, 그렇게'라는 수긍의 대답을 할 거라고 예상하지만 꼭 그렇지만은 않다는 점을 기억하자. 제안하는 A에 대해 거절하는 B의 대답이 정답인 패턴과 같은 예라고 할 수 있다. 남자는 시험에 떨어진 정도는 별 일이 아니라고 이야기했지만 여자에게는 시험에 떨어진 일이 큰 의미를 가지고 있는 상황이므로 정답은 선택지 1번이다. 수준과 정도가 낮음을 강조하는 「～くらいで」라는 표현은 오해를 살 가능성이 있으므로 실제 사용에서는 주의가 필요하다.

2 🎧 099

女　田中先生から頼まれた翻訳、引き受けないわけにはいかないだろうね。

男　1　やるしかないでしょうね。
　　2　今更引き受けられないよ。
　　3　引き受けなくてよかったね。

여　다나카 선생님에게 부탁받은 번역, 맡지 않을 수 없겠지?

남　1　할 수밖에 없겠지요.
　　2　이제 와서 맡을 수 없어.
　　3　맡지 않아서 다행이네.

정답 1

단어 頼まれる 부탁받다 | 翻訳 번역 | 引き受ける 맡다 | ～わけにはいかない ～할 수는 없다 | 今更 이제 와서

해설 「～ないわけにはいかない ～하지 않을 수는 없다」는 '～해야만 한다'라는 의미를 완곡하게 표현하는 문형이다. 비슷한 의미인 「명사·동사 기본형 + しかない ～할 수밖에 없다」나 「동사 기본형 より + ほかない ～할 수밖에 없다」도 함께 기억해 두자.

---

3 🎧 100

男　うちの社長とは以前からのお知り合いだそうですが。

女　1　ええ、よく存じ上げております。
　　2　一度お目にかかりたいですね。
　　3　時々拝見しております。

남　우리 사장님과는 이전부터 지인이라고 하시던데요.

여　1　네, 잘 알고 있습니다.
　　2　한번 뵙고 싶네요.
　　3　가끔 보고 있습니다.

정답 1

단어 お知り合い 지인, 아는 분 | 存じ上げる 「知っている」의 겸양어 | お目にかかる (만나) 뵈다 | 拝見 삼가 봄

해설 「知っている」의 겸양표현으로는 「存じている」, 「存じ上げている」가 있다. 사람을 알고 있다고 표현할 때는 「存じ上げている」를 쓰며, 여기에 「いる」의 겸양어인 「おる」까지 연결하여 「存じ上げておる」가 되면 더욱 정중한 표현이 된다. 「お目にかかる」는 「会う」, 「拝見する」는 「見る」의 겸양표현이다.

---

4 🎧 101

女　先生、やっと奨学金がもらえる目処が付きました。

男　1　ずいぶんもらったんですね。
　　2　それは散々だったね。
　　3　何よりでしたね。

여　선생님 드디어 장학금을 받을 수 있는 전망이 섰습니다.

남　1　꽤 받았네요.
　　2　그건 처참했지.
　　3　정말 잘됐네요.

정답 3

단어 やっと 드디어 | 奨学金 장학금 | 目処が付く 전망이 서다 | ずいぶん 꽤, 충분히 | 散々 심함, 지독함

해설 '전망이 서다, 목표가 서다'라는 뜻의 「目処が付く」는 중요한 표현으로 「目途が立つ」라고도 표현한다. 이 외에 「目」를 활용한 훈독 단어 중에서 「目安 기준, 표준, 눈대중, 목표」를 활용한 「目安になる 기준이 되다」, 「目安がつく 대충 짐작이 가다」도 중요한 표현이므로 같이 기억해 두자.

5 🎧 102

女 彼は口が軽いのでうっかり物も言えませんよ。
男 1 確かにすぐ腹を立てますからね。
　　2 てっきり言ったのかと思いました。
　　3 本人に悪気はないようですけどね。

여 그는 입이 가벼워서 무심코 무슨 말을 할 수가 없어요.
남 1 확실히 바로 화를 내니까요.
　　2 틀림없이 말했을 거라고 생각했습니다.
　　3 본인에게 악의는 없는 듯지만요.

정답 **3**

단어 口が軽い 입이 가볍다 | うっかり 무심코 | 物も言えない 말도 못한다, 말도 안 나온다 | 確かに 확실히 | 腹を立てる 화를 내다 | てっきり 틀림없이, 분명히 | 悪気 악의

해설 신체 일부를 활용한 관용표현은 출제 빈도도 높고 실생활에서도 많이 사용하므로 여러 번 반복해서 공부할 것을 추천한다. '그 사람은 입이 가벼워서 무슨 말을 할 수가 없다'라는 말에 적당한 대답은 선택지 3번이다. 선택지 2번에 나오는 부사 「てっきり 틀림없이」는 문장 끝에 「〜と思う」를 동반한다는 점도 기억해 두자.

---

6 🎧 103

男 今日はどうもありがとうございました。おかげで今度の研究のいい資料が手に入りました。
女 1 こちらこそ、お役に立てて幸いです。
　　2 そのうち見つかりますよ。
　　3 さ、どうぞご遠慮なく。

남 오늘은 정말 감사했습니다. 덕분에 이번 연구의 좋은 자료를 입수했습니다.
여 1 이쪽이야 말로 도움이 될 수 있어서 다행입니다.
　　2 곧 찾을 거예요.
　　3 자, 사양하지 마시고.

정답 **1**

단어 おかげで 덕분에 | 資料 자료 | 手に入る 손에 들어오다, 입수하다 | 役に立つ 도움이 되다 | 見つかる 찾다, 발견하다 | ご遠慮なく 주저 말고, 사양치 말고

해설 일본어에서는 감사 인사나 축하 인사에 겸양으로 대답하는 것이 중요하다. 상대방에게 「お役に立って 도움이 되어서」라고 표현하지 않고 정답인 선택지 1번처럼 「お役に立てて 도움이 될 수 있어서」라는 가능형 표현을 사용함으로써 겸양의 느낌을 나타낸다는 점에 유의하자.

---

7 🎧 104

男 一応先生がお帰りになったら頼んでみますけど、あまり当てにはしないでくださいね。
女 1 はい、期待しています。
　　2 なるべく当てないようにします。
　　3 お手数をおかけして申し訳ありません。

남 일단 선생님이 돌아오시면 부탁해 보겠지만 별로 기대하지는 마세요.
여 1 네, 기대하고 있습니다.
　　2 되도록 맞히지 않도록 하겠습니다.
　　3 번거롭게 해드려 죄송합니다.

정답 **3**

단어 当てにする 기대하다, 믿다, 의지하다 | 当てる 맞히다

[해설] 남자의 말에 나오는 「当てにする」는 '기대하다, 기대다'라는 의미이다. 여자의 부탁에 남자가 '결과를 너무 기대하지는 말라'고 말하는 상황이므로 답으로는 선택지 3번이 적당하다. 3번의 「お手数をかける」는 '수고를 끼치다, 번거롭게 하다'라는 의미이다.

---

8 🎧 105

女　新製品が出て一週間経ったけど、売れ行きはどう？
男　1　どんどん新製品が出ています。
　　2　はい、一週間たったところです。
　　3　まずまずってところです。

여　신제품이 나온 지 일주일이 지났는데 판매 상황은 어때?
남　1　점점 신제품이 나오고 있습니다.
　　2　네, 일주일 지난 참입니다.
　　3　그럭저럭입니다.

[정답] 3
[단어] 新製品 신제품 | 売れ行き 팔리는 상태, 팔림새 | まずまず 그럭저럭
[해설] 일의 진행 상황을 묻는 질문에 대한 대답으로 '좋지도 나쁘지도 않다'고 대답할 때가 있다. 이럴 때 사용하는 선택지 3번의 「まずまず 그럭저럭」을 기억해 두자. 비슷한 표현으로는 「まあまあ」, 「そこそこ」 등이 있다.

---

9 🎧 106

男　あの会社は知名度こそまだ低いものの、特許の数では世界でも有数らしいですよ。
女　1　そんなにすごい会社だとは。
　　2　すごく有名なんですね。
　　3　急成長したんですね。

남　그 회사는 지명도는 아직 낮지만 특허 수는 세계에서도 손꼽힐 정도라고 해.
여　1　그렇게 굉장한 회사일 줄이야.
　　2　굉장히 유명하군요.
　　3　급성장했네요.

[정답] 1
[단어] 知名度 지명도 | 特許 특허 | 有数 유수, 손꼽을 만큼 훌륭함 | 急成長 급성장
[해설] 「~こそ ~が」는 '~는 ~이지만'이라는 의미의 문형이다. 이 문형에는 「が」 외에도 「けれども」나 「ものの」와 같은 역접 조사도 올 수 있다. 정답인 선택지 1번에 나온 「보통형 + とは ~라니, ~라고 하다니」는 화자의 놀람을 나타내는 표현이며 구어체에서의 「~なんて」와 같은 의미이다.

---

10 🎧 107

女　交渉の再開は、余程のことでもない限り、しばらくは望めそうもないそうですよ。
男　1　賛成しかねますね。
　　2　祈るしかないですね。
　　3　きっと期待できそうですね。

여　교섭 재개는 어지간한 일이 없는 한 당분간 기대할 수 있을 것 같지 않다고 합니다(않답니다).
남　1　찬성할 수 없습니다.
　　2　기도할 수밖에 없겠네요.
　　3　분명 기대할 수 있을 것 같네요.

[정답] 2

[단어] 交渉 교섭 | 再開 재개 | 余程 어지간히, 꽤 | ～限り ～(하는) 한 | 望む 바라다, 소망하다 | 賛成 찬성 | 祈る 기도하다 | ～しかない ～할 수밖에 없다, ～ 외에 다른 방법이 없다 | きっと 분명

[해설] 기초 문형의 활용은 매우 중요해서 N1 전 영역에서 꾸준히 출제된다. 문제에 나온 「望めそうもないそうです 기대할 수 있을 것 같지 않다고 합니다」는 부정 추측 표현인 「ます형 + そうもない ～일 것 같지 않다」에 전문(伝聞) 표현인 「そうだ ～라고 합니다」가 더해진 문형이다. 그 외에도 선택지 1번의 「ます형 + かねる ～하기 어렵다, ～할 수 없다」도 출제 빈도가 매우 높은 문형이니 꼭 기억해 두자.

---

11 🎧108

男 あの先輩は、いつも話が大げさになるきらいがあるからねえ。
女 1 私もあの先輩嫌いよ。
　　2 私も見直しちゃった。
　　3 あまり信じないほうがいいわね。

남 저 선배는 늘 이야기가 과장되는 경향이 있어서.
여 1 나도 저 선배 싫어해.
　　2 나도 다시 봤어.
　　3 너무 믿지 않는 편이 좋겠어.

[정답] 3

[단어] 大げさ 과장, 허풍 | ～きらいがある ～(하는) 경향이 있다 | 見直す 다시 보다, 재검토하다

[해설] 문제에 나온 「명사(の)·동사 기본형 + きらいがある ～(하는) 경향이 있다」는 대체로 사람의 성격이나 특징 또는 일이 진행되는 상황이 부정적임을 나타낼 때 사용하는 표현이다.

---

12 🎧109

女 やっとのことで会議の資料、間に合ったけど、一時はどうなることかと思いましたよ。
男 1 そんなに心配しないでくださいよ。
　　2 一時的なものですからね。
　　3 どうもご苦労様でした。

여 회의 자료, 간신히 시간에는 맞추었지만 한때는 어떻게 될지 걱정했어.
남 1 그렇게 걱정하지 마세요.
　　2 일시적인 거니까요.
　　3 정말 수고하셨습니다.

[정답] 3

[단어] やっと(のことで) 겨우, 간신히, 가까스로 | 間に合う 제 시간에 대다, 맞추다 | 苦労 고생, 애씀

[해설] 정답인 선택지 3번의 「ご苦労様でした 수고하셨습니다」는 대체로 맡은 임무나 역할을 수행 또는 완료하였을 때 사용하는 인사 표현이다.

| 13 | 🎧 110 |

男 あれだけ新聞で毎日叩かれたら、山下社長もたまったもんじゃないね。
女 1 お気の毒だね。
　　2 がっかりするね。
　　3 うらやましくなるね。

남 저 정도로 신문에서 매일 공격받으면 야마시타 사장님도 견딜 수가 없겠어.
여 1 딱하게 됐어.
　 2 실망스럽네.
　 3 부러워지는군.

정답 1

단어 あれだけ 저만큼, 저 정도로 | 叩く 때리다, 비난하다 | たまったもんじゃない 견딜 수 없다(たまらない의 강조) | 気の毒だ 딱하다, 가엾다 | がっかりする 실망하다 | うらやましい 부럽다

해설 남자의 말에서 나오는 「たまったもんじゃない 견딜 수가 없다」는 「堪る 참다, 견디다」에 「과거형 + もの(もん)ではない」 문형이 접속된 것이다. 「과거형 + ものではない」는 불가능을 강조하는 문형으로 '(도저히) ~할 수가 없다'는 의미이다.

| 14 | 🎧 111 |

女 あの人ね、一度自分がこうだと思ったら人の意見なんて全然聞かないんですよ。
男 1 頑固なんですね。
　　2 自信がないんですね。
　　3 ほんと大げさだよね。

여 저 사람, 한번 자기가 이렇다고 생각하면 다른 사람의 의견 같은 건 전혀 듣지 않아요.
남 1 고집불통이네요.
　 2 자신이 없는 거네요.
　 3 정말이지 과장이 심하네.

정답 1

단어 意見 의견 | 頑固だ 완고하다, 고집스럽다

해설 다른 사람의 의견을 잘 듣지 않고 고집스러운 성격을 나타내는 어휘로는 선택지 1번의 「頑固だ 완고하다」 외에도 「頑なだ 완고하다, 고집이 세다」, 「強情だ 고집이 세다」, 「生真面目だ 고지식하다」, 「意地っ張り 고집쟁이, 고집불통」 등이 있다.

실전문제 ②

問題 4 문제 4에서는 문제지에 아무것도 인쇄되어 있지 않습니다. 먼저 문장을 들으세요. 그리고 그것에 대한 대답을 듣고 1에서 3 중에서 가장 적당한 것을 하나 고르세요.

문제편 366p

| 1 | 🎧 112 |

男 俺、お酒は今日限りにするよ。
女 1 今日は飲まないのね。
　　2 今日だけなの？
　　3 どうしたの？急に。

남 나, 오늘까지만 술 마실 거야.
여 1 오늘은 마시지 않는 거네.
　 2 오늘만인 거야?
　 3 왜 그래? 갑자기.

정답 **3**
단어 俺 나(남자가 자신을 칭하는 표현) | 限りにする 마지막으로 하다
해설 대화의 내용을 묻는 문제이다. 남자가 '오늘을 마지막으로 술을 마시지 않겠다'고 말한다. 이에 대한 대답은 선택지 3번이 적당하다.

2 🎧 113

女 うちの子ったら、気をつけて歩きなさいって言っているのに、言ったそばから転んで泣くのよ。
男 1 まあ、子供だからしょうがないよ。
　 2 うーん、そばにいないからじゃない？
　 3 じゃあ、気をつけて歩かないとね。

여 우리 아이는 조심해서 걸으라고 말하는데, 말하자마자 넘어져서 운다니까.
남 1 뭐, 아이니까 어쩔 수 없어.
　 2 음, 옆에 없어서 그런 거 아니야?
　 3 그럼 조심해서 걸어야지.

정답 **1**
단어 転ぶ 구르다, 넘어지다 | 〜そばから 〜하자마자, 〜하는 족족
해설 아이에게 주의를 줘도 바로 넘어지고 만다는 여자의 말에 대답으로 적당한 것은 선택지 1번이다. 여자의 말에 나오는 「〜そばから 〜하자마자, 〜하는 족족」은 앞 문장의 일이 있을 때마다 뒷 문장의 상황이 일어난다는 의미의 문형이다. 접속 형태는 「동사 기본형·た형 + そばから」이므로 잘 기억해 두자.

3 🎧 114

男 はぁ、みんな試験の準備でピリピリしてるね。息が詰まるよ。
女 1 そろそろ準備も終わりますね。
　 2 緊張してきますよね。
　 3 行き詰まっちゃいましたね。

남 하, 다들 시험 준비로 신경이 날카롭네. 숨이 막혀.
여 1 슬슬 준비도 끝나요.
　 2 긴장되기 시작하네요.
　 3 벽에 부딪혔네요.

정답 **2**
단어 準備 준비 | ぴりぴり 따끔따끔, 신경이 날카로움 | 息が詰まる 숨이 막히다 | 緊張 긴장 | 行き詰まる 막다르다, 벽에 부딪히다
해설 신경이 날카로운 상태를 말하는 의태어「ぴりぴり」의 의미를 알면 2번이 답이라는 것을 알 수 있다.

4 🎧 115

女 部長、忘年会のお店なんですけど、この人数でこのお店ではちょっと足が出ますね……。
男 1 うーん。割引とかはないのか？
　 2 そうか。足が伸ばせるなら、いいな。
　 3 そうか。車がいるなら、タクシー使ってもいいぞ？

여 부장님, 망년회를 할 가게 말인데요, 이 인원수면 이 가게에서는 예산이 약간 초과되네요…….
남 1 음, 할인 같은 건 없는 건가?
　 2 그런가. 다리를 뻗을 수 있으면 괜찮겠네.
　 3 그런가. 차가 필요하다면 택시를 이용해도 괜찮아.

정답 **1**
단어 忘年会 망년회, 송년회 | 足が出る (지출이) 예산을 넘다 | 割引 할인 | 足を伸ばす 다리를 뻗다, 더 멀리 가다
해설 관용표현인 「足が出る 예산을 초과하다」를 알면 쉽게 풀 수 있는 문제이다. 예산이 초과된다는 말에 적당한 대답으로는 '할인(割引)은 없냐'고 물어보는 선택지 1번이 적당하다.

---

5 🎧 116

男　おい、ゆうこ。母さん、どうかしたのか？カンカンだったぞ。
女　1　ああ、知り合いの人が亡くなったらしくて……。
　　2　なんか、悩んでるみたいね。
　　3　うん、隣の家の人ともめたみたい。

남　어이, 유코. 엄마, 무슨 일 있는 거야? 길길이 화내던데.
여　1　아, 아는 분이 돌아가셨다는 것 같아…….
　　2　뭔가 고민이 있는 것 같아.
　　3　응, 옆집 사람이랑 실랑이가 있었던 것 같아.

정답 **3**
단어 カンカン 길길이, 노발대발 | もめる 분쟁이 일어나다, 티격태격하다
해설 남자의 말에 나오는 「カンカン」은 노발대발 화를 내는 모습을 표현하는 의태어이다. 따라서 이에 대한 대답으로는 화를 내는 이유를 말하는 선택지 3번이 적당하다.

---

6 🎧 117

女　このデザイン案、なかなかだね。こういうのは田中さんならではだよね。
男　1　さすが田中さんですよね。
　　2　なかなかうまくいきませんね。
　　3　田中さんならきっといいデザインができますよ。

여　이 디자인안 꽤 괜찮은데. 이런 건 다나카 씨라서 할 수 있는 거네.
남　1　역시 다나카 씨네요.
　　2　좀처럼 잘 안 되네요.
　　3　다나카 씨라면 틀림없이 좋은 디자인을 만들 수 있을 거예요.

정답 **1**
단어 デザイン 디자인 | なかなかだ 제법이다 | ならでは ~만의, ~라서 할 수 있는, ~특유의
해설 「명사 + ならでは」를 알고 있으면 쉽게 풀 수 있는 문제이다. 다나카 씨라서 할 수 있는 일이라는 칭찬에 동의를 나타내는 대답인 1번이 답으로 적당하다.

---

7 🎧 118

女　隣の家の人が毎日バイオリン弾いてるんですけど、なんとも聞くに堪えなくて……。
男　1　へえ、お上手でいいですね。
　　2　毎日練習なさってるなんて大変ですね。
　　3　そんなに下手なんですか。

여　옆집 사람이 매일 바이올린을 연주하는데 참고 들을 수가 없어요…….
남　1　와, 능숙하셔서 좋겠네요.
　　2　매일 연습하신다니 힘들겠네요.
　　3　그렇게 서투릅니까?

정답 3
단어 バイオリンを弾く 바이올린을 켜다 | ～に堪えない ～을 참을 수 없다, 차마 ～할 수가 없다
해설 이웃의 바이올린 소리에 대해 불평하는 말에 대한 대답으로는 선택지 3번이 가장 적당하다. 여자의 말에 나온 「聞くに堪えない 참고 들을 수가 없다」는 「동사 기본형·명사 + に堪えない」는 '～를 참을 수가 없다, 차마 ～할 수가 없다'라는 의미의 문형이다.

---

8 🎧 119

男 父親ったら、僕の結婚式で、始まる前からもう感極まっちゃってさ。大変だったよ。

女 1 ずいぶん飲みすぎちゃったんですね。
2 そりゃ感動しますよ。
3 そんなことないですよ。

남 아버지도 참, 내 결혼식에서 시작하기 전부터 이미 너무 감동해 버려서 아주 혼났어.

여 1 너무 과음하셨군요.
2 그야 감동하겠죠.
3 그렇지 않아요.

정답 2
단어 僕 나(남자가 자신을 칭하는 표현) | 結婚式 결혼식 | 感極まる 매우 감동하다
해설 「感極まる」는 「～極まる 너무 ～하다, ～하기 짝이 없다」라는 문형으로 '몹시 감동하다'라는 뜻이다. 남자의 말에 적당한 답은 감동하는 것이 당연하다는 의미인 선택지 2번이다.

---

9 🎧 120

女 旦那は別にいいよって言うんだけど、子には「ママ、ダイエットするよ」って言っちゃったからさ……。引くに引けなくて……。

男 1 じゃあ、押してみたら？
2 ダイエット、やめるの？
3 いいじゃん、食べなよ。

여 남편은 괜찮다고 하지만, 아이에게는 '엄마 다이어트 할 거야'라고 말해 버려서……. 물러나려야 물러날 수 없어.

남 1 그럼 밀어 보면 어때?
2 다이어트 그만두는 거야?
3 괜찮아, 먹어.

정답 3
단어 旦那 남편 | 引くに引けない 물러나려야 물러날 수 없다
해설 다이어트를 한다고 아이에게 선언해서 이제 무를 수 없다는 여자의 말에 대한 대답으로는 선택지 3번의 '괜찮아, 먹어'가 적당하다. 여자의 말에 나오는 「引くに引けない 물러나려야 물러날 수 없다」의 「동사 기본형 に + 동사 가능형 ない ～하려고 해도 ～할 수 없다」도 기억해 두자.

10 🎧 121

男 うちの部署に佐々木さんが戻ってきてくれて、こんなに嬉しいことはないよ。

女 1 そう言っていただけて、私も嬉しいです。
　　2 そうなんですか。それは残念です。
　　3 そうですね。あんまり嬉しくないですね。

남 우리 부서에 사사키 씨가 돌아와 주어서 얼마나 기쁜지 몰라요.

여 1 그렇게 말씀해 주시니 저도 기쁩니다.
　　2 그렇습니까? 그거 유감입니다.
　　3 그렇네요. 그다지 기쁘지 않네요.

정답 1
단어 部署 부서 | 戻る 돌아오다 | 残念だ 아쉽다, 유감이다
해설 여자가 회사에 다시 복귀해서 기쁘다고 하는 말에 대한 대답으로는 선택지 1번이 적당하다. 1번에 나오는 「そう言っていただけて 그렇게 말씀해 주셔서」와 같은 경어표현인 「そう言っていただき」, 「そう言ってくださって」도 함께 기억하도록 하자.

11 🎧 122

女 例の件について他の人に意見を聞いたんですけど、みんな言うことがまちまちで……。

男 1 そうか。意見が揃ってるなら問題ないな。
　　2 そうか。あんまり違うようじゃ、困るなぁ。
　　3 じゃあ、もう少し待てばみんな言ってくれるかな。

여 예의 그 건에 대해서 다른 사람에게 의견을 물었습니다만, 다들 말하는 게 제각각이어서…….

남 1 그런가. 의견이 일치하면 문제없지.
　　2 그런가. 너무 다르면 곤란한데.
　　3 그럼 조금 더 기다리면 모두 말해 줄까?

정답 2
단어 まちまち 제각각, 각기 다름 | 意見が揃う 의견이 일치하다, 의견이 모아지다 | 困る 곤란하다
해설 대화의 흐름에 맞는 응답을 고르는 문제로 「まちまち 제각각」의 뜻을 안다면 쉽게 답을 찾을 수 있다. 반대 의미인 선택지 1번의 「意見が揃う 의견이 일치하다」도 함께 기억해 두자.

12 🎧 123

男 この声、また隣の家の子供か。さすがにうんざりしてくるな。

女 1 毎日毎日、困ったものね。
　　2 子供が元気なのはいいことよね。
　　3 今日はおとなしいわね。

남 이 소리, 또 옆집 아이인가? 정말이지 넌더리가 나는군.

여 1 날마다 곤란하네.
　　2 아이가 활발한 건 좋은 일이지.
　　3 오늘은 얌전하네.

정답 1
단어 うんざりする 진절머리 나다, 넌더리 나다 | おとなしい 얌전하다
해설 옆집 아이가 내는 소음에 질려 하는 말이므로 이에 대한 대답으로는 선택지 1번이 적당하다.

13 🎧 124

女 木村さん、あんまり遅くまで残業してると明日の会議に差し支えますよ。

男 1 そうだな。会議は疲れるよな。
　　2 そうだな。もう少し頑張らないと。
　　3 そうだな。ほどほどにしとくよ。

여 기무라 씨, 너무 늦게까지 야근하면 내일 회의에 지장이 있어요.

남 1 그렇지. 회의는 피곤하지.
　　2 그렇지. 좀 더 분발해야지.
　　3 그렇지. 적당히 할게.

정답 3

단어 残業 잔업, 야근 | 差し支える 지장이 있다 | ほどほどに 적당히, 정도껏

해설 늦게까지 일하면 내일 회의에 지장이 있다는 여자의 말에 대한 대답으로는 선택지 3번의 「ほどほどにしとく 적당히 할게」가 적합하다. 「差し支える 지장이 있다」와 「ほどほどに 적당히」의 뜻을 알아야 답을 고를 수 있는 단어 문제이다.

---

14 🎧 125

男 じゃあ、このプロジェクトのことは逐一報告するように。いいね。

女 1 わかりました。全部終わりましたらご報告します。
　　2 わかりました。何かあったらすぐにお知らせします。
　　3 わかりました。何かあったら他のメンバーに報告しておきます。

남 그럼 이 프로젝트에 관한 건 하나하나 자세히 보고하도록. 알겠지.

여 1 알겠습니다. 전부 끝나면 보고 드리겠습니다.
　　2 알겠습니다. 무슨 일이 있으면 바로 알려 드리겠습니다.
　　3 알겠습니다. 무슨 일이 있으면 다른 멤버에게 보고해 두겠습니다.

정답 2

단어 プロジェクト 프로젝트 | 逐一報告 하나하나 자세히 보고함, 낱낱이 보고함

해설 「逐一報告」의 뜻을 알아야 풀 수 있는 단어 문제이다.

실전문제 ③

問題 4 문제 4에서는 문제지에 아무것도 인쇄되어 있지 않습니다. 먼저 문장을 들으세요. 그리고 그것에 대한 대답을 듣고 1에서 3 중에서 가장 적당한 것을 하나 고르세요.

문제편 367p

1 🎧 126

女 陽子ったら、この前のことまだ根に持ってるみたいなのよ。

男 1 この前のって、何だっけ？
　　2 そう？それはよかったね。
　　3 え、まだあれ持ってたの？

여 요코는 요전 일 아직도 마음에 담아 두고 있는 모양이야.

남 1 요전 일이란 게 뭐였지?
　　2 그래? 그것 참 다행이다.
　　3 응? 아직 그걸 가지고 있었어?

정답 1

단어 根に持つ 마음에 담아 두다, 앙심을 품다, 꽁하게 생각하다

해설 제 3자에 관한 정보를 전해주는 문장이다. 문제의 핵심 표현인 「根に持つ」를 기억해 두자.

---

2 🎧127

男 おい、そんなもの買ってやらなくてもいいんじゃないのか。子供じゃあるまいし。
女 1 え、ないの？じゃあ、買ってあげないと。
  2 そうね。子供のうちだけよね。
  3 そう？まだ使うと思うけど。
	남 이봐, 그런 거 사 주지 않아도 되잖아. 애도 아니고 말이야.
	여 1 응? 없어? 그럼 사 줘야지.
	  2 그렇지. 어릴 때 뿐이지.
	  3 그래? 아직 쓸 거라고 생각하는데.

정답 3

단어 ～じゃあるまいし ～도 아니고

해설 지시·권유에 대한 응답을 찾는 문제이다. 언뜻 보면 상대를 비난하는 것처럼 보이지만 장난감을 사주지 말라는 지시·권유의 의미를 가지는 표현이다. 이때의 응답은 수용이나 거부로 나타나는데 이 문제에서는 거부로 대답하고 있다.

---

3 🎧128

男 どれだけ企画書を頑張って書いても、通らなければそれまでだよ。
女 1 頑張って書いたんですから、当然ですよ。
  2 大丈夫ですよ。自信持ってください。
  3 通ったんですか。よかったですね。
	남 아무리 기획서를 열심히 써도 통과되지 않으면 의미가 없어.
	여 1 열심히 썼으니까 당연하지요.
	  2 괜찮아요. 자신을 가져요.
	  3 통과됐어요? 잘됐네요.

정답 2

단어 通る 통과하다 | ～ばそれまでだ ～면 그것으로 끝이다, ～면 그만이다

해설 직장 동료 사이에서 푸념을 하는 대화이다. 푸념에는 보통 공감하거나 격려하는 패턴으로 대답하는데 「通らなければそれまでだ 통과되지 않으면 의미가 없다」는 미래에 대한 걱정이므로 선택지 3번은 답이 될 수 없다. 자신을 가지라고 격려하는 2번이 답으로 적당하다.

---

4 🎧129

女 子供の宿題、いけないとは思ってるんだけど、つい手を出しちゃうのよね。
男 1 うん。見たらすぐ返さないとね。
  2 そうだよね。つい食べちゃうよね。
  3 分かる。僕も手伝っちゃうんだよね。
	여 아이들 숙제, 그러면 안 된다고 생각은 하면서도 자꾸 도와주게 돼.
	남 1 응. 보면 바로 돌려줘야 해.
	  2 맞아. 나도 모르게 먹게 된다니까.
	  3 그 맘 알아. 나도 도와주게 된다니까.

정답 3
단어 つい 무심코, (나도 모르게) 그만 | 手を出す 손을 대다(여기에서는 도와주다)
해설 일상적인 푸념에 대한 대답을 찾는 문제이다. 푸념에 대한 대답의 패턴으로는 공감과 격려가 주로 나타나는데 여기서는 공감으로 대답하고 있다. 「手を出す」를 알고 있는지가 문제를 푸는 관건이다. 아이의 숙제를 도와주는 데 공감으로 답하는 3번이 답이 된다.

---

5 🎧 130

男 家の都合で会社をやめたんですけど、後ろ髪を引かれる思いでしたよ。
女 1 そうですか。やっぱり名残惜しいですよね。
  2 そうですか。それはよかったですね。
  3 そうですか。後悔はないんですね。

남 집안 사정으로 회사를 그만두었습니다만, 아쉬움이 남아요.
여 1 그랬군요. 역시 섭섭하지요.
  2 그랬군요. 그건 참 다행이네요.
  3 그랬군요. 후회는 없군요.

정답 1
단어 都合 사정, 형편 | 後ろ髪を引かれる 미련이 남다 | 名残惜しい (헤어지기) 섭섭하다, 아쉽다 | 後悔 후회
해설 일상적인 대화에서 공감을 원하는 표현이다. 그만둔 회사에 아쉬움이 남는다는 데에 대한 공감의 표현을 골라야 하므로 선택지 2번과 3번은 적당하지 않다.

---

6 🎧 131

女 うーん、こんな値段じゃ、話にならないですね。
男 1 そうですね。話しましょうか。
  2 分かりました。じゃ、この値段で。
  3 そこをなんとか。お願いしますよ。

여 음, 이런 가격으로는 이야기가 안 되겠네요.
남 1 그러네요. 이야기할까요?
  2 알겠습니다. 그럼 이 가격으로.
  3 그 부분을 어떻게 좀. 부탁드려요.

정답 3
단어 値段 가격 | 話にならない 이야기가 안 된다, 이치에 맞지 않는다
해설 비즈니스에서 무리한 부탁을 하는 상황이다. 상대방이 난색을 표할 때에 할 수 있는 대답인 「そこをなんとか 그 부분을 어떻게 좀」이 들어간 3번이 답이 된다.

---

7 🎧 132

男 いやー、高橋さんのプレゼンがすごいもんで、僕らみんなたじたじだったよ。
女 1 高橋さん、そんなにダメだったんですか。
  2 へぇー、さすが高橋さんですね。
  3 高橋さんのプレゼン、期待できますね。

남 와, 다카하시 씨의 프레젠테이션이 굉장해서 우리들 모두 압도됐어.
여 1 다카하시 씨, 그렇게 못했어요?
  2 오, 역시 다카하시 씨네요.
  3 다카하시 씨의 프레젠테이션 기대되네요.

| 정답 | **2**

| 단어 | プレゼン「プレゼンテーション」의 준말, 프레젠테이션, 발표 | たじたじ 상대방에게 압도되어 기를 펴지 못하거나 쩔쩔매는 모양 | さすが 과연, 역시

| 해설 | 비즈니스 상황에서 새로운 정보를 소개하는 패턴의 대화이다. 이에 대한 대답으로는 보통 공감이나 놀람·감탄의 표현이 나온다. 「たじたじ」를 알지 못해도 앞에 나온 「すごい 굉장하다」를 통해 답을 고를 수 있다.

---

8 🎧 133

女 新人とはいえ、こんなに誤字が多いようじゃ、ちょっとね。
男 1 すみません。次は気をつけますので……。
　　 2 わかりました。もう少し増やします。
　　 3 そうですね。仕方ないですよね。

여 신입이라고는 하지만 이렇게 오자가 많아서야 좀.
남 1 죄송합니다. 다음에는 조심하겠습니다.
　　 2 알겠습니다. 조금 더 늘리겠습니다.
　　 3 그렇지요. 어쩔 수 없네요.

| 정답 | **1**

| 단어 | 新人 신인, 신입 (사원) | ~とはいえ ~라고 해도 | 誤字 오자, 틀린 글자 | ~ようじゃ ~해서는

| 해설 | 비즈니스 현장에서 비난 상황에 대한 응답을 찾는 문제이다. 윗사람의 질책에 대한 응대로는 「気をつけます」가 가장 적합하다.

---

9 🎧 134

男 すみません。突然押しかけちゃって。
女 1 どうぞどうぞ。押してください。
　　 2 いえいえ。何もおかまいできませんけど。
　　 3 いえいえ。そこにかけちゃって大丈夫です。

남 죄송합니다. 갑자기 들이닥쳐서.
여 1 괜찮아요. 밀어 주세요.
　　 2 아니에요. 변변한 대접도 해 드리지 못 하지만요.
　　 3 아니에요. 거기에 걸어도 돼요.

| 정답 | **2**

| 단어 | 突然 돌연, 갑자기 | 押しかける 들이닥치다, 갑자기 방문하다 | おかまい 손님 접대

| 해설 | 일상적인 대화에서 상대방이 양해를 구할 때의 응답을 찾는 문제이다. 배려를 앞세운 대답이 일반적이다. 「押しかける」에서 「押す 밀다」와 「かける 걸다」만을 듣고 선택지 1번과 3번을 답으로 고르지 않도록 주의하자.

---

10 🎧 135

女 あれ？この件、てっきり話したと思ってたけど。
男 1 いえ、お聞きしました。
　　 2 はい、お話しました。
　　 3 いえ、伺ってないです。

여 어라? 이 건은 틀림없이 이야기했다고 생각했는데.
남 1 아니요. 들었습니다.
　　 2 예. 말씀드렸습니다.
　　 3 아니요. 듣지 못했습니다.

| 정답 | **3**

단어 | てっきり 틀림없이 | 伺う 묻다, 듣다, 찾아뵈다

해설 | 과거 사실을 확인하는 데에 대한 올바른 응답을 묻는 문제이다. 「あれ? あら?」라는 감탄사는 가볍게 놀라거나 당황했을 때 사용하는 말로 여자가 하고자 하는 말의 내용이 '이 건에 대해 이야기 하지 않았던가?'임을 알 수 있다. 이에 대한 대답으로는 선택지 3번의 「伺ってない 듣지 못했다」가 가장 잘 어울린다.

---

11 🎧 136

男　えー、日程につきましては後ほどご連絡申し上げますので。
女　1　あ、はい。では、来月決めましょう。
　　2　分かりました。お待ちしています。
　　3　そうですね。後ほどご連絡します。

남　그럼 일정에 관해서는 나중에 연락 드리겠습니다.
여　1　아, 네. 그럼 다음 달 결정합시다.
　　2　알겠습니다. 기다리고 있겠습니다.
　　3　글쎄요. 나중에 연락 드리겠습니다.

정답 **2**

단어 | 日程 일정 | ～につきましては ～에 관해서는 | 後ほど 나중에, 추후

해설 | 나중에 다시 연락하겠다는 말의 응답으로 적당한 것은 말하고자 하는 바를 이해했고 연락을 기다리겠다는 의미의 2번이다.

---

12 🎧 137

女　部長、ABC商事の加藤様がお見えです。
男　1　そう。お通しして。
　　2　そう。まだ来ないの。
　　3　そう。すぐ見えるよ。

여　부장님, ABC 상사의 가토 님이 오셨습니다.
남　1　그래? 이쪽으로 모셔.
　　2　그래? 아직 안 왔어?
　　3　그래? 바로 오실 거야.

정답 **1**

단어 | お見えです 오셨습니다 | 通す 통과시키다, 들어가게 하다 | お通しする 안내하다, 모시다

해설 | 비즈니스 현장에서 상사에게 보고하는 상황이다. 경어체에 주의하도록 하자. 선택지를 보면 1번만이 현재 손님이 오신 상황에 대한 응답이며 2, 3번은 아직 오지 않은 상황에서 할 수 있는 응답이므로 답이 될 수 없다.

---

13 🎧 138

男　今度是非うちの会社にもお越しください。
女　1　じゃ、木村さんをよこしてくださいよ。
　　2　いいですね。ぜひ伺います。
　　3　はい。お待ちしています。

남　다음에는 꼭 우리 회사에도 와 주세요.
여　1　그럼, 기무라 씨를 보내 주세요.
　　2　좋네요. 꼭 찾아뵙겠습니다.
　　3　네. 기다리고 있겠습니다.

정답 **2**

단어 | お越しください 오십시오 | よこす 보내다, 넘기다 | お待ちする 기다리다

해설 비즈니스 현장에서 의뢰·제안·부탁을 하는 상황이다. 초대에 대한 올바른 응답을 찾는 문제이므로 '찾아가다, 방문하다'의 겸양어 「伺う 찾아뵈다」를 사용한 2번이 정답이다. 「いいですね」는 제안에 대해 '좋은 생각이네요'라고 동의를 나타내는 표현이다.

---

14 🎧 139

女　御用があれば 承りますが。
男　1　あ、ご注文ですね。どうぞ。
　　2　ええと、何かご用でしょうか。
　　3　あ、営業の佐藤さんにお会いしたいんですが。

여　용무가 있으시면 말씀해 주세요.
남　1　아, 주문이죠? 말씀해 주세요.
　　2　저어, 무슨 용건이신가요?
　　3　아, 영업부의 사토 씨를 만나고 싶습니다만.

정답 3
단어 御用 용무 | 承る 듣다, 받다
해설 비즈니스 현장에서 상대방의 용건을 묻는 상황이다. 이런 상황에서의 적절한 응답은 구체적인 용건을 말하는 것이 답이 된다. 1번과 2번은 접수를 받는 쪽의 응답이므로 답이 될 수 없으며, 용건을 이야기한 3번이 정답이다.

問題 5 통합 이해

실전문제 정답 및 해설

정답

실전문제 ①	[1] 2	[1] 3	[3] 3	質問1 2	質問2 3
실전문제 ②	[1] 2	[1] 3	[3] 3	質問1 2	質問2 1
실전문제 ③	[1] 2	[1] 1	[3] 3	質問1 1	質問2 3

실전문제 ①

問題 5 문제5에서는 조금 긴 이야기를 듣습니다. 이 문제에는 연습은 없습니다. 문제지에 메모를 해도 됩니다.

문제지에는 아무 것도 인쇄되어 있지 않습니다. 먼저 이야기를 들으세요. 그리고 질문과 선택지를 듣고 1에서 4 중에서 가장 적당한 것을 하나 고르세요.

문제편 368p

1 🎧 140

デパートのバッグ売り場で、店員と客が話しています。

女 いらっしゃいませ。お客様、どのようなものをお探しでしょうか。

男 えっと、黒いバッグを探してるんですけど、形はまだ決まっていなくて。A4のノートやファイルを入れて歩く予定です。あと、できるだけ軽い方がいいんですが。

女 それでしたら、こちらの「リュックタイプ」はいかがでしょうか。特殊な素材を使っていまして、とっても軽いですよ。ただ、A4サイズも入るには入るんですが、うすいファイル程度ですね。そして、こちらの「ボストンタイプ」は大容量が魅力ですね。一泊くらいの旅行に使う方も多いんですよ。どちらも黒をご用意できます。

백화점 가방 매장에서 점원과 손님이 이야기하고 있습니다.

여 어서오세요. 손님, 어떤 것을 찾으십니까?

남 저, 검은 가방을 찾고 있는데 모양은 아직 정하지 않아서요. A4 노트나 파일을 넣고 다닐 예정이에요. 그리고 되도록 가벼운 쪽이 좋은데요.

여 그러시다면 이쪽의 '륙색(배낭) 타입'은 어떠신가요? 특수한 소재를 사용해서 무척 가볍습니다. 다만, A4 사이즈도 들어가기는 들어가지만 얇은 파일 정도입니다. 그리고 이쪽의 '보스턴 타입'은 용량이 큰 것이 매력입니다. 1박 정도의 여행에 사용하는 분도 많습니다. 둘 다 검정색을 준비할 수 있습니다.

男 うーん、悪くないんですけど、この中間くらいの大きさ、ありませんか。

女 こちらの「トートタイプ」はいかがでしょうか。軽いですし、A4のノートも十分入る大きさです。ベルトの調節もできますので、気分によって長さを変えられますよ。

男 あぁ、それいいですね。いくらですか？

女 あ、お客様、大変申し訳ありません。こちら、黒が品切れですね…。これより一回り小さいサイズでしたら、先ほどのものより軽いですし、黒もありますが。

男 うーん、学校の本とかタブレット入れて毎日持ち歩くので、やっぱり大きさがしっかりあった方がいいです。色は黒って決めてるので、これにします。

男の人は、どのバッグを買うことにしましたか。

1 リュックタイプ
2 ボストンタイプ
3 大きいトートタイプ
4 小さいトートタイプ

남 음, 나쁘진 않은데요. 이 중간 정도의 크기는 없습니까?

여 이쪽의 '토드백 타입'은 어떠신가요? 가볍고 A4 사이즈의 노트도 충분히 들어가는 크기입니다. 벨트 조절도 할 수 있어서 기분에 따라 길이를 바꿀 수 있습니다.

남 오, 그거 좋네요. 얼마인가요?

여 아, 손님. 대단히 죄송합니다. 이 물건은 검정색이 품절이네요…. 이것보다 한 사이즈 작아도 괜찮으시다면 방금 것보다 더 가볍고 검정색도 있습니다만.

남 음, 학교 책이나 태블릿을 넣고 매일 다녀야 하니까 역시 크기가 제대로 있는 편이 좋아요. 색상은 검정으로 결정했으니 이걸로 할게요.

남자는 어떤 가방을 사기로 했습니까?

1 륙색(배낭) 타입
2 보스턴백 타입
3 큰 사이즈의 토드백 타입
4 작은 사이즈의 토드백 타입

정답 2

단어 売り場 파는 곳, 매장 | 予定 예정 | リュック 륙색, 배낭 | 特殊 특수 | 素材 소재 | 大容量 대용량 | 魅力 매력 | 調節 조절 | 品切れ 품절 | 一回り 한 바퀴, 한 단계 | タブレット 태블릿

해설 「リュックタイプ 륙색 타입」은 얇은 파일 정도가 겨우 들어가는 사이즈여서 크기가 넉넉하지 않고 「大きいトートタイプ 큰 토드백 타입」은 검정색이 품절되었으며, 「小さいトートタイプ 작은 토드백 타입」 역시 크기가 작으므로 오답이다.

---

2 🎧 141

大学のゼミの運営委員が、ゼミの打ち上げについて話しています。

男1 ゼミの打ち上げ、どうしようか。いつも食事会ばかりだし、今年はちょっと変わったことしたいよね。

男2 思い切ってカラオケ大会はどう？普段静かにしてる下の学年の子たちも、一緒に盛り上がれていいと思うけど。

대학 세미나 운영 위원이 세미나 뒤풀이에 대해 이야기하고 있습니다.

남1 세미나 뒤풀이 어떻게 할까? 항상 식사 모임뿐이고 올해는 좀 색다른 게 하고 싶어.

남2 과감하게 노래방 대회는 어때? 평소 조용하게 지내는 아래 학년 애들도 함께 분위기가 고조될 수 있어 좋을 것 같은데.

女　先生、何ていうかな。
男1　口ではいいよって言ってくれると思うけど、本心は分からないよね。
男2　じゃ、やっぱり食事会？なんかインパクトないんだよな。
男1　でも食事会って、思い出話したりできるしさ、一年のまとめには一番いいよね。
女　まあね。あ、そうだ。駅前のイタリアンレストラン、あそこの割引チケット持ってるよ。
男2　へえ、じゃ、そこでいいんじゃない？
男1　えーっ、安いからそこにするってのもちょっとさ。もっとちゃんと決めようよ。
女　分かった分かった。じゃ、とりあえず店はあとで決めるとして、方向は大体決まったね。

ゼミの打ち上げはどうすることにしましたか。
1　盛り上がるので、カラオケに行く
2　先生が好きなので、カラオケに行く
3　ゆっくり話せるので、食事会をする
4　割引チケットがあるので、食事会をする

여　선생님은 뭐라고 하실까?
남1　말로는 괜찮다고 해 주실 거라 생각하지만, 본심은 알 수가 없네.
남2　그럼 역시 식사 모임? 왠지 임팩트가 없단 말이지.
남1　하지만 식사 모임은 추억을 이야기하거나 할 수 있고, 일년을 정리하기에는 가장 좋잖아.
여　그렇지. 아, 맞다. 역 앞 이탈리안 레스토랑, 그곳의 할인 티켓을 가지고 있어.
남2　오, 그럼 거기로 괜찮지 않아?
남1　앗, 싸니까 거기로 한다는 것도 좀. 좀 더 제대로 결정하자.
여　알았어, 알았어. 그럼 우선 가게는 나중에 정하기로 하고 방향은 대체로 결정됐네.

세미나의 뒤풀이는 어떻게 하기로 했습니까?
1　분위기가 고조될 수 있으므로 노래방에 간다
2　선생님이 좋아하므로 노래방에 간다
3　여유 있게 이야기할 수 있으므로 식사 모임을 한다
4　할인 티켓이 있으므로 식사 모임을 한다

정답 3

단어 ゼミ 세미나 | 打ち上げ 뒤풀이 | 食事会 식사 모임 | 思い切って 과감하게, 눈 딱 감고 | カラオケ 노래방 | インパクト 임팩트 | 盛り上がる 고조되다, 무르익다 | 本心 본심 | 割引 할인 | チケット 티켓

해설 선생님의 속마음은 알 수가 없고, 한 해를 정리하는 데는 역시 식사 모임이 제격이라는 점에는 대체로 수긍을 했다. 다만 할인 티켓이 있다는 이유로 식당을 정하는 것은 좋지 않으니 장소는 나중에 제대로 결정하기로 했으므로 정답은 3번이다.

먼저 이야기를 들으세요. 그리고 두 개의 질문을 듣고 각각 문제지의 1에서 4 중에서 가장 적당한 것을 하나 고르세요.

テレビを見ながら、男の人と女の人が話しています。

男1　当テレビショッピングでは、今年も恒例の福袋を準備しております。まず、家電セットです。こちらの60インチの大型テレビに冷蔵庫、洗濯機がセットになって、20万円となっております。すごくお得です。ただし、限定50セットとなっています。応募者多数の場合は、抽選となります。次に旅行福袋です。ペアで行く国内温泉旅行です。2泊3日のプランで、好きな日に国内5か所の温泉地からお好きな場所をお選びいただけます。すべて、最高級の旅館に宿泊します。価格は8万円です。次に、冬物福袋です。有名ブランドのコートやセーターなど冬物衣類が入っています。サイズの指定はできますが、色や中身は着いてからのお楽しみです。価格は3万円となっております。最後にキッチン福袋です。こちらにある包丁、フライパンそして、鍋の3万円相当の商品が入って1万円となっています。

男2　今年の福袋はテレビショッピングにしようよ。家電福袋かぁ。家のテレビ小さいし、冷蔵庫や洗濯機も買い替え時だからなあ。

女　でも50セット限定よ。抽選に当たるわけないわよ。

男2　確かにそうだね。今年は、結婚5周年だから、結婚記念日は旅行しようか。好きな日に行けるし魅力的だな。決めたよ。ところで、君はどれにするの。

女　あのフライパンほしかったんだけど鍋はいらないのよね。う〜ん。私は、何が入っているか分からない楽しみを味わうことにするわ。

男2　君らしいね。

텔레비전을 보면서 남자와 여자가 이야기하고 있습니다.

남1　우리 홈쇼핑에서는 올해도 연례행사인 복주머니를 준비했습니다. 우선 가전 세트입니다. 여기 60인치 대형 텔레비전과 냉장고, 세탁기가 세트로 20만 엔입니다. 매우 이득입니다. 단 한정 50세트입니다. 응모자가 많을 경우에는 추첨합니다. 다음은 여행 복주머니입니다. 커플로 가는 국내 온천 여행입니다. 2박 3일 플랜으로 원하는 날에 국내 다섯 곳의 온천 지역에서 원하는 장소를 선택하실 수 있습니다. 모두 최고급 여관에 숙박합니다. 가격은 8만 엔입니다. 다음으로 겨울 옷 복주머니입니다. 유명 브랜드의 코트와 스웨터 등 겨울 의류가 들어 있습니다. 사이즈 지정은 할 수 있지만 색상과 내용물은 도착한 이후에 알 수 있는 재미가 있습니다. 가격은 3만 엔입니다. 마지막으로 키친 복주머니입니다. 여기 있는 식칼, 프라이팬, 그리고 냄비로 3만 엔 상당의 상품이 들어가서 1만 엔입니다.

남2　올해 복주머니는 홈쇼핑으로 하자. 가전 복주머니인가…. 집에 있는 텔레비전 크기가 작고, 냉장고나 세탁기도 바꿀 때가 됐지.

여　하지만 50세트 한정이야. 추첨에 당첨될 리가 없어.

남2　그건 그렇지. 올해는 결혼 5주년이니까 결혼기념일에는 여행을 할까. 원하는 날에 갈 수도 있고 매력적이네. (이걸로) 결정했어. 그런데 당신은 어느 걸로 할 거야?

여　저 프라이팬 가지고 싶었는데 냄비는 필요 없단 말이지. 음. 나는 뭐가 들어 있는지 모르는 즐거움을 맛보기로 할래.

남2　당신 답네.

質問1	질문1
男の人はどの福袋を買いますか。 1 家電福袋 2 旅行福袋 3 冬物福袋 4 キッチン福袋	남자는 어떤 복주머니를 삽니까? 1 가전 복주머니 2 여행 복주머니 3 겨울 옷 복주머니 4 키친 복주머니
質問2	질문2
女の人はどの福袋を買いますか。 1 家電福袋 2 旅行福袋 3 冬物福袋 4 キッチン福袋	여자는 어떤 복주머니를 삽니까? 1 가전 복주머니 2 여행 복주머니 3 겨울 옷 복주머니 4 키친 복주머니

정답 質問1 **2**　　質問2 **3**

단어 テレビショッピング 홈쇼핑 | 恒例 항례, 관례 | 福袋 복주머니 | 家電 가전(제품) | 大型 대형 | お得 이득 | 限定 한정 | 応募者 응모자 | 抽選 추첨 | ペア 페어, 짝 | 温泉旅行 온천 여행 | 旅館 여관 | 宿泊 숙박 | 指定 지정 | 中身 속, 내용물 | 鍋 냄비 | 買い替え時 바꿀 시기, 바꿔야 할 때 | 味わう 맛보다

해설 일본은 새해 첫 주에 백화점이나 대형 상점가 등에서 대대적으로 복주머니(福袋) 행사를 한다. 복주머니는 여러 가지 상품을 하나의 주머니에 넣어서 다양한 금액대로 판매한다. 평소 선호하는 브랜드의 복주머니를 사서 한 해의 운세를 점쳐 보기도 하고 식구나 지인들끼리 물건을 나눠 갖기도 하는, 온 국민이 거부감 없이 즐기는 이벤트라 할 수 있다.

　질문1 남자는 처음에는 가전 세트 복주머니를 사려고 했지만 응모자가 많아서 추첨을 하게 되면 당첨될 가능성이 낮아지므로 원하는 날짜와 장소를 지정할 수 있는 여행 복주머니를 구입하기로 결정했다.

　질문2 여자는 복주머니를 풀어 보기 전까지 속에 무엇이 들어있는지 모르는 즐거움(기대감)을 맛보고 싶다고 한다. 이에 해당하는 상품은 받아 보고 나서야 색상과 내용물을 확인할 수 있는 겨울 옷 복주머니이다. 따라서 정답은 3번이 된다.

실전문제 ②

問題5 문제5 에서는 조금 긴 이야기를 듣습니다. 이 문제에는 연습은 없습니다. 문제지에 메모를 해도 됩니다.

문제지에는 아무 것도 인쇄되어 있지 않습니다. 먼저 이야기를 들으세요. 그리고 질문과 선택지를 듣고 1에서 4 중에서 가장 적당한 것을 하나 고르세요.

문제편 370p

1 🎧 143

旅行会社で女の人と店員が話しています。

女　すみません。ゴールデンウィークにヨーロッパ旅行に行きたいなと思っているんですけど、お勧めのプランはありますか。

여행사에서 여자와 점원이 이야기하고 있습니다.

여　실례합니다. 황금연휴에 유럽 여행을 가고 싶은데요. 추천 플랜(상품)이 있나요?

男 はい。こちらがヨーロッパのご旅行のプランでございます。ええと、まずこちらのAプランですが、こちらは添乗員つきの安心プランです。観光スポットも網羅してますので、ヨーロッパを十二分にお楽しみいただけると思います。

女 へー、結構いいお値段しますね。自由時間はここだけですか？

男 こちらのプランはそうですね。自由時間多めがよろしければこちらのBプランはいかがでしょうか。ご希望に応じてこちらのオプショナルツアーを入れられますので、自由時間もありつつ人気のアクティビティなども楽しめます。

女 でも、Aプランとお値段あまり変わらないんですね。

男 Bプランはグレードの高いホテルをご用意しておりますので。

女 なるほど。いいホテルなんですね。それはいいな。

男 お安めのものでしたら、こちらのCプランとDプランですね。どちらも添乗員なしなので、すべて自由に観光していただく感じなんですが、Cプランの場合は、ホテルが直前まで分からないので、ホテルが大事な方はちょっとご希望に添えない場合があります。Dプランはホテルのグレードは高いんですが、飛行機の時間が深夜便になりますので、到着時刻がこのような感じになります。

女 うーん、そうですね。ホテルはできればいいところがいいな。飛行機の時間は何時でもいいけど、添乗員さんがいないとやっぱり心配かな。ま、たまの旅行だし、すこし奮発しようかな。じゃあ、このプランでお願いします。

男 はい。ありがとうございます。

女の人はどのプランにしましたか。

1 Aプラン
2 Bプラン
3 Cプラン
4 Dプラン

남 네. 이쪽이 유럽 여행 플랜입니다. 에, 우선 이 A플랜인데요, 이 상품은 관광 가이드가 함께하는 안심 플랜입니다. 관광 명소가 다 들어가 있어서 유럽을 마음껏 즐기실 수 있을 겁니다.

여 와, 가격이 꽤 비싸네요. 자유 시간은 여기뿐인가요?

남 이 플랜은 그렇습니다. 자유 시간이 많은 쪽이 좋으시면 이쪽 B플랜은 어떠십니까? 희망에 따라 여기 옵션 투어를 추가할 수 있어서, 자유 시간도 있으면서 인기 있는 액티비티도 즐길 수 있습니다.

여 하지만 A플랜과 가격이 그리 차이가 나지 않네요.

남 B플랜은 등급이 높은 호텔이 준비되어 있어서요.

여 그렇군요. 좋은 호텔이네요. 이건 좋네요.

남 좀 더 저렴한 상품이라면 여기 C플랜과 D플랜입니다. 둘 다 관광 가이드가 함께 하지 않고 모두 자유롭게 관광하실 수 있습니다. C플랜의 경우는 호텔이 여행 직전까지 (어디인지) 알 수 없어서 호텔이 중요한 분이라면 기대에 다소 부응하지 못하는 경우가 있습니다. D플랜은 호텔 등급은 높지만 비행기 시간이 심야여서 도착 시간이 이렇게 됩니다.

여 음, 글쎄요. 호텔은 되도록 좋은 곳이었으면 좋겠는데. 비행기 시간은 언제라도 상관없지만 관광 가이드가 없으면 역시 불안하지. 뭐, 간만의 여행이니까 무리 좀 해 볼까. 그럼 이 플랜으로 부탁합니다.

남 네. 감사합니다.

여자는 어느 플랜으로 했습니까?

1 A플랜
2 B플랜
3 C플랜
4 D플랜

정답 2

단어 ゴールデンウィーク 골든위크, 황금연휴 | ヨーロッパ 유럽 | 添乗員 (여행객을 인솔하는) 여행사 직원, 관광 가이드 | 観光スポット 관광지, 관광 명소 | 網羅 망라 | 十二分に 충분히, 실컷 | アクティビティ 액티비티, 활동 | たま 어쩌다가 일어나는 (드문) 것 | 奮発 분발, 큰 마음 먹고 물건을 삼

해설 주어지는 각각의 조건을 메모하며 들어야 하는 문제이다. 여자가 원하는 조건은 '호텔은 좋은 곳이면 좋겠고, 비행기 시간은 상관없지만 가이드는 있어야 한다'라는 것을 마지막 말에서 알 수 있다. 따라서 정답은 선택지 2번의 B플랜이다.

---

2 🎧 144

学生二人と先生が、大学の忘年会について話しています。

女　先生、比較文化学科の忘年会のことなんですけど、サンフラワーホテルの宴会場を抑えました。

男1　おー、ありがとう。空いてたんだね。よかった。

女　それで、お料理なんですけど、コース料理が洋食と和食と和洋折衷の3種類があって、あと、ビュッフェスタイルもできるそうです。これも和洋折衷です。どうしましょうか。

男1　若い学生が多いから、洋食がいいんじゃない？洋食のコースでどう？

男2　学生なら、ビュッフェの方がいいんじゃないですか？好きなだけ食べられますし。

男1　でも、青木先生とか、森田先生が、足が悪いから……。

女　お二人分くらいでしたら、私たちが取りに行ってお持ちすることもできると思いますけど。

男1　いや、それは悪いよ。

男2　先生方は、洋食で大丈夫ですか。和食の方がいいんじゃありませんか？

男1　うーん。じゃあ、両方あるのにしようか。学生には悪いけど、今回は座って食べてもらうってことで。

女　分かりました。じゃあ、ホテルに連絡しておきます。

料理はどうすることになりましたか。
1　洋食のコース
2　和食のコース
3　和洋折衷のコース
4　ビュッフェスタイル

학생 두 명과 선생님이 대학 망년회에 대해 이야기하고 있습니다.

여　선생님, 비교문화학과 망년회요. 선 플라워 호텔 연회장을 잡아 놓았습니다.

남1　오, 고마워. 자리가 있었구나. 다행이네.

여　그래서 음식은 코스 요리가 양식과 일식, 그리고 일식과 양식이 함께 나오는 세 가지 종류가 있고 그 외에 뷔페 스타일도 가능하다고 합니다. 뷔페도 일식과 양식이 함께 나옵니다. 어떻게 할까요?

남1　젊은 학생이 많으니까 양식이 좋지 않을까? 양식 코스는 어때?

남2　학생이라면 뷔페 쪽이 좋지 않을까요? 마음껏 먹을 수도 있고.

남1　하지만, 아오키 선생님이나 모리타 선생님은 다리가 불편하셔서…….

여　두 분 분량 정도라면 저희가 가서 가져다드릴 수도 있을 것 같은데요.

남1　아니, 그건 미안하지.

남2　선생님들은 양식도 괜찮으세요? 일식 쪽이 좋지는 않으세요?

남1　음, 그럼 양쪽 다 있는 걸로 할까? 학생에게는 미안하지만 이번에는 앉아서 먹는 걸로.

여　알겠습니다. 그럼 호텔에 연락해 두겠습니다.

요리는 어떻게 하기로 했습니까?
1　양식 코스
2　일식 코스
3　일식과 양식이 함께 나오는 코스
4　뷔페 스타일

정답 3

단어 比較文化学 비교문화학 | 宴会場 연회장 | 抑える 확보하다, 잡다 | 洋食 양식 | 和食 일식 | 折衷 절충

해설 대화의 흐름을 보면 음식은 일식과 양식 양쪽이 다 되는 코스로 하기로 하고, 그 후에 테이블로 음식을 가져다 주는 스타일로 할지, 아니면 자기가 가서 가져다 먹어야 하는 뷔페 스타일로 할지를 결정한다. '학생에게는 미안하지만 이번에는 앉아서 먹는 걸로 하자'고 하므로 정답은 선택지 3번이다.

3　　🎧 145　　　　　　　　　　　　　　　　　　　　　　문제편 371p

먼저 이야기를 들으세요. 그리고 두 개의 질문을 듣고 각각 문제지의 1에서 4 중에서 가장 적당한 것을 하나 고르세요.

テレビで映画の宣伝を見ながら男の人と女の人が話しています。

女1　それでは、今週末公開のおすすめ映画です。日本映画が全部で3作品あります。まずは今週土曜日公開の「近くて遠いウエディングドレス」。ウエディングプランナーの主人公がさまざまなカップルの結婚式をプランニングしていく中で、自分の恋にも目覚めていく、恋愛あるあるネタをコミカルに描いたコメディタッチの作品です。次に、同じく土曜日公開の「鷹の目 The Movie」。こちらはドラマ「鷹の目」シリーズ初の映画化作品です。警視庁の凄腕刑事であり「鷹の目」の異名を持つ主人公・鈴木わたるは、警察内部に渦巻く黒い陰謀を詳らかにすることはできるのか。そして、日曜日には注目のハリウッド作品が公開されます。「終わりの始まり」。子供のころ、近所の占い師に聞いた、未来に起こる「この世の終わり」。それが20年後の今になって現実のものになろうとしていたのです。……そして最後はこちら。同じく日曜日公開の「木の上の家」。家をなくした親子が住まいを作った場所は、なんと崖に生えた木の上。ツリーハウスが結ぶ家族の絆を描きます。

男　お、ついに映画化か。楽しみだな。見に行かないと。

女2　あなた、あのドラマ本当に好きよね。私は難しくてよく分からないけど。

男　そういえば、このアメリカの俳優、お前、好きなんじゃなかった？

텔레비전에서 영화 홍보를 보면서 남자와 여자가 이야기하고 있습니다.

여1　그럼 이번 주말 개봉하는 추천 영화입니다. 일본 영화가 모두 세 작품 있습니다. 우선 이번 주 토요일 개봉하는 〈가깝고도 먼 웨딩드레스〉. 웨딩 플래너인 주인공이 여러 커플의 결혼식을 계획해 가던 중에 자신의 사랑에도 눈뜬다는 흔히 볼 수 있는 연애 소재를 재미있게 그린 코미디 터치의 작품입니다. 다음으로 같은 토요일 개봉인 〈매의 눈 더 무비〉. 이것은 드라마 '매의 눈' 시리즈를 영화화한 첫 작품입니다. 경시청의 뛰어난 형사이며 〈매의 눈〉이라는 별명을 가진 주인공 스즈키 와타루는 경찰 내부에서 소용돌이치는 검은 음모를 철저하게 밝힐 수 있을 것인가? 그리고 일요일에는 (모두가) 주목하는 할리우드 작품이 개봉합니다. 〈끝의 시작〉. 어린 시절 이웃집 점술가에게 들은 미래에 일어나게 될 '이 세상의 끝'. 그것이 20년 지난 지금 현실이 되려 합니다. ……그리고 마지막으로 이 영화. 마찬가지로 일요일에 개봉하는 〈나무 위의 집〉. 집을 잃은 부모와 자식이 거처를 마련한 곳은 놀랍게도 절벽에서 자라난 나무 위. 트리하우스가 맺어주는 가족의 유대감을 그립니다.

남　오! 드디어 영화화된 건가? 기대되는데. 보러 가야지.

여2　당신 저 드라마 진짜 좋아하네. 난 어려워서 잘 모르겠는데.

남　그러고 보니 이 미국 배우, 당신이 좋아하지 않았던가?

女2 そうね。でも、なんかこういうパニック映画みたいなのは、あんまり好きじゃないのよね。
男 家族とか、夫婦とか、そういう和む雰囲気のが好きなんだっけ。
女2 あと、笑えるのも好きだけどね。さっきの、おもしろそうじゃない。あれ見てみたいな。
男 そうだな。でも俺はやっぱり鈴木わたるだな。

[質問1]
男の人はどれが見たいと言っていますか。
1 「近くて遠いウエディングドレス」
2 「鷹の目 The Movie」
3 「終わりの始まり」
4 「木の上の家」

[質問2]
女の人はどれが見たいと言っていますか。
1 「近くて遠いウエディングドレス」
2 「鷹の目 The Movie」
3 「終わりの始まり」
4 「木の上の家」

여2 응. 하지만 이런 패닉 영화 같은 건 그리 좋아하지 않아.
남 가족이나 부부 같은 (소재의) 그런 온화한 분위기의 영화를 좋아했던가?
여2 그리고 웃긴 영화도 좋아해. 아까 그 영화 재미있을 것 같지 않아? 저거 보고 싶어.
남 그러네. 그래도 난 역시 스즈키 와타루지.

[질문1]
남자는 무엇이 보고 싶다고 말하고 있습니까?
1 가깝고도 먼 웨딩드레스
2 매의 눈 더 무비
3 끝의 시작
4 나무 위의 집

[질문2]
여자는 무엇이 보고 싶다고 말하고 있습니까?
1 가깝고도 먼 웨딩드레스
2 매의 눈 더 무비
3 끝의 시작
4 나무 위의 집

[정답] [質問1] 2 [質問2] 1

[단어] 公開 공개, (영화) 개봉 | ウェディングプランナー 웨딩 플래너 | 目覚める 눈뜨다, 깨어나다 | あるあるネタ 일상에서 흔히 일어날 수 있는 소재 | コメディタッチ 코미디(희극적) 터치 | 鷹 매 | 警視庁 경시청 | 凄腕 수완(가), 재간 | 刑事 형사 | 異名 이명, 다른 이름 | 渦巻く 소용돌이치다 | 陰謀 음모 | 詳らかに 자세히, 상세히 | 占い師 점술가 | 崖 벼랑 | 生える (자라)나다 | 絆 유대 | 和む 온화해지다, 누그러지다 | 笑える (자연히) 웃어지다, 웃음이 나다

[해설] [質問1] 남자는 「매의 눈」이라는 드라마를 좋아한다고 했으며 마지막에는 출연 배우인 '스즈키 와타루'를 말하고 있으므로 드라마를 영화화한 2번이 답임을 알 수 있다.
[質問2] 여자는 가족이나 부부 등이 나오는 온화한 영화와 웃긴 영화가 좋다고 했으므로 연애 이야기이면서 코믹한 내용을 담은 1번이 정답이다.

실전문제 ③

問題5 문제 5에서는 조금 긴 이야기를 듣습니다. 이 문제에는 연습은 없습니다. 문제지에 메모를 해도 됩니다.

문제지에는 아무 것도 인쇄되어 있지 않습니다. 먼저 이야기를 들으세요. 그리고 질문과 선택지를 듣고 1에서 4 중에서 가장 적당한 것을 하나 고르세요.

문제편 372p

1 🎧 146

女	先輩、教養科目の授業って、どれを取ればいいんでしょうか？おすすめはありますか？
男	うーん、おすすめねぇ。僕が今までに取ったのでよければ、どんな感じか教えるけど。どれも面白かったよ。
女	あ、ぜひ教えてください。お願いします。
男	えっと、まずは、芸術学Aかな。先生は、いろいろな美術館で学芸員をしてた人なんだけど、特にルネサンス期の絵画が好きみたいで、その当時の歴史も絡めて、いろいろ絵を紹介してくれて、面白いよ。テストはなくて、期末レポートを3ページくらい書いたかな。それから、歴史学B。それ、すごくおもしろくてさ。内容は「トイレの歴史について」。
女	へぇ、トイレですか。
男	そう、最古のトイレはどんなもので、そこからどう現在のトイレに至ったかっていうのが話のテーマ。それは、期末テストがあったけど、持ち込み可だったよ。あとは……、あ、文学Cだ。文学Cは江戸時代の娯楽本がテーマで、どんな種類の本が人気だったかとか、それがどんな内容だったかとか、そんな感じ。それは、期末レポートがあったね。あとは、生物学Dだね。それは、最近発見された新種の生物についての授業で、深海魚とか、植物とか、いろいろ。成績評価は期末テストがあったけど、持ち込み不可だったかな。でもそんなに難しくないし、大丈夫だよ。
女	そうですか。どれも面白そうですね。うーん、でも正直、絵とか本とか、そういう文化の話はあんまりピンと来なくて好きじゃないんですよね。
男	そう。
女	うーん、期末は他の授業でレポートがいっぱいありそうなので、教養科目はテストのがいいんですけど、ノートとか持ち込めないのはちょっと……。じゃあ……。

대학에서 남학생과 여학생이 이야기하고 있습니다.

여 선배님, 교양 과목 수업은 어느 것을 들으면 좋을까요? 추천해 주실 과목 있나요?

남 음, 추천할 과목 말이지. 내가 지금까지 들은 과목이라도 괜찮다면 어떤 느낌인지 가르쳐 줄 수는 있는데. 다 재미있었어.

여 아, 꼭 좀 가르쳐 주세요. 부탁드려요.

남 어디 보자, 우선 예술학 A일까. 선생님은 여러 미술관에서 학예사를 하신 분인데, 특히 르네상스기 회화를 좋아하는지 그 당시 역사도 연관시켜 다양한 그림을 소개해 주셔서 재미있어. 테스트는 없고 기말 리포트를 3페이지 정도 썼던가? 그리고 역사학 B. 그거 굉장히 재미있어. 수업 내용은 '화장실의 역사에 대하여'.

여 와, 화장실이요?

남 응. 가장 오래된 화장실은 어떤 것이고 거기에서 어떻게 현재의 화장실에 이르게 되었는가 하는 것이 이야기의 테마야. 그 수업은 기말 테스트가 있었지만 오픈북 테스트였어. 그리고……, 아, 문학 C다. 문학 C는 에도 시대의 오락책이 테마이고 (그 시대에) 어떤 종류의 책이 인기가 있었는지, 그리고 어떤 내용이었는지 하는 내용. 그 수업은 기말 리포트가 있었어. 그리고는 생물학 D네. 그 수업은 최근 발견된 신종 생물에 관한 수업으로 심해어라든지 식물이라든지 여러 가지(를 다뤄). 성적 평가는 기말 테스트가 있는데 오픈북 테스트는 아니야. 하지만 그렇게 어렵지는 않아서 괜찮아.

여 그래요? 전부 재미있을 것 같아요. 음, 그래도 솔직히 그림이라든지 책이라든지 그런 문화에 관한 이야기는 그다지 와 닿지 않아서 좋아하지 않아요.

남 그렇구나.

여 음. 기말에는 다른 수업에서 리포트가 많을 것 같아서 교양 과목은 테스트가 좋겠는데 노트를 가지고 들어갈 수 없는 건 좀……. 그렇다면…….

女の学生はどの授業を受けることにしましたか。
1　芸術学A
2　歴史学B
3　文学C
4　生物学D

여학생은 어떤 수업을 듣기로 했습니까?
1　예술학A
2　역사학B
3　문학C
4　생물학D

정답 2

단어 教養科目 교양 과목 | おすすめ 추천 | 芸術学 예술학 | 学芸員 학예사, 큐레이터 | 絵画 회화 | ～も絡めて ～도 연관시켜서 | 最古 최고, 가장 오래된 | 持ち込み可 반입(지참) 가능 (여기에서는 시험 때 노트 등을 가지고 들어갈 수 있는 오픈북 테스트를 의미) | 娯楽 오락 | 深海魚 심해어 | ピンとこない 느낌이 오지 않다, 와 닿지 않다

해설 마지막 부분에 여자가 말하는 「テストのがいいんですけど、ノートとか持ち込めないのはちょっと 테스트가 좋지만 노트를 가지고 들어갈 수 없는 건 좀」을 모두 충족시킬 수 있는 선택지를 골라야 한다. 즉 테스트를 보는데 그 방식이 오픈북 테스트인 것은 선택지 2번의 역사학 B밖에 없다.

---

2 🎧 147

会社で、上司と部下二人が新しい製品について話しています。

男1　部長。新商品のハンドクリームのことなんですが。ちょっとよろしいですか。

男2　うん。どうしたの？

女　最初は100gのもの1種類だけの予定だったんですが、途中で「ポーチに入れやすい小さめサイズもあったほうがいい」という意見が出たんです。

男2　あー、確かに。女性はカバンにいろいろ入れるから、大きさは重要だよな。

女　それで、大きさを100gと50gの大小2種類にすると見積もりがどうなるか、工場に問い合わせたんです。

男2　うん。で、どんな感じだった？

男1　数をそれぞれ半分ずつにして、合計で当初の数になるようにと工場に見積もりを頼んだんですが、生産ラインが2つになりますし、生産個数が少なくなるので、単価が高くなってしまいまして。

男2　そうかー。

회사에서 상사와 부하 두 명이 새로운 제품에 대해 이야기하고 있습니다.

남1　부장님, 신상품인 핸드크림 건인데요. 잠시 괜찮을까요?

남2　응. 무슨 일이야?

여　처음에는 100g 타입 한 종류만 만들 예정이었습니다만 도중에 '파우치에 넣기 쉬운 작은 사이즈도 있는 게 낫다'는 의견이 나왔어요.

남2　아, 그러네. 여성은 가방에 여러 가지 넣으니까 크기는 중요하지.

여　그래서 크기를 100g과 50g의 대용량과 소용량 두 종류로 하면 견적이 어떻게 되는지 공장에 문의해 봤습니다.

남2　응. 그래서 어떻던가?

남1　수량을 각각 절반씩으로 해서, 합해서 처음 예정한 수량이 되도록 공장에 견적을 부탁했는데, 생산 라인이 두 개가 되고 (한 라인의) 생산 개수가 적어져서 단가가 비싸져 버립니다.

남2　그렇군.

304　JLPT 합격 시그널 N1

男1　大小それぞれもとの予定数で作れば大丈夫だそうなんですが。

女　でも、そうすると予算が倍になってしまいますし……。

男2　確かにそういうわけにはいかないな。

男1　やっぱりもとのままにしましょうか。

男2　うーん、まぁ、少し単価が上がってもいいだろう。とりあえずそれでやってみよう。

女　分かりました。

商品をどうすることにしましたか。
1　大小どちらも作り、それぞれもとの数の半分で作る
2　大小どちらも作り、それぞれもとの数で作る
3　大のみ作り、もとの数の半分で作る
4　大のみ作り、もとの数で作る

남1 대용량과 소용량 각각을 원래 예정했던 수량으로 만들면 괜찮다고(단가가 비싸지지 않는다고) 합니다.
여 하지만 그렇게 하면 예산이 두 배가 돼 버려서…….
남2 확실히 그렇게 할 수는 없겠네.
남1 역시 원래대로 할까요?
남2 음. 조금 단가가 올라가도 괜찮겠지? 일단 그렇게 해 보자.
여 알겠습니다.

상품을 어떻게 하기로 했습니까?
1 대용량과 소용량을 둘 다 만들고 각각 원래 수량의 절반으로 만든다
2 대용량과 소용량을 둘 다 만들고 각각 원래 수량대로 만든다
3 대용량만 만들고 원래 수량의 절반으로 만든다
4 대용량만 만들고 원래 수량대로 만든다

정답 1

단어 ポーチ 파우치(화장품 등을 넣는 작은 가방) | 見積もり 견적 | 問い合わせる 문의하다 | 当初 당초, 애초 | 単価 단가 | 予算 예산 | 倍になる 배가 되다 | 〜わけにはいかない 〜할 수는 없다

해설 여사원과 부장은 처음 예정한 수량대로 두 종류를 만들자는 남자 사원의 말에 「でも〜 予算が倍になります 하지만〜 예산이 두 배가 됩니다」, 「そういうわけにはいかないな 그렇게는 할 수 없겠네」라고 하며 난색을 표한다. 하지만 대화 마지막에 부장이 「少し単価が上がってもいいだろ 조금 단가가 올라가도 괜찮겠지」라고 말하는 것으로 보아, 단가가 조금 인상되더라도 두 종류를 제작하기로 한 것을 알 수 있다. 즉, 처음에 나온 두 종류로 만들되 각각을 원래 예정 수량의 절반으로 만든다는 1번이 답이 된다.

3　🎧 148

문제편 373p

먼저 이야기를 들으세요. 그리고 두 개의 질문을 듣고 각각 문제지의 1에서 4 중에서 가장 적당한 것을 하나 고르세요.

ラジオの通販番組を聞きながら、男の人と女の人が話しています。

女1　今日は、年末の大掃除に向けて、人気の掃除機を取り揃えてみました。どれも大変お安くなっておりますので、この機会にぜひお求めください。まずは、商品番号1番の掃除機です。こちらは今話題のサイクロン式で、吸っても吸っても吸引力が変わらないのが特徴です。

라디오의 통신 판매 방송을 들으면서, 남자와 여자가 이야기하고 있습니다.

여 오늘은 연말 대청소를 앞두고 인기 청소기를 준비해 봤습니다. 모든 상품이 매우 저렴하므로 이 기회에 꼭 구매하세요. 우선은 상품 번호 1번 청소기입니다. 이쪽은 요즘 화제인 사이클론식으로 빨아들이고 빨아들여도 흡인력이 변함 없는 것이 특징입니다.

非常にパワフルで、小さいちりほこりから、大きな食べこぼしまで、何でも吸い取ります。お値段はこちら。39,800円です。次は、商品番号2番の掃除機です。こちらは紙パック式ですが、パワーは十分です。なんといっても特徴は静かなことですね。パワーを強にしても、音は図書館並の静かさです。こちらは、お値段が24,800円となっております。そして、次が商品番号3番の掃除機です。こちらは、1番、2番の掃除機と同じように本体を引っ張る一般的なタイプですが、違いはその軽さです。非常に軽くて転がしやすく、ストレスがありません。こちら、お値段24,800円です。最後に商品番号4番の掃除機のご紹介です。こちらは本体一体型のスティックタイプの掃除機です。スティックタイプですので非常に軽いのはもちろんですが、充電式なので、煩わしいコードもありません。こちらのお値段は、39,800円となっております。

男　あ、新しい掃除機、欲しかったんだよね。どれもいいなぁ。

女2　私も、買い替えようかな。今の掃除機すごく重いんだよね。軽いのがいいな。

男　じゃあ、やっぱり本体がつながってないのがいいんじゃない？

女2　でも、ちょっと高いな。軽ければ別に本体を引っ張るのでもいいかな。

男　そう。僕はやっぱりパワーがあるのがいいなぁ。多少高くても、パワーが変わらないのがいいな。紙パックも面倒だし。

質問1
男の人はどの掃除機を買いますか。
1　1番の掃除機
2　2番の掃除機
3　3番の掃除機
4　4番の掃除機

매우 파워풀하고 작은 먼지부터 먹다 흘린 커다란 음식물까지 뭐든지 빨아들입니다. 가격은 여기 39,800엔입니다. 다음은 상품 번호 2번 청소기입니다. 이쪽은 종이팩 방식입니다만 파워는 충분합니다. 뭐니뭐니 해도 특징은 조용한 것입니다. 파워를 강으로 해도 소리는 도서관 수준으로 조용합니다. 이쪽은 가격이 24,800엔입니다. 그리고 다음이 상품 번호 3번 청소기입니다. 이 제품은 1번, 2번 청소기와 동일하게 본체를 끌고 다니는 일반적인 타입입니다만, 가벼움에서 차이가 납니다. 상당히 가볍고 굴리기 쉬워서 스트레스가 없습니다. 이 제품의 가격은 24,800엔입니다. 마지막으로 상품 번호 4번 청소기를 소개합니다. 이쪽은 본체 일체형의 스틱 타입 청소기입니다. 스틱 타입이어서 굉장히 가벼운 것은 물론이거니와 충전식이어서 번거로운 코드도 없습니다. 이 제품의 가격은 39,800엔입니다.

남　아, 새 청소기 갖고 싶었는데. 다 좋은데?

여2　나도 바꿀까? 지금 쓰는 청소기 너무 무겁단 말이지. 가벼운 것이 좋은데.

남　그럼 역시 본체가 연결되어 있지 않은 게 좋지 않아?

여2　하지만 좀 비싼걸? 가벼우면 본체를 끌고 다니는 것도 괜찮을 것 같아.

남　그래? 나는 역시 파워가 있는 게 좋아. 다소 비싸도 파워가 변하지 않는 것이 좋지. 종이팩도 번거롭고.

질문1
남자는 어떤 청소기를 삽니까?
1　1번 청소기
2　2번 청소기
3　3번 청소기
4　4번 청소기

質問2	질문2
女の人はどの掃除機を買いますか。	여자는 어떤 청소기를 삽니까?
1 1番の掃除機	1 1번 청소기
2 2番の掃除機	2 2번 청소기
3 3番の掃除機	3 3번 청소기
4 4番の掃除機	4 4번 청소기

정답 質問1 1   質問2 3

단어 大掃除 대청소 | 取り揃える 모두 갖추다, 빠짐없이 구비하다 | お求めください 구매해 주세요 | 吸引力 흡인력 | ちりほこり 먼지와 티끌 | 食べこぼし 흘린 음식 | 명사 + 並 ~와 같은, ~보다 못지 않은 | スティックタイプ stick type, 스틱 타입 | 充電式 충전식 | 煩わしい 번거롭다, 성가시다 | 買い替える 새로 사다 | 本体 본체 | 引っ張る 끌다, 끌어당기다

해설 質問1 남성은 비싸더라도 「パワーが変わらないのがいいな 파워가 변하지 않는 것이 좋아」라고 말하므로 흡인력이 강한 1번이 답이 된다.

質問2 여자는 가벼운 것을 선호하지만 비싼 것은 부담이 된다고 하며 「軽ければ別に本体を引っ張るのでもいいかな 가벼우면 본체를 끌고 다니는 것도 괜찮을 것 같아」라고 말한다. 따라서 본체를 끌고 다니는 일반적 타입이면서 가벼운 청소기인 3번이 답이 된다.

JLPT N1

Test

모의고사

모의고사 정답 및 해설

정답

1교시

문자・어휘

問題1 1③ 2① 3② 4① 5② 6④
問題2 7④ 8① 9① 10③ 11② 12③ 13③
問題3 14① 15③ 16④ 17② 18① 19①
問題4 20③ 21④ 22④ 23① 24② 25②

문법

問題5 26③ 27① 28④ 29④ 30③
　　　31② 32④ 33② 34① 35③
問題6 36② 37③ 38① 39② 40②
問題7 41② 42③ 43④ 44①

독해

問題8 45② 46④ 47③ 48①
問題9 49② 50④ 51④
　　　52③ 53① 54①
　　　55④ 56③ 57②
問題10 58④ 59② 60① 61③
問題11 62③ 63①
問題12 64③ 65④ 66③ 67①
問題13 68④ 69④

2교시

청해

問題1 1番③ 2番② 3番② 4番④ 5番③ 6番①
問題2 1番④ 2番③ 3番② 4番① 5番② 6番② 7番④
問題3 1番④ 2番① 3番① 4番④ 5番③ 6番④
問題4 1番② 2番③ 3番① 4番② 5番① 6番② 7番②
　　　8番③ 9番① 10番① 11番③ 12番③ 13番②
問題5 1番② 1番① 1番　質問1③　質問2④

1교시 언어지식(문자·어휘·문법)

問題 1 _____의 단어의 읽는 법으로 가장 적당한 것을 1·2·3·4에서 하나 고르세요.

문제편 379p

1 今後のために、互いに譲歩することにした。

1 じょうぼ　　2 じょほう　　**3 じょうほ**　　4 じょうと

정답 **3** 향후를 위해서 서로 양보하기로 했다.

단어 今後 향후, 앞으로 | 互いに 서로 | 譲歩 양보

해설 「譲歩」는 '남을 위해 한 걸음 물러난다'는 뜻이다. 「譲 사양할 양」의 음독은 「じょう」, 훈독은 「譲る 양보하다」이며 「歩 걸을 보」의 음독은 「ほ」, 훈독은 「歩む・歩く 걷다」이다.

2 そろそろ急かさないと、会議に遅れますよ。

1 せかさない　　2 したさない　　3 うながさない　　4 ひたさない

정답 **1** 슬슬 서두르지 않으면 회의에 늦어요.

단어 そろそろ 슬슬 | 急かす 재촉하다 | 会議 회의 | 遅れる 늦다

해설 「急 급할 급」의 훈독은 「急ぐ 서두르다」, 「急がす 재촉하다」이지만 예외적으로 「急かす 재촉하다」로 읽기도 한다. 비슷한 의미인 3번 「促す 재촉하다, 촉구하다」도 함께 기억해 두자.

3 今回の仕事は損得を考えないことにした。

1 そんどく　　**2 そんとく**　　3 いんどく　　4 いんとく

정답 **2** 이번 일은 손익을 생각하지 않기로 했다.

단어 今回 이번 | 損得 손득, 손익

해설 「損得」는 '손해와 이득'이라는 뜻이다. 「損 덜 손」의 음독은 「そん」, 훈독은 「損なう 상하게 하다, 해치다」이고, 「得 얻을 득」의 음독은 「とく」, 훈독은 「得る 얻다」이다.

4 願望をかなえるためには、かなりの努力が必要です。

1 がんぼう　　2 げんぼう　　3 がんぼ　　4 げんぼ

정답 **1** 소원을 이루기 위해서는 상당한 노력이 필요합니다.

단어 願望 원망, 소원 | かなえる 이루다, 성취하다 | かなり 꽤, 상당히 | 努力 노력 | 必要 필요

해설 「願 원할 원」의 음독은 「がん」, 훈독은 「願う 원하다, 바라다」이고 「望 바랄 망」의 음독은 「ぼう」, 훈독은 「望む 바라다, 소망하다」이다. 「願望」는 '어떤 일이 이루어지기를 원하고 바란다'는 뜻이다. 「望」을 음독 「もう」로 발음하는 명사 「本望 본망, 숙원」도 함께 기억해 두자.

5 これを飲むとビタミンとミネラルが身体に浸透していく感じがする。
　1 ちんとう　　　2 しんとう　　　3 ちんと　　　4 しんめい

정답 2 이것을 마시면 비타민과 미네랄이 몸에 침투해 가는 느낌이 든다.
단어 身体 몸, 신체(しんたい라고도 읽음) | 浸透 침투 | 感じがする 느낌이 든다, 기분이 든다
해설 「浸透」는 '액체 등이 스며들어 퍼진다'라는 의미이다. 「浸 잠길 침」의 음독은 「しん」, 훈독은 「浸す 물이나 액체에 담그다, 적시다」이며 「透 사무칠 투」의 음독은 「とう」, 훈독은 「透かす 틈새를 만들다」, 「透く 틈이 나다」, 「透ける 비치다」이다.

6 祖母は子どものころの話をしながら、口元に微笑を浮かべた。
　1 びしょ　　　2 みしょう　　　3 みしょ　　　4 びしょう

정답 4 할머니는 어릴 적 얘기를 하며 입가에 미소를 띠웠다.
단어 祖母 할머니 | 口元 입가 | 微笑 미소 | 浮かべる 띄우다, 떠올리다
해설 「微 작을 미」의 음독은 「び」이며 「笑 웃음 소」의 음독은 「しょう」, 훈독은 「笑う 웃다」, 「笑む 미소 짓다」이다. 같은 의미의 훈독 명사인 「微笑み」와 「頬笑み」도 기억해 두자.

問題2 (　　) 안에 넣기에 가장 적당한 것을 1・2・3・4에서 하나 고르세요.　　문제편 380p

7 最近のＩＴ企業はインセンティブで従業員の(　　)向上を図っている。
　1 ベース　　　2 ノルマ　　　3 ダメージ　　　4 モチベーション

정답 4 최근의 IT기업은 인센티브로 직원의 동기 부여 향상을 꾀하고 있다.
단어 企業 기업 | インセンティブ 인센티브 | 従業員 종업원, 직원 | 向上 향상 | 図る 꾀하다, 도모하다 | ベース 베이스, 기초, 토대 | ノルマ 노동 할당량, 작업 기준량 | ダメージ 대미지, 손해, 피해 | モチベーション 모티베이션, 동기 부여, 의욕
해설 문장 흐름상 '인센티브로 직원의 의욕 향상을 꾀한다'는 내용이 되어야 하므로 괄호 안에 들어갈 말로는 선택지 4번의 「モチベーション」이 적당하다.

8 作品のなかで最高得点を(　　)した作品が当選作に選ばれることになっています。
　1 獲得　　　2 捕獲　　　3 習得　　　4 収穫

정답 1 작품 중에서 최고 득점을 획득한 작품이 당선작으로 뽑히게 되어 있습니다.
단어 最高 최고 | 得点 득점 | 当選作 당선작 | 獲得 획득 | 捕獲 포획 | 習得 습득 | 収穫 수확
해설 '최고 득점을 받은 작품이 당선작으로 뽑힌다'는 내용이 되어야 하므로 괄호 안에는 '얻어서 가진다'는 의미의 단어가 들어가야 한다. 따라서 답으로 적당한 것은 선택지 1번의 「獲得」이다

9 彼の研究論文は感受性が鋭い学生に(　　)印象を残した。
　1 強烈な　　　2 熱烈な　　　3 鮮明な　　　4 温和な

정답 1 그의 연구 논문은 감수성이 예민한 학생에게 강렬한 인상을 남겼다.

| 단어 | 論文 논문 | 感受性 감수성 | 鋭い 날카롭다, 예리하다 | 印象 인상 | 残す 남기다 | 強烈な 강렬한 | 熱烈な 열렬한 | 鮮明な 선명한 | 温和な 온화한 |

| 해설 | 괄호 안에 들어갈 단어로는 선택지 1번의「強烈な」가 적당하다. 3번의「鮮明な」와 혼동하지 않도록「強烈な印象 강렬한 인상」,「鮮明な記憶 선명한 기억」이라는 예시를 통해 기억하도록 하자.

---

10 一生懸命勉強したのに3度目の受験に失敗して（　　）とうなだれていた。

1 きっかり　　　　2 がっちり　　　　**3 がっくり**　　　　4 びっしょり

| 정답 | **3** 열심히 공부했는데도 세 번째 수험에 실패해서 고개를 푹 숙이고 있었다.

| 단어 | 一生懸命 열심히 | 受験 수험 | 失敗 실패 | うなだれる 고개를 숙이다 | きっかり 시간, 수량 등이 꼭 들어맞는 모양, 꼭, 딱 | がっちり 빈틈이 없고 단단한 모양 | がっくり 기가 꺾이거나 맥이 풀리는 모양 | びっしょり 완전히 젖은 모양, 흠뻑 |

| 해설 | 의태어의 올바른 쓰임을 묻는 문제이다. 문장 흐름상 '세 번째 수험에 실패해서' 뒤에는 기가 죽은 모양을 나타내는 선택지 3번의「がっくり」가 들어가야 한다.

---

11 警察官などを騙る（　　）な電話や訪問にはご注意ください。

1 不振　　　　**2 不審**　　　　3 不正　　　　4 不服

| 정답 | **2** 경찰관 등을 사칭하는 수상한 전화나 방문에는 주의해 주십시오.

| 단어 | 警察官 경찰관 | 騙る 사칭하다 | 訪問 방문 | 注意 주의 | 不振 부진 | 不審 불심, 수상함 | 不正 부정 | 不服 불복 |

| 해설 | 괄호 안에는 '수상한, 의심스러운'이라는 뜻이 있는 선택지 2번의「不審」이 들어가는 것이 적당하다. '올바르지 않다'라는 의미의 3번「不正」와 혼동하지 않도록「不正行為 부정행위」,「不正を働く 부정을 저지르다」와 같은 예문을 통해 기억하도록 하자.

---

12 周囲の人に1度や2度（　　）ぐらいであきらめるのはまだ早いと言われた。

1 くじけた　　　　2 さとった　　　　**3 しくじった**　　　　4 ののしった

| 정답 | **3** 주변 사람들에게 한두 번 실패한 정도로 포기하기는 아직 이르다는 말을 들었다.

| 단어 | 周囲 주위 | あきらめる 포기하다 | くじける (기가) 꺾이다 | さとる 깨닫다, 이해하다 | しくじる 실패하다 | ののしる 욕하다 |

| 해설 | 괄호 안에는 '실패하다, 실수하다'라는 뜻이 있는 3번「しくじる」가 들어가는 것이 적당하다. 비슷한 표현인「つまずく 좌절하다, 실패하다」도 함께 기억해 두자.

---

13 面倒だと思って避けては通れないことを（　　）と引き延ばしている。

1 ちょくちょく　　　　2 ぶらぶら　　　　**3 ずるずる**　　　　4 ぼつぼつ

| 정답 | **3** 귀찮다고 생각해서 피해갈 수 없는 것을 질질 끌고 있다.

| 단어 | 面倒だ 귀찮다, 번거롭다 | 避ける 피하다 | 引き延ばす 지연시키다 | ちょくちょく 때때로, 가끔 | ぶらぶら 매달려 흔들리는 모양(흔들흔들), 할 일 없이 배회하는 모양(어슬렁어슬렁) | ずるずる 일, 시간 등을 오래 끄는 모양, 질질 | ぼつぼつ 느리게 일을 진행하는 모양, 슬슬, 조금씩 |

| 해설 | 의태어의 올바른 쓰임을 묻는 문제이다. '피할 수 없는 일을 끌고 있다'는 내용의 문장이므로 괄호 안에 들어갈 말은 3번「ずるずる」가 적당하다. 4번의「ぼつぼつ」는 느리지만 일이 진행되고 있는 상황에서 사용하는 표현이므로 답이 될 수 없다.

問題3 _____의 단어와 의미가 가장 가까운 것을 1・2・3・4에서 하나 고르세요.　　　　문제편 381p

14 部外者をシャットアウトして会議を開いた。
1 遮断　　　2 協力　　　3 責任者　　　4 専門家

| 정답 | **1** 외부인을 내보내고 회의를 열었다.

| 단어 | 部外者 외부인 | シャットアウト 내쫓음, 문을 닫고 차단함 | 遮断 차단 | 協力 협력 | 責任者 책임자 | 専門家 전문가

| 해설 |「シャットアウト」는 '내쫓다, 문을 닫고 차단하다'라는 의미이므로 서로 바꿔 쓸 수 있는 말은 선택지 1번「遮断」이다.

15 目の前に他人の報告書を出されて彼は当惑した。
1 驚いた　　　2 怒った　　　**3 困った**　　　4 喜んだ

| 정답 | **3** 눈앞에서 남의 보고서를 꺼내자 그는 당황했다.

| 단어 | 他人 타인 | 報告書 보고서 | 当惑 당혹 | 驚く 놀라다 | 怒る 화내다 | 困る 곤란하다, 난처하다 | 喜ぶ 기뻐하다, 좋아하다

| 해설 |「当惑」는 뒤에「する」가 붙어 '당황하다'라는 뜻이 되는 동작성 명사이다. 따라서 서로 바꿔 쓸 수 있는 표현은 '곤란하다, 난처하다'라는 뜻의 1번「困った」이다.

16 木村選手はこの試合を限りに引退すると表明した。
1 さっぱり表した　　2 詳しく表した　　3 丁寧に表した　　**4 はっきり表した**

| 정답 | **4** 기무라 선수는 이 시합을 끝으로 은퇴하겠다고 표명했다.

| 단어 | 選手 선수 | ～を限りに ～을 끝으로 | 引退 은퇴 | 表明 표명 | さっぱり 산뜻한, 담백한 | 詳しい 상세하다 | 丁寧に 공손하게, 신중하게 | はっきり 분명히, 확실히 | 表す 나타내다, 표현하다

| 해설 |「表明」는 '자신의 의사나 태도를 분명하게 드러내다'라는 뜻이다. 따라서 서로 바꿔 쓸 수 표현은 선택지 4번의「はっきり表した 확실하게 표현했다」이다.

17 鈴木選手はゴール寸前で追い抜かれてしまった。
1 以前　　　**2 直前**　　　3 あとで　　　4 すぐに

| 정답 | **2** 스즈키 선수는 결승점 바로 앞에서 추월 당해 버렸다.

| 단어 | ゴール 골, 결승점 | 寸前 직전, 바로 앞 | 追い抜く 따라잡다, 추월하다 | 以前 이전 | 直前 직전

| 해설 |「寸前」은 '직전, 바로 앞'이라는 뜻이므로 서로 바꿔 쓸 수 있는 단어는 선택지 2번의「直前」이다.

18 せっかくの貯金をまるまる妹にとられてしまった。

1 そっくり　　　2 一部　　　3 わずか　　　4 おのおの

정답 1 모처럼 저금한 돈을 모조리 여동생에게 빼앗겨 버리고 말았다.

단어 せっかく 모처럼 | 貯金 저금 | まるまる 모조리, 전부 | とられる 빼앗기다 | そっくり 전부, 모조리, 꼭 닮은 | 一部 일부 | わずか 조금, 약간 | おのおの 각각, 각자

해설 부사「まるまる」는 '모조리, 전부, 온통'이라는 뜻으로 서로 바꿔 쓸 수 있는 표현은 선택지 1번의「そっくり」이다.「そっくり」는 부사일 때는 '전부, 모조리'라는 뜻이지만 '꼭 닮은'이라는 뜻의 な형용사로도 쓰이므로 주의하도록 하자.

---

19 うまく言葉にできなくてもどかしいくらいだった。

1 いらいらする　　　2 こりこりする　　　3 はらはらする　　　4 ひしひしする

정답 1 말로 잘 표현하지 못해서 초조할 정도였다.

단어 言葉 말, 언어 | もどかしい 안타깝다, 초조하다, 답답하다 | いらいら 초조해 하는 모양, 안절부절 | こりこり 질긴 것을 씹는 모양, 꼬들꼬들, 오도독오도독 | はらはら 위태로워 보여서 조바심내는 모양, 아슬아슬, 조마조마 | ひしひし 가깝게 조여오는 모양, 바싹, 감각·감정 등을 강하게 느끼는 모양

해설 선택지는 모두 의태어에「する」가 붙어 동사화된 표현이다. '안타깝다, 초조하다'라는 뜻이 있는 밑줄의「もどかしい」와 서로 바꿔 쓸 수 있는 표현은 선택지 1번의「いらいらする 초조하다, 짜증나다」이다.

問題4 다음 단어의 사용법으로 가장 적당한 것을 1·2·3·4에서 하나 고르세요.　　　문제편 382p

20 どっと

1 重いものを運ぶ時はどっと力を入れなければならない。
2 重要な時代の書家の作品をどっと見ていきます。
3 広場の人たちがにわかにどっと騒がしくなってびっくりした。
4 汗でせっかくの着物がどっとぬれてしまった。

정답 3 광장의 사람들이 갑자기 한꺼번에 소란스러워져서 깜짝 놀랐다.

단어 運ぶ 옮기다 | 重要だ 중요하다 | 時代 시대 | 書家 서예가 | 広場 광장 | にわかに 갑자기 | 汗 땀 | ぬれる 젖다

해설「どっと」는 '여러 사람이 한꺼번에 소리를 내서 울려 퍼지는 상태'를 나타내는 의태어이다. 따라서 단어가 맥락에 맞게 사용된 것은 선택지 3번이다. 1번에는「ぐっと 힘을 주어 단숨에 무엇인가를 하는 모양, 힘껏」이, 2번에는「ざっと 대충 한번 훑어보는 모양」이, 4번에는「びっしょり 흠뻑 젖은 모양」이 들어가야 자연스럽다.

---

21 濃厚

1 出席者は皆会議に積極的に参加し、意見を濃厚に交換しあった。
2 二人が濃厚だと聞いていたが、最近結婚したらしい。
3 社員が濃厚に替わる会社は信用できない。
4 調査研究を進めようという雰囲気はますます濃厚になった。

정답 4 조사 연구를 진행하려는 분위기는 점점 더 농후해졌다.

단어 濃厚 농후 | 積極的 적극적 | 交換 교환 | 結婚 결혼 | 社員 사원 | 雰囲気 분위기

해설 「濃厚」는 '맛이나 색 등, 어떠한 경향이나 기색이 강하고 뚜렷하다'라는 뜻이다. 맥락에 맞게 들어간 것은 '분위기가 점점 강해졌다'라는 의미로 사용한 선택지 4번이다. 1번에는 「活発 활발」이, 2번에는 '매우 친하고 다정하다'는 의미의 「親密 친밀」이, 3번에는 '행동의 횟수가 잦다'는 의미의 「頻繁 빈번」이 들어가야 자연스럽다.

---

22 見下ろす

1 あなたからの通知を見下ろすようなことは一度もありません。
2 街を歩くとたくさんの面白い建物を見下ろすだろう。
3 今年は展示会への参加は見下ろすこととなりました。
4 山の上から景色を見下ろすと、海がきれいに見えた。

정답 4 산 위에서 경치를 내려다보니 바다가 아름다워 보였다.

단어 見下ろす 내려다보다. 얕보다. 깔보다 | 通知 통지 | 街 거리 | 建物 건물 | 展示会 전시회 | 参加 참가 | 景色 경치

해설 「見下ろす」에는 '위에서 아래를 내려다보다, 다른 사람을 얕보다, 깔보다'라는 뜻이 있다. 맥락에 맞게 사용된 것은 선택지 4번이다. 1번에는 「無視する 무시하다」가, 2번에는 「見かける 눈에 띄다. 언뜻 보다」가, 3번에는 「見送る 다음으로 미루다. 보류하다」가 들어가야 한다.

---

23 専念

1 一日でも早く復帰するように、今は治療にだけ専念したい。
2 日本の人口は地方ではなく大都市に専念している。
3 最近の若者は安定専念の人が多い。
4 本田氏は苦労して企業のトップまで昇ったのに、全く出世に専念しない。

정답 1 하루빨리 복귀하도록 지금은 치료에만 전념하고 싶다.

단어 専念 전념 | 復帰 복귀 | 治療 치료 | 地方 지방 | 大都市 대도시 | 若者 젊은이 | 安定 안정 | 苦労 고생 | 企業 기업 | 昇る 오르다 | 出世 출세

해설 「専念」은 '오로지 한 가지 일에만 집중하다, 몰두하다'라는 뜻으로 맥락에 맞게 사용된 것은 선택지 1번이다. 2번은 '몰려 있다, 집중되어 있다'는 의미가 되어야 하므로 「集中 집중」이, 3번에는 '어떠한 방향으로 나아가려는 의지'를 말하는 「志向 지향」이, 4번에는 「執着 집착」이 들어가야 자연스럽다.

---

24 目印

1 顧客の求めるニーズと、目印の転換が新たな商品につながる。
2 彼らは木の皮を削り取って、通った跡に目印をつけた。
3 犯人がだれかさっぱり目印がつかないようだった。
4 この研究は、二酸化炭素が地球温暖化の原因だという目印を証明するものだ。

정답 2 그들은 나무 껍질을 깎아내어 지나간 자리에 표시를 했다.

[단어] 目印 안표, 표시, 표식 | 顧客 고객 | 転換 전환 | 皮 껍질 | 削り取る 삭제하다, 깎아내다 | 跡 자취, 자리 | 犯人 범인 | 二酸化炭素 이산화탄소 | 地球温暖化 지구 온난화 | 原因 원인 | 証明 증명

[해설] 「目印」를 활용한 선택지 2번의 「目印をつける 표시를 하다」는 자주 사용하는 표현이므로 꼭 기억해 두자. 1번에는 「発想 발상」이 들어가야 하며, 3번은 「見当(がつかない) 짐작(이 되지 않는다)」가, 4번에는 「仮説 가설」이 들어가야 자연스럽다.

25 あなどる
1 鈴木さんの意見には説得力があって、だれもがあなどっていた。
2 弱い相手だからとあなどっているといたい目に遭うから、気を付けなさい。
3 先生が何回も詳しく説明してくれたので、ようやくあなどった。
4 今まで何とかあなどっていたが、これ以上の痛みは我慢できない。

[정답] **2** 약한 상대라고 해서 얕보면 큰코다칠 테니까 조심하세요.

[단어] あなどる 경시하다, 깔보다 | 説得力 설득력 | 痛い目に遭う 호되게 당하다, 따끔한 맛을 보다 | 気を付ける 조심하다 | 詳しい 자세하다, 상세하다 | 痛み 통증 | 我慢できない 참을 수 없다

[해설] 「あなどる」에는 '다른 사람을 경시하다, 깔보다'라는 뜻이 있다. '약한 상대라고 얕보다'라는 의미로 사용한 선택지 2번이 답으로 적당하다. 1번에는 「うなずく 수긍하다, 고개를 끄덕이다」가, 3번에는 「理解できた 이해됐다」나 「納得できた 납득됐다」가, 4번에는 「こらえる 참고 견디다」가 들어가야 자연스럽다.

問題5 다음 문장의 (   ) 안에 넣기에 가장 적당한 것을 1·2·3·4에서 하나 고르세요.   문제편 384p

26 来月から上映される「僕とハッピー」は、画家(   )歌手である田中さんの映画デビュー作として話題を集めている。
1 にあって　　　2 とあって　　　3 にして　　　4 とあれ

[정답] **3** 다음 달부터 상영되는 '나와 해피'는 화가이자 가수인 다나카 씨의 영화 데뷔작으로 화제를 모으고 있다.

[단어] 上映 상영 | ハッピー 해피, 행복 | 画家 화가 | デビュー作 데뷔작 | 話題 화제 | 集める 모으다

[해설] 「AにしてB」는 'A 인 동시에 B'라는 뜻으로, 비슷한 사항을 나열하기 위해 사용한다. 여기에서는 「画家にして歌手 화가이자 가수」라고 하는 비슷한 사항을 나열하고 있다. 선택지 1, 2번의 「~にあって ~에 있으면서」와 「~とあって ~이라서」는 앞 문장에 '특별한 상황'이 온다는 점을 기억해 두자.

27 母がなくなってから10年。実家の前に植えてある桜の木を見る(   )、花見の好きだった母を思い出す。
1 につけて　　　2 とたんに　　　3 にせよ　　　4 とばかりに

[정답] **1** 어머니가 돌아가신 지 10년. 본가 앞에 심어진 벚나무를 볼 때마다 꽃구경을 좋아했던 어머니가 생각난다.

[단어] 実家 본가, 친정 | 植える 심다 | 桜の木 벚나무 | 花見 꽃구경, 꽃놀이 | 思い出す 생각나다, 생각해 내다

[해설] 「AにつけてB」는 'A 할 때마다 B 하다'라는 표현이다. 이 문장에서는 'A = 벚나무를 볼 때마다', 'B = 어머니가 생각난다'이므로 '벚나무를 볼 때마다 어머니가 생각난다'라고 해석할 수 있다. 선택지 2번의 「~とたんに」는 '~하자마자'라는 의미로, 예기치 못한 상황이 발생했다는 뉘앙스가 있다. 「~につけて」와 혼동하지 않도록 조심하자.

| 28 | お客様からの苦情で店長に呼び出され（　　）、やさしく慰めてくれて思わず泣いてしまった。
1 叱られたあげく　　2 叱られたがさいご　　3 叱られると思いつつも　　**4 叱られると思いきや**

| 정답 | **4** 손님의 불평으로 점장님에게 불려가 야단맞을 거라고 생각했는데, 상냥하게 위로해 줘서 나도 모르게 울고 말았다.
| 단어 | 苦情 불만, 불평｜店長 점장｜呼び出す 호출하다, 불러내다｜慰める 위로하다｜思わず 나도 모르게, 무심코
| 해설 | 「보통형 + と思いきや ～라고 생각했는데」는 어떤 상황이 될 것이라고 생각했는데 뜻밖의 결과가 되었다는 '의외의 기분이나 상황'을 나타내는 표현이다.

| 29 |「カン」が鋭い人とは、直感的なひらめきや判断力が優れている人をいうが、それは（　　）学べるものではないと思う。
1 学べたからといって　　2 学べようにも　　3 学ばないかぎり　　**4 学ぼうとしても**

| 정답 | **4** '감'이 예리한 사람이란 직감적인 번뜩임이나 판단력이 뛰어난 사람을 말하는데, 그건 배우려고 해도 배울 수 있는 것이 아니라고 생각한다.
| 단어 | カン 감｜鋭い 예리하다｜直感的 직감적｜ひらめき 번뜩임｜判断力 판단력｜優れる 우수하다, 뛰어나다
| 해설 |「동사 의지형 としても ～ 동사 가능형 ものではない」는 '～하려고 해도 ～할 수 있는 것이 아니다'라는 의미이다. 이 문장에서는 괄호 뒤에「学べるものではない 배울 수 있는 것이 아니다」가 있으므로, 괄호 안에는 의지형을 사용한 선택지 4번「学ぼうとしても 배우려고 해도」가 들어가야 한다.

| 30 | 家族旅行が台風でキャンセルになった。しかし、そとに出られない（　　）子供たちは一日中ゲームができて楽しそうである。
1 ことばかりか　　2 のにひきかえ　　**3 のをいいことに**　　4 ことをよそに

| 정답 | **3** 가족 여행이 태풍으로 취소되었다. 하지만 밖에 나가지 못하는 것을 핑계로 아이들은 하루 종일 게임을 할 수 있어서 즐거운 것 같다.
| 단어 | 家族旅行 가족 여행｜台風 태풍｜キャンセル 캔슬, 취소｜一日中 하루 종일｜ゲーム 게임
| 해설 |「형용사·명사 보통형 + のをいいことに ～을 좋은 구실로, 좋은 핑계로」는 '어떠한 상황을 자신에게 유리하게 이용하여'라는 의미의 문형이다. '밖에 나가지 못하는 것을 핑계로 하루 종일 게임을 한다'는 문장이 되어야 하므로 정답은 3번이다.

| 31 | 家族は多ければ多いほど幸せだろうと思っていたが、8人（　　）さすがに参ってしまった。
1 ともすれば　　**2 ともなると**　　3 になろうものなら　　4 になったそばから

| 정답 | **2** 가족은 많으면 많을수록 행복할 것이라고 생각했지만, 8명 정도 되니 과연 진력이 나 버렸다.
| 단어 | 幸せ 행복, 행운｜参る 항복하다, 진력이 나다, 질리다
| 해설 |「명사 + ともなると/ともなれば」는 '～정도의 수준·입장이 되면'이라는 뜻의 문법으로 여기에서는 '8명 정도'라는 수량(인원)을 강조하기 위해 사용했다. 1번의「ともすれば」는 '툭하면, 걸핏하면'이라는 뜻의 부사이니 혼동하지 않도록 주의하자.

| 32 | 結果を恐れずに挑戦していくことが大事だ。（　　）、そこから学んで次に成功すればいいだけのことだから。
1 失敗した手前　　2 失敗するわけがなく　　3 失敗するうえは　　**4 失敗したら失敗したで**

정답 4 결과를 두려워하지 말고 도전해 가는 것이 중요하다. 실패한다면 실패한 대로, 거기에서 배워서 다음에 성공하면 될 뿐이니까.

단어 結果 결과 | 恐れずに 무서워하지 않고 | 挑戦 도전 | 大事だ 중요하다 | 次 다음 | 成功 성공 | 失敗 실패 | 手前 자기 앞, 자신에게 가까운 쪽, 체면

해설 「~なら~で」, 「~たら~たで」는 '~하면 ~하는 대로'라는 뜻으로, 어떠한 상황을 반복 강조하여 '가령 ~라는 상황이라도 문제없다, 괜찮다'는 의미로 사용하는 문형이다.

---

33 玄関の前にまた犬のフンが放置されていた。今度こそ飼い主を捕まえて(　　)。

1 謝罪させてもらおう　　　　　　　　2 謝罪させずにはおかない
3 謝罪せずにいられるものか　　　　　4 謝罪させないではすまない

정답 2 현관 앞에 또 강아지 똥이 방치되어 있었다. 이번에야말로 주인을 잡아서 반드시 사과 시키고야 말겠다.

단어 玄関 현관 | 犬のフン 강아지 똥 | 放置 방치 | 飼い主 사육주, 주인 | 捕まえる 붙잡다 | 謝罪 사죄, 사과

해설 「동사 부정형 + ずにはおかない」는 '반드시 ~하고야 말겠다'라는 강한 의지를 나타내는 표현이다. 문맥상 '반드시 사과를 받아내겠다'라는 의미가 돼야 하므로 정답은 2번이다. 4번의 「~ないではすまない 반드시 ~해야만 한다」에는 '~을 하지 않으면 상황이 해결되지 않는다'는 뉘앙스가 있으므로 답으로 적당하지 않다.

---

34 マナー講習会で、「第一印象をよくするために、特別なしぐさや言葉が(　　)笑顔さえあればいい」と先生は話したが、まさにその通りだと思う。

1 必要とされているわけではなく　　　2 必要であるがゆえに
3 必要でしかないもので　　　　　　　4 必要としているわけじゃなく

정답 1 매너 강습회에서 '첫인상을 좋게 만들기 위해서 특별한 몸짓이나 말이 필요한 것이 아니라 웃는 얼굴만 있으면 된다'고 선생님이 말씀하셨는데, 정말 그 말이 맞다고 생각한다.

단어 マナー 매너 | 講習会 강습회 | 第一印象 첫인상 | しぐさ 몸짓, 표정 | 笑顔 웃는 얼굴 | さえ ~조차, ~만 | まさに 정말로

해설 「~とされている ~라고 여겨지다」는 보편적인 인식이나 관습을 나타낼 때 사용하는 표현이다. 이 문장에서처럼 「~わけではない 반드시 ~인 것은 아니다」와 함께 사용하면 '반드시 ~이라 여겨지는 것이 아니다'라고 해석할 수 있다.

---

35 山田「あのう、明日の打ち合わせを明後日に変更していただけますか。」
鈴木「えーと、そうすると金曜日ですね。時間はそのままでよろしいですか。」
山田「ええ、日にちだけ(　　)。」

1 ご調整なさいませんでしょうか　　　2 ご調整もうしあげたいです
3 ご調整いただければと存じます　　　4 ご調整いたせば結構です

정답 3 야마다　저기, 내일 미팅을 모레로 변경해 주실 수 있나요?
　　　　스즈키　음, 그렇게 하면 금요일이네요. 시간은 그대로 해도 괜찮겠습니까?
　　　　야마다　네, 날짜만 조정해 주셨으면 합니다.

단어 打ち合わせ 협의, 미팅 | 明後日 내일 모레 | 変更 변경 | 日にち 날, 날짜 | 調整 조정 | 存じる 思う의 겸양어 | 結構 괜찮음, 좋음

해설 「お·ご＋ます형·명사＋いただければと存じます」는 '~해 주셨으면 합니다'라는 겸양표현이다. 이 문장에서는 「ご調整いただければと存じます」라며 정중한 부탁을 하고자 사용했다. 이때 「存じます」를 「幸いです」나 「ありがたいです」로 바꿔도 비슷한 의미가 되니 함께 기억해 두자.

問題6　다음 문장의 ＿＿★＿＿ 에 들어갈 가장 적당한 것을 1·2·3·4에서 하나 고르세요.

문제편 386p

36 鈴木「部長、この案件は明日の会議で話し合うべきでしょうか。」
部長「いや、それはちょっとした日程の変更 ＿＿ ★ ＿＿ ＿＿ だろう。」

1 までもない　　2 でしかない　　3 話し合う　　4 から

정답　2 (2→4→3→1) 스즈키　부장님, 이 안건은 내일 회의에서 논의해야 할까요?
　　　　　　　　　　　　부장　아니, 그건 사소한 일정 변경일 뿐이니 서로 이야기할 필요도 없겠지.

단어　案件 안건 | 会議 회의 | 話し合う 서로 (함께) 이야기하다 | ちょっとした 사소한, 대수롭지 않은 | 日程 일정 | 変更 변경

해설　「~でしかない」는 '~일 뿐이다, ~에 지나지 않는다'라는 뜻으로 앞에 나오는 말이 한정됨을 강조하는 문형이다. 문맥상 「ちょっとした日程の変更 사소한 일정 변경」 뒤에는 2→4의 순서로 연결되어 '그저 사소한 일정 변경에 지나지 않으니까'가 되는 것이 자연스럽다. 그 다음에는 '~할 필요가 없다'라는 흐름이 되어야 하므로 「話し合うまでもない(3→1)だろう」의 순서가 된다.

37 今の厳しい経済状況では、この企業の伝統と＿＿ ＿＿ ★ ＿＿ 簡単に回復するとは思えない。

1 をもって　　2 そう　　3 しても　　4 実力

정답　3 (4→1→3→2) 지금의 심각한 경제 상황으로는 이 기업의 전통과 실력으로도 그리 간단히 회복할 거라고는 생각할 수 없다.

단어　厳しい 엄하다, 심하다 | 経済 경제 | 状況 상황 | 伝統 전통 | 簡単に 간단하게 | 回復 회복

해설　「~をもって ~로서」는 수단·방법을 표현하는 문법으로 앞에 명사가 와야 한다. 따라서 '이 기업의 전통과 실력을 수단으로 사용하더라도(4→1→3) 그리(2) 간단히 회복할 거라고는 생각할 수 없다'의 흐름이 된다.

38 空港ロビーは人気アイドルグループが入国する ＿＿ ＿＿ ★ ＿＿ 埋め尽くされていた。

1 とする　　2 写真をとろう　　3 とあって　　4 多くのファンで

정답　1 (3→2→1→4) 공항 로비는 인기 아이돌 그룹이 입국해서 사진을 찍으려는 많은 팬들로 가득 차 있었다.

단어　空港 공항 | ロビー 로비 | 人気 인기 | アイドルグループ 아이돌 그룹 | 入国 입국 | 埋め尽くす 가득 메우다

해설　「~とあって ~라서」에는 '어떠한 특별한 상황, 사정이라서'라는 의미로 상황이나 사정 및 그에 따른 결과를 설명하는 문형이다. '인기 아이돌 그룹이 입국한다'는 상황을 나타내는 문장이 되어야 하므로 3번이 맨 처음에 위치해야 하며, 뒤이어 결과가 나와야 하므로 '사진을 찍으려 하는 많은 팬들로(2→1→4) 가득 차 있었다'는 순서가 된다.

39 新型ウイルスの緊急事態を解除すべきだという意見に対し、専門家たちはまだ減少傾向には向かっておらず、今のまま ＿＿ ＿＿ ★ ＿＿ という認識を示した。

1 では　　2 の　　3 だと　　4 厳しい

정답 **2** (3→4→2→1) 신종 바이러스의 긴급 사태를 해제해야 한다는 의견에 대해, 전문가들은 아직 감소 경향으로는 가지 않고 있으므로, 이대로라면 (해제는) 어려운 것이 아닌가 하는 인식을 보였다.

단어 新型ウイルス 신종 바이러스 | 緊急事態 긴급 사태 | 意見 의견 | 減少 감소 | 傾向 경향 | 認識 인식 | 示す 나타내다

해설 문맥상 「厳しいのではという(4→2→1)」라는 흐름이 되며, 여기에서 「では」는 「~ではないか ~이 아닌가」에서 「ないか」가 생략된 표현이다. 첫 번째 밑줄에는 「では」와 「だと」둘 다 들어갈 수 있지만, 남은 것은 3번의 「だと」이므로 (3→4→1→2)의 순서가 답으로 적당하다.

---

40 批評家たちから絶賛を得た ＿＿＿ ★ ＿＿＿ ＿＿＿ というわけではない。
1 映画　　　2 必ずしも　　　3 面白い　　　4 からといって

정답 **2** (4→2→3→1) 비평가들에게 절찬을 받았다고 해서 반드시 재미있는 영화인 것은 아니다.

단어 批評家 비평가 | 絶賛 절찬 | ~わけではない ~인 것은 아니다 | 必ずしも 반드시

해설 문맥상 '절찬을 받았다고 해서'의 흐름인 4번 「~からといって ~라고 해서」가 맨 처음에 위치해야 한다. 그 다음에는 결과를 부분적으로 부정하는 문말 표현 「必ずしも~というわけではない 반드시 ~인 것은 아니다」가 이어지는 형태로 '반드시 재미있는 영화(2→3→1)인 것은 아니다'의 순서가 된다.

問題7　다음 글을 읽고, 글 전체의 취지를 고려하여 **41** 에서 **44** 안에 들어갈 가장 적당한 것을 1·2·3·4에서 하나 고르세요.

문제편 388p

코로나에 맞서려는 사람들

올해 들어 네 번째가 되는 코로나 감염에 대한 긴급 사태 선언이 발령된 뒤, 역 근처에 있는 음식점 경영자를 찾아가 이야기를 들어봤다.

지금까지도 행정 기관에서 문서 형태로 영업 시간의 단축이나 주류 판매 제한에 대해 협력하도록 말해 왔습니다만, 도대체 그것이 얼마나 효과가 있었는지 없었는지, '아무것도 가르쳐주지 않습니다.' 가게 주인은 **41** 곤혹스러운 듯이 말했다. 작년 초, 제1차 감염 확대 무렵은 음식점의 대응도 제각각으로, 자기들이 원인이 된 것이 아니라고 생각하는 경영자는 이전과 같이 가게를 열고 영업하였더니, 한밤중에 유리창이 깨지거나 '모두가 참고 있는데 그렇게나 돈을 벌고 싶은 것인가'라는 벽보가 붙여지거나, 이른바「자경단」의 동조 압력, **42** 즉 '나는 하고 싶은 것을 참고 있는데, 너는 자기밖에 생각하지 않는다'라며 다른 사람을 공격하는 것으로 스트레스를 해소하려는 행위가 눈에 띄었다고 한다. 결국 그 가게는 악질적인 공격을 견디지 못하고 '당분간 휴업하겠습니다'라는 공지를 내고 문을 닫게 되었다. 가게 주인은 자신이 행정 지시에 순순히 따른 것은 잘못되지 않았다고 생각하면서도, 그러나 직장이나 가정에서 언제까지나 참는 것을 강요당하는 사람들이 한층 더 불만을 터뜨리는 대상을 확대하게 된다면, 자신도 언젠가는 그 타깃이 될 수 있음을 각오하고 있었다. 하지만 시간이 지나자 모두가 정의의 영웅인 척하는 것에 지쳐 갔는지, 사람들은 점점 무관심해진 것처럼 보였다.

'이렇게 사람의 안색을 살피면서 겁내는 듯한 방식은 잘못되었다고 생각하게 되었습니다.' 수동적인 자세로는 자신을 지킬 수 없다고 생각한 주인은, 상가회에 참가하고 있는 가게 경영자들과 상의하여 자신들이 생각한 안전 대책을 어필하고, 고객의 이해를 얻으면서 적극적으로 영업을 계속할 것을 제안했다. **43** 어떤 가게의 경영자는 '좀 더 진정될 때까지 상황을 지켜보는 편이 좋지 않겠는가'라고 신중한 의견을 말하기도 했지만, 전체적으로는 이 이상 가만히 있을 수는 없다는 위기감을 **44** 강조하는 사람이 대부분이었다고 한다. 거리의 작은 가게 경영자들의 고뇌는 아직 계속된다. 이제 행정은 하나의 통지만으로 끝내는 것이 아니라, 이 사람들의 현실에 근접한 실효성 있는 대책을 내놓아야 할 때일 것이다.

| 단어 | コロナ 코로나(바이러스 감염증) | 立ち向かう 맞서다 | 感染 감염 | 宣言 선언 | 発令 발령 | 経営者 경영자 | 訪ねる 방문하다 | 行政機関 행정 기관 | 営業 영업 | 短縮 단축 | 酒類 주류(さけるい라고도 읽음) | 販売 판매 | 制限 제한 | 効果 효과 | 拡大 확대 | 対応 대응 | まちまち 제각각 | 夜中 밤중, 한밤중 | 窓ガラス 유리창 | 割る 깨뜨리다 | もうける 돈을 벌다 | 張り紙 벽보 | いわゆる 이른바 | 自警団 자경단 | 同調圧力 동조 압력 (소수 의견을 가진 사람에게 다수의 의견을 따르도록 암묵적으로 강제하는 것) | 攻撃 공격 | ストレス 스트레스 | 解消 해소 | 行為 행위 | 目立つ 눈에 띄다, 두드러지다 | 結局 결국 | 悪質 악질 | 耐える 견디다 | しばらく 당분간 | 休業 휴업 | お知らせ 알림, 공지 | 指示 지시 | 素直に 순순히 | 従う 따르다 | 強いる 강요하다 | 不満をぶつける 불만을 터뜨리다 | 対象 대상 | 拡げる 넓히다, 퍼뜨리다 | ターゲット 타깃, 목표 | 覚悟 각오 | 正義 정의 | ヒーロー 히어로, 영웅 | ～ふりをする ～척을 하다 | 無関心 무관심 | 顔色 안색 | うかがう 엿보다, 살피다 | 怯える 무서워하다, 겁내다 | やり方 방식 | 受け身 수동적인 모습 | 姿勢 자세 | 守る 지키다 | 商店会 상가회, 상점 조합 | 参加 참가 | 相談 상담, 상의 | 安全対策 안전 대책 | アピール 어필 | 理解 이해 | 積極的 적극적 | 提案 제안 | 落ち着く 진정되다 | 様子 모습 | 慎重 신중 | じっとする 가만히 있다 | 危機感 위기감 | 大部分 대부분 | 街中 시내 거리 | 苦悩 고뇌 | もはや 이미, 이제와서는 | 一片 약간, 조금 | 通知 통지 | 済ませる 끝내다 | 寄り添う 접근하다, 다가가다 | 実効 실효 |

[41] 1 嬉しそうに   2 困惑ぎみに   3 自慢げに   4 自信なげに

정답 2

해설 코로나로 인해 가게 운영이 힘든 상황을 말하는 문장이므로 [41]에는 2번 「困惑ぎみに 곤혹스러운 듯이」가 의미상 가장 적당하다. 2번의 「～ぎみ」는 '약간 ～한 느낌', 3, 4번 「自慢げに 자랑인 듯이」, 「自信なげに 자신없는 듯이」의 「～げに」는 '～한 듯이'라는 뜻이다.

[42] 1 しかし   2 ちなみに   3 つまり   4 まして

정답 3

해설 접속사 「つまり 즉」는 앞에 나온 문장을 받아서 다시 설명할 때 사용한다. '나는 하고 싶은 것을 참고 있는데 ～라고 다른 사람을 공격하는 것으로 스트레스를 해소하려는 행위'라며 [42] 앞의 '자경단의 동조 압력'에 대해 다시 설명하고 있으므로 선택지 3번의 「つまり」가 답으로 적당하다.

[43] 1 この   2 その   3 あの   4 ある

정답 4

해설 [43] 앞에는 '자신들이 생각한 안전 대책을 어필해서, 고객의 이해를 얻으면서 적극적으로 영업을 계속할 것을 제안한 점주'에 대한 이야기가 나오며 [43] 뒤에는 '좀 더 진정될 때까지 상황을 지켜보는 편이 좋지 않겠는가'라며 그와는 다른 의견을 말하는 사람도 있었다는 이야기가 나온다. 따라서 [43]에는 불특정한 대상을 가리킬 때 사용하는 4번 '어느, 어떤'이 답으로 적당하다.

[44] 1 強めている   2 強まりつつある   3 強まる一方である   4 強めることになる

정답 1

해설 [44]가 포함된 문장 앞부분에서 전체적으로 부정적인 현재 상황을 설명하고 있고, [44] 바로 앞에는 '위기감'이라는 단어가 나온다. 따라서 문맥상 '위기감을 강조하는 사람'이 되어야 하므로 선택지 1번 「強めている」가 답으로 적당하다.

1교시 독해

問題 8 다음 (1)에서 (4)의 글을 읽고, 다음 질문에 대한 답으로 가장 적당한 것을 1·2·3·4에서 하나 고르세요.

(1)　　　　　　　　　　　　　　　　　　　　　　　　　　　　　　　　　　　　　문제편 390p

> 인간의 신체에는 성장의 한계가 있듯이 경제 발전에도 한계가 있으며, 정점을 지나면 버블기가 되고 그것은 머지않아 붕괴되어 쇠퇴기로 향합니다. 생각해 보면 이는 당연한 일이며 역사가 그것을 증명하고 있습니다. 다만 현대 자본주의 사회 속에 살고 있는 사람들에게 있어서는 그것을 좀처럼 이해하기 어렵습니다. 경제는 어디까지나 성장을 계속하는 것이며, 성장을 멈추면 경쟁에 패하여 역사에서 사라질 수밖에 없다고 확신하는 것입니다.

단어 限界 한계 | 発展 발전 | ピーク 피크, 절정 | バブル 버블, 거품, 투기에 의해 시세나 경기가 시세와는 달리 상한가를 이루는 것 | 崩壊 붕괴 | 衰退期 쇠퇴기 | 証明 증명 | 資本主義 자본주의 | なかなか 좀처럼 | あくまでも 어디까지나 | 競争 경쟁 | 敗れる 패배하다 | 消える 사라지다 | 思い込む 굳게 마음먹다, 믿어 버리다 | いずれ 결국, 머지않아

45 필자가 걱정하고 있는 것은 무엇인가?

1　경제의 성장이 멈추면 역사에서 사라져 버리는 것
2　자본주의 사회 안에서는 성장의 한계를 이해하기 어려운 것
3　경제 발전에 한계가 있다는 것을 역사가 증명하는 것
4　경제의 발전에는 한계가 있으며 머지않아 쇠퇴해 버리는 것

정답 **2**

해설 「ただ 다만, 단」은 예외적인 내용을 덧붙일 때 사용하며 글의 흐름을 바꾸는 역할을 한다. 「ただ」이후의 내용을 보면 '현대 자본주의 사회 속에서 사는 사람들에게는 좀처럼 이해하기 어렵다'고 말하고 있으며, 여기서 이해하기 어려운 대상은 '경제 발전에도 한계가 있어서 정점을 지나면 버블기가 되고 결국은 붕괴되어 쇠퇴기로 향하는 것'이다. 따라서 선택지 2번이 정답이다.

---

(2) 이하는 거래처에서 보내온 메일이다.　　　　　　　　　　　　　　　　　　문제편 391p

> 야마다 주식회사
>
> 정보시스템부 다카하시 타로 님
>
> 　주식회사 스기나미의 스즈키입니다.
>
> 이번에 당사의 ABC 시스템 활용 온라인 세미나를 개최하는 것이 결정되었으므로 그 소식을 보내드립니다.
>
> 당일은 당사 개발 담당자가 시스템 활용법부터 타사에서의 활용 사례까지 상세히 알려드리겠습니다.
>
> ※ 본 세미나는【무료】로 실시합니다.
> ※ 아래 사이트의 신청 양식으로 접수를 받고 있습니다.
> 　　http://suginami.co.jp/seminar/
> ※ 온라인 세미나이지만, 정원이 있으므로 서둘러 신청해 주시길 부탁드립니다.
>
> 　이상, 일전에 전화 드린 온라인 세미나의 안내입니다만, 다카하시 님의 자리는 제 쪽에서 확보해 두었으니 참석 확인만 간략히 알려 주셨으면 합니다.
>
> 다카하시 님께서 참석하시기를 진심으로 기다리고 있겠습니다.
>
> 　　　　　　　　　　　　　　　　　　　　　　　　　　　　주식회사 스기나미
> 　　　　　　　　　　　　　　　　　　　　　　　　　　　　종무부 스즈키 이치로

단어 取引先 거래처 | 株式会社 주식회사 | システム 시스템 | 弊社 폐사(본인이 속한 회사의 겸양어), 당사 | 活用 활용 | セミナー 세미나, 연수회 | 開催 개최 | 当日 당일 | 担当 담당 | 他社 타사 | 事例 사례 | 実施 실시 | 申込み 신청 | フォーム 폼, 서식 | 承る 삼가 받다, 승낙하다 | 定員 정원 | 先日 일전 | 確保 확보 | 一報 간단히 알림 | 参加 참가 | 所定 소정, 정해진 바 | 〜か否か 〜인지 아닌지

46 이 메일에서 가장 전하고 싶은 것은 무엇인가?

1 온라인 세미나를 되도록 빨리 소정의 사이트에서 신청하길 바란다.
2 온라인 세미나 신청이 끝나면 메일로 회신해 주길 바란다.
3 온라인 세미나 신청이 완료되었으므로 확인해 주길 바란다.
4 온라인 세미나에 참석하는지 하지 않는지만 연락해 주길 바란다.

정답 4

해설 비즈니스 메일은 보낸 사람이 전달하려는 주 내용과 목적이 무엇인지를 찾아야 한다. 메일을 보낸 목적은 '당사에서 열리는 온라인 세미나 개최 알림'이며 본문 마지막 부분의 '참석 확인만 간략히 알려달라'가 주 내용이다. 따라서 선택지 4번이 정답이다.

---

(3) 문제편 392p

'개성의 존중'이 교육의 기본 원칙으로 자리 잡은 지 오래이다. 과연, 현장의 교사는 다양한 궁리를 거듭해 아이들의 개성을 늘리려고 노력하고 있는 것 같다. 그러나 한편으로 집단 따돌림은 전혀 없어지지 않으며 등교 거부도 줄어드는 경향은 없다. 인구는 감소하고 있는데도 말이다. '모두 같음'이 대원칙이며 동조 압력이 강렬한 이 사회에서는 아무리 학교에서 노력을 해 봐도 애당초 무리한 얘기이다. 뿌리를 내릴 리가 없다. 사회가 변하지 않는 한.

단어 個性 개성 | 尊重 존중 | 原則 원칙 | 据える 설치하다, 붙박다 | 久しい 오래되다 | なるほど 과연, 정말 | 現場 현장 | 様々に 다양하게 | 工夫 궁리, 연구 | 重ねる 거듭하다, 겹치다 | 伸ばす 펴다, 늘리다 | 頑張る 버티다, 분발하다 | いじめ 집단 따돌림, 왕따 | 一向に 전혀 | 不登校 등교 거부 | 傾向にない 경향이 없다 | 減少 감소 | 強烈だ 강렬하다 | 土台 도저히, 애당초 | 根付く 뿌리를 내리다 | 更なる 한층 더 | 成果 성과 | 取り組む 맞서다, 몰두하다

47 필자의 생각에 맞는 것은 어느 것인가?

1 아이의 개성을 늘리기 위해서는 더욱더 교사의 노력이 필요하다.
2 집단 따돌림이나 등교 거부가 줄어들지 않는 한, 아이의 개성은 늘릴 수 없다.
3 지금의 사회가 계속되는 한, 개성 존중 교육의 성과는 기대할 수 없다.
4 개성 존중 교육에 힘써도 사회를 바꿀 수는 없다.

정답 3

해설 필자는 '개성의 존중'을 교육 원칙으로 삼은 지 오래되었지만 '모두 같음'을 대원칙으로 삼는 이 사회가 바뀌지 않는 한 개성의 존중은 「土台無理 애당초 무리」라고 말한다. 따라서 3번이 정답이다.

(4)

목에 생선의 작은 가시가 걸렸을 때처럼 마음에 무언가 걸려 있으면 주변 분위기를 읽을 수 없게 된다. 눈앞의 상황 변화가 보이지 않게 된다. 눈에 보이는데도 알아차릴 수가 없다. 알아차려야 할 것을 알아차리지 못하게 된다.

감각은 작용하고 있는데 인식으로는 이르지 못하여, 당연히 취해야 할 행동으로 이어지지 않는다. 흔히 말하는 과실은 이러한 심리 상태에서 일어나는 법이다.

부주의라고 하면 가볍게 들리겠지만 과실은 중대한 결과를 초래하는 경우도 있다. 잔가시가 커다란 사고를 일으키는 것이다.

[단어] のど 목 | 小骨 작은 뼈, 잔가시 | 引っかかる 걸리다 | 空気を読む 분위기, 상황 등을 파악하다 | 状況 상황 | 映る 비치다 | 気づく 알아차리다, 깨닫다 | 感覚 감각 | 認識 인식 | 至る 이르다, 도달하다 | つながる 연결되다, 이어지다 | 世にいう 흔히 말하는 | 過失 과실 | 招く 초래하다, 부르다 | 引き起こす 불러 일으키다 | 気がかり 근심, 걱정 | 放っておく 방치하다, 내버려두다 | 取り除く 제거하다 | 常に 항상

[48] 필자가 말하고 싶은 것은 무엇인가?

1 근심거리를 방치해 두면 큰 사고로 이어질 수도 있다.
2 목에 걸린 잔가시는 즉시 제거해야만 한다.
3 부주의하지 않도록 항상 감각을 작용시키고 있어야 한다.
4 과실은 감각과 인식이 모두 작용하지 않을 때 일어나는 것이다.

[정답] 1

[해설] 필자는 '작은 생선 가시가 커다란 사고를 야기하듯 부주의가 중대한 결과를 초래할 수 있다'는 점을 첫 단락과 마지막 단락에서 반복하며 강조하고 있다. 따라서 근심거리를 방치하면 큰 사고로 이어질 수 있다는 선택지 1번이 답으로 가장 적당하다.

問題9 다음 (1)에서 (3)의 글을 읽고, 다음 질문에 대한 답으로 가장 적당한 것을 1·2·3·4에서 하나 고르세요.

(1)

문자를 이용한 학교의 언어 교육으로 획일화되고 규격화되지 않은 (주1)아나키(anarchy)한 언어의 반짝임
—나는 (주2)사바나에 사는 사람들의 음성 언어의 아름다움을 자주 이런 말로 표현한다. 이들은 학교에서 문법을 사용해 '언어'를 배우지 않았다. 문법이나 사전과도 무관하게 살아왔기 때문에, 이들에게는 이른바 방언뿐만 아니라 마을에서 쓰는 언어(村語)가 있고, 집에서 쓰는 언어(家語)가, 자신만의 언어(自分語)가 있다. 각자가 스스로 익힌 말을 자신의 발음으로, 그것도 바람 부는 사바나의 야외 생활이 많은 일상 속에서 쩌렁쩌렁 잘 들리는 큰 목소리로 말하는 것을 어릴 때부터 반복하면서 자라온 것이다. 목소리가, 언어가 빛나는 것은 당연하다고도 할 수 있다.

게다가 문자를 쓰지 않는 사회에서, 더구나 전기 확성 장치를 일체 갖추지 못한 생활에서 능숙하게 잘 들리는 목소리로 이야기한다는 것의 가치가 얼마나 큰가. 특히 문자 편중으로 말하는 훈련이 소홀히 여겨지는 우리 일본인 사회에서는 너무 말을 잘하는 사람은 오히려 (주3)거북스러워 하거나 경계되거나 한다. 그 사람은 말주변이 없지만 글을 쓰게 하면 참으로 야무지다는 사람 쪽이 오히려 (주4)고상하다고 여겨지곤 한다. 하지만 문자를 사용하지 않는 사회에서 능숙하게 말을 한다는 것의 가치는 절대적이다. 그러한 가치관이 지배하는 사회에서, 밤의 (주5)모임에서 큰 목소리로 능숙하게 이야기를 해 모두를 즐겁게 하는 것을 어릴 때부터 하면서 자랐다고 한다면, 심지어 학교 수업에서 문자를 사용해 '국어'로서 철저한 표준어 교육을 받지 않았다고 한다면, <u>이 사람들의 언어가 아나키한 반짝임으로 가득 차 있는 것은 오히려 당연하다고도 할 수 있는 것</u>이다.

(가와다 준조 『コトバ・言葉・ことば』 세이도샤)

(주1) 아나키(anarchy)한: 무질서한 상태의
(주2) 사바나: 아프리카 초원 지대
(주3) 거북해 하다: 경원시하다, 꺼리다
(주4) 고상하다(웅숭깊다): 신중하고 조신하며, 호감이 가고 생각이나 뜻이 크고 넓다
(주5) 모임, 둘러 앉음: 한 곳에 둘러앉아 모이는 것, 집회

단어 用いる 사용하다 | 画一化 획일화 | 規格化 규격화 | 輝き 빛, 광채 | 無縁 관계 없음 | 方言 방언 | 吹きさらし 바람을 막는 장비 없이 노출된 상태 | 屋外 야외, 실외 | (耳に)通る 목소리가 잘 들리다 | くりかえす 반복하다 | 拡声装置 확성 장치 | 一切 일절, 일체 | 偏重 편중 | 訓練 훈련 | おろそかだ 소홀하다 | 警戒 경계 | 口べた 말솜씨가 없음 | しっかりする 여물다, 착실하다 | 支配 지배 | おもしろがる 재미있어 하다 | 標準語 표준어 | 教えこむ 철저하게 가르치다 | 鮮明 선명, 뚜렷함 | 自分勝手に 제멋대로 | 秩序 질서 | 弁論 변론 | 出世 출세 | 軽視 경시 | 強制 강제

49 필자는 '이 사람들의 말'에 대해 어떻게 말하고 있는가?

1 학교에서 문법을 배우지 않았는데도 깔끔하게 규격화되어 있다.
2 문자를 사용하지 않는 아름다운 음성 언어이며 목소리도 선명하다.
3 각자가 제멋대로 말하기 때문에 무질서하고 의미가 통하지 않는다.
4 학교에서 매일 큰 소리로 말하는 훈련을 하고 있기 때문에 발음이 아름답다.

정답 2

해설 '이 사람들의 말(この人たちのことば)'은 '사바나에 사는 사람들이 구사하는 말'이며, 필자는 첫 문장에서 이를 가리켜 '아나키한 언어의 반짝임', '음성 언어의 아름다움'이라고 표현하며, 학교 교육을 통해 문자나 문법으로 가르치지 않는 언어의 가치에 대해서 말하고 있다. 선택지 2번이 답으로 적당하다.

50 필자는 일본인의 사회에 대해 어떻게 말하고 있는가?

1 말을 잘하는 사람도 존중 받지만 글을 잘 쓰는 사람만큼은 아니다.
2 변론을 지나치게 잘하는 사람은 신용 받지 못하고 누구에게도 가치를 인정받지 못한다.
3 의사소통 능력보다 문장 능력이 중시되고 출세에 영향을 준다.
4 글을 쓰는 것이 중시되고 말하는 훈련이 경시되고 있다.

정답 4

해설 두 번째 단락에서 일본인 사회에 대해 '문자 편중으로 말하는 훈련을 소홀히 한다'고 말하고 있다. 따라서 선택지 4번이 정답이다.

51 이 사람들의 말이 아나키한 반짝임으로 가득 차 있는 것은 오히려 당연하다고도 할 수 있다고 하는데 어째서인가?

1 낮에는 학교에서 표준어를 배우고 밤에는 어른들의 재미있는 이야기를 듣고 자라왔기 때문에
2 어릴 때부터 큰 소리로 능숙하게 말하는 훈련을 하고, 학교에서도 국어 교육을 받아왔기 때문에
3 학교에서 국어를 강요당하는 일은 없었지만 어른에게 말하기 훈련을 받고 자랐기 때문에
4 국어 교육과는 무관하고 말을 잘하는 것이 절대적이라는 가치관의 사회에서 자라왔기 때문에

정답 4

해설 지문에서 '아나키한 반짝임'이라는 표현은 두 번 나온다. 첫 번째 단락 도입부에서 '사바나 사람들의 음성 언어가 아나키한 반짝임을 가지는 것은 학교에서 문법을 통한 언어를 배우지 않았기 때문'이라고 하며, 마지막 단락에서 '학교에서 문자를 통한 국어를 표준어로 배우지 않은 사람들의 언어가 아나키한 반짝임으로 가득한 것은 당연한 일'이라고 말한다. 따라서 선택지 4번이 정답이다.

---

(2)

　일본에서 TV 방영이 시작된 것은 1953년이지만, 일본의 TV 방송국이 제작한 국산 최초의 TV 드라마도 국산 최초의 애니메이션도 정의의 아군이 활약하는 어린이용 프로그램이었다. 그로부터 약 40여 년. 그동안 제작·방영된 어린이 대상의 특수 촬영 및 애니메이션 작품은 엄청난 수에 이른다.
　어린이 대상의 특수 촬영 및 애니메이션 세계를 여기서는 '애니메이션의 나라'라고 부르기로 하자.
　애니메이션의 나라에는 두 가지 문화권이 존재한다. '남자아이의 나라'와 '여자아이의 나라'이다. 검은 책가방과 빨간 책가방, 파란색 필통과 분홍색 필통, 자동차 장난감과 금발의 옷 갈아 입히기 인형, 소년 만화와 소녀(순정) 만화. 전후 일본의 어린이 문화는 여러모로 남녀를 구분하여 운영되어 왔다. 애니메이션의 나라도 <u>그 원칙</u>에 따르고 있다.
　애니메이션의 나라에서 '남자아이의 나라'를 대표하는 것은 미래를 무대로 멋진 정의의 아군인 주인공이 적과 싸우는 '변신 영웅물'이다. '울트라맨'이나 '비밀전대 고레인저' 등, 전후에 태어난 아이들에게는 친숙한 장르일 것이다. 한편 '여자아이의 나라'의 대표는 마법을 부릴 줄 아는 소녀 주인공이 활약하는 '마법 소녀물'일 것이다. '마법사 샐리'부터 '미소녀 전사 세일러문'까지를 포함한 흐름이다.
　그러나 '남녀 두 가지 문화권이라는 점에서 말하자면' 이다. TV 같은 것이 생기기 훨씬 전부터 우리들은 '남자아이용 이야기'와 '여자아이용 이야기'를 가지고 있었다. 옛날이야기나 전설은 그 자체는 듣는 이의 성별을 따로 상정한 것은 아니다. 하지만 어린 시절부터 이것은 남자아이 이야기, 저것은 여자아이 이야기라는 식으로 우리는 막연하게 구별해 온 것은 아니었을까. 애니메이션의 나라 이야기는 그 전통을 분명히 답습하고 있다.

(사이토 미나코 『홍일점론』 지쿠마 분코)

단어 放映 방영 | 開始 개시 | 製作 제작 | 国産 국산 | 正義 정의 | 味方 아군, 편 | 活躍 활약 | 特撮 특수 촬영, 어린이용으로 만든 변신 영웅물 드라마의 속칭 | おびただしい 엄청나다, 심하다 | 文化圏 문화권 | ランドセル 일본식 초등학생 책가방 | 筆箱 필통 | 金髪 금발 | 着せかえ人形 (바비 인형 등) 옷을 갈아입히며 노는 인형 | 戦後 전후(여기에서는 일본의 패전(1945) 이후를 말함) | 別枠 특별 기준 | 運営 운영 | 原則 원칙 | のっとる (기준에) 따르다, 준하다 | 代表 대표 | 舞台 무대 | 敵 적 | 変身 변신 | 秘密 비밀 | おなじみ 단골, 잘 앎 | ジャンル 장르, 분야 | 対する 대하다, 마주하다 | 魔法 마법 | 主役を張る 주역을 맡다 | 魔法使い 마법사 | 含む 포함하다 | 流れ 흐름 | 昔話 옛날이야기 | 伝説 전설 | じたい 자체 | 聞き手 듣는 사람, 청자 | 別個 별개 | 想定 상정, 예상 | 漠然 막연하게 | 区別 구별 | 踏襲 답습 | 営む 하다, 경영하다 | 製品 제품 | 異なる 다르다 | グループ 그룹 | 受け継ぐ 계승하다

52 그 원칙이라고 하는데, 무엇을 말하는가?

1 일본의 TV 방송이 어린이용 프로그램 중심으로 만들어지고 있는 것
2 일본의 TV 방송국은 특히 인기가 있는 프로그램의 장르를 '○○의 나라'라고 부르는 것
3 일본의 어린이 문화가 남녀 따로따로 나누어 운영되고 있는 것
4 어린이용 제품이 색상에 따라 남녀 따로 되어 있는 것

정답 3

해설 '그 원칙'이 있는 단락의 첫 문장에서 어린이 대상의 특수 촬영물과 애니메이션 세계를 '애니메이션의 나라'로 부르자고 한다. 이어서 이 나라에는 '남자아이의 나라'와 '여자아이의 나라'라는 두 가지 문화권이 존재한다고 말한 후, '그 원칙' 바로 앞에서 '전후 일본 어린이의 문화는 남녀를 구분하여 운영되어 왔다'고 마무리하고 있으므로, 선택지 3번이 정답이다.

53 '애니메이션의 나라'에 대해 글의 내용과 맞는 것은 어느 것인가?
1 각각 히어로와 히로인이 활약하는 두 가지 문화권이 존재한다.
2 남자아이의 나라와 여자아이의 나라라는 전혀 내용이 다른 두 가지 문화권이 존재한다.
3 남자아이의 나라는 정의가 주제이고 여자아이의 나라는 악이 주제가 되고 있다.
4 여자아이 나라의 대표는 소녀 개인이지만, 남자아이 나라의 대표는 그룹이다.

정답 1

해설 두 번째 단락에서 애니메이션의 나라에는 '남자아이의 나라'와 '여자아이의 나라'라는 두 가지 문화권이 존재한다고 하고 있다. 따라서 선택지 1번이 답으로 적당하다. '애니메이션의 나라' 안에 남자아이의 나라와 여자아이의 나라라는 성격이 다른 두 가지 문화가 존재하는 것이지 내용이 전혀 다른 두 개의 문화가 존재하는 것은 아니므로 2번은 답이 될 수 없다.

54 필자는 '애니메이션의 나라'에 대해 어떻게 생각하고 있는가?
1 일본의 전통적 이야기 문화를 계승하고 있다.
2 일본의 전통적 문화와는 다른 새로운 문화이다.
3 예나 지금이나 이야기를 남자와 여자로 따로 구분할 수는 없다.
4 예나 지금이나 이야기를 듣는 사람을 남녀 따로 상정해 온 것에는 변함이 없다.

정답 1

해설 마지막 단락을 보면 '옛날이야기나 전설 그 자체는 듣는 이의 성별을 구분하지는 않지만 우리는 어릴 때부터 남자아이의 이야기, 여자아이의 이야기를 구분하고 있고, 애니메이션 왕국은 그 전통을 분명히 답습하고 있다'고 말한다. 따라서 선택지 1번이 정답이다.

---

(3)

문제편 398p

인간과 (주1)AI의 가장 큰 차이는 육체냐 기계냐이다. 인체는 37조라는 방대한 수의 세포로 이루어져 있으며, 그것들은 복잡한 메커니즘으로 통제되어 죽다가 태어났다가(대사)를 반복하면서 생명이 유지되고 있다. 그리고 무수한 변화를 지닌 체험을 거듭하여 (주2)측은, 고독, 그리움, 이별의 슬픔, (주3)적요, 우수, 무상함 등 깊은 정서를 갖기에 이른다.

①중요한 것은 이들 정서가 모두, 인간이 유한한 시간의 뒤편으로 사그라진다는 절대적 숙명에 기인하고 있다는 점이다. 인간에게 죽음이 없다면, 실연도 실의도 이별의 슬픔도 대부분 없어진다. 여성에게 10,000번 차이면 10,001번째 도전하면 되고, 도쿄대학에 10,000번 떨어지면 다시 한번 시험을 보면 된다. 미의식도 깊은 곳에서 죽음과 연결되어 있다. 죽음이 없으면 모든 깊은 정서는 희박해지거나 소멸한다.

죽음이 없는 AI는 문학이나 예술을 창작할 수 없다. 하이쿠(俳句)나 단가(短歌)라면 한 시간에 그럴싸한 것을 만 개도 만들 수 있겠지만, 그 중에서 사람들의 마음을 울릴 만한 작품을 골라내기란 지극히 어려운 일이다. 시인 폴 발레리는 일찍이 '시를 짓는 데 꼭 필요한 것은 여러 아이디어를 내는 것, 그리고 그 중에서 최고의 것을 골라내는 것이다. 어느 쪽이 더 중요하냐고 한다면, 후자이다'라고 말했다. AI는 바로 ②그 능력이 결여되어 있다.

수학이나 자연 과학에서는 미의식이 가장 중요하기 때문에, AI가 계산이나 분석, 증명은 가능할지라도 발견은 불가능하다. 삼각형 내각의 합이 180도라는 초등학생도 아는 성질조차 영원히 발견하지 못할 것이다. 인간은 죽음에 의해 AI보다 절대적 우위에 서 있는 것이다.

(후지와라 마사히코「AI는 죽지 않는다」,『베스트 에세이 2020』미츠무라 도서출판)

(주1) AI: artificial intelligence, 인공지능
(주2) 측은: 타인의 괴로움에 동정하고 마음 아파하는 것
(주3) 적요: 외롭고 쓸쓸한 것

단어
膨大だ 방대하다 | 細胞 세포 | 機序 메커니즘 | 統制 통제 | 代謝 대사 | 維持 유지 | 無数 무수 | バリエーション 베리에이션, 변종 | 孤独 고독 | 懐かしい 그립다 | 憂愁 우수 | 情緒 정서 | 有する 소유하다 | 至る 이르다 | 有限だ 유한하다 | 朽ち果てる 사그라지다 | 宿命 숙명, 운명 | 起因 기인 | 失恋 실연 | 失意 실의, 실망 | ほぼ 거의 | ふられる 차이다 | 結びつく 결부되다, 밀접한 관계를 가지다 | 希薄 희박 | 消滅 소멸 | 創作 창작 | それらしき 그럴싸한, 그럴듯한 | 胸を打つ 마음을 울리다, 감동시키다 | 至難だ 지난하다, 몹시 어렵다 | 詩人 시인 | 不可欠 불가결 | 後者 후자 | 欠ける 빠지다, 결여하다 | 分析 분석 | 内角 내각(도형 안쪽의 각) | 性質 성질 | 和 합, 총합 | 優位 우위 | 劣る 못하다, 뒤떨어지다 | 超える 뛰어넘다

55 ①중요한 것이라고 하는데 어떤 것인가?
1 인간은 세포로 이루어져 있고, AI는 기계로 되어 있다는 것
2 인체는 복잡한 메커니즘으로 통제되어 생명이 유지되고 있는 것
3 인체는 무수한 체험을 거쳐 깊은 감정을 갖게 되는 것
4 인간의 깊은 감정은 모두 죽음이라는 숙명에 기인하고 있는 것

정답 4
해설 '중요한 것' 바로 뒤에서 필자는 '인간이 유한한 시간의 뒤편으로 사그라진다는 절대적 숙명에 기인한다'고 말하고, 단락 마지막에서 '죽음이 없으면 모든 깊은 정서가 희박해지거나 소멸한다'고 말한다. 따라서 선택지 4번이 답으로 적당하다.

56 ②그 능력이란 무엇을 가리키는가?
1 죽음의 슬픔을 느끼는 능력
2 하이쿠나 단가를 1시간에 1만 개 짓는 능력
3 사람을 감동시키는 시를 골라내는 능력
4 수많은 아이디어를 내는 능력

정답 3
해설 밑줄 앞뒤의 내용으로 보아 '그 능력'이란 'AI에게는 결여된 능력'을 의미한다는 것을 알 수 있다. 세 번째 단락의 내용을 보면 '죽음이 없는 AI는 문학이나 예술을 창작할 수 없고, AI가 만들어낸 하이쿠나 단가 중에서 사람들의 마음을 울릴 만한 작품을 골라내기란 몹시 어려운 일'이라고 말한다. 따라서 선택지 3번이 정답이다.

57 AI에 대해 필자는 어떻게 생각하고 있는가?
1 수학이나 자연 과학의 증명은 가능하지만, 사실은 초등학생보다도 뒤떨어져 있다.
2 미의식을 가지지 않는다는 점에서 인간보다 뒤떨어져 있다.
3 죽음을 모른다는 점에서 인간보다 우위에 서 있다.
4 발견하는 능력을 가지게 된다면 인간을 뛰어넘을 수 있다.

정답 2

해설 두 번째 단락과 네 번째 단락 가장 마지막 문장에서 '미의식도 죽음과 밀접한 관계를 맺고 있고 인간은 죽음에 의해 AI보다 절대적인 우위에 서 있다'고 하므로, 선택지 2번이 정답이다.

問題10 다음 글을 읽고 다음 질문에 대한 답으로 가장 적당한 것을 1・2・3・4에서 하나 고르세요. 문제편 400p

자연계의 생물 다양성은 상상을 초월할 정도의 긴 세월을 거쳐 시행착오 끝에 형성된 (주1)걸작과 같은 것이다. 일시적으로는 다양성이 지나치게 높은 시기가 있었을지도 모르지만, 잘 수정되어 온 것임에 틀림없다. 오늘날 우리가 보는 자연계의 생물 다양성은 적어도 장기적으로 보면 지나치게 높은 것은 아닐 것이다. 물론 앞으로 지구 환경이 크게 바뀌면 종의 수는 증가도 감소도 할 것이다. 하지만 그럼에도 인간이 적당한 종을 멸종시키는 편이 좋다고 하는 상황은 발생하지 않을 것이다. 본래 자연에는 균형의 역학, 즉 조정력이 작용하고 있기 때문이다.

자연이 본래 변화하는 속도에 비해 현대 인간 사회는 엄청난 속도로 움직여왔다. 따라서 자연도 거기에 영향을 받아 비정상적인 속도로 계속 변화하고 있다. 자원에 제한이 없는 승승장구 시대, 우리는 그다지 어려운 것을 생각할 필요는 없었다. 이른바 효율 중시의 획일적인 사회여도 괜찮았을 것이다. 학력 사회와 종신고용제는 그 발로이기도 하다.

그러나 지금은 시대가 완전히 바뀌었다. 인간 사회의 구조나 사고방식이 스스로가 일으킨 환경 변화의 크기에 대응할 수 없어지기 시작했다. 물론 사회도 그것을 깨닫기 시작했다. 기업은 다양한 경력의 인재를 뽑게 되고, 학력보다 인간력을 간파하려고 필사적으로 면접을 반복하고 있다. 장래를 전망하기 어려운 현재, 관점이 다양한 집단은 여러 가지 어려운 문제의 해결에 큰 힘을 발휘하며 사회적인 (주2)이노베이션을 이끌 잠재성을 내포하고 있다.

(주3)제6의 대량 멸종 시대를 맞이하여 우리는 무엇을 어떻게 생각하면 좋을까. 종의 멸종을 막는 응급 처치는 분명히 필요하지만, 좀 더 근본적인 견해가 필요하다.

우선 생물의 다양성이 가져오는 다종다양한 혜택을 낭비할 것이 아니라, 어떻게 능숙하게 이끌어 내고, 자자손손에 이르기까지 향수해 나갈 것인가 하는 공통 목표를 내걸 필요가 있다.

다음으로 그것을 실현하기 위해서는 다양한 지성을 모아 새로운 사회의 시스템을 만들 필요가 있다. 환경이나 생물 다양성을 배려한 농림수산업에 대한 인증 제도나 환경 보전을 위한 과세는 그 하나의 예이지만, 더 좋은 아이디어도 있을 것이다. 그러기 위해서는, 사회 차원에서도 개인 차원에서도 조금 깊은 생각을 할 수 있는 다양한 인재를 키우는 것이 급선무이다. 남들과 다른 착상을 할 수 있는 인재는 물론, 같은 목표를 공유하고 있는 한, 조금 (주4)크레이지(crazy)하다고 할 만큼 독특한 사람도 있는 것이 좋다(언제 도움이 될지 모르지만). 동시에 시야가 넓고 균형이 잡힌 인재는 확실히 필요하다. 그러한 다양한 인재가 (주5)절차탁마하는 것으로 제6의 대량 멸종을 어떻게 극복할 것인가 하는 엄청난 난제에 대처할 수 있게 될 것임에 틀림없다.

생물 다양성의 미래도 우리의 지속 가능한 사회도, 인간 관점의 다양성에 맡겨지고 있는 것이다.

(미야시타 타다시『생물 다양성의 구조를 풀다』고사쿠샤)

(주1) 걸작: 뛰어난 작품

(주2) 이노베이션: 혁신, 개혁

(주3) 제6의 대량 멸종: 과거 5억 년 동안 5번의 생물 대량 멸종이 일어났다고 여겨지며, 현재는 인류에 의한 제6의 대량 멸종이 일어나고 있다고 여겨지고 있다.

(주4) 크레이지(crazy)한: 미쳐 있는, 열광적인

(주5) 절차탁마 : 서로 협력하거나 겨루거나 하여 기량을 향상시키는 것

단어 自然界 자연계 | 生物多様性 생물 다양성 | 試行錯誤 시행착오 | 修正 수정 | 適度 적당, 적절 | 絶滅 절멸, 멸종 | 生じる 발생하다, 생기다 | バランス 밸런스, 균형 | 力学 역학 | 調整力 조정력 | 影響 영향 | 異常だ 이상하다 | 資源 자원 | 制限 제한 | 右肩上がり 우상향(여기서는 시간이 갈수록 물가나 시세 따위가 오르는 것을 말함) | 効率重視 효율 중시 | 一様 한결같음, 똑같음 | 学歴 학력 | 終身雇用制 종신 고용제 | 表れ 표현, 발로, 결과 | まったく 완전히, 전혀 | 自ら 스스로

引き起こす 일으키다, 발생시키다 | 対応 대응 | 企業 기업 | 人材を採る 인재를 뽑다, 채용하다 | 見抜く 알아차리다, 간파하다 | 繰り返す 되풀이하다, 반복하다 | 見通し 전망 | 観点 관점 | 集団 집단 | 難問 난문, 난제, 어려운 문제 | 発揮 발휘 | イノベーション 기술 혁신, 개혁 | 導く 이끌다, 인도하다 | 潜在性 잠재성 | 秘める 숨기다, 잠재하다 | くい止める 방지하다, 저지하다 | 応急処置 응급 처치 | 根本的 근본적 | 見方 견해 | もたらす 가져오다, 초래하다 | 恩恵 은혜, 혜택 | 浪費 낭비 | いかに 어떻게, 아무리 | 享受する 향수하다, 누리다 | 目標 목표 | 掲げる 내걸다, 내세우다 | 実現 실현 | もちよる 모이다, 추렴하다 | 配慮 배려 | 農林水産業 농림수산업 | 認証制度 인증 제도 | 保全 보전 | 課税 과세 | 急務 급선무 | 着想 착상 | 共有 공유 | 役に立つ 도움이 되다 | 視野 시야 | 克服 극복 | 対処 대처 | 持続 지속 | 委ねる 맡기다, 위탁하다 | 交互に 번갈아 | 伝承 전승 | 設定 설정 | 優先 우선 | 競合 경합, 서로 다툼 | 切り開く 열다, 개척하다

58 자연계의 생물 다양성에 대해서 필자는 어떻게 서술하고 있는가?

1 생물 다양성은 지나치게 높은 시기와 지나치게 낮은 시기가 번갈아 온다.
2 현재의 생물 다양성은 높지도 낮지도 않은 딱 좋은 상태이다.
3 장차 인간이 적당한 종을 멸종시키지 않으면 안 되는 시대가 올 것이다.
4 생물 다양성에는 자연의 조정력이 작용하고 있어서 훌륭한 작품과 같다.

정답 4

해설 필자는 자연계의 생물 다양성에 대해 첫 번째 단락에서 '자연계의 생물 다양성은 오랜 세월을 거쳐 시행착오 끝에 만들어진 걸작과 같다'고 하고, 그 이유에 대해 '본래 자연에는 균형의 역학, 즉 조정력이 작용하기 때문'이라고 설명한다. 따라서 선택지 4번이 정답이다.

59 지금은 시대가 완전히 바뀌었다라고 하는데 무엇을 말하는가?

1 인간 사회의 변화에 영향을 받아 자연도 비정상적인 속도로 변화하고 있다.
2 자연의 커다란 변화에 대해 인간이 대응할 수 없게 되었다.
3 자원에는 제한이 없으므로 어려운 문제는 생각하지 않게 되어 버렸다.
4 효율을 너무 중시했기 때문에 획일적인 사회가 되어 학력 사회를 낳았다.

정답 2

해설 밑줄 바로 뒤에서 '인간 사회의 구조나 사고방식이 스스로 일으킨 커다란 환경 변화에 대응을 할 수 없어지기 시작했다'고 말하므로 선택지 2번이 정답이다.

60 지금 시대에 요구되는 사회의 구조나 사고방식으로서 글의 내용과 맞는 것은 어느 것인가?

1 생물 다양성의 혜택을 전승하기 위해 공통 목표를 설정해야 한다.
2 종의 멸종을 막는 응급 처치가 무엇보다 우선되어야 한다.
3 환경을 배려한 인증 제도나 과세 제도 같은 것이 가장 좋은 아이디어이다.
4 어려운 문제를 해결하고 사회적인 혁신을 이끌 기업이 필요하다.

정답 1

해설 필자는 세 번째 단락에서 '제6의 대량 멸종 시대를 맞이하여 우리는 무엇을 어떻게 생각하면 좋을까'라고 문제를 제기한 후, '생물의 다양성이 가져다 주는 혜택을 낭비할 것이 아니라, 어떻게 하면 잘 이끌어 내어 오래도록 누릴 수 있을지 공통 목표를 내걸 필요가 있다'고 말한다. 따라서 선택지 1번이 답으로 적당하다.

61 앞으로의 자연이나 사회에 대해서 필자는 어떻게 서술하고 있는가?

1 특별한 착상을 할 수 있는 독특한 인재를 모아 경합시킬 필요가 있다.
2 광적이라고할 만큼 독특하면서도 시야가 넓은 인재야말로 어려운 문제에 대처할 수 있다.
3 인간 관점의 다양성이야말로 자연이나 사회의 미래를 개척할 열쇠이다.
4 같은 목표를 공유하기 위해서는 인간 관점의 다양성이야말로 필요하다.

정답 3

해설 필자는 가장 마지막 문장에서 '생물 다양성의 미래도 우리의 지속 가능한 사회도, 인간 관점의 다양성에 달려있다'고 말한다. 따라서 선택지 3번이 정답이다. 선택지 1, 2번은 지문의 내용과 다르므로 답으로 적당하지 않고, 공통 목표의 공유는 앞으로의 목표가 아닌 현재의 전제 조건이므로 4번 역시 오답이다.

問題11 다음 A와 B의 글을 읽고, 다음 질문에 대한 답으로 가장 적당한 것을 1·2·3·4에서 하나 고르세요. 문제편 403p

A

　현대의 소년은 법에서 정한 성인 연령보다 훨씬 빠른 속도로 몸도 마음도 모두 어른이 되어 있다. 이에 맞춰 소년법 적용 연령을 개정하는 것은 당연한 일일 것이다. 소년법 적용 연령을 내리거나 엄벌화로는 소년 범죄는 줄어들지 않을지도 모르지만, 적어도 미성년이니까 잡혀도 아무렇지도 않다고 생각하는 소년들에 대한 억제력은 된다고 생각한다. 소년에게는 미래가 있고 갱생의 길이 있다고 해서 단순히 소년을 옹호하는 것으로는 아무런 의미도 없을 것이다. 살인 등의 중대한 죄를 지은 소년을 갱생시키는 일도 물론 필요하지만, 상응하는 벌을 주고 죗값을 치르게 한다는 의미에서 새로운 소년법이 필요하다고 본다.

B

　소년 범죄에 대해 엄벌화하면 억제 효과가 작용한다는 사고방식이 있습니다만, 과연 그것으로 범죄가 적은 사회가 실현되는 걸까요? 엄벌화를 요구하는 사람들에게는 '가해자의 인권만이 강조되고 피해자의 감정이 무시되고 있다'라고 하는 심정이 있습니다. 피해자나 그 가족을 보살피는 것이 중요하다는 것은 틀림없습니다. 그러나 그 문제를 엄벌화로 연결시키는 것이 과연 안전한 사회 실현으로 이어지는 것일까요? 애당초 엄벌화란 형기를 연장하는 것과 다름 없습니다. 엄벌화로 인해 교도소에 있는 기간이 장기화되면 사회 복귀가 어려워집니다. 범죄의 종류에 따라서는 오히려 재범률을 높일 가능성도 있는 것입니다.

단어 法 법 | 定める 정하다, 결정하다 | 年齢 연령 | 適用 적용 | 改正 개정 | 引き下げ 인하, 떨어뜨림 | 厳罰化 엄벌화 | 少年犯罪 소년 범죄 | 未成年 미성년 | 捕まる 붙잡히다 | 平気だ 아무렇지도 않다, 태연하다 | 抑止力 억제력 | 更生 갱생 | ただ単に 단지, 단순히 | 擁護 옹호 | 殺人 살인 | 罪 죄 | 更正 경정, 갱생 바로잡음 | 相応 상응 | 罰 벌 | 償う 갚다, 보상하다, 배상하다 | 効果 효과 | はたして 과연 | 加害者 가해자 | 人権 인권 | 強調 강조 | 被害者 피해자 | 心情 심정 | ケア 케어, 보살핌 | 結び付ける 연결시키다, 결합시키다 | 刑期 형기 | 延ばす 늘리다, 연장시키다 | 刑務所 형무소, 교도소 | 長期化 장기화 | 復帰 복귀 | 種類 종류 | 再犯率 재범률 | 相当 상당, 상응

62 소년 범죄에 대해 A와 B는 어떻게 서술하고 있는가?

1 A도 B도 엄벌화가 필요하다고 말하고 있다.
2 A도 B도 엄벌화가 반드시 필요한 것은 아니라고 말하고 있다.
3 A는 억제력으로서 엄벌화가 필요하다고 말하고 B는 엄벌화가 마이너스가 되는 경우도 있다고 말하고 있다.
4 A는 소년을 갱생시키는 것이 제일이라고 말하고 B는 엄벌화는 나쁜 결과밖에 초래하지 않는다고 말하고 있다.

정답 **3**

해설 소년 범죄 엄벌화에 대한 A의 생각을 보면 '상응하는 벌을 주고 죗값을 치르게 한다는 의미에서 새로운 소년법이 필요하다'고 말한다. A는 엄벌화에 찬성하고 있으므로 선택지 2, 4번은 답이 될 수 없다. B는 엄벌화에 따른 부작용을 우려하는 부정적인 입장이다. 따라서 1번은 답이 될 수 없다.

63 A와 B의 공통된 인식은 어느 것인가?

1 법률을 엄하게 함으로써 범죄가 줄어들지 어떨지는 모른다.
2 법률에 따라 가해자를 옹호하는 것만으로는 아무것도 변하지 않는다.
3 피해자나 그 가족의 심정을 존중하는 것이 무엇보다 중요하다.
4 소년이어도 저지른 죄에 상응하는 벌을 받는 것은 당연하다.

정답 **1**

해설 A는 '엄벌화로는 소년 범죄가 줄어들지 않을지도 모르지만 소년 범죄에 대한 억제력이 있다'고 생각한다. B는 '엄벌화로 연결시키는 것이 과연 안전한 사회 실현으로 이어지는 것일까요?'라고 하며 그렇지 않다고 생각한다고 말하고 있다. A, B 모두 엄벌화로 범죄가 줄어들지 않을 수도 있다고 생각하므로 선택지 1번이 정답이다.

問題12 다음 글을 읽고 다음 질문에 대한 답으로 가장 적당한 것을 1·2·3·4에서 하나 고르세요. 　문제편 405p

일하는 장소에는 '밝은 직장'과 '어두운 직장'이 있다. 어떤 업종이든 인원이 몇 명이든 어느 정도 규모이든 밝은 직장은 밝고 어두운 직장은 어둡다. 이것은 어쩔 수 없는 일입니다. 그리고 물론 '밝은 직장'이 아니면 일하는 사람의 퍼포먼스(성과)는 오르지 않는다.

그런데 아무래도 현대 샐러리맨들은 '직장은 밝은 게 좋다'라는 기본을 모르고 있는 것 같습니다. 직장이 밝든 어둡든 그런 건 생산성이나 매출, 주가에는 아무런 관계가 없다고 생각하는 사람이 더 많은 것 같다. '어쨌든 우선 직장을 웃음이 끊이지 않는 밝은 장소로 만들고 싶습니다'와 같은 것을 신년 인사로 말하는 경영자가 있을까요. 왠지 없을 것 같다는 생각이 듭니다. 그보다는 '약육강식'이라든가 '성장이냐 죽음이냐'라든가 '싸우지 않는 자는 떠나라'와 같은, 사람을 어두운 기분으로 만드는 말만 오가고 있지 않습니까?

어째서 '밝은 직장'이 되기 어려운 것인가. 그것은 ①기업의 경영자와 소유자 = 출자자가 분리되어 있기 때문입니다. 주주는 사업 내용에는 기본적으로 관심이 없습니다. 자신이 샀을 때보다 주가가 올라있는 것, 극단적으로 말하자면 그것만이 관심사입니다. 주식을 파는 순간에 회사와의 관계는 끊깁니다. 그렇기 때문에 그 회사가 일찍이 어떤 이념을 가지고 설립되었는지, 향후 어떻게 될 것인지 등은 '아무래도 상관없는 일'인 것입니다. 주식을 산 바로 다음 날 최고가를 기록하여 거기서 팔고 빠져나간 주주, '회사와 하루밖에 인연이 없었던 주주'가 가장 (주1)클레버(clever)한 투자자였다는 이야기가 된다.

②그런 사람에게 있어 회사에서 일하는 사람들이 웃는 얼굴을 하고 있는지 아닌지 따위는 아무래도 상관없는 일입니다. 안색이 창백해지고 지치고 죽어가는 노예 노동자도 최소 인건비 비용으로 고용할 수 있고, 이익률을 높이고 주가를 끌어올리는 재료가 된다면 주주가 보기엔 '좋은 노동자'입니다. 종업원의 생활 안정, 노동의 재생산, 회사 분위기나 기술의 계승은 경영자에게 있어서는 중대한 (주2)미션입니다만, 이러한 것들은 모두 '회사를 계속하기' 위한 것으로 '이익을 가져오는' 것은 아닙니다. 하지만 경영자는 이쪽을 우선적으로 배려해야만 한다.

따라서 주주와 경영자, 자본과 경영 사이에서는 지향점이 다르다. 이것 또한 '궁합이 안 좋은' 것입니다. 여기서도 다른 경우와 마찬가지로 '궁합이 나쁨'은 시간 의식의 차이로부터 생겨납니다. 회사가 건전하게 활동하고, 순조롭게 수익을 올리는 것을 바라는 점에서는 주주나 경영자나 다름이 없습니다. 다른 것은 그것이 얼마나 지속되기를 바라는가에 있습니다.

주주에게 있어서 회사가 지속해야 할 시간 조건은 간단합니다. 주가가 최고가를 칠 때까지. 그것뿐입니다.

한편, 경영자는 회사가 가능한 한 오래 존속하기를 바랍니다. 그래서 주주는 하루라도 빨리 주가가 최고가를 치는 경영을 원하고, 경영자는 회사가 하루라도 길게 살아남기를 바랍니다. 이 시간 의식의 차이로 인해 '(주3)주식회사라는 병'이 발병하게 되는 것입니다.

(우치다 다쓰루 『일본 습합론』 미시마 사)

(주1) 클레버(clever): 현명한, 머리가 좋은
(주2) 미션: 임무, 사명
(주3) 「주식회사라는 병」: 히라카와 가쓰미의 저서 제목

단어
職場 직장, 일터 | 業種 업종 | 規模 규모 | どうしようもない 어찌할 수 없다 | パフォーマンス 퍼포먼스, 실적, 성과 | サラリーマン 샐러리맨, 봉급 생활자 | 基本 기본 | 生産性 생산성 | 株価 주가 | 絶えない 끊이지 않는다 | 年頭の挨拶 새해 인사 | 経営者 경영자 | 弱肉強食 약육강식 | ～ざる ～하지 않는 | 去る 떠나다, 때가 지나가다 | 行き交う 오가다, 왕래하다, 교제하다 | 所有者 소유자 | 出資者 출자자 | 分離 분리 | 株主 주주 | 極端 극단적으로 | 株券 주권, 주식 | かつて 일찍이 | 理念 이념 | 起業 회사를 세움, 창업 | 翌日 다음날 | 最高値 최고치, 최고가 | 記録 기록 | 売り抜ける (시세가 올랐을 때) 팔다 | 投資家 투자가 | 蒼ざめる (안색이) 새파랗게 질리다 | 奴隷 노예 | 労働者 노동자 | 人件費 인건비 | 雇用 고용 | 利益率 이익률 | 押し上げる 밀어 올리다, 위로 들다 | 従業員 종업원 | 安定 안정 | 社風 사풍, 회사의 기풍 | 継承 계승 | いずれも 어느 것이나, 모두 | 継続 계속, 지속 | 相性が悪い 서로 맞지 않다, 궁합이 안 맞다 | ずれ 어긋남 | 健全 건전 | 順調 순조 | 収益 수익 | 条件 조건 | シンプルだ 심플하다, 단순하다 | 存続 존속 | 発症 발병, 병의 증상이 나타남

64 필자는 현대의 직장에 대해서 어떻게 서술하고 있는가?
1 업종이나 규모에 관계없이 어두운 직장이 많아지고 있다.
2 어두운 직장이 많아졌기 때문에 수익이 오르지 않게 되었다.
3 직장이 밝은 것은 수익과 관계가 없다고 생각하는 사람이 많다.
4 새해 인사로 사원의 마음을 어둡게 하는 경영자가 증가하고 있다.

정답 3

해설 두 번째 단락에서 '현대 직장인들은 직장이 밝든 어둡든 그런 건 생산성이나 매출, 주가에는 아무런 관계가 없다고 생각하는 사람이 더 많은 것 같다'고 말하고 있으므로 선택지 3번이 정답이다.

65 ①기업의 경영자와 소유자 = 출자자가 분리되어 있다고 하는데 그것은 어째서인가?
1 경영자는 회사에 이익을 가져다 주는 것에 관심이 없기 때문에
2 주주는 회사가 건전하게 활동하는 것에 관심이 없기 때문에
3 주식의 최고가에 대해 양자의 사고방식이 맞지 않기 때문에
4 양자의 시간 의식이 크게 다르기 때문에

정답 4

해설 밑줄이 있는 단락에서도 양자 간의 차이를 말하지만, 결정적인 이유는 마지막 단락에서 말하고 있어 답을 찾기 어려운 문제이다. 마지막 단락에서 '경영자는 회사가 가능한 오래 존속하기를 바라고, 주주는 하루라도 빨리 주가가 최고가를 치는 경영을 원한다. 이러한 시간 의식의 차이에서 주식회사라는 병이 발병한다'고 말한다. 즉 필자는 회사를 바라보는 양자 간의 입장 차를 '시간 의식의 차이'를 들어 설명하고 있으므로 선택지 4번이 정답이다.

| 66 | ②그런 사람이란 어떠한 사람인가?

1 회사의 종업원을 노예 노동자라고 생각하고 있는 사람
2 회사가 계속되는 것을 제일로 생각하는 사람
3 주식으로 이익을 올리는 것에만 관심이 있는 사람
4 주식을 판 순간에 회사와의 관계가 끊기는 사람

정답 3

해설 지시어는 앞에 나온 내용을 다른 말로 바꿔 표현할 때 사용한다. 따라서 지시어가 나오면 지시어가 가리키는 것이 무엇인지 앞으로 거슬러 올라가 찾아야 한다. '그런 사람'은 '회사에서 일하는 사람들에게는 관심이 없는 사람'을 말한다. 이에 해당하는 내용을 찾아보면 '주주는 자신이 샀을 때보다 회사의 주가가 많이 올라있는 것만이 관심사'라고 말한다. 따라서 선택지 3번이 정답이다.

| 67 | 필자가 말하고 싶은 것은 무엇인가?

1 경영자와 주주가 분리된 상태는 건전하다고는 말할 수 없다.
2 경영자와 주주의 궁합이 나쁜 것은 어쩔 수 없는 일이다.
3 주식의 최고가를 유지하는 경영을 해야만 한다.
4 회사가 순조롭게 수익을 올릴 수 있도록 주주도 노력해야만 한다.

정답 1

해설 필자의 생각, 주장은 보통 마지막 단락에서 가장 뚜렷하게 나타난다. 마지막 단락을 보면 경영자와 주주의 시간 의식의 차이로 '주식회사라는 병'이 발병한다고 말한다. 필자가 가장 문제시하고 있는 '주식회사 병'이란 '기업의 경영자와 출자자(주주)가 분리되어 있어서 나타나는 양자간의 입장차와 문제점'을 말한다. 따라서 필자의 주장을 가장 적절하게 담고 있는 것은 선택지 1번이다.

問題13 오른쪽의 페이지는 어느 시가 협정하고 있는 숙박 시설의 안내입니다. 아래 질문에 대한 답으로 가장 적당한 것을 1·2·3·4에서 하나 고르세요.

문제편 408p

68 사브리나 씨는 야마다시에 살고 있다. 함께 사는 친구와 둘이서 해수욕을 가려고 한다. 금요일부터 2박 3일 예정이다. 두 사람에게 적용되는 시설의 이용 요금은 어떻게 되는가?

1 51,480엔
2 34,320엔
3 38,720엔
4 36,520엔

정답 4

해설 정보 검색 문제를 풀 때는 답과 관련된 주의 사항을 말하는 경우가 많은 기호(＊◎☆)가 붙어있는 내용을 꼼꼼하게 체크해야 한다. 이 문제에서는 '두 사람, 해수욕, 금요일부터 2박 3일'이 정보지에서 찾아야 하는 사항이다. 정보지에 의하면 '★해수욕'을 할 수 있는 시설은 '민박 사지베' 뿐이며, 또 다른 정보 '◎휴일 전날(休前日)'이란 공휴일 전날과 토요일'이라고 되어 있다. 사브리나 씨 일행의 일정인 2박 중 토요일은 '휴일 전날'에 해당하므로 '(8,580엔 + 9,680엔) × 2'로 선택지 4번 36,520엔이 정답이다.

69 야마다시 주민인 무카지 씨는 회사 동료 9명과 함께 여행을 갈 예정이다. '하코네 고겐 호텔'에 숙박하기 위해서 해야 할 일은 무엇인가?

1 예약 시에 10명 전원이 야마다시의 주민이라는 증명서를 제출한다.
2 이용 당일에 10명 전원이 주민표 사본을 제시한다.
3 이용 당일에 2명분의 주민표 사본을 제시한다.
4 이용 당일에 3명분의 보험증을 제시한다.

정답 4

해설 하코네 고겐 호텔에 관한 내용 중 기호 ※「2 箱根高原ホテル」의 내용을 주의해서 읽어야 한다. '2 하코네 고겐 호텔'을 이용할 경우 4명 당 1명의 주소, 성명을 확인할 수 있는 증빙 자료를 제시해야 한다. 무키지 씨는 회사 동료와 총 10명이 여행을 가므로 3명의 자료 제시가 필요하다. 따라서 정답은 선택지 4번이다.

단어 協定 협정 | 保養施設 휴양 시설 | 直接 직접 | 代表者 대표자 | 一括 일괄 | 宿泊先 숙박지 | 支払う 지불하다 | 奉仕料 봉사료 | 消費税込み 소비세 포함 | 金額 금액 | 指定 지정 | 助成金 조성금 | 割引 할인 | 入湯税 입욕세 | 冷暖房料 냉난방료 | 除外 제외 | 別料金 별도 요금 | お問い合わせ 문의 | ～名につき ～명당 | 運転免許証 운전면허증 | 保険証 보험증 | 公共料金 공공요금 | 領収書 영수증 | 消印 소인, 우편 인장 | 郵便物 우편물 | 提示 제시 | 祝日 공휴일 | 地魚 해당 지방(에서 잡히는 향토, 토종) 생선 | 民宿 민박 | 海水浴場 해수욕장 | 徒歩 도보 | 露天風呂 노천 온천 | 車椅子 휠체어 | 取消 취소 | 変更 변경 | 早急に 조급히, 시급히 | キャンセル 캔슬, 취소

야마다시 협정 휴양 시설 안내

◆ 협정 휴양 시설 이용 방법

① 전화로 예약

직접 각 시설에 전화 예약해 주십시오.

이용은 원칙적으로 2인 이상입니다.

FAX, 인터넷 예약은 불가능하지만 각 시설 안내는 인터넷으로도 확인하실 수 있습니다.

※ 제일 처음에 반드시 야마다시 시민임을 알려주시기 바랍니다.
※ 시설로 연락 등은 대표자가 일괄적으로 해 주십시오.

➡

② 숙박

예약 후 당일에 직접 시설로 가 주십시오.

숙소에서 요금을 지불해 주십시오.
(지불 방법에 대해서는 각 시설에 확인해 주십시오.)

이용 요금은 1인 1박 2식 포함이며 봉사료 및 부가세가 포함된 금액입니다.

지정 휴양 시설과 같은 조성금은 없습니다만, 일반 요금보다 할인된 금액입니다.

입욕세, 냉난방 요금, 이용 제외일(별도 요금이 되는 기간 등)에 대해서는 각 시설로 문의해 주십시오.

※ '**2** 하코네 고겐 호텔'을 이용하실 때에는 4명당 1명분의 성명·주소를 확인할 수 있는 것(운전면허증, 보험증, 공공 요금의 영수증, 소인이 찍힌 우편물 등)의 제시가 필요합니다.
　㉠ 2~4명이 이용 → 1명분 제시
　　 5~8명이 이용 → 2명분 제시

◎ 지정 휴양 시설과 달리 이용 일수의 제한은 없습니다.
◎ 휴일 전날이란, 공휴일의 전날과 토요일을 가리킵니다.
　일요일(공휴일 전날 제외)과 공휴일 숙박은 평일 요금입니다.

시설명/주소	전화번호	이용 요금	교통 수단
1 토종 생선 요리 민박 사지베 〒299-2216 지바현 미나미보소시 ★해수욕장 있음	0470-57-2076	• 평일 8,580엔~ • 휴일 전날 9,680엔~	JR 이와이역에서 도보 약 15분
2 하코네 고겐 호텔 〒250-0522 가나가와현 하코네초 ★노천탕　★휠체어 이용 가능	0460-84-8595	• 평일 13,000엔~ • 휴일 전날 20,000엔~	JR 도카이도 신칸센 오다와라역에서 고지리·도겐다이행 하코네 등산 버스로 약 50분
3 나카가와초 퐁피라아쿠아리즈잉 〒098-2802 홋카이도 나카가와군 나카가와초 ★온천　★휠체어 이용 가능	01656-7-2400	• 평일, 휴일 전날 6,200엔~	JR 아사히카와역에서 JR 데시오나카가와역까지 특급으로 약 2시간 20분

◆ 이용 취소·변경 등

이용 취소나 이용일, 대표자, 이용 인원수의 변경이 있는 경우에는 즉시 시설로 전화 연락해 주십시오. 연락이 늦어질 경우 취소 수수료가 부과될 수 있습니다.

2교시 청해

問題 1 문제 1 에서는 먼저 질문을 들으세요. 그리고 이야기를 듣고 문제지의 1에서 4 중에서 가장 적당한 것을 하나 고르세요. 그럼 연습해 봅시다.

例 🎧 149-01　　　　　　　　　　　　　　　　　　　문제편 412p

会社で男の人と女の人が話しています。女の人は、この後、まず何をしなければなりませんか。

女　今日からこちらでお世話になります、田中です。よろしくお願いします。

男　あ、よろしく。じゃ、仕事の説明をするからこっちに来て。

女　はい。

男　朝出勤したら、まず机を拭いたり、ごみを捨てたり、簡単な掃除をして。

女　はい。

男　それから、部長が出勤してきたら、お茶をいれて、その日のスケジュールの確認をしてください。

女　ええと、お茶はこちらにあるものでいいんでしょうか。

男　そう、それ。今日は掃除はいいので、お茶からよろしく。

女　分かりました。

女の人は、この後、まず何をしなければなりませんか。
1　仕事の説明を聞く
2　簡単な掃除をする
3　部長にお茶をいれる
4　スケジュールの確認をする

最もよいものは3番です。解答用紙の問題1の例のところを見てください。最もよいものは3番ですから、答えはこのように書きます。では始めます。

회사에서 남자와 여자가 이야기하고 있습니다. 여자는 이 다음에 우선 무엇을 해야 합니까?

여　오늘부터 이곳에서 신세지게 됐습니다. 다나카입니다. 잘 부탁드립니다.

남　아, 잘 부탁해. 그럼 업무 설명을 할 테니까 이쪽으로 와 줘.

여　네.

남　아침에 출근하면 우선 책상을 닦는다든지 쓰레기를 버린다든지, 간단한 청소를 하고.

여　네.

남　그 다음에 부장님이 출근하시면 차를 타고, 그 날의 스케줄을 확인해 주세요.

여　저기, 차는 여기에 있는 걸로 괜찮을까요?

남　응, 그거. 오늘은 청소는 됐으니까 차부터 부탁할게.

여　알겠습니다.

여자는 이 다음에 우선 무엇을 해야 합니까?
1　업무 설명을 듣는다
2　간단한 청소를 한다
3　부장님께 차를 타 드린다
4　스케줄 확인을 한다

가장 적당한 것은 3번입니다. 답안지 문제 1의 예 부분을 보십시오. 가장 적당한 것은 3번이므로, 답은 이렇게 적습니다. 그럼 시작하겠습니다.

정답 3

단어　お世話になる 신세를 지다 | 出勤 출근 | 拭く 닦다 | いれる (차, 커피 등을) 타다, 우리다

해설　여자가 아침에 출근한 후 해야 할 일은 '책상을 닦고, 쓰레기를 버리는 등의 간단한 청소를 한 후 부장님의 차를 타고 스케줄을 확인한다'이다. 하지만 마지막에 남자가 '오늘은 청소는 됐으니 차부터 부탁한다'고 말하므로 정답은 3번이다.

1番 🎧 149-02

外国語教室のカウンターで男の人と職員が話しています。男の人は、この後、まず何をしますか。

男　すみません、一昨日の授業、都合で出席できなかったんですけど、補講を受けられるって聞いて……。

女　ああ、インターネット補講ですね。授業の日から1週間以内にスタッフから補講の案内メールが送られますので、30日以内にお手続きを済ませてください。

男　手続きと言いますと、どういう……、初めてのものですから。

女　手続きは、補講申し込みと、補講料金のお支払いということになります。

男　あ、それだけですか。

女　あと、それに先立ちまして、当教室の専用サイトでアカウントの登録が必要になります。その上で、補講の申し込みと、クレジットカード決済での補講料お支払いをお願いします。補講の視聴期間は決済後14日以内となっておりますので、なるべく早く視聴されることをお勧めします。

男　そうですか、分かりました。

男の人は、この後、まず何をしますか。
1　補講の申し込みをする
2　補講料金を支払う
3　アカウントの登録をする
4　インターネット補講を視聴する

외국어 교실 카운터에서 남자와 직원이 이야기하고 있습니다. 남자는 이 다음에 먼저 무엇을 합니까?

남　실례합니다. 그저께 수업, 사정이 있어서 출석을 못했는데요, 보강을 받을 수 있다고 해서…….

여　아, 인터넷 보강이요. 수업 날부터 일주일 이내에 담당자가 보강 안내 메일을 보내 드리니 30일 이내에 수속을 마쳐 주세요.

남　수속이라 하시면, 어떤……. 처음 하는 거라서요.

여　수속은 보강 신청과 보강 요금의 지불이 되겠습니다.

남　아, 그것뿐인가요?

여　그리고 그에 앞서 우리 교실 전용 사이트에서 계정 등록이 필요합니다. 그 다음에 보강 신청과 신용카드 결제로 보강료 지불을 부탁드립니다. 보강 시청 기간은 결제 후 14일 이내이므로 되도록 빨리 시청하실 것을 권장합니다.

남　그렇습니까? 알겠습니다.

남자는 이 다음에 먼저 무엇을 합니까?
1　보강 신청을 한다
2　보강 요금을 지불한다
3　계정 등록을 한다
4　인터넷 보강을 시청한다

정답 3

단어　一昨日 그저께 | 都合 형편, 사정 | 出席 출석 | 補講 보강(보충 강의) | 手続き 수속, 절차 | 済ませる 마치다 | 申し込み 신청 | 支払い 지불 | 先立つ 앞서다 | 当 당, 본, 해당 | 専用 전용 | アカウント 어카운트, 계정 | 登録 등록 | 決済 결제 | 視聴 시청 | 勧める 권하다, 권장하다

해설　여자는 처음 안내 메일을 받은 후 30일 이내에 수속에 필요한 보강 신청과 보강 요금 지불을 마쳐야 한다고 하고, 이후 '그에 앞서 교실 전용 사이트의 계정 등록이 필요하다'라고 한다. 따라서 선택지 1, 2번 전에 3번이 먼저 이루어져야 하며, 4번의 보강 시청은 모든 준비 과정을 마친 다음에 하는 것이므로 3번이 정답이다.

2番 🎧 149-03

会社で、女の人と男の人が話しています。女の人は、この後、何をしますか。

女 すみません。課長、来月の株主総会の件なんですけど。
男 ああ、招集通知は、もう発送済みなんだろう？
女 はい、全員に発送しました。それで、今年も、オンラインで出席を希望する株主の方が増えるんじゃないかと思いまして……。
男 そうだな。去年は総数の3分の1だったから、今年は半数を超えるかもな。
女 はい、既に、オンライン希望の連絡が入ってきておりまして……。
男 そうか、それ、いつごろまでに分かるのかな。
女 はい、今週中には、参加方法について連絡いただくことになっておりまして、書面投票や電子投票の分も含めて、それぞれの人数が確定すると思います。
男 そうか。じゃあ、確定したら、すぐに連絡してくれ。場合によっては、大きな会場は必要なくなるかもしれないからな。
女 はい、承知しました。

女の人は、この後、何をしますか。
1 参加方法について株主に連絡する
2 参加方法別の人数を課長に報告する
3 書面投票希望の人数を課長に報告する
4 会場変更の手続きをする

회사에서 여자와 남자가 이야기하고 있습니다. 여자는 이 다음에 무엇을 합니까?

여 실례합니다. 과장님, 다음 달 주주총회 건입니다만.
남 아, 소집 통지는 이미 발송이 끝난 거지?
여 네, 전원에게 발송했습니다. 그런데 올해도 온라인으로 출석을 희망하는 주주 분이 늘어나지 않을까 싶어서…….
남 그렇네. 작년은 총 (인원)수의 3분의 1이었으니까 올해는 절반을 넘을지도.
여 네. 벌써 온라인 희망 연락이 들어와 있어서…….
남 그래? 그거 언제쯤까지 알 수 있을까?
여 네, 이번 주 안에는 참가 방법에 대해 연락을 받게 되어 있으니, 서면 투표와 전자 투표하시는 분도 포함해서 각각의 인원수가 확정될 것 같습니다.
남 그래? 그럼 확정되면 바로 연락해 줘. 경우에 따라서는 큰 회장은 필요 없게 될지도 모르니까.
여 네, 알겠습니다.

여자는 이 다음에 무엇을 합니까?
1 참가 방법에 대해 주주에게 연락한다
2 참가 방법별 인원수를 과장에게 보고한다
3 서면 투표를 희망하는 인원수를 과장에게 보고한다
4 회장 변경 수속을 한다

정답 2

단어 株主総会 주주총회 | 招集 소집 | 通知 통지 | 発送 발송 | ～済み 끝남, ～필 | 総数 총 수(량) | 半数 절반 | 既に 이미, 벌써 | 書面 서면 | 投票 투표 | 承知する 알다, 승낙하다 | 報告 보고 | 変更 변경

해설 여자가 과장에게 보고하는 내용은 '서면 투표와 전자 투표도 포함한 확정된 각각의 인원수'이다. 참가 방법은 소집 통지를 보낼 때 이미 알려 주었기 때문에 선택지 1번은 답이 될 수 없고, 서면 투표와 전자 투표 각각의 희망자 수를 보고해야 하기 때문에 3번도 답이 될 수 없다. 회장 변경은 방문 참가자 수가 확정된 후에 할 일이기 때문에 4번 역시 오답이다.

3番 149-04

旅行会社で上司と女の人が話しています。女の人は、まず何をしますか。

男 今度、うちで「女性の一人旅ツアー」の企画、進めるの知ってるよね。希望通り、田中さんにも参加してもらうことになったから。

女 はい、ありがとうございます。私の一推しの企画ですから。

男 田中さんも経験者なんだよね。

女 はい。1回だけですけど、なんでもっと早く一人旅しなかったんだろうって。みんな、きっとハマると思いますよ。

男 確かにね、最近人気が出てきててね、女性へのアンケートの結果なんかも公開されてて、その辺の市場調査は、ほかの担当者が今調べてるんだけど……。

女 はい。

男 まずは、女性の視点から、実際に一人旅をした時に感じる不安の点を列挙してほしいんだ。いろんなケースがあると思うけど、片っ端からあげていってきちんと整理してほしい。その上で、一人でも安心して泊まれる宿泊施設を調べてほしいんだ。女性の一人旅歓迎っていう、ホテルやリゾートもね。

女 はい。分かりました。

男 同時進行で佐藤さんたちが旅のテーマを5つに絞ってるから、それに合流して、ツアーの候補地を決めていってくれるかな。

女 分かりました。頑張ります。

女の人は、まず何をしますか。
1 一人旅についてアンケート調査をする
2 一人旅で不安に感じる点をあげる
3 安心できる宿泊施設をリストアップする
4 ツアーの候補地を5つにしぼる

여행사에서 상사와 여자가 이야기하고 있습니다. 여자는 우선 무엇을 합니까?

남 이번에 우리 회사에서 '여성 1인 여행 투어' 기획을 추진하는 거 알고 있지? 희망대로 다나카 씨도 참가하게 되었으니까.

여 네, 감사합니다. 제가 가장 추천하는 기획이라서요.

남 다나카 씨도 경험자라면서.

여 네. 한 번뿐이지만, 왜 좀 더 일찍 혼자 여행을 다니지 않았을까 하고 (생각되었어요). 다들 분명 빠져들 거라고 생각해요.

남 확실히 요즘 인기가 생겨서, 여성 대상의 앙케트 결과 같은 것도 공개되고 있고, 그런 부분의 시장 조사는 다른 담당자가 지금 조사하고 있는데…….

여 네.

남 우선은 여성 시점에서 실제로 혼자 여행을 했을 때 느끼는 불안한 점을 열거해 주었으면 해. 여러 케이스가 있을거라 생각하지만, 닥치는 대로 모아서 제대로 정리해 주면 좋겠어. 그 다음에 혼자서도 안심하고 묵을 수 있는 숙박 시설을 조사해 주었으면 해. 여성 1인 여행 환영이라는 호텔이나 리조트도 말이야.

여 네, 알겠습니다.

남 동시 진행으로 사토 씨 팀이 여행 테마를 다섯 가지로 좁히고 있으니까, 거기에 합류해서 투어 후보지를 결정해 줄 수 있을까?

여 알겠습니다. 열심히 하겠습니다.

여자는 우선 무엇을 합니까?
1 1인 여행에 대해 설문 조사를 한다
2 1인 여행에서 불안하게 느끼는 점을 열거한다
3 안심할 수 있는 숙박 시설을 리스트 업 한다
4 투어 후보지를 다섯 가지로 좁힌다

정답 2

단어 一人旅 혼자 하는 여행, 1인 여행 | 企画 기획 | 一推し 가장 추천하는 것 | ハマる 빠지다, 몰두하다 | アンケート 앙케트, 설문 조사 | 市場調査 시장 조사 | 視点 시점 | 列挙 열거 | 片っ端から 닥치는 대로 | きちんと 제대로, 깔끔히 | 歓迎 환영 | リゾート 리조트, 휴양지 | 絞る 짜내다, 좁히다 | 合流 합류 | 候補地 후보지

해설 남자는 '우선(まずは) 여성의 시점에서 실제 혼자 여행을 했을 때 느끼는 불안한 점을 열거해 주길 바란다'고 말하므로 선택지 2번이 정답이다. 3번의 '안심할 수 있는 숙박 시설 리스트 업'은 여성 혼자 여행할 때 불안한 점을 정리한 다음에 하는 일이므로 답이 될 수 없으며, 1번과 4번은 다른 담당자가 현재 진행중인 일이므로 오답이다.

4番 149-05

문제편 414p

カフェを経営する男の人が知り合いの女の人と話しています。男の人はどうすることにしましたか。

男 うちのカフェも今度、店の前にテラス席を設けることにしたんですが、去年、一足先にテラス席をオープンした鈴木さんに、少しお話を聞こうと思って…。

女 もう、保健所には届け出、出したんでしょうか。

男 ええ、最初はそれも知らなくて、いろいろ勉強になりましたよ。店の中の席の数より多くしてはいけないとか、テラス席でコーヒーをいれたり、調理してはいけないとか。

女 そうなんですよ。ちゃんと、テラス席を区画しないといけないとかね。

男 それは、どうされてるんですか？どこまでがテラス席なのか分かるようにするっていっても、ポールを立ててロープを張るのはいかがなもんかと。鈴木さんとこはどうされてましたっけ。

女 それはね、なるべく目立たないように、境界に緑の植木鉢を置いてるんだけどね。ほら、そちらのお店は入口にちょっと段差があるでしょう。それを利用して、店内の床とテラスの床が地続きになるように、デッキを作っちゃえばいいんじゃないかな。そしたら、それだけで区画になるから。

男 それいいですね。やってみます。

카페를 경영하는 남자가 지인인 여자와 이야기하고 있습니다. 남자는 어떻게 하기로 했습니까?

남 우리 카페도 이번에 가게 앞에 테라스 석을 설치하기로 했는데요. 작년에 한발 앞서 테라스 석을 연 스즈키 씨에게 이야기를 좀 들어 볼까 해서….

여 벌써 보건소에는 신고서를 제출하셨나요?

남 네. 처음에는 그것도 몰라서, 여러 가지로 공부가 됐어요. 가게 내부 자리의 수보다 많이 만들면 안 된다든가, 테라스 석에서 커피를 내리거나 조리하면 안 된다든가.

여 맞아요. 확실하게 테라스 석을 구획해야 한다든가.

남 그건 어떻게 하셨나요? 어디까지가 테라스 석인지 알 수 있게 한다고 해도, 폴을 세우고 로프를 치는 건 좀 그렇잖아요. 스즈키 씨 가게는 어떻게 하셨었더라?

여 그게요, 되도록 눈에 띄지 않게 경계에 식물 화분을 두었어요. 왜, 그쪽 가게는 입구에 조금 단차가 있지요? 그걸 이용해서 가게 안의 바닥과 테라스 바닥이 이어지게끔 발판을 만들어 버리면 되지 않을까요? 그렇게 하면 그것만으로 구획이 되니까.

남 그거 좋은데요. 해 볼게요.

男の人は、どうすることにしましたか。
1 保健所に設置届を提出する
2 境界にポールを立ててロープを張る
3 境界に緑の植木鉢を置く
4 店の前にデッキを作る

남자는 어떻게 하기로 했습니까?
1 보건소에 설치 신고서를 제출한다
2 경계에 폴을 세우고 로프를 친다
3 경계에 식물 화분을 둔다
4 가게 앞에 발판을 만든다

정답 4

단어 経営 경영 | テラス席 테라스 석 | 設ける 설치하다 | 一足先に 한발 앞서 | 保健所 보건소 | 届け出 신고(서) | 調理 조리 | 区画 구획 | ポール 폴, (위치를 표시하기 위해 세운) 막대 | 張る 펴다, 치다 | いかがなもん(もの)か 어떨지(부정적 의문 표현) | 目立つ 눈에 띄다 | 境界 경계 | 植木鉢 화분 | 段差 단차(높낮이), 턱 | 床 마루, 바닥 | 地続き 땅바닥과 이어져 있음 | デッキ 덱, 갑판, 발판 | 設置届 설치 신고서 | 提出 제출

해설 '테라스 석을 제대로 구분해 두지 않으면 안 된다'는 여성의 조언에 남성이 그 방법을 되묻고 있다. 따라서 여성의 구체적인 발언을 주의 깊게 들어야 한다. 여성은 '입구에 단차가 있으니 그것을 이용하여 발판을 만들면 그것만으로도 구획이 가능하다'고 조언하며 남성은 이에 긍정하고 있으므로 선택지 4번이 정답이다.

5번 🎧 149-06 문제편 415p

会社で総務課の職員が新しい制度について話しています。社員は特に何に注意しなければなりませんか。

女 この度、働き方改革の一環として、我が社でもフレックスタイム制を導入することになりました。1時間残業した場合、1時間遅く出勤することが可能になるということですが、法定どおり精算期間は3ヶ月以内となっております。これにより、課題であった残業時間の削減にも拍車がかかるものと思われますが、懸念される点もございまして、出勤退勤時間がバラバラになることによって、社員同士の意思の疎通に支障が出るのではないかという点です。出勤退勤時間がバラバラになると光熱費が増えるということも予想されますが、何よりもこの点に、皆様の注意を喚起したいと思います。

社員は特に何に注意しなければなりませんか。
1 精算期間が3ヶ月であること
2 光熱費の増大が予想されること
3 社員間のコミュニケーションの悪化
4 残業時間の削減を強化すること

회사에서 총무과 직원이 새로운 제도에 대해 이야기하고 있습니다. 사원은 특히 무엇에 주의해야만 합니까?

여 이번에 근로 방식 개혁의 일환으로 우리 회사에서도 자유 근무 시간제를 도입하게 되었습니다. 한 시간 잔업한 경우, 한 시간 늦게 출근하는 것이 가능해진다는 것입니다만, 법에서 정한대로 정산 기간은 3개월 이내로 되어 있습니다. 이에 따라 과제였던 잔업 시간 삭감에도 박차가 가해질 것이라 생각됩니다만 우려되는 점도 있습니다. 출퇴근 시간이 제각각이 됨에 따라 사원 간의 의사소통에 지장이 생기지 않을까 하는 점입니다. 출퇴근 시간이 제각각이 되면 광열비가 늘어난다는 것도 예상됩니다만, 무엇보다 이 점에 여러분의 주의를 환기하고자 합니다.

사원은 특히 무엇에 주의해야만 합니까?
1 정산 기간이 3개월인 것
2 광열비 증가가 예상되는 것
3 사원 간 커뮤니케이션의 악화
4 잔업 시간의 삭감을 강화하는 것

정답 3

단어 総務課 총무과 | 働き方 일하는 방식, 근무 방식 | 改革 개혁 | 一環 일환 | フレックスタイム制 자유 근무 시간제 | 導入 도입 | 残業 잔업, 야근 | 法定 법정, 법률로 정함 | 精算 정산 | 課題 과제 | 削減 삭감 | 拍車がかかる 박차가 가해지다 | 懸念 괘념, 우려, 걱정 | バラバラ 뿔뿔이, 제각각 | 疎通 소통 | 支障 지장 | 喚起 환기, 주의나 여론 등을 불러일으킴 | 増大 증대 | 悪化 악화 | 強化 강화

해설 '사원이 특히 무엇에 주의해야 하는지'를 묻는 이 문제의 핵심은 '우려되는 점(懸念される点)'을 찾는 것이다. 여자는 '출퇴근 시간이 제각각이 되면 사원 간 의사소통에 지장이 생긴다'고 말한다. 이어서 '광열비의 증가도 예상되지만, 무엇보다 이 점(의사소통에 지장이 생기는 것)에 주의해 달라'고 말하므로 선택지 3번이 정답이다.

6番 🎧 149-07　　　　　　　　　　　　　　　　　　　　　　　　　　　　문제편 415p

出版社で雑誌のテーマについて話しています。雑誌の次のテーマをどのようにしますか。

男 これ、見といてくれたかな、「今どきのオーエルの実態調査」、うちの『ウィズ ミー』の読者のアンケート結果。これを基に次の特集を組もうと思ってね。

女 はい、全国に住む女性250人が対象ですね。

男 これ見ると、6割が正社員で、事務系のオフィスワークが多いし、「仕事には満足してる」って答えてるよね。

女 はい。ただ、毎月の自由に使えるお金や貯蓄額を見ると、決して多いとは言えませんよね。

男 それは、仕事選びで一番重視するのが「収入」だっていうことからも分かるな。「仕事のやりがい」は意外に低く4番目で、「職場の人間関係」が2番目ってのが女性の特徴かな。

女 それから、一人暮らしの女性が28％で少ないように見えますが、男性と同棲中が25％もいて、実家で暮らしているのは40％になってます。で、毎月の出費で1番多いのが家賃というのに私は注目したいと思います。

男 そうか。僕は、2番目に食費が多くて、自炊してる人が少ないことが目に留まったんだけどな。まあ、まずは実家を出て暮らしている6割の人にフォーカスして、不動産の状況から調べることにするかな。

女 はい、分かりました。

출판사에서 잡지의 테마에 대해 이야기하고 있습니다. 잡지의 다음 테마를 어떻게 합니까?

남 이거 봐 뒀어? '요즘 OL의 실태 조사', 우리 회사 〈위드 미〉의 독자 앙케트 결과. 이걸 바탕으로 다음 특집을 짤까 하는데.

여 네, 전국에 사는 여성 250명이 대상이네요.

남 이걸 보면 60%가 정사원으로 사무 계통 오피스 워크가 많고, '일에는 만족하고 있다'고 대답하고 있어.

여 네. 다만 매달 자유롭게 쓸 수 있는 돈이나 저축액을 보면, 결코 많다고는 할 수 없네요.

남 그건 직업 선택에서 가장 중시하는 것이 '수입'이라는 것에서도 알 수 있어. '업무의 보람'은 네 번째로 의외로 낮고, '직장의 인간관계'가 두 번째라는 것이 여성의 특징이랄까.

여 그리고 혼자 사는 여성이 28%로 적은 것처럼 보이지만 남성과 동거 중이 25%나 있고, 본가에서 사는 사람은 40%로 나왔습니다. 그래서 매달 지출에서 가장 많은 것이 집세라는 데에 저는 주목하고 싶습니다.

남 그렇군. 난 두 번째로 식비가 많고 자취하는 사람이 적다는 것이 눈에 띄었는데. 뭐, 우선은 본가를 나와서 살고 있는 60%에 포커스를 맞춰서 부동산 상황부터 조사하기로 할까?

여 네, 알겠습니다.

雑誌の次のテーマをどのようにしますか。

1 住まいの選び方について
2 職場の人間関係について
3 だれと一緒に住むかについて
4 食事の取り方について

잡지의 다음 테마를 어떻게 합니까?

1 주거지를 고르는 방법에 대해
2 직장의 인간관계에 대해
3 누구와 함께 사는가에 대해
4 식사를 하는 방법에 대해

정답 1

단어 オーエル OL(office lady의 준말), 여성 직장인 | 実態 실태 | 読者 독자 | ～を基に ～을 기초로, ～을 바탕으로 | 特集 특집 | 組む 짜다, 짝을 짓다 | 満足 만족 | 貯蓄 저축 | 重視 중시 | やりがい 보람 | 特徴 특징 | 同棲 동거 | 出費 지출 | 家賃 집세 | 自炊 자취, 밥을 지어 먹으며 생활함 | 目に留まる 눈에 띄다, 눈을 끌다 | フォーカス 포커스, 초점 | 不動産 부동산

해설 잡지〈위드미〉가 실시한 독자 대상 앙케트 결과를 바탕으로 특집을 짜면서 남자가 '다음 테마'를 어떻게 할 것인지를 묻는다. '매달 지출이 가장 많은 집세에 주목하고 싶다'고 하는 여자와는 달리, 남자는 식사하는 방법에 대해 주목했지만 부동산 상황(거주지 선택 방법)부터 조사해 보자고 의견을 바꾸므로 선택지 1번이 정답이다. 3번의 '누구와 같이 사는가'는 주거 형태에 따른 부수적인 내용이므로 답으로는 적당하지 않다.

問題 2 문제 2에서는 먼저 질문을 들으세요. 그 후 문제지의 선택지를 읽으세요. 읽을 시간이 있습니다. 그리고 이야기를 듣고 문제지의 1에서 4 중에서 가장 적당한 것을 하나 고르세요. 그럼 연습해 봅시다.

例 149-08

문제편 416p

女の人と男の人が話しています。男の人はどうしてスーツを買いませんでしたか。

女 どうだった？バーゲンセール、スーツ、いいのあった？
男 うむ、ワイシャツは二枚買ったんだけど……。
女 スーツは気に入ったの、なかったの？
男 うむ、いいのがあったんだけど、売り切れちゃって。
女 すぐ買わなかったんだ。
男 そうなんだよ。もっといいのがあるかと思って探していたら、他の人が買ったみたいで。
女 どうも、ご苦労様でした。

男の人はどうしてスーツを買いませんでしたか。
1 気に入ったものがなかったから
2 ワイシャツをたくさん買ったから
3 買いたいものが売り切れてしまったから
4 安いものがなくなったから

여자와 남자가 이야기하고 있습니다. 남자는 어째서 양복을 사지 않았습니까?

여 어땠어? 바겐세일. 양복, 좋은 게 있었어?
남 음, 와이셔츠는 두 장 샀는데…….
여 양복은 맘에 드는 게 없었어?
남 음, 괜찮은 게 있었는데, 다 팔려 버려서.
여 바로 사지 않았구나.
남 그렇다니까. 좀 더 좋은 게 있나 싶어서 찾고 있었는데 다른 사람이 산 것 같아.
여 수고했어.

남자는 어째서 양복을 사지 않았습니까?
1 마음에 든 것이 없어서
2 와이셔츠를 많이 사서
3 사고 싶은 것이 다 팔려 버려서
4 저렴한 것이 없어져서

| 最もよいものは3番です。解答用紙の問題2の例のところを見てください。最もよいものは3番ですから、答えはこのように書きます。では始めます。 | 가장 적당한 것은 3번입니다. 답안지 문제 2의 예 부분을 보십시오. 가장 적당한 것은 3번이므로, 답은 이렇게 적습니다. 그럼 시작하겠습니다. |

정답 3

단어 バーゲンセール 바겐세일 | 売り切れる 다 팔리다, 매진되다 | ご苦労様でした 수고했어요, 고생했어요(인사말)

해설 남자는 마음에 드는 양복이 있었지만 좀 더 좋은 것을 찾는 사이에 모두 팔렸다고 말하므로 정답은 3번이다.

1番 🎧 149-09 문제편 417p

男の人と女の人がミュージカルについて話しています。女の人が毎回楽しみにしていることは何ですか。

남자와 여자가 뮤지컬에 대해 이야기하고 있습니다. 여자가 매번 기대하는 것은 무엇입니까?

男 野村さんって、よくミュージカル見に行ってるよね。ボクも今度、初めて見に行くんだけど、ミュージカルのことは分かんなくて、楽しみ方ってあるのかな。演劇って、なんか決まりごとがあって、その知識がないと楽しめないっていうか……。

女 いやいや、そんなこと気にしてたら楽しめないよ。そりゃ、知識も豊富で何でも知ってて、同じ出し物を何回も見に行ってる熱狂的なファンもいるけど。映画を見に行くように気楽に見に行けばいいと思うよ。

男 有名なアメリカのミュージカルの日本版なんだけど。

女 じゃあ、だいたいのストーリーは分かってるわけだから、後は、ステージの上の物語の空間に入って行けるかどうか。ミュージカルは歌があるからね。生の言葉と生の歌。その世界に入り込めたら、オッケー。

男 ふんふん。

女 夢のような世界を体験できるんだけど、何しろ生の言葉、生の体が演じてるわけだから、毎回ハプニングっていうか、そこに一種の奇跡が起きるんだよね。まぁ、そんなの気にしないでただ好きな役者のために、足を運ぶ人も多いけど。

男 うんうん。ボクもそれ、この目で見てみたいなぁ。

남 노무라 씨는 자주 뮤지컬을 보러 가지? 나도 이번에 처음으로 보러 가는데 뮤지컬에 관한 건 잘 몰라서, 즐기는 방법이 있는 걸까? 연극은 뭔가 정해진 것이 있어서 그 지식이 없으면 즐길 수 없다고 할까…….

여 아냐 아냐, 그런 걸 신경 쓰면 즐길 수가 없어. 그야 지식도 풍부하고 뭐든 알고 있고, 같은 작품을 몇 번이나 보러 가는 열광적인 팬도 있지만. 영화를 보러 가듯이 마음 편하게 보러 가면 된다고 생각해.

남 유명한 미국 뮤지컬의 일본판인데.

여 그럼 대강의 줄거리는 알고 있을 테니까, 나머지는 무대 위의 이야기 공간에 들어갈(몰입할) 수 있을지 어떨지. 뮤지컬은 노래가 있으니까 말야. 생생한 말과 생생한 노래. 그 세계로 파고들어 갈 수만 있다면 오케이.

남 흠, 그렇구나.

여 꿈 같은 세계를 체험할 수 있지만 여하튼 생생한 말, 살아 있는 몸(사람)이 연기하는 것이니까 매번 해프닝이랄까, 거기에 일종의 기적이 일어나지. 뭐, 그런 건 신경 쓰지 않고 그냥 좋아하는 배우 때문에 찾아가는 사람도 많지만.

남 응응. 나도 그거, 이 눈으로 보고 싶어.

女の人が毎回楽しみにしていることは何ですか。
1 演劇の知識が豊富になること
2 外国の物語の世界に入れること
3 夢のような体験ができること
4 舞台の上で奇跡が起こること

여자가 매번 기대하는 것은 무엇입니까?
1 연극 지식이 풍부해지는 것
2 외국의 이야기 세계에 들어갈(몰입할) 수 있는 것
3 꿈 같은 체험을 할 수 있는 것
4 무대 위에서 기적이 일어나는 것

정답 4

단어 ミュージカル 뮤지컬 | 楽しみ 기대, 낙 | 演劇 연극 | 決まりごと 정해진 것, 규칙 | 知識 지식 | 豊富 풍부 | 出し物 상연물, 공연 작품 | 熱狂的 열광적 | 気楽に 마음 편히 | 生 날 것, 생생함, 자연 그대로임 | 入り込む 빠져들다, 몰입하다 | 体験 체험 | 何しろ 어쨌든, 여하튼 | 演じる 연기하다 | 一種 일종 | 奇跡 기적 | 役者 배우 | 足を運ぶ 발걸음을 하다, (일부러) 찾아가다

해설 대화 중 「何しろ」 이후에 이어지는 '매번 해프닝이랄까, 거기에 일종의 기적이 일어난다'라는 부분이 여자가 말하고자 하는 핵심 내용이며 남자 역시 이에 적극적으로 동의하고 있으므로 선택지 4번이 정답이다.

2番 149-10

女の人と男の人が食事について話しています。男の人はどういう理由から野菜中心の食事に変えましたか。男の人です。

女 男の人って、食事はやっぱり肉が中心で野菜ってあんまり食べないんでしょ。

男 僕、食べてるよ。と言っても最近のことなんだけどね。

女 えっ！ほんとに？何がきっかけで？女の子はさ、健康食志向で、お昼はパンと野菜のサラダで、とかいう人多いじゃん。私もね、こないだ雑誌で見て、今の食生活変えなきゃなって思ってたんだよね。動物性タンパク質と脂肪の摂りすぎかなぁって。

男 そうそう、男子はね、動物性タンパク質信仰があってね。肉を食べれば筋肉が強くなる、野菜だと弱くなるっていう。そんなことなくて、植物性タンパク質でも鍛えれば筋肉モリモリになるし、むしろそっちの方が体に良いんだけどね。

女 体に良いって？

男 僕もそれでベジタリアンになったんだけどね、スポーツやってると、運動して疲れた後の回復力が大事なんだけど、その点は明らかに野菜中心の食事の方がアップするんだよ。持久力も付くし、それに味だって、

여자와 남자가 식사에 대해 이야기하고 있습니다. 남자는 어떤 이유로 채소 중심의 식사로 바꿨습니까? 남자입니다.

여 남자는 식사는 역시 고기가 중심이고 채소는 별로 안 먹잖아요?

남 나 먹어. 먹는다고 해도 최근의 일이긴 하지만.

여 앗, 진짜로? 뭘 계기로? 여자는 말야, 건강식 지향이라서 점심은 빵과 채소 샐러드로, 라는 사람이 많잖아. 나도 요전에 잡지를 보고 지금의 식생활을 바꿔야겠다고 생각했었어. 동물성 단백질과 지방을 너무 섭취하나 해서.

남 그래 그래. 남자는 말이지, 동물성 단백질 신앙이 있어서 말이야. 고기를 먹으면 근육이 강해진다, 채소로는 약해진다라고. (그런데) 전혀 그렇지 않고 식물성 단백질이라도 단련하면 근육이 울끈불끈해지고, 오히려 그게 더 몸에 좋은데 말이지.

여 몸에 좋다니?

남 나도 그래서 채식주의자가 됐단 말이지. 스포츠를 하다 보면 운동하고 지친 후의 회복력이 중요한데, 그 점은 확실히 채소 중심의 식사 쪽이 올라가거든. 지구력도 붙고,

大豆からできた肉と本物の牛肉や豚肉とそんなに変わらないからね。
女 よし、私も、やっぱりベジタリアンになろう。

男の人はどういう理由から野菜中心の食事に変えましたか。
1 雑誌で健康食志向の記事を読んだから
2 肉食より菜食のほうが筋肉が強くなるから
3 運動後の回復力がアップするから
4 植物性の肉のほうが味が良いから

게다가 맛도 대두로 만든 고기와 진짜 소고기나 돼지고기와 그렇게 다르지도 않으니까.
여 좋아, 나도 역시 채식주의자가 되겠어.

남자는 어떤 이유로 채소 중심의 식사로 바꿨습니까?
1 잡지에서 건강식 지향의 기사를 읽었기 때문에
2 육식보다 채식 쪽이 근육이 강해지기 때문에
3 운동 후의 회복력이 올라가기 때문에
4 식물성 고기 쪽이 맛이 더 좋기 때문에

정답 3

단어 きっかけ 계기 | 志向 지향 | こないだ(=この間) 요전에 | タンパク質 단백질 | 脂肪 지방 | 摂る 섭취하다 | 信仰 신앙 | 鍛える 단련하다 | モリモリ 단련으로 근육이 오른 모양, 울퉁불퉁, 울끈불끈 | ベジタリアン 채식주의자 | 回復 회복 | 明らかに 명확히, 명백히 | 持久力 지구력 | 付く 붙다, 달라붙다 | 本物 진짜, 실물 | 肉食 육식 | 菜食 채식

해설 남자는 '최근에 채소를 섭취하게 되었다'고 말하고 여자가 그 계기를 묻자 '식물성 단백질이 몸에 좋은 다양한 이유'를 설명하면서 '운동 후 회복력이 중요한데, 그 점에서 분명 채소 중심의 식사를 하는 편이 회복력이 올라간다'고 한다. 따라서 선택지 3번이 정답이다.

3番 🎧 149-11 문제편 418p

市長が市の児童館の機能について説明しています。市長はまず、何から取り組みたいと言っていますか。

女 この度、地域の包括的ケアシステムの推進に向けて、新たに児童館の機能についてまとめましたのでご報告します。児童館と言いますと、子供や子育て家庭にとって遊びの場というイメージが大きいと思われますが、今注目されているのは虐待など問題を抱えた子供の相談支援機能です。これは「子供家庭支援センター」との連携が必要になりますが、そういった地域のいろいろな団体とのネットワークの機能も大事です。そして、もう一つ、児童館の施設や人材を地域の他の活動へと結び付けていく資源開発の機能です。これらのうち優先して取り掛かりたいのは人材育成です。子供の相談支援やネットワークづくりもできるような、資源としての人材が必要なのです。

시장이 시의 아동관 기능에 대해 설명하고 있습니다. 시장은 우선 무엇부터 대처하고 싶다고 말하고 있습니까?

여 이번에 지역의 포괄적 케어 시스템의 추진을 위해, 새로 아동관의 기능에 대해 정리했으므로 보고드립니다. 아동관이라고 하면 아이나 아이를 키우는 가정에 있어 놀이터라는 이미지가 크다고 생각합니다만, 지금 주목받고 있는 것은 학대 등의 문제를 안고 있는 아이의 상담 지원 기능입니다. 이것은 '어린이 가정 지원 센터'와의 연계가 필요합니다만, 그러한 지역의 여러 단체와의 네트워크 기능도 중요합니다. 그리고 또 하나, 아동관의 시설이나 인재를 지역의 다른 활동으로 연계해 나가는 자원 개발 기능입니다. 이것들 중 우선해서 착수하고자 하는 것은 인재 육성입니다. 어린이 상담 지원이나 네트워크 조성도 할 수 있는 자원으로서의 인재가 필요합니다.

市長はまず、何から取り組みたいと言っていますか。
1　遊びの場としての機能
2　資源開発の機能
3　子どもの相談支援機能
4　ネットワークの機能

시장은 우선 무엇부터 대처하고 싶다고 말하고 있습니까?
1　놀이터로서의 기능
2　자원 개발의 기능
3　아동 상담 지원 기능
4　네트워크 기능

정답 2

단어 児童 아동 | 機能 기능 | 取り組む 추진하다, 몰두하다 | 包括 포괄 | 推進 추진 | 虐待 학대 | 抱える 안다, 품다 | 支援 지원 | 連携 연계, 제휴 | 施設 시설 | 結び付ける 결부하다, 연결시키다 | 資源 자원 | 優先 우선 | 取り掛かる 착수하다, 시작하다 | 育成 육성 | 명사 + づくり ~만들기

해설 마지막 부분에서 '우선해서 착수하고자 하는 것은 인재 육성'이며 '자원으로서의 인재가 필요하다'고 말하므로 정답은 2번이다. 1번 놀이터로서의 기능은 일반적인 아동관의 이미지이므로 답이 될 수 없으며, 3번의 '아동 상담 지원 기능'과 4번의 '네트워크 기능'은 '자원 개발 기능'의 일부만을 나타내고 있으므로 오답이다.

4番　149-12　문제편 418p

テレビでアナウンサーが会社の社長にインタビューしています。社長が最も重視するのは、どのような人材ですか。

男　今日は「ワールド商事」の小林社長にお話を伺います。働き方改革が進む現在、小林さんの会社ではどのような人材を求めていらっしゃるんでしょうか。

女　もちろん、効率的に業務を遂行する能力、それから、問題解決能力、仕事は問題の連続ですからね、臨機応変に対処できる能力も重要です。ですが、おっしゃるように働き方改革という点では、別の視点が必要かなと考えています。

男　といいますと、やはり情報通信技術がポイントになるということでしょうか。

女　そうですね。多様な働き方という点では、確かに、その点もポイントになりますね。テレワークとかですね。また、それ以上にうちの会社が重視するのは、本業だけでなく、積極的に副業を見つけて両立できるような人材ですね。何しろ人生100年の時代ですからね。仕事を複数持つことが本人のスキルアップになるだけでなく会社にもメリットになるんですね。

텔레비전에서 아나운서가 회사 사장에게 인터뷰하고 있습니다. 사장이 가장 중시하는 것은 어떤 인재입니까?

남　오늘은 '월드 상사'의 고바야시 사장님께 말씀을 여쭙겠습니다. 근로 방식 개혁이 진행되고 있는 현재, 고바야시 씨의 회사에서는 어떤 인재를 구하고 있습니까?

여　물론 효율적으로 업무를 수행하는 능력, 그리고 문제 해결 능력, 업무는 문제의 연속이기 때문에 임기응변으로 대처할 수 있는 능력도 중요합니다. 하지만 말씀하시는 것처럼 근로 방식 개혁이라는 점에서는 다른 시점이 필요하지 않을까 생각합니다.

남　그렇다는 것은 역시 정보 통신 기술이 포인트가 된다는 건가요?

여　그렇지요. 다양한 근로 방식이라는 점에서는 분명 그 점도 포인트가 됩니다. 재택근무라든지요. 또 그 이상으로 우리 회사가 중시하는 것은 본업뿐 아니라 적극적으로 부업을 찾아서 병행할 수 있는 인재입니다. 어쨌든 인생 100세 시대니까요. 일을 복수로 가지는 것이 본인의 스킬 향상이 될뿐만 아니라 회사에도 이득이 되는 것이지요.

男 そうですか。
女 最近はインターネットを使ったオンラインでの業務も増えているので、その面でのコミュニケーション能力も問われてますが、それも問題解決能力の一部だと思いますね。

社長が最も重視するのは、どのような人材ですか。
1 積極的に副業をこなせる人
2 高度な情報通信技術を持っている人
3 オンラインでのコミュニケーション能力がある人
4 臨機応変に問題を解決する人

남 그렇습니까.
여 최근에는 인터넷을 사용한 온라인 업무도 늘어나고 있기 때문에 그런 면에서의 커뮤니케이션 능력도 요구되고 있습니다만, 그것도 문제 해결 능력의 일부라고 생각합니다.

사장이 가장 중시하는 것은 어떤 인재입니까?
1 적극적으로 부업을 해내는 사람
2 고도의 정보 통신 기술을 가지고 있는 사람
3 온라인에서의 커뮤니케이션 능력이 있는 사람
4 임기응변으로 문제를 해결하는 사람

정답 1

단어 商事 상사 | 業務 업무 | 遂行 수행 | 連続 연속 | 臨機応変 임기응변 | 通信 통신 | 多様だ 다양하다 | テレワーク 텔레워크, 재택근무 | 本業 본업 | 積極的に 적극적으로 | 副業 부업 | 両立 양립, 병행 | 複数 복수, 다수 | スキル 스킬, 기술 | メリット 메리트, 장점, 이득 | 高度な 고도의

해설 2, 3, 4번에서 언급한 능력도 중요하다고 말하지만 부업에 대해 '그 이상으로 우리 회사가 중시하는 것은 적극적으로 부업을 찾아서 병행할 수 있는 인재'라고 확실하게 말하고 있으므로 선택지 1번이 정답이다.

5番 🎧 149-13   문제편 419p

女の人が男の人にインタビューしています。男の人が勧めるテーブルはどんな点に人気があると言っていますか。

女 今日は家具通販専門店の野村さんにお話を伺います。ダイニングテーブルなんですが、今、人気があるのはどういったものになりますでしょうか。
男 ダイニングテーブルと言っても、サイズや価格帯によって分かれてくるのですが、では、4人掛けで、5万円程度のものからお話しますね。
女 はい、お願いします。
男 最近の傾向としては、やはり天然の木材を使ったものに人気がありますね。天然木ならではの質感がある、いわゆる無垢材ですね。まあ、天板の形は楕円形や丸形のものよりオーソドックスな長方形を選ぶ方が多いのですが、特に側面が直線ではなくて、少し波打って

여자가 남자에게 인터뷰하고 있습니다. 남자가 추천하는 테이블은 어떤 점이 인기가 있다고 말하고 있습니까?

여 오늘은 가구 통신 판매 전문점의 노무라 씨에게 이야기를 들어 보겠습니다. 다이닝 테이블 말인데요, 지금 인기가 있는 것은 어떤 것인가요?
남 다이닝 테이블이라고 해도 사이즈나 가격대에 따라 나누어 지는데요, 그럼 4인용에 5만 엔 정도의 물건부터 이야기하겠습니다.
여 네, 부탁드립니다.
남 최근 경향으로는 역시 천연 목재를 사용한 것이 인기가 있습니다. 천연목 특유의 질감이 있는, 소위 무구재(원목)이지요. 뭐, (테이블) 상판의 형태는 타원형이나 원형보다 정통적인 직사각형 (모양)을 선택하는 분이 많은데요, 특히 측면이 직선이 아니라 약간 물결치는

いるような特別な加工が施してあるデザインのものがありまして、これが人気もあり、イチオシの品物になっております。

女 テーブルの脚については、いかがでしょうか。

男 はい、4本脚のテーブル、2本脚のテーブル、に加えまして、最近増えてきたのが2本脚の変形と言いましょうか、それぞれの脚をまた2本にして鳥居のような形にしたものですね。こちらは2本脚同様ベンチ型の椅子と組み合わせた場合に使い勝手がよくなっております。

女 そうですか、ありがとうございました。

男の人が勧めるテーブルはどんな点に人気があると言っていますか。
1 質感のある無垢材を使っている点
2 天板の側面に特殊加工がしてある点
3 テーブルの脚が鳥居型になっている点
4 ベンチ型の椅子とセットになっている点

듯한 특별한 가공 처리가 된 디자인이 있는데, 이것이 인기도 있고 가장 추천하는 상품입니다.

여 테이블 다리는 어떤가요?

남 네, 다리 4개의 테이블, 다리 2개의 테이블에 더해서 최근 늘어난 것이 다리 2개 테이블의 변형이라고 할까요, 각각의 다리를 다시 두 개로 해서 도리이같은 형태로 만든 것입니다. 이쪽은 다리 2개의 테이블과 마찬가지로 벤치형 의자와 조합한 경우에 쓰기 편리합니다.

여 그렇습니까. 감사합니다.

남자가 추천하는 테이블은 어떤 점이 인기가 있다고 말하고 있습니까?
1 질감이 있는 무구재를 사용하고 있는 점
2 테이블 상판 측면에 특수 가공을 한 점
3 테이블 다리가 도리이 형태로 되어 있는 점
4 벤치형 의자와 세트가 되어 있는 점

정답 **2**

단어 通販 통신 판매, 인터넷 쇼핑 | 専門店 전문점 | ダイニングテーブル 다이닝 테이블(식탁) | 価格帯 가격대 | 分かれる 나누어지다 | ～人掛け ～인용 | 傾向 경향 | 木材 목재 | 天然木 천연 목재 | 質感 질감 | 無垢 무구, 순수하고 티가 없음 | 無垢材 원목 | 天板 책상, 테이블 등 상부 나무판 | 楕円形 타원형 | 丸形 원형 | オーソドックスな 정통적인 | 長方形 직사각형 | 側面 측면 | 波打つ 물결치다 | 施す 베풀다, 실시하다 | 脚 다리 | 変形 변형 | 鳥居 도리이, 일본 신사 입구에 있는 기둥 | 組み合わせる 조합하다, 짜다 | 使い勝手 쓰기에 편리한 정도, 사용감 | 使い勝手が良い 쓰기에 편리하다 | 特殊 특수

해설 남자의 대사 중「特に 특히」이후의 부분에 주목하자. '약간 물결치는 듯한 특별한 가공을 한 디자인이 있는데, 이것이 인기도 있고 가장 추천하는 상품'이라고 말한다. 따라서 선택지 2번이 정답이다.

6번 🎧 149-14

문제편 419p

会社で上司と部下が話しています。この会社でペーパーレス化が進まない理由は何だと言っていますか。

女 課長、デジタル化が進んだ今の時代に、うちの会社は、まだ紙の書類を使うことが多いですよね。

男 そうだな。ペーパーレス化に取り組んでる部署もあるにはあるんだけど、会社全体では、まだまだだな。

회사에서 상사와 부하가 이야기하고 있습니다. 이 회사에서 페이퍼리스화가 진행되지 않는 이유는 무엇이라고 말하고 있습니까?

여 과장님, 디지털화가 진행된 지금 시대에 우리 회사는 아직도 종이 서류를 쓰는 일이 많네요.

남 그러게. 페이퍼리스화에 대응하고 있는 부서도 있긴 있는데, 회사 전체로는 아직이지.

女 やはり、経営者の問題なんでしょうか。友達の会社では、若い経営者が率先して取り組んでて、会議の議事録も、稟議書もデジタル化したって言ってました。
男 というより世代格差の問題かな。社長も紙をなくすことの重要性はちゃんと認識していて、その方向で進めるよう指示は出ているんだけどな。
女 書類をデータ化するにはタブレットなどのIT機器が必要で、コストがかかるとも聞きました。
男 それを買ったところで、全員が使いこなせるわけじゃないでしょ。社員の間で情報リテラシーの格差があるってことなのよ。
女 そうですか。紙をなくすには時間がかかるということですね。

この会社でペーパーレス化が進まない理由は何だと言っていますか。
1 必要なIT機器の費用がかかりすぎること
2 IT機器が苦手な世代の社員が多いこと
3 経営者に情報リテラシーが欠けていること
4 ペーパーレス化に反対している部署があること

여 역시 경영자의 문제인가요? 친구의 회사에서는 젊은 경영자가 솔선해서 대응하고 있어서, 회의 의사록도 품의서도 디지털화되었다고 하더군요.
남 그렇다기보다 세대 격차의 문제가 아닐까. 사장님도 종이를 없애는 것의 중요성은 확실히 인식하고 있고, 그 방향으로 추진하도록 지시는 나왔지만 말이야.
여 서류를 데이터화 하려면 태블릿 같은 IT 기기가 필요해서 비용이 든다고도 하더군요.
남 그걸 구입한다고 해서 모두 다 잘 다룰 수 있는 건 아니잖아. 사원 간에 정보 리터러시(활용 능력) 격차가 있다는 거야.
여 그런가요. 종이를 없애려면 시간이 걸린다는 것이군요.

이 회사에서 페이퍼리스화가 진행되지 않는 이유는 무엇이라고 말하고 있습니까?
1 필요한 IT 기기의 비용이 너무 많이 드는 것
2 IT 기기에 서투른 세대인 사원이 많은 것
3 경영자에게 정보 리터러시가 결여되어 있는 것
4 페이퍼리스화를 반대하는 부서가 있는 것

정답 2

단어 ペーパーレス 페이퍼리스(종이를 쓰지 않음) | 率先 솔선 | 稟議書 품의서 | 格差 격차 | 機器 기기 | コスト 코스트, 원가, 비용 | 使いこなす 능숙하게 쓰다, 구사하다 | リテラシー 리터러시, 활용 능력

해설 회사에서 페이퍼리스(paperless)화가 잘 진행되지 않는 이유가 경영자의 문제인지를 묻는 부하에게 상사는 「というより世代格差の問題」라고 대답한다. 이어 부하가 페이퍼리스화의 대책으로 말하는 종이 문서의 데이터화나 태블릿 기기 사용에 대해 '모두 다 잘 다룰 수 있는 건 아니며 사원 간에 정보 리터러시의 격차가 있다'고 설명한다. 따라서 선택지 2번이 답으로 적당하다.

7번 🎧 149-15

ラジオのニュースでアナウンサーが話しています。アナウンサーは発見されたアルバムはどのような点で価値があると言っていますか。

女 東京の子供たちが約100年前に描いた絵や書道の作品166点を収めた2冊のアルバムがイタリアで発見され

라디오 뉴스에서 아나운서가 이야기하고 있습니다. 아나운서는 발견된 앨범은 어떤 점에서 가치가 있다고 말하고 있습니까?

여 도쿄의 어린이들이 약 100년 전에 그린 그림과 서예 작품 166점을 수록한 2권의 앨범이 이탈리아에서 발견

ました。アルバムには、当時、東京に住んでいた7歳から15歳の子供が描いた富士山の絵や人物画、書道作品などが収められています。これらは当時の子供20万人の応募作品の中から選ばれたもので、中には、後に「日本のゴーギャン」と呼ばれ名声を得た日本画家のものも含まれ、注目されています。全ての作品には氏名・年齢・学校名が記されていますが、そのうち作者の親族が判明したのは7人だけで、情報の提供を呼び掛けています。

アナウンサーは発見されたアルバムはどのような点で価値があると言っていますか。
1 100年前の、東京の子どもたちの生活が分かること
2 20万もの応募作品から選ばれ、希少価値が高いこと
3 有名な画家の、行方不明になっていた作品が含まれていること
4 有名な画家の、子ども時代の作品が含まれていること

되었습니다. 앨범에는 당시 도쿄에 살았던 7세에서 15세의 어린이가 그린 후지산 그림이나 인물화, 서예 작품 등이 수록되어 있습니다. 이것들은 당시의 어린이 20만 명의 응모 작품 중에서 뽑힌 것으로, 그 중에는 후에 '일본의 고갱'이라 불리며 명성을 얻은 일본 화가의 것도 포함되어 주목받고 있습니다. 모든 작품에는 성명·연령·학교명이 적혀 있지만, 그 중 작가의 친족이 판명된 것은 7명뿐으로, 정보 제공을 호소하고 있습니다.

아나운서는 발견된 앨범은 어떤 점에서 가치가 있다고 말하고 있습니까?
1 100년 전의 도쿄 어린이들의 생활을 알 수 있는 것
2 20만이나 되는 응모 작품에서 뽑혀 희소가치가 높은 것
3 유명한 화가의 행방불명이 되었던 작품이 포함되어 있는 것
4 유명한 화가의 어린 시절 작품이 포함되어 있는 것

정답 4

단어 発見 발견 | アルバム 앨범 | 書道 서도, 서예 | 収める 수록하다 | ゴーギャン 고갱(프랑스 화가) | 名声 명성 | 画家 화가 | 記す 적다, 기록하다 | 作者 작자, 작가 | 親族 친족 | 判明 판명 | 呼び掛ける 호소하다 | 希少価値 희소가치 | 行方不明 행방불명, 실종

해설 우선 발견된 앨범에 대한 구체적인 설명이 나오고「中には 그 중에는」이후부터 '앨범에는 후에 일본의 고갱이라 불리는 화가의 어린 시절 작품이 수록되어 있어 주목받고 있다'는 가치 평가에 대한 내용이 나온다. 따라서 정답은 선택지 4번이다.

問題3　문제 3에서는 문제지에 아무것도 인쇄되어 있지 않습니다. 이 문제는 전체적으로 어떤 내용인가를 묻는 문제입니다. 이야기 전에 질문은 없습니다. 우선 이야기를 들으세요. 그리고 질문과 선택지를 듣고 1에서 4 중에서 가장 적당한 것을 하나 고르세요. 그럼 연습해 봅시다.

문제편 421p

例　🎧 149-16

女の人がお掃除用のロボットについて話しています。

女 この丸くて薄い円盤のようなものがお掃除用のロボットなんですが、床の上に置いて、スイッチを入れるだけで自分で動いて床の上のゴミをきれいに吸い取ってくれます。とは言っても、やはり壁際や部屋の隅の部分

여자가 청소용 로봇에 대해 이야기하고 있습니다.

여 이 둥글고 얇은 원반 같은 것이 청소용 로봇인데요, 바닥 위에 놓고 스위치를 켜는 것만으로 스스로 움직여서 바닥 위의 쓰레기를 깨끗하게 빨아들여 줍니다. 그렇다고는 해도 역시 벽 옆이나 방의 구석 부분은 아무

はどうしてもゴミが残ってしまいます。大きなゴミや家具があると動けなくなるので、最初に人が片付けなければならないのもちょっと面倒です。また、決して静かではありません。それでこのお値段ですから、これはまだまだ改良の余地があるんじゃないでしょうか。

女の人は何について話していますか。
1 お掃除用ロボットの長所
2 お掃除用ロボットの短所
3 お掃除用ロボットの値段
4 お掃除用ロボットの使い方

最もよいものは2番です。解答用紙の問題3の例のところを見てください。最もよいものは2番ですから、答えはこのように書きます。では始めます。

래도 쓰레기가 남아 버립니다. 큰 쓰레기나 가구가 있으면 움직이지 못하게 되니 처음에 사람이 (어느 정도) 정리해야만 하는 것도 조금 번거롭습니다. 또한, 절대 조용하지는 않습니다. 그런데 이 가격이니, 이건 아직 개량의 여지가 있는 게 아닐까요.

여자는 무엇에 대해 이야기하고 있습니까?
1 청소용 로봇의 장점
2 청소용 로봇의 단점
3 청소용 로봇의 가격
4 청소용 로봇의 사용법

가장 적당한 것은 2번입니다. 답안지 문제 3의 예 부분을 보십시오. 가장 적당한 것은 2번이므로, 답은 이렇게 적습니다. 그럼 시작하겠습니다.

정답 2

단어 薄い 얇다 | 円盤 원반 | 吸い取る 빨아들이다, 흡입하다 | 壁際 벽 옆, 벽 쪽 | 隅 구석, 모퉁이 | 片付ける 정리하다, 치우다 | 改良 개량 | 余地 여지 | 長所 장점 | 短所 단점

해설 여자는 처음에 청소용 로봇의 간단한 기능에 대해 설명하고, 이어서 방해물(큰 쓰레기나 가구)이 있으면 움직이지 못하는 번거로운 점과 소음, 높은 가격 등의 개선의 여지, 즉 단점에 대해 이야기하고 있다. 따라서 정답은 2번이다.

1番 🎧 149-17

テレビで女の人が話しています。

女 今どきの若い新入社員についてよく言われるのが、「指示されたことしかやらない」、「指示された以上のことはやろうとしない」ということです。で、次の指示を待っているというのです。例えば、「円の相場を調べるように」と指示すると、ただ調べるだけで、調べたことを報告しない。報告しないで、ただ待っている。そんな冗談のような話もあります。これなどは、若者の間で、リアルな対人関係が希薄になったことの表れだと思われます。一日中片時もスマートフォンを手放さずゲームをしたりインターネットにつながれている。そんなヴァーチャルな世界に住む若者が急に社会的な人間関係を身につけるのは困難だということです。

텔레비전에서 여자가 이야기하고 있습니다.

여 요즘 젊은 신입 사원에 대해 자주 듣는 이야기가 '지시받은 것밖에 하지 않는다', '지시받은 것 이상은 하려고 하지 않는다'라는 것입니다. 그리고 다음 지시를 기다리고 있다고 합니다. 예를 들어, '엔 시세를 조사하도록'이라고 지시하면, 그저 조사만 할 뿐, 조사한 것을 보고하지 않는다. 보고하지 않고 그저 기다리고 있다. 그런 농담 같은 이야기도 있습니다. 이런 것들은 젊은이들 사이에서 리얼한 대인 관계가 희박해진 것을 나타내고 있다고 생각됩니다. 하루 종일 한시도 스마트폰을 손에서 놓지 않고 게임을 하거나 인터넷에 연결되어 있다. 그런 가상의 세계에 사는 젊은이가 갑자기 사회적인 인간관계를 익히는 것은 어렵다는 것입니다.

女の人は何について話していますか。
1 会社内でのコミュニケーションの必要性
2 会社内での上下関係の重要性
3 最近の若い新入社員の役割
4 最近の若い新入社員の特徴

여자는 무엇에 대해 이야기하고 있습니까?
1 회사 내에서의 커뮤니케이션의 필요성
2 회사 내에서의 상하 관계의 중요성
3 최근 젊은 신입 사원의 역할
4 최근 젊은 신입 사원의 특징

정답 4

단어 相場 시세 | 冗談 농담 | 対人関係 대인 관계 | 希薄 희박 | 表れ 표시, 결과 | 片時 한시, 잠시 | 手放す 손에서 놓다 | ヴァーチャルな 버추얼한, 가상의 | 身につける 익히다, 갖추다 | 困難だ 곤란하다, 어렵다 | 役割 역할 | 特徴 특징

해설 이야기의 초반에 나오는 '요즘 젊은 신입 사원은 지시한 것밖에 하지 않는다', '지시 받은 것 이상은 하려 하지 않는다', '다음 지시를 기다리고 있다'와 같은 내용은 맨 앞에서 말한 '요즘 젊은 신입 사원에 대한 구체적인 내용'이다. 따라서 선택지 4번이 답으로 적당하다.

2番 🎧 149-18

会社で男の人と女の人が話しています。

男 僕も、とうとう新聞をデジタル版に変えたよ。休みの日に家でソファーに座ってじっくり読むには今でも紙の方がいいとは思うんだけどね。

女 へぇー、最近まで電車の中でも新聞を上手に畳んで読んでたのにね。どういう心境の変化？

男 新聞の記事、ネットで読もうとすると、すぐに途中で切れて、「はい、後は有料です」ってなるじゃない？あれがストレスだったんだけど、デジタル版にしたら全部読めるし、購読料も紙よりネットの方が安いし、すぐに他社の記事と比べられるし、電子文字だからいろいろ活用できるし。

女 確かに、一社の新聞だけ配達してもらうってのは、もうあまり意味がないかもね。

男 それにね。いよいよ僕もケータイをスマートフォンに変えたのよ。だからもう電車の中でストレスなく記事を全部読めるし、その点もね。

회사에서 남자와 여자가 이야기하고 있습니다.

남 나도 드디어 신문을 디지털판으로 바꿨어. 휴일에 집에서 소파에 앉아 차분히 읽기에는 지금도 종이 쪽이 좋다고는 생각하지만 말야.

여 오~, 최근까지 전철 안에서도 신문을 능숙하게 접어서 읽었는데. 무슨 심경의 변화?

남 신문 기사, 인터넷에서 읽으려고 하면, 금방 도중에 끊겨서 '네, 이후부터는 유료입니다'라고 나오잖아? 그게 스트레스였는데 디지털판으로 바꿨더니 전부 읽을 수 있고, 구독료도 종이보다 인터넷 쪽이 저렴하고, 바로 타사의 기사와 비교할 수 있고, 전자 문자라서 여러모로 활용할 수 있고.

여 하긴, 한 회사의 신문만 배달 받는 건 이제 별로 의미가 없을지도 몰라.

남 게다가, 드디어 나도 휴대 전화를 스마트폰으로 바꿨어. 그래서 이제 전철 안에서 스트레스 없이 기사를 전부 읽을 수 있고, 그 점도 말이야.

男の人は何について話していますか。	남자는 무엇에 대해 이야기하고 있습니까?
1 新聞をデジタル版にしたわけ	1 신문을 디지털판으로 한 이유
2 紙の新聞の不便な点	2 종이 신문의 불편한 점
3 ネットの新聞の購読料の安さ	3 인터넷 신문 구독료의 저렴함
4 スマートフォンの便利さ	4 스마트폰의 편리함

정답 **1**

단어 とうとう 드디어 | じっくり 차분히 | 畳む 접다, 개다 | 心境 심경 | 切れる 끊기다, 잘리다 | 有料 유료 | 購読料 구독료 | 他社 타사, 다른 회사 | 活用 활용 | 配達 배달

해설 '드디어 신문을 디지털판으로 바꿨다'는 남자의 말에 여자는 '어떤 심경의 변화'로 디지털판으로 바꿨는지를 묻는다. 이에 남자는 디지털판으로 읽는 이점에 대해 나열하고 있다. 따라서 선택지 1번이 정답이다.

3番 🎧 149-19

ラジオでアナウンサーが話しています。

女 沖縄にある水族館で、雌のジンベエザメ1頭が死んだと発表されました。死因は、摂餌障害を引き起こしたためといわれています。飼育年数は13年2か月で、国内で最も長く飼育された雌のジンベエザメでした。水族館での飼育開始以前からあごの骨格構造に異常があり、成長とともに悪化していました。超音波画像診断では胃と腸をつなぐ器官「幽門部」に異常があることも判明。取り入れた餌が消化器官内で停滞し、十分な量の栄養を腸で吸収するのが困難だったことが分かりました。

何についてのニュースでしたか。
1 水族館のサメの死因
2 水族館のサメの一生
3 水族館のサメの飼育方法
4 水族館のサメの病気診断

라디오에서 아나운서가 이야기하고 있습니다.

여 오키나와에 있는 수족관에서 암컷 고래상어 한 마리가 죽었다고 발표되었습니다. 사인은 섭식 장애를 일으켰기 때문이라고 합니다. 사육 연수는 13년 2개월로 국내에서 가장 오래 사육된 암컷 고래상어였습니다. 수족관에서의 사육 개시 이전부터 턱 골격 구조에 이상이 있어, 성장과 함께 악화되었습니다. 초음파 영상 진단에서는 위와 장을 연결하는 기관인 '유문부'에 이상이 있는 것도 판명. 섭취한 먹이가 소화 기관 내에서 정체돼 충분한 양의 영양을 장에서 흡수하는 것이 어려웠다는 것이 판명되었습니다.

무엇에 대한 뉴스였습니까?
1 수족관 상어의 사인
2 수족관 상어의 일생
3 수족관 상어의 사육 방법
4 수족관 상어의 질병 진단

정답 **1**

단어 雌 암컷 | ジンベエザメ 고래상어 | 頭 마리(동물을 세는 단위의 하나) | 死因 사인 | 摂餌障害 식이 장애, 섭식 장애 | 飼育 사육 | 骨格 골격 | 構造 구조 | 超音波 초음파 | 診断 진단 | 器官 (생물) 기관 | 幽門 유문 | 取り入れる 섭취하다, 받아들이다 | 餌 먹이 | 停滞 정체 | 吸収 흡수

해설 '오키나와에 있는 수족관에서 암컷 고래상어 한 마리가 죽었다', '사인은 섭식 장애를 일으켰기 때문'이라는 첫 문장에서 선택지 1번이 답이라는 것을 알 수 있다. 마지막 부분에 병에 대한 구체적인 설명이 있지만 '진단'이라기 보다는 '사인'에 관한 설명이므로 4번은 답이 될 수 없다.

4番 🎧 149-20

テレビでアナウンサーがIT技術の専門家にインタビューをしています。

女 最近、IoT（アイオーティー）という言葉をよく耳にするようになりました。IoTというのは、モノとインターネットをつなぐ通信技術のことですね。

男 ええ。IoTによって、家庭内の電気製品をはじめ、あらゆるモノの状態をデータとして収集することで、離れた場所から、人工知能・AIが現在の状況を判断して、最適な対応を指示することができます。電気製品だけでなく、たとえば家のカギですが、外出中、どこからでも開け閉めできるのです。

女 それは便利ですよね。工場の生産管理や在庫管理など産業分野の話だと思ってましたが……。

男 それだけではありません。クルマの自動運転にも欠かせない技術だし、ウェアラブル端末を利用すれば、一人暮らしの高齢者の健康管理や遠隔診療など、医療分野でも役立てることができます。介護の負担も軽減できるでしょうし、可能性は無限に広がっています。

話のテーマは何ですか。
1 IoTはどのように活用されるか
2 IoTはどんな問題を抱えているか
3 IoTはどうして必要なのか
4 IoTはどのようにして開発されたか

텔레비전에서 아나운서가 IT 기술 전문가에게 인터뷰하고 있습니다.

여 최근 IoT이라는 말을 자주 듣게 되었습니다. IoT라는 것은 사물과 인터넷을 연결하는 통신 기술을 말하는 것이지요?

남 네. IoT에 의해, 가정 내의 전자 제품을 비롯해 온갖 사물의 상태를 데이터로 수집함으로써 떨어진 장소에서 인공 지능·AI가 현재의 상황을 판단해서 최적의 대응을 지시할 수가 있습니다. 전자 제품뿐만 아니라 예를 들면 집의 열쇠 말인데요, 외출 중 어디에서든지 열고 닫을 수 있습니다.

여 그건 편리하겠네요. 공장의 생산 관리나 재고 관리 등 산업 분야의 이야기라고 생각했었는데요…….

남 그뿐만이 아닙니다. 자동차의 자동 운전에도 빼놓을 수 없는 기술이고, 웨어러블 단말을 이용하면 독거노인의 건강 관리나 원격 진료 등, 의료 분야에서도 도움이 될 수 있습니다. 간병의 부담도 줄일 수 있을 것이고, 가능성은 무한하게 펼쳐져 있습니다.

이야기의 주제는 무엇입니까?
1 IoT는 어떻게 활용되는가
2 IoT는 어떤 문제를 가지고 있는가
3 IoT는 어째서 필요한가
4 IoT는 어떻게 해서 개발되었는가

정답 1

단어 耳にする 듣다 | モノ=物 물건 | つなぐ 연결하다, 잇다 | あらゆる 모든, 온갖 | 状態 상태 | 収集 수집 | 最適な 최적의 | 対応 대응 | 開け閉め 열고 닫음 | 在庫 재고 | 欠かせない 빼놓을 수 없다 | ウェアラブル 웨어러블, 몸에 지닐 수 있는 | 端末 단말 | 遠隔診療 원격 진료 | 介護 간호, 간병 | 負担 부담 | 軽減 경감 | 無限 무한

해설 여자가 IoT(Internet of Things, 사물 인터넷)라는 통신 기술에 대해 묻자 남자는 '가정 내 전자 제품을 비롯하여 인공 지능, 자동 운전, 독거노인의 건강 관리 및 원격 진단과 같은 의료 분야' 등 구체적인 활용 사례를 들어 설명한다. 정답은 선택지 1번이다.

5番 🎧 149-21

ラジオで女の人が話しています。

女「Me Too(ミートゥー)運動」という言葉、ご存じだと思います。性的な被害を告発する運動、2017年から2018年にかけて世界中に広がったこの運動ですが、実は、まだまだ世界各国で運動は起こっていて、この日本でも、男性政治家によるセクハラや女性差別発言などが後を絶ちません。それほどこの問題は根が深く、男性中心の社会が今も変わっていないことを示しています。この社会を変えるために女性は立ち上がっています。女性だけではありません。今では、いわゆるLGBTの社会運動も広まっていて、性差別をなくすための運動は今後ますます大きくなっていくと思われます。

女の人が言いたいことは何ですか。
1 ミートゥー運動は社会を変えられないということ
2 ミートゥー運動は男性が中心だということ
3 ミートゥー運動は今後も続くということ
4 ミートゥー運動が変化してしまったということ

라디오에서 여자가 이야기하고 있습니다.

여 '미투(Me Too) 운동'이라는 말을 알고 계시리라 생각합니다. 성적인 피해를 고발하는 운동, 2017년부터 2018년에 걸쳐 전 세계로 퍼져나간 이 운동말인데요, 실은 아직 세계 각국에서 운동이 일어나고 있고 여기 일본에서도 남성 정치가에 의한 성희롱과 여성 차별 발언 등이 끊이지 않습니다. 그만큼 이 문제는 뿌리 깊고 남성 중심의 사회가 지금도 변하지 않았다는 것을 나타내고 있습니다. 이 사회를 바꾸기 위해서 여성이 일어서고 있습니다. 여성만이 아닙니다. 지금은 소위 LGBT(성소수자)의 사회 운동도 널리 퍼지고 있으며, 성차별을 없애기 위한 운동은 앞으로 더욱 커져 갈 것이라고 생각됩니다.

여자가 말하고 싶은 것은 무엇입니까?
1 미투 운동은 사회를 바꿀 수 없다는 것
2 미투 운동은 남성이 중심이라는 것
3 미투 운동은 앞으로도 계속될 것이라는 것
4 미투 운동이 변화해 버렸다는 것

정답 3

단어 被害 피해 | 告発 고발 | セクハラ「セクシュアルハラスメント」의 준말. 성희롱 | 差別 차별 | 発言 발언 | 後を絶たない 끊이지 않다 | 根が深い 뿌리가 깊다 | 立ち上がる 일어서다 | 広まる 널리 퍼지다

해설 '성차별을 없애기 위한 운동은 앞으로 더욱 커져 갈 것'이라는 마지막 문장을 통해 선택지 3번이 답이라는 것을 알 수 있다.

6番 🎧 149-22

ラジオでアナウンサーが話しています。

男 例えば地方の農村の風景を見てみますと、人々が生活する空間に接して広がる森や林が見られます。普段は人が入ることのない山奥と、それから人々の生活圏と、その両者の中間に位置する森や林、これは「里山」と呼ばれています。最近は、地方の過疎化が進み、農村から人がいなくなり、この里山が失われてきています。

라디오에서 아나운서가 이야기하고 있습니다.

남 예를 들어 지방 농촌의 풍경을 보면, 사람들이 생활하는 공간에 인접하여 펼쳐진 수풀과 숲을 볼 수 있습니다. 평소에는 사람이 들어갈 일이 없는 깊은 산속과, 거기에 사람들의 생활권과 그 양자의 중간에 위치하는 수풀과 숲. 이것은 '마을 산(里山)'이라고 불리고 있습니다. 최근에는 지방의 과소화가 진행돼 농촌에서 사람이 없어져 이 마을 산이 사라지기 시작했습니다.

つまり、人々が暮らす生活圏が後退し、山奥の野生の自然が人々の暮らしに直接迫ってきているということです。ついこの間も、北海道札幌市の市街地にクマが出没し、住民4人が襲われけがをしたというニュースがあったばかりです。以前は豊かな自然の恵みとしてイメージされていた里山ですが、それを失うことは大きな損失だということです。

アナウンサーは何について話していますか。
1 里山が作られる仕組みについて
2 里山と野生動物の関係について
3 里山がもたらす自然の恵みについて
4 里山をめぐる現在の状況について

즉, 사람들이 생활하는 생활권이 후퇴하여 깊은 산속 야생의 자연이 사람들의 생활에 직접 다가오고 있다는 것입니다. 바로 얼마 전에도 홋카이도 삿포로시의 시가지에 곰이 출몰해 주민 4명이 습격당해 부상을 입었다는 뉴스가 있었습니다. 이전에는 풍부한 자연의 혜택으로서의 이미지를 가지던 마을 산입니다만, 그것을 잃어버리는 것은 큰 손실이라는 것입니다.

아나운서는 무엇에 대해 이야기하고 있습니까?
1 마을 산이 만들어지는 구조에 대해
2 마을 산과 야생 동물의 관계에 대해
3 마을 산이 가져오는 자연의 혜택에 대해
4 마을 산을 둘러싼 현재 상황에 대해

정답 4

단어 農村 농촌 | 風景 풍경 | 接する 접하다, 닿다 | 山奥 깊은 산속 | 生活圏 생활권 | 両者 양자, 양쪽 | 過疎化 과소화 | 後退 후퇴 | 野生 야생 | 迫る 다가오다, 임박하다 | 市街地 시가지 | 出没 출몰, 얼씬거림 | 襲う 습격하다 | 恵み 혜택 | 損失 손실

해설 남자는 첫 문장에서 '지방 농촌의 풍경'과 '마을 산(里山)'에 대해 간단하게 설명한 후 '최근에는 지방의 과소화가 진행돼 농촌에서 사람이 없어져, 이 마을 산이 사라지고 있다'라고 하고 있다. 즉, 남자가 말하고자 하는 바는 마을 산의 현재 상태이므로, 정답은 선택지 4번이다.

問題 4 문제 4에서는 문제지에 아무것도 인쇄되어 있지 않습니다. 먼저 문장을 들으세요. 그리고 그것에 대한 대답을 듣고 1에서 3 중에서 가장 적당한 것을 하나 고르세요. 그럼 연습해 봅시다.

문제편 422p

例 🎧 149-23

男 これからは、遅刻をしないようにしてくださいね。
女 1 はい、頑張ってください。
  2 ええ、お願いします。
  3 はい、これからは気をつけます。

最もよいものは3番です。解答用紙の問題4の例のところを見てください。最もよいものは3番ですから、答えはこのように書きます。では始めます。

남 이제부터는 지각하지 않도록 해 주세요.
여 1 네, 열심히 하세요.
  2 네, 부탁드립니다.
  3 네, 앞으로는 조심하겠습니다.

가장 적당한 것은 3번입니다. 답안지 문제 4의 예 부분을 보십시오. 가장 적당한 것은 3번이므로, 답은 이렇게 적습니다. 그럼 시작하겠습니다.

정답 3

단어 遅刻 지각 | 気をつける 조심하다, 주의하다

해설 여자가 지각을 한 상황에 대해 남자가 주의를 주고 있으므로 정답은 3번이다.

1番 🎧 149-24

男 「仕事で、1日や2日徹夜したって、死にゃしない。」だなんて、部長もひどいよね。
女 1 部長、そんなに危ないの？
　　2 言い方ってものがあるよね。
　　3 残業はするなってことだね。

남 '업무로 하루 이틀 철야한다고 해서 죽지는 않아'라니, 부장님도 너무하네.
여 1 부장님, 그렇게 위독해?
　　2 말하는 방식이라는 게 있는데 말야.
　　3 잔업은 하지 말라는 거네.

정답 2

단어 徹夜 철야, 밤샘 | 危ない 위험하다, 위태롭다 | 残業 잔업, 야근

해설 「ます형 + や(ゃ)しない 절대 ~하지 않는다」를 알면 쉽게 풀 수 있다. '하루 이틀 철야한다고 죽지 않는다'라니 부장님도 너무하네'라는 여자의 말에 적절히 응답한 것은 선택지 2번이다.

2番 🎧 149-25

男 へぇー、書類の見落とし、することあるんですね、さすがの山田さんでも。
女 1 うーん、ほめられるほどでもないよ。
　　2 うーん、毎度のことで恥ずかしいな。
　　3 うーん、私だって人間だからね。

남 와, 서류를 못 보고 빠뜨리는 일도 있네요, 아무리 야마다 씨라도.
여 1 응, 칭찬받을 정도는 아니야.
　　2 응, 매번 그래서 부끄럽네.
　　3 응, 나도 사람이니까.

정답 3

단어 見落とし 간과함, 빠뜨림 | ほめる 칭찬하다 | 毎度 매번, 번번이 | 恥ずかしい 부끄럽다, 수치스럽다

해설 「さすがの~」는 '과연, 누구나 인정하는 ~'이라는 뜻으로, 여간해서는 실수를 하지 않는 야마다가 서류를 빠뜨린 것에 놀랐다는 의미의 문장이다. 이에 대한 적절한 응답은 선택지 3번이다.

3番 🎧 149-26

男 この新車は性能もさることながら、その斬新なデザインが注目されているんです。
女 1 確かに今までにないものだね。
　　2 性能はイマイチってことかな。
　　3 見た目より中身が大事ってことだな。

남 이 신차는 성능은 물론이고 그 참신한 디자인이 주목받고 있어요.
여 1 확실히 지금까지 없던 거네.
　　2 성능은 그저 그렇다는 건가.
　　3 외관보다 내용물이 중요하다는 거네.

정답 1

단어 新車 신차, 새 차 | 性能 성능 | さることながら 물론이거니와 | 斬新だ 참신하다 | いまいちだ 그저 그렇다, 별로이다 | 中身 알맹이, 내용물

해설 「AもさることながらB A는 물론이거니와 B도」를 알면 쉽게 풀 수 있는 문제이다. 성능은 물론 디자인도 주목 받는다는 남자의 말에 대한 적절한 응답은 '분명 지금까지 없던 것'이라고 동조하는 선택지 1번이다.

4番 149-27

女 あのー、よかったら、この映画ができるまでのいきさつをお聞かせ願えませんか。
男 1 そうですね、ぜひお聞きしたいです。
　 2 そうですね、何から話せばいいか……。
　 3 そうですね、聞かせてもらえればうれしいです。

여 저기 괜찮으시면, 이 영화가 만들어지기까지의 과정을 들려주실 수 있을까요?
남 1 그렇군요. 꼭 듣고 싶습니다.
　 2 그렇군요, 무엇부터 이야기하면 좋을지…….
　 3 그렇군요, 들려 주신다면 기쁘겠습니다.

정답 2

단어 いきさつ 경위, 지금까지의 과정 | ぜひ 꼭, 아무쪼록

해설 질문에서 나오는「いきさつ」와 상대방에게 완곡하게 부탁을 할 때 사용하는 경어표현인「お・ご + ます형 + 願えませんか」를 알아야 풀 수 있는 문제이다. 영화가 완성되기까지의 과정을 들려 달라고 부탁하는「お聞かせ願えませんか」에 대한 적절한 응답은 선택지 2번이다.

5番 149-28

男 あの鈴木先生にまで論文の評価をいただけるとは、思いもよりませんでした。
女 1 ほんと、意外だったね。
　 2 良い評価もらえるといいね。
　 3 大丈夫。それが先生の仕事だもん。

남 그 스즈키 선생님에게까지 논문 평가를 받을 수 있다니, 생각도 하지 못했습니다.
여 1 정말 의외였어.
　 2 좋은 평가를 받을 수 있으면 좋겠네.
　 3 괜찮아. 그게 선생님의 일인 걸.

정답 1

단어 論文 논문 | 評価 평가 | 意外 의외, 뜻밖

해설 「思いもよらない」는 '전혀 예상하지 못하다, 뜻밖이다'라는 뜻이다. 따라서 예상하지 못했던 일이라 의외라고 말하는 질문에 가장 적절한 응답은 선택지 1번의「ほんと、意外だったね。」이다.

6番 149-29

女 田中さんが後押ししてくれなかったら、この企画はボツになってただろうね。
男 1 じゃ、協力の依頼、してみたらどう？
　 2 おかげで何とか通してもらえたね。
　 3 何もかもあの人のせいだったのか。

여 다나카 씨가 밀어주지 않았다면 이 기획은 틀어지게 됐을 거야.
남 1 그럼 협력 의뢰, 해 보면 어때?
　 2 덕분에 간신히 통과될 수 있었어.
　 3 모두 저 사람의 탓이었던 건가.

정답 **2**

단어 後押し 뒤에서 밀어주는 것, 후원 | ボツ(没)になる 기획이나 계획이 틀어지다, 완성하지 못하고 사라지다 | 依頼 의뢰 | おかげで 덕분에 | せい 탓, 때문에

해설 「後押し」와 「ボツになる」를 알아야 풀 수 있는 문제이다. 질문은 '다나카 씨가 밀어주지 않았다면, 이 계획은 완성하지 못했을 것'이라는 의미이므로 이에 가장 어울리는 응답은 선택지 2번이다.

7番 🎧 149-30

男 これぐらいの症状で、わざわざ病院に行くまでもないでしょう。おおげさなんだから。 女 1 もうこうなったら、行くよりほかないですね。 　　2 いや、もしものことがあったらどうするんですか。 　　3 それなら、やっぱり行くってわけですね。	남 이 정도의 증상으로 일부러 병원에 갈 것까지는 없잖아요. 호들갑이라니까. 여 1 이제 이렇게 되면 갈 수밖에 없네요. 　　2 아니, 혹시 무슨 일이 생기면 어떡해요. 　　3 그렇다면, 역시 간다는 거네요.

정답 **2**

단어 症状 증상 | わざわざ 일부러 | おおげさ 과장, 허풍

해설 「~ぐらい ~정도」는 '별 것 아니다', '중요하지 않다'고 표현할 때도 사용한다. 즉, 이 문장은 '이 정도로 유난을 떤다'고 가볍게 면박하는 뉘앙스이다. 이에 대한 응답으로 가장 적당한 것은 선택지 2번이다.

8番 🎧 149-31

女 森さんと何かあったの？彼女、口を利こうともしないんだって？ 男 1 ええ、彼女、耳の具合が悪いみたいで。 　　2 ええ、彼女、私に興味があるらしいんです。 　　3 ええ、彼女、私にだけ冷たいんです。	여 모리 씨랑 무슨 일 있었어? 그녀가 말도 하려고 하지 않는다면서? 남 1 네, 그녀(는) 귀 상태가 나쁜 듯해서. 　　2 네, 그녀(는) 저에게 관심이 있는 듯해요. 　　3 네, 그녀(는) 저에게만 차가워요.

정답 **3**

단어 口を利く 말을 섞다 | 具合が悪い 상태·형편이 좋지 않다 | 興味 흥미, 관심

해설 단순히 말을 하다가 아닌 '서로 대화를 하다, 상대를 하다'라는 뉘앙스가 있는 「口を利く」와 전문(伝聞)을 나타내는 「~だって」를 알면 쉽게 풀 수 있다. '그녀가 너랑 말도 하지 않는다면서'라고 누군가에게 전해 들은 말을 바탕으로 질문을 하고 있으며, 이에 대한 적당한 응답은 선택지 3번이다.

9番 🎧 149-32

女 私の話、聞いてた？　これはプライベートな話じゃなくて仕事の話なの。あなた誤解してない？

男　1　そんなつもりは、ありません。
　　2　それどころの話じゃないんです。
　　3　そういうことにしておきましょう。

여　내 이야기 들었어? 이건 사적인 이야기가 아니라 업무 이야기야. 자네 오해하고 있는 거 아니야?

남　1　그런 것은 아닙니다.
　　2　그 정도의 이야기가 아닙니다.
　　3　그런 것으로 해 둡시다.

정답 1

단어　プライベート 개인적, 사적 | 誤解 오해

해설　'사적인 이야기가 아니라 업무에 관한 이야기'라며 상대방을 질책하고 있는 뉘앙스의 문장이므로 이에 대한 응답으로 적당한 것은 선택지 1번이다.

10番 🎧 149-33

女 木村さん、上司に向かって、よくもあんなことが言えたもんだね。

男　1　いったい何考えてるんだろうね。
　　2　さすが木村さん、大したもんだね。
　　3　そんなに感心するほどのことじゃないよ。

여　기무라 씨, 상사에게 잘도 저런 말을 했네.

남　1　대체 무슨 생각을 하고 있는 건지.
　　2　과연 기무라 씨, 대단하네.
　　3　그렇게 감탄할 정도의 일은 아니야.

정답 1

단어　上司 상사 | よくも 잘도, 감히 | 感心 감탄, 기특함

해설　화자의 심정이나 분위기를 드러내는 말투 역시 답을 고르는 힌트가 될 수 있다. 상사를 대하는 기무라 씨의 태도에 대한 비판적인 어감으로 말하고 있으므로 이에 대한 응답으로 적절한 것은 선택지 1번이다.

11番 🎧 149-34

男 月一で参加する程度でいいなら、そのサークルに入らないこともないですよ。

女　1　ふーん、入る気なしってことか。
　　2　いや、入るかもしれないよ。
　　3　じゃ、その方向で考えてみて。

남　한 달에 한 번 참가하는 정도라도 괜찮다면, 그 서클에 들어가지 못할 것도 없어요.

여　1　흠, 들어갈 생각 없다는 건가.
　　2　아니, 들어갈지도 몰라.
　　3　그럼, 그 방향으로 생각해 봐.

정답 3

단어　月一 월 1회, 한 달에 한 번 | 程度 정도 | サークル 서클, 동아리 | 方向 방향

해설　「~ないこともない ~(할 가능성이) 없는 것도 아니다」는 단정을 피할 때 사용하는 표현이다. '서클에 들어갈 가능성이 없는 것은 아니다'라는 남자의 말에 어울리는 응답은 선택지 3번이다.

12番 🎧 149-35

女 川村部長に言われたんだけどね、この会社の改善点を全部挙げろって。でも、そんなこと言いだしたら、切りがないよね。
男 1 特に、不満な点は見当たらないしね。
　　2 そうそう、数えるほどしかないだろうね。
　　3 後から後から出て来るよね、きっと。

여 가와무라 부장님한테 들었는데, 이 회사의 개선점을 전부 말하라고. 하지만 그런 걸 말하기 시작하면 끝이 없어.
남 1 특별히 불만인 점은 찾아볼 수 없고 말이야.
　　2 맞아맞아, 아주 조금 밖에 없을 거야.
　　3 계속해서 나올 거야, 분명

정답 3

단어 改善点 개선점 | 挙げる 들다, 열거하다 | 切りがない 끝이 없다 | 不満 불만 | 見当たる 발견되다, 눈에 띄다 | 後から後から 연달아, 끊임 없이

해설 「切りがない」를 알아야 풀 수 있는 문제이다. 여자의 '개선점을 전부 말하려고 하면 끝이 없다'는 말에 적절한 응답은 '계속해서, 잇달아(後から後から)' 나올 거라고 하는 선택지 3번이다.

13番 🎧 149-36

女 このプロジェクト、市場の反応が悪かった場合のプランBを別に考えとくべきだったなあ。
男 1 では、さっそく今からプランを立ててみます。
　　2 すみません。ここまで悪いとは予想できなかったもので。
　　3 ええ、今さら考えるべきではなかろうと思います。

여 이 프로젝트, 시장의 반응이 나쁠 경우의 플랜 B를 따로 생각해 둬야 했어.
남 1 그럼 지금부터 바로 플랜을 세워 보겠습니다.
　　2 죄송합니다. 이렇게까지 나쁠 거라고는 예상하지 못했기 때문에.
　　3 네, 이제 와서 생각할 것은 아니라고 생각합니다.

정답 2

단어 プロジェクト 프로젝트, 기획 | 反応 반응 | プラン 플랜, 계획

해설 「~べきだった」는 '~하는 것이 당연했으나 실제로는 그렇게 하지 못했다'는 뉘앙스의 표현이다. '반응이 나쁠 경우를 대비한 플랜 B를 세워 둬야 했다', 즉 '나쁠 경우를 대비한 계획을 세워 두지 않았다'라는 여자의 말에 적절한 응답은 선택지 2번이다.

問題 5　문제 5에서는 조금 긴 이야기를 듣습니다. 이 문제에는 연습은 없습니다. 문제지에 메모를 해도 됩니다.

문제지에는 아무것도 인쇄되어 있지 않습니다. 먼저 이야기를 들으세요. 그리고 질문과 선택지를 듣고 1에서 4 중에서 가장 적당한 것을 하나 고르세요.

1番 🎧 149-37

문제편 423p

男の人と女の人が、今注目されている農家について話しています。

남자와 여자가 지금 주목받고 있는 농가에 대해 이야기하고 있습니다.

男 最近、うちの両親が、近くにある農園を借りて野菜を作り始めたんだけど、僕も、日本の農業のことが気になり始めてね、日本の農業って可能性があるんじゃないかって。佐藤さん、専門だから、聞きたいと思って。

女 うん、何が知りたいの?

男 新しい取り組みをしている「革新的農家」っていうか、今注目されている「未来の農家」っていうか、もちろん個人じゃなくても、組織化してビジネスとして成功してる農業団体でもいいんだけど、そういう新しい取り組みの注目株を知りたいんだ。

女 そういうことなら、こないだもビジネス雑誌に出てたけど、私の注目株を紹介するね。えーとね、まずは『バナナファーム』かな。バナナを遺伝子レベルで研究してね、日本のような、冬に雪が降る寒冷地でもバナナを栽培できるようにしてね、そのバナナの苗を販売しているのよ。北海道産のバナナってすごいと思わない?
それから、障害者と一緒に米や野菜を作っている『青空農場』。これね、無農薬は当たり前で、有機肥料すら使わない自然栽培なんだけど、それって手間がかかるから、障害者に仕事として作業してもらってるの。つまり、社会福祉事業と農業が連携してちゃんと収益を上げてるっていうビジネスモデルになってるのよ。

男 へぇー、どっちも興味深いなあ。

女 後は、野菜の生産だけじゃなく、集荷・販売、それから野菜をカットして売る野菜の加工ね、それから農業体験ができるキャンプ場の運営とか、農業の多角化に成功してる『グリーンライフ』もあるね。

男 いろいろあるんだね。

女 ユニークなのは、元ミュージシャンが、ユーチューブで、メロンを作る農園の動画を流して有名になった『寺田農園』だね。「農チューバー」って言ってね、ネット販売に力を入れてるの。

남 요즘 우리 부모님이 근처에 있는 농원을 빌려서 채소를 기르기 시작했는데, 나도 일본의 농업에 대한 것이 신경 쓰이기 시작해서 말이야. 일본의 농업은 가능성이 있지 않은가 하고. 사토 씨 전문이니까 (이야기를) 듣고 싶어서.

여 응, 뭐가 알고 싶은데?

남 새로운 시도를 하고 있는 '혁신적 농가'랄까, 지금 주목받고 있는 '미래의 농가'랄까, 물론 개인이 아니라 조직화해서 비즈니스로서 성공한 농업 단체여도 좋고. 그런 새로운 시도를 하는 주목주(기대주)를 알고 싶어.

여 그런 거라면 얼마 전에도 비즈니스 잡지에 나왔었는데, 내가 주목하는 것을 소개할게. 음, 그러니까 우선은 '바나나 팜'일까. 바나나를 유전자 레벨로 연구하고, 일본 같은 겨울에 눈이 내리는 한랭지에서도 바나나를 재배할 수 있도록 해서 그 바나나 모종을 판매하고 있어. 홋카이도산 바나나라니 굉장하다고 생각하지 않아?
그리고 장애인과 함께 쌀이나 채소를 기르고 있는 '아오조라 농장'. 이건 무농약은 당연하고 유기 비료조차 사용하지 않는 자연 재배인데, 그건 손이 많이 가니까 장애인에게 업무로서 작업하게 하고 있어. 즉, 사회 복지 사업과 농업이 연계해서 제대로 수익을 올리고 있다라는 비즈니스 모델이 되고 있지.

남 와, 양쪽 다 매우 흥미로운데.

여 다음은 채소 생산뿐만 아니라 집하·판매, 그리고 채소를 잘라서 파는 채소 가공, 그리고 농업 체험을 할 수 있는 캠프장 운영이라든가 농업의 다각화에 성공한 '그린 라이프'도 있어.

남 여러 가지 있구나.

여 독특한 건 전직 뮤지션이 유튜브에서 멜론을 기르는 농원의 동영상을 내보내서 유명해진 '데라다 농원'이야. '농(업 유)튜버'라고 해서 온라인 판매에 힘을 쏟고 있어.

男 それって今どきの農家って感じで良いね。僕も昔、バンドやってたしね……。うーん、僕はやっぱり、農業とほかの事業が手を組んでやってるのに魅かれるな。ぜひ現地に行って見てみたいって思う。

男の人はどの農家を調べたいと言っていますか。
1 バナナファーム
2 青空農場
3 グリーンライフ
4 寺田農園

남 그건 요즘 농가라는 느낌이라서 좋네. 나도 옛날에 밴드를 했었고 말이지……. 음, 나는 역시 농업과 다른 사업이 손을 잡고 하고 있는 쪽에 끌리네. 꼭 현지에 가서 보고 싶다고 생각해.

남자는 어느 농가를 조사하고 싶다고 말하고 있습니까?
1 바나나 팜
2 아오조라 농장
3 그린 라이프
4 데라다 농원

정답 2

단어 農家 농가 | 農園 농원, 농장 | 革新 혁신 | 組織 조직 | 注目株 주목주, 기대주, 유망주 | ファーム 팜, 농장 | 遺伝子 유전자 | 寒冷地 한랭지 | 栽培 재배 | 苗 묘, 묘목 | 障害者 장애인 | 無農薬 무농약 | 有機肥料 유기 비료 | 手間 일손, 수고 | 福祉 복지 | 連携 연계 | 収益 수익 | 集荷 집하 | カット 커트, 절단 | 加工 가공 | 多角化 다각화 | 元 전, 전직, ~ 출신 | ミュージシャン 뮤지션, 음악가 | 動画 동영상 | 力を入れる 힘을 쏟다 | 今どき 요즘, 요새 | 手を組む 손을 잡다, 협조하다 | 魅かれる 끌리다

해설 남자가 자신의 최종 관심 사항을 밝히는 가장 마지막 문장의 「やっぱり」 이후에 주목해야 한다. 대화의 앞 부분에서 여자에게 새로운 시도를 하는 다양한 농업 사업 형태에 관한 설명을 들은 후, 남자는 '농업과 다른 사업이 손을 잡고 시행하는 사업 형태에 매력을 느낀다'고 말하므로 이에 해당하는 것은 사회 복지 사업과 농업이 연계하여 수익을 올리고 있는 선택지 2번 아오조라 농장이다.

2番 🎧 149-38

焼き鳥屋で、店長と店員二人が話しています。

男1 キミたちも分かってると思うけど、このところ、お客さんが減って来てて、売り上げも落ちてるんだけど、お客さん取り戻すいい案ないかなぁ。

女 あのー、お客さん取り戻すというのとはちょっと違うんですが、今は家庭内で食事する人が増えてると聞きますので、うちも出前を始めたらどうかと思うのですが。デリバリー専門のアプリを使えば簡単かと。

男1 確かにね。うちもテイクアウトを始めてみたけど、思ったほど伸びてないしね。

닭꼬치 가게에서 점장과 점원 두 사람이 이야기하고 있습니다.

남 자네들도 알고 있을 거라고 생각하지만 요즘 손님이 줄어들고 있어서 매상도 떨어지고 있는데, 손님을 다시 오게 할 좋은 생각 없을까?

여 저기, 손님을 다시 오게 한다는 것과는 좀 다르지만, 요즘은 가정 내에서 식사하는 사람이 늘고 있다고 하니까 우리도 배달을 시작하면 어떨까 하고 생각합니다만. 배달 전문 어플을 사용하면 간단할 거라고 (생각해요).

남 하긴. 우리도 테이크아웃을 시작해 봤지만 생각 만큼 늘진 않았으니까.

女 鶏のから揚げをメニューに加えるというのもいいと思うんですが。揚げ物は家庭では調理も片付けも面倒なので、今、国内のから揚げ市場が急成長していると言いますし、まずは店内販売とお持ち帰り用から始めてみては、と。

男2 それよりは、開店時間を早めて、昼のランチサービスを始めてみるのはどうでしょうか。お客さんを増やすには、少しでも営業時間を延ばすしかないのではないか、と。

女 それはそれで労働時間も長くなるわけで、人員も必要でしょうし……。

男2 今のままの営業時間と労働力でということなら、仕事の効率を上げるしかないということになりますね。例えば、客席の一つ一つに端末を置いて注文をワンタッチにするとか、それとレジを連動させて、会計も自動化するとか。

女 それも、コストが……。

男1 そうなんだよね。今は、デジタル化、アイティー化に先行投資するほど余裕がなくてね。

男2 いずれそういうのが当たり前になると思うんですが…、後は、ネットでの宣伝に力を入れることぐらいでしょうか。

男1 確かにね、うちのような規模の店でも、いずれそういった仕事の効率化や宣伝広告ができる日が来るんだろうけど、今すぐできることから始めるなら、店に来るお客さんを待つのでなくて、こちらから出向いていくってことになるかな。そうしよう。

この店では、まず、何をすることにしましたか。
1 焼き鳥の出前を始める
2 から揚げのテイクアウトを始める
3 ランチサービスを始める
4 仕事の効率化を図る

정답 1

여 닭튀김을 메뉴에 추가하는 것도 좋다고 생각하는데요. 튀김은 가정에서는 조리도 뒷정리도 번거로워서 요즘 국내 닭튀김 시장이 급성장하고 있다고 하니, 우선은 매장 내 판매와 테이크아웃용부터 시작해 보면 (어떨까) 합니다.

남2 그것보다는 개점 시간을 앞당겨서 점심의 런치 서비스를 시작해 보는 것은 어떨까요? 손님을 늘리려면 조금이라도 영업 시간을 연장하는 수밖에 없지 않을까 해서요.

여 그건 그것대로 노동 시간도 길어지니까 인원도 필요할 거고…….

남2 지금 그대로의 영업 시간과 노동력으로 한다면 업무 효율을 올릴 수밖에 없겠네요. 예를 들면 좌석 하나하나에 단말을 놓고 주문을 원터치로 한다든가, 그것(단말)과 계산대를 연동시켜서 계산도 자동화한다든가.

여 그것도 비용이…….

남1 그러니까. 지금은 디지털화, IT화에 선행 투자할 만큼의 여유가 없어서.

남2 언젠가 그런 것이 당연해질 거라고 생각합니다만…, 나머지는 인터넷에서의 선전에 힘을 쏟는 것 정도일까요.

남1 하긴, 우리 같은 규모의 가게에서도 언젠가 그런 업무의 효율화나 선전 광고를 할 수 있는 날이 오겠지만, 지금 당장 할 수 있는 것부터 시작한다면 가게에 오는 손님을 기다리는 것이 아니라 이쪽에서 맞이하러 가는 거겠네. 그렇게 하자.

이 가게에서는 우선 무엇을 하기로 했습니까?
1 닭꼬치의 배달을 시작한다
2 닭튀김의 테이크아웃을 시작한다
3 런치 서비스를 시작한다
4 업무 효율화를 도모한다

단어 焼き鳥 야키토리, 닭꼬치 | 取り戻す 되찾다 | 出前 배달 | デリバリー 딜리버리, 배달 | 伸びる 늘다, 신장하다 | 鶏のから揚げ 가라아게, 닭튀김 | 揚げ物 튀김 | 片付け 뒷정리, 치움 | 持ち帰り 가지고 돌아감, 테이크아웃 | 人員 인원 | 客席 객석 | レジ 레지스터, 계산대 | 連動 연동 | 先行投資 선행 투자 | 出向く 나가다

해설 「닭튀김의 테이크아웃은 이미 시작했는데 별로 효과가 없었다 → 우리도 배달을 시작하면 어떨까 → 그것보다 개점 시간을 앞당겨서 런치 서비스를 시작하자 → 주문·계산을 자동화(업무 효율화)하자」의 순서로 대화가 진행되고 있다. 이 중, 런치 서비스와 주문·계산 자동화는 인력과 비용 문제로 당장 실현할 수 없으니 대신 당장 할 수 있는 '이쪽에서 찾아가는(こちらから出向いていく) 방법이 좋겠다'고 한다. 따라서 선택지 1번이 정답이다.

3番 🎧 149-39

먼저 이야기를 들으세요. 그리고 두 개의 질문을 듣고 각각 문제지의 1에서 4 중에서 가장 적당한 것을 하나 고르세요.

テレビでアナウンサーが次のシーズンのテレビドラマについて話しています。

女1 今日は、既にネットや雑誌等で番組情報が流れている秋ドラマについて、まとめて紹介しましょう。月水木金の夜9時から放送の4つ。まずは月9、月曜のドラマはこちら。今回は定番の恋愛ドラマではなく、前回好評だった病院内の放射線科を舞台にしたドラマ、そのシーズン2が放送されます。水曜日は、これまた長い間人気を保っている、刑事もののドラマ。この二人の刑事、息の合った名コンビが繰り広げる絶妙な対話が人気で、なんと今回シーズン20を迎えるとか。そして、木曜、今若者の間で人気の脚本家が手掛ける社会派ドラマ。過去に罪を犯した前科者が更生し社会復帰を目指して奮闘するヒューマンドラマとなっています。最後に金曜。こちらももう第3シリーズになりますが、天才遺伝子科学者と熱血刑事が犯人を追い詰めていくミステリー。その異色の組み合わせが注目されています。同じく金曜には、カレシを一人に絞り切れない、悩める女子のラブコメディーもあるのですが、こちらは改めて……。

男 なんか代わり映えしないね、今度の秋ドラ。シリーズものばっかりで。

女2 そうね。今のドラマ、刑事か、医者か、科学者か、そうじゃなければ法廷ものかって感じ？そんな中、犯人の側から、というか犯人だった過去を抱えて生きる

텔레비전에서 아나운서가 다음 시즌 TV 드라마에 대해 이야기하고 있습니다.

여1 오늘은 이미 인터넷이나 잡지 등에서 방송 정보가 나오고 있는 가을 드라마에 대해 정리해서 소개하겠습니다. 월, 수, 목, 금 밤 9시부터 방송하는 4개. 우선은 게츠9, 월요일 드라마는 이쪽. 이번에는 단골인 연애 드라마가 아닌 지난번 호평을 받았던 병원 내 방사선과를 무대로 한 드라마, 그 시즌 2가 방송됩니다. 수요일은, 이것 또한 오랫동안 인기를 유지하고 있는 형사물 드라마. 이 두 명의 형사, 호흡이 잘 맞는 명콤비가 펼치는 절묘한 대화가 인기로, 무려 이번에 시즌 20을 맞이한다고. 그리고 목요일, 요즘 젊은이들 사이에서 인기인 각본가가 작업한 사회파 드라마. 과거에 죄를 저질렀던 전과자가 갱생해서 사회 복귀를 목표로 분투하는 휴먼 드라마입니다. 마지막으로 금요일. 이쪽도 벌써 제3 시리즈가 되는데요, 천재 유전자 과학자와 열혈 형사가 범인을 추적해 가는 미스터리. 그 이색의 조합이 주목받고 있습니다. 같은 금요일에는 애인을 한 명으로 좁히지 못하는, 고민하는 여자의 로맨틱 코미디도 있습니다만, 이쪽은 다음에 다시…….

남 왠지 별다른 것이 없네. 이번 가을 드라마. 전부 시리즈물이고.

여2 그렇네. 요즘 드라마는 형사든가, 의사든가, 과학자든가, 그렇지 않으면 법정물이라는 느낌? 그런 와중에 범인 측에서랄까, 범인이었던 과거를 안고 살아가는

人が主人公っていうのは面白いかもね。しかもラブコメで人気の若手女優が演じるっていうし…。

男　僕は、そういうのちょっと苦手で、事件の真相を求めて犯人に迫っていくっていうサスペンスがないとね。その決め手がDNAっていうのが面白いんだよな。

女2　医療サスペンスっていうの？今は病院もののドラマもそういうの多いよね。

質問1
女の人は、何曜日のドラマに興味があると言っていますか。
1　月曜日のドラマ
2　水曜日のドラマ
3　木曜日のドラマ
4　金曜日のドラマ

質問2
男の人は、何曜日のドラマに興味があると言っていますか。
1　月曜日のドラマ
2　水曜日のドラマ
3　木曜日のドラマ
4　金曜日のドラマ

사람이 주인공이라는 건 재미있을지도 몰라. 게다가 로맨틱 코미디로 인기있는 젊은 여배우가 연기한다고 하고….

남　나는 그런 건 좀 별로라서, 사건의 진상을 찾아 범인에게 접근해 간다는 서스펜스가 없으면 말이야. 그 결정적 단서가 DNA라는 게 재미있단 말이지.

여2　의료 서스펜스라고 하나? 요즘은 병원물 드라마도 그런 게 많네.

질문1
여자는 어떤 요일의 드라마에 흥미가 있다고 말하고 있습니까?
1　월요일의 드라마
2　수요일의 드라마
3　목요일의 드라마
4　금요일의 드라마

질문2
남자는 어떤 요일의 드라마에 흥미가 있다고 말하고 있습니까?
1　월요일의 드라마
2　수요일의 드라마
3　목요일의 드라마
4　금요일의 드라마

정답 質問1 **3**　　質問2 **4**

단어 既に 이미, 벌써 | まとめる 정리하다, 하나로 묶다 | 月9 일본 방송사 후지TV에서 월요일 9시에 방송되는 드라마를 가리키는 말 | 定番 기본적인, 항상 있는, 단골인 | 好評 호평 | 放射線 방사선 | 保つ 유지하다 | 刑事 형사 | 息が合う 호흡이 맞다, 손발이 맞다 | 繰り広げる 펼치다 | 絶妙だ 절묘하다 | 対話 대화 | 脚本 각본 | 手掛ける 다루다, 직접 하다 | 犯す 저지르다 | 前科者 전과자 | 更生 갱생 | 復帰 복귀 | 奮闘 분투 | 熱血 열혈 | 追い詰める 몰아넣다, 추적하다 | 異色 이색 | 組み合わせ 조합 | カレシ(彼氏) 남자 친구 | 絞る 짜다, 좁히다 | 悩める 고민하는 | 代わり映えしない 변한 것이 없다, 구태의연하다 | 法廷 법정 | 若手 젊은 측, 신입에서 벗어난 사람을 가리키는 말 | 真相 진상 | 決め手 결정적 근거

해설 '월, 수, 목, 금 밤 9시부터 방송되는 4개 드라마를 정리하면 '월요일-병원 방사선과를 무대로 한 드라마 / 수요일-형사물 / 목요일-사회파 휴먼 드라마 / 금요일-과학자와 형사가 범인을 추적하는 미스터리, 로맨틱 코미디'이다.

질문1 여자는 '범인이었던 과거를 안고 살아가는 사람이 주인공이라는 것이 재밌을지도 모른다'고 말하므로 '죄를 지었지만 갱생하고 사회 복귀를 하기 위해 분투하는 휴먼 드라마'인 목요일 드라마에 흥미가 있다는 것을 알 수 있다. 정답은 선택지 3번이다.

질문2 남자는 휴먼 드라마는 별로이며 '사건의 진상을 밝히기 위해 범인을 쫓는 서스펜스가 있어야 하고, 결정적 근거가 DNA라는 게 재미있다'고 말하므로 '천재 유전자 과학자와 열혈 형사가 범인을 추적하는 미스터리물'인 금요일 드라마에 흥미가 있다는 것을 알 수 있다. 따라서 정답은 선택지 4번이다.

MEMO

MEMO

MEMO

시사 JLPT 합격 시그널

일본어능력시험

저자 허성미, 松岡龍美

시험직전 **막판뒤집기**

N1

시사일본어사

문자어휘 기출단어

1 한자 읽기
2 문맥 규정
3 유의 표현
4 용법

N1

1: 한자 읽기

어휘	발음	의미
値する	あたいする	가치가 있다
跡地	あとち	철거지, 유적
淡い	あわい	옅은, 희미한
遺憾	いかん	유감
憤り	いきどおり	분노, 분개
憩い	いこい	휴식
潔い	いさぎよい	깨끗이, 떳떳이
偽り	いつわり	거짓말, 허구
否む	いなむ	거절하다, 부정하다
戒める	いましめる	훈계하다, 금지하다
促す	うながす	재촉하다
潤う	うるおう	축축해지다, 윤택해지다
潤す	うるおす	윤택하게 하다, 축이다
閲覧	えつらん	열람
怠る	おこたる	게을리하다
愚かな	おろかな	어리석은
改革	かいかく	개혁
回顧	かいこ	회고, 회상
開拓	かいたく	개척
概略	がいりゃく	대략
画一的	かくいつてき	획일적
賢い	かしこい	현명하다
偏る	かたよる	기울다, 치우치다
合併	がっぺい	합병
干渉	かんしょう	간섭
肝心	かんじん	중요함
鑑定	かんてい	감정
緩和	かんわ	완화
兆し	きざし	조짐, 징조
丘陵	きゅうりょう	구릉, 언덕
凝縮	ぎょうしゅく	응축
驚嘆	きょうたん	경탄, 놀람
極めて	きわめて	지극히
崩れる	くずれる	무너지다
砕ける	くだける	부서지다
覆す	くつがえす	뒤엎다
群衆	ぐんしゅう	군중
傾斜	けいしゃ	경사
契約	けいやく	계약
嫌悪感	けんおかん	혐오감
厳正	げんせい	엄정

어휘	발음	의미
顕著な	けんちょな	현저한
豪快	ごうかい	호쾌
貢献	こうけん	공헌
巧妙	こうみょう	교묘
考慮	こうりょ	고려
克服	こくふく	극복
克明な	こくめいな	극명한
心地よい	ここちよい	기분이 상쾌하다
心遣い	こころづかい	마음 씀씀이
拒む	こばむ	거부하다, 저지하다
壊す	こわす	파괴하다, 부수다
根拠	こんきょ	근거
債務	さいむ	채무
指図	さしず	지시
殺菌	さっきん	살균
自粛	じしゅく	자숙
慕う	したう	그리워하다, 따르다, 뒤를 좇다
締める	しめる	(바싹) 조이다
執着	しゅうちゃく	집착
趣旨	しゅし	취지
樹木	じゅもく	수목
需要	じゅよう	수요
承諾	しょうだく	승낙

어휘	발음	의미
振興	しんこう	진흥
人脈	じんみゃく	인맥
遂行	すいこう	수행
随時	ずいじ	수시, 그때그때
推理	すいり	추리
健やか	すこやか	건강함, 건전함
廃れる	すたれる	쇠퇴하다
施錠	せじょう	자물쇠를 채움
相場	そうば	시세
措置	そち	조치
多岐	たき	여러 갈래, 다방면
託す	たくす	맡기다
蓄える	たくわえる	모아두다, 비축하다
漂う	ただよう	떠돌다, 감돌다
治癒	ちゆ	치유
忠告	ちゅうこく	충고
中枢	ちゅうすう	중추
沈下	ちんか	침하, 가라앉음
陳列	ちんれつ	진열
費やす	ついやす	소비하다
募る	つのる	점점 심해지다, 모으다
貫く	つらぬく	관철하다

어휘	발음	의미
手薄な	てうすな	허술한, 불충분한
手際	てぎわ	솜씨, 재주
添付	てんぷ	첨부
踏襲	とうしゅう	답습
督促	とくそく	독촉
滞る	とどこおる	정체하다, 막히다
唱える	となえる	외치다, 주창하다
日夜	にちや	밤낮, 항상
鈍る	にぶる	둔해지다
忍耐	にんたい	인내
粘る	ねばる	끈덕지게 버티다
練る	ねる	(계획을) 짜다, 반죽하다
逃れる	のがれる	달아나다, 벗어나다
臨む	のぞむ	임하다
把握	はあく	파악
映える	はえる	빛나다, 비치다
漠然	ばくぜん	막연함
暴露	ばくろ	폭로
励む	はげむ	힘쓰다, 노력하다
破損	はそん	파손
華々しい	はなばなしい	화려하다
華やかな	はなやかな	화려한

어휘	발음	의미
阻む	はばむ	방해하다, 막다
繁盛	はんじょう	번성
繁殖	はんしょく	번식
伴奏	ばんそう	반주
披露	ひろう	피로, 선보임
貧富	ひんぷ	빈부
復興	ふっこう	부흥
閉鎖	へいさ	폐쇄
変遷	へんせん	변천
膨大	ぼうだい	방대
本筋	ほんすじ	본론
名誉	めいよ	명예
巡り	めぐり	순회
網羅	もうら	망라
猛烈	もうれつ	맹렬, (정도가 심함)
躍進	やくしん	약진
由緒	ゆいしょ	유서, 내력
勇敢	ゆうかん	용감
利益	りえき	이익
了承	りょうしょう	납득함, 양해
履歴	りれき	이력
枠	わく	테두리

2 : 문맥 규정

어휘	발음	의미
☐ 愛着	あいちゃく	애착
☐ アウトライン		아우트라인, 윤곽, 개요
☐ 危ぶむ	あやぶむ	염려하다, 의심하다
☐ 言い張る	いいはる	우기다
☐ 異色	いしょく	이색
☐ 一任	いちにん	일임
☐ 一環	いっかん	일환
☐ 逸材	いつざい	뛰어난 인재
☐ 一掃	いっそう	일소, 모조리 없앰
☐ 逸脱	いつだつ	일탈
☐ いとも		매우, 아주
☐ ウェイト		무게, 중량
☐ うずうず		좀이 쑤시는 모양, 근질근질
☐ 腕前	うでまえ	솜씨
☐ 円滑に	えんかつに	원활하게
☐ 大筋	おおすじ	대략, 요점
☐ 大らかな	おおらかな	느긋하고 대범한
☐ おびただしい		엄청나다
☐ 及ぼす	およぼす	(영향을) 끼치다
☐ 解除	かいじょ	해제
☐ 会心	かいしん	회심(마음에 듦)
☐ 改訂版	かいていばん	개정판

어휘	발음	의미
該当	がいとう	해당
可決	かけつ	가결
駆けつける	かけつける	급히 달려가다(오다)
加工	かこう	가공
稼働	かどう	가동
がらりと		갑자기 변하는 모양, 싹, 확
完結	かんけつ	완결
鑑定	かんてい	감정
気がかり	きがかり	마음에 걸림, 걱정
気に障る	きにさわる	거슬리다
基盤	きばん	기반
起伏	きふく	기복
キャリア		커리어, 경력
急遽	きゅうきょ	갑작스럽게, 허둥지둥
寄与	きよ	기여
起用	きよう	기용
教訓	きょうくん	교훈
強硬に	きょうこうに	강경하게
強制	きょうせい	강제
切り出す	きりだす	(말을) 꺼내다
禁物	きんもつ	금물
食い止める	くいとめる	저지하다
駆使	くし	구사
くよくよ		고민하는 모양, 끙끙

어휘	발음	의미
クレーム		불만, 이의 제기
経緯	けいい	경위
軽快	けいかい	경쾌
経歴	けいれき	경력
結束	けっそく	결속
言及	げんきゅう	언급
堅実な	けんじつな	견실한
合意	ごうい	합의
心細い	こころぼそい	불안하다
快い	こころよい	상쾌하다, 기분 좋다
コンスタントに		일정하게, 꾸준히
サイクル		사이클, 순환 과정
在庫	ざいこ	재고
察知する	さっちする	알아차리다
強いて	しいて	억지로, 굳이
シェア		시장 점유율
支障	ししょう	지장
実情	じつじょう	실정(실제 사정)
染みる	しみる	스며들다
じめじめ		축축, 끈적끈적
遮断	しゃだん	차단
従事	じゅうじ	종사
修復	しゅうふく	수복, 복원
しわざ		소행, 짓

어휘	발음	의미
推移	すいい	추이
凄まじい	すさまじい	무섭다, 대단하다
ずっしりと		묵직한
ストック		재고, 비축품
すんなり		수월하게, 매끈하게
盛大に	せいだいに	성대하게
精力的に	せいりょくてきに	정력적으로
せかせかと		후다닥, 성급하게
絶対な	ぜったいな	절대적인
センサー		센서
センス		센스
壮大	そうだい	장대, 웅장
そわそわ		안절부절
多角的	たかくてき	다각적
妥協	だきょう	타협
打診	だしん	타진, (비유적으로 상대방을) 떠보다
称える	たたえる	칭찬하다, 찬양하다, 기리다
立て替える	たてかえる	(대금을) 대신 치르다
たどる		더듬다, 더듬어 찾다
ためらう		망설이다
仲裁	ちゅうさい	중재
直面	ちょくめん	직면
尽くす	つくす	다하다, 애쓰다
強み	つよみ	강점, 장점

어휘	발음	의미
てきぱきと		일 처리가 확실하여 시원시원한 모양, 재깍재깍
撤去	てっきょ	철거
当〜	とう	당, 해당, 저희
取り戻す	とりもどす	회복하다, 되찾다
とりわけ		특히, 유난히
なだめる		달래다
荷が重い	にがおもい	책임이 무겁다
滲む	にじむ	번지다, 스미다
担う	になう	메다, (책임을) 지다
ニュアンス		뉘앙스
練る	ねる	(계획을) 짜다, 연마하다
念願	ねんがん	염원
念頭	ねんとう	염두
ノウハウ		노하우
ノルマ		노동 할당량, 기준량
ハードル		장애물, 진입 장벽
背景	はいけい	배경
弾く	はじく	튀기다, 튕기다
弾む	はずむ	튀다, 기세가 오르다, 활기를 띠다
発覚	はっかく	발각
抜粋	ばっすい	발췌
幅広い	はばひろい	폭넓다
張り合う	はりあう	겨루다, 경쟁하다
ひしひしと		강하게 느끼는 모양, 바싹바싹

어휘	발음	의미
人出	ひとで	인파
非はない	ひはない	잘못은 없다
表明	ひょうめい	표명
頻繁に	ひんぱんに	빈번하게
フォロー		보조, 지원
不備	ふび	불비(충분히 갖추지 않음)
並行	へいこう	병행
報じる	ほうじる	알리다, 보도하다
本音	ほんね	본심
紛らわしい	まぎらわしい	혼동하기 쉬운
紛れる	まぎれる	헷갈리다
まちまち		각기 다름
まみれ		투성이
見かける	みかける	눈에 띄다, 언뜻 보다
みっしり・みっちり		착실히, 열심히
無性に	むしょうに	까닭 없이, 공연히, 몹시
無謀だ	むぼうだ	무모하다
メディア		미디어
綿密な	めんみつな	면밀한
猛反対	もうはんたい	맹렬한 반대
もっぱら		오로지
催す	もよおす	개최하다
和らぐ	やわらぐ	누그러지다
やんわり		부드럽게, 완곡하게

어휘	발음	의미
揺らぐ	ゆらぐ	흔들리다
予断	よだん	예단, 예측
蘇る	よみがえる	(생명, 기억, 감정 등이) 되살아나다
リスク		리스크, 위험
リストアップ		리스트 업, 나열
流出	りゅうしゅつ	유출
歴史上	れきしじょう	역사상
歴然	れきぜん	역력함, 분명함

3 : 유의 표현

어휘	발음	의미
☐ 相手	あいて	상대
≒ 先方	せんぽう	상대방
☐ あきらめずに	あきらめずに	포기하지 않고
≒ 粘り強く	ねばりづよく	끈질기게
☐ 諦める	あきらめる	포기하다
≒ 断念する	だんねんする	단념하다
☐ 怪しい	あやしい	수상하다, 의심스럽다
≒ 不審な	ふしんな	의심스러운, 미심쩍은
☐ 謝った	あやまった	사과했다, 사죄했다
≒ お詫びした	おわびした	사죄했다, 사과했다
☐ 予め	あらかじめ	미리, 사전에
≒ 事前に	じぜんに	사전에
☐ ありありと		생생히, 역력히
≒ はっきり		분명하게, 확실히
☐ 慌てずに	あわてずに	당황하지 않고
≒ うろたえずに		당황하지 않고
☐ 安堵した	あんどした	안도했다, 안심했다
≒ ほっとした		한숨 놨다, 안심했다
☐ 案の定	あんのじょう	예상대로
≒ やはり		역시
☐ 言い訳	いいわけ	변명
≒ 弁解	べんかい	변명

어휘	발음	의미
☐ 意外につまらない	いがいにつまらない	의외로 재미없다
≒ あっけない		맥없다, 싱겁다
☐ 意気込み	いきごみ	적극적인 마음가짐, 기세, 의욕
≒ 意欲	いよく	의욕
☐ 以前から	いぜんから	이전부터
≒ かねがね		전부터, 이미
☐ 急がせる	いそがせる	서두르게 하다
≒ 急かす	せかす	재촉하다
☐ 一度に大勢来た	いちどにおおぜいきた	한 번에 많이 왔다
≒ 殺到した	さっとうした	쇄도했다
☐ 糸口	いとぐち	실마리, 단서
≒ ヒント		힌트
☐ 今までにない新しい	いままでにないあたらしい	지금껏 없던 새로운
≒ 画期的な	かっきてきな	획기적인
☐ 嫌味	いやみ	남에게 불쾌감을 주는 말이나 행동, 아니꼬움
≒ 皮肉	ひにく	빈정거림, 비꼼
☐ 異例	いれい	이례, 전례가 없음
≒ 珍しい	めずらしい	드물다
☐ うすうす		어렴풋이, 희미하게
≒ なんとなく		왠지 모르게, 어쩐지
☐ 薄く切る	うすくきる	얇게 자르다
≒ スライスする		얇게 썰다(슬라이스하다)
☐ 打ち込む	うちこむ	열중하다, 몰두하다
≒ 熱中する	ねっちゅうする	열중하다

어휘	발음	의미
☐ 打ち込む	うちこむ	열중하다, 몰두하다
≒ 熱心に取り組む	ねっしんにとりくむ	열심히 몰두하다
☐ 裏づけ	うらづけ	뒷받침, 증거
≒ 証拠	しょうこ	증거
☐ 嬉しい知らせ	うれしいしらせ	기쁜 소식
≒ 朗報	ろうほう	낭보, 기쁜 소식
☐ 大げさに	おおげさに	과장되게
≒ 誇張して	こちょうして	과장해서
☐ 大幅に	おおはばに	큰 폭으로
≒ 格段に	かくだんに	현격히, 크게 차이가 나는
☐ おおむね		대체로, 대강
≒ だいたい		대체로, 대강
☐ 怒ったような	おこったような	화난 듯한
≒ むっとした		불끈, 화가 난
☐ 遅くなりそうだ	おそくなりそうだ	늦어질 것 같다
≒ ずれ込みそうだ	ずれこみそうだ	기한을 넘길 것 같다
☐ お手上げだ	おてあげだ	어찌할 도리가 없다, 속수무책이다
≒ どうしようもない		어찌할 도리가 없다
☐ 自ずと	おのずと	저절로, 자연히, 스스로
≒ 自然に	しぜんに	자연스럽게
☐ 怯えている	おびえている	무서워하고 있다, 겁내고 있다
≒ 怖がっている	こわがっている	무서워하고 있다
☐ 思い返す	おもいかえす	다시 생각하다
≒ 回想する	かいそうする	회상하다

	어휘	발음	의미
☐	寡黙な	かもくな	과묵한
	≒ 口数が少ない	くちかずがすくない	말수가 적다
☐	架空の	かくうの	가공의
	≒ 想像の	そうぞうの	상상의
☐	頑なな	かたくなな	완고한, 고집이 센
	≒ 頑固な	がんこな	완고한
☐	完成する	かんせいする	완성하다
	≒ 仕上がる	しあがる	완성되다
☐	簡素な	かんそな	간소한
	≒ シンプルな		심플한, 단순한
☐	勘違いする	かんちがいする	착각하다
	≒ 錯覚する	さっかくする	착각하다
☐	完了する	かんりょうする	완료하다
	≒ 全うする	まっとうする	완수하다, 다하다
☐	気がかり	きがかり	걱정, 근심
	≒ 心配	しんぱい	걱정
☐	競い合う	きそいあう	경쟁하다, 서로 힘쓰다
	≒ 張り合う	はりあう	대항하여 겨루다
☐	厳しい	きびしい	엄격하다, 어렵다
	≒ シビアだ		엄격하다, 혹독하다
☐	規模	きぼ	규모
	≒ スケール		스케일, 규모
☐	気ままな	きままな	제멋대로인, 기분이 내키는 대로인
	≒ 自由な	じゆうな	자유로운

어휘	발음	의미
☐ 寄与	きよ	기여
≒ 貢献	こうけん	공헌
☐ 凝視する	ぎょうしする	응시하다
≒ じっと見る	じっとみる	가만히 보다
☐ 競争する	きょうそうする	경쟁하다
≒ 張り合う	はりあう	경쟁하다
☐ 仰天した	ぎょうてんした	깜짝 놀랐다, 기겁했다
≒ とても驚いた	とてもおどろいた	매우 놀랐다
☐ 極力	きょくりょく	극력(힘껏), 최대한
≒ できるだけ		할 수 있는 한
☐ 吟味	ぎんみ	음미, 내용을 느끼고 생각함
≒ 検討	けんとう	검토, 내용을 분석함
☐ 苦情	くじょう	불평, 불만
≒ クレーム		클레임, 불평, 불만
☐ 愚痴を言っている	ぐちをいっている	푸념을 하고 있다
≒ ぼやいている		투덜거리고 있다
☐ 曇っていて暗かった	くもっていてくらかった	흐리고 어두웠다
≒ どんよりした天気	どんよりしたてんき	잔뜩 흐린 날씨
☐ 詳しく丁寧に	くわしくていねいに	세세하게 공을 들여서
≒ 克明に	こくめいに	극명하게, 자세하고 꼼꼼하게
☐ 計画する	けいかくする	계획하다
≒ もくろむ		계획하다, 꾀하다
☐ 決意	けつい	결의
≒ 抱負	ほうふ	포부

어휘	발음	의미
貶される	けなされる	흉잡히다, 비난 당하다
≒ 悪く言われる	わるくいわれる	나쁜 말(험담)을 듣다
故意に	こいに	고의로, 일부러
≒ わざと		일부러
互角だ	ごかくだ	막상막하다
≒ 大体同じだ	だいたいおなじだ	거의 같다
小型の	こがたの	소형의
≒ コンパクトな		콤팩트, 작지만 실속 있는
細かく丁寧に	こまかくていねいに	세심하게, 정중히
≒ 入念に	にゅうねんに	공들여, 꼼꼼히
困る	こまる	곤란하다, 난처하다
≒ 戸惑う	とまどう	망설이다, 갈팡질팡하다
混乱した	こんらんした	혼란했다
≒ 紛糾した	ふんきゅうした	분규했다, 말썽(분란)이 일어났다
些細な	ささいな	사소한, 시시한
≒ 小さな	ちいさな	작은
雑踏	ざっとう	혼잡, 붐빔
≒ 人込み	ひとごみ	붐빔, 북적임
爽かだ	さわやかだ	상쾌하다
≒ すがすがしい		상쾌하다
支援	しえん	지원
≒ バックアップ		백업, 후원
仕方なく	しかたなく	어쩔 수 없이
≒ やむを得ず	やむをえず	어쩔 수 없이

어휘	발음	의미
☐ 仕組み	しくみ	구조
≒ メカニズム		메커니즘, 장치, 구조
☐ 刺激を受ける	しげきをうける	자극을 받다
≒ 触発される	しょくはつされる	촉발되다
☐ 自尊心	じそんしん	자존심
≒ プライド		프라이드, 자존심
☐ 失敗する	しっぱいする	실패하다
≒ しくじる		실패하다, 실수하다
☐ 渋っていた	しぶっていた	주저하고 있었다
≒ なかなか返事をしようとしなかった	なかなかへんじをしようとしなかった	좀처럼 답을 하려고 하지 않았다
☐ 若干	じゃっかん	약간
≒ わずかに		간신히, 겨우, 불과
≒ いくつか		몇 개인가
☐ 従来	じゅうらい	종래
≒ これまで		지금까지
☐ 順調に進んでいる	じゅんちょうにすすんでいる	순조롭게 진행되고 있다
≒ はかどっている		순조롭게 진행되고 있다
☐ 照会する	しょうかいする	조회하다
≒ 問い合わせる	といあわせる	조회하다, 문의하다
☐ 詳細に	しょうさいに	상세하게
≒ つぶさに		자세히, 구체적으로
☐ 上品な	じょうひんな	고상한
≒ エレガントな		우아한

어휘	발음	의미
☐ 触発	しょくはつ	촉발, 감정·충동이 일어남
≒ 刺激	しげき	자극
☐ 助言	じょげん	조언
≒ アドバイス		어드바이스, 충고
☐ 少ない	すくない	적다
≒ まばらだ		드문드문하다
☐ すぐに		바로
≒ にわかに		갑자기
☐ 全て	すべて	전부
≒ ことごとく		모조리
☐ 速やかに	すみやかに	조속히, 신속히
≒ できるだけ早く	できるだけはやく	되도록 빨리
☐ 専門家	せんもんか	전문가
≒ エキスパート		전문가
☐ 率直に	そっちょくに	솔직하게
≒ ストレートに		솔직하게, 단도직입적으로
☐ 大して〜ない	たいして〜ない	별로 〜않는다
≒ ろくに〜ない		제대로 〜않는다
☐ 対比	たいひ	대비
≒ コントラスト		콘트라스트, 대비
☐ だらしない		야무지지 못하다, 깔끔하지 못하다
≒ ルーズだ		느슨하다, 허술하다
☐ 端的に	たんてきに	단적으로
≒ 明白に	めいはくに	명백하게
☐ 丹念に	たんねんに	정성껏, 공들여

어휘	발음	의미
≒ じっくりと		꼼꼼하게, 차분하게
□ 小さな声で言う	ちいさなこえでいう	작은 소리로 말하다
≒ つぶやく		중얼거리다
□ 中止する	ちゅうしする	중지하다
≒ 見合わせる	みあわせる	보류하다
□ 重宝する	ちょうほうする	유용하고 편리하다
≒ 便利で役に立つ	べんりでやくにたつ	편리해서 도움이 되다
□ つかの間	つかのま	잠깐 동안, 순간
≒ 短い	みじかい	짧은
□ 疲れる	つかれる	피곤하다
≒ ばてる		지치다
□ 手がかり	てがかり	실마리
≒ ヒント		힌트
□ てきぱきと		일 처리가 확실하여 시원시원한 모양, 재깍재깍
≒ 早く正確に	はやくせいかくに	빠르고 정확하게
□ 手立て	てだて	일을 성공시키기 위한 구체적인 방법, 수단
≒ 方法	ほうほう	방법
□ 撤回する	てっかいする	철회하다
≒ 取り消す	とりけす	취소하다
□ 手分けする	てわけする	분담하다
≒ 分担する	ぶんたんする	분담하다
□ 当分	とうぶん	당분간, 한동안
≒ しばらく		당분간, 한동안
□ 当面	とうめん	당분간
≒ しばらくは		한동안은

어휘	발음	의미
☐ 突然	とつぜん	갑자기
≒ ふいに		갑자기
☐ 馴染む	なじむ	친숙해지다
≒ 慣れる	なれる	친숙해지다, 익숙해지다
☐ 難点	なんてん	난점
≒ 不安なところ	ふあんなところ	불안한 점
☐ 何とか	なんとか	그럭저럭, 간신히
≒ かろうじて		겨우, 간신히
☐ 何度も	なんども	몇 번이나, 누누이
≒ しきりに		자주, 끊임없이
☐ 漠然としていた	ばくぜんとしていた	막연했다
≒ ぼんやりしていた		어렴풋했다, 불분명했다
☐ 抜群	ばつぐん	발군, 뛰어남
≒ 他と比べて特に良い	ほかとくらべてとくによい	다른 것에 비해 특히 좋다
☐ 非常に	ひじょうに	매우, 대단히
≒ いたって		지극히, 대단히
☐ 密かに	ひそかに	몰래, 비밀리에
≒ こっそり		살짝, 몰래
☐ 一人一人に	ひとりひとりに	한 명 한 명에게
≒ めいめい		각각, 제각기
☐ 不注意な	ふちゅういな	부주의한
≒ 不用意な	ふよういな	조심성 없는, 부주의한
☐ 閉口する	へいこうする	손들다, 질리다, 항복하다
≒ 困る	こまる	곤란하다, 난처하다

	어휘	발음	의미
☐	平凡な	へいぼんな	평범한
	≒ ありふれた		어디에나 있는, 흔한
☐	平凡な	へいぼんな	평범한
	≒ ありきたりの		흔한, 평범한
☐	妨害する	ぼうがいする	방해하다
	≒ じゃまする		훼방을 놓다
☐	方法	ほうほう	방법
	≒ すべ		방법, 수단
☐	脈絡	みゃくらく	맥락, 연관
	≒ つながり		연결, 관계
☐	無償で	むしょうで	무상으로, 무료로
	≒ ただで		무료로, 공짜로
☐	面倒だ	めんどうだ	귀찮다
	≒ おっくうだ		귀찮다, 성가시다
☐	面倒だ	めんどうだ	귀찮다
	≒ 煩わしい	わずらわしい	번거롭다, 귀찮다
☐	面倒な	めんどうな	귀찮은
	≒ 厄介な	やっかいな	귀찮은, 성가신
☐	余裕	よゆう	여유
	≒ ゆとり		(공간이나 시간·정신·체력적인) 여유
☐	落胆する	らくたんする	낙담하다
	≒ がっかりする		실망하다
☐	歴然としている	れきぜんとしている	확실하다, 역력하다
	≒ はっきりしている		분명하다, 뚜렷하다

4 : 용법

어휘	발음	의미
当てはまる	あてはまる	꼭 들어맞다, 적합하다, 적용되다
安静	あんせい	안정
潔い	いさぎよい	맑고 깨끗하다, 결백하다
意地	いじ	고집
一律	いちりつ	일률
今更	いまさら	이제 와서
内訳	うちわけ	내역, 명세
うなだれる		고개를 숙이다
裏腹	うらはら	정반대, 모순이 됨
円滑	えんかつ	원활
怠る	おこたる	게으름을 피우다, 방심하다
帯びる	おびる	(성질을) 띠다, 가지다
思い詰める	おもいつめる	고민하다, 골똘히 생각하다
解明	かいめい	해명
抱え込む	かかえこむ	껴안다, 떠맡다
かさばる		부피가 커지다
頑なだ	かたくなだ	완고하다, 고집이 세다
合致	がっち	합치, 일치
叶う	かなう	이루어지다
かばう		(잘못을) 감싸다
加味	かみ	가미, 맛을 더함
過密	かみつ	과밀

어휘	발음	의미
還元	かんげん	환원
閑静な	かんせいな	한적한, 고요한
簡素	かんそ	간소
ぎこちない		어색하다, 딱딱하다, 거북하다
規制	きせい	규제
基調	きちょう	기조, 기본 경향
軌道	きどう	궤도
拠点	きょてん	거점
緊密	きんみつ	긴밀
食い違う	くいちがう	어긋나다, 엇갈리다
くじける		꺾이다, 좌절하다
口出し	くちだし	말참견
覆す	くつがえす	뒤집다
くまなく		빠짐없이, 철저히
工面	くめん	자금 마련, 조달
経緯	けいい	경위
結末	けつまつ	결말
気配	けはい	낌새, 기색
交錯	こうさく	교착
広大	こうだい	광대, 넓고 큼
交付	こうふ	교부
互角	ごかく	막상막하, 비등비등함
心当たり	こころあたり	짐작, 짚이는 데
心構え	こころがまえ	마음가짐, 각오

어휘	발음	의미
細心	さいしん	세심함
察する	さっする	헤아리다, 짐작하다
作動	さどう	작동
しがみつく		달라붙다
失脚	しっきゃく	실각
質素	しっそ	검소
実に	じつに	실로, 참으로, 정말
辞任	じにん	사임
しぶとい		끈질기다, 고집이 세다
遮断	しゃだん	차단
収容	しゅうよう	수용
昇進	しょうしん	승진
処置	しょち	처치, 조치
退く	しりぞく	물러나다
仕業	しわざ	소행, 짓
素早い	すばやい	재빠르다, 민첩하다
絶滅	ぜつめつ	절멸, 멸종
総合	そうごう	종합
総じて	そうじて	대체로, 일반적으로
損なう	そこなう	손상하다, 파손하다, (기분 등을) 상하게 하다
そそる		돋우다, 자아내다
備え付ける	そなえつける	설치하다, 설비하다
耐えがたい	たえがたい	견디기 힘들다
打開	だかい	타개

어휘	발음	의미
☐ 巧み	たくみ	교묘함, 솜씨가 좋음
☐ たずさわる		관계하다, 관여하다
☐ 容易い	たやすい	손쉽다, 용이하다
☐ 断じて	だんじて	결코, 단연코
☐ 調達	ちょうたつ	조달
☐ 重複	ちょうふく	중복
☐ 提起	ていき	제기
☐ 遂げる	とげる	이루다, 달성하다
☐ とっくに		벌써, 훨씬 전에
☐ なつく		(사람을) 잘 따르다
☐ 賑わう	にぎわう	번화하다, 번창하다, 붐비다
☐ 入手	にゅうしゅ	입수
☐ 乗り出す	のりだす	착수하다, 개입하다
☐ 配属	はいぞく	배속, 배치
☐ 配布	はいふ	배포
☐ 発散	はっさん	발산
☐ 抜粋	ばっすい	발췌
☐ 甚だしい	はなはだしい	(정도가) 심하다, 대단하다
☐ 煩雑	はんざつ	번잡
☐ 繁盛	はんじょう	번성
☐ ひたむき		열심히, 한결같이
☐ 人一倍	ひといちばい	남보다 갑절이나, 배로
☐ 人手	ひとで	일손
☐ ひとまず		일단, 우선

어휘	발음	의미
秘める	ひめる	숨기다, 간직하다
拍子	ひょうし	박자
復旧	ふっきゅう	복구
赴任	ふにん	부임
不服	ふふく	불복, 불복종
ブランク		여백, 공백
発足	ほっそく	발족
没頭	ぼっとう	몰두
ほどける		풀어지다
微笑ましい	ほほえましい	호감이 가다, 흐뭇하다
滅ぶ	ほろぶ	멸망하다, 쇠퇴하다
交える	まじえる	섞다, 주고받다
まちまち		제각각, 가지각색
真っ先	まっさき	맨 앞, 맨 먼저
満喫	まんきつ	만끽
見失う	みうしなう	(시야에서) 놓치다, 잃어버리다
見落とす	みおとす	간과하다, 못 보고 놓치다
見込み	みこみ	예상, 전망
満たない	みたない	부족하다
密集	みっしゅう	밀집
無造作	むぞうさ	대수롭지 않은 모양, 아무렇게나 함
めきめき		눈에 띄게, 무럭무럭
目先	めさき	눈앞, 현재
目覚ましい	めざましい	눈부시다, 놀랍다

어휘	발음	의미
目安	めやす	목표, 기준
面識	めんしき	면식
免除	めんじょ	면제
もはや		이미, 벌써, 이제는
優位	ゆうい	우위
有数	ゆうすう	유수, 손꼽힘
ゆとり		여유
要請	ようせい	요청
様相	ようそう	양상, 모습, 상태
要望	ようぼう	요망, 요청
連携	れんけい	연계
露骨	ろこつ	노골(적)

필수 문법 총정리

N1

001 〜あっての ~가 있기에 가능한, ~가 있어야 할 수 있는

健康**あっての**人生だ。体を壊したら夢も幸福もあり得ない。
건강해야 인생을 살 수 있다. 몸을 해치면 꿈도 행복도 있을 수 없다.

002 〜いかんでは ~여하에 따라서(는)
〜いかんにかかわらず ~여하에 관계없이
〜いかんだ ~여하에 달려있다

ここは施設利用の**いかんにかかわらず**、毎月会費を払うシステムだ。
여기는 시설 이용의 여하를 불문하고 매달 회비를 내는 시스템이다.

003 〜(よ)うと〜まいと ~하든 ~하지 않든, ~하든 말든

親が反対し**ようとすまいと**自分で決めたことは実行する。
부모가 반대하든 말든 자기가 결정한 것은 실행한다.

004 〜(よ)うにも〜ない ~하고 싶어도 ~하지 못한다
〜ようがない ~하려고 해도 할 수가 없다

今は外国で暮らしているから会い**ようがない**。
지금은 외국에서 살고 있어서 보고 싶어도 보지 못한다.

005 〜かぎりだ 너무 ~하다, ~하기 그지없다

初めての孫が生まれて父は嬉しい**かぎりだった**。
첫 손자가 태어나서 아버지는 너무 기뻤다.

006 〜(た)が最後 (일단) ~했다 하면

彼女はデパートに入っ**たが最後**、3時間は出てこない。
그녀는 백화점에 들어가기만 하면 3시간은 나오지 않는다.

007 〜かたがた 〜하는 김에, 〜할 겸(해서)

被災地の調査かたがた被災者の家を訪問して安否を尋ねた。
재해지의 조사를 겸해서 이재민의 집을 방문하여 안부를 물었다.

008 〜かたわら 〜하는 한편

教授は研究のかたわら、環境保護運動にも力を注いだ。
교수는 연구하는 한편 환경 보호 운동에도 힘을 기울였다.

009 〜がてら 〜하는 김에, 〜할 겸

駅まで運動がてら、歩いて行こう。
역까지 운동할 겸 걸어서 가자.

010 〜が早いか 〜하자마자, 〜함과 동시에

彼は座席に座るが早いか、いびきをかき始めた。
그는 자리에 앉자마자 코를 골기 시작했다.

011 〜からある / 〜からする 〜이나 되는, 〜이나 하는

300枚からあるレポートを一晩で翻訳するのは無理だ。
300장이나 되는 리포트를 하룻밤에 번역하는 것은 무리이다.

012 〜きらいがある 〜하는 경향이 있다

あの人は何でも悪い方向に考えるきらいがある。
저 사람은 무엇이든 나쁜 방향으로 생각하는 경향이 있다.

013 〜極(きわ)まりない / 〜極(きわ)まる
지나치게 〜하다

夜中(よなか)に大声(おおごえ)で騒(さわ)ぐなんて非常識(ひじょうしき)**極(きわ)まりない**。
한밤중에 큰 소리로 떠들다니 몰상식하기 짝이 없다.

014 〜ごとく / 〜かのごとく
〜처럼 / 마치 〜라는 듯이

〜ごとき 〜같은

彼(かれ)は言葉(ことば)を忘(わす)れてしまったかの**ごとく**ずっと黙(だま)っていた。
그는 말을 잊어버리기라도 한 것처럼 계속 입을 다물고 있었다.

015 〜こととて
〜이므로, 〜인 까닭에

平日(へいじつ)の昼間(ひるま)の**こととて**、店(みせ)に客(きゃく)はほとんどいなかった。
평일 낮이라서 가게 안에 손님은 거의 없었다.

016 〜ことなしに
〜하지 않고, 〜없이

社長(しゃちょう)は事前(じぜん)に約束(やくそく)する**ことなしに**、会(あ)うことはできません。
사장님은 사전에 약속하지 않고서 만날 수는 없습니다.

017 〜始末(しまつ)だ
(나쁜 결과로) 〜 하는 꼴이다, 〜형편이다, 〜지경이다

父(ちち)が入院(にゅういん)したばかりか看病(かんびょう)していた母(はは)まで倒(たお)れる**始末(しまつ)だ**。
아버지가 입원했을 뿐만 아니라 간호하던 어머니까지 쓰러지고 말았다.

018 〜ずくめ
〜투성이, 〜일색

合格(ごうかく)、就職(しゅうしょく)、結婚(けっこん)と今年(ことし)はいい事(こと)**ずくめ**の1年(ねん)だった。
합격, 취업, 결혼으로 올해는 좋은 일만 이어진 한 해였다.

019 ～ずにはおかない / ～ないではおかない
～하지 않을 수 없다, 반드시 ～한다

子どもの冷たい言葉は母を悲しませ**ずにはおかなかった**。
아이의 냉담한 말은 어머니를 슬프게 하지 않을 수 없었다.

020 ～ずにはすまない / ～ないではすまない
～하지 않고는 끝나지 않는다, 반드시 ～해야 한다

担当者どころか上司まで責任を取ら**ずにはすまない**問題だ。
담당자는커녕 상사까지 책임을 지지 않으면 안 될 문제이다.

021 ～すら / ～ですら
～조차

約束時間**すら**守れない人に、この仕事を任せることはできません。
약속 시간조차 지키지 못하는 사람에게 이 일을 맡길 수는 없습니다.

022 ～そばから
～하는 즉시, ～하자마자

おやつのクッキーを、焼く**そばから**子どもが全部食べてしまった。
간식으로 만든 쿠키를 굽자마자 아이가 다 먹어 버렸다.

023 ただ ～のみならず
단지 ～뿐만 아니라

最近の試験問題は**ただ**難しい**のみならず**暗記だけでは解けないものが多い。
최근의 시험 문제는 단지 어려울 뿐만 아니라 암기만으로는 풀 수 없는 것이 많다.

024 ～たところで
～한다고 한들, ～해 봤자

私が話し**たところで**言うことを聞くような人間じゃない。
내가 이야기해 봤자 말을 들을 사람이 아니다.

025 〜だに ~만으로도, ~조차

台風の被害は想像だにしないほど大きく、大部分の農家が被害を被った。
태풍의 피해는 상상조차 하지 못할 정도로 커서, 대부분의 농가가 피해를 입었다.

026 〜たりとも ~조차도, ~이라도

危険な場所なので一人たりとも入らないよう厳重に警戒している。
위험한 장소이기 때문에 한 사람도 들어가지 않도록 엄중하게 경계하고 있다.

027 〜たる ~된, ~라는 자격이 있는

親たるものは子どもの手本になるべきだというのは古い考え方だ。
부모는 자식의 귀감이 되어야 한다는 것은 낡은 사고방식이다.

028 〜つ 〜つ ~하기도 하고 ~하기도 하고

400mリレーは抜きつ抜かれつのいい試合になった。
400m 계주는 앞서거니 뒤서거니 하는 좋은 시합이 되었다.

029 〜っぱなし 계속 ~한 상태, 계속 ~인 채

使ったものを出しっぱなしにするのは夫の悪いくせだ。
쓰고 난 물건을 그대로 놓아두는 것은 남편의 나쁜 버릇이다

030 〜であれ / 〜であろうと ~이든, ~라고 하더라도

男であれ女であれ、同じ労働には同じ賃金が払われるべきだ。
남자든 여자든 같은 노동에는 같은 임금이 지급되어야만 한다.

031 〜てからというもの(は) ~하고부터(는)

事故にあっ**てからというもの**、道を渡るとき慎重になった。
사고를 당하고부터 길을 건널 때 신중해졌다.

032 〜でなくてなんだろう ~가 아니고 무엇이겠는가?

自分の命を捨てて他の人の命を救う、これが崇高な犠牲精神**でなくてなんだろう**。
자신의 목숨을 버리고 다른 사람의 목숨을 구한다. 이것이 숭고한 희생정신이 아니고 무엇이겠는가.

033 〜ではあるまいし / 〜じゃあるまいし ~도 아니고

小説**じゃあるまいし**、そんなことが現実に起きるわけがない。
소설도 아니고 그런 일이 현실로 일어날 리가 없다.

034 〜てやまない ~해 마지않다, 계속 ~하고 있다

この大会で私達の代表が良い結果を出すことを信じ**てやまない**。
이 대회에서 우리의 대표가 좋은 결과를 거둘 것을 믿어 마지않는다.

035 〜と相まって ~와 어우러져, ~가 맞물려서, ~와 더불어

外食チェーンの進出と料理ドラマの人気**と相まって**韓国料理のブームが起きている。
외식 체인점의 진출과 요리 드라마의 인기가 맞물려서 한국 요리 붐이 일고 있다.

036 〜とあって ~라고 해서, ~해서, ~라서

10年ぶりに祭りが復活する**とあって**、多くのマスコミが取材した。
10년 만에 축제가 부활한다고 해서 많은 언론이 취재했다.

037 ～とあれば　～라고 하면, ～하면, ～라면

その時期に一番おいしい食べ物**とあれば**、どんな所でも食べに行く。
그 시기에 가장 맛있는 음식이라면 어디든지 먹으러 간다.

038 ～といい ～といい　～도 ～도, ～도 그렇고 ～도 그렇고

彼女は学歴**といい**性格**といい**、息子の結婚相手としてぴったりです。
그녀는 학력도 그렇고 성격도 그렇고 아들의 결혼 상대로 딱입니다.

039 ～といったところだ / ～というところだ　～하는 정도이다, ～인 정도이다

修理するのに長くかかっても10日**といったところ**です。
수리하는 데 기껏해야 10일 정도입니다.

040 ～といえども　～라 하더라도

どんなに経験豊かな技術者**といえども**ミスをすることがある。
아무리 경험이 풍부한 기술자라고 해도 실수를 할 때가 있다.

041 ～といったらない / ～といったらありゃしない　～하기 짝이 없다, ～하기 이를 데 없다

エアコンが故障して部屋の中が暑い**といったらない**。
에어컨이 고장나서 방 안이 덥기 짝이 없다.

042 ～と思いきや　～라고 생각했는데

ドラマの主人公が死んで終わり**と思いきや**、生き返って戻ってきたので驚いた。
드라마의 주인공이 죽어서 끝이라고 생각했는데 다시 살아나 돌아와서 깜짝 놀랐다.

043 ～ときたら ～로 말할 것 같으면, ～로 말하자면

太郎ときたら、受験生なのに勉強もせず毎日ゲームばかりしている。
타로로 말할 것 같으면 수험생인데도 공부도 하지 않고 매일 게임만 하고 있다.

044 ～ところを ～는 데도, ～한데

お忙しいところを、来てくださってありがとうございます。
바쁘신 중에 와 주셔서 감사드립니다.

045 ～としたところで / ～としたって / ～にしたところで / ～にしたって
～해 봤자, ～한다고 해도 (소용없다)

全員が参加するとしたところで、せいぜい10人ぐらいだ。
전원이 참가한다고 해도 기껏해야 10명 정도이다.

046 ～とは ～라니, ～일 줄은

あんなに英語が苦手だった人が英語の先生になるとは。
그렇게 영어가 서투르던 사람이 영어 선생님이 되다니.

047 ～とはいえ ～라고는 하지만, ～이기는 해도

いくらおいしいとはいえ、食べ過ぎたらだめだよ。
아무리 맛있다고 해도 과식하면 안 돼.

048 ～とばかりに (마치) ～라는 듯이

友だちはあきれたとばかりに、大きくため息をついた。
친구는 기가 막히다는 듯이 크게 한숨을 쉬었다.

049 ～ともなく / ～ともなしに
특별히 ～하려는 생각없이, 문득

どこから**ともなく**いいにおいがしてきた。
어디선가 좋은 냄새가 풍겨 왔다.

050 ～ともなると / ～ともなれば
～가 되면, ～정도가 되면

今はまだ人出が多いが、夜9時**ともなると**車も通らなくなる。
지금은 아직 인파가 많지만 밤 9시가 되면 차도 다니지 않게 된다.

051 ～ないまでも
～하지는 못해도

優勝とは言わ**ないまでも**、3位以内に入ることを期待する。
우승이라고 하지는 못하더라도 3위 이내에 들어가는 것을 기대한다.

052 ～ないものでもない
～하지 못할 것도 없다, ～할 수도 있다

そこまで言うなら出席し**ないものでもない**。
그렇게까지 말한다면 출석하지 못할 것도 없다.

053 ～ながらに
～하면서

誰もが生まれ**ながらに**自由で平等だと思うのは当然だ。
누구나 태어나면서부터 자유롭고 평등하다고 생각하는 것은 당연하다.

054 ～ながらも
～이면서도

運動の必要は知り**ながらも**、忙しいからと運動しないでいる。
운동의 필요성은 알면서도 바쁘다고 운동을 하지 않고 있다.

055 〜なくして(は) 〜없이, 〜없이는

豊富な資金**なくして**この計画は進められない。
풍부한 자금 없이 이 계획은 추진할 수 없다.

056 〜なしに / 〜ことなしに 〜하지 않고, 〜없이

事故の原因を説明する**ことなしに**被害者の同意は得られない。
사고 원인을 설명하지 않고는 피해자의 동의는 얻을 수 없다.

057 〜ならでは(の) 〜밖에 할 수 없는, 〜만의

歓迎会ではこの国**ならではの**ごちそうを味わった。
환영회에서는 이 나라만의 진수성찬을 맛보았다.

058 〜なり 〜하자마자

彼は家に着く**なり**、テレビをつけてニュース番組をチェックした。
그는 집에 도착하자마자 TV를 켜서 뉴스 프로그램을 체크했다.

059 〜なり〜なり 〜든지 〜든지

この魚は煮る**なり**焼く**なり**して今日中に食べてください。
이 생선은 조리든지 굽든지 해서 오늘 안으로 드세요.

060 〜なりに 〜나름대로 / 〜なりの 〜나름의

厳しい自然の中で動物は動物**なりに**生き残るために必死だ。
혹독한 자연 속에서 동물은 동물 나름대로 살아남기 위해 필사적이다.

061 〜に(は)あたらない 〜할 정도는 아니다, 〜할 것까지는 없다

正当な理由があってしたことだから、非難する**にはあたらない**。
정당한 이유가 있어서 한 일이기 때문에 비난할 정도는 아니다.

062 〜にあって (특수한 상황) 〜이어서, 〜에서

21世紀**にあって**、デジタルを利用したコンテンツ開発が急務だ。
21세기에 (있어) 디지털을 이용한 콘텐츠 개발이 급선무이다.

063 〜に至って 〜에 이르러
〜に至る 〜에 이르다
〜に至るまで 〜에 이르기까지

子どもから老人**に至るまで**皆、何かの保険に加入している。
어린이부터 노인에 이르기까지 모두 무언가 보험에 가입하고 있다.

064 〜に関わる 〜과 관련된, 〜이 걸린

人の命**に関わる**問題を軽く扱ってはいけない。
사람의 목숨과 관련된 문제를 가볍게 취급해서는 안 된다.

065 〜にかたくない 〜하기 어렵지 않다, 〜할 수 있다

両親を亡くした子どもの心情は察する**にかたくない**。
부모를 잃은 아이의 심정은 짐작하기에 어렵지 않다.

066 〜にして ① 〜가 되어서야, 〜이기에 ② 〜이면서 동시에

入社10年目**にして**課長とは苦労しましたね。
입사 10년째가 되어서야 과장이라니 고생하셨네요.

067 ~に即(そく)して ~에 입각하여, ~에 근거해서
~に即(そく)した ~에 입각한, ~에 따른

試験問題(しけんもんだい)は教科書(きょうかしょ)に即(そく)して出(で)るのが普通(ふつう)だ。
시험 문제는 교과서에 근거해서 나오는 것이 보통이다.

068 ~にたえる ~할 만하다, ~할 수 있다

アマチュアの展示会(てんじかい)には鑑賞(かんしょう)するにたえる作品(さくひん)は多(おお)くない。
아마추어의 전시회에는 감상할 만한 작품은 많지 않다.

069 ~にたえない ① 차마 ~할 수 없다 ② 너무 ~하다(~해 마지않다)

あの人(ひと)はとても聞(き)くにたえないほどの悪口(わるくち)を言(い)った。
저 사람은 차마 들을 수 없을 정도로 심한 욕을 했다.

070 ~に足(た)る ~할 만한, ~하기에 충분한

試験(しけん)の結果(けっか)は決(けっ)して満足(まんぞく)するに足(た)るものではなかった。
시험 결과는 결코 만족할 만한 것은 아니었다.

071 ~にひきかえ ~와는 달리, ~와는 반대로

兄(あに)にひきかえ弟(おとうと)はいつも口数(くちかず)が少(すく)ない。
형과는 달리 동생은 항상 말수가 적다.

072 ~にもまして ~보다 더, ~보다 우선해서

貿易赤字(ぼうえきあかじ)は去年(きょねん)にもまして大幅(おおはば)に増加(ぞうか)した。
무역 적자는 작년보다 더 대폭 증가했다.

073 ～の至(いた)り　극히 ～함, ～하기 그지없음

先生(せんせい)にお目(め)にかかれるとは光栄(こうえい)**の至(いた)り**です。
선생님을 뵙게 되다니 더없는 영광입니다.

074 ～の極(きわ)み　～의 극치, 극도의～

年長者(ねんちょうしゃ)にあのような態度(たいど)を取(と)るなんて無礼(ぶれい)**の極(きわ)み**だ。
연장자에게 그런 태도를 취하다니 무례함의 극치이다.

075 ～はおろか　～은커녕, ～은 말할 것도 없고

今(いま)のメンバーでは優勝(ゆうしょう)**はおろか**、予選突破(よせんとっぱ)も難(むずか)しい。
지금 멤버로는 우승은커녕 예선 돌파도 어렵다.

076 ～ばこそ　～이기 때문에, ～이기에

親(おや)が厳(きび)しくするのは子(こ)どもの将来(しょうらい)を思(おも)え**ばこそ**だ。
부모가 엄격하게 하는 것은 자식의 장래를 생각하기 때문이다.

077 ～ばそれまでだ　～하면 그뿐이다, ～하면 모든 일이 수포로 돌아간다

どんなに愛(あい)していたと言(い)っても別(わか)れてしまえ**ばそれまでだ**。
아무리 사랑했었다고 해도 헤어져 버리면 그만이다.

078 ～べからざる　～해서는 안 되는
～べからず　～하지 말 것, ～해서는 안 된다

人(ひと)の心(こころ)を踏(ふ)みにじるのは許(ゆる)す**べからざる**行為(こうい)だ。
사람의 마음을 짓밟는 것은 용서해서는 안 되는 행위이다.

079 〜べく 〜하려고, 〜하고자

試験に合格する**べく**、寝食を忘れて勉強した。
시험에 합격하려고 침식을 잊고 공부했다.

080 〜まじき 〜해서는 안 되는, 〜답지 못한

自分の地位を利用して金を儲けるのは政治家としてある**まじき**行為だ。
자신의 지위를 이용해서 돈을 버는 것은 정치가로서 해서는 안 되는 행위이다.

081 〜までだ / 〜までのことだ 〜할 따름이다, 〜하면 그만이다, 〜할 뿐이다

誰も助けてくれなければ一人で戦う**までだ**。
아무도 도와주지 않는다면 혼자서 싸울 뿐이다.

082 〜までもない 〜할 필요도 없다 / 〜までもなく 〜할 필요도 없이

その俳優が主人公なら見る**までもなく**いい映画だろう。
그 배우가 주인공이라면 볼 것도 없이 좋은 영화일 것이다.

083 〜まみれ 〜투성이, 〜범벅

この会社では社員も社長も油**まみれ**になって仕事をしている。
이 회사에서는 사원도 사장도 기름투성이가 되어 일하고 있다.

084 〜めく 〜답다, 〜같다

彼は謎**めいた**言葉を残したままどこかに去って行った。
그는 수수께끼와 같은 말을 남긴 채로 어디론가 떠나갔다.

085 〜もさることながら　〜도 있지만, 〜는 물론이거니와

この町は自然の恵み**もさることながら**住民が皆親切で優しい。
이 마을은 자연의 혜택은 물론이거니와 주민이 모두 친절하고 상냥하다.

086 〜ものを　〜텐데, 〜련만

10分早く家を出たら乗れた**ものを**、特急に乗りそこなった。
10분 일찍 집을 나왔더라면 탈 수 있었을 텐데, 특급 열차를 놓쳤다.

087 〜や否や　〜하자마자

あまりに疲れて家に着く**や否や**ご飯も食べないで寝てしまった。
너무나 지쳐서 집에 도착하자마자 밥도 먹지 않고 잠들어 버렸다.

088 〜やら〜やら　〜이기도 하고 〜이기도 하고

引っ越し前に住所変更**やら**公共料金の精算**やら**、やることが山ほどある。
이사 전에 주소 변경이라든지 공공요금 정산이라든지 할 일이 태산 같다.

089 〜ゆえ(に) / 〜ゆえの　〜이기 때문에, 〜인 까닭에

多忙**ゆえに**勉強できないというのは言い訳でしかない。
바쁘기 때문에 공부를 할 수 없다는 것은 변명에 지나지 않는다.

090 〜ようが (의지형)　〜하든 (상관없다, 관계없다)

どんなに良い条件を示**そうが**、退職する気持ちは変わらない。
아무리 좋은 조건을 제시해도 퇴직하겠다는 마음은 변하지 않는다.

091
〜をおいて ～을 제외하고는, ～이 아니면
〜をおいてほかに〜ない ～이외에 ～는 없다

あの人をおいてほかに、この難局を克服できる人はいない。
그 사람이 아니면 이 난국을 극복할 수 있는 사람은 없다.

092
〜を限りに ～을 끝으로, ～부터

今週末を限りに今年の夏のセールを終了します。
이번 주말을 끝으로 올해 여름 세일을 종료하겠습니다.

093
〜を皮切りに
〜を皮切りにして ～를 시작으로(해서), ～을 기점으로(해서)
〜を皮切りとして

国際美術展は６月１日、福岡を皮切りに全国各地で展示が始まる。
국제 미술전은 6월 1일 후쿠오카를 시작으로 전국 각지에서 전시가 시작된다.

094
〜を禁じえない ～을 금할 수 없다

今度の事故に対する加害者の態度には怒りを禁じえない。
이번 사고에 대한 가해자의 태도에는 분노를 금할 수 없다.

095
〜をもって ① ～으로, ～을 이용해서 [수단, 방법] ② ～부로 [기한]

昔から熱をもって熱を制するという言葉があります。
자고로 열로써 열을 다스린다는 말이 있습니다.

096
〜をものともせずに ～는 아랑곳하지 않고, ～은 아무것도 아닌 듯이

親の反対をものともせずに、二人は結婚した。
부모의 반대를 무릅쓰고 두 사람은 결혼했다.

097
～を余儀なくされる 어쩔 수 없이 ~하게 되다
～を余儀なくさせる 어쩔 수 없이 ~를 시키다

貿易赤字解消のために輸入品目の制限**を余儀なくされた**。
무역 적자 해소를 위해서 어쩔 수 없이 수입 품목의 제한을 하게 됐다.

098
～をよそに ~은 개의치 않고, ~은 남의 일인 것처럼

多くの国が水不足に苦しむ**をよそに**、雨の多いその国は豊富な水資源を武器にした。 많은 나라가 물 부족에 시달리는 것은 아랑곳하지 않고 비가 많은 그 나라는 풍부한 수자원을 무기로 삼았다.

099
～んがため(に) ~하기 위해(서)
～んがための ~하기 위한

他の人にどう見えても、すべてが生き残ら**んがための**努力だった。
다른 사람의 눈에 어떻게 보이든 간에 모든 것이 살아남기 위한 노력이었다.

100
～んばかりだ 당장이라도 ~할 듯하다
～んばかりに ~할 듯이
～んばかりの ~할 듯한

母校の卒業式を訪れた有名な歌手を、学生たちは割れ**んばかりの**拍手で迎えた。 모교의 졸업식을 방문한 유명한 가수를 학생들은 우레와 같은 박수로 맞이했다.

MEMO

시사 JLPT 합격 시그널
시험직전 막판뒤집기
N1

Since1977
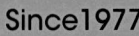
시사 Dream,
Education can make dreams come true.

Designed by SISA Books